本书出版得到

国家重点文物保护专项补助经费资助

查 海

——新石器时代聚落遗址发掘报告

（上册）

辽宁省文物考古研究所　编著

编著者　辛　岩

文物出版社

北京·2012年

学术顾问　郭大顺　李向东

封面设计　张希广
　　　　　刘小鸿
责任印制　张道奇
责任编辑　于炳文
　　　　　许海意

图书在版编目（CIP）数据

查海：新石器时代聚落遗址发掘报告（全3册）/ 辽宁省
文物考古研究所编著 . —北京：文物出版社，2012.11
ISBN 978 - 7 - 5010 - 3612 - 7

Ⅰ . ①查… 　Ⅱ . ①辽… 　Ⅲ . ①新石器时代文化—文化
遗址—发掘报告—阜新蒙古族自治县 　Ⅳ . ①K878.05

中国版本图书馆 CIP 数据核字（2012）第 261144 号

查　海

——新石器时代聚落遗址发掘报告

辽宁省文物考古研究所　编著

*

文 物 出 版 社 出 版 发 行

（北京市东直门内北小街 2 号楼　100007）

http://www.wenwu.com

E-mail：web@ wenwu.com

北京京都六环印刷厂印刷

新 华 书 店 经 销

889×1194　1/16　印张：71　插页：5

2012 年 11 月第 1 版　2012 年 11 月第 1 次印刷

ISBN 978 - 7 - 5010 - 3612 - 7　（全三册）定价：890.00 元

内 容 简 介

  本书是辽宁省文物考古研究所1986～1994年间发掘阜新蒙古族自治县沙拉乡查海聚落遗址的考古报告。遗址属于新石器时代较早期，年代距今约8000年左右，遗址保存较完好，面积10000多平方米，遗存典型而丰富，是一批全新的重要考古学资料。该报告将考古所获遗迹、遗物及研究成果，分上、中、下三卷，总计八章二十四节，全部发表。

  本书对于研究中国新石器时代聚落形态，探讨北方考古学文化谱系以及龙文化、玉文化，具有重要的参考价值。

序

郭大顺

查海遗址是1982年第二次文物普查时发现的，经1987～1994年的7次发掘后，一处距今八至七千年前的史前聚落大部分被揭开，取得了相当丰富的资料。在此先后，正是全国各地新石器时代早、中期遗存不断发现和取得研究成果的一个时期，查海遗址作为东北南部地区新石器时代中期的资料较为完整的一个实例，自然引起较多关注，对这个遗址的认识也在逐步加深，这为此后查海遗址考古资料的全面整理和报告编写提供了厚实的学术基础。

回顾二十多年来对查海遗址的认识，可以分两个方面，一是遗址本身，一是与当地和周边其他文化的关系。

查海遗址刚发现时较为引起注意的，一是年代较早，二是玉器和龙形象的发现。

在查海遗址发现的80年代初，随着黄河中下游和长江流域等地新石器时代较早遗存的纷纷发现，各地新石器时代早、中、晚期的年代序列陆续建立。与中原等地区相比，新石器时代田野工作较先起步且过去多倾向于年代可能较早的内蒙古东南和辽西地区，却一时缺少新的突破，而以饰压印"之"字纹的筒形陶罐为主要考古文化特征的富河文化碳十四测定年代又较晚（距今5300年），以至于有学者提出东北地区这类陶器是受到也有类似陶器出土的裴李岗、磁山文化的影响。于是，寻找时间较早的新石器时代遗址成为那一时期辽宁史前考古的一个重点课题。也正因如此，查海遗址一经发现，就安排了试掘和多年的连续发掘。它与此后邻近的兴隆洼等大约同时代遗址的发现和发掘，为建立这一地区新石器时代的年代序列填补了关键性的一块空白，明确了这一地区距今七到八千年前新石器时代中期的考古文化，是与中原等地区发展阶段大体同步，又有强烈的区域特点的文化类型。这是在考古学文化区系类型理论指导下取得的成果，也是对这一理论的验证和丰富。

玉器和龙形象是查海遗址开始发掘时较为引人注目的两项发现。

玉器在1987年查海遗址正式发掘刚刚开始时就已发现，是在地层和房址堆积中出土的环状玉玦和柱状玉玦，1990年在一座房址的墓葬内又发现玉匕形器。从以后的发现看，查海遗址玉器的造型和组合都很有规律性，是以玦为主，有环状玦和柱状玦、玦与匕的两组组合关系。经测定，所选玉料都为透闪石软玉，被地质学家誉为迄今所知"世界最早的真玉器"。

龙的形象是先在陶片上辨认出来的。查海陶器上发现的包括龙形象的动物纹共两类，都为浮雕式，一是在筒形陶器的残片上有类似龙身盘卷和龙尾上卷的两种图形，龙身有成排压印的龙鳞纹，一是在一件筒形陶器的下部饰对称分布的作上爬状的蟾蜍和蛇衔蟾蜍各一个（组）。经发掘者细致辨认，特别是在通过遗址中部的岩脉上，揭露出一处颜色与岩脉相近却是以人工堆塑的长 19.7 米的"龙形堆石"。陶器上的浮雕和遗址上的堆石相互印证，表明当时确已出现了龙的形象。由于以上标本的形象有的不够完整明确，或尚处在雏形阶段，可暂称为"类龙"形。

对查海遗址进一步的认识在于遗址的分期、房址排列、聚落形成过程和埋葬习俗。

发掘者依据房址的打破关系和陶器的演变，将遗址分为三期。分别属于三期的房址是在约数百年的较长时间形成的，有早期房址集中在北部、以后由北向南分布的规律可循，同一期的房址则成行排列，并有中心广场和壕沟，这说明当时聚落的形成并非随意，而是预先有了一定的规划。房址内堆积大都较为丰富，差不多每座房址的居住面上都堆放着不少陶器和石器，以至当发掘者面对这些"摆放如初"的生活用具和生产工具时，常有先人刚刚离去的感觉，这又可能说明当时定居生活的相对性和季节性。

查海遗址尚未找到单独的墓地，却在遗址内发现了多座墓葬，而且可以分为居室葬与居址葬两类。居址葬位于聚落中心龙形堆石的下方，共 10 座，不过只有两座墓有随葬品，且无玉器，一般认为与举行祭祀活动有关。这里要特别提到居室葬，这是 1990 年在第 7 号房址发掘时，发掘者做到烧土居住面发现土色有变化而发现的，这是此类遗存首次发现的居室葬。1994 年又在第 43 号房址内发现一座随葬双玉玦的居室葬。在居住面下发现墓葬，这不仅是查海遗址发掘的新收获，对有关的史前遗址田野发掘也提出了新问题，因为虽然考古发掘都以做到生土为标准，但遇到保存较好的居住面，往往不再下掘，如何做到既保护居住面又不放弃对居住面以下可能存在的重要遗迹的了解，查海遗址的发掘为此提供了有价值的启示。

以采集狩猎为主的经济生态和社会已有分化之间的反差，是查海一类遗址所反映的又一重要历史现象。报告依据所取得测试遗址环境和经济生态的标本，并结合从兴隆洼和兴隆沟等遗址孢粉测定结果看，当时这一带的自然环境是阔叶与针叶林混交的森林与草原交汇区，经济生态应以采集与狩猎为主。但就是在这种经济形态下，社会已出现明显分化。1991 年 8 月，苏秉琦先生应阜新市政府之邀谈到对查海遗址的研究和保护时，依据查海遗址出土玉器提出了"万年文明起步"的观点："查海玉器已解决了三个问题，一是对玉材的认识，二是对玉的专业化加工，三是对玉的专用。社会分工导致社会分化，所以是文明起步。"。后又有学者对查海一类遗存社会变革的具体发展过程和特点有所触及，如有以为这类玉玦穿于耳垂，起"魅神"效果，进而推论上古通神有"听（耳）重于视（目）"的观念，故通神的巫者可称为"圣巫"。对玉玦功能这一观点说明，辽河流域文明起源从其起步直到红山文化时期达到高峰，都是以人与天的沟通、取得通神独占权的"连续性文明"为其自身发展道路与特点的。查海遗址有堆塑和浮雕的"类龙"形象出现，所反映思维观念与此相应。

与当地及周围有关遗存的比较，当然首先是与红山文化的关系。查海遗址发现时，牛河梁遗址的"坛庙冢"与造型高度抽象、工艺进步的各类玉器都已发现，为何在燕山以北的辽西出现像牛河梁这样大规模的祭祀遗址群，是学界普遍关心也有些疑惑的问题，查海遗址的发现，部分回答了这一问题，即当地文化的发展演变是首要原因。无论从筒形陶器的形制与以压印"之"字形纹为主的装饰，还是玉器与龙形象的出现，以及特意选在风化基岩上构筑房屋和墓葬的习俗，都说明查海一类遗存是红山文化的直接前身。

有关查海与兴隆洼的关系，是普遍关注的又一问题。在查海遗址发现后尚未正式发掘的1983年，在查海遗址西北方向约150公里的牤牛河上游发现兴隆洼遗址并进行了连续数年的大面积揭露，获得一批具区域特征的饰压划纹夹砂筒形陶罐和成行排列的房址群，测试年代超过5000BC，并提出"兴隆洼文化"的命名，查海遗址一般被归入兴隆洼文化，或作为兴隆洼文化的一种类型。查海遗址与内蒙古东南地区的兴隆洼等遗址相比较，以共同性为主，也有相当多的差异。它们之间的差异可举出：查海遗址的居住址选择在风化基岩上，兴隆洼遗址的居住址则置于沙质黄土；作为主要文化内含的筒形陶罐的饰纹，查海遗址有从素面到"之"字纹与刻划纹的演变趋势，其间压印的"之"字纹和短斜线的栉目纹多见，还常配以一种形式较为进步的"回"字纹，兴隆洼遗址现所划分的期别与纹饰演变，压划的平行斜线纹的多见和不见或少见短斜线和"回"字纹等，都与查海遗址差别较大。这种差别或与时代早晚有关，或是区域差异。从时间早晚比较，兴隆洼等遗址缺少查海遗址早期的素面筒形罐，而那一带有以素面筒形罐为主的遗存单独存在的现象从而有另立一种新文化的设想。从区域差异比较，兴隆洼等遗址所在的牤牛河是大凌河支流，而查海遗址已靠近辽东，该遗址的水源地是流向下辽河支流饶阳河的，而大凌河与下辽河之间所隔医巫闾山，是辽西与辽东的天然分水岭和不同古文化的分界线，所以区域差别更值得关注。在中国考古学史上有关考古学文化的研究表明，就复原不同文化共同体的具体历史而言，对诸文化遗存之间的差异给予更多倾斜，会少走弯路。为此，发掘报告提到"查海—兴隆洼文化"的称谓，应该是允许的。

查海遗址和查海玉器的发现，还促进了东北和东北亚地区古文化研究的进展。就在查海遗址发掘期间，我省举办了两次国际性的学术活动，一是1990年在大连召开的"环渤海考古"会，一是辽宁省文物考古研究所与日本京都大学考古学研究会的合作研究。在大连会上，当查海遗址发现的包括玉玦、玉匕形器在内的玉器向学者们展示时，引起一些海内外学者的一片惊叹。大家的共同认识是，除了该文化虽年代甚早却已有较高发展水平，已可同红山文化"坛庙冢"和玉器群的来源相联系以外，尤其是玉玦，自1889年吴大澂《古玉通考》著录以来，从20世纪初始，先后在包括中国在内的东亚地区有普遍发现，而以查海遗址所出的年代为最早，不排除其对东亚各地史前遗址所出玉玦的影响。在查海玉器发现的消息报道不久，就有多位日本学者发表文章，以为日本列岛史前玉玦是由辽西传播而来的。以后得知，日本列岛的福井县桑野遗址绳纹时代早期遗存（距今约6000～7000年）中，更发现有玉玦与玉匕形器共存，这与查海遗址的组合相同，是玉玦由西向东传播的进一步证明。与我们合作研究的秋山进午先生，则将查海遗址与日本的绳纹文化相比较，以为从经济生态来看，都属于东北亚渔猎文化区，而有别于黄河流域的粟作农业区和东南沿海的稻作农业区。这一时期，吉林与黑龙江的同行们也发表了当地诸多史前遗址出土玉器的报道，其中就有特征近于查海玉器的类型，如玉匕形器等，遂提出东北地区有早于红山文化的玉器，也就是说，东北地区在新石器时代中期就普遍有玉器出现，这样，查海玉器的发现不仅为东北各地发现的特征相近的玉器树立了年代标尺，而且认识到玉器在东北地区出现甚早，是东北史前文化的一个重要的区域特点，以史前玉器与独具特征的饰压印纹筒形陶罐为主要内容，确立了与中原、东南沿海并立的东北文化区，是史前中国起作用最大的三大文化区之一，从而大大提升了东北地区在中华大地史前时期的地位。而红山文化及红山文化玉器的发达，也是以广泛分布于东北地区的史前文化为大背景的。此后还提出玉器起源与渔猎文化，玉器起源与蒙古人种，玉料产地三大板块的划分等饶有兴味的课题。

　　由于查海遗址发现后研究领域不断拓展，研究的深度不断推进，提出的问题越来越广，为此，全面准确报道资料就显得既更为迫切和重要。本报告采取了将每个单元全部发表的办法，特别是房址材料占了大部分篇幅，就是为了尽量达到这一目的。报告中对资料的综合分析及所提出的观点都是初步的。正如苏秉琦先生所告诫的，就考古工作和考古研究过程来讲，发掘报告如《十三经注疏》，发掘材料才是《十三经》，现查海遗址的全部标本都有序地保存在牛河梁考古工作站，欢迎有志趣的研究者随时前来进行再研究，以推动辽河流域、东北及东北亚地区史前文化研究的进展。

2011年7月30日

目 录

上 册

中　册

下　册

图版一～图版三一〇

插表目录

插图目录

第一章　遗址概况与工作经过

第一节　地理位置及自然环境

查海聚落遗址位于辽宁省西北部阜新市阜新蒙古族自治县境内（图一）。该县东与本市的彰武县相连，西与朝阳市所属的北票市毗邻，南与锦州市所属的义县、北宁市、黑山县及沈阳市辖区的新民市相接，北与内蒙古自治区境内的奈曼旗、库伦旗和科尔沁左翼后旗接壤。地理坐标为东经121°01′~122°26′，北纬41°46′~42°34′。处在中温带亚干旱区，属大陆性季风气候，1月份平均气温–11.8℃，7月份平均气温23.9℃，年平均气温7.4℃，年平均降水量520毫米，降水多

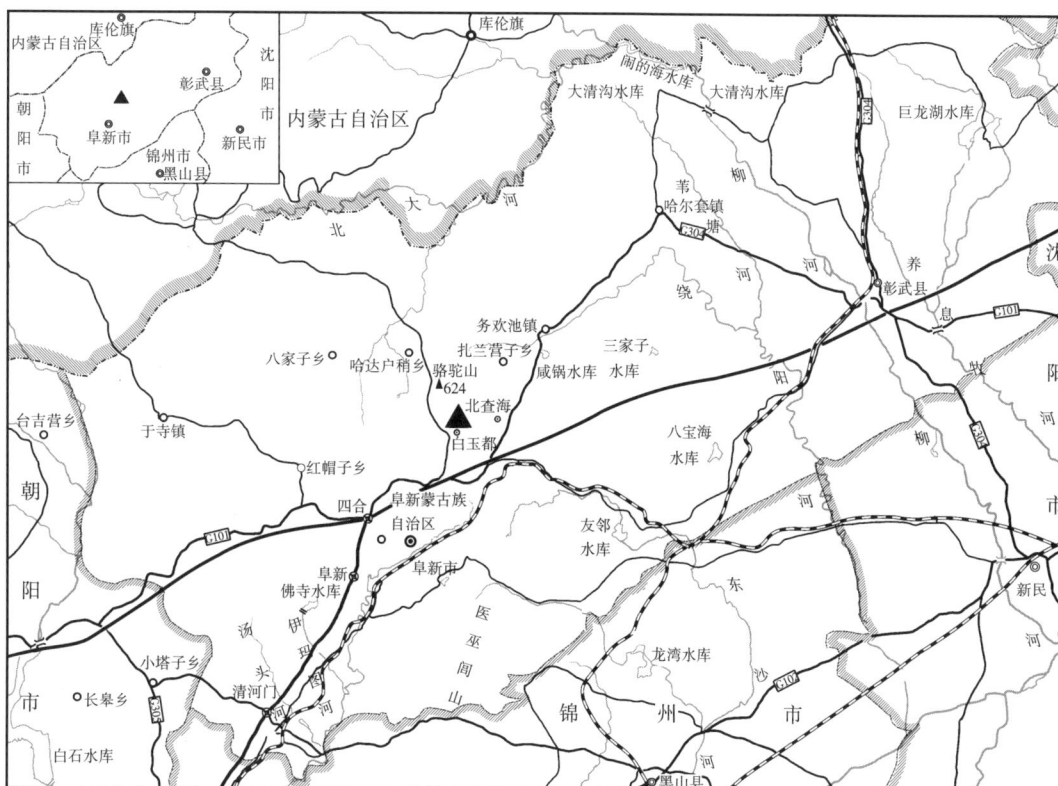

图一　查海新石器时代聚落遗址地理位置图

集中在七八月份，无霜期 148 天。主要农作物有高粱、谷子、玉米等。县境内低山丘陵广布，地貌形态特征为"四山五丘一平原"，地势西部较高，东南部较低。主要山地有西北部的努鲁尔虎山余脉和东南部医巫闾山支脉。流经县境的主要河流有绕阳河、细河、牤牛河、柳河、汤头河、伊玛图河、东沙河、北大河等。经河水的冲积，在这些河谷间形成了众多适合人类休养生息的二级台地。

遗址在阜新蒙古族自治县沙拉乡查海（原称察哈尔）村西南约 2.5 公里处，地理坐标为东经 121°48′2″、北纬 42°11′2″，平面直角坐标：横坐标 00916.6、纵坐标 72846.1（图二；图版二）。西南距阜新市 25 公里，东北 2.5 公里为海拔 592 米的山峰——察哈尔山（当地最高山峰）。这里属于绕阳河一支流源地，系丘陵地带，表层地质结构由红砂黏土及裸露的花岗岩与片麻岩风化壳基岩组成，四周山峦绵亘，沟壑纵横。遗址即坐落在一漫丘南坡台地上，海拔 297 米，地势较平坦开阔，自然坡度约 5~7°，近年才辟为耕地。现地表覆盖红砂黏土，一般厚薄不匀，土质贫瘠，少植被。遗址东西约 125 米，南北约 100 米，总面积约 12500 平方米。其北侧为绕阳河支流的狭长河谷，东侧为通连北部河谷的大沟壑，当地俗称为"泉水沟"，沟内泉水长年不断。遗址的南缘已被一条东西向的冲沟破坏，沟宽 12~15、深 8~10 米。在冲沟的断崖地层内暴露有房址、烧土，灰烬层及陶片、石器等。而地表暴露遗物甚少。若不是从冲沟断层去观察，这类遗址很难会被发现。

该地区属西辽河流域，据有关研究人员对这一地区古生存环境的调查考证分析：内蒙古南部、辽宁西部地区自然植被属于温带落叶阔叶和针叶混交林，气候较现在湿润。"西辽河流域的天然降水虽少，但地下水丰富，且水位高，一般仅距地表 3~5 米，因此在一些地势低洼处往往形成湖泊，便于早期人类生产、生活的利用。其原始景观基模（Matrix）以沙地疏林草原为主，景观组分包括众多的丘陵、低山、台地、平原、林地、草原、草甸、湖泊等景观镶嵌块（Patch），河流、沟谷、道路、林带等景观廊道（Corridor）。所以，其景观异质性强，边缘结构显著，具有食物链长，生物'金字塔'基宽的特点，早期人类在此可耕可牧，可渔可狩，所以是早期人类生存活动的满意生境。"[1] 史前考古发现也充分证明了距今约八千年前开始，西辽河流域相继出现了查海—兴隆洼文化、赵宝沟文化、红山文化、小河沿文化、富河文化、夏家店下层文化等人类活动高峰。

第二节　遗址的发现与发掘概况

查海遗址是在全国进行第二次文物普查时，由阜新市文物干部赵振生同志于 1982 年 5 月发现的。与此同时，刘葆华、孙杰和袁海波等同志又在沙拉乡五田地、四合乡冠山沟两处发现类似查海遗存性质的遗址。同年秋季在康平县召开的全省文物普查工作总结会议上，大家对查海遗存的

---

[1]　宋豫秦等：《中国文明起源的人地关系简论》，科学出版社，2002 年。

图二　查海聚落遗址地形图

性质与命名问题进行了讨论，认为这三处遗存很具特点：都是表土覆盖稍厚，地表散布遗物甚少；层位堆积简单，文化层较薄；居址半地穴，又直辟于花岗岩或片麻岩的基岩层内；它的内涵遗物中，尤以有肩宽刃铲状石器与之字形纹直腹罐陶器为突出特征。当时，已意识到这是一种新的考古学文化遗存，而予以特别关注。随后，孙守道、马沙和魏凡等同志于1983年对这个遗址进行了复查,提出这是距今约 7 千多年前的聚落遗存。

　　1985 年 9 月,苏秉琦先生亲临辽宁,在考察了查海遗址出土的遗物之后指出:查海遗址类型当是红山文化主源之一。据此,提出了先红山文化的观点①。进而又通过陶器上的压印、刻划纹饰的变化规律,预言查海遗址的陶器纹饰将可能解决探讨之字形纹饰的起源问题。在苏先生的建议下,从 1986 年起,辽宁省文物考古研究所开始对查海遗址进行正式发掘。

　　1986 年,先由李宇峰和顾玉才两位同志主持,在阜新市文物科、彰武县文管所有关文物工作人员的配合下,对遗址进行了试掘,并发表了试掘简报②。此次试掘从 7 月 11 日至 26 日,历时 16天。主要工作与收获:1. 对遗址进行普探,并在遗址四周挖 5×1 米的探沟十五条,确定了遗址范围与面积。2. 在遗址南缘(冲沟的北侧)发掘 5×5 米的探方六个,清理出 1 座房址和一些遗物,初步了解了遗址的文化内涵。3. 对房址(F1)内出土的木炭做了碳十四测定,确定了遗址的年代为距今 6925±95 年③,经树轮校正为距今 7600 年,这使西辽河流域新石器时代考古编年日趋明朗化,同时也为今后的考古发掘工作奠定了基础。

　　此后,1987～1992 年查海遗址由方殿春同志主持发掘,1993～1994 年查海遗址由辛岩同志执行主持发掘,在阜新市文物科、阜新蒙古族自治县文管所、彰武县文管所有关文物工作人员的配合下,对该遗址进行了六次不同规模的发掘,其中 1989 年、1991 年未做考古发掘工作。

　　这六次发掘,采用四区象限布方法进行发掘。在记录时,Ⅰ区探方直书探方编号,其他三区探方号前皆冠以分区的罗马数字序号作为区别,而房址、灰坑(窖穴)等遗迹单位系属遗址统编号码。

　　1987 年、1988 年、1990 年对遗址进行三次发掘,发掘的情况及初步分析分别发表于《辽海文物学刊》、《文物》④。这三次发掘主要区域是在Ⅰ、Ⅱ、Ⅳ区内的冲沟两侧,发掘面积约 1500 平方米。沟南Ⅳ区内未见遗迹,沟北Ⅰ、Ⅱ区内发掘清理出 13 座房址(编号 F1～F13,包括 1986 年发掘的 1 座房址)、7 个窖穴(编号 H1～H7)、3 窝陶器堆(编号 D1～D3)、3 座居室墓(F7M、F16M、F18M)。出土遗物十分丰富,分陶器、石器、玉器三大类,主要出土于房址内。此三次发掘的主要收获及重要发现有:1. 确定了遗址的南缘界限,弄清了聚落址南部房址的设置特点。已发现的 13 座房址,皆为半地穴式,排列密集有序,似成排排列,方向大体一致,约为 195°～220°。每座房址中部设灶,内、外二圈布置柱网,生产工具、生活用具组合齐全。2. 从类型学角度,认识到了这一文化内涵中陶器群器型,纹饰特征且具有早晚演变关系。3. 出土的玉器,1989年经中国地质科学院地质研究所鉴定,确定为真玉,均为透闪石软玉⑤。这是目前所发现的中国

———————————

①　郭大顺:《苏秉琦先生与辽宁文物考古工作》,《辽海文物学刊》1989 年第 2 期。

②　辽宁文物考古研究所:《阜新查海新石器时代遗址试掘简报》,《辽海文物学刊》1988 年第 1 期。

③　据中国社会科学院考古研究所技术室 1987 年测定的数据。

④　辽宁省文物考古研究所:《辽宁阜新县查海遗址 1987～1990 年三次发掘》,《文物》1994 年第 11 期;方殿春:《阜新查海遗址的发掘与初步分析》,《辽海文物学刊》1981 年第 1 期。

⑤　1989 年,中国地质科学院地质研究所对查海遗址出土的 9 件玉器,经扫描电镜及红外光谱鉴定分析作出的结论。

最早，也是世界上较早使用真玉的实例①。著名考古学家苏秉琦教授认为"查海玉器解决了三个问题：一是对玉的认识，二是对玉的加工，三是对玉的使用"②。4. 尤为重要的是在 1990 年的发掘中，出土了少见的类龙纹陶器残片以及居室墓 F7M，并在墓内清理出了大、中、小三对 6 件匕形玉器。5. 新采集的木炭标本经碳十四测定，再次确定年代距今 7360±150 年（未经树轮校正）③。

1992 年、1993 年、1994 年对遗址进行三次发掘，发掘成果写进《辽宁考古文集》④，主要发掘区域在Ⅰ、Ⅱ区内，总计揭露面积约 5800 平方米。其中，1992 年发掘面积 1000 平方米，主要发掘区域在Ⅰ、Ⅱ区内，遗址的南部（图版四；图版五）。主要收获和重要发现：清理出 10 座房址（编号 F14～F23）、3 个窖穴（编号 H8～H10）、1 窝陶器堆（编号 D4）、2 座居室墓（编号 F19M、F21M）。还在 F20 灶内发现较完整的猪上颌骨，在 F16 内发现 2 块猪盆骨。另外，又出土 10 余件玉器。

1993 年发掘面积 2500 平方米，主要发掘区域在Ⅰ、Ⅱ区内，遗址的西北部（图版三，1、2；图版一二，1；图版六）。主要收获和重要发现：清理出 16 座房址（编号 F24～F39）、18 个窖穴（编号 H13～H30）。这次发掘的房址，有的带有基岩二层台；有的室内有窖穴；有的南壁东南端穴壁外凸，呈半圆形，推测是房址的出入部位。有些灶底铺垫石器现象。并在有些房址内出土了一些较碎的猪骨残渣、炭化山杏核及胡桃果核。在 16 座房址中有三组 7 座房址相互间具有早、晚打破关系，这为研究查海遗址文化分期提供了重要依据。在 F39 房址内出土了一件新石器时代遗址中少见的塑有"蟾蜍"、"蛇衔蛙"动物题材的斜腹罐。

1994 年发掘面积 2300 平方米，主要发掘区域在Ⅰ区内，遗址的中部和东北部（图版七，图版八、九，图版一〇、一一）。主要收获和重要发现：清理出 16 座房址（编号 F40～F55）、5 个窖穴（编号 H31～H35）、1 座居室墓（编号 F43M）、1 处龙形堆石遗迹、10 座墓葬（编号 M1～M10）、2 个祭祀坑（编号 H34、H36）、2 段环沟（编号 G1、G2）。在这次发掘中，又发现一组相互间具有早、晚打破关系的 5 座房址，即内含之字纹的 F47、F48、F52、F55 共同打破内含素面、窝点纹、草划网格纹的 F49，进一步为查海遗址内涵分期提供了新的依据。新发现的 F46 号房址，位于聚落址中心偏北，面积达 157.32 平方米，是遗址中最大的房址。该房址内出土一对大铲形石器，比其他房址内出土的铲形石器大一倍。推测该房址是聚落中地位较高者所居住或具有聚会等性质的房屋。F43 居室墓内玉块出土的具体位置，明确了它的实用功能。环壕的发现，确定了东北缘的界限。此次清理出的中心墓地、祭祀坑及大型龙形堆塑为研究该聚落的布局及当时人类的生活面貌、意识形态等方面提供了全新的资料。

---

① 闻广：《中国古玉的研究》，《中国非金属矿工业导刊》1990 年第 2 期；辛岩：《查海玉器的发现及认识》，《玉魂国魄》，科学出版社，2002 年。
② 苏秉琦：《华人·龙的传人·中国人——考古寻根记》，辽宁大学出版社，1994 年。
③ 据北京大学考古系年代测定室报告书。编号 BA93001。
④ 辛岩、方殿春：《查海遗址 1992～1994 年发掘报告》，《辽宁考古文集》，辽宁民族出版社，2003 年。

目前，查海聚落遗址虽未全部揭露，但经过上述七次不同规模的发掘，陆续搞清了该聚落的布局（图三）、内部结构和文化内涵，并发表了阶段性简报、报告以及相关文章，为本报告的编写奠定了坚实的基础。

这次报告编写，系统、全面地介绍了所有发掘资料，并对重要内容予以独立章节归纳、分析，弥补了已往阶段性文章的不足。已发表的相关资料与本报告如有相悖之处，以本报告为准。

查海聚落遗址发掘领队方殿春，后期执行领队辛岩。曾参加过查海聚落遗址发掘的工作人员有辽宁省文物考古研究所李宇峰、顾玉才、方殿春、辛岩，阜新市文物科刘葆华、胡建、王久贵、石金民、刘晓鸿、梁枫、赵振生、崔嵩，阜新蒙古族自治县文管所袁海波、吕振奎、王耀生，彰武县文管所孙杰、孙刚、王喜生，吉林大学考古系 89 级学员吕学明、张力、盛储彬、梁岩华等，辽宁大学历史系学员唐彦林。

曾经到考古发掘现场进行考察、指导工作的专家有张忠培、孙守道、郭大顺、辛占山等。

发掘资料的系统整理及编写工作始于 2008 年 7 月，止于 2011 年 5 月。辽宁省文物考古研究所对此报告的编写工作十分重视，特由李新全副所长负责主管，并组成报告编写组，成员五人：主编辛岩，摄影师穆启文，考古技工万成忠、张明和、马红光。在报告编写过程中，电脑资料收集、整理万成忠，田野绘图人员孙刚、刘小鸿、崔嵩，电脑制图人员万成忠、张明合、马红光，遗物修复人员张明合、张春坤，纹饰拓片孙刚，遗物摄影穆启文，遗迹摄影方殿春、辛岩、穆启文。参加阶段性整理的工作人员陈力、郭添刚、夏晨光、王闯、马海玉、智朴、孙予航、吴亚成、胡国富、邓茂、华正杰、王晓磊、袁金生等同志。墓葬人骨由吉林大学考古系朱泓同志现场初步鉴定；石器由辽宁省文物考古研究所傅仁义同志现场初步鉴定；碳十四测定分别由中国社会科学院考古研究所技术室及北京大学考古文博学院实验室测定；玉器质料由中国地质科学院地质研究所鉴定，闻广先生作了技术鉴定分析；动、植物遗存分析研究分别与山东大学东方考古研究中心靳桂云、宋艳波等同志合作。遗址时空框架与辽宁大学历史学院张星德同志合作，在此一并致以衷心谢意。

第三节　遗址管理状况

1988 年 12 月 20 日，查海遗址被辽宁省人民政府公布为"辽宁省第四批省级文物保护单位"，并公布了保护范围界线。

1990 年，在"环渤海国际考古学术讨论会议"上，查海遗址的考古重大发现引起轰动。为更好地保护和发掘遗址，1991 年阜新市人民政府对查海遗址征地，同年免征土地使用税。

1992 年，阜新市人民政府在此建起一座面积达 800 平方米的查海遗址专题博物馆（图版一，1）。同时将遗址保护区用木栏杆围护，并从沈承公路至博物馆修筑 3 公里长的参观旅游路。10 月

3 日，阜新市文化局提交市委常委会议讨论文件《关于进一步开发和建设查海遗址的初步规划》。12 月 25 日，市委常委会议讨论通过了《关于进一步开发和建设查海遗址的建议》。

1994 年，省政协建议"阜新市政府解决资金加速查海遗址博物馆扩建与中华第一村旅游景点的开发建设"。为进一步加强对查海遗址的重点保护，辽宁省人民政府十分重视，将遗址信息资料上报到国家文物局申报全国重点文物保护单位。

1996 年，经国务院批准为"第四批全国重点文物保护单位"（图版一，2）。

第二章　地层堆积和遗物

第一节　地层堆积

1986 年遗址试掘后，1987 年决定对该遗址进行大规模发掘。针对遗址的范围和地貌，为了发掘和获取更全面的埋藏信息，我们将永久性基点设定在遗址南部大冲积沟的北侧 30 米处，采用象限法布方，每个探方尺寸 5 × 5 米，将整个遗址划定在四个象限区内：沟北锁定在第 I 、Ⅱ 象限内，沟南锁定在第Ⅲ 、Ⅳ 象限内。

经调查、勘探、发掘证明，整个遗址的生活居住区（营建区）位于沟北 I 、Ⅱ 象限区内，而沟南Ⅲ 、Ⅳ 象限区内未见居住遗迹，仅在靠近沟沿探方的次生地层中零星出土了少量残存陶片，于是，我们放弃了Ⅲ 、Ⅳ 区的发掘，对 I 、Ⅱ 区进行了大面积重点发掘。

I 、Ⅱ 区位于沟北，是查海聚落遗址的主要生活区，其地势为向阳漫坡台地，西北高，东南低。聚落遗址中的半地穴式房址与窖穴，均挖凿、营建在原生黄土层与花岗岩基岩层内，文化单一。其上，次生堆积可分二层：①层为表土层；②层为高处泥土流失、滑坡、淤积形成的泥流层，主要分布于 I 区东南部较低洼地带。堆积厚薄亦表现出自西北高处向东南低处逐渐加厚的趋势。尤其是 I 区北部、Ⅱ 区西北部较高地带，基岩层局部裸露于地表，①层下无②层，直接为生黄土层或基岩层。

这种水土流失自然力量而形成泥流次生堆积层，使得原属于同一层位下的聚落遗址处于不同层位下，同时也造成了早、晚期遗迹层位的倒装现象。该遗址中，有些较高位置的早期遗迹位于①层下，有的甚至裸露于地表（在地表呈现大小黑灰土圈的应为房址、窖穴等遗迹，雨后尤为明显），而处于较低位置的晚期遗迹却位于②层泥流层下。考古学上把这种因自然力量而形成的次生地层堆积现象称为倒装堆积现象。

现以Ⅱ 区 T0315、T0215 北壁剖面及 I 区 T0506、T0606 北壁剖面为例。

Ⅱ 区 T0315、T0215 北壁剖面（图四）：

第①层：表土层，厚 15～20 厘米，内含遗物。F26 开口于此层下。

第②层：花岗岩基岩层。

图三　查海遗址遗迹平面图

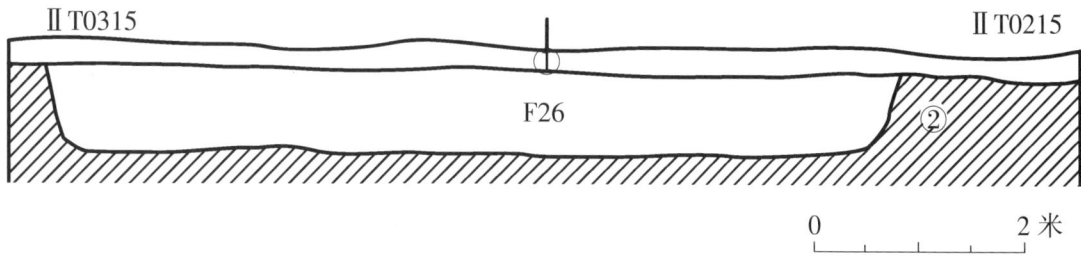

图四　Ⅱ区 T0315、T0215 北壁剖面图

（①耕土层　②花岗岩基岩层）

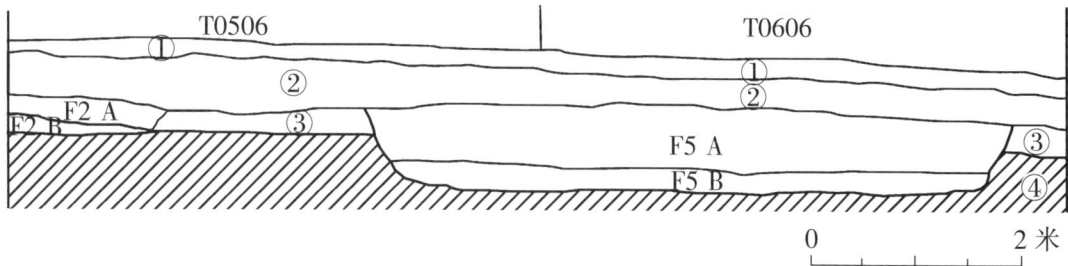

图五　Ⅰ区 T0506、T0606 北壁剖面图

（①耕土层　②泥流层　③生黄土层　④花岗岩层）

Ⅰ区 T0506、T0606 北壁剖面（图五）：

第①层：表土层，厚 15～20 厘米。

第②层：红褐土泥流层，厚 25～50 厘米。内含遗物，F2、F5 开口于此层下。

第③层：生黄土层。

第④层：花岗岩基岩层。

第二节　地层遗物

一　第①层遗物

第①层出土石器 54 件，玉器 1 件，陶器及残片 833 件，其中择选标本 44 件，统计陶片 789 片（附表 1　查海遗址地层出土陶片统计表）。

（1）陶器及残片标本 44 件。AⅡ式斜腹罐 3 件，斜腹罐口沿 2 件，斜腹罐腹部残片 3 件，BⅢ式直腹罐 6 件，BⅣ式直腹罐 3 件，直腹罐口沿 2 件，直腹罐腹部残片 5 件，直腹罐罐底 7 件，CⅠ式鼓腹罐 1 件，CⅢ式鼓腹罐 2 件，CⅣ式鼓腹罐 1 件，CⅤ式鼓腹罐 1 件，Bb1 型钵 3 件，Ca1 型钵 1 件，杯口沿 1 件，A 型陶纺轮 3 件（附表 6　查海遗址地层出土陶器型式统计表）。

A Ⅱ 式斜腹罐 3 件，皆夹砂红褐陶，圆唇，外叠宽带沿，沿面饰右斜线纹，素身。Ⅱ T0213①：1，口径 27、残高 11 厘米（图六，2）；Ⅱ T0213①：3，口径 16、残高 5.7 厘米（图六，1）；Ⅱ T0311①：1，沿下有一锔孔，口径 28、残高 7.4 厘米（图六，3）。

斜腹罐口沿 2 件，皆夹砂红褐陶。Ⅱ T0113①：1，外叠宽带沿，沿面饰右斜线纹，主体纹饰为窝点纹，残高 6.8 厘米（图六，5）；T1210①：9，薄圆唇，素面，近口贴饰乳钉，口径 22、残高 5.7 厘米（图六，4）。

斜腹罐腹部残片 3 件，皆夹砂红褐陶。T0115①：1，饰窝点纹，贴饰窝点纹泥饼，残高 9.8 厘米（图六，7）；T0208①：1，腹部贴饰横泥条钉，残高 9.2 厘米；T0214①：11，腹部贴饰窝点纹月状泥条，残高 8.5 厘米（图六，6）。

B Ⅲ 式直腹罐 6 件，皆夹砂红褐陶。其中底部残片 2 件，Ⅱ T0211①：1，饰草划交叉纹、短横线纹，底径 11、残高 7.6 厘米（图六，12）；T0214①：10，饰草划交叉纹，底径 13、残高 8.4 厘米（图六，13）。口部残片 4 件，Ⅱ T0311①：4，圆唇，颈饰弦纹，窄凸附加堆纹带饰网格纹，腹饰草划交叉纹，口径 14.5、残高 18 厘米（图六，9）；Ⅱ T0311①：5，外撇口，圆唇，近口饰弦纹，其下为戳点纹，口径 9、残高 6.8 厘米（图六，8）；T0214①：8，厚圆唇，颈饰弦纹，窄凸附加堆纹带饰左右斜线纹，腹部草划网格纹，附加堆纹带下有一锔孔，口径 27、残高 11.4 厘米（图六，11）；T0215①：2，厚圆唇，颈饰弦纹，指压附加堆纹带，腹饰草划交叉纹，口径 25、残高 10 厘米（图六，10）。

B Ⅳ 式直腹罐口沿残片 3 件。夹砂红褐陶 2 件，Ⅱ T0213①：2，厚圆唇，颈饰弦纹，附加堆纹带饰左斜线，腹饰短横线纹、规整网格纹，口径 28、残高 12 厘米（图七，2）；T0214①：12，直口圆唇，颈饰左斜线纹 3 周，附加堆纹带饰 C1 型梭形几何纹，腹饰左斜线纹 2 周及竖压横排之字纹，口径 18、残高 12 厘米（图七，1）。夹砂灰褐陶 1 件，T0213①：1，敞口，外叠唇，颈饰左斜线纹 4 周，腹饰竖压横排之字纹，口径 19、残高 9 厘米（图七，3）。

直腹罐口沿 2 件，皆夹砂红褐陶。Ⅱ T0113①：4，尖圆唇，颈饰弦纹，窄凸附加堆纹带饰左斜线纹，腹部饰断弦纹、草划交叉纹；T0216①：1，圆唇，近口饰左斜线纹 2 周，颈饰 Ba1 型 F 形几何纹，腹饰左斜线纹，残高 9.5 厘米（图七，4）。

直腹罐腹部残片 5 件，皆夹砂红褐陶。T0214①：13，饰草划交叉纹、窝点纹，残高 16 厘米（图七，8）；T0214①：9，饰网格纹，残高 5.5 厘米（图七，7）；Ⅱ T0311①：3，饰草划交叉纹，残高 10 厘米（图七，9）；T0214①：7，近口饰戳点纹附加堆纹带，残高 4.7 厘米（图七，6）；T0215①：1，饰竖压横排弧线之字纹，残高 7.4 厘米（图七，5）。

直腹罐罐底 7 件，皆夹砂红褐陶。Ⅱ T0113①：2，腹饰不规则弦纹；Ⅱ T0113①：3，腹饰戳点纹；Ⅱ T0213①：4，腹饰竖压横排之字纹，底径 8.2、残高 16.9、厚 0.8 厘米（图七，12）；T0212①：1，腹饰草划交叉纹，底径 16、残高 12 厘米（图七，10）；T0208①：2，素面；T0208①：3，素面；T0214①：6，饰草划交叉纹、戳点纹，底径 14、残高 7.2 厘米（图七，11）。

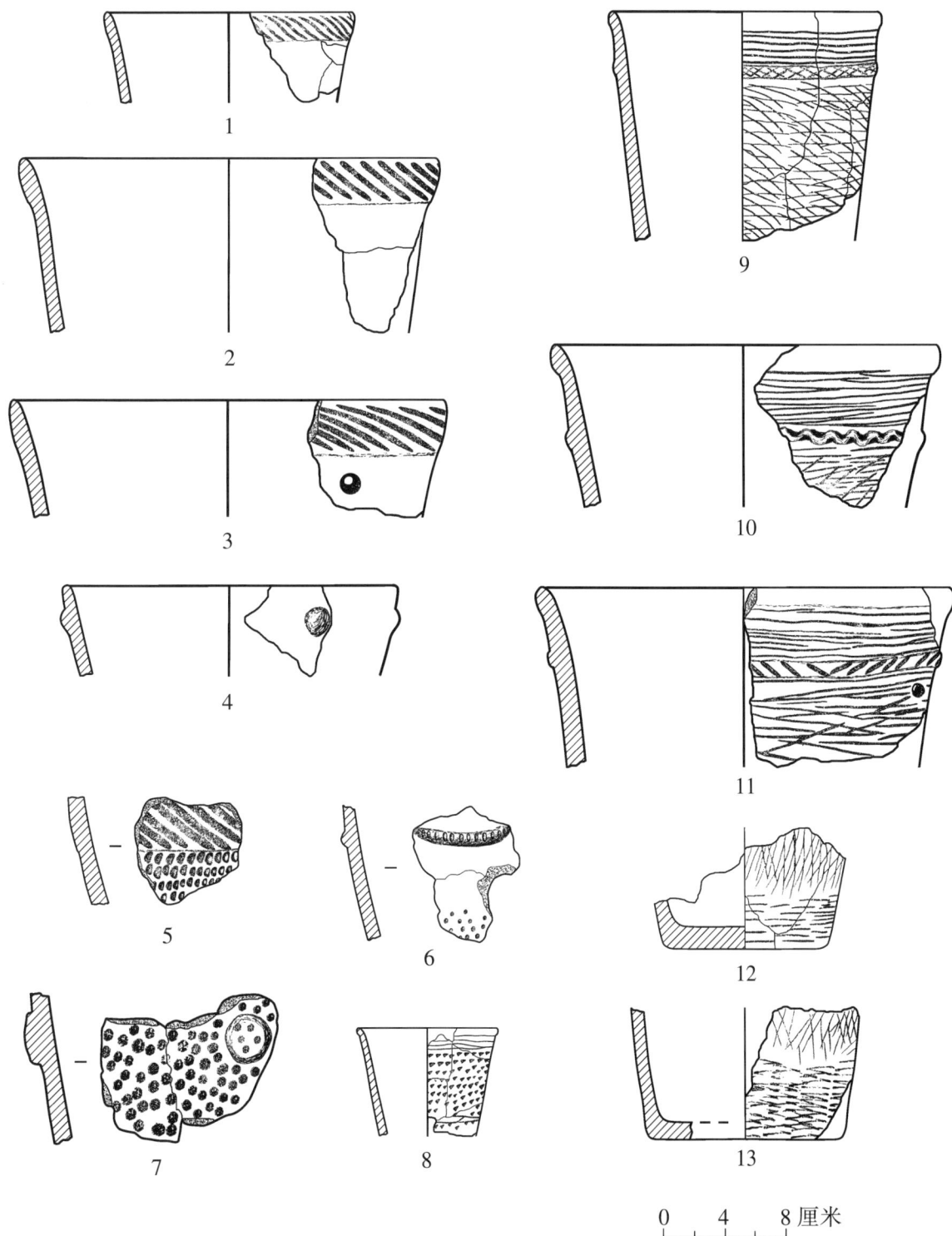

图六　①层陶器

1~3. A Ⅱ 式斜腹罐 （Ⅱ T0213①：3、Ⅱ T0213①：1、Ⅱ T0311①：1）　　4、5. 斜腹罐口沿（T1210①：9、Ⅱ T0113①：1）　　6、7. 斜腹罐腹部残片（T0214①：1、T0115①：1）　　8~11. B Ⅲ 式直腹罐（Ⅱ T0311①：5、Ⅱ T0311①：4、T0215①：2、T0214①：8）　　12、13. B Ⅲ 式直腹罐（Ⅱ T0211①：1、T0214①：10）

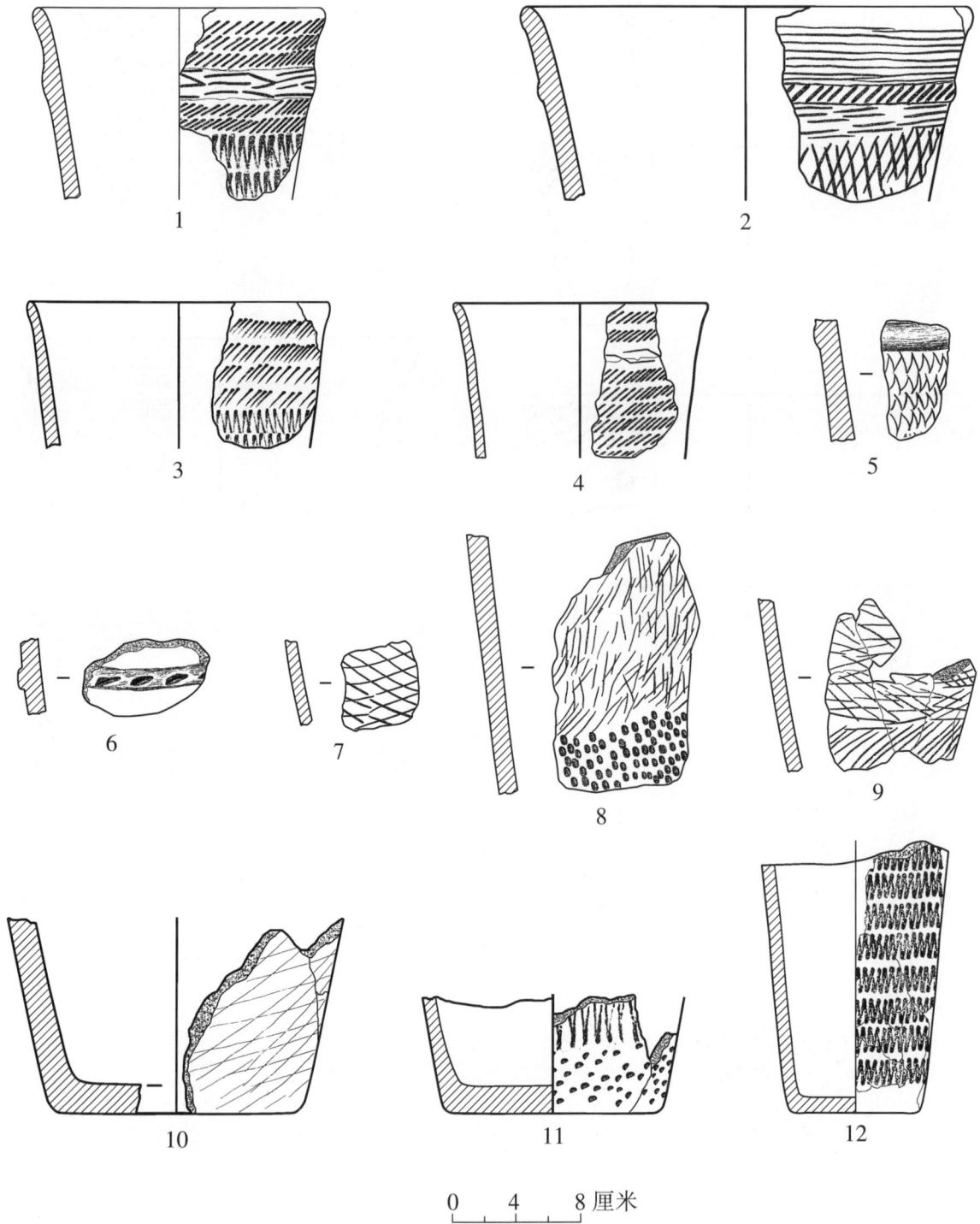

图七　①层陶器

1～3. BⅣ式直腹罐（T0214①：12、ⅡT0213①：2、T0213①：1）　4. 直腹罐口沿（T0216①：1）

5～9. 直腹罐腹部残片（T0215①：1、T0214①：7、T0214①：9、T0214①：13、ⅡT0311①：3）

10～12. 直腹罐罐底（T0212①：1、T0214①：6、ⅡT0213①：4）

CⅠ式鼓腹罐 1 件，T0213①：2，夹砂灰褐陶，口部残片，圆唇，束颈，颈肩饰网格纹，口径20、残高 6.7 厘米（图八，4）。

CⅢ式鼓腹罐 2 件，皆夹砂灰褐陶，口部残片，侈口，圆唇，束颈。Ⅱ T0110①：1，口、颈部饰左斜线纹，肩饰 C3 型梭形几何纹 1 周，口径 18、残高 9.5 厘米（图八，1）；Ⅱ T0109①：1，近口饰短横线纹与竖线纹相间隔，口径 10、残高 4.3 厘米（图八，5）。

CⅣ式鼓腹罐口沿残片 1 件，T0415①：1，夹砂红褐陶，外撇口，圆唇，弧腹，近口饰刻画弧线纹，其下竖压横排宽疏之字纹，口径 18、残高 12.6 厘米（图八，3）。

CⅤ式鼓腹罐 1 件，Ⅱ T0311①：7，夹砂红褐陶，口部残片，侈口，圆唇，束颈，近口饰左斜线纹 3 周，颈饰 Da2 型锯齿形几何纹 1 周，上腹饰左斜线纹，下腹饰几何纹（纹饰不清），口径

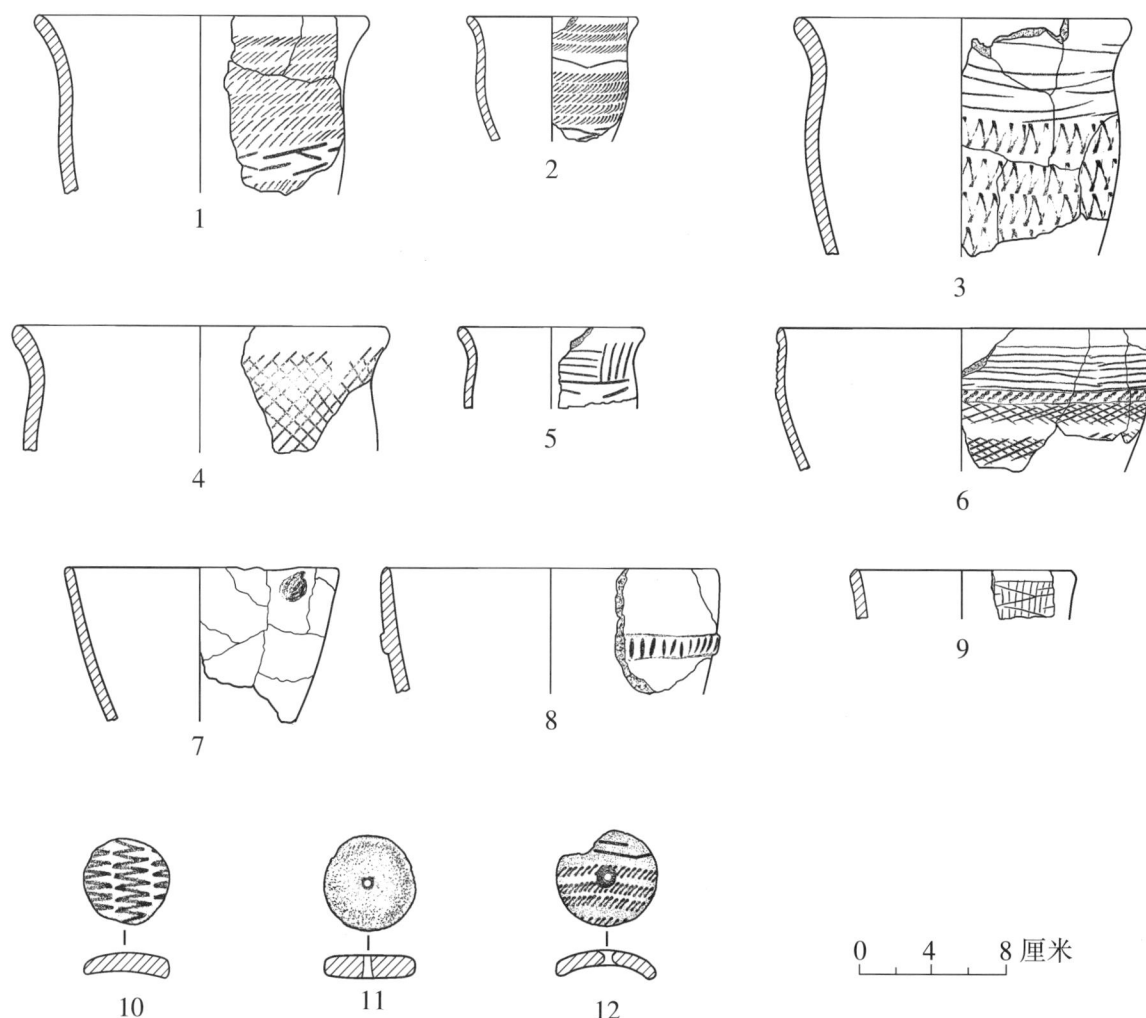

图八　①层陶器

1、5. CⅢ式鼓腹罐（Ⅱ T0110①：1、Ⅱ T0109①：1）　2. CⅤ式鼓腹罐（Ⅱ T0311①：7）　3. CⅣ式鼓腹罐（T0415①：1）　4. CⅠ式鼓腹罐（T0213①：2）　6. Ca1 型钵（Ⅱ T0311①：2）　7、8. Bb1 型钵（T1009①：1、Ⅱ T0311①：6）　9. 杯口沿（Ⅱ T0109①：2）　10～12. A 型陶纺轮（T0411①：3、T0411①：2、Ⅱ T0111①：1）

9、残高 6.6 厘米（图八，2）。

Bb1 型钵 3 件，皆口部残片。夹砂红褐陶 2 件，ⅡT0311①：6，敛口，圆唇，肩部饰竖线纹附加堆纹带，口径 18、残高 3.3 厘米（图八，8）；T1009①：1，直口，圆唇，深腹，素面，近口部附贴乳钉，口径 15、残高 8 厘米（图八，7）。夹砂灰褐陶 1 件，T1210①：8，敛口，薄圆唇，近口饰左斜线纹。

Ca1 型钵 1 件，ⅡT0311①：2，夹砂红褐陶，口部残片，尖圆唇，折肩，近口饰弦纹，折肩处压窝附加堆纹带，腹饰网格纹，口径 20、残高 7.2 厘米（图八，6）。

杯口沿 1 件，ⅡT0109①：2，夹砂灰褐陶，近口饰 C1 型梭形几何纹、附压竖线纹，口径 12、残高 2.6 厘米（图八，9）。

A 型陶纺轮 3 件，陶片制作，圆形，对钻孔。ⅡT0111①：1，夹砂灰褐陶几何纹、斜线纹陶片，直径 5.3、厚 0.6 厘米（图八，12）；T0411①：2，夹砂红褐陶素面陶片，直径 4.9、孔径 0.45、厚 1.2 厘米（图八，11；图版一五七，2）；T0411①：3，夹砂灰褐陶之字纹陶片，直径 4.7、厚 1.0 厘米（图八，10）。

（2）石器 54 件。A 型石斧 1 件，B 型石斧 1 件，C 型石斧 2 件，Aa 型铲形石器 1 件，Ba 型铲形石器 2 件，Ca 型铲形石器 1 件，Db 型铲形石器 2 件，Cb 型铲形石器 1 件，铲形石器刃部残片 5 件，铲形石器残片 5 件，Ba 型饼形器 1 件，Bc 型饼形器 1 件，A 型石凿 1 件，沟槽器 1 件，石球 2 件，Aa 型磨棒 2 件，B 型磨棒 1 件，C 型磨棒 2 件，D 型磨棒 1 件，A 型磨盘 2 件，研磨器 1 件，砺石 4 件，敲砸器 12 件，尖状器 1 件，石料 1 件（参见附表 14　查海遗址地层出土石器型式统计一览表）。

A 型石斧 1 件，T0104①：2，灰色页岩，琢磨，扁圆宽梯体，弧顶，弧刃，侧棱圆滑，长 14.8、宽 7.9、厚 3.7 厘米（图九，1；图版一六六，6）。

B 型石斧 1 件，T0410①：1，深灰色页岩，磨制，扁圆窄梯体，弧顶，弧刃，顶及刃部有崩痕，长 9.6、宽 5.6、厚 1.8 厘米（图九，2）。

C 型石斧 2 件，T1210①：1，深灰色页岩，打制，扁平梯形，弧顶，弧刃，刃部有使用崩痕，长 12.5、宽 7.5、厚 1.5 厘米（图九，3）；T1109①：1，石斧残片，弧刃较锋利，残长 5.5、残宽 4.1、厚 1.1 厘米。

Aa 型铲形石器 1 件，T0414①：4，灰绿色页岩，打制，直柄，圆身一侧残，长 9.5、残宽 5.7、厚 2 厘米（图九，4）。

Ba 型铲形石器 2 件，打制，微束腰，弧刃。T0401①：5，灰色页岩，长 15.0、刃宽 9.4、厚 1.7 厘米（图九，5）；Ⅳ①：10，浅黄色花岗岩，顶部有崩痕，刃部较厚，使用痕迹明显，长 14.5、宽 7.6、厚 2.6 厘米。

Ca 型铲形石器 1 件，打制，ⅡT0112①：1，灰绿色页岩，椭圆柄，束腰，扇状铲身，弧刃，有崩痕，柄部略残，长 15.3、宽 18.5、厚 2.2 厘米（图九，7）。

Db 型铲形石器 2 件，皆打制，束腰，平斜肩，横长身，弧刃尖角，有崩痕。ⅡT0111①：4，赭色页岩，宽 14.0、残长 12.0、厚 1.3 厘米（图九，6）；T0104①：1，黑色页岩，宽 16.8、

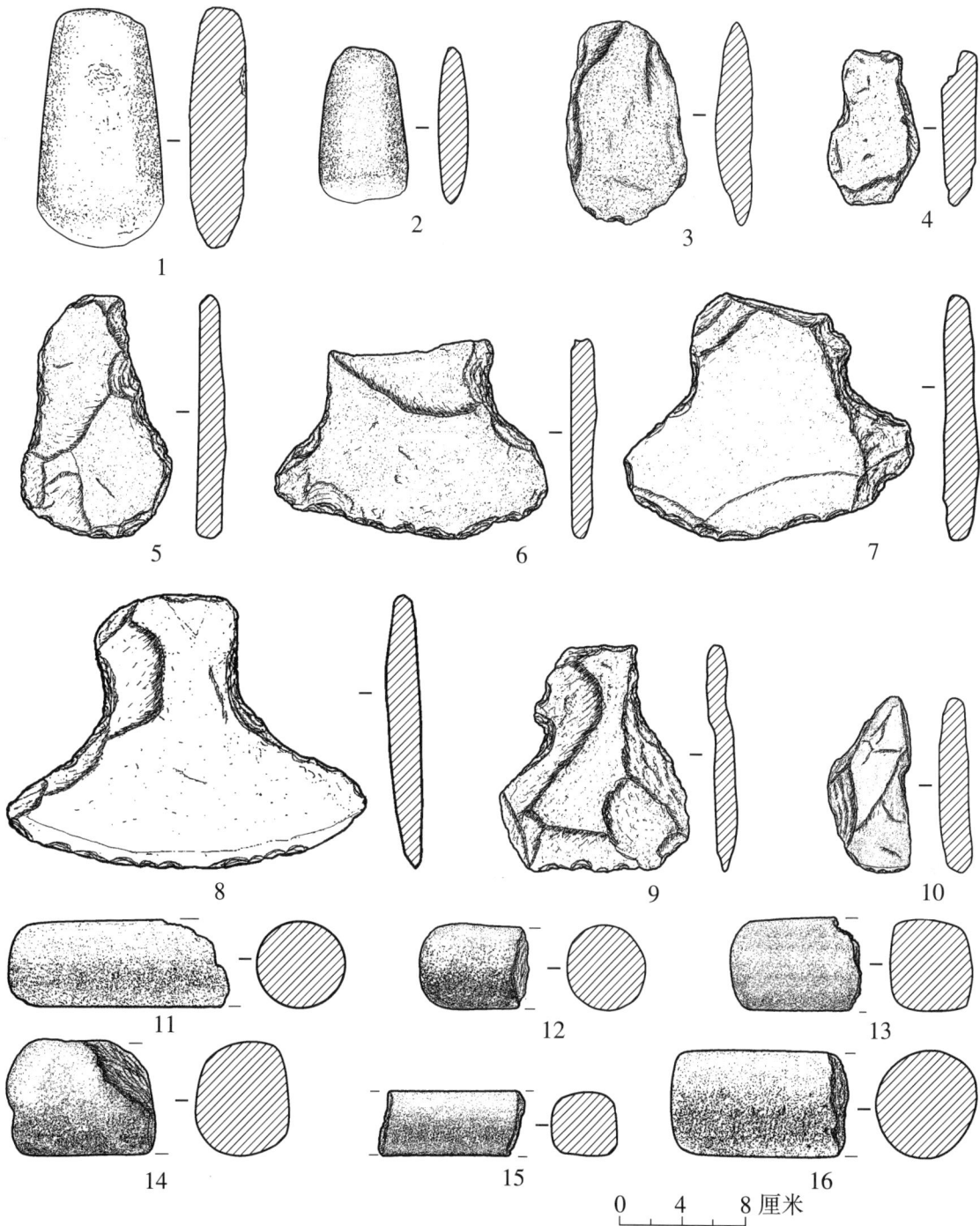

图九　①层石器

1. A 型石斧（T0104①：2）　　2. B 型石斧（T0410①：1）　　3. C 型石斧（T1210①：1）　　4. Aa 型铲形石器
（T0414①：4）　　5. Ba 型铲形石器（T0401①：5）　　6、8. Db 型铲形石器（ⅡT0111①：4、T0104①：1）
7. Ca 型铲形石器（ⅡT0112①：1）　　9. Cb 型铲形石器（ⅡT0111①：5）　　10. 铲形石器刃部残片
（T1210①：7）　　11、12. Aa 型磨棒（T0214①：3、T1210①：5）　　13. B 型磨棒（T0801①：1）　　14、15. C 型
磨棒（T1210①：2、ⅡT0207①：3）　　16. D 型磨棒（ⅡT0111①：3）

长 13.1、厚 2.1 厘米（图九，8；图版一八一，1）。

Cb 型铲形石器 1 件，ⅡT0111①：5，赭色玄武岩，打制，椭圆柄，束腰，椭圆铲身，弧刃，有崩痕，长 14.0、残宽 12.0、厚 1.3 厘米（图九，9）。

铲形石器刃部残片 5 件，皆灰色页岩，打制，弧刃。ⅡT0209①：2，残长 6.7、刃部残宽 4.4、厚 0.8 厘米；T0214①：1，残长 11.5、刃宽 8.5、厚 1.5 厘米；T0401①：1，长 18.0、刃宽 9.3、厚 1.26 厘米；T0414①：3，厚 1 厘米；T1210①：7，残长 10.9、刃部残宽 5.0、厚 1.8 厘米（图九，10）。

铲形石器残片 5 件，其中黑色页岩 2 件，标本ⅡT0210①：2，T0709①：1；灰色页岩 3 件，标本 T0713①：1，T0713①：2，T0801①：2。

Ba 型饼形器 1 件，T0914①：1，红褐色玄武岩，琢磨，圆形扁平体，器面光滑平整，直径 7.0、厚 2.6 厘米（图一〇，6）。

Bc 型饼形器 1 件，T0414①：1，浅黄色花岗岩，椭圆形扁平体，琢制，一面有凹坑，直径 7.7、厚 3.1 厘米（图一〇，7）。

A 型石凿 1 件，T0514①：1，深灰色页岩，磨制，长条扁体，截面椭圆，顶及刃部破损，残长 6、宽 3、厚 1.5 厘米（图一〇，9）。

沟槽器 1 件，T1214①：1，浅灰色砂岩，磨制，残，一面有磨沟，残长 5.26、宽 5、厚 2.6 厘米（图一〇，8；图版二三二，5）。

石球 2 件，T0312①：1，棕红色玄武岩，打制，有一浅窝坑，长 16.9、宽 15.7、厚 15.6 厘米（图一〇，13；图版二三九，6）；T0109①：1，石球，白色河光石。

Aa 型磨棒 2 件，黄色花岗岩，琢制，圆柱状。T1210①：5，残长 5.7、直径 4.9~5.0 厘米（图九，12）；T0214①：3，残长 14、直径 5.8 厘米（图九，11）。

B 型磨棒 1 件，T0801①：1，残段，棕红色花岗岩，琢制，近方柱体，残长 7.5、直径 5.5 厘米（图九，13）。

C 型磨棒 2 件，黄色花岗岩，琢制，多棱柱状。ⅡT0207①：3，残长 8.68、直径 4.07 厘米（图九，15）；T1210①：2，残长 8.5、直径 6.0~7.0 厘米（图九，14）。

D 型磨棒 1 件，ⅡT0111①：3，残块，黄色花岗岩，琢制，椭圆柱状，残长 11.3、直径 6.6 厘米（图九，16）。

A 型磨盘 2 件，残块，黄色花岗岩，琢制，凹磨面。ⅡT0111①：2，圆角长方形，残长 15.3、残宽 12.0、厚 2.9 厘米（图一〇，1）；T0512①：1，残长 16、宽 13、厚 2~4.5 厘米（图一〇，2）。

研磨器 1 件，ⅡT0209①：1，流纹岩，四棱锥体，长 1.48、厚 1.36 厘米（图版二三一，1）。

砺石 4 件，皆自然石块，单磨面。T0512①：3，灰色石英岩，扁平体，光滑平整，长 13、宽 11、厚 4 厘米（图一〇，5）；T0512①：4，灰细砂岩，长 6.28、厚 2.07 厘米；T1210①：4，黄白色页岩，凹磨面，长 14.2、宽 6.2、厚 1.3 厘米（图一〇，4）；T0512①：2，花岗岩，近长方体，凹磨面，长 26、宽 15.5、厚 10 厘米（图一〇，3）。

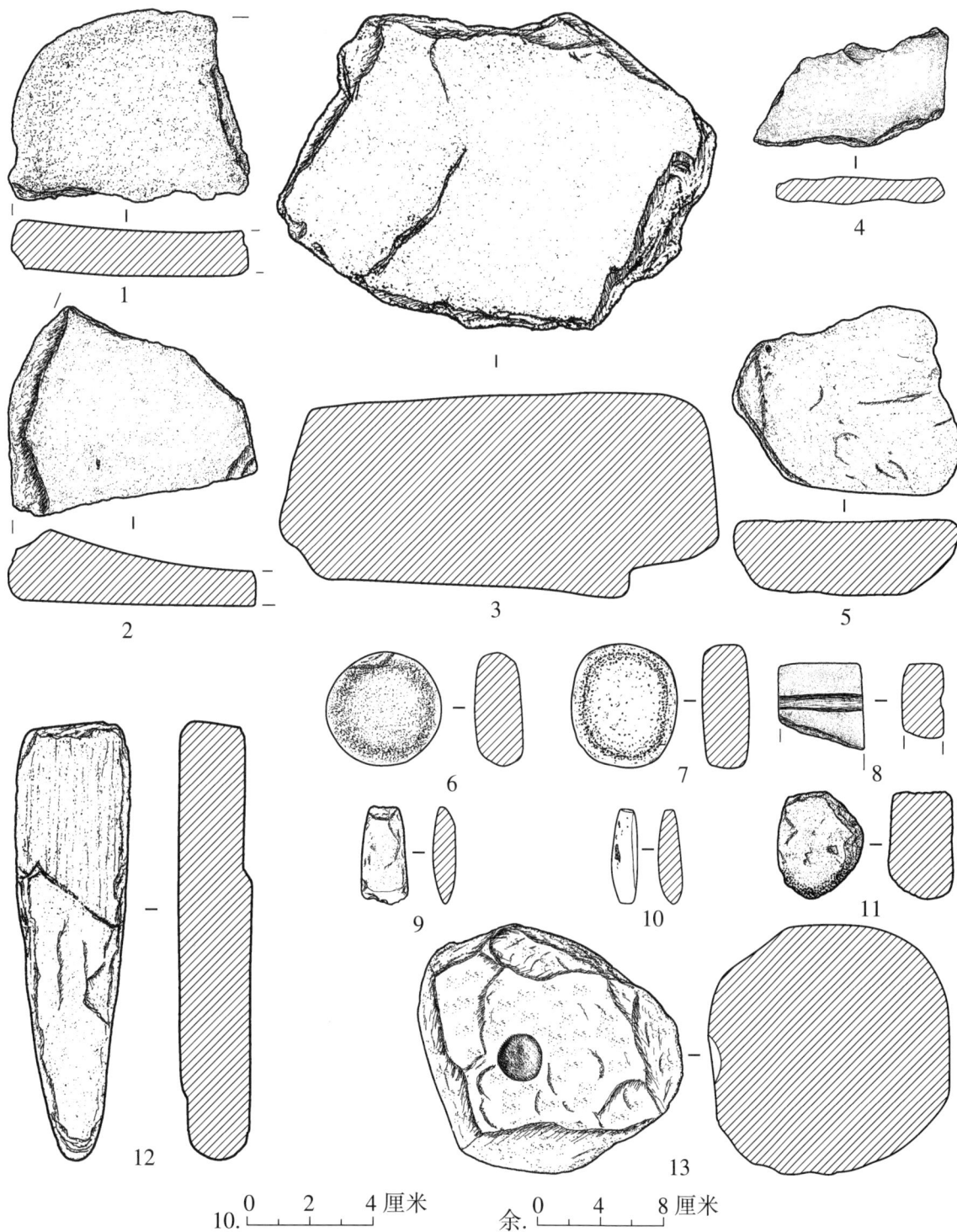

图一〇　①层石器、玉器

1、2. A 型磨盘（ⅡT0111①:2、T0512①:1）　　3～5. 砺石（T0512①:2、T1210①:4、T0512①:3）

6. Ba 型饼形器（T0914①:1）　　7. Bc 型饼形器（T0414①:1）　　8. 沟槽器（T1214①:1）

9. A 型石凿（T0514①:1）　　10. 玉凿（T0411①:1）　　11. 敲砸器（T0401①:3）　　12. 尖状器

（T0613①:1）　　13. 石球（T0312①:1）

敲砸器 12 件，自然石块。细砂岩 1 件，T0214①：2，近半圆球体，直径 7～9 厘米。青灰色页岩 1 件，T0401①：2，扁圆柱状，一端敲击。棕红色玄武岩 2 件，T0401①：3，周缘敲击，长 6.6、宽 5.4、厚 4.0 厘米（图一〇，11）；T1210①：3，多棱体，棱角处敲击点密集，长 8.4、宽 7.2、厚 3.6 厘米。青灰色沉积岩 1 件，T0401①：4，尖角敲击。灰白色或白色石英岩 7 件，T0109①：1，椭圆形扁平体，周缘敲击，直径 6.5、厚 3 厘米；ⅡT0210①：1，多棱体，弧棱处敲击点密集，长 4.4、宽 4.0、厚 3.9 厘米；ⅡT0211①：1，多棱体，棱角处敲击点密集，长 6.6、宽 4.8、厚 3.4 厘米；ⅡT0211①：2，多棱体，棱角处敲击点密集，长 5.5、宽 3.7、厚 3.6 厘米；T0214①：4，扁圆体，周缘敲击，直径 5.5、厚 2.2 厘米；T0214①：5，近圆形棱体，敲砸痕迹多集中在棱角处，直径 6 厘米；T0414①：2，三角形，周缘敲击，长 6.5、宽 5、厚 3 厘米。

尖状器 1 件，T0613①：1，长三角形，尖部敲击，长 26、宽 6.5、厚 4 厘米（图一〇，12；图版二四二，3）。

石料 1 件，T0512①：5，石英岩，圆角方形扁平体，长 5、宽 4、厚 1 厘米。

（3）玉凿 1 件，T0411①：1，通体磨制，呈深绿色，长棱柱体，一侧切割痕迹明显。上端细、平顶，刃端粗、略偏直刃，钝锋。长 2.95、刃宽 0.3、厚 0.8 厘米（图一〇，10；图版二七〇，2）。

二　第②层遗物

第②层出土石器 228 件，细石器 108 件，玉器 10 件，陶器及残片 1920 件，其中择选标本 105 件，统计陶片 1815 片（附表 1　查海遗址地层出土陶片统计表）。

（1）陶器及残片标本 105 件。小斜腹罐 1 件，AⅡ式斜腹罐 1 件，斜腹罐口沿 1 件，小直腹罐 5 件，BⅠ式直腹罐 1 件，BⅢ式直腹罐 17 件，BⅣ式直腹罐 8 件，BⅤ式直腹罐 3 件，直腹罐口沿 2 件，直腹罐罐底 8 件，罐底 2 件，腹部残片 11 件，CⅣ式鼓腹罐 2 件，CⅤ式鼓腹罐 1 件，鼓腹罐口沿 2 件，Aa2 型钵 1 件，Ba 型钵 1 件，Bb1 型钵 2 件，Ca 型钵 1 件，Cb1 型钵 1 件，D1 型钵 1 件，钵口沿 7 件，钵腹部残片 1 件，Aa2 型杯 1 件，Ba2 型杯 1 件，Bb2 型杯 2 件，Cb 型杯 2 件，A 型陶纺轮 18 件，B 型陶纺轮 1 件（附表 6　查海遗址地层出土陶器型式统计表）。

小斜腹罐 1 件，T1011②：1，夹砂红褐陶，直口，圆唇，斜腹，平底，口沿外饰短左斜线纹 3 周，Aa1 型单体曲尺形几何纹，腹部饰短斜线纹，近底部窝点纹，口径 12、底径 6.5、高 11 厘米（图一一，3；图版六九，1）。

AⅡ式斜腹罐 1 件，T0506②：2，夹砂红褐陶，圆唇，外叠宽带沿饰左斜线纹，素身，口径 32、残高 13.3 厘米（图一一，1）。

斜腹罐口沿 1 件，T0708②：17，夹砂红褐陶，圆唇，近口部饰圆凸堆纹带，带面间隔饰短横线纹，口径 30、残高 5.3 厘米（图一一，2）。

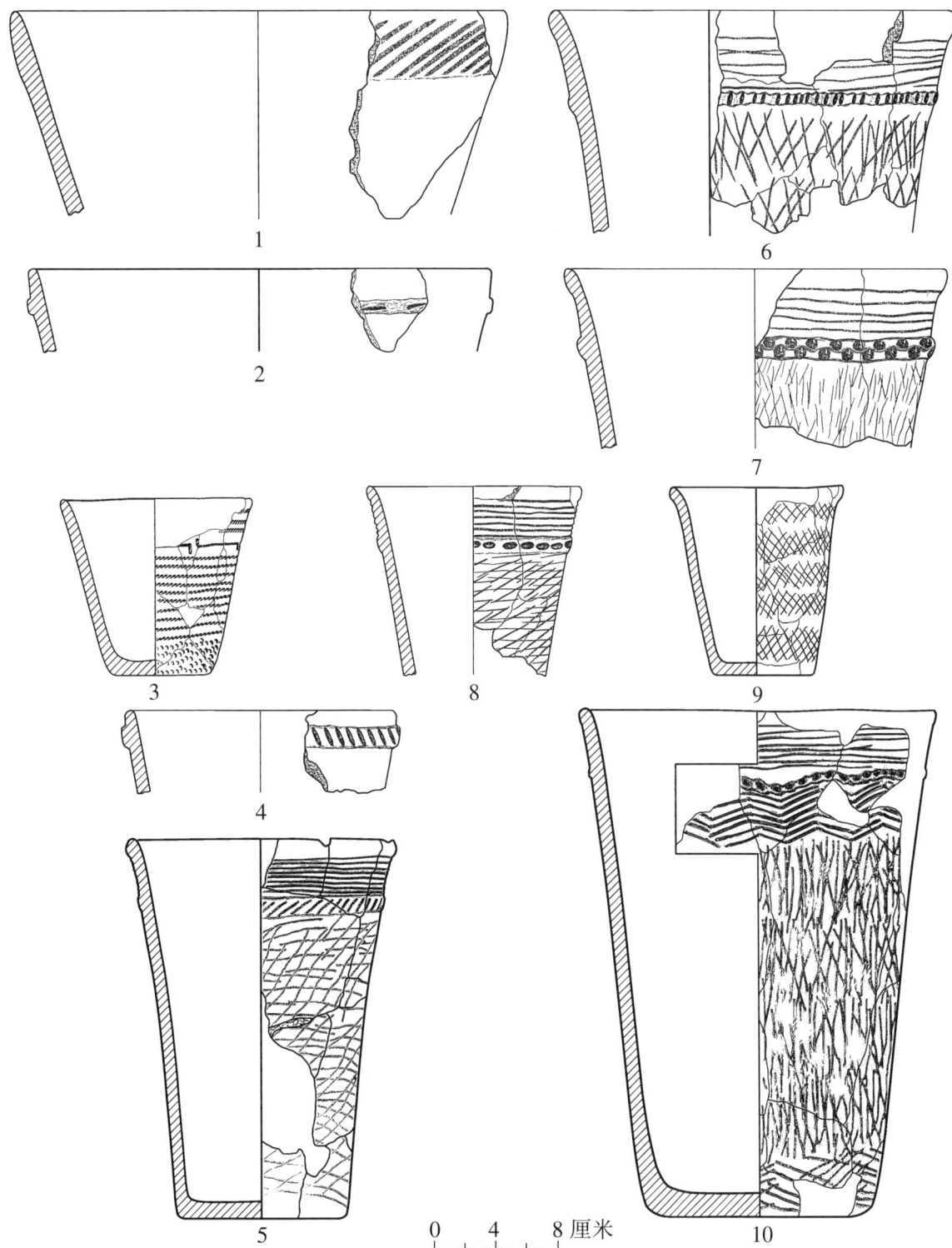

图一一 ②层陶器

1. A Ⅱ 式斜腹罐（6T0506②：2） 　　2. 斜腹罐口沿（T0708②：17）　　3. 小斜腹罐（T1011②：1）

4. B Ⅰ 式直腹罐（T0114②：1）　　5～10. B Ⅲ 式直腹罐（T0209②：2、T0502②：15、T0502②：11、

T0810②：4、T0208②：2、T0210②：1）

小直腹罐 5 件。夹砂红褐陶 3 件，T0507②：5，敞口，圆唇，直腹，平底，颈部饰草划竖线纹，素面附加堆纹带，腹部无纹饰，口径 13.5、底径 8、高 15 厘米（图一五，8；图版一三六，4）；T0513②：1，罐底部，腹饰竖排人字纹，底径 8、残高 9.6 厘米（图一五，7）；T0607②：2，直口，圆唇，直腹，平底，通身饰弦纹，口径 9.5、底径 7、高 9.8 厘米（图一五，11；图版一三六，1）。夹砂灰褐陶 2 件，T1009②：14，直口，圆唇，直腹，平底，口沿外侧饰左斜线纹 1 周，腹部竖压横排之字纹不到底，口径 13.9、底径 9.8、高 20.4 厘米（图一五，9；图版一〇四，3）；T0605②：12，罐底部，腹饰规整网格纹，底径 6、残高 4.6 厘米（图一五，10）。

B I 式直腹罐 1 件，T0114②：1，夹砂红褐陶，近口部饰右斜线纹附加堆纹带，素身，口径 17、残高 5.3 厘米（图一一，4）。

B Ⅲ 式直腹罐 17 件，皆夹砂红褐陶。其中可复原 3 件，均为敞口，圆唇，直腹，平底，T0208②：2，通身饰网格纹 5 周，口径 11、底径 6.5、高 12 厘米（图一一，9；图版八一，3）；T0209②：2，颈饰弦纹 9 周，附加堆纹带饰左斜线纹，腹饰草划网格纹，口径 19.2、底径 10.5、高 24.16 厘米（图一一，5；图版八二，2）；T0210②：1，颈饰弦纹数周，附加堆纹带饰 Ec 型波曲形几何纹，腹饰 Ea 型波曲形几何纹、交叉划纹，近底饰草划交叉纹，口径 23、底径 14、高 31.5 厘米（图一一，10；图版八二，1）。口沿残片 14 件，T0502②：11，厚圆唇，颈饰弦纹数周，指压附加堆纹带，腹饰草划交叉纹，口径 25、残高 11.4 厘米（图一一，7）；T0502②：15，直口，圆唇，颈饰弦纹数周，附加堆纹带饰短竖线纹、压窝深，腹饰草划交叉纹，口径 26、残高 14.2 厘米（图一一，6）；T0810②：4，薄圆唇，颈饰弦纹数周，附加堆纹带饰窝点纹，腹饰规整网格纹，口径 14、残高 12 厘米（图一一，8）；T0402②：7，圆唇，颈饰弦纹数周，附加堆纹带饰左斜线纹，腹饰规整网格纹，口径 24、残高 8 厘米（图一二，1）；T0502②：10，圆唇，颈饰弦纹数周，附加堆纹带饰短竖线纹，腹饰网格纹、草划交叉纹，口径 30、残高 15.2 厘米（图一二，6）；T0502②：14，直口，圆唇，颈饰弦纹数周，指压附加堆纹带，腹饰草划交叉纹，口径 26、残高 21 厘米（图一二，7）；T0502②：16，直口，圆唇，颈饰弦纹数周，指压附加堆纹带，腹饰断弦纹、短横线纹，口径 27、残高 18.6 厘米（图一二，8）；T0506②：1，厚圆唇，颈饰弦纹数周，宽平附加堆纹带饰窝点纹组成的左斜线，腹饰草划交叉纹，口径 29、残高 14 厘米（图一二，5）；T0605②：11，圆唇，颈饰弦纹数周，窄凸附加堆纹带饰窝点纹，腹饰短横线纹，口径 27、残高 11 厘米（图一二，3）；T1011②：7，厚圆唇，颈饰弦纹数周，宽平附加堆纹带饰左斜线纹，腹饰草划交叉纹，口径 26、残高 14 厘米（图一二，4）；T0801②：20，圆唇，饰草划网格纹，口径 22.7、残高 5.6 厘米（图一二，2）；T0802②：6，圆唇，颈饰弦纹数周，附加堆纹带饰左斜线纹，腹饰草划交叉纹，口径 13.8、残高 11.2 厘米（图一三，2）；T0407②：10，直口，圆唇，饰左斜线纹，口径 12、残高 7 厘米（图一三，3）；T0502②：9，敞口，厚圆唇，颈饰弦纹数周，指压附加堆纹带，腹饰网格纹，口径 21.3、残高 25.8 厘米（图一三，1，图版八一，4）。

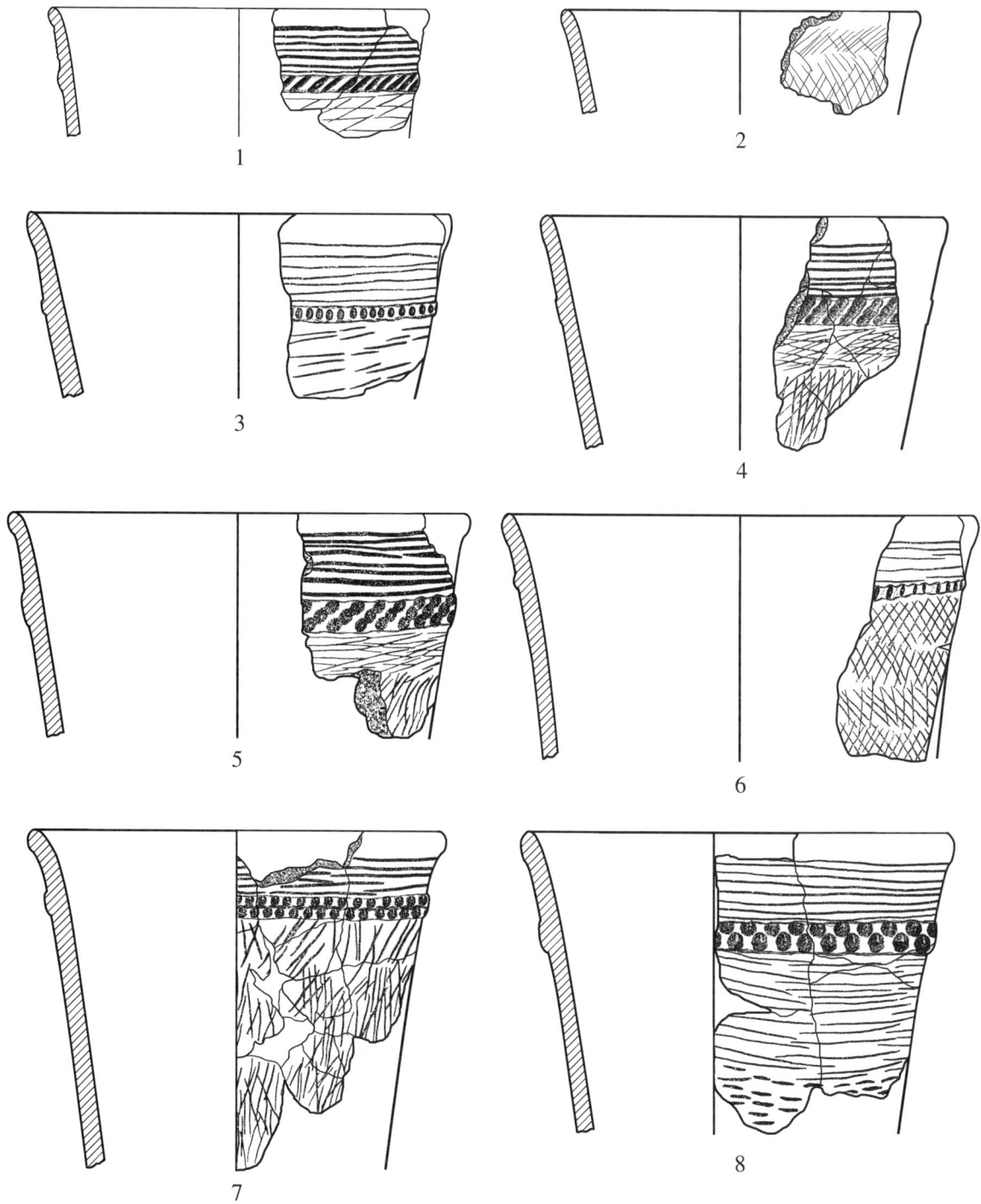

图一二　②层陶器

1~8. BⅢ式直腹罐（T0402②:7、T0801②:20、T0605②:11、T1011②:7、
T0506②:1、T0502②:10、T0502②:14、T0502②:16）

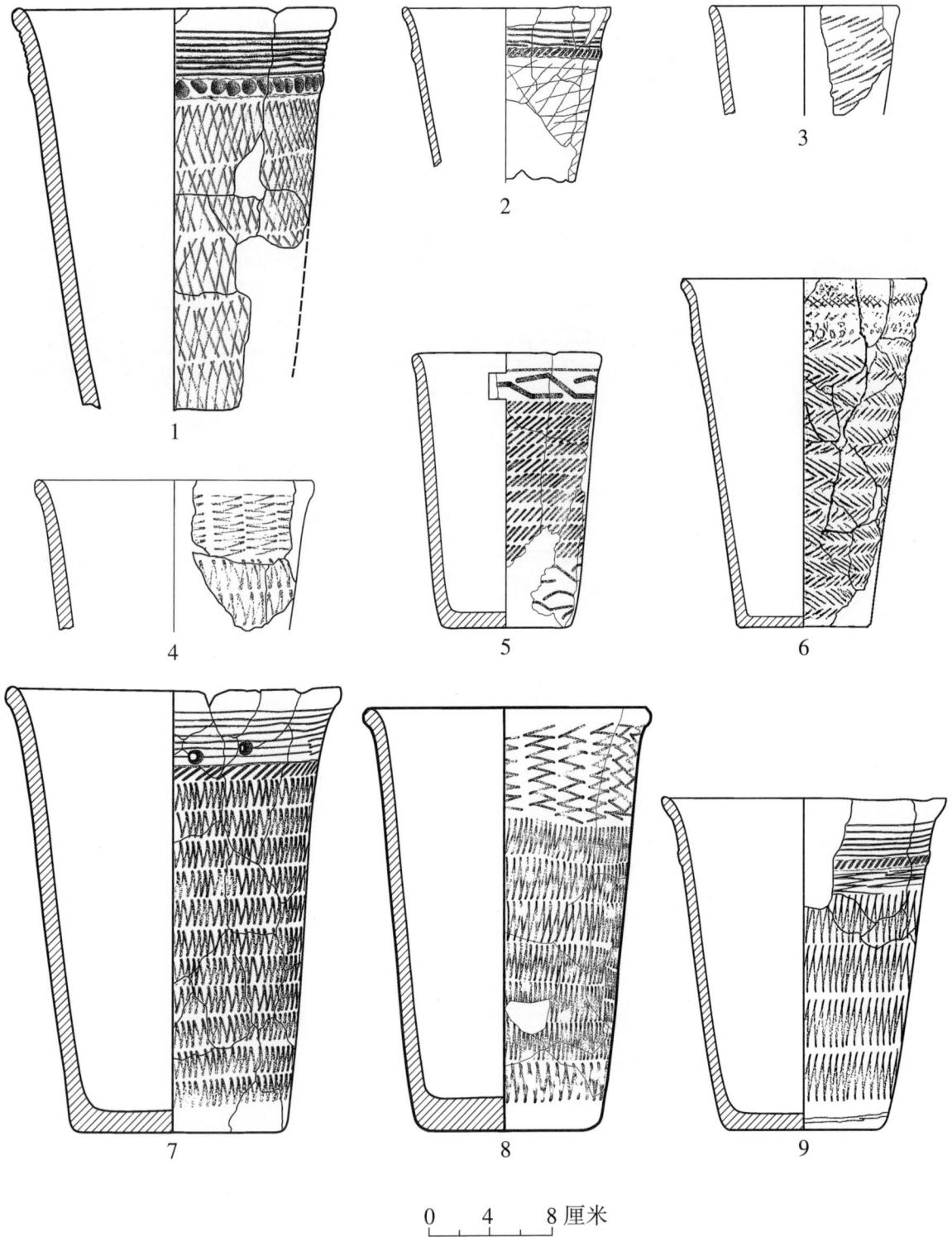

0   4   8厘米

图一三   ②层陶器

1～3. BⅢ式直腹罐（T0502②：9、T0802②：6、T0407②：10）   4～9. BⅣ式直腹罐
（T0407②：8、T0407②：3、T0208②：1、T1009②：11、T1009②：2、T0707②：1）

B Ⅳ式直腹罐 8 件，皆直敞口，直腹，平底。夹砂红褐陶 3 件，T0208②：1，圆唇，近口饰规整网格纹 1 周，下饰左斜线纹 1 周，指压附加堆纹带，腹饰规整横排人字纹，口径 16.2、底径 8.8、高 22.3 厘米（图一三，6；图版一〇三，3）；T0707②：1，厚尖圆唇，颈饰弦纹数周，附加堆纹带饰左斜线纹，下饰不规则弦纹 4 周，腹饰细长竖压横排之字纹 4 周，近底饰弦纹 2 周，口径 18.5、底径 10.5、高 21 厘米（图一三，9；图版一〇三，5）；T1009②：2，圆唇，凹平底，近口部有两个锔孔，口沿下饰横压竖排宽疏之字纹，腹饰竖压横排紧密弧线之字纹不到底，口径 19.0、底径 12.0、高 27.0 厘米（图一三，8；图版一〇四，4）。夹砂灰褐陶 5 件，T0402②：6，圆唇，口部外侧抹斜，颈饰弦纹数周，宽平附加堆纹带饰左斜线纹，腹饰竖压横排密集之字纹，口径 32、残高 18.6 厘米（图一四，1）；T0407②：3，厚圆唇，颈饰 Ba1 型 F 形几何纹，腹饰左斜线纹，近底饰 C2 型梭形几何纹，口径 12.5、底径 8.5、高 17.7、壁厚 0.8 厘米（图一三，5；图版一〇三，4）；T0407②：8，圆唇，近口饰横压竖排宽疏之字纹，腹饰竖压横排之字纹，口径 18、残高 9.6 厘米（图一三，4）；T1009②：15，圆唇，颈饰弦纹数周，附加堆纹带饰右斜线纹，腹饰竖压横排之字纹，口径 21.4、底径 13.5、高 26.8 厘米（图一四，2；图版一〇四，1）；T1009②：11，厚尖圆唇，颈饰弦纹 8 周，有一对锔孔，附加堆纹带饰左斜线纹，腹饰竖压横排之字纹，口径 21.5、底径 13.5、高 28.5 厘米（图一三，7；图版一〇四，2）。

B Ⅴ式直腹罐 3 件，皆夹砂灰褐陶，小喇叭口。T0407②：9，口沿残片，圆唇，颈饰横排人字纹，窄凸附加堆纹带饰左斜线纹，腹饰竖压横排之字纹，口径 22、残高 9.5 厘米（图一四，3）；T0805②：2，口沿残片，薄圆唇，饰竖压横排规整弧线之字纹，口径 22、残高 8.5 厘米（图一四，5）；T1011②：2，圆唇，直腹，平底，颈饰 Db 型锯齿形几何纹，附加堆纹带饰 Da4 型锯齿形几何纹，腹饰竖压横排之字纹，口径 23.5、底径 14、高 32 厘米（图一四，4；图版一二三，3）。

直腹罐口沿 2 件，皆夹砂红褐陶。T0908②：2，近口部残片，颈饰弦纹，指压附加堆纹带，腹饰长线菱格纹，残高 10 厘米（图一四，7）；T0402②：4，圆唇，颈饰弦纹，附加堆纹带饰窝点纹，残高 5.3 厘米（图一四，6）。

直腹罐底部残片 8 件，皆上腹部残，平底。夹砂红褐陶 4 件，T0208②：3，腹饰交叉划纹，底径 13.7、残高 12 厘米（图一五，5）；T0402②：3，腹饰横压竖排之字纹，底径 10、残高 16.4 厘米（图一五，3）；T0605②：13，腹饰横压竖排细之字纹，底径 14、残高 12 厘米（图一五，2）；T0910②：9，腹饰网格纹，底径 12、残高 17.5 厘米（图一五，12）。夹砂灰褐陶 4 件，T0809②：2，腹饰竖压横排之字纹，底径 12.8、残高 11.8 厘米（图一五，1）；T0307②：7，颈饰横压竖排之字纹，腹饰竖压横排之字纹，底径 13.5、残高 28.5 厘米（图一五，4）；T1009②：3，腹饰左斜线纹，近底饰 Db 型锯齿形几何纹与断弦纹相间隔，底径 9.7、残高 9.7 厘米（图一四，8）；T0910②：7，腹饰竖压横排之字纹，底径 13、残高 21 厘米（图一五，6）。

罐底 2 件，皆夹砂红褐陶。T0403②：2，近底饰横压竖排规整之字纹，底径 11、残高 5.8 厘米（图一六，1）；T0407②：11，素面，凹底，底径 6、残高 4.3 厘米（图一六，2）。

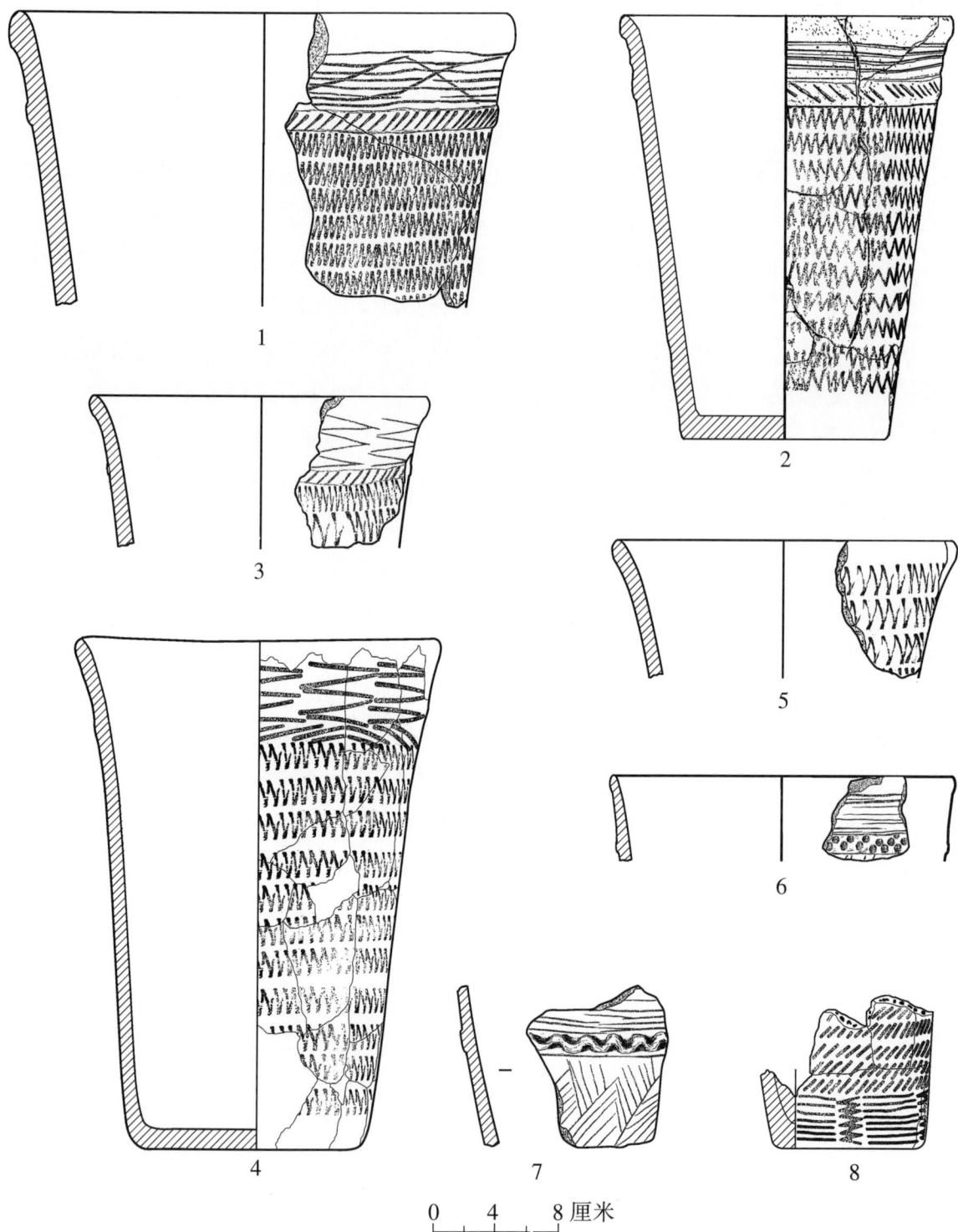

图一四　②层陶器

1、2. BⅣ式直腹罐（T0402②：6、T1009②：15）　　3～5. BⅤ式直腹罐（T0407②：9、T1011②：2、
T0805②：2）　　6、7. 直腹罐口沿（T0402②：4、T0908②：2）　　8. 直腹罐罐底（T1009②：3）

图一五　②层陶器

1～6、12. 直腹罐底（T0809②：2、T0605②：13、T0402②：3、T0307②：7、T0208②：3、T0910②：7、
T0910②：9）　　7～11. 小直腹罐（T0513②：1、T0507②：5、T1009②：14、T0605②：12、T0607②：2）

腹部残片 11 件。夹砂红褐陶 8 件，T0910②：11，贴饰乳钉（图一六，3）；T0504②：3，饰窝点纹，残高 4.9 厘米（图一六，4）；T0710②：5，贴饰乳钉，残高 6 厘米；T0710②：6，贴饰大乳钉，残高 5 厘米（图一六，5）；T0801②：19，饰短横线纹，残高 7.5 厘米（图一六，7）；T0804②：3，饰股线菱格纹，残高 5.2 厘米（图一六，9）；T0808②：1，饰紧密窝点纹，残高 6.3 厘米（图一六，10）；T0910②：12，刻画短弧线纹，残高 6.4 厘米（图一六，8）。夹砂灰褐陶 3 件，T0806②：1，由上至下依次饰有左斜线纹、Ab5 型扣合曲尺形几何纹、左斜线纹，残高 7 厘米（图一六，6）；T0905②：2，饰左斜线纹及戳点纹，残高 9.6 厘米（图一六，11）；T0402②：8，饰竖压横排宽疏之字纹。

CⅣ式鼓腹罐口部残片 2 件，皆夹砂灰褐陶。T0804②：2，侈口，尖唇，近口饰左斜线纹 1 周，颈饰 Ab2 型扣合曲尺形几何纹，肩饰左斜线纹，口径 23、残高 11 厘米（图一六，13）；T0708②：18，圆唇，束颈，近口饰弦纹、附压左斜线纹，其下依次为左斜线纹、Aa2 型单体曲尺形几何纹、左斜线纹，有一锔孔，口径 10、残高 6.3 厘米（图一六，12）。

CⅤ式鼓腹罐 1 件，T0105②：1，夹砂红褐陶，敞口，圆唇，束颈，圆鼓腹，平底，近口饰戳点左斜线纹，颈饰 Ba1 型 F 形几何纹 2 周，上腹饰戳点左斜线纹，下腹饰 Ba1 型 F 形几何纹 3 周，口径 11.5、底径 6.5、高 11.8 厘米（图一六，14；图版一四六，2）。

鼓腹罐口沿 2 件，皆夹砂灰褐陶。T0402②：5，侈口，圆唇，束颈，近口饰左斜线纹，颈饰 Ba1 型 F 形几何纹 3 周，腹饰左斜线纹，残高 12.8 厘米（图一六，15）；T1011②：6，尖圆唇，束颈，近口部戳点左斜线纹 1 周，颈饰几何纹，纹样不清，腹部戳点斜线纹，残高 6.4 厘米（图一六，16）。

Aa2 型钵口沿 1 件，T0910②：10，夹砂红褐陶，圆唇，颈部饰弦纹数周、窄凸附加堆纹带饰左斜线纹，腹部饰规整网格纹数周，残高 6.5 厘米（图一六，22）。

Ba 型钵 1 件，T0208②：4，夹砂红褐陶，直口，厚圆唇，鼓腹，平底，颈饰弦纹数周，腹饰草划网格纹 4 周，口径 17.5、底径 9、高 12 厘米（图一六，19；图版一五〇，3）。

Bb1 型钵 2 件。夹砂红褐陶 1 件，T0508②：10，敛口，圆唇，底部残，近口窄凸附加堆纹带饰右斜线纹，口径 18、残高 8.3 厘米（图一六，18）。夹砂灰褐陶 1 件，T0105②：2，敛口，圆唇，腹壁圆弧，平底，腹部饰规整弧线纹，口径 10、底径 5.6、高 7.6 厘米（图一六，17）。

Ca 型钵底部 1 件，T0910②：6，夹砂红褐陶，腹饰左斜线纹，底径 3.5、残高 3.7 厘米（图一六，21）。

Cb1 型钵口沿 1 件，T0810②：5，夹砂灰褐陶，薄圆唇，颈部饰弦纹，窄凸附加堆纹带饰左斜线纹，腹部饰规整网格纹，口径 16、残高 6.8 厘米（图一六，23）。

D1 型钵口沿 1 件，T0906②：5，夹砂灰褐陶，敛口，圆唇，近口部饰几何纹，腹饰左斜线纹，口径 10、残高 4.5 厘米（图一六，20）。

钵口沿 7 件，皆夹砂红褐陶。T0406②：5，圆唇，近口部贴饰乳钉，口径 30、残高 7 厘米（图一七，3）；T0407②：7，小撇口，圆唇，横排人字纹，残高 9.2 厘米（图一七，8）；T0502②：17，

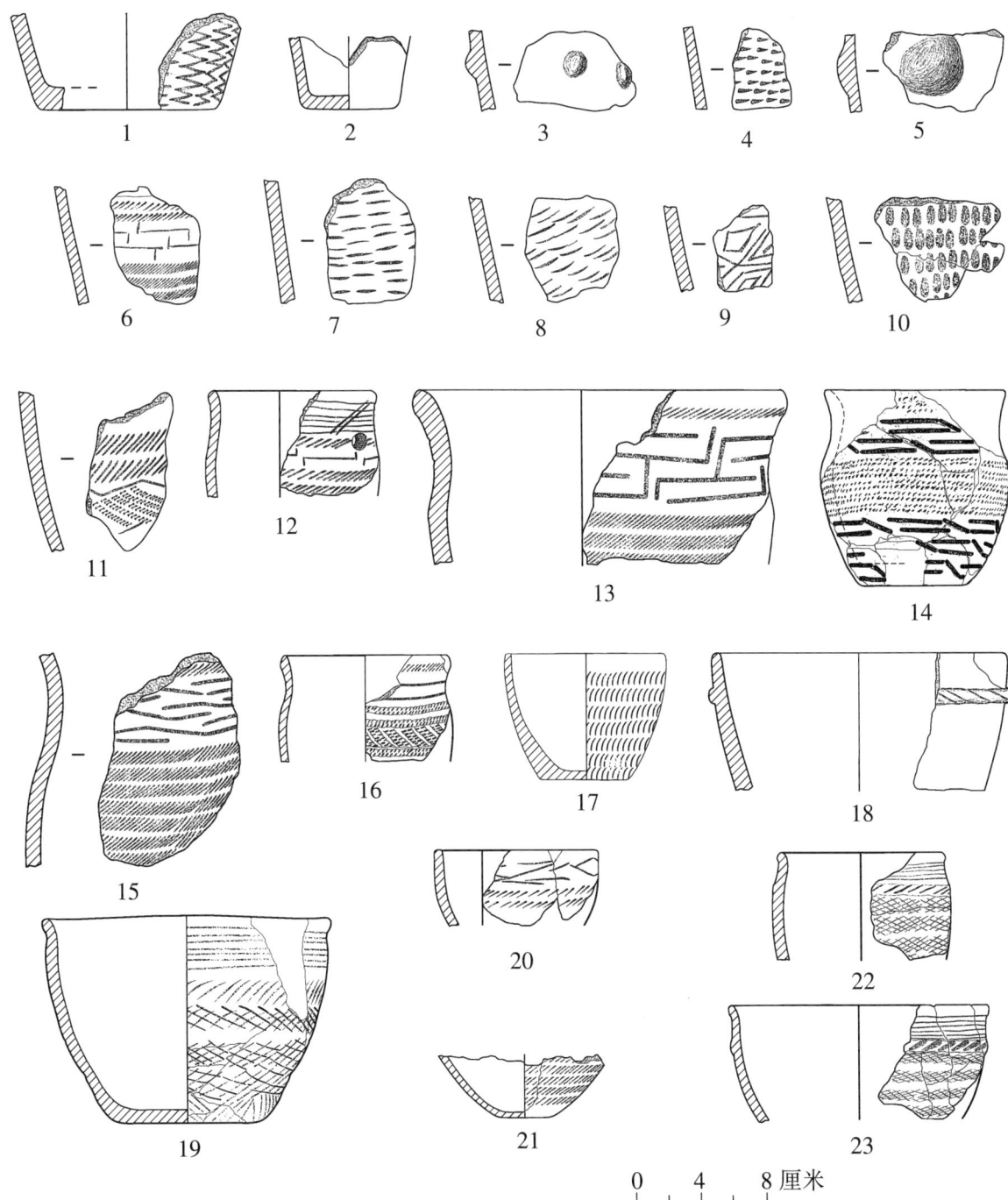

图一六　②层陶器

1、2. 罐底（T0403②：2、T0407②：11）　　3～11. 腹部残片（T0910②：11、T0504②：3、T0710②：6、T0806②：1、
T0801②：19、T0910②：12、T0804②：3、T808②：1、T0905②：2）　　12、13. CIV式鼓腹罐（T0708②：18、
T0804②：2）　　14. CV式鼓腹罐（T0105②：1）　　15、16. 鼓腹罐口沿（T0402②：5、T1011②：6）
17、18. Bb1型钵（T0105②：2、T0508②：10）　　19. Ba型钵（T0208②：4）　　20. D1型钵（T0906②：5）
21. Ca型钵（T0910②：6）　　22. Aa2型钵（T0910②：10）　　23. Cb1型钵（T0810②：5）

撇口，薄圆唇，近口部贴饰乳钉，口径 13、残高 8.4 厘米（图一七，2）；T0508②：9，敛口，方唇，近口部窄凸附加堆纹带饰竖线纹，口径 33、残高 5.4 厘米（图一七，7）；T0606②：7，近口部圆凸附加堆纹带饰三棱锥状窝坑，残高 5.2 厘米（图一七，6）；T0708②：19，圆唇，近口部附加堆纹带饰窝点纹，口径 34、残高 6.5 厘米（图一七，5）；T0809②：3，方圆唇，近口部贴饰圆窝纹乳钉，口径 22、残高 3.6 厘米（图一七，4）。

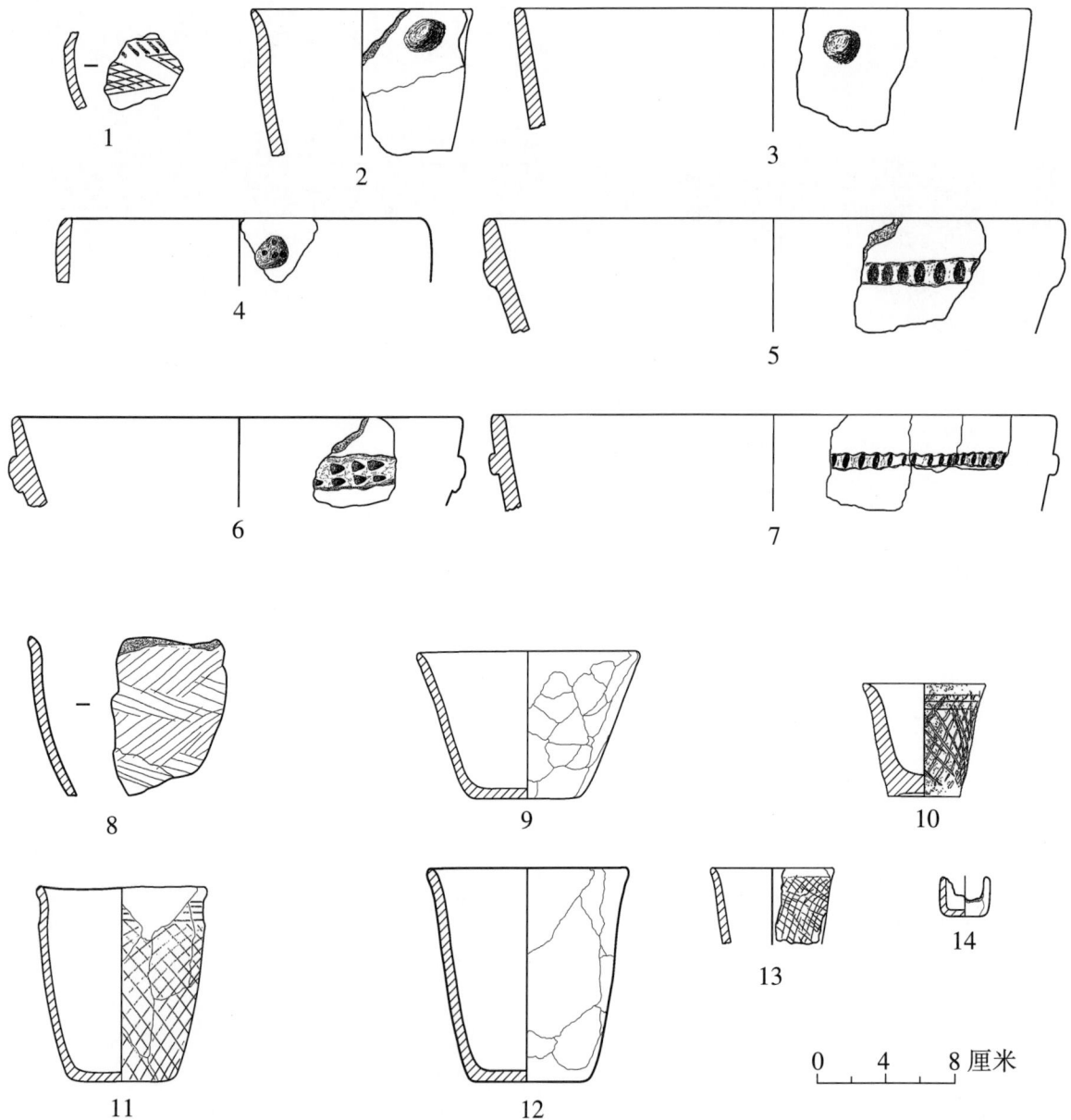

图一七　②层陶器

1. 钵腹部残片（T0908②：3）　2~8. 钵口沿（T0502②：17、T0406②：5、T0809②：3、T0708②：19、T0606②：7、T0508②：9、T0407②：7）　9. Aa2 型杯（T0311②：1）　10、13. Bb2 型杯（T0504②：2、ⅡT0311②：1）　11、12. Cb 型杯（T0903②：1、T0910②：8）　14. Ba2 型杯（T0508②：7）

钵腹部残片 1 件，T0908②：3，夹砂灰褐陶，饰大网状菱格纹，残高 4.3 厘米（图一七，1）。

Aa2 型杯 1 件，T0311②：1，夹砂红褐陶，直口，圆唇，斜腹，平底，素面，口径 13、底径 6.5、高 8 厘米（图一七，9；图版一五三，2）。

Ba2 型杯底 1 件，T0508②：7，夹砂红褐陶，素面，底径 2.2、残高 2.2 厘米（图一七，14）。

Bb2 型杯 2 件，皆夹细砂红褐陶。T0504②：2，直敞口，圆唇，直腹，平底，近口部饰弦纹，腹饰草划网格纹，口径 7.2、高 6.4、底径 4.2 厘米（图一七，10；图版一五四，5）；ⅡT0311②：1，外撇口，尖圆唇，腹饰草划网格纹，口径 7、残高 4.3 厘米（图一七，13）。

Cb 型杯 2 件。夹砂灰褐陶 1 件，T0910②：8，敞口，圆唇，直腹，平底，素面，口径 12.5、底径 7、高 12.5 厘米（图一七，12；图版一五六，4）。夹砂红褐陶 1 件，T0903②：1，敞口，薄圆唇，束颈，弧腹，平底，颈饰弦纹数周，腹饰草划网格纹，口径 9.5、底径 6、高 11 厘米（图一七，11；图版一五六，2）。

A 型陶纺轮 18 件，陶器残片加工而成。夹砂红褐陶 9 件，ⅡT0102②：1，直径 5.2、孔径 0.4、厚 0.75 厘米（图一八，13）；ⅡT0105②：19，半成品，穿孔未透，直径 5.4、厚 1.2 厘米（图一八，1）；T0306②：5，直径 3.2、孔径 0.7、厚 0.8 厘米（图一八，8）；T0307②：2，直径 4.3、孔径 0.6、厚 0.7 厘米（图一八，12）；T0509②：9，穿孔未透，直径 4.0~4.6、孔径 0.5、厚 0.95 厘米（图一八，11；图版一五七，12）；T0705②：3，半成品，钻孔未透，直径 4.8、厚 1 厘米（图一八，6）；T0707②：2，直径 4.3、孔径 0.4、厚 0.9 厘米（图一八，10；图版一五七，10）；T0801②：16，直径 3.5、厚 1 厘米（图一八，9）；T0604②：4，半成品，钻孔未透。夹砂灰褐陶 9 件，T0605②：1，直径 3.7、孔径 0.5、厚 0.9 厘米（图一八，3；图版一五八，5）；T0705②：2，残，直径 5、厚 1 厘米（图一八，14）；T0801②：15，残，直径 4.3、厚 0.7 厘米（图一八，7）；T0903②：2，直径 6、厚 0.8 厘米（图一八，15）；T0903②：3，直径 6、厚 1 厘米（图一八，16）；T0905②：1，残，直径 3.5、厚 1 厘米（图一八，4）；T1009②：12，直径 4、厚 0.7 厘米（图一八，2）；T1009②：13，直径 3.5、孔径 3.7、厚 0.8 厘米（图一八，5）；T0801②：21，半成品，钻孔未透，直径 7.8、厚 1.6 厘米（图一八，17）。

B 型陶纺轮 1 件，T0407②：4，夹砂红褐陶，圆珠状，直径 4.4、孔径 0.6、厚 1.6 厘米（图一八，18；图版一五九，3）。

（2）石器 228 件。A 型石斧 5 件，B 型石斧 8 件，C 型石斧 3 件，石斧残块 9 件，B 型石刀 1 件，C 型石刀 2 件，D 型石刀 3 件，A 型石凿 3 件，B 型石凿 2 件，石器残片 1 件，Aa 型铲形石器 1 件，Ab 型铲形石器 1 件，Ba 型铲形石器 1 件，Bb 型铲形石器 1 件，Ca 型铲形石器 5 件，Cb 型铲形石器 1 件，Da 型铲形石器 1 件，F 型双孔盘状铲形石器 2 件，铲形石器刃部残片 8 件，铲形石器柄部残片 2 件，铲形石器残片 25 件，Aa 型饼形器 1 件，Ab 型饼形器 1 件，Ba 型饼形器 6 件，Bb 型饼形器 2 件，石球 6 件，石钻 3 件，沟槽器 3 件，Aa 型磨棒 8 件，B 型磨棒 3 件，D 型磨棒 3 件，A 型磨盘 22 件，B 型研磨器 1 件，D 型研磨器 2 件，未归类研磨器 1 件，砺石 21 件，敲砸器 61 件（参见附表 14 查海遗址地层出土石器型式统计一览表）。

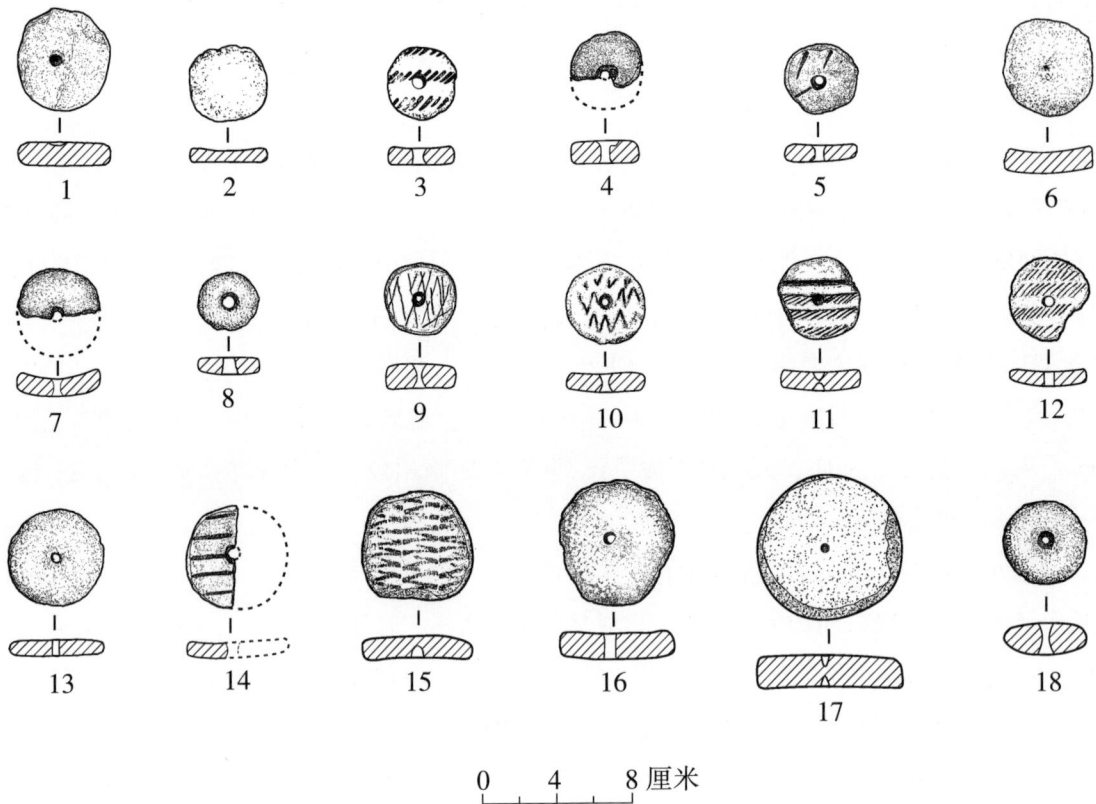

图一八　②层陶器

1～17. A 型陶纺轮（ⅡT0105②：19、T1009②：12、T0605②：1、T0905②：1、T1009②：13、T0705②：3、
T0801②：15、T0306②：5、T0801②：16、T0707②：2、T0509②：9、T0307②：2、ⅡT0102②：1、
T0705②：2、T0903②：2、T0903②：3、T0801②：21）　18. B 型陶纺轮（T0407②：4）

A 型石斧 5 件，皆磨制，扁圆长宽体，正锋，弧刃。T0211②：1，深灰色页岩，两侧平棱，残
长 9.8、刃宽 7.2、厚 2.4 厘米（图一九，5；图版一六八，2）；ⅡT0106②：2，刃部残块，灰色页
岩，残长 8.5、厚 2.3 厘米（图一九，2）；T0614②：2，深灰色油脂岩，刃部崩痕明显，长 9.5、
宽 6、厚 2.2 厘米（图一九，3；图版一六六，7）；T0702②：2，青灰色页岩，磨制，顶部残断，
侧面棱线明显，刃部锋利，残长 6.6、刃宽 5.75、厚 2.8 厘米（图一九，11；图版一七二，4）；
T0702②：3，体长 10.8、刃宽 6.1、厚 2.7 厘米（图一九，1；图版一六三，6）。

B 型石斧 8 件，磨制，扁圆长窄体，正锋，弧刃。T0111②：7，刃部残块，白色石灰岩，侧
棱平滑，残长 9.6、刃残宽 5.4、厚 2.4 厘米（图版一六六，4）；T0303②：1，黑色页岩弧顶，
刃部残缺、两侧棱角不显，斧身有琢点，残长 8.0、刃部残宽 5.75、顶部宽 4.1、厚 2.75 厘米
（图一九，6；图版一六八，7）；T0306②：3，黑色，弧顶，刃部残断，两侧棱角不显，残长 5.95、
残宽 5.9、厚 2.5 厘米（图一九，9）；T0509②：8，深灰色页岩，长 8.8、刃宽 2.8、厚 1.5 厘米
（图一九，15）；T0704②：1，黑色，顶部较平直，弧刃，正锋，侧棱明显，斧身有琢点。长 11.6、

刃部宽6.2、厚2.4厘米（图一九，8；图版一六九，2）；T0705②：1，黑色页岩，顶部残，侧棱明显，残长8.0、宽2.6、厚0.65厘米（图一九，16）；T0708②：8，残块，浅黄色花岗岩，扁平椭圆形，长8.68、厚2.8厘米（图一九，7；图版一六七，2）；T0901②：2，黑色页岩，弧顶，刃部有崩疤，两侧棱角不显，残长10.3、刃宽5.9、顶宽3.3、厚2.8厘米（图一九，4；图版一六九，6）。

C型石斧3件，扁平，长体，弧刃，正锋。T0609②：2，残块，灰白色石灰岩，弧顶、局部残，一侧棱角明显，长7.8、宽3.5、厚1.0厘米（图一九，14；图版一六九，4）；T0708②：12，残块，深灰色页岩，残长7.87、厚1.8厘米；T0902②：3，黑色页岩，弧顶局部残，刃部有崩痕，长12.8、厚1.7厘米（图一九，10）。

石斧残块9件。ⅡT0113②：2，沉积岩，残长4.6、残宽3.1、厚0.7厘米（图一九，12）；ⅡT0104②：1，灰色页岩，磨制，扁圆体，残长7.6、厚2.4厘米；T0213②：6，黑色页岩，弧刃，较锋利，残长3.1、刃残宽3.3、厚1.3厘米；T0213②：12，深灰色玄武岩，磨制，侧棱明显，刃部锋利有崩痕，残长6.96、厚2.55厘米；T0509②：4，深灰色页岩，打制，刃部有使用痕迹；T0602②：4，灰色页岩，打制，扁平体，刃部有使用痕迹，残长9、刃宽4.7、厚2.2厘米（图一九，13）；T0614②：3，青灰色油脂页岩，刃部残片，残长8.2、宽5.8、厚1.5厘米；T0708②：9，深灰色页岩，长5.5、宽2.5、厚0.3厘米；T0708②：10，深灰色页岩，长3.3、宽2.5、厚0.6厘米。

B型石刀1件，T0802②：1，灰色石英岩，弧背，直刃，较锋利，截面呈三角形，长8.5、宽5、厚3厘米（图一九，17）。

C型石刀2件，ⅡT0209②：1，灰白色花岗岩，打制，直背，弧刃，截面呈三角形，体长3.9、刃宽4.2、厚1.2厘米（图一九，18）；石英岩1件，T1009②：4，近长方扁平体，长15、厚2厘米（图版一九五，5）。

D型石刀3件，皆自然石片，薄边为刃。青灰色页岩2件，T0306②：2，圆角长方形；T0304②：1，残长6.2、残宽4.9、厚0.7厘米（图版一九五，6）。棕红色花岗岩1件，T0708②：15，近椭圆形，长9、宽5、厚0.8厘米（图一九，19）。

A型石凿3件，皆页岩，磨制，长扁平体，两侧显棱角，偏锋。T0604②：2，绿色，两侧存切割平棱，直刃，顶部崩残。残长5.2、厚0.8、刃长2.1厘米（图一九，21）；T0511②：2，灰色，弧刃，侧棱及顶缘打薄，长6.7、顶宽3.0、刃宽4.2、厚0.9厘米（图一九，20）；ⅡT0106②：1，灰色，两侧边平直，弧刃，长16.6厘米（图一九，23）。

B型石凿2件，T0801②：18，白色页岩，磨制，顶部残，偏锋，直刃，残长3.4、刃宽4.0、厚1.0厘米（图一九，22）；T1008②：1，上端残，灰绿色页岩，残长3.5、宽2.8、厚0.96厘米。

Aa型铲形石器1件，T0509②：2，深灰色页岩，打制，长直柄，圆身，束腰刃部残缺，身长16.3、宽10、厚1.1厘米（图一九，24）。

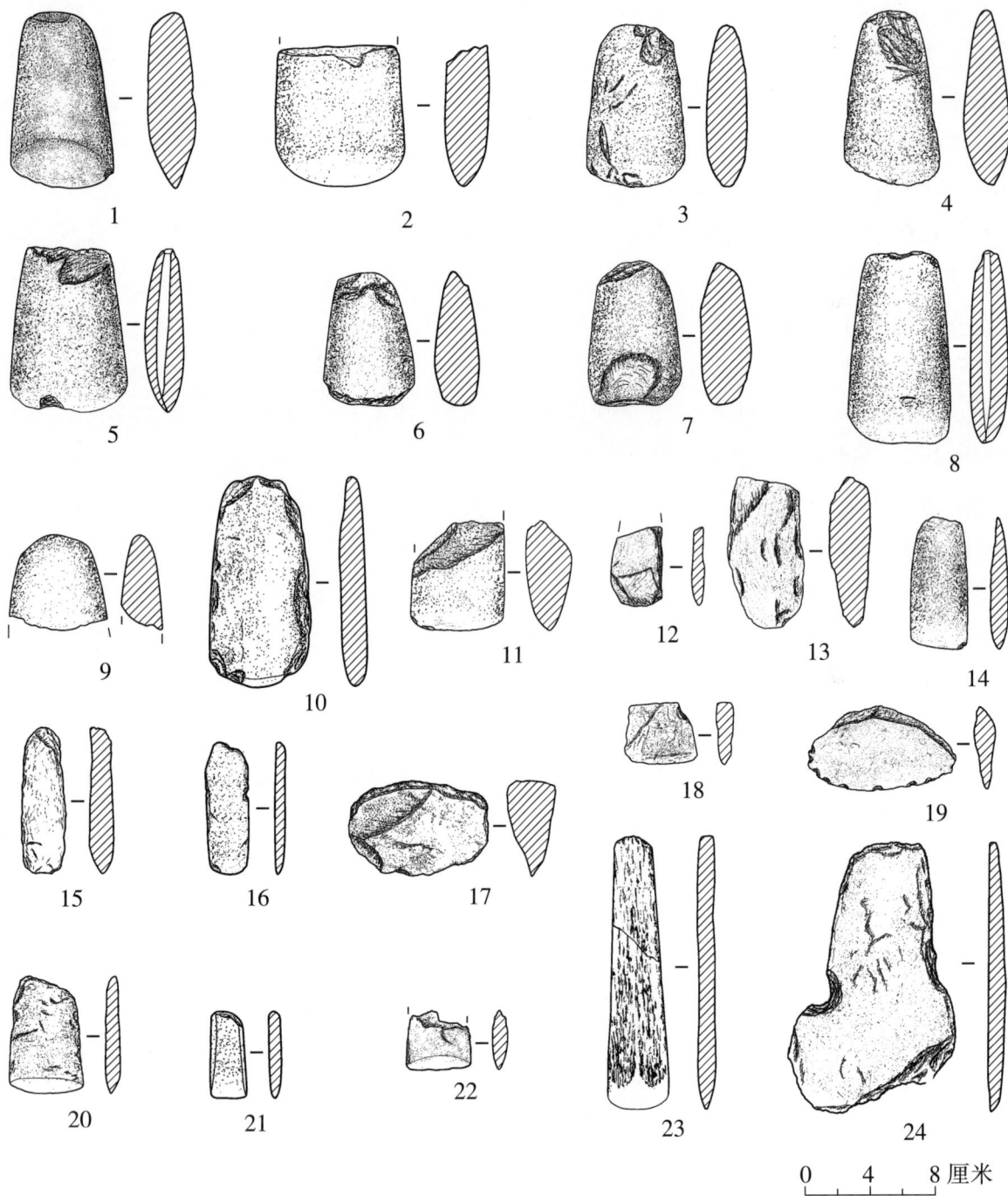

图一九　②层石器

1～3、5、11. A 型石斧（T0702②：3、ⅡT0106②：2、T0614②：2、T0211②：1、T0702②：2）　4、6～9、
15、16. B 型石斧（T0901②：2、T0303②：1、T0708②：8、T0704②：1、T0306②：3、T0509②：8、T0705②：1）
10、14. C 型石斧（T0902②：3、T0609②：2）　12、13. 石斧残块（ⅡT0113②：2、T0602②：4）　17. B 型石刀
（T0802②：1）　18. C 型石刀（ⅡT0209②：1）　19. D 型石刀（T0708②：15）　20、21、23. A 型石凿
（T0511②：2、T0604②：2、ⅡT0106②：1）　22. B 型石凿（T0801②：18）　24. Aa 型铲形石器（T0509②：2）

　　Ab 型铲形石器 1 件，ⅡT0210②：1，灰绿色页岩，打制，短直柄，束腰，圆身，弧刃，有崩痕，长 14、刃宽 11.5、厚 1.5 厘米（图二〇，1）。

　　Ba 型铲形石器 1 件．T0106②：1，打制，扁平体，直柄，窄长身，弧刃，刃部磨痕光滑，长 13.1、宽 10.5 厘米（图二〇，2）。

　　Bb 型铲形石器 1 件，T0309②：2，深灰色页岩，打制，束腰不显，短直柄，宽短直身，刃近直，刃锋宽厚，一面有明显的使用磨痕，残长 15.7、柄宽 8.6、刃宽 14.1、厚 1.7 厘米（图二〇，4；图版一八〇，2）。

　　Ca 型铲形石器 5 件，皆打制，束腰，椭圆柄，扇状铲身，弧刃或直刃，刃部一面磨痕明显。T0401②：1，淡红色花岗岩质，体大，器长 25.6、刃宽 22.8 厘米（图二〇，8；图版一八一，3）；ⅡT0113②：3，灰色页岩，长 16.6、宽 19.6、厚 2.9 厘米（图二一，1）；T0604②：1，灰色页岩，长 13.6、宽 10.3、厚 1.5 厘米（图二〇，5）；T0805②：1，深灰色页岩，直刃，一侧刃角残，长 18.5、顶宽 10.1、刃部残宽 15.6、厚 2.1 厘米（图二〇，7；图版一八一，4）；T0908②：1，浅灰色页岩，一侧刃角残长 13.6、刃残宽 14.4、厚 2.0 厘米（图二〇，6；图版一八一，5）。

　　Cb 型铲形石器 1 件，T0806②：2，深灰色页岩，打制，扁平体，束腰不显，扇状铲身，弧刃，一侧刃角残，刃部一面磨痕明显，长 19.1、顶宽 8.6、刃部残宽 13.1、厚 1.3 厘米（图二一，2）。

　　Da 型铲形石器 1 件，T0402②：1，深灰色页岩，打制，扁平体，束腰存有明显的穿孔对钻痕迹，弧刃，刃部宽厚，双面有明显的使用磨痕，一面磨痕较重，长 19.6、顶宽 13.2、刃宽 20.0、厚 1.6 厘米（图二〇，3；图版一八五，3）。

　　F 型双孔盘状铲形石器 2 件，深灰色页岩，打制，扁体圆盘状。T0509②：1，残，器身有三个对凿圆穿孔，三角形布孔，一孔残，弧刃，刃部宽厚，双面有明显的使用磨痕，残长 15.7、刃宽 26.2、厚 1.7、孔径 1.5 厘米（图二一，4；图版一九二，1）；T0801②：4，孔至上部及下部一侧残缺，深灰色页岩，器身上有两个对凿圆形穿孔，弧刃，刃部宽厚，经修磨，双面有明显的使用磨痕，残长 13.4、顶残宽 13.6、刃残宽 16.7、厚 1.5、孔径 1.5 厘米（图二一，3；图版一九二，3）。

　　铲形石器刃部残片 8 件，皆页岩，打制，弧刃。ⅡT0310②：4，青色，残长 9.7、刃宽 5.0、厚 1.7 厘米；T0405②：3，灰色，残长 10、宽 14、厚 1 厘米；T0607②：3，灰色，残长 7.8、刃宽 10.0、厚 1.0 厘米；T0708②：7，灰色，长 7.95、厚 1 厘米（图二一，5）；T0710②：2，残长 16、残宽 15、厚 1.5 厘米；T0801②：13，浅黄色，长 12.9、厚 1.72 厘米；T0807②：2，深灰色，长 9.34、厚 1.22 厘米；T1007②：1，细壁角斑质页岩，残长 6.2、刃宽 13.3、厚 11.2 厘米。

　　铲形石器柄部残片 2 件，页岩，打制。T0810②：3，灰色，残长 10.97、厚 4.58 厘米；T0508②：1，灰绿色，长 8.8、宽 8.2、厚 1 厘米。

　　铲形石器残片 25 件，皆页岩，打制。ⅡT0413②：1，灰色，残长 7.25、厚 1.35 厘米（图二一，6）；ⅡT0413②：2，灰色；ⅡT0413②：3，灰色，长 21.78、厚 2.5 厘米（图二一，7）；ⅡT0413②：4，灰色；ⅡT0413②：5，灰色；ⅡT0413②：6，灰色，残长 5.45、厚 1.4 厘米；

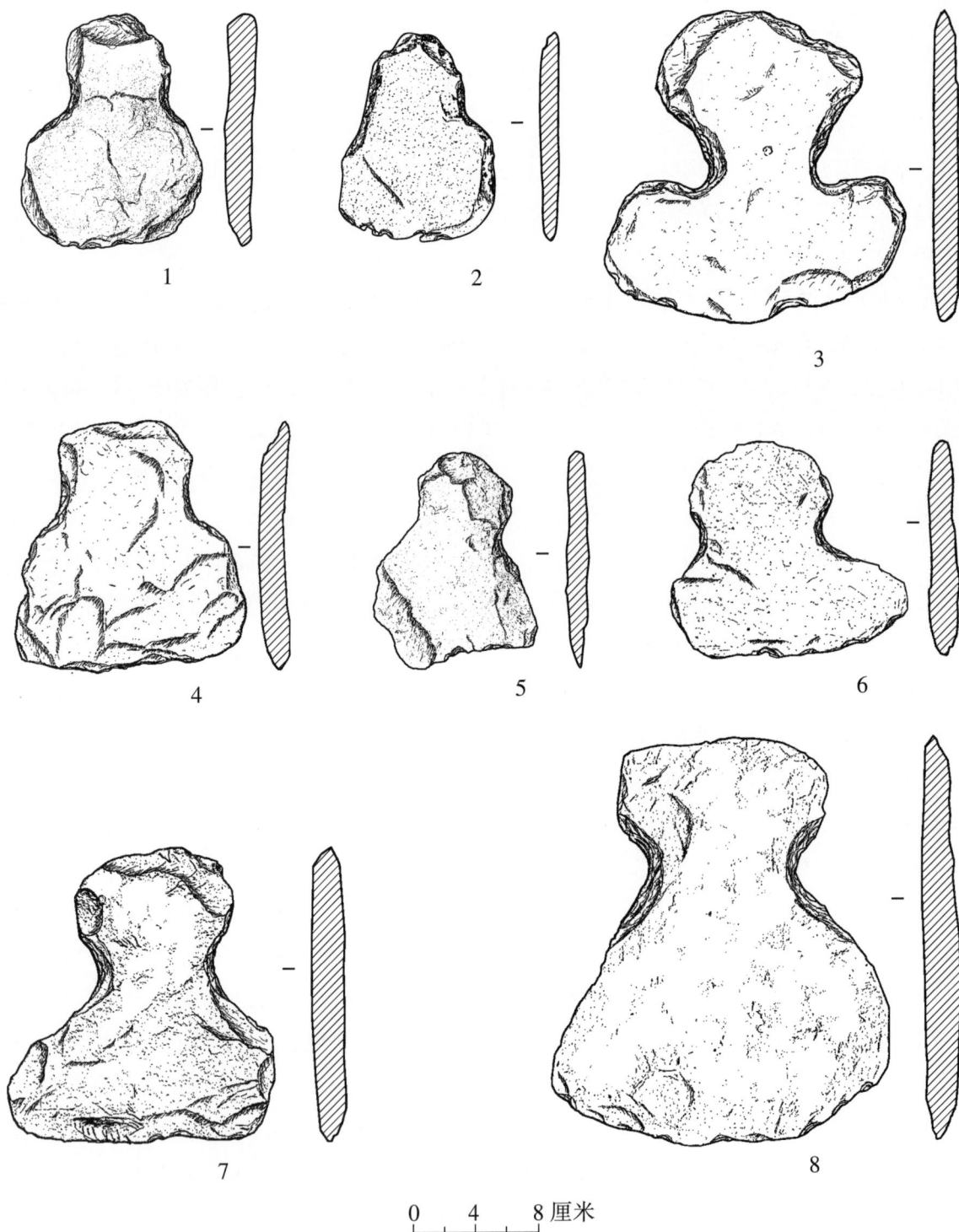

图二〇　②层铲形石器

1. Ab 型铲形石器（Ⅱ T0210②：1）　　2. Ba 型铲形石器（T0106②：1）　　3. Da 型铲形石器（T0402②：1）

4. Bb 型铲形石器（T0309②：2）　　5～8. Ca 型铲形石器（T0604②：1、T0908②：1、T0805②：1、T0401②：1）

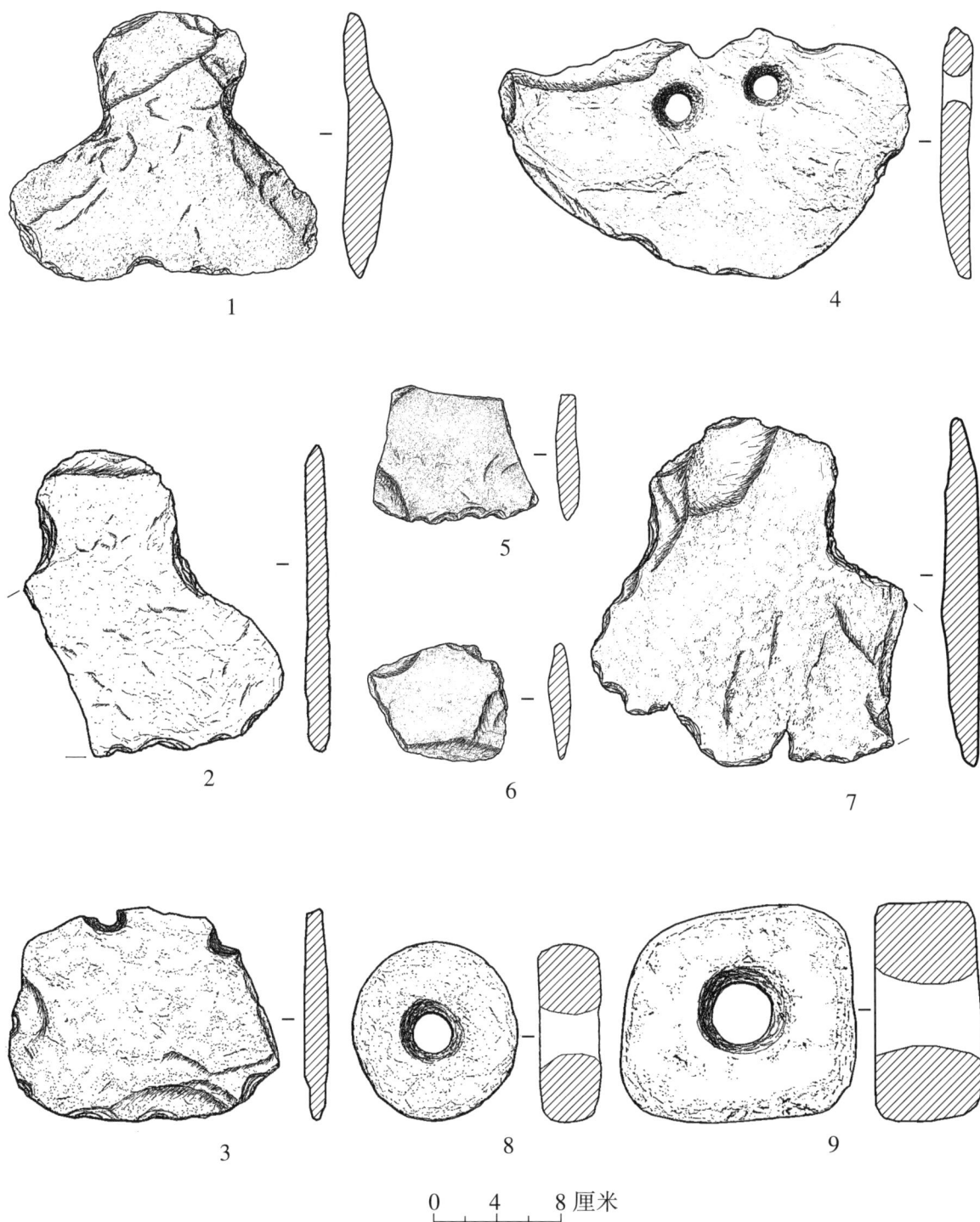

图二一　②层石器

1. Ca 型铲形石器（ⅡT0113②：3）　2. Cb 型铲形石器（T0806②：2）　3、4. F 型双孔盘状铲形石器残片
（T0801②：4、T0509②：1）　5～7. 铲形石器残片（T0708②：7、ⅡT0413②：1、ⅡT0413②：3）
8. Aa 型饼形器（T0708②：16）　9. Ab 型饼形器（T0310②：2）

Ⅱ T0413②：8，灰色，残长 21、残宽 17、厚 1.5 厘米；T0213②：4，泥质页岩，厚 1.5 厘米；T0213②：7，泥质页岩，厚 1.5 厘米；T0213②：15，灰色，厚 0.3 厘米；T0213②：16，灰色，厚 1.5 厘米；T0507②：1，灰色，残长 8.5、宽 9.4、厚 1.2 厘米；T0507②：2，灰色，长 9.14、厚 1.55 厘米；T0507②：3，灰绿色；T0508②：3，灰绿色，残长 9.8、宽 8、厚 1.5 厘米；T0508②：4，深灰色，长 8.4、刃宽 11.28、厚 1.12 厘米；T0602②：1，灰绿色，长 9.2、宽 13.6、厚 1.6 厘米；T0606②：2，浅灰色，厚 1.3 厘米；T0606②：4，灰色，长 12.6、厚 1.11 厘米；T0606②：5，灰色，长 9.96、厚 1.44 厘米；T0606②：6，深灰色，长 9.34、厚 1.23 厘米；T0708②：3，灰色，长 10.15、厚 1.74 厘米；T0708②：6，灰色，长 10.69、厚 1 厘米；T0708②：13，深灰色，长 8.56、厚 1.13 厘米；T0801②：1，灰色，残长 7.66、厚 1.14 厘米。

Aa 型饼形器 1 件，T0708②：16，黄灰色花岗岩，磨制，环形，扁平体，圆棱角，对钻孔，直径 11.1、孔径 2.5、厚 3.7 厘米（图二一，8；图版一九八，6）。

Ab 型饼形器 1 件，T0310②：2，黄灰色花岗岩，磨制，圆角方形，扁平体，对钻穿孔，周边有琢制窝坑，长 15.3、宽 13.2、厚 6.9、孔径 4.4 厘米（图二一，9；图版一九九，1）。

Ba 型饼形器 6 件，琢磨，扁平圆体，无孔。其中花岗岩 4 件，T0708②：1，残，浅黄色，直径 8、厚 3.5 厘米（图二二，4）；T0710②：1，棕红色，直径 8、厚 1.5 厘米（图二二，3）；T0906②：1，黄灰色，圆棱角，直径 7.4~7.6、厚 2.7 厘米（图二二，2；图版二〇一，4）；T1009②：1，黄灰色，圆棱角，直径 8.1、厚 3.8 厘米（图二二，1；图版二〇一，5）。页岩 2 件，T0910②：4，残，深灰色，周边打制，直径 8.5、厚 1.7 厘米（图二二，5）；Ⅱ T0310②：1，残块，灰色，缘薄，直径 6.6~7.7、厚 1.7 厘米。

Bb 型饼形器 2 件，花岗岩，琢磨，扁平圆角方形，无孔。T0502②：1，残块，浅黄色，长 8、宽 5、厚 3.7 厘米（图二二，10；图版二〇二，5）；T0502②：5，残块，棕红色，长 6.5、宽 5.2、厚 3.5 厘米（图二二，11）。

石球 6 件。T0608②：7，黄褐色河光石，近球体，表面光滑，有打击痕迹，直径 4.6、宽 4.3、厚 3.7 厘米（图二二，6；图版二三七，2）；T0605②：4，黄色河光石，近椭圆形，周边有打击痕迹，直径 4、宽 3、厚 2.5 厘米；T0605②：5，红褐色河光石，扁平椭圆形，周边有打击痕迹，直径 4、厚 1.8 厘米（图二二，7；图版二三八，4）；T0605②：8，红褐色河光石，半圆体，周缘有打击痕迹，直径 4.12、厚 2 厘米（图版二三七，4）；T0508②：6，灰白色石英岩，椭圆形，直径 4、厚 2 厘米（图二二，8）；T0502②：6，灰色砾石，残，中间见一凹痕，直径 4.5、厚 1.5 厘米（图二二，9）。

石钻 3 件。T0502②：12，木变石，长条状，圆磨尖，较光滑，长 4.4、宽 0.92、厚 0.6 厘米（图版二四〇，3）；T0408②：1，残，青色页岩，圆滑凸状头，残长 8.2、宽 3.9、厚 2.0 厘米（图二二，25；图版二四〇，5）；Ⅱ T0105②：5，青灰色页岩，压制，长条状，截面呈三角形，边角锋利，长 2.4、宽 0.3、厚 0.2 厘米（图二二，24）。

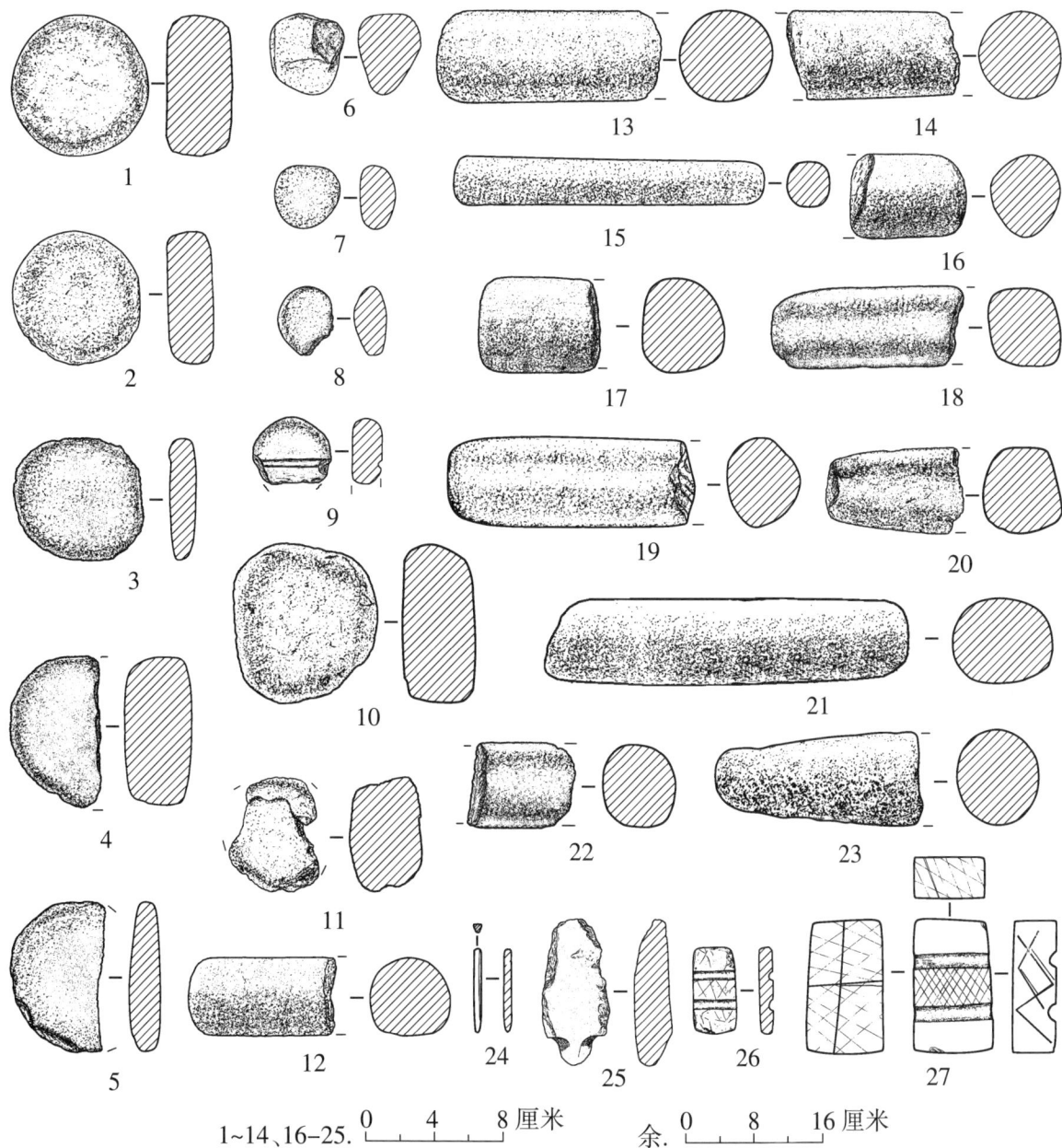

图二二　②层石器

1~5. Ba 型饼形器（T1009②:1、T0906②:1、T0710②:1、T0708②:1、T0910②:4）　　6~9. 石球（T0608②:7、T0605②:5、T0508②:6、T0502②:6）　　10、11. Bb 型饼形器（T0502②:1、T0502②:5）12~15、22、23. Aa 型磨棒（T0213②:14、T0608②:4、T0602②:2、T0405②:1、T0710②:4、T0608②:6）　　16、19、21. D 型磨棒（T0213②:11、T0106②:2、T0209②:1）　　17、18、20. B 型磨棒（T0906②:2、T0801②:3、T0602②:3）　　24、25. 石钻（ⅡT0105②:5、T0408②:1）26、27. 沟槽器（T0608②:2、T0502②:4）

沟槽器 3 件，皆滑石，磨制。T0502②：4，长方体，两道半圆形沟槽，间距 1.7 厘米，间面刻画规整网格纹，沟长 4.5、宽 1.1、深 0.5 厘米，另一面刻画规整网格纹，附刻十字交叉纹，一长侧面和另一短侧面刻有划纹，长 7.6、宽 4.52、厚 2.5 厘米（图二二，27；图版二三二，6、7）；T0605②：9，残，灰绿色，中间有一道凹槽，残长 3、厚 2 厘米；T0608②：2，浅灰色，长方形，一面有两道沟槽，并刻画交叉网格纹，长 4.9、宽 2.5、厚 0.75 厘米（图二二，26；图版二三二，5）。

Aa 型磨棒 8 件，皆花岗岩，琢制，圆柱状。T0213②：14，残长 8，直径 4 厘米（图二二，12）；T0608②：4，残长 12、直径 5 厘米（图二二，13；图版二一四，5）；T0602②：2，残长 8.5、直径 4.5 厘米（图二二，14）；T0405②：1，一面磨平，截面半圆形，两端面圆滑，长 36、直径 5.5 厘米（图二二，15；图版二一四，3）；T0710②：4，残长 5.0、直径 4.5 厘米（图二二，22）；T0608②：6，一端略尖，残长 12、直径 5 厘米（图二二，23；图版二一四，4）；T0902②：1，直径 4.6、残长 9.6 厘米；T0810②：1，浅黄色，残长 6.5、径 4.5 厘米。

B 型磨棒 3 件，皆残段，花岗岩，琢制，方柱体。T0602②：3，使用面光滑，残长 8.5、直径 4.5 厘米（图二二，20）；T0906②：2，浅黄色，有两个磨面较平整，残长 6.5、直径 5 厘米（图二二，17）；T0801②：3，棕红色，残长 11、径 4 厘米（图二二，18）。

D 型磨棒 3 件，皆残段，花岗岩，琢制，椭圆柱体。T0213②：11，残长 6.82、直径 3~4 厘米（图二二，16）；T0106②：2，残长 15.3、直径 4.5~5.3 厘米（图二二，19）；T0209②：1，两端细，中间粗，平端面，一端残，柱体有平磨面，残长 21.7、直径 4.9~6.0 厘米（图二二，21；图版二二一，4）。

A 型磨盘 22 件，皆花岗岩，琢制，扁体，凹磨面。完整 1 件，T0402②：2，圆角长方形，长 43.4、宽 28.6、厚 8.5 厘米（图二四，4；图版二〇九，3）。残块 21 件，T0605②：3，长方体，长 32.6、宽 23.4、厚 4.5~2 厘米（图二四，5；图版二一〇，5），T0110②：1，棕红色，长 12.7、宽 9.8、厚 4.5 厘米（图二四，3）；Ⅱ T0413②：7，浅黄色；T0305②：4，浅黄色，长 8.6、厚 1.67 厘米（图二三，4）；T0306②：1，浅黄色，长 13.4、宽 12、厚 3.8 厘米（图二三，3）；T0508②：2，浅黄色；T0508②：5，浅黄色，长 10.94、厚 3.47 厘米；T0509②：6，浅黄色；T0213②：13，残长 20.19、厚 3.1 厘米（图二三，1）；T0307②：4，灰白色；T0404②：3，浅黄色，残长 13、宽 9.6、厚 4.5 厘米（图二三，2）；T0502②：2，浅黄色；T0605②：2，长 24.8、宽 22.4、厚 8~3 厘米（图二三，7；图版二一〇，1）；T0708②：14，棕红色，残长 9.2、厚 2.3 厘米（图二四，2）；T0809②：1，棕红色，残长 12.1、厚 3.5 厘米（图二四，1）；T0810②：2，浅黄色，残长 9.14、厚 2.17 厘米；T0901②：1，棕红色，长 12.24、厚 3.6 厘米；T0906②：4，棕红色，残长 9.69、厚 3 厘米；T0910②：2，浅黄色，残长 9.87、厚 4 厘米；T0911②：3，底面磨平光滑，残长 33.28、宽 28、厚 5~2 厘米（图二三，6）；T1009②：8，底面有磨痕，长 14、厚 7~2 厘米（图二三，5）。

B 型研磨器 1 件，Ⅱ T0213②：1，花岗岩，椭圆形，琢制，长 5.1、厚 6.0 厘米（图二四，8）。

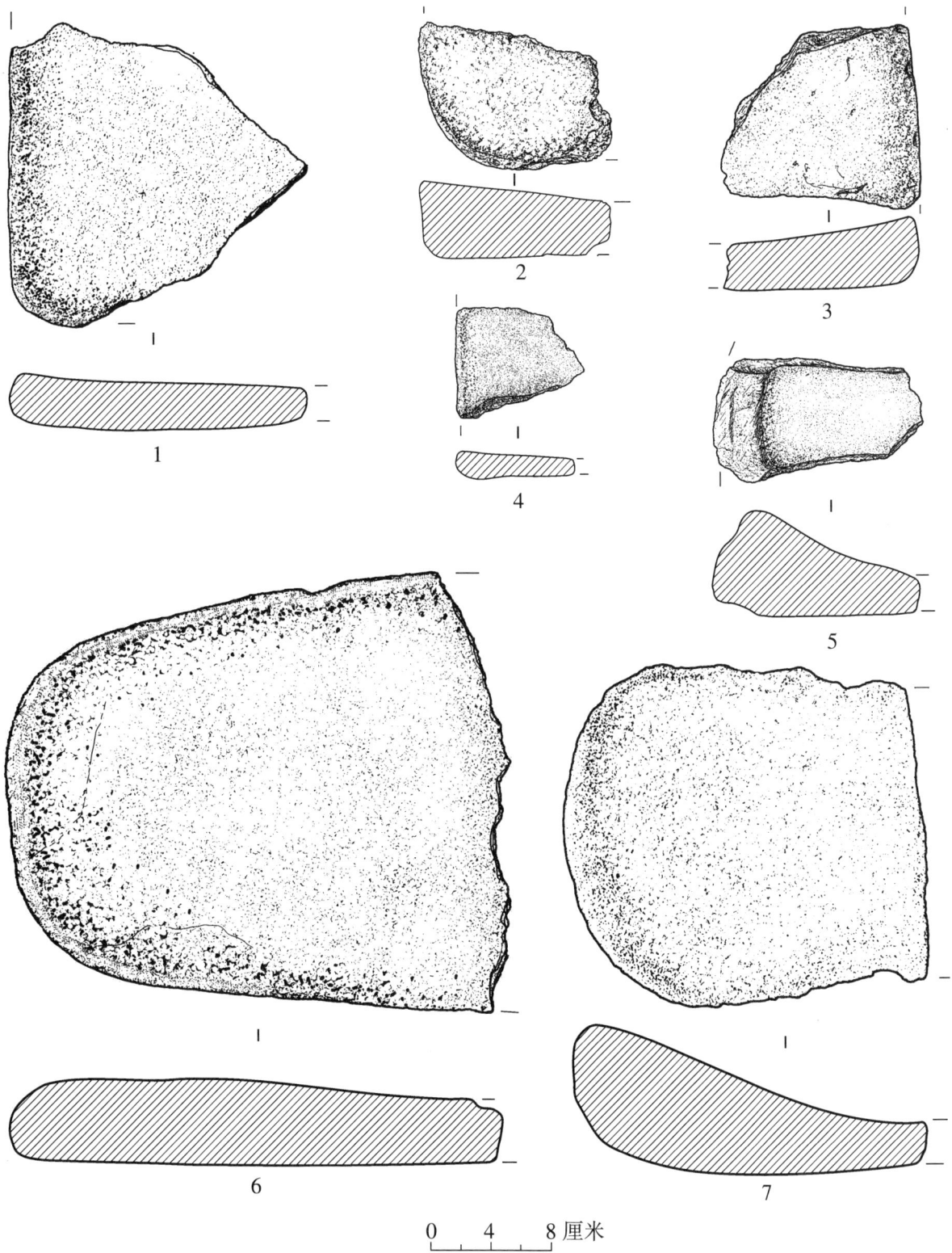

图二三　②层磨盘

1～7. A 型磨盘（T0213②：13、T0404②：3、T0306②：1、T0305②：4、T1009②：8、T0911②：3、T0605②：2）

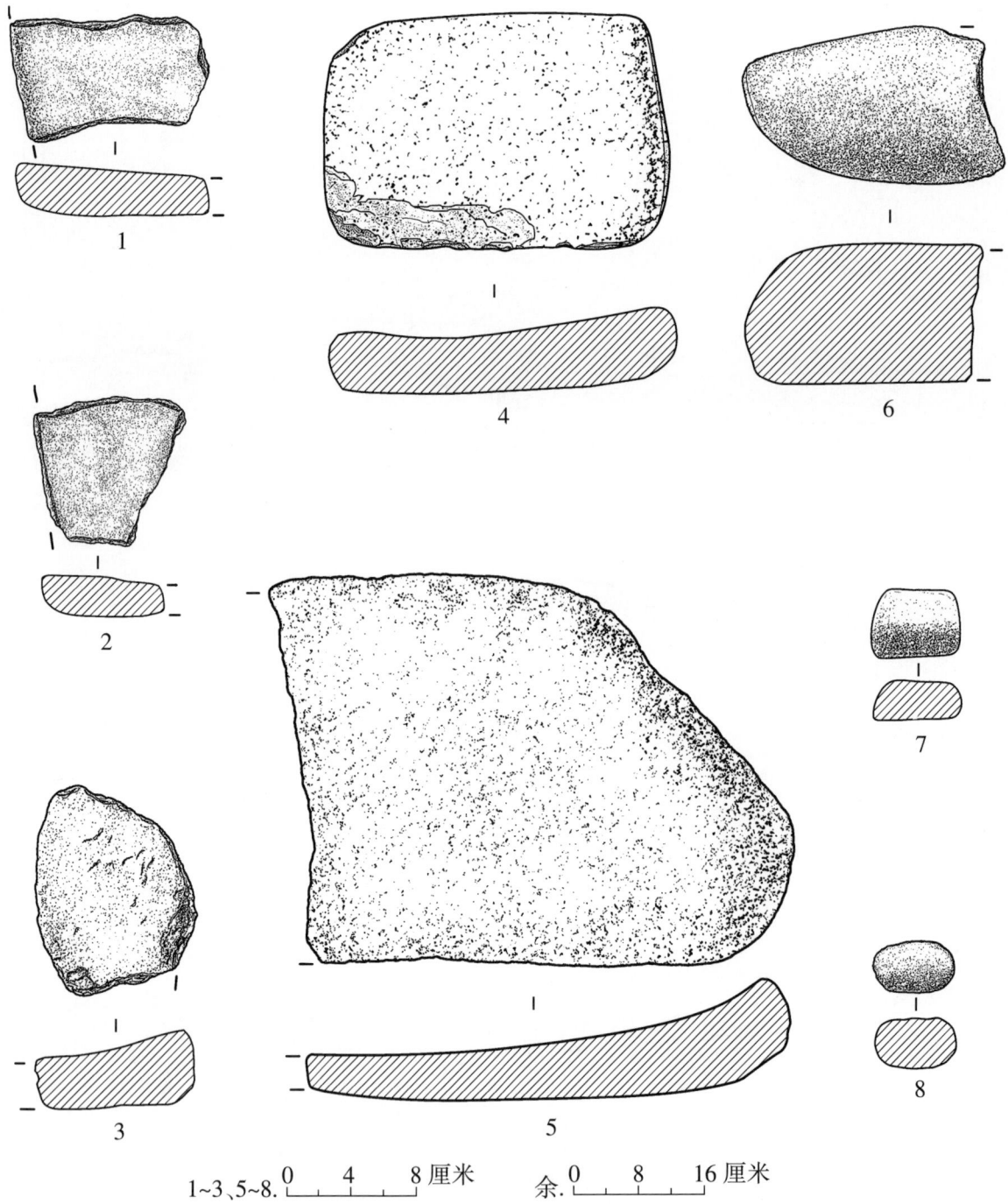

1~3、5~8. 0　4　8 厘米　　余. 0　8　16 厘米

图二四　②层石器

1~5. A 型磨盘（T0809②：1、T0708②：14、T0110②：1、T0402②：2、T0605②：3）

6、7. D 型研磨器（T0910②：1、T0308②：2）　　8. B 型研磨器（ⅡT0213②：1）

D 型研磨器 2 件。T0910②：1，残块，红褐色花岗岩，琢制，残长 13.5、厚 9.5 厘米（图二四，6）；T0308②：2，浅黄色花岗岩，长方体，磨面斜平，长 5.4、宽 4.0、厚 2.4 厘米（图二四，7；图版二三一，4）。

未归类研磨器 1 件，T0405②：2，流纹岩，块状，有多个磨面，长 4.3、宽 3.0、厚 2.36 厘米（图版二三一，6）。

砺石 21 件，多为自然石块。T0213②：8，细砂岩，扁平近圆形，双磨面，长 8.5、厚 3.5 厘米（图二五，1）；T0213②：17，残块，白色石灰岩，有多个凹磨面，残长 7.65、宽 6.17、厚 3.22 厘米（图二五，6）；T0307②：8，浅黄色石英岩，多棱体，单磨面，长 6.5、宽 6、厚 3 厘米（图二六，2）；T0309②：1，浅黄色花岗岩，双凹磨面，长 7.24、厚 3.72 厘米（图二六，1）；T0407②：2，浅黄色花岗岩，三棱体，三个磨面，长 8、宽 3.8、厚 3.5 厘米；T0409②：3，残，灰白色花岗岩，长 10.5、宽 5、厚 4 厘米（图二五，4）；T0503②：1，残，浅黄色石灰岩，扁平体，凹磨面，长 11、宽 9、厚 2 厘米；T0504②：1，残，浅黄色砂岩，凹磨面；T0509②：5，红褐色玄武岩，扁平体，单磨面，中间有凹坑，长 8、宽 7、厚 2.5 厘米；T0605②：7，灰色页岩，扁平近椭圆形，双磨面，长 7.5、宽 5.5、厚 1.8 厘米（图二六，3）；T0605②：10，棕红色花岗岩，长方体扁平，单磨面，长 10、宽 5.5、厚 4 厘米（图二五，2）；T0608②：5，红褐色玄武岩，方柱体，单磨面，长 16.5、宽 5.5、厚 5.5 厘米（图二五，8）；T0608②：8，灰色石英岩，残块，单磨面，长 6.5、宽 5、厚 3 厘米（图二五，11）；T0708②：11，棕红色花岗岩，三角形扁平，磨面平整，长 10、宽 7、厚 2.8 厘米（图二五，3）；T0710②：3，浅黄色砂岩，长 7.63、厚 3.57 厘米（图二五，9）；T0802②：2，黄褐色砾石，扁平体，双磨面，长 6、宽 6、厚 2 厘米（图二五，7）；T0802②：4，红褐色砂岩，单磨面，残长 8.69、厚 2 厘米（图二五，10）；T0802②：5，棕红色花岗岩，双磨面，有凹坑，长 13.44、厚 6.8 厘米；T0807②：1，浅黄色石灰岩，扁平体，双磨面，残长 8、宽 6、厚 2.5 厘米；T0910②：5，黄绿色石灰岩，扁平体，单凹磨面，长 10、宽 6、厚 2.5 厘米（图二五，5）；T1009②：10，花岗岩，近长方体，四个磨面，一凹磨面，长 37、宽 16、厚 14 厘米（图二五，12）。

敲砸器 61 件。页岩 2 件，ⅡT0209②：11，灰色，周边敲击痕迹明显，长 10.9、宽 5.8、厚 1.6 厘米；T0911②：2，灰绿色，一面有两个凹坑，周边敲击，厚 2 厘米。棕红色玄武岩 2 件，ⅡT0310②：2，多棱体，棱角处敲击点密集，长 5.5、宽 5.4、厚 3.5 厘米；T0307②：9，扁平长方体，敲砸痕迹集中在周边棱角处，长 8、宽 5、厚 2.5 厘米。黄色变质岩块 1 件，ⅡT0310②：3，形状不规则，周缘敲击，长 9.6、宽 9.1、厚 2.5 厘米。灰色沉积岩 1 件，ⅡT0112②：1，圆角长方体，两端敲砸痕迹明显，长 7.1、宽 3.6、厚 2.5 厘米。河光石 4 件，T0404②：2，红褐色，三棱柱，敲砸痕迹集中在尖端棱角，长 7、宽 5 厘米（图二六，20）；T0604②：3，红褐色，长 4.85、厚 3.27 厘米；T0502②：8，灰色，椭圆形，边棱有敲砸痕迹，径 6.5、厚 4 厘米；T0801②：8，黄褐色，方锥体，使用痕迹在两端棱角处，长 6、宽 2.8、厚 3 厘米。花岗岩 3 件，T0213②：5，菱形扁体，敲砸使用痕在两端尖棱角处，身长 11、宽 8、厚 3.5 厘米；T0509②：3，浅黄色，近长方体，

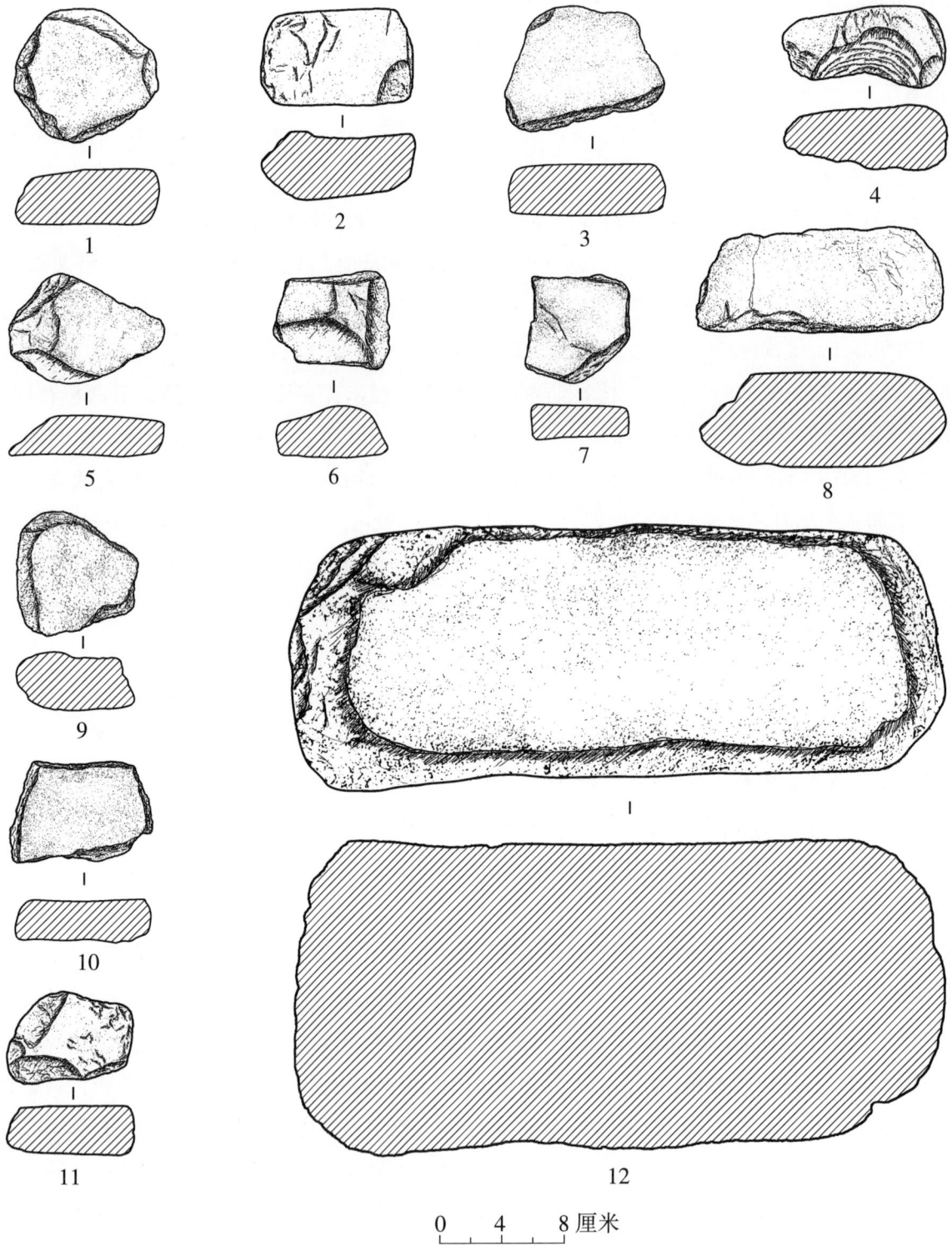

图二五　②层砺石

1～12. 砺石（T0213②：8、T0605②：10、T0708②：11、T0409②：3、T0910②：5、T0213②：17、

T0802②：2、T0608②：5、T0710②：3、T0802②：4、T0608②：8、T1009②：10）

扁平，两端棱角处有敲击痕迹，长 6、宽 5、厚 3.5 厘米；T0906②:3，棕红色，椭圆形扁平，周边有敲击痕迹，径 6、厚 2.5 厘米。石英岩自然石块 48 件，T1009②:7，多棱体，一侧敲击，长 8、宽 6、厚 3 厘米（图二六，5）。Ⅱ T0209②:12，白色，椭圆多棱体，棱角处敲击点密集，长 6.1、宽 4.3、厚 3.6 厘米；T0110②:2，黄褐色，形状不规整，棱角处有敲击痕迹，长 8、宽 7、厚 7 厘米；T0110②:3，灰色，方形扁平，周边有敲击痕迹，长 5.5、宽 5、厚 1.5 厘米（图二七，6）；T0213②:9，多棱体，敲砸痕迹多在棱角处，长 5~6、厚 4.78 厘米；T0213②:10，近扁平圆角，敲砸痕迹多在两圆角处，边长 7、厚 3 厘米；T0305②:1，灰色，方形块状，棱角处有敲击痕迹，长 6、宽 5、厚 3 厘米（图二七，8）；T0307②:10，灰白色，扁平长方体，敲砸痕迹集中在棱角处，长 7、宽 5、厚 3 厘米；T0308②:1，灰白色，多棱体，棱角处有敲砸痕迹，长 6、宽 6、厚 5 厘米（图二七，7）；T0308②:4，近圆体，砸击痕迹多集中在尖角处，直径 18.5~10 厘米（图二七，9）；T0303②:2，灰色，长棱体，棱角敲砸，长 6.17、厚 2.67 厘米；T0406②:1，灰色，近椭圆形，敲砸痕迹集中在棱角处，长 6、宽 5、厚 4 厘米（图二七，3）；T0406②:3，扁圆体，周边砸击，直径 8、厚 4.1 厘米（图二六，4）；T0406②:4，灰白色，多棱体，一端棱角有敲砸痕迹，长 7.5、宽 5、厚 4 厘米（图二六，19）；T0407②:5，灰色，多棱体，棱角处有敲砸痕迹，长 6、宽 5.5、厚 4 厘米（图二七，4）；T0409②:2，灰色，方形体，棱角处有砸击痕迹，长 6.5、宽 5、厚 5 厘米；T0502②:3，灰白色，扁平体，周边敲击，长 8.5、宽 7、厚 3 厘米（图二七，10）；T0605②:6，灰色，多棱体，砸击痕迹在棱角处，长 7、宽 7、厚 4 厘米（图二六，18）；T0606②:1，灰色，近方形体，敲砸痕迹集中在棱角处，长 5、宽 4、厚 4 厘米（图二七，5）；T0608②:3，灰色，多棱体，周边敲击，长 6.5、宽 4、厚 2.5 厘米；T0502②:7，灰白色，扁平方形，周边棱角敲击，长 6.5、宽 5、厚 2.5 厘米（图二七，2）；T0503②:2，灰白色，近方形体，周边棱角处有敲砸痕迹，长 4、宽 3.5、厚 3 厘米；T0503②:3，椭圆棱体，周缘棱角处有敲砸痕迹，长 6.5、宽 5.6、厚 4 厘米（图二六，17）；T0503②:4，侧截面呈楔形，薄端砸击痕迹明显，长 5、厚 3、刃宽 4 厘米（图二七，1）；T0511②:1，白色，多棱体，敲砸痕迹集中在棱角处，敲击点密集，长 7.6、宽 4.2、厚 3.7 厘米；T0708②:2，灰色，多棱体，棱角处有敲砸痕迹，长 7.5、宽 5.7、厚 5 厘米（图二六，16）；T0708②:4，灰白色，方柱体，敲砸痕迹集中在棱角处，长 7、宽 4、厚 3 厘米（图二六，15）；T0708②:5，灰色，球体，球面有敲击痕迹，直径 5 厘米（图版二五二，4）；T0801②:2，浅黄色，扁圆形，棱角敲击，长 8.2、宽 7.0、厚 3.6 厘米（图版二五二，6）；T0801②:5，灰色，多棱体，敲砸痕迹集中在棱角处，长 7、宽 5、厚 4.8 厘米（图二六，13）；T0801②:6，灰白色，扁平体，周边敲击，长 7.5、宽 7.5、厚 3 厘米；T0801②:7，灰色，多棱体，敲砸痕迹集中在棱角处，长 7.5、宽 6.5、厚 6.5 厘米（图二六，10）；T0801②:9，灰色，多棱体，周边棱角处有砸击痕迹，长 5、宽 5、厚 2.3 厘米；T0801②:10，灰色，扁平体，周边棱角处有砸击痕迹，长 8.5、宽 7、厚 3 厘米（图二六，12）；T0801②:11，灰色，扁平体，敲砸痕迹集中在棱角处，长 8.8、宽 5.5、厚 2 厘米（图二六，11）；T0801②:12，灰色，多棱体，敲砸痕迹在棱角处，长 7、

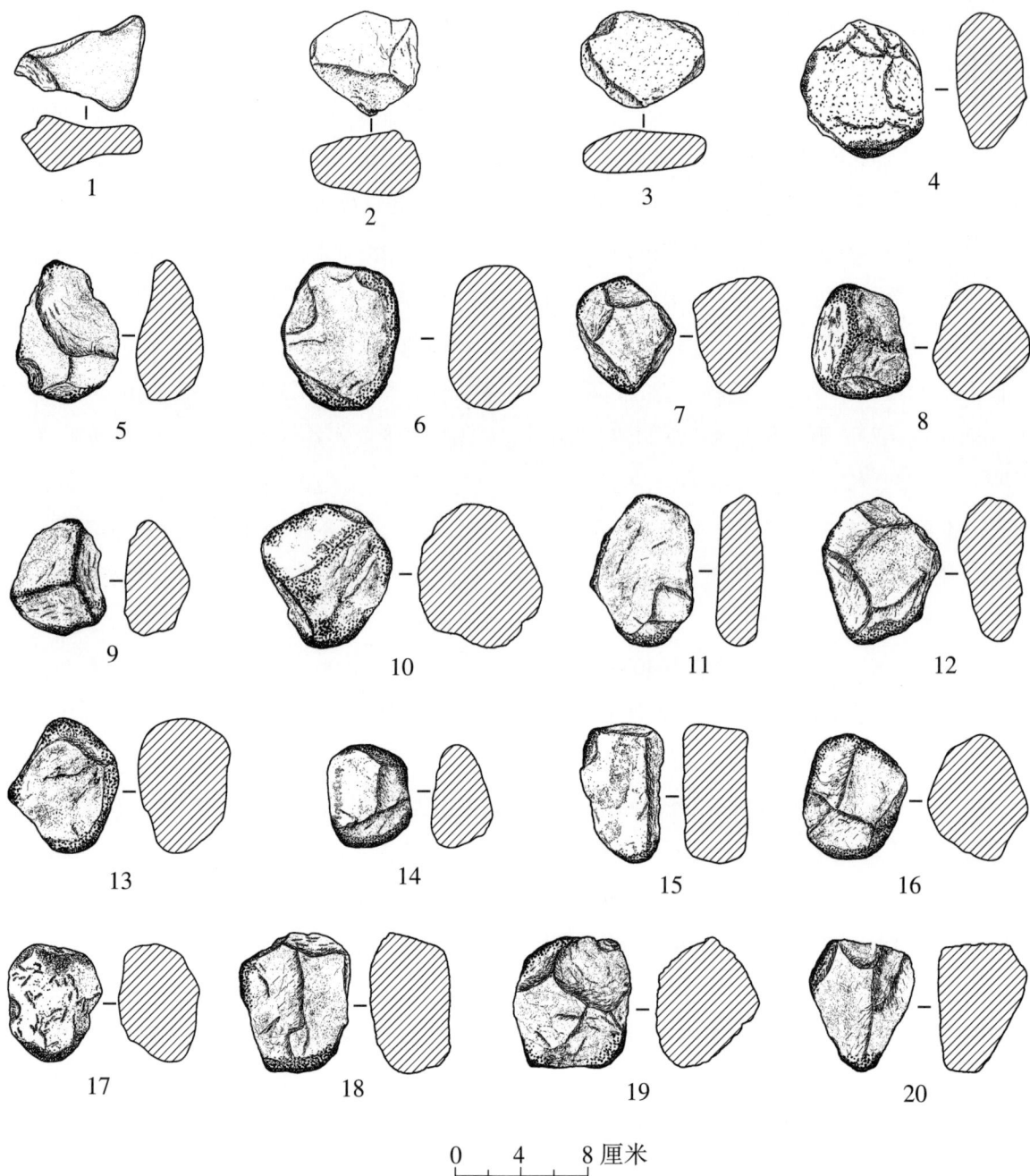

图二六　②层石器

1~3. 砺石（T0309②：1、T0307②：8、T0605②：7）　　4~20. 敲砸器（T0406②：3、T1009②：7、T1009②：5、
T0911②：1、T0910②：3、T0801②：12、T0801②：7、T0801②：11、T0801②：10、T0801②：5、T0801②：14、
T0708②：4、T0708②：2、T0503②：3、T0605②：6、T0406②：4、T0404②：2）

宽5.5、厚3.5厘米（图二六，9）；T0801②：14，灰色，扁平体，敲砸痕迹集中在棱角处，长6、
宽4.5、厚3厘米（图二六，14）；T0802②：3，灰色，多棱体，棱角处有敲砸痕迹，长4.5、宽4.5、
厚3.8厘米；T0901②：4，形体扁平，圆形，周缘敲击，直径6.1~6.5、厚2.6厘米；T0910②：3，

灰色，方形体，敲砸痕迹在棱角处，长5、宽4.5、厚5厘米（图二六，8）；T0911②：1，多棱体，突凸棱角敲砸，长6.93、厚5.14厘米（图二六，7）；T0911②：4，圆角长方形，敲砸痕迹在两弧端，长7.8、宽5.1、厚3.3厘米；T1009②：5，椭圆棱体，棱角处有敲砸痕迹，长8、宽6、厚5厘米（图二六，6）；T1009②：6，椭圆扁平体，周缘有敲砸痕迹，直径8.5、厚3厘米；T1009②：9，椭圆形多棱体，棱角处有敲砸痕迹，长11、宽9、厚8厘米；T1011②：3，灰色，多棱体，敲砸痕迹集中在棱角处，长7、宽5.5、厚5.5厘米；T1011②：4，灰色，近椭圆形，扁平，周边敲击，直径6、厚1.3厘米；T1011②：5，灰色，多棱体，敲砸痕迹集中在两端棱角处，长6、宽3、厚2.5厘米。

（3）细石器108件。石核11件，石镞1件，刮削器66件，石叶30件（参见附表20　查海遗址各遗迹单位出土细石器统计表）。

石核11件，多为页岩、石英岩，压削面清晰。其中锥状6件，T0113②：16，青色页岩，台面近圆形，长3.2、宽0.9厘米（图二七，12；图版二五四，7）；T0113②：17，青色，长2.6、宽2.2、厚1.8厘米（图二七，16；图版二五五，2）；T0502②：13，灰白色石英岩，长3.2、宽1.65、厚0.8厘米（图二七，13）；T0801②：17，青灰色页岩，长2.8、宽1.5、厚1.1厘米（图二七，14；图版二五四，8）；T0901②：3，白色石英岩，台面多边形，长2.45、宽2.35、厚1.5厘米；T0902②：2，青色页岩，长2.5、宽2.1、厚1.0厘米（图二七，17）。片状5件，ⅡT0105②：6，青灰色页岩，小台面，底边锋利，长3.0、宽1.7、厚0.57厘米（图二七，20）；ⅡT0109②：1，青灰色页岩，台面较小，中间厚，周边锋利，长2.5、宽2.5、厚0.8厘米（图二七，15）；T0804②：1，燧石，台面较小，中间厚，周边锋利，长2.4、宽1.6、厚0.7厘米（图二七，19）；ⅡT0112②：4，黑灰色页岩，台面端较厚，其他边角锋利，长5.7、宽1.9、厚0.6厘米（图二七，23）；ⅡT0114②：2，白色石英岩，长2.8、宽2.2、厚1.3厘米（图二七，18）。

石镞1件，T0105②：3，白燧石，压制，体呈凹底等腰三角形，长2.9、宽1.3厘米（图二七，21）。

刮削器66件，皆燧石，压制。锥状5件，ⅡT0105②：1，浅红色，截面呈梯形，长边角锋利，长2.4、宽0.6、厚0.2厘米；ⅡT0105②：2，浅红色，截面呈梯形，边角锋利，长1.7、宽0.5、厚0.45厘米；T0113②：3，台面端较厚，棱角及尖端锋利，长2.2、宽0.7、厚0.6厘米（图二九，24；图版二六四，5）；T0110②：6，白色，台面微厚，长边锋利，放射线明显，长2.4、宽1.0、厚0.55厘米（图二九，32）；T0213②：27，小台面，尖端锐利，长1.5、宽0.5、厚0.4厘米（图二九，16；图版二六六，3）。长条形61件，ⅡT0105②：3，浅红色，小台面，截面呈梯形，边角锋利，长1.8、宽0.6、厚0.13厘米；ⅡT0105②：4，青灰色，窄宽小台面，截面呈三角形，边角锋利，长1.85、宽0.55、厚0.25厘米；ⅡT0105②：5，青灰色，台面端较厚，截面呈三角形，边角锋利，长2.4、宽0.3、厚0.2厘米；ⅡT0105②：7，青灰色页岩，三角形小台面，边角锋利，长1.95、宽0.55、厚0.18厘米；ⅡT0105②：8，青黑色，残长1.9、宽0.8、厚0.19厘米（图二九，25）；ⅡT0105②：9，青色，残长1.8、宽0.82、厚0.12厘米（图二九，26）；ⅡT0105②：10，

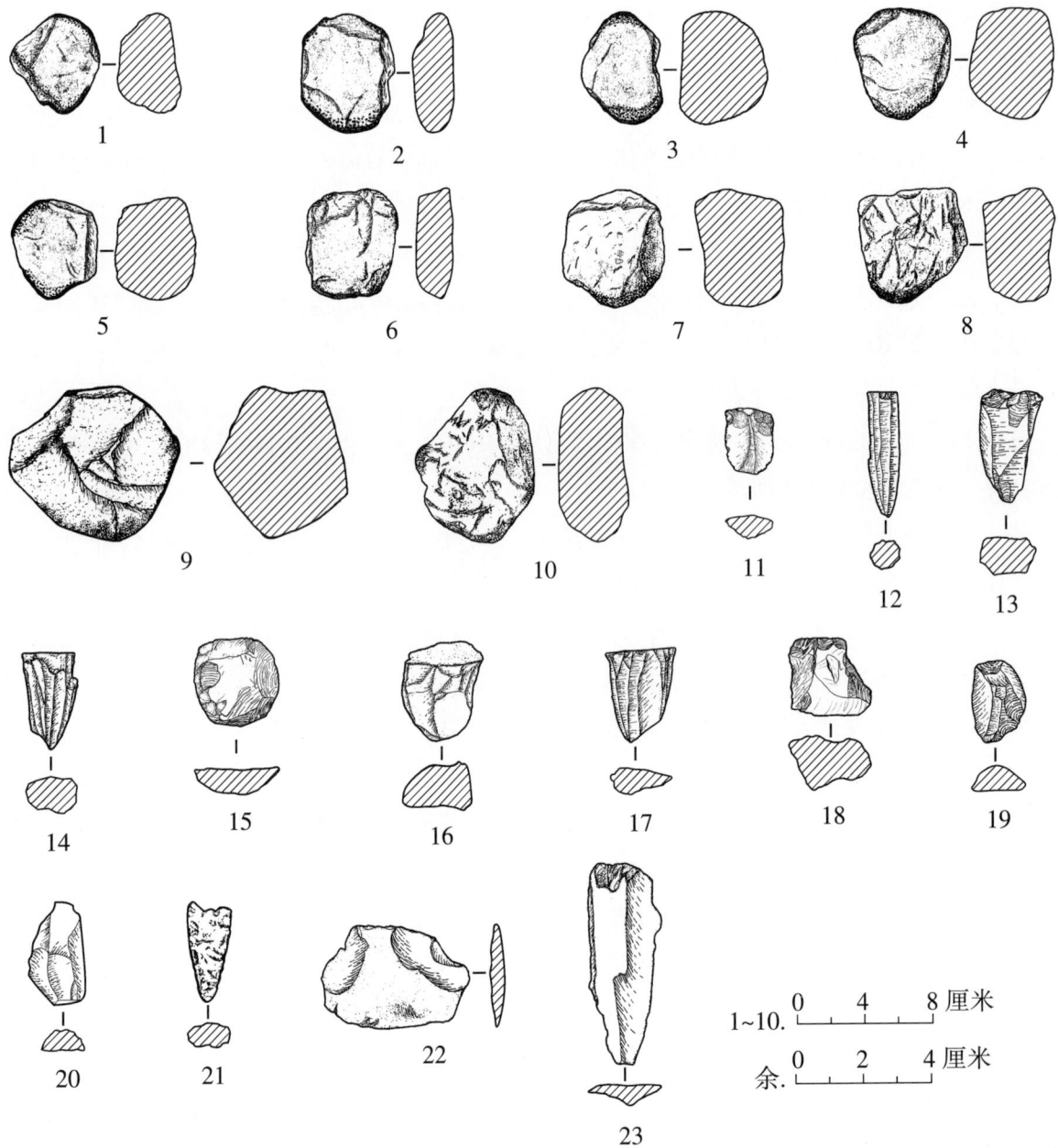

图二七　②层石器

1～10. 敲砸器（T0503②：4、T0502②：7、T0406②：1、T0407②：5、T0606②：1、T0110②：3、T0308②：1、
T0305②：1、T0308②：4、T0502②：3）　11、22. 石叶（T0404②：4、ⅡT0314②：1）　12～20、23. 石核
（T0113②：16、T0502②：13、T0801②：17、ⅡT0109②：1、T0113②：17、T0902②：2、ⅡT0114②：2、
T0804②：1、ⅡT0105②：6、ⅡT0112②：4）　21. 石镞（T0105②：3）

青灰色，残长 2.1、宽 1、厚 0.3 厘米（图二九，27）；ⅡT0105②：11，白色，残长 2、宽 1、厚
0.2 厘米（图二九，28）；ⅡT0105②：12，褐色，残长 1.2、宽 0.6、厚 0.1 厘米；ⅡT0105②：13，
青灰色，残长 1.2、宽 0.6、厚 0.2 厘米；ⅡT0105②：14，青灰色，残长 1.0、宽 0.6、厚 0.12 厘米；

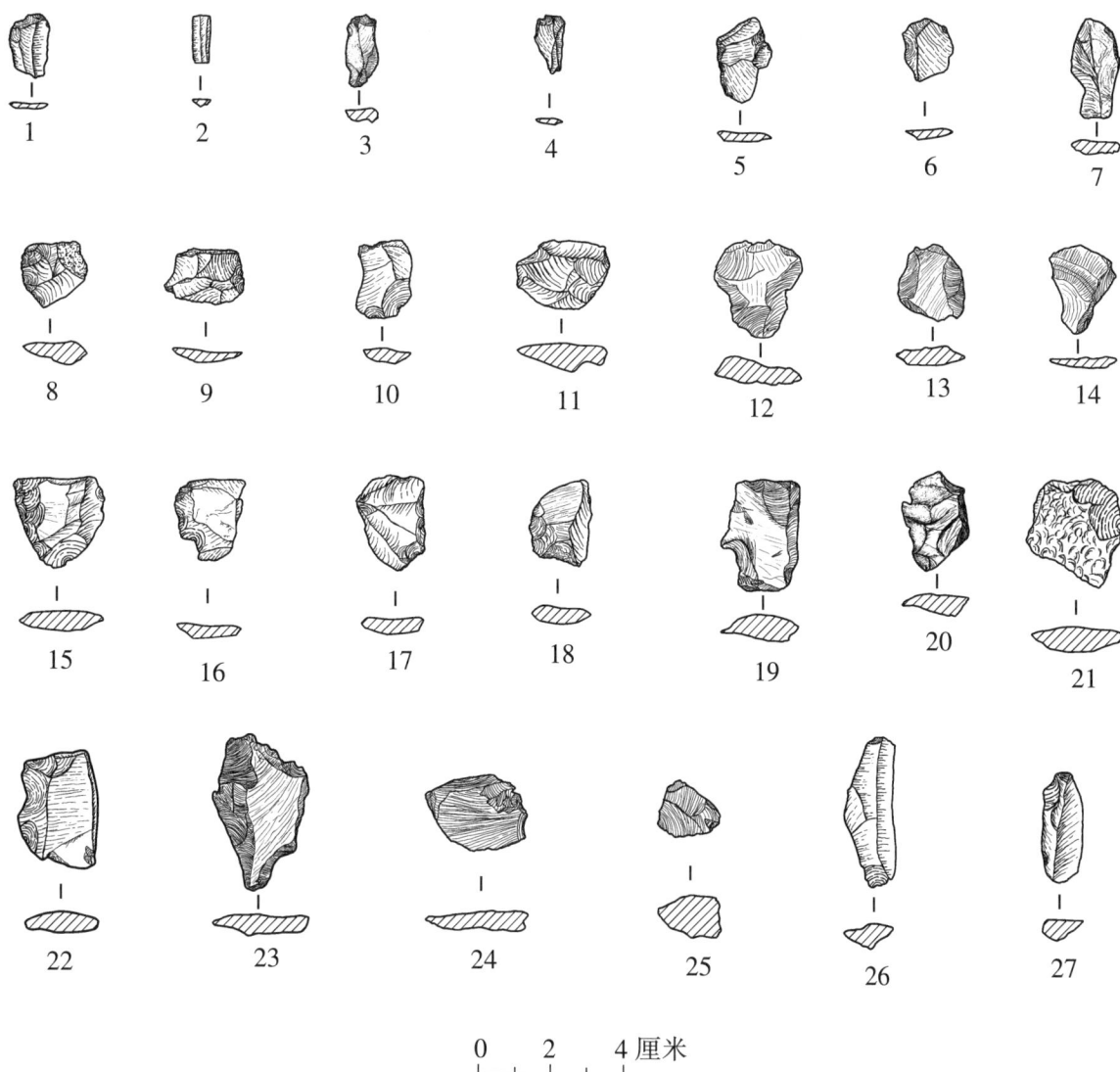

图二八　②层石叶

1~27. 石叶（T0113②：4、T0213②：22、ⅡT0112②：5、T0111②：3、T0113②：1、T0113②：2、ⅡT0314②：2、T0211②：3、T0111②：1、T0213②：20、T0211②：2、ⅡT0209②：3、ⅡT0209②：4、ⅡT0209②：5、T0213②：18、T0112②：1、T0212②：3、T0212②：2、ⅡT0309②：2、T0614②：1、T0212②：1、T0603②：1、ⅡT0209②：2、T0110②：4、T0110②：5、T0308②：3、T0213②：19）

ⅡT0105②：15，青灰色，残长1.0、宽0.4、厚0.1厘米；ⅡT0105②：16，青灰色，残长1.0、宽0.48、厚0.15厘米；ⅡT0105②：17，红色，残长0.95、宽0.55、厚0.09厘米；ⅡT0105②：18，青灰色，残长0.8、宽0.4、厚0.09厘米；ⅡT0112②：2，淡青色，小台面微翘起，断面呈三角形，长边锋利，长2.5、宽0.6、厚0.3厘米；ⅡT0112②：3，青色，小台面扁平，尖部微翘起，长边锋利，长1.7、宽0.5、厚0.15厘米；ⅡT0113②：1，灰色，周边锋利，长3.7、宽1.5、厚0.6厘米（图三〇，15）；ⅡT0114②：1，白色，形体细长，犬齿状，半透明，周边锋利，尖端锐利，

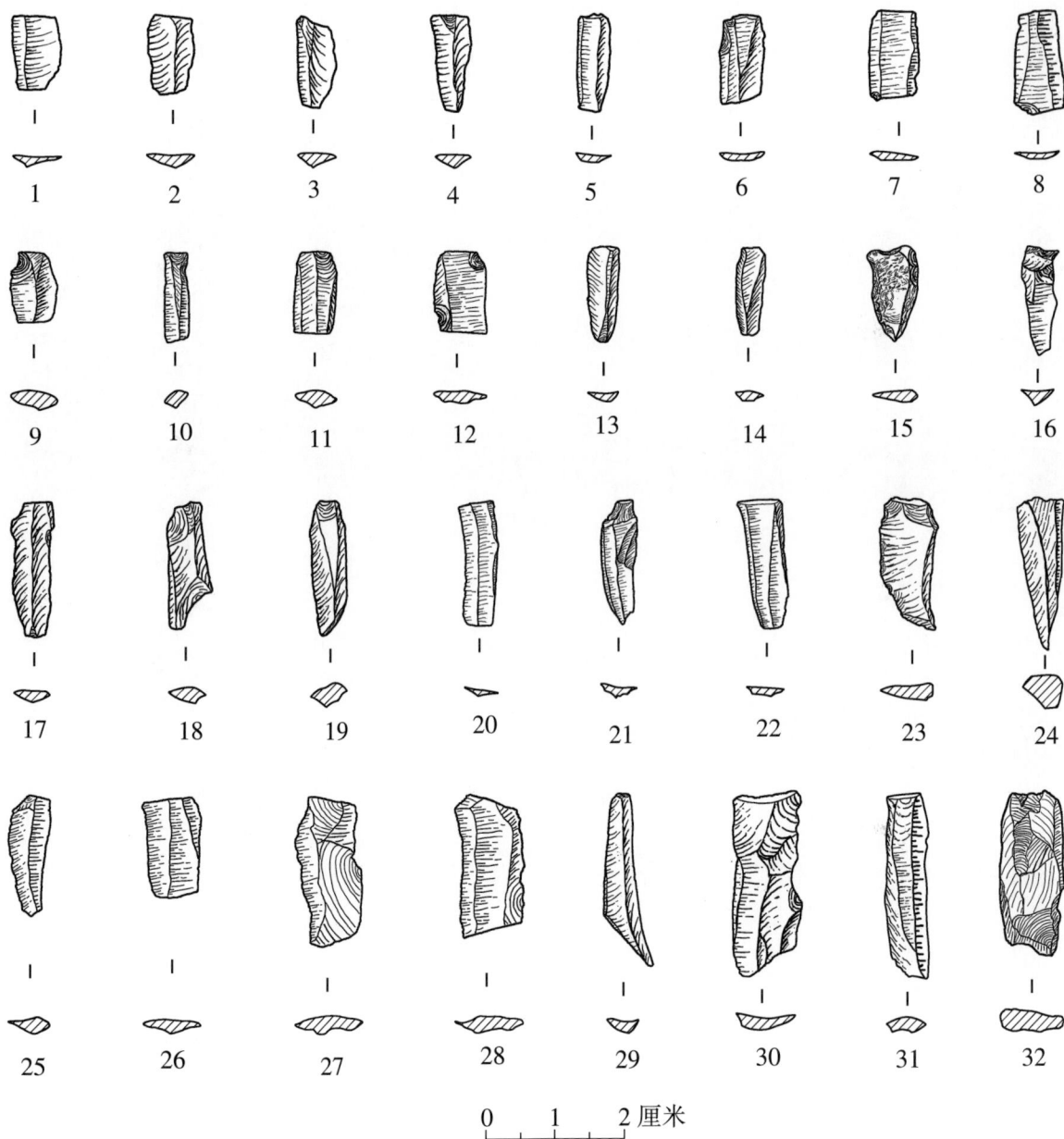

图二九　②层刮削器

1~32. 刮削器（T0113②∶7、T0113②∶8、T0113②∶9、T0113②∶11、T0113②∶15、T0113②∶14、T0113②∶5、
T0113②∶12、T0307②∶3－1、T0307②∶3－2、T0307②∶3－3、T0307②∶3－4、T0212②∶6、T0212②∶7、
T0213②∶26、T0213②∶27、T0113②∶6、T0113②∶10、T0113②∶13、T0213②∶23、T0213②∶24、T0213②∶25、
T0212②∶4、T0113②∶3、ⅡT0105②∶8、ⅡT0105②∶9、ⅡT0105②∶10、ⅡT0105②∶11、T0212②∶5、
T0213②∶21、T0112②∶2、T0110②∶6）

长2.1、宽0.5、厚0.3厘米（图三〇，10）；ⅡT0114②∶3，青色，三角形小台面，长边锋利，断面呈梯形，长1.5、宽0.7、厚0.1厘米（图三〇，8）；ⅡT0114②∶4，粉色，尖部微翘，三角形小台面，长边锋利，尖端锐利，长2.1、宽0.6、厚0.22厘米（图三〇，11）；ⅡT0209②∶6，青

色，微弧曲，小台面，周边锋利，长2.3、宽0.6、厚0.25厘米（图三〇，9）；ⅡT0209②：7，白色，周边锋利，尖端锐利，长1.7、宽0.5、厚0.2厘米（图三〇，4）；ⅡT0209②：8，青色，一端微翘，小台面，周边锋利，长1.4、宽0.6、厚0.2厘米（图三〇，5）；ⅡT0209②：9，青色，小台面，周边锋利，长1.2、宽0.5、厚0.2厘米（图三〇，6）；ⅡT0209②：10，青色，小台面，周边锋利，长1.3、宽0.5、厚0.2厘米（图三〇，7）；ⅡT0309②：1，青色，小台面，断面呈梯形，长边锋利，长1.4、宽0.8、厚0.15厘米；T0111②：2，青色，小台面，截面成梯形，长边锋利，长2.5、宽0.6、厚0.1厘米（图三〇，12；图版二六五，3）；T0111②：4，红色，三角形小台面微厚，周边锋利，微翘尖，锐利，长0.96、宽0.3、厚0.09厘米（图三〇，1；图版二六四，8）；T0111②：5，红色，断面及小台面微厚，长边锋利，长1.3、宽0.35、厚0.2厘米（图三〇，2；图版二六四，9）；T0111②：6，红色，断面微厚，长边锋利，长1.38、宽0.45、厚0.13厘米（图三〇，3；图版二六五，7）；T0112②：2，青灰色，小台面，截面成梯形，周边锋利，微翘尖，长2.7、宽0.6、厚0.2厘米（图二九，31；图版二六五，2）；T0113②：5，青色，短边平直，长边锋利，长1.3、宽0.8、厚0.15厘米（图二九，7；图版二六四，3）；T0113②：6，青色，翘尖，小台面，周边锋利，长2.0、宽0.6、厚0.2厘米（图二九，17；图版二六五，5）；T0113②：7，淡青色，三角形小台面，周边锋利，长1.4、宽0.5、厚0.15厘米（图二九，1；图版二六五，9）；T0113②：8，青色，短边平直，长边锋利，长1.1、宽0.7、厚0.2厘米（图二九，2；图版二六五，8）；T0113②：9，青色，小台面，周边锋利，长1.3、宽0.9、厚0.2厘米（图二九，3；图版二六五，10）；T0113②：10，青色，短边平直，长边锋利，长2.0、宽0.5、厚0.12厘米（图二九，17；图版二六五，6）；T0113②：11，青色，三角形小台面，短边平直，长边锋利，长1.2、宽0.7、厚0.2厘米（图二九，4；图版二六六，1）；T0113②：12，青色，短边平直，长边锋利，长1.5、宽0.7、厚0.15厘米（图二九，8；图版二六六，2）；T0113②：13，青色，小台面，周边锋利，长1.9、宽0.6、厚0.2厘米（图二九，19；图版二六五，4）；T0113②：14，青色，小台面，短边平直，长边锋利，长1.3、宽0.6、厚0.15厘米（图二九，6；图版二六六，4）；T0113②：15，青色，小台面，周边锋利，长1.4、宽0.5、厚0.12厘米（图二九，5；图版二六六，5）；T0212②：4，小台面，周边锋利，长1.9、宽0.8、厚0.21厘米（图二九，23）；T0212②：5，三角形小台面，微翘尖，长边锋利，长2.6、宽0.5、厚0.11厘米（图二九，29；图版二六六，10）；T0212②：6，三角形小台面，周边锋利，长1.4、宽0.4、厚0.15厘米（图二九，13；图版二六六，8）；T0212②：7，短边为小台面，长边为刃，锋利，长1.3、宽0.4、厚0.11厘米（图二九，14；图版二六六，9）；T0213②：21，青色，周边锋利，长2.6、宽0.9、厚0.2厘米（图二九，30；图版二六六，13）；T0213②：25，三角形小台面，长边锋利，长1.8、宽0.5、厚0.12厘米（图二九，22；图版二六六，12）；T0213②：26，小台面，短边平直，长边锋利，长1.3、宽0.5、厚0.12厘米（图二九，15；图版二六六，6）；T0307②：3-1，灰白色，残长1.25、宽0.35、厚0.15厘米（图二九，9）；T0307②：3-2，青色，残长1.15、宽0.75、厚0.15厘米（图二九，10）；

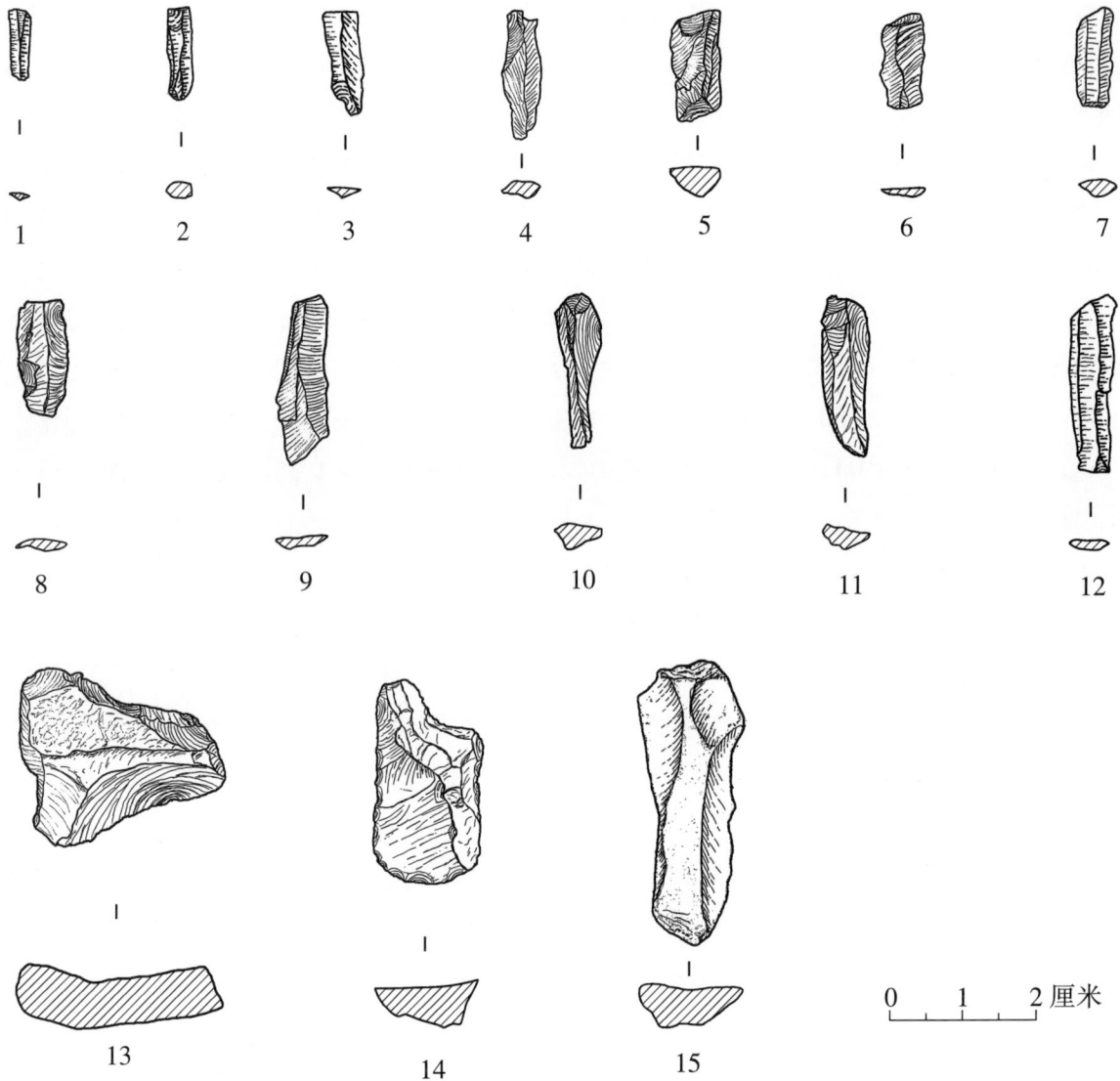

图三〇　②层细石器

1～12、14、15. 刮削器（T0111②:4、T0111②:5、T0111②:6、ⅡT0209②:7、ⅡT0209②:8、ⅡT0209②:9、

ⅡT0209②:10、ⅡT0114②:3、ⅡT0209②:6、ⅡT0114②:1、ⅡT0114②:4、T0111②:2、T0306②:4、

ⅡT0113②:1）　13. 石叶（ⅡT0109②:2）

T0307②:3-3，青色，残长1.15、宽0.6、厚0.25厘米（图二九，11），T0307②:3-4，青色，

残长0.98、宽0.65、厚0.27厘米（图二九，12）；T0307②:3-5，青色，残长0.95、宽0.55、厚

0.28厘米；T0307②:3-6，青色，残长0.8、宽0.5、厚0.1厘米；T0307②:3-7，青色，残长

0.7、宽0.5、厚0.1厘米；T0307②:3-8，青褐色，残长0.5、宽0.5、厚0.1厘米；T0306②:4，白

色，台面较厚，长边及弧边为齿状刃，长2.68、宽1.5、厚0.54厘米（图三〇，14）；T0213②:23，

小台面，长边锋利，长1.9、宽0.6、厚0.1厘米（图二九，20；图版二六六，7）；T0213②:24，

周边锋利，微翘尖，长1.8、宽0.5、厚0.12厘米（图二九，21；图版二六六，11）。

石叶30件，皆燧石，片状，打制。ⅡT0109②：2，红色，台面较厚，刃部内弧，较锋利，长2.9、刃宽2.5、厚0.7厘米（图三〇，13；图版二六一，7）；ⅡT0112②：5，红色，台面端较厚，长边锋利，尖端锐利，长1.9、宽0.8、厚0.3厘米（图二八，3）；ⅡT0209②：2，白色，周边锋利，长4.1、宽2.4、厚0.5厘米（图二八，23）；ⅡT0209②：3，白色，平面成倒"凸"字形，略显束腰，台面弧曲、较厚，边缘锋利，尖端锐利，长2.6、宽2.4、厚0.5厘米（图二八，12）；ⅡT0209②：4，白色，台面端较厚，其他边缘锋利，长1.9、宽1.8、厚0.4厘米（图二八，13）；ⅡT0209②：5，白色，台面较厚，边缘锋利，尖端锐利，长1.7、刃宽2.2、厚0.45厘米（图二八，14）；ⅡT0309②：2，青色，台面端较厚，长边锋利，长2.9、宽1.9、厚0.5厘米（图二八，19）；ⅡT0314②：1，黑灰色，中间厚，周边锋利，长4.5、宽2.9、厚0.55厘米（图二七，22）；ⅡT0314②：2，青灰色，台面较厚，边锋利，长2.7、宽1.3、厚0.5厘米（图二八，7）；T0110②：4，白色，小台面微厚，周边锋利，长3.0、宽2.1、厚0.4厘米（图二八，24；图版二六〇，6）；T0110②：5，白色，小台面微厚，周边锋利，宽1.7、高1.4、厚0.4厘米（图二八，25；图版二六一，1）；T0111②：1，台面较厚，打击点、放射线明显，长边锋利，长2.2、宽1.5、厚0.35厘米（图二八，9；图版二六〇，12）；T0111②：3，青色，小台面微厚，长边锋利，长1.6、宽0.8、厚0.2厘米（图二八，4；图版二六〇，7）；T0113②：4，白色，周边锋利，长1.7、宽1.1、厚0.2厘米（图二八，1；图版二六〇，8）；T0112②：1，白色，周边锋利，长端2.2、短端1.9、厚0.52厘米（图二八，16；图版二六一，2）；T0113②：1，白色，台面不显，微厚，边缘锋利，长2.3、宽1.6、厚0.3厘米（图二八，5；图版二六〇，11）；T0113②：2，红色，一侧边缘半透明，显白色，台面端较厚，边缘锋利，长1.6、宽1.4、厚0.5厘米（图二八，6；图版二六一，9）；T0211②：2，红色页岩，小台面微厚，周边锋利，长2.51、厚0.7厘米（图二八，11；图版二六〇，10）；T0211②：3，白色，小台面微厚，周边锋利，长1.8、宽1.7、厚0.6厘米（图二八，8；图版二六一，4）；T0212②：1，黄色，中间厚，周边锋利，长2.4、宽2.2、厚0.5厘米（图二八，21；图版二六一，3）；T0212②：2，黄色，中间厚，周边锋利，长2.2、宽1.6、厚0.5厘米（图二八，18；图版二六一，5）；T0212②：3，青色，中间厚，周边锋利，长2.6、宽1.7、厚0.5厘米（图二八，17；图版二六一，6）；T0213②：18，三角形，短边较厚，长边外弧，较锋利，长2.5、高2.5、厚0.6厘米（图二八，15）；T0213②：19，周边锋利，长3.0、宽1.2、厚0.7厘米（图二八，27）；T0213②：20，台面较厚，弧边锋利，长2.1、宽1.3、厚0.55厘米（图二八，10）；T0213②：22，三角形，周边锋利，尖端锐利，长1.3、宽0.7、厚0.15厘米（图二八，2；图版二六〇，9）；T0308②：3，白色，长边锋利，截面为三角形，长4.1、宽1.4、厚0.46厘米（图二八，26；图版二六一，8）；T0404②：4，白色，小台面，长边锋利，截面为三角形，长1.8、宽1.3、厚0.6厘米（图二七，11）；T0603②：1，灰白色，弧边锋利，长3.1、宽2.2、厚0.6厘米（图二八，22）；T0614②：1，红色，台面微厚，边角锋利，长2.5、宽1.7、厚0.5厘米（图二八，20）。

（4）玉器 10 件。玉管 2 件，小玉环 1 件，B 型玉斧 1 件，A 型玉玦 3 件，B 型玉玦 1 件，玉匕 2 件。

玉管 2 件，通体磨制，圆柱体。T0607②：1，呈白色，两端稍细，对钻孔，长 4.5、外径 1.2、孔径 0.5 厘米（图三一，9）；T0508②：11，蜡色，两端斜口，体长 3.1、直径 1、壁厚 0.3 厘米（图三一，10；图版二七四，1）。

小玉环 1 件，T1110②：10，蜡色，通体磨制，对钻孔，直径 1.2、孔径 0.5 厘米（图三一，6；图版二七四，2）；

B 型玉斧 1 件，T0609②：1，通体磨制光润，呈乳白色，平面近梯形，截面呈弧线长方形，两侧边棱分明，正锋，弧刃，上端残破，刃锋利，有崩疤，残长 4.2、刃宽 2.8、厚 0.7 厘米（图三一，1；图版二六九，1）。

A 型玉玦 3 件，皆呈环状扁圆体，通体磨光，棱线明显，对钻孔，斜切开口。T0407②：1，乳白色，杂绿斑，外径 3.8~4、厚 1.0、孔径 1.7、切口 0.2~0.3 厘米（图三一，2；图版二七三，2）；T0407②：6，乳白色，杂淡绿色斑，外径 3.8~4、厚 1.15、孔径 1.7、切口 0.2~0.3 厘米（图三一，4；图版二七三，1）；T0608②：1，乳白色，残，直径 2.6、孔径 1.3、厚 0.65 厘米（图三一，5；图版二七二，3）。

B 型玉玦 1 件，T0505②：1，通体磨制光润，呈乳白色，绿斑，环状柱体，局部有划痕，中孔对钻，斜切开口。直径 2~2.2、厚 1.8、孔径 0.6、切口宽 0.2~0.3 厘米（图三一，3；图版二七三，3）。

玉匕 2 件，通体磨光。T0709②：1，残段，白色，残长 3.6、宽 1.35、厚 0.4 厘米（图三一，8；图版二七六，5）；T0307②：1，深绿色，长扁条体，内凹外弧，上端平直、圆角，钻有一孔，下端圆弧状，稍外翻翘，周边圆薄，长 11.6 厘米（图三一，7）。

（5）其他遗物

②层收集其他遗物有 T0508②、T0509②鹿科左侧跟骨及左侧距骨（图版二八三，2、4、5）；T0605②木炭（图版二八六，1）。

第三节　采集遗物

纺轮 7 件，石器 26 件，细石器 4 件，玉器 3 件。

（1）纺轮 7 件。A 型陶纺轮 6 件，B 型陶纺轮 1 件。

A 型陶纺轮 6 件，陶片制作，圆形，对钻孔。其中夹砂红褐陶 2 件，86 采：7，直径 4.16、孔径 0.8、厚 0.6 厘米（图三二，4）；采：4，直径 4.0、孔径 0.4、厚 1.0 厘米（图三二，1；图版一五七，4）。夹砂灰褐陶 4 件，采：2，直径 5.0、孔径 0.5、厚 1.2 厘米（图三二，5；图版一五八，1）；采：3，直径 4.8、孔径 0.45、厚 0.75 厘米（图三二，6；图版一五八，7）；采：9，

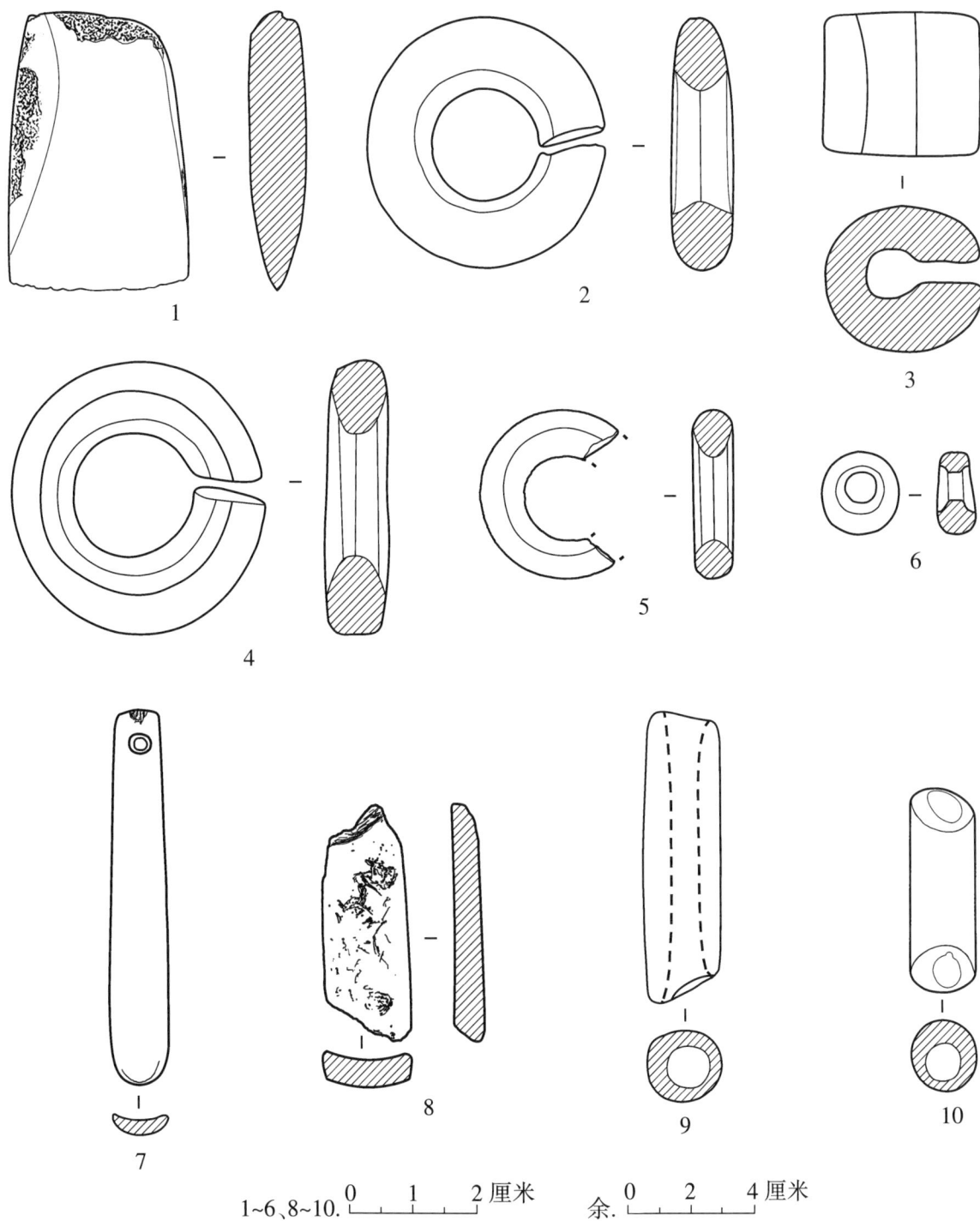

图三一　②层玉器

1. B 型玉斧（T0609②：1）　　2、4、5. A 型玉玦（T0407②：1、T0407②：6、T0608②：1）

3. B 型玉玦（T0505②：1）　　6. 小玉环（T1110②：10）　　7、8. 玉匕（T0307②：1、T0709②：1）

9、10. 玉管（T0607②：1、T0508②：11）

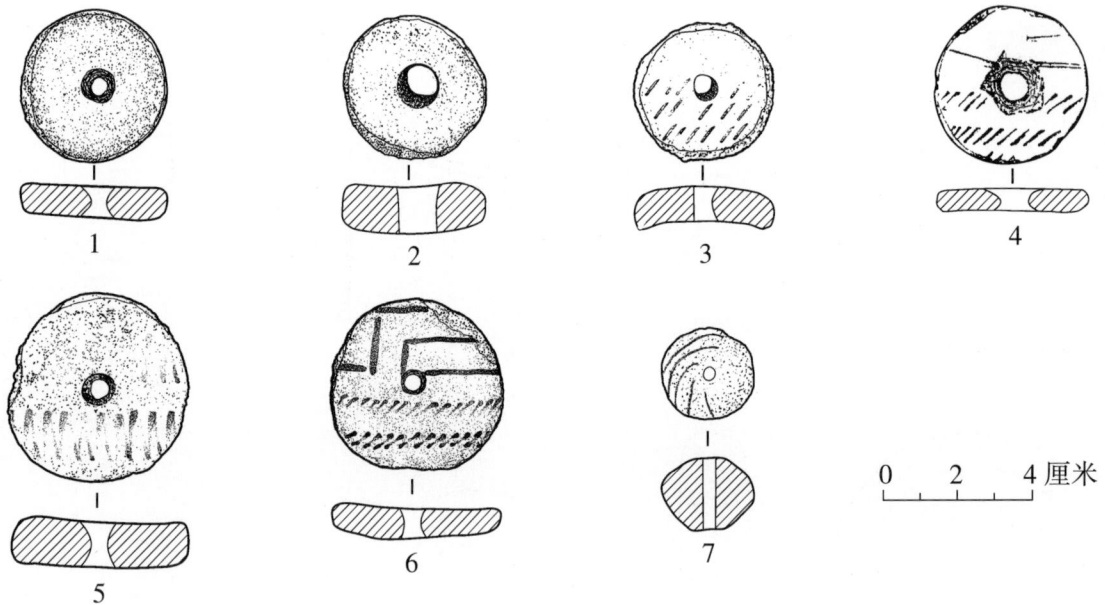

图三二　采集陶纺轮

1~6. A 型陶纺轮（采:4、采:9、采:10、86 采:7、采:2、采:3）　7. B 型陶纺轮（采:1）

直径 4、孔径 1.18、厚 1 厘米（图三二, 2；图版一五八, 6）；采:10, 直径 3.7、孔径 0.7、厚 1.0 厘米（图三二, 3；图版一五八, 12）。

B 型陶纺轮 1 件, 采:1, 夹砂红褐陶, 珠状, 珠面有划痕, 直径 2.5、孔径 0.25、厚 1.9 厘米（图三二, 7；图版一五九, 6）。

（2）石器 26 件。B 型石斧 1 件, Ca 型铲形石器 1 件, Cb 型铲形石器 2 件, C 型石刀 1 件, A 型石凿 3 件, B 型石凿 1 件, Aa 型饼形器 1 件, Bc 型饼形器 1 件, A 型研磨器 1 件, 石钻 2 件, 小石环 1 件, 敲砸器 11 件（参见附表 18　查海遗址其他单位出土石器型式统计一览表）。

B 型石斧 1 件, 采:7, 上半部残, 灰色花岗岩, 磨制, 截面呈扁圆形、斜弧刃, 有崩痕, 残长 5.3、刃宽 4.13、厚 2.8 厘米（图三三, 1）。

Ca 型铲形石器 1 件, 打制, 圆柄, 束腰, 扇状铲身。86 采:1, 器身残缺, 长 16、宽 17.5 厘米（图三三, 3）。

Cb 型铲形石器 2 件, 皆打制, 束腰, 椭圆柄, 椭圆身, 弧刃。采:12, 黑色泥质页岩, 刃部一侧使用痕迹明显, 长 17.6、刃宽 14.2、厚 1.9 厘米（图三三, 8；图版一八三, 5）；86 采:2, 长 16.6, 宽 18 厘米（图三三, 2）。

C 型石刀 1 件, 86 采:3, 体较厚重, 直背, 弧刃, 刃部较圆钝, 长 15.5、宽 5.5 厘米（图三三, 4）。

A 型石凿 1 件, 页岩, 窄扁平体。采:8, 灰色, 打制, 顶部有崩痕, 弧刃, 偏锋, 较锋利, 长 7、宽 3.5、厚 1.2 厘米（图三三, 6）。

B 型石凿 3 件, 86 采:16, 磨制, 扁平体, 斜直刃, 长 4.2、最厚处 0.5 厘米（图三三, 7）；

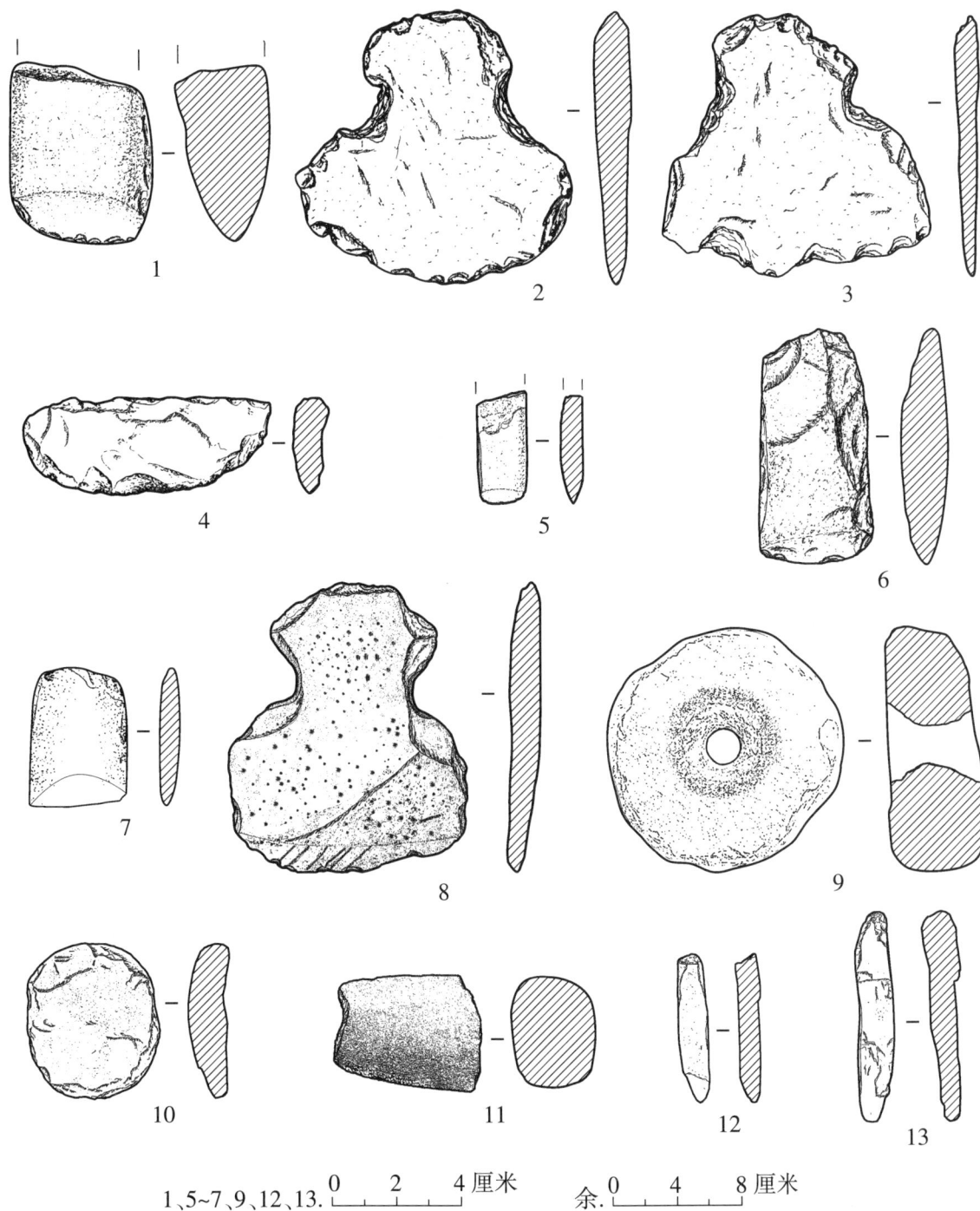

图三三 采集石器

1. B 型石斧（采：7） 2、8. Cb 型铲形石器（86 采：2、采：12） 3. Ca 型铲形石器（86 采：1） 4. C 型石刀（86 采：3） 5、7. B 型石凿（采：23、86 采：16） 6. A 型石凿（采：8） 9. Aa 型饼形器（采：36）
10. Bc 型饼形器（采：30） 11. A 型研磨器（采：11） 12、13. 石钻（采：24、采：27）

采:23，墨绿色页岩，通体磨光，顶端残断，两侧平磨圆棱角，斜直刃，刃锋利，有崩痕，残长3.4、顶部残宽1.6、刃宽1.4、厚0.7厘米（图三三，5；图版一九六，2）；采:25，灰色页岩，打制，刃部及一侧边棱磨制，顶端残断，斜弧刃，刃锋利，有崩痕，残长4.9、宽2.4、厚0.9厘米（图版一九六，1）。

Aa 型饼形器1件，采:36，棕红色玄武岩，圆形，琢制，对凿中孔，直径7.6、孔径1.1、厚2.9厘米（图三三，9；图版一九八，5）。

Bc 型饼形器1件，采:30，稍残，黄灰色花岗岩，打制，椭圆形，面有磨痕，直径8.2~9.4、厚2.3厘米（图三三，10；图版二○三，6）。

A 型研磨器1件，采:11，残，浅黄色花岗岩，琢制，扁圆柱状，一使用面较平，残长9、厚3.8厘米（图三三，11）。

石钻2件，皆长条木化石，圆尖，较光滑。采:24，残长4.6、宽1.0、厚0.6厘米（图三三，12；图版二四○，2）；采:27，长6.4、宽1.0、厚0.6厘米（图三三，13；图版二四○，1）。

小石环1件，采:26，灰色滑石，通体磨光，扁圆形，对钻圆孔，直径1.9、孔径0.7、厚0.6

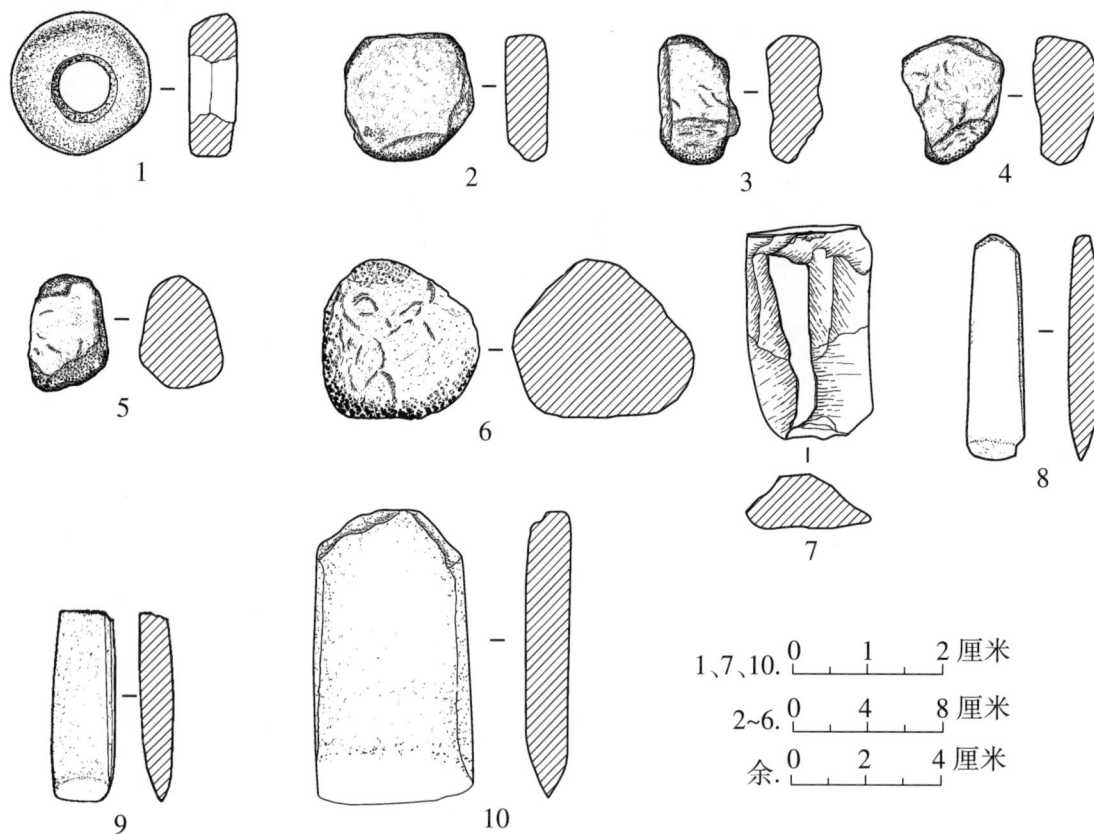

图三四　采集石器、玉器

1. 小石环（采:26）　　2~6. 敲砸器（采:28、采:29、采:21、采:19、采:35）

7. 石核（采:6）　　8、9. A 型玉凿（采:33、采:20）　　10. A 型玉斧（采:34）

厘米（图三四，1；图版二四一，3）。

敲砸器 11 件，皆灰色石英岩自然石块。采：13，椭圆扁棱体，周边有敲砸痕迹，长 6.5、宽 4.3、厚 2 厘米（图版二五二，5）；采：14，椭圆体，球面敲砸，直径 6.5 厘米；采：15，三角形扁体，棱角处有敲砸痕迹，边长 7.5、厚 4.5 厘米；采：16，长条形多棱体，棱角处有敲砸痕迹，长 7.5、宽 4、厚 2 厘米；采：17，多棱扁体，周边敲击，长 4、宽 5、厚 2 厘米；采：18，多棱扁体，周边敲砸，长 5.5、宽 4、厚 2 厘米；采：19，多棱体，棱角处有敲砸痕迹，长 6、宽 3.5、厚 4 厘米（图三四，5）；采：21，多棱体，周边棱角处有敲砸痕迹，长 6.5、宽 5、厚 2.5 厘米（图三四，4；图版二五二，2）；采：28，圆扁平体，周边棱角处有敲砸痕迹，径 6.5、厚 2 厘米（图三四，2）；采：29，椭圆多棱体，棱角处有敲砸痕迹，长 6.5、宽 3.5、厚 2.5 厘米（图三四，3）；采：35，多棱体，棱角处有敲砸痕迹，长 9.6、宽 8.8、厚 8.4 厘米（图三四，6）。

（3）细石器 4 件（参见附表 20　查海遗址各遗迹单位出土细石器统计表）。

石核 4 件，青灰色燧石，扁圆楔形，压削面清晰。采：6，长 2.85、宽 1.75、厚 0.7 厘米（图三四，7）；采：22，长 3.0、宽 2.2、厚 1.6 厘米（图版二五五，6）；采：31，长 3.2、宽 0.9、厚 0.8 厘米（图版二五五，6）；采：32，长 2.4、宽 1.5、厚 1.0 厘米（图版二五五，6）。

（4）玉器 3 件。A 型玉凿 2 件，A 型玉斧 1 件。

A 型玉凿 2 件，通体磨光，扁平长方体。采：33，乳白色，顶端一角崩残，两侧平磨，棱角分明，弧刃，刃锋利，一角有崩痕，长 5.9、顶部宽 1.2、刃残宽 1.5、厚 0.8 厘米（图三四，8；图版二七〇，4）；采：20，墨绿色，顶端残断，两侧棱角分明，一侧有切割痕迹，直刃，锋利，有崩疤，残长 5.1、顶部残宽 1.5、刃宽 1.6、厚 0.9 厘米（图三四，9；图版二七〇，1）。

A 型玉斧 1 件，采：34，呈乳白色，通体磨光，扁平长条形，上端两角残缺，两侧平磨，棱角分明，略斜弧刃，正锋，刃锋利，有崩疤，长 3.9、顶宽 2.1、刃宽 2.1、厚 0.6 厘米（图三四，10；图版二六八，3）。

第三章　房址、窖穴形制和遗物

第一节　房址形制和遗物

查海聚落遗址清理出房址总计55座，编号F1～F55（参见附表21　查海遗址房址一览表）。房址皆半地穴式，平面呈圆角方形、圆角长方形，以圆角长方形居多，门道不详。但在有些房址的南面东端向外突出一半圆体，推测为房址的出入口。在这些房址中，有的房址内带有二层台，有的房址挖有室内窖穴，有的房址内有墓葬，一般房址室内居住面四周略高于中部，居室活动面的踏土厚约0.02～0.15米，呈黑灰色，内含烧灰、红烧土等杂物，坚硬起层。每座房址内一般有两圈柱洞，外圈柱洞沿穴壁挖凿，内圈柱洞挖凿在灶址外围。灶址一般设有1～2个，位于房址正中，其中有的底部用石块和石器铺垫。日常生活所用的陶器、石器等摆放在室内四周，出土编号为Fxx：xx。房内堆积土一般为较松软的灰黑色土，内含烧土、木炭灰渣以及残碎陶片、石器等遗物，出土编号为Fxx①：xx。

以下对55座房址予以分述。

一　1号房址（F1）

1. 遗迹

F1位于遗址南部，北与F20、F43、F46，南与F10成列；东与F3、F6、F17、F14，西与F11、F9成排。方向192°。面积约59.28平方米，是一座中型半地穴式房址。平面呈圆角方形。东西7.6、南北7.8米，中心垂直深0.44米。房址所在位置西高东低，房穴挖凿于黄褐土层及基岩层内，穴壁局部外弧，稍加修整，壁面斜平。居住面为坚硬黑沙垫踏土，较平整，厚约0.05～0.08米。灶位于室内中部偏东北，圆形坑式灶，斜壁平底，灶壁及底抹泥厚0.03～0.05米。经火烧，呈暗红色。灶口直径为0.84，灶深0.12米。在灶的西侧有两大片红烧土痕迹。室内有三个窖穴，编号为J1、J2、J3。J1位于西北部，平面呈不规则椭圆形，斜壁，平底。口东西长1.22、南北宽0.7，底部东西长1.0、南北宽0.5、深0.5米。J2位于西南部，平面呈不规则圆形，斜壁，平底。口部直径0.95～0.84、底部直径0.70～0.55，深0.63米。J3位于东南部，平面呈圆角长方形，斜壁，平底，口部东西长0.88、南北宽0.6，底部东西长0.70、南北宽0.5，深0.6米。整个房址内共有13个大小不同深浅不一的柱洞，靠近穴壁一周9个，其他4个位于三个窖穴旁。其中J1南侧1个，J2北侧1个，J3西侧和南侧各1个。这些柱洞形状有圆形和椭圆形，圜底或平底，皆凿于基岩内（尺寸、形状详见附表22-1 F1柱洞一览表）。出土遗物有陶器、石器及马科颌骨残块，主要分布室内四周，陶器主要集中在东北角和西北角（图三五）。

2. 遗物

（1）陶器37件。AⅠ式斜腹罐1件，AⅡ式斜腹罐1件，BⅢ式直腹罐1件，BⅣ式直腹罐13件，BⅤ式直腹罐11件，BⅥ式直腹罐2件，直腹罐罐底2件，CⅡ式鼓腹罐2件，CⅣ式鼓腹罐2

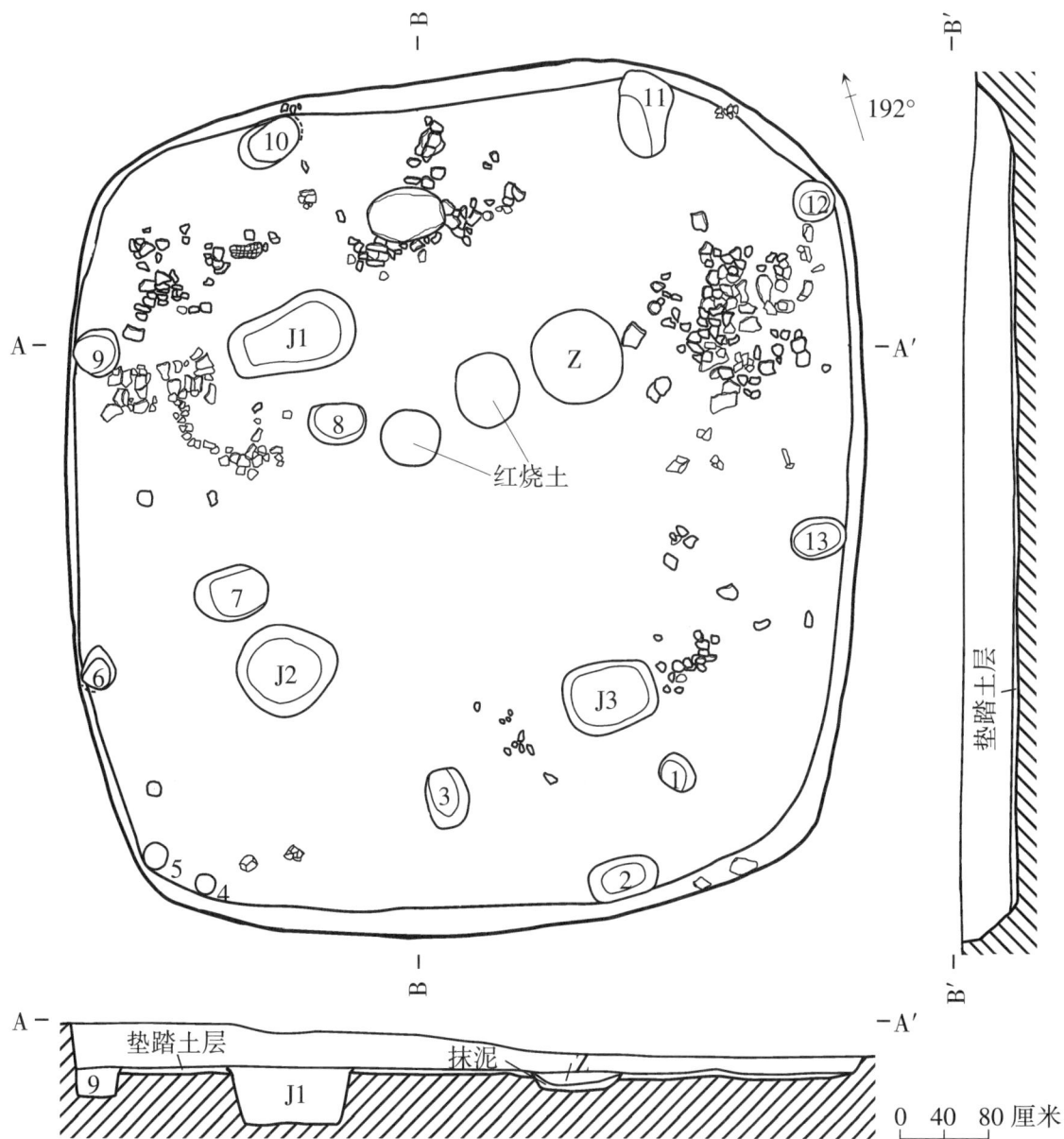

图三五 F1平、剖面图

1～13. 柱洞 J1～J3. 窖穴 Z. 灶址 其他遗物

件，CⅤ式鼓腹罐1件，鼓腹罐罐底1件（参见附表7　查海遗址房址活动面出土陶器型式统计表）。陶片164片（见附表2　房址出土陶片统计表）。

AⅠ式斜腹罐1件，F1∶1，夹砂红褐陶，内壁黑色，直敞口，圆唇，外叠宽带沿，斜直腹，平底，宽带沿饰右斜线纹，腹饰窝点纹，器身两对镪孔，口径34.5、高36.5、底径15.5厘米（图三六，1；图版六五，2）。

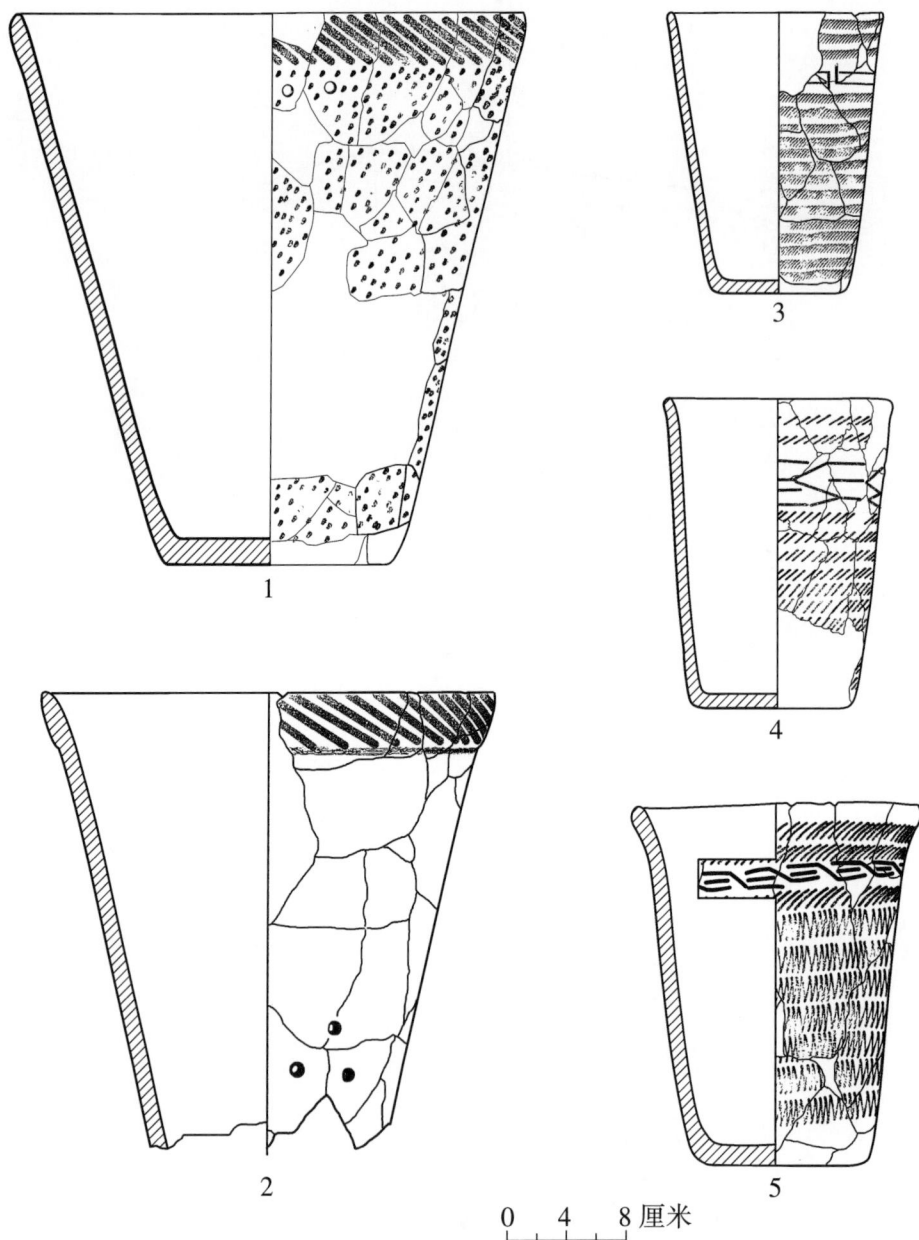

图三六　F1陶器

1. AⅠ式斜腹罐（F1∶1）　2. AⅡ式斜腹罐（F1∶25）　3. BⅢ式直腹罐（F1∶7）
4. BⅣ式直腹罐（F1∶5）　5. BⅤ式直腹罐（F1∶13）

AⅡ式斜腹罐 1 件，F1:25，夹砂红褐陶，敞口，尖圆唇，外叠宽带沿，斜腹，底残缺，宽带沿饰右斜线纹，素身，腹部有 4 个锔孔，口径 31.0、高 33.0 厘米（图三六，2；图版六六，1）。

BⅢ式直腹罐 1 件，F1:7，夹砂灰褐陶，直口，薄圆唇，直腹，平底，颈饰左斜线纹、Ab3 型扣合曲尺形几何纹，腹饰左斜线纹，口径 14.7、底径 9.4、高 18.7 厘米（图三六，3；图版七四，4）。

BⅣ式直腹罐 13 件。夹砂红褐陶 2 件，F1:3，小罐，直敞口，圆唇，直腹，平底，颈饰窝点纹 3 周、Aa2 型单体曲尺形几何纹 1 周，腹饰窝点纹 11 周，口径 10.7、高 10.6、底径 6.2 厘米（图三八，5；图版八二，3）；F1:6，敞口，厚尖圆唇，直腹，微凹平底，颈饰不规整弦纹，腹饰竖压横排弧线之字纹，口径 17.3、底径 12.3、高 21.2 厘米（图三八，6；图版八三，1）。夹砂灰褐陶 11 件，F1:5，直口，圆唇，直腹，平底，颈饰左斜线纹 2 周、C2 型梭形几何纹 1 周，腹饰左斜线纹，口径 15.4、底径 10.9、高 20.5 厘米（图三六，4；图版八二，4）；F1:9，敞口，厚圆唇，直腹，微凹平底，颈饰弦纹、Ba1 型 F 形几何纹，腹饰竖压横排之字纹，口径 20.1、底径 14、高 31.8 厘米（图三七，2；图版八三，3）；F1:11，敞口，圆唇，直腹，平底，颈饰横压竖排之字纹，附加堆纹带饰 Da2 型锯齿形几何纹，腹饰竖压横排之字纹不到底，口径 19.5、底径 12.2、高 27.3 厘米（图三八，2；图版八三，4）；F1:12，外撇口，厚尖圆唇，直腹，平底，颈饰弦纹数周，其上附压 Da3 型锯齿形几何纹，腹饰竖压横排之字纹，颈部一对锔孔，口径 21.0、底径 14.0、高 27.8 厘米（图三八，3；图版八四，3）；F1:16，直敞口，圆唇，直腹，平底，颈饰不规整弦纹、Da3 型锯齿形几何纹，腹饰竖压横排之字纹，口径 20.0、底径 11.8、高 25.4 厘米（图三八，7；图版八四，2）；F1:24，敞口，薄圆唇，直腹，微凹平底，颈饰 Db 锯齿形几何纹，腹饰左斜线纹、之字纹，口径 14.8、底径 10.0、高 20.2 厘米（图三八，9；图版八四，1）；F1:30，口部残，直腹，微凹平底，颈饰 C2 型梭形几何纹，其下锥刺纹间施右斜线纹、局部为网格纹，腹饰竖压横排之字纹不到底，底径 14.7、残高 32.5 厘米（图三七，1；图版八五，1）；F1:31，敞口，圆唇，颈饰横压竖排宽疏之字纹，宽平附加堆纹带饰 Ba1 型 F 形几何纹，腹饰竖压横排之字纹，口径 28.0、残高 9.1 厘米（图三七，3）；F1:32，直敞口，尖圆唇，直腹，下部残，颈饰弦纹数周，附加堆纹带饰右斜线纹，腹饰竖压横排之字纹，口径 18.0、残高 22.3 厘米（图三八，1）；F1:33，口部残缺，直腹，平底，颈饰 Db 型锯齿形几何纹，窄凸附加堆纹带无纹饰，腹饰竖压横排之字纹不到底，底径 12.0、残高 28.8 厘米（图三八，8；图版八四，4）；F1:51，下部残，敞口，厚圆唇，直腹，颈饰竖压横排之字纹，附加堆纹带饰网格纹，腹饰竖压横排之字纹，口径 27.0、残高 22.0 厘米（图三八，4）。

BⅤ式直腹罐 11 件，皆为夹砂灰褐陶，小喇叭口。F1:4，圆唇，直腹，平底，颈饰左斜线纹 2 周，上腹饰竖压横排之字纹，下腹饰 Bb1 型 F 形几何纹，口径 15.0、底径 8.7、高 19.4 厘米（图四〇，1；图版一〇六，1）；F1:8，尖圆唇，直腹，平底，颈饰左斜线纹 4 周、Aa2 型单体曲尺形几何纹 1 周，腹饰竖压横排之字纹，口径 18.8、底径 11.8、高 25.5 厘米（图四〇，3；图版一〇五，3）；F1:10，圆唇，直腹，微凹平底，颈饰网格纹，附加堆纹带饰左斜线纹，腹饰竖压横

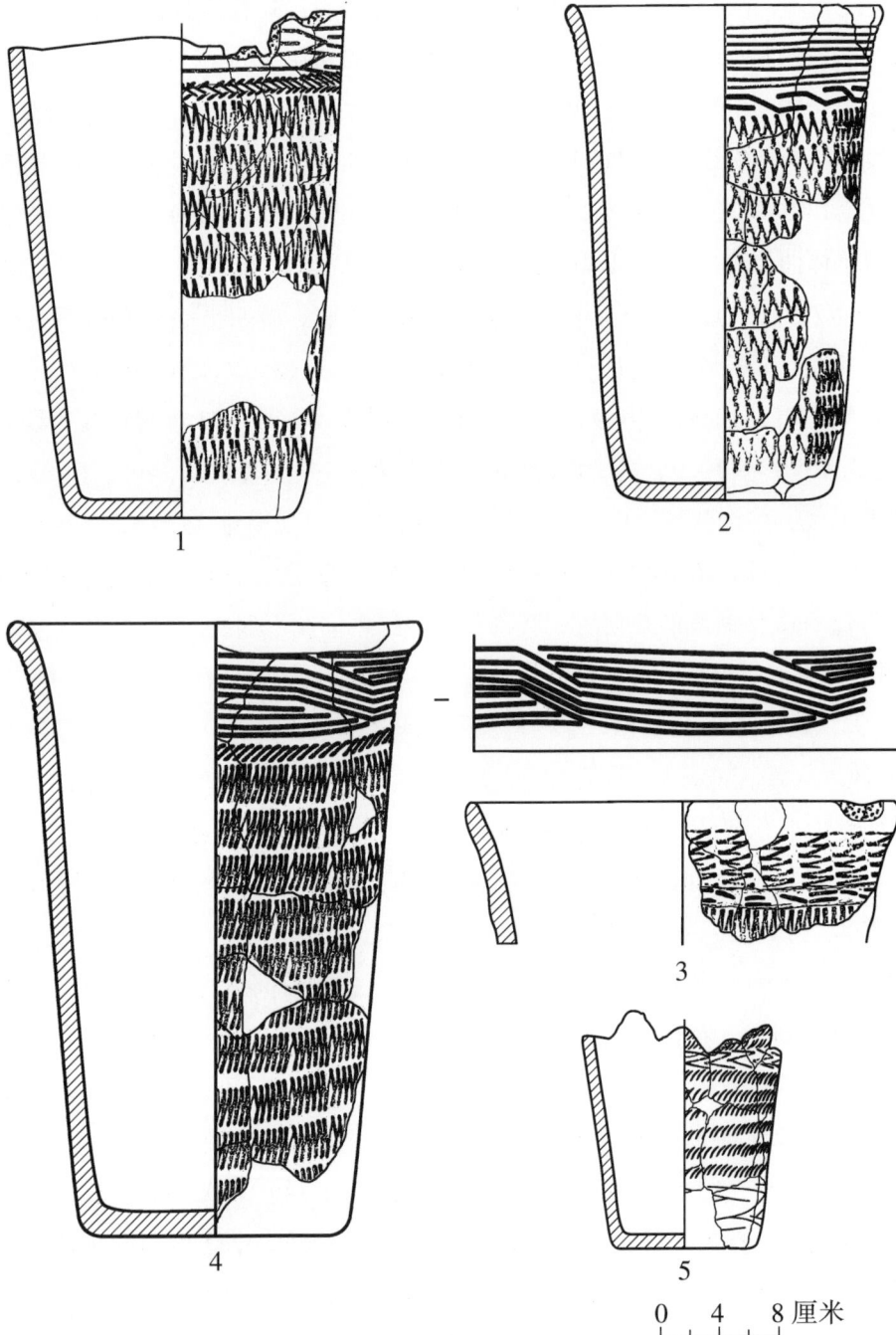

图三七　F1 陶器

1~3. BⅣ式直腹罐（F1：30、F1：9、F1：31）　　4、5. BⅤ式直腹罐（F1：18、F1：27）

排之字纹，口径 24、底径 13.4、高 34.8 厘米（图三九，1；图版一〇五，2）；F1：13，敞口，圆唇，直腹，平底，颈饰左斜线纹 2 周、Ba2 型 F 形几何纹 1 周，腹饰左斜线纹、竖压横排之字纹，口径19.7、底径 11.9、高 24.0 厘米（图三六，5；图版一〇五，4）；F1：15，圆唇，直腹，平底，腹饰竖压横排之字纹不到底，口径 18.0、底径 11.0、高 22.8 厘米（图四〇，2；图版一〇六，2）；F1：17，

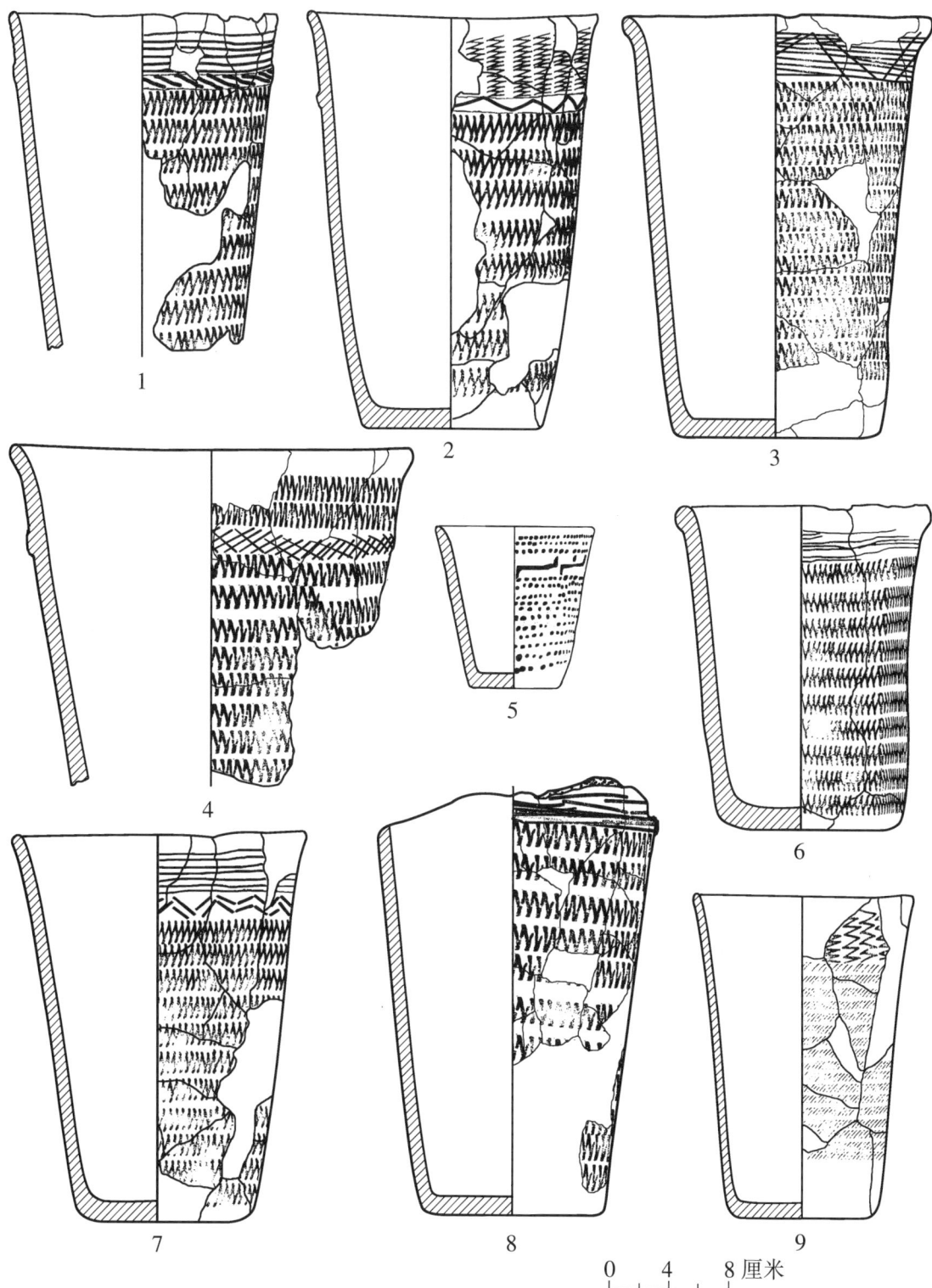

图三八　F1 陶器

1～9. BⅣ式直腹罐（F1：32、F1：11、F1：12、F1：51、F1：3、F1：6、F1：16、F1：33、F1：24）

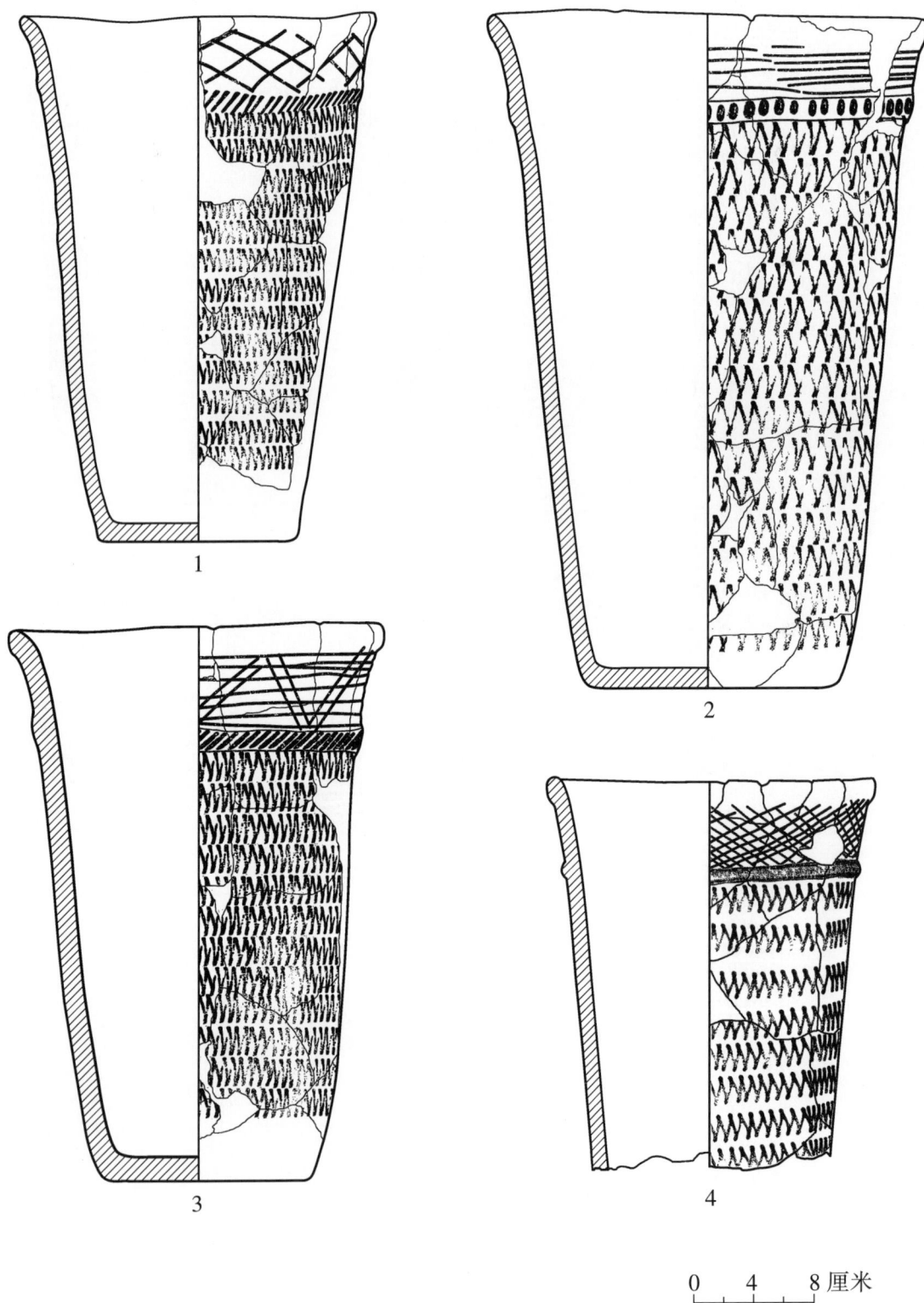

0　　4　　8厘米

图三九　F1 陶器

1～4. BⅤ式直腹罐（F1∶10、F1∶19、F1∶17、F1∶29）

厚尖圆唇，直腹，微凹平底，颈饰弦纹数周，其上附压 Da3 型锯齿形几何纹，附加堆饰左斜线纹，腹饰竖压横排之字纹不到底，口径 25.0、底径 14.2、高 36.6 厘米（图三九，3；图版一〇六，4）；F1∶18，厚圆唇，直腹，微凹平底，颈饰 Bb2 型 F 形几何纹，左斜线纹带，腹饰竖压横排之字纹 10 周，口径 27.0、底径 17.9、高 39.3 厘米（图三七，4；图版一〇六，3）；F1∶19，厚尖圆唇，直腹，微凹平底，颈饰不规整弦纹数周，附加堆纹带饰窝点纹，腹饰竖压横排之字纹，口径 29.5、底径 17.1、高 44.6 厘米（图三九，2；图版一〇七，1）；F1∶26，器口、器底残缺，直腹，颈饰 C2 型梭形几何纹，左斜线纹带，腹饰竖压横排之字纹，残高 22.5 厘米（图四〇，4）；F1∶27，上部残缺，直腹，微凹平底，纹饰依次为左斜线纹、Db 型锯齿形几何纹、左斜线纹，近底饰不规整 C1 型梭形几何纹，底径 9.5、残高 15.3 厘米（图三七，5）；F1∶29，厚尖圆唇，直腹，底部残缺，颈饰网格纹，窄凸附加堆纹带无纹饰，腹饰竖压横排之字纹，口径 22.3、残高 25.8 厘米（图三九，4；图版一〇七，3）。

BⅥ式直腹罐 2 件，皆夹砂灰褐陶，大喇叭口。F1∶14，圆唇，直腹，平底，颈饰 Ba1 型 F 形几何纹，附加堆纹带饰左斜线纹，腹饰竖压横排之字纹，口径 21.8、底径 13.4、高 29.4 厘米（图四〇，6；图版一二五，1）；F1∶52，圆唇，直腹，下部残，颈饰横压竖排之字纹，附加堆纹带饰竖线纹，腹饰竖压横排之字纹，口径 30.7、残高 19.6 厘米（图四〇，5）。

直腹罐罐底 2 件。夹砂灰褐陶 1 件，F1∶28，直腹，微凹平底，饰竖压横排之字纹，底径 17.5、残高 10.7 厘米（图四〇，7）。夹砂红褐陶 1 件，F1∶49，微凹平底，腹饰竖压横排之字纹，底径 15.5、残高 15.6 厘米（图四〇，8）。

CⅡ式鼓腹罐 2 件，皆夹砂灰褐陶。F1∶21，侈口，薄圆唇，束颈，略显肩，弧腹，微凹平底，颈饰弦纹、左斜线纹及 Ab3 型扣合曲尺形几何纹，腹饰左斜线纹，近底饰 C3 型梭形几何纹，口径 16.7、底径 9.8、高 23.8 厘米（图四一，1；图版一三七，4）；F1∶22，口部残，弧腹，不显肩，微凹平底，颈饰不规则弦纹，上腹饰左斜线纹 6 周，下腹饰戳点人字纹，施纹不到底，底径 17.3、残高 35.0 厘米（图四一，2；图版一三八，4）。

CⅣ式鼓腹罐 2 件，皆夹砂灰褐陶。F1∶20，侈口，圆唇，束颈，肩部明显，鼓腹，平底，颈饰 C4 型梭形几何纹，肩部饰左斜线纹 4 周，腹饰 Bb2 型 F 形几何纹，口径 16.8、底径 11.3、高 20.9 厘米（图四一，4；图版一四四，4）；F1∶23，侈口，薄圆唇，束颈，圆鼓腹，微凹平底，颈饰左斜线纹 1 周、C2 型梭形几何纹，腹饰左斜线纹、Ba2 型 F 形几何纹、左斜线纹、近底饰 C4 型梭形几何纹，口径 13.0、底径 7.3、高 14.2 厘米（图四一，3；图版一四四，1）。

CⅤ式鼓腹罐 1 件，F1∶2，夹砂灰褐陶，侈口，圆唇，显肩束颈，小平底，颈饰左斜线纹 2 周、Ab4 型扣合曲尺形几何纹，腹饰规整左斜线纹 8 周，近底部饰 C2 型梭形几何纹，口径 21.2、底 6.7、高 16.5 厘米（图四一，5；图版一四六，1）。

鼓腹罐罐底 1 件，F1∶50，夹细砂灰褐陶，平底，腹饰有 Bb2 型 F 形几何纹，底径 8.0、残高 6.2 厘米（图四一，6）。

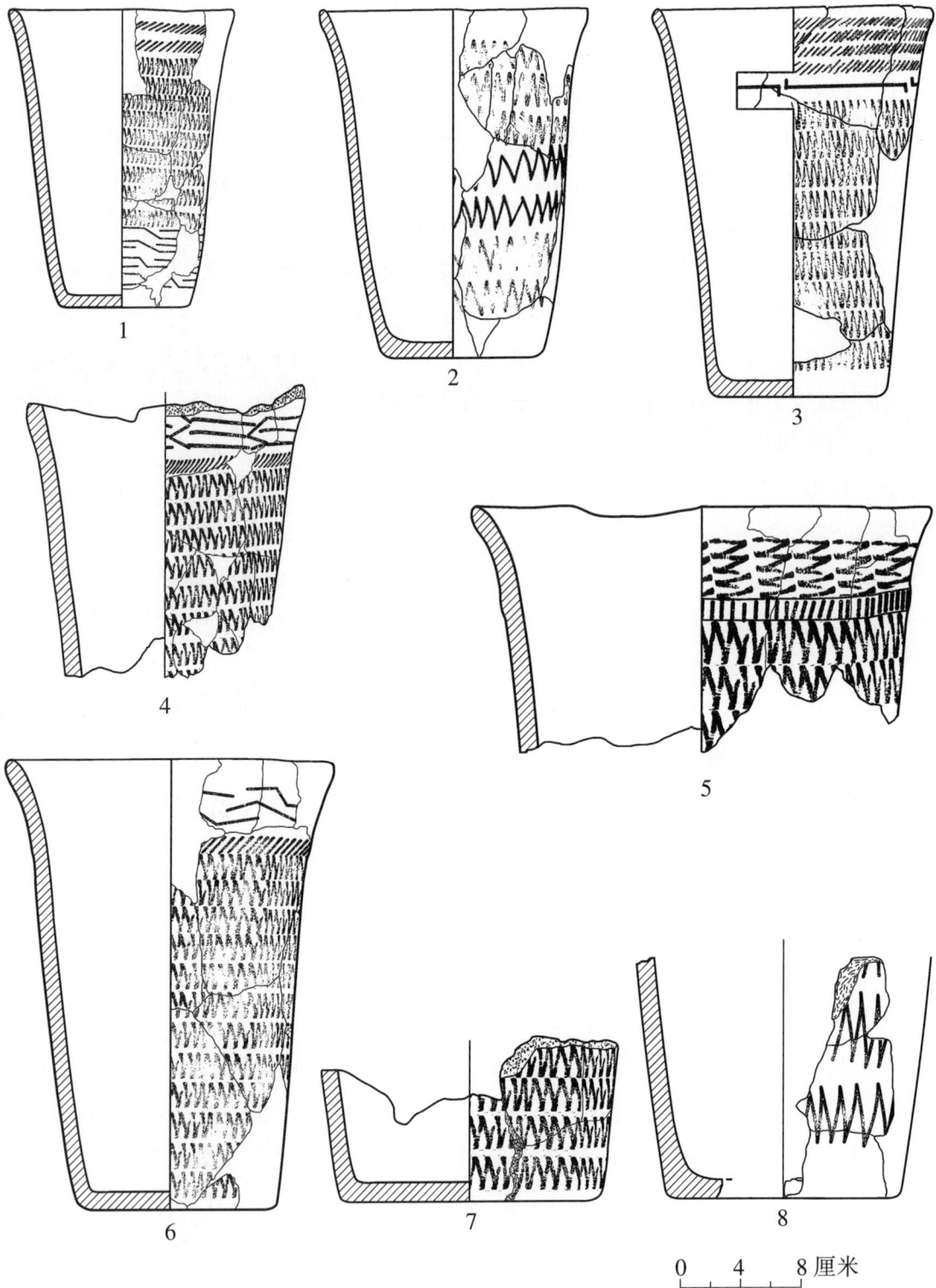

图四〇　F1 陶器

1~4. BⅤ式直腹罐（F1：4、F1：15、F1：8、F1：26）　5、6. BⅣ式

直腹罐（F1：52、F1：14）　7、8. 直腹罐罐底（F1：28、F1：49）

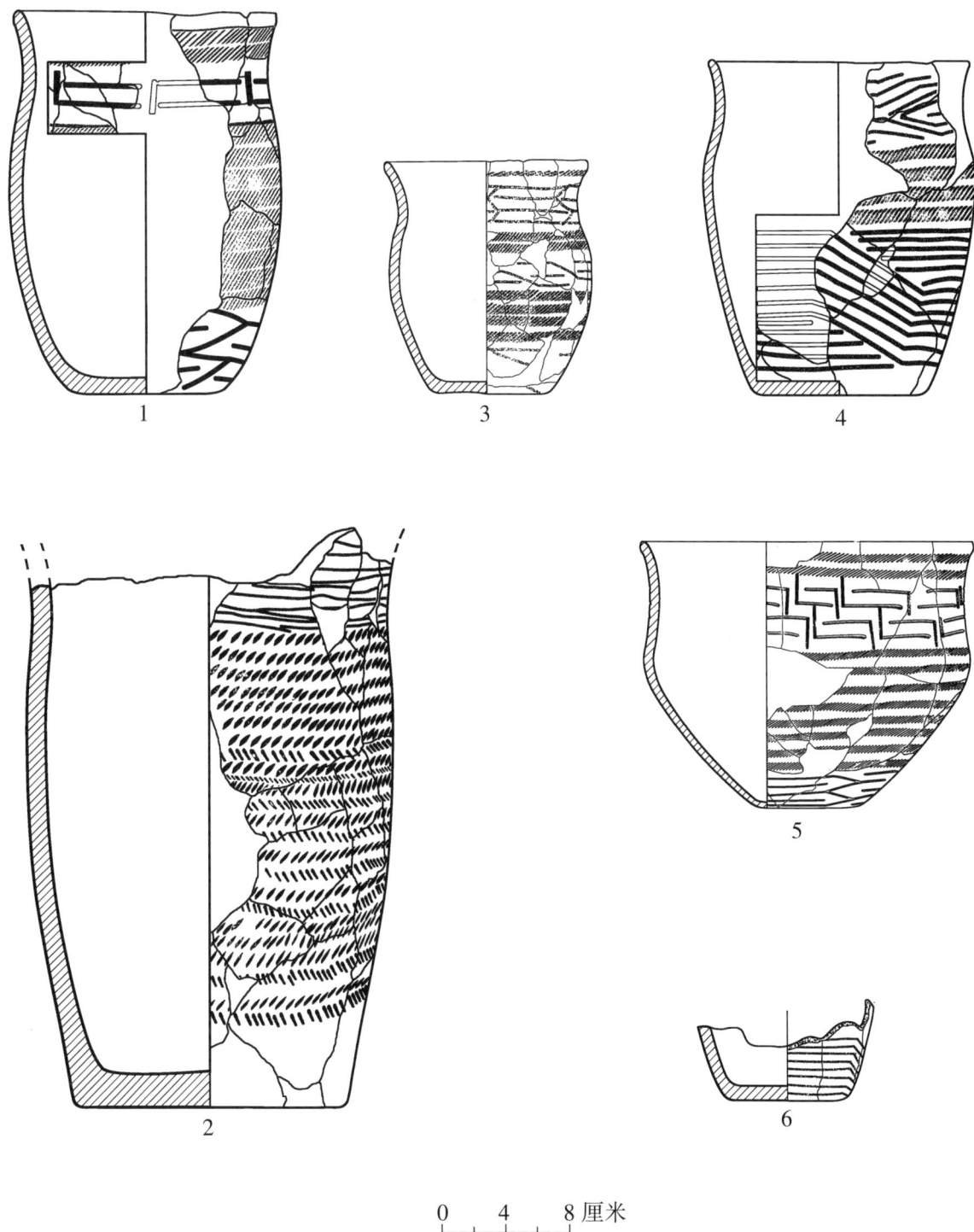

0　　4　　8厘米

图四一　F1 鼓腹罐陶器

1、2. CⅡ式鼓腹罐（F1:21、F1:22）　3、4. CⅣ式鼓腹罐（F1:23、F1:20）

5. CⅤ式鼓腹罐（F1:2）　6. 鼓腹罐罐底（F1:50）

（2）石器29件。A型石斧1件，B型石斧3件，C型石斧1件，Aa型铲形石器1件，Ab型铲形石器1件，Ba型铲形石器1件，Bb型铲形石器1件，Ca型铲形石器1件，Cb型铲形石器1件，Da型铲形石器1件，铲形石器刃部残片1件，Ba型饼形器1件，石球1件，Aa型磨棒1件，B型磨棒2件，C型磨棒1件，A型磨盘2件，敲砸器8件（参见附表15　查海遗址房址居住面出土石器型式统计一览表）。

A型石斧1件，F1：61，残，灰色油脂岩，磨制，宽扁圆体，弧刃，端、刃有崩疤，残长9.7、宽6.5、厚2.5厘米（图四二，1；图版一六二，1）。

B型石斧3件，皆残，磨制。F1：60，灰色油脂岩，刃部残缺，侧棱明显，截面椭圆形，残长10.8、宽7.6、厚3.0厘米（图四二，3；图版一六七，1）；F1：47，白色泥质岩，扁圆体，刃端残，残长8.3、宽7.4、厚1.7厘米（图四二，2）；F1：62，浅灰页岩色，长扁圆体，弧刃，端、刃有崩疤，长12.5、刃宽7.0、厚3.75厘米（图四二，4；图版一七〇，1）。

C型石斧1件，F1：63，浅黄色页岩，打制，长扁平体，弧刃，刃部有使用崩痕，长10.5、刃宽6.2、厚1.85厘米（图四二，5）。

Aa型铲形石器1件，F1：38，柄部，浅黄色页岩，打制，长直柄，残长16.5、残宽12.0、厚2.7厘米（图四二，6）。

Ab型铲形石器1件，F1：59，淡红色花岗岩，打制，束腰，短柄，圆身，弧刃，刃部有崩疤，高12.3、宽17.5、厚1.2厘米（图四二，7；图版一七五，3）。

Ba型铲形石器1件，F1：54，残，深灰色页岩，打制，扁平体，窄长柄，直身，不显腰，刃部残缺，长10.9、宽7.4、厚1.4厘米（图四二，8）。

Bb型铲形石器1件，F1：44，残，浅黄色页岩，打制，束腰不显，短直柄，斜肩，短身一侧残缺，弧刃，残长18.3、残宽13.3、厚2.25厘米（图四二，9）。

Ca型铲形石器1件，F1：57，浅灰色页岩，打制，扁平扇形体，柄部稍残缺，束腰，弧刃，一面刃，刃部单面有使用磨痕，一侧刃角有明显的崩疤，长16.6、顶宽10.5、刃宽15.8、厚1.6厘米（图四二，10；图版一八二，4）。

Cb型铲形石器1件，F1：53，黑灰色页岩，打制，周边较薄，柄端圆弧，束腰，铲身椭圆，一面琢击痕迹明显，正锋，弧刃，通长15.2、肩宽7.41、刃宽14.0、厚1.38厘米（图四二，11；图版一八二，2）。

Da型铲形石器1件，F1：36，黑色泥质页岩，扁柄、亚腰，翘肩，弧刃，刃部一侧使用痕迹明显，长16.2、刃宽18.8、厚3.7厘米（图四二，12；图版一八四，3）。

铲形石器刃部残片1件，F1：48，深灰色页岩，打制，残长9.0、残宽13.6、厚1.4厘米（图四二，13）。

Ba型饼形器1件，F1：34，褐色泥质页岩，通体磨制，扁平体，直径9.1、厚4.1厘米（图四三，1；图版二〇〇，2）。

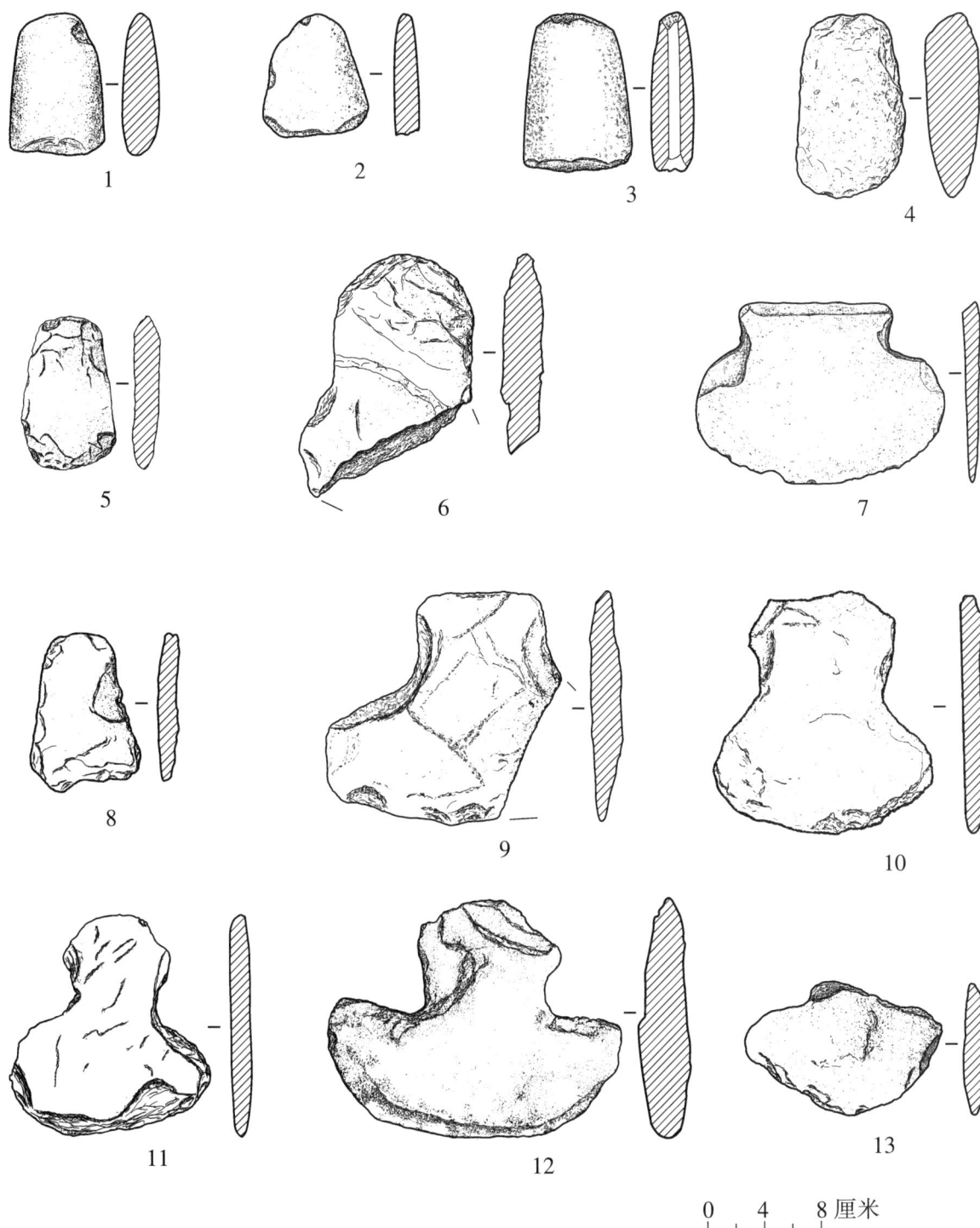

图四二 F1 石器

1. A 型石斧（F1：61） 2~4. B 型石斧（F1：47、F1：60、F1：62） 5. C 型石斧（F1：63） 6. Aa 型铲形石器（F1：38） 7. Ab 型铲形石器（F1：59） 8. Ba 型铲形石器（F1：54） 9. Bb 型铲形石器（F1：44）

10. Ca 型铲形石器（F1：57） 11. Cb 型铲形石器（F1：53） 12. Da 型铲形石器（F1：36） 13. 铲形石器刃部残片（F1：48）

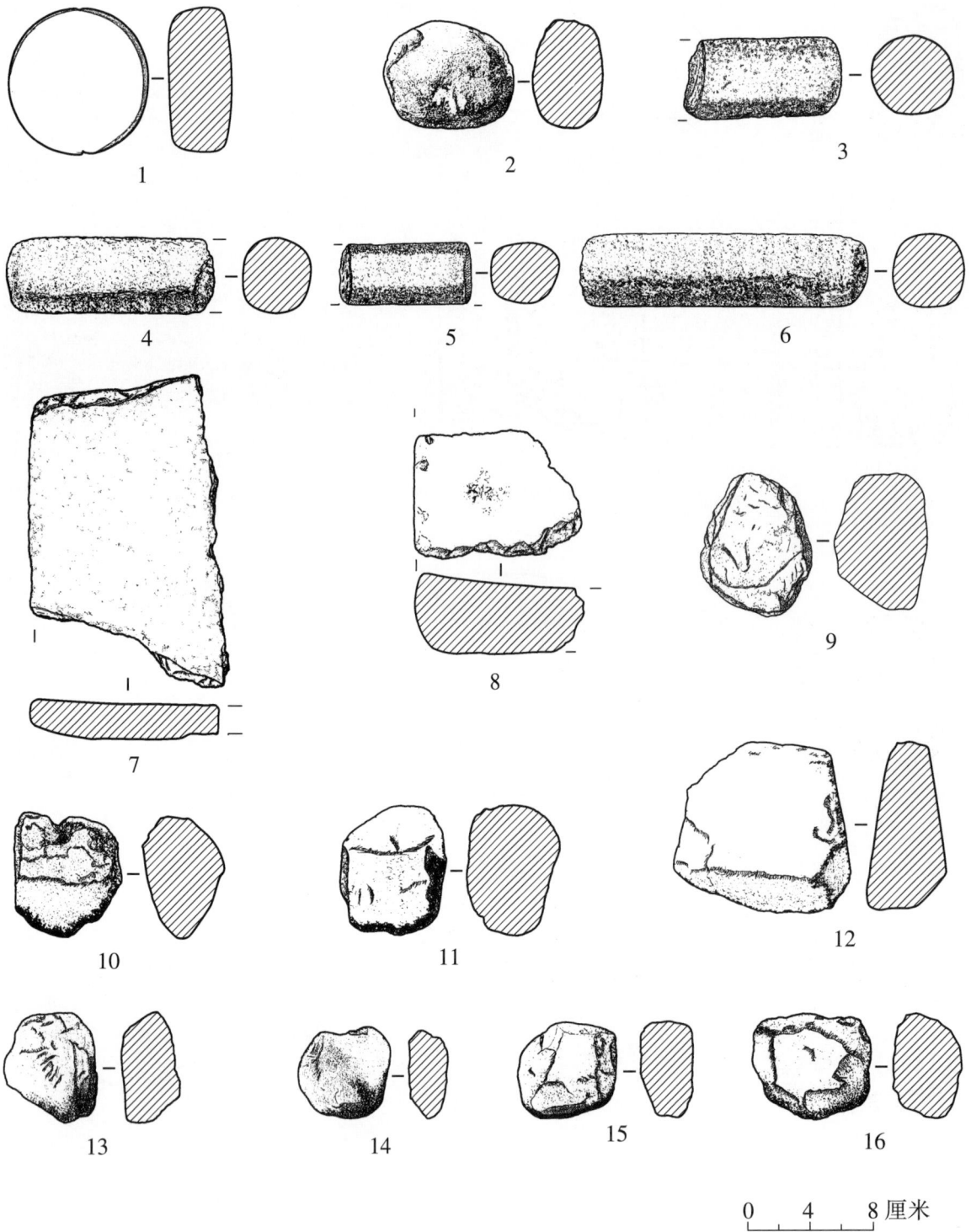

图四三　F1 石器

1. Ba 型饼形器（F1：34）　2. 石球（F1：39）　3. Aa 型磨棒（F1：64）　4、5. B 型磨棒（F1：55、
F1：65）　6. C 型磨棒（F1：35）　7、8. A 型磨盘（F1：58、F1：46）　9～16. 敲砸器（F1：66、
F1：41、F1：37、F1：42、F1：40、F1：43、F1：56、F1：45）

石球1件，F1：39，黄褐色玄武岩，打制，周边有敲击痕迹，直径6.2~9.3厘米（图四三，2）。

Aa型磨棒1件，F1：64，残段，棕红色花岗岩，琢制，圆柱体，残长9.9、直径5.24厘米（图四三，3；图版二一一，1）。

B型磨棒2件，皆残段，浅黄色花岗岩，琢制。F1：65，四棱柱体，残长8.59、直径4.41厘米（图四三，5）；F1：55，近方柱体，残长13.4、直径4.7厘米（图四三，4；图版二一七，6）。

C型磨棒1件，F1：35，残，浅黄色花岗岩，琢制，多棱柱体，五个磨面，直径4.5、残长18.5厘米（图四三，6；图版二一八，1）。

A型磨盘2件，皆残块，浅黄色花岗岩，琢制。F1：46，扁平长方体，长11.0、宽8.0、厚5.0厘米（图四三，8）；F1：58，扁平体，磨面略凹平，残长19.1、残宽12.0、厚2.2厘米（图四三，7）。

敲砸器8件，皆浅灰色石英岩自然石块。F1：37，多棱体，棱角处砸击痕迹明显，长8.9、宽7.6、厚6.6厘米（图四三，11）；F1：40，多棱体，一端棱角处有敲砸痕迹，长7.5、宽6.6、厚4.1厘米（图四三，13）；F1：41，形状不规整，多棱体，敲砸痕迹集中在棱角处，长8.64、宽7.5、厚5.8厘米（图四三，10）；F1：42，扁平体，周边敲击点，长11.4、宽10.6、厚5.6厘米（图四三，12）；F1：43，扁圆体，周边有使用痕迹，长6.6、宽6.2、厚2.8厘米（图四三，14）；F1：45，扁圆多棱体，砸击痕迹在一端棱角处，长8.3、宽7.3、厚4.8厘米（图四三，16）；F1：56，椭圆多棱体，棱角处敲击点，长7.0、宽6.6、厚3.7厘米（图四三，15）；F1：66，椭圆多棱体，一端棱角处有敲砸痕迹，长8.66、宽7.3、厚5.97厘米（图四三，9）。

二 2号房址（F2）

1. 遗迹

F2位于遗址南部，北与F48、F47、F45、F44成列，东与F5、F15、F16，西与F23、F37成排。方向195°。面积约40.32平方米，是一座中型半地穴式房址。平面呈圆角方形。东西6.4、南北6.3米，中心垂直深0.34米。房穴挖凿于黄褐色土层及基岩层内，穴坑较浅，壁面修整斜平。居住面四周高，中间低，有薄薄一层坚硬的黑砂垫踏土。灶位于室内中部偏东，圆形坑式灶，斜直壁、平底，经火烧后，灶穴呈暗红色。灶口直径为0.5，灶深0.08米。室内共发现10个柱洞，皆凿于基岩内，大小深浅不一。其中8个柱洞靠近四壁分布，2个柱洞在灶的西侧、南北对称排列（尺寸、形状详见附表22-2 F2柱洞一览表）。遗物较少，分布在室内四周，西北角较为集中（图四四）。

2. 遗物

（1）陶器13件。小直腹罐2件，BⅢ式直腹罐3件，BⅣ式直腹罐4件，BⅤ式直腹罐3件，CⅤ式鼓腹罐1件（参见附表7 查海遗址房址活动面出土陶器型式统计表）。陶片43片（见附表2 房址出土陶片统计表）。

小直腹罐2件，皆夹砂红褐陶。F2：5，直口，薄圆唇，直腹，平底，素面无纹，口径12.4、

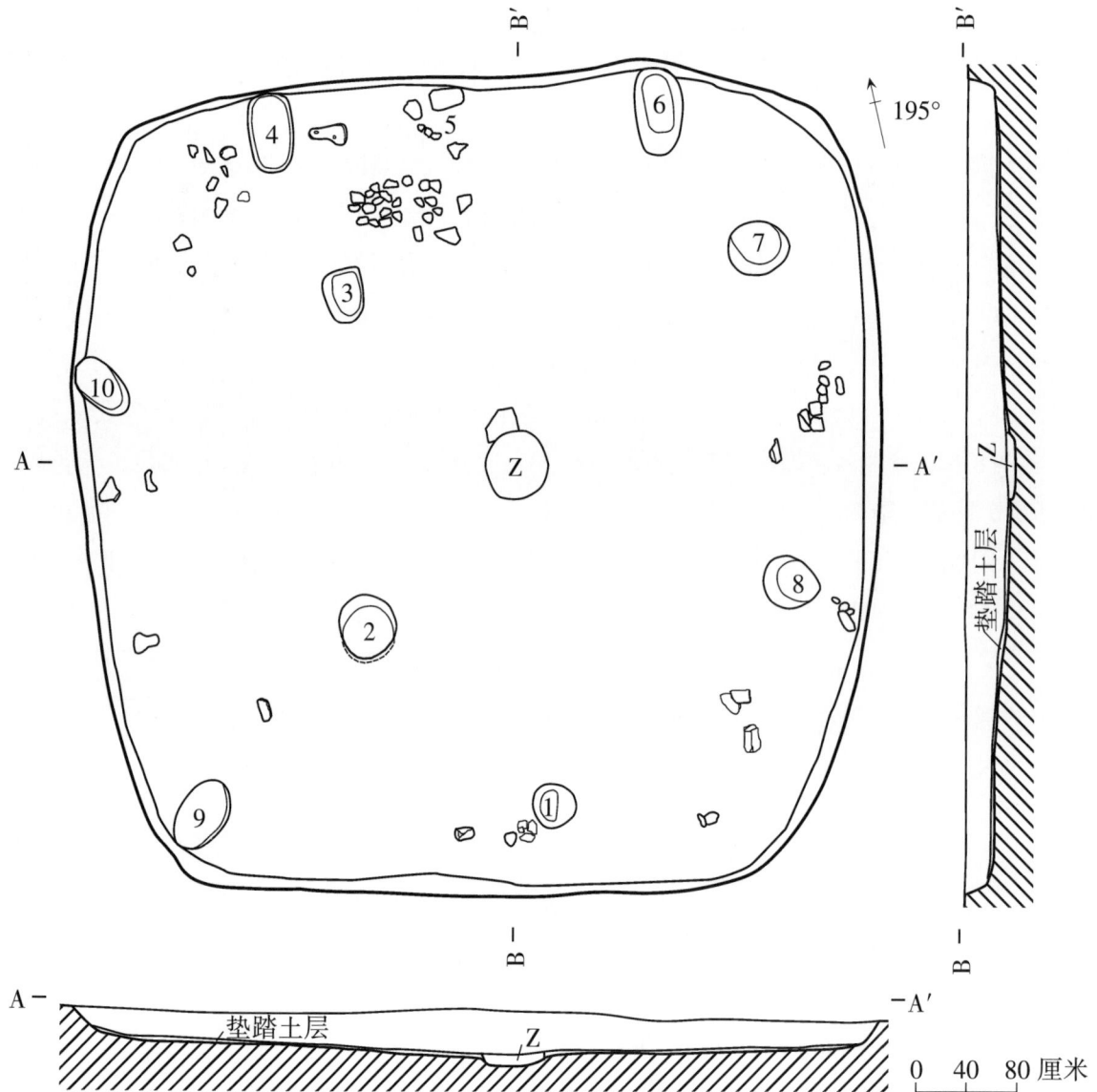

图四四　F2 平、剖面图

1～10. 柱洞　Z. 灶址　其他遗物

底径 7.4、高 13.9、壁厚 0.6 厘米（图四五，9；图版一三二，5）；F2:2，小罐，直口，薄圆唇、直腹、平底，口沿外饰两周 Ba1 型 F 形几何纹，腹饰单体松针纹 1 周、连续松枝纹 3 周、Db 型锯齿形几何纹，口径 10、底径 6.25、高 11.2 厘米（图四五，5；图版一三二，3）。

　　BⅢ式直腹罐 3 件，皆夹砂红褐陶。F2:7，上部残，直腹，底微凹，腹饰较规整交叉划纹，底径 12.3、残高 19.9、壁厚 0.9 厘米（图四五，2）；F2:9，上部残，直腹，凹底，腹饰草划交叉纹，底径 13.2，残高 13.5、壁厚 1.1 厘米（图四五，1）；F2:10，厚圆唇，颈饰弦纹，附加堆带面饰左斜线纹，腹饰横压竖排细长之字纹，口径 23.6、底径 14.3、高 37.5、壁厚 1 厘米（图四五，3；图版七四，1）。

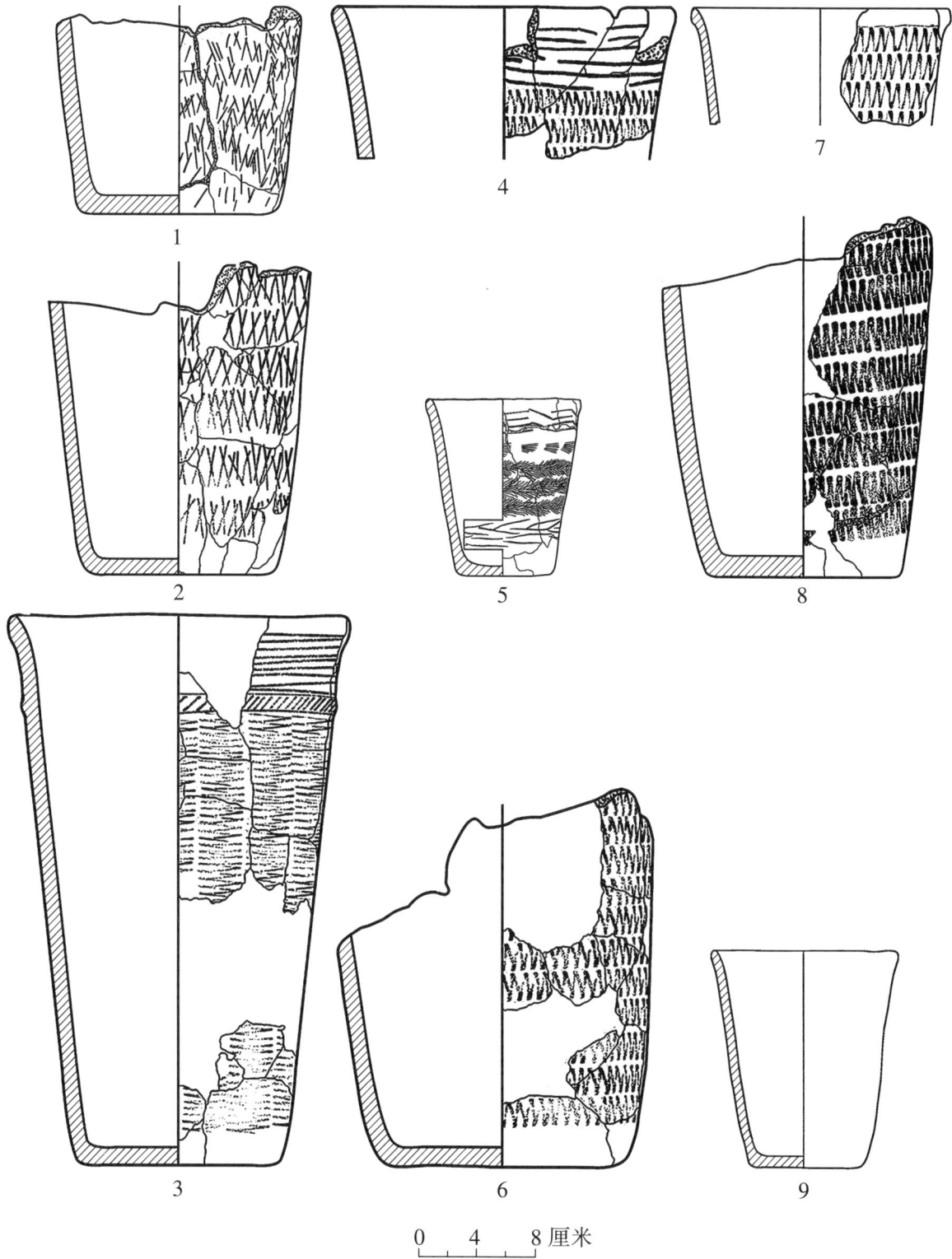

图四五 F2 陶器

1~3. BⅢ式直腹罐（F2∶9、F2∶7、F2∶10） 4、6~8. BⅣ式直腹罐（F2∶25、
F2∶8、F2∶34、F2∶11） 5、9. 小直腹罐（F2∶2、F2∶5）

B Ⅳ 式直腹罐 4 件，皆夹砂灰褐陶。F2：8，上部残，直腹、底微凹，腹饰竖压横排之字纹，底径 16.3、残高 24.3、壁厚 1.1 厘米（图四五，6）；F2：11，上部残，直腹，底微凹，腹饰短粗竖压横排之字纹，底径 12.8、残高 23.5、壁厚 1.3 厘米（图四五，8）；F2：25，口部残片，敞口，圆唇，颈饰断弦纹，腹饰竖压横排宽舒之字纹，口径 22.0、残高 9.6 厘米（图四五，4）；F2：34，口部残片，尖圆唇，竖压横排规整之字纹，口径 17.0、残高 7.5 厘米（图四五，7）。

B Ⅴ 式直腹罐 3 件，皆夹砂灰褐陶。F2：4，敞口，尖圆厚唇，直腹，凹底，颈饰左斜线纹 4 周，下饰 Ab3 型扣合曲尺形几何纹带，腹饰左斜线纹 10 周、Bb1 型 F 形几何纹，口径 17.7、底径 10.3、高 22.1 厘米（图四六，1；图版一〇七，4）；F2：6，喇叭形口，尖圆厚唇，直腹，平底，颈部弦纹数周，附压 Da3 型锯齿形几何纹，附加堆纹带饰网格纹，腹饰竖压横排之字纹，口径 25.6、底径 14.2、高 37.2、壁厚 1.1 厘米（图四六，3；图版一〇七，2）；F2：27，口部残片，直腹，颈饰横压竖排之字纹，附加堆纹带饰 Ba1 型 F 形几何纹，腹饰竖压横排之字纹，残高 22 厘米（图四六，2）。

C Ⅴ 式鼓腹罐 1 件。F2：3，夹砂灰褐陶，口部及内壁泛黑，侈口，圆唇，束颈、鼓腹，平底，近口饰弦纹 1 周，颈饰 C2 型梭形几何纹，上腹饰左斜纹 5 周，下腹曲线相交形成五个菱格区，内饰人字纹，近底饰长横线纹，口径 9.5、底径 5.3、高 9.9 厘米（图四六，4；图版一四六，4）。

（2）石器 20 件。A 型石斧 1 件，Ba 型铲形石器 1 件，Bb 型铲形石器 1 件，Cb 型铲形石器 1 件，铲形石器残片 1 件，Aa 型磨棒 4 件，A 型磨盘 5 件，砺石 1 件，B 型石刀 1 件，敲砸器 3 件，石料 1 件（参见附表 15 查海遗址房址居住面出土石器型式统计一览表）。

A 型石斧 1 件。F2：33，磨制，长扁圆宽梯体，正锋，弧顶弧刃，顶端崩痕明显，长 10.1、刃宽 5.4、厚 2.5 厘米（图四八，5；图版一六二，5）。

Ba 型铲形石器 1 件。F2：35，深灰色页岩，打制，扁平体，长直柄，斜肩，窄身，斜弧刃，刃锋宽厚，一面有明显的使用磨痕，柄部及铲身各对钻一圆形穿孔，长 24.7、顶宽 7.9、刃宽 13.2、厚 1.8、孔径 1.5～1.7 厘米（图四八，3；图版一七九，3）。

Bb 型铲形石器 1 件，F2：15，柄部残，浅黄色泥质页岩，打制，刃部有使用磨痕，残长 10.5、刃部残宽 16.8、厚 2.8 厘米（图四八，4）。

Cb 型铲形石器 1 件，F2：13，灰色页岩，打制，束腰扁平体，刃部有崩痕，一侧刃角残缺，残长 13、残宽 7.3、厚 1.5 厘米（图四八，1）。

铲形石器残片 1 件，F2：17，深灰色页岩，打制，刃部有崩痕，两侧刃角残缺，长 18.4、柄部宽 8.1、厚 2.5 厘米（图四八，2）。

Aa 型磨棒 4 件，皆浅黄色花岗岩，琢制，圆柱状。F2：12，残长 15.2、直径 8.7 厘米（图四七，7）；F2：18，残长 13.8、直径 7.0 厘米（图四七，4；图版二一一，2）；F2：19，残长 11.2、直径 4.6 厘米（图四七，5；图版二一一，3）；F2：20，残长 10.6、直径 6.0 厘米（图四七，6；图版二一一，4）。

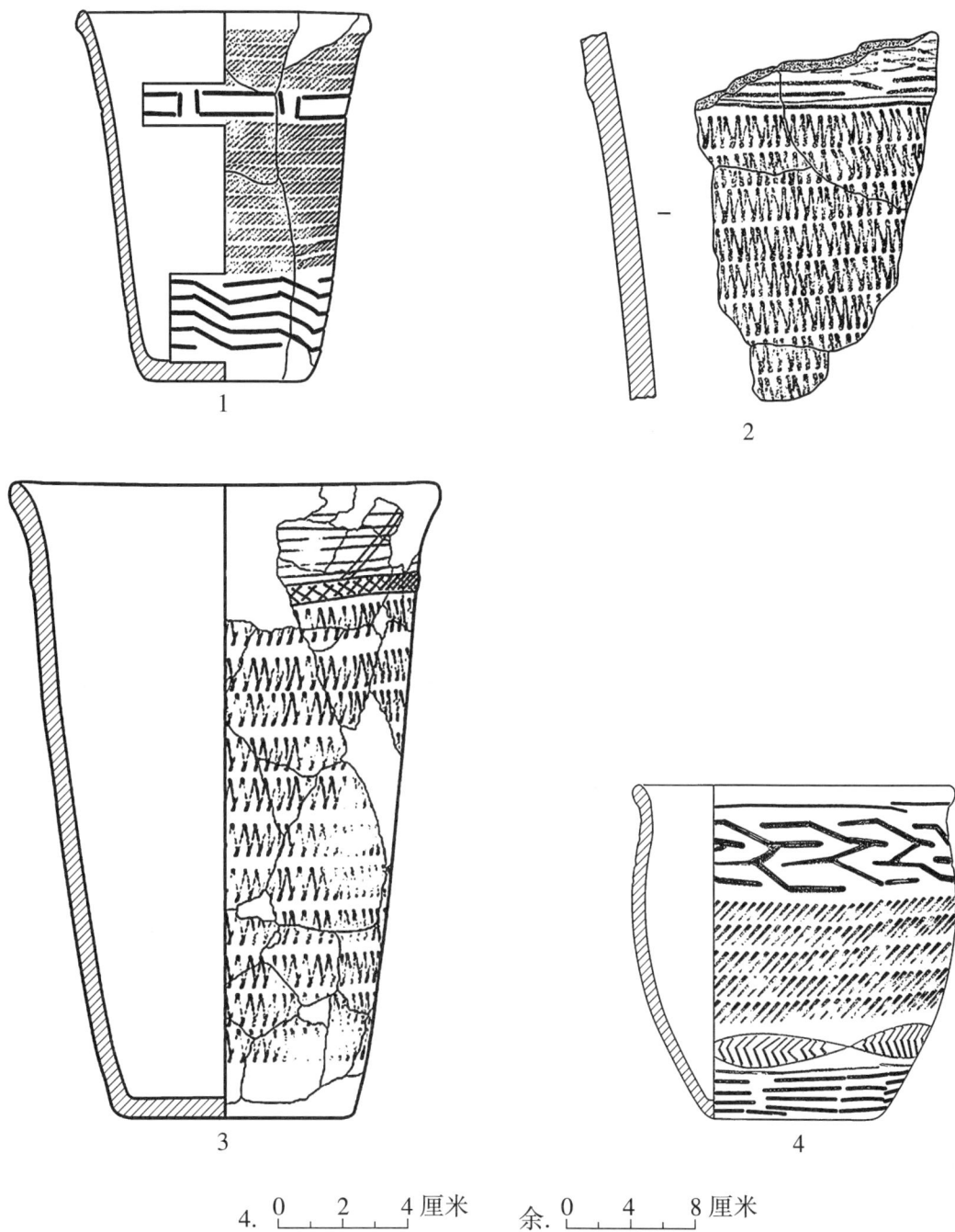

图四六　F2 陶器

1~3. BV式直腹罐（F2：4、F2：27、F2：6）　4. CV式鼓腹罐（F2：3）

A型磨盘5件，皆残块，花岗岩，琢制，扁平体，使用面下凹。F2：14，浅黄色，圆角形，残长18.5、宽28.9、厚4.1厘米（图四八，9）；F2：21，灰色，残长17、残宽14.3、厚6厘米（图四七，2）；F2：22，棕红色，圆角长方形，残长29、残宽22、厚4.6厘米（图四八，7）；F2：23，浅黄色，圆角方形，残长13.4、残宽22.8、厚5.4厘米（图四七，3）；F2：29，浅黄色，残长9.3、

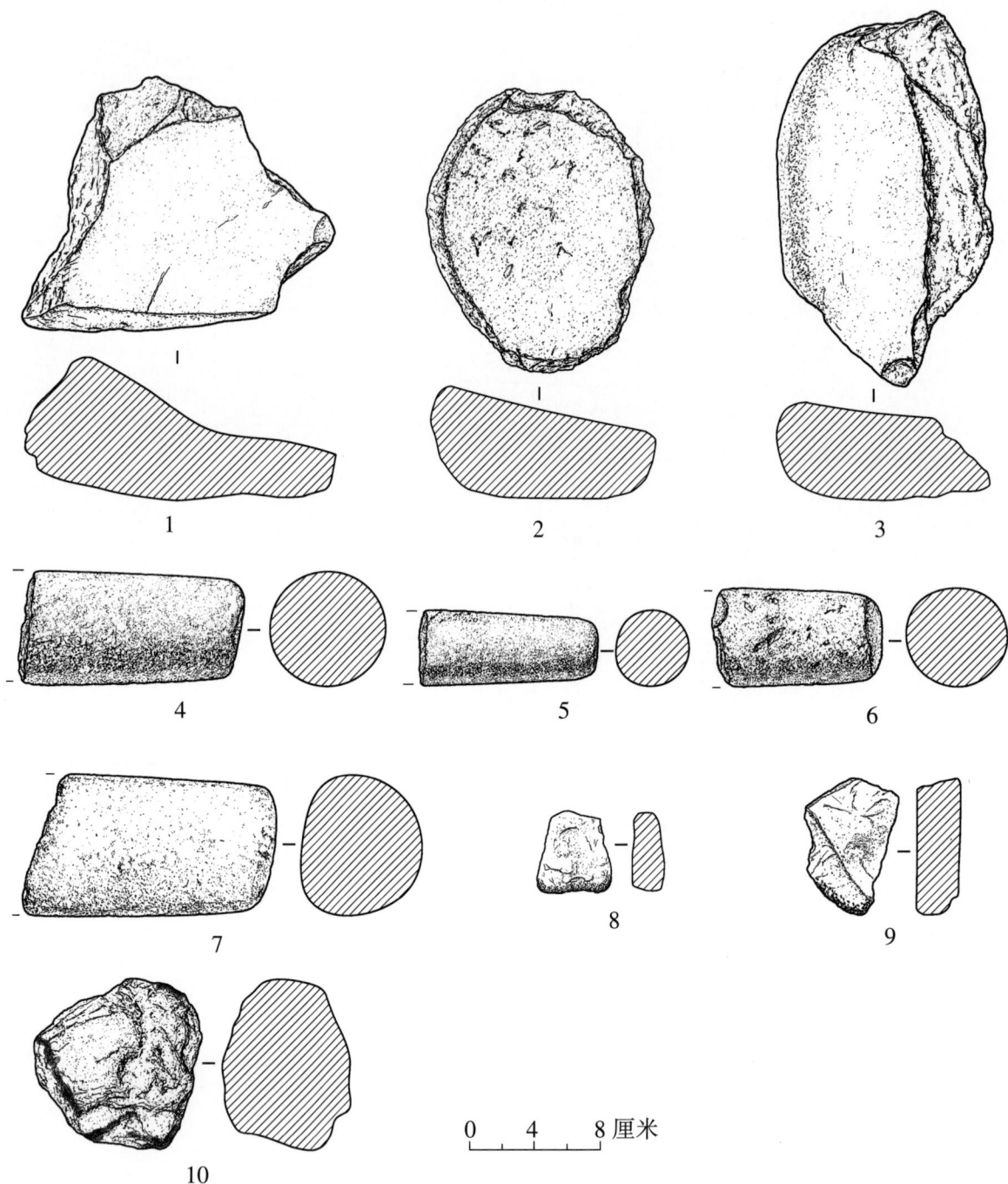

图四七　F2 石器

1. 砺石（F2∶28）　　2、3. A 型磨盘（F2∶21、F2∶23）　　4～7. Aa 型磨棒（F2∶18、

F2∶19、F2∶20、F2∶12）　　8～10. 敲砸器（F2∶32、F2∶31、F2∶16）

残宽 10.0、厚 2.8 厘米（图四八，8）。

砺石 1 件，F2∶28，残，黄褐色玄武岩，形状不规整，多磨面，磨面下凹，长 19.3、宽 15.4、厚 7.5 厘米（图四七，1）。

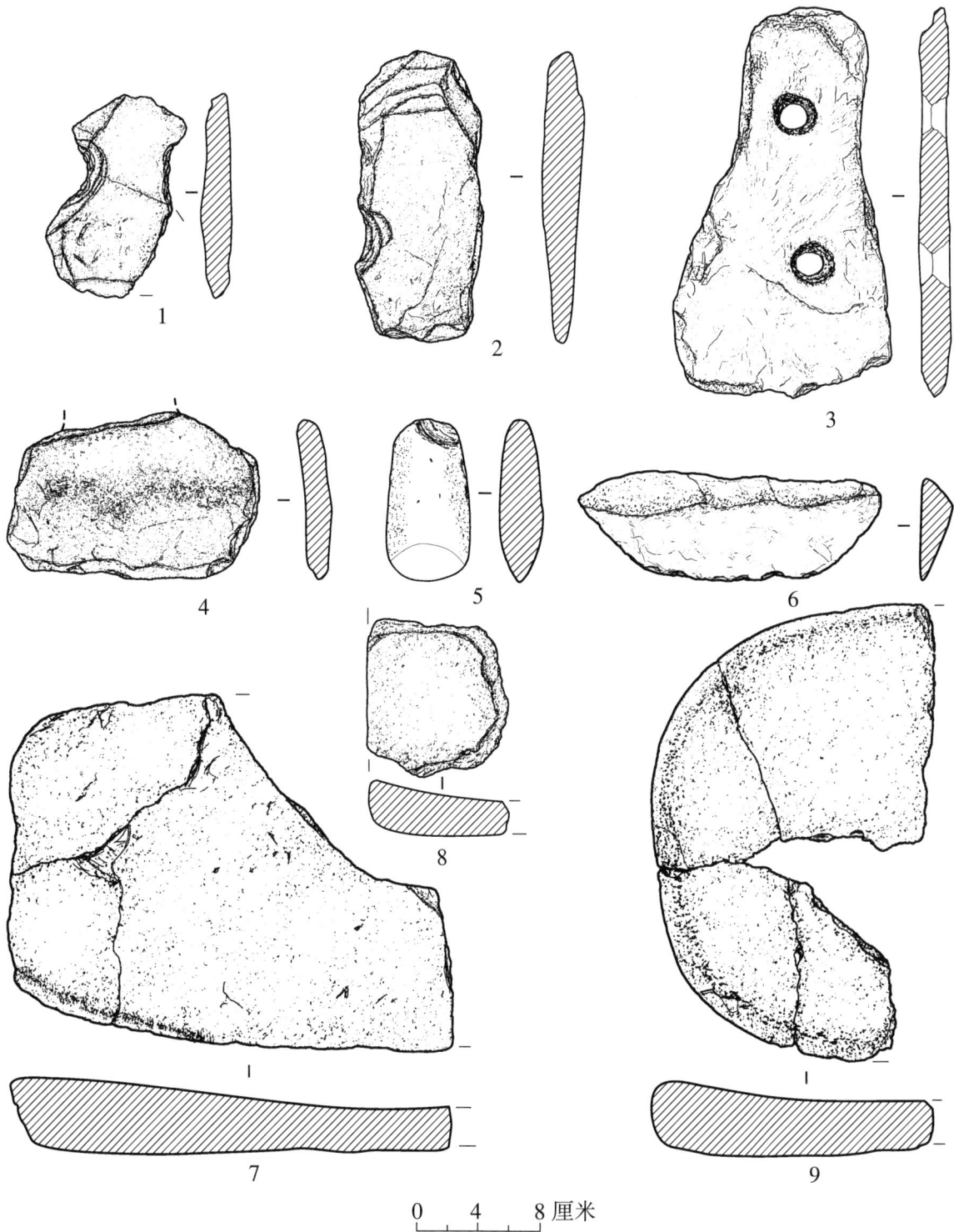

图四八　F2 石器

1. Cb 型铲形石器（F2：13）　2. 铲形石器残片（F2：17）　3. Ba 型铲形石器（F2：35）　4. Bb 型铲形石器
（F2：15）　5. A 型石斧（F2：33）　6. C 型石刀（F2：1）　7～9. A 型磨盘（F2：22、F2：29、F2：14）

C型石刀1件。F2：1，灰色页岩，打制，直背，弧刃，剖面三棱形，刃部崩疤明显，长20、宽6.5、背厚2.2厘米（图四八，6；图版一九三，3）。

敲砸器3件，皆浅灰色石英岩自然石块。F2：16，多棱体，周边棱角处有砸击痕迹，长10.3、宽10、厚8.0厘米（图四七，10）；F2：31，扁平体，敲砸痕迹集中在一端棱角处，长8.3、宽5.7、厚2.6厘米（图四七，9）；F2：32，近方形扁平，一端有使用痕迹，长5、宽4.5、厚2.1厘米（图四七，8）。

石料1件，F2：24，片麻岩，长方体。

三 3号房址（F3）

1. 遗迹

F3位于遗址南部，东南角为H3。北与F5、F8、F49、F55、F52、F51，南与F4成列；东与F6、F17、F14，西与F1、F11、F9成排。方向198°。面积约40.87平方米，是一座中型半地穴式房址。平面呈圆角长方形。东西6.7、南北6.1米，中心垂直深0.4米。房穴挖凿于黄褐色土层及基岩层内，穴壁局部外弧，壁面略经修整斜平。居住面除靠西壁有一条宽0.4~0.9、高0.08米，边缘不甚规则的斜坡基岩台面外，其他居面平整，有厚约0.03~0.07米的黑灰色坚硬垫踏土层。灶位于室内中部，近圆形浅坑穴式灶，灶较大，斜直壁平底，整个灶经火烧呈暗红色。灶口直径为1.3~1.4、灶深0.06米。室内共发现10个柱洞，紧靠穴壁分布4个柱洞，其中东北角、西北角各1，西壁、东壁各1；距南壁0.6~1.2米范围内分布6个柱洞，其中西南角2个，东南角2个，南壁2个。西壁至东壁南半部8个柱洞形成半圆弧状（尺寸、形状详见附表22－3 F3柱洞一览表）。遗物有石器、陶器、残碎猪骨及不明种属骨骼残块，主要分布在室内北部，陶器主要分布东北部（图四九）。

2. 遗物

（1）陶器17件。AⅢ式斜腹罐1件，BⅢ式直腹罐5件，BⅣ式直腹罐5件，BⅤ式直腹罐2件，BⅥ式直腹罐2件，直腹罐腹部残片1件，D2型钵1件（参见附表7 查海遗址房址活动面出土陶器型式统计表）。陶片41片（见附表2 房址出土陶片统计表）。

AⅢ式斜腹罐1件，F3：41，夹砂红褐陶，口部残片，圆唇，外叠宽带沿饰右斜线纹，素面，口径28、残高8.7厘米（图五〇，2）。

BⅢ式直腹罐5件，皆为夹砂红褐陶。F3：3，敞口，圆唇，直腹，底微凹，上腹饰左斜线纹2周，下腹饰右斜线纹，口径11.3、底径6.5、高12.9、壁厚0.6厘米（图五〇，3；图版七四，2）；F3：9，敞口，厚圆唇，直腹，底微凹，颈饰弦纹数周，附加堆纹带饰左斜线纹，其下饰细长横压竖排之字纹，腹饰细长竖压横排之字纹，近底饰细长横压竖排之字纹，口径24、底径12.2、高30.7厘米（图五〇，1；图版七四，3）；F3：12，口部残，直腹，底微凹，颈饰弦纹，下饰网格纹，腹饰草划交叉纹，底径11、残高21.4、壁厚1厘米（图五〇，6；图版七五，1）；

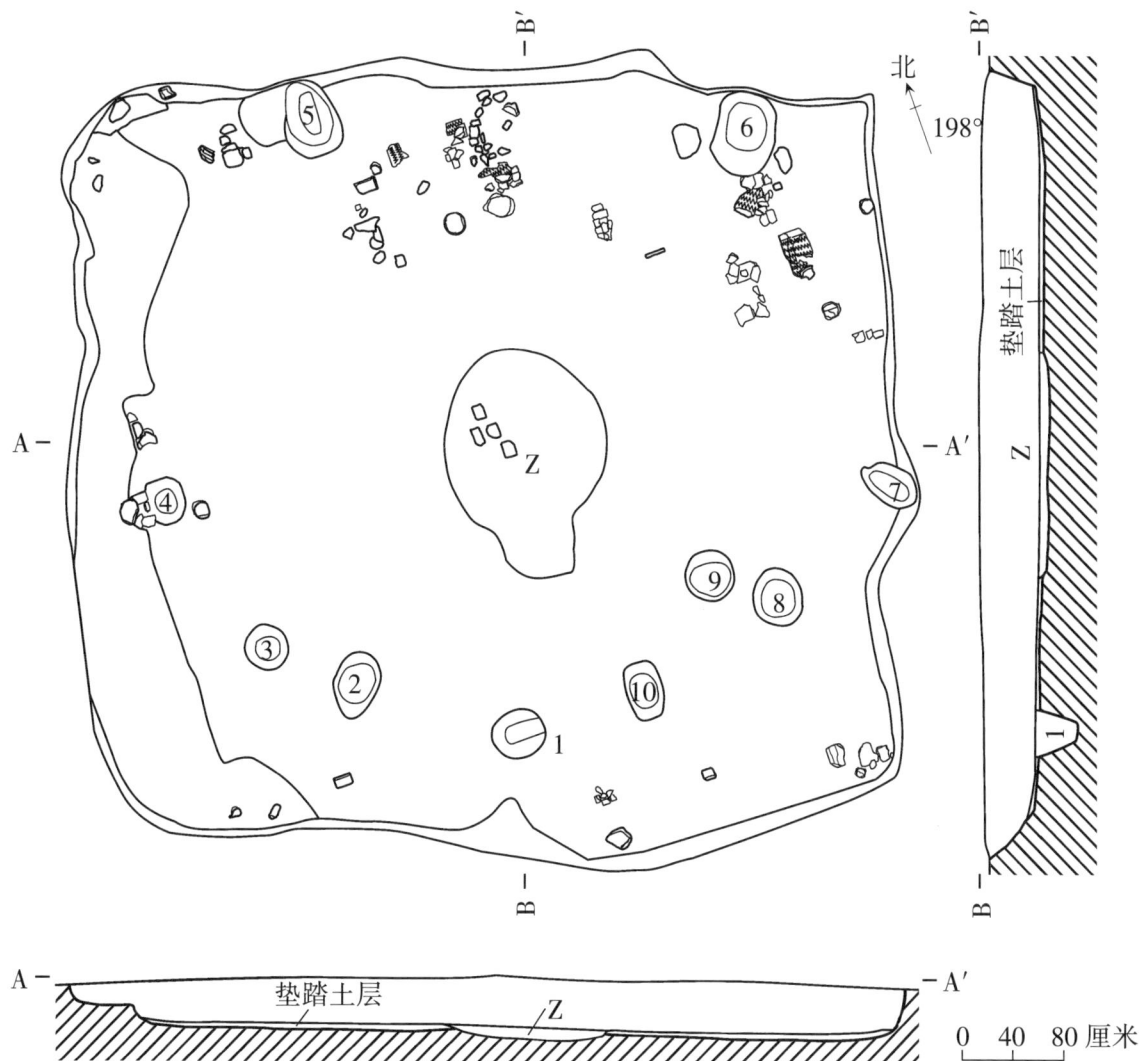

图四九　F3 平、剖面图

1～10. 柱洞　Z. 灶址　其他遗物

F3：13，上部残，直腹，底微凹，腹饰交叉划纹、竖排横线纹，底径 15、残高 15、壁厚 1.4 厘米（图五〇，5）；F3：30，上部残，直腹，底微凹，腹饰草划横排交叉纹，近底饰竖排交叉划纹，底径 12.6、残高 10.1、壁厚 1 厘米（图五〇，4）。

BⅣ式直腹罐 5 件。夹砂红褐陶 1 件，F3：6，敞口，厚尖圆唇，斜直腹，平底，颈部有 3 个镞孔，呈倒三角形排列，颈饰横压竖排之字纹，附加堆带饰左斜线纹，腹饰竖压横排之字纹不到底，口径 21.7、底径 13.2、高 28.5 厘米（图五〇，8；图版八六，1）。夹砂灰褐陶 4 件，F3：14，口部残，直腹，凹平底，腹部有 3 个镞孔，其中 1 个在腹部，另 2 个近器底，附加堆纹带饰窝点纹，腹饰竖压横排之字纹，底径 14.6、残高 30.5 厘米（图五一，1；图版八五，4）；F3：24，直口，圆唇，直腹，平底，颈饰横压竖排之字纹，腹饰竖压横排之字纹，口径 18.8、底径 13.3、高 25.7、壁厚 0.7 厘米（图五〇，7；图版八六，2）；F3：5，敞口，厚尖圆唇，直腹，底微凹，颈饰

图五〇　F3 陶器

1、3～6. BⅢ式直腹罐（F3：9、F3：3、F3：30、F3：13、F3：12）　2. AⅢ式斜腹罐（F3：41）

7～10. BⅣ式直腹罐（F3：24、F3：6、F3：8、F3：5）

C1 型梭形几何纹 1 周，附加堆纹带饰 Da3 型锯齿形几何纹，腹饰短粗竖压横排之字纹，口径 19、底径 11.7、高 26.1 厘米（图五〇，10；图版八五，3）；F3：8，直口，厚圆唇，直腹，平底，颈饰横压竖排之字纹，附加堆纹带饰 Da4 型锯齿形几何纹，腹饰竖压横排之字纹，口径 17.3、底径 11、高 22 厘米（图五〇，9；图版八五，2）。

BⅤ式直腹罐 2 件。夹砂红褐陶 1 件，F3：1，烧制火候不均，口部呈灰黑色，小喇叭口，近口部有铜孔，厚圆唇，直腹，平底，颈饰弦纹数周、附压 Da3 型锯齿形几何纹，宽平附加堆纹带饰网格纹，腹饰竖压横排之字纹到底，口径 30.4、底径 16.2、高 42.5 厘米（图五一，3；图版一〇九，3）。夹砂灰褐陶 1 件，F3：29，底部残，敞口，厚圆唇，直腹，颈饰 Db 型锯齿形几何纹，附加堆纹带饰 Da3 型锯齿形几何纹，腹饰竖压横排之字纹，口径 34.0、残高 40.5 厘米（图五一，2）。

BⅥ式直腹罐 2 件，皆夹砂灰褐陶。F3：7，大喇叭形口，尖圆唇，直腹，平底，颈饰弦纹数周、附压 Da3 型锯齿形几何纹，附加堆纹带饰左斜线纹，腹饰竖压横排之字纹，口径 24.5、底径 12.3、高 31.9、壁厚 1 厘米（图五一，5；图版一二四，2）；F3：4，小喇叭口，薄圆唇，直腹，底微凹，颈饰左斜线纹 2 周，附加堆纹带饰网格纹，腹部纹饰由上至下依次为 Ba1 型 F 形几何纹 1 周、左斜线纹 4 周、Bb1 型 F 形几何纹 2 周、弦纹 1 周、Da2 型锯齿形几何纹 1 周，口径 12.8、底径 6.4、高 13.9、壁厚 0.6 厘米（图五一，4；图版一二四，4）。

直腹罐腹部残片 1 件，F3：11，夹砂灰褐陶，附加堆纹带饰左斜线纹，腹饰竖压横排之字纹，残高 24.2、壁厚 1 厘米（图五一，6）。

D2 型钵 1 件，F3：10，夹细砂灰褐陶，微敛口，圆唇，颈微内凹，鼓腹，平底，唇至上腹饰锥刺短线纹，下腹饰 Ba3 型 F 形几何纹，口径 9.5、底径 4.5、高 5.7 厘米（图五一，7；图版一五二，2）。

（2）石器 24 件。C 型石斧 1 件，Ab 型铲形石器 1 件，Ba 型铲形石器 1 件，铲形石器刃部残片 1 件，B 型石刀 1 件，Aa 型饼形器 1 件，Bb 型饼形器 1 件，Aa 型磨棒 2 件，Ab 型磨棒 1 件，B 型磨棒 3 件，A 型磨盘 1 件，大石坠 1 件，敲砸器 9 件（参见附表 15　查海遗址房址居住面出土石器型式统计一览表）。

C 型石斧 1 件，F3：40，黑色页岩，打制，扁长体，刃部残，长 13.3、刃宽 5.5、厚 2.3 厘米（图五二，1）。

Ab 型铲形石器 1 件，F3：25，灰色页岩，打制，短柄，圆身，弧刃，长 17.72、刃宽 16.28、厚 2.3 厘米（图五二，4；图版一七四，1）。

Ba 型铲形石器 1 件，F3：21，灰色页岩，打制而成，弧刃，侧棱斜直，长 11.55、刃宽 7.0、厚 1.3 厘米（图五二，2）。

铲形石器刃部残片 1 件，F3：34，灰色页岩，打制，弧刃，侧棱斜直，残长 7.2、刃宽 7.7、厚 1.4 厘米（图五二，3）。

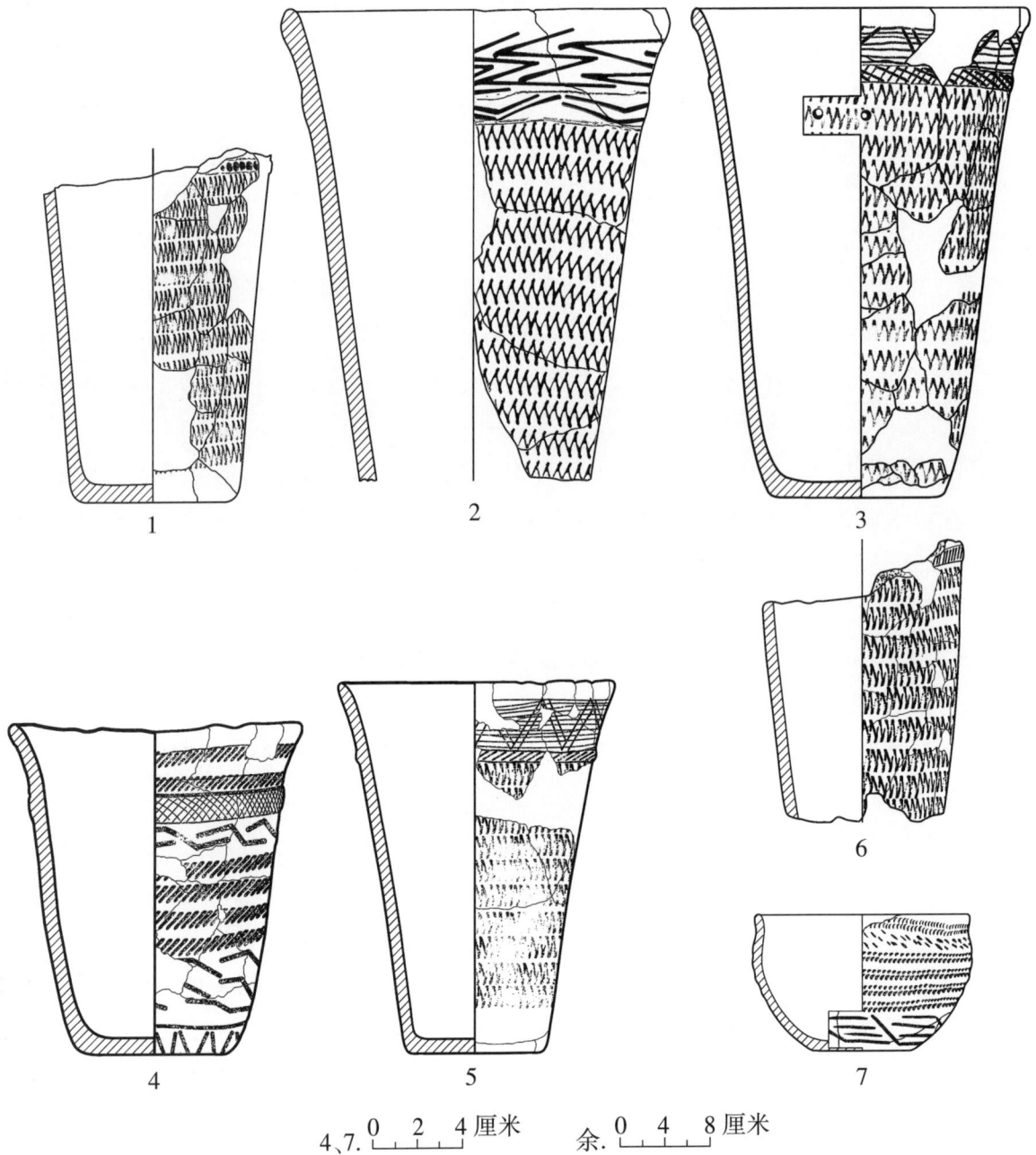

4、7. |0　2　4 厘米|　　余. |0　4　8 厘米|

图五一　F3 陶器

1. BⅣ式直腹罐（F3∶14）　2、3. BⅤ式直腹罐（F3∶29、F3∶1）　4、5. BⅣ式直腹罐（F3∶4、
F3∶7）　6. 直腹罐腹部残片（F3∶11）　7. D2 型钵（F3∶10）

B 型石刀 1 件，F3∶32，灰色页岩，打制，弧背，直刃，长 11.2、刃宽 12.6、厚 1.6 厘米（图五
二，15；图版一九三，2）。

Ba 型饼形器 1 件，F3∶16，黄色花岗岩，残，琢制，圆形，直径 6.92、厚 3.84 厘米（图五
二，13）。

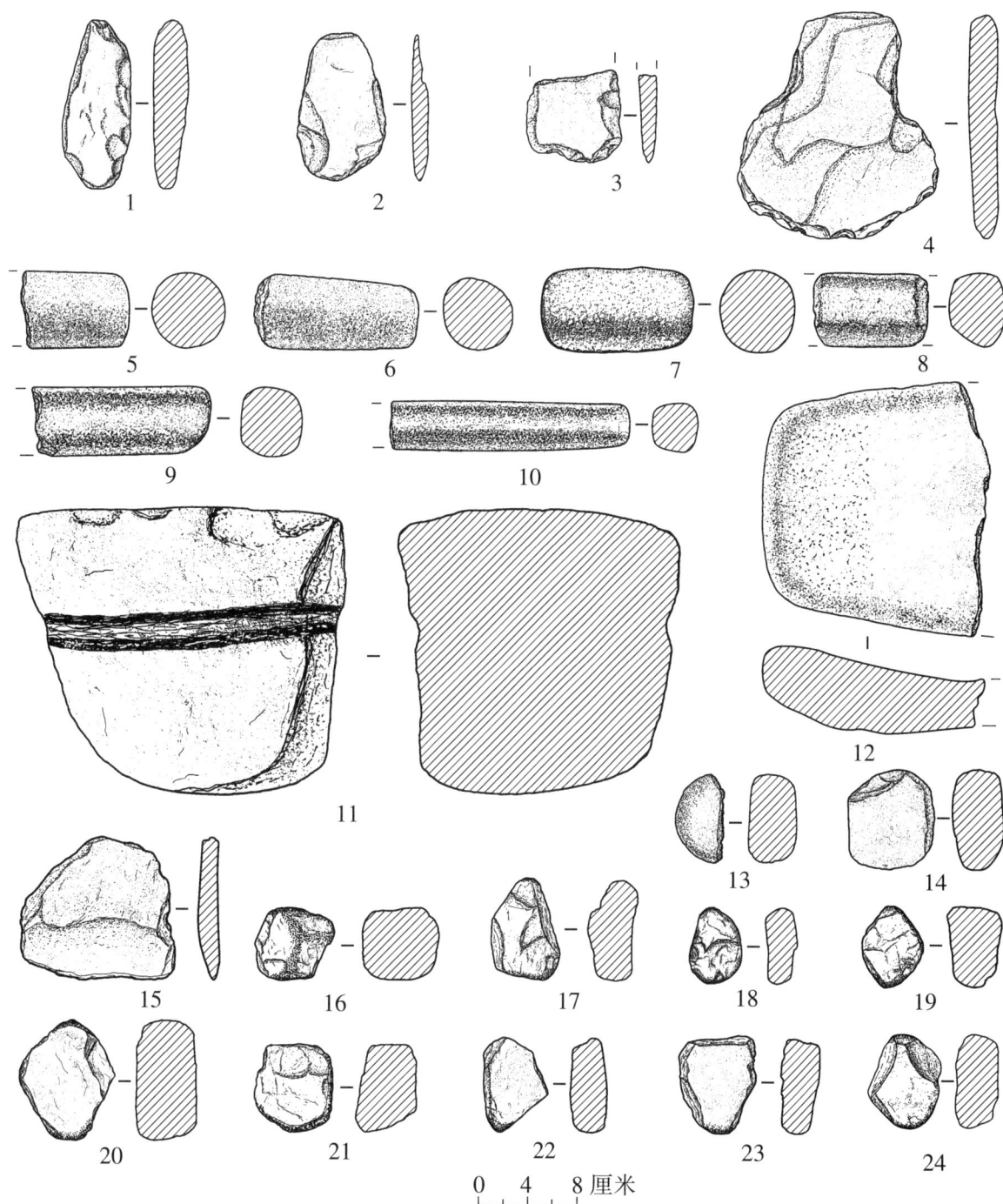

图五二　F3 石器

1. C 型石斧（F3：40）　　2. Ba 型铲形石器（F3：21）　　3. 铲形石器残片（F3：34）　　4. Ab 型铲形石器（F3：25）

5、6. Aa 型磨棒（F3：19、F3：28）　　7. Ab 型磨棒（F3：33）　　8～10. B 型磨棒（F3：20、F3：2、F3：15）

11. 大石坠（F3：18）　　12. A 型磨盘（F3：17）　　13. Aa 型饼形器（F3：16）　　14. Bb 型饼形器（F3：37）

15. B 型石刀（F3：32）　　16～24. 敲砸器（F3：39、F3：26、F3：35、F3：27、F3：31、F3：22、F3：36、F3：38、F3：23）

Bb 型饼形器 1 件，F3：37，红色玄武岩，圆角方形，周边敲砸痕迹明显，打击点密集，长7.2、宽6.1、厚3.6厘米（图五二，14；图版二〇二，3）。

Aa 型磨棒 2 件，皆浅黄色花岗岩，琢制，长圆柱状。F3：19，残长8.65、直径6.0厘米（图五二，5）；F3：28，残长13.25、直径5.6厘米（图五二，6；图版二一一，5）。

Ab 型磨棒 1 件，F3：33，短圆柱状，两端也有使用麻面，长12.4、径6.5厘米（图五二，7）。

B 型磨棒 3 件，皆花岗岩，琢制，四棱柱状。F3：20，黄色，残长9.35、直径5.8～7厘米（图五二，8；图版二一七，5）；F3：2，残长14.5、直径4.4～5.4厘米（图五二，9；图版二一七，3）；F3：15，灰色，残长19.45、厚3.76～3.85厘米（图五二，10；图版二一七，4）。

A 型磨盘 1 件，F3：17，黄色花岗岩，琢制，磨面下凹，残长18.3、厚5.5厘米（图五二，12；图版二〇四，1）。

大石坠 1 件，F3：18，赭红色玄武岩，近圆台状，中部一周浅凹槽，高22.6、宽26.9、厚20.55厘米（图五二，11；图版二三四，1）。

敲砸器 9 件，皆石英岩自然石块。F3：22，白色，敲砸痕迹集中在周缘，敲击点密集，长6.9、宽6.24、厚4.45厘米（图五二，21）；F3：23，白色，敲砸痕迹集中在两端棱角处，敲击点密集，长6.8、宽5.3、厚3.07厘米（图五二，24）；F3：26，白色，敲砸痕迹集中在两端棱角处，敲击点密集，长7.94、宽5.6、厚3.61厘米（图五二，17）；F3：27，白色，弧楞敲砸痕迹明显，敲击点密集，长6.24、宽4.9、厚4.22厘米（图五二，19）；F3：31，灰色，敲击点集中一棱角，长9.43、宽7.65、厚4.84厘米（图五二，20）；F3：35，白色，两长端棱角经敲砸略显圆凸，敲击点密集，长5.9、宽4.2、厚2.4厘米（图五二，18；图版二四四，2）；F3：36，白色，两处棱角有敲砸痕迹，敲击点密集，长7.4、宽5.0、厚2.8厘米（图五二，22）；F3：38，白色，六面体，一处敲砸痕迹，敲击点密集，长7.4、宽5.8、厚3.2厘米（图五二，23）；F3：39，白色，敲砸痕迹集中在棱角处，敲击点密集，长6、宽5.7、厚5.0厘米（图五二，16）。

四　4 号房址（F4）

1. 遗迹

F4 位于遗址南部，西南角被冲沟毁坏，北与 F3、F5、F8、F49、F55、F52、F51 成列，东与F7、F19，西与 F10、F13、F12 成排。方向205°。面积约50.2平方米，是一座中型半地穴式房址。平面呈圆角方形。东西7.0、南北7.2米，中心垂直深0.7米。房穴挖凿于黄褐色土层及基岩层内，壁面修整斜平，四壁稍外弧。室内居住面较平整，有厚约0.08～0.1米的坚硬黑灰色垫踏土层。室内中部两个灶，一大一小，大位南，小位北，皆为椭圆形坑穴式灶，编号为 Z1、Z2，Z1 打破 Z2。两灶内都抹挂一层泥土，经使用呈暗红色。Z1 口径为0.9～1.14、灶深0.12米；Z2 口径为0.68～0.8、灶深0.1米。房址内共发现12个大小不同深浅不一的柱洞，形状有圆形和椭圆形两种，分内、外两圈布置：外圈 8 个柱洞，靠近穴壁和四角。其中西北角 3 个，东北角 1 个，东南角 1 个，西壁中部 1 个，南壁中部 1 个，东壁中部 1 个，西南角毁坏不详；内圈 4 个柱洞，分布于灶址四角。第 12 号柱洞底部垫有残磨盘（尺寸、形状详见附表 22 - 4　F4 柱洞一览表）。室内遗物主要分布柱网之间。陶器主要集中于室内北部，另外，在南部还发现有 1 件直腹罐立置于活动面上（图五三）。

2. 遗物

（1）陶器 29 件。A I 式斜腹罐 1 件，B Ⅲ式直腹罐 1 件，B Ⅳ式直腹罐 5 件，B Ⅴ式直腹罐 11 件，B Ⅵ式直腹罐 3 件，直腹罐口沿 1 件，直腹罐腹部残片 2 件，C Ⅲ式鼓腹罐 3 件，Ba 型钵 1 件，Bb1 型杯 1 件（参见附表 7　查海遗址房址活动面出土陶器型式统计表）。陶片 101 片

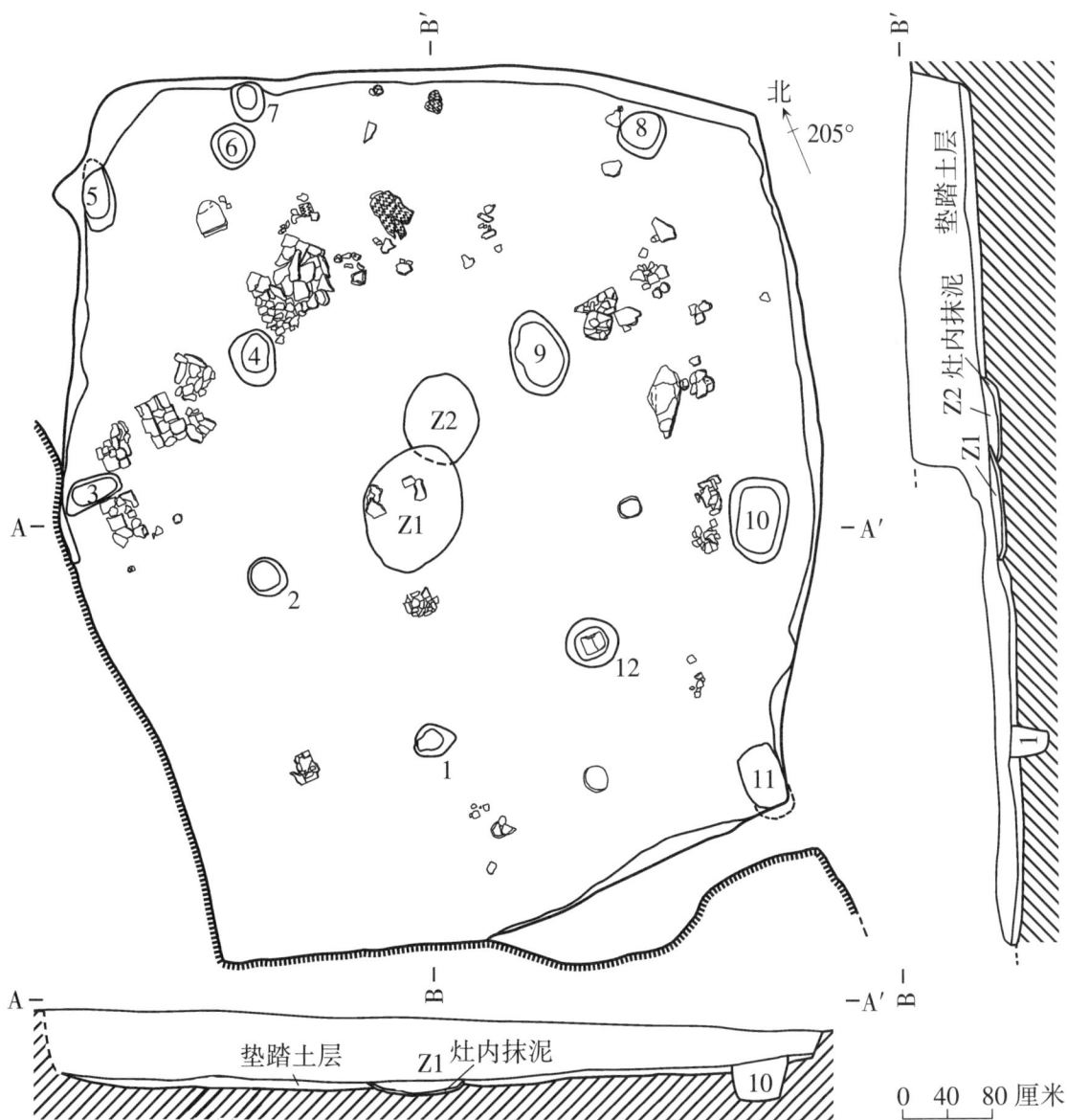

图五三　F4 平、剖面图

1～12. 柱沿　Z1、Z2. 灶址　其他遗物

（见附表2　房址出土陶片统计表）。

　　A I 式斜腹罐 1 件，F4:1，夹砂红褐陶，直口，薄圆唇，外叠宽带沿，斜腹，平底，口沿饰右斜线纹，腹部无纹饰，口径 14.9、底径 9、高 15.6 厘米（图五四，1；图版六五，1）。

　　B Ⅲ 式直腹罐 1 件，F4:37，夹砂灰褐陶，上部残，平底，腹饰草划纹，底径 8.6、残高 7.6 厘米（图五四，2）。

　　B Ⅳ 式直腹罐 5 件，皆夹砂灰褐陶。F4:4，敞口，尖圆厚唇，直腹，平底，颈饰横压竖排之字纹，附加堆纹带饰交叉纹，腹饰竖压横排之字纹，口径 27.6、底径 14、高 31.5、壁厚 0.9 厘米（图五四，7；图版八六，4）；F4:6，敞口，圆唇，直腹，平底，颈饰横压竖排之字纹，腹饰竖压横排之字纹，口径 19.4、底径 11.2、高 23.7、壁厚 0.9 厘米（图五四，5，图版八七，1）；F4:8，敞口，尖圆唇，直腹，平底，颈饰 Db 型锯齿形几何纹，腹饰竖压横排之字纹，颈部一对锸孔，口径 20.7、底径 12.3、高 27.4 厘米（图五四，6；图版八七，2）；F4:12，微敞口，尖圆厚唇，直腹，平底，颈饰 C2 型梭形几何纹，左斜线纹带，腹饰竖压横排之字纹，口径 22.4、底径 14.4、高 32.5、壁厚 1.1 厘米（图五四，4；图版八六，3）；F4:38，上部残，直腹，平底，腹饰左斜线纹，近底饰 Ba1 型 F 形几何纹，底径 5.75、残高 7.6 厘米（图五四，3）。

　　B Ⅴ 式直腹罐 11 件，皆夹砂灰褐陶，小喇叭口。F4:5，圆唇，直腹，平底，颈饰弦纹、附压 Eb 型波曲形几何纹，腹饰横压竖排之字纹，口径 20.6、底径 12.68、高 26.4 厘米（图五五，1；图版一〇八，2）；F4:7，厚圆唇，直腹，平底，颈饰横压竖排之字纹，附加堆纹带饰左斜线纹，腹饰短粗竖压横排之字纹，口径 21.5、底径 12.5、高 30.5、壁厚 1 厘米（图五五，4；图版一〇八，1）；F4:9，圆唇，直腹，平底，口沿左斜线纹 1 周，颈饰 Da2 型锯齿形几何纹，下饰左斜线纹 1 周，腹饰竖压横排之字纹，口径 20、底径 12.6、高 26.4 厘米（图五五，5；图版一〇八，4）；F4:10，厚圆唇，直腹，底微凹，颈饰断弦纹数周、附压双左斜线纹和双短竖线纹，附加堆纹带饰 Da2 型锯齿形几何纹，腹部竖压横排之字纹，下腹部 1 对锸孔，口径 21、底径 12.8、高 29.8 厘米（图五六，3；图版一〇九，4）；F4:11，厚圆唇，直腹，平底，颈饰横压竖排之字纹，附加堆纹带饰短竖线纹，腹饰竖压横排之字纹，口径 21、底径 12.2、高 24.8、壁厚 1 厘米（图五五，6，图版一〇九，3）；F4:13，尖圆厚唇，直腹，平底，颈饰网格纹，腹饰竖压横排之字纹，颈部 2 对锸孔，口径 22、底径 12.8、高 29 厘米（图五六，2，图版一〇九，2）；F4:16，圆唇，直腹，底微凹，下腹部有 1 对锸孔，颈饰横压竖排之字纹，附加堆纹带饰左斜线纹，腹饰竖压横排之字纹 12 周，口径 26.6、底径 16.8、高 38.8、壁厚 1.1 厘米（图五六，5；图版一一〇，2）；F4:18，厚圆唇，直腹，底微凹，颈饰横压竖排之字纹，左斜线纹带，腹饰竖压横排之字纹，口径 21.5、底径 12.5、高 27.4、壁厚 1 厘米（图五五，2；图版一一〇，3）；F4:19，厚圆唇，直腹，底微凹，颈饰弦纹数周、附压稀疏左斜线纹，腹饰竖压横排之字纹，口径 19.5、底径 10.5、高 28、壁厚 1.1 厘米（图五五，3；图版一一〇，4）；F4:20，厚圆唇，直腹，微凹底，颈饰弦纹数周，附加堆纹带饰 Ba2 型 F 形几何纹，腹饰竖压横排之字纹，口径 24.5、底径 15.2、高 32.4、壁厚 1.2 厘米（图五六，4；

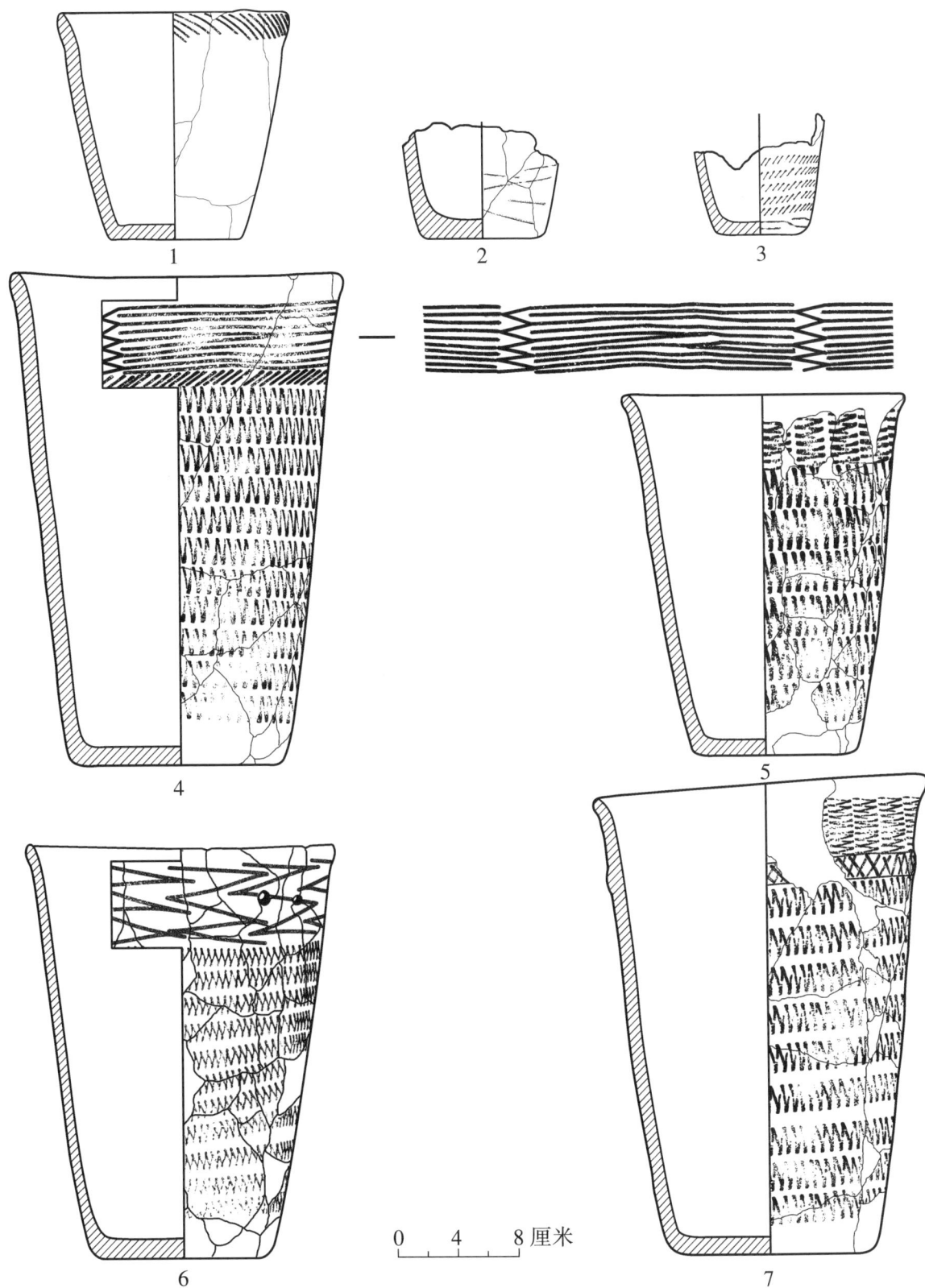

图五四　F4 陶器

1. AI式斜腹罐（F4：1）　　2. BⅢ式直腹罐（F4：37）　　3～7. BⅣ式直腹罐（F4：38、F4：12、F4：6、F4：8、F4：4）

图五五　F4 陶器

1～6. BⅤ式直腹罐（F4∶5、F4∶18、F4∶19、F4∶7、F4∶9、F4∶11）

图版一一〇，1）；F4∶14，尖圆厚唇，直腹，平底，颈饰弦纹数周，左斜线纹带2周，腹饰竖压横排之字纹12周，口径23.4、底径13.9、高32.8厘米（图五六，1，图版一〇九，1）。

BⅥ式直腹罐3件，皆夹砂灰褐陶，大喇叭口。F4∶15，厚圆唇，直腹，底微凹，颈饰弦纹数周、附压左斜线纹，附加堆纹带饰窝点纹，腹饰竖压横排之字纹，口径30.8、底径19、高45.6、

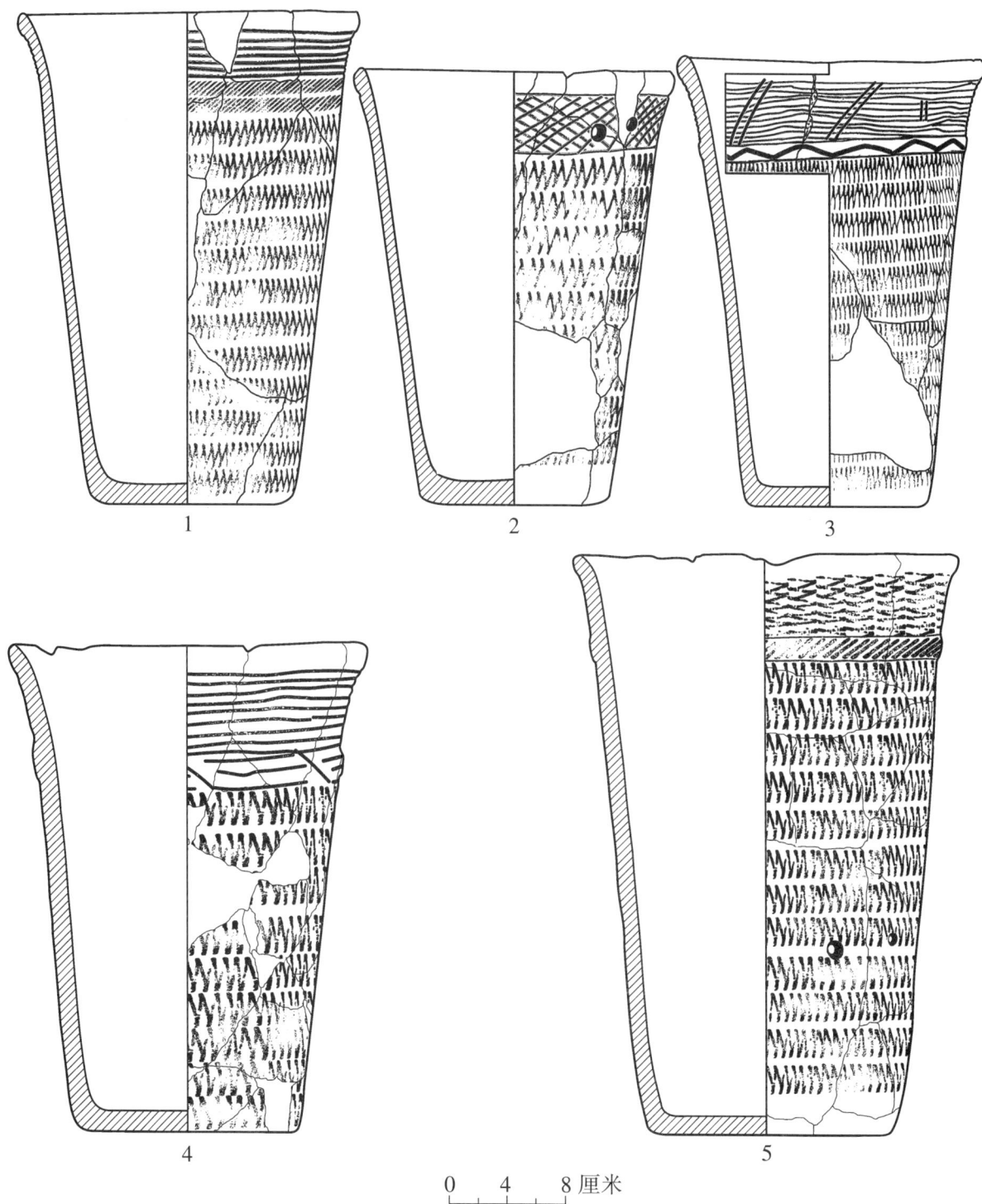

图五六 F4 陶器

1~5. BV式直腹罐（F4：14、F4：13、F4：10、F4：20、F4：16）

壁厚 1.4 厘米（图五七，1；图版一二四，3）；F4：17，厚圆唇，直腹，底微凹，颈饰弦纹数周，附加堆纹带饰左斜线纹，腹饰竖压横排之字纹 12 周，近底饰 C2 型梭形几何纹，口径 28.4、底径 16.6、高 39.3 厘米（图五七，3；图版一二五，2）；F4：40，厚圆唇，直腹，平底，颈饰弦纹数周、附压 Da4 型锯齿形几何纹，附加堆纹带饰网格纹，腹饰短粗竖压横排之字纹 13 周，口径 31.5、底径 20.1、高 44、壁厚 1.5 厘米（图五七，2；图版一二四，1）。

直腹罐口沿 1 件，F4：43，夹砂灰褐陶，圆唇，颈饰短竖线纹、附压 Ba1 型 F 形几何纹，腹饰左斜线纹，口径 12、残高 4.8 厘米（图五七，9）。

直腹罐腹部残片 2 件，皆夹砂红褐陶。F4：44，饰三角形戳点纹；F4：45，饰圆形戳点纹。

C Ⅲ 式鼓腹罐 3 件，皆夹砂红褐陶。F4：21，侈敞口，尖圆唇，微束颈，鼓腹，平底，颈饰弦纹 9 周，肩饰 Aa1 型单体曲尺形几何纹，腹饰左斜线数周、竖压横排之字纹 4 周，近底饰网格纹，口径 19.5、底径 11.5、高 28.5 厘米（图五七，5；图版一四〇，2）；F4：39，上部残，鼓腹，底微凹，腹饰 Db 型锯齿形几何纹，底径 5.83、残高 5.3 厘米（图五七，6）；F4：41，圆唇，束颈，肩略显，深腹微鼓，平底，颈饰左斜线纹、Ab3 型扣合曲尺形几何纹，肩、腹饰左斜短线纹不到底，口径 22.4、底径 15.0、高 29.4 厘米（图五七，4；图版一四〇，3）。

Ba 型钵 1 件，F4：2，夹粗砂灰褐陶，外撇口，薄圆唇，弧腹，小平底，器表光素，口径 11.9、底径 6、高 8 厘米（图五七，8；图版一五〇，2）。

Bb1 型杯 1 件，F4：3，夹细砂红褐陶，喇叭状，器表戳点菱格纹，口径 5.7、底径 4、高 6.5 厘米（图五七，7；图版一五五，3）。

（2）石器 15 件。C 型石斧 1 件，Aa 型铲形石器 2 件，Bb 型铲形石器 1 件，Ca 型铲形石器 1 件，铲形石器残片 1 件，Aa 型磨棒 1 件，A 型磨盘 1 件，敲砸器 7 件（参见附表 15　查海遗址房址居住面出土石器型式统计一览表）。

C 型石斧 1 件，F4：42，灰色页岩，打制，窄长扁平体，弧刃，崩痕明显，长 5.3、刃宽 3.2、厚 1.0 厘米（图五八，1）。

Aa 型铲形石器 2 件，皆为页岩，打制，长直柄，束腰不显，圆身，弧刃，有使用崩痕。F4：26，浅黄色，通长 16、刃宽 9、厚 2.7 厘米（图五八，2；图版一七三，1）；F4：35，灰色，通长 13.3、刃宽 11.1、厚 2.05 厘米（图五八，3；图版一七三，6）。

Bb 型铲形石器 1 件，F4：23，淡红色花岗岩质，短柄，宽身，弧刃，呈"凸"字形，长 15.5、刃宽 13.5、厚 2.2 厘米（图五八，4）。

Ca 型铲形石器 1 件，F4：24，灰色泥质页岩，局部残，打制，椭圆柄，束腰，扇状铲身，弧刃，刃部有使用崩痕，残长 12.1、刃宽 16.4、厚 2.15 厘米（图五八，6）。

铲形石器残片 1 件，F4：25，灰色页岩，打制，刃部有使用磨痕，残长 6.9、刃宽 7.2、厚 1.0 厘米（图五八，5）。

Aa 型磨棒 1 件，F4：27，浅黄色花岗岩，残，琢制，圆柱状，残长 15.5、径 5.4 厘米（图五八，7）。

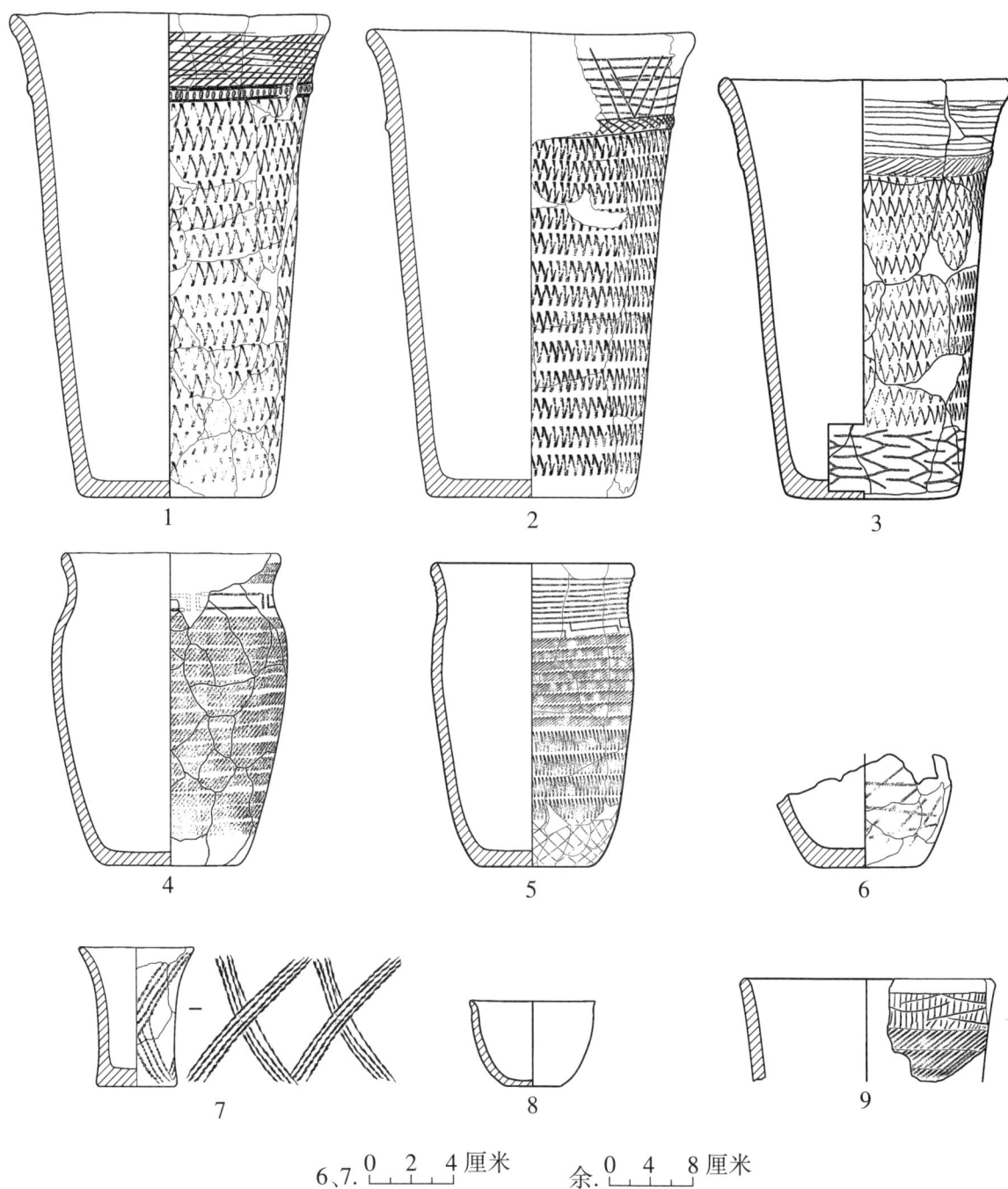

6、7. ⎣0 2 4 厘米　　余. ⎣0 4 8 厘米

图五七　F4 陶器

1~3. BⅣ式直腹罐（F4：15、F4：40、F4：17）　　4~6. CⅢ式鼓腹罐（F4：41、F4：21、F4：39）

7. Bb1 型杯（F4：3）　　8. Ba 型钵（F4：2）　　9. 直腹罐口沿（F4：43）

　　A 型磨盘 1 件，F4：28，棕红色花岗岩，琢制，磨面下凹，残长 12.7、残宽 9.7、厚 2.7 厘米（图五八，8）。

　　敲砸器 7 件，皆自然石块。浅黄色花岗岩 1 件，F4：29，近球体，敲砸痕迹集中在棱角处，

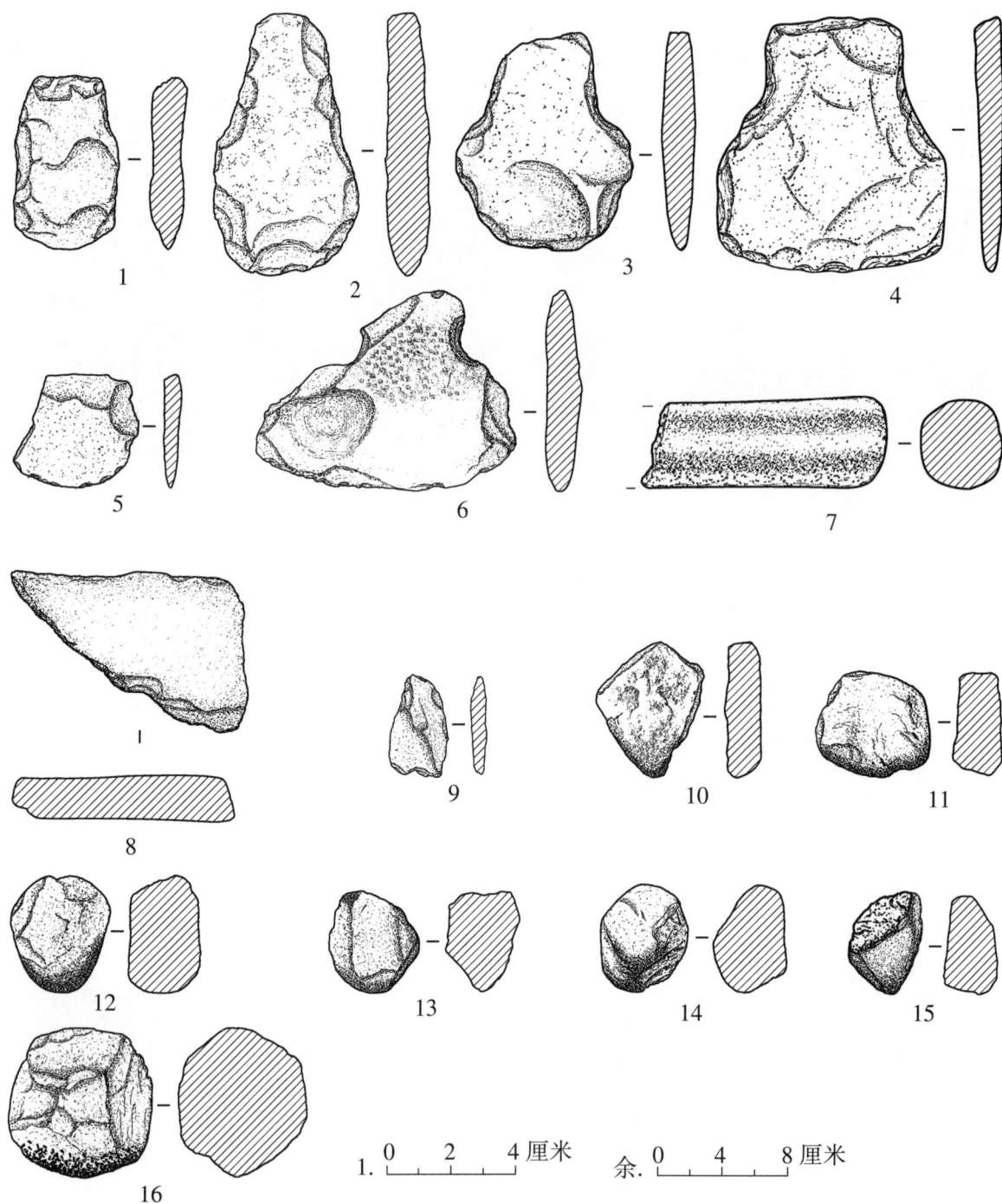

图五八　F4 石器

1. C 型石斧（F4：42）　　2、3. Aa 型铲形石器（F4：26、F4：35）　　4. Bb 型铲形石器（F4：23）　　5. 铲形
石器残片（F4：25）　　6. Ca 型铲形石器（F4：24）　　7. Aa 型磨棒（F4：27）　　8. A 型磨盘（F4：28）
9. 刮削器（F4：22）　　10～16. 敲砸器（F4：36、F4：34、F4：33、F4：30、F4：31、F4：32、F4：29）

长 9.12、宽 8.8、厚 8.0 厘米（图五八，16）。浅灰色石英岩 6 件，F4：30，多棱体，敲砸使用痕迹在棱角处，长 6.3、宽 5.7、厚 4.6 厘米（图五八，13）；F4：31，多棱体，周边有使用痕迹，长 6.5、宽 5.5、厚 4.6 厘米（图五八，14）；F4：34，近方形，圆角，周边有砸击痕迹，长 7.2、宽 6.5、厚 3.1 厘米（图五八，11）；F4：32，多棱体，敲砸痕迹集中在棱角处，长 6.2、宽 4.6、厚 3.4 厘米（图五八，15）；F4：33，近椭圆形，敲砸痕迹集中在棱角处，长 7.2、宽 6.1、厚 4.4 厘米（图五八，12）；F4：36，扁平体，敲砸痕迹集中在棱角处，长 7.4、宽 6.3、厚 2.1 厘米（图五八，10）。

（3）细石器 1 件（参见附表 20　查海遗址各遗迹单位出土细石器统计表）。刮削器 1 件，F4：22，灰色页岩，铲形石器残块二次利用，周边刃部较锋利，长 6.3、宽 3.7、厚 1.0 厘米（图五八，9）。

五　5 号 房 址 （F5）

1. 遗迹

F5 位于遗址东南部，北与 F8、F49、F55、F52、F51，南与 F3、F4 成列；东与 F15、F16，西与 F2、F23、F37 成排。方向 196°。面积约 40.96 平方米，是一座中型半地穴式房址。平面呈圆角方形。东西 6.4、南北 6.4 米，中心垂直深 0.8 米。房穴挖凿于黄褐色土层及基岩层内，壁面修整斜平。东壁较直，其他三侧穴壁局部略外弧。室内居住面较平整，有 0.05～0.15 米厚的褐色垫踏土层。灶位于室内中部，圆形坑式灶，灶内抹泥厚 0.04～0.08 米，经火烧后，灶面坚硬光滑，呈暗红色。灶口直径为 0.66～0.8，灶底直径 0.5～0.7，灶深 0.14 米。房址内共有 15 个大小不同深浅不一的柱洞，形状有圆形、椭圆形和双柱形，圜底或平底，皆凿于基岩内。这些柱洞分内、外两圈布置：外圈柱洞靠近穴壁，总计 11 个，其中西北角 2 个，西南角 4 个，东南角 4 个，东北角 1 个；内圈 4 个柱洞，分布于灶址四角（尺寸、形状详见附表 22－5　F5 柱洞一览表）。室内遗物有陶器和石器，主要分布室内四角，其中灶南清理出一组之字纹直腹罐，东北角清理出 5 件残陶器，西南角清理出 4 件残陶器，西北角清理出 1 件完整直腹罐，东部清理出石磨盘、石磨棒、石斧、打制石刀等（图五九）。

2. 遗物

（1）陶器 21 件。AⅢ式斜腹罐 2 件，BⅣ式直腹罐 5 件，BⅤ式直腹罐 4 件，BⅥ式直腹罐 3 件，直腹罐腹部残片 1 件，直腹罐罐底 2 件，CⅡ式鼓腹罐 1 件，CⅢ式鼓腹罐 3 件（参见附表 7　查海遗址房址活动面出土陶器型式统计表）。陶片 60 片（见附表 2　房址出土陶片统计表）。

AⅢ式斜腹罐 2 件，皆夹砂红褐陶，口沿残片。F5：36，圆唇，外叠宽带沿饰右斜线纹，器身饰窝点纹，口径 34、残高 11 厘米（图六四，4）；F5：37，圆唇，外叠宽带沿饰右斜线纹，素面，口径 30、残高 8 厘米（图六四，3）。

BⅣ式直腹罐 5 件。夹砂红褐陶 3 件，F5：3，近口部呈黑灰色，敞口，圆唇，直腹，平底，颈饰横压竖排之字纹，下饰 Da2 型锯齿形几何纹带，腹饰竖压横排之字纹不到底，口径 18.4、

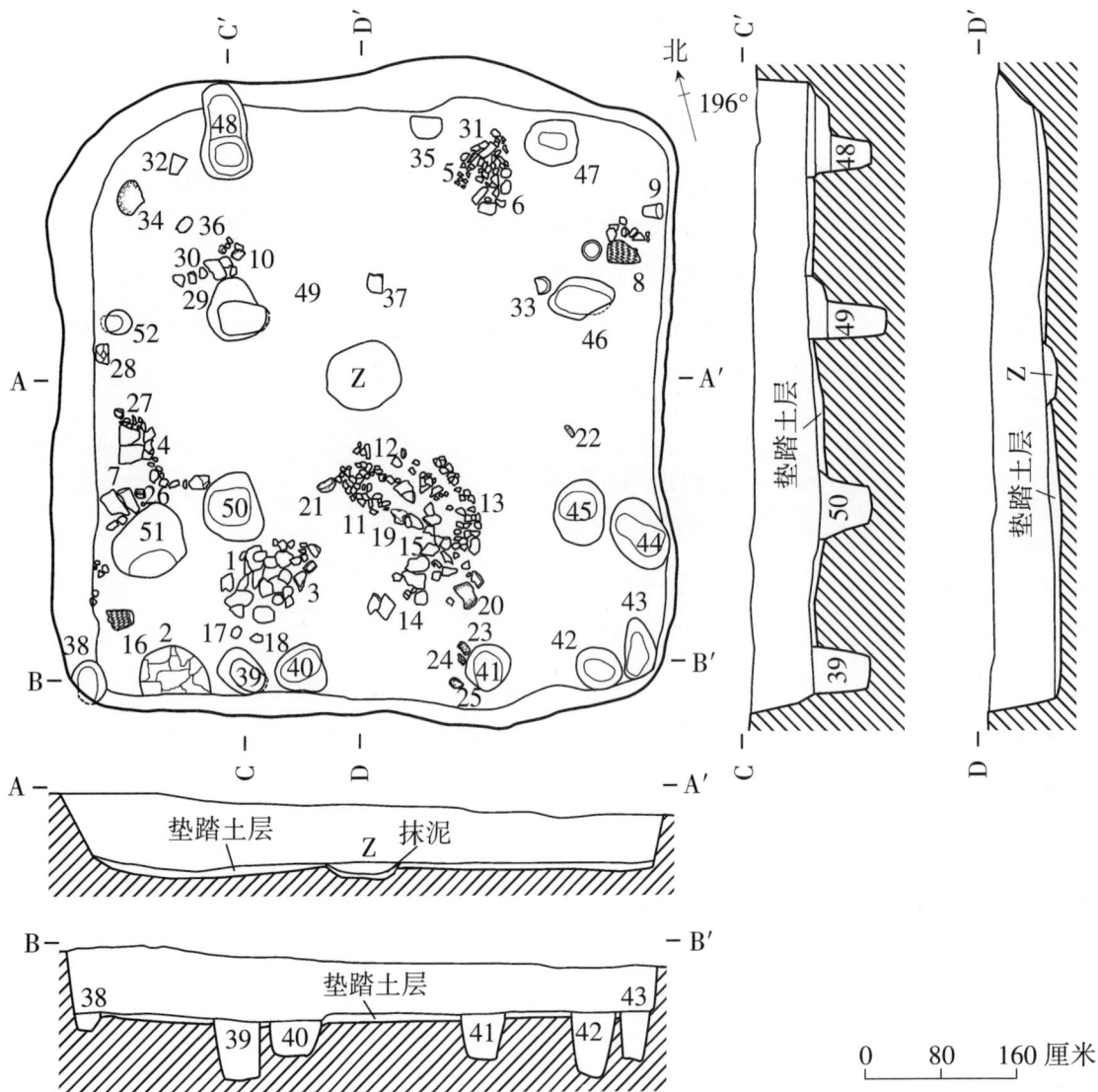

图五九　F5 平、剖面图

1、3~7、9、11~15. 直腹罐　2、8、10、31. 鼓腹罐　16、33. 直腹罐罐底　17、18. 石斧
19. 铲形石器　20、34、35. 磨盘　21. 饼形器　22、23. 磨棒　24~28. 敲砸器
29、30. 石球　32. 陶片　36、37. 斜腹罐口沿　38~52. 柱洞　Z. 灶址

底径 11.8、高 24.4 厘米（图六〇，3；图版八八，1）；F5∶5，敞口，圆唇，直腹，平底，颈饰横压竖排之字纹，下饰左斜线纹带，腹饰竖压横向之字纹不到底，口径 28.8、底径 15.5、高 42.0 厘米（图六一，1；图版八八，3）；F5∶14，直敞口，圆唇，直腹，平底，颈饰弦纹 4 周，附加堆纹带饰窝点纹，腹饰竖压横排之字纹不到底，口径 25.2、底径 13.7、高 35.5 厘米（图六〇，4；图版八七，3）。夹砂灰褐陶 2 件，F5∶1，近口部泛黑，敞口，尖圆唇，深腹微外弧，颈饰弦纹数周，附加堆纹带饰网格纹，腹饰竖压横排之字纹不到底，口径 31.6、底径 18、高 46.5 厘米（图六〇，1；图版八七，4）；F5∶4，敞口，圆唇，直腹，平底，颈饰横压竖排之字纹，腹饰微弧竖压横排之

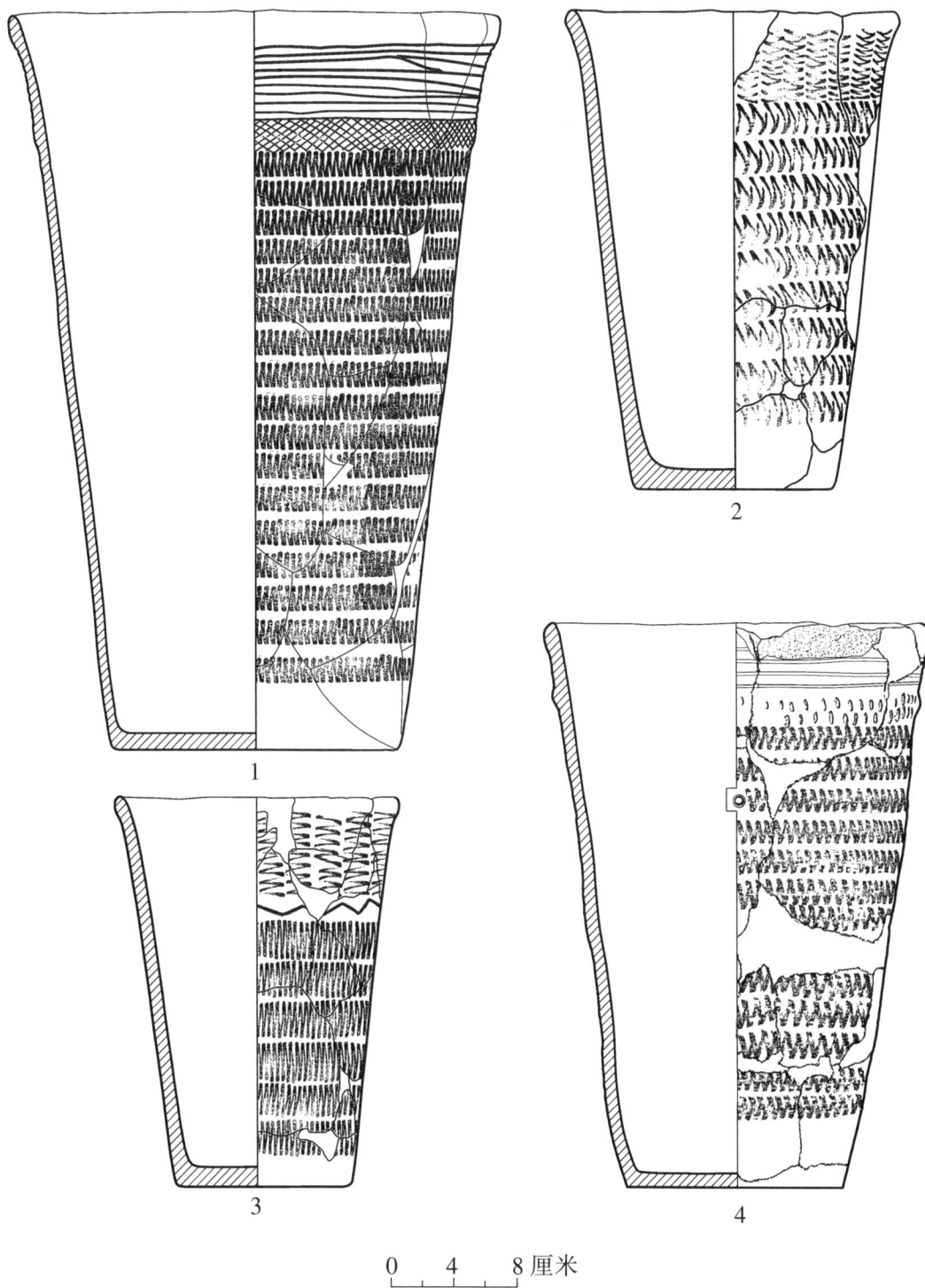

0　　4　　8厘米

图六〇　F5 陶器

1~4. BIV式直腹罐（F5：1、F5：4、F5：3、F5：14）

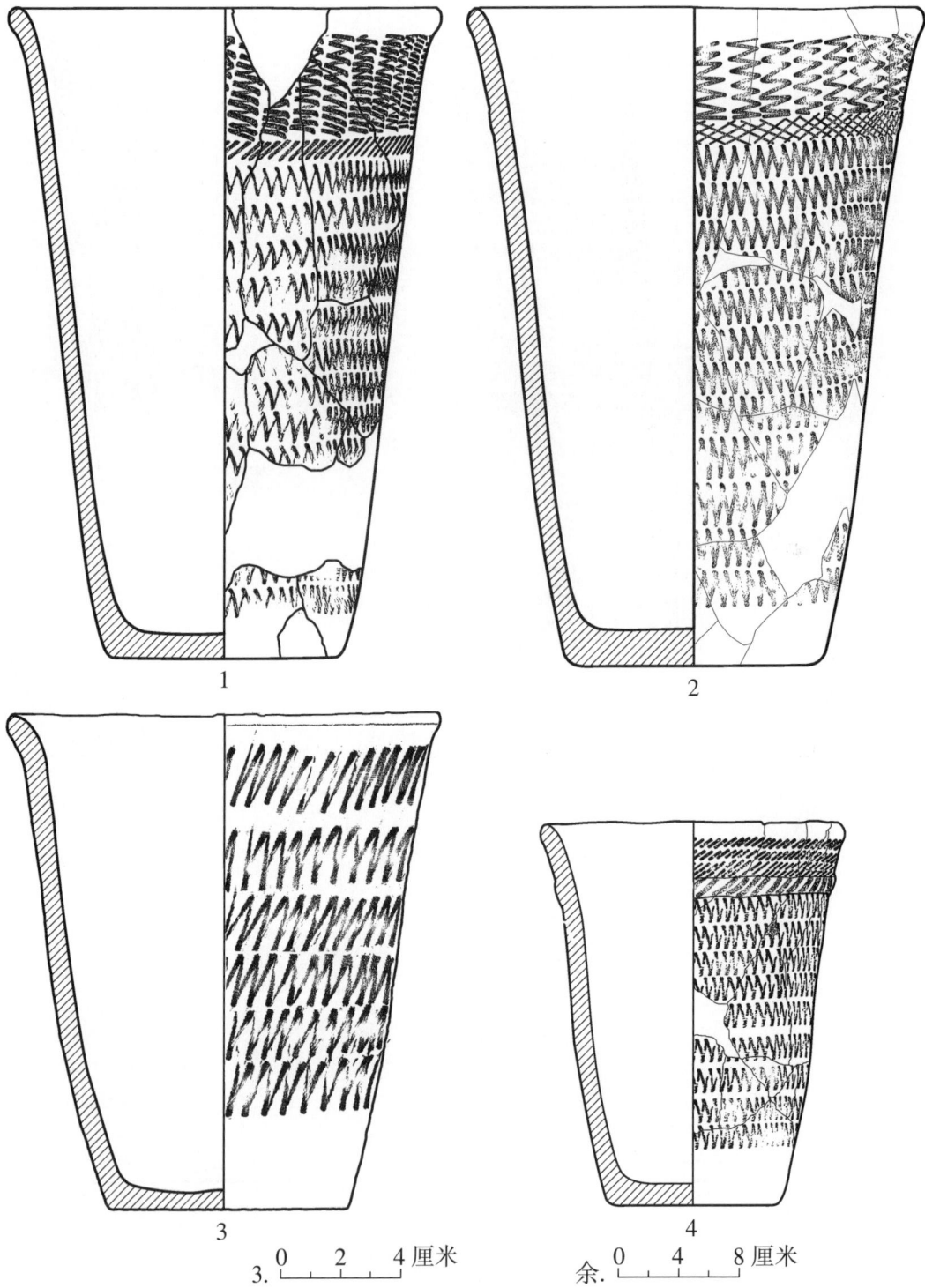

3.　└─┴─┴─┴─┘ 厘米
　　0　　2　　4

余.　└─┴─┴─┴─┘ 厘米
　　0　　4　　8

图六一　F5 陶器

1. BⅣ式直腹罐（F5：5）　　2～4. BⅤ式直腹罐（F5：7、F5：9、F5：12）

字纹，口径22.8、底径13.0、高30.2厘米（图六〇，2；图版八八，2）。

B V式直腹罐4件，皆为夹砂灰褐陶。F5：7，小喇叭口，尖圆唇，直腹，平底，颈饰横压竖排之字纹，宽平附加堆纹带饰网格纹，腹饰竖压横排之字纹不到底，口径30.0、底径17.2、高42.4厘米（图六一，2；图版一一一，5）；F5：9，敞口，圆唇，直腹，平底，通体饰横压竖排之字纹，纹饰不到底，口径14.5、底径8.0、高16.0厘米（图六一，3；图版一一一，4）；F5：12，敞口，尖圆唇，直腹，平底，颈饰左斜线纹3周，附加堆纹带饰左斜线纹，腹饰竖压横排之字纹不到底，口径19.6、底径11.3、高24.8、壁厚1.2厘米（图六一，4；图版一一一，2）；F5：13，敞口，尖圆唇，直腹，平底，颈饰横压竖排之字纹，宽平附加堆纹带饰网格纹，腹饰竖压横排之字纹，口径23.0、底径11.0、高28.2厘米（图六二，1；图版一一一，3）。

B Ⅵ式直腹罐3件。夹粗砂红褐陶1件，F5：6，大喇叭口，厚圆唇，直腹，平底，颈饰规整横压竖排之字纹，宽平附加堆纹带饰网格纹，腹饰竖压横排之字纹不到底，口径34.4、底径19.0、高49.8厘米（图六二，2；图版一二五，4）。夹砂灰褐陶2件，F5：11，大喇叭口，尖圆唇，直腹，平底，颈饰左斜线纹3周、附加堆纹带饰Da2型锯齿形几何纹，腹饰竖压横排之字纹不到底，口径16.5、底径9.1、高20.0厘米（图六二，4；图版一二五，3）；F5：15，大喇叭口，尖圆唇，直腹，平底，颈饰横压竖排之字纹，附加堆纹带饰网格纹，腹饰竖压横排之字纹不到底，口径26.0、底径14.0、高34.8厘米（图六二，3；图版一二六，1）。

直腹罐腹部残片1件，F5：32，夹砂红褐陶，附贴錾耳，残高6.15厘米（图六四，2）。

直腹罐罐底2件，皆夹砂灰褐陶。F5：16，直腹，底微凹，腹饰竖压横排之字纹，底径14.3、残高14.8、壁厚1.2厘米（图六三，1）；F5：33，底微凹，素面无纹饰，底径13.7、残高10.4厘米（图六三，2）。

C Ⅱ式鼓腹罐1件，F5：10，夹砂红褐陶，侈敞口，圆唇，束颈，腹微鼓，平底，颈饰网格纹、左斜线纹2周，腹饰竖压横排之字纹不到底，口径14.2、底径7.8、高20.0厘米（图六三，3；图版一三七，3）。

C Ⅲ式鼓腹罐3件。夹砂灰褐陶1件，F5：2，侈敞口，圆唇，束颈，肩略显，深腹微鼓，口饰左斜线纹1周，颈饰C3型梭形几何纹，腹饰规整左斜线纹不到底，口径26.5、底径14.5、高42厘米（图六三，5；图版一四一，4）。夹砂红褐陶2件，F5：8，敞口尖圆唇，束颈，鼓腹，平底，口饰左斜线纹3周，颈饰Ab3型扣合曲尺形几何纹，腹饰左斜线纹8周，近底饰C2型梭形几何纹，腹径16、口径15.5、底径12.4、高23厘米（图六三，4；图版一四一，1）；F5：31，敞口，尖圆唇，束颈，腹微鼓，平底，颈饰左斜线纹3周、网格纹，腹部压划短斜线纹16周、C3型梭形几何纹，施纹不到底，口径32.4、底径16.4、高46.9厘米（图六四，1；图版一四一，3）。

（2）石器16件。A型石斧1件，B型石斧1件，Aa型铲形石器1件，Aa型饼形器1件，Aa型磨棒2件，A型磨盘3件，石球2件，敲砸器5件（参见附表15　查海遗址房址居住面出土石器型式统计一览表）。

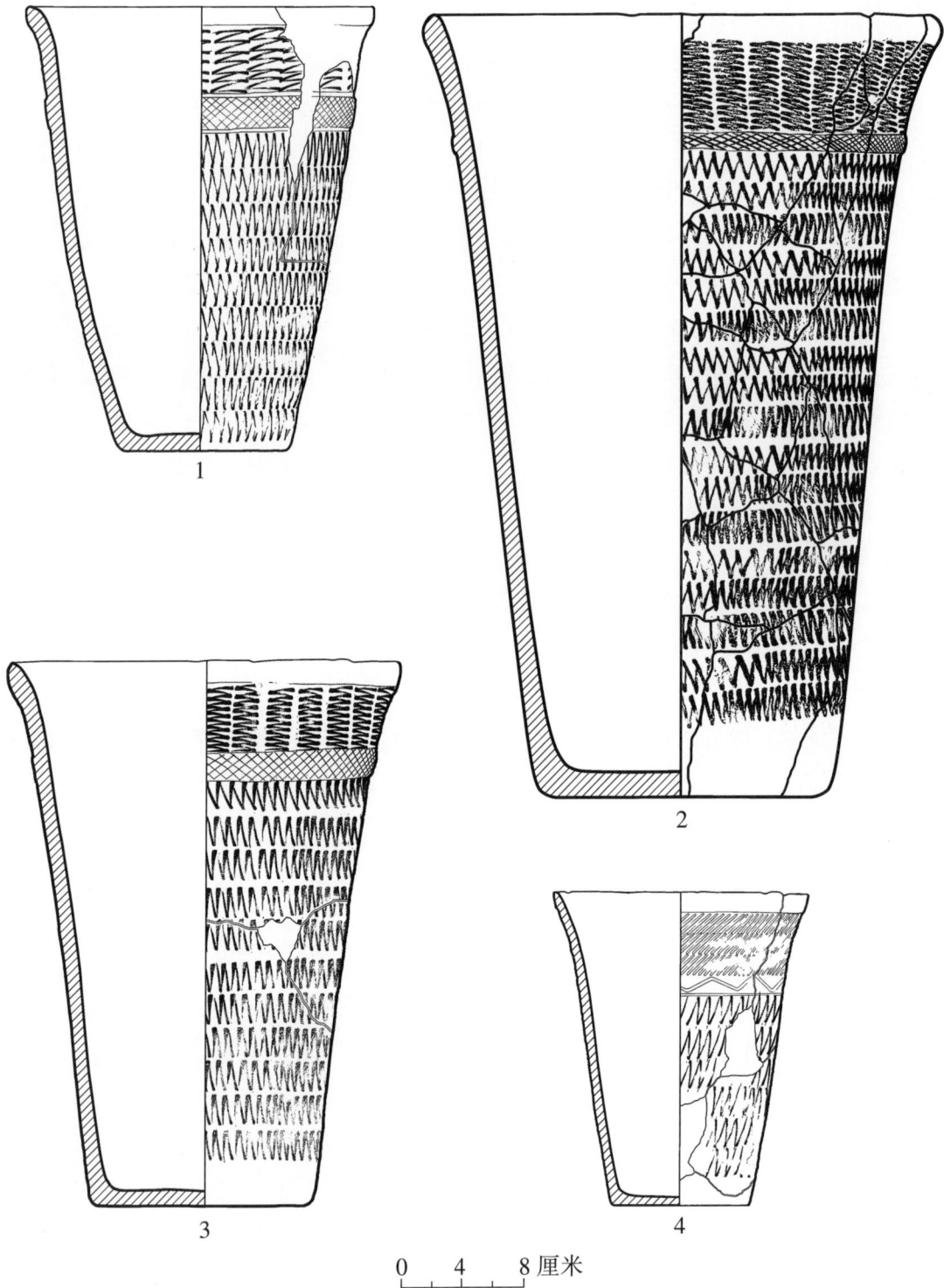

0　　4　　8 厘米

图六二　F5 石器

1. BⅤ式直腹罐（F5∶13）　　2~4. BⅥ式直腹罐（F5∶6、F5∶15、F5∶11）

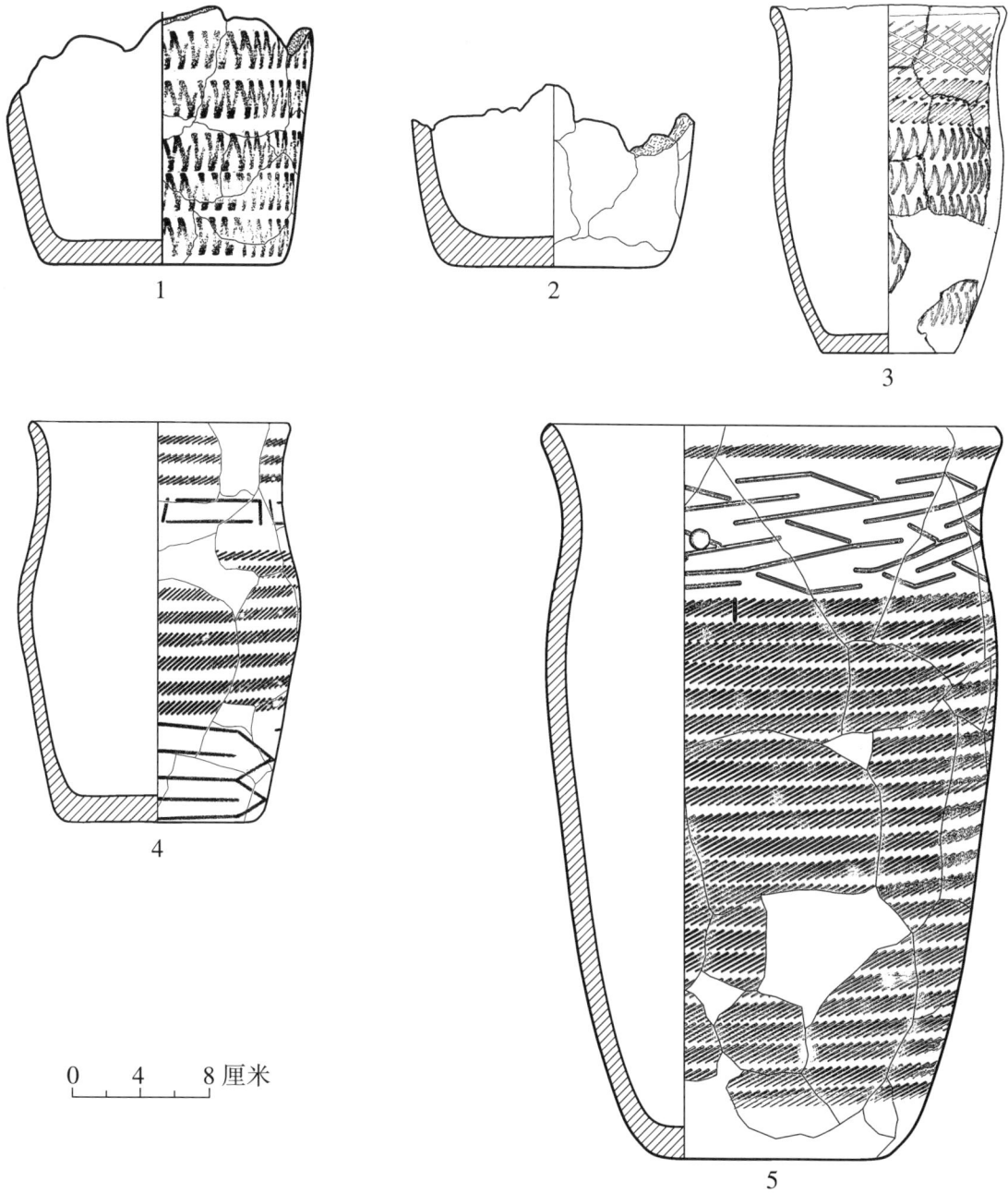

图六三　F5 陶器

1、2. 直腹罐罐底（F5∶16、F5∶33）　3. CⅡ式鼓腹罐（F5∶10）　4、5. CⅢ式鼓腹罐（F5∶8、F5∶2）

A 型石斧 1 件，F5∶17，上部残，浅灰色细砂岩，磨制，两侧有棱角，正锋，弧刃，残长 6.0、宽 7.2、厚 1.8 厘米（图六五，1）。

B 型石斧 1 件，F5∶18，上部残，黑色油质岩，磨制，扁圆体，正锋，弧刃，残长 9.3、刃宽 7.5、厚 2.2 厘米（图六五，2）。

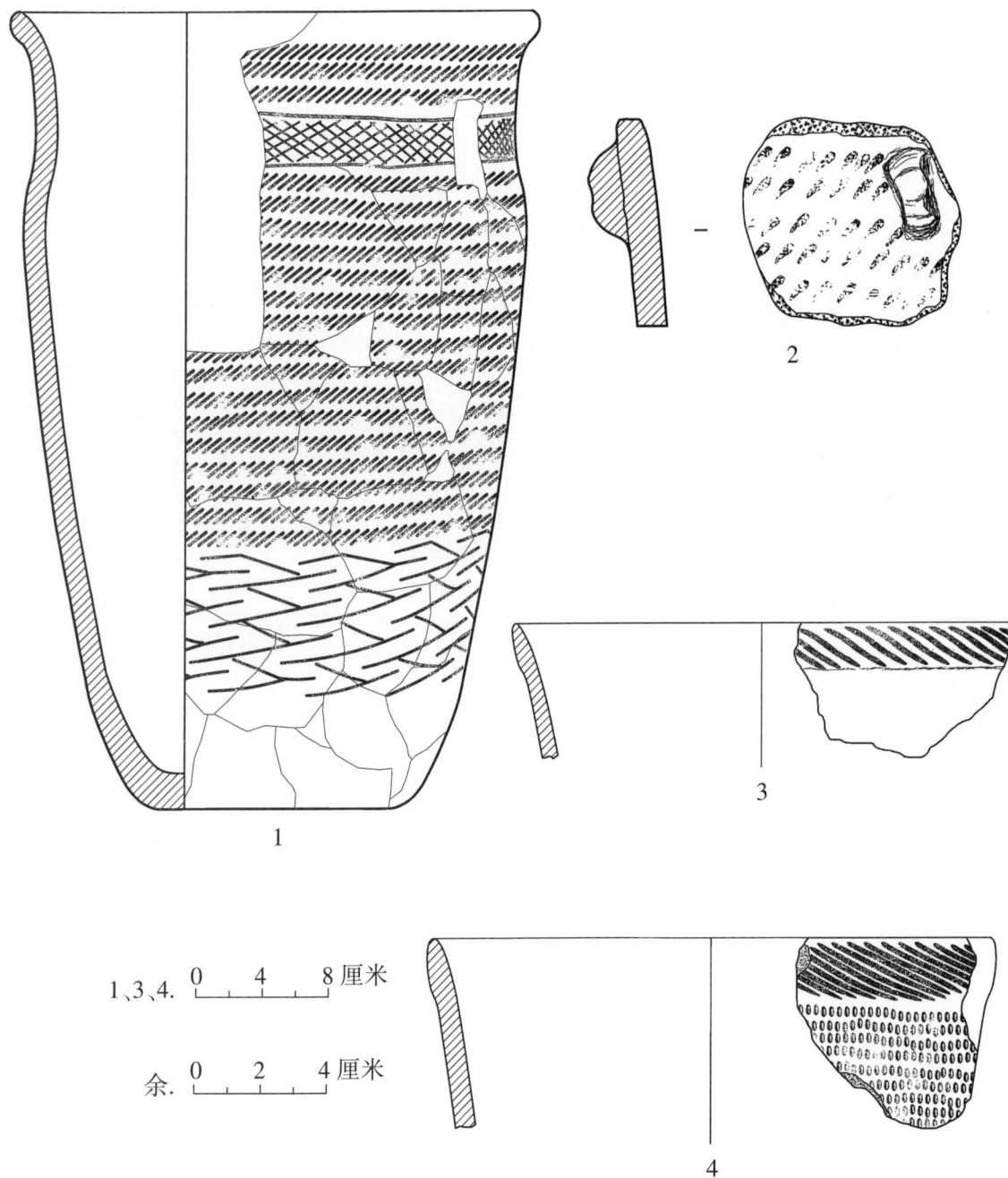

图六四　F5 陶器

1. CⅢ式鼓腹罐（F5：31）　2. 直腹罐腹部残片（F5：32）　　3、4. AⅢ式斜腹罐（F5：37、F5：36）

　　Aa 型铲形石器 1 件，F5：19，残，灰绿色页岩，打制，宽长直柄，圆身，弧刃，刃部有使用磨痕，残长 17.4、残宽 12.4、厚 1.8 厘米（图六五，3）。

　　Aa 型饼形器 1 件，F5：21，残，灰色花岗岩，两面有磨痕，直径 9.1、宽 4.6、厚 3.0 厘米（图六五，7）。

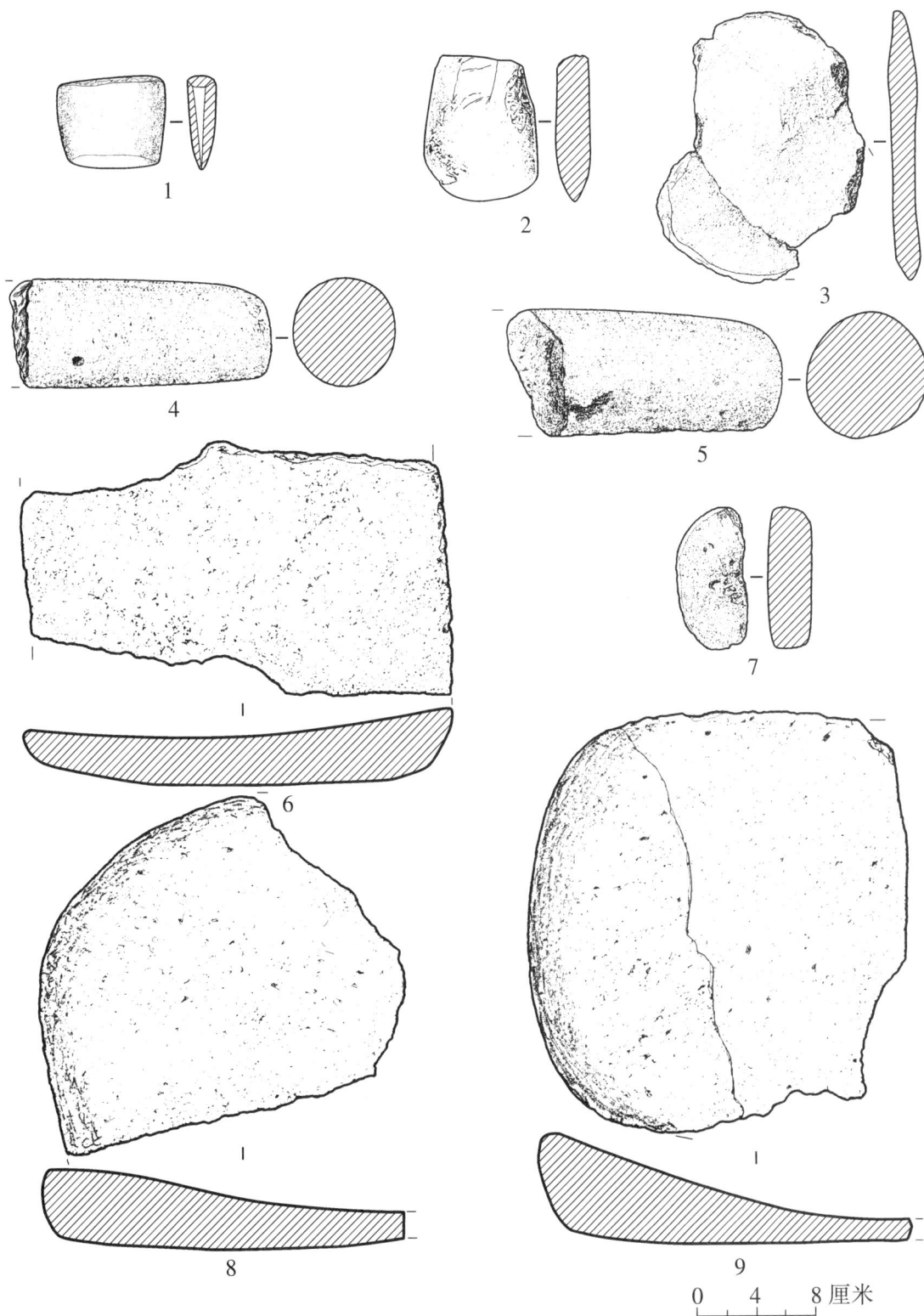

图六五　F5 石器

1. A 型石斧（F5：17）　　2. B 型石斧（F5：18）　　3. Aa 型铲形石器（F5：19）　　4、5. Aa 型磨棒
（F5：22、F5：23）　　6、8、9. A 型磨盘（F5：20、F5：35、F5：34）　　7. Aa 型饼形器（F5：21）

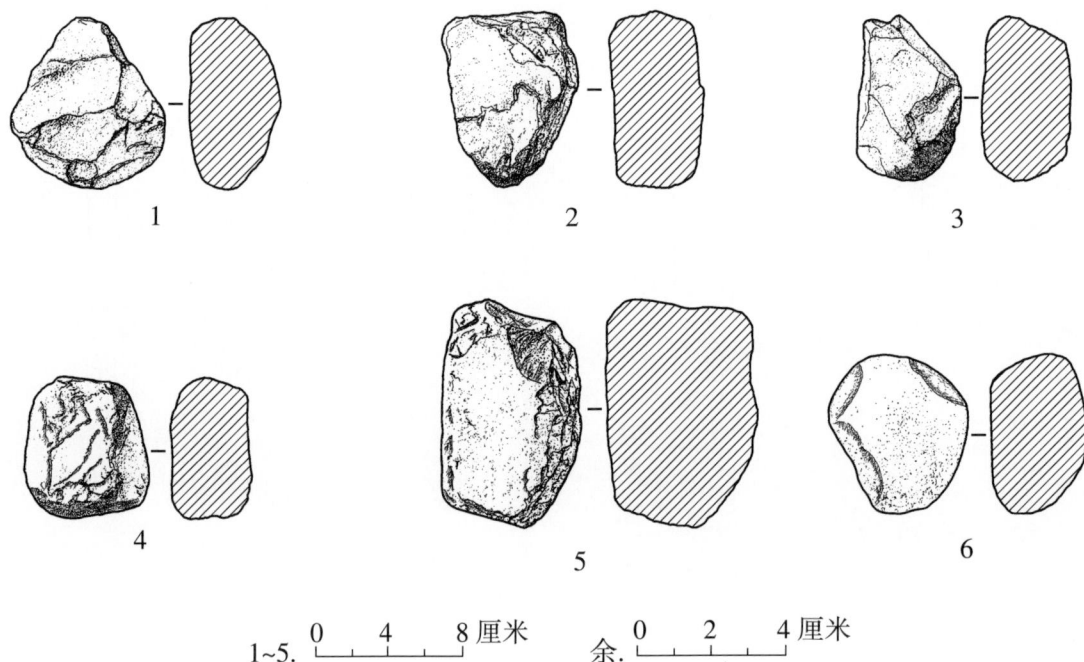

1~5. ┣━━━━━━━┫ 0　4　8 厘米　　　余. ┣━━━━━┫ 0　2　4 厘米

图六六　F5 石器

1~5. 敲砸器（F5:24、F5:25、F5:26、F5:27、F5:28）　6. 石球（F5:29）

Aa 型磨棒 2 件，皆残，浅黄色花岗岩，琢制，圆柱体，中部较粗。F5:22，残长 17.0、直径7.0 厘米（图六五，4）；F5:23，残长 18.1、直径 8.2 厘米（图六五，5）。

A 型磨盘 3 件，皆残，浅黄色花岗岩，琢制，圆角扁平长方体，使用面下凹。F5:20，残长16.2、宽 28.2、厚 4.6 厘米（图六五，6）；F5:34，残长 25、宽 26.7、厚 5.6 厘米（图六五，9；图版二〇四，6）；F5:35，残长 25.6、残宽 22.6、厚 4.2 厘米（图六五，8）。

石球 2 件。F5:29，褐色砾石，长 4.2、宽 3.7、厚 2.6 厘米（图六六，6；图版二三七，1）；F5:30，红褐色砾石，长 3.8、宽 2.7、厚 2.53 厘米（图版二三七，3）。

敲砸器 5 件，皆自然石块。红褐色玄武岩 1 件，F5:24，形状不规整，棱角处多有敲砸痕迹，长9.0、宽 8.3、厚 5.0 厘米（图六六，1）。灰色石英岩 4 件，F5:25，多棱体，尖角处有敲砸痕迹，长9.2、宽 7.3、厚 4.8 厘米（图六六，2）；F5:26，多棱体，敲砸痕迹集中在一端棱角处，长 8.6、宽5.5、厚 4.7 厘米（图六六，3）；F5:27，近方形圆角，棱角处有敲砸痕迹，长 7.5、宽 6.7、厚 4.1 厘米（图六六，4）；F5:28，近长方体，棱角处有砸击痕迹，长 12.1、宽 7.5、厚 8.2 厘米（图六六，5）。

六　6 号房址（F6）

1. 遗迹

F6 位于遗址的南部，西南角为 H2。北与 F15、F21、F50 成列，东与 F17、F14，西与 F3、F1、F11、F9 成排。方向 199°。面积约 67.94 平方米，是一座大型半地穴式房址。平面呈圆角长方形。东西 7.9、南北 8.6 米，中心垂直深 0.34 米。房穴挖凿于黄褐色土层及基岩层内，较规整。东、西穴壁为直壁，南、北穴壁略外弧，壁面修整斜平。居住面四周略高于中部，为褐色垫踏土层，厚约 0.05～0.1 米，坚硬起层。西南角留有斜坡基岩平台面，台高 0.25 米，最宽处为 1.3 米。室内中部两个坑穴式灶址，编号为 Z1、Z2。Z1 位北、Z2 位南，Z2 打破 Z1。Z1 呈椭圆形，斜壁平底，灶内抹泥厚 0.03～0.05 米，口径东西 0.9、南北 1、深 0.1 米，底径东西 0.8，南北 0.9 米。Z2 呈圆形，斜壁平底，灶内抹泥厚 0.05～0.08 米，口径 1.1、底径 0.86、深 0.06 米。Z1 东 0.6 米有一圆角长方形窖穴，窖内填土为黑灰色，未见遗物。窖穴斜壁、平底。窖口东西 0.9、南北 0.55，窖底东西 0.66、南北 0.34，深 0.48 米。室内共发现 19 个柱洞，大小不同、深浅不一，形状有圆形、椭圆形。这些柱洞内外两圈布置：外圈 11 个柱洞靠近四壁分布，其中西北角、东北角、东南角各 1，北壁 2，西壁、东壁中部各 1，西南角和南壁 4 个柱洞（斜排挖凿于基岩台面下）；内圈 8 个柱洞围绕灶址一周，其中有 5 个柱洞与灶址间距 0.8～1.6 米，其他 3 个柱洞分别在灶址与西北角、东南角及东北角之间（尺寸、形状详见附表 22－6　F6 柱洞一览表）。室内居住面遗物有石器、陶器、猪颌骨、牛下颌臼齿及碎骨块（图版二七七）、木炭（图版二八七，2）等，主要出于室内西半部，陶器主要出于西半部中间位置，石器主要出于西南角基岩台面下（图六七）。

2. 遗物

室内居住面遗物

（1）陶器 7 件。小直腹罐 1 件，BⅤ式直腹罐 2 件，BⅥ式直腹罐 3 件，直腹罐罐底 1 件（参见附表 7　查海遗址房址活动面出土陶器型式统计表）。

小直腹罐 1 件，F6：6，夹砂灰褐陶，敞口，薄圆唇，直腹，凹平底，颈饰左斜线纹 2 周，Ba1 型 F 形几何纹带，腹饰左斜线纹 7 周，口径 12.1、底径 7.3、高 13.6、壁厚 0.65 厘米（图六八，3；图版一三三，1）。

BⅤ式直腹罐 2 件，皆夹砂灰褐陶。F6：22，小喇叭口，厚尖圆唇，直腹，平底，颈饰 Db 型锯齿形几何纹，宽平附加堆纹带饰网格纹，腹饰竖压横排之字纹，口径 34.2、底径 19.6、高 46 厘米（图七〇，1；图版一一二，1）；F6：8，喇叭口，厚圆唇，直腹，微凹底，颈饰横压竖排之字纹，附加堆纹带饰网格纹，腹饰竖压横排之字纹，口径 24.2、底径 13.9、高 32.1、壁厚 1.2 厘米（图六八，2；图版一一一，1）。

BⅥ式直腹罐 3 件，皆夹砂灰褐陶，大喇叭口。F6：1，近口呈黑色，敞口，厚圆唇，近口饰左斜线纹 1 周，颈饰 Ba2 型 F 形几何纹，附加堆纹带饰 Da4 型锯齿形几何纹，腹饰竖压横排之字形纹，口径 52.2、壁厚 1.6 厘米（图六八，4）；F6：7，厚尖圆唇，直腹，平底，颈饰弦纹数周，附加堆纹带面宽平、饰左斜线纹，腹饰竖压横排之字纹不到底，口径 36.1、底径 18.3、高 52.2 厘米（图六九，1；图版一二六，3）；F6：9，厚圆唇，直腹，平底，颈饰弦纹数周，附加堆纹带饰左斜线纹，腹饰竖压横排之字纹 16 周，口径 33.6、底径 19.1、高 47.2、壁厚 1.6 厘米（图六八，1；图版一二六，2）。

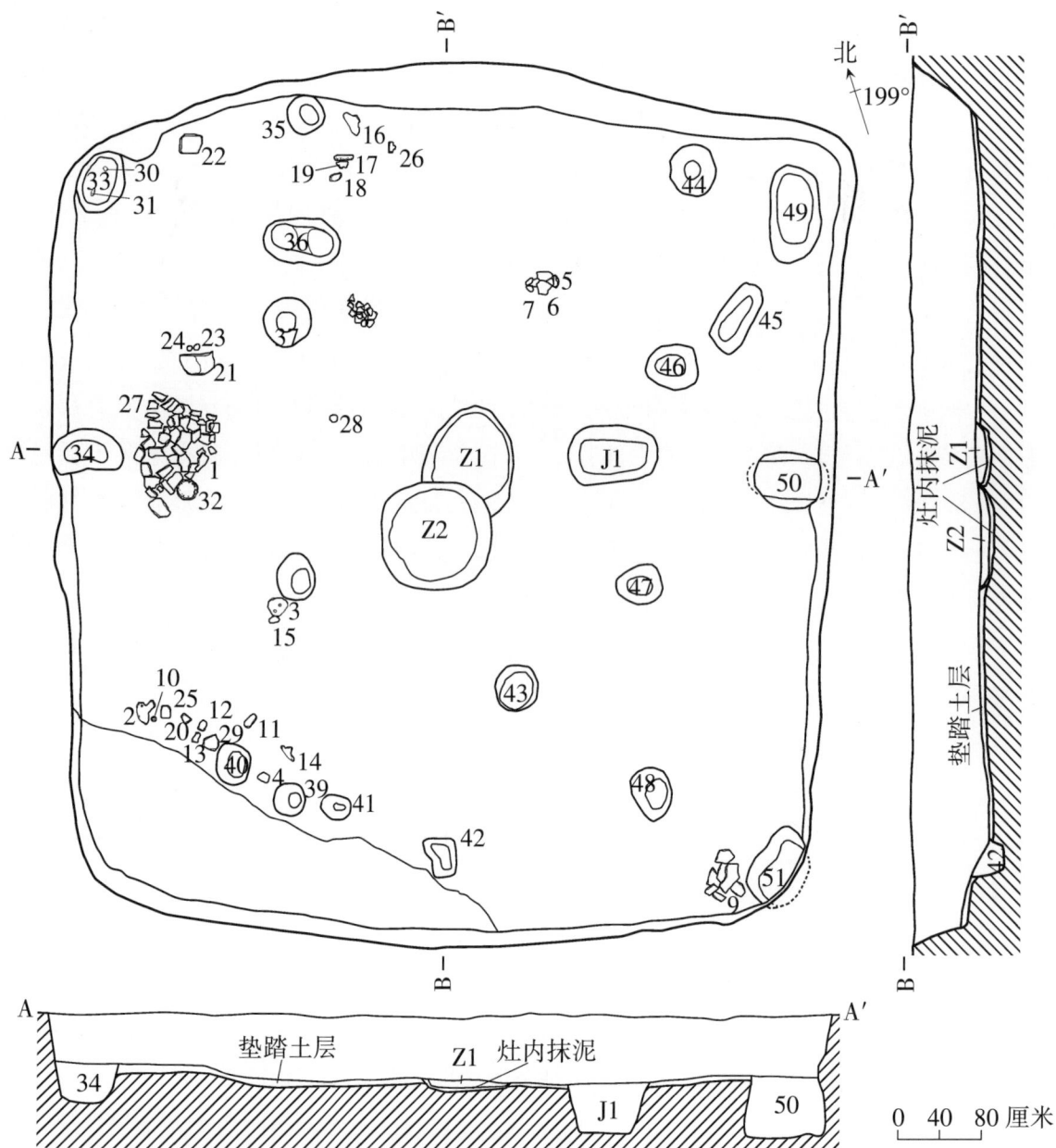

图六七　F6 平、剖面图

1、6～9、22. 直腹罐　2、3、14～16. 铲形石器　4、10. 研磨器　5、17～19. 磨棒
11～13、25、30、31. 石斧　20、23、24、26、28. 敲砸器　21、29. 磨盘
27. 直腹罐罐底　32. 石杵　33～51. 柱洞　Z. 灶址　J. 窖穴

直腹罐罐底 1 件，F6：27，夹砂红褐陶，平底，素面，底径 9.35、残高 10.58 厘米（图七〇，4）。

（2）石器 25 件。A 型石斧 2 件，C 型石斧 4 件，Ac 型铲形石器 1 件，Ba 型铲形石器 1 件，Db 型铲形石器 1 件，E 型铲形石器 1 件，F 型双孔盘状铲形石器 1 件，A 型研磨器 2 件，Aa 型磨棒 2 件，C 型磨棒 2 件，A 型磨盘 2 件，大石坠 1 件，敲砸器 5 件（参见附表15　查海遗址房址居住面出土石器型式统计一览表）。

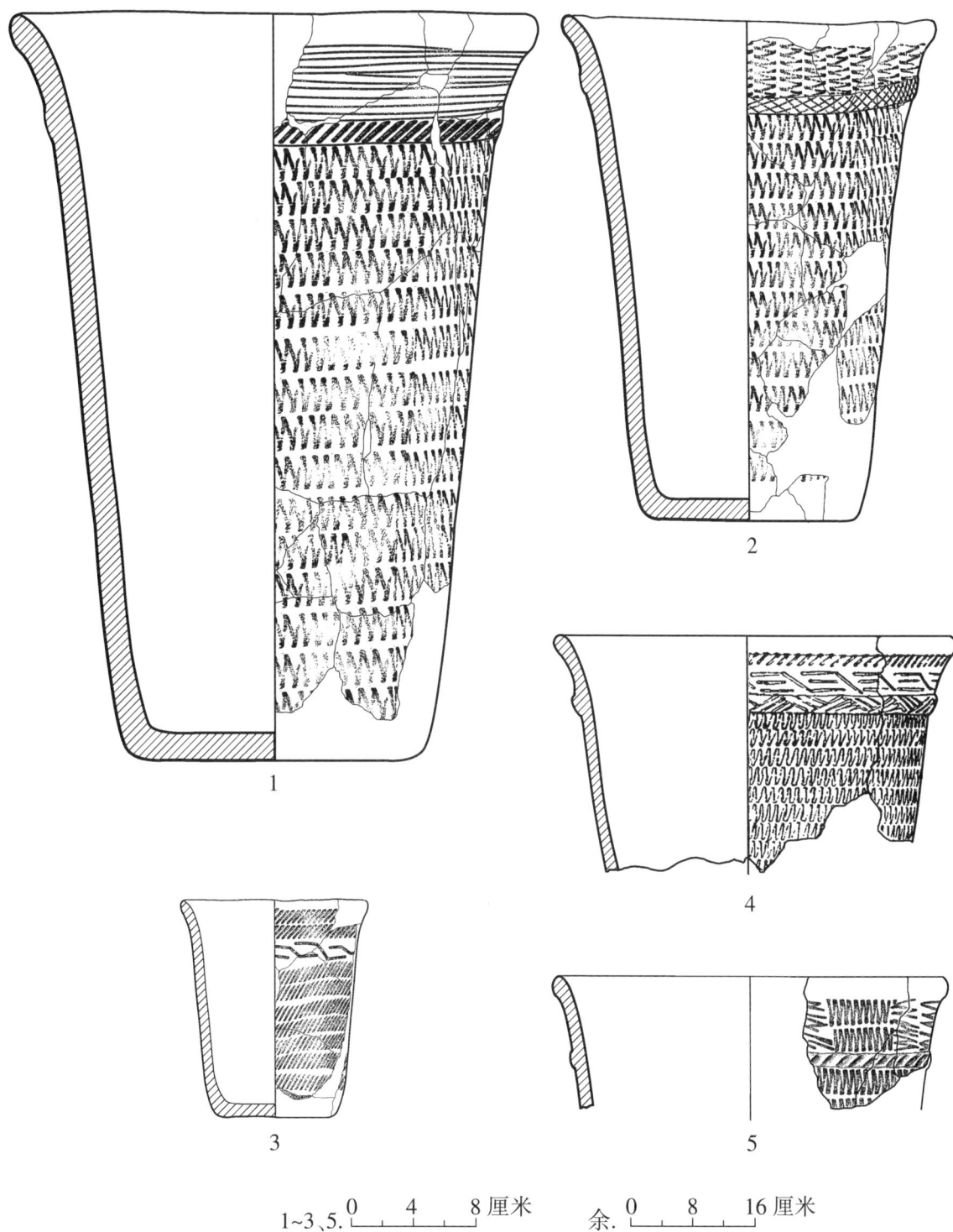

图六八　F6 陶器（1~4. 居住面出土　5. 堆积层出土）

1、4. BⅥ式直腹罐（F6:9、F6:1）　2. BⅤ式直腹罐（F6:8）　3. 小直腹罐（F6:6）

5. BⅣ式直腹罐（F6①:3）

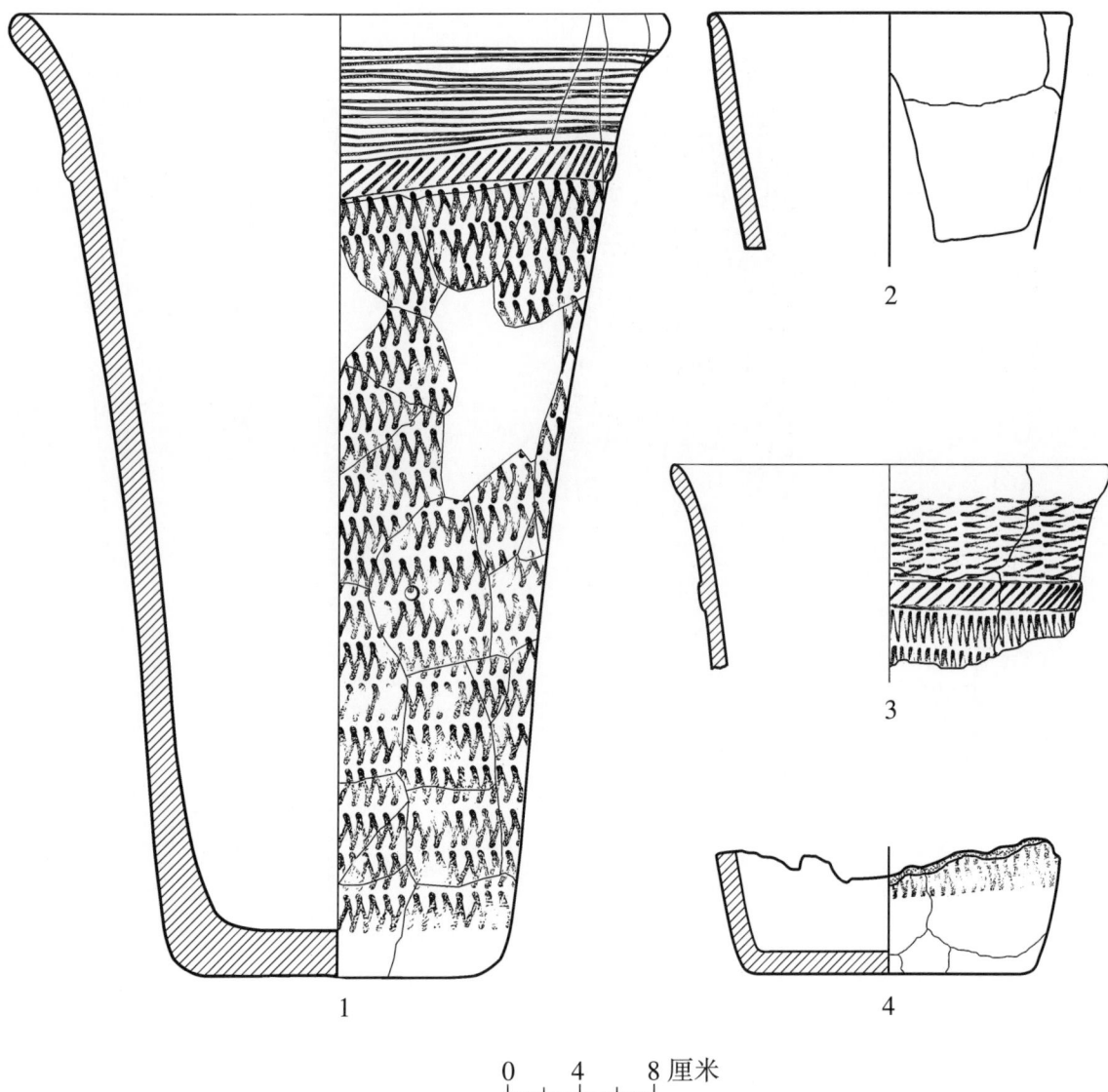

图六九　F6 陶器（1. 居住面出土　2～4. 堆积层出土）

1. BⅥ式直腹罐（F6：7）　2. 直腹罐口沿（F6①：11）　3. BⅣ式直腹罐口沿（F6①：1）

4. 直腹罐罐底（F6①：10）

A 型石斧 2 件。F6：11，上部残，灰色油质岩，扁圆体，磨制，弧刃，有崩疤，长 10.0、宽 7.1、厚 2.5 厘米（图七一，1；图版一六二，2）；F6：25，上部残，浅黄色页岩，琢制，扁圆长体，弧刃，有使用崩痕，残长 11.5、刃宽 9、厚 3.5 厘米（图七一，2；图版一六二，3）。

C 型石斧 4 件。F6：30，33 号柱洞出土，灰色石灰岩，扁长体，周边打薄，弧刃，长 10.1、顶宽 3.1、厚 0.8 厘米（图七一，3；图版一六九，3）；F6：31，33 号柱洞出土，灰色页岩，扁长体，两侧边缘，打制，上部残断，弧刃，正锋，刃部有崩疤，残长 6.2、宽 4.1、厚 0.8 厘米（图七一，4；图版一六八，8）；F6：12，浅黄色页岩，扁平，近梯形，打制，弧刃，刃部有崩疤，

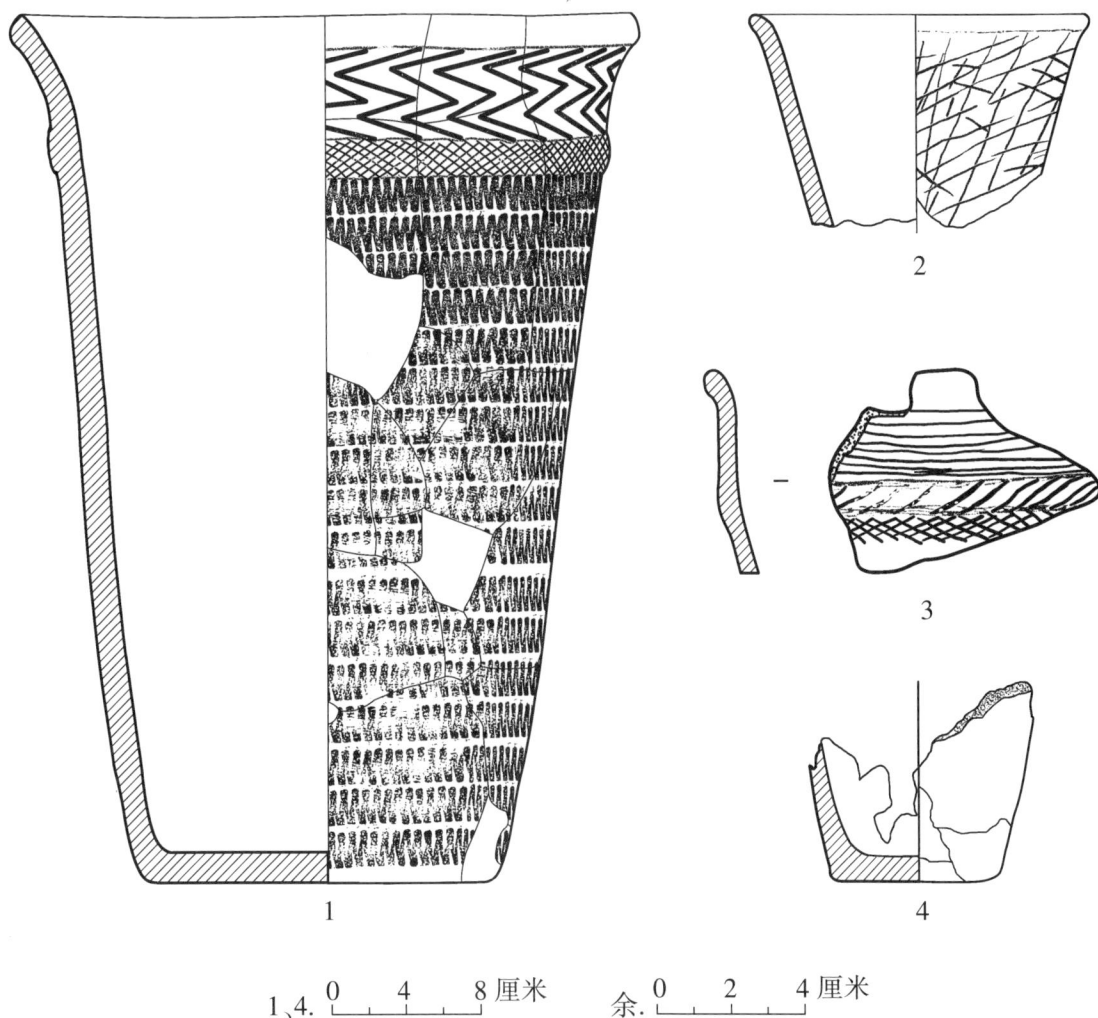

1、4. ├─0──4──8┤厘米　　　余. ├─0──2──4┤厘米

图七〇　F6 陶器（1、4. 居住面出土　2、3. 堆积层出土）

1. BⅤ式直腹罐（F6：22）　2. Ab 型杯口沿（F6①：5）　3. Cb 型钵口沿（F6①：4）

4. 直腹罐罐底（F6：27）

长 11.5、刃宽 6.9、厚 2.6 厘米（图七一，5；图版一七二，1）；F6：13，刃部残，灰色页岩，打制，残长 7.3、残宽 5.8、厚 1.7 厘米（图七一，6）。

Ac 型铲形石器 1 件，F6：16，淡红色花岗岩，打制、束腰、短柄，椭圆身，长弧刃，刃部有明显使用痕迹，长 13.7、宽 22.4、厚 2.5 厘米（图七一，7；图版一七八，2）。

Ba 型铲形石器 1 件，F6：15，淡绿色细砂岩质，体稍长，打制，长直柄，束腰不显，器长 18、刃宽 8、厚 2 厘米（图七一，8）。

Db 型铲形石器 1 件，F6：14，灰色泥质页岩，打制，一面较平，一面束腰间凸棱，柄部、身部呈斜面，近椭圆柄，束腰，横长椭圆身，长弧刃，刃部有明显使用痕迹，长 18.7、柄宽 13.4、刃宽 34.3、厚 1.1～3.0 厘米（图七一，9；图版一八六，1）。

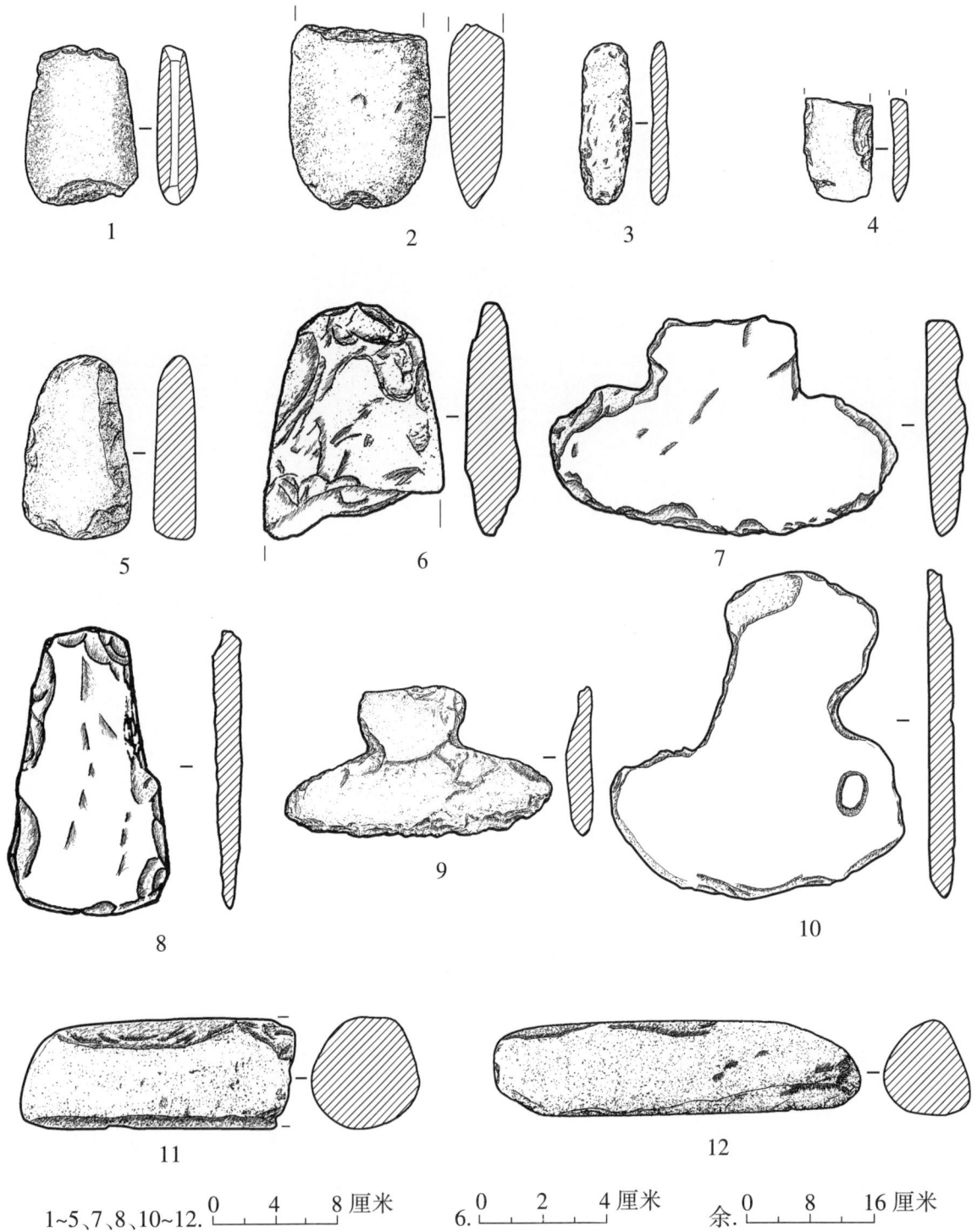

图七一　F6 石器（居住面出土）

1、2. A 型石斧（F6：11、F6：25）　　3～6. C 型石斧（F6：30、F6：31、F6：12、F6：13）　　7. Ac 型
铲形石器（F6：16）　　8. Ba 型铲形石器（F6：15）　　9. Db 型铲形石器（F6：14）　　10. E 型铲形
石器（F6：2）　　11、12. C 型磨棒（F6：5、F6：17）

E 型铲形石器 1 件，F6：2，深灰色页岩，打制，扁平体，椭圆柄，束腰部一侧斜直、一侧内凹，椭圆身，刃角一端圆，一端稍尖，圆刃角处有一椭圆形穿孔，刃部宽厚，双面有明显的使用磨痕，一面磨痕较重，长 21.2、顶宽 10.0、刃宽 19.6、厚 1.6、孔长 2.2、宽 1.1 厘米（图七一，10；图版一八八，1）。

F 型双孔盘状铲形石器 1 件，F6：3，深灰色页岩，打制，扁体圆盘状，对凿椭圆形双孔，弧刃，刃部宽厚，一面磨痕明显，长 19.5、刃宽 19.3、厚 1.6、孔长 2.2、宽 1.1 厘米（图七二，1；图版一八九，2）。

A 型研磨器 2 件，皆浅黄色花岗岩。F6：4，椭圆形，两使用面光滑，直径 8.3～10.0、厚 4.4 厘米（图七二，2）；F6：10，圆形，琢制，使用面较平滑，底径 5.0、厚 3.4 厘米（图七二，3）。

Aa 型磨棒 2 件，皆残，棕红色花岗岩，琢制，圆柱状。F6：18，残长 14.0、直径 5.8 厘米（图七二，4；图版二一一，6）；F6：19，残长 14.4、直径 6.9 厘米（图七二，5；图版二一一，7）。

C 型磨棒 2 件，皆残，多棱柱状。F6：5，浅黄色花岗岩，残长 17、直径 6.9 厘米（图七一，11）；F6：17，灰绿色石灰岩，残长 23.5、直径 5.9 厘米（图七一，12；图版二一八，2）。

A 型磨盘 2 件，皆残，浅黄色花岗岩，琢制。F6：21，圆角长方形，使用面光滑下凹，底面弧平，残长 21、宽 32、厚 3.5 厘米（图七二，7）；F6：29，圆角扁平体，使用面较平，残长 15.1、宽 18、厚 3.1 厘米（图七二，8；图版一〇四，2）。

大石坠 1 件，F6：32，赭红色玄武岩，近圆台状，中部一周浅凹槽，直径 12.8～15.0、高 12.2 厘米（图七三，1；图版二三四，2）。

敲砸器 5 件，皆石英岩自然石块。F6：20，浅灰色近方形，圆角扁平体，周边有敲击痕迹，长 6.2、宽 4.9、厚 2.0 厘米（图七三，2）；F6：23，浅灰色，椭圆体，周边有明显敲击痕迹，长 12.0、宽 8.7、厚 5.6 厘米（图七三，3；图版二四三，1）；F6：24，浅灰色，近圆形，扁平体，敲砸痕迹集中在棱角处，长 7.0、宽 6.0、厚 3.1 厘米（图七三，4；图版二四三，5）；F6：26，浅灰色，多棱体，敲砸痕迹集中在棱角处，长 5.0、宽 4.4、厚 2.8 厘米（图七三，5）；F6：28，土黄色，圆形，多棱体，有三处棱角敲击点密集，长 9.5、宽 8.9、厚 6.3 厘米（图七三，6；图版二四三，2）。

室内堆积层遗物

（1）陶器 7 件。BⅢ式直腹罐 1 件，BⅣ式直腹罐 2 件，直腹罐口沿 1 件，直腹罐罐底 1 件，Cb 型钵 1 件，Ab 型杯 1 件（参见附表 8　查海遗址房址堆积层出土陶器型式统计表）。陶片 85 片（见附表 2　房址出土陶片统计表）。

BⅢ式直腹罐 1 件，F6①：2，夹砂红褐陶，口沿残片，厚圆唇，颈饰弦纹，附加堆纹带饰右斜线，腹饰草划网格纹。

BⅣ式直腹罐 2 件，皆口沿残片。夹砂灰褐陶 1 件，F6①：1，敞口，厚尖圆唇，颈饰横压竖排规整之字纹，宽平附加堆纹带饰左斜线，腹部竖压横排规整之字纹，口径 24.0、残高 11.2 厘米（图六九，3）。夹砂红褐陶 1 件，F6①：3，厚圆唇，颈饰横压竖排之字纹与竖压横排之字纹相互间隔，附加堆纹带饰左右斜线纹，腹饰竖压横排之字纹，口径 25.0、残高 8.4 厘米（图六八，5）。

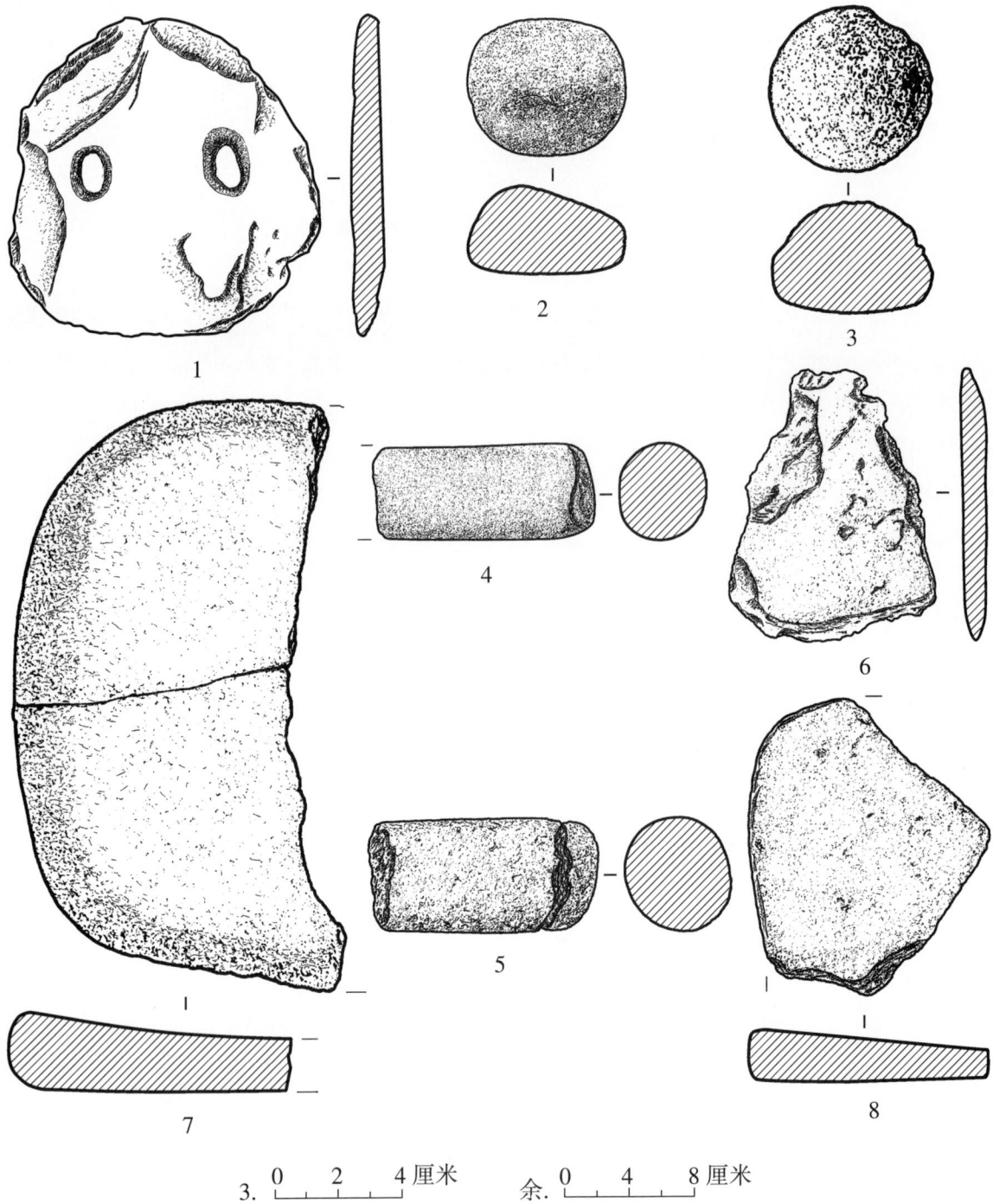

图七二　F6 石器（1~5、7、8. 居住面出土　6. 堆积层出土）

1. F 型双孔盘状铲形石器（F6：3）　2、3. A 型研磨器（F6：4、F6：10）　4、5. Aa 型磨棒（F6：18、F6：19）　6. Ba 型铲形石器（F6①：9）　7、8. A 型磨盘（F6：21、F6：29）

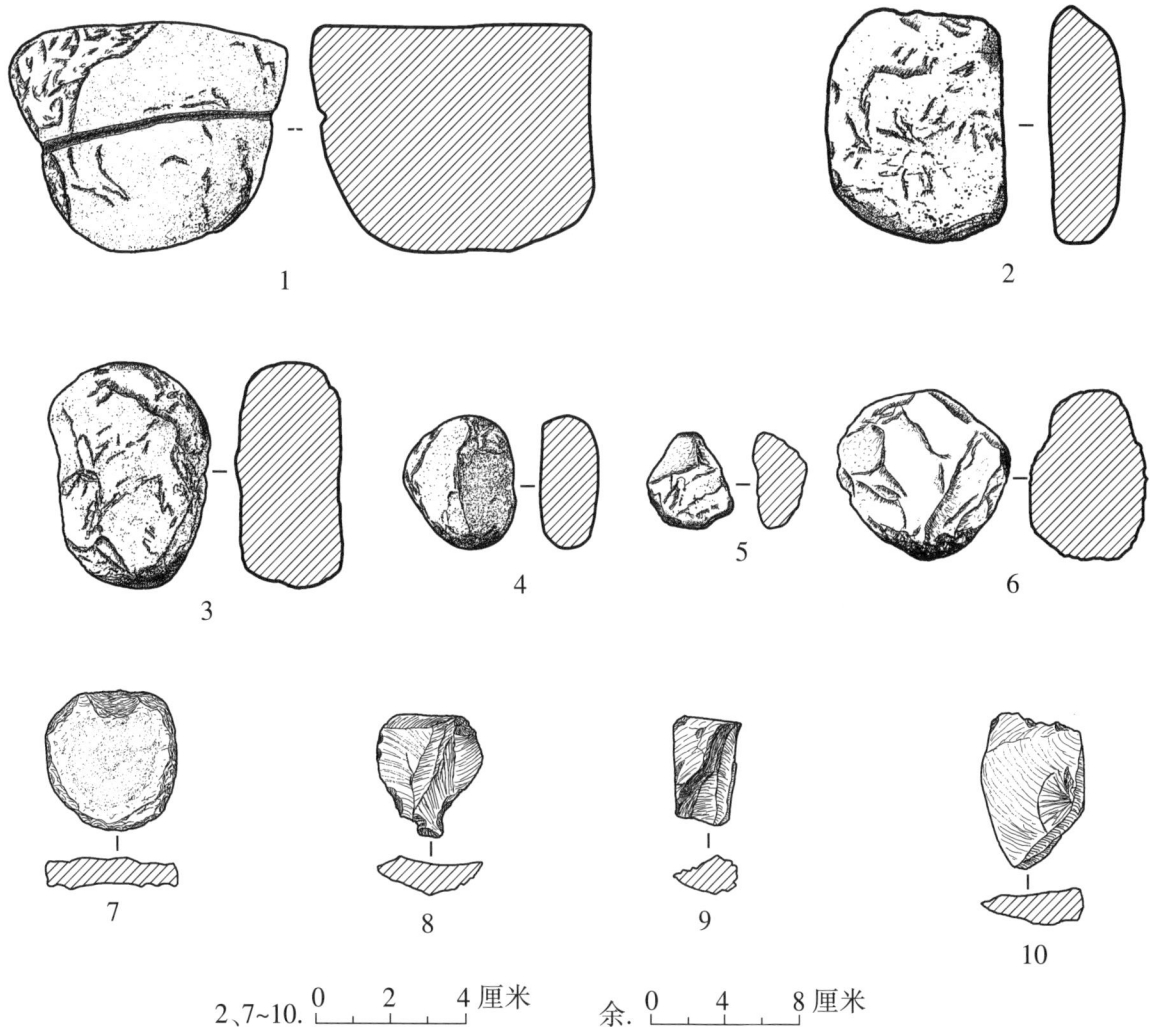

图七三　F6 石器（1～6. 居住面出土　7～10. 堆积层出土）
1. 石坠（F6：32）　　2～6. 敲砸器（F6：20、F6：23、F6：24、F6：26、F6：28）
7. 石料（F6①：12）　　8、10. 石叶（F6①：7、F6①：8）　　9. 石核（F6①：6）

直腹罐口沿 1 件，F6①：11，夹砂红褐陶，素面，口径 20、残高 12.4、厚 1.1 厘米（图六九，2）。

直腹罐罐底 1 件，F6①：10，夹砂灰褐陶，平底，腹饰竖压横排之字纹，近底无纹饰，底径 16.1、残高 7.3 厘米（图六九，4）。

Cb 型钵 1 件，F6①：4，夹砂红褐陶，口沿残片，小撇口，厚圆唇，颈饰弦纹，折肩处附加堆纹带饰左斜线纹，腹饰网格纹，残高 5.3、厚 0.5 厘米（图七〇，3）。

Ab 型杯 1 件，F6①：5，夹砂灰褐陶，口沿残片，敞口，圆唇，饰草划网格纹，口径 9.0、残高 5.7 厘米（图七〇，2）。

（2）石器 2 件。Ba 型铲形石器 1 件，石料 1 件（参见附表16　查海遗址房址堆积层出土石器型式统计一览表）。

Ba 型铲形石器 1 件，F6①：9，残，灰色泥质页岩，打制，束腰不显，近长直身，弧刃，有使用磨痕，长 16.7、刃宽 13、厚 1.5 厘米（图七二，6）。

石料 1 件，F6①：12，白色玛瑙，圆形，片状，直径 3.5～3.7、厚 0.7 厘米（图七三，7）。

（3）细石器 3 件。石核 1 件，石叶 2 件（参见附表 20　查海遗址各遗迹单位出土细石器统计表）。

石核 1 件。F6①：6，淡青色石英岩，形状不规则，长 2.7、宽 1.6、厚 1.0 厘米（图七三，9；图版二五三，1）。

石叶 2 件，F6①：7，白色玛瑙，片状，周边刃，锋利，长 3.2、宽 2.8、厚 0.8 厘米（图七三，8；图版二五六，7）。F6①：8，青色页岩，块状，压削面清晰，长 4.0、宽 2.8、厚 1.2 厘米（图七三，10；图版二五六，11）。

七　7 号房址（F7）

1. 遗迹

F7 位于遗址东南部，北与 F17、F16、F18、F53 成列，东与 F19，西与 F4、F10、F13、F12 成排。方向 200°。面积 38.95 平方米，是一座中型半地穴式房址。平面呈圆角长方形，东北角为大抹角，其他三角为小抹角。南北 5.85、东西 7.0 米，中心垂直深度 0.62 米。房址挖凿于黄色生土层及基岩层内，四壁局部弯曲，壁面稍加修整斜平。室内活动面四周略高于中部，为黑色泥沙垫踏土层，厚约 0.05～0.1 米。室内中部偏北发现两个圆形坑式灶，皆为斜壁平底，编号为 Z1、Z2。两灶相连，周围局部有红烧土，灶内抹泥，双圈泥口明显，经使用呈暗红色。Z1 居西，较小，外径 0.76、内径 0.58、灶深 0.06 米，灶壁抹泥厚 0.08～0.1，灶底抹泥厚 0.35 米。Z2 居东，外径 1.1、内径 0.8、灶深 0.1 米，壁、底抹泥厚 0.12～0.15 米。房址内共有 17 个大小不同深浅不一的柱洞，形状有圆形、椭圆形，皆凿于基岩内，分内、外两圈布置。外圈柱洞一般靠近穴壁，总计 13 个，其中西北角 1 个、西南角 1 个、东南角 1 个、东北角 2 个、南壁两排 5 个、北壁中部 1 个；内圈围绕灶址四周，总计 4 个柱洞。柱洞直径在 0.35～0.65 米之间，深度在 0.4～0.65 米之间。柱洞内皆为灰色淤沙土，土质松软（尺寸、形状详见附表 22－7　F7 柱洞一览表）。另外，在室内西侧中部发现一座长方形、直壁、平底土坑竖穴墓，墓向 5°，长 1.2、宽 0.5、深 0.45 米。填土为灰泥沙土，墓内人骨朽蚀，仅存 1 颗臼齿，鉴定为儿童臼齿。墓内清理出 6 件随葬品，皆为玉匕（详见墓葬节）。室内遗物分布在东、西、北三面，陶器集中在北部（图七四）。

2. 遗物

（1）陶器 15 件。小斜腹罐 1 件，小直腹罐 3 件，BⅣ式直腹罐 3 件，BⅤ式直腹罐 3 件，BⅥ式直腹罐 1 件，直腹罐罐底 2 件，小鼓腹罐 1 件，Aa2 型钵 1 件（参见附表 7　查海遗址房址活动面出土陶器型式统计表）。陶片 100 片（见附表 2　房址出土陶片统计表）。

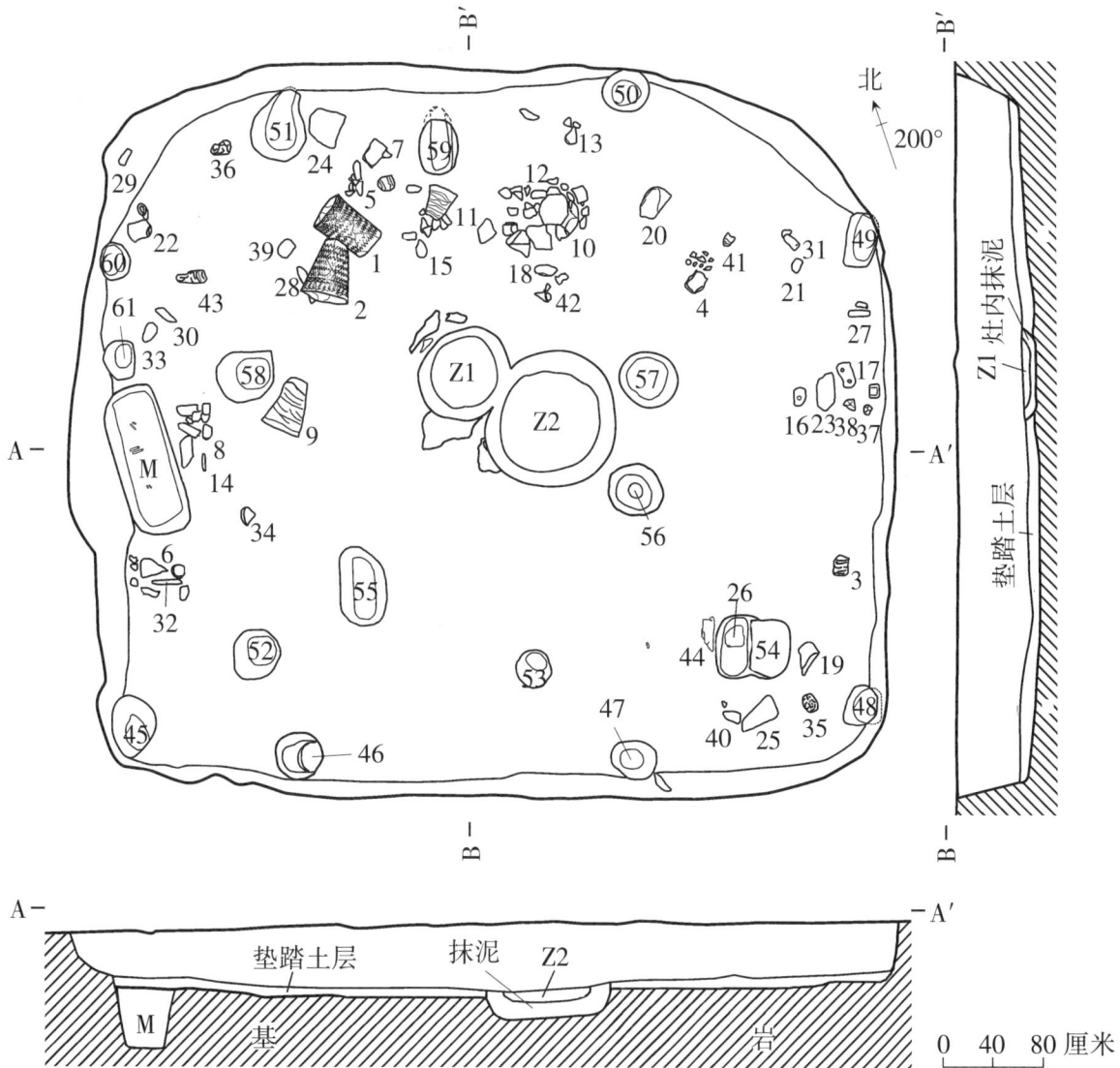

图七四　F7 平、剖面图

1、2、4、6、8~13、42、43. 直腹罐　3. 鼓腹罐　5. 斜腹罐　7. 钵　14、15、21. 石斧　16~18. 铲形石器　19、20、24、25. 磨盘　22、23、26. 砺石　27~33. 磨棒　34. 陶片　35~41. 敲砸器　44. 石料　45~61. 柱洞　Z. 灶址　M. 居室墓

小斜腹罐 1 件，F7:5，夹砂灰褐陶，直口，薄圆唇，直腹，平底，近口饰竖压横排之字纹 1 周，腹饰左斜线纹 8 周，近底饰右斜线纹 1 周，口径 11.5、底径 6.1、高 10.3 厘米（图七五，1；图版六九，2）。

小直腹罐 3 件，F7:4，夹砂红褐陶 1 件，微直口，薄圆唇，直腹，底微凹，近底饰草划交叉纹，口径 10.6、底径 7.35、高 11.2 厘米（图七五，2；图版一三二，4）。夹砂灰褐陶 2 件，F7:6，敞口，薄圆唇，直腹，凹底，上腹饰短粗横压竖排之字纹，下腹饰竖压横排之字纹，口径 9.4、底径 5.7、高 9.5 厘米（图七五，4；图版一三二，2）；F7:43，敞口，薄圆唇，直腹略内凹，凹底，颈饰 Ba1 型 F 形几何纹，腹饰左斜线纹 9 周，近底饰竖排右斜线纹，口径 10.1、底径 6.5、高 8.9、壁厚 0.5 厘米（图七五，3；图版一三二，1）。

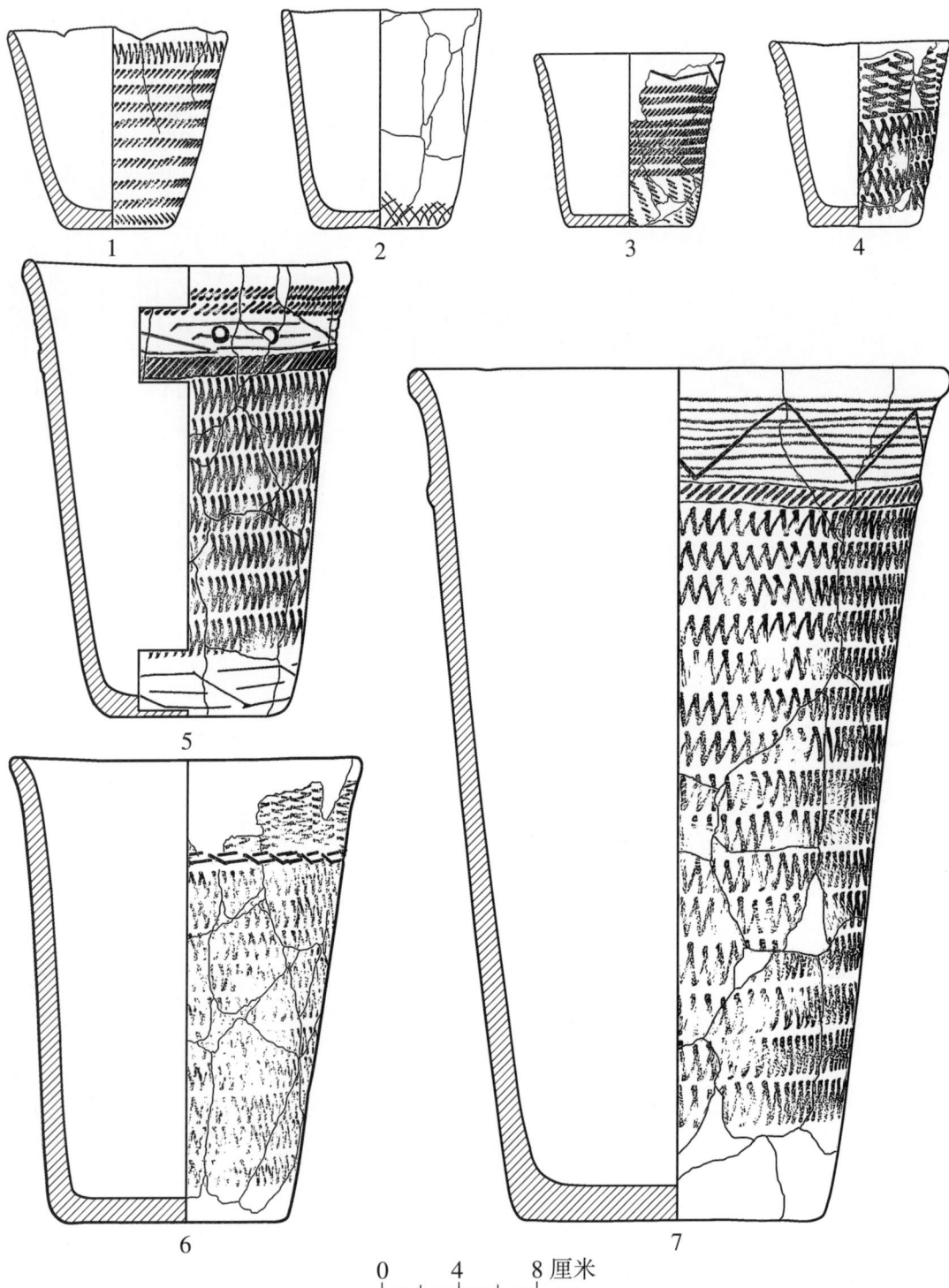

图七五　F7 陶器

1. 小斜腹罐（F7：5）　2. 小直腹罐（F7：4）　3～7. BIV式直腹罐（F7：43、F7：6、F7：9、F7：10、F7：1）

BⅣ式直腹罐 3 件。夹砂红褐陶 1 件，F7：1，敞口，厚圆唇，直腹近底部稍内收，平底，颈饰弦纹数周，附压 Da2 型锯齿形几何纹，附加堆纹带饰左斜线纹，腹饰竖压横排之字纹不到底，口径 28.0、底径 17.0、高 43.2 厘米（图七五，7；图版八九，1）。夹砂灰褐陶 2 件，F7：9，敞口，尖圆厚唇，直腹，底微凹，颈饰左斜线纹、Ba2 型 F 形几何纹，附加堆纹带饰左斜线纹，腹饰竖压横排之字纹 7 周，近底饰 Ba2 型 F 形几何纹，颈部一对锅孔，口径 17.46、底径 10.6、高 23.5 厘米（图七五，5；图版八九，3）；F7：10，敞口，厚圆唇，直腹，平底，颈饰横压竖排之字纹，Ba1 型 F 形几何纹带，腹饰竖压横排之字纹，口径 18.5、底径 12.4、高 23.7、壁厚 1.1 厘米（图七五，6；图版八九，2）。

BⅤ式直腹罐 3 件。夹砂红褐陶 1 件，F7：2，敞口，厚尖圆唇，直腹近底部稍内收，平底，口沿饰横压竖排之字纹，附加堆纹带饰网格纹，腹饰竖压横排短粗之字纹不到底，口径 30.0、底径 17.5、高 44.4 厘米（图七六，2；图版一一三，1）。夹砂灰褐陶 2 件，F7：11，喇叭形口，厚圆唇，直腹，底微凹，颈饰 Db 型锯齿形几何纹，附加堆纹带饰左斜线纹，腹饰竖压横排之字纹，腹部三对锅孔，近底部一个锅孔，口径 23.65、底径 15、高 32.6 厘米（图七六，1；图版一一二，3）；F7：8，小喇叭口，厚圆唇，直腹，平底，颈饰左斜线纹 3 周，Ba1 型 F 形几何纹，腹饰左斜线纹 6 周、C2 型梭形几何纹，口径 15.6、底径 9.0、高 19.8、壁厚 0.8 厘米（图七六，3；图版一一二，4）。

BⅥ式直腹罐 1 件，F7：12，夹砂灰褐陶，大喇叭形口，厚圆唇，直腹，平底，颈饰横压竖排之字纹，附加堆纹带饰网格纹，腹饰竖压横排之字纹 17 周，口径 33.8、底径 16、高 44.5、壁厚 1.3 厘米（图七六，8；图版一二七，2）。

直腹罐罐底 2 件，皆夹砂灰褐陶。F7：13，直腹，底微凹，腹饰细长竖压横排之字纹，近底饰细长横压竖排折线纹，底径 10.4、残高 13.3、壁厚 0.9 厘米（图七六，5）；F7：42，直腹，底微凹，腹饰竖压横排之字纹，底径 13.3、残高 8.6 厘米（图七六，4）。

小鼓腹罐 1 件，F7：7，夹砂红褐陶，器体扁圆，微敛口，厚圆唇，鼓腹，凹平底，颈饰弦纹 3 周，腹饰左斜线纹 5 周，近底饰交叉纹，口径 9.7、底径 6.8、高 11.3 厘米（图七六，6；图版一四八，4）。

Aa2 型钵 1 件，F7：3，夹砂灰褐陶，口微外侈，尖圆唇，上腹微内弧，大平底，束颈，腹微鼓，素面，口径 11、底径 7.3、高 10、壁厚 0.7 厘米（图七六，7；图版一四九，1）。

（2）石器 28 件。A 型石斧 2 件，C 型石斧 1 件，Ba 型铲形石器 1 件，F 型双孔盘状铲形石器 2 件，A 型磨盘 4 件，B 型磨盘 1 件，Aa 型磨棒 5 件，Ab 型磨棒 1 件，C 型磨棒 1 件，砺石 2 件，敲砸器 7 件，石料 1 件（参见附表 15　查海遗址房址居住面出土石器型式统计一览表）。

A 型石斧 2 件。F7：14，灰色砾石，通体磨光，整体扁平梯形，上端圆弧，刃部圆钝，长 10.1、刃宽 6.2、厚 2.8 厘米（图七七，2）；F7：15，黑色页岩，磨制，整体扁平梯形，上端圆弧，弧刃，有崩疤，长 10.0、刃宽 7.0、厚 2.1 厘米（图七七，3；图版一六九，5）。

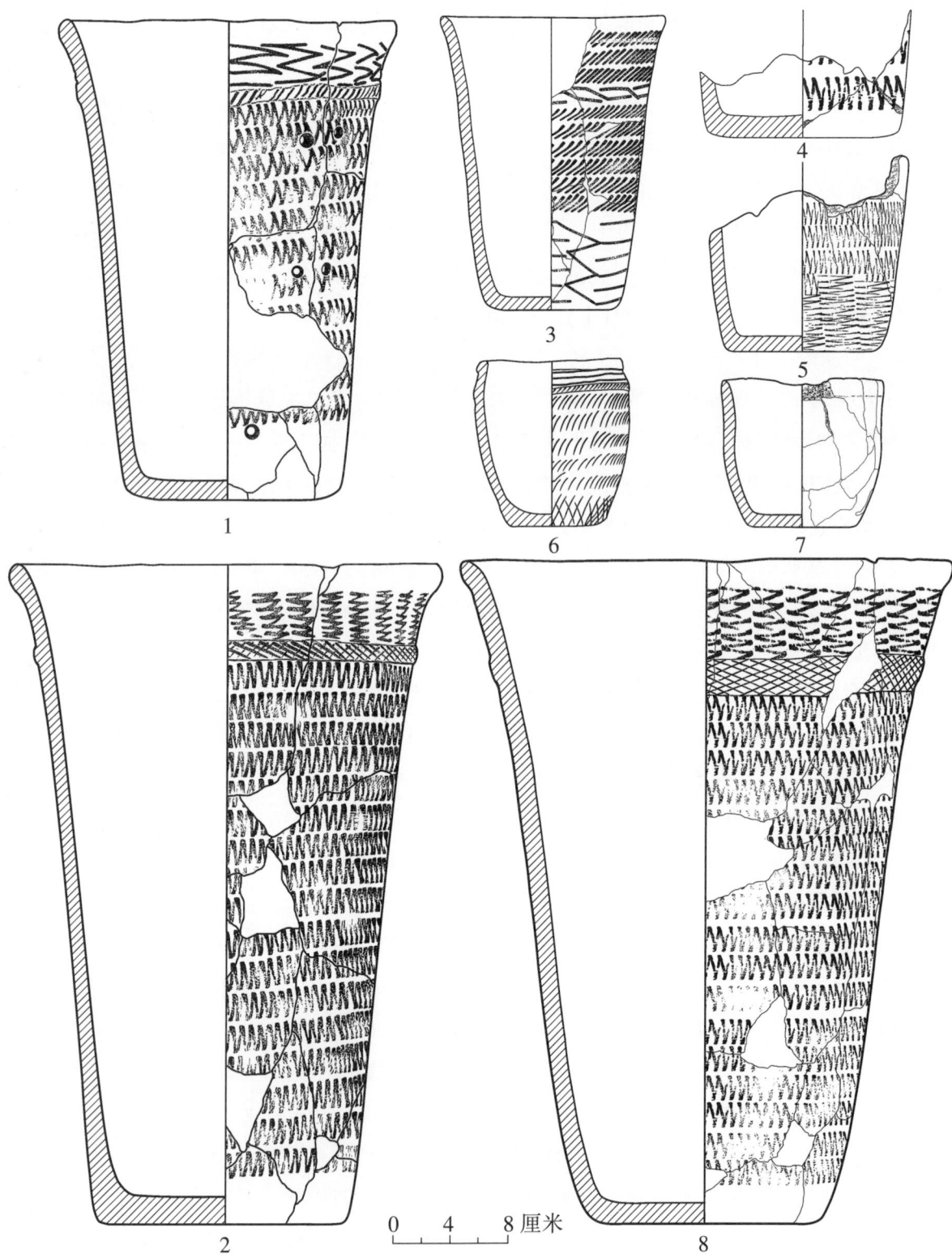

图七六　F7 陶器

1~3. BⅤ式直腹罐（F7：11、F7：2、F7：8）　　4、5. 直腹罐罐底（F7：42、F7：13）

6. 小鼓腹罐（F7：7）　　7. Aa2 型钵（F7：3）　　8. BⅥ式直腹罐（F7：12）

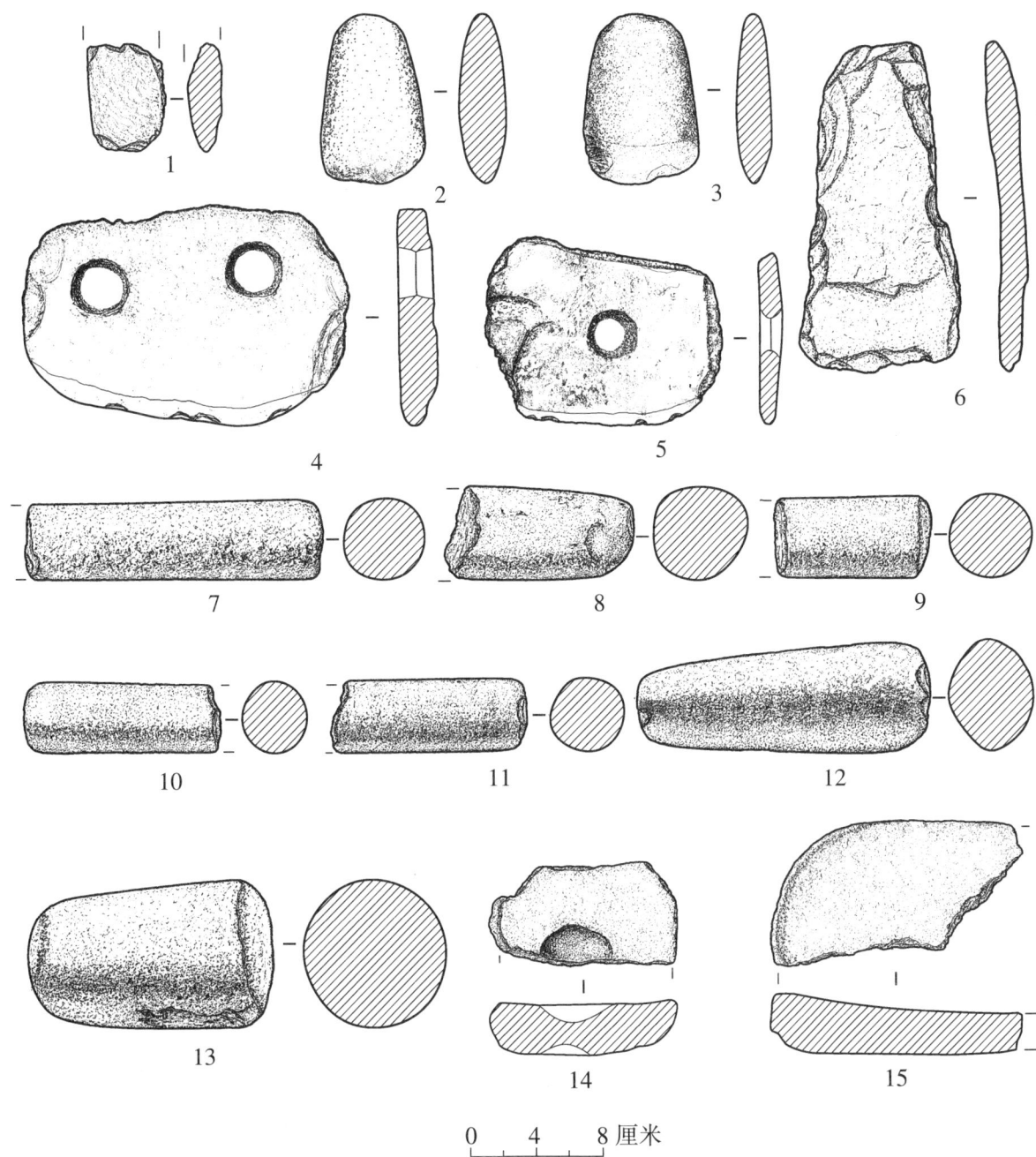

图七七　F7 石器

1. C 型石斧（F7∶21）　2、3. A 型石斧（F7∶14、F7∶15）　4、5. F 型双孔盘状铲形石器（F7∶17、

F7∶16）　6. Ba 型铲形石器（F7∶18）　7～11. Aa 型磨棒（F7∶32、F7∶29、F7∶31、F7∶28、F7∶27）

12. C 型磨棒（F7∶30）　13. Ab 型磨棒（F7∶33）　14. B 型磨盘（F7∶22）　15. A 型磨盘（F7∶25）

　　C 型石斧 1 件，F7∶21，上端残，深灰色页岩，打制，刃部有使用痕迹，残长 6.5、宽 4.0、厚 1.5 厘米（图七七，1）。

　　Ba 型铲形石器 1 件，F7∶18，灰色泥质页岩，打制，扁平梯形，直柄，束腰不显，直刃，刃部有崩痕，长 19.6、刃宽 9.7、厚 1.9 厘米（图七七，6；图版一七九，1）。

F 型双孔盘状铲形石器 2 件，打制。F7∶16，残，灰色页岩，残体有一圆形穿孔，弧刃，有使用疤痕，长 14.7、残宽 10.07、厚 1.4、孔径 1.95 厘米（图七七，5；图版一九〇，1）；F7∶17，黑色泥质岩，上部残缺，中部钻双孔，长 20.1、宽 13.2、厚 2.3 厘米（图七七，4；图版一九〇，3）。

A 型磨盘 4 件，均为残块，扁平体，花岗岩，琢制。F7∶19，仅存一端，圆角，浅灰色，使用面粗糙，长 14.8、宽 22.0、厚 4.9 厘米（图七八，2）；F7∶20，仅存一角，浅黄色，使用面略凹，残长 22.8、残宽 22、厚 7.2 厘米（图七八，1）；F7∶24，浅黄色花岗岩，圆角扁平长方体，使用面下凹，长 31、宽 30、厚 5.0 厘米（图七八，3；图版二〇四，4）；F7∶25，浅黄色，仅存一角，使用面微凹，残长 23.8、宽 13.3、厚 5.0 厘米（图七七，15；图版二〇四，3）。

B 型磨盘 1 件，F7∶22，半残，赭红色，琢制，两面使用，中部两面有窝坑，一面略凹，边缘圆弧。残长 17.7、宽 9.3、厚 4.5 厘米（图七七，14；图版二一〇，2）。

Aa 型磨棒 5 件，残段，花岗岩，圆柱体，琢制。F7∶27，浅黄色，残长 12.1、直径 4.5 厘米（图七七，11；图版二一一，8）；F7∶28，灰色，残长 12.1、直径 4.1 厘米（图七七，10；图版二一二，1）；F7∶29，浅黄色，残长 11.3、直径 5.6 厘米（图七七，8；图版二一二，2）；F7∶31，灰色，残长 9.6、直径 4.9 厘米（图七七，9；图版二一二，3）；F7∶32，浅黄色，残长 18.4、直径 4.8 厘米（图七七，7；图版二一二，6）。

Ab 型磨棒 1 件，F7∶33，残段，浅黄色花岗岩，短圆柱状，中间粗，两端细，长 15.1、直径 8.8 厘米（图七七，13）。

C 型磨棒 1 件，F7∶30，残段，灰色花岗岩，多棱柱体，琢制，三个使用面，残长 18.3、直径 6.5 厘米（图七七，12；图版二一八，3）。

砺石 2 件，F7∶23，红褐色玄武岩，扁平长方体，使用面光滑下凹，底面弧平，长 32、宽 17.6、厚 4.0 厘米（图七八，5；图版二二二，1）；F7∶26，残块，浅黄色花岗岩，扁平体，使用面光滑，残长 21.7、宽 31、厚 10.7 厘米（图七八，4）。

敲砸器 7 件。灰绿色花岗岩自然石块 1 件，F7∶35，椭圆多棱体，周边棱角有砸击痕迹。长 8.6、宽 7.4、厚 6.5 厘米（图七八，6）。石英岩自然石块 6 件，F7∶36，浅灰色，扁圆多棱体，棱角处有使用痕迹，长 7.7、宽 7.4、厚 6.3 厘米（图七八，9）；F7∶37，灰色，椭圆多棱体，敲砸使用痕迹在棱角处，长 8.7、宽 7.0、厚 6.7 厘米（图七八，7）；F7∶38，灰色，扁椭圆多棱体，敲砸痕迹集中在棱角处，长 11.0、宽 8.3、厚 6.1 厘米（图七八，10）；F7∶39，浅黄色，球状多棱体，周边棱角处有砸击痕迹，长 9.1、宽 8.1、厚 7.8 厘米（图七八，12；图版二四三，4）；F7∶40，深灰色，扁椭圆多棱体，敲砸痕迹集中在周边，长 7.2、宽 6.0、厚 4.0 厘米（图七八，8；图版二四三，6）；F7∶41，灰色，扁椭圆多棱体，敲砸痕迹在棱角处，长 7.6、宽 5.0、厚 3.2 厘米（图七八，11）。

石料 1 件，F7∶44，青色页岩。

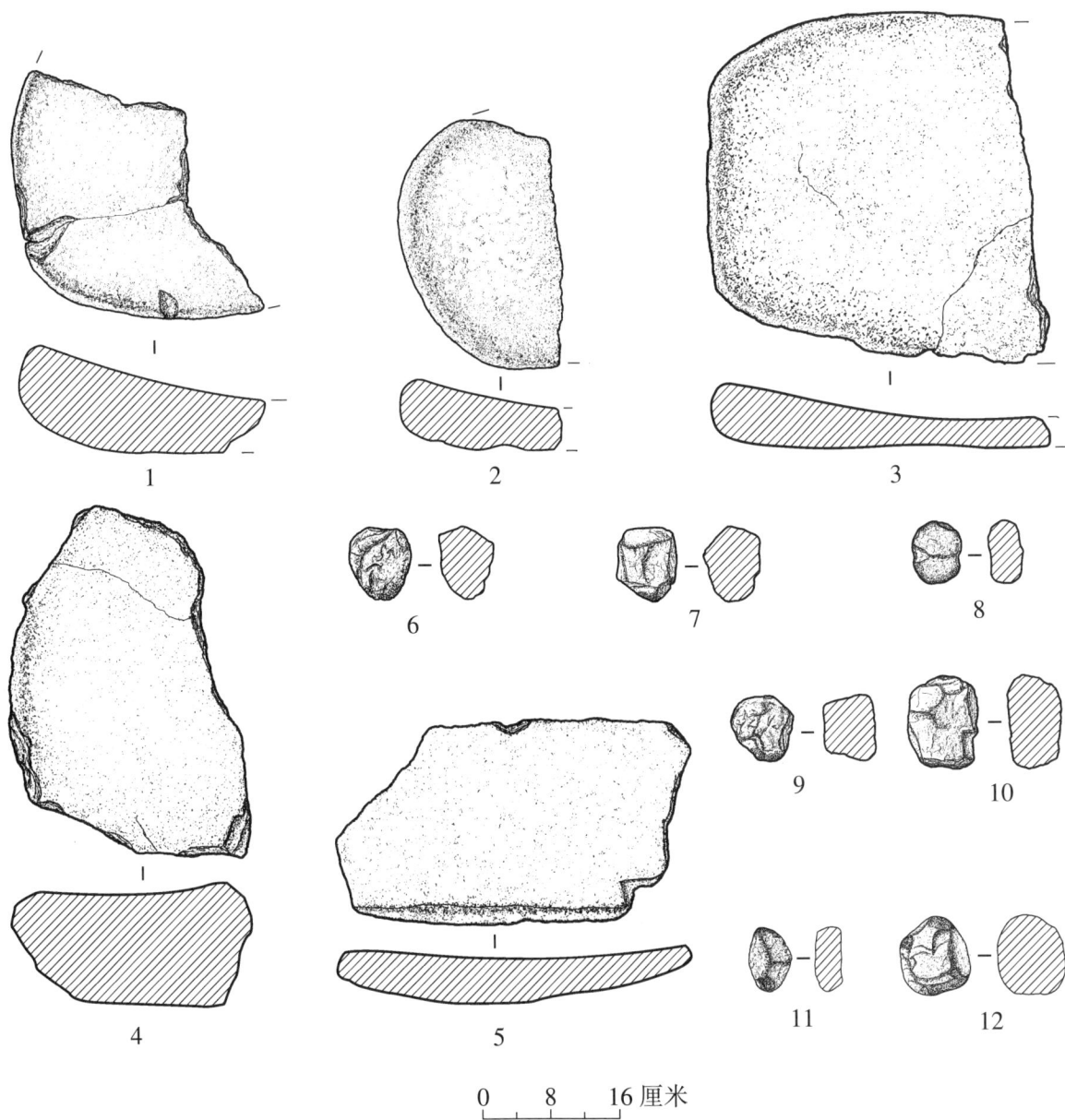

图七八　F7 石器

1～3. A 型磨盘（F7:20、F7:19、F7:24）　　4、5. 砺石（F7:26、F7:23）

6～12. 敲砸器（F7:35、F7:37、F7:40、F7:36、F7:38、F7:41、F7:39）

八　8 号房址（F8）

1. 遗迹

F8 位于遗址东部，西北为中心墓地。该房址北与 F49、F55、F52、F51，南与 F5、F3、F4 成列；东与 F21，西与 F31、F30、F24、F34 成排。方向 210°。面积 34.56 平方米，是一座中型半地穴式房址。平面呈圆角长方形，南北 6.4、东西 5.4 米，中心垂直深度 0.54 米。房址挖凿于黄色生土层及基岩层内，南壁东部与东壁南部为生土壁。其他穴壁为基岩壁。四壁不甚规整，西壁略短且内弧，东壁较长略外弧，北壁外弧、局部弯曲。壁面稍加修整斜平。室内活动面为坚硬的垫踏土层，较平整，厚 0.02～0.05 米。室内中部发现两个圆形坑式灶，大灶居南，编号为 Z1；小灶居北编号为 Z2。两灶间距 0.1 米，经使用呈暗红色。Z1 圜底，口径 1.0、深 0.1 米；Z2 斜壁平底，口径 0.85、底径 0.8、灶深 0.05 米。房址内共 12 个柱洞，外圈近房址四壁设有 8 个柱洞，其中四角各 1，西壁偏北 1 个，东壁中部 1 个，南壁中部 1 个，西南角与灶址之间 1 个；内圈在灶址四角各设 1 个柱洞，距灶址 0.3～1 米。这些柱洞大小不同深浅不一，形状有圆形、椭圆形，皆凿于基岩内（尺寸、形状详见附表 22 - 8　F8 柱洞一览表）。另外，在室内西北角与西南角各有一窖穴。西北角窖口略呈方形，直壁，平底。窖口长 0.44、宽 0.40、深 0.35 米。西南角窖口略呈圆形，圜底，窖内出土 1 件完整陶器。窖口直径 0.40、深 0.38 米。室内遗物分布在东北、西北、西南三角。陶器集中在东北角（图七九）。

2. 遗物

（1）陶器 12 件。斜腹罐口沿 1 件，BⅣ式直腹罐 3 件，BⅤ式直腹罐 1 件，BⅥ式直腹罐 2 件，直腹罐罐底 1 件，Bb1 型钵 3 件，Cb 型杯 1 件（参见附表 7　查海遗址房址活动面出土陶器型式统计表）。陶片 38 片（见附表 2　房址出土陶片统计表）。

斜腹罐口沿 1 件，F8：25，夹砂红褐陶，口沿残片，直口，方圆唇，外叠宽带沿饰右斜线纹，颈饰窝点纹，残高 3.95、厚 0.9 厘米（图八〇，1）。

BⅣ式直腹罐 3 件。夹砂红褐陶 1 件，F8：1，J1 出土，口部及内壁黑色，敞口，尖圆唇，斜直腹，平底，颈饰左斜线纹 2 周，Ba1 型 F 形几何纹带，腹饰左斜线纹 9 周，口径 13.5、底径 7.0、高 15.5 厘米（图八一，5）。夹砂灰褐陶 2 件，F8：4，敞口，厚圆唇，直腹，底微凹，颈部弦纹数周、附压 Da2 型锯齿形几何纹，下饰 Aa2 型单体曲尺形几何纹带，腹饰竖压横排之字纹，口径 17.2、底径 10.1、高 23.2、壁厚 1 厘米（图八一，4；图版八八，4）；F8：5，敞口，厚圆唇，直腹，平底，颈饰 Db 型锯齿形几何纹，附加堆纹带饰左斜线纹，腹饰竖压横排之字纹，口径 20、底径 11.6、高 27.1、壁厚 1 厘米（图八一，2；图版九〇，3）。

BⅤ式直腹罐 1 件，F8：7，夹砂灰褐陶，口部残，直腹，底微凹，颈饰左斜线纹 3 周，见一锔孔，附加堆纹带饰规整网格纹，腹饰竖压横排之字纹 17 周，底径 17.12、残高 46.2 厘米（图八一，1；图版一一二，2）。

BⅥ式直腹罐 2 件，皆夹砂灰褐陶。F8：3，喇叭口，薄圆唇外叠宽带沿，直腹，底微凹，沿面饰 Da1 型锯齿形几何纹，颈饰左斜线纹 2 周、Aa2 与 Aa1 型单体曲尺形几何纹，腹饰左斜线纹 8 周，近底饰 C3 型梭形几何纹，口径 13.6、底径 7.6、高 16.5、壁厚 0.6 厘米（图八〇，6；图版一二六，4）；F8：23，下部残，大喇叭口，厚圆唇，直腹，颈饰弦纹数周、附压 Da3 型锯齿形几何纹，附加堆纹带饰 Ba1 型 F 形几何纹，腹饰竖压横排之字纹，口径 30、残高 13.2、壁厚 1.2 厘米（图八〇，5）。

直腹罐罐底 1 件，F8：10，夹砂灰褐陶，上部残，直腹，平底，腹饰竖压横排之字纹，5 个锔

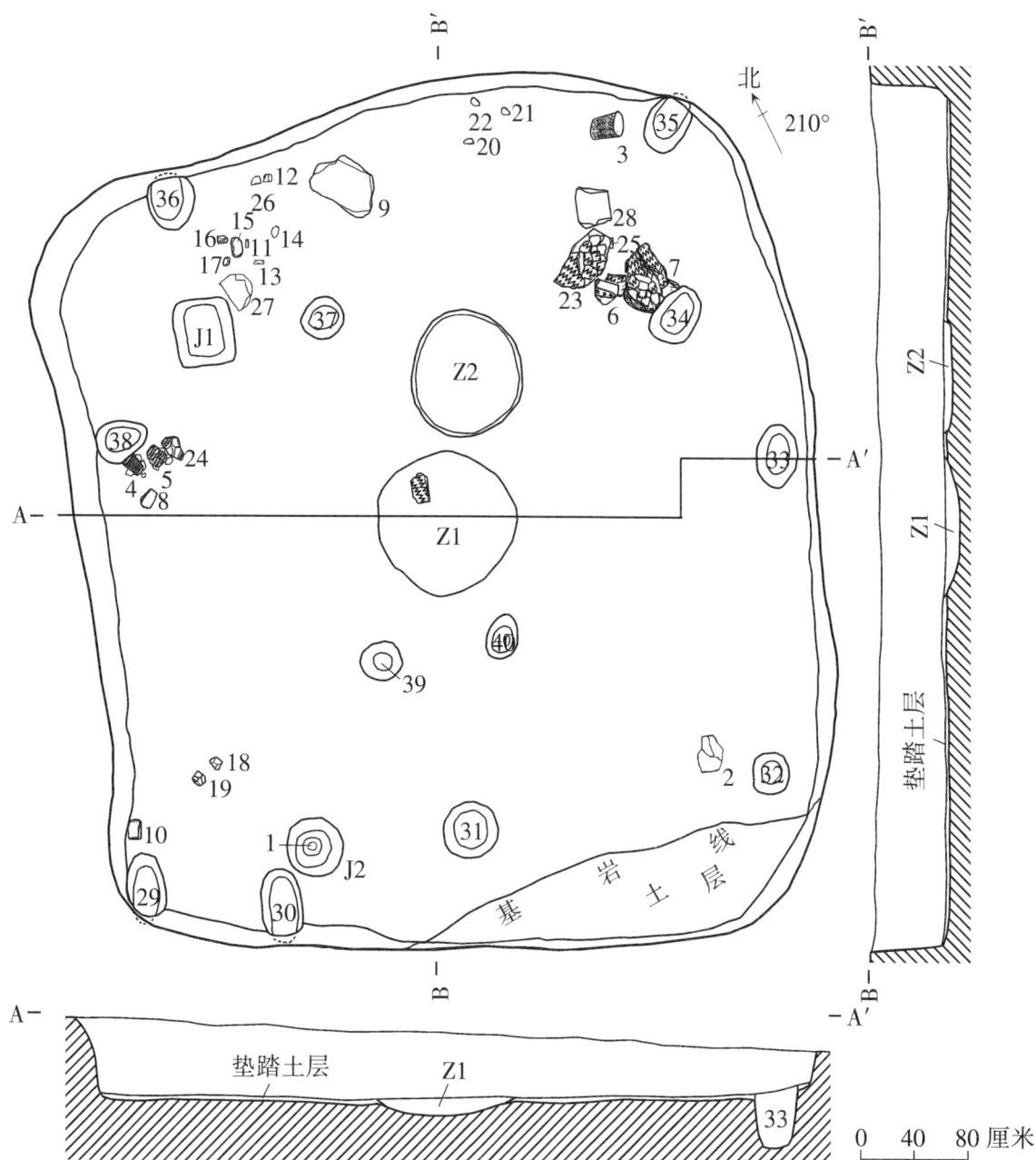

图七九　F8 平、剖面图

1、3～5、7、23. 直腹罐　2. 鼓腹罐　6、8、24、25. 直腹罐口沿　9. 磨盘　10. 直腹罐罐底

11～13. 磨棒　14. 研磨器　15～22. 敲砸器　26. 石刀　27、28. 石料　29～40. 柱洞　Z. 灶址

孔，底径 18.1、残高 26.6、壁厚 1.2 厘米（图八一，3）。

Bb1 型钵 3 件，皆夹砂红褐陶，口沿残片。F8：24，直口，方圆唇，附加堆纹带饰左斜线纹，残高 4、厚 0.9 厘米（图八〇，2）；F8：6，直口，尖圆唇，近口附加堆纹带，带面戳印窝点纹，残高 4.5、厚 0.8 厘米（图八〇，4）；F8：8，直口，方圆唇，近口附加堆纹带，带面戳印短横线纹，残高 4.25、厚 0.8 厘米（图八〇，3）。

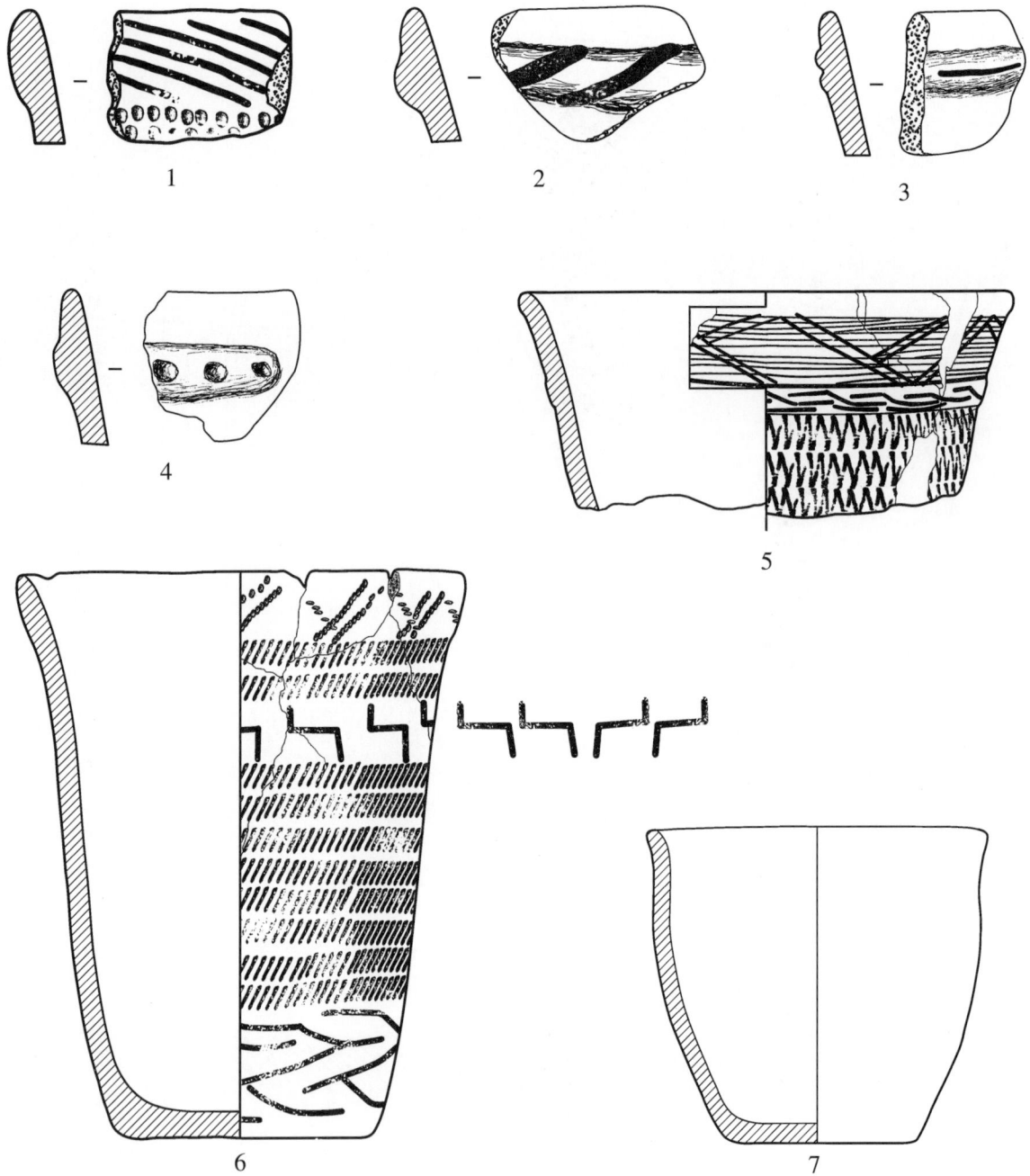

图八〇　F8 陶器

1. 斜腹罐口沿（F8：25）　　2～4. Bb1 型钵（F8：24、F8：8、F8：6）

5、6. BⅥ式直腹罐（F8：23、F8：3）　　7. Cb 型杯（F8：2）

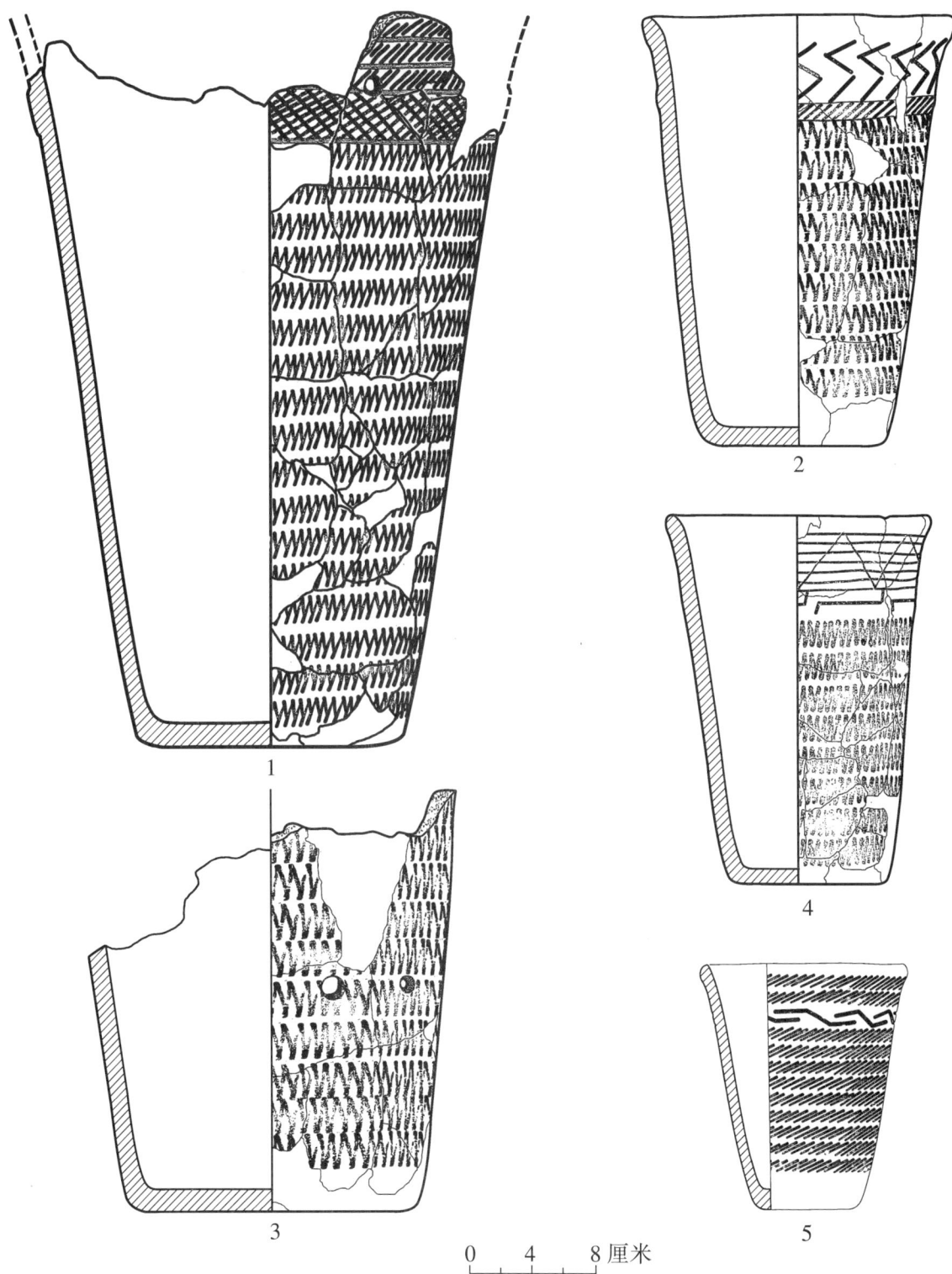

图八一 F8 陶器

1. BV式直腹罐（F8：7） 2、4、5. BIV式直腹罐（F8：5、F8：4、F8：1） 3. 直腹罐罐底（F8：10）

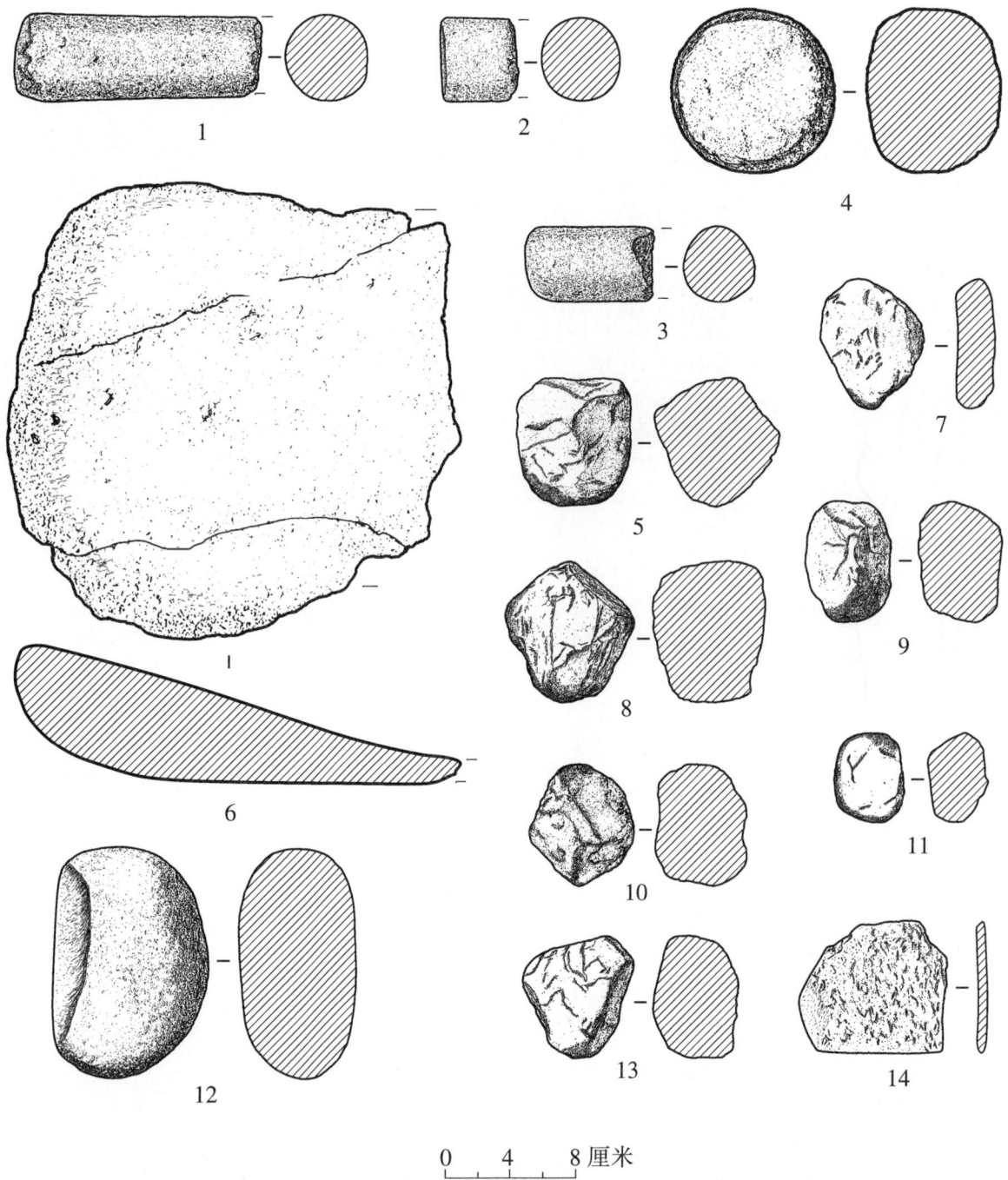

图八二　F8 石器

1~3. Aa 型磨棒（F8：11、F8：12、F8：13）　4. A 型研磨器（F8：14）　5、7~12、14. 敲砸器（F8：16、
F8：18、F8：17、F8：20、F8：21、F8：19、F8：15、F8：22）　6. A 型磨盘（F8：9）　13. D 型石刀（F8：26）

Cb 型杯 1 件，F8：2，夹砂灰褐陶，敞口，薄圆唇，束颈，鼓腹，略显肩，平底，素面，口径10.3、底径 5.6、高 9.3、壁厚 0.5 厘米（图八〇，7；图版一五六，2）。

（2）石器 16 件。D 型石刀 1 件，Aa 型磨棒 3 件，A 型磨盘 1 件，A 型研磨器 1 件，敲砸器 8

件，石料2件（参见附表15　查海遗址房址居住面出土石器型式统计一览表）。

D型石刀1件，F8：26，残片，灰色页岩，打制，弧背，直刃，残长9.1、宽8.0、厚0.6厘米（图八二，13；图版一九三，5）。

Aa型磨棒3件，皆残段，浅黄色花岗岩，琢制，圆柱状。F8：11，残长15.4、直径5.2厘米（图八二，1；图版二一二，5）；F8：12，一端磨平，残长4.8、直径5.0厘米（图八二，2）；F8：13，残长8.0、直径4.6厘米（图八二，3）。

A型磨盘1件，F8：9，残块，浅灰色花岗岩，圆角扁平体，一使用面磨痕明显，残长28.3、宽27.6、厚6.3厘米（图八二，6；图版二〇四，5）。

A型研磨器1件，F8：14，浅黄色花岗岩，扁圆形，琢制，两端为使用面，直径10.0、厚8.3厘米（图八二，4；图版二二八，1）。

敲砸器8件，红褐色玄武岩1件，F8：15，扁平半圆体，有敲砸使用痕迹，长14.0、宽9.7、厚7.4厘米（图八二，12；图版二四三，3）。灰色石英岩自然石块7件，F8：16，近圆形多棱体，敲砸痕迹集中在棱角处，长7.8、宽7.0、厚7.8厘米（图八二，5）；F8：17，近方形多棱体，敲砸痕迹集中在棱角处，长8.5、宽8.0、厚6.9厘米（图八二，8）；F8：18，椭圆扁平体，周边有使用痕迹，长7.8、宽6.4、厚2.3厘米（图八二，7）；F8：19，椭圆形多棱体，敲砸痕迹集中在棱角处，长5.4、宽4.3、厚3.6厘米（图八二，11）；F8：20，扁椭圆形多棱体，敲砸痕迹集中在棱角处，长7.4、宽5.2、厚5.0厘米（图八二，9）；F8：21，近扁圆形多棱体，敲砸痕迹集中在棱角处，长7.4、宽6.5、厚5.6厘米（图八二，10）；F8：22，三角形多棱体，敲砸痕迹集中在棱角处，长7.4、宽6.7、厚5.2厘米（图八二，14）。

石料2件，F8：27，红色玄武岩；F8：28，黄色花岗岩。

九　9 号 房 址 （F9）

1. 遗迹

F9位于遗址西南部，西南角被冲积沟毁坏。北与F23、F54、F41，南与F12成列；东与F11、F1、F3、F6、F17、F14成排。方向205°。面积107平方米，是一座特大型半地穴式房址。平面呈圆角长方形，南北10.7、东西10.0米，中心垂直深度0.4米。房址挖凿于黄褐色生土层及基岩层内，穴壁北高南低，局部弯曲。壁面斜平，稍加修整。室内活动面平整，为0.06～0.07米厚的黑色坚硬垫踏土层，西北角有基岩平台，台面东西2.2米。在台面上发现有陶器和猪骨、猪牙等遗物。室内中部偏西发现一个圆形浅坑穴式灶，直径1.0、深0.12米。在房址存留部分中有27个大小不同深浅不一的柱洞。这些柱洞分布较复杂，但总体上还是内外两圈分布，外圈靠近穴壁及四角，内圈以灶址为中心。与其他房址不同的是距灶址的北侧1米有3个柱洞组成一排，位于东西长2.8、南北宽0.5，深0.08米的沟槽内，此现象十分特殊（尺寸、形状详见附表22－9　F9柱洞一览表）。另外，在室内有四个小型窖穴，编号为 J1~J4，凿于基岩层内。J1 位于西北角，分窖口、窖洞、窖室三部分组成。窖口为椭圆形竖穴坑，南北 0.76、东西 0.30、深 0.60 米。窖洞在窖口西南向、深 0.2 米处与窖室连通，呈大半圆形，横穴，底宽 0.2、上宽 0.4、高 0.4、进深 0.8 米。窖室为长方竖穴坑，南北长 1.2、东西宽 0.76、深 0.6 米。窖室东西两侧有斜台，东台距口深 0.24 米，西台距口深 0.54 米。在窖室内未发现遗物，据其结构推测，窖室上应罩有覆盖物，用以圈养小动物。J2 位于东北角，距北壁 1.3 米，距东壁 2.1 米。窖口呈椭圆形，窖底近圆形，斜壁，平底。其南壁为大斜坡面，坡面东西两侧有半圆形单脚踏台面，在台面上有明显的脚踏窝痕。窖口南北长 1.0、东西宽 0.7，窖底南北长 0.6、东西宽 0.5、窖深 0.87 米。东侧脚踏台面，距窖口深 0.3 米，踏面 0.24 米 ×0.26 米。西侧脚踏台面，距窖口深 0.57 米，踏面 0.14 米 ×0.24 米。填土为灰色

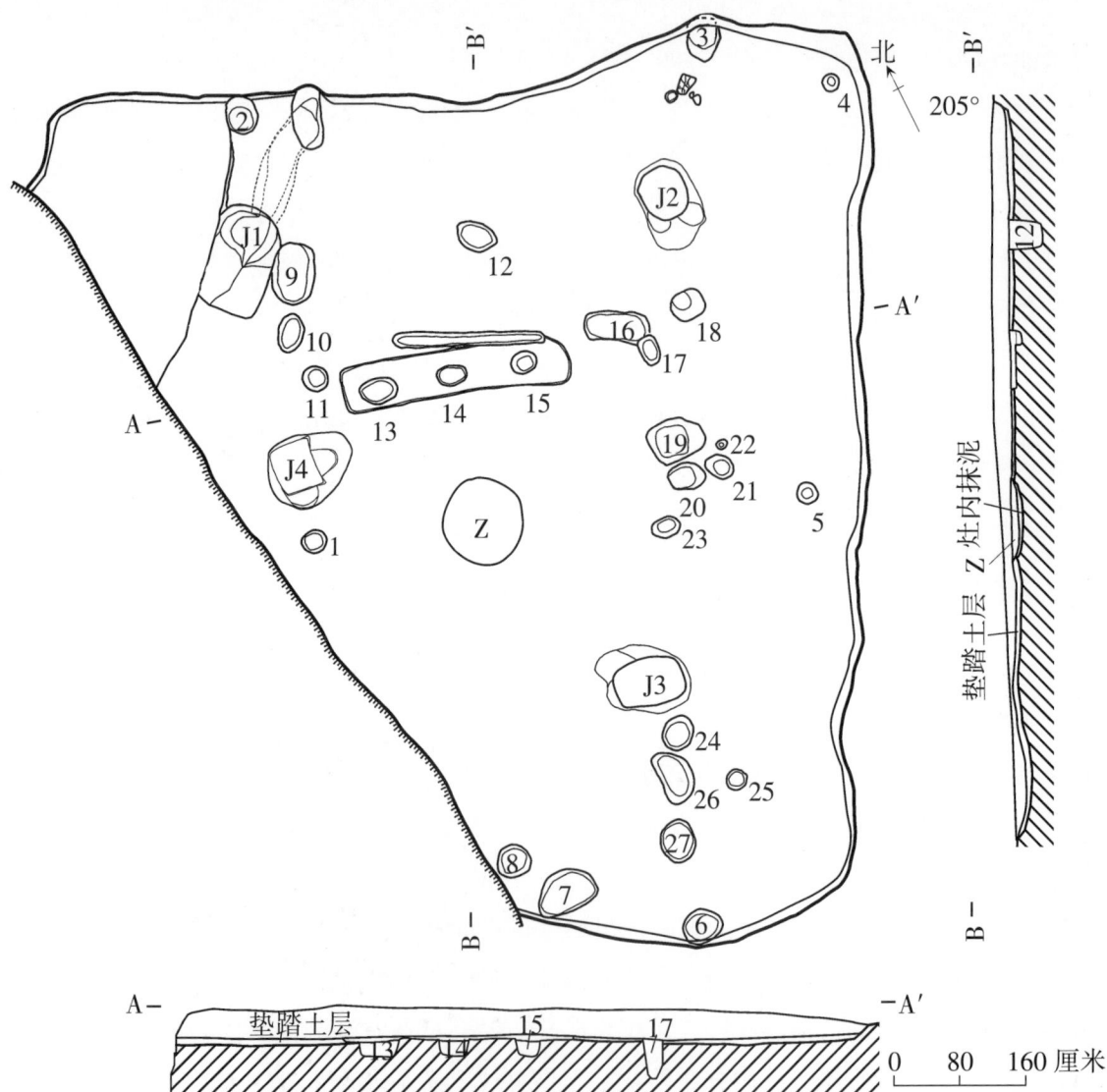

图八三　F9 平、剖面图

1~27. 柱洞　J1~J4. 窖穴　Z. 灶址

沙土，出土夹砂红褐陶片。J3 位于灶址南侧，距东壁2.0 米，距南壁2.6 米。平面呈椭圆形，窖底圆角长方形，斜口，直壁，平底。窖口西面南北两侧有半圆形单塌台面。踏窝痕迹明显。窖口东西0.96、南北0.8，窖底东西0.8、南北0.6、窖深1.2 米。北侧脚踏台面，距窖口深0.18 米，台面0.24 米×0.4 米。南侧脚踏台面，距窖口深0.48 米，台面0.1 米×0.3 米。J4 位于灶址西北1.24 米，窖口平面呈椭圆形，东侧窖口为大斜坡面，窖底近方形，斜口，直壁，平底。东、南两侧有半圆形缓步踏台面，踏窝痕迹明显。东壁自底向上0.32 米处有一半圆形脚踏，开口直径0.24、进深0.20 米。西壁自底向上0.13 米处有一长方形脚踏，长0.28、宽0.13 米。窖口东西0.95、南北0.75，窖底东西0.45、南北0.45、窖深1.2 米。东侧缓步踏台面，距窖口深0.6 米，台面0.25 米×0.25 米。南侧脚踏台面，距窖口深0.8 米，台面0.2 米×0.3 米。填土为黑灰色沙土，出土夹砂红褐陶片、砍砸石器。室内遗物分布在东北角、西北角和灶址旁。还发现一些碎猪骨及牙齿等（图八三）。

2. 遗物

（1）陶器15 件。BⅠ式直腹罐2 件，BⅢ式直腹罐11 件，直腹罐腹部残片1 件，CⅡ式鼓腹罐1 件（参见附表7　查海遗址房址活动面出土陶器型式统计表）。陶片116 片（见附表2　房址出土陶片统计表）。

BⅠ式直腹罐2 件，皆夹砂红褐陶。F9:1，敞口，圆唇，直腹，平底，素面，口径12、底径8.3、高17.6 厘米（图八四，2；图版七〇，2）；F9:4，上部残，直腹，凹底，素面，底径14.45、残高15.7 厘米（图八四，5）。

BⅢ式直腹罐11 件，皆夹砂红褐陶。F9:2，上部残，直腹，底微凹，腹饰不规整网格纹，近底饰不规则划纹，底径15.4、残高22.3、壁厚1.2 厘米（图八四，4）；F9:3，敞口，厚圆唇，直腹，平底，颈饰弦纹数周，附加堆纹带饰左斜线纹，其下饰竖排交叉纹1 周，腹饰横排草划交叉纹9 周，口径22.2、底径13.1、高32 厘米（图八五，7；图版七五，4）；F9:5，仅存下腹部及底部，直腹，平底，腹饰不规整网格纹，施纹不到底，底径13.8、残高7.9、壁厚1.2 厘米（图八四，1）；F9:6，上部残，直腹，平底，腹饰草划交叉纹，底径13.8、残高13.75 厘米（图八五，6）；F9:25，小撇口，圆唇，颈饰弦纹数周，宽平附加堆纹带饰左斜线纹，其下饰垂线纹，腹饰人字纹，口径18.0、残高13.3 厘米（图八五，3）；F9:26，罐底，腹饰草划交叉纹，近底戳印短线纹，底径18.0、残高14.4 厘米（图八五，5）；F9:27，罐底，腹饰草划交叉纹，近底无纹饰，底径12.0、残高15.6 厘米（图八五，4）；F9:28，口沿，敞口，尖圆唇，直腹，颈饰弦纹7 周，附加堆纹带饰左斜线纹，腹饰人字纹，口径16.0、残高6.35 厘米（图八五，2）；F9:29，口沿，圆唇，近口饰左斜线纹1 周，颈饰 C2 型梭形几何纹，腹饰左斜线纹，口径17.0、残高10 厘米（图八五，1）；F9:30，口沿，厚圆唇，颈饰断弦纹，附加堆纹带饰左斜线纹，下饰弦纹3 周，腹饰草划交叉纹，口径32.0、残高12.7 厘米（图八五，9）；F9:31，口沿，薄圆唇，颈饰弦纹数周，指压附加堆纹带，其下饰左斜线纹，腹饰草划交叉纹，口径28.0、残高12.7 厘米（图八五，8）。

直腹罐腹部残片1 件，F9:33，夹砂红褐陶，饰左斜线纹。

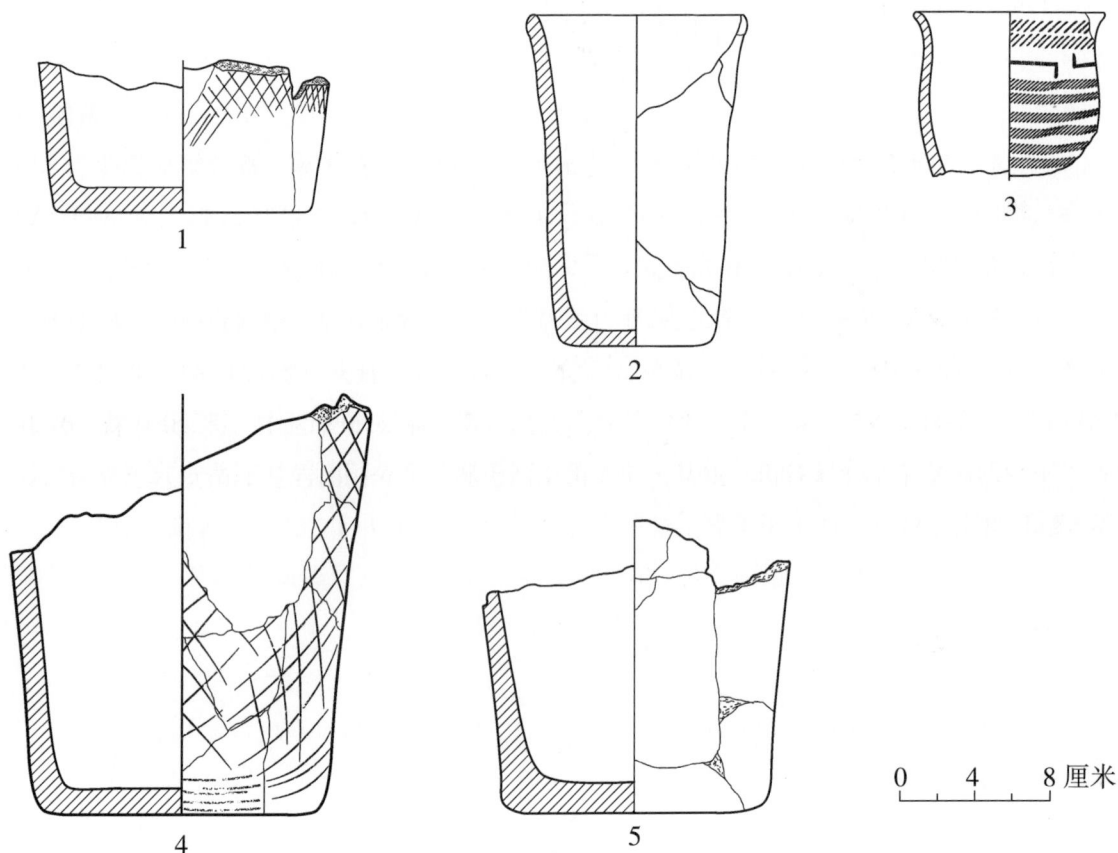

图八四　F9 陶器

1、4. BⅢ式直腹罐（F9:5、F9:2）　　2、5. BⅠ式直腹罐（F9:1、F9:4）　　3. CⅡ式鼓腹罐（F9:32）

CⅡ式鼓腹罐 1 件，F9:32，夹砂灰褐陶，口沿残片，圆唇，小撇口，近口饰左斜线纹 2 周，颈饰 Aa1 型单体曲尺形几何纹，腹饰左斜线纹，口径 10、残高 8.6 厘米（图八四，3）。

（2）石器 16 件。A 型石斧 1 件，Da 型铲形石器 1 件，Db 型铲形石器 1 件，铲形石器残片 2 件，Ba 型饼形器 1 件，A 型研磨器 1 件，Aa 型磨棒 1 件，Ab 型磨棒 1 件，B 型磨棒 1 件，C 型磨棒 1 件，A 型磨盘 1 件，砺石 1 件，敲砸器 2 件，石球 1 件（参见附表 15　查海遗址房址居住面出土石器型式统计一览表）。

A 型石斧 1 件，F9:22，磨制，截面扁圆，两侧有棱角，弧刃、正锋，长 7.2、宽 6.2、厚 2.2 厘米（图八六，1；图版一六二，6）。

Da 型铲形石器 1 件，F9:7，一侧刃角残断，深灰色页岩，打制，短宽柄，束腰明显，横窄身，略弧刃，刃部有使用磨痕，长 13.0、刃残宽 16.7、厚 2.0 厘米（图八六，3；图版一八四，4）。

Db 型铲形石器 1 件，F9:8，局部残，花岗岩，打制，椭圆柄短，束腰，双肩斜平，横窄身长刃，刃中部用凹，有崩疤，通长 14.5，刃宽 18、厚 3.1 厘米（图八六，2；图版一八六，4）。

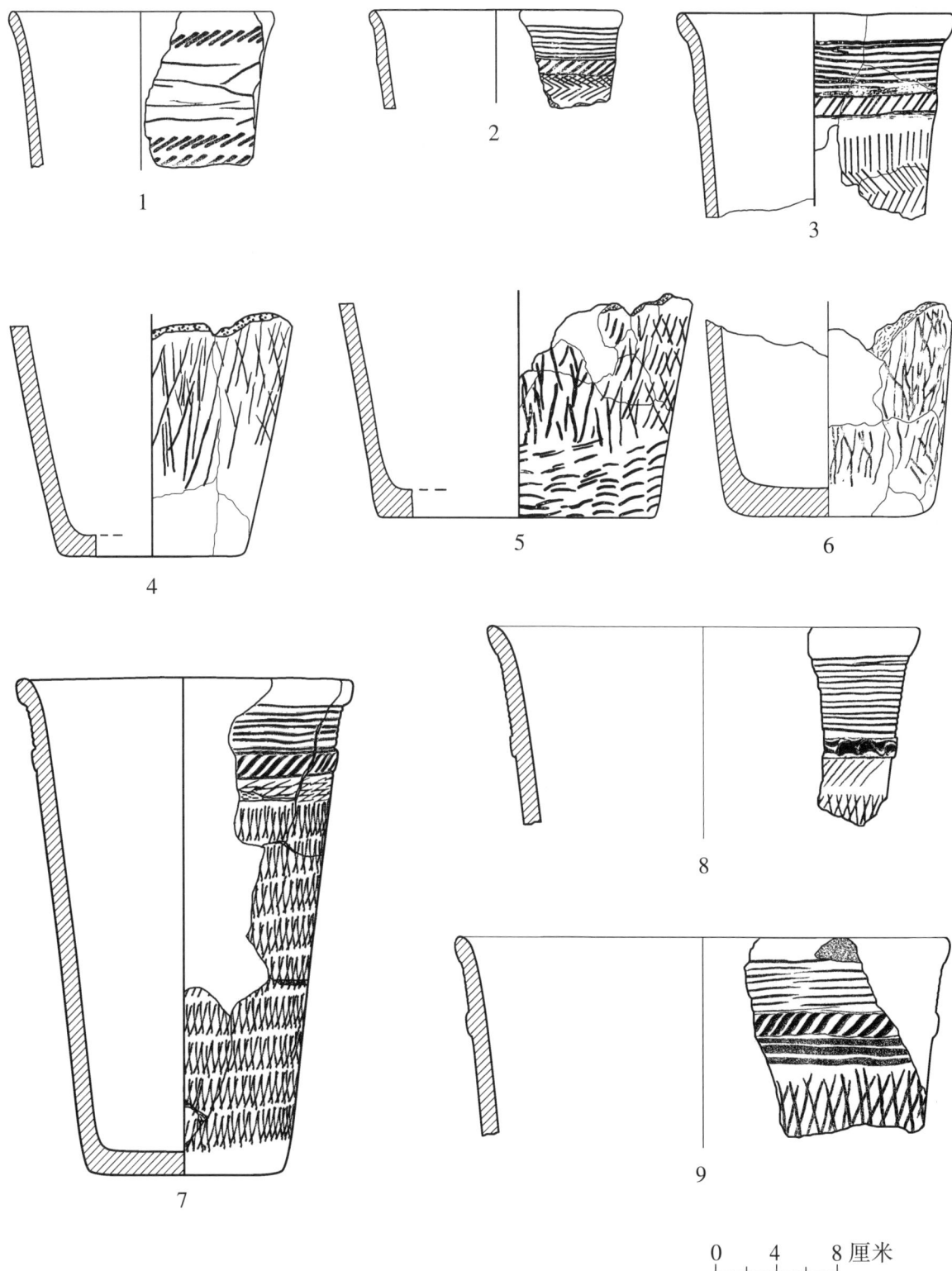

图八五　F9 陶器

1~9. BⅢ式直腹罐（F9：29、F9：28、F9：25、F9：27、F9：26、F9：6、F9：3、F9：31、F9：30）

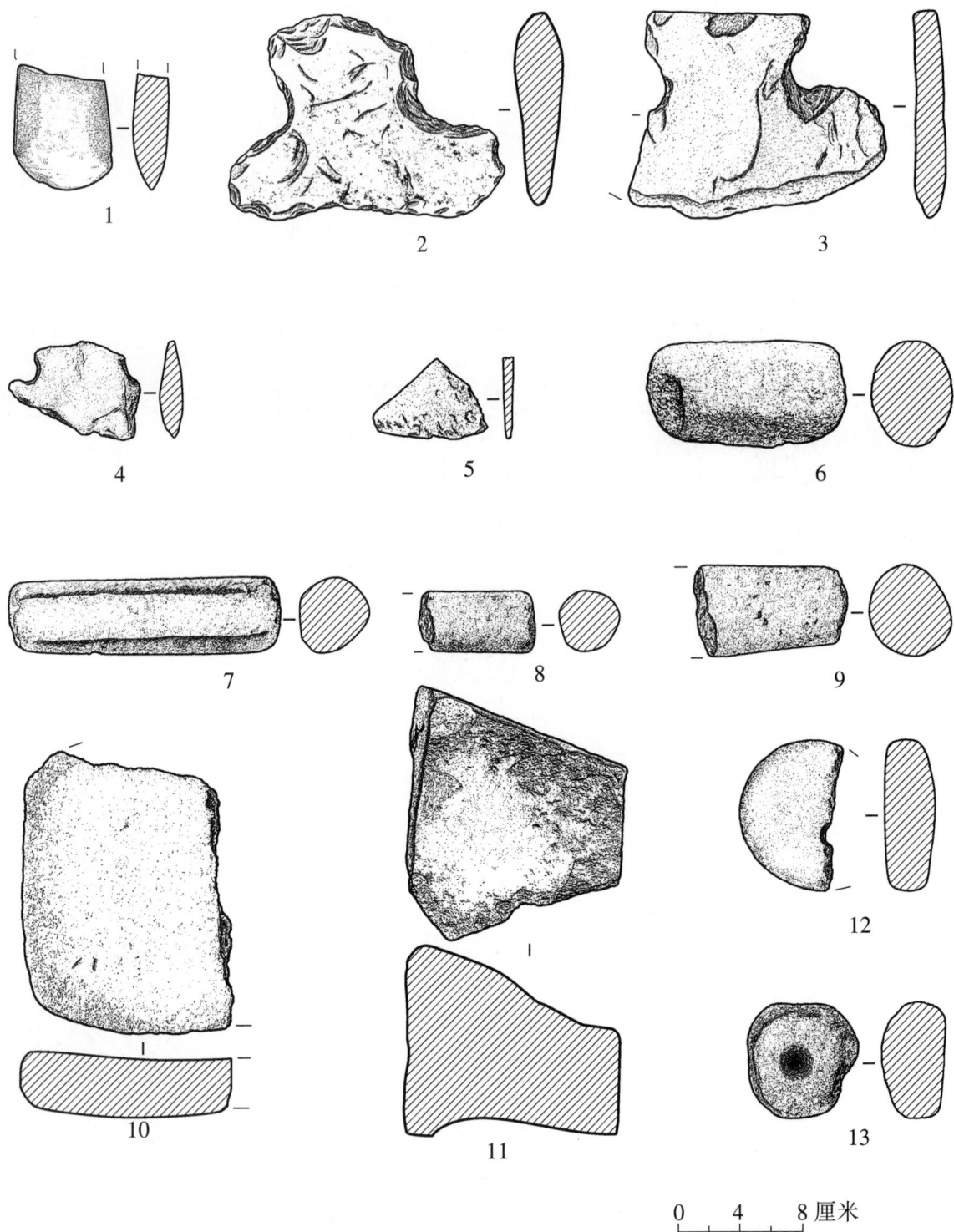

0　　4　　8 厘米

图八六　F9 石器

1. A 型石斧（F9：22）　2. Db 型铲形石器（F9：8）　3. Da 型铲形石器（F9：7）　4、5. 铲形石器残片（F9：10、
F9：11）　6. Ab 型磨棒（F9：15）　7. B 型磨棒（F9：17）　8. C 型磨棒（F9：18）　9. Aa 型磨棒（F9：16）
10. A 型磨盘（F9：14）　11. 砺石（F9：13）　12. Ba 型饼形器（F9：12）　13. A 型研磨器（F9：9）

铲形石器残片2件，皆深灰色页岩，打制，F9：10，束腰部，残长6.0、残宽8.4、厚1.5厘米（图八六，4）；F9：11，棱面有明显磨痕，残长6.8、残宽5.2、厚0.6厘米（图八六，5）。

Ba型饼形器1件，F9：12，浅黄色花岗岩，琢制，扁圆形，直径9.5、厚3.2厘米（图八六，12；图版二〇〇，3）。

A型研磨器1件，F9：9，灰褐色花岗岩，琢制，扁圆形，两使用面有凹窝，直径7.1～7.3、厚4.0厘米（图八六，13；图版二二八，2）。

Aa型磨棒1件，F9：16，灰褐色花岗岩，残，琢制，圆柱状，残长10.0、直径5.7厘米（图八六，9）。

Ab型磨棒1件，F9：15，棕红色花岗岩，琢制，短粗圆柱状，长13.0、直径6.6～6.8厘米（图八六，6；图版二一五，1）。

B型磨棒1件，F9：17，浅黄色花岗岩，残，琢制，四棱柱状，残长17.5、直径4.8厘米（图八六，7；图版二一六，1）。

C型磨棒1件，F9：18，残，灰色泥质页岩，琢制，多棱柱体，残长7.5、直径3.8厘米（图八六，8）。

A型磨盘1件，F9：14，残浅黄色花岗岩，琢制，圆角扁平体，使用面下凹、磨痕明显，另一面有凹坑，残长13.6、残宽17.8、厚3.7厘米（图八六，10；图版二〇六，4）。

砺石1件，F9：13，红褐色玄武岩，不规整扁平体，使用面光滑下凹，长14.0、宽15.3、厚11.6厘米（图八六，11）。

敲砸器2件，皆灰色石英岩自然石块，敲砸痕迹集中在棱角处。F9：19，多棱扁圆体，长8.2、宽7.0、厚3.5厘米（图八七，3）；F9：21，多棱椭圆体，长6.9、宽6.0、厚4.0厘米（图八七，2）。

石球1件，F9：20，红褐色玄武岩，直径5.1～7.1厘米（图八七，1；图版二三九，5）。

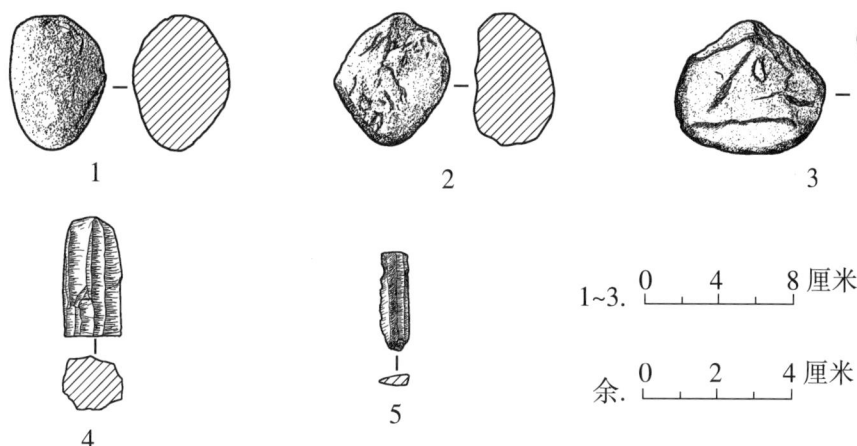

图八七　F9石器

1. 石球（F9：20）　　2、3. 敲砸器（F9：21、F9：19）　　4. 锥状石核（F9：23）

5. 刮削器（F9：24）

（3）细石器2件。锥状石核1件，刮削器1件（参见附表20　查海遗址各遗迹单位出土细石器统计表）。

锥状石核1件，F9：23，灰色页岩，棱锥状，台面多边形，压削面清晰，长3.1、宽1.6、厚1.4厘米（图八七，4；图版二五三，5）。

刮削器1件，F9：24，青黑色页岩，打压制，长条形，截面为三角形，长2.6、宽0.8、厚0.3厘米（图八七，5；图版二六二，7）。

一〇　10号房址（F10）

1. 遗迹

F10位于遗址南部，南半部被冲积沟毁坏，仅存北半部。北与F1、F20、F43、F46成列；东与F4、F7、F19，西与F10、F13、F12成排。方向201°。残存面积27.65平方米，依据中心灶址推测南北长7.0米，面积为55.3平方米，是一座中型半地穴式房址。平面呈圆角长方形，南北残长3.5、东西7.9米，中心垂直深度0.4米。房址挖凿于黄褐色生土层及基岩层内，西壁略内弧，北壁、东壁略外弧，壁面斜平，稍加修整。室内西北角有一弧状基岩台面，台面较平，宽1.2米，台面高0.2米。东北角略高于室内居住面。室内活动面平整，为黑灰色坚硬的垫踏土层。灶位于室内中部，呈暗红色椭圆形浅坑穴式灶，斜壁、平底，内经抹泥。灶东西0.8、南北约1.0、深0.04米。在房址存留部分清理出4个柱洞，东北角、西北角各1个，东、西壁中部各1个，皆靠穴壁（尺寸、形状详见附表22－10　F10柱洞一览表）。室内遗物主要位于东北部（图八八）。

2. 遗物

（1）陶器13件。BⅣ式直腹罐3件，BⅤ式直腹罐8件，BⅥ式直腹罐1件，直腹罐罐底1件（参见附表7　查海遗址房址活动面出土陶器型式统计表）。陶片23片（见附表2　房址出土陶片统计表）。

BⅣ式直腹罐3件。夹砂红褐陶2件，F10：1，敞口，尖圆唇，直腹，平底，颈饰规整横压竖排之字纹，附加堆纹带饰左斜线纹，腹饰规整竖压横排之字纹，口径32.5、底径19.5、高46厘米（图八九，1；图版九〇，4）；F10：3，直敞口，厚圆唇，直腹，平底。颈饰弦纹数周，腹饰竖压横排之字纹，口径24.6、底径15、高34.5厘米（图八九，2；图版九〇，2）。夹砂灰褐陶1件，F10：7，直口，圆唇，直腹，底微凹，颈饰左斜线纹，腹饰竖压横排之字纹，口径16.1、底径10.8、高24.2、壁厚1厘米（图八九，3；图版九〇，1）。

BⅤ式直腹罐8件，皆夹砂灰褐陶。F10：2，敞口，尖圆厚唇，直腹，底微凹，颈部交替饰有横压竖排之字纹与弦纹，腹饰竖压横排之字纹，口径24.1、底径15.3、高34.7、壁厚1.2厘米（图八九，5；图版一一三，3）；F10：4，敞口，厚圆唇，直腹，平底，颈饰弦纹数周、附压Da3

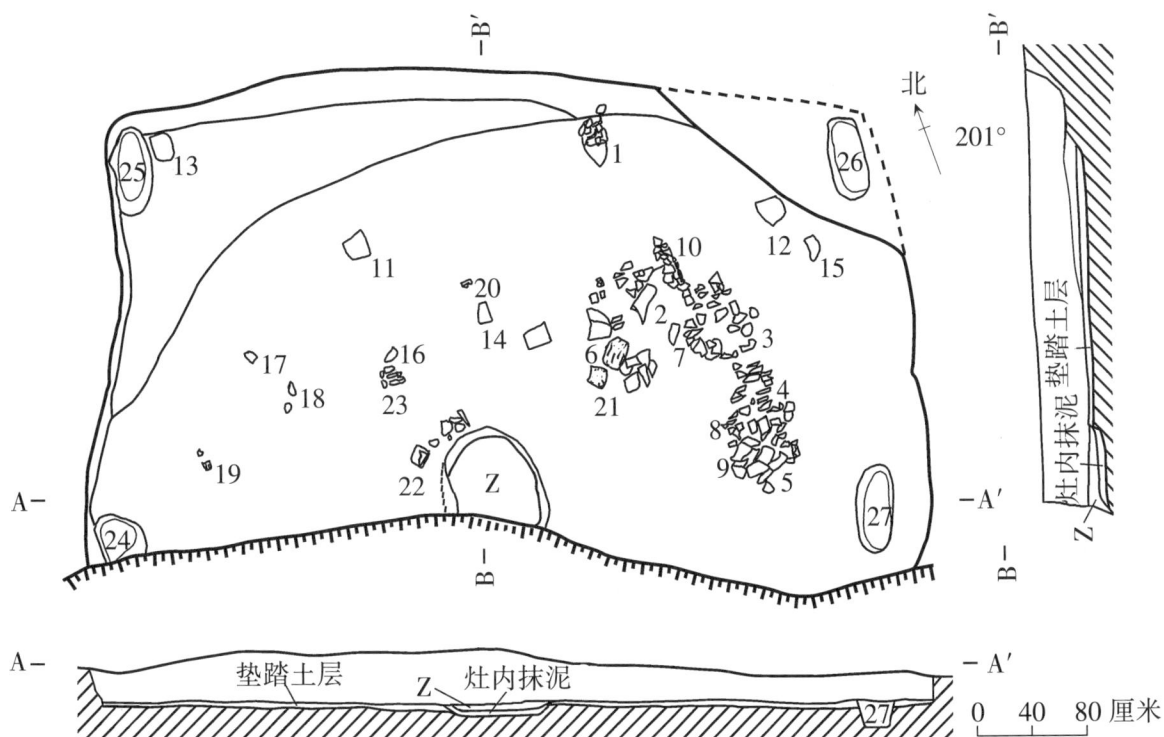

图八八　F10 平、剖面图

1～10. 直腹罐　11～13. 磨盘　14～17. 铲形石器　18～20. 敲砸器

21. 直腹罐罐底　22、23. 直腹罐口沿　24～27. 柱洞

型锯齿形几何纹，附加堆纹带饰网格纹，腹饰竖压横排之字纹，口径 23.7、底径 14、高 32.5 厘米（图八九，4；图版一一四，1）；F10:5，敞口，尖圆厚唇，直腹，底微凹，颈饰弦纹数周，附加堆纹带饰窝点纹，腹饰竖压横排之字纹，口径 24.3、底径 15.5、高 34.6、壁厚 1 厘米（图八九，6；图版一一三，4）；F10:6，小喇叭口，尖圆唇，直腹，平底，颈饰 Ab3 型扣合曲尺形几何纹，器身饰竖压横排之字纹，口径 13、底径 8.9、高 16.7、壁厚 0.8 厘米（图九〇，3；图版一一三，1）；F10:8，敞口，厚圆唇，直腹，平底，颈饰弦纹数周，下饰左斜线纹带，腹饰竖压横排之字纹，口径 21.2、底径 11.5、高 27.5、壁厚 1 厘米（图九〇，2；图版一一四，4）；F10:9，敞口，尖圆厚唇，直腹，底微凹，颈饰弦纹数周，附加堆纹带饰窝点纹，腹饰竖压横排之字纹，颈部见一铜孔，口径 20.26、底径 12、高 29.2 厘米（图九〇，1；图版一一四，2）；F10:10，敞口，厚圆唇，直腹，底部残，颈饰弦纹数周，附压 Da3 型锯齿形几何纹，附加堆纹带饰竖线纹，腹饰竖压横排之字纹，颈部一对铜孔，口径 20.4、残高 27.1、壁厚 1 厘米（图九〇，4；图版一一四，3）；F10:22，圆唇，颈饰左斜线纹，宽平附加堆纹带饰 Ba1 型 F 形几何纹，腹饰左斜线纹，口径 24.0、残高 11.95、壁厚 1.0 厘米（图九〇，5）。

BⅥ式直腹罐 1 件，F10:23，夹砂红褐陶，口沿残片，圆唇，压印左斜线纹，口径 18.0、残高 9.2、壁厚 1.0 厘米（图九〇，6）。

0　　4　　8厘米

图八九　F10 陶器

1～3. BⅣ式直腹罐（F10:1、F10:3、F10:7）　　4～6. BⅤ式直腹罐（F10:4、F10:2、F10:5）

直腹罐罐底1件，F10:21，夹砂灰褐陶，上部残，直腹，凹底，腹饰竖压横排之字纹，近底饰 C2 型梭形几何纹，底径11.5、残高16.5、壁厚0.9厘米（图九○，7）。

（2）石器10件。Ca 型铲形石器1件，铲形石器残片3件，A 型磨盘3件，敲砸器3件（参见附表15　查海遗址房址居住面出土石器型式统计一览表）。

Ca 型铲形石器1件，F10:15，刃角残缺，灰绿色页岩，弧刃，有崩痕，长14.2、残宽12.0、

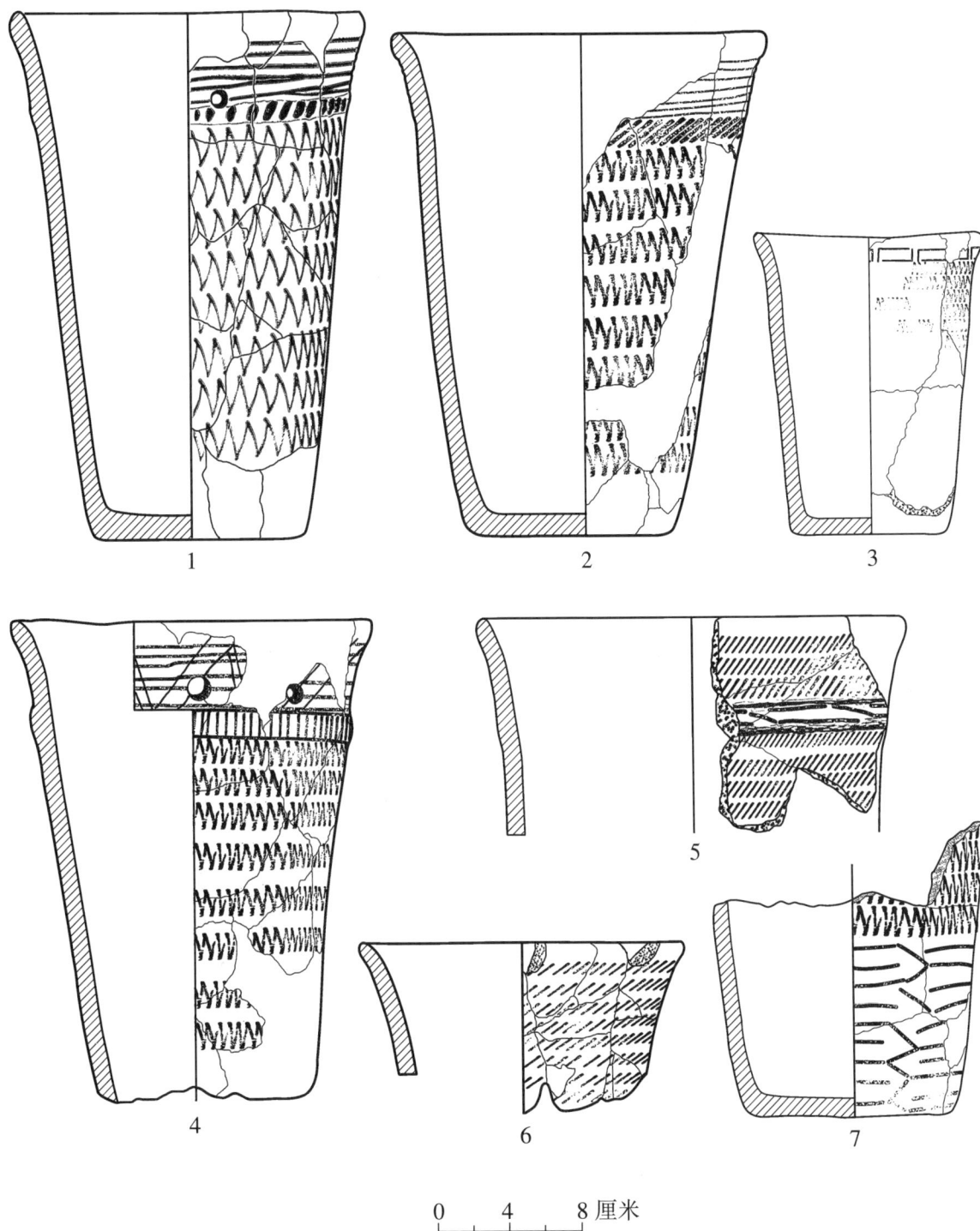

图九〇　F10 陶器

1～5. BⅤ式直腹罐（F10：9、F10：8、F10：6、F10：10、F10：22）

6. BⅥ式直腹罐（F10：23）　7. 直腹罐罐底（F10：21）

厚1.7厘米（图九一，4；图版一八〇，5）。

铲形石器残片3件，皆灰色泥质页岩，打制。F10∶14，刃部残片，弧刃，有使用崩痕，长13、残宽17.3、厚2.0厘米（图九一，1）；F10∶16，柄部残片，扁平长圆形，残长12、宽8、厚1厘米（图九一，3）；F10∶17，刃部残片，弧刃，刃部有使用崩痕，残长15.6、残宽13.7、厚3.1厘米（图九一，2）。

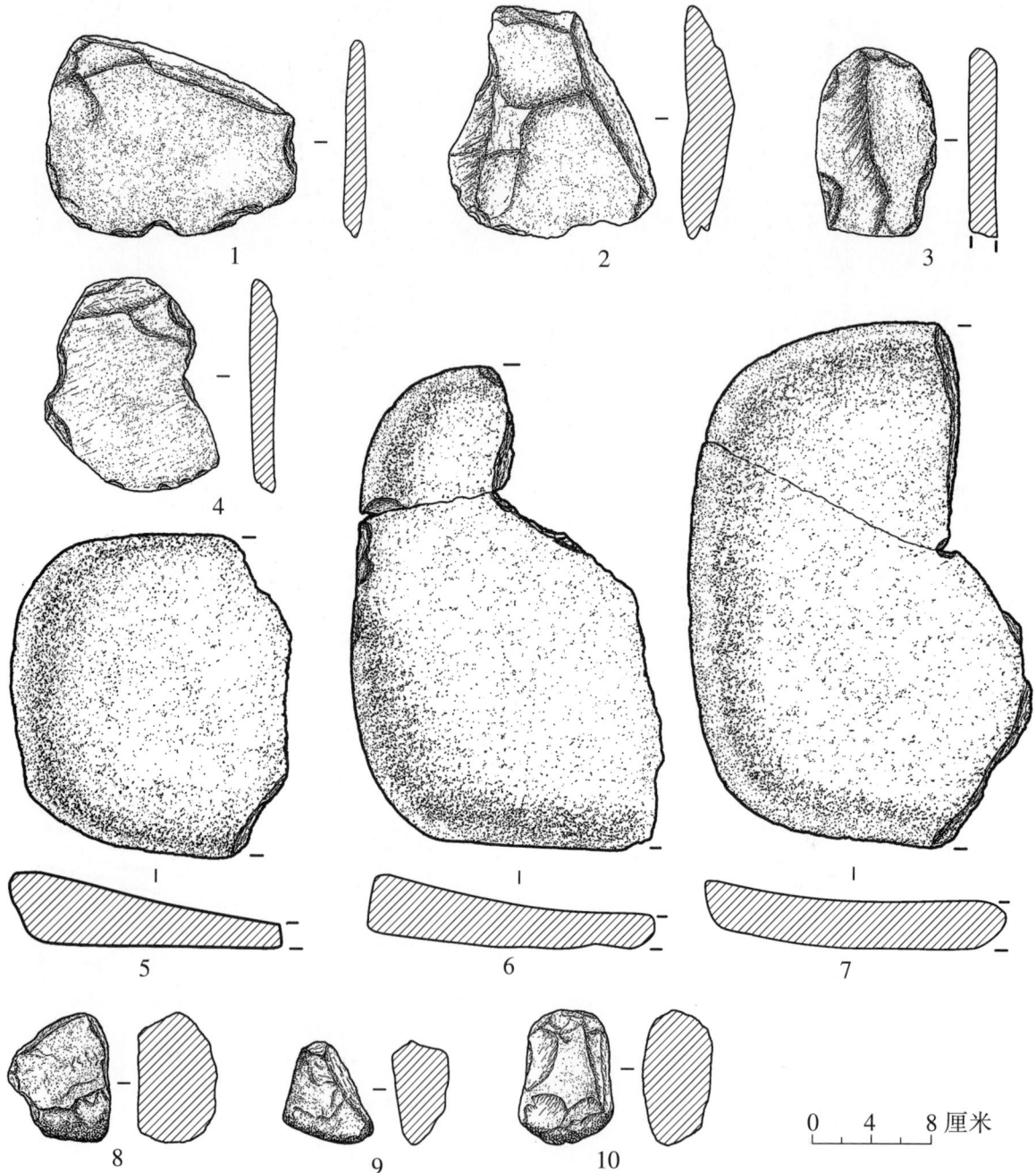

图九一　F10石器

1、2. 铲形石器刃部残片（F10∶14、F10∶17）　3. 铲形石器柄部残片（F10∶16）　4. Ca型铲形石器（F10∶15）

5～7. A型磨盘（F10∶13、F10∶11、F10∶12）　8～10. 敲砸器（F10∶19、F10∶18、F10∶20）

A 型磨盘 3 件，皆残块，浅黄色花岗岩，琢制，圆角扁平体，磨面下凹。F10∶11，残长 21、宽 32、厚 6.4 厘米（图九一，6）；F10∶12，残长 23、宽 34.8、厚 5.2 厘米（图九一，7；图版二〇六，3）；F10∶13，残长 18.7、宽 21、厚 4.5 厘米（图九一，5；图版二〇六，6）。

敲砸器 3 件。深灰色石英岩自然石块 2 件，F10∶18，平面三角形，敲砸使用痕迹在一端棱角处，长 6.8、宽 6.1、厚 4.0 厘米（图九一，9）；F10∶19，块状多棱体，敲砸痕迹集中在棱角处，长 8.5、宽 6.8、厚 5.3 厘米（图九一，8）。灰色玄武岩自然石块 1 件，F10∶20，形状不规整，棱角处有敲砸使用痕迹，长 9.0、宽 6.3、厚 4.6 厘米（图九一，10；图版二四四，1）。

一一　11 号房址（F11）

1. 遗迹

F11 位于遗址南部，西南 0.2 米为 H4。北与 F22、F42，南与 F13 成列；东与 F1、F3、F6、F17、F14，西与 F9 成排。方向 210°。面积 28.08 平方米，是一座小型半地穴式房址。平面呈圆角方形，南北 5.2、东西 5.4 米，中心垂直深度 0.54 米。房址挖凿于黄褐色生土层及基岩层内，穴壁随地势坡度，西高东低，四壁略外弧，南壁局部不甚规整，壁面斜平，略有修整。室内东侧及西北角有基岩台面，台缘高于居住面 0.08 米。东侧台面为斜坡面，台面最宽 1.0 米，西北角台面较平，最宽 0.5 米。台下居住面较平整，四周略高于中部，黑灰色坚硬垫踏土层厚约 0.04 ~ 0.08 米。灶址位于室内中部偏北，近圆形坑穴式灶。整个灶址呈暗红色。灶直径 1.3 ~ 1.4、深 0.08 米，内经抹泥厚 0.03 ~ 0.05 米。房穴内共发现 7 个大小不同深浅不一的柱洞，形状有圆形、椭圆形，皆靠近壁穴凿于基岩内。分布情况为东北角 1 个，其他三角各 2 个（尺寸、形状详见附表 22 - 11　F11 柱洞一览表）。室内遗物出于室内北部，主要集中于东北角（图九二）。

2. 遗物

（1）陶器 10 件。BⅣ式直腹罐 2 件，BⅤ式直腹罐 5 件，BⅥ式直腹罐 1 件，直腹罐罐底 1 件，CⅣ式鼓腹罐 1 件（参见附表 7　查海遗址房址活动面出土陶器型式统计表）。陶片 23 片（见附表 2　房址出上陶片统计表）。

BⅣ式直腹罐 2 件，皆夹砂灰褐陶。F11∶2，敞口，尖圆厚唇，腹壁较直，底微凹，颈饰 Da4 型锯齿形几何纹，附加堆纹带饰左斜线纹、局部为网格纹，腹饰竖压横排之字纹，口径 29.3、底径 20.2、高 44.8、壁厚 1.3 厘米（图九三，2；图版八九，4）；F11∶20，下部残，敞口，尖圆厚唇，直腹微外弧，颈饰横压竖排之字纹，腹饰竖压横排之字纹，口径 25.3、残高 20.8 厘米（图九三，1）。

BⅤ式直腹罐 5 件，皆夹砂灰褐陶。F11∶3，小喇叭口，厚圆唇，直腹，底微凹，颈饰弦纹数周，Ba1 型 F 形几何纹带，腹饰竖压横排之字纹，口径 24.1、底径 13.9、高 35.7、壁厚 1.1 厘米（图九三，10；图版一一五，1）；F11∶4，喇叭形口，厚圆唇，直腹，底微凹，颈饰不规整弦纹，附加堆纹带饰左斜线纹，腹饰竖压横排之字纹，口径 26.6、底径 15.7、高 38 厘米（图九三，9；

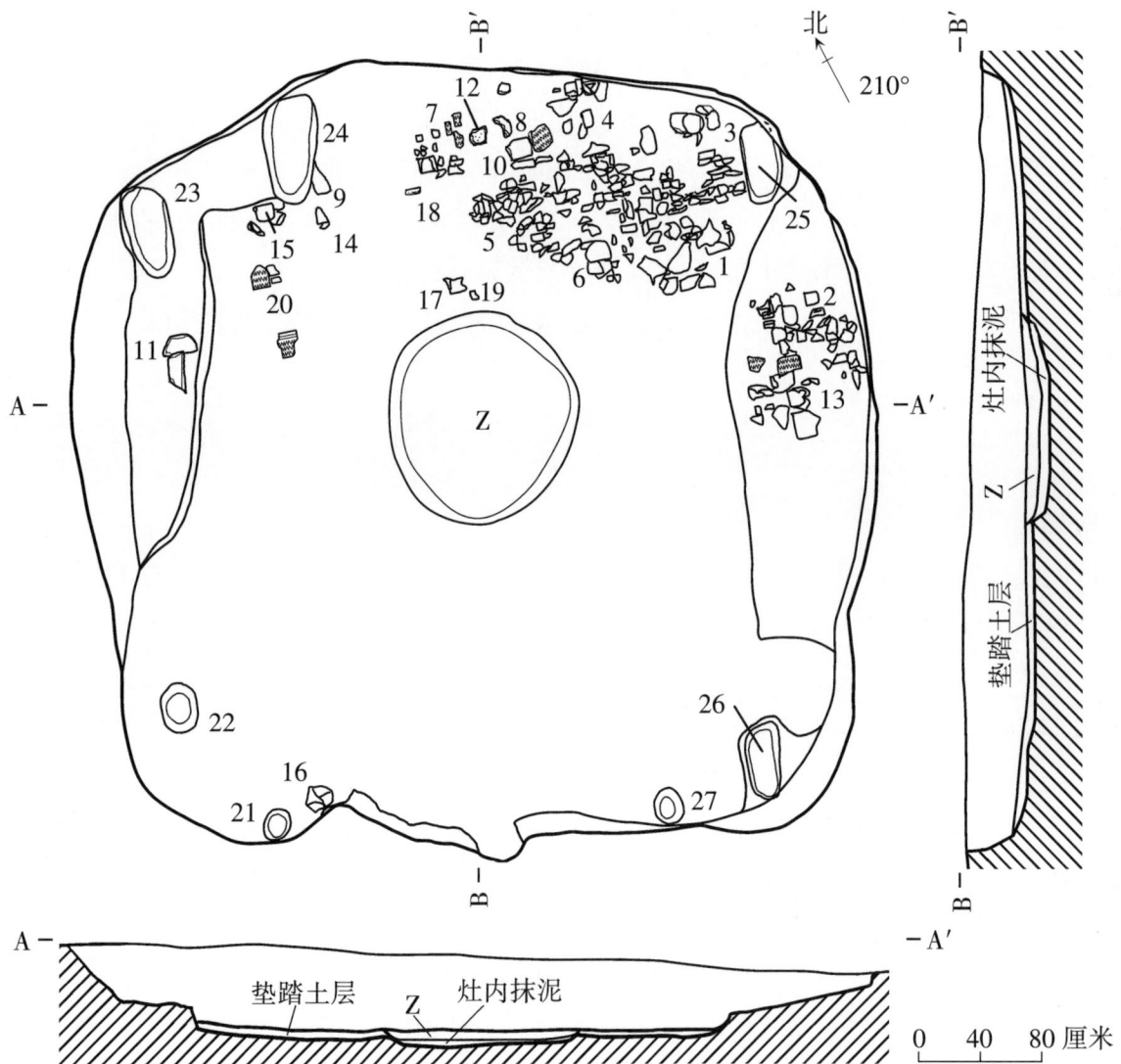

图九二　F11 平、剖面图

1～7、13、20. 直腹罐　8、9. 铲形石器　10. 鼓腹罐　11、12. 磨盘　14、15、17. 敲砸器
16. 石球　18. 磨棒　19. 玉器残块　21～27. 柱洞　Z. 灶址

图版一一五，2）；F11：5，敞口，圆唇，直腹微外弧，平底，颈饰横压竖排之字纹，下饰 Ba1 型 F 形几何纹带，腹饰竖压横排之字纹，口径 14.6、底径 9、高 19、壁厚 0.7 厘米（图九三，6；图版一一五，3）；F11：6，口部残缺，直腹，平底，颈饰弦纹数周，附加堆纹带饰左斜线，腹饰竖压横排之字纹，底径 17.45、残高 40.4 厘米（图九三，7；图版一一五，4）；F11：13，下部残缺，敞口，厚圆唇，直腹微外弧，颈饰横压竖排之字纹，附加堆纹带饰左斜线纹，腹饰竖压横排之字纹，口径 26.3、残高 32.1 厘米（图九三，5）。

BⅥ式直腹罐 1 件，F11：1，夹砂灰褐陶，喇叭状大敞口，厚圆唇，直腹，平底，颈饰弦纹数周，宽平附加堆纹带饰 Da1 型锯齿形几何纹，腹饰竖压横排规整之字纹，口径 39.8、底径 20.5、

图九三　F11 陶器

1、2. BⅣ式直腹罐（F11：20、F11：2）　3. CⅣ式鼓腹罐（F11：10）　4. 直腹罐罐底（F11：7）

5～7、9、10. BⅤ式直腹罐（F11：13、F11：5、F11：6、F11：4、F11：3）　8. BⅥ式直腹罐（F11：1）

高51.5厘米（图九三，8；图版一二七，1）。

直腹罐罐底1件，F11：7，夹砂灰褐陶，上部残，直腹，凹底，腹饰竖压横排之字纹，底径11.6、残高14.9、壁厚1厘米（图九三，4）。

CⅣ式鼓腹罐1件。F11：10，夹砂灰褐陶，底部残，圆唇，显肩，近口饰左斜线纹2周，颈饰Ba1型F形几何纹，上腹饰左斜线纹4周，下腹饰Ba1型F形几何纹，口径12、残高13.2、厚0.7厘米（图九三，3）。

（2）石器9件。铲形石器刃部残片1件，F型双孔盘状铲形石器1件，Aa型磨棒1件，A型磨盘2件，敲砸器4件（参见附表15　查海遗址房址居住面出土石器型式统计一览表）。

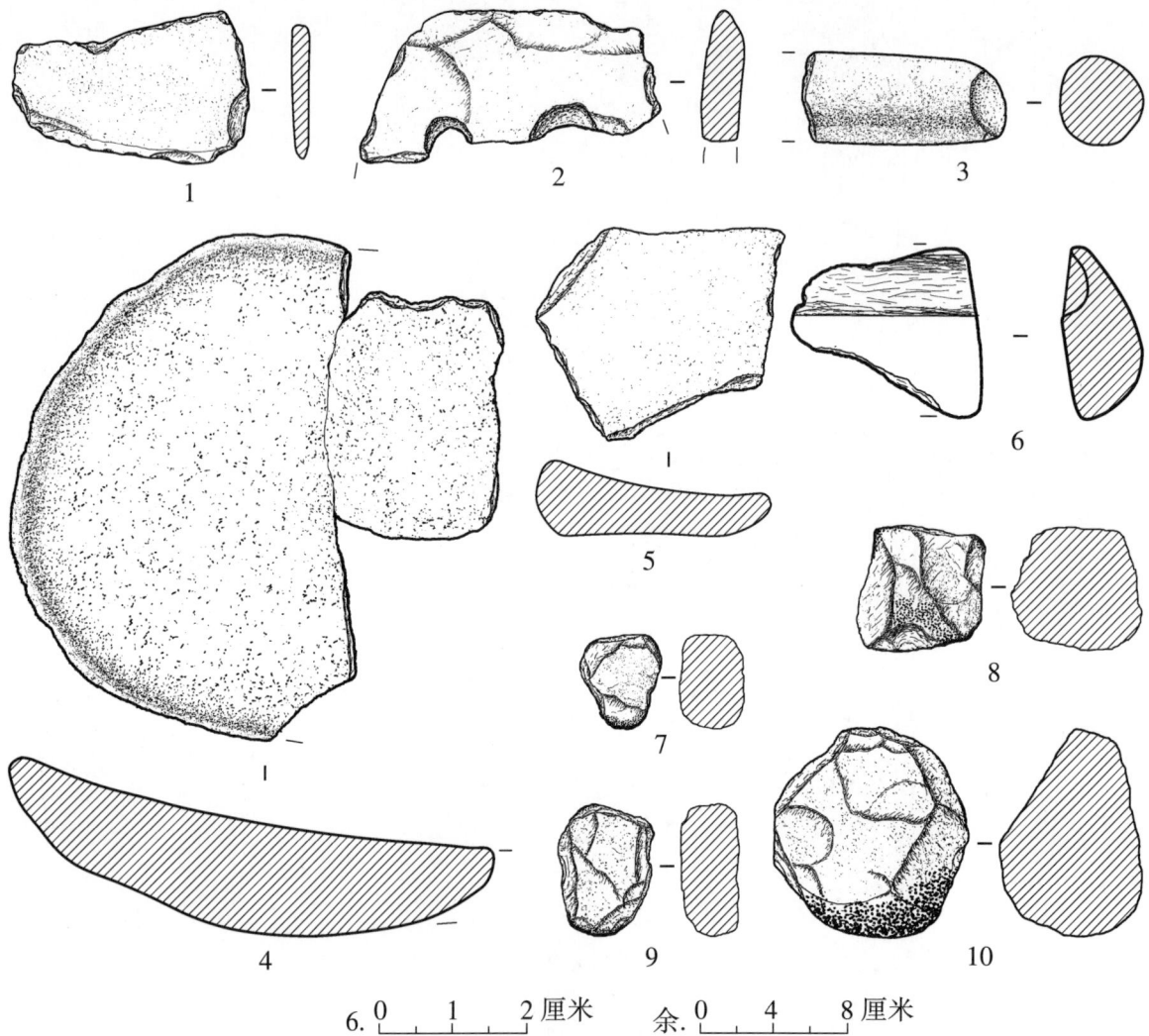

图九四　F11 石器、玉器

1. 铲形石器刃部残片（F11：9）　　2. F型双孔盘状铲形石器（F11：8）　　3. Aa型磨棒（F11：18）

4、5. A型磨盘（F11：11、F11：12）　　6. 玉器残件（F11：19）　　7~10. 敲砸器（F11：15、F11：17、

F11：14、F11：16）

铲形石器刃部残片 1 件，F11∶9，灰色石灰岩，打制，扁平体，残长 6.78、刃宽 11.2、厚 0.86 厘米（图九四，1）。

F 型双孔盘状铲形石器 1 件，F11∶8，上端残片，深灰色页岩，打制，扁体，对钻孔，残长 7.5、残宽 16.6、厚 2.1 厘米（图九四，2）。

Aa 型磨棒 1 件，F11∶18，残段，白色花岗岩，琢制，椭圆柱状，残长 10.6、直径 4.2 厘米（图九四，3；图版二一二，4）。

A 型磨盘 2 件，皆残块，黄白色花岗岩，琢制。F11∶11，长方形，弧端，弧底，磨面下凹，残长 23.53、残宽 26.2、厚 5.72 厘米（图九四，4）；F11∶12，形体扁平，一个磨面，磨痕明显，残长 13.25、残宽 10.0、厚 3.65 厘米（图九四，5）。

敲砸器 4 件。石英岩自然石块 3 件，F11∶14，白色，多棱扁圆体，棱角处多敲击点，长 7.0、宽 5.06、厚 3.2 厘米（图九四，9）；F11∶15，灰色，多棱椭圆体，有多处敲击点，长 5.04、宽 3.65、厚 3.5 厘米（图九四，7；图版二四四，3）；F11∶17，灰色，多棱方体，有多处敲击点，长 7.95、宽 6.88、厚 6.8 厘米（图九四，8）。红色玄武岩自然石块 1 件，F11∶16，多棱椭圆体，有多处敲击点，长 11.0、宽 10.0、厚 7.68 厘米（图九四，10）。

（3）玉器 1 件。

玉器残件 1 件，F11∶19，白色，对钻孔，残长 2.54，孔径 0.7 厘米（图九四，6）。

一二 12 号房址（F12）

1. 遗迹

F12 位于遗址西南部，房址西北部被冲沟毁坏。北与 F9、F23、F54、F41 成列；东与 F13、F10、F4、F7、F19 成排。方向 209°。残存面积 15.96 平方米，依据中心灶址推测：该房址应为一座小型半地穴式房址。平面呈圆角长方形，东西残长 3.8、南北 4.2 米，中心垂直深度 0.35 米。房址挖凿于黄褐色生土层及基岩层内，壁面斜平，稍加修整。室内居住面北高南低，为 0.04～0.08 米厚的黄褐色坚硬的垫踏土层。灶位于室内中部，呈暗红色圆形坑穴式灶，斜壁、平底，内经抹泥。灶址口径 0.7～0.68、底径 0.6、深 0.08 米，抹泥厚 0.18 米。房穴内 4 个柱洞，东北角 1 个，西南角 2 个，东壁中部 1 个（尺寸、形状详见附表 22-12 F12 柱洞一览表）。遗物出于室内四周（图九五）。

2. 遗物

（1）陶器 5 件。斜腹罐口沿 1 件，直腹罐口沿 1 件，Ba 型钵 1 件，Ca 型钵 1 件，Ad 型杯 1 件（参见附表 7 查海遗址房址活动面出土陶器型式统计表）。陶片 22 片（见附表 2 房址出土陶片统计表）。

斜腹罐口沿 1 件，F12∶7，夹砂红褐陶，外叠宽带沿无纹饰，素面，口径 30、残高 9.25、厚 0.9 厘米（图九六，4）。

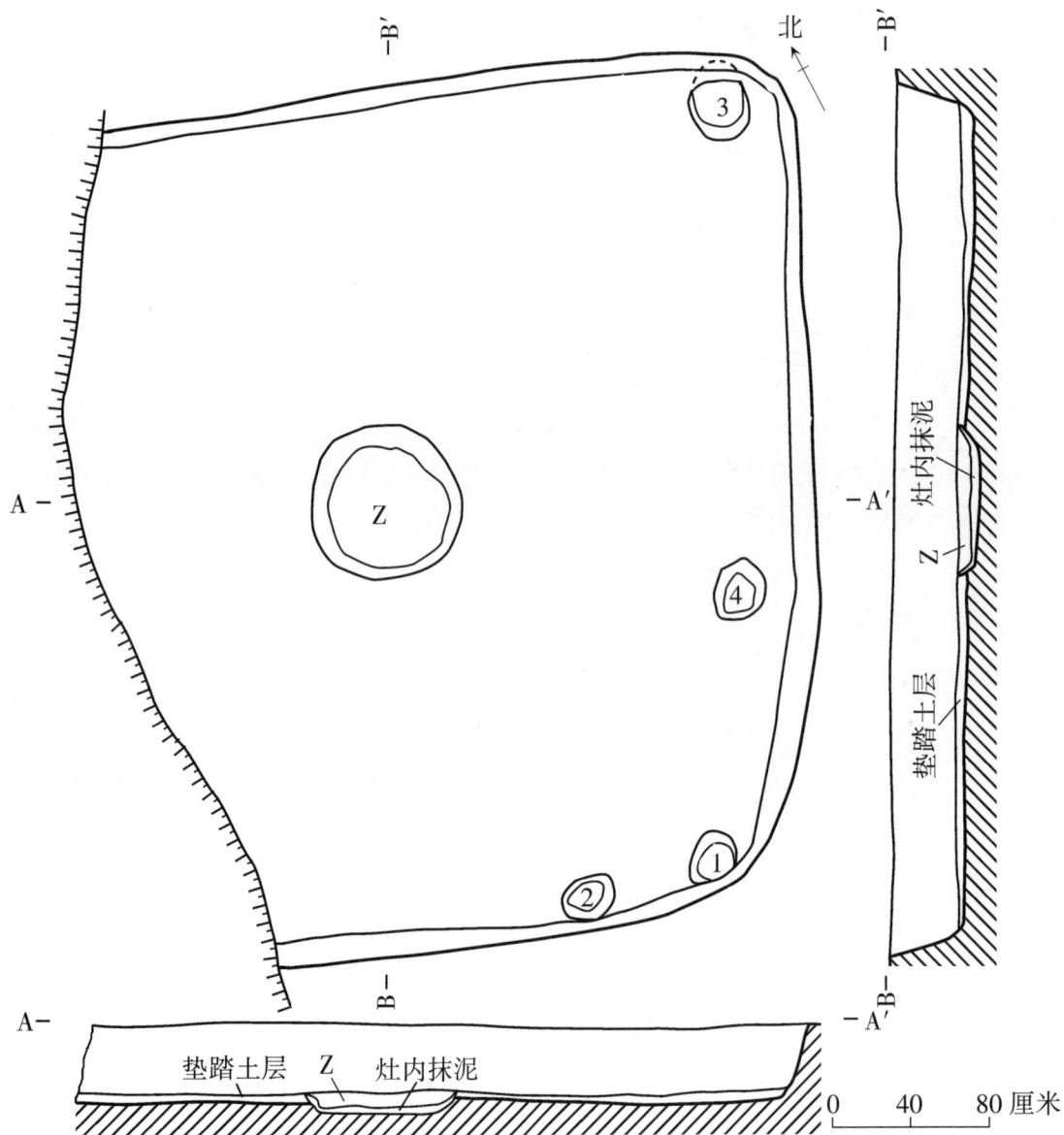

图九五　F12 平、剖面图

1~4. 柱洞　Z. 灶址

直腹罐口沿 1 件，F12:6，夹砂红褐陶，颈饰弦纹数周，腹饰人字纹，有附贴 2 个乳钉，残高 10.5、厚 1.1 厘米（图九六，5）。

Ba 型钵 1 件，F12:8，夹细砂红褐陶，侈口，圆唇，深腹，微凹底，饰网格纹，口径 12.0、底径 6.4、高 9.8 厘米（图九六，3）。此钵系 86 年试掘筒腹罐，始编号为 F1:1。

Ca 型钵 1 件，F12:5，夹砂红褐陶，口沿残片，底部残，尖圆唇，近口饰网格纹，其下依次饰断弦纹、戳点堆纹带、网格纹，口径 15.0、残高 4.45、壁厚 0.6 厘米（图九六，1）。

Ad 型杯 1 件，F12:1，夹粗砂红褐陶，喇叭口，尖圆唇，直斜腹，假圈足，平底，素身，口径 7.0、底径 3.7~4.1、高 5.4 厘米（图九六，2；图版一五四，1）。

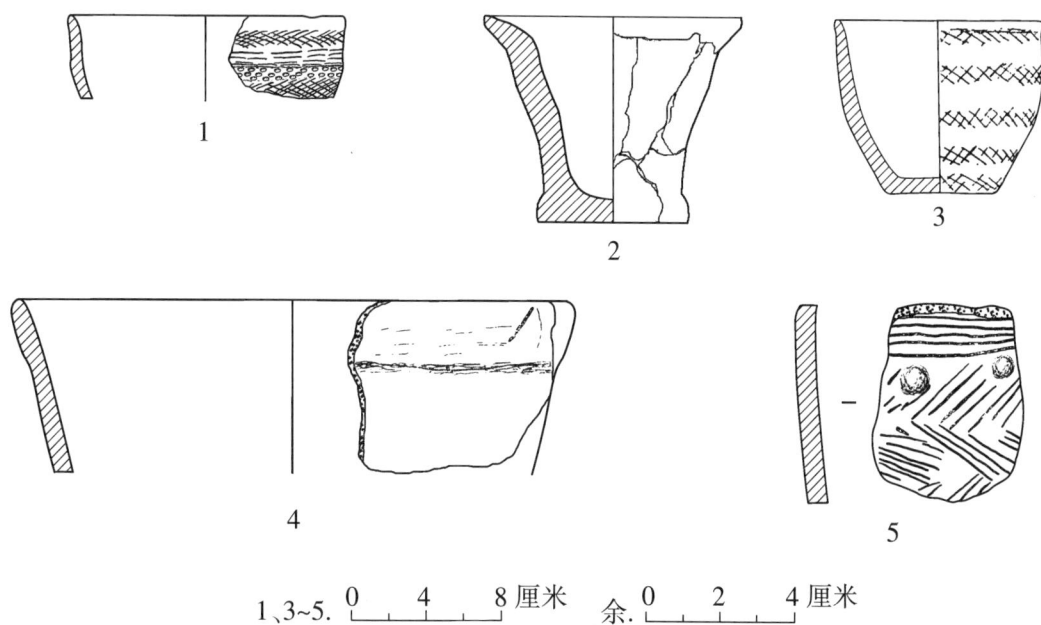

1、3~5. 0　4　8厘米　余. 0　2　4厘米

图九六　F12 陶器

1. Ca 型钵（F12∶5）　2. Ad 型杯（F12∶1）　3. Ba 型钵（F12∶8）

4. 斜腹罐口沿（F12∶7）　5. 直腹罐口沿（F12∶6）

（2）石器3件。A 型石凿1件，敲砸器2件（参见附表15　查海遗址房址居住面出土石器型式统计一览表）。

A 型石凿1件，F12∶3，灰色页岩，磨制，刃部残，残长5.58、宽1.6、厚0.77厘米（图九七，1）。

敲砸器2件。F12∶2，黄白色石灰岩自然石块，扁多棱三角体，有多处敲击点，长7.3、宽7.0、厚5.7厘米（图九七，2）；F12∶4，灰色石英岩自然石块，扁平三角棱体，角有砸击点痕迹，长7.7、宽6.8、厚3.1厘米（图九七，3）。

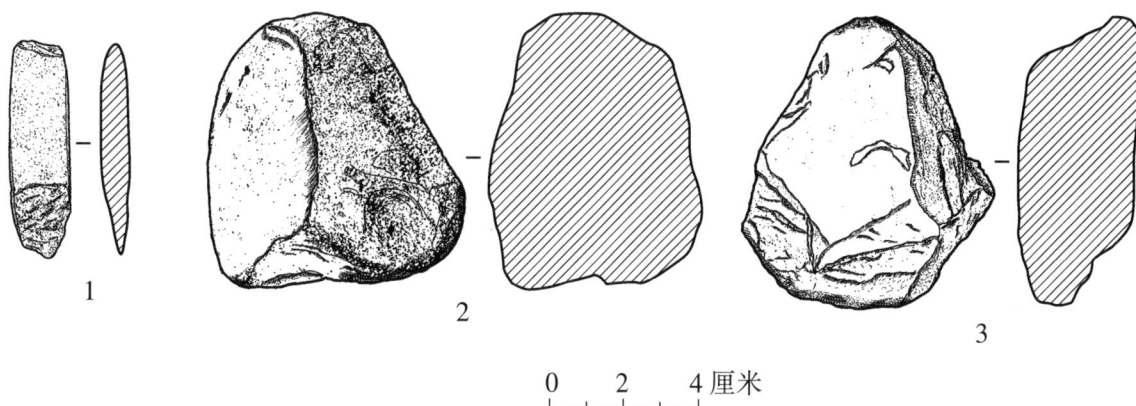

0　2　4厘米

图九七　F12 石器

1. A 型石凿（F12∶3）　2、3. 敲砸器（F12∶2、F12∶4）

一三　13号房址（F13）

1. 遗迹

F13位于遗址西南部，南为现代冲积沟，西南角为H9。北与F11、F22、F42成列，东与F10、F4、F7、F19，西与F12成排。方向209°。面积13.3平方米，是一座小型半地穴式房址。平面呈圆角方形，南北3.8、东西3.5米，中心垂直深度0.42米。房址挖凿于黄褐色生土层及基岩层内，穴壁规整，壁面斜平，略有修整。居住面较平整，为灰褐色坚硬垫踏土层，厚约0.06~0.08米。灶址位于室内中部偏北，椭圆形坑穴式灶。整个灶呈红色，灶穴较浅，平底，内有一层抹泥。灶口直径0.6~0.76、深0.06米，抹泥厚0.02米。房穴内共发现7个大小不同深浅不一的柱洞，形状有圆形、椭圆形，皆靠近穴壁凿于基岩内。分布情况为西南角2个，其他三角各1个，东壁与西壁中部各1个（尺寸、形状详见附表22-13　F13柱洞一览表）。室内遗物主要集中于西北角及西南角（图九八）。

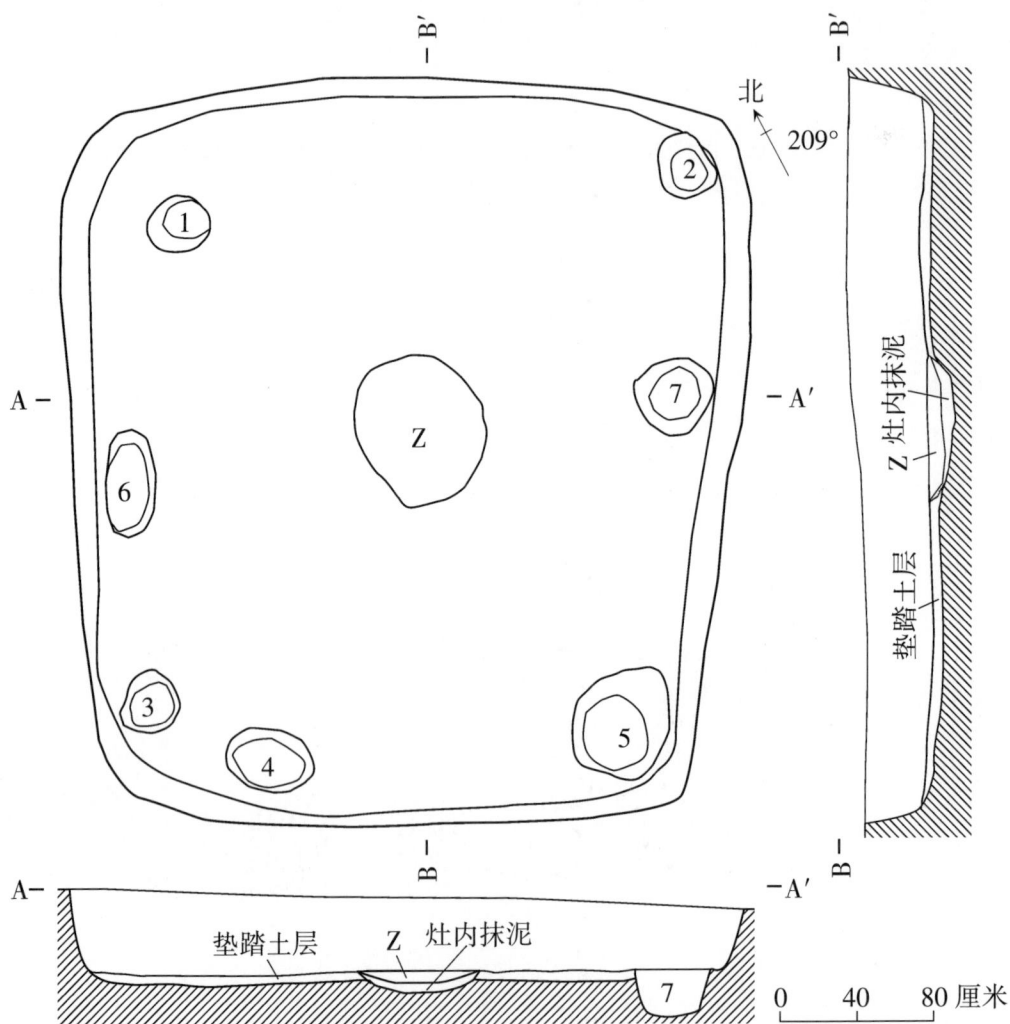

图九八　F13平、剖面图

1~7柱洞　Z. 灶址

2. 遗物

（1）陶器3件。BⅠ式直腹罐1件，BⅤ式直腹罐1件，A型陶纺轮1件（参见附表7　查海遗址房址活动面出土陶器型式统计表）。陶片15片（见附表2　房址出土陶片统计表）。

BⅠ式直腹罐1件，F13：7，夹砂红褐陶，口沿残片，尖唇，外叠宽带沿，沿面饰右斜线纹，口径26.0、残高10.65厘米（图九九，1）。

BⅤ式直腹罐1件，F13：8，夹砂红褐陶，口沿残片，小喇叭口，圆唇，颈饰Da2型锯齿形几何纹，宽平附加堆纹带饰左斜线纹，腹饰竖压横排宽疏之字纹，口径38.0、残高18.4厘米（图九九，3）。

A型陶纺轮1件，F13：6，夹砂灰褐陶，之字纹陶片加工而成，直径4.4、厚0.8厘米（图九九，2）。

（2）石器5件。铲形石器刃部残片2件，Aa型磨棒1件，敲砸器2件（参见附表15　查海遗址房址居住面出土石器型式统计一览表）。

铲形石器刃部残片2件，皆泥质页岩，打制。F13：2，灰色，有使用磨痕，残长8.2、残宽8.84、厚1.6厘米（图一〇〇，1）；F13：3，灰绿色，弧刃，有使用崩痕，残长9.44、残宽14.96、厚1.72厘米（图一〇〇，2）。

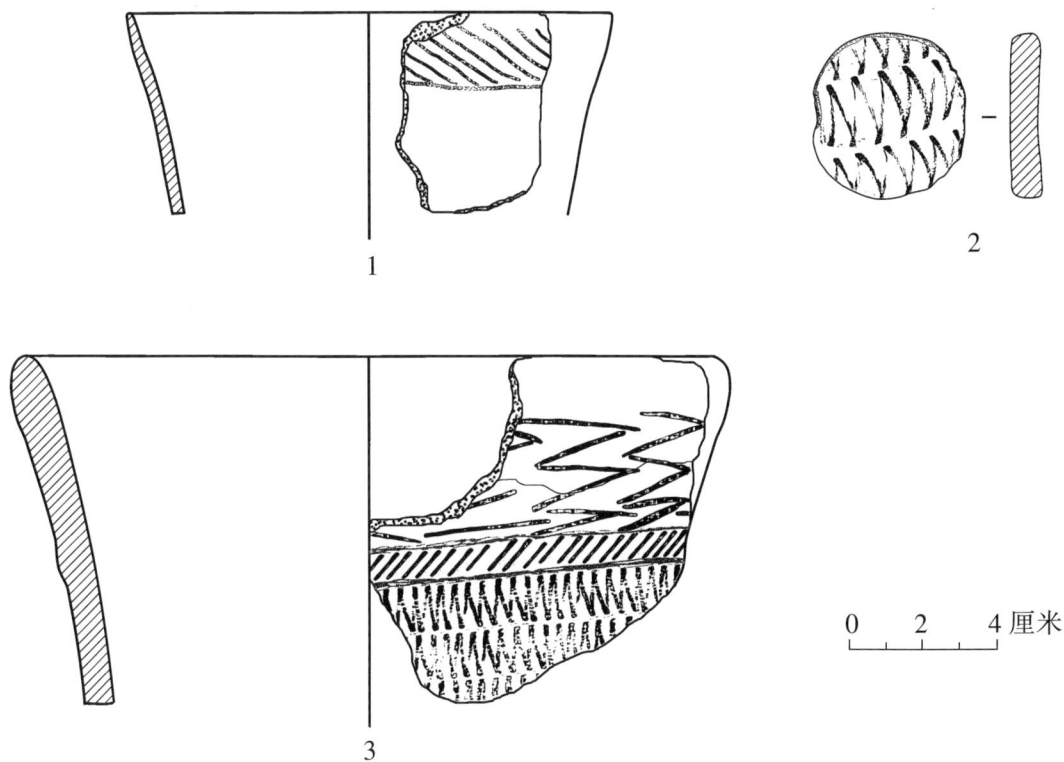

图九九　F13 陶器

1. BⅠ式直腹罐（F13：7）　　2. A型陶纺轮（F13：6）　　3. BⅤ式直腹罐（F13：8）

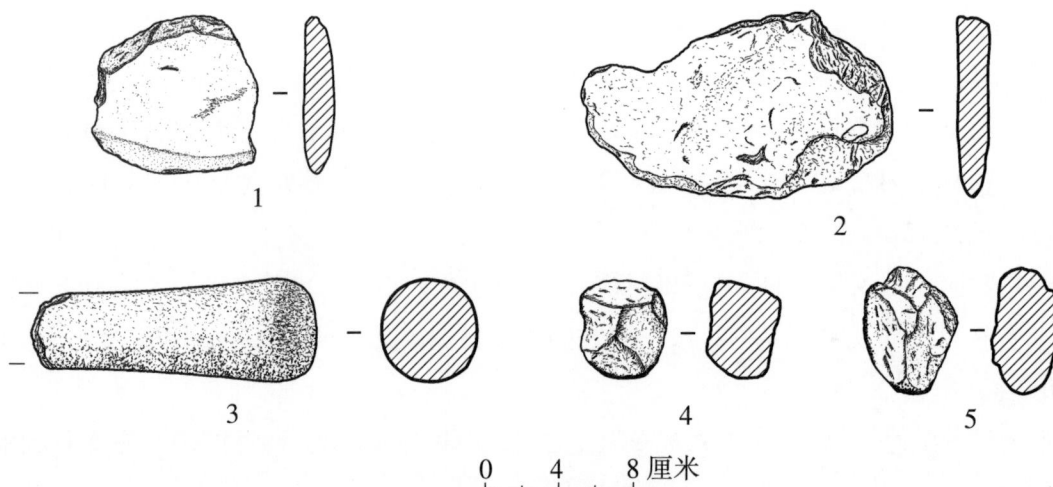

图一〇〇　F13 石器

1、2. 铲形石器刃部残片（F13:2、F13:3）　　3. Aa 型磨棒（F13:1）　　4、5. 敲砸器（F13:5、F13:4）

Aa 型磨棒 1 件，F13:1，残段，琢制，浅黄色花岗岩，圆柱状，经使用，中间细，端粗，残长 15.45、直径 4.05～5.0 厘米（图一〇〇，3；图版二一二，7）。

敲砸器 2 件，皆石英岩自然石块。F13:4，灰色，多棱椭圆体，周边有使用痕迹，长 6.63、宽 5.0、厚 3.5 厘米（图一〇〇，5）；F13:5，浅灰色，近圆形多棱体，棱角处有使用痕迹，长 5.17、宽 4.5、厚 3.79 厘米（图一〇〇，4）。

一四　14 号房址（F14）

1. 遗迹

F14 位于遗址东南部，南与 F19 成列；西与 F17、F6、F3、F1、F11、F9 成排。在其东南发现两个窖穴（H11、H12），其东部未发掘。该房址方向为 224°。面积 38.28 平方米，是一座中型半地穴式房址。平面呈圆角长方形，南北 5.8、东西 6.6 米，中心垂直深度 0.5 米。房址挖凿于黄褐色生土层及基岩层内，穴壁规整，西北高，东南低，壁面修整斜平。室内居住面较平整，垫踏土坚硬，含灰量较大，厚约 0.03～0.10 米。灶址位于室内中部偏北，圆形坑穴式灶，内经抹泥。整个灶址呈暗红色。灶址口径 1.0、底径 0.7、深 0.1 米。在灶址东南 0.6 米，东 0.2 米，各有一小型窖穴。编号分别为 J1、J2。J1 平面呈圆角长方形，斜壁，平底。壁面略弧，口部长 0.80、宽 0.50，底部长 0.50、宽 0.25、深 0.60 米。J2 平面呈椭圆形，斜壁，平底。口部长 0.77、宽 0.42，底部长 0.63、宽 0.33、深 0.60 米。两窖穴内填土为松软灰沙土，J1 未见遗物，J2 出有少量夹砂红褐陶片。房穴内共发现 13 个大小不同深浅不一的柱洞（尺寸、形状详见附表 22－14　F14 柱洞一览表）。柱洞单圈分布，西壁、南壁柱洞距穴壁面较远，其东南角 2 个（其中一个为双柱形柱洞）、东北角 3 个（西北方向排列），西北角 1 个、西南角 1 个（距壁角 1.8 米）、西壁 2 个、南壁 1 个、北壁 2 个、灶北 0.4 米 1 个（详见附表 22 - 14　F14 柱洞一览表）。室内出土遗物较丰富（图一〇一）。

2. 遗物

（1）陶器 22 件。A II 式斜腹罐 1 件，斜腹罐口沿 1 件，B III 式直腹罐 3 件，B IV 式直腹罐 3 件，B V 式直腹罐 1 件，直腹罐罐底 1 件，C II 式鼓腹罐 1 件，C IV 式鼓腹罐 1 件，C V 式鼓腹罐 1 件，Bb1 型钵 1 件，Ac 型杯 1 件，腹部残片 2 件，陶垫片 2 件，钵口沿 1 件，A 型陶纺轮 1 件，B 型陶纺轮 1 件（参见附表 7　查海遗址房址活动面出土陶器型式统计表）。陶片 178 片（见附表 2　房址出土陶片统计表）。

A II 式斜腹罐 1 件，F14 : 58，夹砂红褐陶，口沿残片，外叠宽带沿饰右斜线纹，口径 26.0、残高 8.6 厘米（图一〇二，1）。

斜腹罐口沿 1 件，F14 : 57，夹砂红褐陶，外叠宽带沿下附贴一小圆乳钉，残高 6.8、厚 0.9 厘

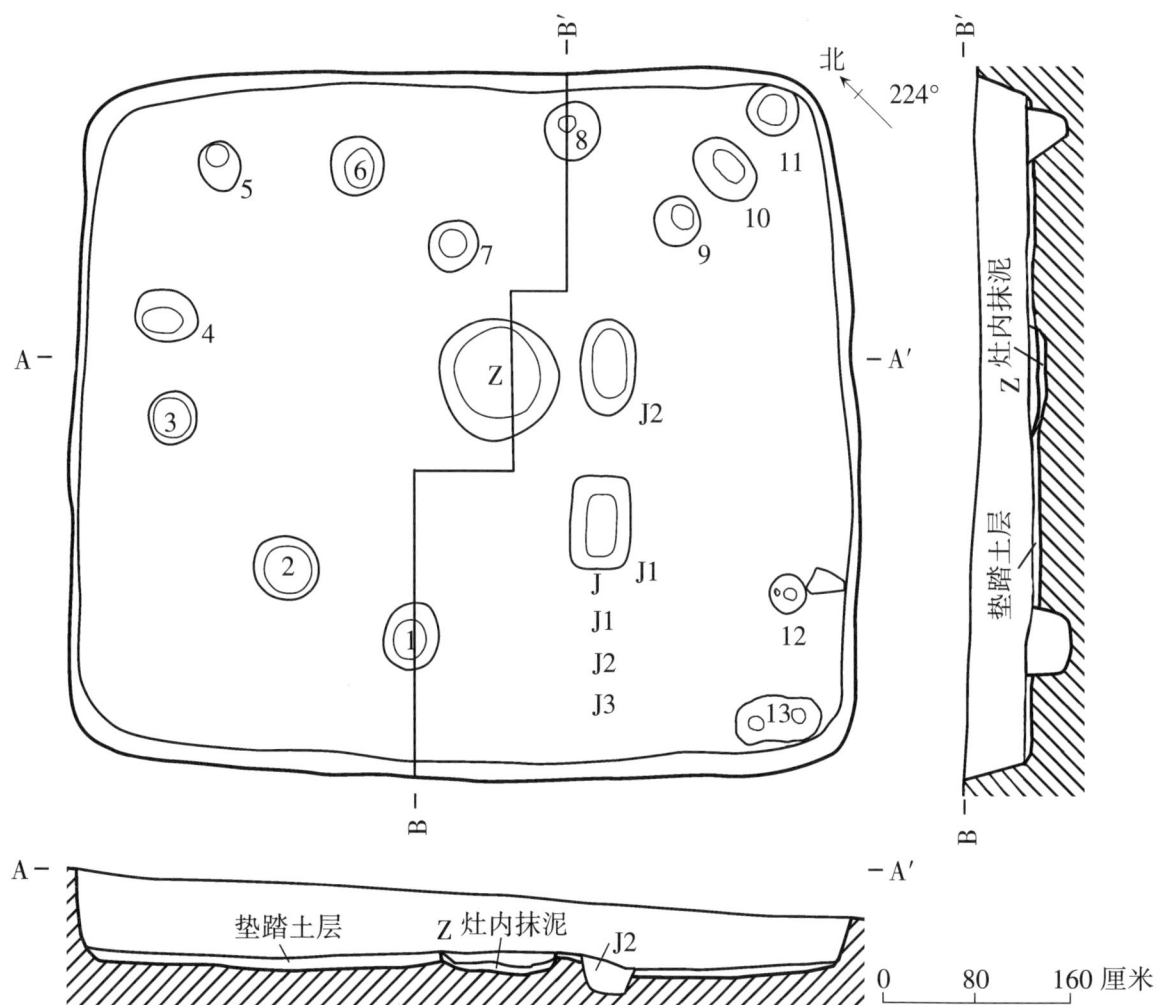

图一〇一　F14 平、剖面图

1 ~ 13. 柱洞　J1 ~ J2. 窖穴　Z. 灶址

米（图一〇二，19）。

BⅢ式直腹罐 3 件，皆夹砂红褐陶，口沿残片。F14：49，敞口，圆唇，近口饰弦纹数周，下饰左斜线纹，口径 12、残高 3.8、厚 0.6 厘米（图一〇二，2）；F14：54，直口，圆唇，颈饰弦纹，指压附加堆纹带，腹饰人字纹，口径 22.0、残高 7.5 厘米（图一〇二，3）；F14：45，小敞撇口，圆唇，颈饰弦纹，指压附加堆纹带，腹饰草划交叉纹，口径 26.0、残高 9.1 厘米（图一〇二，7）。

BⅣ式直腹罐 3 件，皆口沿残片。夹砂红褐陶 1 件，F14：59，直敞口，圆唇，近口饰弦纹 1 周，其下饰 Ba1 型 F 形几何纹 2 周、Aa1 型单体曲尺形几何纹 1 周，腹饰左斜线纹，口径 14.0、残高 9.9 厘米（图一〇二，4）。夹砂灰褐陶 2 件，F14：52，敞口，圆唇，颈饰弦纹数周、附压长左斜线纹，下饰左斜线纹带，腹饰竖压横排规整之字纹，口径 20.0、残高 10.1 厘米（图一〇二，5）；F14：55，敞口，尖圆唇，纹饰由上至下依次为弦纹、左斜线纹 2 周、Aa1 型单体曲尺形几何纹 2 周，腹饰左斜线纹，残高 12.2、厚 0.8 厘米（图一〇二，6）。

BⅤ式直腹罐 1 件，F14：2，夹砂灰褐陶，小喇叭口，厚圆唇，直腹，微凹平底，颈饰 C2 型梭形几何纹，附加堆纹带饰 Ba1 型 F 形几何纹，腹饰竖压横排之字纹，颈部一对铜孔，口径 18、底径 10.8、高 21.4 厘米（图一〇二，8；图版一一六，3）。

直腹罐罐底 1 件，F14：43，夹砂红褐陶，饰横压竖排细长规整之字纹，底径 14.0、残高 9.15、厚 1.2 厘米（图一〇二，16）。

CⅡ式鼓腹罐 1 件，F14：46，夹砂灰褐陶，口沿残片，侈口，圆唇，束颈，近口饰左斜线纹 1 周，颈饰 Ac2 型连体曲尺形几何纹、Da3 型锯齿形几何纹，腹饰左斜线纹，残高 9.9、厚 0.7 厘米（图一〇二，9）。

CⅣ式鼓腹罐 1 件，F14：56，夹砂灰褐陶，口沿残片，大侈口，尖圆唇，束颈，近口饰左斜线纹 1 周，颈饰 Ab1 型扣合曲尺形几何纹 2 周，腹饰左斜线纹，口径 22.0、残高 11.6 厘米（图一〇二，10）。

CⅤ式鼓腹罐 1 件，F14：51，夹砂灰褐陶，口沿残片，圆唇，显肩，颈饰左斜线纹 2 周、Ab1 型扣合曲尺形几何纹，腹饰左斜线纹，口径 14.0、残高 6.65 厘米（图一〇二，11）。

Bb1 型钵 1 件，F14：1，夹砂灰褐陶，直口，圆唇，上腹近直，下腹部微弧，平底，素面，口径 11.7、底径 7.1、高 8.9 厘米（图一〇二，12；图版一五〇，5）。

Ac 型杯 1 件，F14：4，夹砂红褐陶，敞口，圆唇，斜直腹，假圈足底，器表饰竖排人字纹，口径 4.3、底径 3.75、高 5.8 厘米（图一〇二，13；图版一五四，2）。

腹部残片 2 件，皆夹砂红褐陶。F14：53，附贴錾耳，残高 6.8、厚 0.9 厘米（图一〇二，17）；F14：60，饰草划网格纹，残高 8、厚 0.7 厘米（图一〇二，20）。

陶垫片 2 件，皆夹砂红褐陶。F14：47；F14：50。

钵口沿 1 件，F14：48，夹砂红褐陶，尖唇，附贴一小圆乳钉，残高 5.45、厚 0.9 厘米（图一〇二，18）。

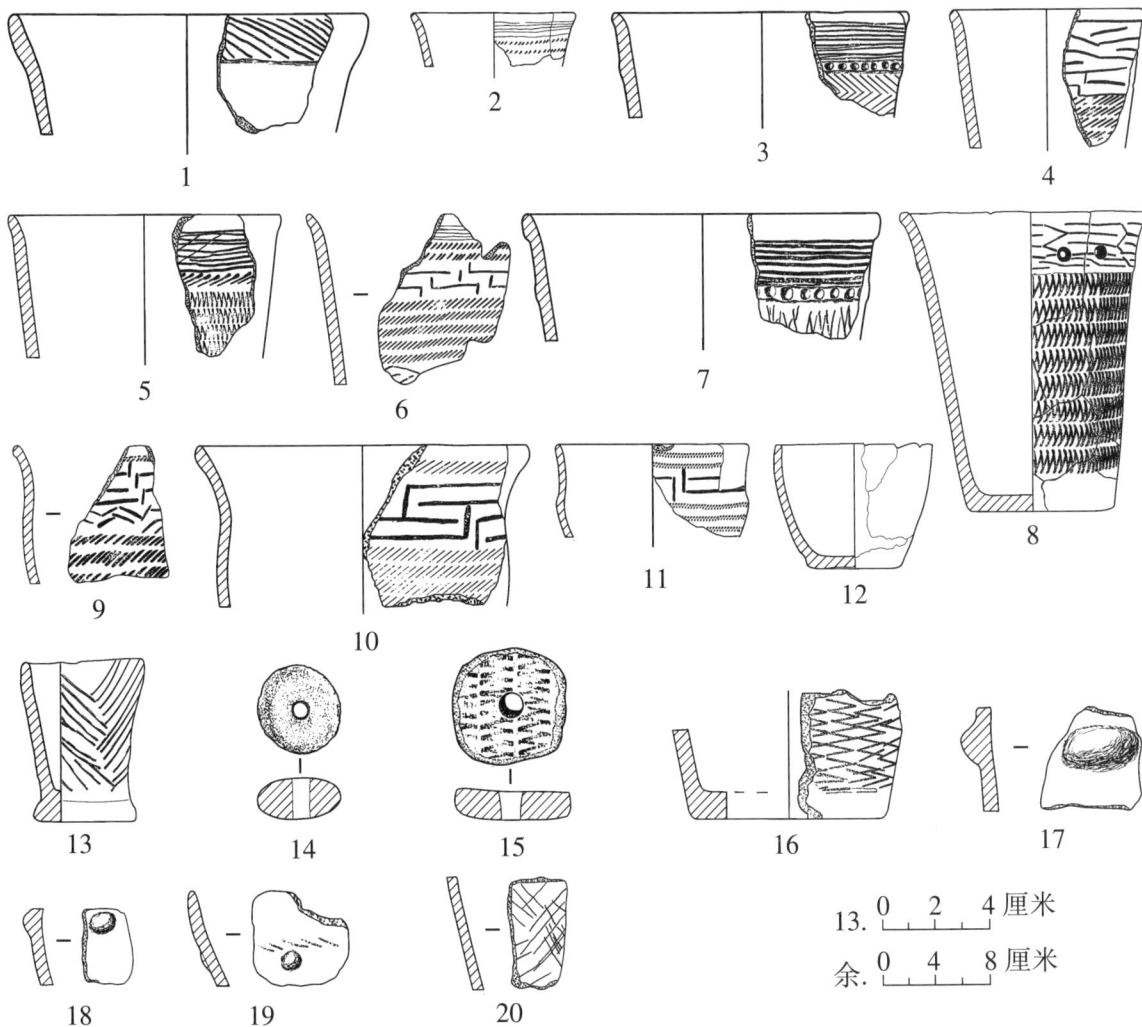

图一〇二 F14 陶器

1. A Ⅱ 式斜腹罐（F14:58） 2、3、7. B Ⅲ 式直腹罐（F14:49、F14:54、F14:45） 4~6. B Ⅳ 式直腹罐（F14:59、F14:52、F14:55） 8. B Ⅴ 式直腹罐（F14:2） 9. C Ⅱ 式鼓腹罐（F14:46） 10. C Ⅳ 式鼓腹罐（F14:56） 11. C Ⅴ 式鼓腹罐（F14:51） 12. Bb1 型钵（F14:1） 13. Ac 型杯（F14:4） 14. B 型陶纺轮（F14:30） 15. A 型陶纺轮（F14:44） 16. 直腹罐罐底（F14:43） 17、20. 腹部残片（F14:53、F14:60） 18. 钵口沿（F14:48） 19. 斜腹罐口沿（F14:57）

A 型陶纺轮 1 件，F14:44，夹砂灰褐陶，之字纹直腹罐残片磨制，中孔，直径 4.27、孔径 0.94、厚 1.0 厘米（图一〇二，15）。

B 型陶纺轮 1 件，F14:30，夹砂红褐陶，圆珠状，直径 3.04、孔径 0.67、厚 1.44 厘米（图一〇二，14；图版一五九，5）。

（2）石器 26 件。C 型石斧 3 件，铲形石器刃部残片 2 件，Aa 型磨棒 2 件，Ab 型磨棒 1 件，砺石 2 件，小石环 1 件，石钻 1 件，尖状器 2 件，敲砸器 12 件（参见附表15 查海遗址房址居住面出土石器型式统计一览表）。

C 型石斧 3 件。F14：21，灰色石灰岩，打制，扁体，梯形，弧顶，刃部残，残长 10.3、宽 6.4、厚 2.2 厘米（图一〇三，1）；F14：37，黑色页岩，打制，扁长体，正锋，弧刃，长 9.4、宽 2.86、厚 0.93 厘米（图一〇三，3；图版一七〇，3）；F14：39，灰色泥质岩，打磨，扁长体，正锋，弧刃，长 9.48、宽 3.18、厚 1.35 厘米（图一〇三，2；图版一七〇，4）。

铲形石器刃部残片 2 件，皆灰色石灰岩，打制，扁体。F14：19，残长 10.5、残宽 8.5、厚 1.5 厘米（图一〇三，4）；F14：20，正锋，弧刃，残长 7.5、残宽 9.8、厚 1.0 厘米（图一〇三，5）。

Aa 型磨棒 2 件，皆残段，花岗岩，琢制。F14：6，灰色，细长圆柱状，残长 16.8、直径 4.7 厘米（图一〇三，7；图版二一二，8）；F14：8，黄白色，圆柱状，残长 6.0、直径 5.2 厘米（图一〇三，6）。

Ab 型磨棒 1 件，F14：7，残段，黄白色花岗岩，琢制，短粗圆柱状，残长 11.7、直径 7.6 厘米（图一〇三，8）。

砺石 2 件，F14：5，残，棕红色花岗岩自然石块，扁平长方体，双磨面，一个磨面下凹，另一磨面凸凹不平，长 19.3、宽 17.7、厚 4.8 厘米（图一〇三，12；图版二二二，6）；F14：23，残，灰色石灰岩，磨制，扁椭圆体，有四个使用面，磨痕明显，残长 5.7、宽 5.3、厚 2.0 厘米（图一〇三，9）。

小石环 1 件，F14：32，青色滑石，磨制，对钻孔，直径 1.8、孔径 0.48、厚 0.62 厘米（图一〇四，5；图版二四一，4）。

石钻 1 件，F14：33，浅黄色木化石，打制，扁平，圆尖，长 3.2、宽 1.1、厚 0.5 厘米（图一〇四，6；图版二四〇，4）。

尖状器 2 件，皆白色石英岩自然石块，棱锥状，尖部有磨痕。F14：34，长 2.6、宽 1.9、厚 1.5 厘米（图一〇四，7；图版二四二，2）；F14：35，长 3.42、宽 2.9、厚 2.13 厘米（图一〇四，8；图版二四二，1）。

敲砸器 12 件。石英岩自然石块 10 件，F14：9，灰色，近圆形多棱体，有多处敲击点，直径 8.3～9.3、厚 7.4 厘米（图一〇四，1）；F14：10，灰色，圆形多棱体，有多处敲击点，长 7.1、宽 6.9、厚 6.6 厘米（图一〇三，11）；F14：11，灰色，多棱体，有多处敲击点，长 7.2、宽 6.9、厚 6.8 厘米（图一〇三，18）；F14：12，灰色，近圆形多棱体，有多处敲击点，长 7.1、宽 6.8、厚 5.8 厘米（图一〇三，15）；F14：13，灰色，椭圆形多棱角，有多处敲击点，长 7.4、宽 5.2、厚 3.2 厘米（图一〇三，13）；F14：14，白色，扁圆形多棱体，有多处敲击点，长 8.5、宽 7.6、厚 4.0 厘米（图一〇四，3；图版二四四，4）；F14：17，白色，圆角方形多棱体，有多处敲击点，长 6.0、宽 5.5、厚 4.5 厘米（图一〇三，14）；F14：18，浅灰色，圆角方形多棱体，有多处敲击点，长 5.8、宽 5.6、厚 4.0 厘米（图一〇三，10）；F14：22，灰褐色，椭圆形扁平多棱体，有多处敲击点，长 8.0、宽 6.3、厚 3.1 厘米（图一〇三，16）；F14：25，褐色，扁圆形，有多处敲击点，最大直径 5.7、厚 2.6 厘米（图一〇三，17；图版二四五，3）。石灰岩自然石块 2 件，F14：15，浅灰色近圆形多棱体，有多处敲击点，长 8.5、宽 8.0、厚 7.8 厘米（图一〇四，2）；F14：16，浅灰

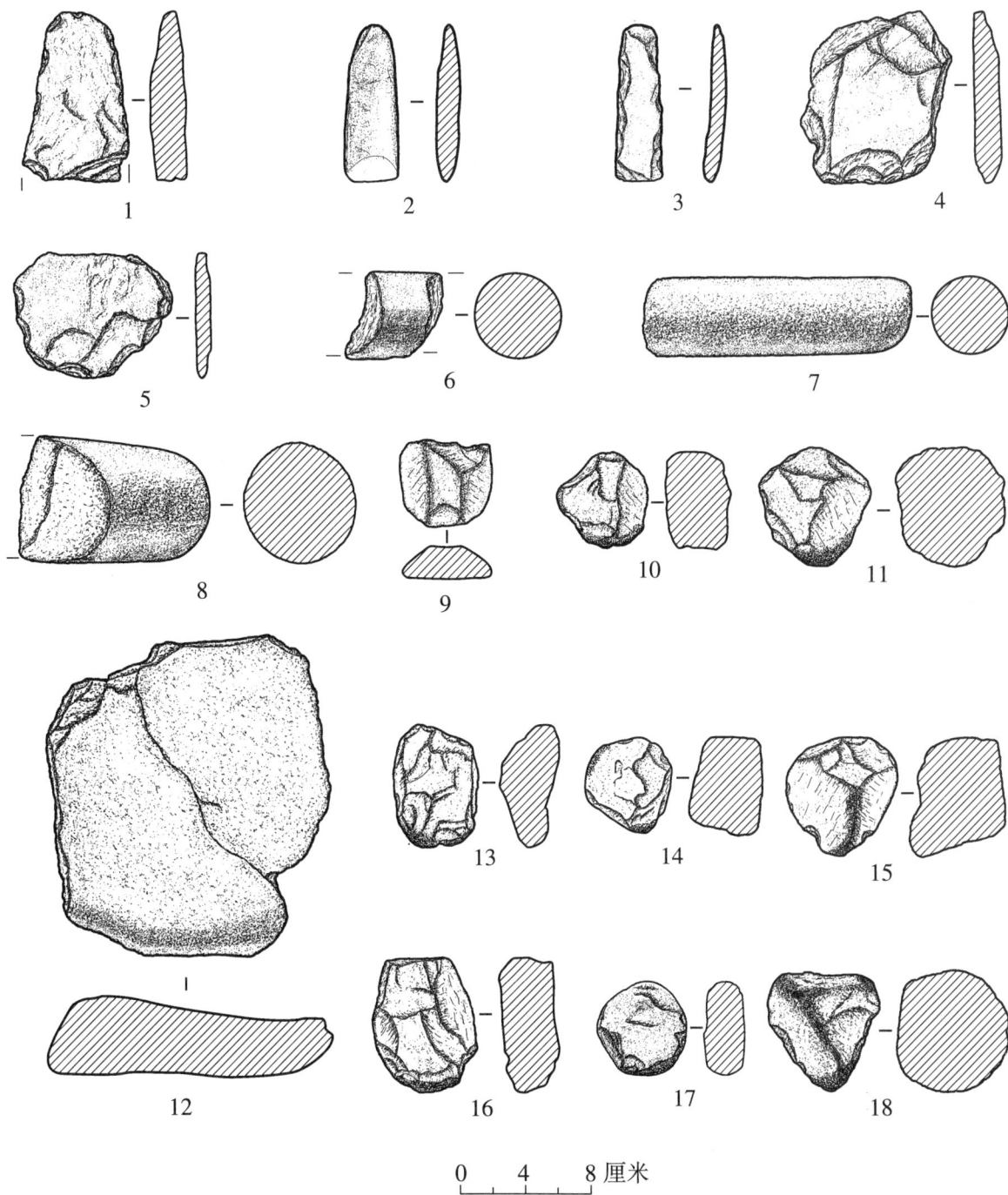

图一〇三　F14 石器

1~3. C 型石斧（F14：21、F14：39、F14：37）　　4、5. 铲形石器残片（F14：19、F14：20）　　6、7. Aa 型磨棒（F14：8、F14：6）　　8. Ab 型磨棒（F14：7）　　9、12. 砺石（F14：23、F14：5）　　10、11、13 ~18. 敲砸器（F14：18、F14：10、F14：13、F14：17、F14：12、F14：22、F14：25、F14：11）

色，多棱体，有多处敲击点，长6.9、宽6.9、厚6.3厘米（图一〇四，4）。

（3）细石器43件。石核3件，石叶9件，刮削器31件（参见附表20　查海遗址各遗迹单位出土细石器统计表）。

石核3件。F14：24，青灰色燧石，棱锥状，压削面清晰，长3.35、宽2.4、厚1.8厘米（图一〇四，11；图版二五三，3）；F14：26，青褐色页岩，锥柱状，压削面清晰，长3.44、宽1.8、厚1.37厘米（图一〇四，9；图版二五三，4）；F14：38，青灰色燧石，锥柱状，压削面清晰，长3.34、宽2.52、厚1.66厘米（图一〇四，10；图版二五三，2）。

石叶9件，青色燧石压制8件，片状，周边锋利。F14：27，长2.0、宽0.9、厚0.4厘米（图一〇四，13；图版二五六，3）；F14：28，长2.3、宽1.2、厚0.5厘米（图一〇四，16；图版二五六，4）；F14：36-7，长1.6、宽0.6、厚0.15厘米；F14：36-9，长1.23、宽0.63、厚0.16厘米；F14：36-10，长0.98、宽0.61、厚0.2厘米；F14：36-12，长1.59、宽0.59、厚0.15厘米；F14：41，长2.1、宽0.9、厚0.4厘米（图一〇四，15）；F14：42，长1.0、宽0.8、厚0.06厘米（图一〇四，13；图版二五六，2）。红色石英岩压制1件，片状，周缘及棱角均锋利，F14：40，长2.0、宽1.5、厚0.5厘米（图一〇四，17；图版二五六，9）。

刮削器31件，皆燧石压制，条状，长边锋利。F14：36-1，青灰色，长1.1、宽0.8、厚0.1厘米（图一〇四，18）；F14：36-2，青灰色，长1.1、宽0.6、厚0.16厘米（图一〇四，19）；F14：36-3，淡黄色，长1.6、宽0.4、厚0.2厘米（图一〇四，21）；F14：36-4，青灰色，长1.3、宽0.5、厚0.1厘米（图一〇四，19）；F14：36-5，青色，长1.7、宽0.4、厚0.07厘米（图一〇四，20）；F14：36-6，淡青色，长0.87、宽0.37、厚0.1厘米；F14：36-8，粉色，长1.5、宽0.5、厚0.09厘米；F14：36-11，棕红色，长1.57、宽0.41、厚0.12厘米；F14：36-13，褐色，长0.81、宽0.44、厚0.17厘米；F14：36-14，淡黄色，长0.97、宽0.52、厚0.1厘米；F14：36-15，黑色，长1.04、宽0.4、厚0.1厘米；F14：36-16，黑色，长1.28、宽0.47、厚0.11厘米；F14：36-17，黑色，长1.29、宽0.54、厚0.19厘米；F14：36-18，淡黄色，长1.39、宽0.4、厚0.12厘米；F14：36-19，青色，长1.26、宽0.47、厚0.1厘米；F14：36-20，青灰色，长1.02、宽0.57、厚0.15厘米；F14：36-21，青色，长1.23、宽0.38、厚0.11厘米；F14：36-22，淡青色，长1.17、宽0.43、厚0.11厘米；F14：36-23，青灰色，长1.03、宽0.5、厚0.11厘米；F14：36-24，淡青色，长1.07、宽0.51、厚0.12厘米；F14：36-25，淡黄色，长1.13、宽0.3、厚0.1厘米；F14：36-26，青灰色，长0.9、宽0.55、厚0.16厘米；F14：36-27，青色，长0.1、宽0.41、厚0.11厘米；F14：36-28，青灰色，长0.88、宽0.52、厚0.15厘米；F14：36-29，青色，长0.8、宽0.64、厚0.2厘米；F14：36-30，淡青色，长0.88、宽0.34、厚0.08厘米；F14：36-31，青灰色，长0.71、宽0.57、厚0.09厘米；F14：36-32，淡黄色，长0.81、宽0.42、厚0.11厘米；F14：36-33，青灰色，长0.91、宽0.47、厚0.12厘米；F14：36-34，青色，长0.92、宽0.48、厚0.15厘米；F14：36-35，青灰色，长0.83、宽0.54、厚0.15厘米。

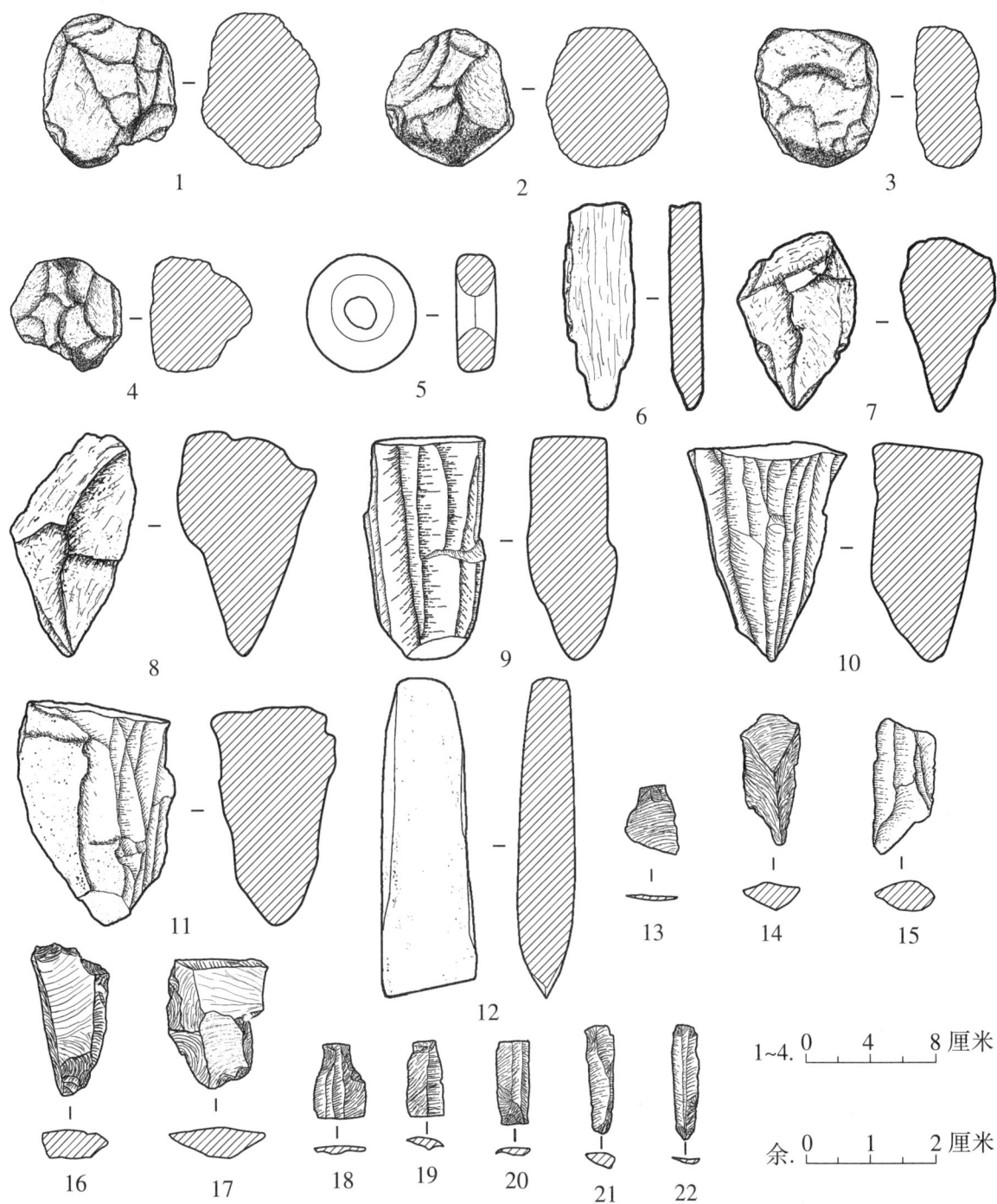

图一〇四　F14 石器、玉器

1~4. 敲砸器（F14：9、F14：15、F14：14、F14：16）　5. 小石环（F14：32）　6. 石钻（F14：33）

7、8. 尖状器（F14：34、F14：35）　9~11. 石核（F14：26、F14：38、F14：24）　12. B 型玉凿

（F14：3）　13~17. 石叶（F14：42、F14：27、F14：41、F14：28、F14：40）　18~22. 刮削器

（F14：36－1、F14：36－2、F14：36－4、F14：36－3、F14：36－5）

（4）玉器1件。

B型玉凿1件，F14:3，浅绿色，通体磨光，扁长方体，顶端圆角小平面，两侧棱角分明，正锋，斜直刃，刃锋利，长4.9、顶宽1.0、刃宽1.5、厚1.8厘米（图一〇四，12；图版二七一，1）。

一五　15号房址（F15）

1. 遗迹

F15位于遗址东南部，北与F21、F50，南与F6成列；东与F16，西与F5、F2、F23、F37成排。方向216°。面积25.44平方米，是一座小型半地穴式房址。平面呈圆角长方形，南北4.8、东西5.3米，中心垂直深度0.52米。房址挖凿于黄褐色生土层及基岩层内，穴壁较规整，南壁略外弧，壁面斜平，略有修整。室内居住面为坚硬的灰黑色垫踏土，较平整，厚约0.05~0.10米。灶址位于室内中部偏北，圆形坑穴式灶，灶斜壁、平底，底部摆放不规则的石块，整个灶址呈暗红色，南北两边有成片烧土痕迹。灶址口径1.0、底径0.8、深0.12米，内经抹泥，厚0.03~0.05米。在室内东、西两壁偏北各有一小型窖穴。编号分别为J1、J2。J1平面呈圆角长方形，斜壁，平底。坑内填土为细沙土，出有陶罐、陶杯及石球。窖口长0.66、宽0.50，底部长0.55、宽0.45，深0.26米。J2平面呈椭圆形，西半部凿入房穴西壁，斜壁，平底。窖口部长0.6、宽0.3，壁内进深0.4，穴深0.3米。房穴内共发现10个大小不同、深浅不一的柱洞。柱洞分布情况为东北角、西北角各1个，东南角、西南角各3个、灶址南侧0.4~0.5米处2个（尺寸、形状详见附表22-15　F15柱洞一览表）。室内出土遗物较少（图一〇五）。

2. 遗物

（1）陶器5件。BⅢ式直腹罐1件，BⅤ式直腹罐1件，BⅥ式直腹罐1件，直腹罐罐底1件，A型陶纺轮1件（参见附表7　査海遗址房址活动面出土陶器型式统计表）。陶片37片（见附表2　房址出土陶片统计表）。

BⅢ式直腹罐1件，F15:2，夹砂红褐陶，喇叭口，尖圆厚唇，直腹，下腹部残缺，颈饰弦纹数周，附加堆纹带饰粗左斜线纹，腹饰较规整交叉划纹，口径20.6、残高14.3、壁厚0.9厘米（图一〇六，1）。

BⅤ式直腹罐1件，F15:1，夹砂灰褐陶，敞口，尖圆厚唇，直腹，下腹部残缺，器表满饰规整左斜线纹，口径15.3、残高10.24厘米（图一〇六，3）。

BⅥ式直腹罐1件，F15:42，夹砂红褐陶，口沿残片，小撇口，圆唇，饰左斜线纹，口径18.0、残高8.4厘米（图一〇六，2）。

直腹罐罐底1件，F15:3，夹砂灰褐陶，下腹及底部，直腹，平底，腹饰竖压横排之字纹，底径11.0、残高8.8厘米（图一〇六，4）。

A型陶纺轮1件，F15:38，夹砂灰褐陶陶片制作，圆形，中孔未钻透，直径7.5、厚1厘米

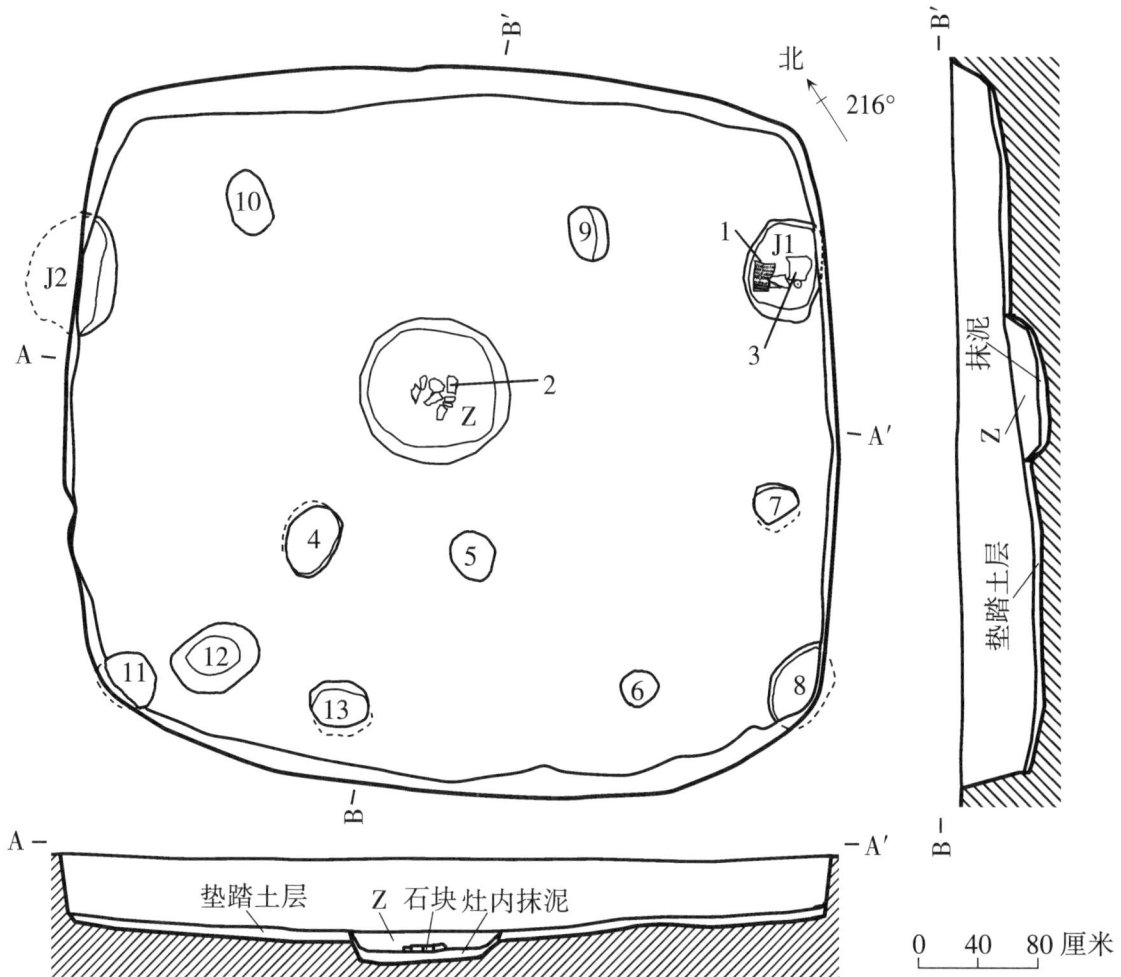

图一〇五 F15 平、剖面图

1、2. 直腹罐口沿 3. 直腹罐罐底 4～13. 柱洞 J1、J2. 窖穴 Z. 灶址

（图一〇六，5；图版一五九，2）。

（2）石器 34 件。Ba 型铲形石器 2 件，铲形石器残片 2 件，C 型石刀 1 件，Aa 型磨棒 1 件，C 型磨棒 2 件，A 型磨盘 1 件，砺石 4 件，B 型研磨器 2 件，敲砸器 19 件（参见附表 15 查海遗址房址居住面出土石器型式统计一览表）。

Ba 型铲形石器 2 件。F15：8，残片，深灰色页岩，打制，扁体，残长 10.5、残宽 7.3、厚 1.5 厘米（图一〇七，1）；F15：7，柄残，浅红色石灰岩，打制，扁体，弧刃，正锋，刃部有崩疤，长 10.5、刃宽 9.0、厚 2.1 厘米（图一〇七，2）。

铲形石器残片 2 件。F15：14，灰色石灰岩，打制，扁体，残长 7.9、残宽 7.1、厚 1.8 厘米（图一〇七，3）；F15：16，浅灰色页岩，打制，扁平体，残长 7.3、残宽 10.6、厚 1.8 厘米（图一〇七，4）。

C 型石刀 1 件，F15：9，残，褐色长石，打制，三角形截面，直背，弧刃，刃部有崩疤，长 16.2、宽 4.1、厚 2.1 厘米（图一〇七，8；图版一九四，1）。

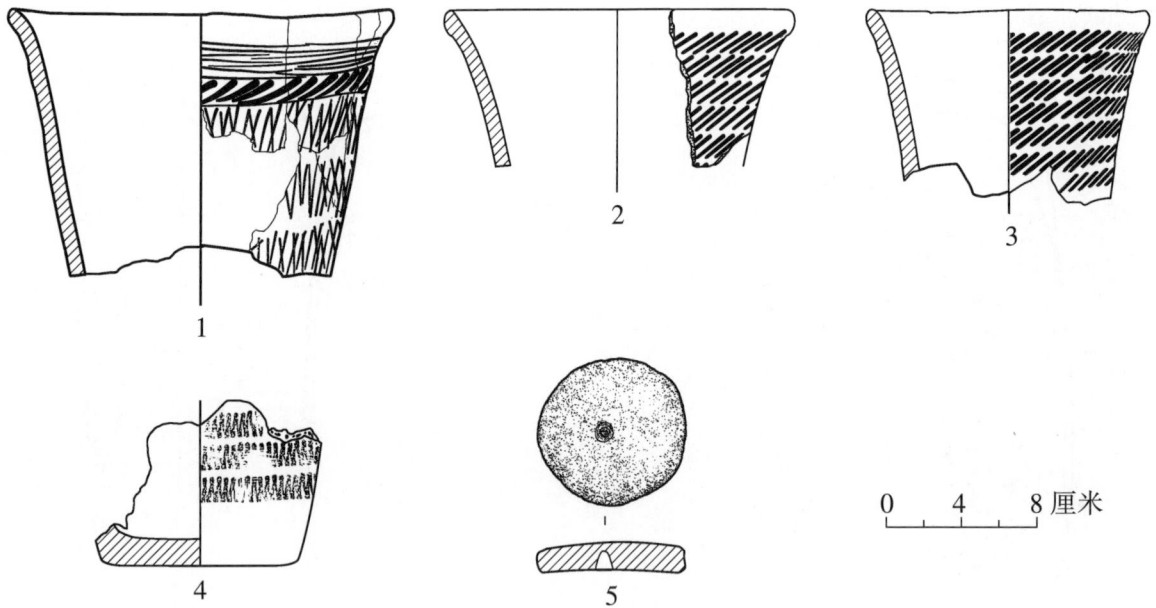

图一〇六　F15 陶器

1. BⅢ式直腹罐（F15:2）　　2. BⅥ式直腹罐（F15:42）　　3. BⅤ式直腹罐口沿（F15:1）

4. 直腹罐罐底（F15:3）　　5. A型陶纺轮（F15:38）

Aa型磨棒1件，F15:4，残段，棕红色花岗岩，琢制，圆柱状，一面推磨较平，残长14.5、直径4.4~5.2厘米（图一〇七，5）。

C型磨棒2件，皆残段，黄色花岗岩，琢制。F15:5，棱柱状，残长12.5、宽4.5、厚4.0厘米（图一〇七，6；图版二一八，4）；F15:6，三棱柱状，残长7.0、直径5.3厘米（图一〇七，7）。

A型磨盘1件，F15:37，残，棕红色花岗岩，磨面凹平，残长9.5、残宽6.0、厚5.1厘米（图一〇七，10）。

砺石4件。F15:10，褐色玄武岩，琢制，扁体，双磨面，长8.0、宽8.0、厚1.5厘米（图一〇七，11）；F15:11，棕红色花岗岩自然石块，扁平体，磨面凹平，长9.5、宽5.6、厚4.6厘米（图一〇七，12）；F15:12，残块，黄色花岗岩自然石块，琢制，扁平体，磨面，磨面凹平，残长8.0、残宽4.4、厚2.8厘米（图一〇七，13）；F15:33，残块，灰色页岩，磨面平凹，长5.5、宽5.2、厚1.0厘米（图一〇七，14）。

B型研磨器2件，皆琢制，椭圆体。F15:13，端部稍残，浅黄色花岗岩，残长7.48、残宽3.55、厚5.0厘米；F15:17，稍残，浅灰色石灰岩，直径2.3~4.8、厚2.5厘米（图一〇七，9；图版二二九，3）。

敲砸器19件。石英岩自然石块11件，F15:18，浅灰色，椭圆形多棱体，有多个敲击点，长7.6、宽6.8、厚6.2厘米（图一〇七，28）；F15:20，白色，扁平长方体，棱角处有多个敲击点，长7.8、宽5.2、厚4.0厘米（图一〇七，26）；F15:22，灰色，近扁三角体，有多处敲击点，

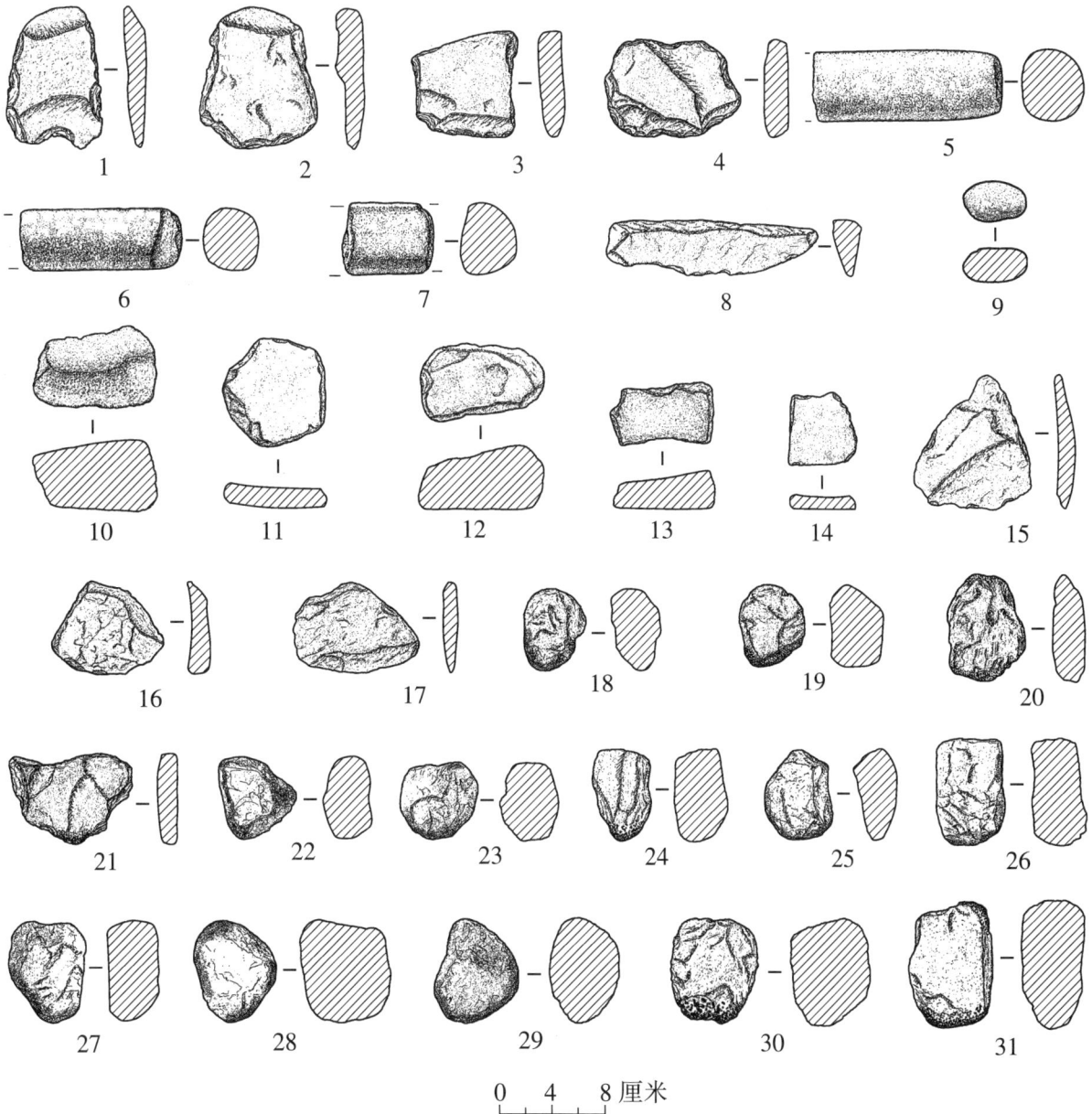

图一〇七　F15 石器

1、2. Ba 型铲形石器（F15：8、F15：7）　3、4. 铲形石器残片（F15：14、F15：16）　5. Aa 型磨棒（F15：4）
6、7. C 型磨棒（F15：5、F15：6）　8. C 型石刀（F15：9）　9. B 型研磨器（F15：17）　10. A 型磨盘
（F15：37）　11～14. 砺石（F15：10、F15：11、F15：12、F15：33）　15～17. 刮削器（F15：32、F15：31、
F15：15）　18～31. 敲砸器（F15：23、F15：25、F15：29、F15：41、F15：28、F15：26、F15：34、F15：27、
F15：20、F15：22、F15：18、F15：24、F15：21、F15：40）

长 7.5、宽 5.9、厚 3.8 厘米（图一〇七，27）；F15：23，浅灰色，椭圆形多棱体，有多处敲击点，
长 6.0、宽 4.6、厚 3.7 厘米（图一〇七，18）；F15：24，浅灰色，椭圆形多棱体，有多处敲击点，
长 7.8、宽 6.4、厚 5.3 厘米（图一〇七，29）；F15：25，灰色，近椭圆形多棱体，有多处敲击点，

长 6.0、宽 5.0、厚 4.0 厘米（图一〇七，19）；F15：26，浅黄色，近扁圆形多棱体，有多处敲击点，长 5.8、宽 5.7、厚 4.4 厘米（图一〇七，23）；F15：27，粉色，近扁圆形多棱体，有多处敲击点，长 6.7、宽 5.1、厚 3.2 厘米（图一〇七，25）；F15：28，灰色，近三角形扁平多棱体，有多处敲击点，长 6.1、宽 5.8、厚 3.6 厘米（图一〇七，22）；F15：39，白色，扁长方体，一侧长端敲砸痕迹明显，敲击点密集，长 6.8、宽 4.1、厚 2.2 厘米；F15：40，浅灰色，扁长方体，两长端因敲砸略显圆钝，敲击点密集，长 9.3、宽 6.3、厚 4.6 厘米（图一〇七，31）。玛瑙石 2 件，F15：19，灰色，近圆形多棱体，有多处敲击点，长 11.9、宽 7.54、厚 5.5 厘米；F15：21，黄色，椭圆形多棱体，有多处敲击点，长 7.8、宽 6.7、厚 6.0 厘米（图一〇七，30）。浅灰色云母变质岩 1 件，F15：29，近椭圆形扁平多棱体，有多处敲击点，长 8.0、宽 5.8、厚 2.5 厘米（图一〇七，20）。浅红色花岗岩 1 件，F15：30，近椭圆形扁平多棱体，有多处敲击点，长 8.52、宽 6.97、厚 4.6 厘米。灰色砾石 1 件，F15：34，近椭圆形多棱体，一端有敲砸痕迹，长 6.8、宽 4.3、厚 4.0 厘米（图一〇七，24）。棕红色花岗岩自然石块 2 件，F15：35，三棱柱体，周边有打击痕迹，长 6.5、宽 4、厚 3 厘米；F15：36，近长方体扁平，一端有敲砸痕迹，长 8.5、宽 7、厚 3.5 厘米。黑色页岩 1 件，F15：41，三角形扁平体，周边敲砸，崩疤痕迹明显，长 9.4、宽 6.7、厚 1.5 厘米（图一〇七，21）。

（3）细石器 3 件（参见附表 20　查海遗址各遗迹单位出土细石器统计表）。

刮削器 3 件。深灰色页岩 2 件，铲形石器刃部残片二次利用，刃部锋利，F15：15，近椭圆片状，体长 7.2、宽 5.0、厚 0.8 厘米（图一〇七，17）；F15：32，三角形，片状，长 5.0、宽 4.4、厚 0.7 厘米（图一〇七，15）。浅灰色石英岩 1 件，F15：31，三角形，扁平薄片，一侧刃，刃部锋利，长 6.5、宽 5.2、厚 1.2 厘米（图一〇七，16）。

一六　16 号房址（F16）

1. 遗迹

F16 位于遗址东南部（其东北侧未发掘），北与 F18、F53，南与 F17、F7 成列；西与 F15、F5、F2、F23、F37 成排。方向 208°。面积 63.08 平方米，是一座二层台式大型半地穴式房址。平面呈圆角长方形，南北 8.3、东西 7.6 米，中心垂直深度 0.85 米。房址挖凿于黄褐色生土层及基岩层内，穴壁随地势倾斜，西北高、东北低。四壁挖凿规整，壁面斜平。室内除东南角外，四周均有基岩二层台，台面较平，宽度及台高不一。南台宽 0.5～0.7、高 0.1 米，北台宽 1.1～1.7、高 0.2 米，西台宽 0.5～0.8、高 0.1 米，东台宽 0.4～0.6、高 0.08 米。台下居住面为坚硬的黑灰色垫踏土，不甚规整，厚约 0.03～0.05 米。灶址位于室内中部，圆形坑穴式灶，灶口与居住面齐平，灶坑斜壁、平底，整个灶址呈暗红色，口径 1.0、底径 0.76、深 0.08 米，灶内抹泥厚 0.03～0.05 米。灶址东南 0.5 米处有一近长方形竖穴式窖坑，窖坑南宽北窄，口大于底，壁面斜平，底部不平，填土为黑灰色，窖口长 1.4、北端宽 0.2～0.53、深 0.25～0.28 米，南宽 0.53、深 0.4 米。在室内西侧偏北近二层台居住面下有一圆角长方形竖穴墓，墓向为南北向，西侧墓壁略凹，东侧墓壁略凸、斜壁、平底。未发现随葬品，仅在墓穴北部清理出几枚儿童牙齿。墓长 1.43、宽 0.37、深 0.47 米（详见居室墓章节）。房穴内共有 34 个大小不同、深浅不一的柱洞。这些柱洞分三圈布置：二层台上近穴壁一周 14 个柱洞，二层台下近台缘一周 12 个柱洞，绕灶址一周 8 个柱洞（尺寸、形状详见附表 22－16　F16 柱洞一览表）。室内遗物有陶器、石器、玉器、猪碎骨等，分布于四周近穴壁，陶器主要集中于北部（图一〇八）。

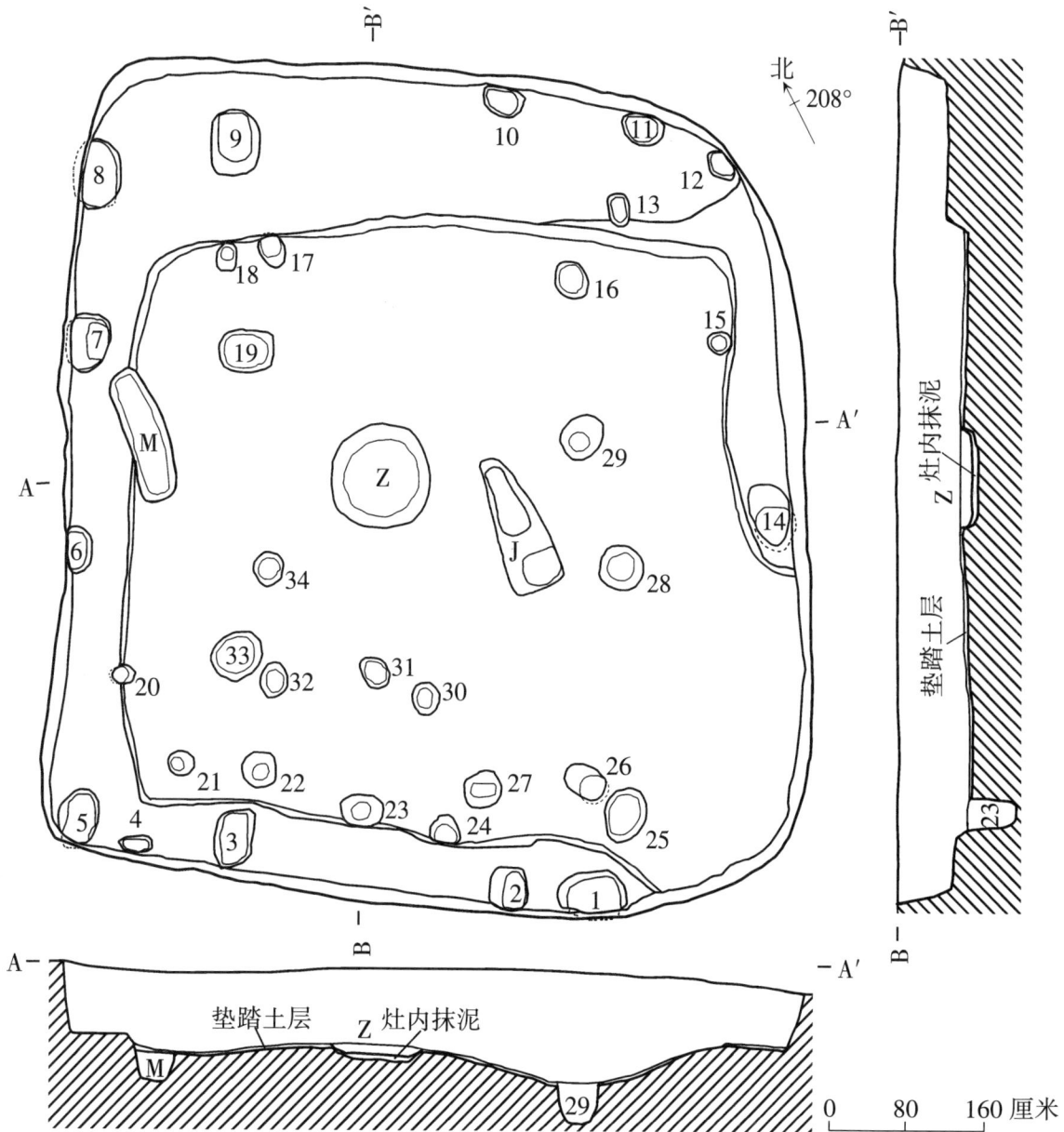

图一〇八　F16 平、剖面

1～34. 柱洞　J. 窖穴　Z. 灶址　M. 居室墓

2. 遗物

（1）陶器 45 件。小直腹罐 2 件，BⅢ式直腹罐 3 件，BⅣ式直腹罐 17 件，BⅤ式直腹罐 5 件，直腹罐罐底 3 件，CⅡ式鼓腹罐 4 件，CⅢ式鼓腹罐 1 件，CⅣ式鼓腹罐 3 件，CⅤ式鼓腹罐 2 件，鼓腹罐罐底 1 件，Cb1 型钵 1 件，D3 型钵 1 件，A 型陶纺轮 1 件，B 型陶纺轮 1 件（参见附表 7　查海遗址房址活动面出土陶器型式统计表）。陶片 377 片（见附表 2　房址出土陶片统计表）。

小直腹罐 2 件。夹砂红褐陶 1 件，F16：13，直敞口，圆唇，直腹，平底，颈饰左斜线纹 2 周、Ba1 型 F 形几何纹 1 周，腹饰左斜线纹 2 周、C2 型梭形几何纹，近底饰右斜线纹 1 周，口径 12.6、底径 7.0、高 13.3、壁厚 0.7 厘米（图一〇九，4；图版一三三，3）。夹砂灰褐陶 1 件，F16：3，喇叭形口，尖圆厚唇，直腹，平底，颈饰弦纹数周、附压 Da2 型锯齿形几何纹，腹饰左斜线纹 8 周，近底饰 Db 型锯齿形几何纹、间隔饰竖排横线纹，口径 13.6、底径 7.9、高 14.25 厘米（图一一一，5；图版一三四，1）。

BⅢ式直腹罐 3 件，皆夹砂红褐陶，口沿残片。F16：100，圆唇，颈饰弦纹数周，附加堆纹带饰窝点纹，其下饰弦纹，腹饰草划交叉纹，口径 27.0、残高 13.2 厘米（图一〇九，1）；F16：117，直敞口，尖圆唇，颈饰弦纹数周，附加堆纹带饰窝点纹，腹饰草划交叉纹，口径 32.0、残高 12.9 厘米（图一〇九，2）；F16：129，直口，尖圆唇，颈饰弦纹数周，腹饰网状菱格纹，口径 13.0、残高 6.75 厘米（图一〇九，3）。

BⅣ式直腹罐 17 件。夹砂红褐陶 5 件，F16：11，直敞口，圆唇，直腹，平底，颈饰 C2 型梭形几何纹，腹饰竖压横排之字纹，口径 15.2、底径 10.15、高 18.1 厘米（图一〇九，6；图版九一，3）；F16：12，底部残，直敞口，圆唇，直腹，饰竖压横排之字纹，口径 11.5、高 11.0 厘米（图一一〇，1）；F16：106，底部残，敞口，圆唇，近口饰弦纹、附饰乳钉，腹部素面，口径 16.0、残高 13.2 厘米（图一一〇，9）；F16：109，口沿残片，小撇口，圆唇，颈饰横压竖排细密之字纹，腹饰竖压横排细密弧线之字纹，口径 17、残高 7.9、厚 0.8 厘米（图一一〇，4）；F16：124，底部残，直口，厚尖圆唇，颈饰 Ba2 型 F 形几何纹，腹饰竖压横排之字纹，口径 18.0、残高 20.1 厘米（图一一〇，10）。夹砂灰褐陶 12 件，F16：2，敞口，厚圆唇，直腹，平底，颈饰左斜线纹 1 周，腹饰微弧竖压横排之字纹 7 周不到底，口径 14.6、底径 8.6、高 17.2 厘米（图一〇九，5；图版九一，1）；F16：101，口沿残片，尖圆唇，颈饰弦纹数周，附加堆纹带饰左斜线纹，腹饰竖压横排之字纹，口径 28.0、残高 6.75 厘米（图一〇九，10）；F16：102，口沿残片，圆唇，颈饰横压竖排宽疏之字纹，附加堆纹带饰窝点纹，腹饰竖压横排之字纹，口径 26.0、残高 8.15 厘米（图一〇九，8）；F16：103，口沿残片，圆唇，颈饰不规整弦纹，腹饰竖压横排之字纹，口径 16.0、残高 12.0 厘米（图一一〇，7）；F16：108，口沿残片，敞口，圆唇，颈饰左斜线纹 3 周，腹饰竖压横排之字纹，口径 17.0、残高 10.6 厘米（图一一〇，5）；F16：110，口部残片，直敞口，圆唇，颈饰 C2 型梭形几何纹，腹饰竖压横排之字纹，口径 20.0、残高 9.6 厘米（图一一〇，8）；F16：116，口沿残片，敞口，圆唇，颈饰弦纹数周，宽平附加堆纹带饰左斜线纹，腹饰竖压

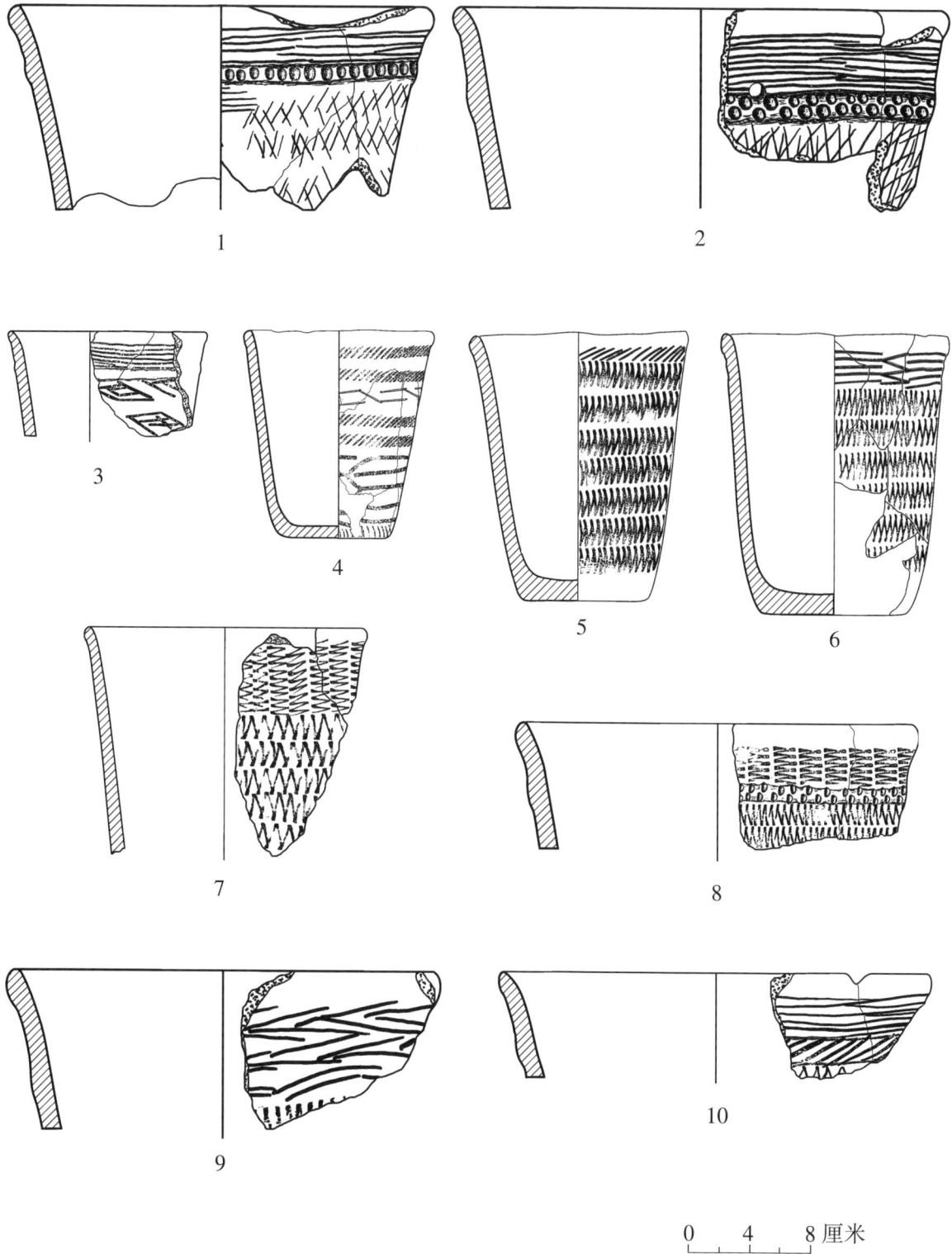

图一○九 F16 陶器

1～3. BⅢ式直腹罐（F16：100、F16：117、F16：129） 4. 小直腹罐（F16：13）

5～10. BⅣ式直腹罐（F16：2、F16：11、F16：118、F16：102、F16：125、F16：101）

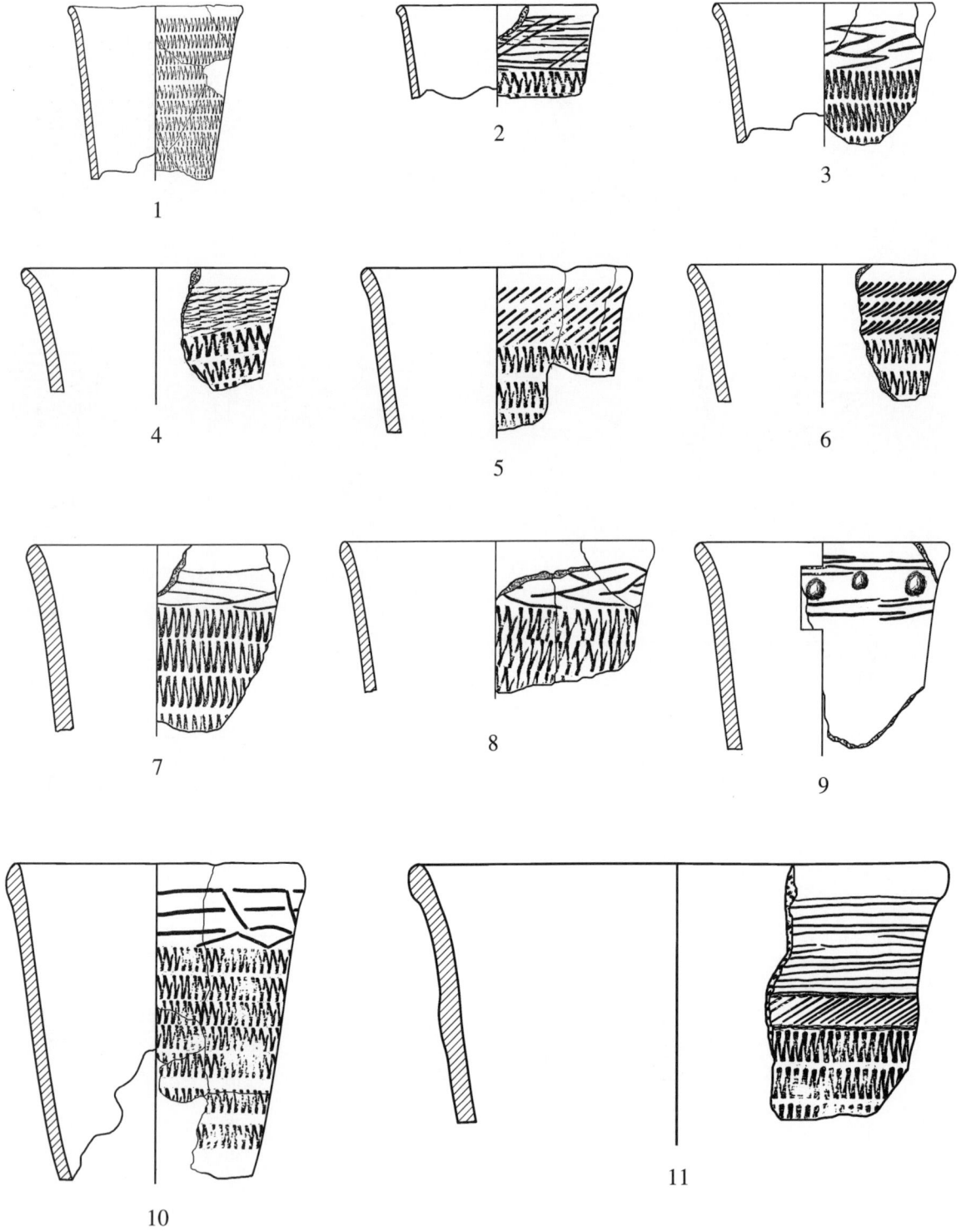

图一一〇　F16 陶器

1～11. BⅣ式直腹罐口沿（F16：12、F16：128、F16：132、F16：109、F16：108、
F16：122、F16：103、F16：110、F16：106、F16：124、F16：116）

横排宽疏之字纹，口径 34.0、残高 16.45 厘米（图一一〇，11）；F16：118，口沿残片，直敞口，尖圆唇，颈饰横压竖排之字纹，腹饰竖压横排之字纹，口径 18.0、残高 14.5 厘米（图一〇九，7）；F16：122，口沿残片，外撇口，薄圆唇，颈饰左斜线纹 3 周，腹饰竖压横排规整之字纹，口径 17.0、残高 8.8 厘米（图一一〇，6）；F16：125，口沿残片，敞口，厚圆唇，颈饰 Db 型锯齿形几何纹，腹饰竖压横排之字纹，口径 28.0、残高 10.2 厘米（图一〇九，9）；F16：128，口沿残片，敞口，厚圆唇，颈饰弦纹数周、附压两条一组的左斜线纹，腹饰竖压横排宽疏之字纹，口径 13.0、残高 5.95 厘米（图一一〇，2）；F16：132，口沿残片，直敞口，厚圆唇，颈饰 Db 型锯齿形几何纹，腹饰竖压横排之字纹，口径 14.0、残高 9.0 厘米（图一一〇，3）。

B V 式直腹罐 5 件，皆夹砂灰褐陶。F16：1，喇叭形口，厚尖圆唇，直腹，底微平凹，颈饰横压竖排之字纹，腹饰竖压横排之字纹，颈部对称 2 对锔孔，口径 24.8、底径 16.7、高 36 厘米（图一一一，6；图版一一六，2）；F16：104，口沿残片，小喇叭口，圆唇，颈饰横压竖排细长之字纹，附加堆纹带饰网格纹，腹饰竖压横排之字纹，口径 28.0、残高 15.2 厘米（图一一一，3）；F16：105，口沿残片，小喇叭口，圆唇，颈饰横压竖排之字纹，宽平附加堆纹带饰左斜线纹，腹饰竖压横排之字纹，口径 30.0、残高 15.1 厘米（图一一一，4）；F16：112，口沿残片，小喇叭口，圆唇，颈饰弦纹数周，腹饰竖压横排宽疏弧线之字纹，口径 15.0、厚 1.0 厘米（图一一一，2）；F16：121，口沿残片，喇叭口，尖圆唇，饰左斜线纹，口径 12.0、残高 5.9 厘米（图一一一，1）。

直腹罐罐底 3 件。夹砂红褐陶 1 件，F16：113，直腹，平底，饰竖排人字纹，底径 10.0、残高 5.0 厘米（图一一一，9）。夹砂灰褐陶 2 件，F16：119，直腹，平底，腹饰竖压横排之字纹，底径 12.0、残高 17.4 厘米（图一一一，8）；F16：126，直腹，平底，腹饰竖压横排之字纹，底径 17.0、残高 15.7 厘米（图一一一，7）。

C II 式鼓腹罐 4 件，皆夹砂灰褐陶，口部残片，敞口，束颈，弧腹。F16：4，近口饰左斜线纹 2 周，颈饰 Ab4 型扣合曲尺形几何纹，腹饰左斜线纹 4 周、Db 型锯齿形几何纹、竖压横排之字纹 2 周，口径 14.5、底径 9.1、高 20.5、壁厚 0.7 厘米（图一一二，2；图版一三八，2）；F16：115，颈饰弦纹数周，肩饰 Aa1 型单体曲尺形几何纹，腹饰左斜线纹，口径 20.0、残高 13.8 厘米（图一一二，3）；F16：120，尖圆唇，近口饰左斜线纹 1 周，颈饰 Ac1 型连体曲尺形几何纹，腹饰左斜线纹，口径 12.0、残高 10.9 厘米（图一一二，4）；F16：131，圆唇，颈饰左斜线纹 3 周、Aa2 型单体曲尺形几何纹 1 周，腹饰左斜线纹，口径 11.0、残高 7.3 厘米（图一一二，5）。

C III 式鼓腹罐 1 件，F16：99，夹砂灰褐陶，敞口，束颈，弧腹，平底，近口饰左斜线纹 2 周，颈饰 Ba1 型 F 形几何纹 3 周，腹饰左斜线纹，近底饰 C2 型梭形几何纹，口径 12.0、底径 10.0、高 18.2 厘米（图一一二，1；图版一四二，1）。

C IV 式鼓腹罐 3 件，皆口沿残片。夹砂红褐陶 1 件，F16：130，撇口，圆唇，束颈，近口饰左斜线纹 2 周，颈饰 Ba1 型 F 形几何纹，腹饰左斜线纹，口径 13.0、残高 5.8 厘米（图一一二，8）。

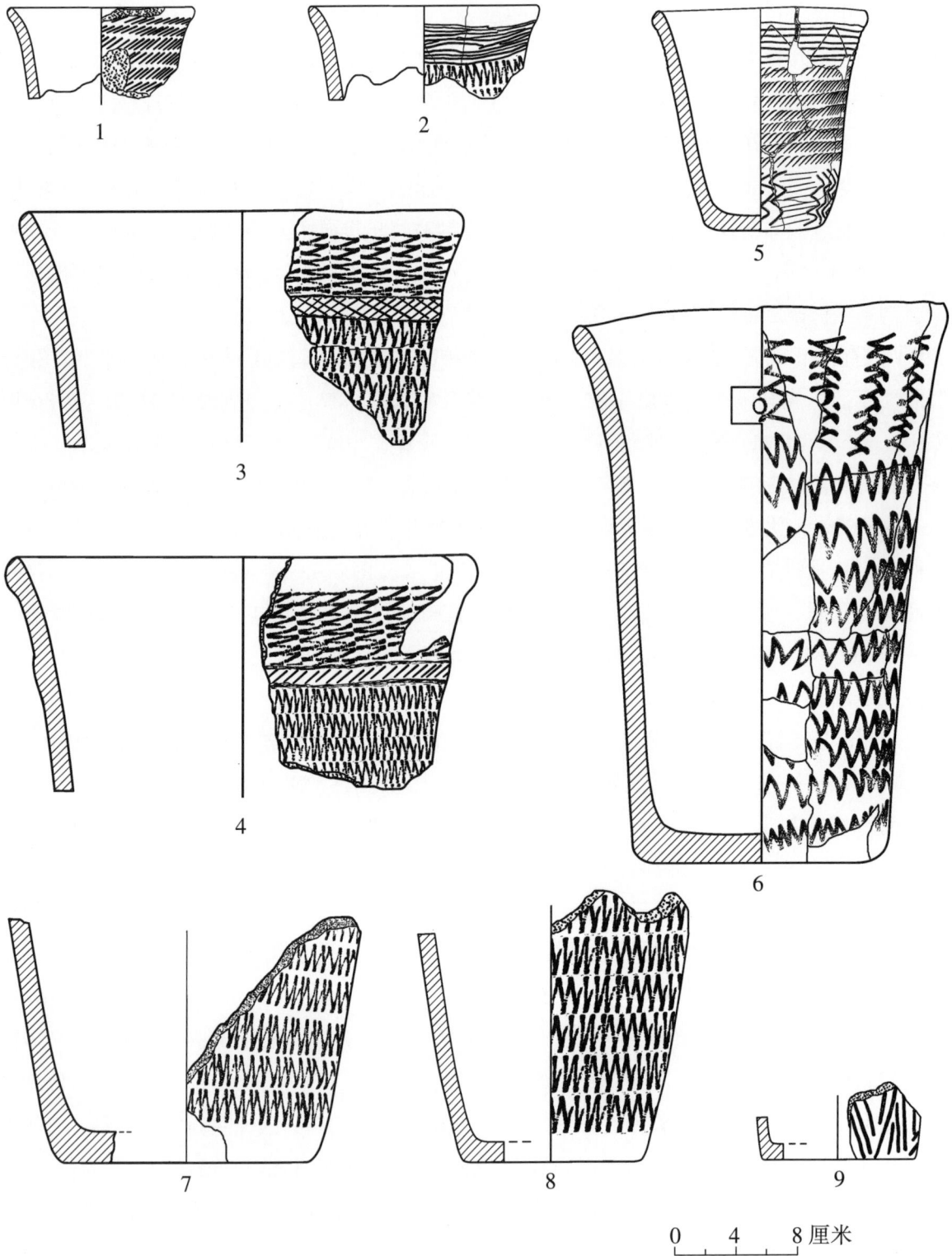

0　　4　　8厘米

图一一一　F16 陶器

1~4、6. BⅤ式直腹罐（F16：121、F16：112、F16：104、F16：105、F16：1）

5. 小直腹罐（F16：3）　　7~9. 直腹罐罐底（F16：126、F16：119、F16：113）

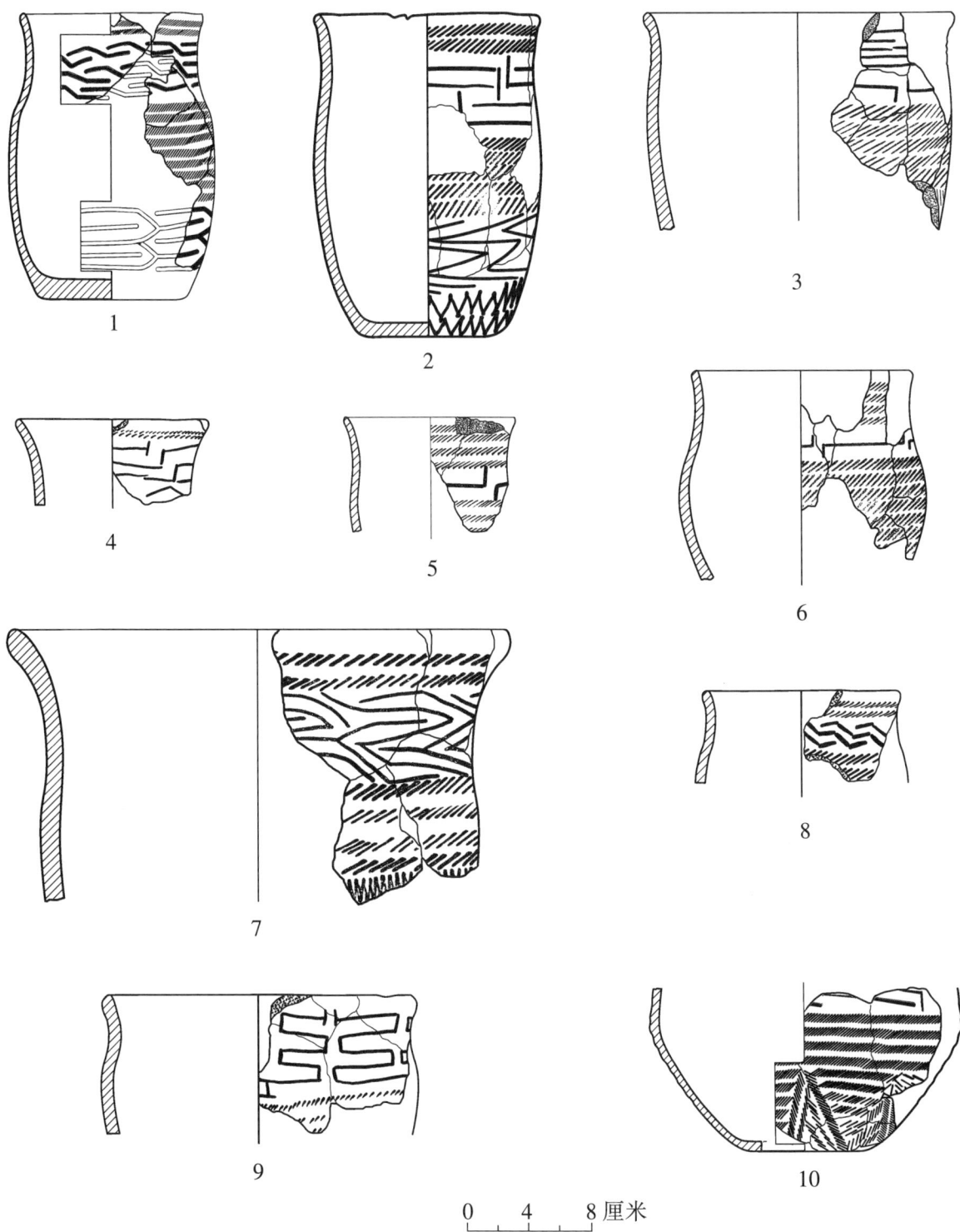

图一一二　F16 陶器

1. CⅢ式鼓腹罐（F16:99）　2~5. CⅡ式鼓腹罐（F16:4、F16:115、F16:120、F16:131）
6~8. CⅣ式鼓腹罐（F16:127、F16:123、F16:130）　9、10. CⅤ式鼓腹罐（F16:107、F16:5）

夹砂灰褐陶 2 件，F16：123，大敞口，圆唇，束颈，近口饰左斜线纹 2 周，颈饰 C4 型梭形几何纹，腹饰左斜线纹 4 周、竖压横排之字纹，口径 32.0、残高 17.4 厘米（图一一二，7）；F16：127，小撇口，圆唇，微束颈，颈饰左斜线纹、Aa2 型单体曲尺形几何纹，腹饰左斜线纹，口径 14.0、残高 13.3 厘米（图一一二，6）。

C V 式鼓腹罐 2 件。夹细砂红褐陶 1 件，F16：5，上部残，颈饰 Ab3 型单体曲尺形几何纹，腹饰左斜线纹，近底饰 Da4 型锯齿形几何纹，底径 8、残高 10.3 厘米（图一一二，10）。夹砂灰褐陶 1 件，F16：107，底部残，侈口，圆唇，束颈，颈饰 Ac3 型连体曲尺形几何纹，下饰左斜线纹，口径 20.0、残高 8.8 厘米（图一一二，9）。

鼓腹罐罐底 1 件，F16：111，夹砂灰褐陶，弧腹，平底，腹饰左斜线纹，近底无纹饰，底径 9.0、残高 11.3 厘米（图一一三，1）。

Cb1 型钵 1 件，F16：114，夹砂红褐陶，口沿残片，敛口，圆唇，颈饰弦纹 5 周，腹饰横排人字纹，口径 16.0、残高 6.2 厘米（图一一三，2）。

D3 型钵 1 件，F16：44，夹砂红褐陶，敛口，圆腹，小平底，口饰左斜线纹 2 周，肩饰 Ba1 型 F 形几何纹 1 周，腹饰左斜线纹 4 周，近底饰 C2 型梭形几何纹，口径 7.7、底径 4.3、高 7.3 厘米（图一一三，3；图版一五二，3）。

A 型陶纺轮 1 件，F16：40，夹砂红褐陶陶片制作而成，圆形，中心对钻一孔，直径 4.2，孔径 0.5、厚 0.9 厘米（图一一三，4；图版一五八，10）。

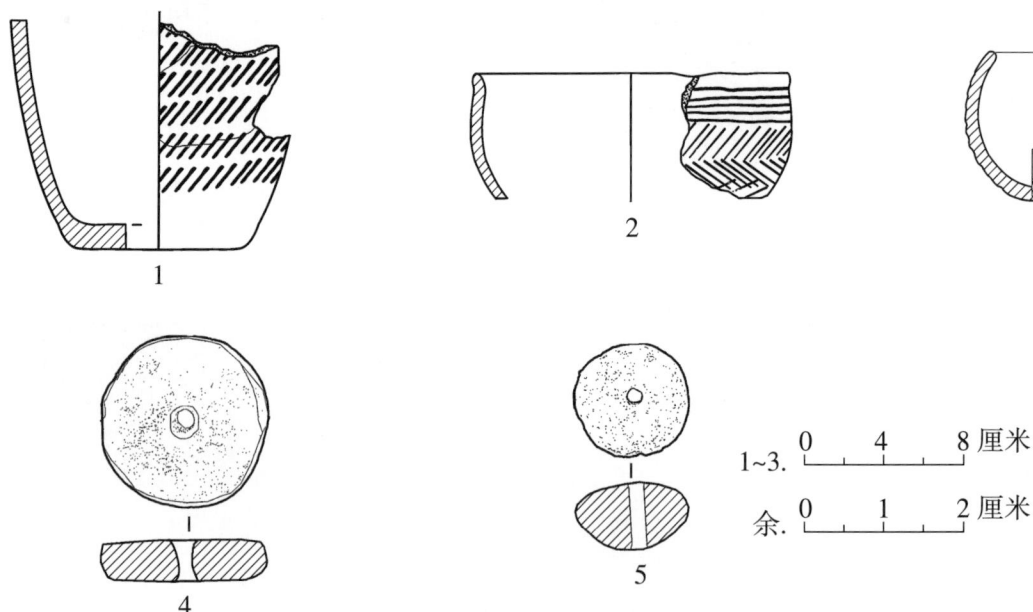

图一一三　F16 陶器
1. 鼓腹罐罐底（F16：111）　2. Cb1 型钵口沿（F16：114）　3. D3 型钵（F16：44）
4. A 型陶纺轮（F16：40）　5. B 型陶纺轮（F16：41）

B 型陶纺轮 1 件，F16：41，夹砂红褐陶，圆珠状，中心孔，直径 2.9、孔径 0.5、厚 1.7 厘米（图一一三，5；图版一六九，4）。

（2）石器 85 件。A 型石斧 1 件，B 型石斧 1 件，石斧刃部残片 1 件，石斧残块 1 件，A 型小石凿 2 件，Ba 型铲形石器 1 件，铲形石器残片 7 件，Aa 型饼形器 1 件，Aa 型磨棒 2 件，A 型磨盘 1 件，B 型研磨器 2 件，D 型研磨器 1 件，砺石 3 件，敲砸器 58 件，石料 3 件（参见附表 15　查海遗址房址居住面出土石器型式统计一览表）。

A 型石斧 1 件，F16：42，墨绿色油质页岩，两侧打制，略显腰，斧面磨制，扁圆梯形，正锋，弧刃，长 10.1、刃宽 7.5、厚 2.6 厘米（图一一四，1；图版一六三，1）。

B 型石斧 1 件，F16：8，残段，深灰色页岩，磨制，扁圆体，弧顶，刃部残断，残长 9.2、宽 6.1、厚 2.6 厘米（图一一四，2；图版一六七，3）。

石斧刃部残片 1 件，F16：15，黑色页岩，磨制，弧刃，正锋，残长 4.3、残宽 5.8、厚 2.3 厘米（图一一四，4）。

石斧残块 1 件，F16：19，残段，灰色页岩，磨制，扁体长方形，弧顶，刃部残断，残长 10.5、宽 5.8、厚 2.1 厘米（图一一四，3）。

A 型小石凿 2 件。F16：7，灰色页岩，打制，长扁体，弧顶，偏锋，弧刃，刃部有崩疤，长 5.3、刃宽 3.0、厚 0.75 厘米（图一一四，6）；F16：43，乳白色，通体磨光，表面钙化，扁圆长条形，顶端平滑，有崩疤，斜直刃，正锋，刃锋利，长 4.4、顶宽 1.2、刃宽 1.5、厚 0.7 厘米（图一一四，5；图版一九六，5）。

Ba 型铲形石器 1 件，F16：17，浅灰色页岩，弧顶，窄柄，略显溜肩，弧刃正锋，长 16.6、刃宽 8.1、厚 2.4 厘米（图一一四，11）。

铲形石器残片 7 件，皆打制，扁平体。F16：9，柄部残片，浅灰色石灰岩，窄柄，有肩，铲身残断，残长 11.5、宽 9.2、厚 1.8 厘米（图一一四，7）；F16：10，柄部残片，浅灰色石灰岩，残长 16.5、残宽 8.0、厚 1.9 厘米（图一一四，12）；F16：18，柄部残片，灰色页岩，弧顶，刃部残断，残长 7.1、宽 4.9、厚 1.4 厘米（图一一四，9）；F16：27，浅灰色页岩，柄部残断，弧刃、正锋，残长 8.2、残宽 12.0、厚 1.7 厘米（图一一四，13）；F16：29，柄部残片，灰色石灰岩，残长 6.4、宽 8.0、厚 2.0 厘米（图一一四，8）；F16：30，刃部残片，灰色页岩，弧刃，有崩疤，残长 11.2、刃残宽 12.0、厚 1.1 厘米（图一一四，14）；F16：31，残片，深灰色页岩，残长 8.7、残宽 10.0、厚 1.4 厘米（图一一四，10）。

Aa 型饼形器 1 件，F16：23，残，浅灰色花岗岩，磨制，扁体，半圆形，中部有琢制窝坑，直径 7.89、厚 3.46 厘米（图一一四，15；图版一九八，1）。

Aa 型磨棒 2 件，皆琢制，圆柱状。F16：26，残段，浅灰色石灰岩，单侧平磨面，残长 9.1、直径 5.5 厘米（图一一四，17）；F16：28，残块，灰色花岗岩，残长 5.0、直径 4.5 厘米（图一一四，16）。

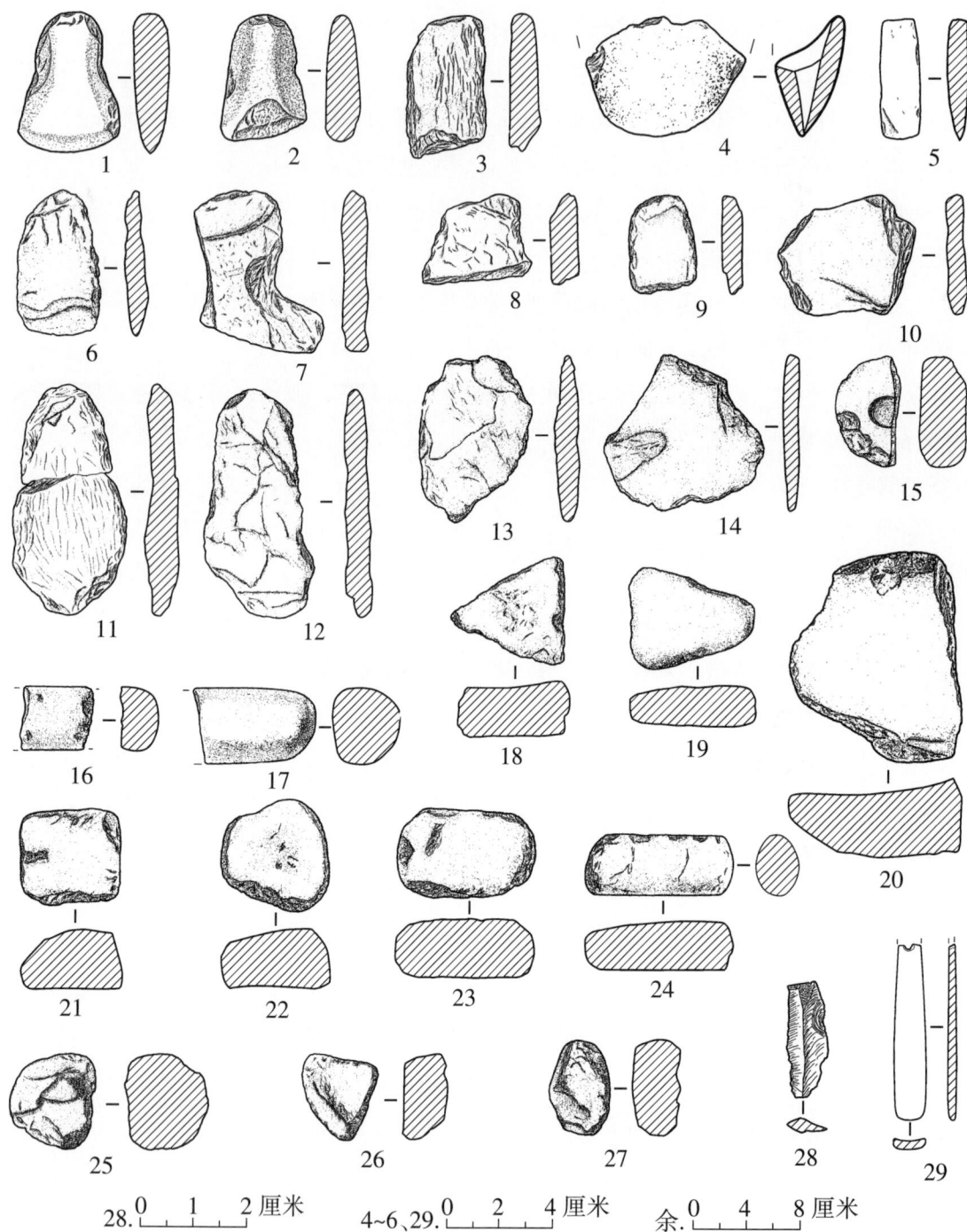

图一一四 F16 石器、玉器

1. A 型石斧（F16：42） 2. B 型石斧（F16：8） 3. 石斧残块（F16：19） 4. 石斧刃部残片（F16：15）
5、6. A 型小石凿（F16：43、F16：7） 7～10、12～14. 铲形石器残片（F16：9、F16：29、F16：18、F16：31、
F16：10、F16：27、F16：30） 11. Ba 型铲形石器（F16：17） 15. Aa 型饼形器（F16：23） 16、17. Aa 型
磨棒（F16：28、F16：26） 18. A 型磨盘（F16：20） 19～21. 砺石（F16：22、F16：6、F16：39）
22、23. B 型研磨器（F16：32、F16：24） 24. D 型研磨器（F16：25） 25～27. 敲砸器（F16：35、F16：54、
F16：78） 28. 刮削器（F16：14） 29. 玉匕（F16：16）

A 型磨盘 1 件，F16：20，残块，灰色石灰岩，琢制，形体扁平，一个磨面，磨痕明显，残长 8.4、残宽 7.7、厚 3.8 厘米（图一一四，18）。

B 型研磨器 2 件，皆琢制。F16：24，稍残，浅绿色云母变质岩，短粗，椭圆形，长 9.8、宽 6.1、厚 4.0 厘米（图一一四，23）；F16：32，残，黄灰色花岗岩，扁体，近椭圆形，中部有琢制窝坑，磨痕明显，直径 7.5~7.8、厚 4.0 厘米（图一一四，22）。

D 型研磨器 1 件，F16：25，稍残，浅绿色云母变质岩，琢制，短扁圆体，长 10.4、宽 4.1、厚 3.4 厘米（图一一四，24；图版二三一，2）。

砺石 3 件，皆自然石块，扁体。F16：6，白色石灰岩，一个凹磨面，长 15.2、宽 13.0、厚 5.2 厘米（图一一四，20）；F16：22，黄色花岗岩，三角形，有双磨面，长 9.3、宽 7.3、厚 2.9 厘米（图一一四，19）；F16：39，黄色花岗岩，扁平长方体，磨面下凹，长 7.1、宽 6.3、厚 4.0 厘米（图一一四，21）。

敲砸器 58 件。红褐色玄武岩自然石块 1 件，F16：60，三棱柱状，棱角处有砸击痕迹，长 7、宽 4、厚 3 厘米。浅灰色页岩 1 件，F16：21，稍残，琢制，扁体长方形，长 7.9、宽 4.65、厚 3.6 厘米。石英岩自然石块 56 件，F16：33，黄白色，圆形多棱体，有多处敲击点，长 8.61、宽 8.41、厚 6.8 厘米；F16：34，浅灰色，圆形多棱体，有多处敲击点，长 8.11、宽 7.69、厚 5.2 厘米；F16：35，灰色，圆形多棱体，有多处敲击点，长 6.9、宽 6.1、厚 6.0 厘米（图一一四，25）；F16：36，浅灰色，长方体，棱角处敲击点密集，长 6.31、宽 6.21、厚 5.4 厘米（图版二四四，6）；F16：37，浅灰色，扁圆形多棱体，有多处敲击点，长 8.5、宽 7.38、厚 4.4 厘米；F16：38，灰色，扁圆形多棱体，有多处敲击点，长 6.14、宽 6.1、厚 3.7 厘米（图版二四四，5）；F16：47，浅灰色，近方体，棱角处有敲砸痕迹，长 4.5 厘米；F16：48，灰色，不规整多棱体，棱角处有敲砸痕迹，长 9.5、宽 6、厚 5 厘米；F16：49，灰褐色，不规整多棱体，棱角处有敲砸痕迹，长 10、宽 6、厚 3.5 厘米；F16：50，灰色，方形块状，周边有砸击痕迹，长 10、宽 8、厚 4 厘米；F16：51，灰褐色，多棱体，敲砸痕迹集中在一端棱角处，长 6、宽 5、厚 3.8 厘米；F16：52，灰色，近椭圆多棱体，周边有砸击痕迹，直径 5、厚 3 厘米；F16：53，灰色，扁圆多棱体，敲砸痕迹集中在一端棱角处，长 7、宽 4.5、厚 4 厘米；F16：54，灰色，三角形，扁平体，周边有使用痕迹，长 6.1、宽 5.6、厚 3.2 厘米（图一一四，26）；F16：55，灰色，多棱体，敲砸痕迹集中在棱角处，长 7、宽 5、厚 6 厘米；F16：56，灰色，近三角形多棱体，两端有使用痕迹，长 6.5、宽 4.5、厚 3.5 厘米；F16：57，灰色，椭圆形扁平多棱体，敲砸痕迹集中在两端，长 7、宽 3.5、厚 2.8 厘米；F16：58，灰色，近圆形多棱体，敲砸痕迹集中在棱角处，长 5.5、宽 4、厚 3.5 厘米；F16：59，灰色，椭圆形多棱体，周边棱角处有砸击痕迹，长 8、宽 6、厚 3 厘米；F16：61，灰色，圆形多棱体，棱角处有使用痕迹，长 4、宽 4、厚 4 厘米；F16：62，灰色，不规整多棱体，敲砸痕迹集中在两点棱角处，长 7、宽 3.5、厚 2 厘米；F16：63，浅灰色，椭圆扁平体，两端有使用痕迹，长 5、宽 4.5、厚 1.3 厘米；F16：64，灰色，形状不规整，棱角处有敲砸痕迹，长 5.5、宽 3.5、厚 2 厘米；F16：65，灰黄色，不规整多棱体，敲砸痕迹集中在两端，长 8、宽 4、厚 3 厘米；

F16：66，灰色，三角形多棱体，棱角处有打击痕迹，长6.5、宽3.5、厚3.5厘米；F16：67，浅灰色，椭圆形，敲砸痕迹集中在两边棱角处，长5、宽2.8、厚1.8厘米；F16：68，灰色，三角形扁平体，周边有敲砸痕迹，边长5、厚2.2厘米；F16：69，灰色，扁平块状，周边有敲砸痕迹，长5.5、宽4.5、厚2厘米；F16：70，灰色，椭圆形多棱体，敲砸痕迹集中在两点棱角处，长8、宽5、厚4.5厘米；F16：71，灰色，近方形扁平体，棱角处有敲砸痕迹，长7、宽5、厚3厘米；F16：72，灰色，椭圆形多棱体，棱角处有敲砸痕迹，长7、宽3.8、厚3厘米（图版二四五，1）；F16：73，灰色，圆形多棱体，敲砸痕迹集中在棱角处，长5、宽4.5、厚2.8厘米；F16：74，灰色，近方形多棱体，敲砸痕迹集中在棱角处，长4、宽3.5、厚3厘米；F16：75，灰色，近圆形扁平体，敲砸痕迹集中在周边棱角处，长5、宽4.5、厚2厘米；F16：76，深灰色，多棱体，敲砸痕迹集中在两点棱角处，长6、宽4、厚3厘米；F16：77，浅灰色，近圆形多棱体，棱角处有使用痕迹，长5.8、宽4、厚3厘米；F16：78，浅灰色，椭圆形多棱体，敲砸痕迹集中在两端棱角处，长6.9、宽4.5、厚3.5厘米（图一一四，27；图版二四五，2）；F16：79，浅黄色，近方形扁平体，棱角处有敲砸痕迹，边长5、厚3厘米；F16：80，浅灰色，近长方形多棱体，敲砸痕迹集中在两端棱角处，长6.5、宽4、厚2.5厘米；F16：81，白色，近椭圆形多棱体，棱角处有使用痕迹，长7、厚4厘米；F16：82，浅灰色，扁圆多棱体，周边有使用痕迹，长5.5、宽4、厚2.5厘米；F16：83，灰褐色，近椭圆形多棱体，周边有打击痕迹，长6.5、宽4.5、厚2.5厘米（图版二四五，4）；F16：84，灰色，不规整多棱体，敲砸痕迹集中在棱角处，长5、宽4、厚2.8厘米；F16：85，灰色，圆形多棱体，一端棱角有使用痕迹，长4、宽4、厚1.5厘米；F16：86，灰色，椭圆形多棱体，周边有打击痕迹，长6、宽5、厚2.5厘米；F16：87，灰色，不规整多棱体，敲砸痕迹在两端棱角处，长7、宽4、厚2.5厘米；F16：88，浅灰色，多棱体，敲砸痕迹集中在周边棱角处，长6.5、宽4.5、厚2.2厘米；F16：89，浅灰色，椭圆扁平体，敲砸痕迹集中在两端，长7、宽3.5、厚1.5厘米（图版二四六，3）；F16：90，灰色，扁平多棱体，敲砸痕迹集中在两端棱角处，长8.5、宽5、厚2.5厘米；F16：91，灰色，扁圆形多棱体，敲砸痕迹集中在周边棱角处，径4.5、厚3厘米（图版二四六，2）；F16：92，灰色，三角形多棱体，敲砸痕迹集中在边缘，长5、厚2厘米；F16：93，浅灰色，方形多棱体，敲砸痕迹集中在一端棱角处，长4、宽4、厚3厘米；F16：94，浅灰色，不规则扁平多棱体，两端棱角处有使用痕迹，长6.5、宽3.5、厚2.5厘米；F16：96，浅灰色，方形多棱体，敲砸痕迹集中在一端棱角处，长5、宽4、厚2.8厘米；F16：97，浅灰色，三角形多棱体，敲砸痕迹集中在两端棱角处，长6.5、宽5、厚3.5厘米；F16：98，灰色，圆形多棱体，敲砸痕迹集中在棱角处，长4.5、宽4.5、厚3.5厘米。

石料3件。F16：45，红褐色玄武岩；F16：46，棕红色花岗岩；F16：95，浅灰色石英岩。

（3）细石器1件（参见附表20　查海遗址各遗迹单位出土细石器统计表）。

刮削器1件，F16：14，青色石英岩压制，长条形，尖部及长边锋利，截面呈三角形，长2.0、宽0.8、厚0.3厘米（图一一四，28；图版二六二，8）。

（4）玉器 1 件。

玉匕 1 件，F16：16，通体磨制光润，呈乳白色，淡绿斑，长扁条体，上窄下宽，内凹外弧，圆薄边，上端对钻孔、已残，下端圆弧状、内外略斜磨。残长 6.5、宽 0.8~1.1、厚 0.2、孔径 0.3 厘米（图一一四，29；图版二七六，4）。

一七　17 号房址（F17）

1. 遗迹

F17 位于遗址东南部，北与 F16、F18、F53，南与 F7 成列；东与 F14，西与 F6、F3、F1、F11、F9 成排。方向 213°。面积 27 平方米，是一座小型半地穴式房址。平面呈圆角长方形，南北 5.4、东西 5.0 米，中心垂直深度 0.5 米。房址挖凿于黄褐色生土层及基岩层内，穴壁随地势倾斜，西北高、东南低。西壁内斜，南壁略短于北壁，壁面斜平，略有修整。室内居住面为坚硬的黑灰色垫踏土，较平整，厚约 0.05~0.1 米。灶址位于室内中部，圆形坑穴式灶，灶口与居住面齐平，斜壁、平底。整个灶址呈暗红色，西侧积有一片烧土灰烬和一件陶罐。灶址口径 0.74、底径 0.5、深 0.1 米，灶内抹泥厚 0.03~0.05 米。房穴内共发现 11 个大小不同、深浅不一的柱洞。柱洞分布情况为东北角、西北角各 1 个，东南角、西南角各 2 个，东壁中部 1 个，灶址四角各 1 个、距灶址 0.4~1.2 米（尺寸、形状详见附表 22-17　F17 柱洞一览表）。室内遗物分布于四周近穴壁，主要集中于西北部（图一一五）。

2. 遗物

（1）陶器 15 件。BⅢ式直腹罐 4 件，BⅣ式直腹罐 3 件，BⅤ式直腹罐 5 件，BⅥ式直腹罐 2 件，鼓腹罐罐底 1 件（参见附表 7　查海遗址房址活动面出土陶器型式统计表）。陶片 57 片（见附表 2　房址出土陶片统计表）。

BⅢ式直腹罐 4 件，皆夹砂红褐陶。F17：9，上腹部残，直腹，平底，腹饰草划人字纹，底径 10.4、残高 12.24 厘米（图一一六，4）；F17：36，口部残片，直敞口，厚圆唇，直腹，颈饰弦纹数周，附加堆纹带饰窝点纹，腹饰横压竖排之字纹，附加堆下有 1 镯孔，口径 30.0、残高 11.5、壁厚 1.3 厘米（图一一六，2）；F17：42，口部残片，颈饰弦纹，附加堆纹带饰窝点纹，腹饰草划交叉纹，残高 14.5 厘米（图一一六，1）；F17：43，口部残片，直敞口，厚圆唇，颈饰弦纹，附加堆纹带饰窝点纹，腹饰人字纹，残高 10 厘米（图一一六，3）。

BⅣ式直腹罐 3 件，皆夹砂灰褐陶，敞口。F17：6，厚尖圆唇，直腹，底微凹，颈饰横压竖排之字纹，附加堆纹带饰 Da2 型锯齿形几何纹，腹饰竖压横排之字纹，口径 20.5、底径 13.15、高 28 厘米（图一一六，6；图版九一，2）；F17：34，厚圆唇，直腹，底部残，颈饰弦纹数周，附加堆纹带饰左斜线纹，下饰 Aa1 型单体曲尺形几何纹，腹饰竖压横排之字纹，口径 21.4、残高 23.5、壁厚 1 厘米（图一一六，5）；F17：35，上部残片，厚圆唇，直腹，颈饰弦纹数周、附压竖排右斜线纹，下饰左斜线纹带，腹饰竖压横排细长之字纹，口径 22.0、残高 16.8、壁厚 1 厘米（图一一六，7）。

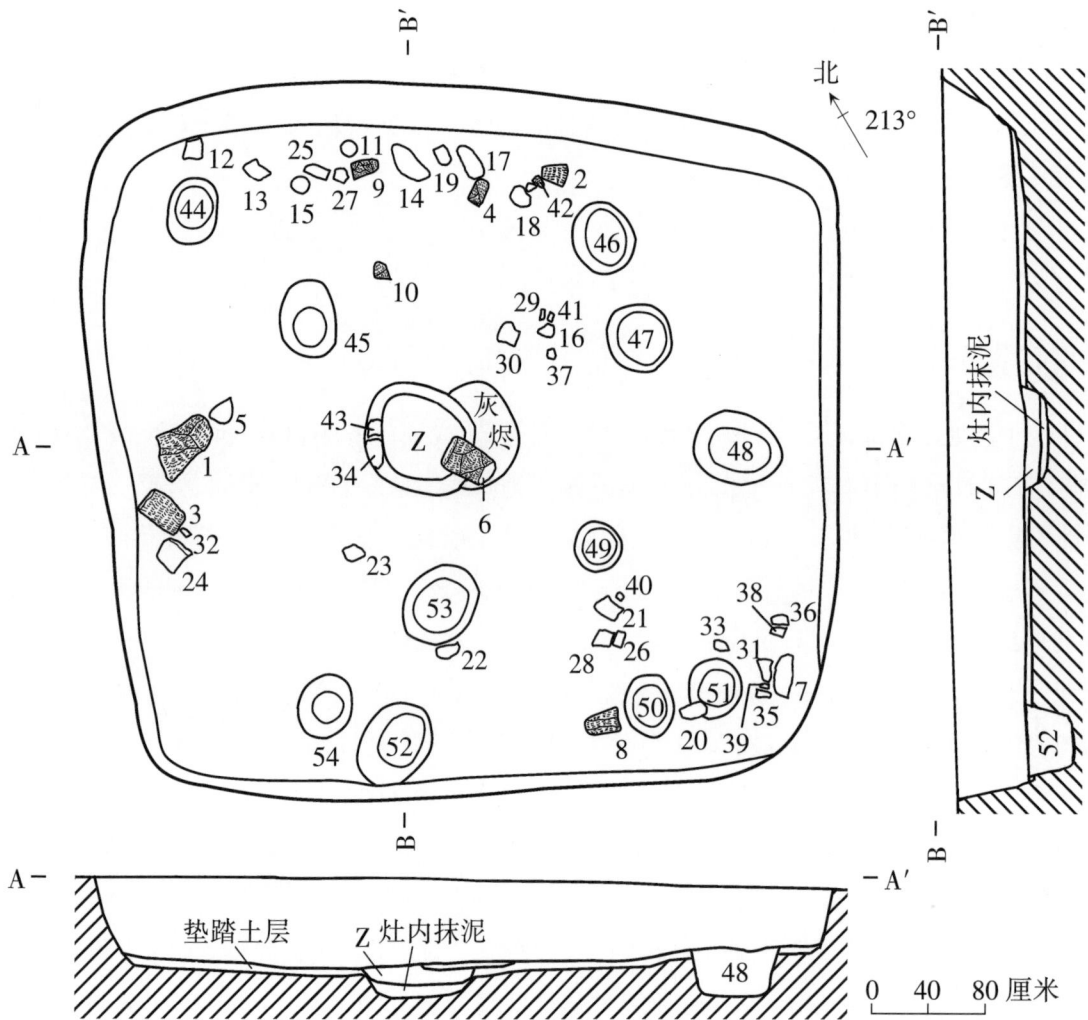

图一一五　F17 平、剖面图

1~4、6~8. 直腹罐　5、9. 直腹罐罐底　10. 鼓腹罐　11~13、28、38~41. 敲砸器　14. 研磨器
15~18、20、22~24、27. 砺石　19、37. 石斧　21. 铲形石器　25、26、29. 磨棒　30、31. 磨盘
32. 石凿　33. 玉斧　34~36、42、43. 直腹罐口沿　Z. 灶址　44~54. 柱洞

B Ⅴ式直腹罐 5 件，皆夹砂灰褐陶，小喇叭口。F17：3，厚尖圆唇，直腹，底微凹，颈饰横压竖排之字纹，附加堆纹带饰网格纹，腹饰竖压横排之字纹 17 周，施纹不到底，附加堆纹带下一对镯孔，口径 29.8、底径 17.7、高 43.3、壁厚 1.2 厘米（图一一七，3；图版一一七，3）；F17：4，厚圆唇，腹微外弧，平底，颈饰 2 列 Db 型锯齿形几何纹与 2 列紧密横压竖排之字纹间隔施压，附加堆纹带饰网格纹，腹饰短粗竖压横排之字纹，口径 23、底径 13.1、高 33.2、壁厚 1.1 厘米（图一一七，1；图版一一七，2）；F17：5，厚圆唇，直腹，底微凹，颈饰横压竖排之字纹，宽平附加堆纹带饰 Da2 型锯齿形几何纹，腹部竖压横排之字纹，附加堆纹带上一对镯孔，口径 21.5、底径 13、高 28.5 厘米（图一一七，2）；F17：7，圆唇，直腹，平底，颈饰 Ba1 型 F 形几何纹 3 周，腹饰左斜线纹 8 周，口径 13.2、底径 8.7、高 17.6、壁厚 0.6 厘米（图一一六，9；图版一一七，1）；F17：8，

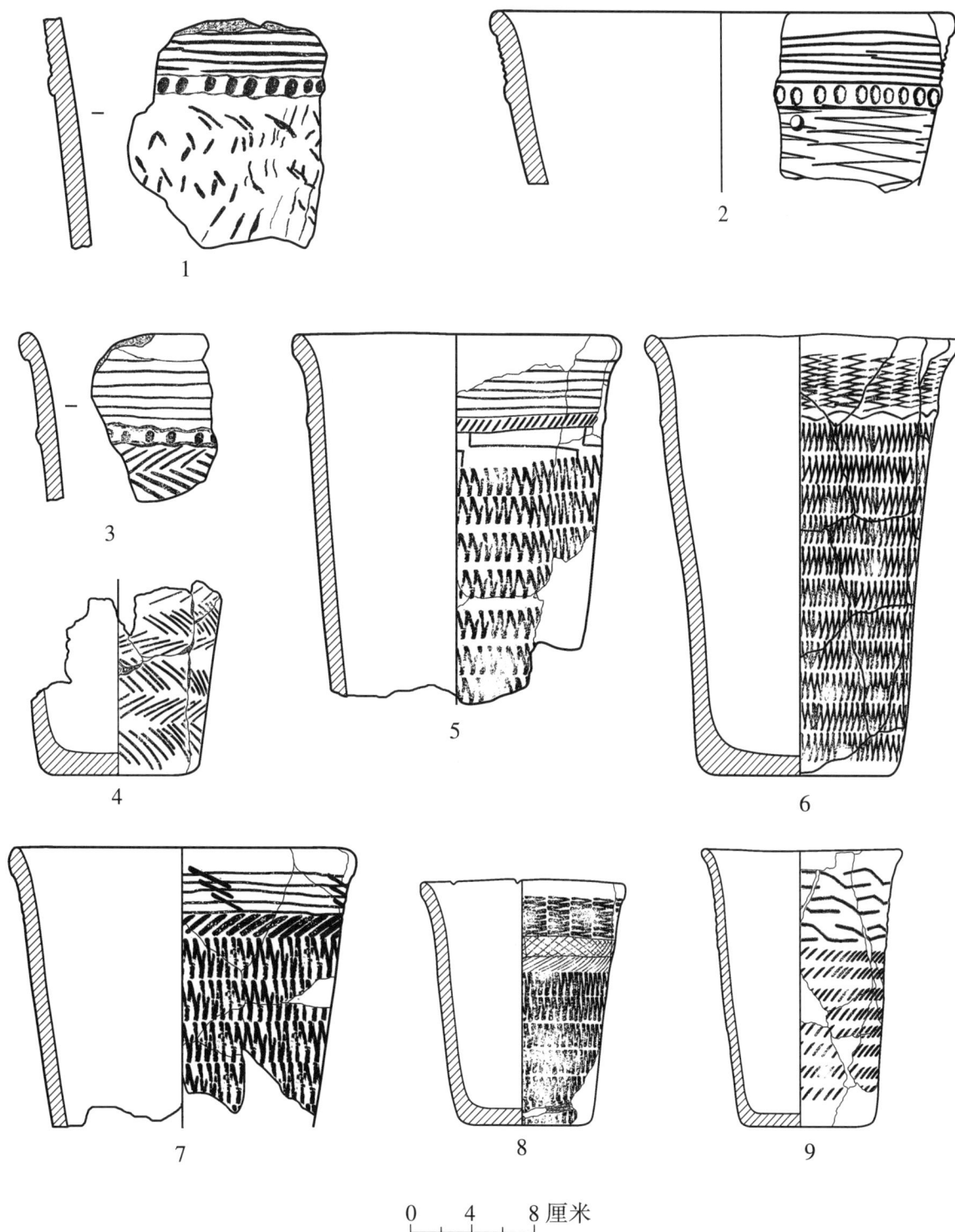

图一一六 F17 陶器

1~4. BⅢ式直腹罐（F17：42、F17：36、F17：43、F17：9） 5~7. BⅣ式直腹罐
（F17：34、F17：6、F17：35） 8、9. BⅤ式直腹罐（F17：8、F17：7）

厚尖圆唇，直腹，平底，颈饰横压竖排之字纹，宽平附加堆纹带饰网格纹，下饰左斜线纹1周，腹饰竖压横排之字纹，口径13.4、底径8.0、高15.6、壁厚0.8厘米（图一一六，8；图版一一六，4）。

B Ⅵ式直腹罐2件，皆夹砂灰褐陶，大喇叭口。F17：1，圆唇，直腹，平底，颈饰横压竖排之字纹，附加堆纹带饰股线菱格纹，腹饰竖压横排之字纹，口径54、底径30.5、高70厘米（图一一七，4；图版一二七，3）；F17：2，厚圆唇，直腹，平底，颈饰横压竖排之字纹，下饰左斜线纹带，腹饰短粗竖压横排之字纹14周，施纹不到底，口径32.9、底径18.5、高46.7、壁厚1.3厘米（图一一七，5；图版一一四，3）。

鼓腹罐罐底1件，F17：10，夹砂灰褐陶，底微凹，腹饰Db型锯齿形几何纹，底径10、残高7厘米（图一一七，6）。

（2）石器27件。A型石斧1件，B型石斧1件，铲形石器刃部残片1件，A型小石凿1件，Aa型磨棒3件，A型磨盘2件，砺石10件，敲砸器8件（参见附表15　查海遗址房址居住面出土石器型式统计一览表）。

A型石斧1件，F17：19，灰色石灰岩，顶部残段，磨制，扁圆体，正锋，弧刃，残长12.2、宽9.6、厚4.0厘米（图一一八，1）。

B型石斧1件，F17：37，灰色石灰岩，刃部有残，打制，凸面有使用磨痕，平面圆角长方形，截面呈椭圆形，弧顶，弧刃，锋刃厚钝，长14.7、宽8.3、厚4.0厘米（图一一八，2；图版一六二，4）。

铲形石器刃部残片1件，F17：21，浅灰色石灰岩，打制，扁体，弧刃，有使用磨痕，残长12.7、刃宽17.8、厚1.0厘米（图一一八，3）。

A型小石凿1件，F17：32，残，风化严重，灰色页岩，一侧磨平，一侧切割痕迹明显，弧刃，正锋，残长11.1、顶残宽1.6、刃宽3.4、厚1.4厘米（图一一八，4；图版一九七，1）。

Aa型磨棒3件，皆残段，花岗岩，琢制，圆柱状。F17：25，黄色，残长11.4、直径5.4厘米（图一一八，7）；F17：26，浅粉色，残长10.7、直径6.2厘米（图一一八，9）；F17：29，黄色，残长7.4、直径4.6厘米（图一一八，6）。

A型磨盘2件，皆残块，琢制，扁平体。F17：30，黄白色花岗岩，圆角长方形，磨面下凹，底面平弧，残长18.2、残宽18.8、厚4.5厘米（图一一八，8；图版二〇六，5）；F17：31，浅灰色石灰岩，凹磨面，平弧背，残长12.0、残宽9.6、厚2.8厘米（图一一八，10）。

砺石10件，皆自然石块。F17：14，浅红色花岗岩椭圆形，扁体，凹磨面，长11.0、宽8.0、厚3.4厘米（图一一九，1；图版二二二，2）；F17：15，浅灰色麻岩，圆形，扁体，两面磨痕，直径7.3～8.3、厚1.7～3.1厘米（图一一九，3）；F17：16，灰色长石，扁平体，两面磨痕，长20.2、宽14.0、厚7.0厘米（图一一九，10；图版二二二，4）；F17：17，褐色玄武岩，扁体，形状不规则，两面磨痕，长27.7、宽14.7、厚5.6厘米（图一一九，5；图版二二二，3）；F17：18，红褐色玄武岩，扁体长方形，磨面凹平，背面有多个凹槽，凹槽有使用痕迹，长17.5、宽14.5、厚3.6～5.7厘米（图一一九，6；图版二二二，5）；F17：20，残，黄色花岗岩，凹磨面，残长18.5、残宽16.0、厚7.0

图一一七 F17 陶器

1~3. BⅤ式直腹罐（F17：4、F17：5、F17：3）   4、5. BⅥ式直腹罐（F17：1、F17：2）

6. 鼓腹罐罐底（F17：10）

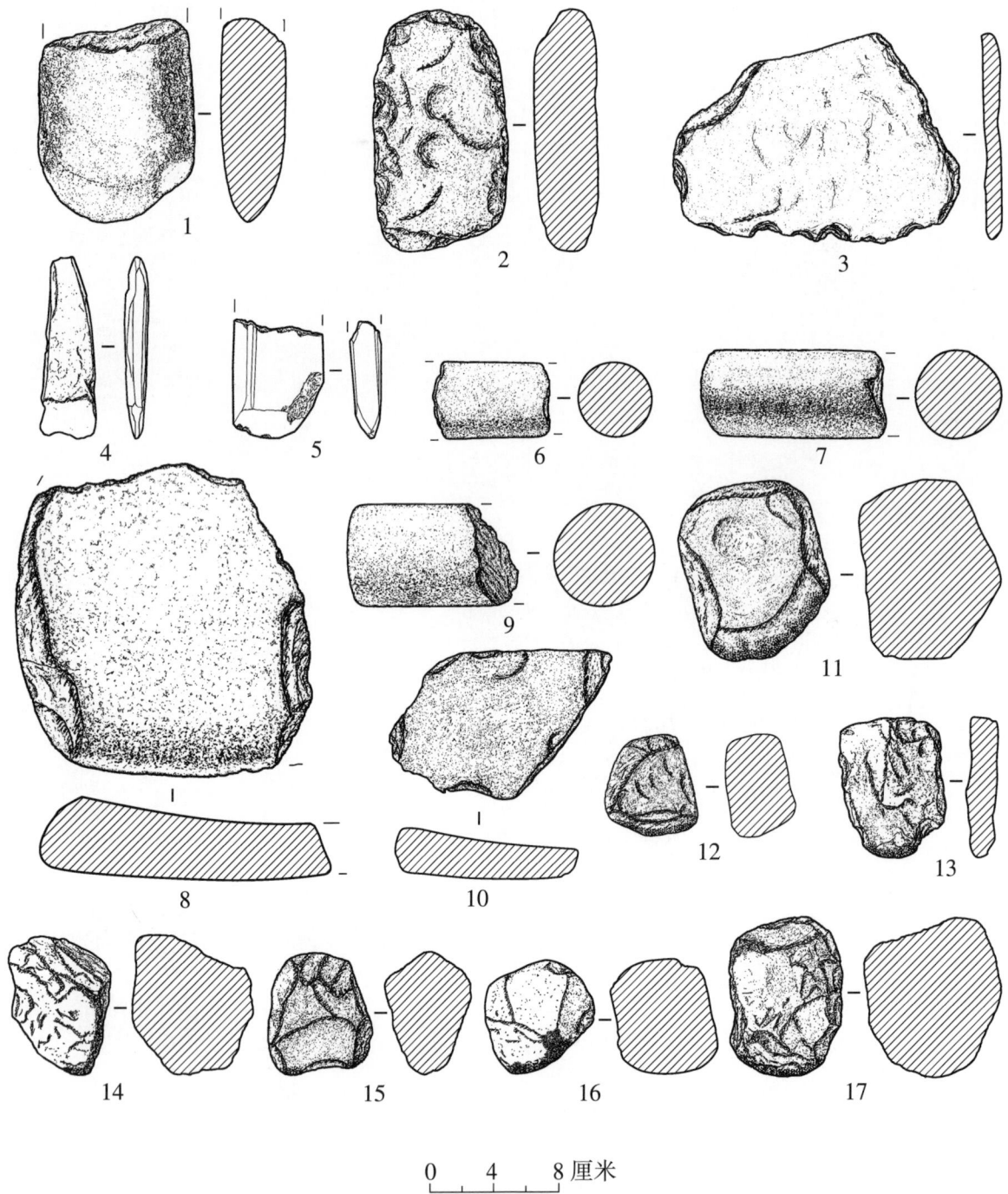

图一一八　F17 石器、玉器

1. A 型石斧（F17：19）　　2. B 型石斧（F17：37）　　3. 铲形石器刃部残片（F17：21）　　4. A 型小石凿

（F17：32）　　5. A 型玉斧（F17：33）　　6、7、9. Aa 型磨棒（F17：29、F17：25、F17：26）　　8、10. A 型磨盘

（F17：30、F17：31）　　11～17. 敲砸器（F17：12、F17：28、F17：39、F17：38、F17：13、F17：41、F17：40）

厘米（图一一九，9；图版二二三，2）；F17：22，灰色页岩，磨面微凹，长12.8、宽8.3、厚1.2厘米（图一一九，4）；F17：23，黄色花岗岩，椭圆形凹磨面，长19.0、宽17.0、厚6.8厘米（图一一九，8；图版二二三，1）；F17：24，黄色花岗岩，磨面呈凹状，长19.3、宽12.6、厚7.4厘米（图一一九，7）；F17：27，褐色长石，双磨面，磨痕明显，长10.2、宽9.4、厚3.6厘米（图一一九，2）。

敲砸器8件，皆自然石块。F17：11，浅灰色石英岩，圆形多棱体，棱角处敲击点，长7.33、宽6.13、厚5.6厘米（图版二四五，5）；F17：12，褐色玄武岩，椭圆形多棱体，边棱处敲击点，长11.0、宽9.0、厚8.4厘米（图一一八，11；图版二四六，1）；F17：13，褐色玄武岩，椭圆形多棱体，有多处敲击点，长7.4、宽6.5、厚5.3厘米（图一一八，15）；F17：28，褐色花岗岩，多棱体，棱角处敲击点，长6.2、宽5.8、厚4.2厘米（图一一八，12）；F17：38，浅灰色石英岩，多棱体，棱角处敲击点，长8.4、宽7.6、厚5.8厘米（图一一八，14）；F17：39，灰色石英岩，椭圆扁体，棱角敲击点，长8.5、宽6.4、厚2.0厘米（图一一八，13）；F17：40，浅灰色石英岩，椭圆形多棱体，有多处敲击点，长9.6、宽8.4、厚7.0厘米（图一一八，17；图版二四五，6）；F17：41，浅灰色石英岩，圆形多棱体，棱角处敲击点，长6.9、宽6.8、厚6.1厘米（图一一八，16）。

（3）玉器1件。

A型玉斧1件，F17：33，通体磨制，呈乳白色，扁长方体，上端部残缺，侧面微弧，一侧棱角分明，一面侧身有切割沟痕，另外有一刃角残缺，经修磨，弧刃，正锋，刃锋利，有崩疤，残长7.0、宽6.0、厚2.0厘米（图一一八，5；图版二六八，2）。

一八 18号房址（F18）

1. 遗迹

F18位于遗址东部（其东北侧未发掘），北与F53，南与F16、F17、F7成列；西与F20、F22、F27、F28、F35成排，该房址西南1.57米为H10。方向208°。面积33.39平方米，是一座带居室墓及窖穴的中小型半地穴式房址。平面呈圆角长方形，南北5.3、东西6.3米，中心垂直深度0.6米。房址挖凿于黄褐色生土层及基岩层内，穴壁挖凿规整，壁面斜平。室内居住面为坚硬起层的灰色垫踏土，较平整，厚约0.02～0.03米。灶址位于室内中部偏北，圆形坑穴式灶，灶口与居住面齐平，灶坑斜壁、圜底，整个灶址呈暗红色，灶口径0.74、底径0.54、深0.12米，灶内抹泥厚0.04～0.07米。灶址东北0.4米有一圆角长方形竖穴式窖坑（编号J1），窖坑壁面斜平，底部较平。窖口东西0.72、南北0.61，底部东西0.65、南北0.5、深0.45米。填土为黑灰色，无遗物。在室内东北角紧靠房穴壁也有一窖坑（编号J2），窖口为圆角长方形，西、南壁面较直，东壁随房址穴壁圆弧，窖底平整。窖口东西0.54、南北0.94、深0.35米。窖室较小，倾斜凿于西壁，呈椭圆形，宽0.3～0.35、高0.35、进深0.6米。填土为黑灰色，无遗物。室内西北角居住面下发现一圆角长方形土坑竖穴墓，墓内无随葬品，仅见1枚儿童牙齿。墓长1.18、宽0.56、深0.55米

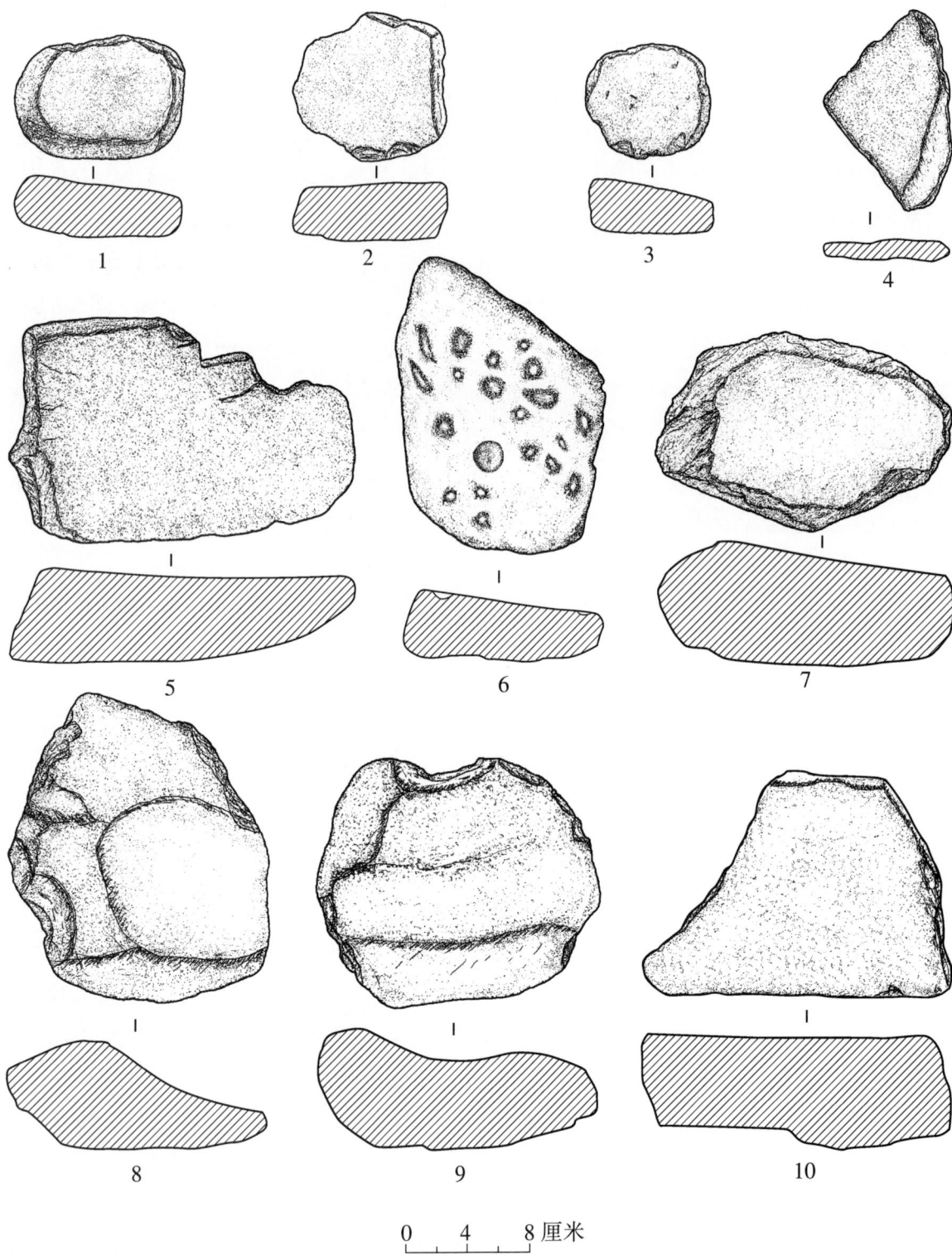

图一一九　F17 石器

1～10. 砺石（F17：14、F17：27、F17：15、F17：22、F17：17、
F17：18、F17：24、F17：23、F17：20、F17：16）

（详见居室墓章节）。房穴内共发现17个大小不同深浅不一的柱洞。这些柱洞分内、外两圈布置：外圈近穴壁一周10个柱洞，内圈绕灶址一周7个柱洞（尺寸、形状详见附表22－18　F18柱洞一览表）。室内遗物分布于四周近穴壁，陶器主要集中于北部（图一二〇）。

2. 遗物

（1）陶器26件。小直腹罐1件，BⅢ式直腹罐3件，BⅣ式直腹罐7件，BⅤ式直腹罐3件，BⅥ式直腹罐1件，直腹罐罐底3件，鼓腹罐口沿1件，D1型钵1件，钵口沿2件，Ba2型杯1件，Cb型杯1件，腹部残片2件（参见附表7　查海遗址房址活动面出土陶器型式统计表）。陶片264片（见附表2　房址出土陶片统计表）。

小直腹罐1件，F18：3，夹砂红褐陶，直敞口，薄圆唇，略弧腹，微凹平底，颈饰弦纹数周，附加堆纹带无纹饰，腹饰相间隔的单弦纹与左斜线纹，近底饰短弧线纹，口径10.9、底径6.1、高10.8厘米（图一二一，4；图版一三三，2）。

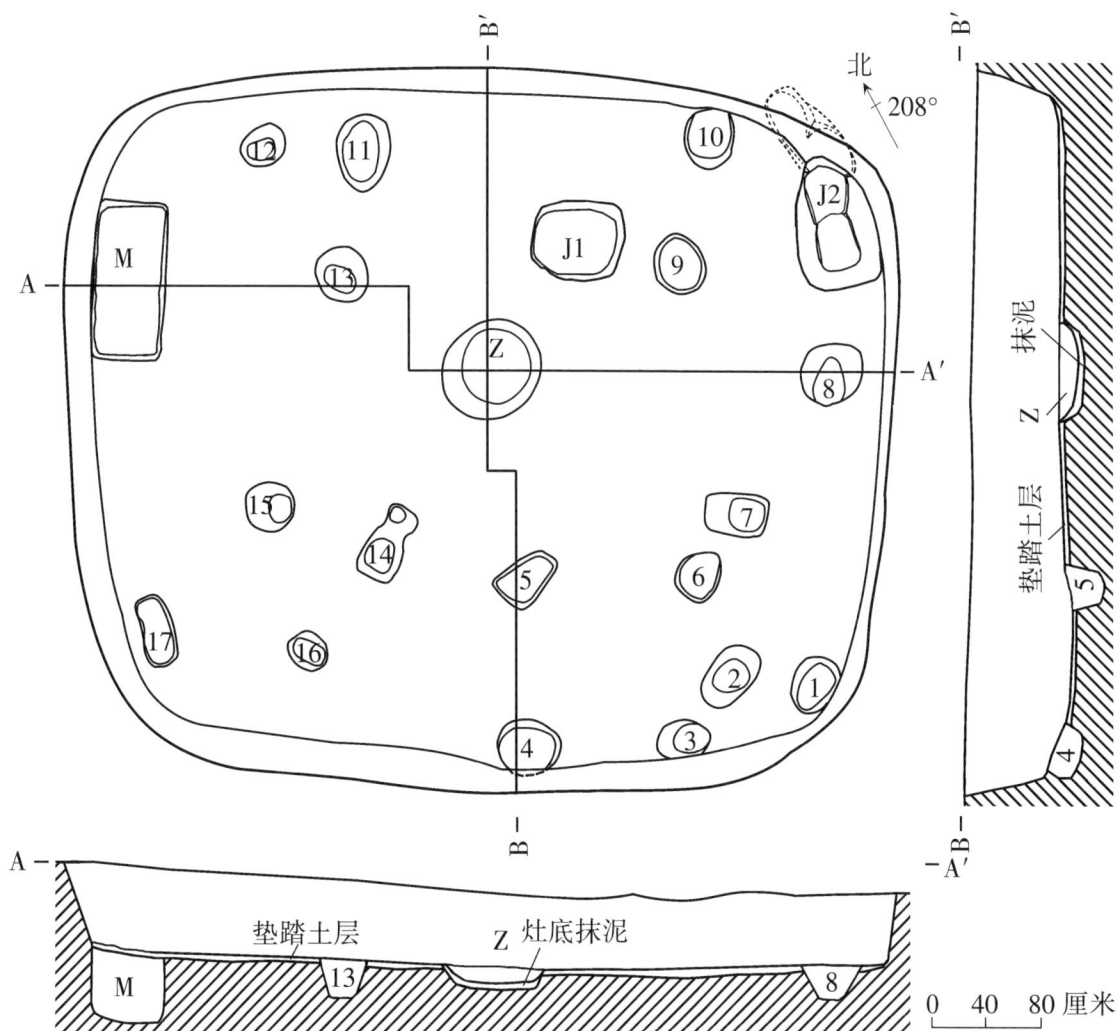

图一二〇　F18 平、剖面图

1～17. 柱洞　J1、J2. 窖穴　Z. 灶址　M. 居室墓

BⅢ式直腹罐 3 件，皆夹砂红褐陶，口部残片。F18：35，厚圆唇，颈饰弦纹数周，窄凸附加堆纹带饰左右斜线纹，腹饰草划交叉纹，口径 26.0、残高 7.5 厘米（图一二一，2）；F18：36，厚圆唇，颈饰弦纹，窄凸附加堆纹带饰窝点纹，腹饰草划交叉纹，口径 22.0、残高 14.0 厘米（图一二一，1）；F18：42，敞口，厚圆唇，颈饰弦纹数周，指压附加堆纹带，腹饰横排草划人字纹，口径 26.0、残高 13.5 厘米（图一二一，3）。

BⅣ式直腹罐 7 件。夹砂红褐陶 4 件，皆口部残片。F18：51，敞口，圆唇，颈饰弦纹、附压 Da2 型锯齿形几何纹，附加堆纹带饰左斜线纹，腹饰竖压横排之字纹，口径 23.0、残高 6.9 厘米（图一二一，8）；F18：49，敞口，厚尖圆唇，颈饰横压竖排规整之字纹与 Db 型锯齿形几何纹相间隔，附加堆纹带饰 Ba1 型 F 形几何纹，腹饰竖压横排之字纹，口径 28.0、残高 8.5 厘米（图一二一，7）；F18：50，敞口，圆唇，颈饰横压竖排规整之字纹与 Db 型锯齿形几何纹相间隔，附加堆纹带饰网格纹，腹饰竖压横排之字纹，口径 34.0、残高 9.0 厘米（图一二一，11）；F18：38，厚圆唇，颈饰弦纹数周，指压附加堆纹带，腹饰横压竖排细长之字纹，口径 22.0、残高 8.4 厘米（图一二一，9）。夹砂灰褐陶 3 件，F18：40，口部残片，厚圆唇，小撇口，颈饰网格纹，腹饰竖压横排宽疏弧线之字纹，口径 19.0、残高 8.8 厘米（图一二一，10）；F18：44，口部残片，敞口，圆唇，颈饰横压竖排之字纹，附加堆纹带饰 Da3 型锯齿形几何纹，腹饰竖压横排之字纹，口径 23.0、残高 18.6 厘米（图一二一，6）；F18：48，直敞口，厚圆唇，平底，颈饰横压竖排之字纹，腹饰弦纹、左斜线纹，近底几何纹不清，口径 14.0、底径 8.6、高 18.5 厘米（图一二一，5）。

BⅤ式直腹罐 3 件。夹砂红褐陶 1 件，F18：2，小喇叭形口，薄圆唇，直腹，凹平底，颈及上腹部饰左斜线纹 8 周，下腹部饰 C2 型梭形几何纹，口径 12、底径 8、高 14.3 厘米（图一二一，14；图版一一六，1）。夹砂灰褐陶 2 件，皆口部残片，小喇叭口。F18：34，尖圆唇，颈饰竖压横排之字纹 3 周，下饰 Ba1 型 F 形几何纹带，腹饰竖压横排之字纹，口径 22.0、残高 13.6 厘米（图一二一，13）；F18：39，圆唇，颈饰横压竖排密集弧线之字纹，腹饰竖压横排宽疏弧线之字纹，口径 18.0、残高 9.2 厘米（图一二一，12）。

BⅥ式直腹罐 1 件，F18：1，夹砂灰褐陶，大喇叭形口，厚圆唇，直腹，平底，近口饰左斜线纹 1 周，通身满饰短粗竖压横排之字纹到底，口径 17.8、底径 9.6、高 22、壁厚 1.1 厘米（图一二二，1；图版一二八，3）。

直腹罐罐底 3 件，直腹，底微凹平。夹砂红褐陶 1 件，F18：5，腹饰规整交叉划纹，底径 11.8、残高 15.2、壁厚 1.4 厘米（图一二二，3）。夹砂灰褐陶 2 件，F18：4，腹饰短粗竖压横排之字纹，底径 11.15、残高 14.1 厘米（图一二二，2）；F18：6，腹饰左斜线纹，底径 6.7、残高 9.7 厘米（图一二二，4）。

鼓腹罐口沿 1 件，F18：43，夹砂红褐陶，敞口，圆唇，近口饰窝点纹，颈饰 Ba1 型 F 形几何纹，腹饰窝点纹，残高 8 厘米（图一二二，5）。

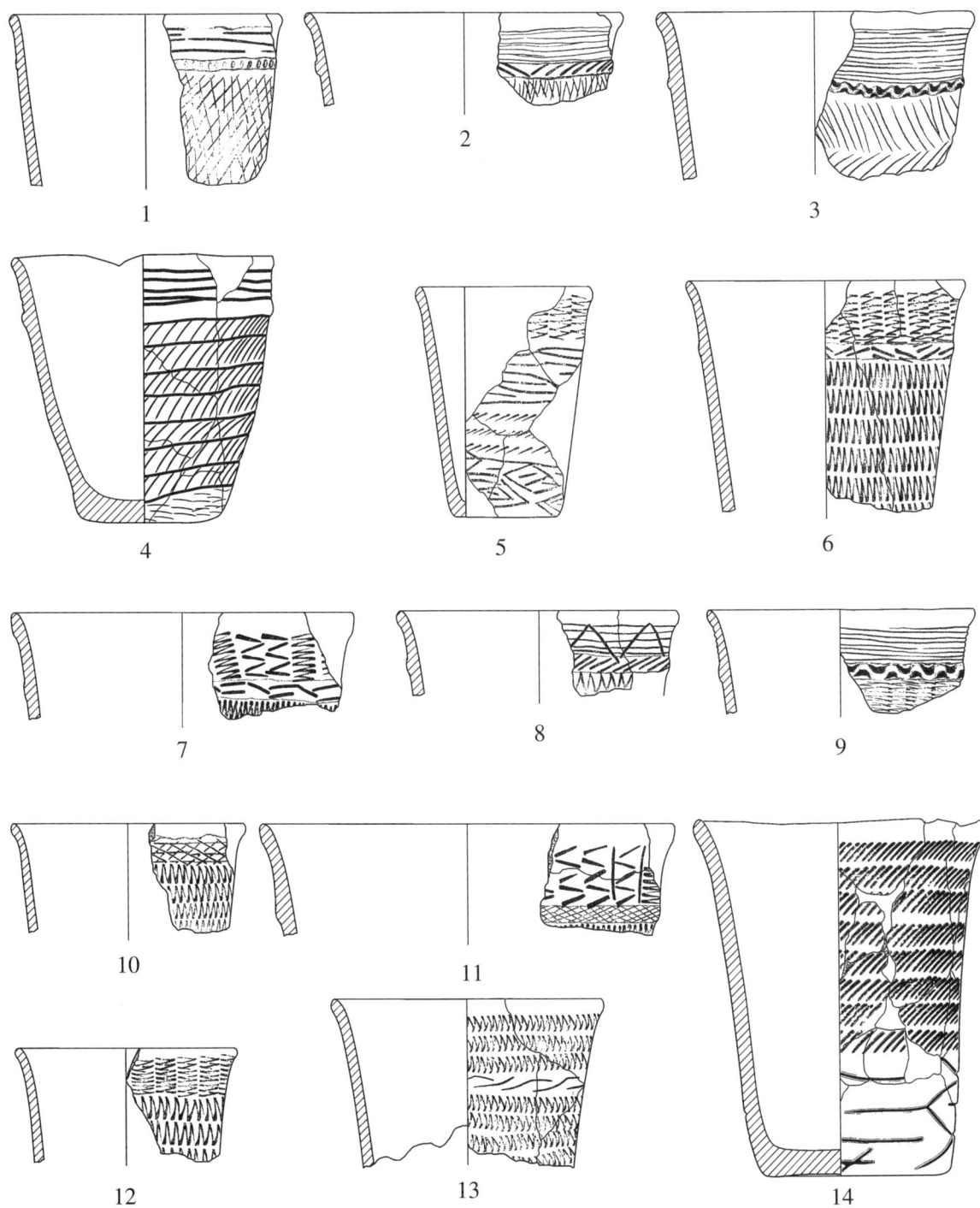

图一二一　F18 陶器

1~3. BⅢ式直腹罐（F18：36、F18：35、F18：42）　　4. 小直腹罐（F18：3）　　5~11. BⅣ式直腹罐（F18：48、F18：44、F18：49、F18：51、F18：38、F18：40、F18：50）　　12~14. BⅤ式直腹罐（F18：39、F18：34、F18：2）

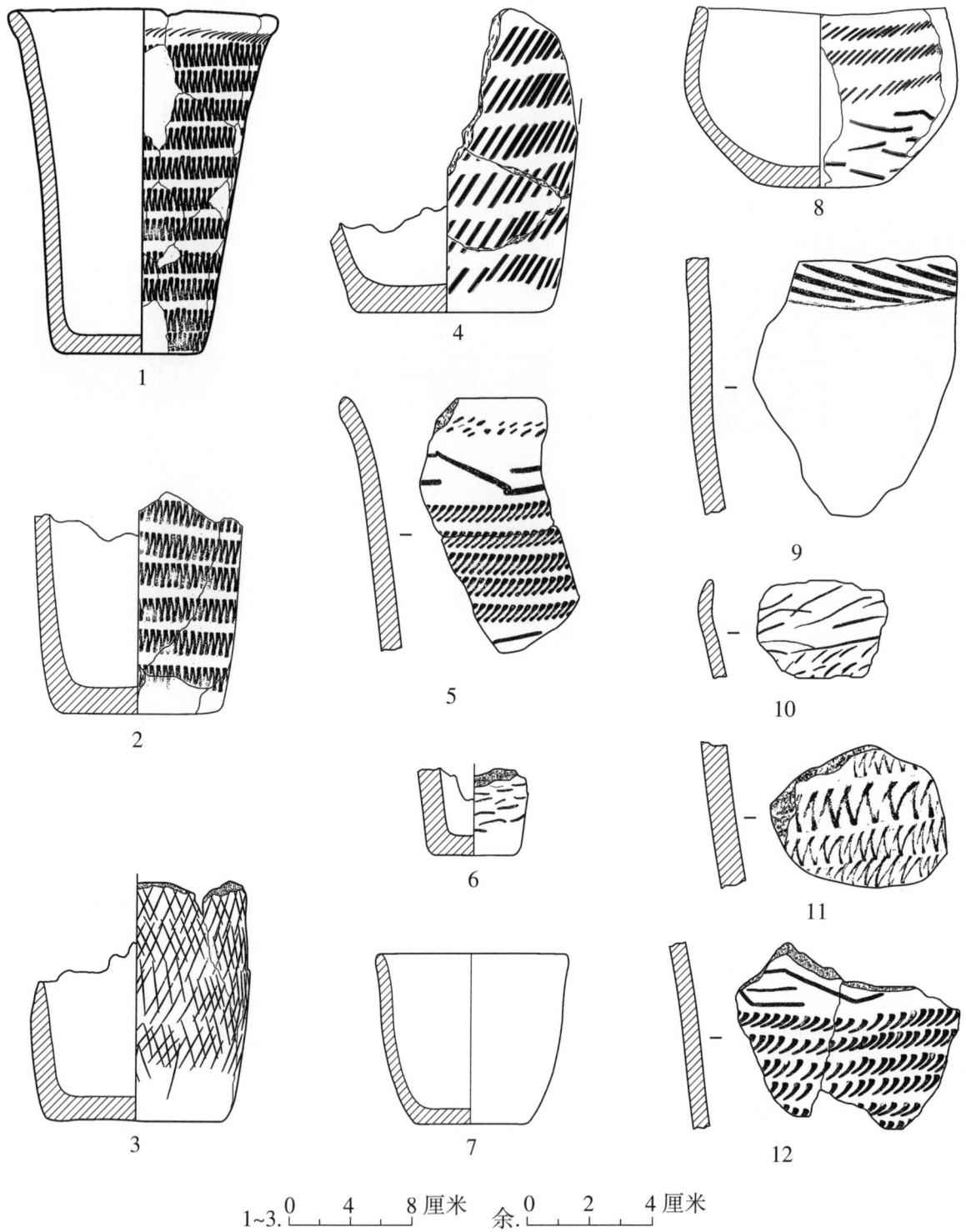

1~3. $\underset{0\quad4\quad8厘米}{\text{└─┴─┴─┘}}$　　余. $\underset{0\quad2\quad4厘米}{\text{└─┴─┴─┘}}$

图一二二　F18 陶器

1. BⅣ式直腹罐（F18：1）　　2~4. 直腹罐罐底（F18：4、F18：5、F18：6）　　5. 鼓腹罐口沿（F18：43）

6. Ba2 型杯（F18：46）　　7. Cb 型杯（F18：8）　　8. D1 型钵（F18：7）　　9、10. 钵口沿（F18：37、

F18：41）　　11、12. 腹部残片（F18：45、F18：47）

D1 型钵 1 件，F18：7，夹细纱灰褐陶，敛口，薄圆唇，圆鼓腹，小平底，上腹饰左斜线纹 3 周，下腹饰 Ba1 型 F 形几何纹，口径 8.1、底径 4.55、高 5.75 厘米（图一二二，8；图版一五二，4）。

钵口沿 2 件，夹砂红褐陶 1 件，F18：37，外叠沿，饰右斜线纹，弧腹，残高 8.2 厘米（图一二二，9）。夹砂灰褐陶 1 件，F18：41，敛口尖唇，饰草划左斜线纹，残高 3.2 里面（图一二二，10）。

Ba2 型杯 1 件，F18：46，夹砂红褐陶，口残，饰短弧线纹，底径 3.0、残高 2.7 厘米（图一二二，6）。

Cb 型杯 1 件，F18：8，夹砂红褐陶，微敛口，沿略外撇，圆唇，下腹略弧，平底，素面，口径 6.2、底径 3.7、高 5.4、壁厚 0.4 厘米（图一二二，7；图版一五六，5）。

腹部残片 2 件，皆夹砂红褐陶。F18：45，饰宽疏弧线竖压横排之字纹，残高 4.5 厘米（图一二二，11）；F18：47，饰 Ba1 型 F 形几何纹、戳点纹，残高 5.9 厘米（图一二二，12）。

（2）石器 23 件。C 型石斧 2 件，Ab 型铲形石器 1 件，Ba 型铲形石器 2 件，铲形石器刃部残片 3 件，B 型磨棒 1 件，C 型磨棒 1 件，D 型磨棒 1 件，砺石 2 件，敲砸器 10 件（参见附表 15　查海遗址房址居住面出土石器型式统计一览表）。

C 型石斧 2 件，皆深灰色页岩，F18：28，残，打制，刃部有崩痕，残长 8.5、宽 5.3、厚 2.8 厘米（图一二三，1）；F18：33，磨制，长扁平体，两侧平棱，弧刃，刃角有崩疤，残长 13.6、宽 5.7、厚 1.1 厘米（图一二三，2；图版一七〇，6）。

Ab 型铲形石器 1 件，F18：11，残，灰色泥质页岩，打制，短柄，圆身，显腰，弧刃，有使用崩痕，长 13.0、残宽 6.2、厚 2.9 厘米（图一二三，3）。

Ba 型铲形石器 2 件，皆页岩，打制。F18：10，灰色，扁平窄身，直柄，束腰不显，弧顶，平刃，使用崩痕，长 20.0、刃宽 9.4、厚 2.7 厘米（图一二三，4；图版一七八，1）；F18：25，深灰色，长直柄，近方身，束腰不显，直刃，有崩痕，长 16.0、刃宽 10.0、厚 2.0 厘米（图一二三，5；图版一七八，6）。

铲形石器刃部残片 3 件，皆深灰色页岩，打制，扁平体。F18：12，残块，有一琢孔，残长 15.4、残宽 9.1、厚 2.7 厘米（图一二三，7）；F18：26，刃部使用痕迹明显，残长 14.4、宽 7.7、厚 1.8 厘米（图一二三，8）；F18：27，刃部有使用崩痕，残长 7.1、残宽 12.7、厚 2.0 厘米（图一二三，6）。

B 型磨棒 1 件，F18：31，残段，浅黄色花岗岩，琢制，圆角方柱状，残长 14.3、径 5.0 厘米（图一二三，9；图版二一六，2）。

C 型磨棒 1 件，F18：29，残段，灰色花岗岩，琢制，圆角五棱柱体，五个磨面，残长 17.4、直径 5.2 厘米（图一二三，10；图版二一九，2）。

D 型磨棒 1 件，F18：30，残段，红褐色玄武岩，琢制，椭圆柱体，残长 8.2、径 4.8～6.2 厘米（图一二三，11）。

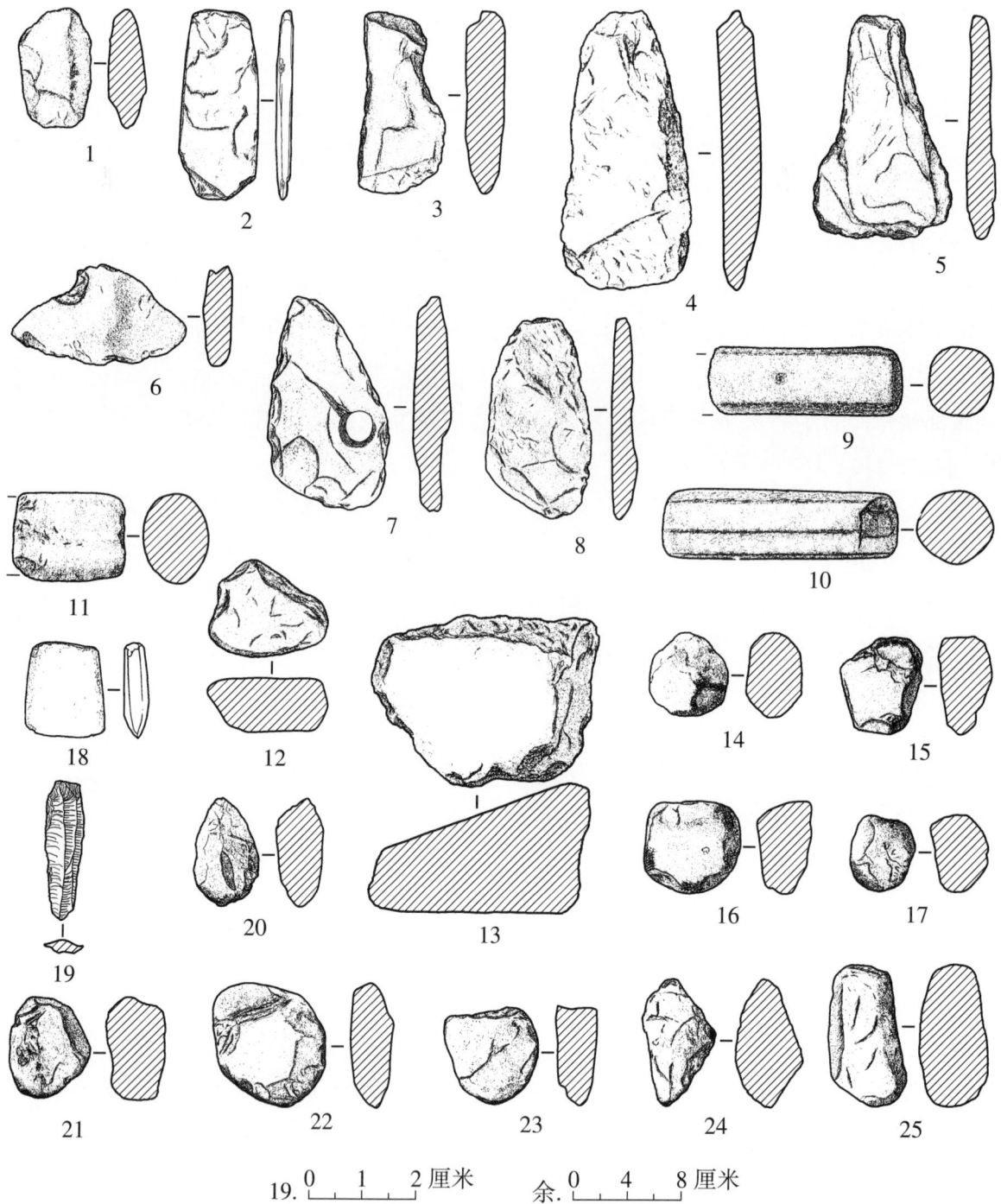

图一二三 F18 石器、玉器

1、2. C 型石斧（F18：28、F18：33） 3. Ab 型铲形石器（F18：11） 4、5. Ba 型铲形石器（F18：10、F18：25） 6~8. 铲形石器刃部残片（F18：27、F18：12、F18：26） 9. B 型磨棒（F18：31） 10. C 型磨棒（F18：29） 11. D 型磨棒（F18：30） 12、13. 砺石（F18：24、F18：13） 14~17、20~25. 敲砸器（F18：14、F18：20、F18：17、F18：21、F18：18、F18：22、F18：23、F18：15、F18：19、F18：16） 18. B 型玉斧（F18：32） 19. 刮削器（F18：9）

砺石 2 件，皆浅黄色花岗岩自然石块。F18：13，双磨面，长 16.8、宽 12.2、厚 8.8 厘米（图一二三，13）；F18：24，扁平三角体，双磨面，长 8.8、宽 6.9、厚 3.8 厘米（图一二三，12）。

敲砸器 10 件。红褐色玄武岩 1 件，F18：14，扁圆体，敲砸痕迹集中在周边棱角处，长 6.0、宽 5.8、厚 4.0 厘米（图一二三，14）。石英岩自然石块 9 件，F18：15，灰色，近扁圆体，周边有敲击痕迹，长 6.9、宽 6.9、厚 3.0 厘米（图一二三，23）；F18：16，灰色，椭圆体，一端有使用痕迹，长 10.0、宽 5.4、厚 5.0 厘米（图一二三，25）；F18：17，灰绿色，扁圆体，敲砸使用痕迹在周边棱角处，长 7.0、宽 6.6、厚 4.0 厘米（图一二三，16）；F18：18，深灰色，椭圆多棱体，敲砸痕迹集中在棱角处，长 7.8、宽 4.7、厚 3.4 厘米（图一二三，20）；F18：19，灰色，三角多棱体，长 9.1、宽 5.4、厚 4.8 厘米（图一二三，24）；F18：20，灰色，不规整多棱体，敲砸痕迹集中在棱角处，长 6.9、宽 6.0、厚 3.8 厘米（图一二三，15）；F18：21，灰色，近圆体，敲砸痕迹集中在周边棱角处，长 5.4、宽 4.6、厚 4.1 厘米（图一二三，17）；F18：22，灰色，椭圆多棱体，敲砸痕迹集中在两端棱角处，长 7.2、宽 5.8、厚 4.2 厘米（图一二三，21）；F18：23，灰色，扁椭圆体，敲砸痕迹集中在周边棱角处，长 8.8、宽 8.0、厚 3.0 厘米（图一二三，22）。

（3）细石器 1 件（参见附表 20　查海遗址各遗迹单位出土细石器统计表）。

刮削器 1 件，F18：9，青色石英岩压制，长条形，尖部及长边锋利，截面呈三角形，长 2.5、宽 0.7、厚 0.2 厘米（图一二三，19；图版二六三，1）。

（4）玉器 1 件。

B 型玉斧 1 件，F18：32，乳白色，通体磨光，扁圆宽体，顶端圆角，有疤痕、两侧略显棱角，正锋，弧刃，刃锋利，有崩疤，长 6.8、顶宽 4.9、刃宽 6.0、厚 1.8 厘米（图一二三，18；图版二六九，3）。

一九　19 号房址（F19）

1. 遗迹

F19 位于遗址东南部，西南端被冲积沟毁掉，东侧未做发掘。该房址北与 F14 成列；西与 F7、F4、F10、F13、F12 成排。方向 207°。残存面积约 20.9 平方米，依据中心灶址推测南北 4.6 米，面积为 25.3 平方米，是一座带居室墓的小型半地穴房址。平面近圆角方形，南北残存 3.8、东西 5.5，中心垂直深度 0.5 米。房址挖凿于黄褐色生土层及基岩层内，穴壁挖凿规整，东壁略外弧，壁面稍加修整斜平。室内居住面为坚硬起层的黑灰色垫踏土，北高南低，较平整，厚约 0.04～0.06 米。室内中部有两个灶址，编号为 Z1、Z2。Z1 位于 Z2 东侧，叠压打破 Z2。Z1 为椭圆形浅坑穴式灶，灶口与居住面齐平，灶坑斜壁、平底，灶坑口径 0.74～0.84、深 0.05 米，灶内抹泥厚 0.04～0.07 米。Z2 为圆形坑穴式灶，灶坑斜壁、平底。灶坑口径 0.7、深 0.10 米。两灶内均有抹泥，经火烧，皆呈暗红色。室内北部偏西居住面下发现一圆角长方形土坑竖穴墓，墓内未见随葬品，仅在墓室北部清理出几枚牙齿。墓长 2.3、宽 0.9、深 0.25～0.3 米（详见居室墓章节）。房穴内现存6 个大小不同深浅不一的柱洞。这些柱洞皆靠近穴壁分布（尺寸、形状详见附表 6－19　F19 柱洞一览表）。遗物主要位于室内西北角及东北角（图一二四）。

2. 遗物

室内居住面遗物

（1）陶器 4 件。BⅠ式直腹罐 2 件，BⅡ式直腹罐 1 件，BⅢ式直腹罐 1 件（参见附表 7　查海遗址房址活动面出土陶器型式统计表）。

BⅠ式直腹罐 2 件，皆夹砂红褐陶。F19∶3，上部残，素面，底径 8.1、残高 8.7 厘米（图一二五，5）；F19∶4，仅存腹、底局部，素面，底径 8.0、残高 10.0 厘米（图一二五，4）。

BⅡ式直腹罐 1 件，F19∶2，上部残，夹砂红褐陶，直腹，微凹平底，饰不规整弦纹，底径

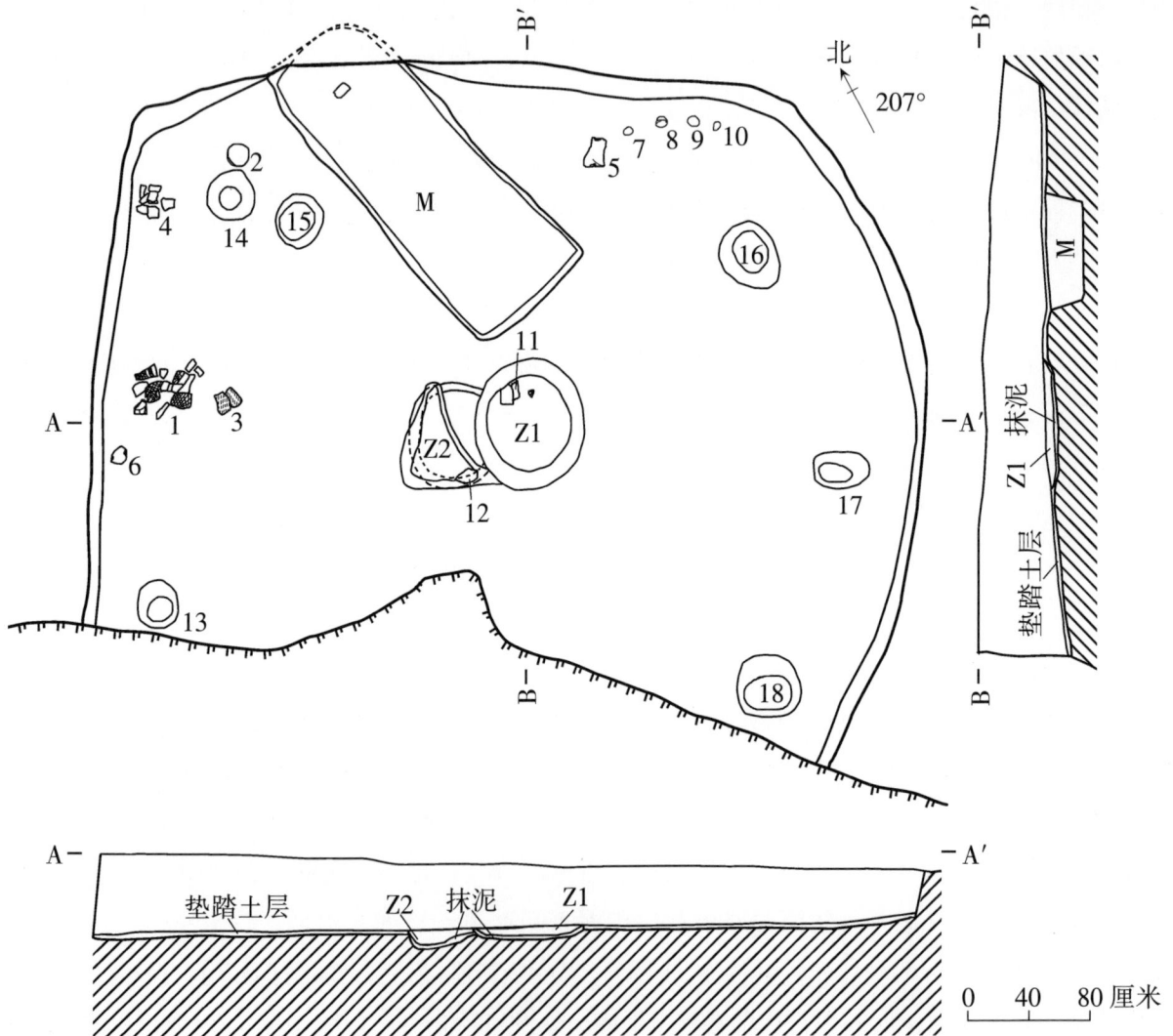

图一二四　F19 平、剖面图

1. 直腹罐　2～4. 直腹罐罐底　5. 铲形石器　6～12. 敲砸器　13～18. 柱洞　Z. 灶址　M. 居室墓

11.8、残高8.06厘米（图一二五，3）。

BⅢ式直腹罐1件，F19：1，夹砂红褐陶，敞口，厚尖圆唇，直腹，凹平底，颈饰弦纹数周，附加堆纹带饰左斜线纹2周，腹饰不规整网格纹到底，口径14.0、底径8.0、高18.0厘米（图一二五，6；图版七五，2）。

（2）石器8件。铲形石器刃部残片1件，敲砸器7件（参见附表15　查海遗址房址居住面出土石器型式统计一览表）。

铲形石器刃部残片1件，F19：5，灰色页岩，打制，残长9.8、残宽10、厚2.1厘米（图一二七，3）。

敲砸器7件，皆自然石块。黄褐色玄武岩1件，F19：9，扁椭圆体，周边有使用痕迹，长13.4、宽10.7、厚8.4厘米（图一二七，21）。花岗岩2件，F19：7，棕红色，椭圆体，敲砸痕迹集中在棱角处，长10.8、宽8.8、厚6.4厘米（图一二七，22）；F19：12，浅灰色，椭圆多棱体，棱角有敲击痕迹，长7.1、宽6.0、厚4.8厘米（图一二七，20）。石英岩4件，F19：6，浅灰色，椭圆扁平体，敲砸痕迹集中在棱角处，长8.4、宽5.7、厚4.2厘米（图一二七，24）；F19：8，浅黄色，扁方多棱体，敲砸使用痕迹集中在一端棱角处，长8.6、宽6.5、厚4.7厘米（图一二七，18）；F19：10，浅灰色，椭圆扁平多棱体，敲砸痕迹集中在周边棱角处，长7.6、宽6.0、厚3.1厘米（图一二七，23）；F19：11，灰色，不规则椭圆多棱体，敲砸痕迹集中在棱角处，长6.7、宽6.4、厚4.1厘米（图一二七，19）。

室内堆积层遗物

（1）陶器17件。AⅡ式斜腹罐4件，BⅠ式直腹罐1件，BⅢ式直腹罐5件，B型直腹罐残片2件，鼓腹罐罐底2件，鼓腹罐口沿1件，A型陶纺轮2件（参见附表8　查海遗址房址堆积层出土陶器型式统计表）。陶片79片（见附表2　房址出土陶片统计表）。

AⅡ式斜腹罐4件，皆夹砂红褐陶，口沿残片。F19①：2，直敞口，圆唇，外叠宽带沿饰右斜线纹，口径26.0、残高4.95厘米（图一二五，10）；F19①：3，直敞口，圆唇，外叠宽带沿饰右斜线纹，口径28.0、残高4.2厘米（图一二五，9）；F19①：4，直敞口，外叠厚圆唇饰右斜线纹，口径12.0、残高5.85、厚0.6厘米（图一二五，2）；F19①：5，直敞口，外叠厚圆唇饰宽疏右斜线纹，残高2.45、厚0.4厘米（图一二六，5）

BⅠ式直腹罐1件，F19①：14，夹砂红褐陶，口沿残片，直敞口，圆唇，外叠宽带沿饰宽疏左斜线纹，口径32.0、残高7.8、厚1厘米（图一二五，7）。

BⅢ式直腹罐5件，皆夹砂红褐陶，口沿残片。F19①：1，圆唇，颈饰弦纹，附加堆纹带饰左斜线纹，腹饰草划交叉纹，颈部有一锔孔，残高10.8、厚0.9厘米（图一二六，4）；F19①：7，直敞口，圆唇，颈饰弦纹，附加堆纹带饰左斜线，腹饰左斜线纹，口径20.0、残高6.6、厚0.7厘米（图一二五，1）；F19①：8，直敞口，厚圆唇，颈饰弦纹，附加堆纹带饰窝点纹，腹饰草划交叉纹，口径24.0、残高12.6、厚0.8厘米（图一二五，8）；F19①：9，直敞口，圆唇，颈饰弦纹，

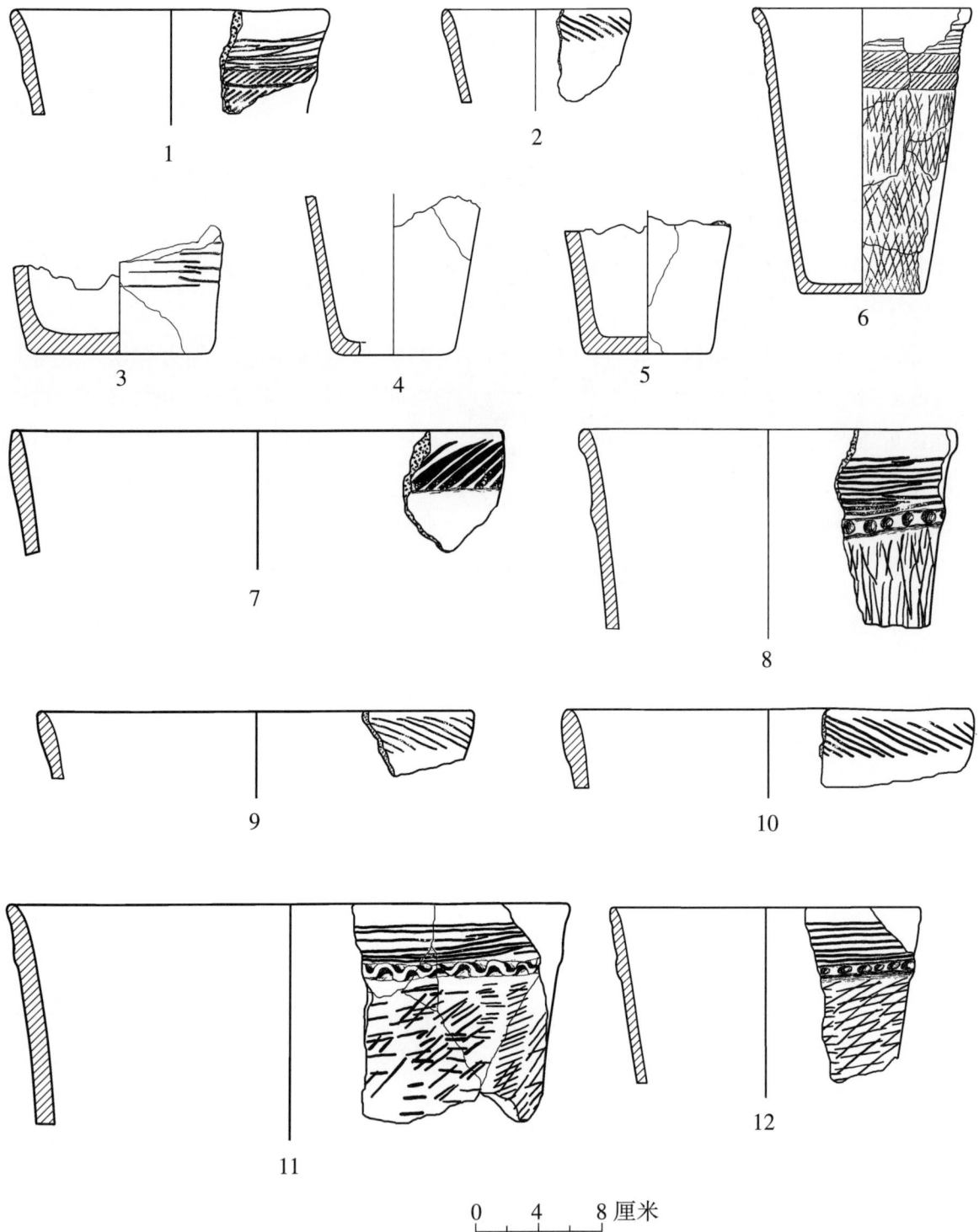

图一二五　F19 陶器（3~6. 居住面出土　1、2、7~12. 堆积层出土）

1、6、8、11、12. BⅢ式直腹罐（F19①：7、F19：1、F19①：8、F19①：9、F19①：10）

2、9、10. AⅡ式斜腹罐（F19①：4、F19①：3、F19①：2）　3. BⅡ式直腹罐（F19：2）

4、5、7. BⅠ式直腹罐（F19：4、F19：3、F19①：14）

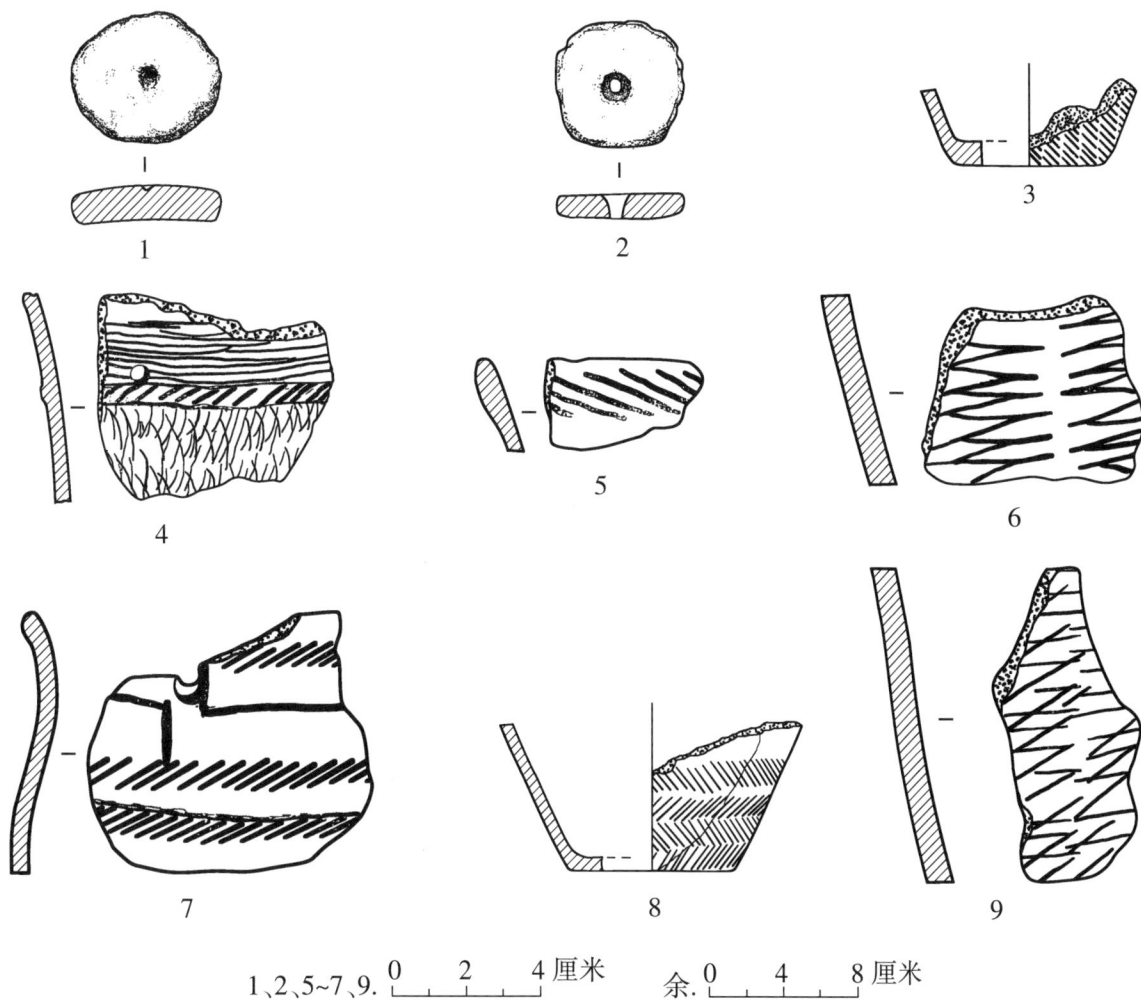

图一二六　F19 陶器

1、2. A 型陶纺轮（F19①：24、F19①：25）　　3、8. 鼓腹罐罐底（F19①：15、F19①：12）　　4. BⅢ式
直腹罐（F19①：1）　　15. AⅡ式斜腹罐（F19①：5）　　6、9. 直腹罐腹部残片（F19①：11、F19①：6）
7. 鼓腹罐口沿（F19①：13）

指压附加堆纹带，腹饰草划交叉纹，口径 36、残高 13.9、厚 0.9 厘米（图一二五，11）；F19①：10，
直敞口，圆唇，颈饰弦纹，附加堆纹带饰窝点纹，腹饰草划网格纹，口径 20.0、残高 11.0、厚
0.6 厘米（图一二五，12）。

　　直腹罐腹部残片 2 件，皆夹砂红褐陶。F19①：11，饰细长横压竖排之字纹，一侧压点痕迹较深，
残高 5、厚 0.8 厘米（图一二六，6）；F19①：6，饰草划交叉纹，残高 8.3、厚 0.7 厘米（图一二六，9）。

　　鼓腹罐罐底 2 件，皆夹砂红褐陶。F19①：12，平底，腹饰横排人字纹，底径 9.0、残高 7.9、厚 0.6
厘米（图一二六，8）；F19①：15，平底，饰右斜线纹，底径 8.0、残高 4.6、厚 0.8 厘米（图一二六，3）。

　　鼓腹罐口沿 1 件，F19①：13，夹砂红褐陶，厚圆唇，束颈，近口饰左斜线纹 1 周，颈饰 Aa1
型单体曲尺形几何纹 1 周，腹饰左斜线纹，有一锔孔，残高 6.9、厚 0.5 厘米（图一二六，7）。

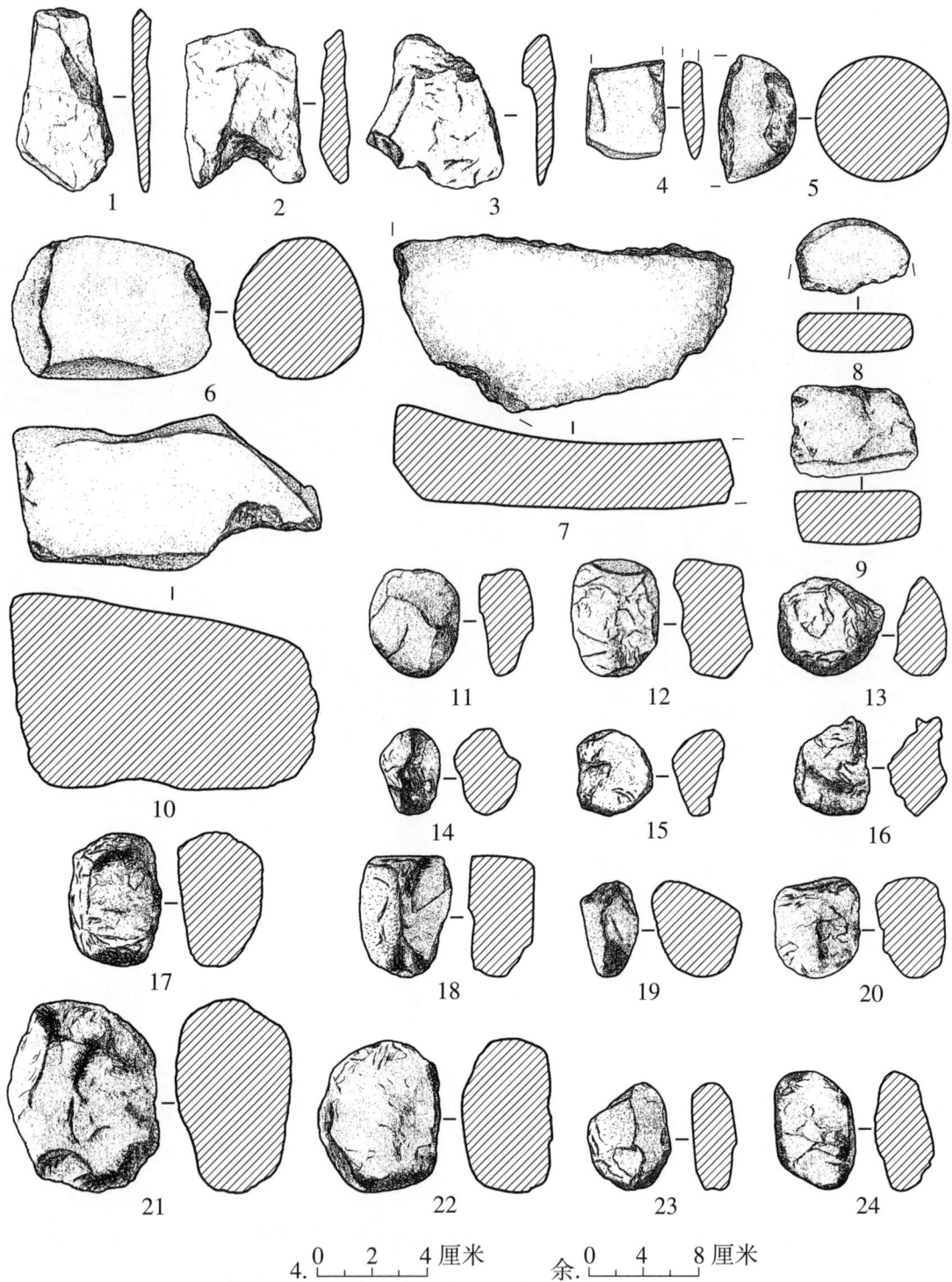

图一二七　F19 石器（3、18~24. 居住面出土　1、2、4~17. 堆积层出土）

1. Ba 型铲形石器（F19①:29）　2、3. 铲形石器刃部残片（F19①:22、F19:5）　4. C 型石斧（F19①:30）

5、6. Ab 型磨棒（F19①:26、F19①:28）　7. A 型磨盘（F19①:27）　8. Ba 型饼形器（F19①:21）

9、10. 砺石（F19①:20、F19①:23）　11~24. 敲砸器（F19①:17、F19①:18、F19①:33、F19①:16、

F19①:32、F19①:31、F19①:19、F19:8、F19:11、F19:12、F19:9、F19:7、F19:10、F19:6）

A 型陶纺轮 2 件，皆夹砂灰褐陶陶片修制。F19①：24，未透孔，直径 4.0、厚 0.7 厘米（图一二六，1；图版一五九，1）；F19①：25，有孔，直径 3.5、厚 0.3 厘米（图一二六，2；图版一五八，9）。

（2）石器 16 件。C 型小石斧 1 件，Ba 型铲形石器 1 件，铲形石器刃部残片 1 件，Ba 型饼形器 1 件，Ab 型磨棒 2 件，A 型磨盘 1 件，砺石 2 件，敲砸器 7 件（参见附表 16　查海遗址房址堆积层出土石器型式统计一览表）。

C 型小石斧 1 件，F19①：30，刃部残片，黑色页岩，打制，扁平体，正锋，弧刃，有使用崩痕，残长 3.3、宽 2.86、厚 0.7 厘米（图一二七，4）。

Ba 型铲形石器 1 件，F19①：29，灰色页岩，打制，刃部残缺，残长 13.0、残宽 7.0、厚 1.2 厘米（图一二七，1）。

铲形石器刃部残片 1 件，F19①：22，灰色页岩，长 11.0、宽 8.2、厚 2.2 厘米（图一二七，2）。

Ba 型饼形器 1 件，F19①：21，残，棕红色花岗岩，琢制，圆扁平体，直径 8.2、厚 2.7 厘米（图一二七，8；图版二〇〇，5）。

Ab 型磨棒 2 件，皆残段，棕红色花岗岩，琢制，短粗圆柱体。F19①：26，残长 5.5、直径 8.9 厘米（图一二七，5）；F19①：28，残长 14.3、直径 10.3 厘米（图一二七，6）。

A 型磨盘 1 件，F19①：27，残块，浅黄色花岗岩，琢制，使用面下凹，残长 24.7、残宽 12.3、厚 6.3 厘米（图一二七，7）。

砺石 2 件，皆花岗岩自然石块。F19①：20，棕红色，琢制，扁平长方体，双磨面，长 9.2、宽 6.5、厚 3.7 厘米（图一二七，9；图版二二三，3）；F19①：23，浅黄色，形状不规整，单凹磨面，长 22.9、宽 11.0、厚 13.0 厘米（图一二七，10；图版二二三，4）。

敲砸器 7 件，皆自然石块。棕红色花岗岩 2 件，F19①：17，扁圆多棱体，敲砸痕迹集中在周边，直径 7.6、宽 6.5、厚 3.9 厘米（图一二七，11）；F19①：18，多棱体，敲砸痕迹集中在棱角处，长 8.3、宽 6.4、厚 5.0 厘米（图一二七，12）。浅灰色石英岩 7 件，F19①：16，不规则椭圆多棱体，敲砸使用痕迹在棱角处，长 6.0、宽 4.7、厚 4.4 厘米（图一二七，14）；F19①：19，多棱体，敲砸痕迹集中在棱角处，长 9.4、宽 6.5、厚 5.8 厘米（图一二七，17）；F19①：31，三角多棱体，敲砸痕迹集中在一端棱角处，长 7.0、宽 5.4、厚 2.5 厘米（图一二七，16）；F19①：32，不规则椭圆扁平体，周边有敲击痕迹，长 6.1、宽 5.3、厚 3.6 厘米（图一二七，15）；F19①：33，扁平椭圆形，敲砸点在厚边棱角处，直径 7.0～7.6、厚 3.6 厘米（图一二七，13）。

二〇　20 号房址（F20）

1. 遗迹

F20 位于遗址中部，东北侧为"中心"墓地。北与 F43、F46，南与 F1、F10 成列；东与 F18，西与 F22、F27、F28、F35 成排。方向 204°。面积 20.4 平方米，是一座小型半地穴式房址。平面呈圆角长方形，南北4.3、东西4.75米，中心垂直深度0.5米。房址挖凿于黄褐色生土层及基岩层内，东壁稍外弧，其他三壁较直，壁面斜平，略有修整。室内居住面为坚硬的黑灰色垫踏土，较平整，厚约0.05～0.07米。灶址位于室内中部偏北，不规则圆形坑穴式灶，灶口与居住面齐平，斜壁、平底。灶址口径0.74、深0.1米，灶内抹泥厚0.03～0.05米。灶体呈暗红色，灶内清理出经烧烤的猪头骨（图版二七八）、陶片。房穴内共发现8个大小不同深浅不一的柱洞。柱洞分布情况为四角各1个、西壁中部1个，南壁2个，灶址西北0.44米1个（尺寸、形状详见附表22－20　F20柱洞一览表）。室内出土遗物较少，主要分布于室内西北角及西南角（图一二八）。

2. 遗物

（1）陶器23件。BⅡ式直腹罐1件，BⅢ式直腹罐2件，BⅣ式直腹罐5件，直腹罐腹部残片3件，直腹罐罐底5件，CⅡ式鼓腹罐1件，CⅣ式鼓腹罐1件，CⅤ式鼓腹罐2件，Cb1型钵1件，

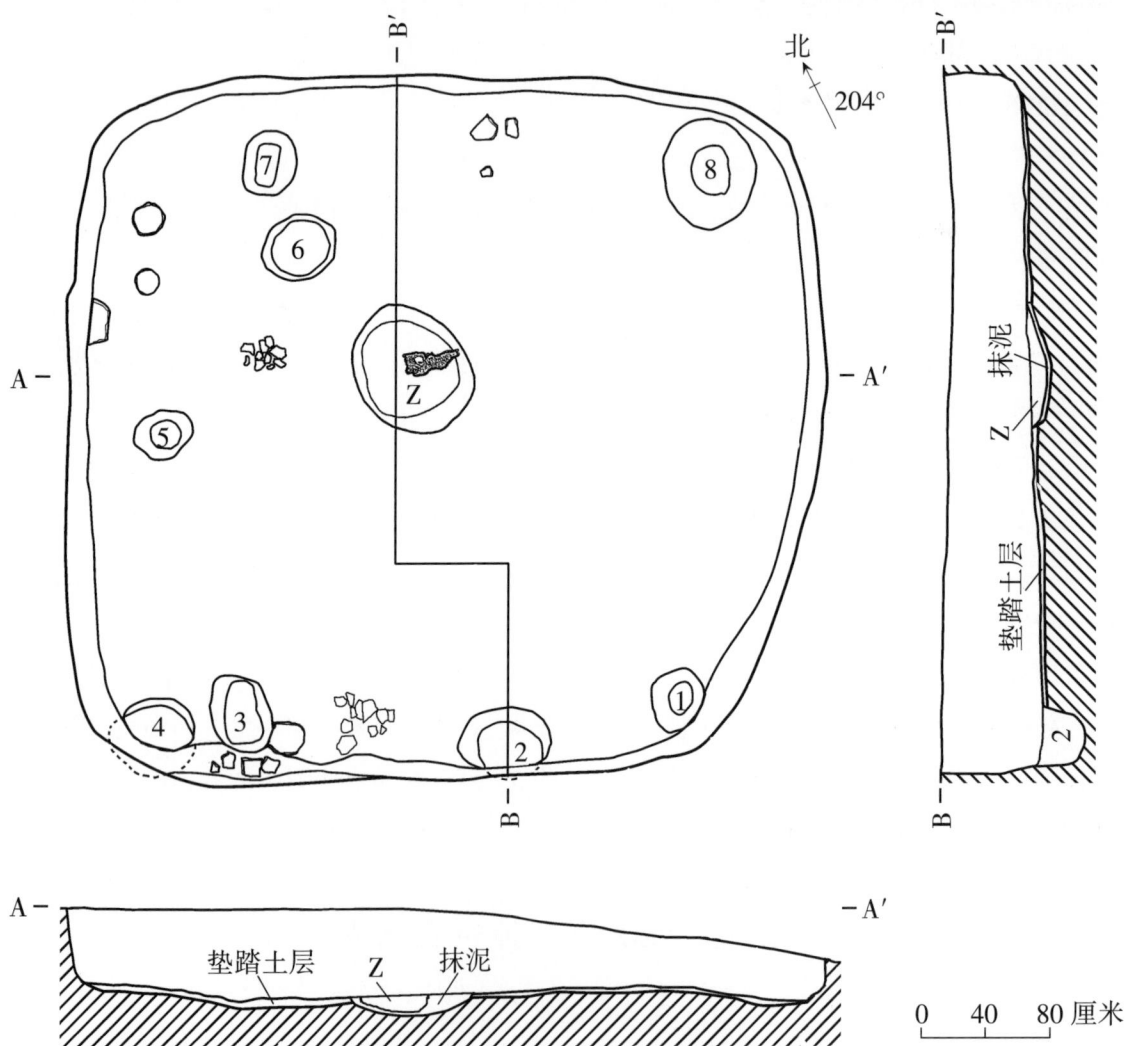

图一二八　F20平、剖面图

1～8. 柱洞　Z. 灶址　其他遗物

A 型陶纺轮 1 件，钵底 1 件（参见附表 7　查海遗址房址活动面出土陶器型式统计表）。陶片 181 片（见附表 2　房址出土陶片统计表）。

B Ⅱ 式直腹罐 1 件，F20：20，夹砂红褐陶，底部残，直口，圆唇，直腹，饰弦纹，口径 21、残高 15.5 厘米（图一二九，1）。

B Ⅲ 式直腹罐 2 件。夹砂灰褐陶 1 件，F20：5，直敞口，厚尖圆唇，直腹，底微平凹，通体饰不规整弦纹，口径 13.1、底径 8.6、高 18.5、壁厚 0.6 厘米（图一二九，2；图版七五，2）。夹砂红褐陶 1 件，F20：26，底部，平底，腹饰草划交叉纹，近底饰断弦纹，底径 12、残高 6.9、厚 1 厘米（图一二九，4）。

B Ⅳ 式直腹罐 5 件，皆夹砂灰褐陶。F20：28，口部残片，敞口厚圆唇，颈饰横压竖排规整之字纹、一侧压窝较深，宽平附加堆纹带饰左斜线纹，腹饰竖压横排规整之字纹，口径 30、残高 9.84、厚 1 厘米（图一二九，8）；F20：11，直敞口，厚圆唇，直腹，底微平凹，颈饰横压竖排之字纹，附加堆纹带饰 Da3 型锯齿形几何纹，腹饰竖压横排之字纹 9 周，口径 22.7、底径 12.5、高 29.3、壁厚 1 厘米（图一二九，5；图版九一，4）；F20：3，敞口，厚尖圆唇，直腹，平底，颈饰横压竖排之字纹，附加堆纹带饰左斜线纹，腹饰竖压横排之字纹，口径 19.4、底径 14.2、高 24.5、壁厚 1 厘米（图一二九，6；图版九一，5）；F20：4，敞口，厚圆唇，直腹，底微凹，颈饰弦纹数周、附压 Da2 型锯齿形几何纹，腹饰竖压横排之字纹，口径 16.1、底径 11.9、高 24.1、壁厚 1 厘米（图一二九，7；图版九二，1）；F20：22，上部残片，敞口，圆唇，直腹，颈饰弦纹，下饰 Aa1 型单体曲尺形几何纹带，腹饰竖压横排之字纹，口径 20、残高 19.2 厘米（图一二九，3）。

直腹罐腹部残片 3 件。夹砂灰褐陶 2 件，F20：29，饰竖压横排规整之字纹，残高 12.65、厚 1 厘米（图一三〇，3）；F20：32，饰竖压横排规整之字纹，残高 8.9、厚 0.5 厘米（图一三〇，1）。夹砂红褐陶 1 件，F20：30，饰横压竖排细长弧线之字纹，残高 5.3、厚 1.2 厘米（图一三〇，2）。

直腹罐罐底 5 件，皆夹砂灰褐陶。F20：6，直腹，平底，饰竖压横排之字纹，底径 17.1、残高 16.85 厘米（图一三〇，5）；F20：24，平底，饰竖压横排宽疏之字纹不到底，底径 13.0、残高 8.7 厘米（图一二九，9）；F20：25，平底，饰竖压横排宽疏之字纹不到底，底径 13.0、残高 8.5 厘米（图一二九，10）；F20：33，小罐底部，饰戳点纹，底径 5.7、厚 0.6 厘米（图一三〇，4）；F20：7，直腹，底微平凹，饰竖压横排之字纹不到底，底径 14.7、残高 11.15 厘米（图一三〇，6）。

C Ⅱ 式鼓腹罐 1 件，F20：27，夹砂红褐陶，侈口，厚圆唇，弦纹上附压竖排左斜线纹，口径 30、残高 11.0、厚 1.3 厘米（图一三〇，9）。

C Ⅳ 式鼓腹罐 1 件，F20：23，夹砂灰褐陶，颈饰左斜线纹，下饰 Ab4 型扣合曲尺形几何纹带，腹饰左斜线纹，残高 7.55、厚 0.65 厘米（图一三〇，10）。

C Ⅴ 式鼓腹罐 2 件，皆夹砂灰褐陶。F20：1，侈口，圆唇，束颈，圆腹，平底，近口饰规整左斜线纹 3 周、Aa2 型单体曲尺形几何纹 1 周，肩饰左斜线纹 4 周，腹饰 Ba2 型 F 形几何纹 2 周，口径 19.3、腹直径 20.2、底径 9.7、高 15.8 厘米（图一三〇，8；图版一四六，3）；F20：2，侈口，圆唇，束颈，圆腹，平底，颈饰左斜线纹 2 周、Aa1 型单体曲尺形几何纹 1 周，腹饰左斜线纹 4 周、

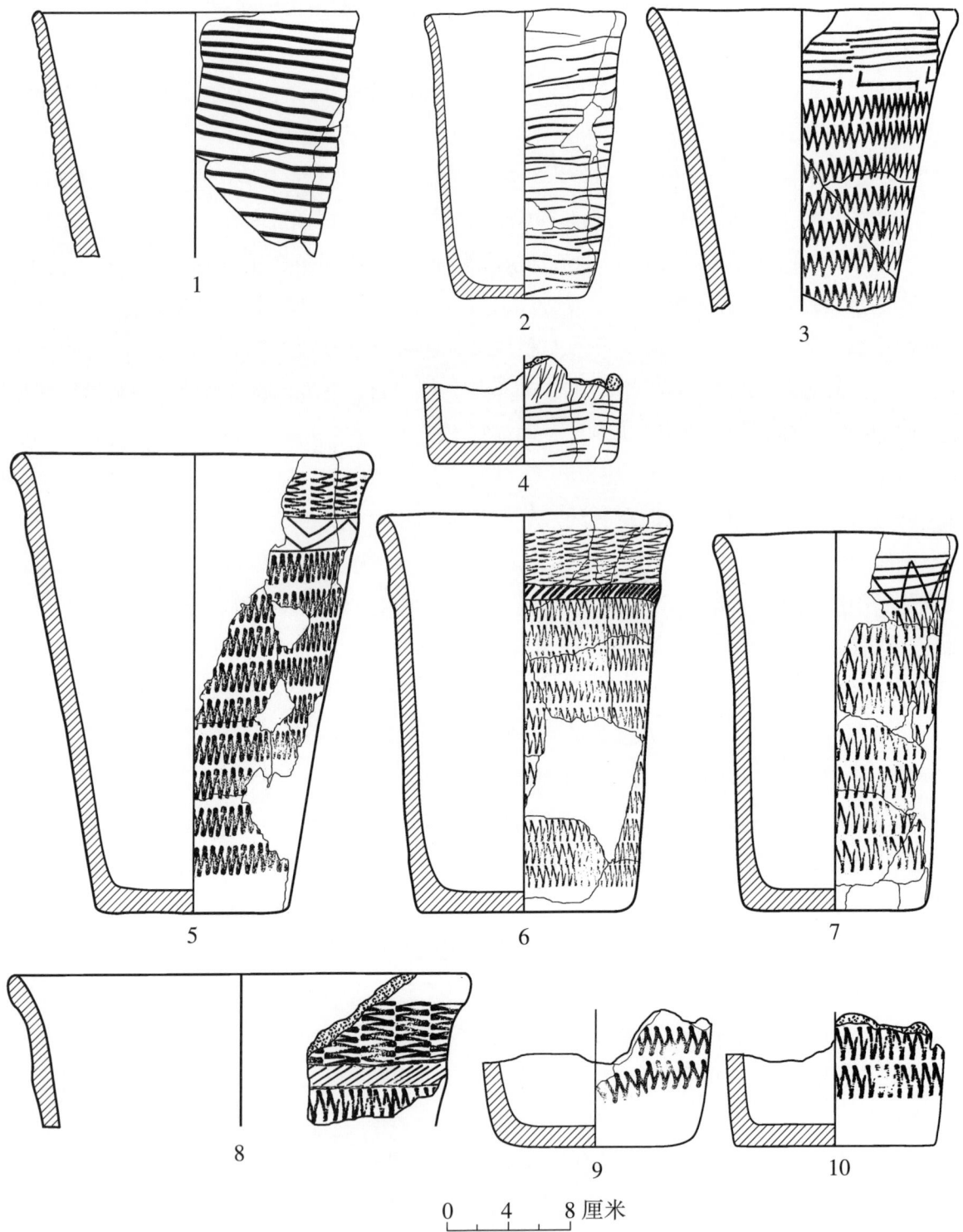

0　　　4　　　8厘米

图一二九　F20 陶器

1. BⅡ式直腹罐（F20:20）　　2、4. BⅢ式直腹罐（F20:5、F20:26）　　3、5~8. BⅣ式直腹罐
（F20:22、F20:11、F20:3、F20:4、F20:28）　　9、10. 直腹罐罐底（F20:24、F20:25）

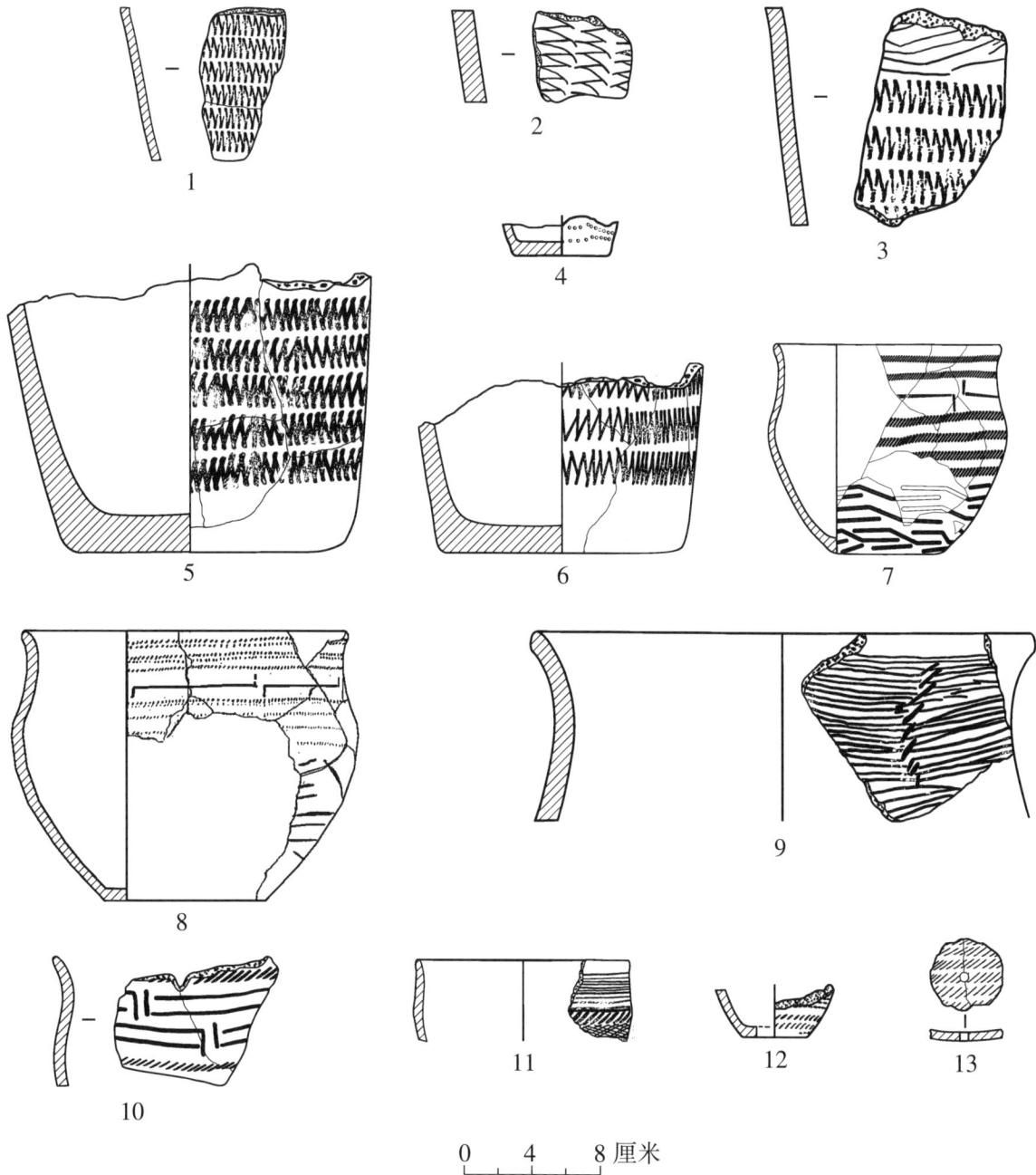

图一三○　F20 陶器

1~3. 直腹罐腹部残片（F20：32、F20：30、F20：29）　4~6. 直腹罐罐底（F20：33、F20：6、F20：7）

7、8. C Ⅴ式鼓腹罐（F20：2、F20：1）　9. C Ⅱ式鼓腹罐（F20：27）　10. C Ⅳ式鼓腹罐（F20：23）

11. Cb1 型钵（F20：34）　12. 钵底（F20：31）　13. A 型陶纺轮（F20：18）

Ba1 型 F 形几何纹 3 周，口径 13.7、底径 6.7、高 12.3 厘米（图一三○，7；图版一四六，5）。

　　Cb1 型钵 1 件，F20：34，夹砂红褐陶，口部残片，直敞口，厚圆唇，颈饰弦纹，折肩处附加堆纹带饰左斜线纹，腹饰网格纹，口径 12.66、残高 4.7、厚 0.5 厘米（图一三○，11）。

钵底 1 件，F20：31，夹砂灰褐陶，底部，饰戳点纹，底径 4.0、残高 3.1、厚 0.6 厘米（图一三○，12）。

A 型陶纺轮 1 件，F20：18，夹砂红褐陶斜线纹陶片制作，中孔，直径 4.2、厚 0.5 厘米（图一三○，13；图版一五七，7）。

（2）石器 12 件。A 型石斧 2 件，C 型石斧 2 件，Ab 型铲形石器 1 件，Aa 型磨棒 1 件，C 型磨棒 1 件，D 型磨棒 1 件，A 型磨盘 1 件，砺石 1 件，敲砸器 2 件（参见附表 15　查海遗址房址居住面出土石器型式统计一览表）。

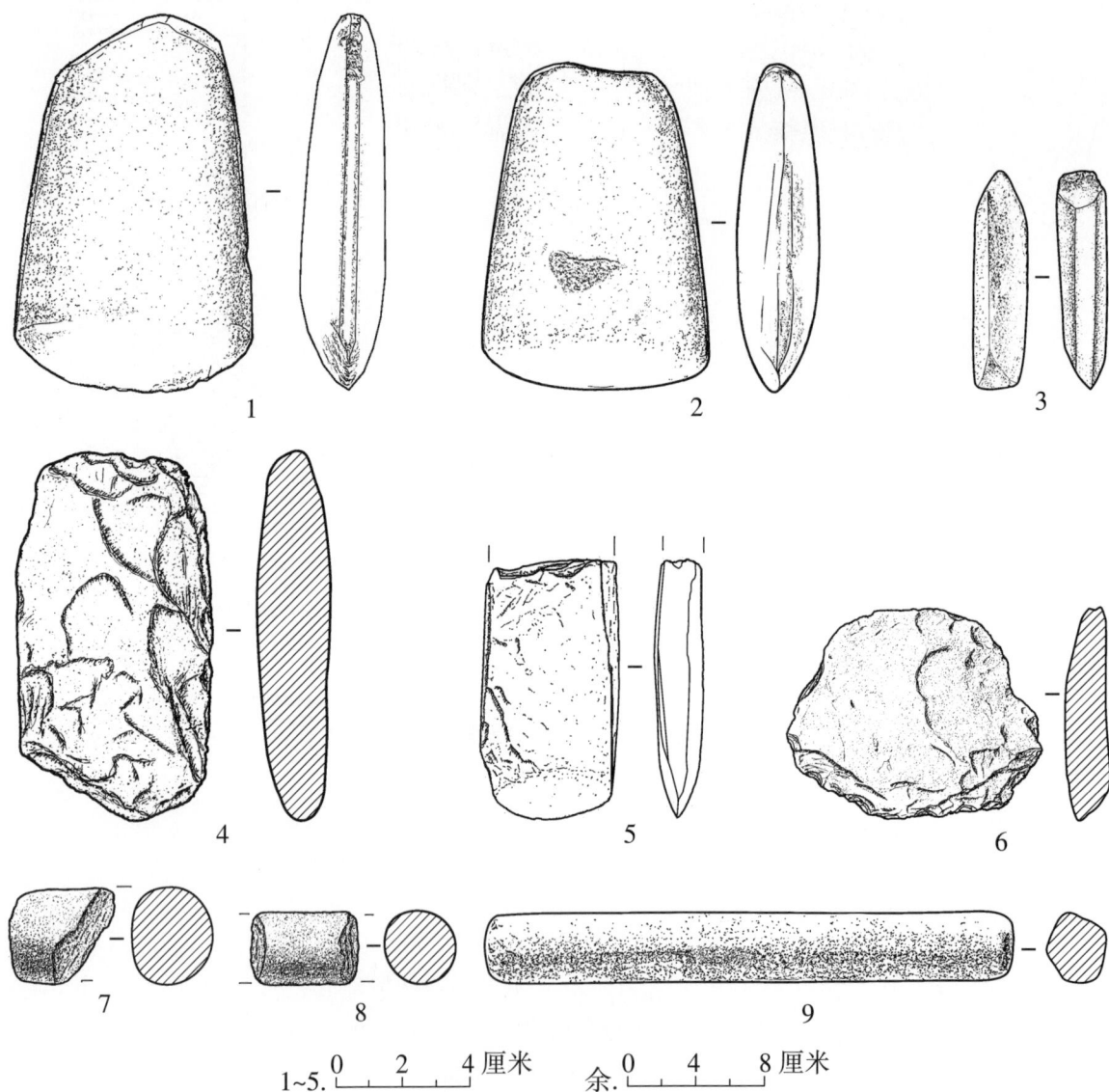

图一三一　F20 石器、玉器

1、2. A 型石斧（F20：19、F20：35）　3. C 型玉凿（F20：10）　4、5. C 型石斧（F20：12、F20：36）

6. Ab 型铲形石器（F20：21）　7. D 型磨棒（F20：14）　8. Aa 型磨棒（F20：15）　9. C 型磨棒（F20：8）

A 型石斧 2 件，皆墨绿色油质页岩，磨制。F20：19，宽扁圆体，两侧平棱，弧刃，正锋，顶端及刃部有使用崩疤，长 10.3、顶宽 4.7、刃宽 6.6、厚 2.3 厘米（图一三一，1；图版一六三，2）；F20：35，宽扁圆梯体，两侧平棱，弧刃，正锋，有使用崩疤，长 9.0、顶宽 3.7、刃宽 6.4、厚 2.3 厘米（图一三一，2；图版一六三，3）。

C 型石斧 2 件，F20：36，上端残，墨绿色油质页岩，磨制，窄扁平体，一侧平棱，弧刃，正锋，顶端有使用崩疤，残长 7.1、顶残宽 3.5、刃宽 3.4、厚 1.3 厘米（图一三一，5；图版一七〇，5）；F20：12，残段，深灰色页岩，打制，圆角扁长方体，刃部残断，顶部有崩疤，残长 10.0、宽 5.4、厚 2.0 厘米（图一三一，4）。

Ab 型铲形石器 1 件，F20：21，赭色石灰岩，打制，扁体，束腰不显，弧刃，正锋，长 11.46、

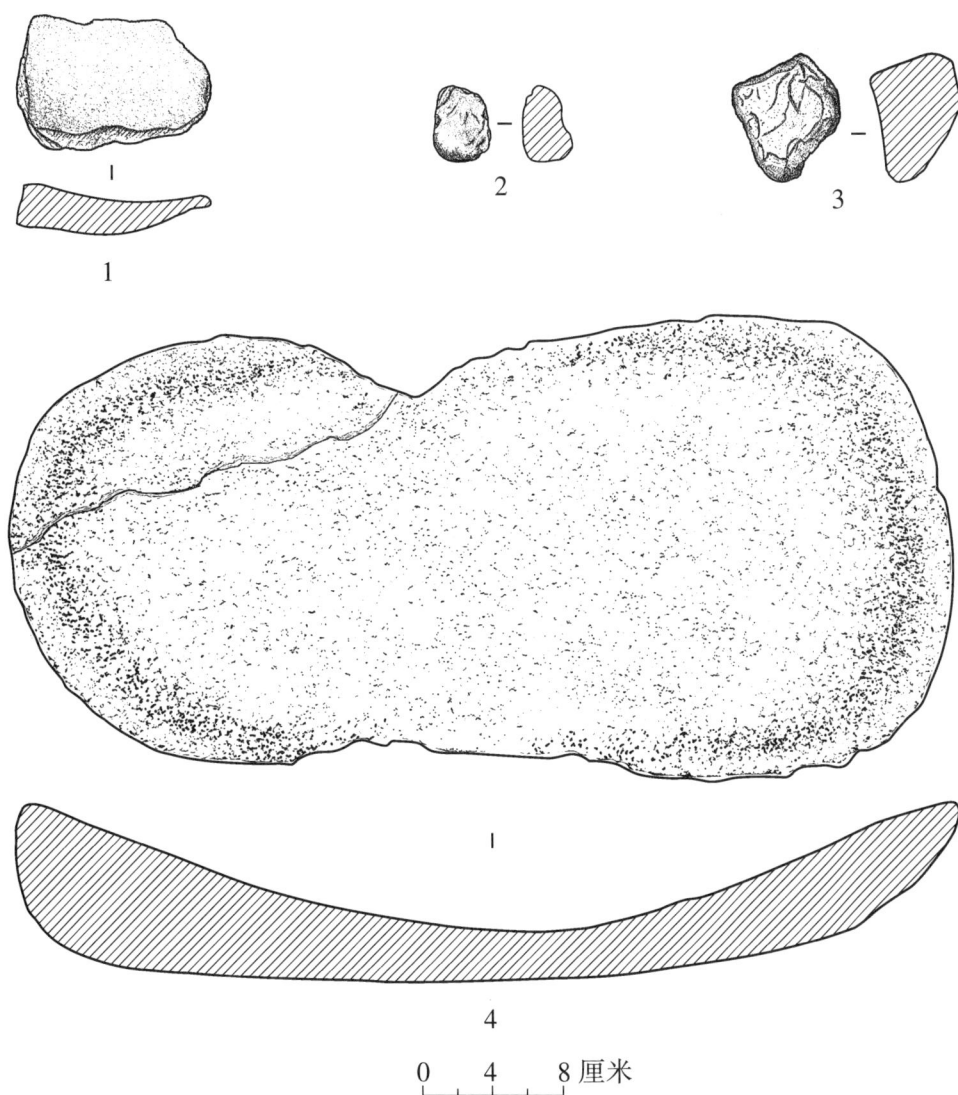

图一三二　F20 石器

1. 砺石（F20：13）　　2、3. 敲砸器（F20：17、F20：16）　　4. A 型磨盘（F20：9）

刃宽 14.46、厚 2.5 厘米（图一三一，6）。

　　Aa 型磨棒 1 件，F20∶15，残段，浅黄色花岗岩，琢制，圆柱体，直径 3.8、残长 6.0 厘米（图一三一，8）。

　　C 型磨棒 1 件，F20∶8，黄灰色花岗岩，琢制，棱柱体，五个磨面，长 29.8、宽 3.8、厚 3.5 厘米（图一三一，9；图版二一八，5）。

　　D 型磨棒 1 件，F20∶14，残段，浅灰色花岗岩，琢制，椭圆柱体，残长 5.7、直径 5.3 厘米（图一三一，7）。

　　A 型磨盘 1 件，F20∶9，腰部稍残，黄灰色花岗岩，琢制，椭圆形，弧背，翘端，凹磨面，长 51.4、宽 26.0、厚 2.7～6.3 厘米（图一三二，4；图版二〇五，1）。

　　砺石 1 件，F20∶13，残，浅绿色云母变质岩，双磨面，一凹磨面，残长 6.9、宽 10.6、厚 2.3 厘米（图一三二，1）。

　　敲砸器 2 件，皆浅灰色石英岩自然石块。F20∶16，多棱体，棱角为敲击点，长 5.9、宽 5.6、厚 4.3 厘米（图一三二，3）；F20∶17，不规则椭圆多棱体，有多处敲击点，长 4.0、宽 3.0、厚 2.6 厘米（图一三二，2）。

　　（3）玉器 1 件。

　　C 型玉凿 1 件，F20∶10，墨绿色，通体磨光，长棱柱体，侧面平磨，棱角分明，两端刃，刃锋利，有崩疤，长 6.0、宽 1.4、厚 1.4 厘米（图一三一，3；图版二七一，3）。

二一　21 号房址（F21）

1. 遗迹

　　F21 位于遗址东部，北与 F50，南与 F15、F6 成列；西与 F8、F31、F30、F24、F34 成排。方向 195°。面积 35.4 平方米，是一座带居室墓性质的中型半地穴式房址。平面为圆角方形，南北 5.9、东西 6.0，中心垂直深度 0.7 米。房址挖凿于黄褐色生土层及基岩层内，穴壁挖凿规整，西壁长于东壁，且略外弧，南壁斜直。壁面稍加修整斜平。室内居住面四周略高于中部，为坚硬起层的黑灰色垫踏土，较平整，厚约 0.03～0.05 米。室内中部有一圆形浅坑穴式灶，斜壁、平底，灶址口径 1.0、底径 0.8、深 0.04 米。灶内抹泥呈暗红色。室内西侧中部紧靠穴壁居住面下发现一圆角长方形土坑竖穴墓，南北向。尸骨朽无，随葬 3 件陶器。墓口长 2.0、宽 0.7，墓底长 1.7、宽 0.46，墓深 0.43 米（详见居室墓章节）。室内柱洞分内、外两圈布置，共 28 个大小不同深浅不一的柱洞，外圈近穴壁一周 16 个柱洞，其中南壁较密集，分布 8 个柱洞；内圈绕灶址一周 12 个柱洞，间距不等，仅东侧就分布了 5 个柱洞。这些柱洞较为密集现象可能表明柱洞有主辅之分（尺寸、形状详见附表 22-21　F21 柱洞一览表）。遗物主要分布于四周，中部未见。陶器主要分布于北部，石器零散分布于室内四周（图一三三）。

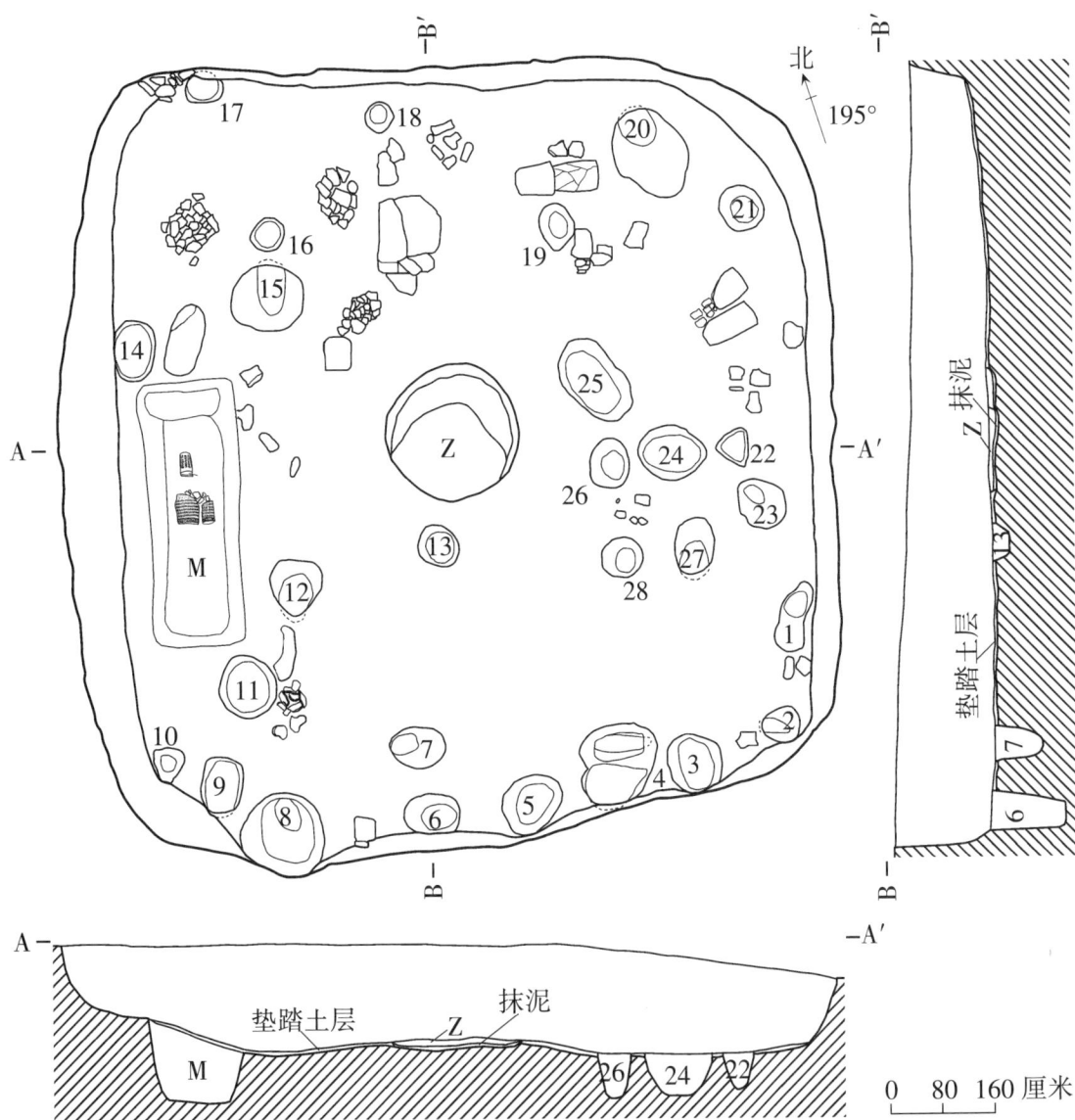

图一三三　F21 平、剖面图

1~28. 柱洞　Z. 灶址　M. 居室墓（1~3. 直腹罐）　其他遗物

2. 遗物

（1）陶器 32 件。A Ⅱ 式斜腹罐 2 件，小直腹罐 3 件，B Ⅲ 式直腹罐 1 件，B Ⅳ 式直腹罐 6 件，B Ⅴ 式直腹罐 7 件，B Ⅵ 式直腹罐 2 件，小鼓腹罐 2 件，C Ⅱ 式鼓腹罐 1 件，C Ⅳ 式鼓腹罐 2 件，鼓腹罐口沿 2 件，Cb2 型钵 1 件，D1 型钵 1 件，Bb 型杯 1 件，Ca 型杯 1 件（参见附表 7　查海遗址房址活动面出土陶器型式统计表）。陶片 89 片（见附表 2　房址出土陶片统计表）。

A Ⅱ 式斜腹罐 2 件，皆夹砂红褐陶，口沿残片。F21：71，直敞口，尖圆唇，外叠宽带沿饰右斜线纹，素面，口径 30、残高 7.75、厚 1.2 厘米（图一三四，2）；F21：74，直敞口，圆唇，外叠宽带沿饰右斜线纹，素面，口径 28、残高 4.3、厚 1.2 厘米（图一三四，1）。

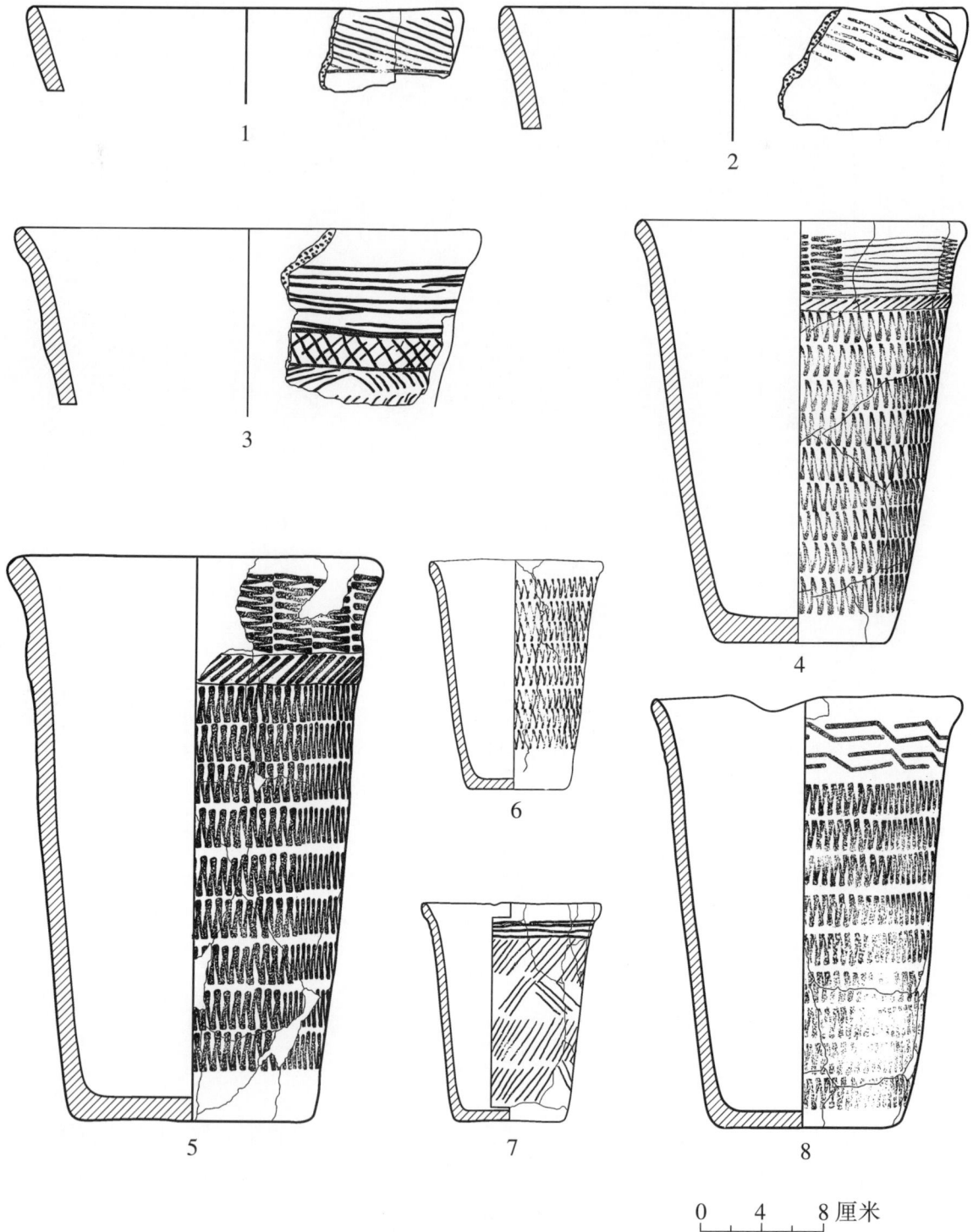

图一三四　F21 陶器

1、2. AⅡ式斜腹罐（F21：74、F21：71）　3~5、8. BⅣ式直腹罐（F21：75、F21：23、F21：4、F21：6）　6、7. 小直腹罐（F21：13、F21：12）

小直腹罐 3 件。夹砂红褐陶 2 件，F21：12，敞口，薄圆唇，直腹，微凹底，颈饰不规则弦纹 3 周，腹饰左右长斜线纹，口径 11.8、底径 7.0、高 14 厘米（图一三四，7；图版一三三，4）；F21：70，底部残，直口，圆唇，素面，近口部贴饰有 2 个小圆乳钉，口径 14.0、残高 8.25 厘米（图一三七，2）。夹砂灰褐陶 1 件，F21：13，敞口，厚尖圆唇，直腹，微凹底，通体饰竖压横排之字纹不到底，口径 11.5、底径 6.5、高 14.6、壁厚 0.6 厘米（图一三四，6；图版一三三，5）。

B Ⅲ 式直腹罐 1 件，F21：22，夹砂红褐陶，上部残，直腹，平底，腹饰草划交叉纹，底径 9.5、残高 10.6 厘米（图一三七，1）。

B Ⅳ 式直腹罐 6 件。夹砂红褐陶 1 件，F21：23，烧制火候不均，近口部呈黑灰色，敞口，圆唇，直腹，平底，颈饰横压竖排之字纹、断弦纹相间隔，附加堆纹带饰左斜线纹，腹饰竖压横排之字纹，口径 22、底径 11.5、高 27 厘米（图一三四，4；图版九二，3）。夹砂灰褐陶 5 件，F21：4，敞口，厚圆唇，直腹，微凹底，颈饰短粗横压竖排之字纹，宽平附加堆纹带饰左斜线纹，腹饰短粗竖压横排之字纹不到底，口径 23.4、底径 15.5、高 35、壁厚 1.1 厘米（图一三四，5；图版九三，1）；F21：6，敞口，厚尖圆唇，直腹，微凹底，颈饰 Ba1 型 F 形几何纹 2 周，腹饰竖压横排之字纹，口径 20.1、底径 12.4、高 27.5、壁厚 1 厘米（图一三四，8；图版九二，4）；F21：7，敞口，厚尖圆唇，直腹，平底，颈饰横压竖排之字纹，附加堆纹带饰左斜线纹，腹饰竖压横排之字纹、中间 1 周 Ba1 型 F 形几何纹将其分为上下两部分，口径 21.5、底径 12、高 28.1、壁厚 0.9 厘米（图一三五，1；图版九二，2）；F21：75，口部残片，敞口，厚圆唇，颈饰弦纹，附加堆纹带饰网格纹，腹饰人字纹，口径 30、残高 11.3 厘米（图一三四，3）；F21：2，敞口，厚圆唇，直腹，底微凹，颈饰横压竖排之字纹，附加堆纹带饰网格纹，腹饰竖压横排之字纹，口径 31、底径 18、高 42 厘米（图一三五，3；图版九三，2）。

B Ⅴ 式直腹罐 7 件。夹砂红褐陶 1 件，F21：25，口部残片，小喇叭口，厚圆唇，唇下饰左斜线纹 1 周，通身饰竖压横排细长之字纹，两侧压点明显，口径 16、残高 9.9 厘米（图一三六，5）。夹砂灰褐陶 6 件，F21：3，小喇叭口，厚圆唇，直腹，微凹底，颈饰弦纹数周，附压 Da2 型锯齿形几何纹，下饰左斜线纹带，腹饰竖压横排之字纹，口径 27.8、底径 16.3、高 40.2、壁厚 1.3 厘米（图一三五，2；图版一一八，5）；F21：5，小喇叭口，厚圆唇，直腹，平底，颈饰较规整网格纹，下饰 Da3 型锯齿形几何纹带，腹饰竖压横排之字纹，口径 22.1、底径 13.5、高 27.6、壁厚 1.1 厘米（图一三五，4；图版一一八，2）；F21：8，小喇叭口，厚尖圆唇，直腹，平底，颈饰 Db 型锯齿形几何纹，Da2 型锯齿形几何纹，腹饰竖压横排之字纹，近底饰 Db 型锯齿形几何纹，口径 19.1、底径 10.7、高 25.8 厘米（图一三六，3；图版一一八，2）；F21：10，小喇叭口，厚圆唇，直腹，平底，颈饰左斜线纹 1 周，下饰 Aa1 型单体曲尺形几何纹带，腹饰左斜线纹 4 周、Ba2 型 F 形几何纹 4 周，颈部见镉孔 1 个，口径 19.1、底径 10.1、高 22、壁厚 0.9 厘米（图一三六，2；图版一一八，3）；F21：11，小喇叭口，厚尖圆唇，直腹，微凹底，颈饰左斜线纹 3 周，Aa2 型单体曲尺形几何纹带，腹饰左斜线纹 13 周，近底饰 C2 型梭形几何纹，口径 15.5、底径 8.1、

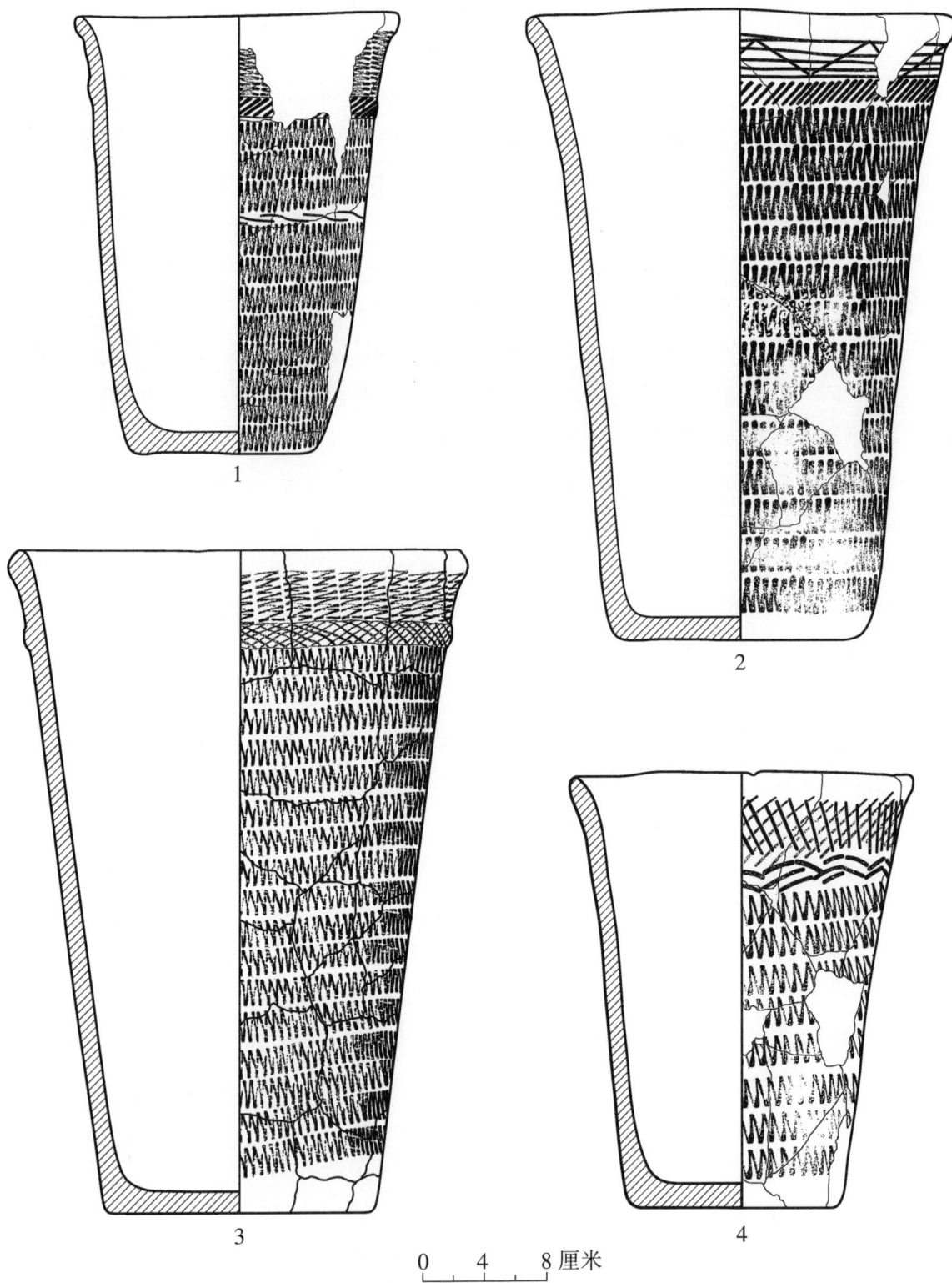

图一三五　F21 陶器

1、3. BⅣ式直腹罐（F21∶7、F21∶2）　　2、4. BⅤ式直腹罐（F21∶3、F21∶5）

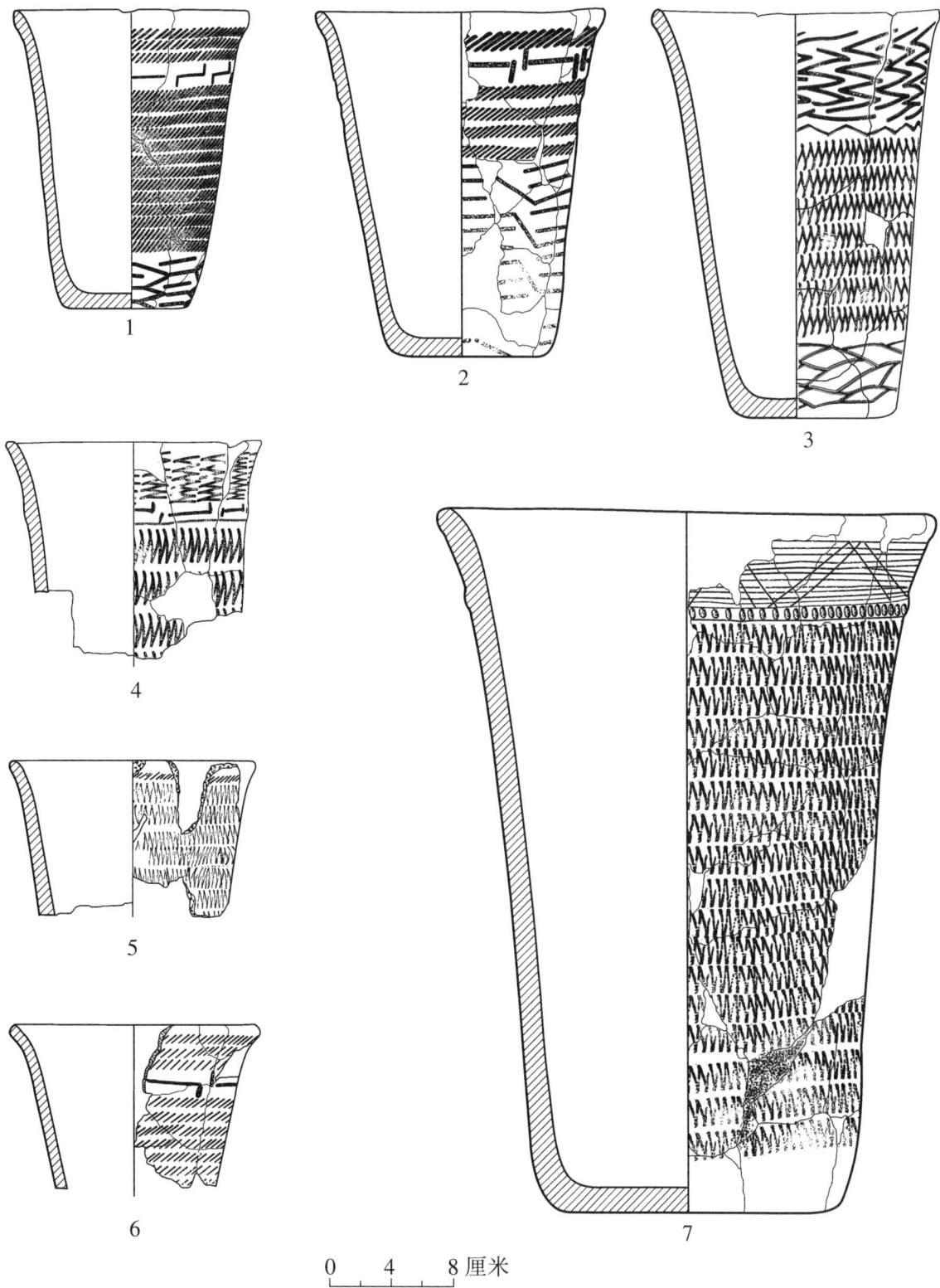

图一三六 F21 陶器

1~5. BV式直腹罐（F21：11、F21：10、F21：8、F21：26、F21：25） 6、7. BIV式直腹罐（F21：76、F21：1）

高 19.2、壁厚 0.8 厘米（图一三六，1；图版一一八，4）；F21：26，小喇叭口，圆唇，直腹，下部残，颈饰横压竖排之字纹，附加堆纹带饰 Aa1、Aa2 型单体曲尺形几何纹各半周，腹饰竖压横排长线之字纹，口径 16.8、残高 13.9 厘米（图一三六，4）。

B Ⅵ 式直腹罐 2 件。夹砂灰褐陶 1 件，F21：1，大喇叭口，厚圆唇，直腹，底微凹，颈饰弦纹数周、附压 Da3 型锯齿形几何纹，附加堆纹带饰窝点纹，腹饰竖压横排之字纹不到底，口径 32.8、底径 19.2、高 45、壁厚 1.4 厘米（图一三六，7；图版一二八，1）。夹砂红褐陶 1 件，F21：76，口部残片，大喇叭口，方唇，颈饰左斜线纹 3 周，下饰 Aa1 型单体曲尺形几何纹带，腹饰左斜线纹，口径 16、残高 10.45 厘米（图一三六，6）。

小鼓腹罐 2 件，皆夹砂灰褐陶。F21：72，口部残片，敛口微外侈，圆唇，饰细密左斜线纹，口径 8.8、残高 6.7 厘米（图一三七，6）；F21：17，敛口，厚圆唇，鼓腹，平底，饰左斜线纹 16 周，近底饰草划交叉纹，口径 9.6、底径 6.4、高 10.25 厘米（图一三七，7；图版一四八，2）。

C Ⅱ 式鼓腹罐 1 件，F21：14，夹砂红褐陶，口部及内壁泛黑。侈口，尖圆唇，束颈，弧鼓腹，略凹平底，颈饰左斜线纹 2 周、Ba3 型 F 形几何纹且各组底线间压线连接，肩饰左斜线纹 3 周，腹饰 Ba3 型 F 形几何纹 3 周，近底压划长线填补，口径 13.2、底径 8.9、高 20.5 厘米（图一三七，5；图版一三七，2）。

C Ⅳ 式鼓腹罐 2 件，皆夹砂灰褐陶。F21：15，略直口，尖圆唇，束颈，鼓腹，显肩，下腹弧收小平底，颈饰弦纹数周、附压 Da3 型锯齿形几何纹，肩饰 Ab3 型扣合曲尺形几何纹，腹饰左斜线纹，近底饰 C2 型梭形几何纹，口径 12.68、底径 7.5、高 18.55 厘米（图一三七，9；图版一四四，2）；F21：16，侈敞口，薄圆唇，束颈，鼓腹，平底，颈饰网格纹，肩饰左斜线纹 3 周，腹饰 C2 型梭形几何纹，口径 12.2、底径 7.5、高 14.5、壁厚 0.55 厘米（图一三七，8；图版一四四，3）。

鼓腹罐口沿 2 件。夹砂红褐陶 1 件，F21：24，侈口，圆唇，近口饰左斜线纹 3 周，下饰 Ab3 型扣合曲尺形几何纹，口径 11.7、残高 4.96 厘米（图一三七，3）。夹砂灰褐陶 1 件，F21：73，直口微侈，圆唇，微束颈，近口饰弦纹数周，附压 Da3 型锯齿形几何纹，下饰 Aa3 型扣合曲尺形几何纹，口径 13.5、残高 7.1 厘米（图一三七，4）。

Cb2 型钵 1 件，F21：18，夹砂红褐陶，微敛口，厚圆唇，折腹、弧收，小平底，颈饰弦纹数周，腹饰网格纹不到底，口径 14.6、底径 7.5、高 11.5 厘米（图一三七，13；图版一五一，4）。

D1 型钵 1 件，F21：19，夹砂红褐陶，敛口，口部稍残，薄圆唇，弧腹，平底，颈饰弦纹数周，肩饰窝点纹 1 周，腹饰长左斜线纹 5 周到底，口径 12、底径 5.9、高 7.4、壁厚 0.6 厘米（图一三七，10）。

Bb2 型杯 1 件，F21：20，夹砂红褐陶，小喇叭口，圆唇，直腹，平底，素面，口径 5.8、底径 4.5、高 6.2 厘米（图一三七，12；图版一五五，2）。

Ca 型杯 1 件，F21：21，夹砂红褐陶，敛口，弧腹，平底，素面，口径 4.13、底径 4.5、高 4.4 厘米（图一三七，11；图版一五五，4）。

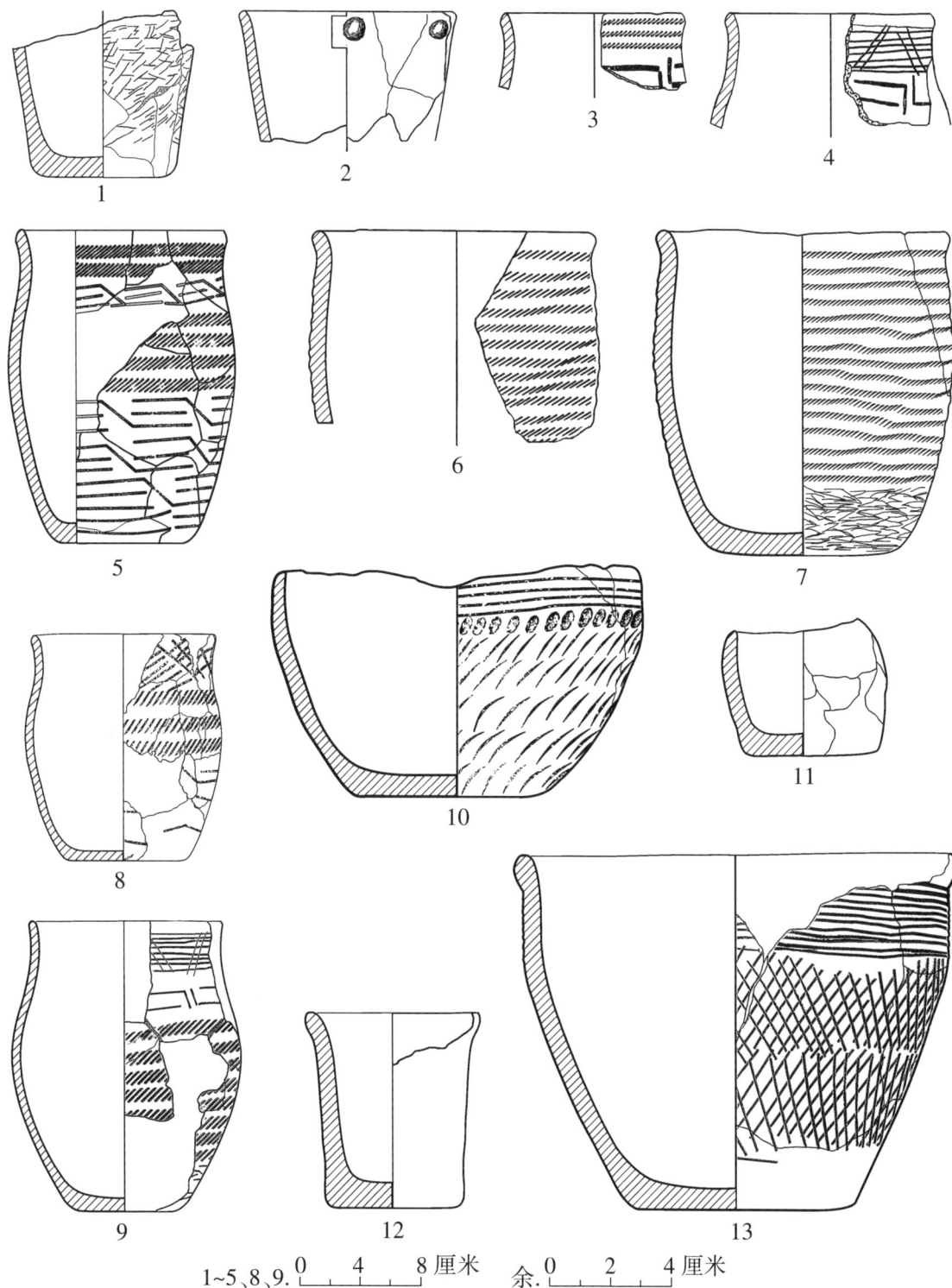

图一三七　F21 陶器

1. BⅢ式直腹罐（F21:22）　　2. 小直腹罐（F21:70）　　3、4. 鼓腹罐口沿（F21:24、F21:73）　　5. CⅡ式
鼓腹罐（F21:14）　　6、7. 小鼓腹罐（F21:72、F21:17）　　8、9. CⅣ式直腹罐（F21:16、F21:15）
10. D1 型钵（F21:19）　　11. Ca 型杯（F21:21）　　12. Bb2 型杯（F21:20）　　13. Cb2 型钵（F21:18）

（2）石器 45 件。B 型石斧 1 件，C 型石斧 1 件，Ab 型铲形石器 1 件，Ba 型铲形石器 1 件，Cb 型铲形石器 1 件，Ca 型铲形石器 2 件，E 型铲形石器 1 件，铲形石器刃部残片 8 件，Ba 型饼形器 1 件，沟槽器 1 件，Aa 型磨棒 2 件，B 型磨棒 2 件，C 型磨棒 2 件，D 型磨棒 3 件，A 型磨盘 4 件，砺石 3 件，敲砸器 10 件，石料 1 件（参见附表 15　查海遗址房址居住面出土石器型式统计一览表）。

B 型石斧 1 件，F21：27，灰色石灰岩，打制，扁圆体，正锋，弧刃，顶部、刃部有崩疤，残长 18.94、刃宽 9.94、厚 2.58 厘米（图一三八，2；图版一六七，4）；

C 型石斧 1 件，F21：33，浅红灰色石灰岩，打磨，弧顶，弧刃，正锋，长 15.48、刃宽 6.1、厚 3.2 厘米（图一三八，1；图版一六七，5）。

Ab 型铲形石器 1 件，F21：60，灰色石灰岩，打制，扁体，束腰，短柄，椭圆身，弧刃，刃部有崩疤，长 13.56、刃宽 13.56、厚 3.06 厘米（图一三八，3；图版一七四，2）。

Ba 型铲形石器 1 件，F21：62，残，浅灰色石灰岩，打制，扁体，长柄，短身，弧刃，刃部有崩疤，一面磨痕明显，长 18.78、刃宽 10.61、厚 2.9 厘米（图一三八，4；图版一七八，4）。

Cb 型铲形石器 1 件，F21：59，柄残一角，浅灰色页岩，打制，扁平体，束腰，弧刃，刃部有崩疤，残长 14.7、刃宽 18.16、厚 1.64 厘米（图一三八，6）。

Ca 型铲形石器 2 件。F21：30，灰色泥质页岩，打制，椭圆柄，压腰，斜肩，扇状身，正锋，弧刃，刃部一侧使用痕迹明显，长 19.2、刃宽 16.9、厚 3.3 厘米（图一三八，7；图版一八二，1）；F21：58，灰色石灰岩，打制，扁平体，小圆柄，束腰，扇状身，弧刃，刃部有崩疤，长 16、刃宽 15.55、厚 2.1 厘米（图一三八，8；图版一八二，6）。

E 型铲形石器 1 件，F21：31，残，深灰色页岩，打制，扁体，长方形，一侧束腰，平刃，正锋，长 17.6、刃宽 6.75、厚 1.66 厘米（图一三八，9；图版一八八，2）。

铲形石器刃部残片 8 件。F21：55，浅灰色石灰岩，打制，扁体，残长 11.74、刃残宽 10.0、厚 1.5 厘米（图一三八，5）；F21：61，浅红色石灰岩，打制，扁体，刃部崩痕明显，残长 7.9、刃宽 11.79、厚 1.54 厘米（图一三九，1）；F21：39，浅灰色石灰岩，打制，扁体，残长 8.82、残宽 11.34、厚 3 厘米（图一三八，10）；F21：56，浅红色石灰岩，打制，扁体，弧刃，刃部有崩疤，残长 8.4、刃残宽 17.5、厚 2.86 厘米（图一三八，11）；F21：57，浅灰色石灰岩，打制，扁平体，弧刃，刃部有崩疤，残长 6.63、刃残宽 10.89、厚 2.6 厘米（图一三八，12）；F21：63，浅红色页岩，打制，扁体，弧刃，一面磨痕明显，残长 9.38、刃宽 12.46、厚 1.59 厘米（图一三九，2）；F21：64，深灰色页岩，打制，扁体，残长 12.58、残宽 12.19、厚 2.32 厘米（图一三九，3）；F21：77，浅灰色石灰岩，打制，扁平体，弧刃，刃部有崩疤，残长 9、刃残宽 8.4、厚 1.8 厘米（图一三九，4）。

Ba 型饼形器 1 件，F21：43，残，浅红色花岗岩，扁圆形，表面有磨痕，直径 8.05～10.33、厚 2.35 厘米（图一三九，5）。

沟槽器 1 件，F21：44，浅灰色滑石，磨制，扁平长方形，小圆角，两侧平棱，一面有三道凹槽，长 5.2、宽 2、厚 1.4、凹槽宽 0.4 厘米（图一三九，6；图版二三三，1）。

图一三八　F21 石器

1. C 型石斧（F21∶33）　2. B 型石斧（F21∶27）　3. Ab 型铲形石器（F21∶60）　4. Ba 型铲形石器（F21∶62）

5、10～12. 铲形石器刃部残片（F21∶55、F21∶39、F21∶56、F21∶57）　6. Cb 型铲形石器（F21∶59）

7、8. Ca 型铲形石器（F21∶30、F21∶58）　9. E 型铲形石器（F21∶31）

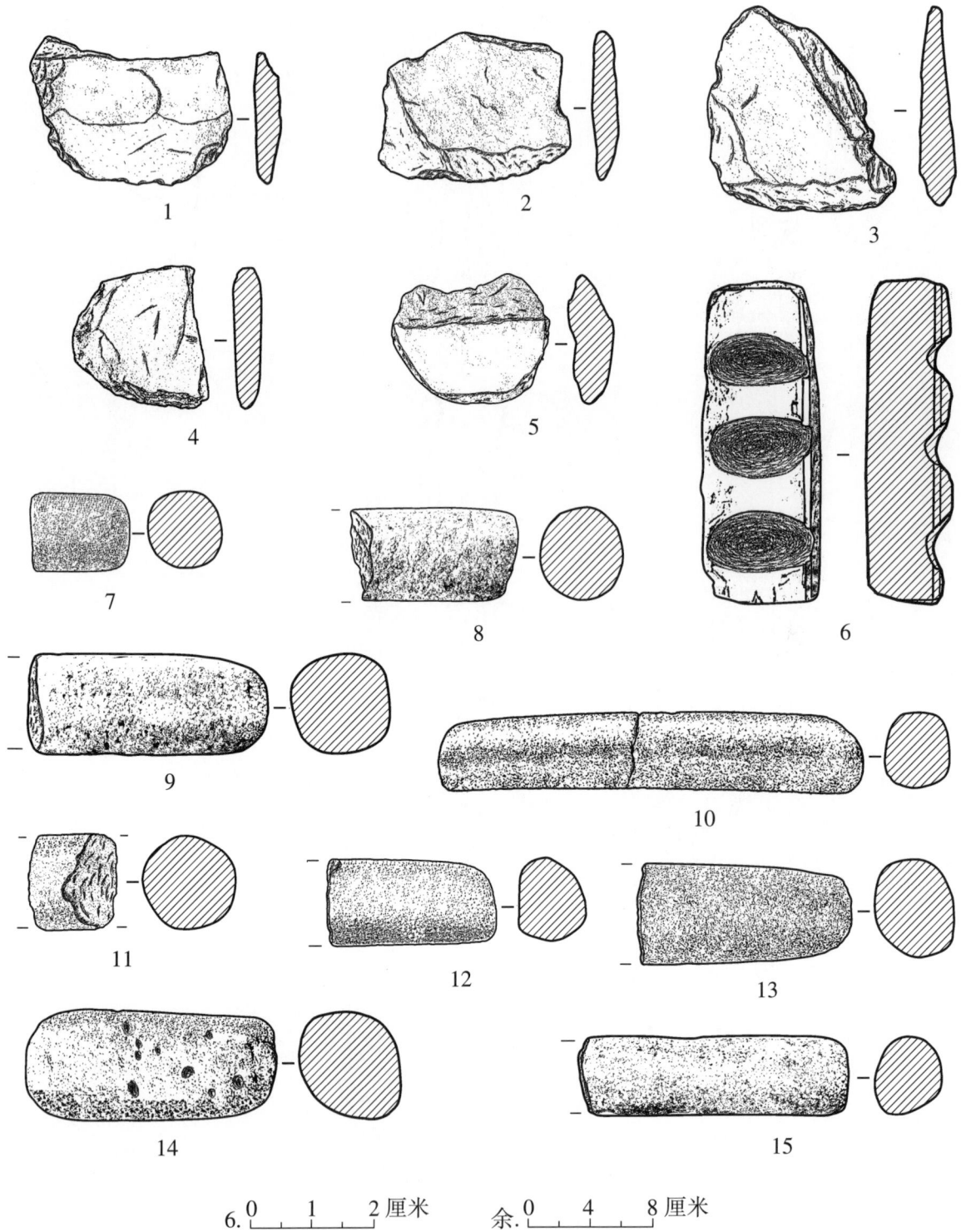

6. 0 __ 1 __ 2 厘米　　　　余. 0 __ 4 __ 8 厘米

图一三九　F21 石器

1～4. 铲形石器刃部残片（F21：61、F21：63、F21：64、F21：77）　5. Ba 型饼形器（F21：43）

6. 沟槽器（F21：44）　7、8. Aa 型磨棒（F21：47、F21：49）　9、10. B 型磨棒（F21：46、F21：53）

11、12. C 型磨棒（F21：48、F21：51）　13～15. D 型磨棒（F21：54、F21：45、F21：52）

Aa 型磨棒 2 件，皆花岗岩，琢制，圆柱体，残段。F21:47，黄白色，残长 6.4、直径 4.78 厘米（图一三九，7）；F21:49，浅红色，残长 11.1、直径 5.4 厘米（图一三九，8）。

B 型磨棒 2 件，皆花岗岩，琢制，残段。F21:46，黄黑色，圆角方柱体，残长 15.65、直径 6.44 厘米（图一三九，9；图版二一六，3）；F21:53，黄白色花岗岩，方棱柱体，一端粗，另一端细，残长 27.74、直径 4.28~4.64 厘米（图一三九，10；图版二一六，5）。

C 型磨棒 2 件，皆花岗岩，琢制，残段。F21:48，棕红色，多棱柱体，残长 5.08、直径 6.27 厘米（图一三九，11）；F21:51，黄色，棱柱体，残长 11.15、宽 5.38、厚 4.36 厘米（图一三九，12；图版二一九，4）。

D 型磨棒 3 件，皆花岗岩，琢制，椭圆柱体。F21:45，黄黑色，长 16.36、直径 6.6~7.02 厘米（图一三九，14；图版二二〇，1）；F21:52，残段，浅灰色，残长 17.68、直径 4.3~4.67 厘米（图一三九，15；图版二二〇，2）；F21:54，残段，黄色，中间较粗，残长 14、直径 5.1~6.4 厘米（图一三九，13；图版二二〇，3）。

A 型磨盘 4 件，皆花岗岩，琢制，扁平体，残块。F21:28，浅黄色，圆角长方体，凹磨面，底面较平，残长 26.7、宽 24、厚 9.32 厘米（图一四〇，1；图版一〇五，4）；F21:29，黄白色，磨痕明显，残长 11.64、残宽 11.56、厚 2.64 厘米（图一四〇，3）；F21:68，黄色，圆角长方形，凹磨面，残长 29.8、残宽 12.75、厚 2.78 厘米（图一四〇，2）；F21:69，黄白色，凹磨面，残长 14.28、残宽 9.11、厚 5.74 厘米（图一四〇，4）。

砺石 3 件，皆自然石块。F21:9，黄色花岗岩，长方体，有四个凹磨面，长 13.1、宽 5.85、厚 9.8 厘米（图一四〇，6；图版二二三，5）；F21:40，灰色石灰岩，三个磨面，长 9.16、宽 5.4、厚 2.8 厘米（图一四〇，7）；F21:41，黄褐色石英岩，双磨面，长 8.34、宽 5.4、厚 1.2~2.7 厘米（图一四〇，5）。

敲砸器 10 件，皆自然石块。褐色玄武岩 1 件，F21:38，敲砸器，扁圆多棱体，有多处敲击点，直径 8.29~8.54、厚 5.88 厘米（图一四一，2）。花岗岩 2 件，F21:42，浅灰黄色，扁圆体，有多处敲击点，直径 5.4~9.78、厚 4.8 厘米（图一四一，7）；F21:50，褐色，椭圆体，两端敲击点，长 10.17、宽 4.75、厚 4.5 厘米（图一四一，9）。石英岩 7 件，F21:34，棕红色，扁圆多棱体，有多处敲击点，长 7.42、宽 6.93、厚 4 厘米（图一四一，1）；F21:35，褐色，椭圆形，有多处敲击点，直径 4.33~6.75、厚 3.11 厘米（图一四一，5）；F21:36，灰色，扁多棱体，角，棱角敲击点，长 5.79、宽 5.44、厚 4.37 厘米（图一四〇，8）；F21:37，浅灰色，扁椭圆多棱体，尖角处敲击点，长 7.98、宽 6.23、厚 3 厘米（图一四一，3）；F21:65，残，灰色，不规则体，棱端敲击点，长 7.73、宽 7.3、厚 3.08 厘米（图一四一，4）；F21:66，灰色，长方体，棱角敲击点，长 11.14、宽 7.54、厚 7.2 厘米（图一四一，6）；F21:67，浅灰色，形状不规则，多棱体，棱角敲击点，长 7.35、宽 5.93、厚 6 厘米（图一四一，8；图版二四六，6）。

石料 1 件，F21:32，黄色花岗岩，扁平，长方体，长 20.03、宽 15.89、厚 2.2 厘米（图一四一，14）。

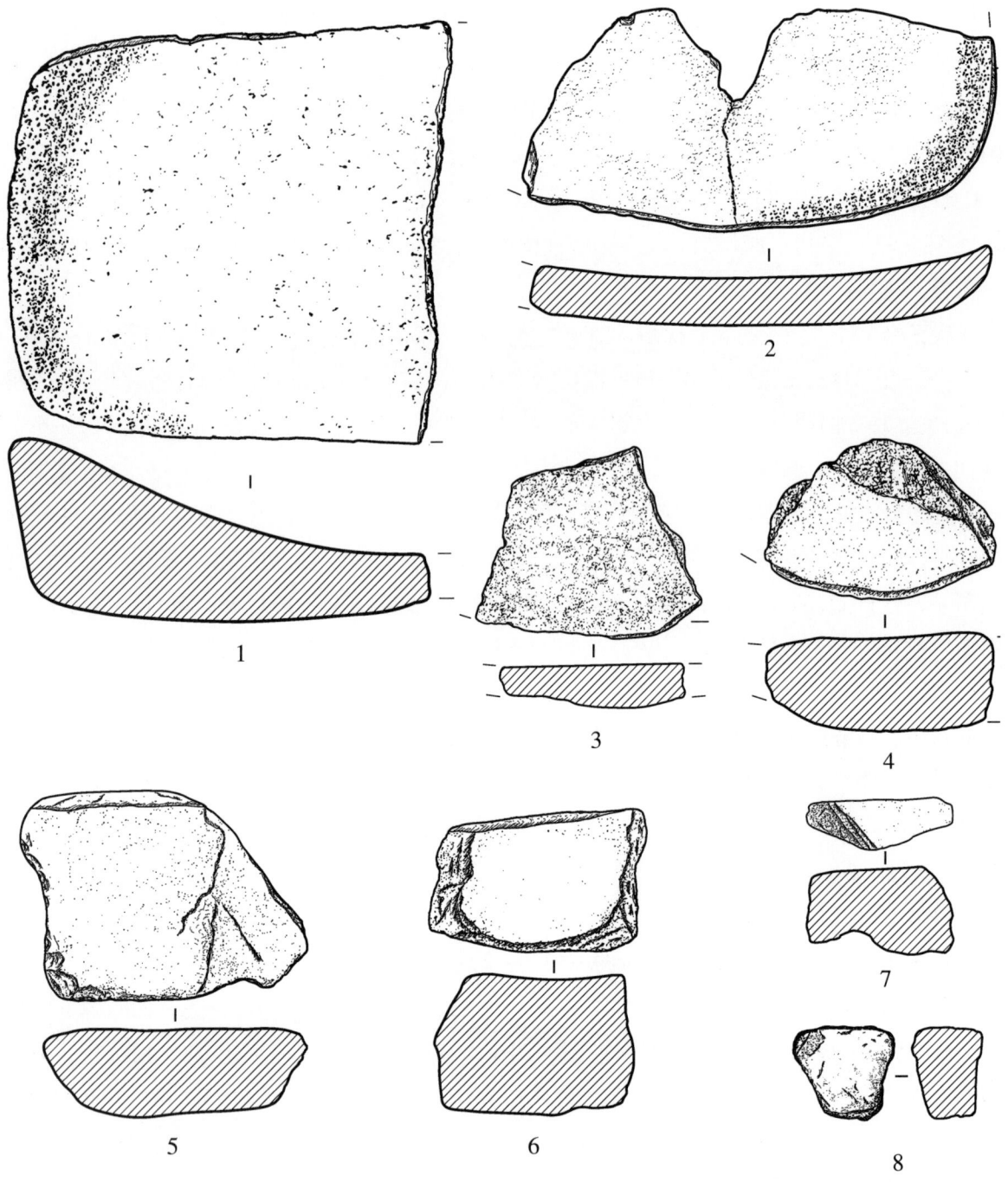

图一四〇　F21 石器

1~4. A 型磨盘（F21：28、F21：68、F21：29、F21：69）　5~7. 砺石（F21：41、
F21：9、F21：40）　8. 敲砸器（F21：36）

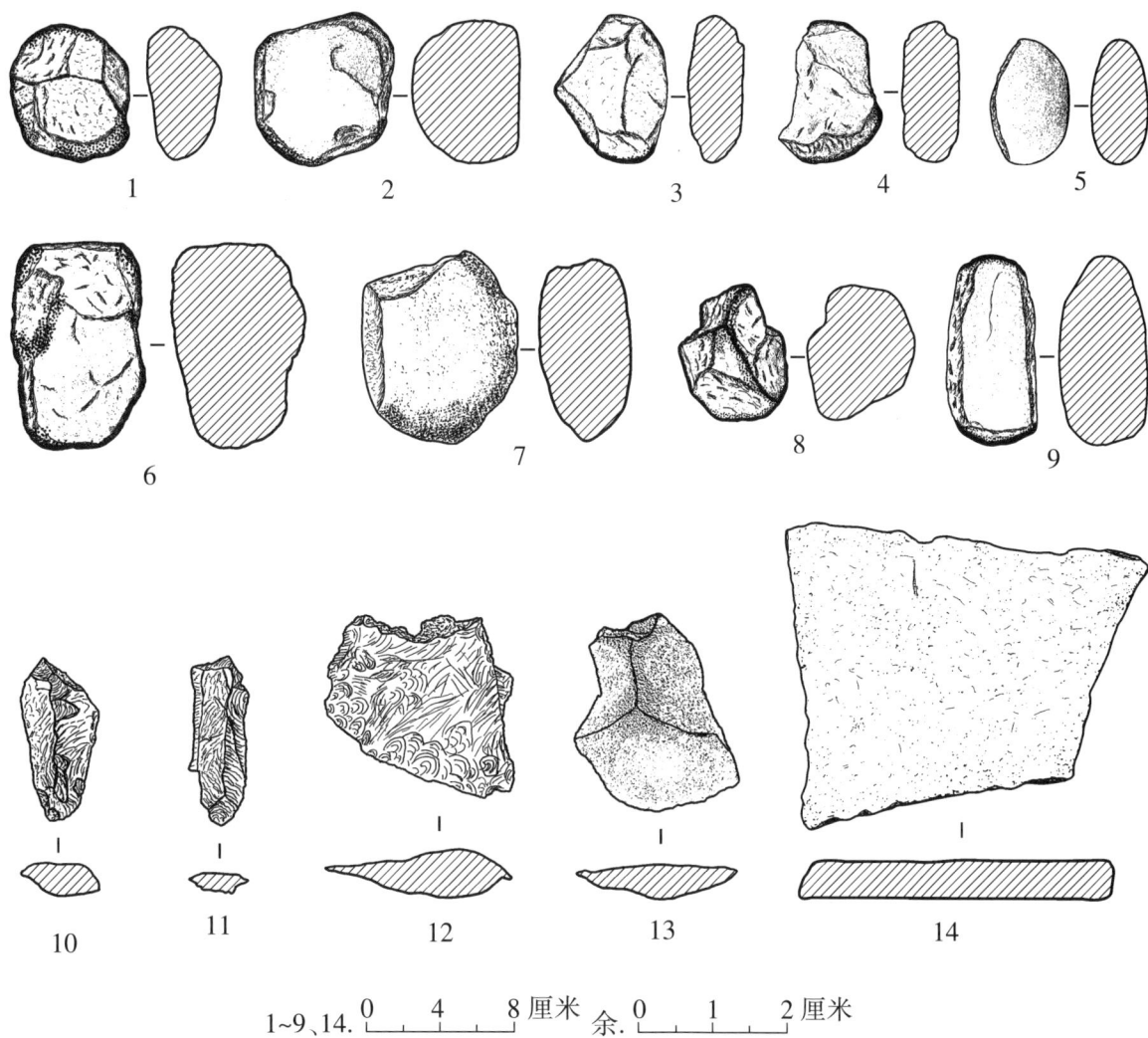

图一四一　F21 石器

1～9. 敲砸器（F21：34、F21：38、F21：37、F21：65、F21：35、F21：66、F21：42、F21：67、F21：50）

10、11. 刮削器（F21：80、F21：81）　　12、13. 石叶（F21：78、F21：79）　　14. 石料（F21：32）

（3）细石器4件。石叶2件，刮削器2件（参见附表20　查海遗址各遗迹单位出土细石器统计表）。

石叶2件，片状，弧边锋利。F21：78，青色页岩压制，长2.5、宽2.4、厚0.6厘米（图一四一，12；图版二五七，2）；F21：79，白色石英岩压制，长2.6、宽2.2、厚0.5厘米（图一四一，13；图版二五七，3）。

刮削器2件，皆白色燧石压制。F21：80，棱锥状，尖部及侧翼锋利，长2.1、宽1、厚0.4厘米（图一四一，10；图版二六二，9）；F21：81，长条状，尖部及侧翼锋利，长2.2、宽0.7、厚0.2厘米（图一四一，11；图版二六三，2）。

二二　22号房址（F22）

1. 遗迹

F22位于遗址中部，北与F42，南与F11、F13成列；东与F20、F18，西与F27、F28、F35成排。其东北为龙形堆石遗迹及中心墓地。方向194°。面积约37.76平方米，是一座中小型半地穴房址。平面近圆角长方形，南北6.4、东西5.9，中心垂直深度0.42米。房址挖凿于黄褐色生土层及基岩层内，穴壁挖凿规整，东壁较直，其他三壁略外弧，壁面稍加修整斜平。室内居住面中部高于四周，坚硬起层的黑灰色垫踏土，较平整，厚约0.05~0.1米。室内中部一椭圆形浅坑穴式灶，凿于基岩

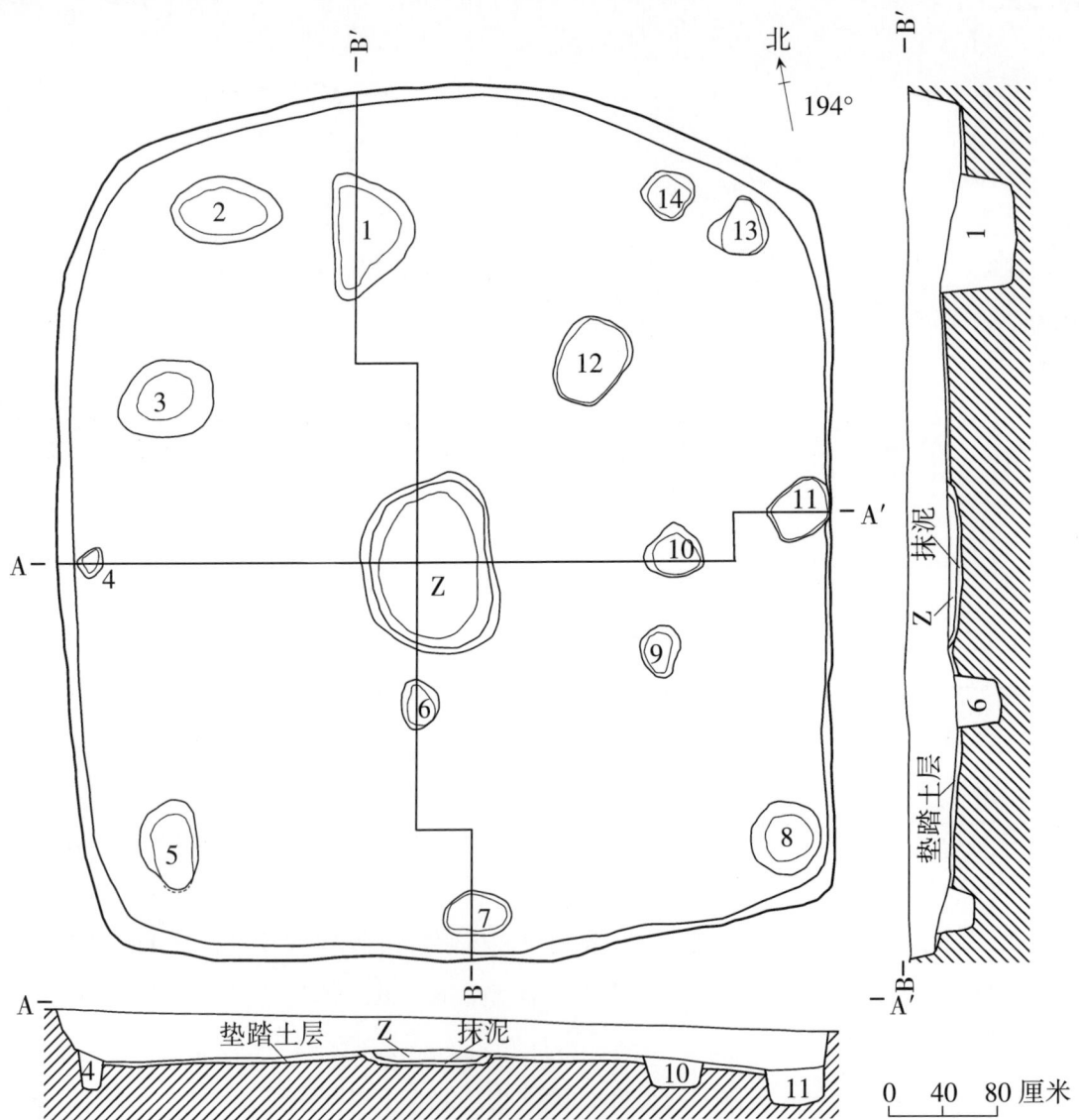

图一四二　F22平、剖面图

1~14. 柱洞　Z. 灶址

内，斜壁、平底。灶址口径 1.0~1.3、底径 0.76~1.08，深 0.10 米，灶内抹泥，经火烧，呈暗红色。房穴内现 14 个大小不同深浅不一的柱洞。柱洞分布情况为东南角、西南角及西北角各 1 个，东北角 2 个、北壁 2 个、其他三壁各 1 个，灶南 0.2 米 1 个，东 1.1~1.2 米 2 个，东北 0.9 米 1 个（尺寸、形状详见附表 22-22　F22 柱洞一览表）。陶器主要位于西北角，石器主要分布于西南角（图一四二）。

2. 遗物

（1）陶器 2 件。Aa1 型钵 1 件，Cb1 型钵 1 件（参见附表 7　查海遗址房址活动面出土陶器型式统计表）。陶片 30 片（见附表 2　房址出土陶片统计表）。

Aa1 型钵 1 件，F22：2，夹砂红褐陶，直口，圆唇，上腹近直，下腹微弧，平底，器身及底皆饰窝点纹，口径 13.5、底径 9.8、高 11.85、壁厚 0.6 厘米（图一四三，2；图版一四九，2）。

Cb1 型钵 1 件，F22：1，夹砂红褐陶，小侈口，厚圆唇，上腹显弧折肩，下腹斜弧，平底，颈饰弦纹 5 周，肩饰窝点纹 1 周，腹饰网格纹、横排人字纹，口径 10.1、底径 5.3、高 7.6、壁厚 0.5 厘米（图一四三，1；图版一五一，3）。

（2）石器 10 件。A 型石斧 2 件，Aa 型磨棒 1 件，砺石 1 件，敲砸器 4 件，石料 2 件（参见附

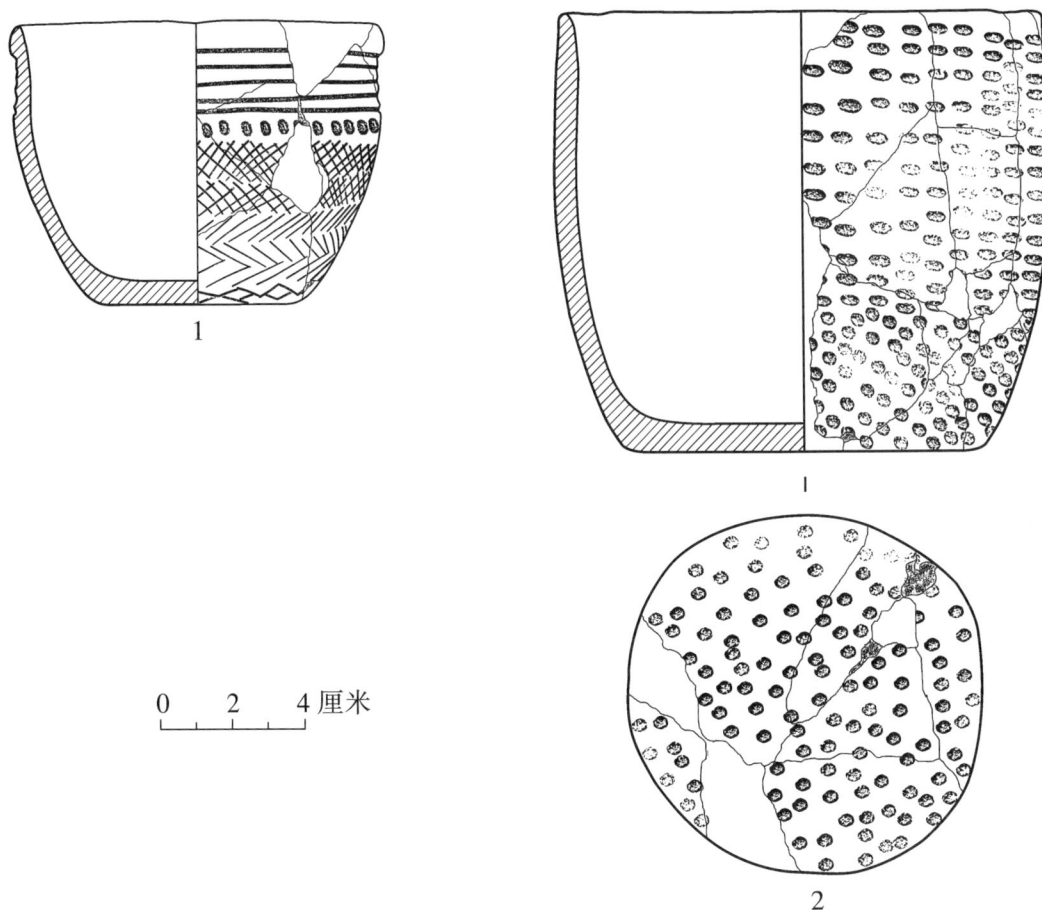

图一四三　F22 陶器

1. Cb1 型钵（F22：1）　　2. Aa1 型钵（F22：2）

表3-3　查海遗址房址居住面出土石器型式统计一览表）。

A 型石斧 2 件，皆浅墨绿色油质页岩，磨制，宽扁圆体，两侧平棱，刃部残段，断面经敲砸，二次利用。F22∶9，顶端崩疤明显，残长8.8、宽7.5、厚2.6 厘米（图一四四，2；图版一六三，4）；F22∶10，残长9.6、顶宽5.8、宽7.4、厚2.6 厘米（图一四四，1；图版一六四，1）。

Aa 型磨棒，F22∶11，浅黄色花岗岩，琢制，圆柱体，长27.4、直径6.7 厘米（图一四四，3；图版二一三，1）。

砺石 1 件，F22∶12，棕红色玄武岩，圆角长方体，磨面微凹平，长15.8、宽7.4、厚5.1 厘米（图一四四，4）。

敲砸器 4 件。棕红色玄武岩 1 件，F22∶3，敲砸器，近椭圆体，长9.7、宽6.0、厚5.8 厘米（图一四四，8；图版二四六，7）。浅灰色石英岩自然石块 3 件，F22∶6，近椭圆多棱体，棱角敲击点，长10.0、宽10.0、厚7.6 厘米（图一四四，10）；F22∶7，扁圆体，周棱角敲砸使用痕迹，长5.2、宽5.1、厚4.5 厘米（图一四四，9）；F22∶8，扁方形圆角体，边棱有使用痕迹，长6.4、宽6.2、厚2.7 厘米（图一四四，7）。

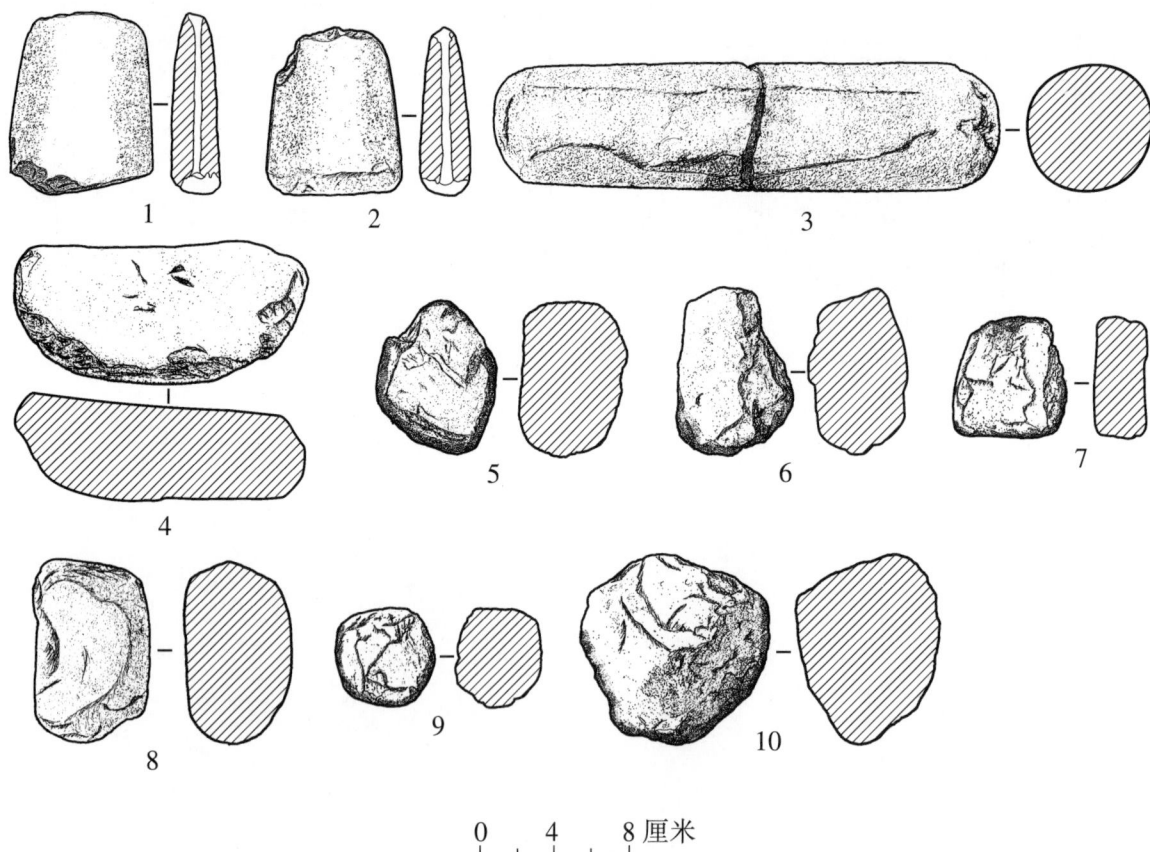

0　　4　　8厘米

图一四四　F22 石器

1、2. A 型石斧（F22∶10、F22∶9）　3. Aa 型磨棒（F22∶11）　4. 砺石（F22∶12）

5、6. 石料（F22∶5、F22∶4）　7～10. 敲砸器（F22∶8、F22∶3、F22∶7、F22∶6）

石料2件。F22:4，浅黄色石英岩，长8.8、宽6.1、厚5.3厘米（图一四四，6）；F22:5，棕红色花岗岩，长8.1、宽6.4、厚5.5厘米（图一四四，5）。

二三　23号房址（F23）

1. 遗迹

未见档案，根据总平面图，该房址位于遗址中部偏南，北与F54、F41，南与F9、F12成列；东与F2、F5、F15、F16，西与F37成排，方向198°，平面呈圆角方形，面积41.5平方米，东西6.8，南北6.1米，是一座中型半地穴房址（图一四五）。

2. 遗物

（1）陶器6件。BⅣ式直腹罐2件，BⅥ式直腹罐1件，直腹罐罐底2件，CⅣ式鼓腹罐1件（参见附表7　查海遗址房址活动面出土陶器型式统计表）。陶片55片（见附表2　房址出土陶片统计表）。

BⅣ式直腹罐2件。夹砂红褐陶1件，F23:2，上部残，直腹，平底，腹饰竖压横排之字纹，

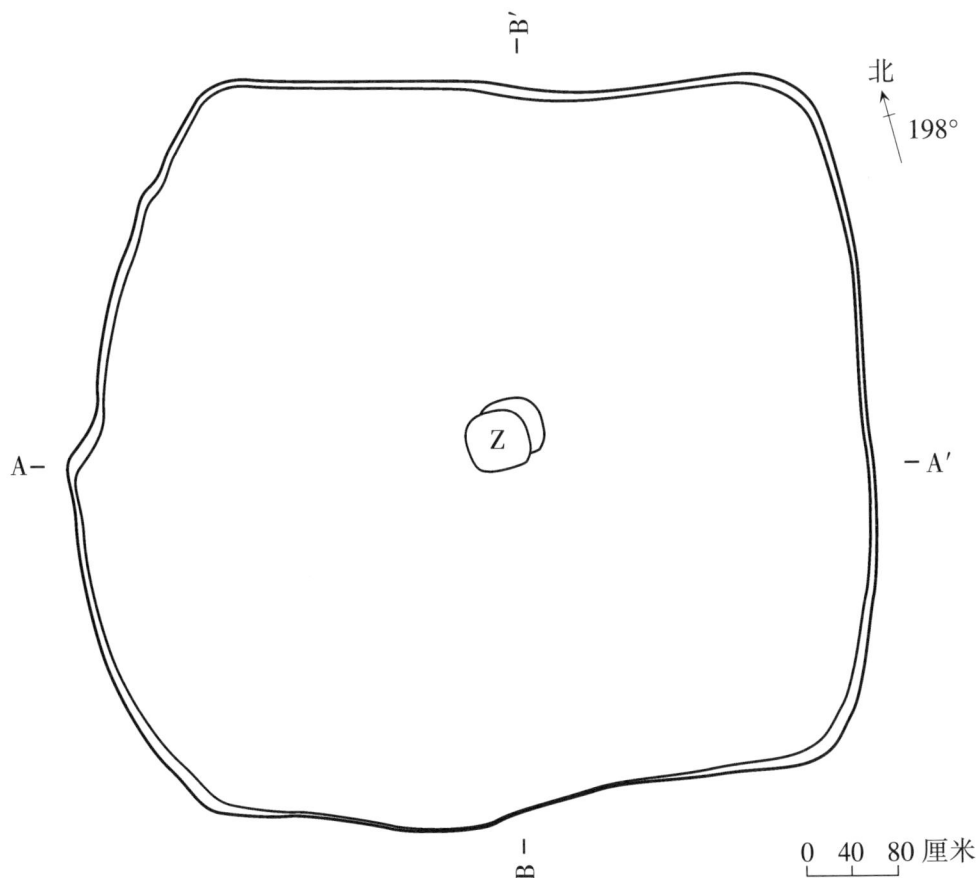

图一四五　F23平、剖面图

底径 11.8、残高 20 厘米（图一四六，5）。夹砂灰褐陶 1 件，F23：25，口部残片，敞口，厚圆唇，颈饰弦纹、间隔附压左斜线纹，宽平附加堆纹带饰 Ba1 型 F 形几何纹，腹饰竖压横排宽疏之字纹，口径 34.0、残高 26.9 厘米（图一四六，3）。

B Ⅵ 式直腹罐 1 件，F23：1，夹砂灰褐陶，口部残，直腹，平底，近器底有 2 锔孔，颈饰横压竖排之字纹，附加堆纹带饰规整网格纹，腹饰竖压横排之字纹，底径 17、残高 40.2、壁厚 1 厘米（图一四六，4；图版一二七，4）。

直腹罐罐底 2 件，皆夹砂灰褐陶。F23：4，直腹，底微平凹，腹饰竖压横排之字纹不到底，底径 18.9、残高 19.8 厘米（图一四六，6）；F23：5，直腹，底微平凹，腹饰竖压横排之字纹不到底，底径 13.1、残高 10 厘米（图一四六，2）。

C Ⅳ 式鼓腹罐 1 件，F23：3，夹砂灰褐陶，撇敞口，圆唇，束颈，鼓腹，平底，颈饰左斜线纹 2 周，下饰 Ba2 型 F 形几何纹 1 周，腹饰左斜线纹 6 周、C2 型梭形几何纹，口径 14.6、底径 6、高 16.1、壁厚 0.6 厘米（图一四六，1；图版一四三，4）。

类龙纹陶片 2 件，皆夹砂红褐陶，贴塑泥条，饰窝点纹为鳞。F23：26，图像，其身直、尾部翘卷，似行状（图一四六，8；图版一六〇，1）；F23：27，图像，其身尾团卷，似蟠状（图一四六，7；图版一六〇，2）。

（2）石器 19 件。Cb 型铲形石器 1 件，Db 型铲形石器 1 件，铲形石器刃部残片 3 件，B 型研磨器 2 件，D 型研磨器 1 件，Aa 型磨棒 1 件，砺石 1 件，Aa 型饼形器 1 件，敲砸器 6 件，石料 2 件（参见附表 15　查海遗址房址居住面出土石器型式统计一览表）。

Cb 型铲形石器 1 件，F23：24，灰色页岩，打制，扁平体，圆柄，圆身，束腰，厚弧刃，长 10、刃宽 8.9、厚 0.8 厘米（图一四七，1；图版一七四，3）。

Db 型铲形石器 1 件，F23：18，深灰色页岩，打制，扁平体，束腰上凿痕明显，小圆柄，厚弧刃，单面有明显的使用磨痕，长 16.3、柄宽 6.7、刃宽 22.7、厚 2.1 厘米（图一四七，2；图版一八六，2）。

铲形石器刃部残片 3 件。F23：15，浅灰色页岩，打制，刃部有使用崩痕，残长 12.6、残宽 8.3、厚 1.4 厘米（图一四七，3）；F23：16，红褐色页岩，打制，扁薄体，直刃，残长 8.0、残宽 10.5、厚 1.4 厘米（图一四七，4）；F23：17，深灰色页岩，残长 6.0、残宽 5.7、厚 1.0 厘米（图一四七，5）。

B 型研磨器 2 件，皆花岗岩，琢制，椭圆形，单平磨面。F23：12，灰褐色，长 14.3、宽 7.7、厚 7.2 厘米（图一四七，8；图版二三〇，1）；F23：10，灰褐色，长 10.8、宽 8.1、厚 7.3 厘米（图一四七，7；图版二二九，4）。

D 型研磨器 1 件，F23：23，天然砾石直接使用，多棱体，有多个平滑磨面，长 5.2、宽 4.7、厚 4.5 厘米（图一四七，9）。

Aa 型磨棒 1 件，F23：11，残段，灰绿色石灰岩，圆柱体，琢制，残长 9.1、直径 5.2 厘米（图一四七，6）。

砺石 1 件，F23：13，玄武岩自然有形石块，扁平长方体，双磨面较光滑，长 16.3、宽 8.3、

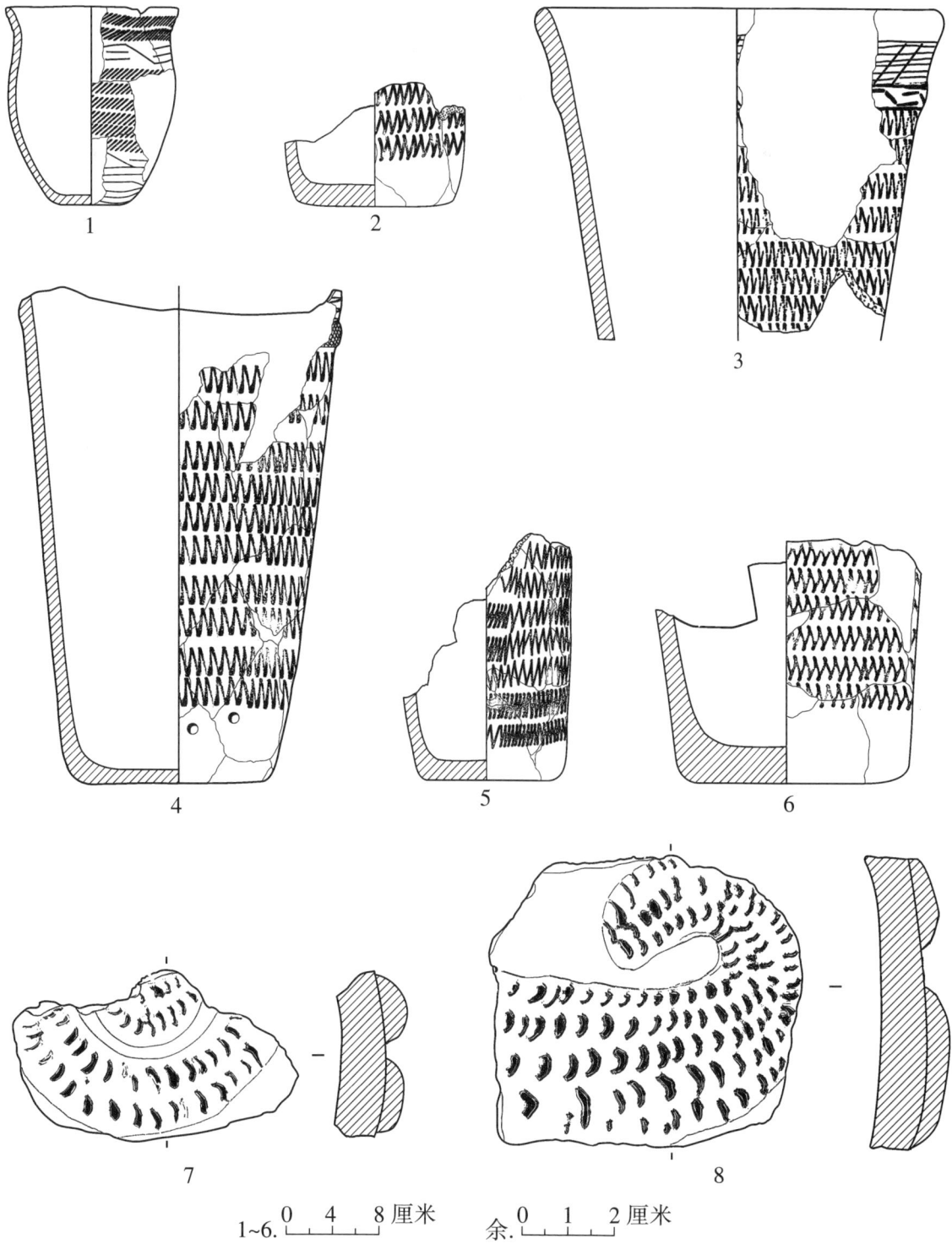

图一四六 F23 陶器

1. CⅣ式鼓腹罐（F23:3） 2、6. 直腹罐罐底（F23:5、F23:4） 3、5. BⅣ式直腹罐
（F23:25、F23:2） 4. BⅥ式直腹罐（F23:1） 7、8. 类龙纹陶片（F23:27、F23:26）

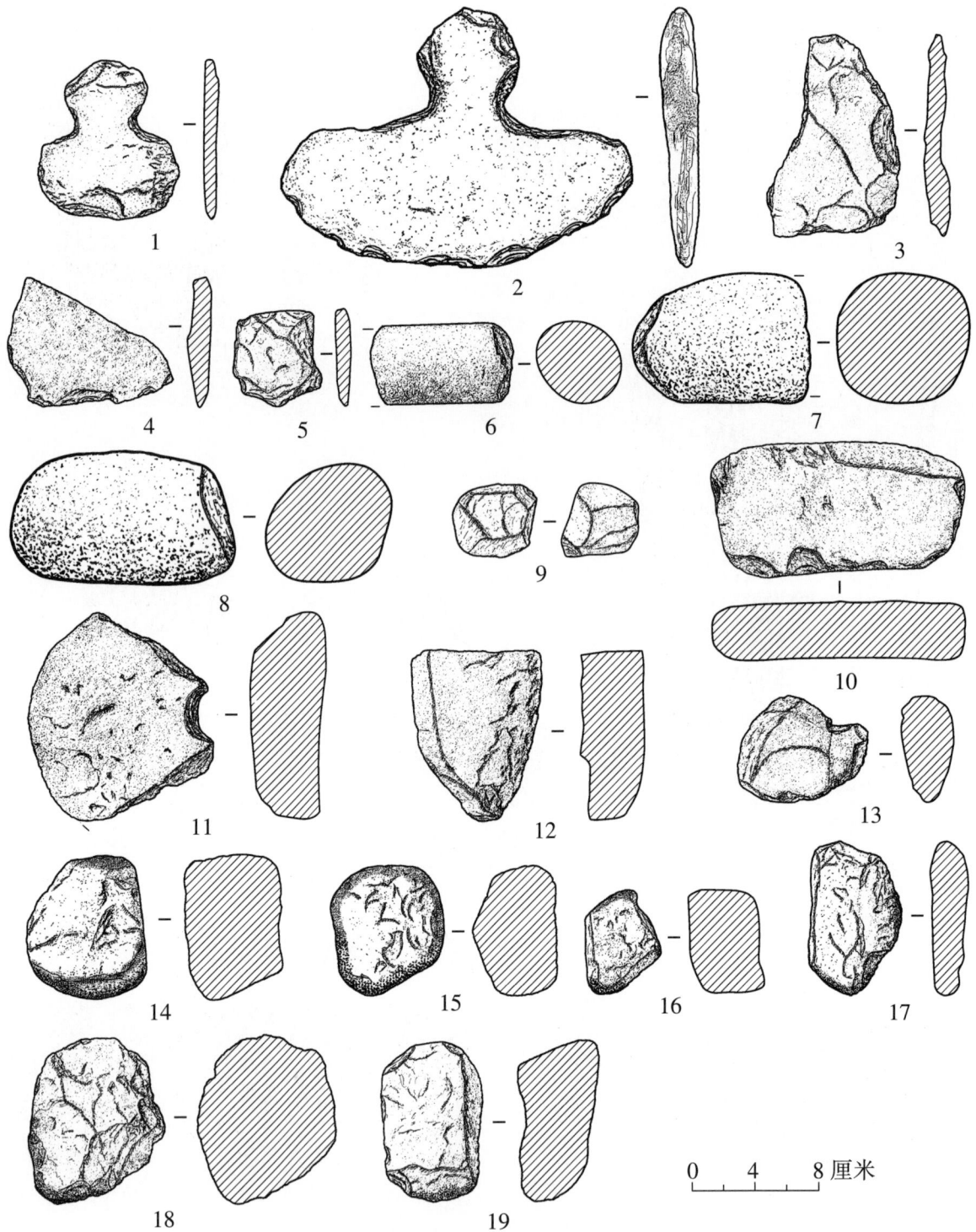

图一四七 F23 石器

1. Cb 型铲形石器（F23：24） 2. Db 型铲形石器（F23：18） 3～5. 铲形石器刃部残片（F23：15、
F23：16、F23：17） 6. Aa 型磨棒（F23：11） 7、8. B 型研磨器（F23：10、F23：12） 9. D 型研磨器
（F23：23） 10. 砺石（F23：13） 11. Aa 型饼形器（F23：14） 12、13. 石料（F23：22、F23：21）
14～19. 敲砸器（F23：19、F23：20、F23：8、F23：7、F23：6、F23：9）

厚3.7厘米（图一四七，10）。

Aa型饼形器1件，F23：14，残块，灰褐色花岗岩，琢制，圆形，一面较平，一面外凸，中间有琢孔，残长13.0、残宽11.4、厚4.8厘米（图一四七，11；图版一九八，2）。

敲砸器6件。玄武岩自然石块1件，F23：9，近长方体，有敲砸痕迹，长10.0、宽6.4、厚5.1厘米（图一四七，19）。石英岩自然石块5件，F23：6，圆形多棱体，一侧棱角处使用痕迹明显，长10.5、宽9、厚8.5厘米（图一四七，18）；F23：7，近椭圆扁平体，尖部有使用痕迹，长9.6、宽5.9、厚2.5厘米（图一四七，17）；F23：8，块状多棱体，棱边敲砸痕迹明显，长6.5、宽5.0、厚4.4厘米（图一四七，16）；F23：19，近长方形体，棱角使用痕迹明显，长9.0、宽7.4、厚6.0厘米（图一四七，14）；F23：20，圆形多棱体，棱角使用痕迹明显，长8.1、宽7.2、厚5.4厘米（图一四七，15；图版二四六，4）。

石料2件，F23：21，棕红色花岗岩、长8.0、宽6.6、厚3.3厘米（图一四七，13）；F23：22，红色玄武岩、长10.7、宽8.2、厚4.1厘米（图一四七，12）。

二四 24号房址（F24）

1. 遗迹

F24位于遗址西北部，房址东部被F30打破。北0.95米为F29，南0.5米为F25，西为H16。北与F29、F38，南与F25、F28、F37成列，东与F30、F31、F8、F21，西与F34成排。从其残留部分看，该房址为半地穴式建筑，平面呈圆角长方形（以中心灶址测算）。南北4.8、东西3.6米，面积约17.28平方米，是座小型房址，方向218°。房址挖凿于黄色生土层与基岩层内，穴壁西北高0.58米，东南高0.45米。穴壁经修整，稍向外倾斜。居住面有厚约0.05米的坚硬黑灰色垫踏土层。室内中部有大小两个圆形坑式灶，大者居北，编号为Z1，小者居南，编号为Z2，两灶间距0.04米，灶口与居住面一平。两灶经使用，灶壁呈暗红色。Z1灶壁内斜，平底，口大底小，壁、底抹泥厚0.08~0.10米。灶坑口径0.72~0.74，底径0.66米，灶深0.13米。在灶内清理出一块夹砂红褐陶之字纹罐口沿。Z2灶坑斜壁，平底，未抹泥，口径0.32，底径0.20，深0.08米。因该房址东部残缺，仅在残存部分发现大小10个柱洞，其分布的位置为，西北角2个，西南角2个，东南角2个，东北角1个，南壁中部1个，以上8个柱洞皆紧靠近穴壁，另外2个位于中心灶址东西两侧。室内遗物主要分布在四周，中部几乎不见（图一七二，图版二一）。

2. 遗物

（1）陶器5件。BⅢ式直腹罐4件，CⅠ式鼓腹罐1件（参见附表7 查海遗址房址活动面出土陶器型式统计表）。陶片16片（见附表2 房址出土陶片统计表）。

BⅢ式直腹罐4件，皆夹砂红褐陶。F24：12，上部残，直腹，微凹平底，腹饰规整横排人字纹，近底饰横压竖排细长之字纹，底径14.0、残高13.0厘米（图一四八，4）；F24：13，上部残，

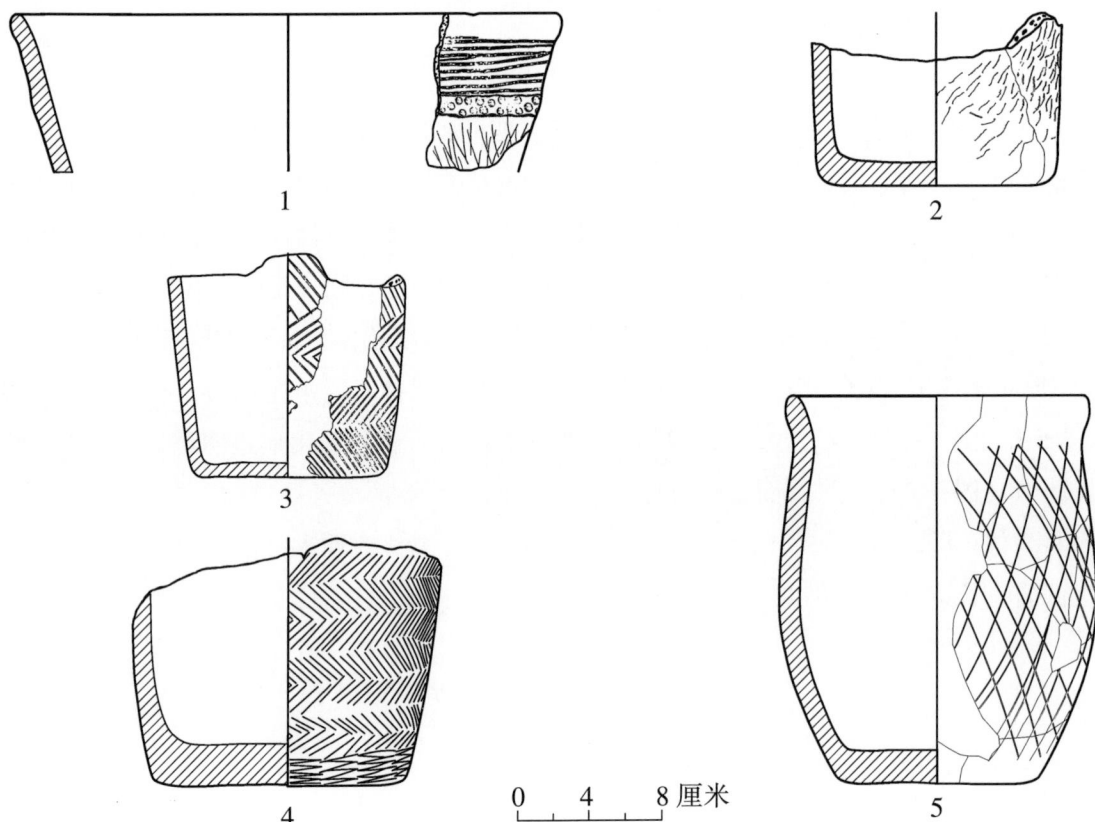

图一四八　F24 陶器

1～4. BⅢ式直腹罐（F24：23、F24：14、F24：13、F24：12）　5. CⅠ式鼓腹罐（F24：11）

直腹，平底，腹饰规整横排人字纹，底径 10.1、残高 11.8、壁厚 0.35 厘米（图一四八，3）；F24：14，直腹，平底，腹饰草划左斜线纹不到底，底径 12.83、残高 9.1 厘米（图一四八，2）；F24：23，口部残片，夹砂红褐陶，直口，厚圆唇，颈饰弦纹数周，附加堆纹带饰窝点纹，腹饰草划交叉纹，口径 30.0、残高 8.4 厘米（图一四八，1）。

CⅠ式鼓腹罐 1 件，F24：11，夹砂红褐陶，侈口，圆唇，束颈不显肩，最大腹直径近下部，腹直径大于口径和底径，饰草划交叉纹，口径 15.8、腹直径 17、底径 10、高 20.5 厘米（图一四八，5；图版一三七，1）。

（2）石器 8 件。Ca 型铲形石器 1 件，铲形石器刃部残片 1 件，Aa 型磨棒 2 件，A 型磨盘 1 件，C 型研磨器 1 件，敲砸器 1 件，石料 1 件（参见附表 15　查海遗址房址居住面出土石器型式统计一览表）。

Ca 型铲形石器 1 件，F24：18，局部残，浅灰色页岩，打制，扁薄体，短柄，束腰，弧刃，长 11.6、刃宽 10.5、厚 0.9 厘米（图一四九，1）。

铲形石器刃部残片 1 件，F24：22，浅灰色页岩，打制，弧刃，残长 10.7、残宽 11.9、厚 1.7 厘米（图一四九，2）。

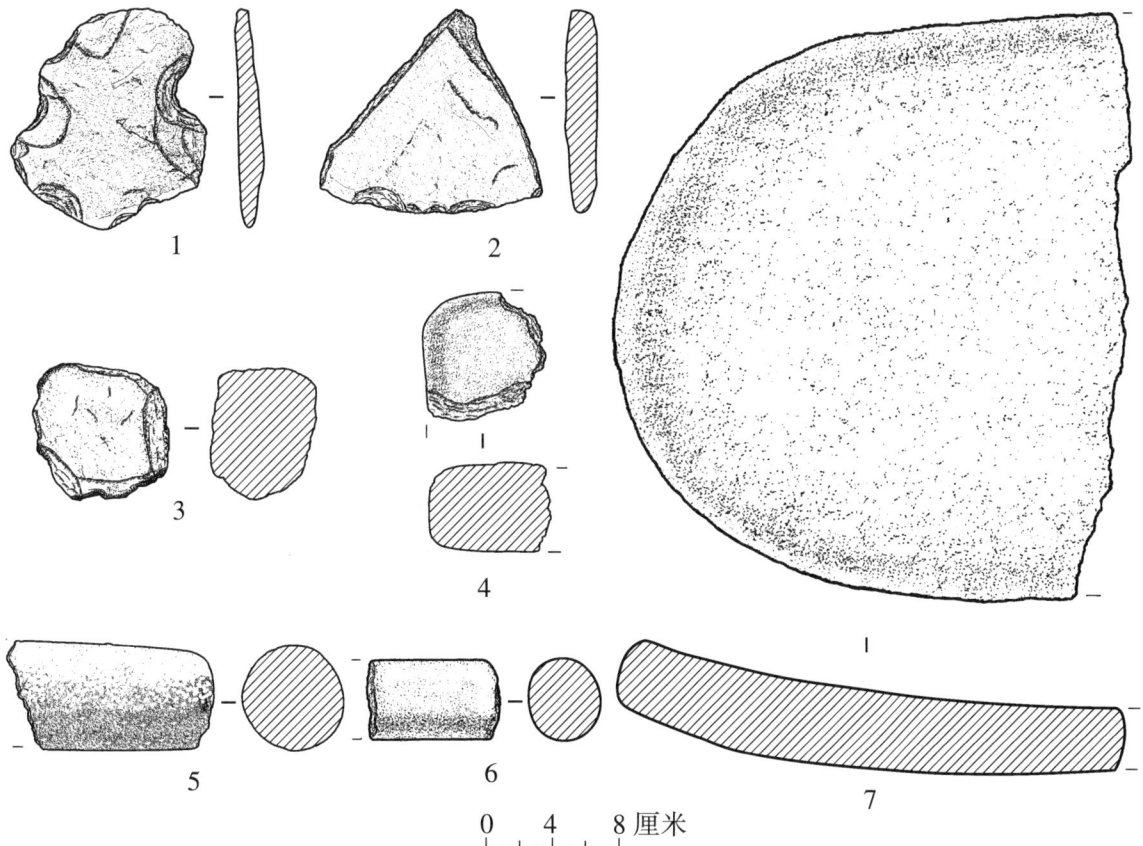

图一四九　F24 石器

1. Ca 型铲形石器（F24：18）　　2. 铲形石器刃部残片（F24：22）　　3. 石料（F24：21）　　4. C 型
研磨器（F24：19）　　5、6. Aa 型磨棒（F24：15、F24：16）　　7. A 型磨盘（F24：17）

Aa 型磨棒 2 件，皆残段，黄褐色花岗岩，琢制，圆柱体。F24：15，残长 10.83，直径 5.48 厘米（图一四九，5）；F24：16，残长 7.1，直径 4.3 厘米（图一四九，6）。

A 型磨盘 1 件，F24：17，残块，黄褐色花岗岩，琢制，扁平椭圆体，磨面平弧，底部平弧，残长 28、宽 30、厚 4.25 厘米（图一四九，7；图版二〇五，3）。

C 型研磨器 1 件，F24：19，灰褐色花岗岩，扁平体，圆边角，平磨面，残长 6.6、残宽 6.58、厚 4.5 厘米（图一四九，4）。

敲砸器 1 件，F24：20，暗红色砂质岩，近圆形多棱体，棱角处有敲砸痕迹，长 10、厚 5 厘米。

石料 1 件，F24：21，花岗岩石料，扁平多棱体，长 7.1、厚 5.5 厘米（图一四九，3）。

二五　25 号房址（F25）

1. 遗迹

F25 位于遗址西北部，南与 F28、F37，北与 F24、F29、F38 成列，东西不与其他房址成排。

方向150°。面积38.4平方米，是一座中型半地穴式房址。平面近圆角长方形（西南角为直角），南北6.4、东西6.0米。房址凿于黄色生土层及基岩内，中心垂直深度0.6米。穴壁东、西、南三面较直，北壁外弧，壁面经修整，较平直。南壁偏东穴壁局部外凸，呈半圆状，外凸部分东西长1.4、外凸0.5米，推测是房址出入部位。居住面为黑灰色垫踏土，较平坦，厚0.05～0.08米。室内中心偏北设有一椭圆形浅坑式灶，斜壁平底，壁、底部抹泥厚0.04～0.08米，经火烧灶呈暗红色。灶口径东西0.84、南北0.7、深0.08米。灶外西侧散布一层红烧土。室内西南角有一三角形大浅坑，坑底有一层淤泥，推测此坑为渗水防潮作用。整个房址内共有18个大小不同深浅不一的柱洞，分内、外两圈布置，外圈靠近壁穴（南壁三个柱洞偏远于穴壁），总计11个，内圈围绕中心灶址四周，总计7个柱洞。遗物出于室内东北部及西南部，中部不见（图一五〇；图版一二，2；图版一三）。

2. 遗物

室内居住面遗物

（1）陶器14件。AⅡ式斜腹罐1件，BⅠ式直腹罐1件，BⅢ式直腹罐11件，直腹罐腹部残片1件（参见附表7　查海遗址房址活动面出土陶器型式统计表）。

AⅡ式斜腹罐1件，F25：30，夹砂红褐陶，敞口，厚圆唇，斜腹，底部残，外叠宽带沿饰右斜线纹，腹饰窝点纹，口径28.0、残高15.8、厚1厘米（图一五一，1）。

BⅠ式直腹罐1件，F25：20，夹砂红褐陶，上部残，直腹，凹底，素面，底径12.6、残高12.6、壁厚0.9厘米（图一五一，2）。

BⅢ式直腹罐11件，皆夹砂红褐陶。F25：19，口部残，直腹，底微凹，颈饰弦纹数周，附加堆纹带饰左斜线纹，腹饰草划交叉纹，颈部有2个铆孔，底径13.65、残高35.15厘米（图一五二，1；图版七六，5）；F25：22，直敞口，圆唇，颈饰弦纹数周，附加堆纹带饰窝点纹，下饰网格纹1周，腹饰规整交叉纹，口径21、底径13、高30厘米（图一五二，2）；F25：23，底部残，敞口，厚圆唇，直腹，颈饰弦纹数周，附加堆纹带饰左斜线纹，腹饰草划交叉纹，口径23.0、残高19.1厘米（图一五一，7）；F25：24，底部，腹饰草划交叉纹，平底，底径13.0、残高9.5厘米（图一五二，5）；F25：25，上部残，直腹，平底，腹饰草划交叉纹，底径11.7、残高19.1、壁厚0.9厘米（图一五一，9；图版七六，3）；F25：26，口部残片，敞口，厚圆唇，直腹，颈饰弦纹数周，附加堆纹带饰左斜线纹，下饰断弦纹，腹饰网格纹，口径23.0、残高10.8、厚1厘米（图一五一，4）；F25：27，口部残，直腹，微平凹底，颈饰弦纹数周，附加堆纹带饰左斜线纹，腹饰草划左斜线，近底饰草划网格纹，底径10.2，残高22.8、厚0.7厘米（图一五一，8；图版七六，2）；F25：28，敞口，厚圆唇，直腹，凹底，颈饰弦纹数周，附加堆纹带饰左斜线纹，腹饰草划交叉纹，口径23.0、底径16.1、高32.9、壁厚0.9厘米（图一五二，3；图版七六，4）；F25：31，直敞口，圆唇，直腹，平底，颈饰弦纹数周，指压附加堆纹带，腹饰草划交叉纹，有4个铆孔，口径31.6、底径16.4、高44.4厘米（图一五二，4；图版七六，1）；F25：33，底部，腹饰草划左斜线纹，平底，底径10.8、残高7.45厘米（图一五一，5）；F25：34，底部，腹饰草划左斜线，底径12.6、残高9.8厘米（图一五一，3）。

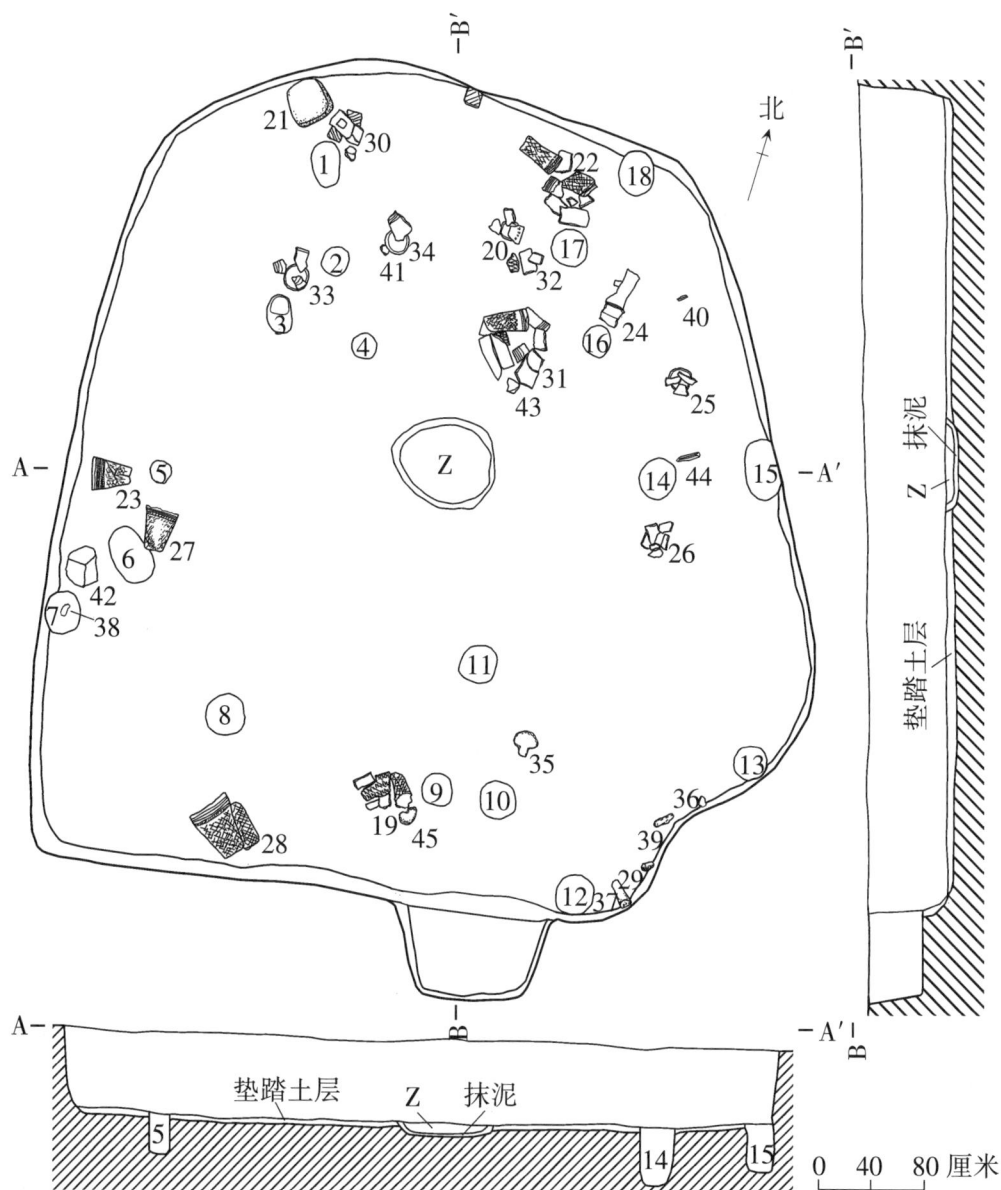

图一五〇 F25平、剖面图

1~18. 柱洞 19、22、23、27、28、31. 直腹罐 20、24、25、33、34. 直腹罐罐底 21、43. 磨盘

26. 直腹罐口沿 29、37. 磨棒 30. 斜腹罐口沿 32. 陶片 35. 铲形石器 36、38、39. 石斧

40、44. 石料 41. 敲砸器 42. 砺石 45. 饼形器 Z. 灶址

直腹罐腹部残片1件，F25：32，夹砂红褐陶，饰竖排人字纹，残高13.9、厚1厘米（图一五二，7）。

（2）石器13件。B型石斧1件，C型石斧2件，Ac型铲形石器1件，Aa型饼形器1件，Aa型磨棒2件，A型磨盘2件，砺石1件，敲砸器1件，石料2件（参见附表15 查海遗址房址居住面出土石器型式统计一览表）。

B型石斧1件，F25：36，残段，灰色麻岩，磨制，扁圆体，弧刃，正锋，刃部有崩疤，残长

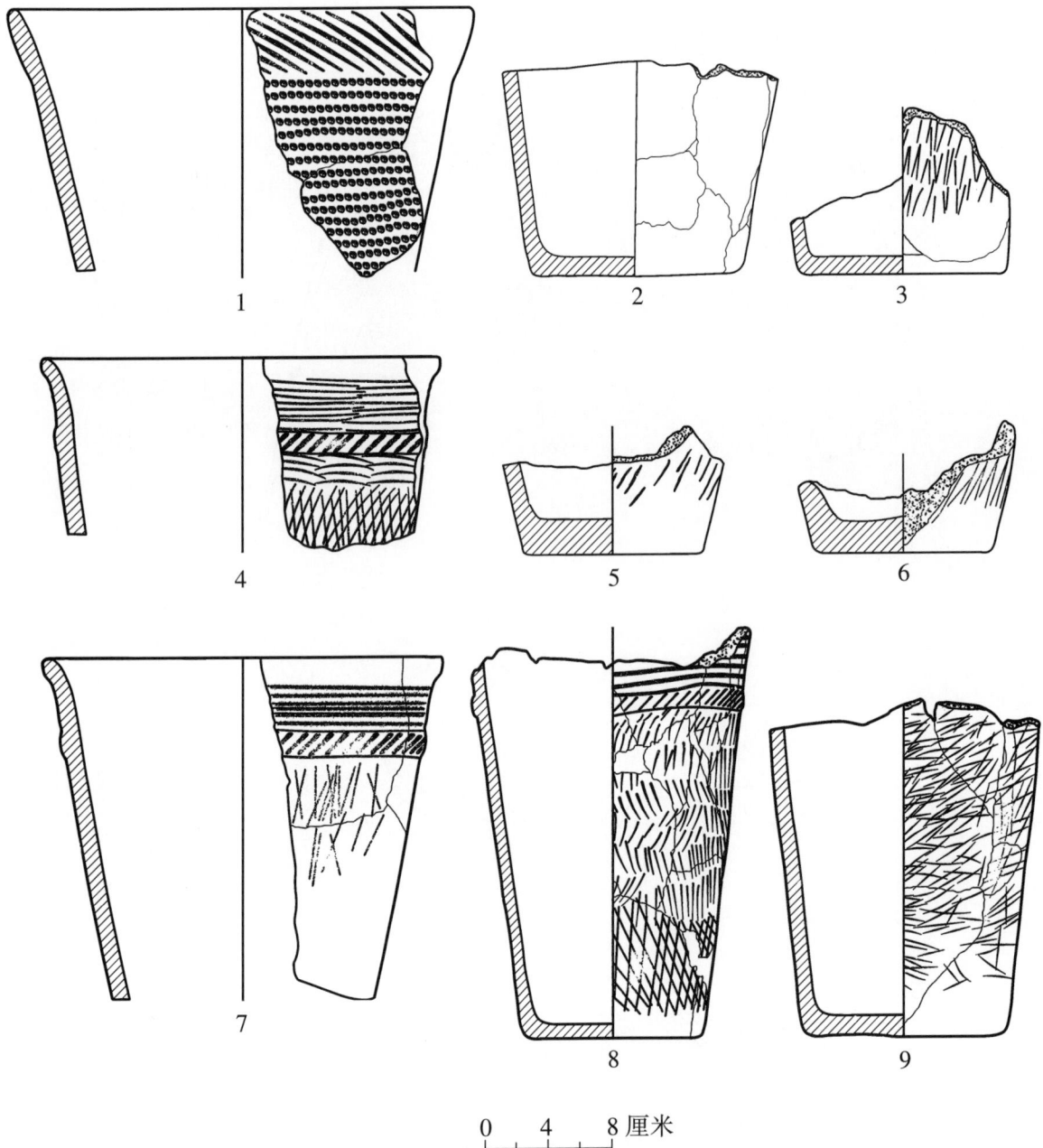

图一五一　F25 陶器（1~5、7~9. 居住面出土　6. 堆积层出土）

1. AⅡ式斜腹罐（F25：30）　2. BⅠ式直腹罐（F25：20）　3~9. BⅢ式直腹罐（F25：34、
F25：26、F25：33、F25①：3、F25：23、F25：27、F25：25）

7.4、刃残宽 6.3、厚 1.6 厘米（图一五三，4）。

　　C 型石斧 2 件，F25：38，残段，灰色页岩，打制，扁体，弧刃，正锋，刃部有崩疤，残长 8.2、宽 4.8、厚 1.6 厘米（图一五三，3）；F25：39，浅灰色石灰岩，打制，长扁体，有凹凸面，凸面有磨痕，弧顶，弧刃，正锋，刃部有崩疤，长 23.5、刃宽 8.1、厚 2.3 厘米（图一五三，5；图版一七二，6）。

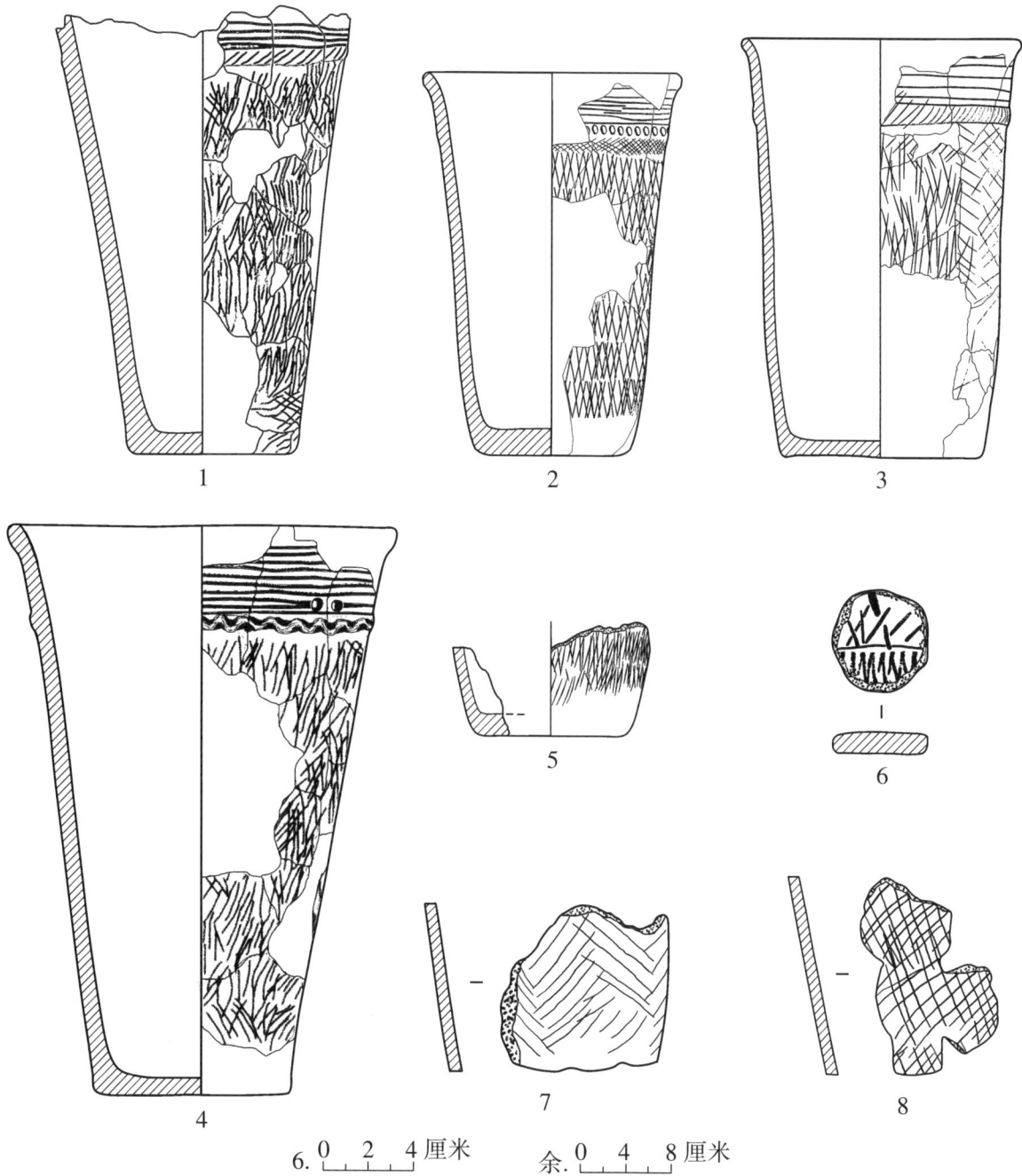

图一五二　F25 陶器（1～5、7. 居住面出土　6、8. 堆积层出土）

1～5. BⅢ式直腹罐（F25∶19、F25∶22、F25∶28、F25∶31、F25∶24）　6. A 型陶纺轮（F25①∶6）

7、8. 直腹罐腹部残片（F25∶32、F25①∶5）

Ac 型铲形石器 1 件，F25∶35，浅灰色石灰岩，打制，扁体，"凸"字形，短柄，圆刃，刃部有崩疤，长 14.6、刃宽 13.3、厚 3.2 厘米（图一五三，2；图版一七三，3）。

Aa 型饼形器 1 件，F25∶45，残块，黄白色花岗岩，琢制，圆扁平体，对钻中孔，直径 16.4、孔直径 2.71、厚 5.8 厘米（图一五三，8；图版一九八，4）。

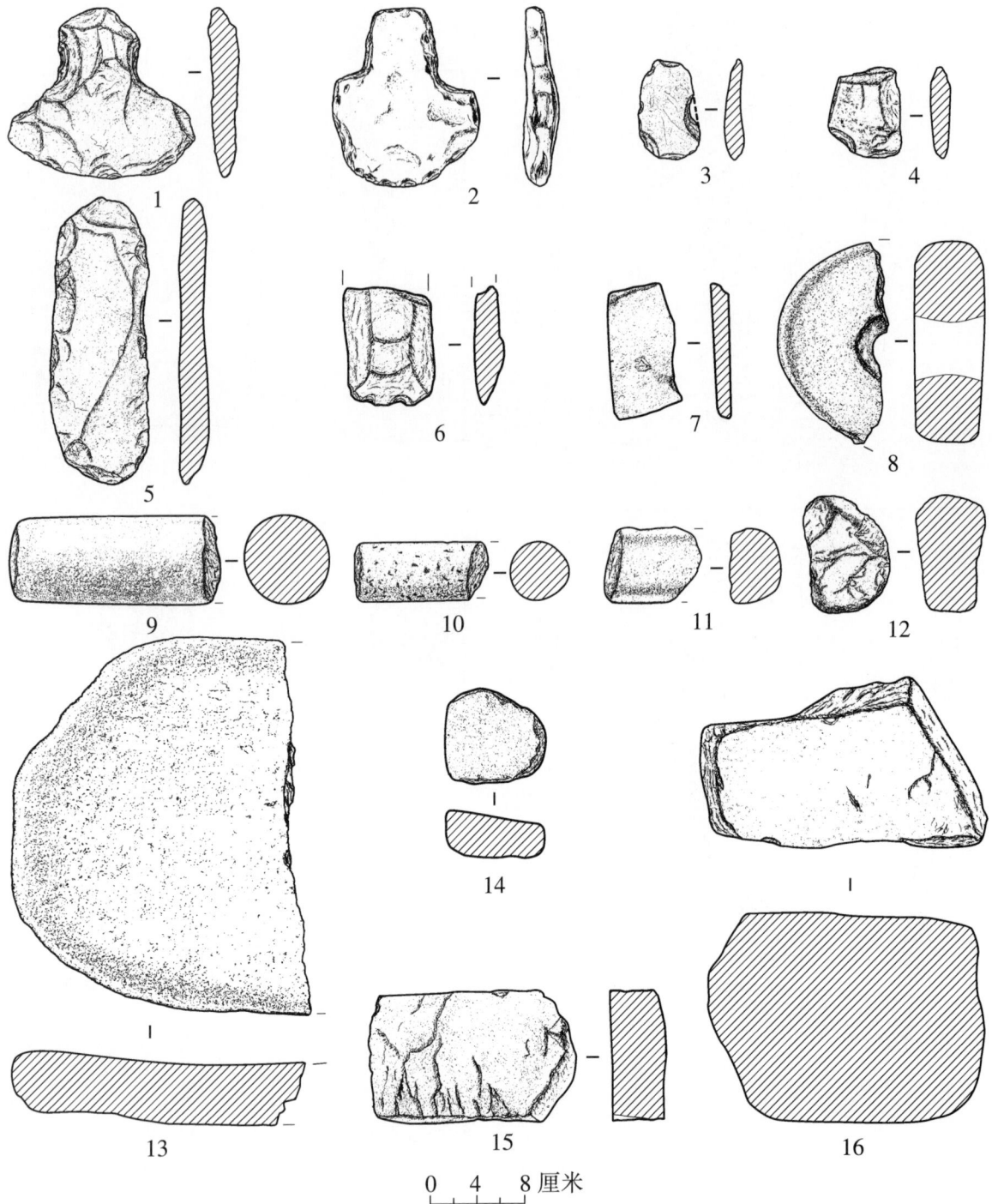

图一五三　F25 石器

（2～5、7～9、11～16. 居住面出土　1、6、10. 堆积层出土）

1. Db 型铲形石器（F25①：4）　2. Ac 型铲形石器（F25：35）　3、5、6. C 型石斧（F25：38、F25：39、
F25①：2）　4. B 型石斧（F25：36）　7、15. 石料（F25：40、F25：44）　8. Aa 型饼形器（F25：45）
9～11. Aa 型磨棒（F25：37、F25①：1、F25：29）　12. 敲砸器（F25：41）　13、14. A 型磨盘（F25：21、
F25：43）　16. 砺石（F25：42）

Aa 型磨棒 2 件，皆残段。F25:29，浅灰色花岗岩，琢制，圆柱体，残长 7.8、直径 6.2 厘米（图一五三，11）；F25:37，黄灰色花岗岩，琢制，圆柱体，中部稍粗，残长 17.8、直径 7.2 厘米（图一五三，9；图版二一三，2）。

A 型磨盘 2 件。F25:21，残块，黄色花岗岩，琢制，圆角扁平体，磨面下凹，残长 24.8、宽 30.9、厚 5.1 厘米（图一五三，13；图版二〇五，2）；F25:43，浅黄色花岗岩自然石块，琢制，圆角扁平体，磨面较平凹，长 9.0、宽 8.3、厚 3.7 厘米（图一五三，14）。

砺石 1 件，F25:42，黄褐色花岗岩，扁平长方体，有四个磨面，其中一个磨面磨痕较重，长 24.1、宽 13.8、厚 17.0 厘米（图一五三，16）。

敲砸器 1 件，F25:41，灰色石英岩自然石块，形状不规则，多棱体，棱角为敲击点，长 9.6、宽 6.5、厚 5.8 厘米（图一五三，12；图版二四七，1）。

石料 2 件，皆灰色石灰岩，扁平长方体。F25:40，长 11.0、宽 5.5、厚 1.3 厘米（图一五三，7）；F25:44，长 17.5、宽 10.6、厚 5.3 厘米（图一五三，15）。

室内堆积层遗物

（1）陶器 3 件，BⅢ式直腹罐 1 件，直腹罐腹部残片 1 件，A 型陶纺轮 1 件（参见附表 8　查海遗址房址堆积层出土陶器型式统计表）。陶片 103 片（见附表 2　房址出土陶片统计表）。

BⅢ式直腹罐 1 件，F25①:3，夹砂红褐陶，底部，直腹，平底，腹饰草划交叉纹，底径 10.5、残高 7.7 厘米（图一五一，6）。

直腹罐腹部残片 1 件，F25①:5，夹砂红褐陶，饰网格纹，残高 16.4、厚 1 厘米（图一五二，8）。

A 型陶纺轮 1 件，F25①:6，夹砂灰褐陶之字纹陶片制作，圆形、不规整，周边打磨，直径 4.5、厚 0.9 厘米（图一五二，6）。

（2）石器 3 件。C 型石斧 1 件，Db 型铲形石器 1 件，Aa 型磨棒 1 件（参见附表 16　查海遗址房址堆积层出土石器型式统计一览表）。

C 型石斧 1 件，F25①:2，刃部残块，灰色页岩，打制，扁长方体，刃部锋利，残长 9.6、宽 7.5、厚 2.4 厘米（图一五三，6）。

Db 型铲形石器 1 件，F25①:4，灰绿色页岩，打制，圆弧柄，束腰，斜肩，弧刃，长 13.8、刃宽 15.7、厚 2.3 厘米（图一五三，1；图版一八二，5）。

Aa 型磨棒 1 件，F25①:1，残段，浅黄色花岗岩，琢制，圆柱状，残长 11.3、直径 4.8 厘米（图一五三，10；图版二一三，3）。

二六　26 号房址（F26）

1. 遗迹

F26 位于遗址西北部，南与 F34、F35 成列（图版二九），东与 F38、F32、F36、F43、F48、

F55、F49 成排。方向 210°。面积 56.94 平方米，是一座中型半地穴式房址。平面呈圆角长方形，南北 7.8、东西 7.3 米，口至底深 0.65～0.8 米。房址凿于基岩内，南壁偏东局部外凸，呈半圆状，外凸部分东西长 2、外凸 0.9 米。居住面修整较平，北半部大面积经烧烤，呈红褐色，南半部及灶周围为黑褐色坚硬起层垫踏土，厚 8～10 厘米。室内中心有一圆形浅穴圜底灶，灶口径东西 0.42、南北 0.4、深 0.12 米。灶壁基岩面，经火烤呈暗红色。整个房址内共有 33 个大小深浅不一的柱洞，皆凿于基岩内，分内、外两圈布置。外圈靠穴壁 20 个，内圈 11 个，外突部分 2 个。柱洞形状有圆形、椭圆形，其中 5 号柱洞较浅，内有础石 1 块。遗物出于室内居住面四周，中部不见。西南角石磨盘 1 块，43 号柱洞内一件残铲形石器，东北角沟槽石磨器 2 件，西北角有 1 件倒扣夹砂红褐陶斜腹罐。另外，还出土环形有孔石器 1 件、石磨棒 1 件、铲形石器、石斧、石刀等。值得注意的是其中 44 号饼形器出于西北角处一圆形平底小坑内，坑尺寸大小同此物一样，此坑特意为它所凿，使用后固定摆放。另外在西北部还出土了炭化山杏核（图一五四；图版一四，图一五，1、2；图版二八五）。

2. 遗物

室内居住面遗物

（1）陶器 6 件。小斜腹罐 1 件，AⅠ式斜腹罐 2 件，AⅢ式斜腹罐 1 件，小直腹罐 1 件，BⅠ式直腹罐 1 件（参见附表 7　查海遗址房址活动面出土陶器型式统计表）。

小斜腹罐 1 件，F26：59，夹砂红褐陶，直口，圆唇，斜腹，平底，外叠宽带沿饰右斜线纹，素面，口径 14.6、底径 9.0、高 11.4、壁厚 1 厘米（图一五五，9；图版六九，3）。

AⅠ式斜腹罐 2 件，皆夹砂红褐陶。F26：33，直敞口，尖圆唇，斜腹，小平底，外叠宽带沿饰右斜线纹，素面，近口部下有 1 对锔孔，口径 33.0、底径 14.2、高 35.1、壁厚 1.3 厘米（图一五五，2；图版六四，1）；F26：30，口沿残片，敞口，薄圆唇，外叠宽带沿饰宽疏右斜线纹，有一锔孔，由器表钻透，口径 30.0、残高 10.1 厘米（图一五五，1；图版一五，1；图版五三，1）。

AⅢ式斜腹罐 1 件，F26：34，夹砂红褐陶，敞口，圆唇，斜腹，近器底处内弧明显，平底，外叠宽带沿饰右斜线，素面，口径 28.6、底径 13、高 30.2 厘米（图一五五，3；图版一五，2；图版六七，3）。

小直腹罐 1 件，F26：38，夹砂红褐陶，罐底，器底戳点纹，底径 10.0，残高 3.8 厘米（图一五五，10）。

BⅠ式直腹罐 1 件，F26：31，夹砂红褐陶，口部残片，直敞口，圆唇，素面，口径 20.0、残高 12.8 厘米（图一五五，4）。

（2）石器 22 件。A 型石斧 2 件，B 型石斧 1 件，Ac 型铲形石器 2 件，Da 型铲形石器 1 件，Db 型铲形石器 1 件，铲形石器刃部残片 2 件，Ac 型饼形器 1 件，Bc 型饼形器 2 件，D 型石刀 1 件，Aa 型磨棒 1 件，Ab 型磨棒 1 件，A 型磨盘 1 件，砺石 2 件，沟槽器 2 件，石料 2 件（参见附表 15　查海遗址房址居住面出土石器型式统计一览表）。

A 型石斧 2 件。F26：32，黑色油质页岩，通体磨光，宽扁圆体，顶部略弧，两侧隐现棱角，正锋，弧刃，刃部锋利，器身局部有崩疤，体长 10.28、顶宽 4.65、刃宽 6.34、厚 2.8 厘米

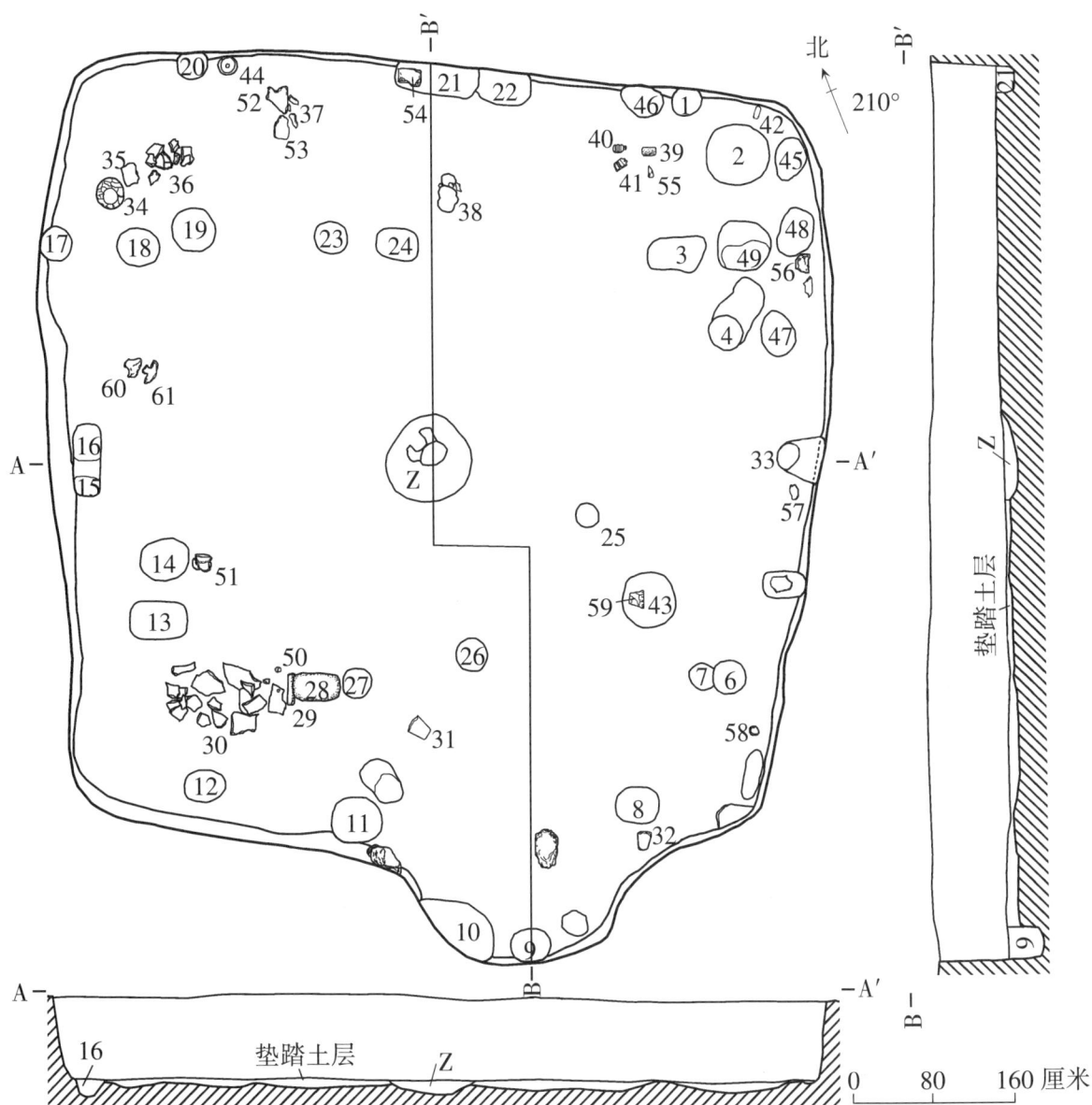

图一五四 F26 平、剖面图

1～27、43、45～49. 柱洞 28. 磨盘 29、39. 磨棒 30. 斜腹罐口沿 31. 直腹罐口沿 32、42、55. 石斧
33、34. 斜腹罐 35、51. 砺石 36、56. 石料 37、52～54、57、60、61. 铲形石器 38. 直腹罐罐底
40、41. 沟槽器 44、50、58. 饼形器 59. 直腹罐 Z. 灶址

（图一五六，1；图版一六四，3）；F26:42，残，白色石灰岩，磨制，扁平体，两侧面平棱，顶部残断，残长 6.17、宽 4.72、刃宽 4.31、厚 2.0 厘米（图一五六，2）。

B 型石斧 1 件，F26:55，浅灰色页岩，长扁圆体，弧刃正锋，刃部有崩疤，体长 9.67、顶宽 3.56、刃宽 3.14、厚 1.1 厘米（图一五六，3）。

Ac 型铲形石器 2 件，均打制，近短直柄，椭圆身。F26:52，一侧残，黄灰色页岩，束腰，近直

图一五五　F26 陶器

1、2. AⅠ式斜腹罐（F26:30、F26:33）　3. AⅢ式斜腹罐（F26:34）　4. BⅠ式直腹罐（F26:31）

5、9. 小斜腹罐（F26①:10、F26:59）　6、7. BⅢ式直腹罐（F26①:8、F26①:11）　8、10. 小直腹罐

（F26①:7、F26:38）　11. CⅢ式鼓腹罐（F26①:1）　12. A 型陶纺轮（F26①:3）

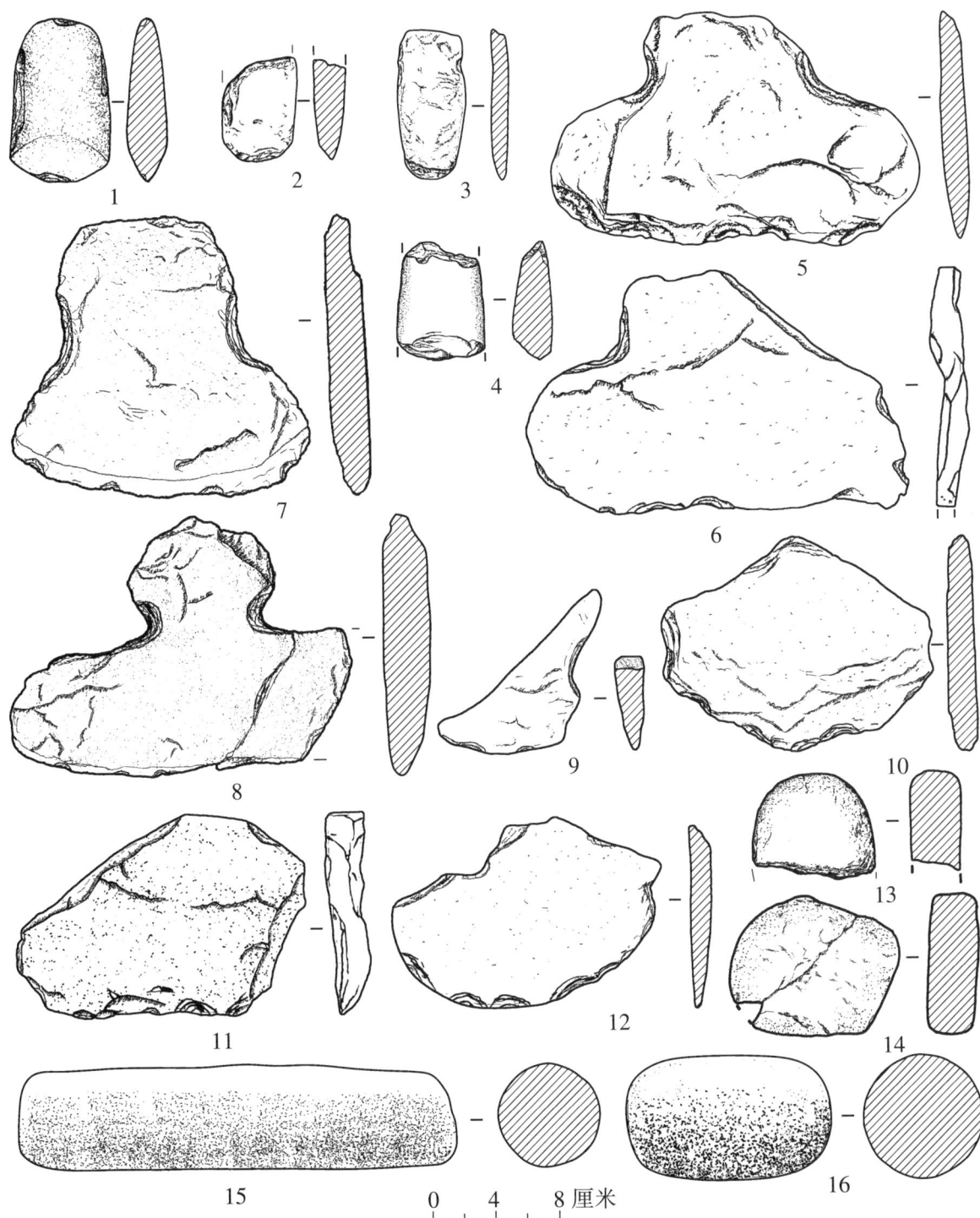

图一五六　F26 石器（1～3、5～8、10～16. 居住面出土　4、9. 堆积层出土）

1、2、4. A 型石斧（F26：32、F26：42、F26①：9）　3. B 型石斧（F26：55）　5. Da 型铲形石器（F26：37）

6、7. Ac 型铲形石器（F26：52、F26：60）　8. Db 型铲形石器（F26：61）　9～11. 铲形石器刃部残片

（F26①：4、F26：54、F26：53）　12. D 型石刀（F26：57）　13、14. Bc 型饼形器（F26：58、F26：50）

15. Aa 型磨棒（F26：29）　16. Ab 型磨棒（F26：39）

刃，刃宽24.4、厚2.2厘米（图一五六，6）；F26：60，浅灰色页岩，扁平体，束腰不显，斜弧刃，刃部单面有使用磨痕，长17.6、顶宽8.5、刃宽19.4、厚2.0厘米（图一五六，7；图版一七六，1）。

Da 型铲形石器1件，F26：37，柄残，灰色页岩，打制，器身扁平，束腰，弧刃，有崩疤，体长13.97、刃宽23.40、厚2.2厘米（图一五六，5）。

Db 型铲形石器1件，F26：61，残，深灰色页岩。圆柄，窄横长身，束腰明显，腰部有琢痕，平肩，横长身，宽弧刃，一侧身略残，刃部有使用磨痕，高15、残宽22、厚1.5厘米（图一五六，8；图版一八六，3）。

铲形石器刃部残片2件，皆页岩，打制。F26：53，灰色，刃部有崩痕，长18.4、宽12.4、厚2.1厘米（图一五六，11）；F26：54，浅灰色，弧刃，残长13.2、残宽17.1、厚1.5厘米（图一五六，10）。

Ac 型饼形器1件，F26：44，黄色花岗岩，圆形扁平体，琢制，对钻中孔，直径13.0~14.2、厚5.1、孔直径2.45厘米（图一五七，1；图版一九九，2）。

Bc 型饼形器2件，皆花岗岩，磨制，椭圆形，扁平体。F26：50，黄色，长10.69、宽8.8、厚3.2厘米（图一五六，14）；F26：58，棕红色，残长6.35、宽7.94、厚3.3厘米（图一五六，13；图版二○三，1）。

D 型石刀1件，F26：57，浅灰色石灰岩，薄石片，弧利边为刃，有崩痕，长11.71、刃宽17、厚1.1厘米（图一五六，12；图版一九五，1）。

Aa 型磨棒1件，F26：29，棕红色花岗岩，磨制，圆柱体，中部稍细，长28.13、直径5~6.57厘米（图一五六，15；图版一五，1；图版二一三，4）。

Ab 型磨棒1件，F26：39，完整，黄色花岗岩，磨制，圆柱体，两端较圆，长13.6、直径7.3厘米（图一五六，16；图版二一五，2）。

A 型磨盘1件，F26：28，棕红色花岗岩，琢制，圆角长方扁体，磨面下凹，长48.18、宽25.46、厚3.2~6厘米（图一五七，3；图版一五，1；图版二○六，1）。

砺石2件，F26：35，灰色云母变质岩，双磨面，长7.68、宽6.82、厚3.15厘米（图一五七，8）；F26：51，残断，黄色花岗岩，磨面下凹，残长13.8、宽11.8、厚4.8厘米（图一五七，7）。

沟槽器2件，皆浅灰色云母变质岩，磨制。F26：40，残，扁平体，两侧平棱，一端有系孔，器面凹槽两道，槽间饰交叉网纹，残长6.7、宽4.9、厚1.7厘米（图一五七，4；图版二三二，3）；F26：41，椭圆扁平体，上端有一系孔，器身一面有两道沟槽，长8.5、宽4.9、厚2.5厘米（图一五七，5；图版二三二，2）。

石料2件。F26：36，黄灰色页岩，不规则正形，扁体，长10.4、宽10.26、厚2.3厘米（图一五七，9）；F26：56，棕红色花岗岩。

室内堆积层遗物

（1）陶器6件。小斜腹罐1件，小直腹罐1件，BⅢ式直腹罐2件，CⅢ式鼓腹罐1件，A型陶纺轮1件（参见附表8 查海遗址房址堆积层出土陶器型式统计表）。陶片85片（见附

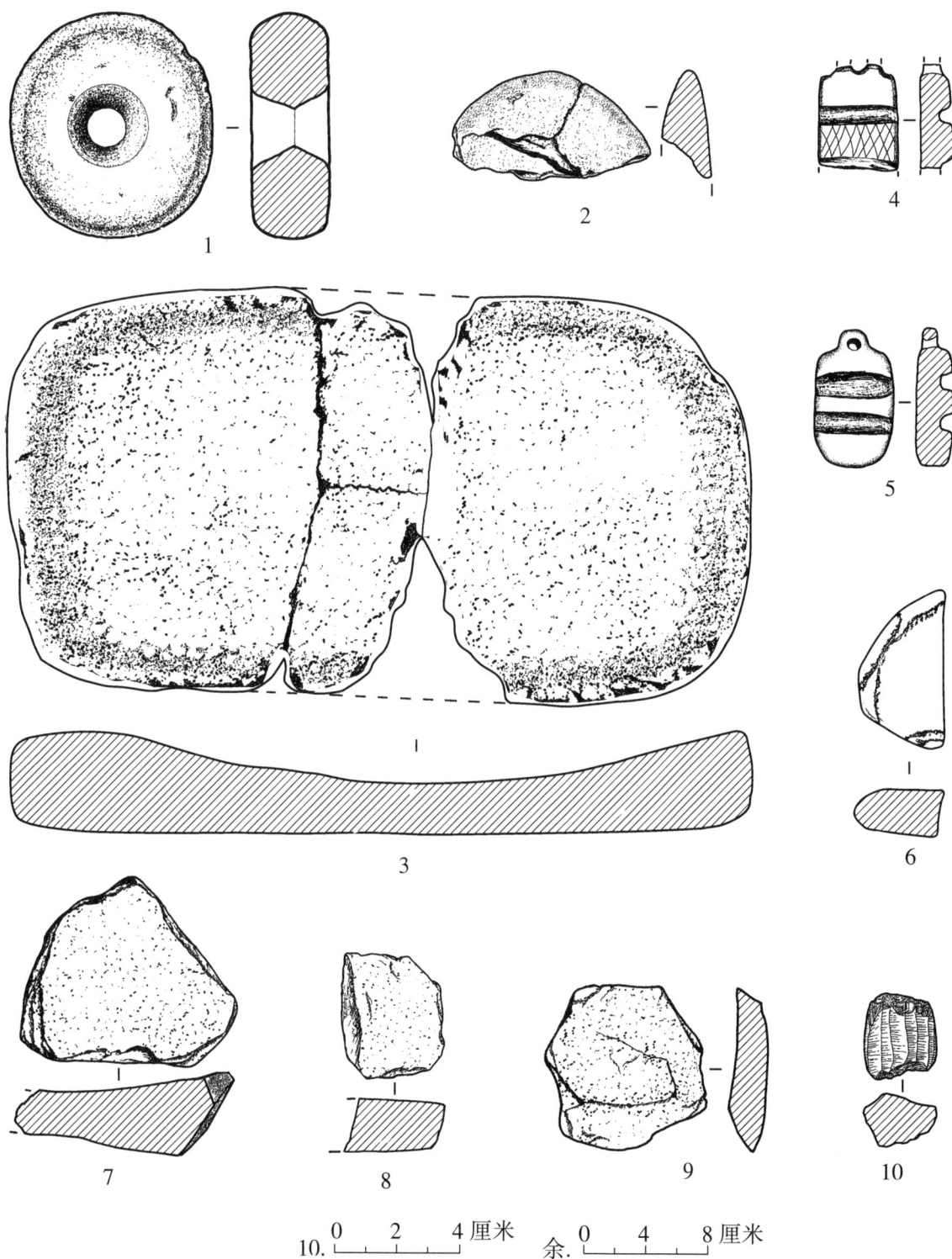

图一五七　F26 石器（1、3~5、7~9. 居住面出土　2、6、10. 堆积层出土）

1. Ac 型饼形器（F26：44）　2. Ba 型饼形器（F26①：6）　3. A 型磨盘（F26：28）　4、5. 沟槽器（F26：40、
F26：41）　6~8. 砺石（F26①：5、F26：51、F26：35）　9. 石料（F26：36）　10. 石核（F26①：2）

表1-10　房址出土陶片统计表）。

小斜腹罐1件，F26①：10，夹砂红褐陶，口部残片，直敞口，圆唇，直腹，饰窝点纹，口径14.0、残高9.0厘米（图一五五，5）。

小直腹罐1件，F26①：7，夹砂灰褐陶，直敞口，圆唇，直腹，平底，通体饰横排人字纹，口径13.1、底径7.7、高12.2、壁厚0.6厘米（图一五五，8；图版一三四，5）。

BⅢ式直腹罐2件，皆夹砂红褐陶，口部残片，直敞口，圆唇，直腹。F26①：8，颈饰宽疏左斜线纹，宽平附加堆纹带饰窝点纹，腹饰草划交叉纹，口径22.0、残高10.6厘米（图一五五，6）；F26①：11，颈饰弦纹数周，附加堆纹带饰窝点纹，腹饰草划交叉纹，口径22.0、残高18.2厘米（图一五五，7）。

CⅢ式鼓腹罐1件，F26①：1，上部残片，夹砂红褐陶，敛口微侈，圆唇，束颈，鼓腹，颈饰弦纹，肩部附加堆纹带饰窝点纹，腹饰规整网格纹，口径10.9、残高11.5厘米（图一五五，11）。

A型陶纺轮1件，F26①：3，夹砂红褐陶网格纹陶片制成，有孔，直径4.8、厚0.7厘米（图一五五，12；图版一五七，9）。

（2）石器4件。A型石斧1件，铲形石器残片1件，Ba型饼形器1件，砺石1件（参见附表16　查海遗址房址堆积层出土石器型式统计一览表）。

A型石斧1件，F26①：9，残，深灰色云母变质岩，磨制，扁圆体，残长7.32、宽5.5、厚2.4厘米（图一五六，4；图版一六八，1）。

铲形石器残片1件，F26①：4，灰色页岩，残长14.8、宽5.6、厚1.8厘米（图一五六，9）。

Ba型饼形器1件，F26①：6，残，灰色页岩，磨制，圆形，中间厚，边缘圆薄，残长12.74、残宽6.47、厚2.8厘米（图一五七，2）。

砺石1件，F26①：5，残块，红色玄武岩，边缘圆滑，磨面较平，残长19.56、宽10.63、厚5.4厘米（图一五七，6）。

（3）细石器1件（参见附表20　查海遗址各遗迹单位出土细石器统计表）。

石核1件，F26①：2，青色页岩，压削面清晰，长2.6、宽2.3、厚1.6厘米（图一五七，10；图版二五五，5）。

二七　27号房址（F27）

1. 遗迹

F27位于遗址西北部，它的西部打破F28。西南2米为晚期冲沟。北与F30、F32、F33成列，东与F22、F20、F18，西与F28、F35成排。面积为44.21平方米，是一座中型东南角带有外凸半圆式小圆角方形半地穴房址，方向210°。南北6.75、东西6.55米，垂直深度0.6米。房址挖凿在基岩层内，以基岩为壁，穴壁略有些内外弯曲不直，壁面稍加修整，较平。东南角穴壁局部外凸，呈

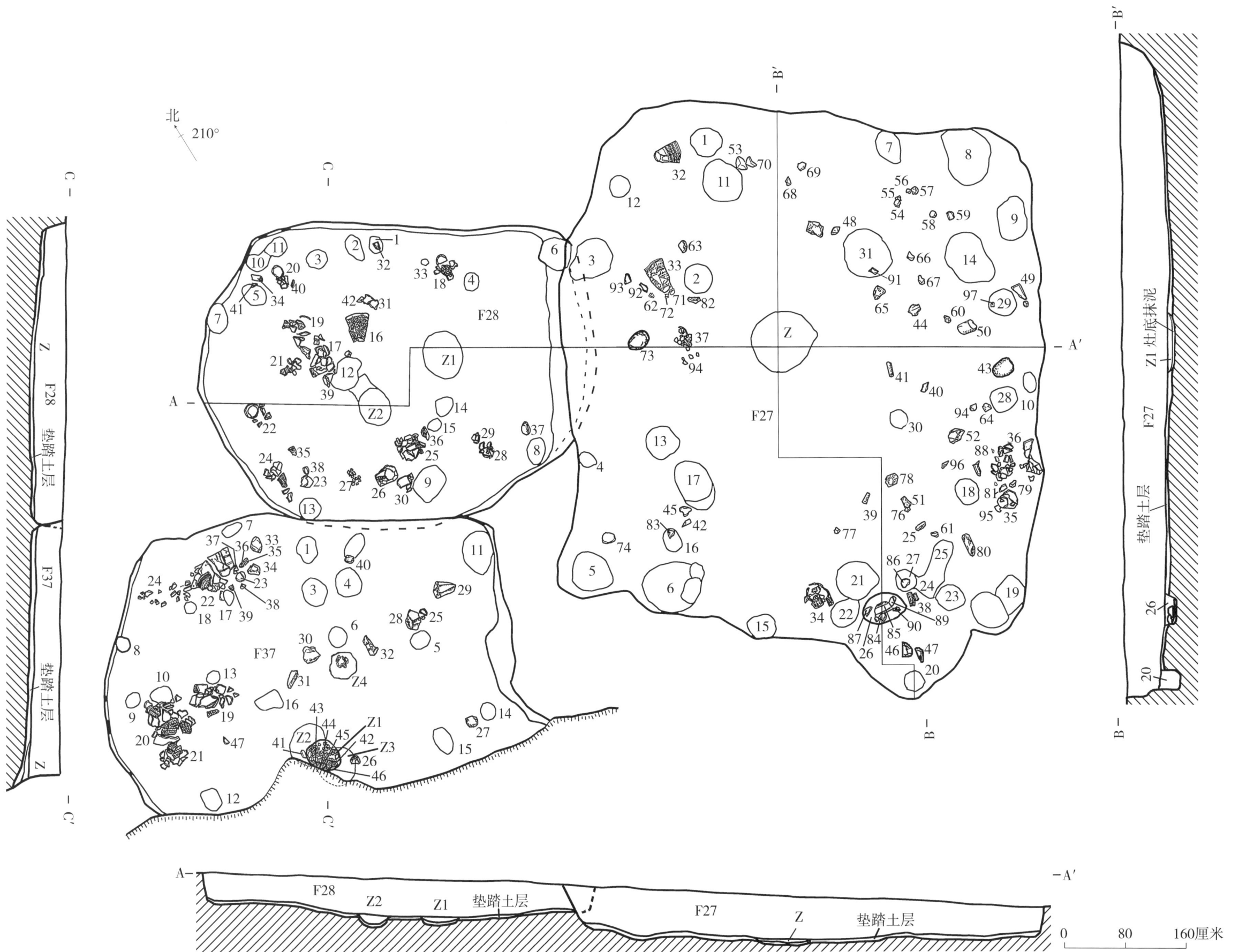

图一五八　F27～F28～F37 平、剖面图

F27：1～31. 柱洞　32、33、87、90. 直腹罐　34. 鼓腹罐　35、36、89. 斜腹罐　37. 杯　88、91～94. 陶片　38、39、41、42. 磨棒　40、43、47、49、70、75. 磨盘　44、46、64、95. 铲形石器　45、62、66、68、69、71～73、76、78、82. 石料　48、51. 石斧　50、52、53、60、65、74、81、83. 砺石　54～59、61、63、67、77、79、80. 敲砸器　64. 饼形器　84～86. 柱础　96、97. 石核　Z. 灶址

F28：1～15. 柱洞　16～20、22、27. 直腹罐　21、23～26、28～31. 直腹罐底　32. 陶片　33、42. 砺石　34、35. 磨棒　36～39. 石料　40、41. 敲砸器　Z. 灶址

F37：1～18. 柱洞　20～22. 直腹罐　23. 砺石　16、24、27、28、30、31、32、34、36、40、41～47. 石料　19、25. 陶片　26. 砧石　33、35、37～39. 敲砸器　Z. 灶址

半圆状，外凸部分东西长1.6、外凸0.8米。从其位置推测，此处可能为房址出入口。室内居住面有2~3厘米厚的黑色垫踏土，土质坚硬起层，四周略高于中部。室内中部偏北设有一个圆形坑式灶，斜壁平底，壁、底抹泥厚0.05~0.10米。经火烧后，平面形成暗红色灶圈。灶口直径为0.85，灶底直径0.75，灶深0.04米。房址内共有31个大小深浅不一的柱洞，形状有圆形、椭圆形，皆凿于基岩内，分内、外两圈布置。外圈靠穴壁26个（包括外突部分1个柱洞），其中四角各有2~3个较大较深的柱洞。内圈围绕灶址5个。其中24号、25号、19号为连体柱洞，26号柱洞底部有垫石及陶片，16、27号柱洞底部有垫石。从柱洞中发现的这些现象，分析，它们之间性质及作用有主、辅之分。室内遗物主要分布在四周，东部较为集中，中部几乎不见（图一五八；图版一六、一七，一八、一九）。

2. 遗物

室内居住面遗物

（1）陶器12件。AⅠ式斜腹罐1件，AⅡ式斜腹罐1件，AⅣ式斜腹罐1件，小直腹罐1件，BⅢ式直腹罐2件，BⅣ式直腹罐2件，直腹罐腹部残片3件，CⅢ式鼓腹罐1件（参见附表7　查海遗址房址活动面出土陶器型式统计表）。

AⅠ式斜腹罐1件，F27：89，夹砂红褐陶，口部残片，直敞口，尖唇，外叠宽带沿饰右斜线纹，素身，近沿口有一锔孔，由器表钻透，口径18.0、残高5.68厘米（图一五九，1）。

AⅡ式斜腹罐1件，F27：36，夹砂红褐陶，口部残片，撇敞口，圆唇，斜腹，外叠宽带沿饰右斜线纹，素身，近口处3对锔孔，口径35.2、残高19.1、壁厚1厘米（图一五九，2）。

AⅣ式斜腹罐1件，F27：35，夹砂红褐陶，大撇敞口，尖圆唇，斜直腹，平底，外叠宽带沿饰右斜线纹，素身，下腹贴饰有一对对称乳钉，近口部有1对锔孔，口径30.3、底径13.2、高35.3、壁厚1.2厘米（图一五九，3；图版六八，3）。

小直腹罐1件，F27：37，夹砂红褐陶，直口，薄圆唇，直腹，平底，外叠宽带沿饰右斜线纹，素身，口径7.0、底径4.5、高6.9、壁厚0.5厘米（图一六〇，2；图版一三四，3）。

BⅢ式直腹罐2件，皆夹砂红褐陶，口部残片，直敞口，厚圆唇。F27：87，颈饰弦纹数周，附加堆纹带饰左斜线纹，腹饰短竖线纹、草划交叉纹，口径25.0、残高15.6厘米（图一五九，4）；F27：90，颈饰弦纹数周，附加堆纹带饰左斜线纹，腹饰草划交叉纹，口径26.0、残高10.65厘米（图一五九，5）。

BⅣ式直腹罐2件，皆夹砂灰褐陶，敞口，圆唇，直腹。F27：32，微凹底，颈饰横压竖排之字纹，附加堆纹带饰短横线纹，腹饰竖压横排之字纹，近底饰横压竖排之字纹，口径23.9、腹直径19.3、底径14.8、高32.2、壁厚1厘米（图一六〇，1；图版九三，3）；F27：33，平底，颈饰不规整弦纹数周，腹饰横压竖排之字纹，口径23.9、底径13.0、高33.6、腹直径17.7、壁厚1厘米（图一五九，6；图版九三，4）。

直腹罐腹部残片3件，皆夹砂红褐陶。F27：88，饰交叉划纹；F27：91，饰网格纹，残高7.75、厚0.8厘米（图一六〇，5）；F27：92，饰草划纹，残高10.35、厚0.9厘米（图一六〇，4）。

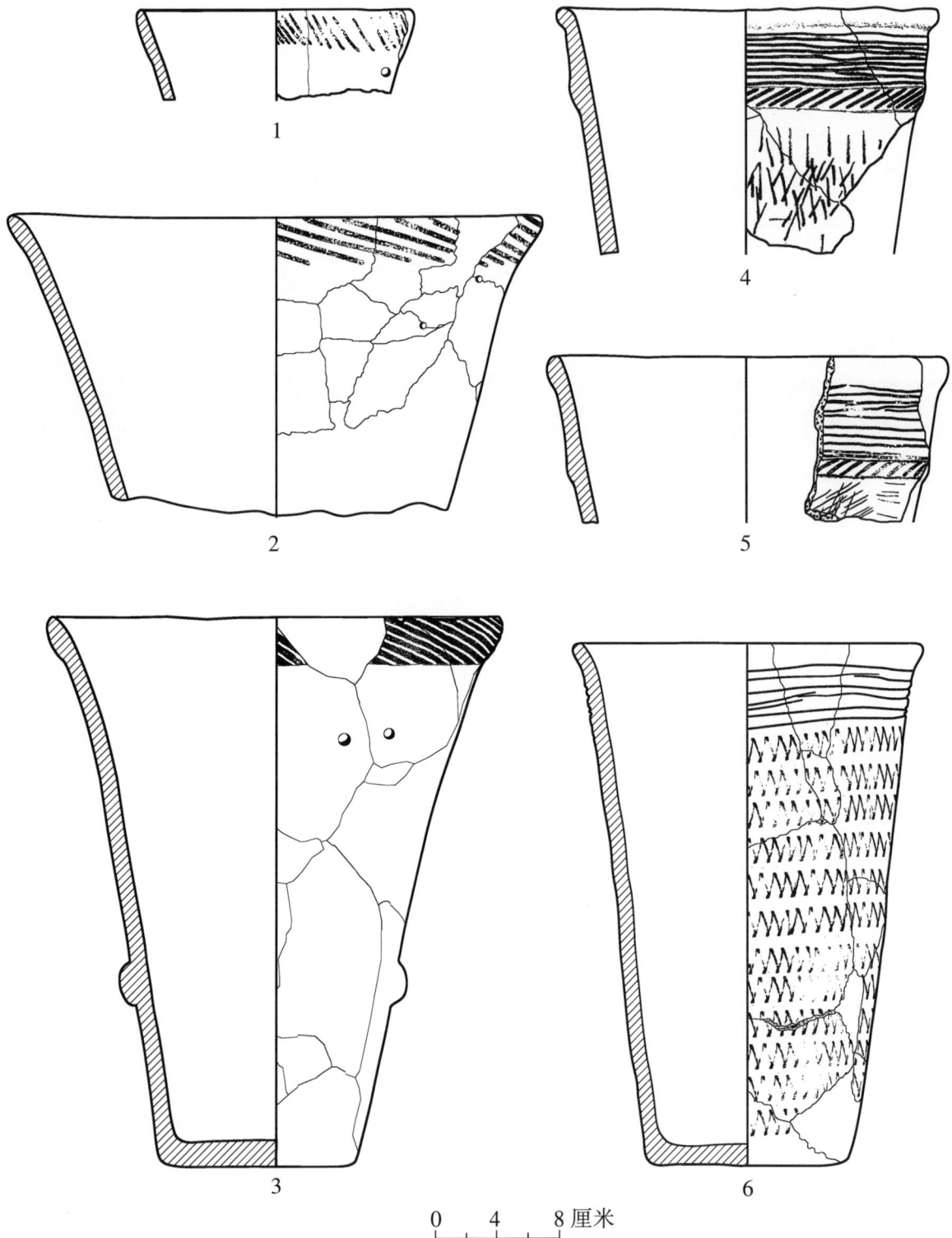

图一五九　F27 陶器（居住面层出土）

1. AⅠ式斜腹罐（F27：89）　　2. AⅡ式斜腹罐（F27：36）　　3. AⅣ式斜腹罐（F27：35）

4、5. BⅢ式直腹罐（F27：87、F27：90）　　6. BⅣ式直腹罐（F27：33）

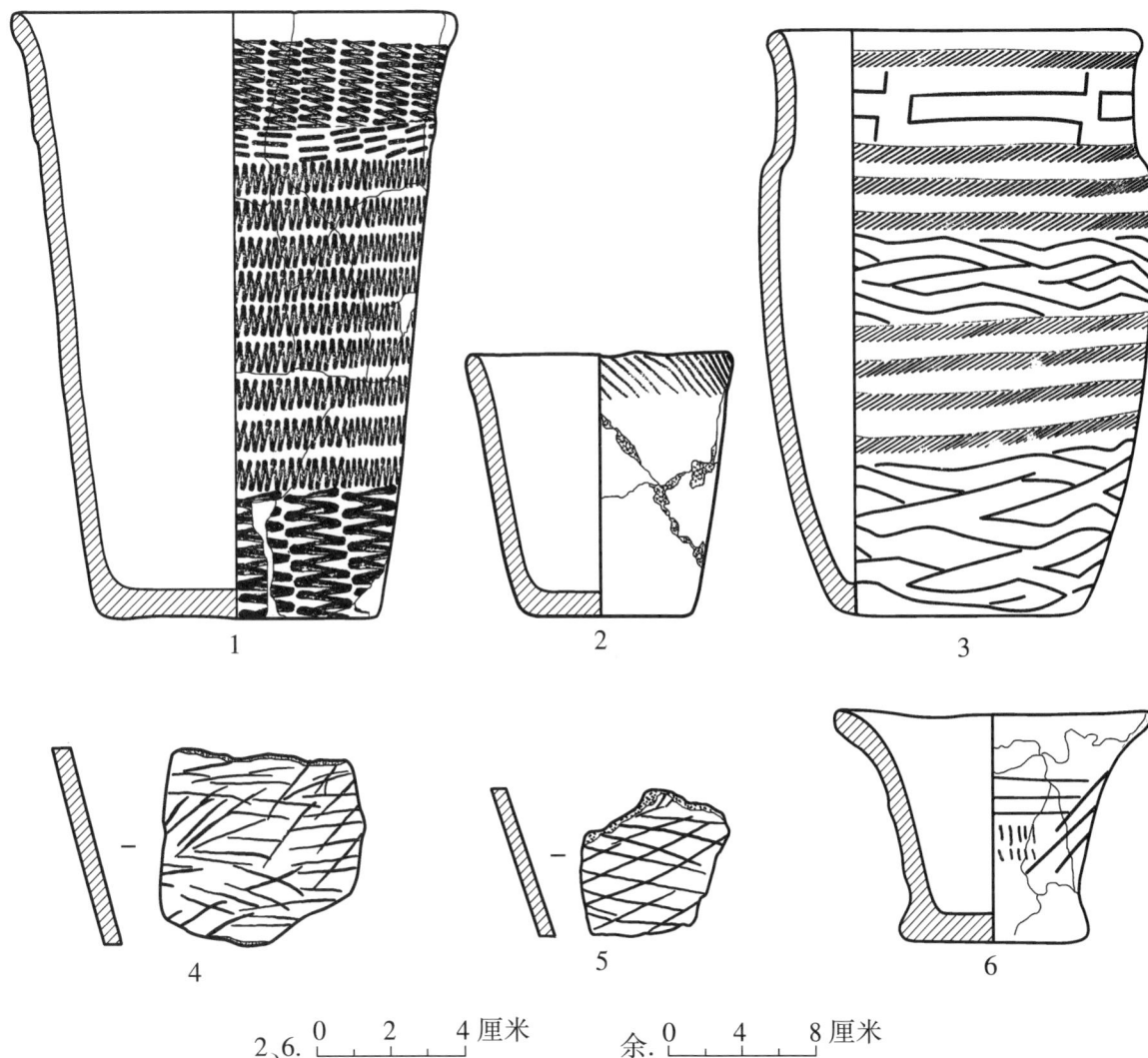

图一六〇　F27 陶器（1~5. 居住面出土　6. 堆积层出土）

1. BⅣ式直腹罐（F27:32）　　2. 小直腹罐（F27:37）　　3. CⅢ式鼓腹罐（F27:34）

4、5. 直腹罐腹部残片（F27:92、F27:91）　　6. Ad 型杯（F27①:5）

　　CⅢ式鼓腹罐 1 件，F27:34，夹砂灰褐陶，圆唇，束颈，微显肩，弧腹，平底，腹直径大于口径和底径，近口饰左斜线纹 1 周，颈饰 Ac3 型连体曲尺形几何纹，肩饰左斜线 3 周，腹饰 Ea 型波曲形几何纹、左斜线纹 4 周，近底饰 Ea 型波曲形几何纹，口径 19.4、腹直径 22、底径 13.6、高 31 厘米（图一六〇，3；图版一四一，2）。

　　（2）石器 47 件。A 型石斧 1 件，C 型石斧 1 件，Ab 型铲形石器 1 件，Ac 型铲形石器 1 件，铲形石器刃部残片 1 件，C 型研磨器 1 件，Aa 型磨棒 2 件，B 型磨棒 1 件，D 型磨棒 1 件，A 型磨盘 6 件，砺石 8 件，敲砸器 12 件，石料 11 件（参见附表 15　查海遗址房址居住面出土石器型式统计一览表）。

A 型石斧1件，F27：48，残段，深灰色油质页岩，磨制，扁圆体，顶部有崩疤，刃部残缺，残长9.5、残宽7.3、厚2.5厘米（图一六一，3；图版一六四，4）。

C 型石斧1件，F27：51，浅灰色石灰岩，磨制，扁平体，长13.1、宽7.1、厚2.9厘米（图一六一，4；图版一七一，1）。

Ab 型铲形石器1件，F27：44，柄部残损，浅灰色石灰岩，打制，直柄，圆身，弧刃，残长16.5、残宽14.1、厚1.9厘米（图一六一，5）。

Ac 型铲形石器1件，F27：95，浅灰色石灰岩，打制，扁体，"凸"字形，弧刃，有崩疤，长12.05、刃宽20.78、厚1.5厘米（图一六一，6；图版一七六，3）。

铲形石器刃部残片1件，F27：46，棕红色花岗岩，打制，扁体，残长7.97、残宽7.9、厚1.8厘米。

C 型研磨器1件，F27：64，黄色花岗岩，通体磨制，圆角方形，长8.2、宽8.0、厚4.2厘米（图一六一，7；图版二三〇，2）。

Aa 型磨棒2件，皆花岗岩，琢制，圆柱体。F27：38，白色，长14.6、直径5.3厘米（图一六一，8；图版二一三，5）；F27：42，残段，黄色，中部稍细，残长11.1、直径4.6厘米（图一六一，9；图版二一三，8）。

B 型磨棒1件，F27：39，花岗岩琢制，圆方柱体，两端细中间粗，残长14.5、最大直径5.7厘米（图一六一，10；图版二一六，4）。

D 型磨棒1件，F27：41，残段，黄白色花岗岩，琢制，椭圆柱体，残长29.0、直径4.4～5.2厘米（图一六一，11；图版二二〇，4）。

A 型磨盘6件，皆残块，花岗岩，琢制。F27：40，浅黄色，残长10.0、残宽6.0、厚3.3厘米（图一六一，12）；F27：43，黄色，椭圆形，凹磨面，残长24.7、宽20.4、厚2.0～5.7厘米（图一六二，1；图版二〇五，5）；F27：47，残长9.8、残宽7.8、厚3.3厘米（图一六一，13）；F27：49，白色，扁平体，一平一凹双磨面，残长23.2、残宽10.6、厚2.8～5.3厘米（图一六一，14）；F27：70，棕红色，圆角扁平体，单凹磨面，残长12.3、残宽11.6、厚1.8～4.6厘米（图一六一，15）；F27：75，黑白色，长方扁体，单凹磨面，残长11.4、残宽6.4、厚5.3厘米（图一六一，16）。

砺石8件，皆花岗岩自然石块。F27：50，黄色，圆角长方体，一平一凹双磨面，长24.6、宽15.5、厚10.7厘米（图一六二，2）；F27：52，黄色，双凹磨面，长16.9、宽16.5、厚8.0厘米（图一六三，1）；F27：53，黄色，单磨面，残长17.0、宽13.4、厚11.0厘米（图一六三，2）；F27：60，褐色，扁平体，一平一凹双磨面，有敲砸窝点，长11.0、残宽8.8、厚4.1厘米（图一六二，4）；F27：65，棕红色，三角形扁平体，单磨面，长20.0、宽14.2、厚9.5厘米（图一六二，6）；F27：74，黄色，三棱体，双磨面，一面微凹，长9.8、宽8.8、厚6.5厘米（图一六二，7）；F27：81，黄色，长方体，双磨面，磨痕明显，长25.1、宽16.8、厚13.6厘米（图一六二，5）；F27：83，棕红色，圆角扁方体，双磨面，长10.0、宽9.8、厚3.8厘米（图一六二，3）。

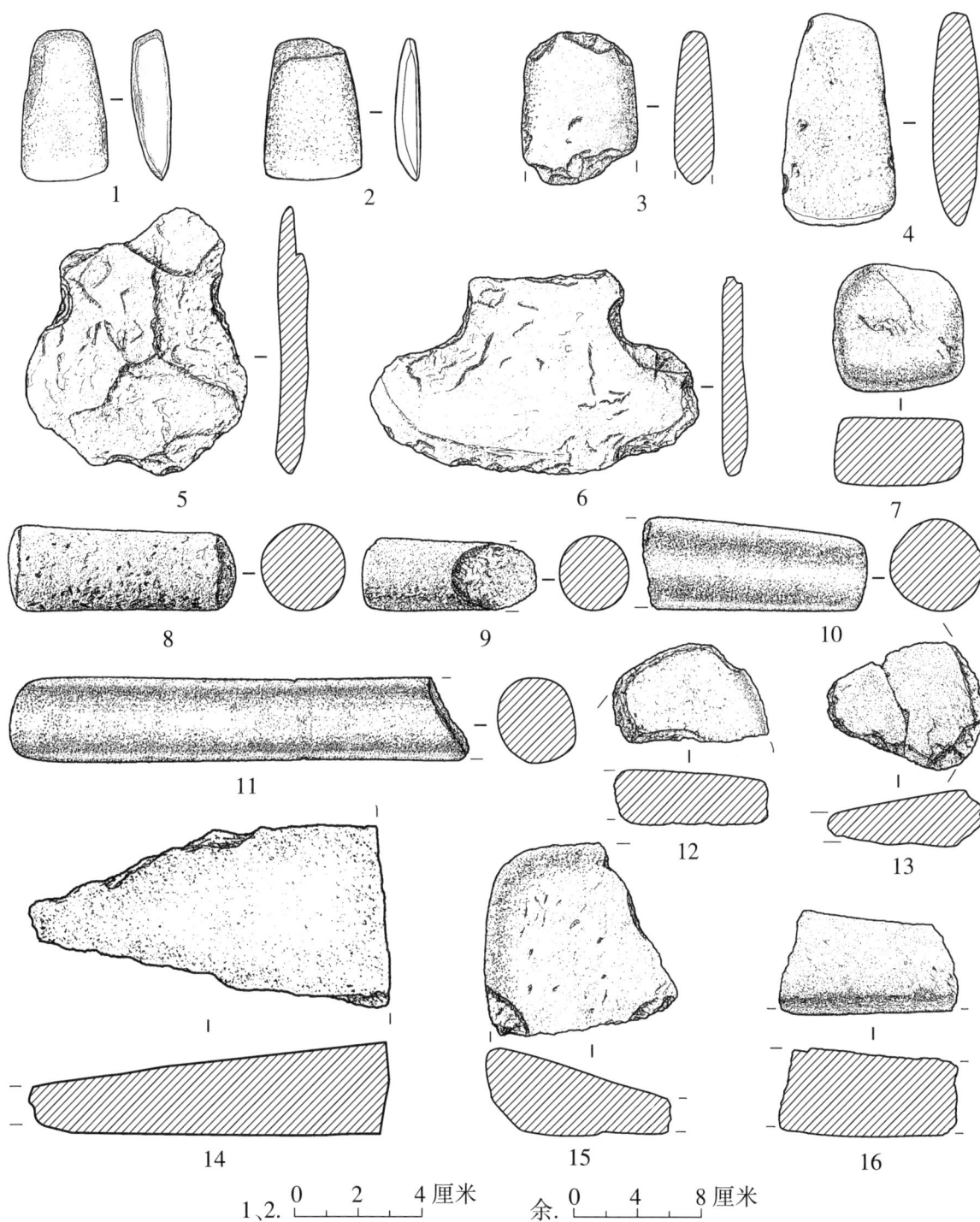

图一六一　F27 玉器、石器（1、2. 堆积层出土　3～16. 居住面出土）

1. B 型玉斧（F27①:6）　2、3. A 型石斧（F27①:7、F27:48）　4. C 型石斧（F27:51）　5. Ab 型铲形
石器（F27:44）　6. Ac 型铲形石器（F27:95）　7. C 型研磨器（F27:64）　8、9. Aa 型磨棒（F27:38、
F27:42）　10. B 型磨棒（F27:39）　11. D 型磨棒（F27:41）　12～16. A 型磨盘（F27:40、F27:47、
F27:49、F27:70、F27:75）

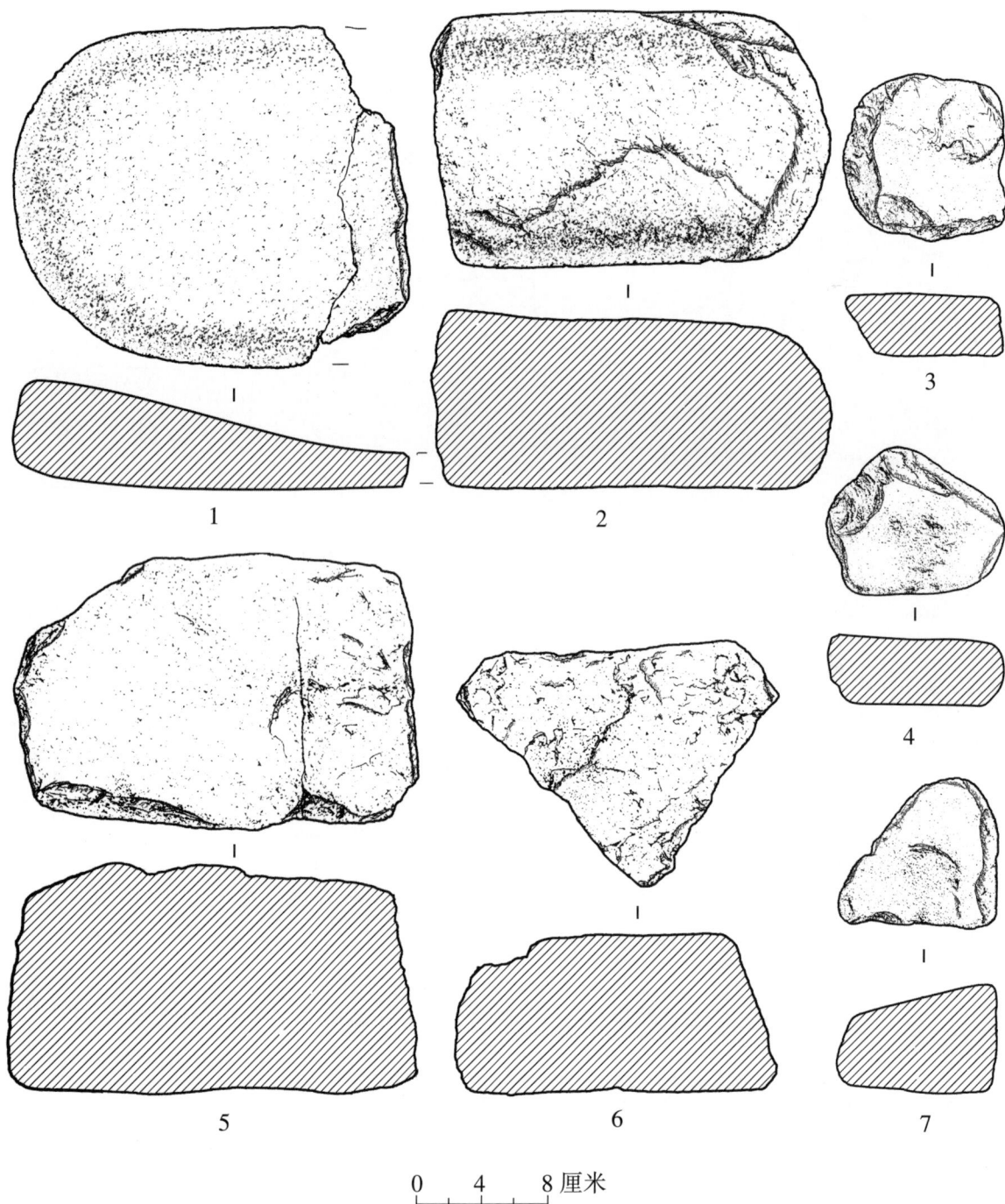

0　　4　　8 厘米

图一六二　F27 石器（居住面出土）

1. A 型磨盘（F27：43）　　2～7. 砺石（F27：50、F27：83、F27：60、F27：81、F27：65、F27：74）

敲砸器 12 件。花岗岩自然石块 2 件，F27：61，褐色，椭圆体，长 7.0、宽 4.9、厚 4.6 厘米（图一六三，14）；F27：80，黄色，棱角有使用痕迹，扁长条多棱体，长 28.3、宽 8.8、厚 4.4 厘米（图一六三，3）。石英岩自然石块 10 件，F27：54，白色，扁圆多棱体，棱角敲击点，长 6.2、宽5.6、厚4.0厘米（图一六三，5）；F27：55，浅灰色，尖块状多棱体，棱尖敲击点，长6.5、宽6.4、厚5.8厘米（图一六三，7）；F27：56，浅灰色，三棱尖锥体，使用痕迹在一端尖角处，长5.8、宽5.7、厚5.2厘米（图一六三，10；图版二四七，2）；F27：57，浅灰色，椭圆体，棱角敲击点，长8.7、宽7.2、厚5.5厘米（图一六三，11；图版二四七，3）；F27：58，白色，近方体，棱边角敲击点，长6.0、宽5.9、厚4.7厘米（图一六三，4；图版二四七，4）；F27：59，黄白色，椭圆多棱体，有尖角处敲击点，长7.8、宽6.8、厚5.3厘米（图一六三，8）；F27：63，浅灰色，椭圆体，棱角棱边敲击，长7.7、宽5.7、厚4.1厘米（图一六三，9）；F27：67，白色，片状多棱体，棱角敲击点，长9.5、宽6.2、厚2.0厘米（图一六三，13）；F27：77，浅灰色，椭圆多棱体，尖角敲击点，长6.6、宽6.5、厚4.1厘米（图一六三，6）；F27：79，灰色，椭圆多棱体，多处棱角有敲击点，长8.4、宽6.5、厚4.8厘米（图一六三，12）。

石料11件。F27：45，棕红色花岗岩；F27：62，褐色花岗岩，长8.5、宽6.0、厚5.0厘米（图一六四，2）；F27：66，浅灰色石英岩，长9.5、宽6.5、厚3.8厘米（图一六四，3）；F27：68，棕红色花岗岩，长10.6、宽11.2、厚3.0厘米（图一六四，4）；F27：69，棕红色花岗岩；F27：71，灰绿色页岩，长14.5、宽13.6、厚11.0厘米（图一六四，7）；F27：72，灰色石英岩，长7.2、宽5.8、厚4.6厘米（图一六三，15）；F27：73，黄色花岗岩，长26.0、宽12.7、厚9.0厘米（图一六四，6）；F27：76，浅黄色花岗岩，长4.8、宽4.6、厚1.7厘米（图一六四，1）；F27：78，浅黄色花岗岩，长11.0、宽10、厚9.8厘米（图一六四，8）；F27：82，棕红色花岗岩，长13.2、宽8.8、厚7.8厘米（图一六四，5）。

（3）细石器2件（参见附表20　查海遗址各遗迹单位出土细石器统计表）。

石核2件。F27：96，锥状，青灰色沉积岩，尖锥状，压削面清晰，长3.1、宽1.5、厚0.65厘米（图一六四，11；图版二五三，6）；F27：97，29号柱洞填土遗物，青褐色燧石，压削面清晰，长2.5、宽2.1、厚0.75厘米（图一六四，12；图版二五四，4）。

室内堆积层遗物

（1）陶器1件。Ad型杯1件。陶片95片（见附表2　房址出土陶片统计表）。

Ad型杯1件，F27①：5，夹砂灰褐陶，大喇叭形口，尖圆唇，斜直腹，平底，饰交叉划纹、戳点纹，口径8.6、底径5.13、高6.15厘米（图一六〇，6；图版一五四，3）。

（2）石器2件（参见附表16　查海遗址房址堆积层出土石器型式统计一览表）。

A型石斧1件，F27①：7，扁圆梯形，长4.4、顶宽2.2、刃宽3.1、厚0.8厘米（图一六一，2；图版一六四，2）。

敲砸器1件，F27①：3，灰色石英岩自然石块，平面呈椭圆形，周边敲砸使用痕迹明显，长7.7、宽6.1、厚3.7厘米（图版二四七，5）。

（3）细石器3件。石叶2件，刮削器1件（参见附表20　查海遗址各遗迹单位出土细石器统计表）。

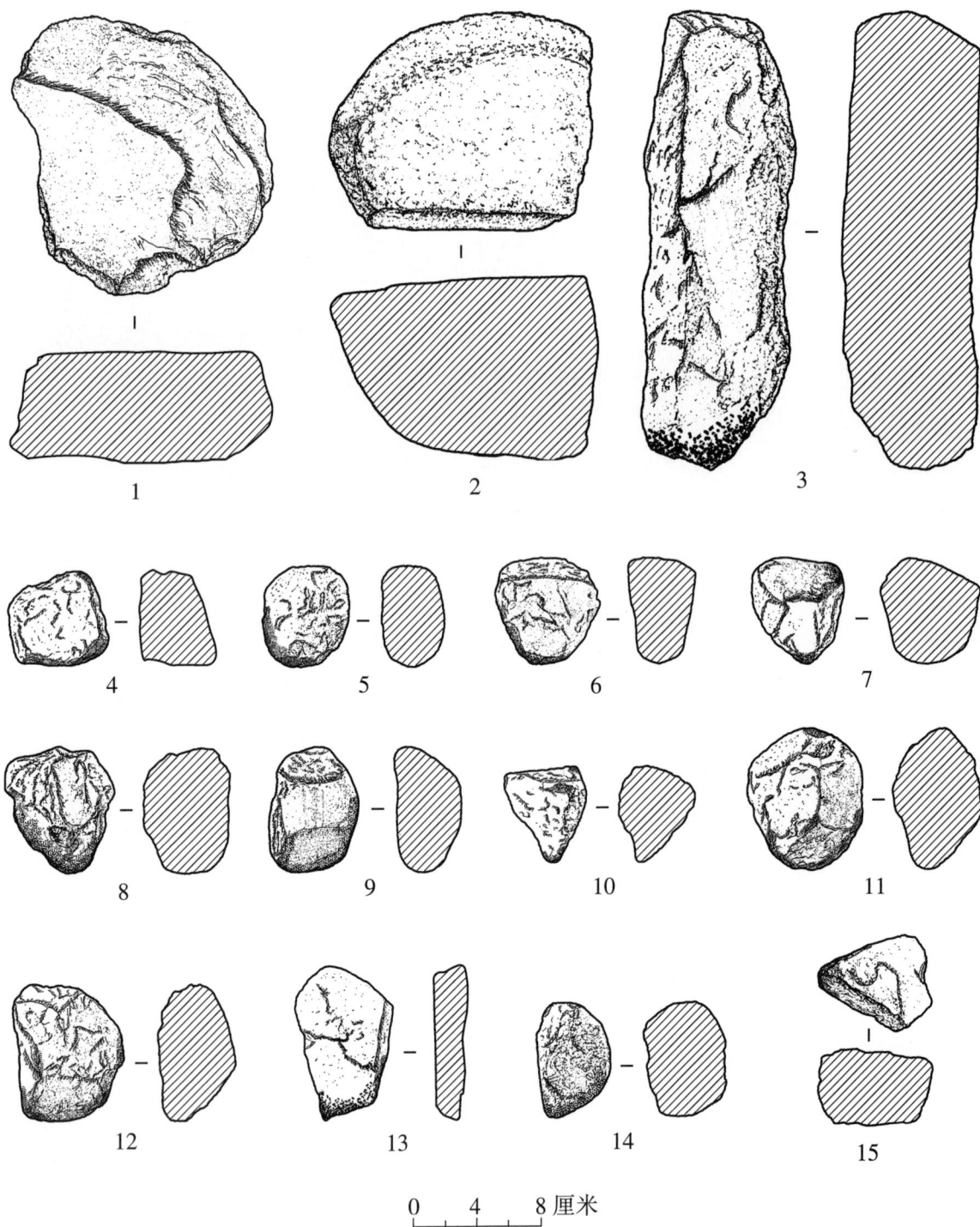

图一六三　F27 石器（居住面出土）

1、2. 砺石（F27：52、F27：53）　3~14. 敲砸器（F27：80、F27：58、F27：54、F27：77、F27：55、
F27：59、F27：63、F27：56、F27：57、F27：79、F27：67、F27：61）　15. 石料（F27：72）

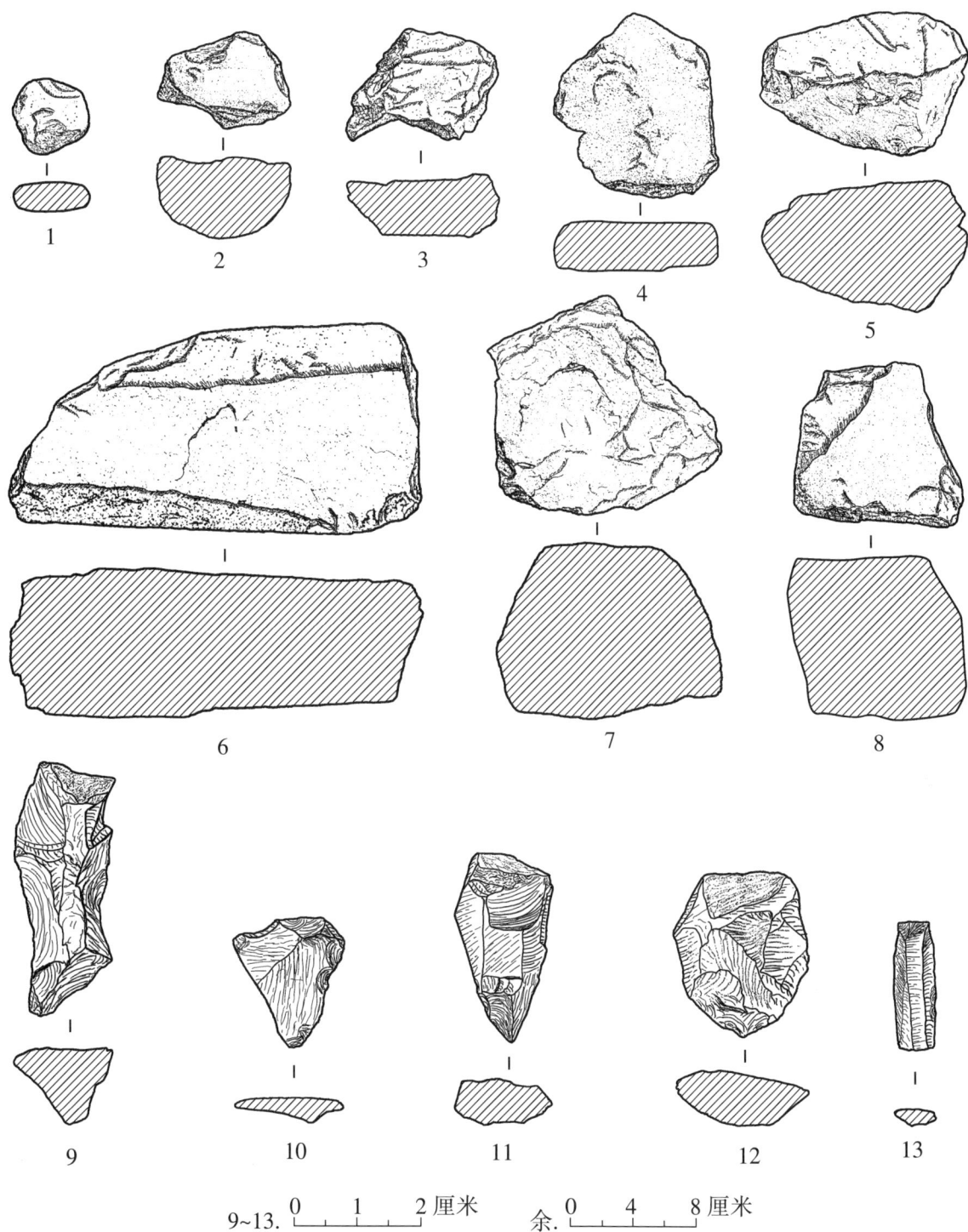

图一六四　F27 石器（1~8、11、12. 居住面出土　9、10、13. 堆积层出土）

1~8. 石料（F27∶76、F27∶62、F27∶66、F27∶68、F27∶82、F27∶73、F27∶71、F27∶78）

9、10. 石叶（F27①∶1、F27①∶2）　　11、12. 石核（F27∶96、F27∶97）　　13. 刮削器（F27①∶4）

石叶 2 件，皆石英岩打制。F27①：1，白色，片状，三角形，台边平直，其他边角锋利，长 4.0、宽 1.6、厚 0.95 厘米（图一六四，9；图版二五七，1）；F27①：2，青色，三角状，边刃锋利，压削面明显，长 1.6、宽 2.0、厚 0.42 厘米（图一六四，10；图版二五七，6）。

刮削器 1 件，F27①：4，白色页岩，压制，长条形，两侧长边刃锋利，长 2.0、宽 0.7、厚 0.15 厘米（图一六四，13；图版二六二，11）。

（4）玉器 1 件。B 型玉斧 1 件。

B 型玉斧 1 件，F27①：6，浅灰色，通体磨光，扁圆梯形，顶端有崩疤，两侧平磨圆棱角，小斜弧刃，正锋，刃锋利，长 4.7、顶宽 1.9、刃宽 2.9、厚 1.2 厘米（图一六一，1；图版二六九，4）。

二八　28 号房址（F28）

1. 遗迹

F28 位于遗址西北部，北与 F25、F24、F29、F38，南与 F37 成列，西与 F35，东与 F27、F22、F20、F18 成排。东部被 F27 打破，南部被 F37 打破。方向 208°。面积 27.3 平方米，是一座小型半地穴房址。平面呈圆角长方形，南北 4.75、东西 5.75 米，中心垂直深度 0.5 米。房址挖凿于黄色生土层及基岩层内，以生黄土、基岩为壁，西侧穴壁略有些内外弯曲不直，壁面稍加修整斜平。室内活动面四周略高于中部，为黑色垫踏土，土质坚硬起层，厚约 0.05～0.1 米。室内中部设有两个椭圆形坑式灶，编号为 Z1、Z2，两灶皆为斜壁平底，壁、底经修整，抹泥而成，抹泥厚 0.04 米，经火烧后，灶壁呈暗红色或浅红色。Z1 居东，灶口直径为 0.5～0.6，灶深 0.1 米。Z2 居西，灶口直径为 0.38～0.5，灶深 0.2 米。整个房址内共有 15 个大小不同深浅不一的柱洞，形状有圆形、椭圆形，皆凿于基岩内，主要分布在四角、南北两壁及灶址四周，东西两壁未见柱洞。室内遗物主要分布在西南部，清理出 17 件陶器个体，皆夹砂红褐陶陶罐，其中素面 1 件，草划网格纹 2 件，草划交叉纹 8 件，人字纹 3 件，弦纹 2 件，之字纹 1 件；石器类有 2 件砺石，2 件残石磨棒，2 件敲砸器，4 块石料。这座房址的陶器皆为夹砂红褐陶，纹饰以草划网格、素面为主，之字纹、弦纹少见（图一五八；图版一七，一八）。

2. 遗物

室内居住面遗物

（1）陶器 17 件。B I 式直腹罐 1 件，B II 式直腹罐 1 件，B III 式直腹罐 14 件，直腹罐腹部残片 1 件（参见附表 7　查海遗址房址活动面出土陶器型式统计表）。

B I 式直腹罐 1 件，F28：22，夹砂红褐陶，罐底，素面，微凹平底，底径 14.4、残高 11 厘米（图一六五，2）。

B II 式直腹罐 1 件，F28：19，夹砂红褐陶，罐底，饰不规整短横线纹，平底，底径 16.75、残高 12.8 厘米（图一六五，3）。

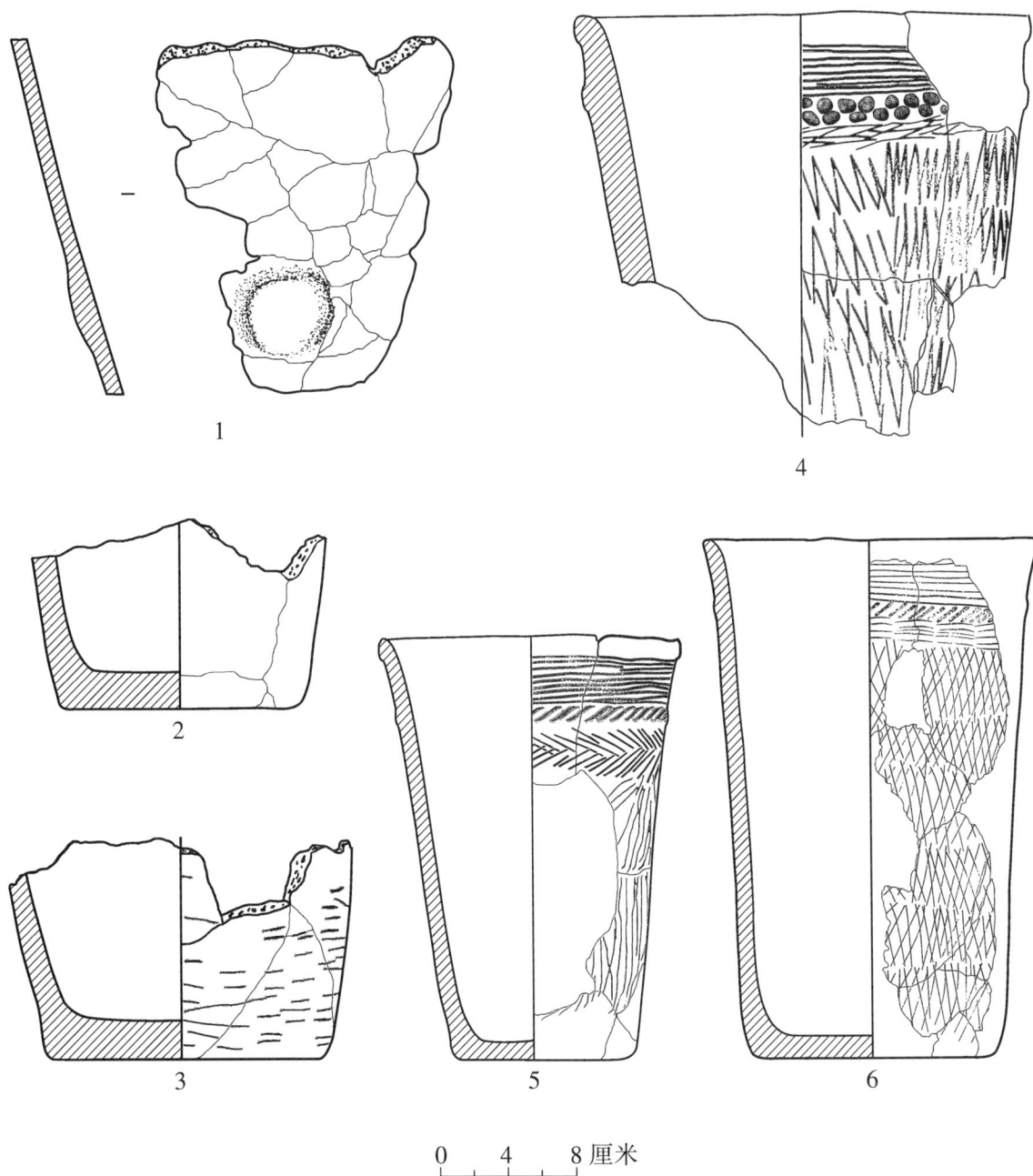

图一六五　F28 陶器（1. 堆积层　2~6. 居住面出土）

1. 斜腹罐腹部残片（F28①:3）　2. B I 式直腹罐（F28:22）　3. B II 式直腹罐（F28:19）

4~6. B III 式直腹罐（F28:20、F28:16、F28:17）

B III 式直腹罐 14 件，皆夹砂红褐陶。F28:16，敞口，圆尖唇，直腹、平底，颈饰弦纹数周，附加堆纹带饰左斜线纹，下饰横排人字纹，腹饰草划交叉纹，口径 18.1、底径 10.9、高 24.6、壁厚 1 厘米（图一六五，5；图版七七，4）；F28:17，直敞口，圆唇，直腹，平底，颈饰弦纹数周，附加堆纹带饰左斜线纹，下饰断弦纹，腹饰网格纹，施纹不到底，口径 20.3、底径 14.7、高 30.2、壁厚 1.0 厘米（图一六五，6；图版七七，3）；F28：18，底部残，直敞口，厚尖圆唇，直腹，颈饰弦纹数周，附加堆纹带饰窝点纹，腹饰网格纹，口径 36.0、残高 27.2、壁厚 1.0 厘米（图一六六，1）；F28：20，底部残，直敞口，圆唇，直腹，颈饰弦纹数周，附加堆纹带饰窝点纹，腹饰草划交叉纹，口径 27.6、残高 26.6 厘米（图一六五，4；图版七七，5）；F28：27，口部残片，直敞口，厚圆唇，直腹，颈饰弦纹数周，附加堆纹带饰左斜线纹，腹饰横压竖排细长草划之字纹、横排人字纹，口径 18.0、残高 13.6 厘米（图一六六，2）；F28：31，口部残片，直敞口，厚圆唇，直腹，颈饰弦纹数周，窄凸附加堆纹带饰左斜纹，腹饰弦纹，口径 24.0、残高 9.5 厘米（图一六六，3）；F28：21，底部，直腹，平底，腹饰草划交叉纹，底径 11.8、残高 12.7 厘米（图一六七，1）；F28：23，底部，直腹，平底，腹饰草划网格纹，施纹不到底，底径 12.8、残高 15.5 厘米（图一六六，7）；F28：24，底部，直腹，平底，腹饰草划交叉纹，底径 15.0、残高 12.0 厘米（图一六七，2）；F28：25，底部，直腹，平底，腹饰草划交叉纹，近器底饰草划网格纹，底径 14.1、残高 20.0 厘米（图一六六，6）；F28：26，底部，直腹，平底，腹饰草划交叉纹，底径 13.7、残高 13.9 厘米（图一六七，3）；F28：28，底部，直腹，平底，腹饰断弦纹，底径 12.7、残高 17.5 厘米（图一六六，8；图版七七，1）；F28：29，底部，直腹，平底，腹饰草划交叉纹，施纹不到底，底径 13.0、残高 12.35 厘米（图一六七，5）；F28：30，底部，直腹，平底，腹饰人字纹，平底，底径 13.0、残高 9.0 厘米（图一六七，4）。

直腹罐腹部残片 1 件，F28：32，夹砂红褐陶，饰横排人字纹，残高 8.35、厚 0.6 厘米（图一六七，6）。

（2）石器 10 件。Aa 型磨棒 1 件，B 型磨棒 1 件，砺石 2 件，敲砸器 2 件，石料 4 件（参见附表15　查海遗址房址居住面出土石器型式统计一览表）。

Aa 型磨棒 1 件，F28：34，残段，黄色花岗岩，琢制，圆柱体，残长 12.0、直径 7.5 厘米（图一六八，1）。

B 型磨棒 1 件，F28：35，残段，黄色花岗岩，琢制，棱柱体，残长 7.38、直径 6.63 厘米（图一六八，2）。

砺石 2 件，皆花岗岩，圆角方形，凹磨面。F28：33，浅黄色，长 8.7、宽 7.3、厚 4.8 厘米（图一六八，3）；F28：42，棕红色，长 7.7、宽 6.8、厚 6.5 厘米（图一六八，4）。

敲砸器 2 件，皆灰色石英岩自然石块，椭圆多棱体。F28：40，两端棱角敲击点，长 7.2、宽 6.0、厚 4.8 厘米（图一六八，5）；F28：41，敲砸使用痕迹在棱角处，长 9.0、宽 6.9、厚 5.0 厘米（图一六八，6）。

石料 4 件。灰绿色页岩 1 件，F28：38，长 16.5、宽 7.4、厚 3.6 厘米（图一六八，10）。棕红色花岗岩 3 件，F28：36，长 5.5、宽 4.9、厚 4.2 厘米（图一六八，7）；F28：37，长 15.0、宽 10.4、厚 4.7 厘米（图一六八，9）；F28：39，长 16.3、宽 7.7、厚 5.5 厘米（图一六八，8）。

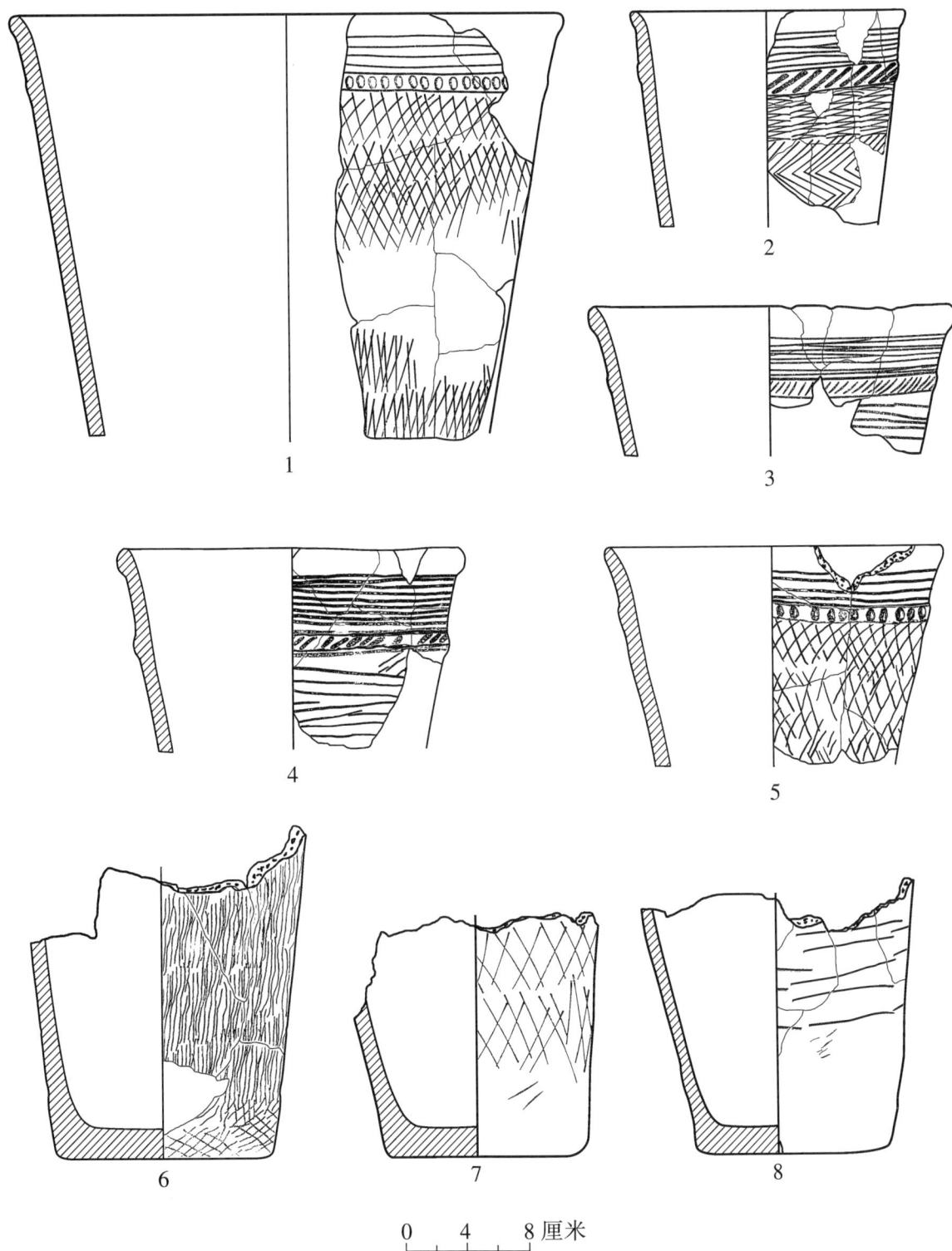

图一六六 F28 陶器（1～3、6～8. 居住面出土 4、5. 堆积层出土）

1～8. BⅢ式直腹罐（F28：18、F28：27、F28：31、F28①：2、F28①：4、F28：25、F28：23、F28：28）

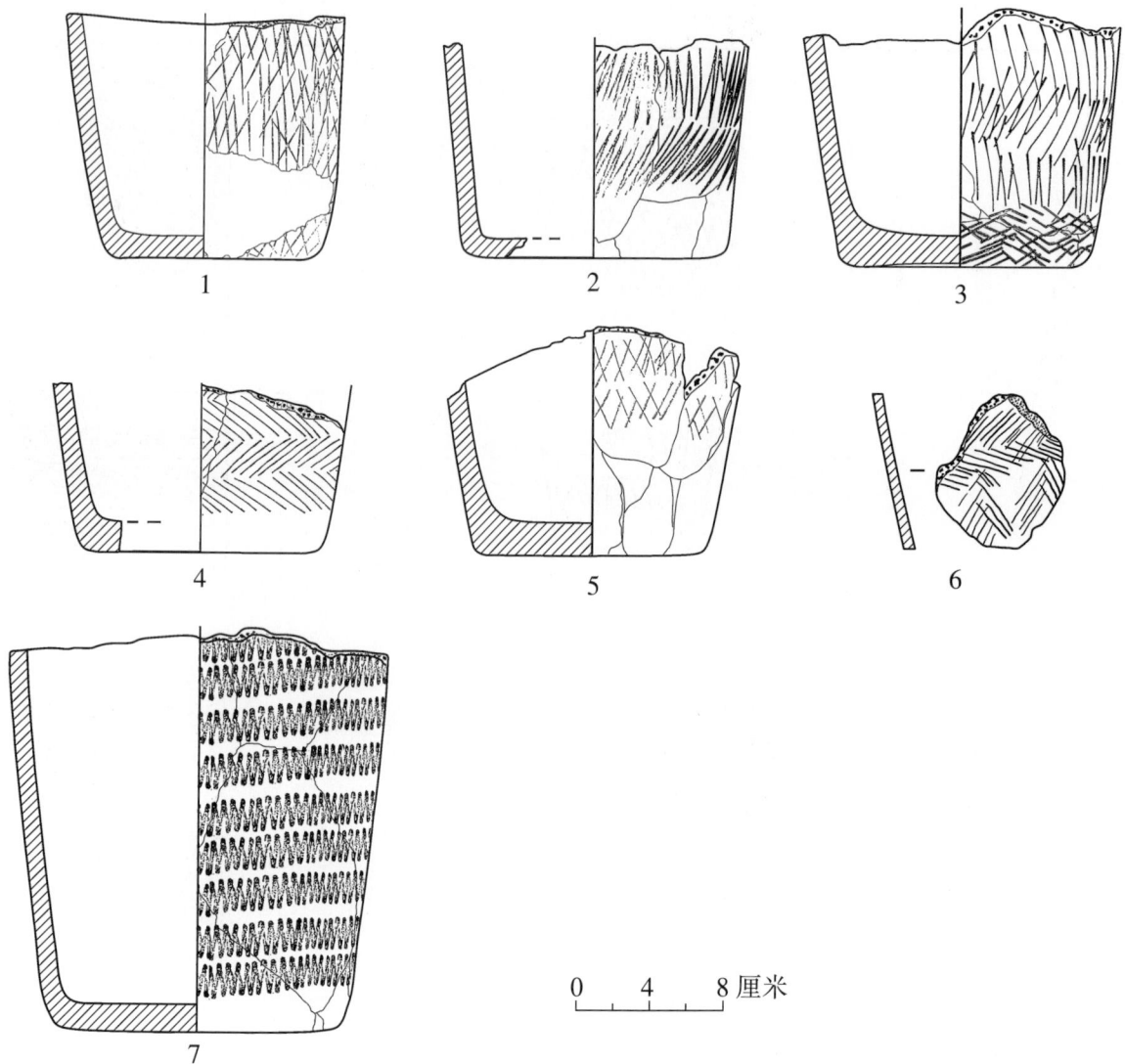

图一六七　F28 陶器（1～6. 居住面出土　7. 堆积层出土）

1～5. BⅢ式直腹罐罐底（F28：21、F28：24、F28：26、F28：30、F28：29）

6. 直腹罐腹部残片（F28：32）　7. BⅣ式直腹罐（F28①：1）

室内堆积层遗物

（1）陶器4件。斜腹罐腹部残片1件，BⅢ式直腹罐2件，BⅣ式直腹罐1件（参见附表8　查海遗址房址堆积层出土陶器型式统计表）。陶片88片（见附表2　房址出土陶片统计表）。

斜腹罐腹部残片1件，F28①：3，夹砂红褐陶，素面，附贴小圆饼装饰耳，残高20.7、厚1厘米（图一六五，1）。

BⅢ式直腹罐2件，皆夹砂红褐陶，口沿残片，直敞口。F28①：2，厚圆唇，颈饰弦纹，窄凸附加堆纹带饰左斜线纹，腹饰弦纹，口径22.0、残高12.8厘米（图一六六，4）；F28①：4，尖圆唇，颈饰弦纹，窄凸附加堆纹带饰窝点纹，腹饰草划网格纹，口径22.0、残高13.9厘米（图一六六，5）。

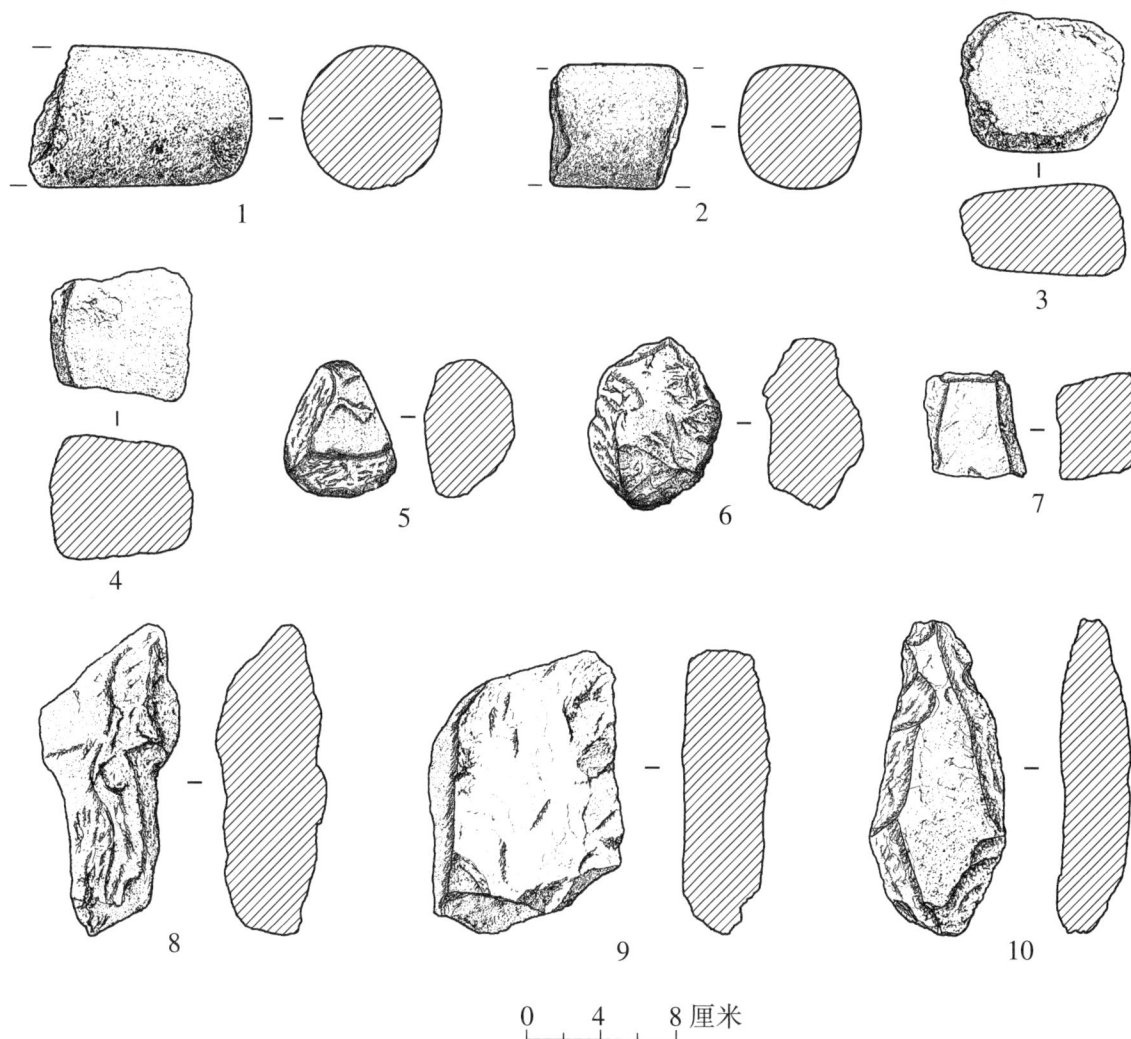

图一六八　F28 石器（层住面出土）

1. Aa 型磨棒（F28：34）　　2. B 型磨棒（F28：35）　　3、4. 砺石（F28：33、F28：42）

5、6. 敲砸器（F28：40、F28：41）　　7～10. 石料（F28：36、F28：39、F28：37、F28：38）

BⅣ式直腹罐 1 件，F28①：1，夹砂红褐陶，罐底，腹饰竖压横排之字纹，平底，底径 16、残高 22.8、壁厚 1.0 厘米（图一六七，7）。

二九　29 号房址（F29）

1. 遗迹

F29 位于遗址西北部，北与 F38，南与 F37、F24、F25、F28、F37 成列，东西与其他房址不成排。北部被 F38 打破，西侧有一排南北向排列的窖穴坑。方向 223°。面积 22.08 平方米，是一座小型半地穴房址。房址平面呈圆角方形，南部宽于北部。南北 4.8、东西 4.6 米，中心垂直深度

0.78 米。房址挖凿于黄色生土层内，以生土为穴壁，壁根部为基岩，四壁微外弧，壁面稍加修整斜平。室内活动面四周略高于中部，为黑色垫踏土，土质坚硬起层，厚约 0.04～0.08 米。灶设在室内中部最低处，呈不规则椭圆形，坑式灶，灶壁斜直，平底，抹泥经火烧后，呈暗红色。灶口直径南北为 0.66，东西为 0.8，灶深 0.05 米。在灶的南侧 0.15 米处，发现 5 颗小猪的牙齿。整个房址内共有 11 个大小不同深浅不一的柱洞，形状有圆形、椭圆形，皆凿于基岩内，主要分布在四角靠近四壁处，其中东南角 4 个，西南角 3 个，东北角 2 个，西北角被 F38 打破，不清。靠近灶址的西侧 1 个柱洞。柱洞口径在 0.45～0.25 之间，深在 0.5～0.14 米之间（详见附表22－23　F29 柱洞一览表）。室内遗物较少，主要分布在北部，陶器 6 件，皆为夹砂红褐陶；石器类有 1 件石磨棒，1 件铲形石器残片，22 块石料（图一六九；图版二〇）。

2. 遗物

室内居住面遗物

（1）陶器 6 件。A Ⅰ 式斜腹罐 2 件，A Ⅱ 式斜腹罐 1 件，B Ⅰ 式直腹罐 1 件，直腹罐腹部残片 1 件，直腹罐罐底 1 件（参见附表7　查海遗址房址活动面出土陶器型式统计表）。

A Ⅰ 式斜腹罐 2 件，皆夹砂红褐陶，口沿残片。F29：37，直敞口，尖圆唇，斜直腹，外叠宽带沿饰右斜线纹，素身，口径 28.0、残高 8.9 厘米（图一七〇，1）；F29：15，直敞口，圆唇，外叠宽带沿饰右斜线纹，素身，口径 24.0、残高 5.5 厘米（图一七〇，4）。

A Ⅱ 式斜腹罐 1 件，F29：16，夹砂红褐陶，口沿残片，敞口，圆唇，外叠宽带沿饰右斜线纹，腹饰窝点纹，口径 16.0、残高 5.3 厘米（图一七〇，3）。

B Ⅰ 式直腹罐 1 件，F29：13，夹砂红褐陶，口沿残片，直口，尖圆唇，直腹，外叠沿饰左斜线纹，素身，口径 12.0、残高 4.14 厘米（图一七〇，5）。

直腹罐腹部残片 1 件，F29：14，夹砂红褐陶，素面。

直腹罐罐底 1 件，夹砂红褐陶。F29：17，上部残，直腹，平底，素面，底径 12.8、残高 13.6 厘米（图一七〇，11）

（2）石器 25 件。铲形石器残片 1 件，C 型磨棒 1 件，石料 23 件（参见附表15　查海遗址房址居住面出土石器型式统计一览表）。

铲形石器残片 1 件，F29：12，深灰色页岩，打制，直背，直刃，刃部有崩疤，长 10.0、宽 5.22、厚 3.37 厘米（图一七一，1）。

C 型磨棒 1 件，F29：38，浅黄灰色花岗岩，琢制，经使用圆多棱柱体，两端面稍残，长 22.0、宽 4.7、厚 4.2 厘米（图一七一，2；图版二一九，6）。

石料 23 件。编号为 F29：18～36，F29：39～42。

室内堆积层遗物

（1）陶器 6 件。A Ⅱ 式斜腹罐 1 件，B Ⅲ 式直腹罐 3 件，Ba 型钵 1 件，钵底 1 件（参见附表8　查海遗址房址堆积层出土陶器型式统计表）。陶片 40 片（见附表2　房址出土陶片统计表）。

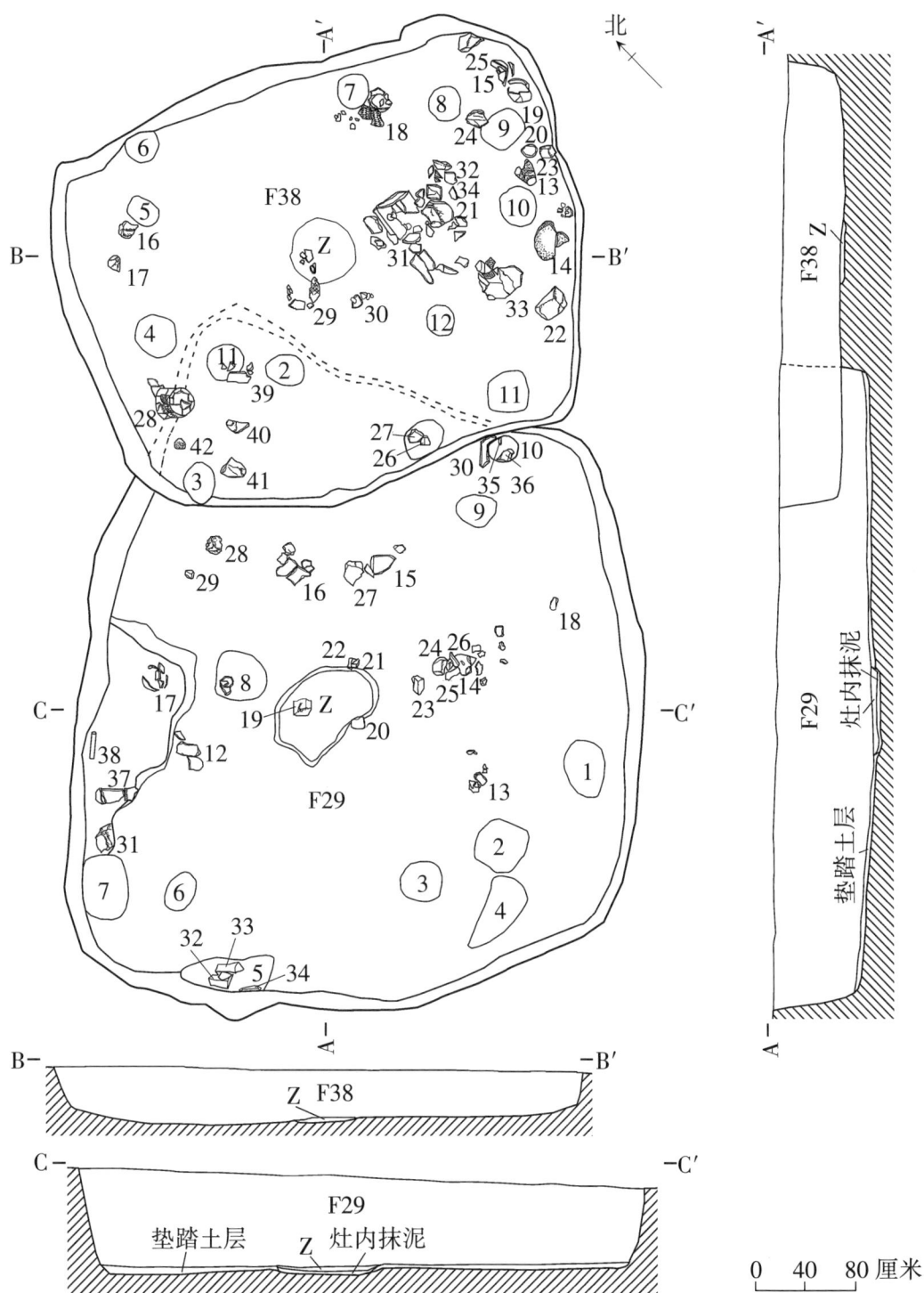

图一六九　F29 与 38 平、剖面图

F29：1～11. 柱洞　12. 石铲　13、15. 直腹罐　14. 陶片　17. 罐底　18～36、39～42. 石料

16、37. 斜腹罐　38. 磨棒　Z. 灶址

F38：1～12. 柱洞　13、15、18、28、29、31、32. 直腹罐　14. 磨盘　30. 直腹罐罐底

16、17、21～27. 石料　19、33. 斜腹罐　20 杯　34. 玉斧　Z. 灶址

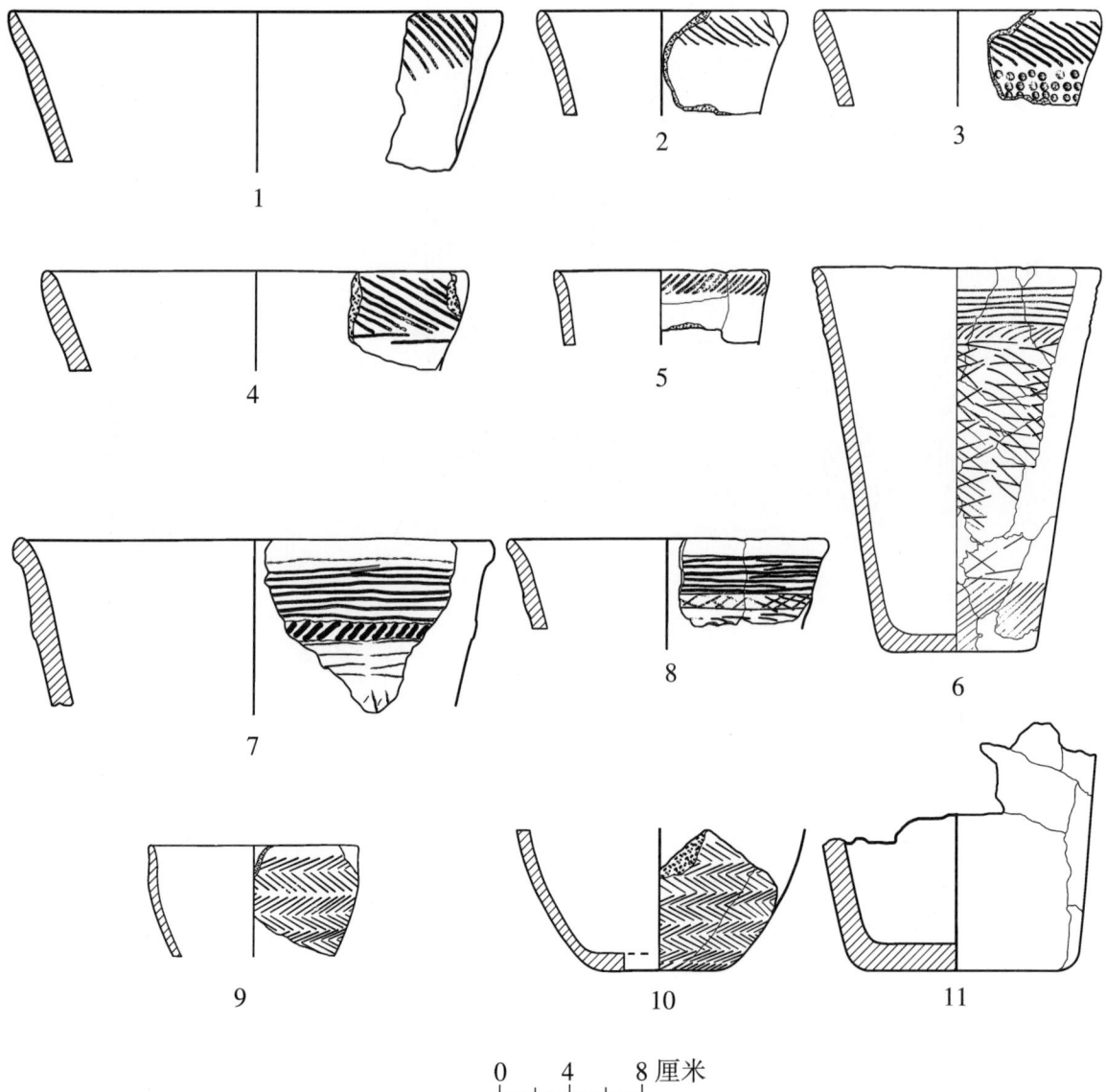

0 ___ 4 ___ 8 厘米

图一七〇　F29 陶器（1、3～5、11. 居住面出土　2、6～10. 堆积层出土）

1、4. AI式斜腹罐（F29:37、F29:15）　2、3. AII式斜腹罐（F29①:2、F29:16）

5. BI式直腹罐（F29:13）　6～8. BIII式直腹罐（F29①:4、F29①:5、F29①:6）

9. Ba型钵（F29①:3）　10. 钵底（F29①:1）　11. 直腹罐罐底（F29:17）

AII式斜腹罐 1 件，F29①:2，夹砂红褐陶，口沿残片，敞口，圆唇，外叠宽带沿饰右斜线纹，素身，口径 14.0、残高 5.75 厘米（图一七〇，2）。

BIII式直腹罐 3 件，皆夹砂红褐陶。F29①:4，直口，圆唇，直腹，平底，颈饰弦纹数周，附加堆纹带饰左斜线纹，腹饰草划交叉划纹，近底饰左斜线纹，口径 16.5、底径 8.6、高 21.2、壁厚 0.7 厘米（图一七〇，6；图版七七，2）；F29①:6，口沿残片，敞口，圆唇，颈饰弦纹，窄凸附加堆纹带饰网格纹，腹饰草划交叉纹，口径 18.0、残高 4.85 厘米（图一七〇，8）；F29①:5，

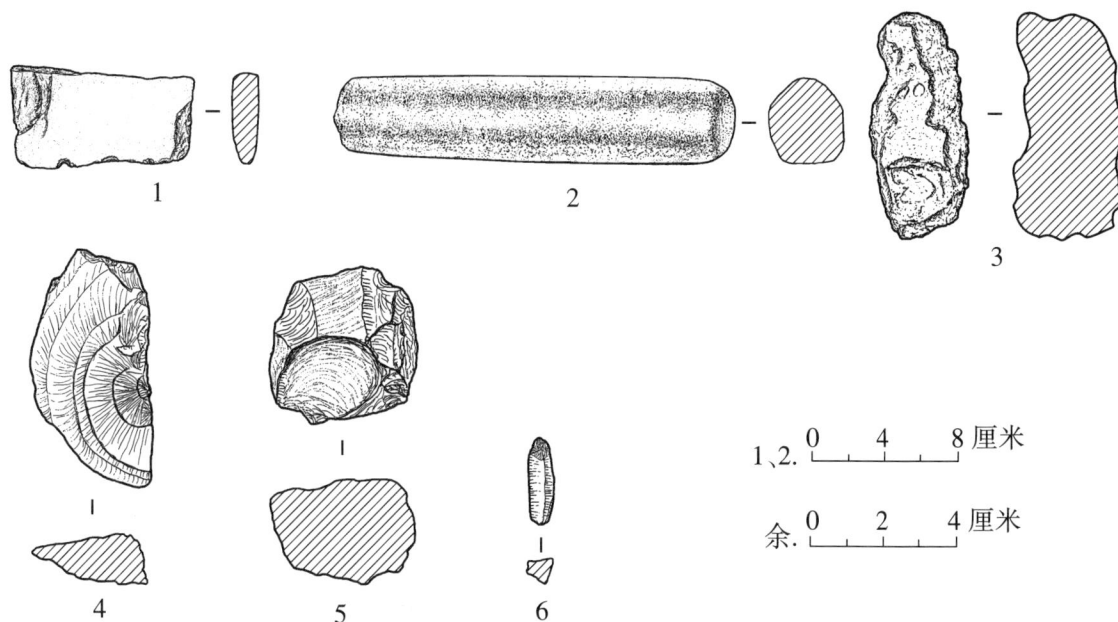

图一七一　F29 石器（1、2. 居住面出土　3~6. 堆积层出土）

1. 铲形石器残片（F29：12）　2. C 型磨棒（F29：38）　3. 石料（F29①：7）

4、6. 刮削器（F29①：8、F29①：9）　5. 石核（F29①：10）

口沿残片，敞口，厚尖圆唇，直腹，颈饰弦纹数周，附加堆纹带饰左斜线纹，腹饰断弦纹、交叉划纹，口径 27.0、残高 9.65 厘米（图一七○，7）。

　　Ba 型钵 1 件，F29①：3，夹砂红褐陶，底部残，小撇口，尖圆唇，饰规整横排人字纹，口径 12.0、残高 6.2 厘米（图一七○，9）。

　　钵底 1 件，F29①：1，夹砂红褐陶，微凹平底，腹饰规整人字纹，底径 7.0、残高 7.8 厘米（图一七○，10）。

　　（2）石器 1 件（参见附表 16　查海遗址房址堆积层出土石器型式统计一览表）。

　　石料 1 件，F29①：7，石英岩，长条块状，半透明，表层泛白，长 6.0、宽 2.8、厚 2.7 厘米（图一七一，3）。

　　（3）细石器 3 件。刮削器 2 件，石核 1 件（参见附表 20　查海遗址各遗迹单位出土细石器统计表）。

　　刮削器 2 件。F29①：8，灰色页岩，打制，片状，弧刃，锋利，刃宽 6.3、长 3.2、厚 1.3 厘米（图一七一，4；图版二六四，4）；F29①：9，石英岩，长条多棱体，压削面清晰，侧边锋利，长 2.3、宽 0.7、厚 0.6 厘米（图一七一，6；图版二六二，10）。

　　石核 1 件，F29①：10，打制，不规则棱柱体，压削面清晰，长 4.0、宽 3.9、厚 2.6 厘米（图一七一，5；图版二五四，5）。

三〇　30号房址（F30）

1. 遗迹

F30位于遗址西北部，被H25打破，北与F32、F33，南与F27成列；东与F31、F8、F21，西与F24、F34成排。方向207°。面积约71.8平方米，是一座大型二层台式半地穴房址。平面呈圆角方形，南北8.35、东西8.6米，中心垂直深度0.7米。房址挖凿于黄色生土层及基岩层内，东西两侧穴壁较平直，南北两侧穴壁稍外弧，局部弯曲，壁面稍加修整斜平。室内有一周不规整的二层台，基岩台面，台壁不规整。台面宽0.4~1.5米，南北东三侧台面较平，台高0.15~0.2米，西侧台面呈斜坡状，稍不平，边缘高出室内活动面0.1米。另外，值得注意的是，在南侧二层台东南角处，距东壁1.5米，有一宽2米斜坡台面，而且台面上有较薄的踏土层，推测此处可能为房址出入踏台。台下活动面较平整，有厚约0.02~0.09米的黑色垫踏土层，土质坚硬起层，垫踏土四周较薄，中间较厚。在室内中部南北排列大、小两个灶址（编号Z1、Z2），Z1大灶位北，Z2小灶位南，皆为圆形坑穴灶，灶口与活动面平齐，内壁抹泥厚0.04~0.05米，经火烧呈红色。两灶相距0.04米。Z1外径南北0.84、东西0.80，内径南北0.74、东西0.72，底径0.66、深0.13米。灶内垫土为黑灰色，垫土与灶口平，在灶内垫土上偏东侧，又用石块平铺一圆形地面式灶，直径0.5米，灶高出地面，经火烧，呈暗红色，并在灶南部有一大片红烧土痕迹。Z1内发现一红褐夹砂之字纹陶罐口沿残片。从Z1迹象分析，灶经改动，原坑灶废弃后又在其上面从新建一石灶。Z2外径0.32、内径0.24、底径0.2、深0.08米。一室二灶，两灶又紧靠，推测小灶用途是保留火种。在房址室内共发现柱洞39个，从这些柱洞的分布位置看，大体上可分内外两周分布排列。其中二层台上靠近穴壁柱洞为外周柱洞，主要分布在南壁和北壁二层台上，从西北角至东北角北壁二层台上排列9个柱洞，从西南角至东南角南壁二层台上排列10个柱洞，在西南角台下1个柱洞，而在东壁、西壁台上少见，东壁台北部1个柱洞，南部3个柱洞，西壁台仅仅北部1个柱洞。内周柱洞主要围绕中心灶址外围一周，总计14个柱洞。两周柱洞参差不齐、大小不同、深浅不一，推测这些柱洞肯定有主、辅之分。室内遗物主要分布在台下西部及北部，其他位置有零星发现。主要遗物有陶器、石器、石料及猪牙、木炭、炭化物等。这座房址的陶器以夹砂灰褐陶为主，夹砂红褐陶次之；纹饰以之字纹为主，草划纹、席纹、素面次之（图一七二；图版二一，二二，二三）。

2. 遗物

室内居住面遗物

（1）陶器20件。BⅢ式直腹罐2件，BⅣ式直腹罐7件，BⅤ式直腹罐2件，BⅥ式直腹罐2件，直腹罐腹部残片3件，直腹罐罐底2件，CⅡ式鼓腹罐1件，CⅢ式鼓腹罐1件（参见附表7　查海遗址房址活动面出土陶器型式统计表）。

BⅢ式直腹罐2件，皆夹砂红褐陶。F30：95，直敞口，厚圆唇，直腹，平底，颈饰弦纹数周，

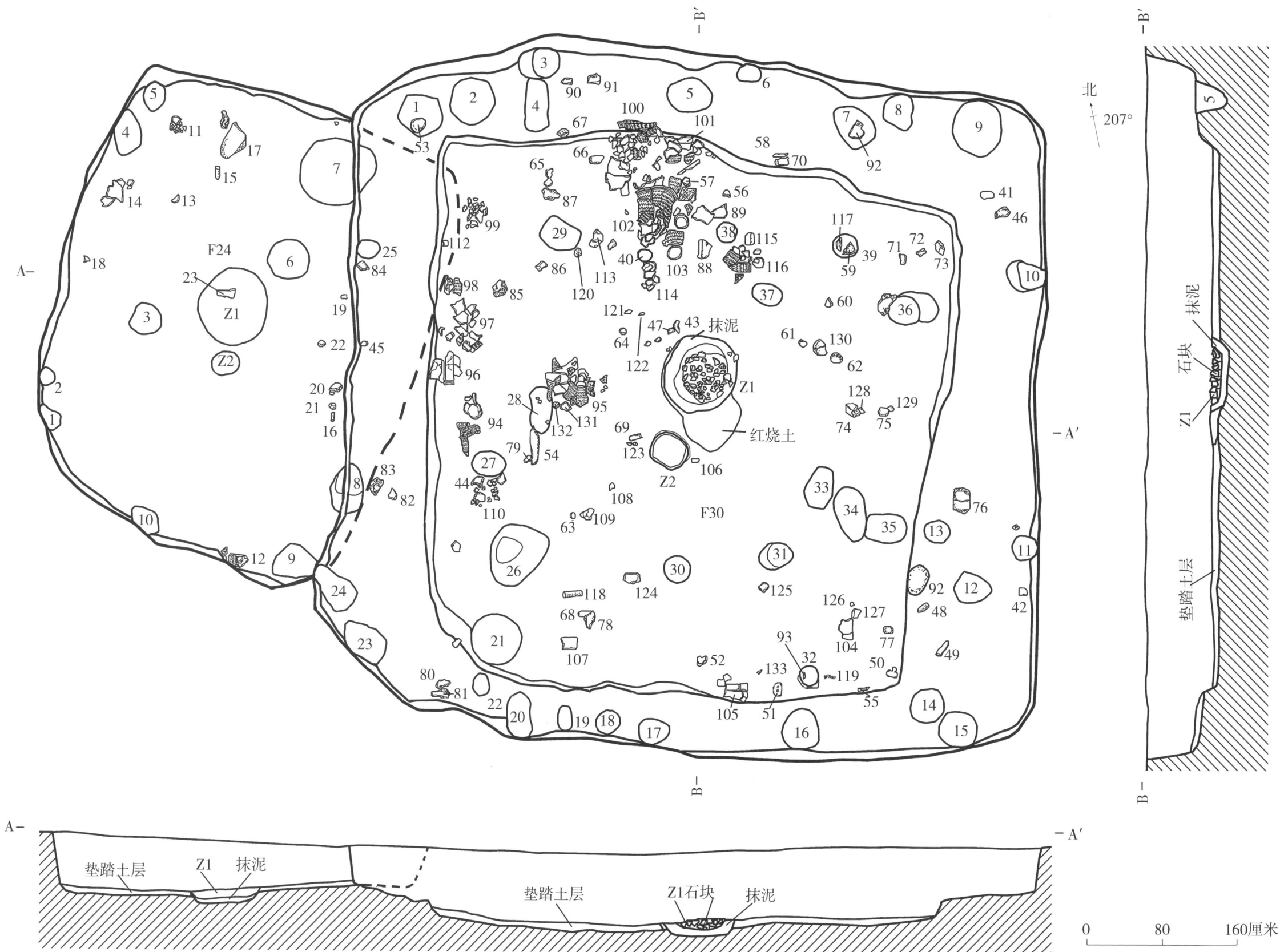

图一七二　F24 及 F30 平、剖面图

F24：1～10. 柱洞　11. 鼓腹罐　12～14. 直腹罐　23. 罐底　15、16. 磨棒　17. 磨盘　18～22. 铲形石器　19. 研磨器　20. 敲砸器　21. 石料　Z. 灶址

F30：1～31、33～40. 柱洞　32、106、110、111. 直腹罐罐底　41、43、48、50、52、53、55、86、101、117、134、135. 铲形石器　42. 研磨器　44. 铲形石器柄部残片

45、46、56～59、63、65、72、79、126、128、131. 敲砸器　47、49. 石斧　51. F 型双孔盘状铲形石器　54. 尖状器　60、61、71、88、123、130. 砺石　62、64、73～78、

80～85、87、89～91、112、115、122、124、125、129. 石料　66、67. 铲形石器残片　68～70、118、121、127. 磨棒　92. 柱础　93. 刮削器　94、116. 鼓腹罐　95、97、102、

103、114　直腹罐　96、99、100、104、105、107～109. 直腹罐口沿　98、113. 陶片　119. 兽齿　120. 石球　132. 磨盘　133. 石锥　Z. 灶址

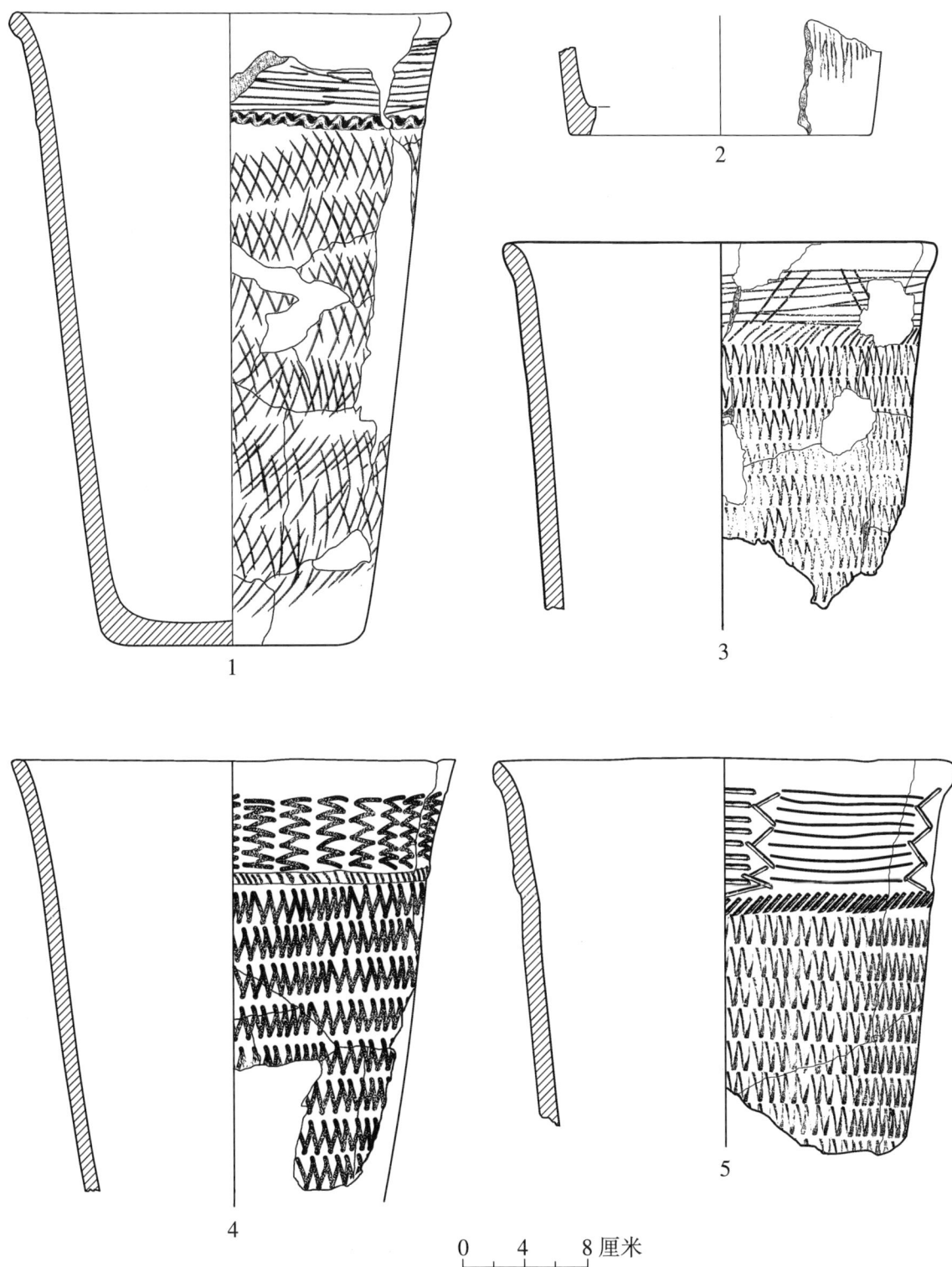

图一七三　F30 陶器（居住面出土）

1、2. BⅢ式直腹罐（F30：95、F30：106）　　3～5. BⅣ式直腹罐（F30：104、F30：96、F30：100）

指压附加堆纹带，腹饰网格纹，口径28.8、底径17.5、高40厘米（图一七三，1；图版七八，2）；F30∶106，底部，腹饰草划交叉纹，底径20.0、残高7.3厘米（图一七三，2）。

B Ⅳ式直腹罐7件，皆夹砂灰褐陶。F30∶96，口部，敞口，薄圆唇，直腹，颈饰横压竖排之字纹，附加堆纹带饰右斜线纹，腹饰竖压横排之字纹，口径29.0、残高28.0厘米（图一七三，4）；F30∶97，敞口，厚圆唇，直腹，平底，颈饰Db型锯齿形几何纹，附加堆纹带饰左斜线纹，腹饰竖压横排之字纹，口径27.0、底径15.7、高37.5厘米（图一七四，4；图版九四，3）；F30∶99，口部残片，敞口，厚尖圆唇，直腹，颈饰弦纹数周，附加堆纹带饰右斜线纹，口径30.0、残高9.44、壁厚1.0厘米（图一七四，1）；F30∶100，直敞口，厚尖圆唇，直腹，下部残，颈饰C2型梭形几何纹，附加堆纹带饰左斜线纹，腹饰竖压横排之字纹，口径32.4、残高25、壁厚1.2厘米（图一七三，5）；F30∶104，直敞口，厚圆唇，下部残，颈饰弦纹数周、附压Da3型锯齿形几何纹，附加堆纹带饰左斜线纹，腹饰竖压横排之字纹，口径28.3、残高24.3、厚1.2厘米（图一七三，3）；F30∶107，直敞口，厚圆唇，直腹，下部残，颈饰横压竖排之字纹，附加堆纹带饰左斜线纹，腹饰竖压横排之字纹，口径31.0、残高18.4、厚1.4厘米（图一七四，2）；F30∶108，直敞口，厚圆唇，直腹，下部残，颈饰Db型锯齿形几何纹，附加堆纹带饰左斜线纹，腹饰竖压横排之字纹，口径35.0、残高10.4厘米（图一七四，3）。

B Ⅴ式直腹罐2件，皆夹砂灰褐陶，小喇叭口。F30∶103，薄圆唇，直腹，平底，颈饰不规整弦纹数周，附加堆纹带饰左斜线纹，腹饰竖压横排之字纹，近底饰Da2型锯齿形几何纹，口径22.6、底径14.0、高29.5、壁厚1厘米（图一七四，6；图版一一九，2）；F30∶109，厚尖圆唇，直腹，颈饰横压竖排之字纹，腹饰竖压横排之字纹，口径32.0、残高16.3厘米（图一七四，5）。

B Ⅵ式直腹罐2件，皆夹砂灰褐陶。F30∶102，厚圆唇，直腹，下腹镉孔3对，平底，颈饰弦纹数周、附压Da2型锯齿形几何纹，附加堆纹带饰Aa2型单体曲尺形几何纹，腹饰竖压横排之字纹不到底，口径31.0、底径17.0、高44.0厘米（图一七五，1；图版一二八，4）；F30∶105，大喇叭口，厚圆唇，直腹，下部残，颈饰横压竖排规整之字纹，腹饰竖压横排规整之字纹，口径21.3、残高18.7、壁厚0.8厘米（图一七五，4）。

直腹罐腹部残片3件。夹砂红褐陶1件，F30∶98，腹饰左斜线纹。夹砂灰褐陶2件，F30∶113，饰竖压横排之字纹；F30∶114，饰竖压横排之字纹。

直腹罐罐底2件。夹砂红褐陶1件，F30∶110，平底，底径10.8、残高4.2厘米（图一七五，2）。夹砂灰褐陶1件，F30∶111，直腹，平底，腹饰竖压横排之字纹，底径20.4、残高11.0厘米（图一七五，3）。

C Ⅱ式鼓腹罐1件，F30∶94，夹砂灰褐陶，底部残，撇敞口，圆唇，束颈，弧鼓腹，不显肩，颈饰左斜线纹2周、Ab4型扣合曲尺形几何纹，肩腹饰左斜线纹，口径17.4、残高19.2厘米（图一七五，5）。

C Ⅲ式鼓腹罐1件，F30∶116，夹砂灰褐陶，撇敞口，圆唇，束颈，弧鼓腹，平底，颈饰C2型梭形几何纹，肩饰左斜线纹4周，腹饰Ba4型F形几何纹、横压竖排之字纹，口径24.0、底径17.3、高35.5厘米（图一七五，6；图版一四二，4）。

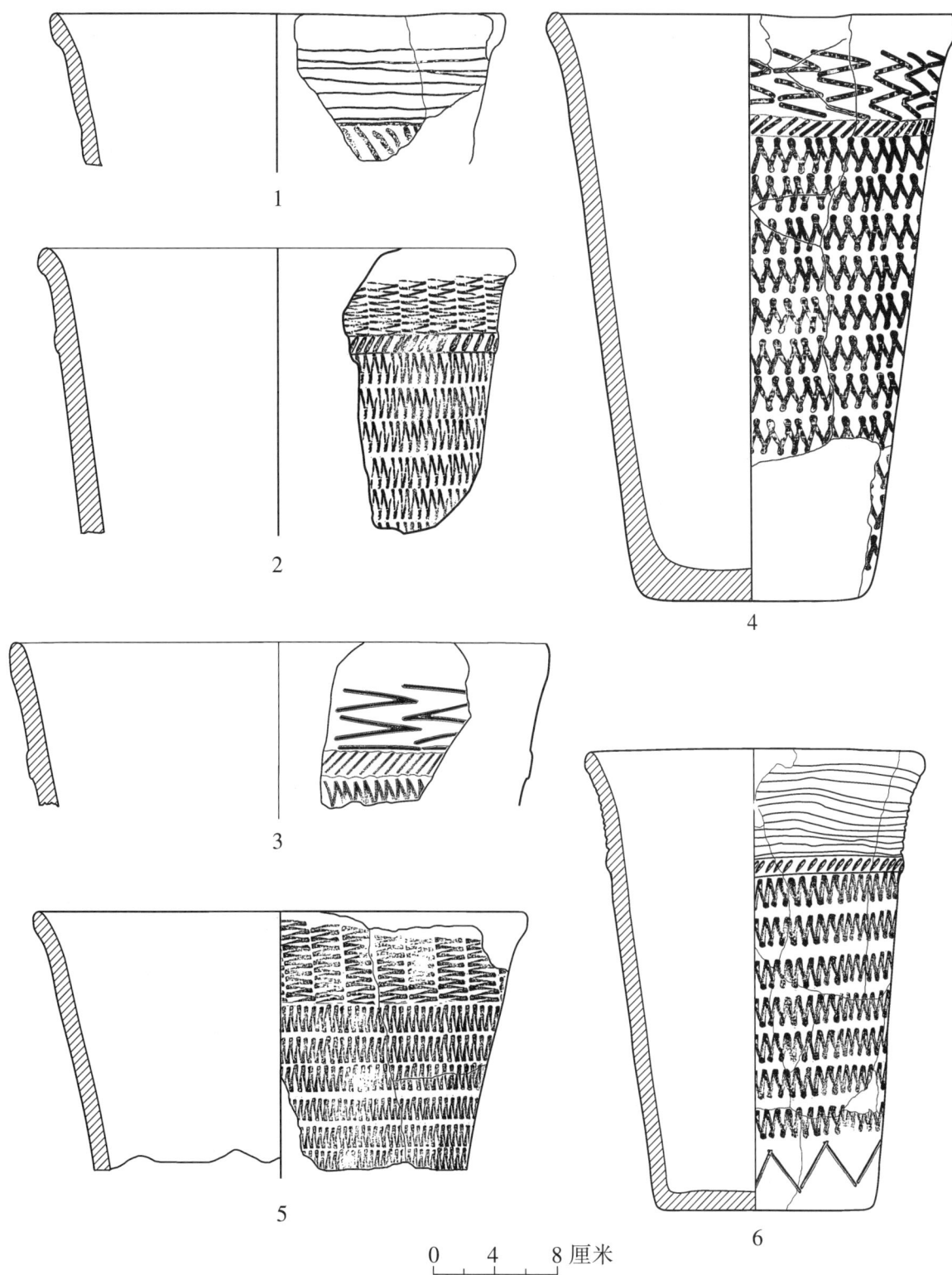

图一七四　F30 陶器（居住面出土）

1~4. BⅣ式直腹罐（F30：99、F30：107、F30：108、F30：97）　　5、6. BⅤ式直腹罐（F30：109、F30：103）

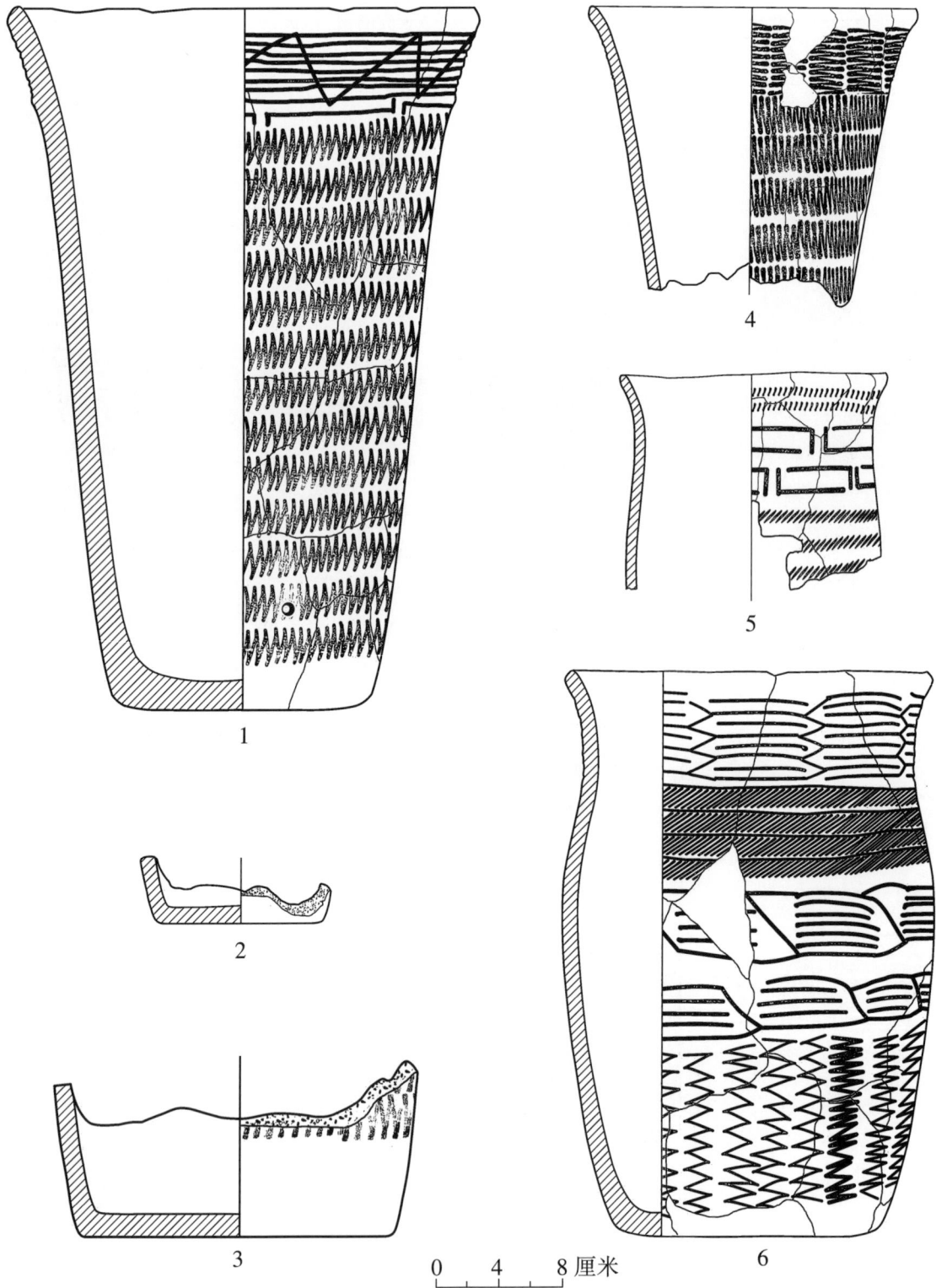

图一七五　F30 陶器（居住面出土）

1、4. BⅥ式直腹罐（F30∶102、F30∶105）　2、3. 直腹罐罐底（F30∶110、F30∶111）

5. CⅡ式鼓腹罐（F30∶94）　6. CⅢ式鼓腹罐（F30∶116）

（2）石器 71 件。B 型石斧 1 件，C 型石斧 1 件，石斧刃部残片 1 件，Aa 型铲形石器 1 件，Ac 型铲形石器 1 件，Bb 型铲形石器 1 件，Cb 型铲形石器 1 件，F 型双孔盘状铲形石器 1 件，铲形石器刃部残片 4 件，铲形石器柄部残片 2 件，铲形石器残片 4 件，A 型研磨器 1 件，石球 1 件，大型尖状器 1 件，Aa 型磨棒 1 件，B 型磨棒 2 件，C 型磨棒 1 件，D 型磨棒 2 件，A 型磨盘 1 件，砺石 6 件，敲砸器 13 件，石料 24 件（参见附表 15　查海遗址房址居住面出土石器型式统计一览表）。

B 型石斧 1 件，F30：49，浅灰色花岗岩磨制，长扁圆体，两侧隐现平棱，正锋弧刃，刃部有使用崩痕，长 15.85、刃宽 5.9、厚 3.0 厘米（图一七六，1；图版一六九，1）。

C 型石斧 1 件，F30：47，残，灰褐色玄武岩，磨制，扁平体，刃部有使用崩痕，长 8.4、宽 4.9、厚 1.9 厘米（图一七六，4；图版一七〇，2）。

石斧刃部残片 1 件，F30：67，灰色油脂岩，磨制，扁平，弧刃，有使用崩痕，残长 5.6、刃宽 6.4、厚 1.12 厘米（图一七六，7）。

Aa 型铲形石器 1 件，F30：101，稍残，深灰色页岩，打制，直柄，圆身，弧刃厚钝，长 16.6、刃宽 8.4、厚 1.9 厘米（图一七六，2；图版一七三，5）。

Ac 型铲形石器 1 件，F30：134，黄灰色页岩，打制，扁平体，凸字形，束腰，弧刃，刃中部使用呈凹状，长 19.1、刃宽 23.5、厚 2.66 厘米（图一七六，3；图版一七六，2）。

Bb 型铲形石器 1 件，F30：53，浅灰色石灰岩，打制，扁体，短柄，束腰，斜肩，近方身，直刃，刃部有崩疤，长 17.4、刃宽 14.45、厚 2.1 厘米（图一七六，6；图版一七九，4）。

Cb 型铲形石器 1 件，F30：50，打制，黄灰色页岩，束腰，椭圆柄、身，弧刃，有崩疤，长 19.5、刃宽 14.8、厚 1.8 厘米（图一七六，8；图版一八二，3）。

F 型双孔盘状铲形石器 1 件，F30：51，深灰色页岩，打磨，圆盘状，扁平体，对钻双孔，弧刃、侧锋，使用磨痕明显，长 16.4、刃宽 22.2、厚 2.25、孔直径 3.1 厘米（图一七六，9；图版一九一，1）。

铲形石器刃部残片 4 件，皆打制，扁平体，弧刃。F30：41，浅灰色石灰岩，残长 13.0、刃宽 12.4、厚 2.5 厘米（图一七七，4）；F30：43，灰色石灰岩，打制，残长 12.6、刃宽 9.3、厚 1.8 厘米（图一七七，2）；F30：66，灰色页岩，长 6.9、刃宽 9.8、厚 1.9 厘米（图一七七，1）；F30：135，灰色石灰岩，长 17.7、刃宽 12.2、厚 1.2 厘米（图一七七，3）。

铲形石器柄部残片 2 件。F30：44，浅灰色石英岩，打制，长 11.62、宽 8.6、厚 2.5 厘米（图一七七，7）；F30：52，柄残，浅灰色石灰岩，打制，扁平体，束腰，弧刃，刃部有崩痕，残长 10.0、刃宽 9.2、厚 2.15 厘米（图一七六，5）。

铲形石器残片 4 件，皆打制，扁平体。F30：48，深灰色页岩，残长 11.54、刃残宽 7.37、厚 1.45 厘米（图一七七，5）；F30：55，浅灰色油质页岩，亚腰，长 18.7、刃宽 9.8、厚 1.9 厘米（图一七七，6）；F30：86，浅灰色石灰岩，残长 15.0、残宽 9.4、厚 1.0 厘米；F30：117，灰色页岩。

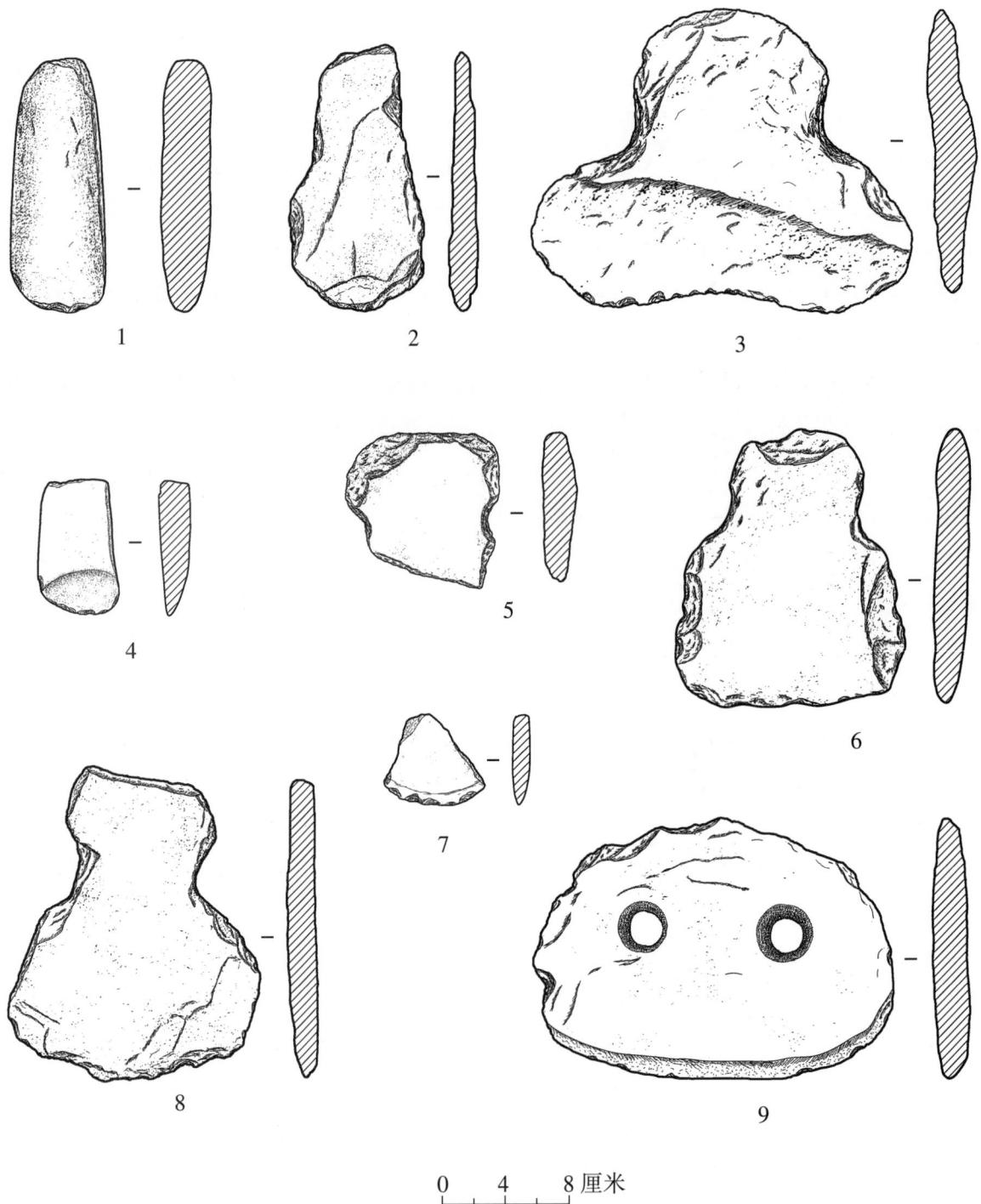

0   4   8厘米

图一七六　F30 石器（居住面出土）

1. B 型石斧（F30：49）　2. Aa 型铲形石器（F30：101）　3. Ac 型铲形石器（F30：134）　4. C 型石斧
（F30：47）　5. 铲形石器柄部残片（F30：52）　6. Bb 型铲形石器（F30：53）　7. 石斧刃部残片（F30：67）
8. Cb 型铲形石器（F30：50）　9. F 型双孔盘状铲形石器（F30：51）

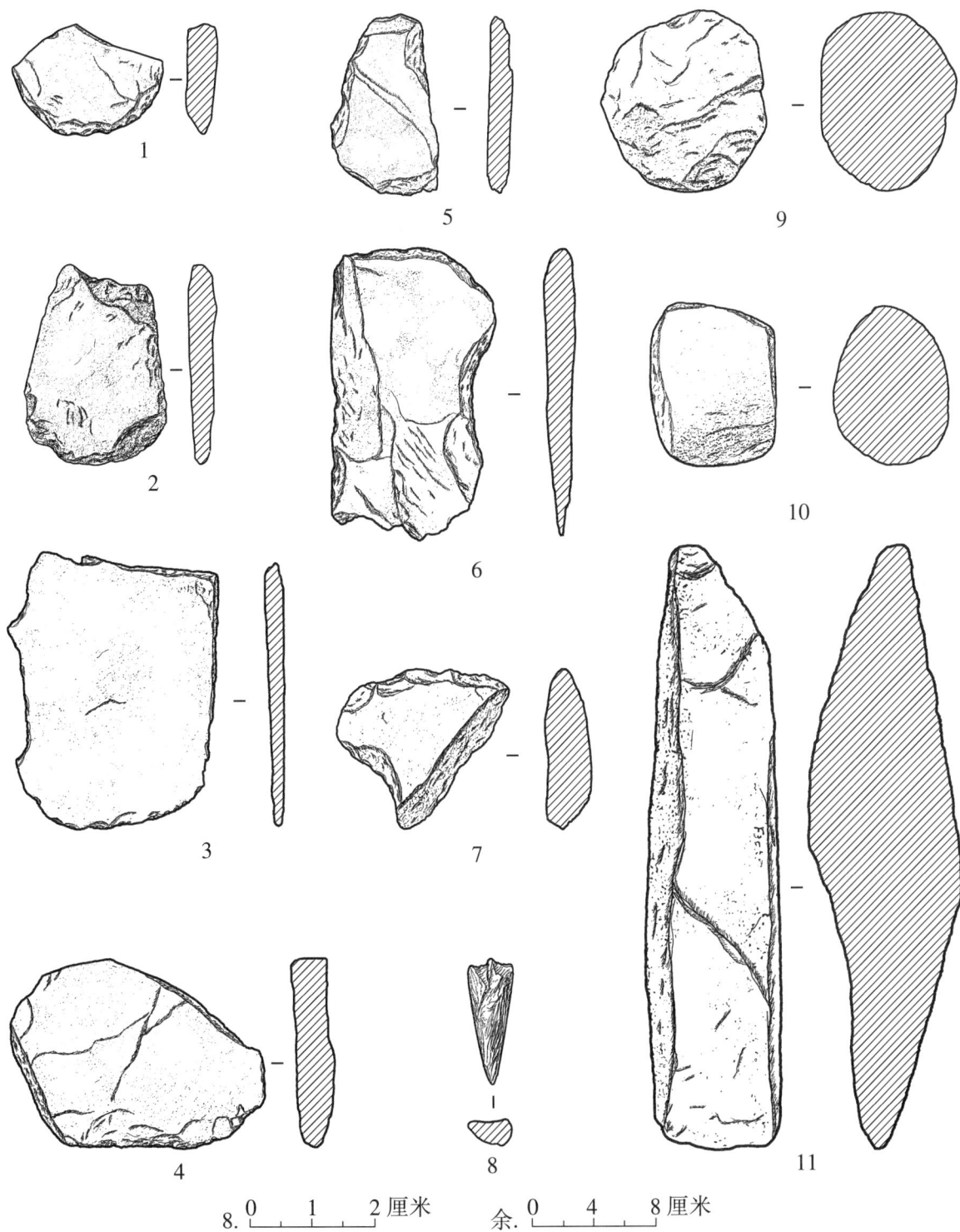

图一七七　F30 石器（居住面出土）

1~4. 铲形石器刃部残片（F30:66、F30:43、F30:135、F30:41）　5、6. 铲形石器残片（F30:48、F30:55）　7. 铲形石器柄部残片（F30:44）　8. 石锥（F30:133）　9. A 型研磨器（F30:42）　10. 石球（F30:120）　11. 大型尖状器（F30:54）

A 型研磨器 1 件，F30∶42，黄色花岗岩，圆体，长 11.7、宽 11.7、厚 7.8 厘米（图一七七，9；图版二二八，3）。

石球 1 件，F30∶120，红褐色玄武岩，直径 7.45～10.5 厘米（图一七七，10；图版二三九，3）。

大型尖状器 1 件，F30∶54，浅黄花岗岩，打制，长条体，中间厚，一端尖状，一端弧刃，体长 38.4、宽 8.7、厚 7.7 厘米（图一七七，11；图版二四二，4）。

Aa 型磨棒 1 件，F30∶68，残段，棕红色花岗岩，琢制，圆柱体，残长 14.3、直径 4.6 厘米（图一七八，1；图版二一三，6）。

B 型磨棒 2 件，皆残段，浅色花岗岩，琢制，四棱柱体。F30∶69，中间较细，残长 12.2、直径 5.1 厘米（图一七八，2）；F30∶121，残长 14.15、直径 6.0～7.5 厘米（图一七八，3）。

C 型磨棒 1 件，F30∶127，残段，黄白色花岗岩，琢制，多棱柱体，残长 13.0、直径 6.4 厘米（图一七八，4）。

D 型磨棒 2 件，皆浅灰色花岗岩，琢制，椭圆柱体。F30∶118，长 20.2、直径 4.0～5.4 厘米（图一七八，5；图版二二〇，5）；F30∶70，残段，残长 7.5、直径 4.3～5.2 厘米（图一七八，6）。

A 型磨盘 1 件，F30∶132，棕红色花岗岩。

砺石 6 件。F30∶123，黄色花岗岩，长方体，平磨面，长 13.88、宽 8.56、厚 6.6 厘米；F30∶130，黄色花岗岩，扁长方体，双磨面，长 14.34、宽 13.55、厚 7.5 厘米（图一七八，9）；F30∶60，残片，浅灰色石英岩自然石块，长 6.96、宽 6.2、厚 2.43 厘米（图一七八，7）；F30∶61，黄色花岗岩自然石块，扁平长方体，有三个磨面，长 8.1、宽 6.2、厚 4.18 厘米（图一七八，8）；F30∶71，黄灰色沉积岩自然石块，形状不规则，扁平体，单凹磨面，长 14.9、宽 8.5、厚 2.9～3.8 厘米（图一七八，10；图版二二三，6）；F30∶88，黄色花岗岩，形状不规则，凹磨面，长 17.94、宽 15.3、厚 5.7 厘米（图一七八，11）。

敲砸器 13 件。浅灰色石灰岩 5 件，F30∶46，三角扁体，尖棱角敲击点，长 5.2、宽 5.2、厚 1.1 厘米；F30∶58，打制，长条体，长 16.65、宽 5.18、厚 0.6～3.6 厘米（图一七九，5；图版二四八，1）；F30∶65，圆角扁长方体，两端敲击点，长 8.8、宽 6.63、厚 2.66 厘米（图一七九，7）；F30∶79，自然石块，多棱体，尖角敲击点，长 10.43、厚 6.5 厘米；F30∶128，椭圆体，周边敲击点，长 8.9、宽 6.1、厚 3.4 厘米（图一七九，2；图版二四八，3）。石英岩 5 件，F30∶45，灰色，长方体，棱角敲击点，长 8.74、宽 7.74、厚 3.0 厘米；F30∶56，棕红色，自然石块，圆多棱体，棱角敲击点，长 9.24、宽 4.0、厚 5.7 厘米；F30∶126，浅灰色，多棱体，棱角敲击点，长 6.81、宽 4.22、厚 3.8 厘米；F30∶63，棕红色，自然石块，长 5.5、宽 4.3、厚 0.85～2.1 厘米（图一七九，6）；F30∶131，白色，自然石块，圆多棱体，边棱敲击点，长 7.15、宽 7.0、厚 5.2 厘米（图一七九，3；图版二四九，1）。花岗岩 3 件，F30∶57，黄色，棱锥状，尖角敲击点，

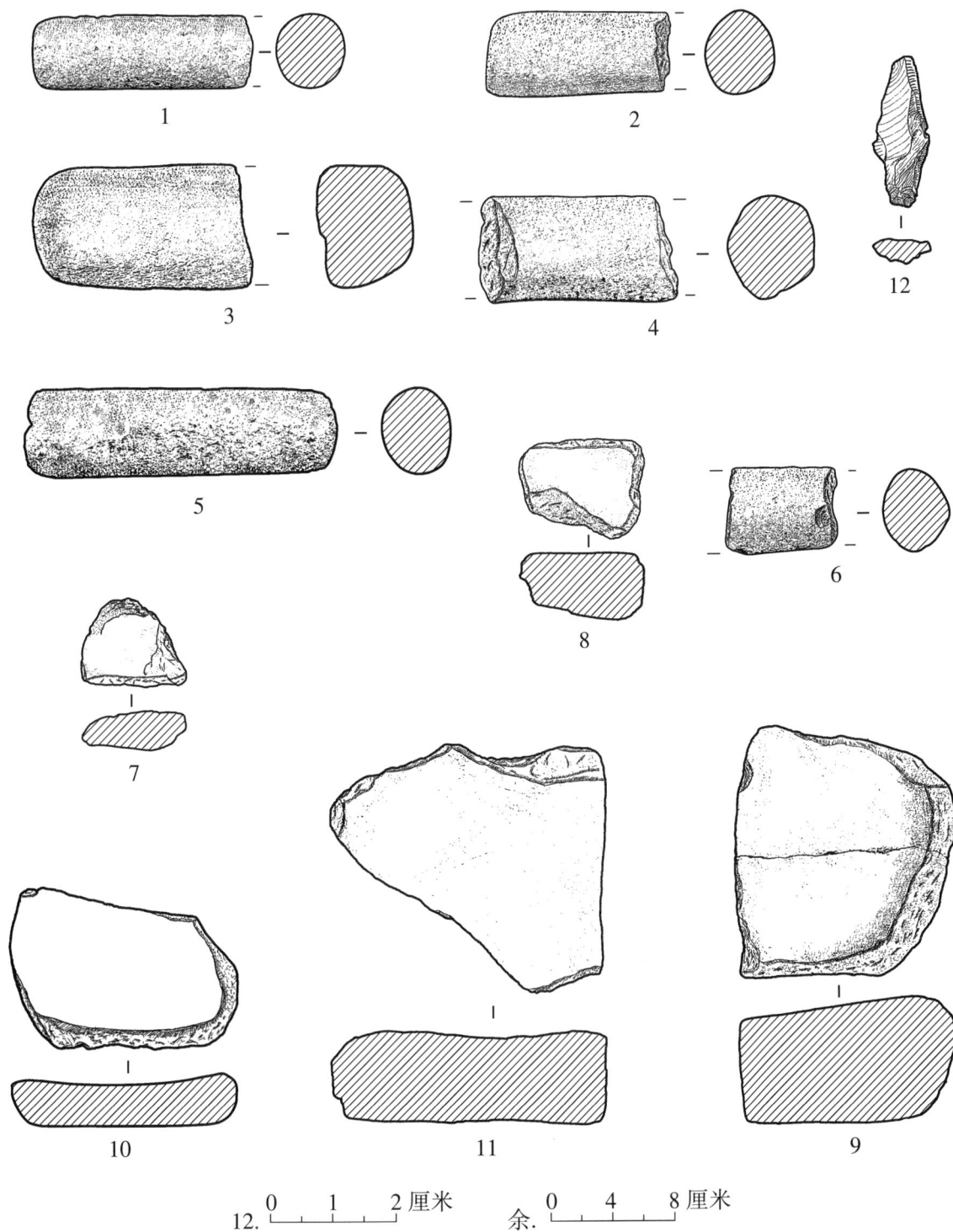

图一七八　F30 石器（居住面出土）

1. Aa 型磨棒（F30：68）　　2、3. B 型磨棒（F30：69、F30：121）　　4. C 型磨棒（F30：127）

5、6. D 型磨棒（F30：118、F30：70）　　7~11. 砺石（F30：60、F30：61、F30：130、F30：71、

F30：88）　　12. 刮削器（F30：93）

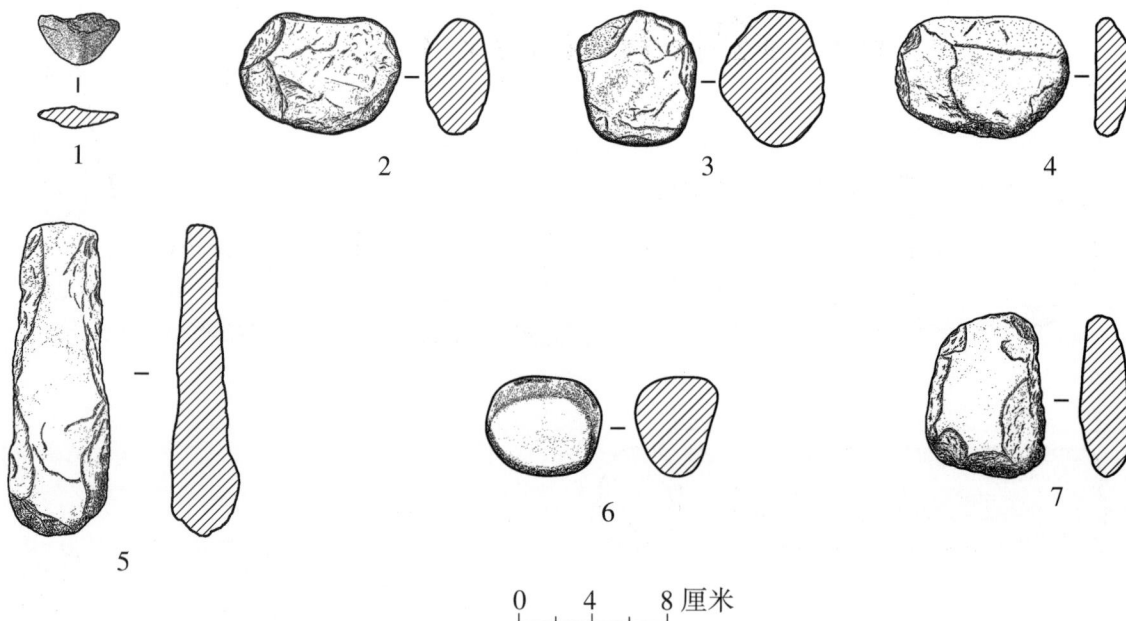

图一七九　F30 石器（1. 堆积层出土　2～7. 居住面出土）

1. 石斧残片（F30①：1）　　2～7. 敲砸器（F30：128、F30：131、F30：72、F30：58、F30：63、F30：65）

长 17.4、宽 12.6、厚 8.0 厘米；F30：59，灰绿色，不规则多棱体，一侧棱角敲击点，长 13、宽 5.5、厚 5 厘米；F30：72，黄白色，自然石块，椭圆多棱体，棱边角敲击点，长 9.4、宽 6.5、厚 1.97 厘米（图一七九，4；图版二四七，6）。

石料 24 件。棕红色花岗岩 17 件，编号为 F30：62、F30：64、F30：76～78、F30：80～85、F30：87、F30：89～91、F30：124、F30：129。黄色花岗岩石料 3 件，F30：73，三棱柱体，长 13.0、宽 11.2、厚 7.7 厘米；F30：74，长 8.6、残宽 6.6、厚 4.0 厘米；F30：122。黄褐色石英岩石料 1 件，编号 F30：125。灰色石英岩石料 2 件，F30：75，长 9.2、宽 8.0、厚 4.9 厘米；F30：112，长 6、宽 5、厚 3.5 厘米。黄褐色玄武岩石料 1 件，编号 F30：115。

（3）细石器 2 件。刮削器 1 件，小尖状器 1 件（参见附表 20　查海遗址各遗迹单位出土细石器统计表）。

刮削器 1 件，F30：93，白色石英岩压制，长条状，刃锋利，长 2.45、宽 0.9、厚 0.35 厘米（图一七八，12；图版二六三，3）。

小尖状器 1 件，F30：133，淡青色沉积岩，磨制，长 2.0、宽 0.7、厚 0.4 厘米（图一七七，8；图版二六七，2）。

室内堆积层遗物

（1）陶片 207 片（见附表 2　房址出土陶片统计表）。

（2）石器 3 件。石斧残块 1 件，石料 2 件（参见附表 16　查海遗址房址堆积层出土石器型式统计一览表）。

石斧残块1件，F30①：1，黑色页岩，二次利用，弧刃，较锋利，长2.6、宽4.3、厚1.1厘米（图一七九，1）。

石料2件，皆长条形木化石。F30①：9，长3.45、宽1.4、厚0.45厘米（图一八〇，1）；F30①：15，长2.3、宽0.7、厚0.2厘米（图一八〇，2）。

（3）细石器19件。刮削器3件，石核2件，石叶14件（参见附表20　查海遗址各遗迹单位出土细石器统计表）。

刮削器3件。F30①：6，青色页岩，压制，弧边刃锋利，长2.1、宽1.5、厚0.3厘米（图一八〇，3；图版二六四，1）；F30①：8，青色石英岩压制，条状，翘尖，边刃锋利，长2.8、宽0.6、厚0.14厘米（图一八〇，4；图版二六三，4）；F30①：11，淡绿色沉积岩，压制，条形，两侧边刃锋利，长2.7、宽0.7、厚0.3厘米（图一八〇，5；图版二六三，5）。

石核2件。F30①：4，红色石英岩，打制，棱柱体，长1.8、宽1.0、厚0.7厘米（图一八〇，6；图版二五四，3）；F30①：13，白色石英岩，打制，棱锥状，长1.7、宽0.6、厚0.5厘米（图一八〇，7）。

石叶14件。红色燧石打制1件，F30①：10，片状，弧边刃锋利，长3.0、宽2.2、厚0.6厘米（图一八〇，18；图版二五六，10）。石英岩打制13件，F30①：2，白色，片状，周边锋利，长3.0、宽1.5、厚0.4厘米（图一八〇，17；图版二五六，8）；F30①：3，白色，片状，周边锋利，长2.0、宽1.6、厚0.4厘米（图一八〇，13；图版二五六，6）；F30①：5，青色，三角尖状，边角锋利，长1.9、宽1.2、厚0.4厘米（图一八〇，12；图版二五七，5）；F30①：7，白色，片状，边角锋利，长2.1、宽1.4、厚0.5厘米（图一八〇，8；图版二五六，5）；F30①：12，杂色，片状，截面呈三角形，边角锋利，长2.2、宽1.0、厚0.2厘米（图一八〇，21；图版二五七，4）；F30①：14，白色，棱锥状，边角锋利，长1.9、宽0.5、厚0.3厘米（图一八〇，11）；F30①：16，白色，棱锥状，边角锋利，尖部锐利，长2.9、宽1.2、厚0.8厘米（图一八〇，20；图版二五七，7）；F30①：17，白色，片状，边角锋利，长2.9、宽2.6、厚0.7厘米（图一八〇，19；图版二五八，12）；F30①：18，白色，片状，边角锋利，长2.2、宽1.6、厚0.3厘米（图一八〇，16；图版二五八，3）；F30①：19，白色，片状，边角锋利，长2.15、宽2.0、厚0.3厘米（图一八〇，15；图版二五八，9）；F30①：20，青色，片状，边角锋利，长2.1、宽1.3、厚0.6厘米（图一八〇，10；图版二五七，9）；F30①：21，白色，片状，周边锋利，长1.5、宽1.7、厚0.5厘米（图一八〇，14；图版二五八，8）；F30①：22，青色，片状，边角锋利，长2.3、宽1.4、厚0.4厘米（图一八〇，9；图版二五八，6）。

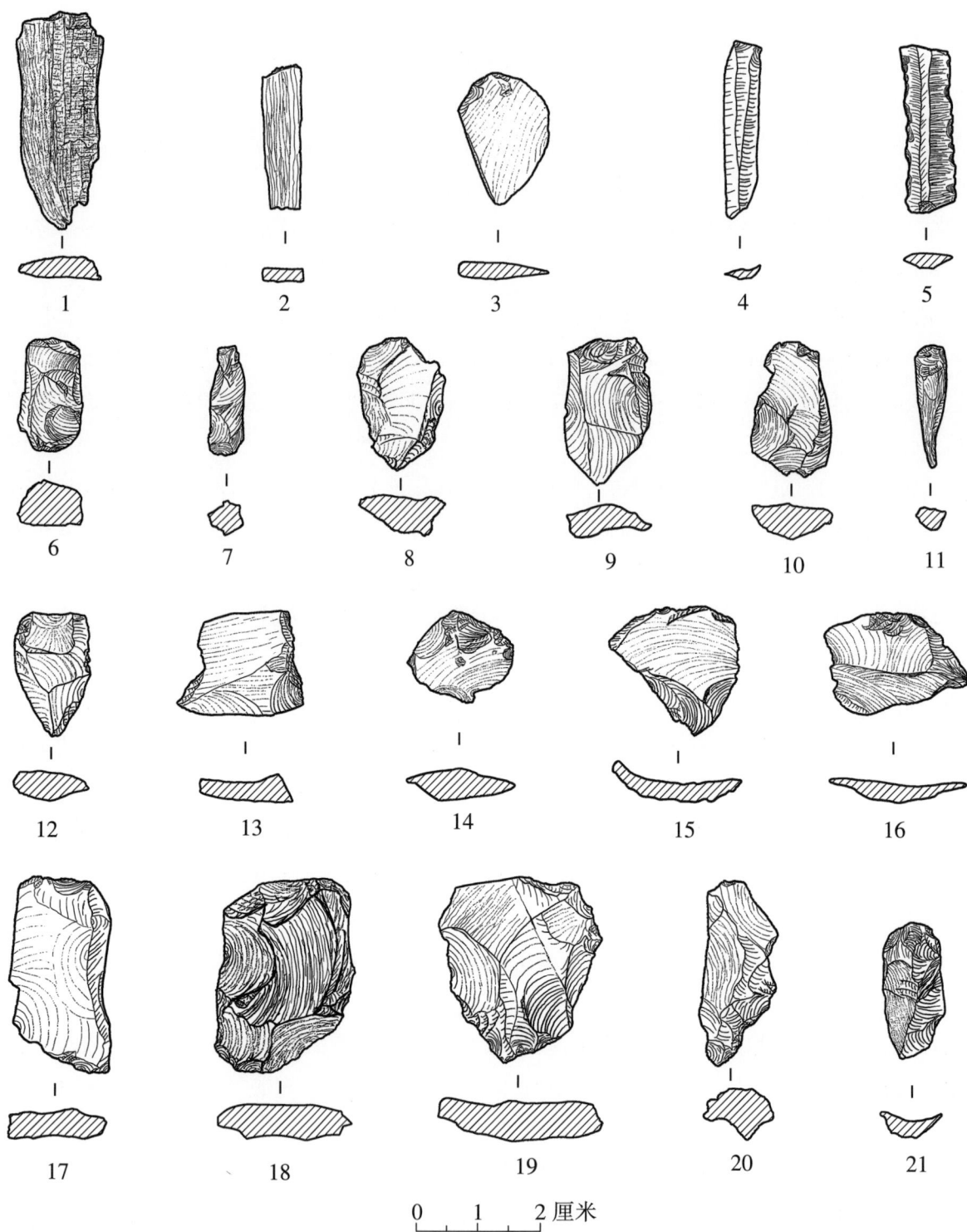

图一八〇　F30 石器（堆积层出土）

1、2. 石料（F30①：9、F30①：15）　3~5. 刮削器（F30①：6、F30①：8、F30①：11）　6、7. 石核（F30①：4、F30①：13）　8~21. 石叶（F30①：7、F30①：22、F30①：20、F30①：14、F30①：5、F30①：3、F30①：21、F30①：19、F30①：18、F30①：2、F30①：10、F30①：17、F30①：16、F30①：12）

三一　31号房址（F31）

1. 遗迹

F31 位于遗址西北部，龙形堆石北侧，北与 F36、F39、F40 成列，西与 F34、F24、F30，东与 F8、F21 成排。方向 207°。面积约 35.1 平方米，是一座中型半地穴房址。平面呈圆角长方形，南北 6.55、东西 5.36 米，中心垂直深度 0.43 米。房址挖凿于黄色生土层及基岩层内，生土及基岩为壁，东南角大抹角，其他三角为小抹角，穴壁平直，壁面稍加修整，较平。室内活动面为黑色垫踏土，土质坚硬起层，较平整，垫踏土四周较薄，中部较厚，厚约 0.05~0.1 米。灶址位于室内中部偏北，圆形坑式灶，斜壁平底，灶口与居住面一平，灶内抹泥厚 0.05~0.15 米，经火烧后，呈红色。灶口直径为 0.72，底径 0.62，灶深 0.1 米。整个房址内共发现 30 个大小不同深浅不一间距不等的柱洞，形状有圆形、椭圆形，皆凿于基岩内，截面为圆锥形或三角形，在第 9 号柱洞底部有一块石块。这些柱洞分内、外两圈布置。外圈 19 个柱洞，皆靠近壁穴；内圈 11 个柱洞，围绕在中心灶址四周（详见附表 22-24　F31 柱洞一览表）。室内遗物较少，主要分布在室内四周（图一八一；图版二四）。

2. 遗物

室内居住面遗物

（1）陶器 15 件。B I 式直腹罐 1 件，B III 式直腹罐 2 件，B IV 式直腹罐 3 件，B V 式直腹罐 1 件，直腹罐腹部残片 3 件，直腹罐罐底 2 件，C II 式鼓腹罐 1 件，C III 式鼓腹罐 1 件，C IV 式鼓腹罐 1 件（参见附表 7　查海遗址房址活动面出土陶器型式统计表）。

B I 式直腹罐 1 件，F31:54，夹砂灰褐陶，口沿残片，直口，圆唇，近口附加堆纹带面饰右斜线纹，素面，口径 26.4、残高 7.1 厘米（图一八二，1）。

B III 式直腹罐 2 件，皆夹砂红褐陶。F31:52，直口，圆唇，直腹，平底，通体饰规整网格纹，口径 13.2、底径 8.1、高 15.8 厘米（图一八二，2；图版七八，4）；F31:51，口部残片，敞口，厚尖圆唇，颈饰弦纹数周，口径 34.3、残高 5.3 厘米（图一八二，3）。

B IV 式直腹罐 3 件，皆夹砂灰褐陶。F31:45，敞口，厚圆唇，直腹，下腹一对锔孔，平底，颈饰弦纹数周，附加堆纹带饰网格纹，腹饰竖压横排之字纹，口径 31.0、底径 17.0、高 44.5 厘米（图一八二，5；图版九四，1）；F31:48，敞口，厚圆唇，直腹，残底，颈饰横压竖排之字纹，附加堆纹带饰网格纹，腹饰竖压横排之字纹，口径 28.0、残高 11.0 厘米（图一八二，6）；F31:56，敞口，厚尖圆唇，直腹，平底，颈饰横压竖排之字纹，附加堆纹带饰网格纹，腹饰竖压横排之字纹，口径 19.0、底径 12.7、高 26.5 厘米（图一八二，7；图版九四，2）。

B V 式直腹罐 1 件，F31:46，夹砂灰褐陶，小喇叭口，尖圆唇，直腹，平底，颈饰弦纹数周、附压 Da3 型锯齿形几何纹，附加堆纹带饰网格纹，腹饰竖压横排之字纹，口径 42.0、底径 22.5、高 56.5 厘米（图一八三，1；图版一一九，1）。

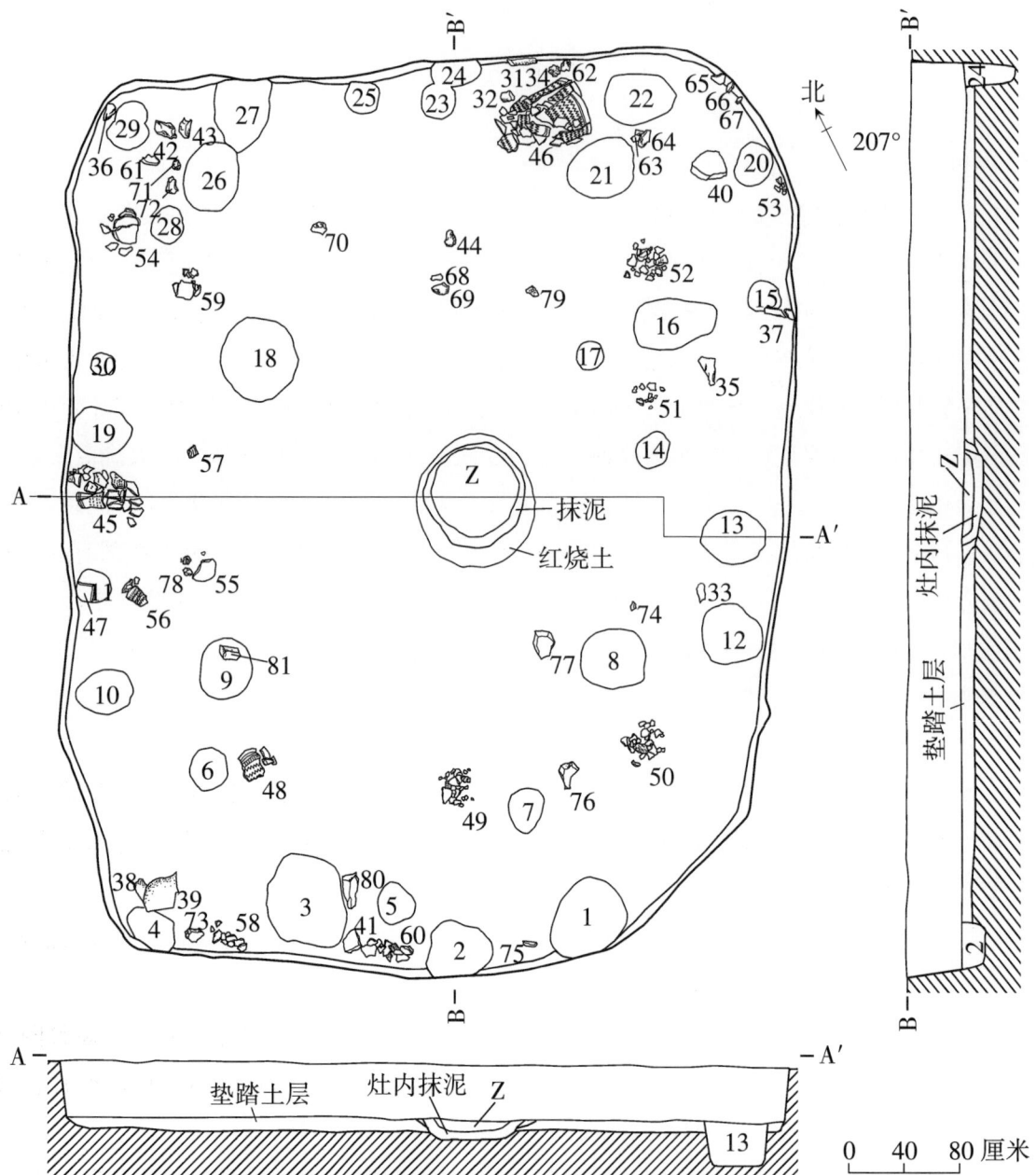

图一八一　F31 平、剖面图

1~30. 柱洞　31~33. 磨棒　34、57、77. 敲砸器　35、81. 铲形石器　36、37. F 型双孔盘状
铲形石器　38、63. 石斧　39. 磨盘　40、43、44、47. 砺石　41、42、62、64~76、78~80. 石料
45、46、48、51、52、56. 直腹罐　49、50、60. 鼓腹罐　53、55、58. 陶片　54. 直腹罐口沿
59、61. 直腹罐罐底　Z. 灶址

直腹罐腹部残片 3 件。夹砂红褐陶 2 件，F31：53，饰横排人字纹，残长 12.6、厚 1 厘米
（图一八三，2）；F31：58，饰人字纹。夹砂灰褐陶 1 件，F31：55，饰竖压横排之字纹。

直腹罐罐底 2 件，皆夹砂红褐陶。F31：59，微凹平底；F31：61，平底。

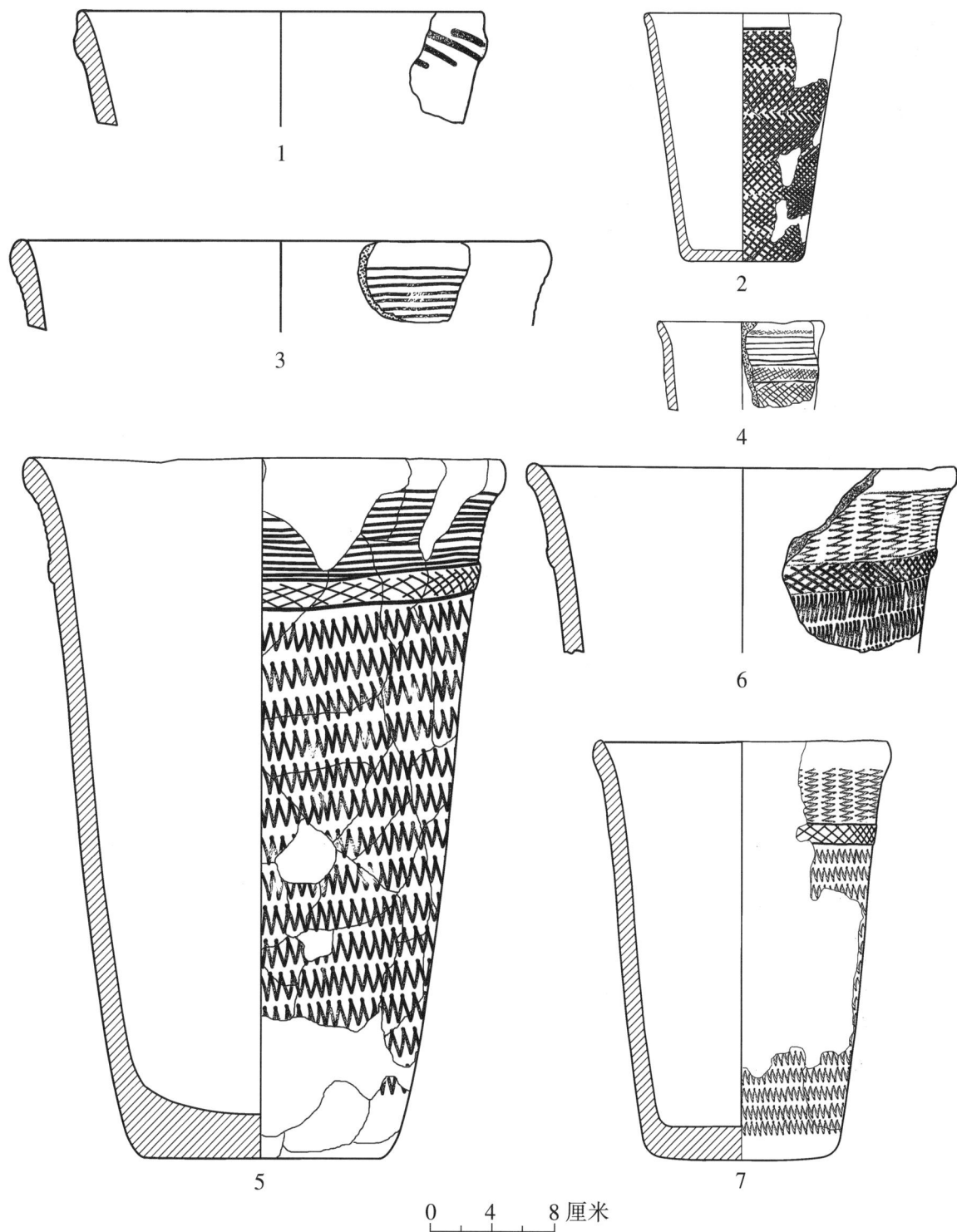

图一八二　F31 陶器（1～3、5～7. 居住面出土　4. 堆积层出土）

1. BⅠ式直腹罐口沿（F31:54）　　2、3. BⅢ式直腹罐（F31:52、F31:51）

4～7. BⅣ式直腹罐（F31①:1、F31:45、F31:48、F31:56）

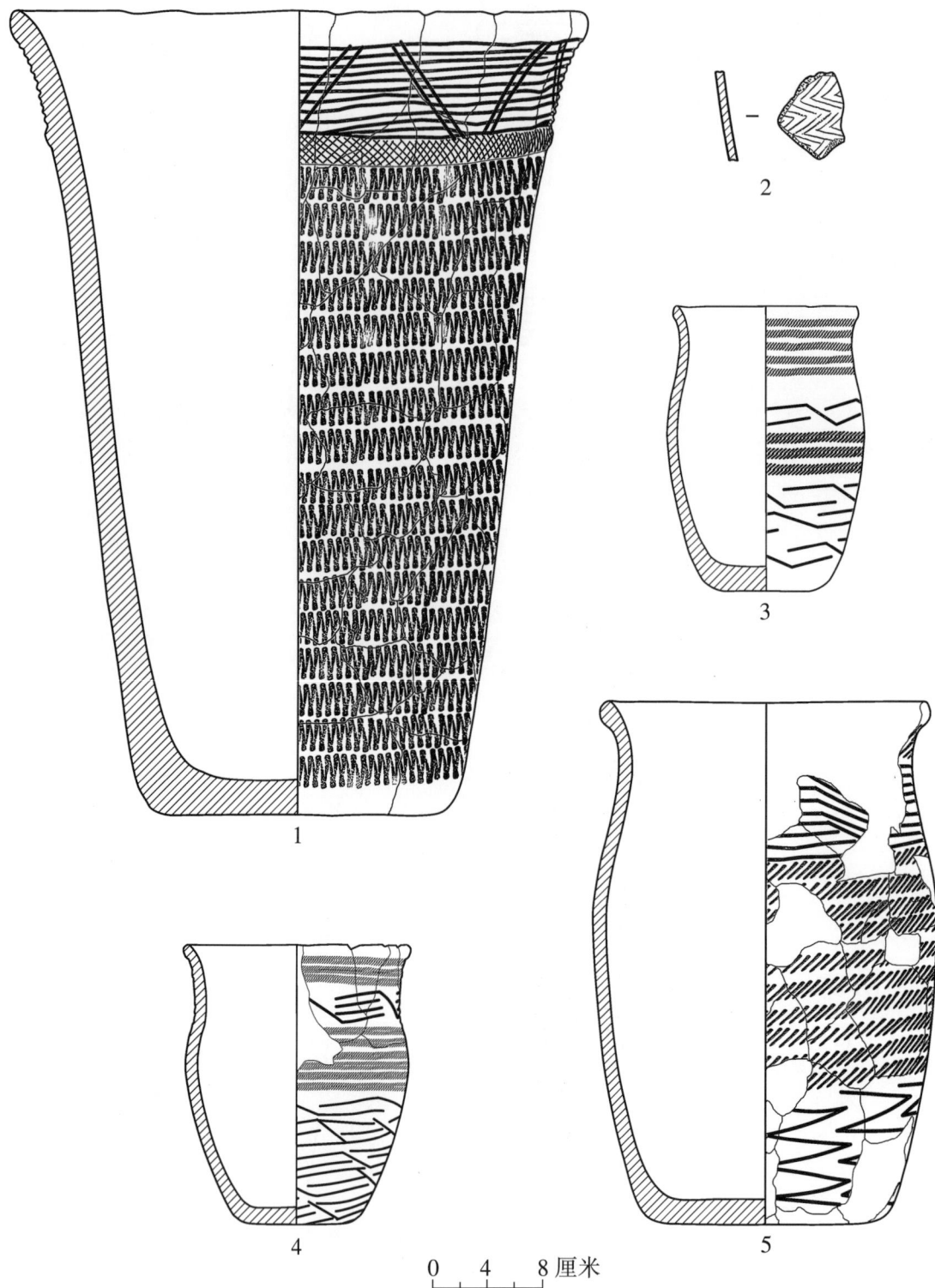

图一八三　F31 陶器（居住面出土）

1. B Ⅴ式直腹罐（F31∶46）　2. 直腹罐腹部残片（F31∶53）　3. C Ⅱ式鼓腹罐（F31∶49）

4. C Ⅳ式鼓腹罐（F31∶50）　5. C Ⅲ式鼓腹罐（F31∶60）

CⅡ式鼓腹罐 1 件，F31：49，夹砂灰褐陶，侈敞口，厚尖圆唇，束颈，鼓腹，微凹平底，颈饰左斜线纹 5 周，肩饰 Ba1 型 F 形几何纹，腹饰左斜线纹 3 周、Ba1 型 F 形几何纹，口径 13.5、底径 8.8、高 20.2 厘米（图一八三，3；图版一三八，1）。

CⅢ式鼓腹罐 1 件，F31：60，夹砂灰褐陶，火候不匀，侈敞口，圆唇，束颈，鼓腹，平底，颈饰左斜线纹、Ba2 型 F 形几何纹，腹饰左斜线纹、Db 型锯齿形几何纹，口径 24.0、腹直径 25.5、底径 18.0、高 37.0 厘米（图一八三，5；图版一四二，2）。

CⅣ式鼓腹罐 1 件，F31：50，夹砂灰褐陶，侈敞口，圆唇，束颈，显肩，鼓腹，平底，颈饰左斜线纹 3 周、Ba3 型 F 形几何纹，腹饰左斜线纹 6 周、Ba2 型 F 形几何纹，口径 16.5、腹直径 15.5、底径 8.75、高 19.7 厘米（图一八三，4；图版一四五，3）。

（2）石器 36 件。A 型石斧 1 件，C 型石斧 1 件，Aa 型铲形石器 1 件，Ba 型铲形石器 1 件，F 型双孔盘状铲形石器 2 件，Aa 型磨棒 1 件，Ab 型磨棒 1 件，D 型磨棒 1 件，A 型磨盘 1 件，砺石 4 件，敲砸器 3 件，石料 19 件（参见附表 15　查海遗址房址居住面出土石器型式统计一览表）。

A 型石斧 1 件，F31：63，深灰色油质页岩，通体磨光，扁圆体，弧顶，弧刃，正锋，长 9.92、刃宽 6.33、厚 2.4 厘米（图一八四，1；图版一六四，5）。

C 型石斧 1 件，F31：38，残，浅灰色石灰岩，打制，长扁平体，顶部残断，弧刃，正锋，刃部有崩疤，残长 20.1、刃宽 7.8、厚 3.6 厘米（图一八四，2；图版一七一，3）。

Aa 型铲形石器 1 件，F31：81，浅灰色花岗岩，打制，扁薄体，直柄，圆身，弧刃，有崩疤，长 11.7、刃宽 8.2、厚 1.2 厘米（图一八四，4）。

Ba 型铲形石器 1 件，F31：35，浅灰色石灰岩，打制，扁体，窄长柄，不显肩，弧刃，有崩疤，通长 20.3、刃宽 12.0、厚 5.0 厘米（图一八四，3；图版一七八，5）。

F 型双孔盘状铲形石器 2 件，皆刃部残片，深灰色页岩，器身扁平，双孔，弧刃，有崩疤。F31：36，打琢，长 15.8、刃宽 9.4、厚 2.0 厘米（图一八四，5）；F31：37，打制，长 22.6、宽 7.7、厚 1.6 厘米（图一八四，6）。

Aa 型磨棒 1 件，F31：31，黄色花岗岩，琢制，圆柱体，直径 5.1、长 22.3 厘米（图一八四，8；图版二一三，7）。

Ab 型磨棒 1 件，F31：32，残段，黄白色花岗岩，琢制，圆柱体，直径 8.0、残长 14.6 厘米（图一八四，12）。

D 型磨棒 1 件，F31：33，残段，黄白色花岗岩，琢制，椭圆柱体，直径 4.3～5.75、残长 12.26 厘米（图一八四，11）。

A 型磨盘 1 件，F31：39，残，浅黄色花岗岩，琢制，圆角长方形，扁平体，凹磨面，残长 25.4、宽 25.0、厚 5.8 厘米（图一八四，7；图版二〇六，2）。

砺石 4 件。黄白色石灰岩 1 件，F31：44，残，椭圆扁体，三个凹磨面，长 12.0、残宽 8.2、

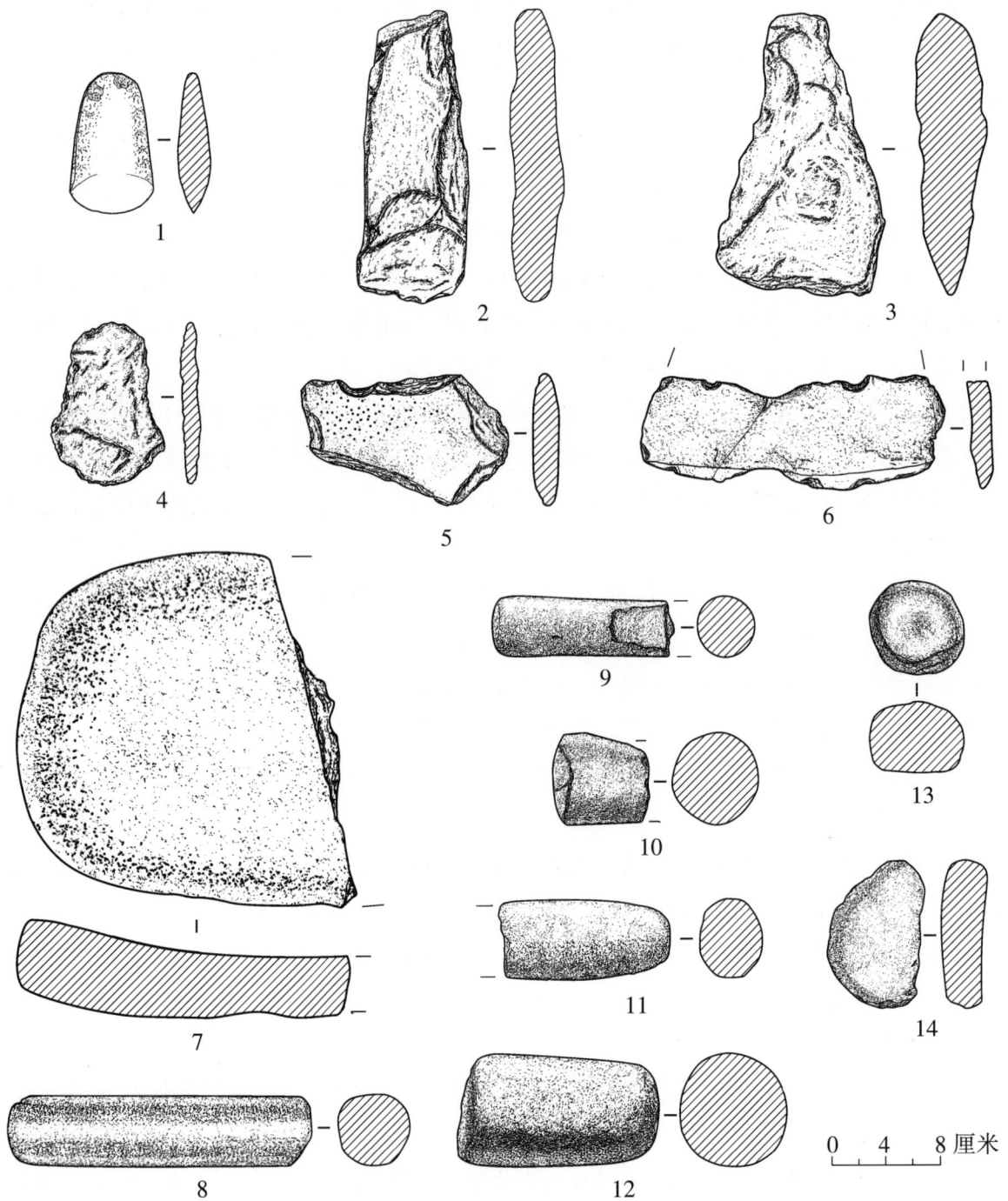

图一八四　F31 石器

（1～8、11、12. 居住面出土　9、10、13、14. 堆积层出土）

1. A 型石斧（F31:63）　2. C 型石斧（F31:38）　3. Ba 型铲形石器（F31:35）　4. Aa 型铲形石器（F31:81）　5、6. F 型双孔盘状铲形石器残片（F31:36、F31:37）　7. A 型磨盘（F31:39）　8～10. Aa 型磨棒（F31:31、F31①:2、F31①:3）　11. D 型磨棒（F31:33）　12. Ab 型磨棒（F31:32）　13. A 型研磨器（F31①:10）　14. Bc 型饼形器（F31①:5）

厚 3.7 厘米（图一八五，5；图版二二四，3）。花岗岩 3 件，F31：40，棕红色，形状不规则，一平一凹双磨面，长 30.0、宽 22.4、厚 4.5 厘米（图一八五，1；图版二二四，1）；F31：43，黄色，自然石块，形状不规则，三平一凹多磨面，长 13.7、宽 10.0、厚 6.7 厘米（图一八五，3；图版二二四，2）；F31：47，11 号柱洞出土，黄色，椭圆形，双磨面，长 20.0、宽 14.4、厚 6.1 厘米（图一八五，2）。

敲砸器 3 件，皆石英岩自然石块。F31：34，浅黄色，球状多棱体，棱角敲砸痕迹明显，直径 8.8、厚 7.3 厘米（图一八五，10）；F31：57，浅灰色，扁圆多棱体，棱角敲击点，长 6.4、宽 6.2、厚 2.9 厘米（图一八五，13）；F31：77，黄白色，不规则，多棱体，棱边角敲击点，长 6.6、宽 6.0、厚 5.0 厘米（图一八五，11）。

石料 19 件。石英岩 2 件，F31：62，灰色；F31：74，灰褐色。棕红色花岗岩 16 件，F31：42，长 24.0、宽 14.6、厚 11.2 厘米（图一八五，6）；F31：69，长 9.0、宽 4.2、厚 3.4 厘米（图一八五，7）；F31：64；F31：65；F31：67；F31：68；F31：70～73；F31：75～80。黄白色花岗岩 1 件，F31：66。

室内堆积层遗物

（1）陶器 1 件，BⅣ式直腹罐 1 件。陶片 77 片（见附表 2 房址出土陶片统计表）。

BⅣ式直腹罐 1 件，F31①：1，夹砂红褐陶，口部残片，敞口，厚圆唇，颈饰不规整弦纹，附加堆纹带饰网格纹，腹饰网格纹，口径 10.8、残高 5.46、厚 0.6 厘米（图一八二，4）。

（2）石器 10 件。Bc 型饼形器 1 件，Aa 型磨棒 2 件，A 型研磨器 1 件，砺石 1 件，敲砸器 2 件，石料 3 件（参见附表 16 查海遗址房址堆积层出土石器型式统计一览表）。

Bc 型饼形器 1 件，F31①：5，残，黄色花岗岩，琢磨，椭圆扁平体，残长 10.61、残宽 6.76、厚 2.9 厘米（图一八四，14）。

Aa 型磨棒 2 件，皆残段，花岗岩，琢制，圆柱体。F31①：2，浅灰色，直径 4.4、残长 13.4 厘米（图一八四，9）；F31①：3，褐色，直径 6.6、残长 7.0 厘米（图一八四，10）。

A 型研磨器 1 件，F31①：10，浅灰色花岗岩，琢制，扁圆体，单平磨面，直径 6.9、厚 5.0 厘米（图一八四，13；图版二二八，4）。

砺石 1 件，F31①：8，棕红色花岗岩自然石块，不规则，扁体，微凹磨面，长 22.8、宽 19.0、厚 8.6 厘米（图一八五，4；图版二二四，4）。

敲砸器 2 件，皆浅白色石英岩自然石块，多棱体，棱角敲击点。F31①：6，长 8.0、宽 6.0、厚 5.6 厘米（图一八五，12；图版二四八，5）；F31①：7，长 7.7、宽 6.0、厚 4.4 厘米（图一八五，9）。

石料 3 件，F31①：4，灰色石英岩；F31①：9，浅黄色花岗岩；F31①：11，浅灰色石英岩，长 7.0、宽 5.6、厚 1.9 厘米（图一八五，8）。

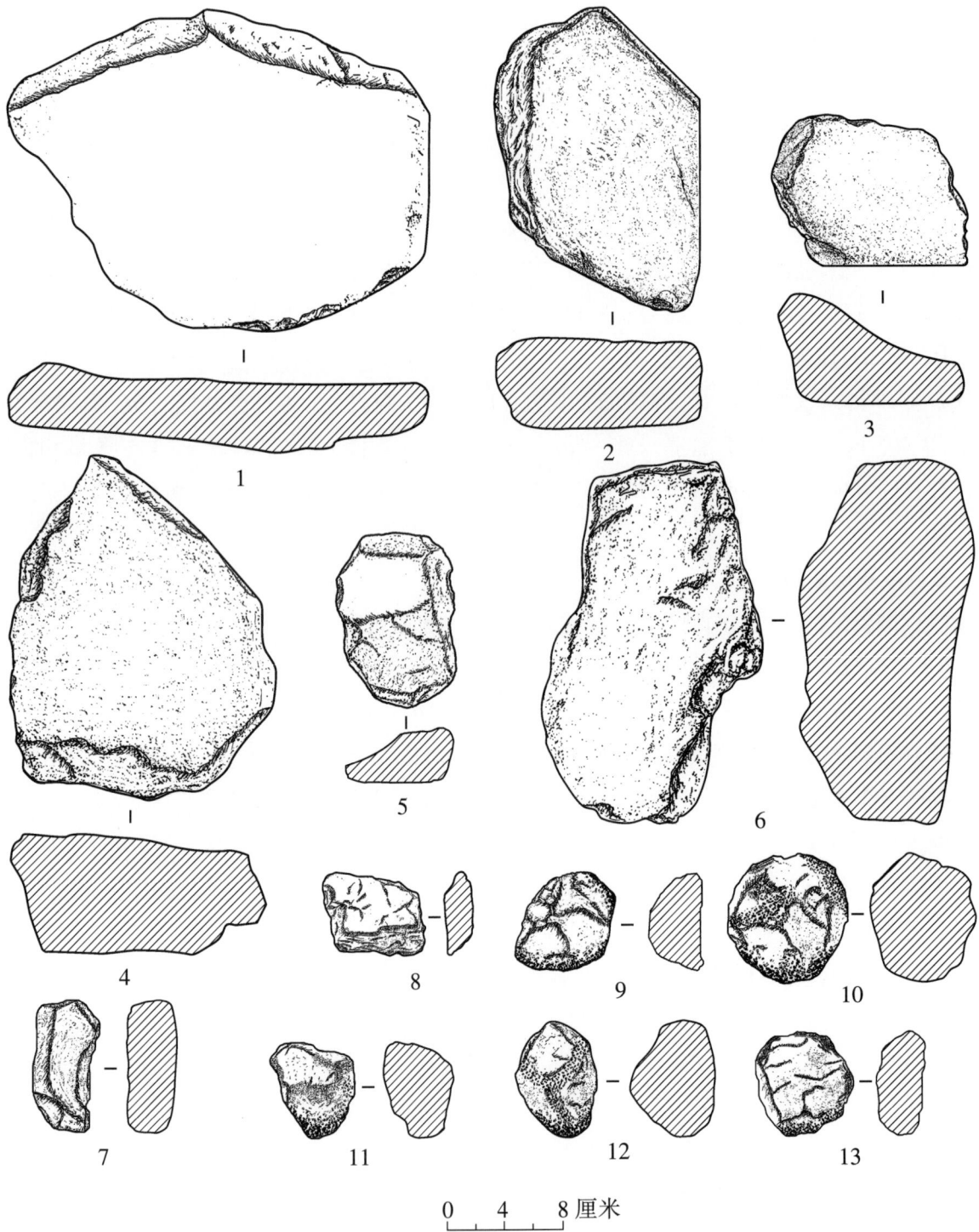

图一八五　F31 石器

（1～3、5～7、10、11、13. 居住面出土　　4、8、9、12. 堆积层出土）

1～5. 砺石（F31:40、F31:47、F31:43、F31①:8、F31:44）　　6～8. 石料（F31:42、F31:69、F31①:11）

9～13. 敲砸器（F31①:7、F31:34、F31:77、F31①:6、F31:57）

三二　32号房址（F32）

1. 遗迹

F32位于遗址西北部，被H25打破，北与F33，南与F30、F27成列；西与F38、F26，东与F36、F43、F48、F55、F49成排。方向180°。面积约45.15平方米，是一座中型二层台式半地穴房址。平面呈圆角方形，南北7.1、东西6.36米，中心垂直深度0.64米。房址挖凿于黄色生土层及基岩层内，四壁的上缘、下缘局部不规整，尤其是北壁整体弯曲外弧，壁面稍加修整斜平。室内北部及东南角有不规整的二层台，基岩台面较平坦，台边不规整，外凸内凹。北侧二层台台面宽0.5～1.5米，台高0.15米。东南角二层台台面呈斜坡状，宽0.2～0.6米，台高0～0.12米。二层台下居住面为黑色垫踏土，土质坚硬，厚约0.05～0.1米。灶位于室内中部，圆形坑式灶，灶口与居住面一平，灶底北高南低，铺摆石块，灶内抹泥厚0.05～0.10米，经火烧后，灶内壁呈暗红色。灶口直径为0.96，灶底直径0.76，灶深0.085米。室内共发现31个大小深浅不一的柱洞，形状有圆形、椭圆形及不规则形，皆凿于基岩内，剖面均为锥柱体。这些柱洞分内、外两圈布置。外圈23个柱洞靠四壁和四角分布：北壁5个（编号14～18），南壁1个（编号3），西北角2个（编号13，31），东北角2个（编号19，20），东南角5个（编号1，2，23，24，25），西南角8个（编号4～9，29，30）。其中2，5，7，9，24，25号柱洞紧靠穴壁，可能为主柱洞，1，23，6，8，29，30可能为附属柱洞。内圈8个柱洞编号分别为10、11、12、21、22、26、27、28，间距不等，绕灶分布，距灶0.8～1.8米。其中11，21号可能为附属柱洞（详见附表22-25　F32柱洞一览表）。室内遗物有石器、陶器及粉蚀的鹿角、鹿齿，不明种属骨骼残块（图版二七九，3、4），木炭等（图版二八九，4）。主要分布在东南及西北部，西部有零星发现。（图一八六；图版二五、二六）。

2. 遗物

室内居住面遗物

（1）陶器27件。AⅠ式斜腹罐3件，AⅡ式斜腹罐1件，AⅣ式斜腹罐1件，BⅠ式直腹罐3件，BⅡ式直腹罐1件，BⅢ式直腹罐9件，直腹罐腹部残片4件，直腹罐罐底2件，小鼓腹罐口沿2件，Cb型杯1件（参见附表7　查海遗址房址活动面出土陶器型式统计表）。

AⅠ式斜腹罐3件，皆夹砂红褐陶，口部残片。F32：41，敞口，厚尖圆唇，外叠宽带沿饰竖排人字纹，口径37.0、残高7.0厘米（图一八七，2）；F32：98，尖圆唇，外叠宽带沿饰右斜线纹，素身，口径22.0、残高11.2厘米（图一八七，1）；F32：99，圆唇，近口附加堆纹带饰窝点纹，素身，口径26.0、残高9.2厘米（图一八七，3）。

AⅡ式斜腹罐1件，F32：43，夹砂红褐陶，口沿残片，外叠宽带沿饰右斜线纹，腹饰窝点纹，口径26.0、残高7.94厘米（图一八七，4）。

AⅣ式斜腹罐1件，F32：42，夹砂红褐陶，上部残，斜腹，微凹平底，素面，三个锔孔，腹部

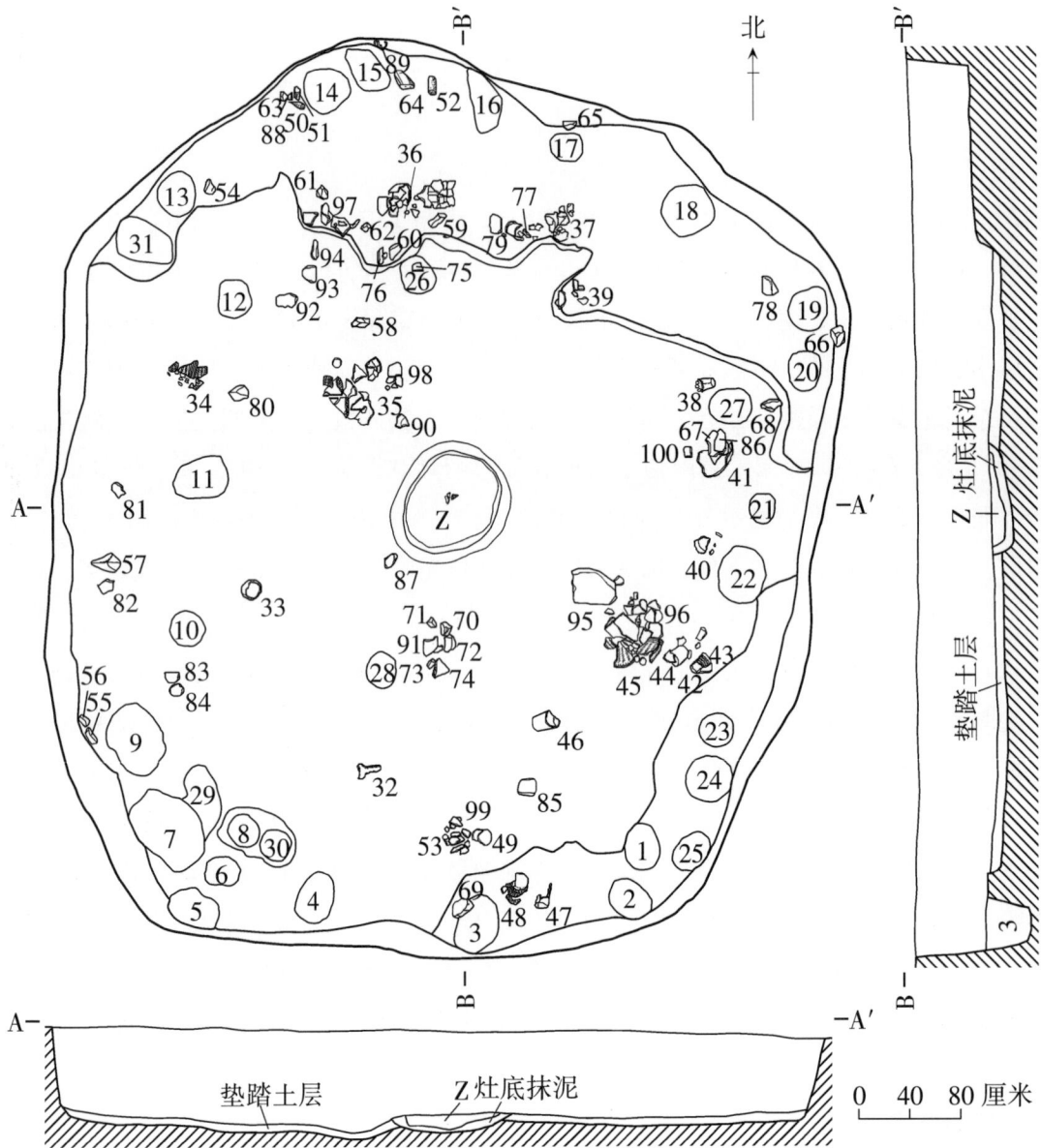

图一八六　F32 平、剖面图

1～31. 柱洞　32. 鹿角　33、35. 直腹罐　34、38、40、46、47、90. 直腹罐底　36. 研磨器
37、45、48、91、92、93、96、97. 直腹罐口沿　39、43、89、94、100. 陶片　41、98、99. 斜腹
罐口沿　42. 斜腹罐底　44. 直腹罐　49. 杯　50～52、63. 磨棒　53、81、84、86、87. 铲形石器
54. 石斧　55、62、67、78. 敲砸器　56～61、64、65、70、71、73、75、95. 石料　66、68、72、
76、77. 砺石　69、85. 砧石　74. 磨盘　79、80、82、83 石刀　88、89. 小鼓腹罐口沿　Z. 灶址

贴饰有乳钉，底径 15.5、残高 25.5 厘米（图一八七，5）。

　　BⅠ式直腹罐 3 件，皆夹砂红褐陶。F32：35，敞口，圆唇，直腹，微凹平底，外叠宽带沿饰右斜线纹，素身，口径 18.5、底径 10.5、高 23.5 厘米（图一八七，6；图版七〇，3）；F32：47，底部，直腹，微凹平底，素面，底径 11.5、残高 11.6 厘米（图一八七，7）；F32：90，底部，素面，

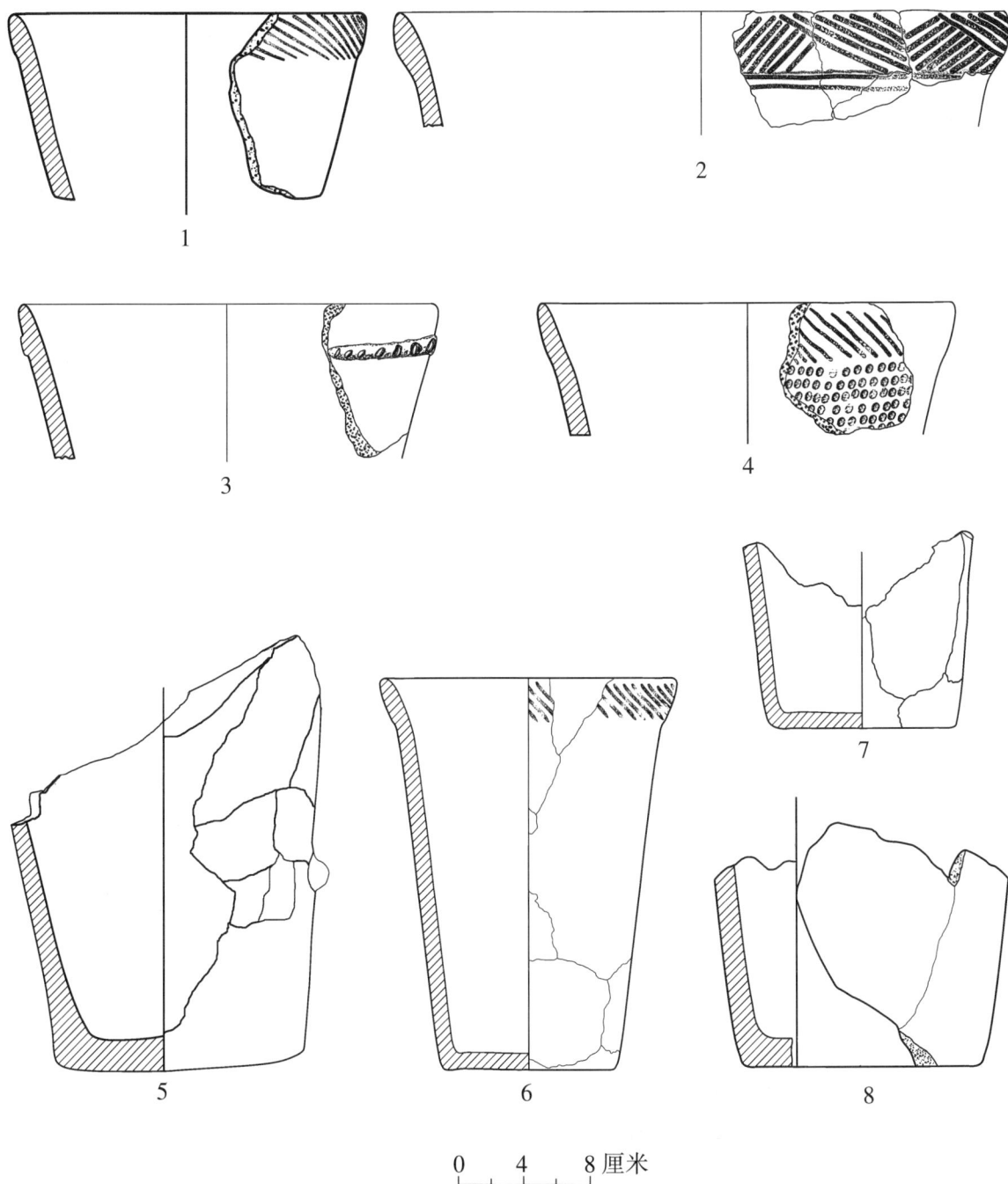

图一八七　F32 陶器（居住面出土）

1~3. AⅠ式斜腹罐（F32:98、F32:41、F32:99）　4. AⅡ式斜腹罐（F32:43）

5. AⅣ式斜腹罐（F32:42）　6~8. BⅠ式直腹罐（F32:35、F32:47、F32:90）

平底，底径15.0、残高14.8厘米（图一八七，8）。

BⅡ式直腹罐1件，F32:48，夹砂红褐陶，直敞口，圆尖唇，外叠宽带沿饰右斜线纹，腹饰窝点纹，口径22.0、残高11.4、厚1厘米（图一八八，1；图版七一，4）。

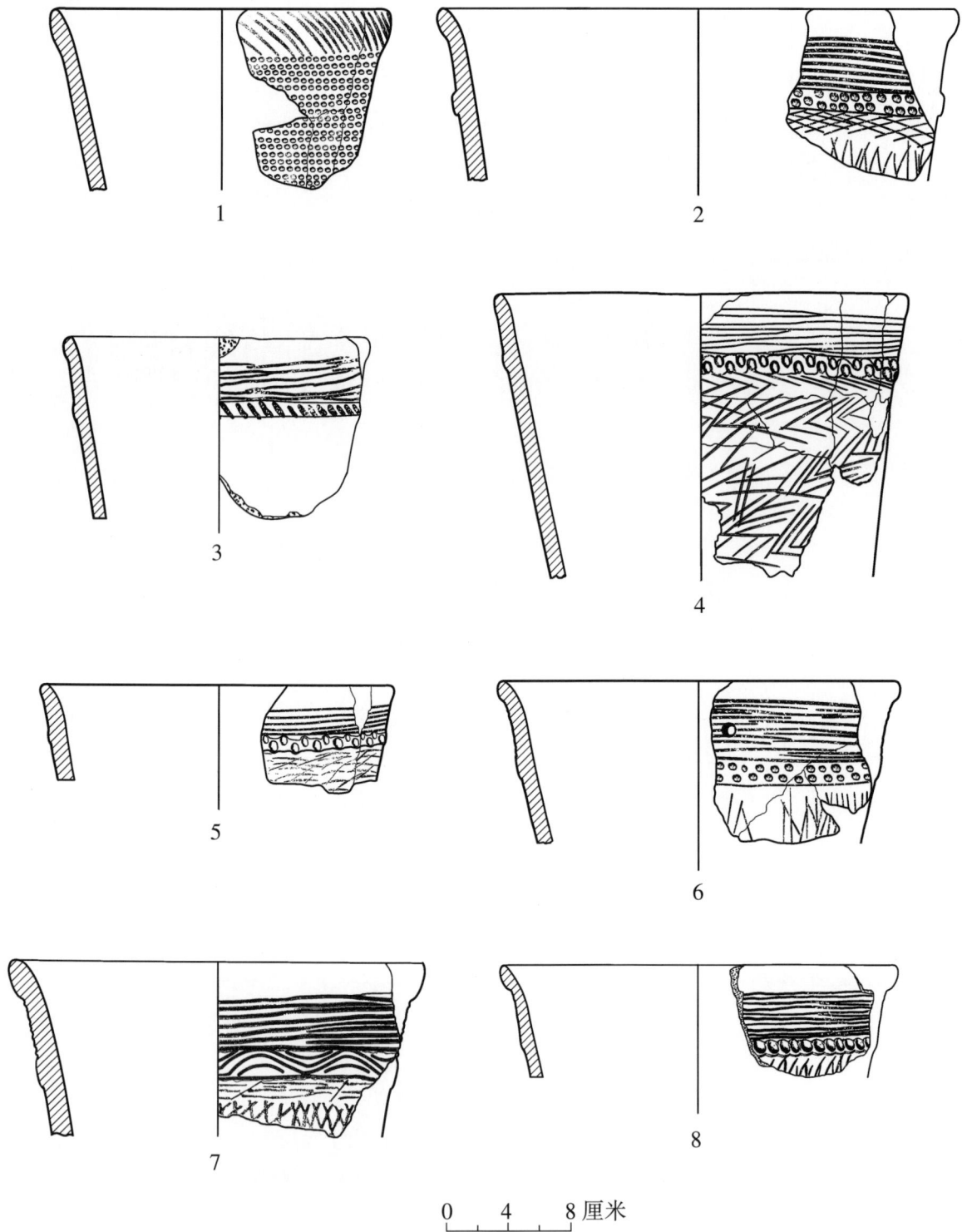

图一八八　F32 陶器（1～7. 居住面出土　8. 堆积层出土）

1. BⅡ式直腹罐（F32：48）　2～8. BⅢ式直腹罐（F32：93、F32：96、F32：37、F32：92、F32：97、F32：91、F32①：53）

BⅢ式直腹罐9件，皆夹砂红褐陶。F32:37，口部残片，直敞口，圆唇，颈饰弦纹，指压窄凸附加堆纹带，腹饰草划交叉纹，口径27.2、残高18.8厘米（图一八八，4）；F32:33，罐底，直腹，微凹平底，腹饰草划网格纹，近底饰断弦纹，底径13.0、残高12.0厘米（图一八九，1）；F32:34，罐底，直腹，平底，腹饰竖排交叉划纹，底径13.0、残高5.3厘米（图一八九，2）；F32:38，罐底，直腹，平底，腹饰不规整短划线纹到底，底径12.5、残高15.8厘米（图一八九，3）；F32:91，敞口，厚圆唇，颈饰弦纹数周，附加堆纹带饰Ea型波曲形几何纹，下饰断弦纹，腹饰交叉划纹，口径27.0、残高11.2厘米（图一八八，7）；F32:92，口沿，直口，厚圆唇，颈饰弦纹数周，指压附加堆纹带，腹饰草划交叉纹，口径23.0、残高6.9厘米（图一八八，5）；F32:93，口部残片，敞口，厚尖圆唇，直腹，颈饰弦纹数周，附加堆纹带饰窝点纹，腹饰网格纹，口径34.0、残高11.0厘米（图一八八，2）；F32:96，口部残片，厚圆唇，颈饰弦纹，附加堆纹带饰右斜线纹，腹部素面，口径20.0、残高11.66厘米（图一八八，3）；F32:97，口部，敞口，厚圆唇，颈饰弦纹数周，附加堆纹带饰窝点纹，腹饰交叉划纹，有铜孔，口径26.0、残高10.4厘米（图一八八，6）。

直腹罐腹部残片4件，皆夹砂红褐陶。F32:39，腹饰草划交叉划纹，残高10、厚0.8厘米（图一九〇，2）；F32:45，颈饰弦纹，附加堆纹带饰窝点纹，腹饰短横线纹，残高32.2厘米（图一九〇，4）；F32:94，饰交叉划纹，残高9.84、厚0.8厘米（图一九〇，3）；F32:100，贴塑"类动物造像"局部，残高8.7、厚1厘米（图一九〇，1；图版一六一，1）。

直腹罐罐底2件，皆夹砂红褐陶。F32:40，直腹，平底，素面，底径12.6、残高7.0厘米（图一九〇，6）；F32:46，平底，底径13.5、残高3.2厘米（图一九〇，5）。

小鼓腹罐2件，皆夹砂红褐陶，口部残片，外撇口，尖唇，素面，口部贴饰乳钉。F32:88，残高7.18厘米（图一九〇，8）；F32:89，残高5.92、厚0.8厘米（图一九〇，7）。

Cb型杯1件，F32:49，夹砂红褐陶，器口灰褐色斑，敞口，薄圆唇，直腹，平底，素面，口径11.2、底径6.0、高11.2、壁厚0.7厘米（图一九〇，12；图版一五六，3）。

（2）石器39件。B型石斧1件，A型石刀1件，B型石刀1件，D型石刀2件，Cb型铲形石器1件，铲形石器残片4件，Aa型磨棒1件，C型磨棒2件，D型磨棒1件，A型磨盘1件，砺石5件，有窝石器2件，敲砸器4件，石料13件（参见附表15　查海遗址房址居住面出土石器型式统计一览表）。

B型石斧1件，F32:54，灰色页岩，磨制，扁圆体，残长8.7、宽6.3、厚2.7厘米（图一九一，1）。

A型石刀1件，F32:79，残，浅灰色石灰岩，打制，椭圆形，器身扁平，弧刃，刃部有崩痕，残长13.0、宽8.6、厚1.6厘米（图一九一，4；图版一九三，1）。

B型石刀1件，F32:83，红褐色页岩，打制，截面呈三角形，弧背，直刃，刃部精细修理，较锋利，长7.0、刃部宽10.0、厚2.2厘米（图一九一，3；图版一九三，6）。

D型石刀2件，F32:80，灰色页岩自然石片，两薄边为刃，有使用崩痕，长14.6、宽11.5、

图一八九　F32 陶器（1～3. 居住面出土　4～11. 堆积层出土）

1～3. BⅢ式直腹罐（F32:33、F32:34、F32:38）　4、5、9. BⅣ式直腹罐口沿（F32①:51、F32①:59、F32①:55）　6、7. BⅤ式直腹罐（F32①:58、F32①:50）　8. BⅥ式直腹罐（F32①:49）　10、11. 直腹罐罐底（F32①:42、F32①:48）

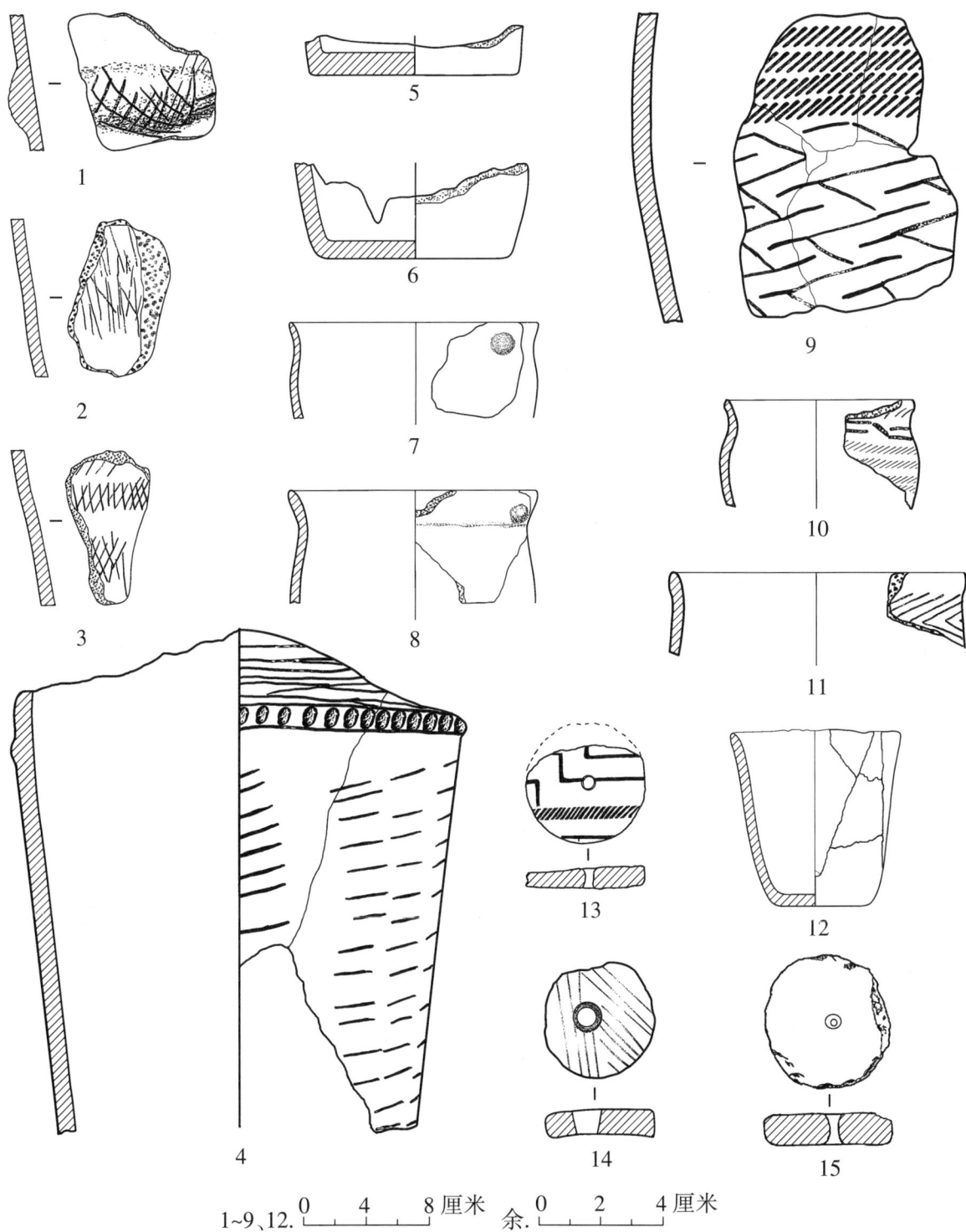

图一九〇　F32 陶器（1～8、12. 居住面出土　9～11、13～15. 堆积层出土）

1～4. 直腹罐腹部残片（F32:100、F32:39、F32:94、F32:45）　　5、6. 直腹罐罐底（F32:46、F32:40）　　7、8、10. 小鼓腹罐（F32:89、F32:88、F32①:54）　　9. 鼓腹罐腹部残片（F32①:52）　11. 钵口沿（F32①:56）　　12. Cb 型杯（F32:49）　　13～15. A 型纺轮（F32①:2、F32①:32、F32①:1）

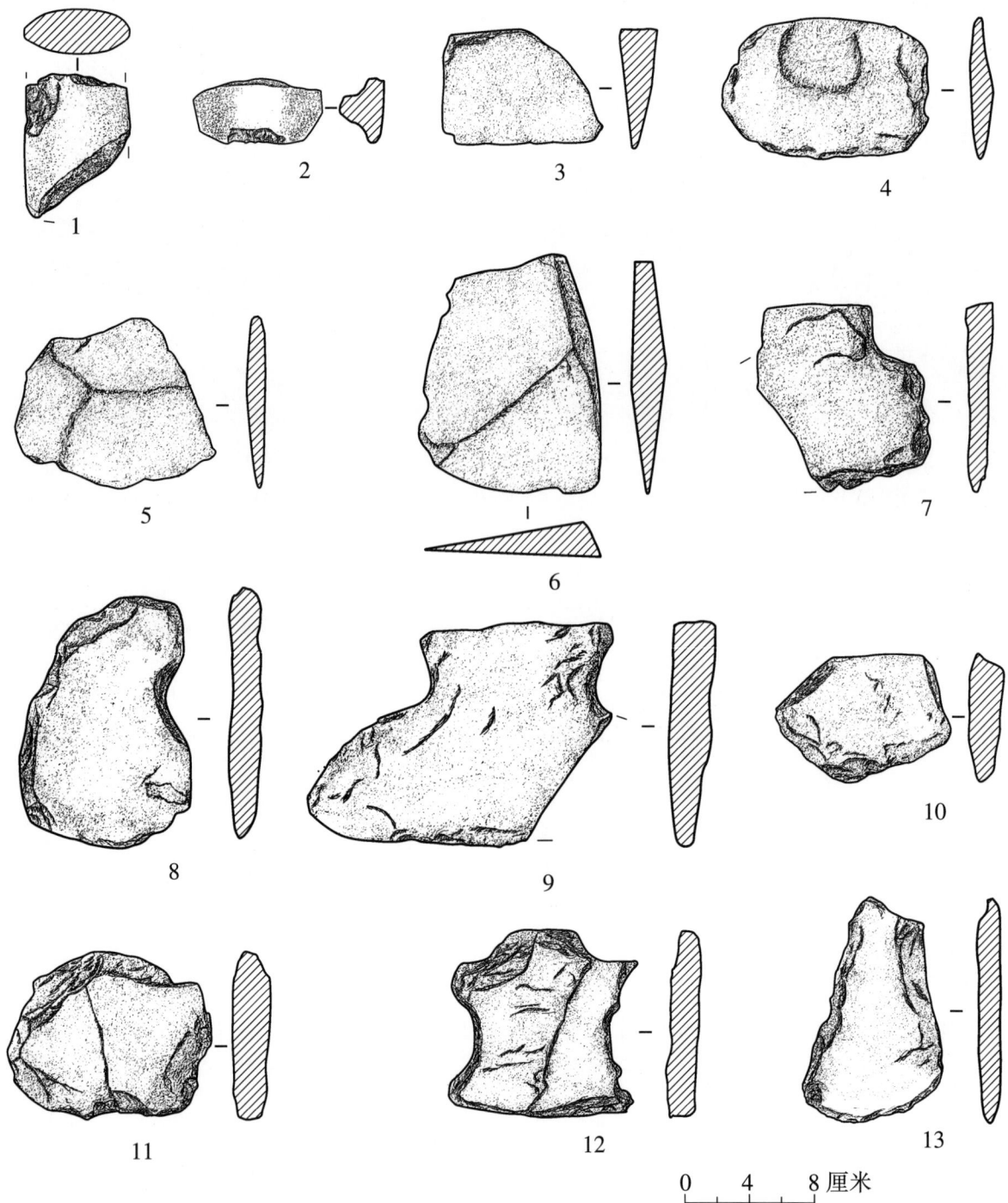

图一九一　F32 石器

（1、3～6、8、10～13. 居住面出土　2、7、9. 堆积层出土）

1. B 型石斧（F32:54）　2. 石斧残片（F32①:12）　3. B 型石刀（F32:83）　4. A 型石刀（F32:79）

5、6. D 型石刀（F32:82、F32:80）　7. Bb 型铲形石器（F32①:8）　8. Cb 型铲形石器（F32:86）

9. Db 型铲形石器（F32①:30）　10～13. 铲形石器残片（F32:81、F32:53、F32:84、F32:87）

厚 2.3 厘米（图一九一，6；图版一九五，2）；F32：82，灰色石灰岩自然石片，弧薄刃，锋利，有使用崩痕，残长 10.4、刃宽 12.3、厚 1.2 厘米（图一九一，5）。

Cb 型铲形石器 1 件，F32：86，棕红色玄武岩，弧刃，有崩疤，残长 10.9、刃残宽 15.3、厚 1.9 厘米（图一九一，8）。

铲形石器残片 4 件，F32：53，浅灰色石灰岩，打制，扁平体，弧刃，残长 12.7、刃宽 10.3、厚 2.3 厘米（图一九一，11）；F32：87，刃部残片，灰色页岩，琢磨，铲身扁平，弧刃，刃部的一面磨痕明显，长 13.8、刃宽 8.7、厚 1.4 厘米（图一九一，13）；F32：81，浅灰色石灰岩，打制，扁平体，磨痕明显，残长 7.9、残宽 11.0、厚 2.1 厘米（图一九一，10）；F32：84，灰绿色页岩，残长 11.5、残宽 11.0、厚 1.7 厘米（图一九一，12）。

Aa 型磨棒 1 件，F32：63，残块，黄色花岗岩，琢制，直径 5.3、残长 6.8 厘米（图一九二，8）。

C 型磨棒 2 件，皆残段，花岗岩，琢制。F32：50，浅黄色，圆多棱柱体，五个平磨面，直径 4.2~4.6、残长 7.4 厘米（图一九二，12）；F32：51，黄色，圆柱体，单平磨面，直径 4.4、残长 12.9 厘米（图一九二，13）。

D 型磨棒 1 件，F32：52，残段，黄色花岗岩，琢制，圆多棱柱体，双平磨面，直径 5.0~6.0、残长 12.0 厘米（图一九二，14）。

A 型磨盘 1 件，F32：74，残块，白色花岗岩，单磨面，残长 15.04、残宽 11.03、厚 5.2 厘米（图一九三，2）。

砺石 5 件，皆花岗岩自然石块。F32：66，浅黄色，单凹磨面，长 7.3、宽 4.5、厚 3.0 厘米（图一九三，4）；F32：68，棕红色，圆扁平体，双磨面，长 20.0、宽 14.4、厚 10.7 厘米（图一九三，3；图版二二四，5）；F32：72，棕红色，形状不规则，双磨面，长 11.08、宽 8.5、厚 6.5 厘米；F32：76，棕红色，长方体，四个磨面，长 14.7、宽 4.9、厚 3.6 厘米（图一九三，5）；F32：77，黄白色，单磨面，长 9.7、宽 3.1、厚 1.9 厘米（图一九三，6）。

有窝石器 2 件，皆棕红色花岗岩。F32：69，形状不规则，单面有砧窝，长 16.73、宽 11.75、厚 8.6 厘米（图一九三，8；图版二三五，2）；F32：85，方体，双磨面，双面有砧窝，长 12.0、宽 10.43、厚 11.0 厘米（图一九三，7；图版二三五，1）。

敲砸器 4 件。浅灰色石英岩自然石块 3 件，F32：55，多棱角，一侧棱角敲砸痕迹明显，长 7.4、宽 4.4、厚 4.2 厘米（图一九四，1）；F32：67，圆形多棱体，棱角敲击点，长 5.47、宽 5.47、厚 4.8 厘米；F32：78，扁圆棱体，敲砸痕迹集中在周边棱角处。棕红色花岗岩自然石块 1 件，F32：62，长方多棱体，棱边角敲击点，长 6.48、宽 6.05、厚 3.0 厘米。

石料 13 件，F32：56，棕红色花岗岩自然石块，长方体，长 23.8、宽 13.2、厚 10.6 厘米（图一九三，11）；F32：57，绿色页岩；F32：58，灰褐色花岗岩；F32：59，红褐色花岗岩；F32：60，石英岩石块；F32：61，棕红色花岗岩；F32：64，灰紫色石英岩；F32：65，浅灰色花岗岩；F32：70，棕红色花岗岩；F32：71，棕红色花岗岩；F32：73，花岗岩，近长方体；F32：75，灰黑色花岗岩；F32：95，浅灰色页岩。

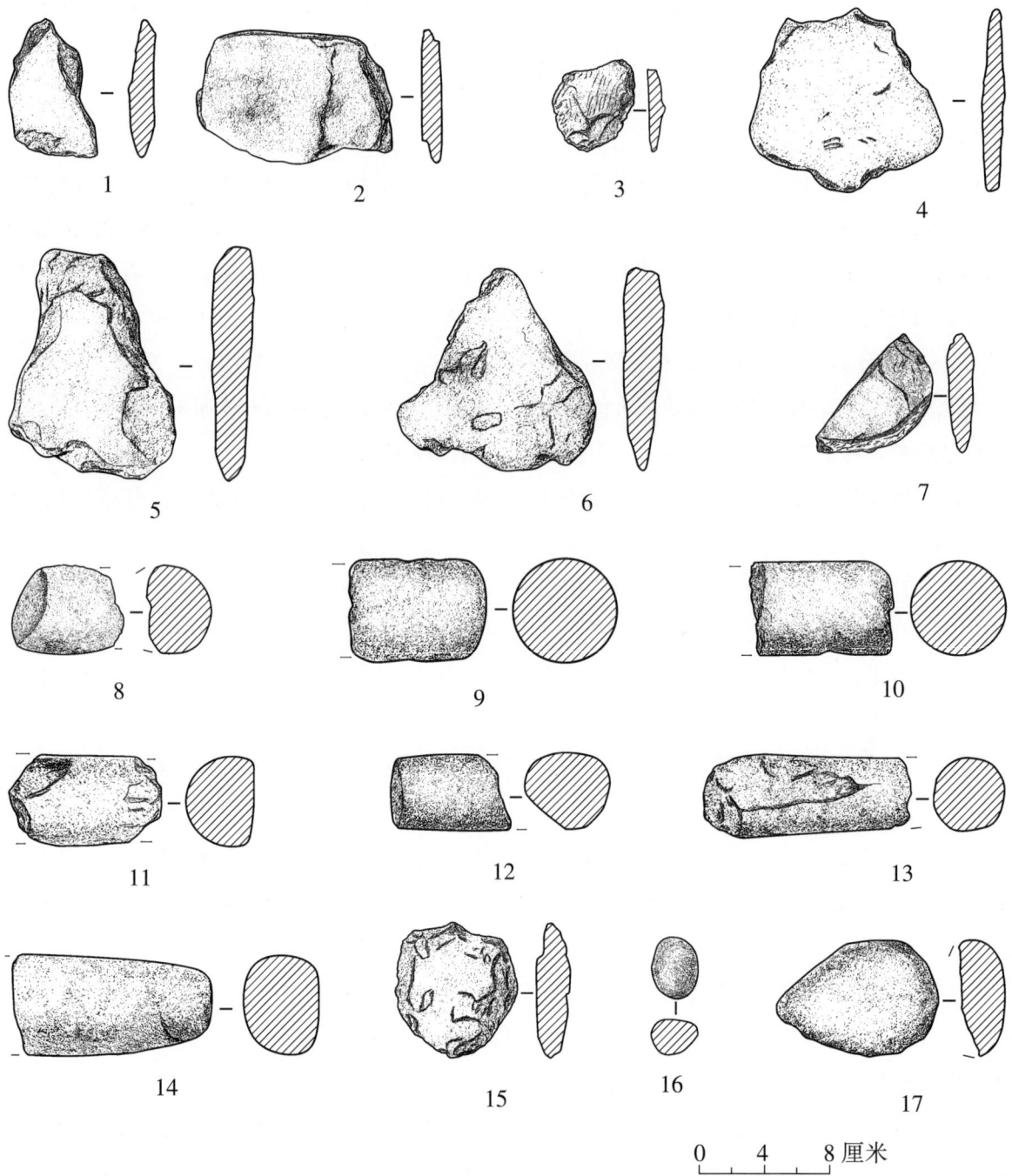

图一九二　F32 石器

（1~7、9~11、15~17. 堆积层出土　　8、12~14. 居住面出土）

1~7. 铲形石器残片（F32①:13、F32①:6、F32①:27、F32①:41、F32①:7、F32①:17、F32①:14）

8~10. Aa 型磨棒（F32:63、F32①:4、F32①:5）　　11. B 型磨棒（F32①:3）　　12、13. C 型磨棒

（F32:50、F32:51）　　14. D 型磨棒（F32:52）　　15. Bc 型饼形器（F32①:39）　　16、17. 石球

（F32①:38、F32①:33）

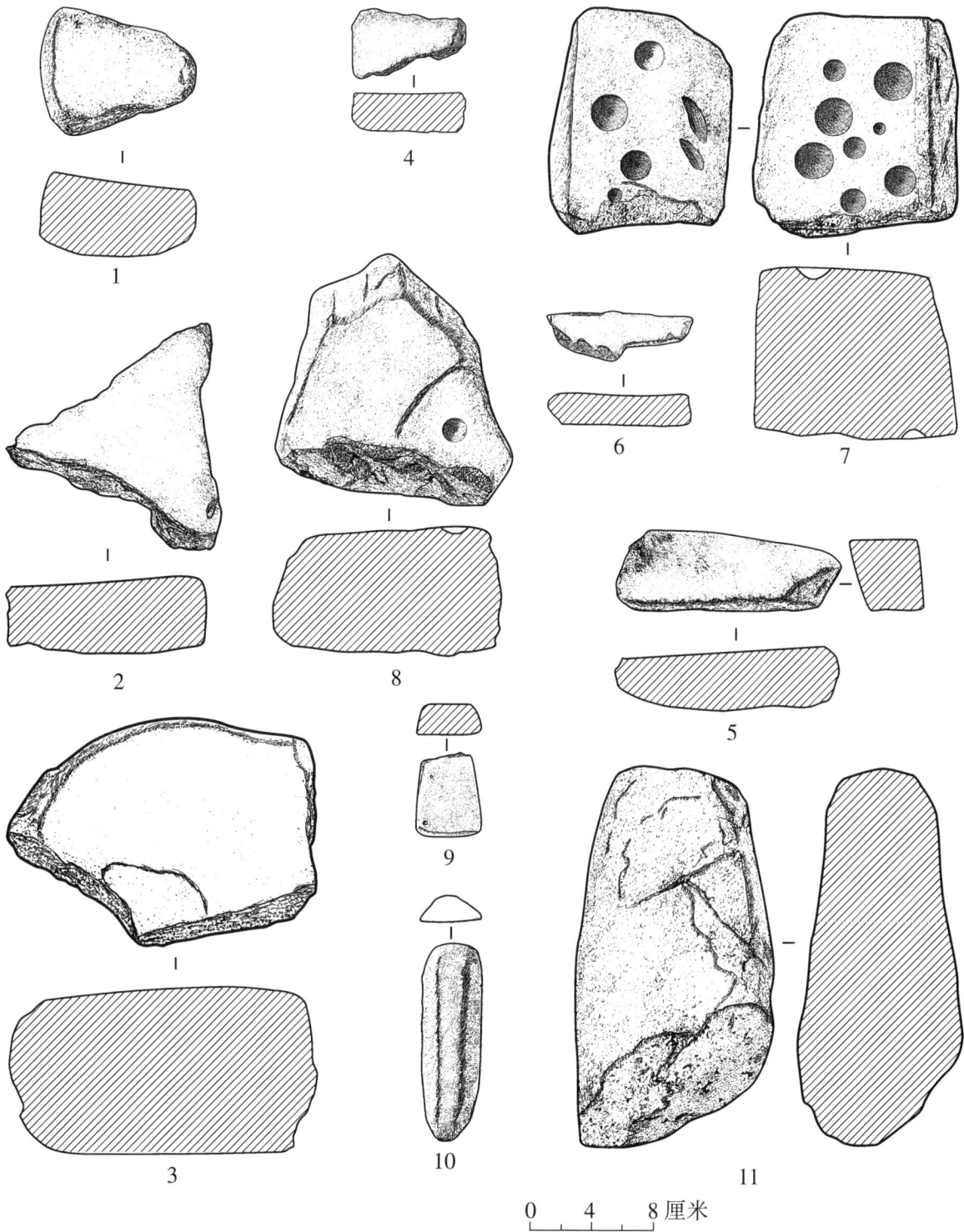

图一九三　F32 石器（1、9、10. 堆积层出土　2～8、11. 居住面出土）

1、2. A 型磨盘（F32①：16、F32：74）　　3～6. 砺石（F32：68、F32：66、F32：76、F32：77）

7、8. 有窝石器（F32：85、F32：69）　9. D 型研磨器（F32①：31）　10. 条形器（F32①：15）

11. 石料（F32：56）

室内堆积层遗物

（1）陶器 15 件。BⅢ式直腹罐 1 件，BⅣ式直腹罐 3 件，BⅤ式直腹罐 2 件，BⅥ式直腹罐 1 件，直腹罐罐底 2 件，小鼓腹罐 1 件，鼓腹罐腹部残片 1 件，钵口沿 1 件，A 型陶纺轮 3 件（参见附表 8　查海遗址房址堆积层出土陶器型式统计表）。陶片 199 片（见附表 2　房址出土陶片统计表）。

BⅢ式直腹罐 1 件，F32①：53，夹砂红褐陶，口部残片，敞口，厚圆唇，颈饰弦纹，窄凸附加堆纹带饰窝点纹，腹饰草划交叉纹，口径 26.0、残高 7.2 厘米（图一八八，8）。

BⅣ式直腹罐 3 件，皆夹砂灰褐陶，口沿残片，直敞口，圆唇。F32①：51，颈饰 C2 型梭形几何纹，腹饰竖压横排之字纹，口径 14.0、残高 8.8 厘米（图一八九，4）；F32①：59，颈饰 Ba1 型 F 形几何纹，腹饰竖压横排之字纹，口径 14.0、残高 10.45 厘米（图一八九，5）；F32①：55，近口饰左斜线纹 3 周，下饰 Ab3 型扣合曲尺形几何纹带，腹饰左斜线纹，口径 16.0、残高 10.0 厘米（图一八九，9）。

BⅤ式直腹罐 2 件，皆夹砂灰褐陶，口沿残片。F32①：50，直敞口，圆唇，颈饰不规整网格纹，附加堆纹带饰左斜线纹，腹饰竖压横排之字纹，口径 28.0、残高 14.9 厘米（图一八九，7）；F32①：58，小喇叭口，厚圆唇，竖压横排宽疏之字纹，口径 18.0、残高 12.45 厘米（图一八九，6）。

BⅥ式直腹罐 1 件，F32①：49，夹砂灰褐陶，口沿残片，大喇叭，厚圆唇，颈饰弦纹数周、附压 Da2 型锯齿形几何纹，宽平附加堆纹带饰网格纹，口径 22.0、残高 7.85 厘米（图一八九，8）。

直腹罐罐底 2 件，夹砂红褐陶 1 件，F32①：42，直腹，平底，上腹饰横压竖排之字纹，下腹腹饰竖压横排之字纹，底径 7.9、残高 12.5 厘米（图一八九，10）。夹砂灰褐陶 1 件，F32①：48，直腹，平底，腹饰竖压横排之字纹，底径 15.0、残高 14.2 厘米（图一八九，11）。

小鼓腹罐 1 件，F32①：54，夹砂灰褐陶，侈口，薄圆唇，束颈，近口饰左斜线纹，颈饰 Ba1 型 F 形几何纹，腹饰左斜线纹，口径 6.6、残高 3.5 厘米（图一九〇，10）。

鼓腹罐腹部残片 1 件，F32①：52，皆夹砂灰褐陶，颈饰左斜线纹数周，腹饰 C3 型梭形几何纹，残长 19.7、厚 1.2 厘米（图一九〇，9）。

钵口沿 1 件，F32①：56，夹砂红褐陶，薄圆唇，饰横排人字纹，口径 9.6、残高 2.7 厘米（图一九〇，11）。

A 型陶纺轮 3 件，F32①：1，夹砂灰褐陶片打制，直径 4.2、厚 1.0 厘米（图一九〇，15）；F32①：2，夹砂红褐陶片打制，上饰斜线纹、几何纹，直径 3.9、厚 0.7 厘米（图一九〇，13；图版一五八，8）；F32①：32，夹砂灰褐陶陶片打制，直径 3.6、厚 0.75 厘米（图一九〇，14；图版一五八，4）。

（2）石器 33 件。石斧残块 1 件，Bb 型铲形石器 1 件，Db 型铲形石器 1 件，铲形石器残片 7 件，Bc 型饼形器 1 件，石球 2 件，Aa 型磨棒 2 件，B 型磨棒 1 件，A 型磨盘 1 件，D 型研磨器 1 件，条形器 1 件，敲砸器 12 件，石料 2 件（参见附表 16　查海遗址房址堆积层出土石器型式统计一览表）。

石斧残块 1 件，F32①：12，残段，灰色页岩，磨制，残长 4.0、宽 8.0、厚 2.8 厘米（图一九一，2）。

Bb 型铲形石器 1 件，F32①：8，残，浅灰色石灰岩，打制，短直柄，宽直身，弧刃，残长 11.6、残宽 10.5、厚 1.6 厘米（图一九一，7）。

Db 型铲形石器 1 件，F32①：30，柄、刃角残缺，灰色石灰岩，打制，束腰，溜肩，微弧刃，通长 13.7、刃宽 19.2、厚 2.7 厘米（图一九一，9；图版一八七，1）。

铲形石器残片 7 件，F32①：6，灰色页岩，残长 8.1、残宽 12.2、厚 1.3 厘米（图一九二，2）；F32①：7，浅灰色石灰岩，打制，铲身扁平，直柄，微束腰，弧刃，刃部的一面使用磨痕明显，通长 14.0、刃宽 10.3、厚 2.5 厘米（图一九二，5）；F32①：13，刃角残片，浅灰色石灰岩，打制，扁体，弧刃，刃部有崩痕，残长 8.4、残宽 5.0、厚 1.6 厘米（图一九二，1）；F32①：14，刃部残片，浅灰色石灰岩，打制，弧刃，残长 4.5、残宽 8.8、厚 1.9 厘米（图一九二，7）；F32①：17，刃部残片，浅灰色石灰岩，打制，扁平体，弧刃，刃部有崩痕，残长 12.2、残宽 12.0、厚 2.4 厘米（图一九二，6）；F32①：27，刃部残片，浅灰色页岩自然石片，打制，扁平，弧刃，残长 5.4、宽 5.0、厚 0.9 厘米（图一九二，3）；F32①：41，刃部残片，灰色泥质页岩，残长 12.0、残宽 11.0、厚 1.4 厘米（图一九二，4）。

Bc 型饼形器 1 件，F32①：39，灰色泥质页岩，打制，扁圆体，直径 8.1～7.6、厚 2.0 厘米（图一九二，15）。

石球 2 件，F32①：33，残块，褐色玄武岩，琢制，长 10.0、宽 7.0、厚 2.7 厘米（图一九二，17）；F32①：38，燧石，椭圆体，长直径 3.7、短直径 2.8、厚 2.1 厘米（图一九二，16；图版二三八，2）。

Aa 型磨棒 2 件，皆残段，花岗岩，琢制，圆柱体。F32①：4，浅灰色，残长 8.5、直径 6.2 厘米（图一九二，9）；F32①：5，红白色，残长 9.0、直径 5.7 厘米（图一九二，10）。

B 型磨棒 1 件，F32①：3，残段，黄色花岗岩，琢制，方柱体，残长 9.3、宽 5.4、厚 5.2 厘米（图一九二，11）。

A 型磨盘 1 件，F32①：16，残块，浅灰色花岗岩，琢制，凹磨面，残长 10.0、残宽 8.0、厚 5.2 厘米（图一九三，1）。

D 型研磨器 1 件，F32①：31，残段，浅灰色石灰岩，通体磨光，梯形，单磨面，磨面微凸，残长 5.3、宽 4.2、厚 1.9 厘米（图一九三，9；图版二三一，3）。

条形器 1 件，F32①：15，浅灰色石灰岩，磨制，三棱条体，一端弧，一端尖，两侧棱刃有崩疤，两端有击点痕，长 12.5、直径 1.7～3.7 厘米（图一九三，10；图版二四一，1）。

敲砸器 12 件。玄武岩自然石块 2 件，F32①：9，红色，椭圆扁体，长 7.2、宽 6.4、厚 2.5 厘米（图一九四，6）；F32①：11，褐色，近圆形多棱体，长 6.2、宽 6.0、厚 2.8 厘米（图一九四，5）。石英岩自然石块 10 件，F32①：18，白色，椭圆形多棱体，棱角处敲击点，长 9.0、宽 6.8、厚 6.8 厘米（图一九四，9）；F32①：19，白色，圆多棱体，棱角处敲击点，长 5.0、宽 4.9、厚 4.4 厘米（图一九四，3）；F32①：20，白色，圆多棱体，敲击点集中在棱角处，长 7.6、宽 7.4、

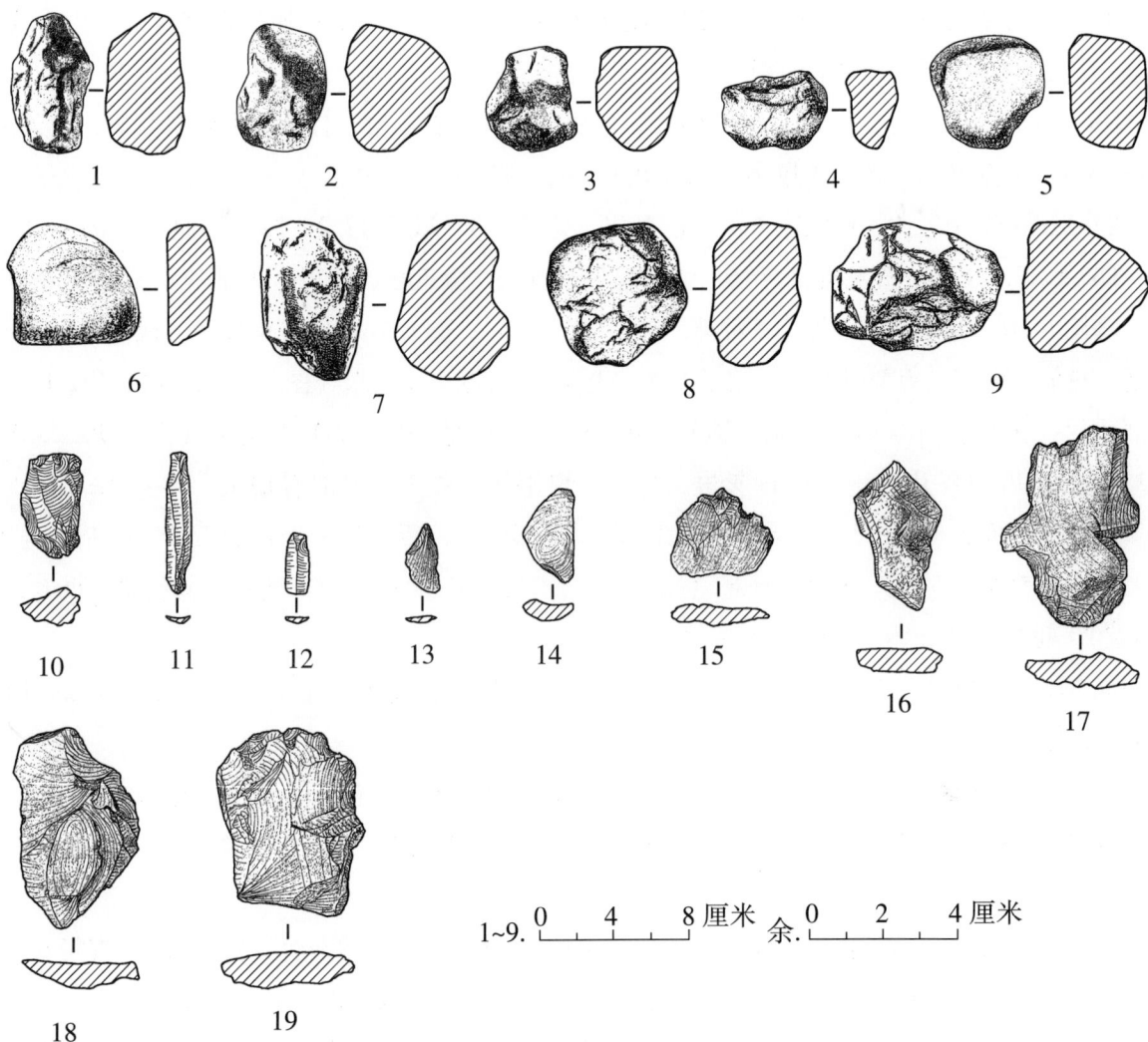

图一九四　F32 石器（1. 居住面出土　2～19. 堆积层出土）

1～9. 敲砸器（F32：55、F32①：22、F32①：19、F32①：40、F32①：11、F32①：9、F32①：23、F32①：20、

F32①：18）　10. 石核（F32①：57）　11、12. 刮削器（F32①：37、F32①：43）　13～19. 石叶

（F32①：47、F32①：46、F32①：45、F32①：34、F32①：36、F32①：28、F32①：29）

厚4.7厘米（图一九四，8）；F32①：21，浅灰色，不规则多棱体，棱角敲击点，长8.39、宽
5.83、厚4.9厘米；F32①：22，浅灰色，三角形，多棱体，棱角敲击点，长6.7、宽5.8、厚4.6
厘米（图一九四，2）；F32①：23，白色，多棱体，边角敲击点，长8.2、宽6.3、厚5.7厘米（图
一九四，7）；F32①：24，浅灰色，块状多棱体，有多处敲击点，长5.14、宽4.56、厚3.5厘米；
F32①：25，白色，近方形多棱体，多棱角敲击点，长6.95、宽6.73、厚1.4厘米；F32①：26，浅
灰色，块状多棱体，多处棱角敲击点，长6.30、宽4.98、厚4.6厘米；F32①：40，深灰色，椭圆
扁体，边棱敲击点，长5.6、宽4.2、厚2.7厘米（图一九四，4）。

　　石料2件，F32①：10，浅绿色滑石，长条体，长9.2、宽2.8、厚1.4厘米；F32①：35，黄色

花岗岩，椭圆形，长 13.9、宽 9.6、厚 4.2 厘米。

（3）细石器 10 件。石核 1 件，刮削器 2 件，石叶 7 件（参见附表 20　查海遗址各遗迹单位出土细石器统计表）。

石核 1 件，F32①：57，红色燧石，块状，长 2.7、宽 1.6、厚 0.9 厘米（图一九四，10；图版二五四，1）。

刮削器 2 件，皆青色页岩压制，长条形。F32①：37，翘尖，截面呈三角形，侧边锋利，长 3.7、宽 0.7、厚 0.1 厘米（图一九四，11；图版二六三，12）；F32①：43，断面呈三角形，侧边锋利，长 1.6、宽 0.6、厚 0.2 厘米（图一九四，12；图版二六二，6）。

石叶 7 件，皆打制，片状。F32①：28，灰色玛瑙，边缘锋利，长 5.3、宽 3.2、厚 0.6 厘米（图一九四，18；图版二五八，4）；F32①：29，白色玛瑙，一侧边缘锋利，长 4.7、宽 3.7、厚 0.9 厘米（图一九四，19；图版二五七，11）；F32①：34，青灰色石英岩，长 3.9、宽 2.3、厚 0.6 厘米（图一九四，16）；F32①：36，白色石英岩，边缘锋利，长 5.3、宽 3.6、厚 0.9 厘米（图一九四，17；图版二五七，10）；F32①：45，青色页岩打制，长 2.7、宽 2.2、厚 0.5 厘米（图一九四，15；图版二五八，1）；F32①：46，青色页岩，长 2.4、宽 1.4、厚 0.4 厘米（图一九四，14；图版二五七，8）；F32①：47，青色页岩，长 1.8、宽 0.9、厚 0.2 厘米（图一九四，13；图版二五八，7）。

三三　33 号房址（F33）

1. 遗迹

F33 位于遗址北部，南与 F32、F30、F27 成列；东与 F39、F54、F47、F52 成排。南 2.6 米为 F32，西北 1.1 米为 H15。方向 213°。面积为 45.44 平方米，是一座中型具有外凸半圆体二层台式半地穴房址。平面呈圆角长方形，南北 7.1、东西 6.4 米，垂直深度 0.66 米。房址挖凿于黄色生土层及基岩层内，穴壁略有些内外弧曲，壁面稍加修整，较平直。南壁中部偏东穴壁局部外凸，呈半圆状，被 H26 打破，从其位置推测，此处可能为房址出入口，外凸部分东西长 2.2、外凸 0.7 米。室内东西北三侧有二层台，台面较平坦，台壁不规整。东侧二层台台面宽 0.65 米，西侧二层台台面宽 0.43 米，北侧二层台台面宽 0.6~0.7 米，台高 0.12 米。二层台下居住面为黑色垫踏土，土质坚硬起层，厚约 0.05 米。灶位于室内中部，圆形坑式灶，灶口与活动面一平，灶内抹泥厚 0.09 米，经火烧烤呈暗红色。灶口直径为 0.98，灶底直径 0.88，灶深 0.1 米。室内共有 37 个大小深浅不一的柱洞，皆凿于基岩内，形状有圆形、椭圆形、不规则形。其分布情况为二层台上、台下靠近穴壁二圈柱洞，二层台上柱洞比台下多。其中西台上有 3 个柱洞，西台下有 6 个柱洞，东台上有 5 个柱洞，东台下有 3 个柱洞，北台上有 6 个柱洞，北台下有 2 个柱洞，靠近南侧穴壁有 6 个柱洞，南侧第二圈 2 个柱洞；中心灶址四角各一个柱洞（详见附表 22－26　F33 柱洞一览表）。室内遗物有石器、陶器、残碎猪骨及鹿齿残块（图版二七九，5；图版二八〇，1、2），木炭（图版二八六，4），主要分布在靠近二层台下东西北三面，东台、北台上也有少量遗物，西台与南部不见遗物。（图一九五；图版二七）。

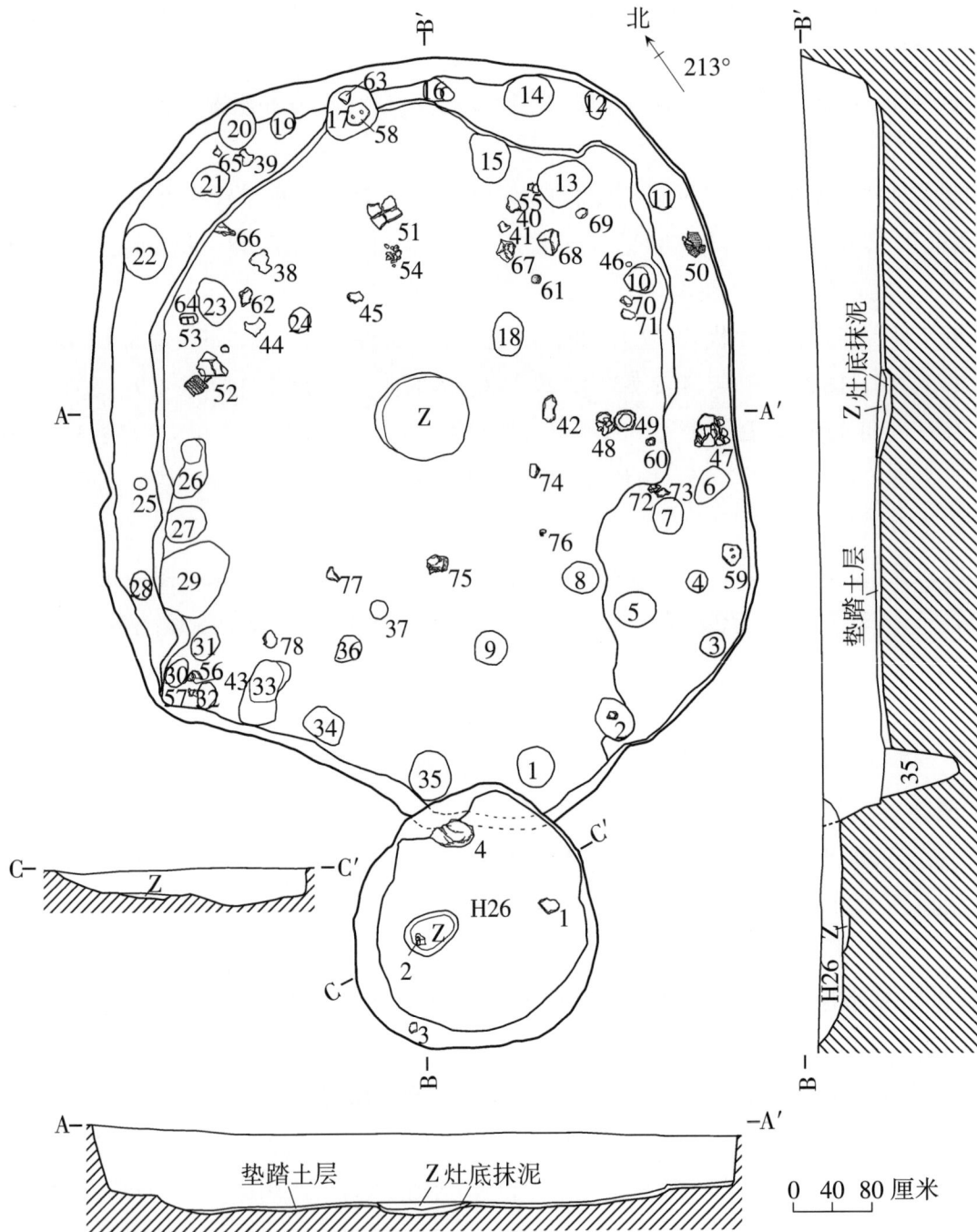

图一九五　F33 平、剖面图

F33：1～37. 柱洞　38～42、44、45、63、65、74、77、78. 铲形石器　43. 石斧　46、60. 石球
47、51、52、56. 斜腹罐口沿　48、49. 直腹罐罐底　50、54. 直腹罐口沿　53、56、57. 陶片
55、58、59. 双孔盘状铲形石器　61. 饼形器　62、66、70、72、76. 敲砸器　64. 石刀
67～69、71、73、75. 石料

H26：1. 铲形石器　2. 斜腹罐口沿　3. 敲砸器　4. 石料

2. 遗物

室内居住面遗物

（1）陶器10件。AⅠ式斜腹罐1件，AⅡ式斜腹罐1件，AⅢ式斜腹罐1件，斜腹罐腹部残片1件，BⅢ式直腹罐3件，直腹罐腹部残片2件，直腹罐罐底1件（参见附表7　查海遗址房址活动面出土陶器型式统计表）。

AⅠ式斜腹罐1件，F33：51，夹砂红褐陶，底部残，薄圆唇，斜直腹，外叠宽带沿饰右斜线纹，素身，口径33.5、残高28.5厘米（图一九六，1；图版六四，2）。

AⅡ式斜腹罐1件，F33：47，夹砂红褐陶，底部残，直敞口，薄圆唇，斜直腹，外叠宽带沿饰右斜线纹，素身，口径32.2、残高30.8厘米（图一九六，2）。

AⅢ式斜腹罐1件，F33：52，夹砂红褐陶，口部残片，直敞口，外叠宽带沿饰右斜线纹，腹饰窝点纹，残高27.84、厚1厘米（图一九六，7）。

斜腹罐腹部残片1件，F33：56，夹砂灰褐陶，素面，附贴有乳钉，残长12.1、厚0.9厘米（图一九六，6）。

BⅢ式直腹罐3件，皆夹砂红褐陶。F33：48，口部残，平底，腹饰横排人字纹，底径16.0、残高7.6厘米（图一九七，9）；F33：50，直敞口，圆唇，直腹，底部残，颈饰横排人字纹，腹部无纹饰，口径14.44、残高22厘米（图一九七，8）；F33：54，直敞口，厚圆唇，底部残，腹饰窝点纹，口径16.5、残高12.5厘米（图一九七，7）。

直腹罐腹部残片2件，皆夹砂红褐陶。F33：53，腹饰草划纹、窝点纹，残长9.12、厚1.2厘米（图一九八，6）；F33：57，腹饰弦纹，残长9.48、厚0.8厘米（图一九八，5）。

直腹罐罐底1件，F33：49，夹砂红褐陶，直腹，平底，素身，底径13.0、残高7.1厘米（图一九八，1）。

（2）石器31件。石斧残块1件，Ab型铲形石器2件，Ca型铲形石器2件，F型双孔盘状铲形石器3件，铲形石器残片8件，D型石刀1件，石球2件，Ba型饼形器1件，敲砸器5件，石料6件（参见附表15　查海遗址房址居住面出土石器型式统计一览表）。

石斧残块1件，F33：43，深灰色页岩，打制，斧身扁平，残长7.75、残宽4.4、厚1.9厘米（图一九九，4）。

Ab型铲形石器2件，皆打制，直扁体，短柄，束腰不显，圆身。F33：42，刃残，灰色页岩，弧刃，长16.4、残宽18.0、厚1.5厘米（图一九九，5；图版一七五，4）；F33：44，灰色石灰岩，刃角残，残长18.1、刃残宽15.75、厚1.1厘米（图一九九，6；图版一七五，2）。

Ca型铲形石器2件，皆打制，扁体，束腰，似扇状，弧刃，刃部有崩疤。F33：38，浅灰色页岩，长20.4、刃宽18.8、厚2.1厘米（图一九九，7；图版一八〇，4）；F33：39，柄部残缺，长18.0、刃宽18.30、厚1.9厘米（图一九九，8；图版一八〇，6）。

F型双孔盘状铲形石器3件，皆深灰色页岩，打制，圆盘状，对琢磨椭圆形双孔，弧刃，刃部

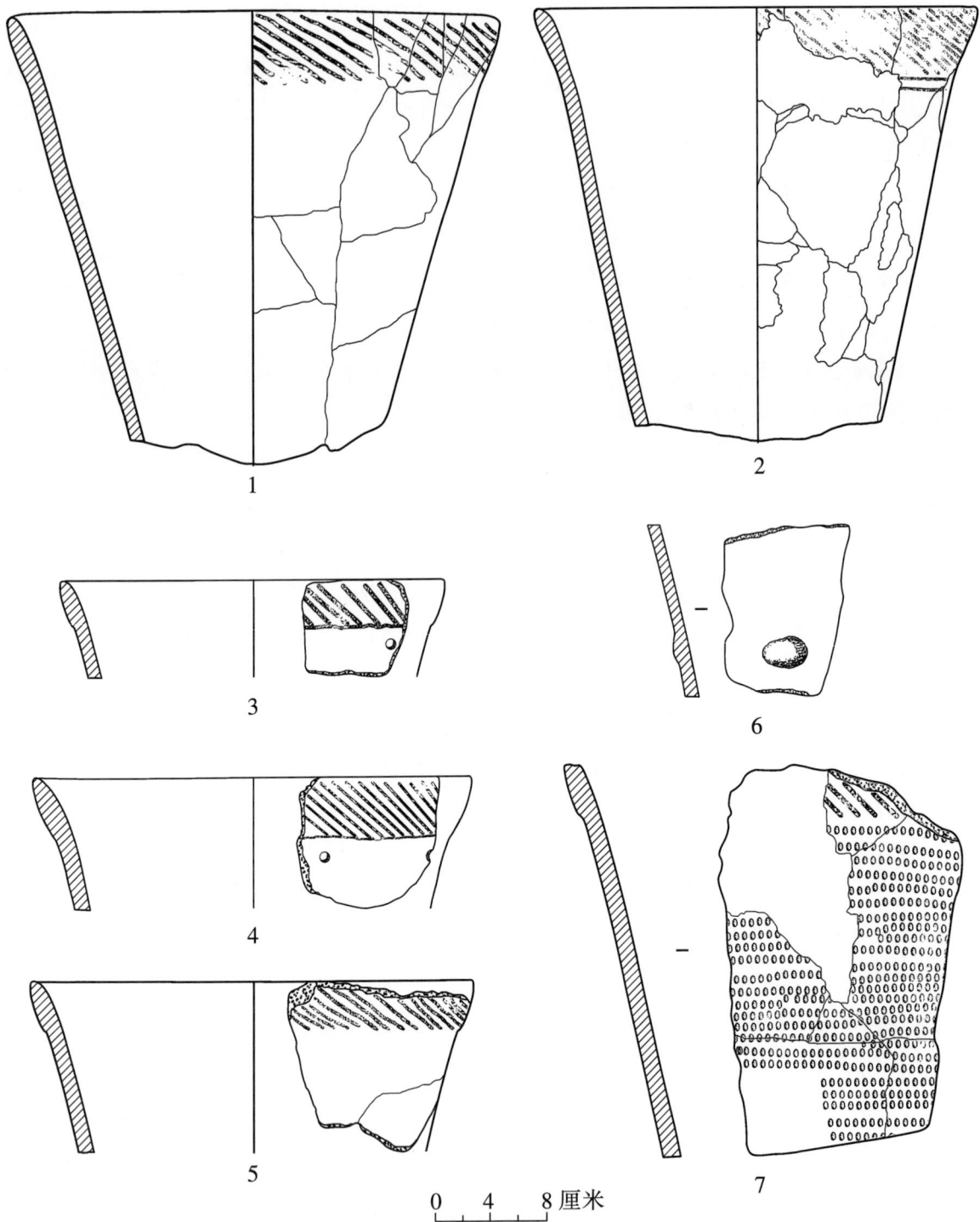

图一九六　F33 陶器（1、2、6、7. 居住面出土　3～5. 堆积层出土）

1. A Ⅰ 式斜腹罐（F33：51）　　2～5. A Ⅱ 式斜腹罐（F33：47、F33①：46、F33①：50、F33①：52）

6. 斜腹罐腹部残片（F33：56）　　7. A Ⅲ 式斜腹罐（F33：52）

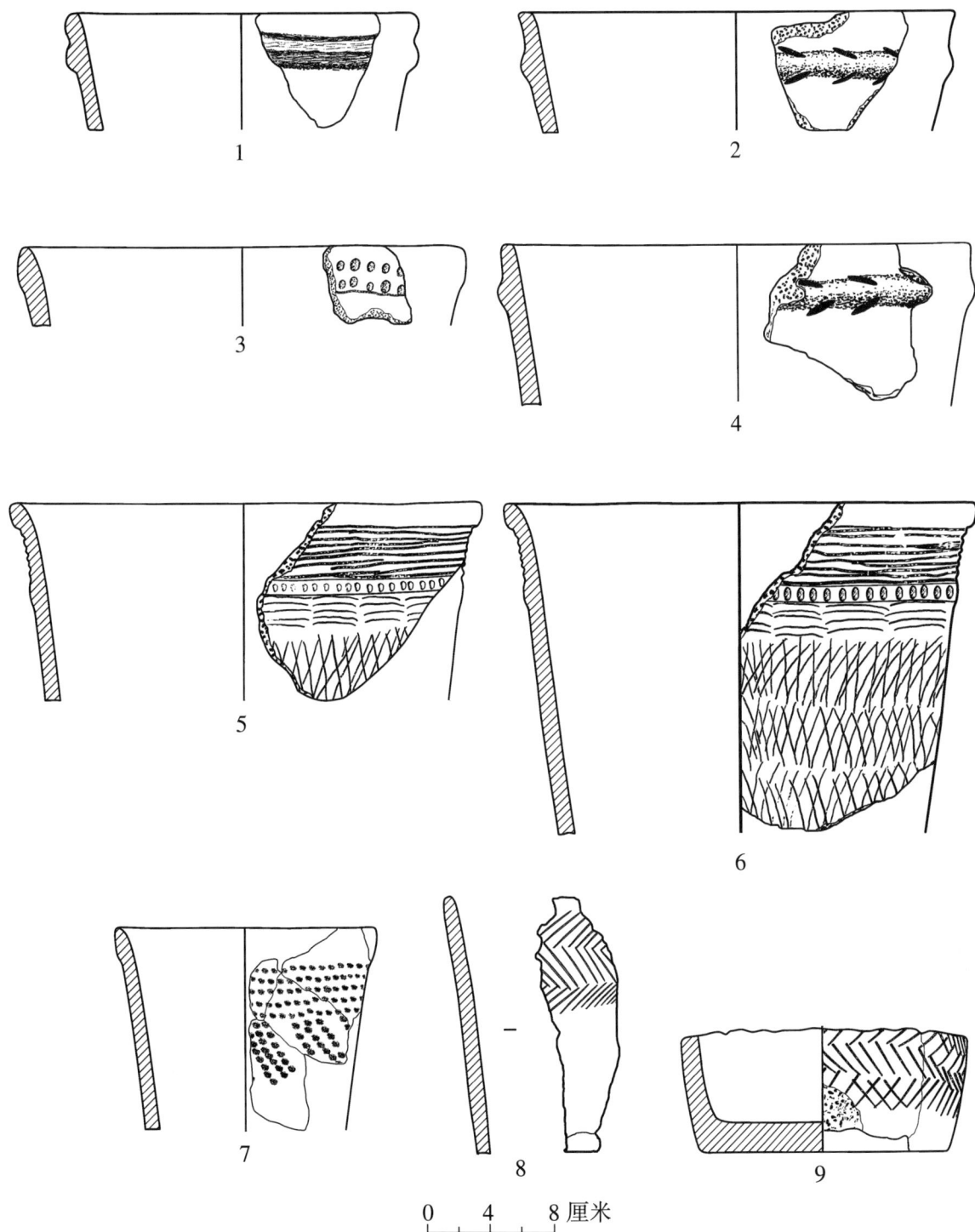

图一九七　F33 陶器（7~9. 居住面出土　1~6. 堆积层出土）

1~4. BⅡ式直腹罐（F33①:36、F33①:43、F33①:41、F33①:49）　5~9. BⅢ式直腹罐

（F33①:45、F33①:51、F33:54、F33:50、F33:48）

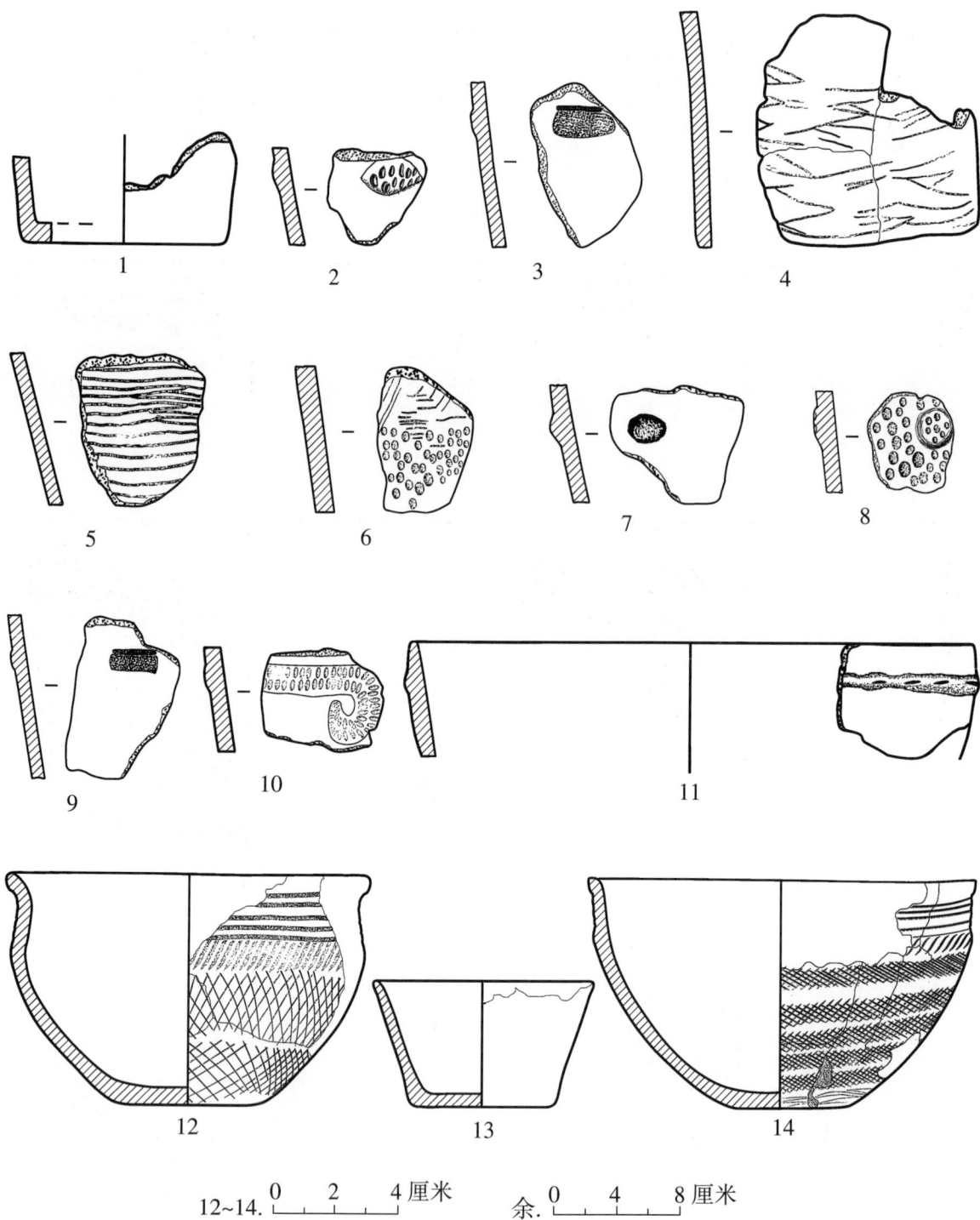

图一九八　F33 陶器（1、5、6. 居住面出土　2~4、7~14. 堆积层出土）

1. 直腹罐罐底（F33：49）　　2~10. 罐腹部残片（F33①：39、F33①：38、F33①：47、F33：57、

F33：53、F33①：40、F33①：44、F33①：42、F33①：37）　　11. Bb1 型钵（F33①：48）

12. Ca2 型钵（F33①：19）　　13. Aa2 型杯（F33①：20）　　14. Ca1 型钵（F33①：26）

经修磨，一面磨痕明显。F33：55，长 21.4、刃宽 15.5、厚 2.6 厘米（图一九九，11；图版一九〇，2）；F33：58，长 17.0、刃宽 20.2、厚 2.1 厘米（图一九九，9；图版一九一，2）；F33：59，长 19.3、刃宽 19.36、厚 2.3 厘米（图一九九，10；图版一九一，3）。

铲形石器残片 8 件，皆打制，扁体。F33：40，浅灰色页岩；F33：41，浅灰色页岩，柄部残断，弧刃，残长 11.50、刃宽 8.6、厚 1.3 厘米；F33：45，柄部残片，浅灰色石灰岩；F33：63，柄部残片，灰色石灰岩，残长 10.64、残宽 10.0、厚 1.8 厘米（图一九九，15）；F33：65，灰色页岩，残长 11.5、残宽 5.8、厚 0.7 厘米；F33：74，柄部残片，浅灰色石灰岩，残长 11.1、宽 10.9、厚 2.5 厘米（图一九九，14）；F33：77，柄部残片，浅灰色石灰岩，残长 10.15、残宽 6.1、厚 2.2 厘米（图二〇〇，1）；F33：78，灰色页岩，弧刃，残长 15.6、残宽 12.8、厚 2.2 厘米。

D 型石刀 1 件，F33：64，深灰色页岩，打制，刀身扁平，直背，弧刃，一面磨痕明显，有崩疤，残长 11.0、刃宽 15.1、厚 1.5 厘米（图二〇〇，5；图版一九四，2）。

石球 2 件，F33：60，棕红色花岗岩，椭圆体，打制，直径 6.48～7.8、厚 5.4 厘米（图二〇〇，4；图版二三九，7）；F33：46，黄褐色河光石，残，半圆体，表面光滑，周边使用不明显，直径 4.7、厚 2.5 厘米（图二〇〇，9）。

Ba 型饼形器 1 件，F33：61，浅黄色花岗岩，琢制，扁圆体，直径 6.95～7.3、厚 4.9 厘米（图二〇〇，3；图版二〇〇，3）。

敲砸器 5 件，皆自然石块。F33：62，浅黄色花岗岩，多棱体，使用边棱角敲击，长 11.0、宽 7.5、厚 6.0 厘米；F33：66，棕红色石英岩，块状多棱体，有多个敲击点，长 8.27、宽 7.35、厚 4.2 厘米；F33：72，黄色花岗岩，多棱体，棱角敲击点，长 7.43、宽 5.8、厚 6.3 厘米（图版二四九，2）；F33：76，敲砸器，浅灰色石英岩，多棱体，棱角敲击点，长 6.0、宽 5.75、厚 3.0 厘米（图二〇〇，15）；F33：70，敲砸器，浅灰色石英岩，方多棱体，使用棱角敲击，长 10.3、宽 7.9、厚 7.4 厘米（图二〇〇，16）。

石料 6 件。棕红色花岗岩 5 件，编号 F33：67～69、F33：71、F33：75。浅灰色石灰岩 1 件，编号 F33：73。

室内堆积层遗物

（1）陶器 20 件。A Ⅱ 式斜腹罐 3 件，B Ⅱ 式直腹罐 4 件，B Ⅲ 式直腹罐 2 件，腹部残片 7 件，Bb1 型钵 1 件，Ca1 型钵 1 件，Ca2 型钵 1 件，Aa2 型杯 1 件（参见附表 8　查海遗址房址堆积层出土陶器型式统计表）。陶片 230 片（见附表 2　房址出土陶片统计表）。

A Ⅱ 式斜腹罐 3 件，皆夹砂红褐陶，口沿残片。F33①：46，尖圆唇，外叠宽带沿饰右斜线纹，素身，近口有锔孔，口径 28.0、残高 6.88 厘米（图一九六，3）；F33①：50，直敞口，尖圆唇，外叠宽带沿饰右斜线纹，素身，近口有锔孔，口径 32.0、残高 9.2 厘米（图一九六，4）；F33①：52，直敞口，薄圆唇，斜腹，外叠宽带沿饰右斜线纹，素身，口径 32.0、残高 12.0 厘米（图一九六，5）。

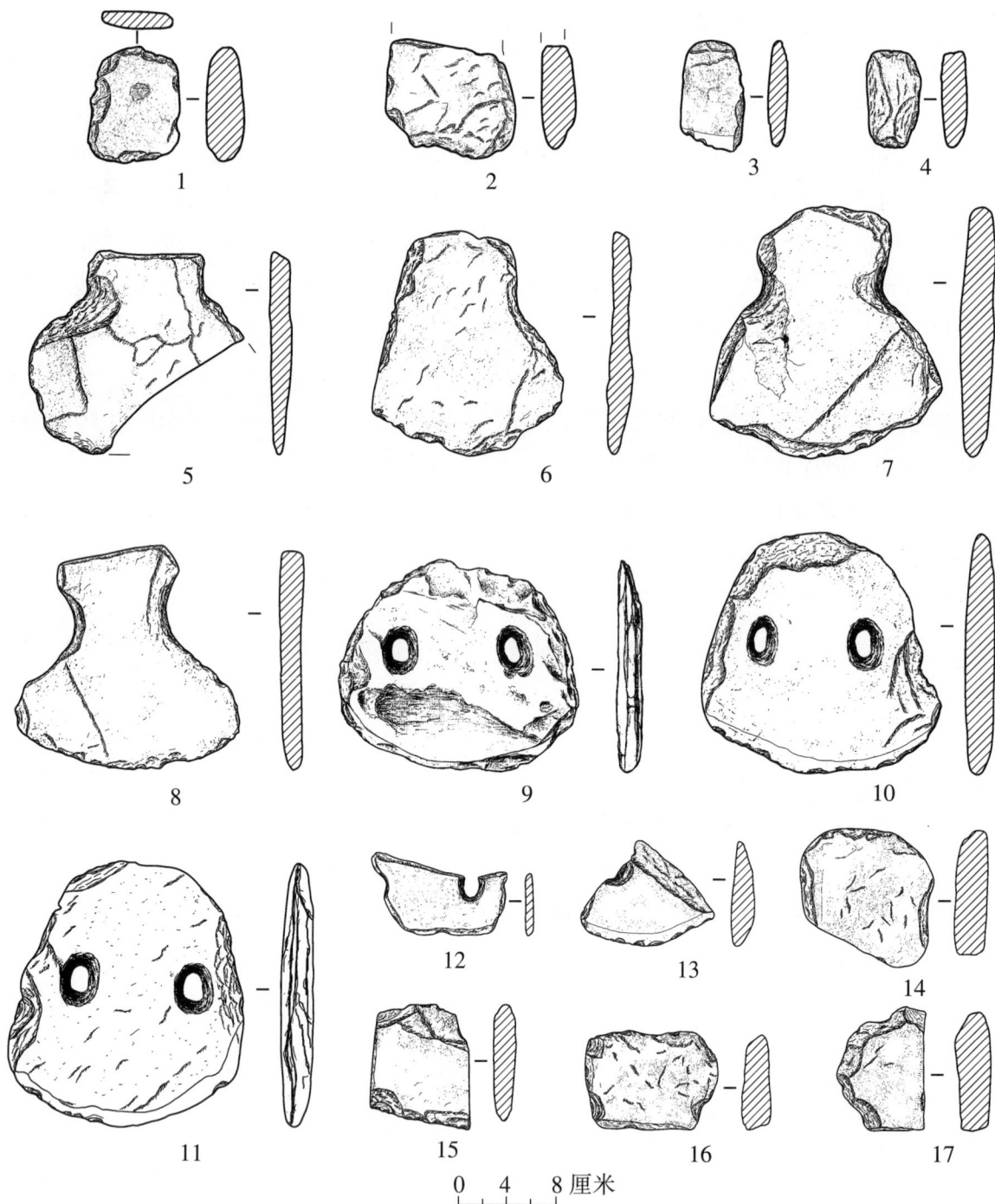

图一九九　F33 石器

（4～11、14、15. 居住面出土　1～3、12、13、16、17. 堆积层出土）

1. A 型石斧残段（F33①：7）　2. C 型石斧残段（F33①：2）　3、4. 石斧残片（F33①：11、F33：43）

5、6. Ab 型铲形石器（F33：42、F33：44）　7、8. Ca 型铲形石器（F33：38、F33：39）

9～11. F 型双孔盘状铲形石器（F33：58、F33：59、F33：55）　12～17. 铲形石器残片

（F33①：18、F33①：5、F33：74、F33：63、F33①：9、F33①：3）

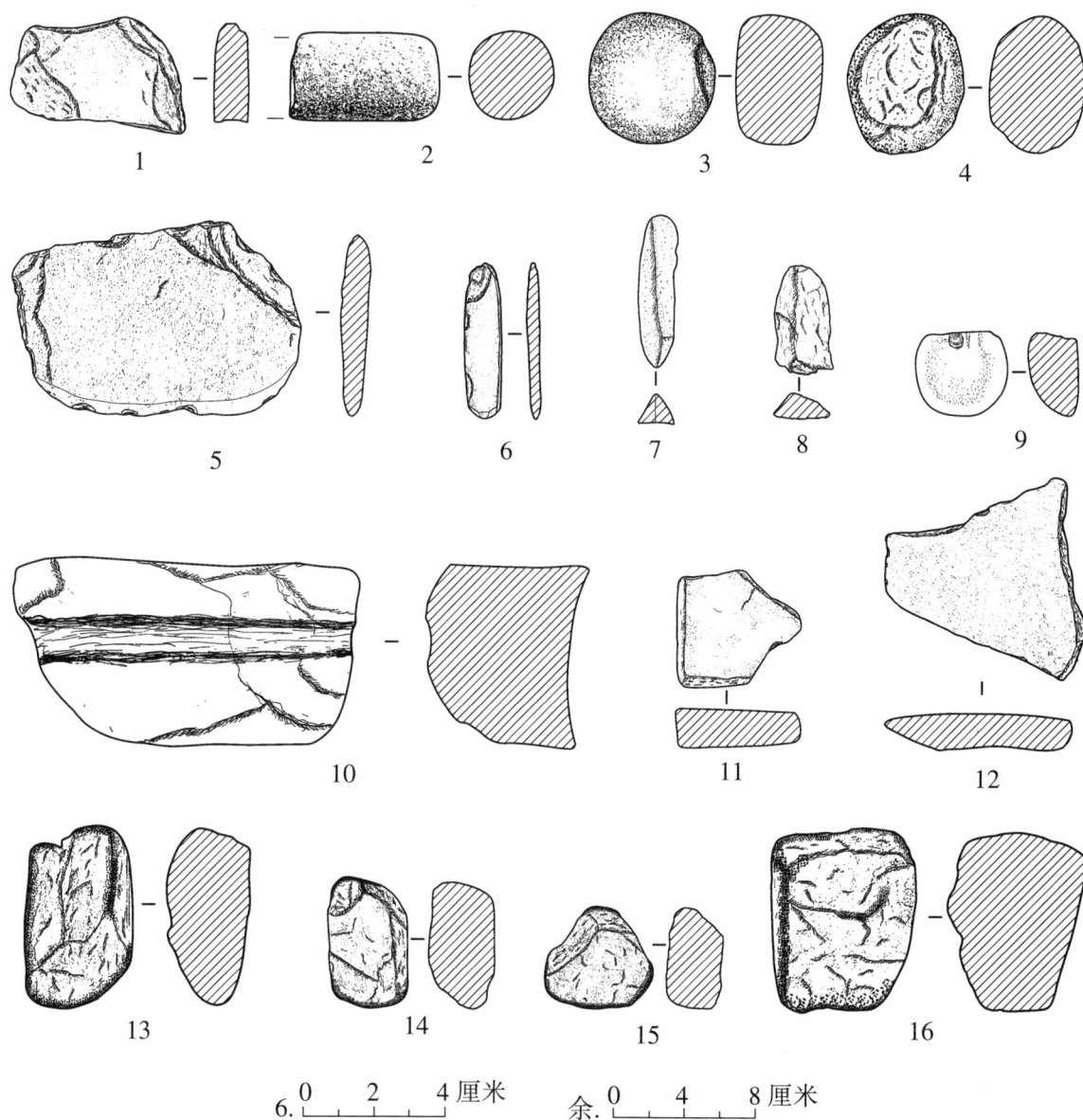

图二〇〇 F33 石器

（1、3~5、9、14、15. 居住面出土 2、6~8、10~14. 堆积层出土）

1. 铲形石器残片（F33:77） 2. Aa 型磨棒（F33①:8） 3. Ba 型饼形器（F33:61）

4、9. 石球（F33:60、F33:46） 5. D 型石刀（F33:64） 6. A 型石凿（F33①:29）

7、8. 尖状器（F33①:4、F33①:34） 10. 石夯（F33①:17） 11、12. 砺石（F33①:16、

F33①:15） 13~16. 敲砸器（F33①:12、F33①:14、F33:76、F33:70）

B Ⅱ 式直腹罐 4 件，皆夹砂红褐陶，口部残片。F33①:36，直敞口，厚圆唇，直腹，近口部饰窄凸堆纹带，口径 22.0、残高 7.16、厚 0.9 厘米（图一九七，1）；F33①:41，直敞口，尖圆唇，外叠宽带沿饰窝点纹，口径 28.0、残高 4.77、厚 1.3 厘米（图一九七，3）；F33①:43，方圆唇，

近口饰窄凸堆纹带，带缘饰左右斜线纹，口径 28.0、残高 7.48、厚 0.9 厘米（图一九七，2）；F33①：49，方圆唇，近口饰窄凸堆纹带，带缘饰左右斜线纹，口径 30.0、残高 9.82、厚 1.1 厘米（图一九七，4；图版七一，2）。

BⅢ式直腹罐 2 件，皆夹砂红褐陶，口部残片，直敞口，厚圆唇。F33①：45，颈饰弦纹数周，窄凸附加堆纹带饰窝点纹，下饰断弦纹，腹饰网格纹，口径 30.0、残高 12.3 厘米（图一九七，5）；F33①：51，颈饰弦纹数周，窄凸附加堆纹带饰窝点纹，下饰断弦纹，腹饰网格纹，口径 30.0、残高 20.45 厘米（图一九七，6）。

腹部残片 7 件，皆夹砂红褐陶。F33①：47，草划交叉纹，残高 14.5、厚 1 厘米（图一九八，4）；F33①：37，贴塑类龙纹，残高 0.44、厚 1.1 厘米（图一九八，10；图版一六〇，3）；F33①：38，附贴泥条，残高 10.24、厚 0.8 厘米（图一九八，3；图版一六一，2）；F33①：39，附贴饼钉，其上饰窝点纹，残高 5.96、厚 0.9 厘米（图一九八，2；图版一六一，4）；F33①：40，附贴乳钉，残长 7.28、厚 1 厘米（图一九八，7）；F33①：42，附贴泥条，残高 10.14、厚 0.8 厘米（图一九八，9）；F33①：44，附贴饼钉，其上饰窝点纹，腹饰窝点纹，残高 6.28、厚 1 厘米（图一九八，8；图版一六一，3）。

Bb1 型钵 1 件，F33①：48，夹砂红褐陶，口沿残片，敛口，圆唇，近口饰窄凸堆纹带，带面饰短横线纹，口径 46.0、残高 9.35 厘米（图一九八，11）。

Ca1 型钵 1 件，F33①：26，夹砂红褐陶，侈口，圆唇，折腹，小平底，颈饰弦纹数周、折肩处饰左斜线纹 1 周，腹饰网格纹，口径 12.4、底径 3.75、高 7.15 厘米（图一九八，14；图版一五一，5）。

Ca2 型钵 1 件，F33①：19，夹砂灰褐陶，侈口，厚圆唇，折腹，小平底，颈饰弦纹数周，折肩处饰左斜线纹 1 周，腹饰网格纹，口径 11.7、底径 4.3、高 7.2、壁厚 0.45 厘米（图一九八，12；图版一五一，6）。

Aa2 型杯 1 件，F33①：20，夹砂红褐陶，直敞口，薄圆唇，斜腹，微凹平底，素面，口径 7.0、底径 4.3、高 3.9、壁厚 0.35 厘米（图一九八，13；图版一五三，5）。

（2）石器 24 件。A 型石斧残段 1 件，C 型石斧残段 1 件，石斧残片 2 件，铲形石器残片 8 件，A 型石凿 2 件，尖状器 2 件，Aa 型磨棒 1 件，砺石 2 件，大石坠 1 件，敲砸器 4 件（参见附表 16　查海遗址房址堆积层出土石器型式统计一览表）。

A 型石斧 1 件，F33①：7，残段，深灰色泥质页岩，磨制，扁圆体，经二次打制加工残长 9.3、宽 7.3、厚 2.9 厘米（图一九九，1；图版一六四，6）

C 型石斧 1 件，F33①：2，残段，浅灰色石灰岩，打制，扁方体，弧刃，刃部有崩疤，残长 8.9、残宽 10.9、厚 2.6 厘米（图一九九，2）。

石斧残片 2 件，皆深灰色页岩，打制。F33①：11，斧身扁平，刃部残断，残长 8.5、刃宽 4.7、厚 1.5 厘米（图一九九，3）；F33①：31，灰色泥质页岩，长 5.5、宽 4.5、厚 1 厘米。

铲形石器残片 8 件，皆打制。F33①：5，深灰色页岩，打磨，扁平体，弧刃，刃部有崩疤，一面磨痕明显，残长 8.4、厚 1.3 厘米（图一九九，13）；F33①：18，深灰色页岩，打磨，扁平体，对琢磨双孔，经二次使用，残长 5.4、残宽 11.6、厚 1.1 厘米（图一九九，12）。F33①：1，浅灰色石灰岩；F33①：3，柄部残片，棕红色石灰岩，扁体，弧刃，刃部有崩疤，残长 8.4、残宽 10.5、厚 1.9 厘米（图一九九，17）；F33①：6，刃角残片，深灰色页岩，扁平体，弧刃，有崩疤，残长 11.8、残宽 9.90、厚 1.15 厘米；F33①：9，柄部残片，浅灰色石灰岩，扁体，残长 7.60、残宽 10.93、厚 2.3 厘米（图一九九，16）；F33①：10，刃部残片，浅灰色石灰岩，薄扁平体，弧刃，单面有使用磨痕，残长 8.33、刃宽 8.16、厚 1.2 厘米；F33①：30，灰色页岩。

A 型石凿 2 件，F33①：29，深灰色页岩，打磨，扁平体，两侧平棱，正锋，弧刃，长 4.33、刃宽 0.9、厚 0.34 厘米（图二〇〇，6；图版一九六，3）；F33①：33，浅灰色石英岩自然石块，薄片状，长 3.6、宽 3.6、厚 0.3 厘米。

尖状器 2 件，F33①：4，深青色河光石，尖状三棱体，长 8.45、宽 2.0、厚 1.63 厘米（图二〇〇，7；图版二四二，5）；F33①：34，浅灰色石英岩，打制，三棱尖锥状，刃脊锋利，长 6.0、宽 3.1、厚 1.4 厘米（图二〇〇，8；图版二四二，7）。

Aa 型磨棒 1 件，F33①：8，残段，黄色花岗岩，琢制，圆柱体，残长 8.6、直径 4.8 厘米（图二〇〇，2）。

砺石 2 件，F33①：15，浅灰色石灰岩，单磨面，残长 11.4、残宽 10.47、厚 1.9 厘米（图二〇〇，12）；F33①：16，黄色泥质岩，长方体，磨面平滑，长 7.0、宽 6.02、厚 2.0 厘米（图二〇〇，11）。

大石坠 1 件，F33①：17，残，棕红色玄武岩，圆台状，局部有磨痕，长 20.1、厚 10.3 厘米（图二〇〇，10；图版二三四，3）。

敲砸器 4 件，F33①：12，灰色石英岩自然石块，四棱体，使用棱边角敲击，长 10.3、宽 7.6、厚 4.5 厘米（图二〇〇，13）；F33①：13，浅灰色泥质页岩，椭圆体，使用两端敲击，长 8.86、宽 5.15、厚 2.3 厘米；F33①：14，白色石英岩，长方多棱体，两端棱角敲击点，长 7.38、宽 4.47、厚 3.7 厘米（图二〇〇，14）；F33①：32，灰色石英岩自然石块，扁长方体，使用边棱敲击，长 6.0、宽 4.5、厚 2.0 厘米。

（3）细石器 8 件。刮削器 3 件，石叶 4 件，小尖状器 1 件（参见附表 20 查海遗址各遗迹单位出土细石器统计表）。

刮削器 3 件，F33①：27，红色燧石压制，长条形，尖部及长边锋利，长 1.6、宽 0.4、厚 0.12 厘米（图二〇一，2；图版二六二，5）；F33①：28，青色页岩压制，长条形，短边平直，长边锋利，三角形截面，长 1.3、宽 0.8、厚 0.2 厘米（图二〇一，1；图版二六二，3）；F33①：35，青灰色燧石，磨制，截面成三角形，长 2.7、宽 0.65、厚 0.15 厘米（图二〇一，3；图版二六三，6）。

石叶 4 件。黄色沉积岩 1 件，F33①：21，打制，三角形，长 3.3、宽 3.3、厚 1.1 厘米。白色

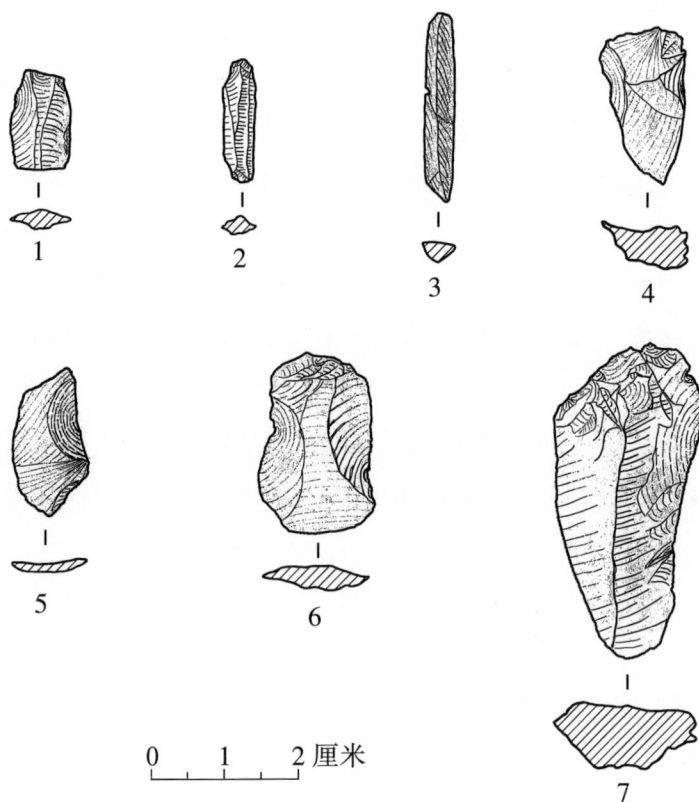

图二〇一　F33 石器（堆积层出土）

1~3. 刮削器（F33①：28、F33①：27、F33①：35）　　4~6. 石叶（F33①：25、

F33①：23、F33①：22）　　7. 小尖状器（F33①：24）

燧石 3 件，皆压制，片状，边缘锋利；F33①：22，长 2.4、宽 1.5、厚 0.3 厘米（图二〇一，6；图版二五八，5）；F33①：23，长 2.0、宽 1.0、厚 0.25 厘米（图二〇一，5；图版二五八，11）；F33①：25，棱锥状，长 2.0、宽 1.1、厚 0.5 厘米（图二〇一，4；图版二五八，10）。

小尖状器 1 件，F33①：24，棱锥状，长 4.1、宽 2.0、厚 0.8 厘米（图二〇一，7；图版二六七，3）。

三四　34 号房址（F34）

1. 遗迹

F34 位于遗址西北，北与 F26，南与 F35 成列（图版二九）；东与 F24、F30、F31、F8、F21 成排。东北 3.1 米为 F26，西南 1.85 米为 F35。方向 215°。面积 49 平方米，是一座中型东南角半圆状外凸式半地穴房址。平面呈圆角方形，南北 7.0、东西 7.0 米，垂直深度 0.66 米。房址挖凿于基岩层内，基岩为壁，壁面稍加修整，较平直。东南角穴壁局部外凸，呈半圆状，外凸部分东西长 2.2、外凸 0.8 米。从其位置推测，此处可能为房址出入口。居住面北半部为基岩面，大面积

经过火烧，推测烧烤面为古人睡觉休息的地方；南半部分为黑色垫踏土，土质坚硬起层，厚约
0.03～0.08 米。灶位于室内中部，圆形坑式灶，灶口与居住面一平，斜壁平底，灶内抹泥厚
0.06～0.10 米，经火烧后，灶穴呈暗红色。灶口直径为 0.75、灶底直径 0.65、灶深 0.1 米（图版
四三，2）。室内共有 38 个大小深浅不一的柱洞，形状有圆形、椭圆形，皆凿于基岩内，靠近穴壁
两周排列，外周较密，内周较疏。西北角、东北角及东南角三处柱洞较为密集。值得注意的是，在南
外突的半圆体内靠穴壁中部亦有一柱洞，这与 F26、F27 结构相似（详见附表 22 - 27 F34 柱洞一览
表）。室内遗物主要分布在四周，陶器集中在东北角及西北角，有 5 件倒碎在居住面上，2 件倒置于居
住面上。均为夹砂红褐陶，烧制火候较低，保存不好。该房址还出土了猪牙齿及碎骨块（图版二七九，
2），木炭（图版二八七，3）。这座房址的陶器以素身斜腹罐为主（图二〇二；图版二八、二九）。

2. 遗物

室内居住面遗物

（1）陶器 9 件。A I 式斜腹罐 1 件，B II 式直腹罐 1 件，粉蚀陶器 7 件（参见附表 7 查海遗
址房址活动面出土陶器型式统计表）。

A I 式斜腹罐 1 件，F34∶43，夹砂红褐陶，直敞口，尖圆唇，斜直腹，平底，外叠宽带沿饰右
斜线纹，素身，口径 30.6、底径 13.2、高 31.6 厘米（图二〇三，1；图版五三，3）。

B II 式直腹罐 1 件，F34∶48，夹砂红褐陶，直敞口，薄圆唇，直腹，平底，近口饰左斜线纹附
加堆纹带，腹饰窝点纹，口径 23.5、底径 14.3、高 27.0 厘米（图二〇三，2；图版七一，3）。

粉蚀陶器 7 件，皆夹砂红褐陶。F34∶44，斜腹罐，外叠宽带沿，素身；F34∶45，直腹罐，素
面；F34∶46，斜腹罐口沿，外叠宽带沿饰右斜线纹；F34∶47，直腹罐罐底；F34∶49，斜腹罐，外
叠宽带沿饰右斜线纹，素身；F34∶50，直腹罐腹部残片，饰左斜线纹；F34∶51，直腹罐罐底。

（2）石器 32 件。Ca 型铲形石器 2 件，Da 型铲形石器 1 件，铲形石器刃部残片 5 件，Aa 型饼
形器 1 件，Aa 型磨棒 1 件，砺石 2 件，B 型研磨器 1 件，敲砸器 3 件，条形器 1 件，石料 15 件
（参见附表 15 查海遗址房址居住面出土石器型式统计一览表）。

Ca 型铲形石器 2 件，皆打制。F34∶39，灰色页岩，扁体，柄稍残，束腰，扇形身，弧刃，刃部
有崩疤，长 15.2、刃宽 19.0、厚 2.3 厘米（图二〇四，4；图版一八三，6）；F34∶40，残，浅灰色石
灰岩，扁体，扇形身，弧刃，刃部一侧使用磨痕明显，长 13.1、刃宽 15.6、厚 1.6 厘米（图二〇四，3）。

Da 型铲形石器 1 件，F34∶41，残，浅灰色页岩，打制，扁体，束腰，翘肩，弧刃，刃部残一
角，有崩疤，长 19.3、刃宽 25.3、厚 1.4 厘米（图二〇四，5；图版一八四，1）。

铲形石器刃部残片 5 件，皆打制。F34∶52，青灰色页岩，薄片体，残长 17.0、残宽 12.0、
厚 1 厘米（图二〇四，9）；F34∶55，浅灰色石灰岩，残长 8.0、刃残宽 14.0、厚 1.1 厘米（图
二〇四，8）；F34∶74，浅灰色石灰岩，刃部两面使用磨痕，残长 12.5、残宽 9.1、厚 2.7 厘米
（图二〇四，7）；F34∶76，浅灰色石页岩，残长 9.5、残宽 8.5、厚 2.2 厘米（图二〇四，10）；
F34∶80，浅灰色石灰岩，残长 7.4、残宽 11.4、厚 1.9 厘米（图二〇四，6）。

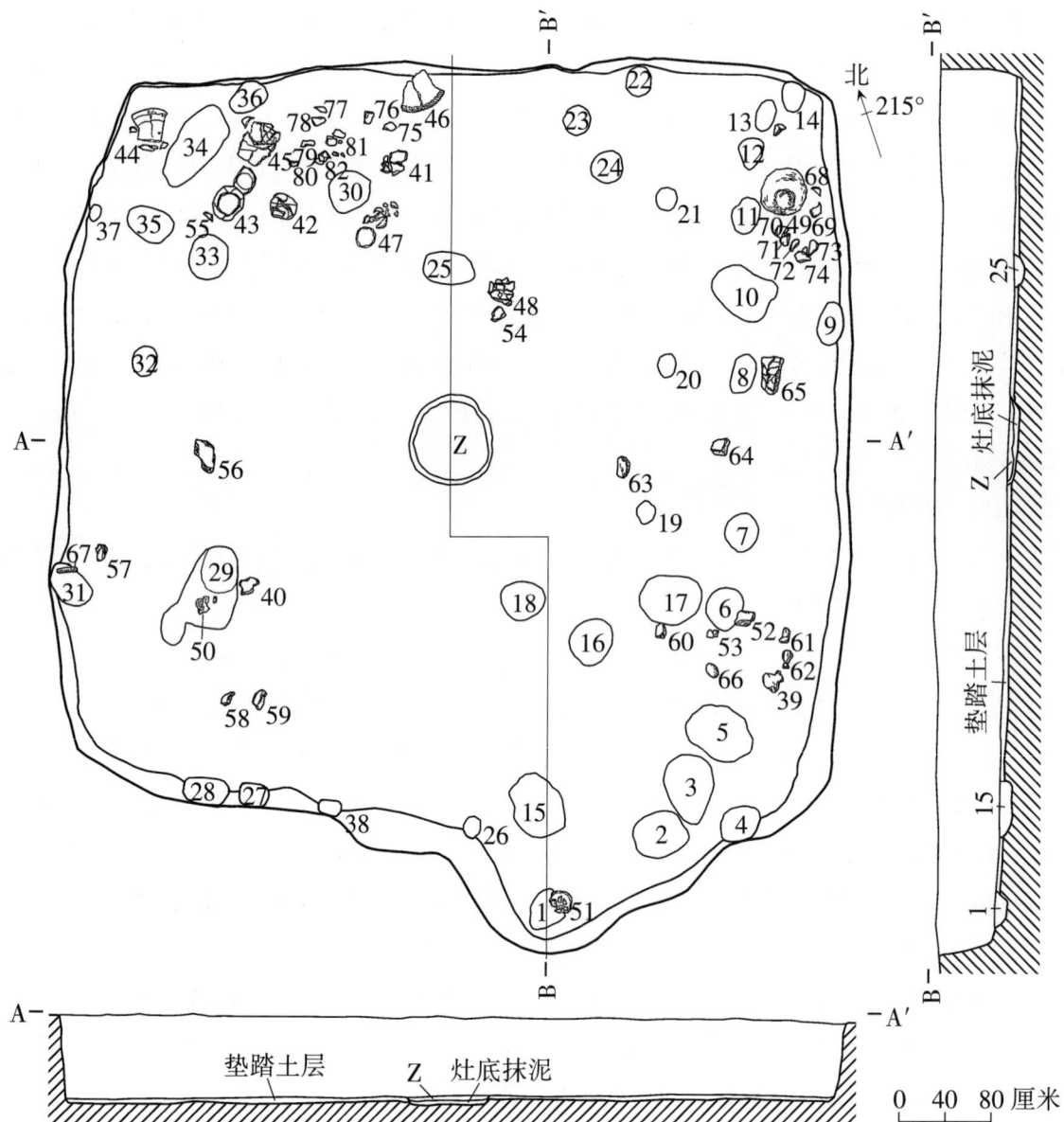

图二〇二　F34 平、剖面图

1~38. 柱洞　39~41、52、55、69、74、76、80. 铲形石器　42. 饼形器　43、44、49. 斜腹罐
46. 斜腹罐口沿　47、51. 直腹罐罐底　48、45. 直腹罐　50. 陶片　53、54、57. 敲砸器
56、58、59、61~64、68、69、75、77~79、81、82. 石料　60、65. 砺石　66. 研磨器
67. 磨棒　70(71~73). 条形石器　Z. 灶址

Aa 型饼形器 1 件，F34：42，残，青灰色页岩，打制，圆薄片，直径 20.8、厚 1.2 厘米
（图二〇五，7）。

Aa 型磨棒 1 件，F34：67，黄灰色花岗岩，琢制，圆柱体，中部稍细，长 27.5、直径 4.65 厘
米（图二〇五，1）。

砺石 2 件，皆棕红色花岗岩，长方体。F34：60，一平一凹双磨面，长 11.5、宽 6.0、厚 4.6 厘

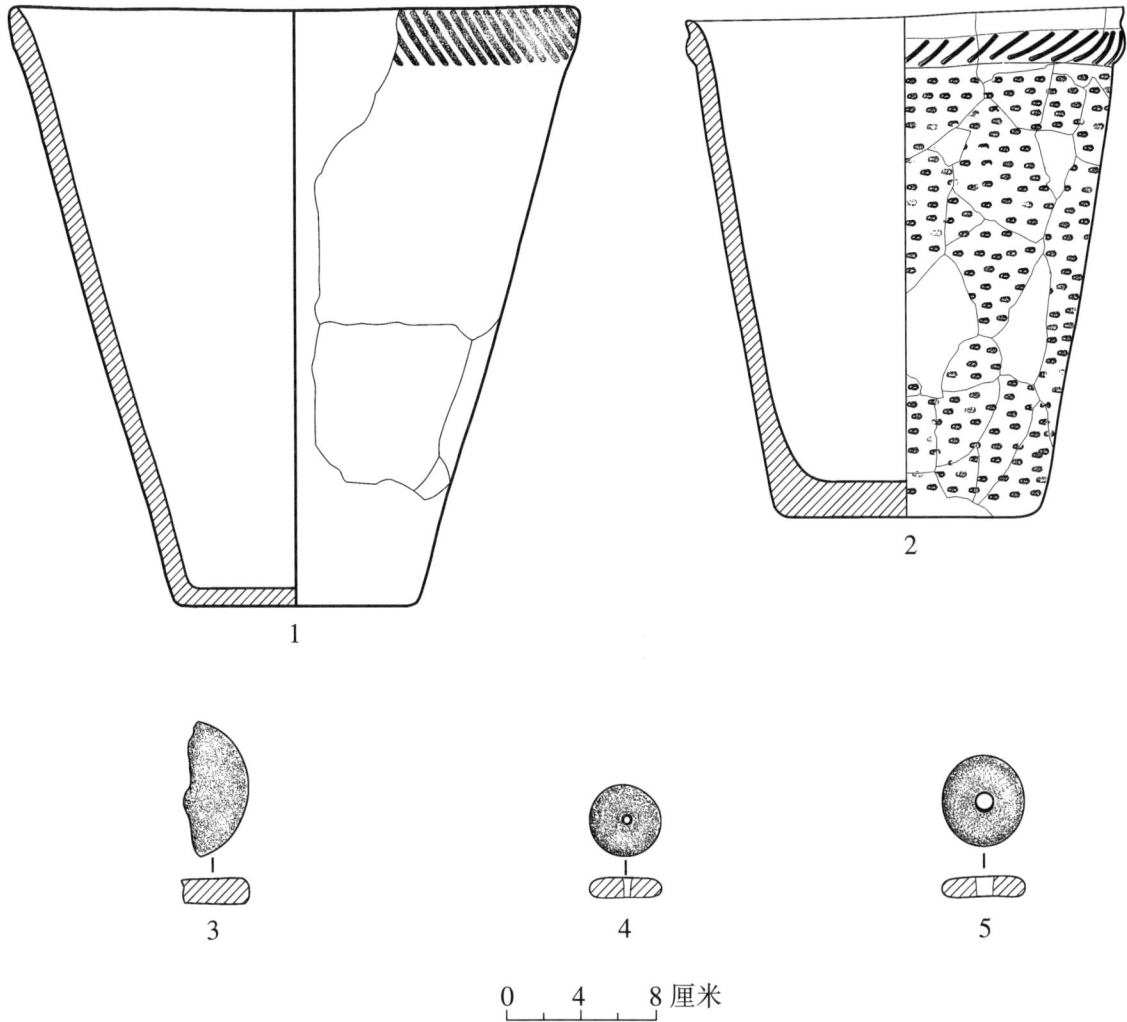

图二〇三 F34 陶器（1、2. 居住面出土 3~5. 堆积层出土）

1. A I 式斜腹罐（F34:43）　2. B II 式直腹罐（F34:48）　3~5. A 型陶纺轮（F34①:6、F34①:7、F34①:8）

米（图二〇五，5；图版二二四，6）；F34:65，单磨面，长30.0、宽13.0、厚11.5厘米。

B 型研磨器1件，F34:66，黄灰色花岗岩，琢制，椭圆体，长11.6、宽7.7、厚4.7厘米（图二〇五，8；图版二二九，1）。

敲砸器3件，皆浅灰色石英岩自然石块。F34:53，圆棱体，棱角敲击点，长6.9、宽5.8、厚3.4厘米（图二〇五，11）；F34:54，椭圆多棱体，长8、宽7.6、厚4.4厘米（图二〇五，10）；F34:57，扁圆体，一端敲击点，长6.9、宽5.8、厚3.4厘米（图版二四八，2）。

条形器1件，F34:70，青灰色石灰岩，打制，扁条体，侧平面，残长22.0、残宽6.4、厚3.1厘米（图二〇五，9；图版二四一，2）。

石料15件，编号为 F34:56，F34:58，F34:59，F34:61~64，F34:68，F34:69，F34:75，F34:77~79，F34:81，F34:82。

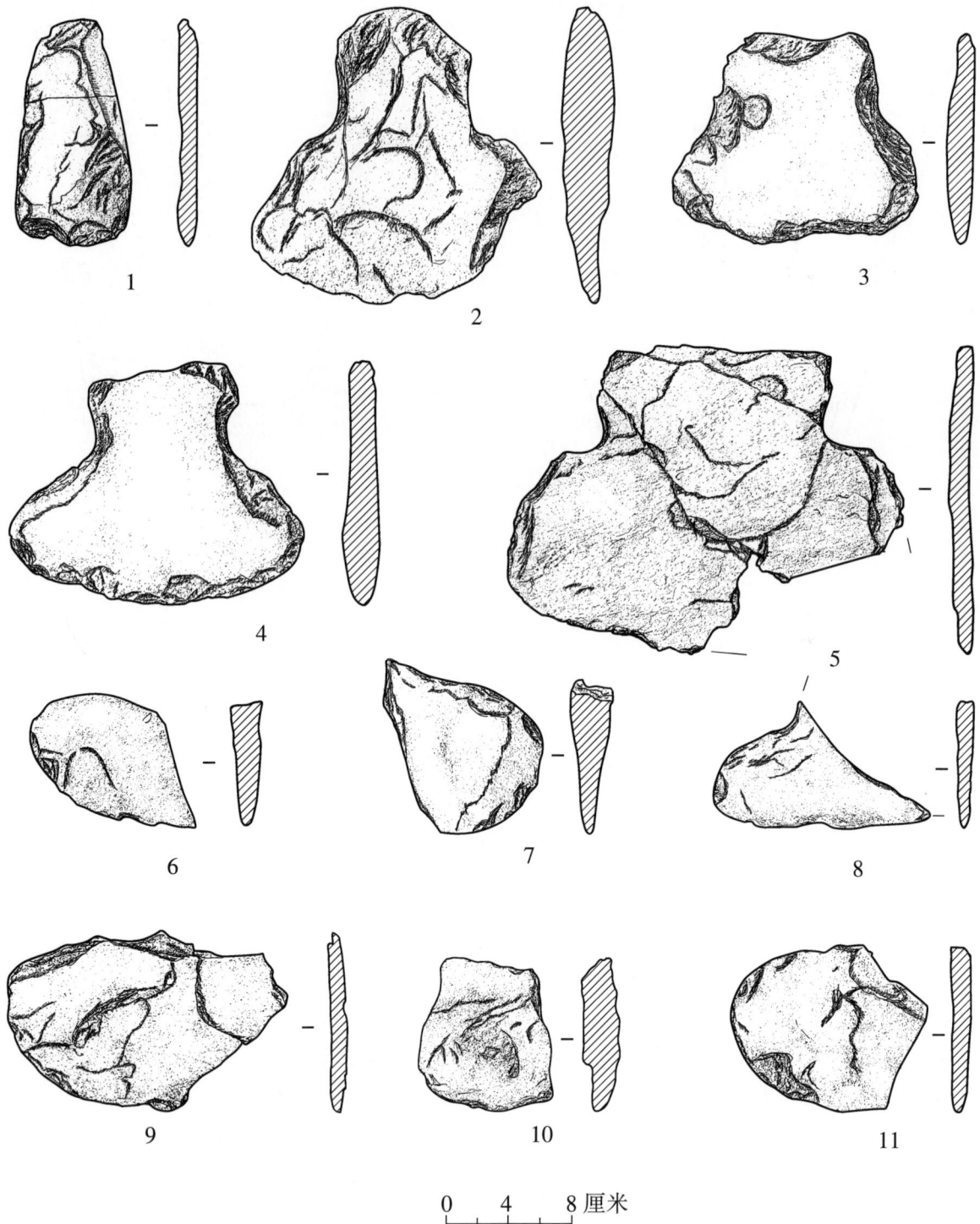

图二〇四　F34 石器（1、2、11. 堆积层出土　3～10. 居住面出土）

1. Ba 型铲形石器（F34①:2）　2. Ac 型铲形石器（F34①:1）　3、4. Ca 型铲形石器（F34:40、F34:39）　5. Da 型铲形石器（F34:41）　6～11. 铲形石器刃部残片（F34:80、F34:74、F34:55、F34:52、F34:76、F34①:11）

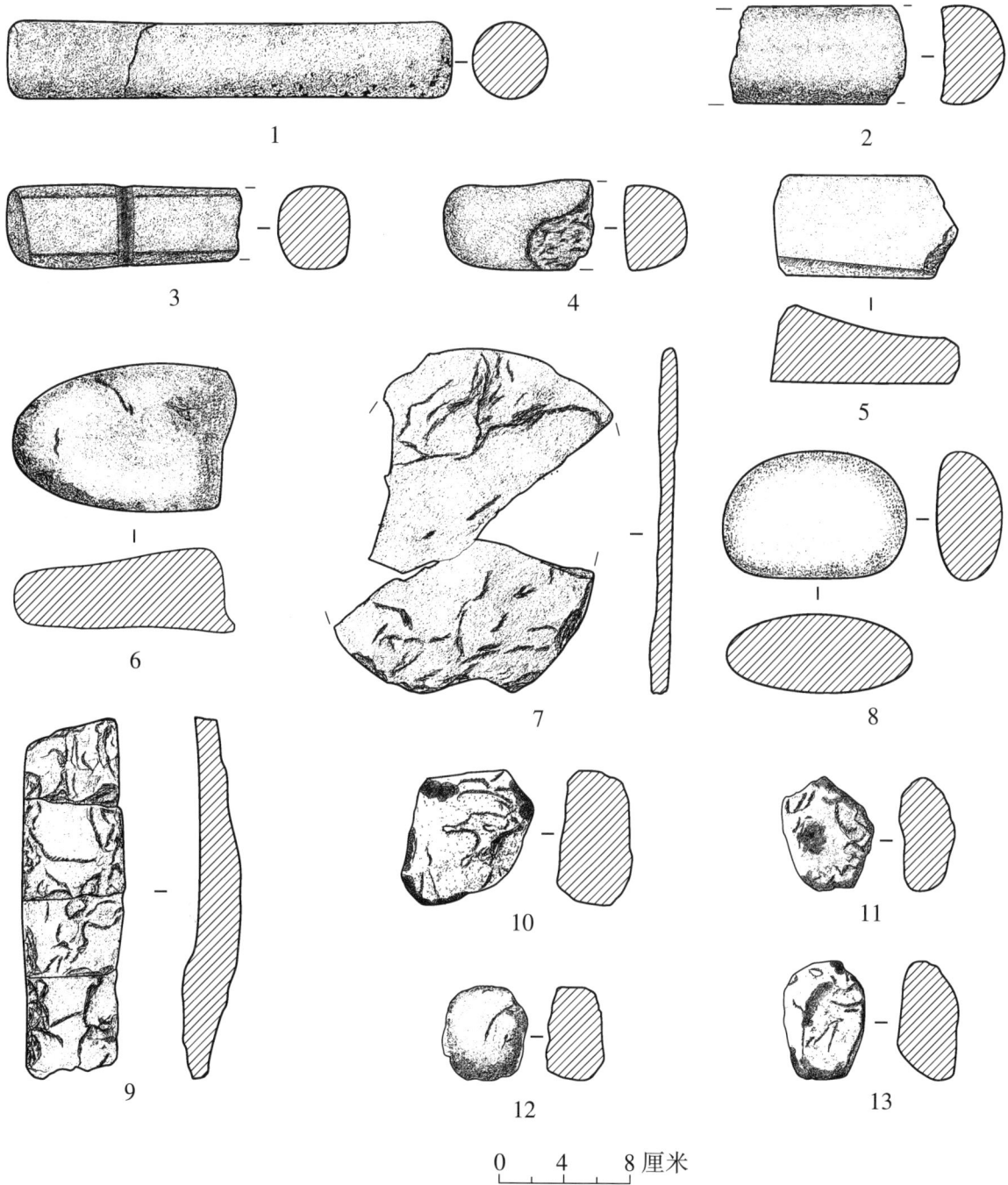

图二〇五　F34 石器

（1、5、7～11. 居住面出土　2～4、6、12、13. 堆积层出土）

1、2. Aa 型磨棒（F34：67、F34①：5）　3. B 型磨棒（F34①：12）　4. C 型磨棒（F3①：4）

5、6. 砺石（F34：60、F34①：3）　7. Aa 型饼形器（F34：42）　8. B 型研磨器（F34：66）

9. 条形器（F34：70）　10～13. 敲砸器（F34：54、F34：53、F34①：9、F34①：10）

室内堆积层遗物

（1）陶器3件。A型陶纺轮3件（参见附表8 查海遗址房址堆积层出土陶器型式统计表）。陶片40片（见附表2 房址出土陶片统计表）。

A型陶纺轮3件，皆陶罐残片制作，圆形，中孔。F34①:6，夹砂灰褐陶，断面残存孔痕，直径7.1、厚1.3厘米（图二〇三，3）；F34①:7，夹砂红褐陶，直径3.5、厚0.8厘米（图二〇三，4；图版一五七，1）；F34①:8，夹砂红褐陶，直径4.5、厚0.8厘米（图二〇三，5；图版一五七，5）。

（2）石器9件。Ac型铲形石器1件，Ba型铲形石器1件，铲形石器刃部残片1件，Aa型磨棒1件，B型磨棒1件，C型磨棒1件，砺石1件，敲砸器2件（参见附表16 查海遗址房址堆积层出土石器型式统计一览表）。

Ac型铲形石器1件，F34①:1，浅灰色石灰岩，打制，器面不平，多有棱凹面，近直短柄，柄端弧，近椭圆身，一侧显腰，弧刃，一侧刃角残，刃部有磨痕，长18.5、残宽18.7、厚3.3厘米（图二〇四，2；图版一七六，4）。

Ba型铲形石器1件，F34①:2，浅灰色石灰岩，打制，扁薄窄体，弧刃，有崩疤，长14.0、刃宽7.2、厚1.2厘米（图二〇四，1；图版一七九，2）。

铲形石器刃部残片1件，F34①:11，浅灰色石灰岩，打制，薄扁体，弧刃，残长10.4、刃残宽12.0、厚1.6厘米（图二〇四，11）。

Aa型磨棒1件，F34①:5，残片，黄灰色花岗岩，琢制，圆柱体，残长11.0、直径6.0厘米（图二〇五，2）。

B型磨棒1件，F34①:12，残段，黄灰色花岗岩，琢制，方柱体，中部有一周凹槽，残长14.5、直径5.0厘米（图二〇五，3；图版二一六，7）。

C型磨棒1件，F34①:4，残段，黄灰色花岗岩，琢制，圆柱体，一平磨面，残长9.3、直径5.0厘米（图二〇五，4）。

砺石1件，F34①:3，残，棕红色花岗岩，琢制，椭圆形，单凹磨面，长14.0、宽9.0、厚4.8厘米（图二〇五，6）。

敲砸器2件，皆白色石英岩，圆状多棱体，棱角处敲击点。F34①:9，长5.7、宽5.2、厚3.6厘米（图二〇五，12）；F34①:10，长7.0、宽5.0、厚3.6厘米（图二〇五，13）。

三五 35号房址（F35）

1. 遗迹

F35位于遗址西北部，北与F34、F26成列；东与F28、F27、F22、F20、F18成排。方向204°。面积为27.66平方米，是一座南壁半圆状外凸式小型半地穴房址。平面呈圆角方形，南北5.2、东西5.32米，垂直深度0.5~0.7米。房址挖凿于基岩层内，以基岩为壁，经修整斜平。房址的南壁中部偏东穴壁局部外凸，呈半圆状，有 1 个柱洞，此外凸部分东西长 1.6、外凸 0.4 米，深度与室内活动面平齐，推测这里是房址的出入部位。坑穴基岩底较平，表面形成一层厚 2～5 厘米的黑灰色坚硬垫踏土。在室内的中心设有一圆形浅穴平底灶，内抹泥，经火烧呈红色。灶口与活动面平齐，灶口直径 0.6、深 0.06 米。房址的西北角有一室内窖穴，为长方形竖穴坑，长 1.56、宽 1.02～1.06 米。窖室延伸入西北角壁内，呈不规则椭圆形，进深 0.7～1.1、宽 2.2 米。从窖口到窖室之间凿有三层台阶，每层台阶面都发现有较明显的脚踏窝痕迹。窖室东部凿有二层台，台面呈半圆体，台高 0.62、东西宽 0.7、南北长 1.12 米。西部呈缓坡向下延伸，最深处 1.3 米（图版三〇，2）。室内共发现 22 个柱洞，分内、外两圈，外圈 13 个，内圈 9 个，西北角不见柱洞。柱洞有圆形、椭圆形，分大、中、小三种，深浅不一，最深 0.8、最浅 0.18 米，上口大于底。遗物多出于室内北部（图二〇六；图版二九；图版三〇，1），并在房内采集了一些木炭（图版二八七，1）。

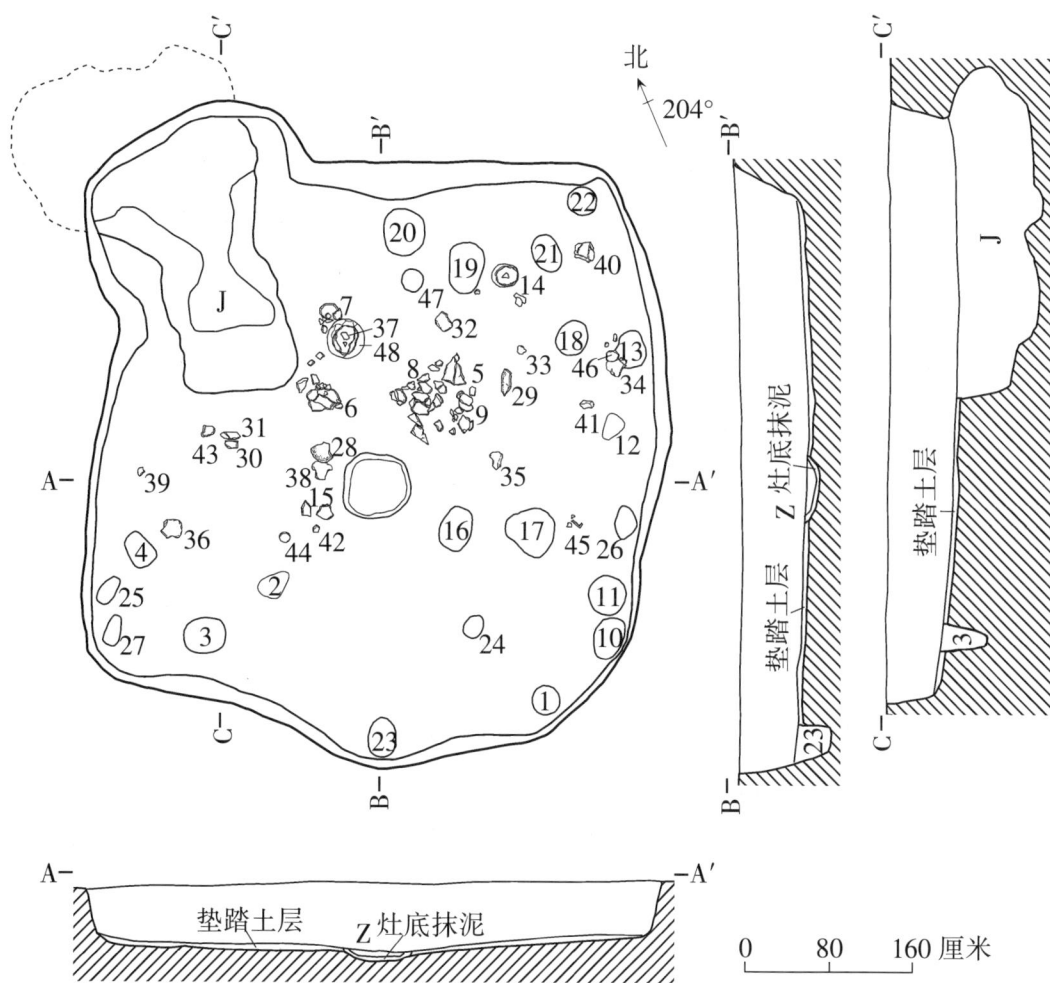

图二〇六　F35 平、剖面图

1～4、10～13、16～27、47、48. 柱洞　5、7、8、14. 斜腹罐　6、9. 直腹罐　15、45、46. 陶片
28、29. 磨盘　30、33～36、38. 铲形石器　31、43、44. 饼形器　32、37. 石刀　39. 石斧
40、41. 石料　42. 砺石　Z. 灶址

2. 遗物

室内居住面遗物

（1）陶器8件。AⅠ式斜腹罐2件，AⅡ式斜腹罐1件，AⅢ式斜腹罐2件，BⅠ式直腹罐2件，腹部残片1件（参见附表7　查海遗址房址活动面出土陶器型式统计表）。

AⅠ式斜腹罐2件，皆夹砂红褐陶。F35：7，直敞口，薄圆唇，斜直腹，底部残缺，素身，口径23.0、残高13.4厘米（图二〇七，2）；F35：14，薄圆唇，斜腹，平底，近口附加堆纹带饰左斜线纹，素身，口径20.1、底12.0、高23.0、壁厚1.0厘米（图二〇七，1；图版六四，4）。

AⅡ式斜腹罐1件，F35：5，夹砂红褐陶，直敞口，圆唇，斜腹，底部残缺，外叠宽带沿饰右斜线纹，腹饰窝点纹，口径35.5、残高28.1厘米（图二〇七，6；图版六五，4）。

AⅢ式斜腹罐2件，皆夹砂红褐陶，直敞口，圆唇，斜腹。F35：8，斜腹略内弧，下部残缺，近口附加堆纹带饰右斜线纹，素身，下腹部有一对锔孔，口径34.2、残高24.7厘米（图二〇七，4；图版六七，1）；F35：15，外叠宽带沿饰右斜线纹、其下饰戳点纹1周，素身，腹部有一锔孔，口径21.0、残高12.6厘米（图二〇七，5）。

BⅠ式直腹罐2件，皆夹砂红褐陶，直敞口，薄圆唇，直腹。F35：6，近口附加堆纹带饰右斜线纹，素身，口径17.4、底径11.0、高22.2厘米（图二〇七，3；图版七〇，4）；F35：9，下半部残，外叠宽带沿饰右斜线纹，素身，口径17.0、残高19.2厘米（图二〇八，1）。

腹部残片1件，F35：46，夹砂红褐陶，粉蚀，无法提取。

（2）石器17件。石斧残片1件，Ab型铲形石器1件，Ac型铲形石器2件，Bb型铲形石器1件，石铲刃部残片3件，Ba型饼形器2件，Bb型饼形器1件，D型石刀1件，A型磨盘2件，砺石1件，石料2件（参见附表15　查海遗址房址居住面出土石器型式统计一览表）。

石斧残片1件，F35：39，灰色泥质页岩，磨制，残长9.4、刃残宽6、厚2.2厘米（图二〇九，1）。

Ab型铲形石器1件，F35：36，深灰色页岩，打制，短直柄，圆身，弧刃，长17.8、宽16、厚1.1厘米（图二〇九，3；图版一七五，1）。

Ac型铲形石器2件，F35：35，残，浅灰色白云母质页岩，打制，扁平体，短直柄，束腰不显，弧刃，通长14.7、刃宽13.0、厚1.8厘米（图二〇九，4；图版一七六，6）；F35：38，浅灰色页岩，打制，短柄，端略弧，显腰，椭圆身，弧刃，通长17.4、刃宽18.1、厚2.7厘米（图二〇九，5；图版一七七，1）。

Bb型铲形石器1件，F35：34，浅灰页岩，打制，薄扁体，直柄，直刃，通长13.8、刃宽17.1、厚1.5厘米（图二〇九，6；图版一七九，7）。

铲形石器刃部残片3件，皆灰色页岩，打制，F35：30，长11.5、宽6.5、厚1.4厘米（图二〇九，7）；F35：32，残长13.1、残宽12.2、厚0.9厘米；F35：33，薄片。

Ba型饼形器2件，皆琢制，扁圆体。F35：43，黄褐色砂岩，长12.8、残宽8.5、厚4.5厘米

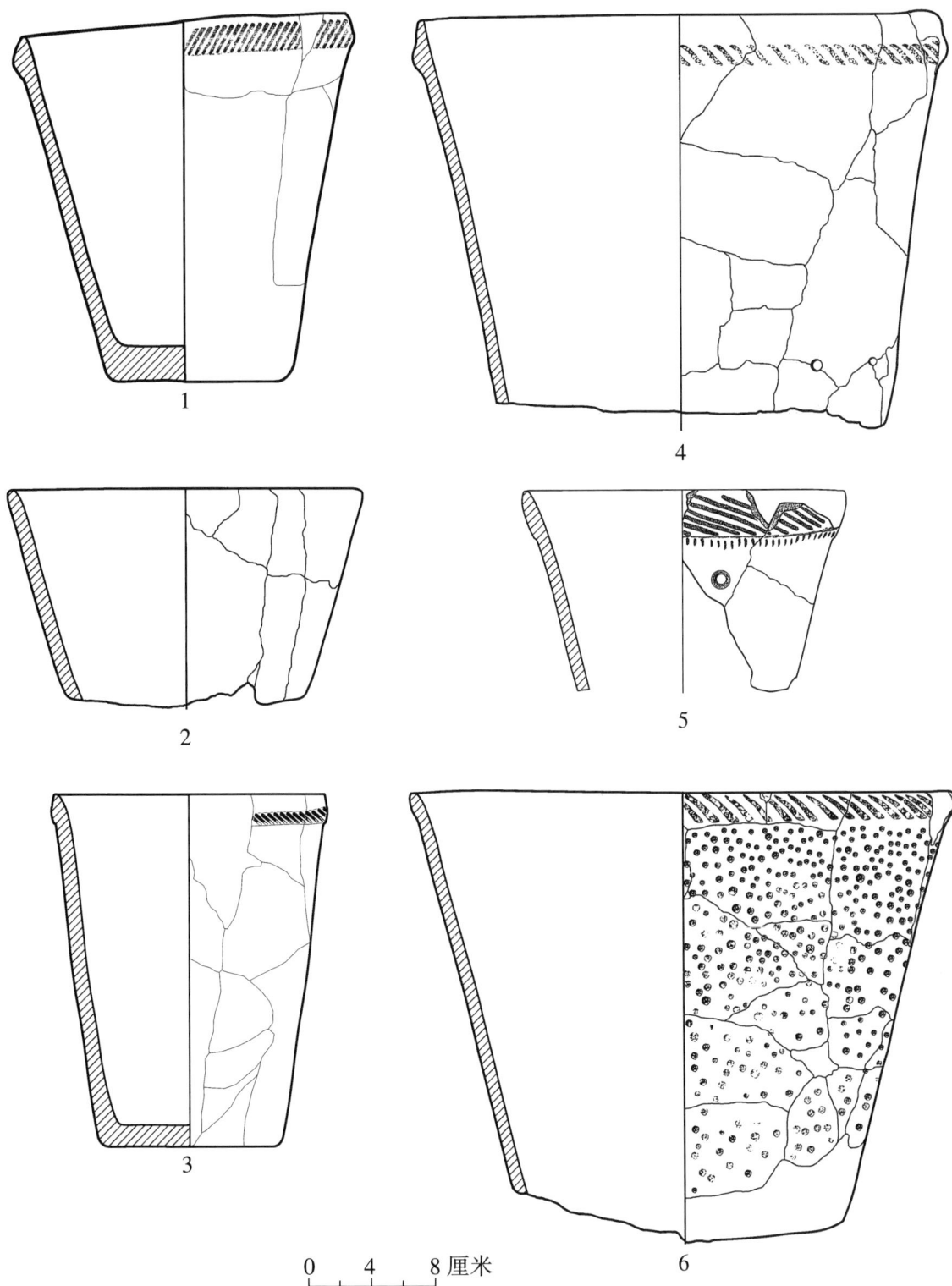

0　　4　　8厘米

图二〇七　F35陶器（居住面出土）

1、2. A I 式斜腹罐（F35：14、F35：7）　　3. B I 式直腹罐（F35：6）　　4、5. A Ⅲ式斜腹罐
（F35：8、F35：15）　　6. A Ⅱ式斜腹罐（F35：5）

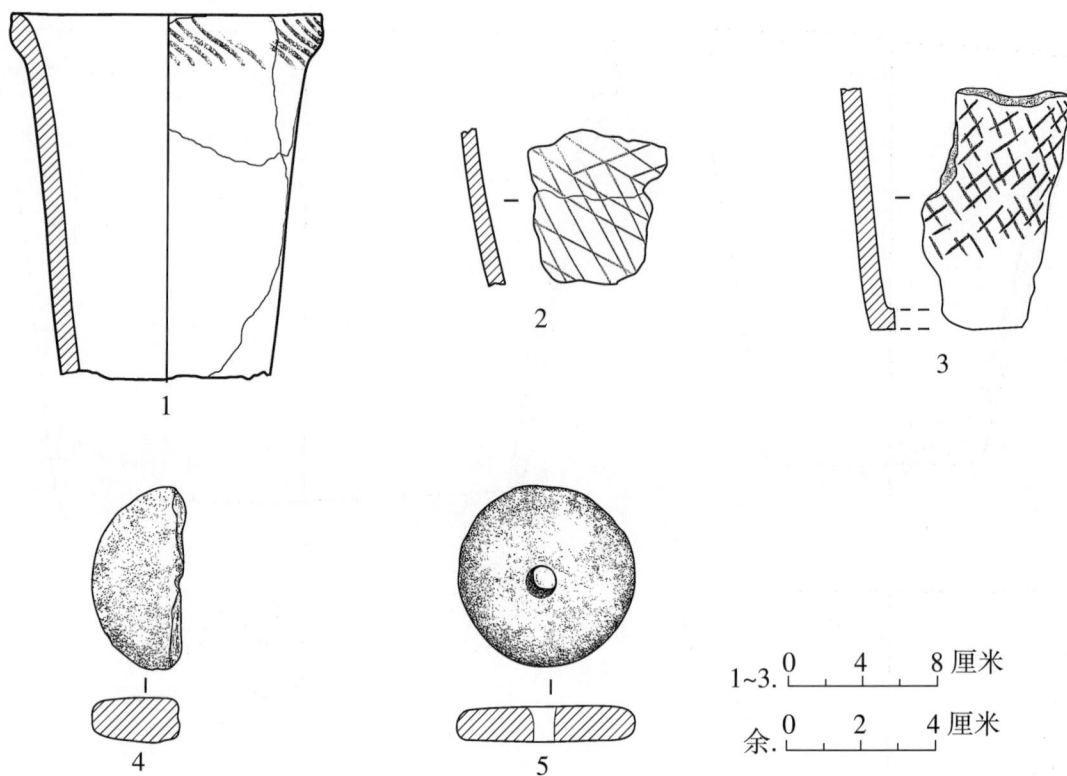

图二〇八　F35 陶器（1. 居住面出土　2～4. 堆积层出土　5. 窖穴出土）

1. BⅠ式直腹罐（F35:9）　2、3. 直腹罐腹部残片（F35①:12、F35①:13）

4、5. A 型陶纺轮（F35①:5、F35J:1）

（图二〇九，11）；F35:44，黄色花岗岩，直径10.5、厚3.8厘米（图二〇九，12）。

Bb 型饼形器 1 件，F35:31，残，浅灰色页岩，扁体，打制，残长26.8、残宽16.5、厚1.1厘米（图二一〇，1；图版二〇二，2）。

D 型石刀 1 件，F35:37，浅灰色石灰岩，刃部残片，打制，弧刃，长13.9、刃宽9.4、厚2.1厘米（图二〇九，10；图版一九五，3）。

A 型磨盘 2 件，皆残段，黄色花岗岩，琢制，长方扁体，弧端，凹磨面。F35:28，残长19.9、残宽19.5、厚6.75厘米（图二一〇，3）；F35:29，残长19.5、残宽10.8、厚4.1厘米（图二一〇，2）。

砺石 1 件，F35:42，黄色花岗岩残块，双磨面，一面下凹，长8.0、宽6.0、厚4.5厘米。

石料 2 件，皆棕红色花岗岩。F35:40；F35:41，长方体，长10.9、宽7.1、厚5.4厘米。

室内堆积层遗物

（1）陶器 3 件。直腹罐腹部残片 2 件，A 型陶纺轮 1 件（参见附表8　查海遗址房址堆积层出土陶器型式统计表）。陶片 183 片（见附表2　房址出土陶片统计表）。

直腹罐腹部残片 2 件，皆夹砂红褐陶。F35①:12，饰网格纹，残高8.2厘米（图二〇八，2）；

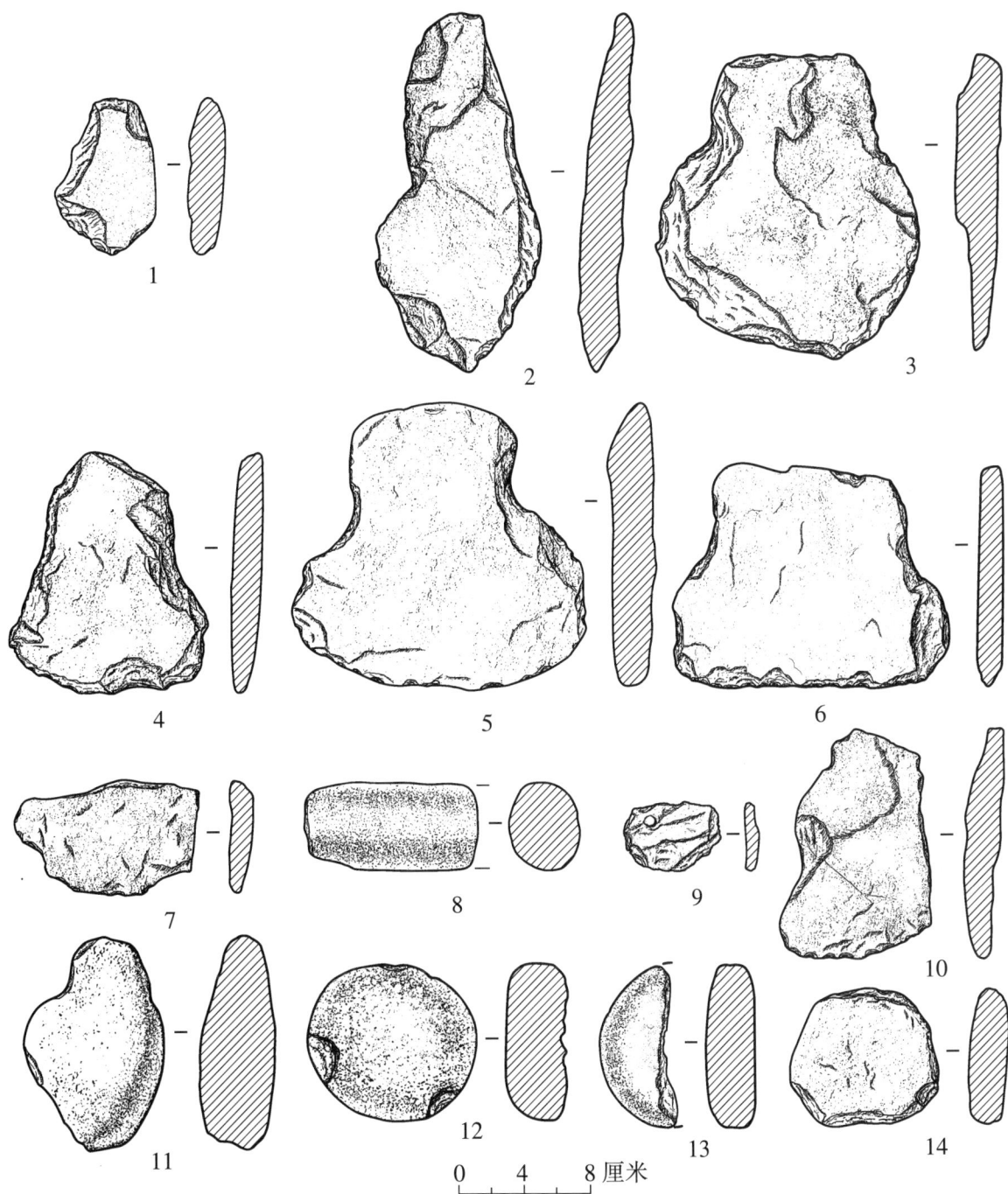

图二〇九　F35 石器

（1、3～7、10～12. 居住面出土　2、8、9、13、14. 堆积层出土）

1. 石斧残片（F35：39）　2. Aa 型铲形石器（F35①：2）　3. Ab 型铲形石器（F35：36）

4、5. Ac 型铲形石器（F35：35、F35：38）　6. Bb 型铲形石器（F35：34）　7. 铲形石器
刃部残片（F35：30）　8. D 型磨棒（F35①：1）　9、10. D 型石刀（F35①：11、F35：37）

11～14. Ba 型饼形器（F35：43、F35：44、F35①：10、F35①：4）

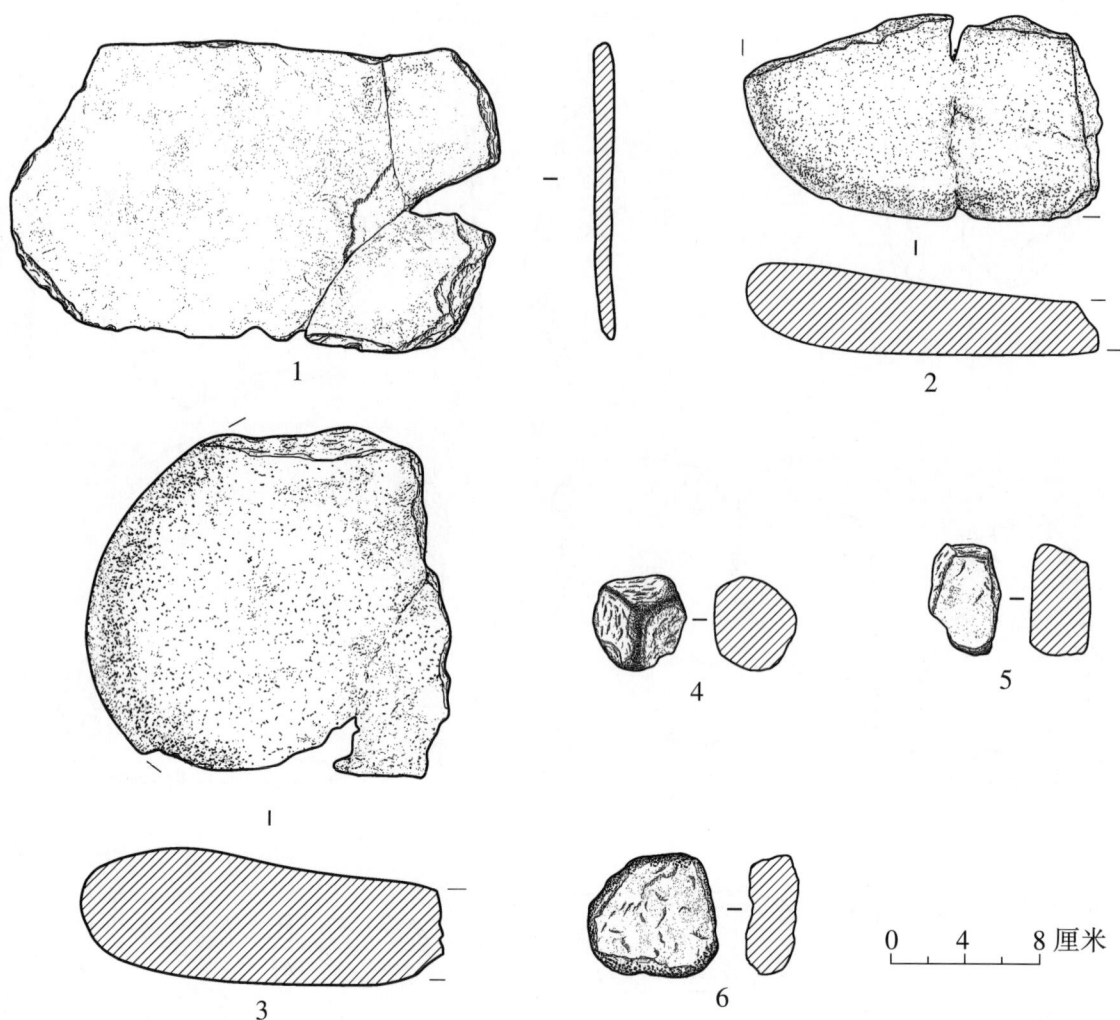

图二一〇　F35 石器（1~3. 居住面出土　4~6. 堆积层出土）

1. Bb 型饼形器（F35:31）　2、3. A 型磨盘（F35:29、F35:28）

4~6. 敲砸器（F35①:8、F35①:9、F35①:7）

F35①:13，饰交叉纹，残高 12.75 厘米（图二〇八，3）。

A 型陶纺轮 1 件，F35①:5，夹砂红褐陶，断面残存孔痕，直径 4.9、厚 1.2 厘米（图二〇八，4）。

（2）石器 10 件。石斧残片 1 件，Aa 型铲形石器 1 件，Ba 型饼形器 2 件，D 型石刀 1 件，D 型磨棒 1 件，敲砸器 4 件（参见附表 16　查海遗址房址堆积层出土石器型式统计一览表）。

石斧残片 1 件，F35①:3，浅灰色油质页岩，磨制，残长 5.3、残宽 6.8、残厚 0.8 厘米。

Aa 型铲形石器 1 件，F35①:2，浅灰色石灰岩，打制，扁体，长柄，圆身，弧刃，残长 21.7、厚 2.6 厘米（图二〇九，2）。

Ba 型饼形器 2 件，F35①:4，黄色花岗岩，打制，扁圆体，直径 8.4、厚 2.3 厘米（图二〇九，14）；F35①:10，残，灰白色玄武岩，琢制，扁体，椭圆形，直径 9.7、厚 2.9 厘米（图二〇九，13）。

D 型石刀 1 件，F35①：11，残，深灰色页岩，自然石片，薄边为刃，有一打制穿孔，长 6.0、宽 4.0、厚 0.8 厘米（图二〇九，9）。

D 型磨棒 1 件，F35①：1，残段，黄色花岗岩，琢制，椭圆柱体，残长 16.1、直径 5.4 厘米（图二〇九，8）。

敲砸器 4 件，F35①：6，红色玄武岩，块状多棱体，棱边角敲击点，长 7.84、宽 5.77、厚 4.7 厘米；F35①：7，浅灰色石英岩，扁棱体，边棱敲击点，长 6.8、宽 6.0、厚 2.6 厘米（图二一〇，6）；F35①：8，浅灰色石英岩，圆多棱体，边棱角敲击点，长 5.3、宽 5.1、厚 4.4 厘米（图二一〇，4）；F35①：9，浅灰色石英岩自然石块，扁方多棱体，两端棱角敲击点，长 5.9、宽 3.5、厚 3.15 厘米（图二一〇，5）。

室内窖穴遗物

（1）陶器 1 件。A 型陶纺轮 1 件。

A 型陶纺轮 1 件，F35J：1，夹砂红褐陶陶片磨制，直径 4.8、孔径 0.6、厚 0.9 厘米（图二〇八，5；图版一五七，3）。

（2）细石器 2 件（参见附表 20 查海遗址各遗迹单位出土细石器统计表）。

石叶 2 件，皆黑灰色页岩，打制，片状，F35J：2，近似梯形，边角锋利，长 3.2、宽 2.8、厚 0.7 厘米；F35J1：3，中间厚，周边锋利，长 2.8、宽 2.7、厚 0.4 厘米。

三六 36 号房址（F36）

1. 遗迹

F36 位于遗址中部，龙形堆石北侧，北与 F39、F40，南与 F31 成列；西与 F32、F38、F26，东与 F43、F48、F55、F49 成排。方向 205°。面积约 72.9 平方米，是一座大型南壁半圆状外凸式半地穴房址。平面呈小圆角方形，南北 8.12、东西 8.98 米，垂直深度 0.66 米。房址挖凿于黄色生土层及基岩层内，穴壁上缘较平直，底部局部有些弧曲，壁面稍加修整，较平直。南壁中部偏东穴壁局部外凸，呈半圆状，外凸部分东西长 3.2、外凸 1.1 米。从其位置推测，此处可能为房址出入口。居住面四周高于中部，裸露基岩，中部低洼处为黑色垫踏土，土质坚硬，厚约 0.04～0.1 米。灶位于室内中部偏西，圆形坑式灶，灶口与居住面一平，斜壁平底，灶内抹泥厚 0.06～0.11 米，经火烧后，呈暗红色。灶口直径为 0.91～0.96、灶底直径 0.86～0.9、灶深 0.05 米。在灶内发现一件残碎陶器。室内共有 32 个大小深浅不一的柱洞，形状有圆形、椭圆形、方形，皆凿于基岩内，分内、外两圈布置。外圈靠近壁穴；内圈围绕灶址。柱洞大者直径为 0.71、深 0.5 米；小者直径 0.2、深 0.21 米。值得注意的是，南壁外凸部分柱洞较密、较大，最大者可能是窖穴。房内堆积分两层，上层为灰褐土堆积，下层为浅灰色土堆积，土质松软，出土了大量的残碎陶片及少量石器，还出土了一件玉管珠。室内遗物有石器、陶器、玉器、残碎猪骨（图版二七九，1、6），分布在居住面四周，主要集中在西南角、东北角及西北角三处。这座房址的陶器以灰褐陶为主，红褐陶次之，纹饰以压印之字纹为主，划之字纹及压印短线纹少见（图二一一；图版三一）。

2. 遗物

室内居住面遗物

（1）陶器10件。BⅣ式直腹罐5件，BⅤ式直腹罐2件，BⅥ式直腹罐1件，CⅡ式鼓腹罐2件（参见附表7　查海遗址房址活动面出土陶器型式统计表）。

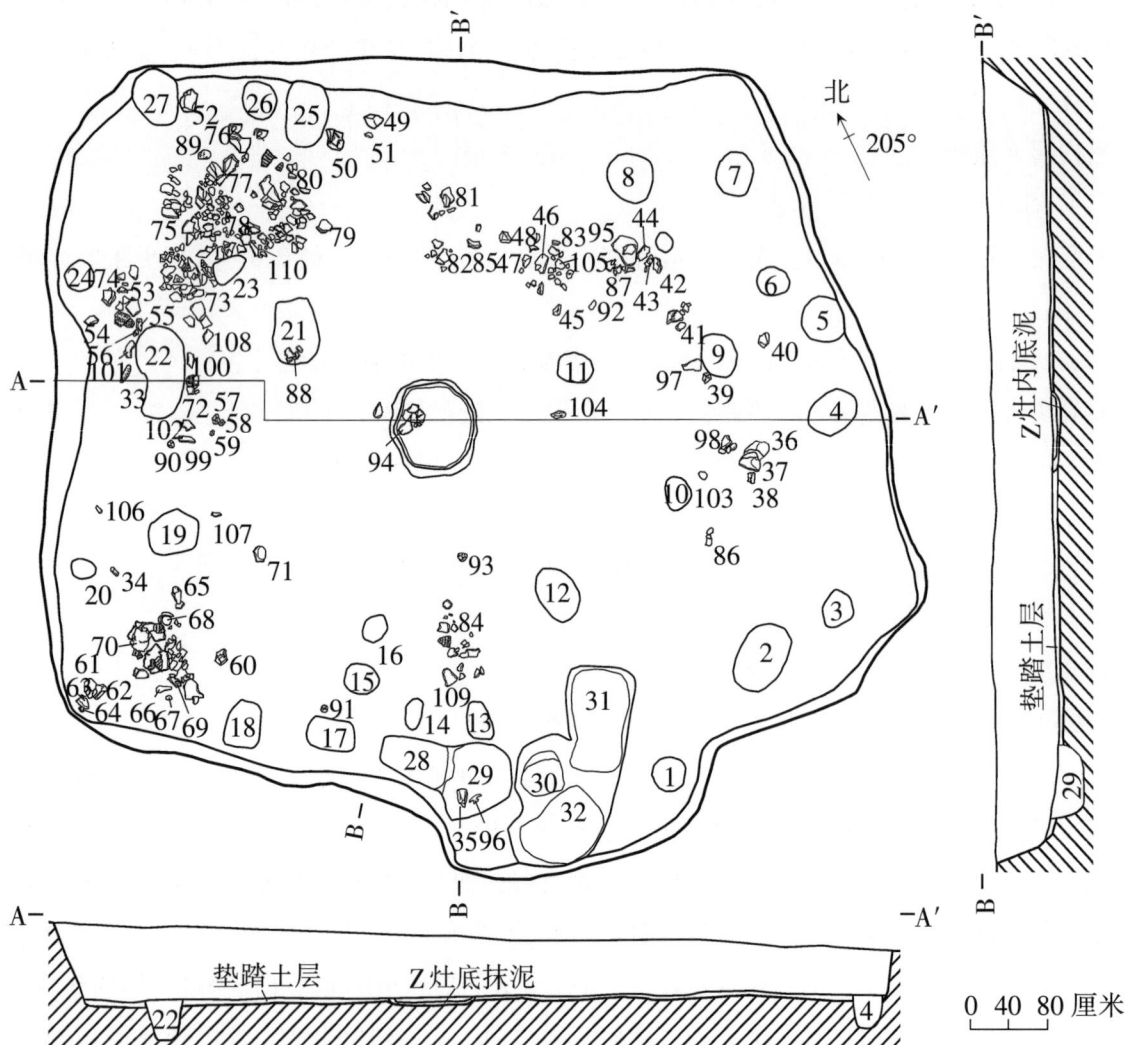

图二一一　F36 平、剖面图

1～32. 柱洞　33、34. 磨棒　35～39、47、50、54、60、62、66、86、92、93、107、108. 石料　40. 磨盘
41、42、51、85、96～98. 铲形石器　43、48、57～59、64、67、81、89～91、105. 敲砸器
44～46、49、52、53、55、61、65、95、103. 砺石　56. 砧石　63、104. 细石器　69（68）、70（71）、
73（72）、74、75、78、79、80. 直腹罐　76、77. 鼓腹罐　82～84、87、88、94. 陶片　99. 石斧
100～102. 石刀　106. 玉斧　109. 饼形器　110. 玉管　Z. 灶址

BⅣ式直腹罐5件。夹砂红褐陶1件，F36∶75，敞口，厚圆唇，直腹，平底，颈饰弦纹数周，指压附加堆纹带，腹饰横压竖排细长之字纹，口径23.0、底径12.0、高31.3厘米（图二一二，1；图版九五，3）。夹砂灰褐陶4件，F36∶73，敞口，厚圆唇，直腹，平底，颈饰网格纹，附加堆纹带饰Da2型锯齿形几何纹，腹饰竖压横排之字纹不到底，口径21.5、底径13.0、高29.7厘米（图二一二，3；图版九五，4）；F36∶74，敞口，厚圆唇，直腹，平底，颈饰横压竖排之字纹，附加堆纹带饰Ba1型反F形几何纹，腹饰竖压横排之字纹不到底，口径21.6、底径14.5、高31.9厘米（图二一二，2；图版九五，2）；F36∶78，敞口，厚尖圆唇，直腹，平底，颈饰Ba1型F形几何纹，腹饰竖压横排之字纹不到底，颈部一对对称锔孔，口径19.5、底径10.5、高25.1厘米（图二一三，1，图版九五，1）；F36∶79，敞口，厚尖圆唇，直腹，微凹平底，颈饰横压竖排之字纹，腹饰竖压横排之字纹不到底，颈部锔孔一个，口径21.2、底径13.6、高28.0厘米（图二一二，4；图版九四，1）。

BⅤ式直腹罐2件，皆夹砂灰褐陶。F36∶69，喇叭形口，厚圆唇，直腹，平底，通身饰细长横压竖排之字纹，近口部有2个锔孔，口径27.8、底径17.0、高38.5厘米（图二一三，2；图版一二〇，1）；F36∶80，敞口，圆唇，腹壁较直，平底，颈饰不规则弦纹，腹饰左斜线纹，口径17.0、底径11.3、高21.0厘米（图二一三，4；图版一一九，4）。

BⅥ式直腹罐1件，F36∶70，夹砂灰褐陶，大喇叭口，厚圆唇，直腹，平底，颈饰Db型锯齿形几何纹，附加堆纹带饰窝点纹，腹饰竖压横排之字纹，口径31.0、底径17.4、高40.9厘米（图二一三，3；图版一二八，2）。

CⅡ式鼓腹罐2件，皆夹砂红褐陶。F36∶76，上部残，鼓腹、平底，上腹饰左斜线纹，下腹饰竖压横排之字纹不到底，有锔孔一对，底径16.2、残高27.2厘米（图二一四，2；图版一三八，3）；F36∶77，外侈口，圆尖唇，束颈、鼓腹、底残，颈饰弦纹，腹饰左斜线纹、竖压横排之字纹，口径18.2、残高24.5厘米（图二一四，1）。

（2）石器55件。C型石斧1件，C型石刀3件，Aa型铲形石器1件，Db型铲形石器1件，铲形石器刃部残片4件，铲形石器柄部残片1件，Bb型饼形器1件，Aa型磨棒1件，B型磨棒1件，A型磨盘1件，砺石11件，有窝石器1件，敲砸器12件，石料16件（参见附表15　查海遗址房址居住面出土石器型式统计一览表）。

C型石斧1件，F36∶99，灰色玄武岩，打琢，扁平长体，凸面有使用痕迹，圆角，弧刃，稍残，有崩痕。残长16.34、刃宽5.0、厚2.4～3.4厘米（图二一五，1；图版一七一，2）。

C型石刀3件，皆扁平体，薄边为刃部。F36∶100，浅灰色页岩，有崩疤，长16.55、宽7.69、厚1.3厘米（图二一五，2）；F36∶101，浅灰色石灰岩，长17.59、宽6.47、厚0.2～1.4厘米；F36∶102，浅灰色石灰岩，长13.74、宽10.16、厚1.3厘米。

Aa型铲形石器1件，F36∶97，浅灰色石灰岩，正面凹、背面凸，长直柄，圆身，长21.3、刃宽11.5、厚2.8厘米（图二一五，3；图版一七三，2）。

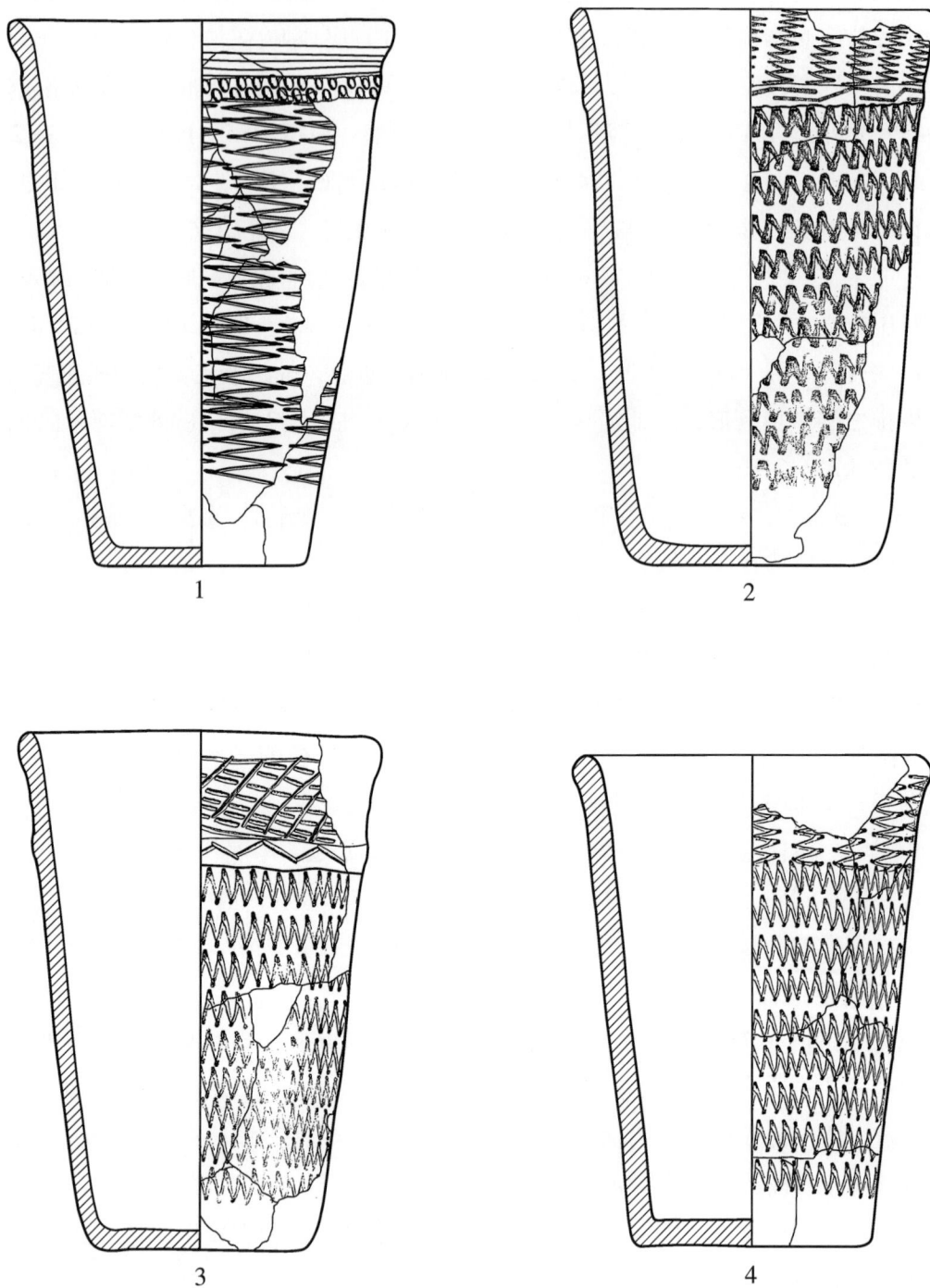

0　　4　　8 厘米

图二一二　F36 陶器（居住面出土）

1~4. BⅣ式直腹罐（F36：75、F36：74、F36：73、F36：79）

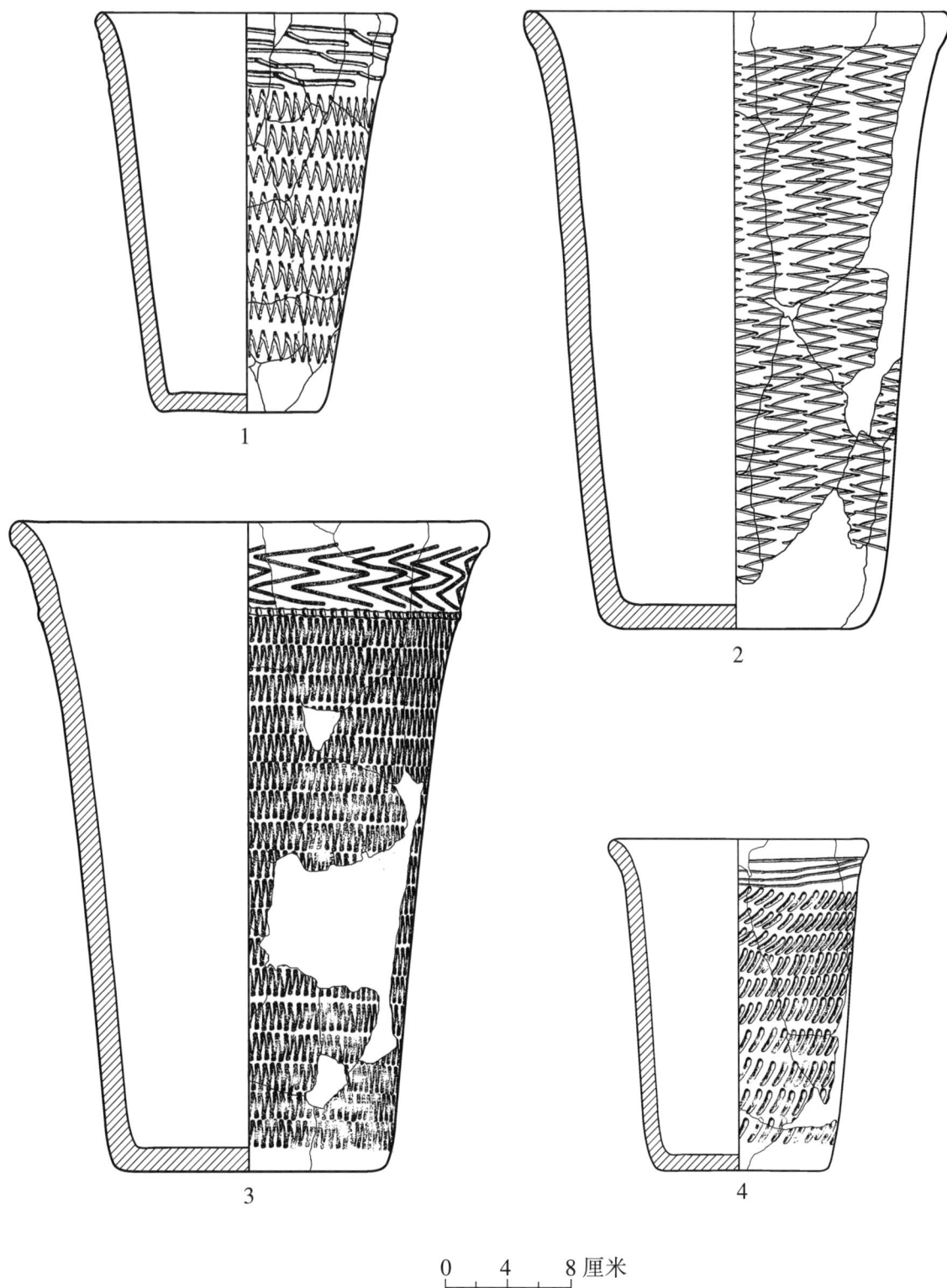

0　　4　　8厘米

图二一三　F36 陶器（居住面出土）

1. BⅣ式直腹罐（F36：78）　　2、4. BⅤ式直腹罐（F36：69、F36：80）　　3. BⅥ式直腹罐（F36：70）

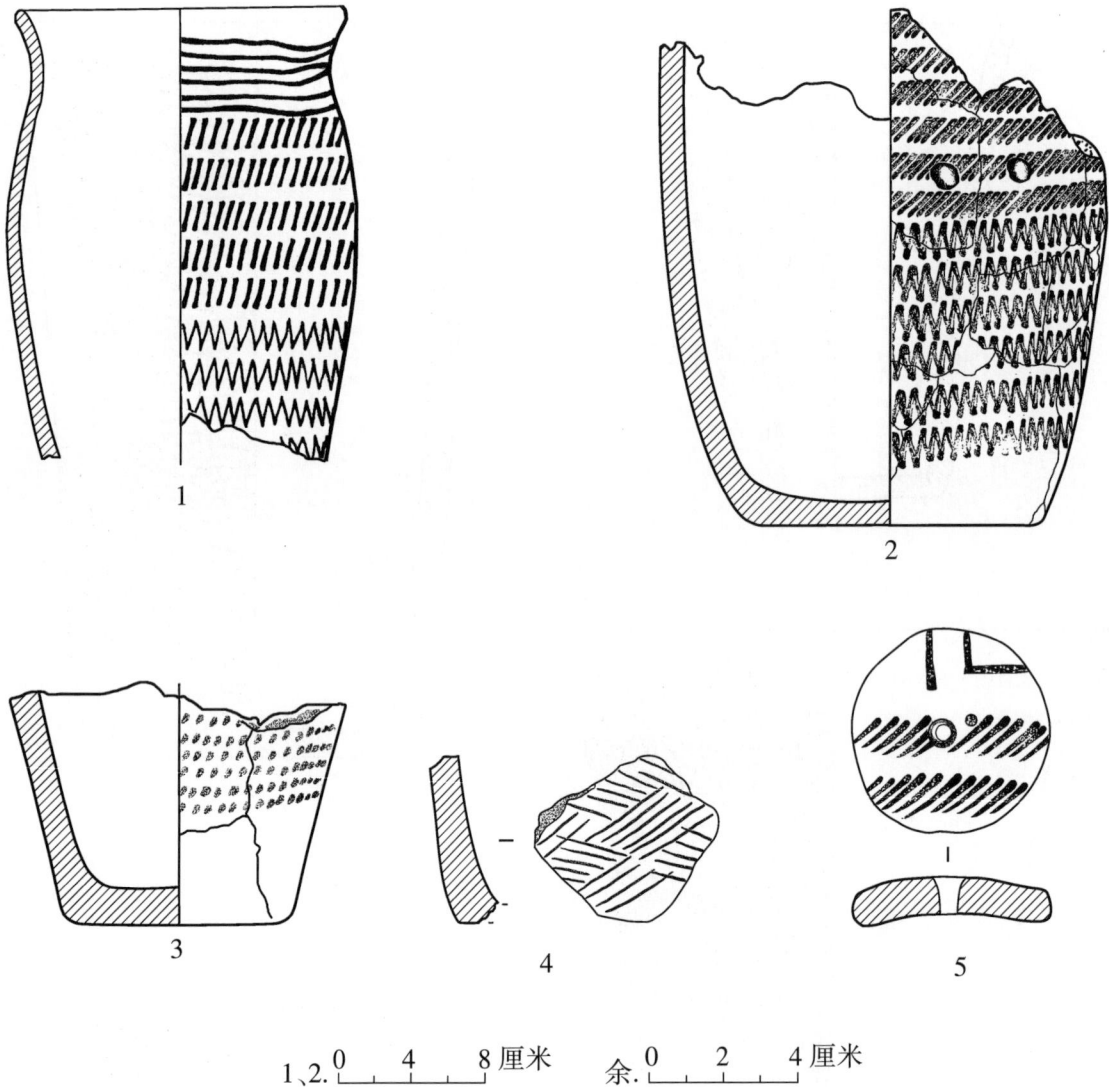

图二一四　F36 陶器（1、2. 居住面出土　3～5. 堆积层出土）

1、2. C Ⅱ 式鼓腹罐（F36：77、F36：76）　3. 斜腹罐罐底（F36①：8）　4. 腹部残片（F36①：7）

5. A 型陶纺轮（F36①：6）

　　Db 型铲形石器 1 件，F36：96，深灰色页岩，打制，短柄，束腰，弧刃，刃部的一面使用明显，有崩疤，长 13.5、刃宽 21、厚 1.9 厘米（图二一五，4；图版一八七，4）。

　　铲形石器刃部残片 4 件，F36：41，浅灰色石灰岩，打制，圆身，弧刃，有崩疤，残长 13.0、残宽 16.4、厚 1.4 厘米（图二一五，8）；F36：42，浅灰色石英岩，打制，刃部有崩疤，残长 12.35、宽 7.6、厚 1.6 厘米（图二一五，7）；F36：51，浅灰色石灰岩，打制，弧刃，残长 6.73、刃宽 14、厚 1.4 厘米（图二一五，5）；F36：85，浅灰色页岩，打制，扁平体，弧刃，残长 16.75、刃残宽 9.04、厚 1.1 厘米（图二一五，6）。

　　铲形石器柄部残片 1 件，F36：98，深灰色石灰岩，残长 13.53、厚 2.7 厘米。

图二一五　F36 石器（1～8、10～13. 居住面出土　9. 堆积层出土）

1. C 型石斧（F36:99）　2. C 型石刀（F36:100）　3. Aa 型铲形石器（F36:97）　4. Db 型铲形
石器（F36:96）　5～8. 铲形石器残片（F36:51、F36:85、F36:42、F36:41）　9. Ba 型铲形石器
（F36①:5）　10. Bb 型饼形器（F36:109）　11. Aa 型磨棒（F36:34）　12. B 型磨棒（F36:33）
13. A 型磨盘残片（F36:40）

Bb 型饼形器 1 件，F36：109，浅灰色石灰岩，打制，圆角长方形，长 10.41、宽 7.6、厚 1.7 厘米（图二一五，10；图版二〇二，1）。

Aa 型磨棒 1 件，F36：34，残段，浅黄色花岗岩，琢制，圆柱体，残长 7.26、直径 4.6 厘米（图二一五，11）。

B 型磨棒 1 件，F36：33，残段，黄色花岗岩，琢制，方柱体，残长 13.95、宽 4.64、厚 4.35 厘米（图二一五，12；图版二一七，1）。

A 型磨盘 1 件，F36：40，残块，黄色花岗岩，琢制，平面呈长方形，平磨面，底面有窝点，残长 11.07、残宽 10.51、厚 4.9 厘米（图二一五，13）。

砺石 11 件，F36：44，棕红色玄武岩，平面呈长方形，双磨面，长 13.44、宽 10.51、厚 4.0 厘米（图二一六，8；图版二二五，1）；F36：45，黄色花岗岩，形状不规则，单凹磨面，长 16.28、宽 12.01、厚 5.4 厘米（图二一六，6；图版二二五，2）；F36：46，黄色花岗岩，多面体，双磨面，长 23.31、宽 9.21、厚 7.6 厘米（图二一六，4）；F36：49，黄色花岗岩，平面近似长方形，双磨面，长 18.76、宽 7.6、厚 11.4 厘米（图二一六，1）；F36：52，稍残，棕红色花岗岩，形状不规则，双磨面，长 18.43、宽 12.0、厚 7.2 厘米（图二一六，7）；F36：53，棕红色花岗岩，三角形，器身风化皲裂，双磨面，长 10.20、宽 7.5、厚 4.2 厘米（图二一六，2）；F36：55，黄色花岗岩，平面呈菱形，双磨面，长 18.23、宽 16.15、厚 10.6 厘米（图二一六，3）；F36：61，棕红色花岗岩，平面近似三角形，双磨面，长 18.80、厚 5.3 厘米（图二一六，5）；F36：65，黄色花岗岩，器表皲裂，磨面较平，长 20.95、宽 18.92、厚 7.8 厘米（图二一六，10）；F36：95，黄色花岗岩，长方体，三个磨面，长 24.89、刃宽 11.67、厚 9.8 厘米（图二一六，9）；F36：103，黄色花岗岩，长方形，双磨面，长 7.64、宽 5.65、厚 3.2 厘米（图二一六，11）。

有窝石器 1 件，F36：56，深灰色滑石，多面体，形似棱锥，一面有多个窝坑，双磨面，长 12.61、宽 9.21、厚 7.6 厘米（图版二三五，3）。

敲砸器 12 件，F36：43，深灰色石英岩，形状不规则，块状多棱体，棱角敲击点，长 11.6、宽 10.6、厚 4.1 厘米（图二一七，10）；F36：48，黄色鹅卵石，椭圆扁体，两侧有敲击点，长直径 7.19、短直径 5.13、厚 2.5 厘米（图二一七，6）；F36：57，白色石英岩，平面呈长方形，块状多棱体，棱角敲击点，长 5.92、宽 5.30、厚 2.3 厘米（图二一七，8）；F36：58，深灰色石英岩，形状不规则，多棱角，尖角敲击点；F36：59，深灰色石英岩，扁圆多棱体，棱角敲击点，直径 10.72、厚 6.0 厘米（图二一七，11）；F36：64，浅灰色石英岩，块状多棱体，棱角敲击点，直径 7.23、厚 5.2 厘米（图二一七，2）；F36：67，黄色花岗岩，平面呈长方形，多棱角，边棱敲击点，长 9.66、宽 7.62、厚 2.9 厘米（图二一七，3）；F36：81，褐色石英岩，圆形多棱体，边棱敲击点，直径 9.13、厚 7.0 厘米（图二一七，4）；F36：89，褐色花岗岩，近球体，两尖端敲击点，直径 9.37、厚 6.9 厘米（图二一七，5）；F36：90，深灰色石英岩，长方形，棱角敲击点，长 7.46、宽 4.95、厚 5.2 厘米（图二一七，1）；F36：91，浅灰色石英岩，形状不规则，多棱体，一尖角敲

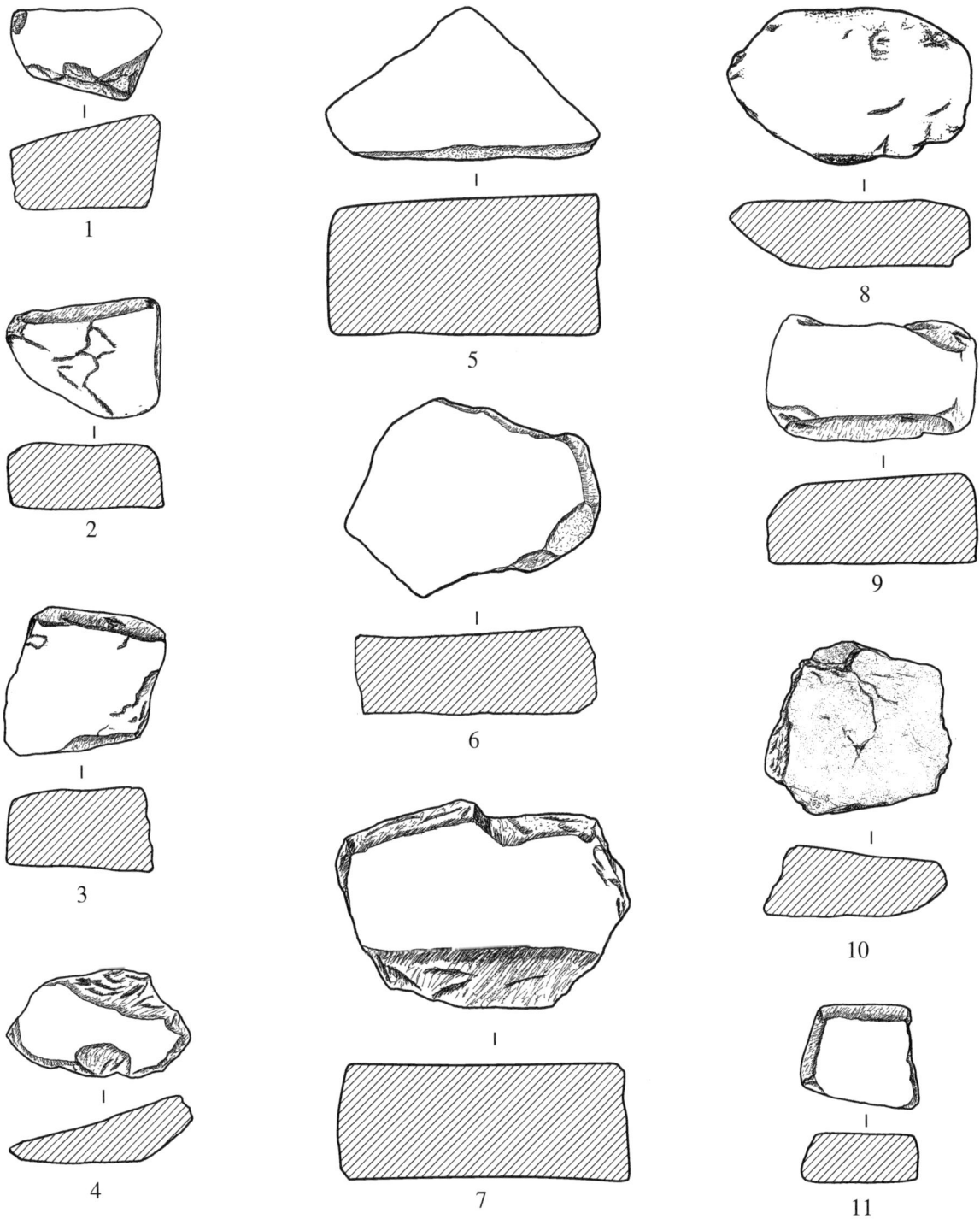

图二一六　F36 石器（居住面出土）

1～11. 砺石（F36∶49、F36∶53、F36∶55、F36∶46、F36∶61、F36∶45、F36∶52、

F36∶44、F36∶95、F36∶65、F36∶103）

击点，长7.32、宽5.8厘米（图二一七，7）；F36：105，深灰色石英岩，形状不规则，块状多棱体，尖角敲击点，长9.29、宽7.25、厚5.2厘米。

石料16件。F36：35，棕红色花岗岩；F36：36，棕红色花岗岩；F36：37，石料，石英岩，长9.48、宽7.07、厚5.0厘米；F36：38，棕红色花岗岩；F36：39，棕红色花岗岩；F36：47，棕红色花岗岩，椭圆柱体，残长14.40、宽7.86、厚6.5厘米；F36：50，灰色石英岩；F36：54，灰褐色花岗岩；F36：60，棕红色花岗岩，平面近似正方形，长8.65、宽9.21、厚8.4厘米；F36：62，浅灰色花岗岩；F36：66，浅黄色花岗岩；F36：86，棕红色花岗岩；F36：92，深灰色页岩；F36：93，棕红色花岗岩；F36：107，浅灰色滑石，锥状体，长9.31、宽4.15、厚1.6厘米；F36：108，棕红色花岗岩。

（3）细石器2件。石叶2件（参见附表20 查海遗址各遗迹单位出土细石器统计表）。

石叶2件，皆石英岩，打制，片状，棱角边缘锋利。F36：63，长3.4、宽2.1、厚0.3厘米（图二一七，12；图版二五八，2）；F36：104（15号柱洞出土），长1.6、宽1.3、厚0.4厘米（图二一七，14；图版二五九，11）。

（4）玉器2件。A型玉斧1件，玉管1件。

A型玉斧1件，F36：106，通体磨制，乳白色，淡绿斑，呈扁长方体，两侧边弧曲显棱，上端残，刃锋利，有崩痕，长5.8、刃宽2.5、厚0.9厘米（图二一七，13；图版二六八，1）。

玉管1件，F36：110，通体磨制光润，呈蜡色，管状，两端斜口，对钻孔略偏于中心，体长2.0、最粗直径1.5、孔直径0.7厘米（图二一七，19；图版二七四，3）。

室内堆积层遗物

（1）陶器3件。腹部残片1件，斜腹罐罐底1件，A型陶纺轮1件（参见附表8 查海遗址房址堆积层出土陶器型式统计表）。陶片70片（见附表2 房址出土陶片统计表）。

腹部残片1件，F36①：7，夹砂灰褐陶，饰席纹，残高4.45厘米（图二一四，4；图版一六〇，4）。

斜腹罐罐底1件，F36①：8，夹砂红褐陶，饰窝点纹，纹饰不到底，底径5.7、残高6.4厘米（图二一四，3）。

A型陶纺轮1件，F36①：6，夹砂灰褐陶，鼓腹罐腹部陶片磨制，中孔，直径5.4、厚0.95、孔径0.43厘米（图二一四，5；图版一五八，11）。

（2）石器2件。Ba型铲形石器1件，敲砸器1件（参见附表16 查海遗址房址堆积层出土石器型式统计一览表）。

Ba型铲形石器1件，F36①：5，残，深灰色页岩，打制，扁体，凹凸不平，一侧边较为平直，另一侧边略显束腰，弧顶，弧刃，正锋，长16.75、刃宽9.04、厚1.1厘米（图二一五，9；图版一八〇，1）。

敲砸器1件，F36①：9，浅灰色石英岩，形状不规则，多棱角，多个敲击点，长9.2、宽7.5、厚6.2厘米（图二一七，9）。

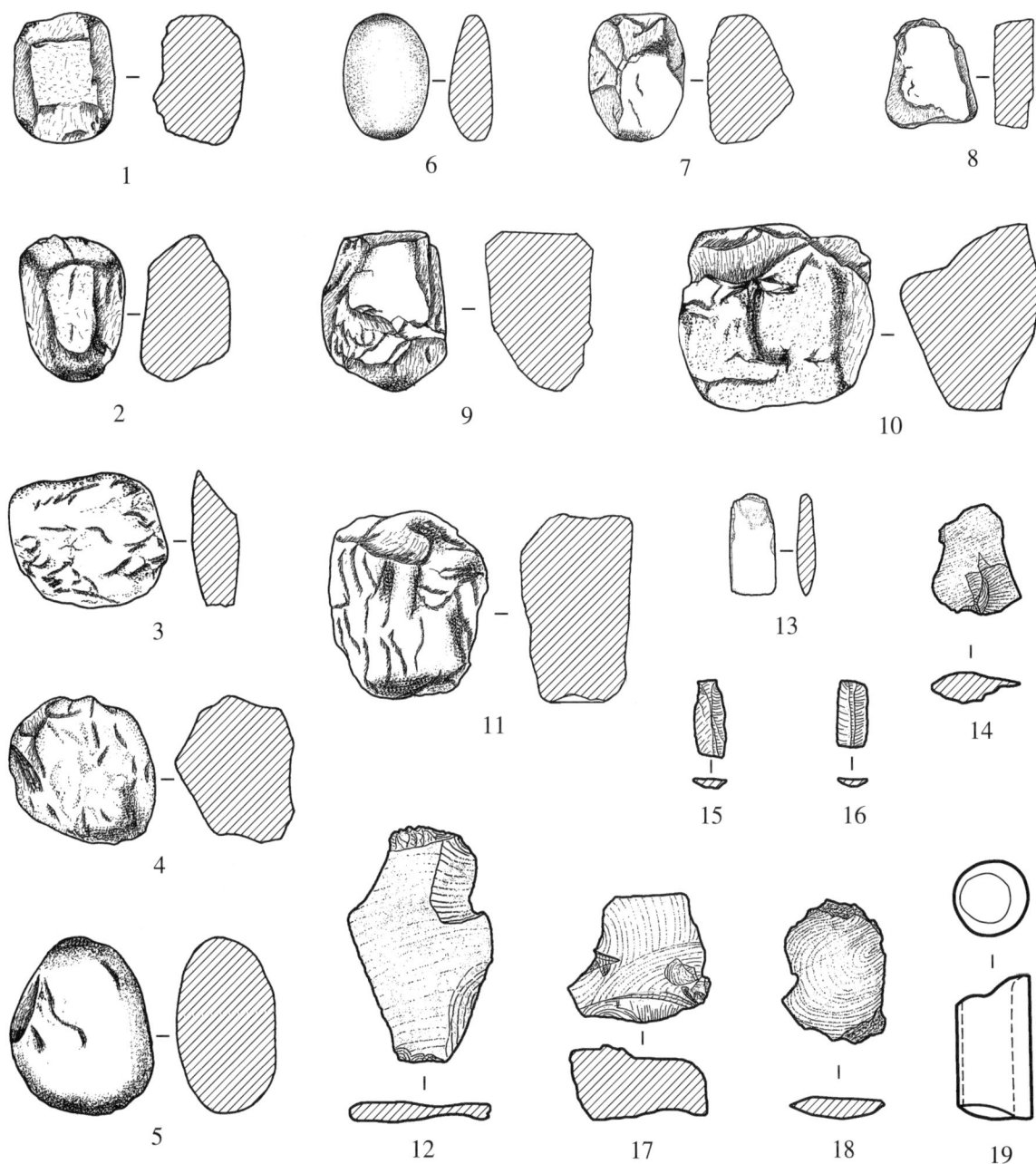

图二一七 F36 石器、玉器

（1～8、10～14、19. 居住面出土 9、15～18. 堆积层出土）

1～11. 敲砸器（F36：90、F36：64、F36：67、F36：81、F36：89、F36：48、F36：91、F36：57、F36①：9、
F36：43、F36：59） 12、14、18. 石叶（F36：63、F36：104、F36①：3） 13. A 型玉斧（F36：106）
15、16. 刮削器（F36①：1、F36①：2） 17. 石核（F36①：4） 19. 玉管（F36：110）

（3）细石器4件。刮削器2件，石叶1件，石核1件（参见附表5 查海遗址各遗迹单位出土细石器统计表）。

刮削器2件，皆青色页岩压制，长条形，小台面，长边锋利。F36①：1，长1.1、宽0.4、厚0.1厘米（图二一七，15；图版二六二，2）；F36①：2，断面呈三角形，长边锋利，长1.0、宽0.4、厚0.1厘米（图二一七，16；图版二六二，4）。

石叶1件，F36①：3，红色石英岩，片状，边角锋利，长2.0、宽1.5、厚0.3厘米（图二一七，18；图版二六〇，1）。

石核1件，F36①：4，红色石英岩，块状，压削面明显，长1.8、宽2.1、厚1.0厘米（图二一七，17；图版二五四，2）。

三七 37号房址（F37）

1. 遗迹

F37位于遗址西北部，北与F28、F25、F24、F29、F38成列；东与F23、F2、F5、F15、F16成排。北部打破F28，南半部被冲击沟冲毁。方向216°。房址为中型半地穴式，平面呈圆角方形，南北残存3.7（推测6.0）、东西5.5米，中心垂直深度0.4米。房址挖凿于黄色生土层及基岩层内，生土及基岩为壁，西侧穴壁稍外弧，北、东两侧穴壁局部弧曲，壁面稍加修整斜平。室内活动面较平整，为黑色垫踏土，土质坚硬起层，厚约0.1米。室内发现四个灶址，编号分别为Z1、Z2、Z3、Z4。Z1、Z2、Z3位于室内中部，Z1位于Z2、Z3中间，且叠压打破Z2、Z3，圆形，用小石块铺摆而成，直径0.45米；Z2位于Z3东南，且叠压打破Z3，圆形坑穴灶，直径0.46、深0.09米。Z3位于Z2西北，被Z2打破，圆形坑穴灶，直径0.5、深0.06米。三灶经火烧，灶壁呈暗红色。Z4位于三灶北侧0.78米处，用3块石头在室内活动面上支垫而成，支石表面经火烧呈黑灰色，石下地面红烧土近椭圆形，东西长0.54、南北宽0.42米（近圆形地面式支石灶，用5块石头摆砌而成，直径0.2米。经使用，灶地形成红色烧土面，南北0.42、东西0.5米）。房址内残存18个大小不同深浅不一间距不等的柱洞，形状有圆形、椭圆形及不规则形，皆凿于基岩内。这些柱洞分内、外两圈布置。外圈靠壁穴，内圈距穴壁较远。室内陶器主要分布在西部，石器在室内零散分布（图一五八；图版一六、一七，一八、一九）。

2. 遗物

室内居住面遗物

（1）陶器5件。BⅤ式直腹罐1件，BⅥ式直腹罐1件，直腹罐腹部残片3件（参见附表7 查海遗址房址活动面出土陶器型式统计表）。

BⅤ式直腹罐1件，F37：20，夹砂灰褐陶，敞口、圆唇、直腹、近底稍内弧，平底，颈饰横压竖排之字纹，下饰Ba1型F形几何纹带，腹饰竖压横排之字纹不到底，口径19.6、底径12.0、

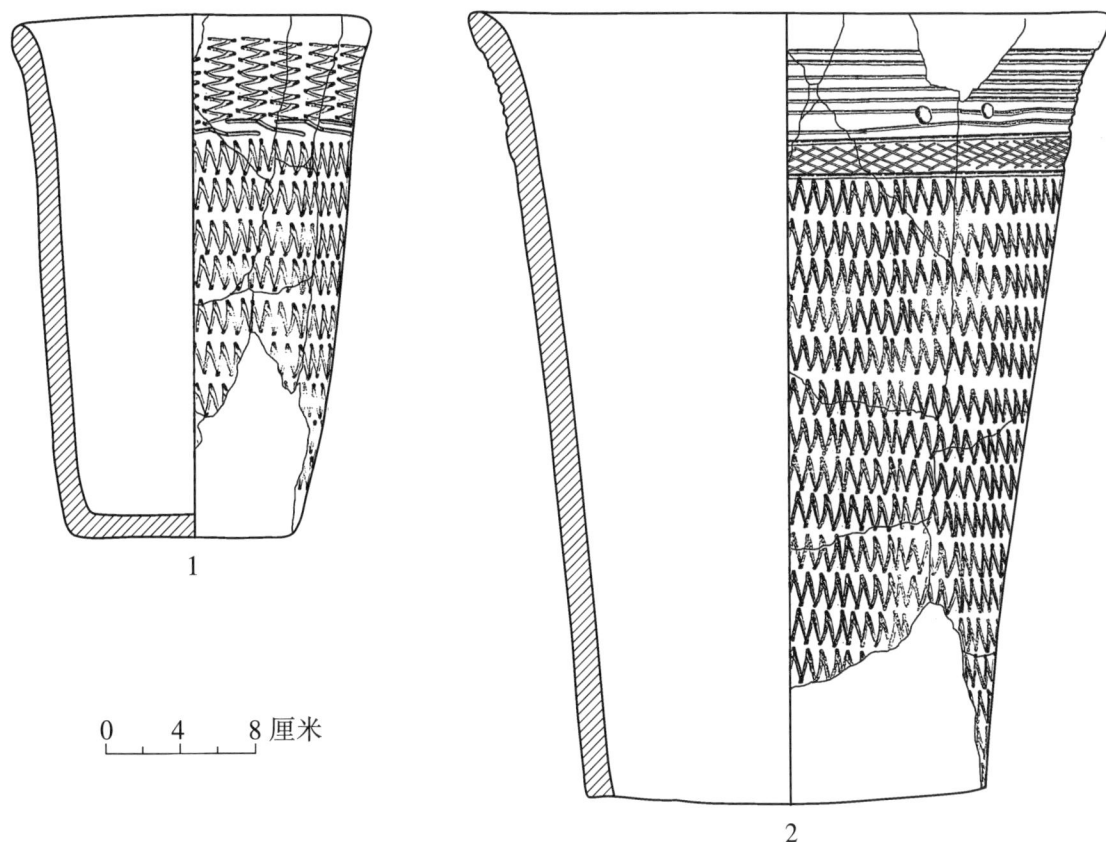

图二一八　F37 陶器

1. BⅤ式直腹罐（F37:20）　　2. BⅥ式直腹罐（F37:22）

高 27.6 厘米（图二一八，1；图版一一九，3）。

BⅥ式直腹罐 1 件，F37:22，夹砂灰褐陶，大喇叭口，厚圆唇，颈部有锔孔，直腹，底部残，颈饰弦纹数周，附加堆纹带饰网格纹，腹饰竖压横排之字纹，口径 35.2、残高 42 厘米（图二一八，2；图版一二九，2）。

直腹罐腹部残片 3 件，皆夹砂灰褐陶。F37:19，腹饰竖压横排之字纹；F37:25，腹饰竖压横排之字纹；F37:21，腹饰竖压横排之字纹。

（2）石器 24 件。砺石 1 件，有窝石器 1 件，敲砸器 5 件，石料 17 件（参见附表 15　查海遗址房址居住面出土石器型式统计一览表）。

砺石 1 件，F37:23，残块，黄色花岗岩，长方形，双磨面，残长 20.0、残宽 14.0、厚 9.0 厘米（图二一九，1）。

有窝石器 1 件，F37:26，残，黄色花岗岩，多面体，一面有窝坑，长 11.23、宽 9.24、厚 3.5、窝坑直径 2.1 厘米（图二一九，2）。

敲砸器 5 件，F37:33，浅灰色石英岩，自然石块，圆形多棱体，棱角敲击痕迹明显，中部一

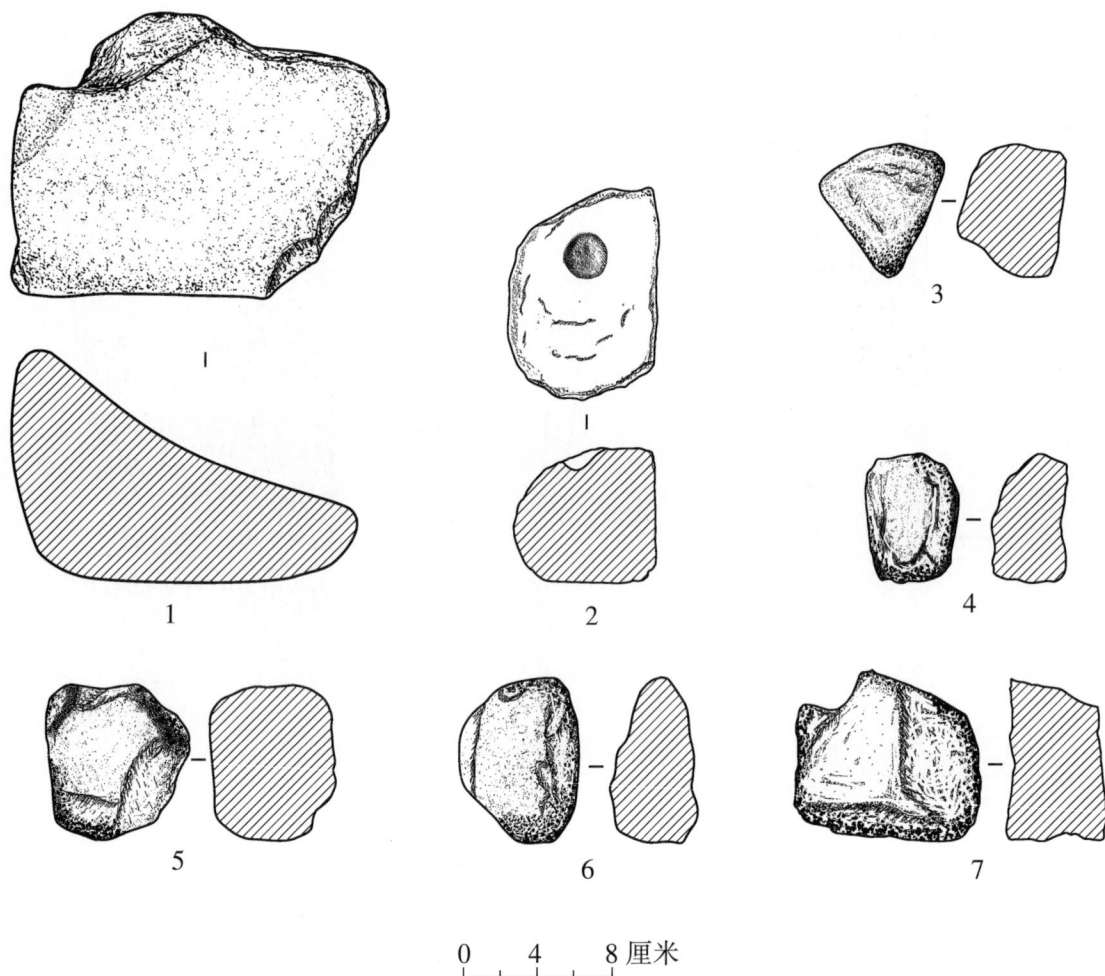

图二一九　F37 石器

1. 砺石（F37：23）　　2. 有窝石器（F37：26）　　3～7. 敲砸器（F37：38、F37：35、
F37：33、F37：37、F37：39）

周凹槽，长 8.1、宽 7.7、厚 6.6 厘米（图二一九，5）；F37：35，灰色石英岩，自然石块，多棱体，棱边角敲击点，长 6.8、宽 5.0、厚 3.8 厘米（图二一九，4）；F37：37，长石，形状不规则，多棱体，尖角敲击点，长 8.8、宽 6.5、厚 4.5 厘米（图二一九，6）；F37：38，深灰色石灰岩，三角形多棱体，尖角敲击点，长 7.0、宽 6.5、厚 5.5 厘米（图二一九，3）；F37：39，棕红色花岗岩，自然石块，多棱体，边棱角敲击点，长 10、宽 7.49、厚 5.3 厘米（图二一九，7）。

石料 17 件。棕红色花岗岩 16 件，编号 F37：24、F37：27～32、F37：34、F37：40～47。黄白色花岗岩 1 件，F37：36，棱锥状，长 10.58、宽 9.28、厚 5.51 厘米。

室内堆积层遗物

（1）陶器 1 件。直腹罐腹部残片 1 件。陶片 9 片（见附表 2　房址出土陶片统计表）。

直腹罐腹部残片 1 件，F37①：1，夹砂红褐陶，饰之字纹。

三八　38 号房址（F38）

1. 遗迹

F38 位于遗址西北部，南与 F29、F24、F25、F28、F37 成列；西与 F26，东与 F32、F36、F43、F48、F49、F55 成排。南部打破 F29，西侧有一排南北向排列的窖穴。方向 202°。面积 14.4 平方米，属小型半地穴房址。房址平面呈圆角长方形，南北 3.4、东西 4.24 米，中心垂直深度 0.4 米。房址挖凿于黄色生土及基岩内。生土为壁，壁面稍加修整，较平。室内活动面较平坦，未见垫踏土。室内中部设有一圆形坑穴灶，直壁平底，未抹泥，经使用，灶内呈暗红色。灶口直径 0.5、深 0.04 米。房址内共发现 12 个大小不同深浅不一间距不等的圆形柱洞，凿于基岩内。其中靠近壁穴一周布置 10 个柱洞，灶址南部东西排列 2 个柱洞（详见附表 22-28　F38 柱洞一览表）。室内遗物主要分布在东北部和西南部。陶器皆为夹砂红褐陶，其中有一件完整陶器倒扣（图一六九；图版二〇）。

2. 遗物

室内居住面遗物

（1）陶器 11 件。AⅢ式斜腹罐 2 件，BⅢ式直腹罐 7 件，直腹罐罐底 1 件，Ab 型杯 1 件（参见附表 7　查海遗址房址活动面出土陶器型式统计表）。

AⅢ式斜腹罐 2 件，皆夹砂红褐陶，敞口，圆唇，外叠宽带沿，斜腹，平底。F38：19，腹壁斜直，近底部略内弧，颈部有铜孔，外叠宽带沿饰右斜线纹，腹饰右斜线纹，近底无纹饰，口径 20.6、底径 11.3、高 24.6 厘米（图二二〇，2；图版六八，2）；F38：33，外叠宽带沿饰右斜线纹，素身，口径 24.8、底径 13.4、高 30.2 厘米（图二二〇，1；图版六八，1）。

BⅢ式直腹罐 7 件，皆夹砂红褐陶。F38：13，敞口，圆唇，直腹，平底，通体饰左斜线纹，口径 13.4、底径 7.2、高 16.2 厘米（图二二〇，3；图版七八，3）；F38：31，直口，厚尖圆唇，直腹，平底，颈饰弦纹数周，附加堆纹带饰窝点纹，腹饰交叉划纹，口径 18.3、底径 10.9、高 25.6 厘米（图二二〇，4；图版七八，1）；F38：32，口部残片，尖圆唇，颈饰弦纹，附加堆纹窄凸、饰左斜线纹，腹饰断弦纹、草划交叉纹，口径 39.0、残高 11.8 厘米（图二二一，1）；F38：15，上部残，直腹，微凹底，饰断弦纹，底径 13.0、残高 11.5 厘米（图二二一，2）；F38：18，上部残，直腹，微凹底，腹饰竖排交叉划纹，贴饰乳钉，底径 12.4、残高 20.2 厘米（图二二〇，5）；F38：28，上部残，直腹，平底，腹饰网格纹，近底饰 Db 型锯齿形几何纹，底径 9.3、残高 17.3 厘米（图二二〇，6）；F38：29，上部残，直腹，平底，腹饰草划交叉纹，近底饰 Ba4 型 F 形几何纹，底径 15.7、残高 18.2 厘米（图二二一，3）。

直腹罐罐底 1 件，F38：30，夹砂红褐陶，直腹，平底，近底戳点纹，底径 14.0、残高 5.2 厘米（图二二一，5）。

Ab 型杯 1 件，F38：20，夹砂红褐陶，上部残，平底，腹饰草划交叉纹，底径 7.0、残高 4.5 厘米（图二二一，4）。

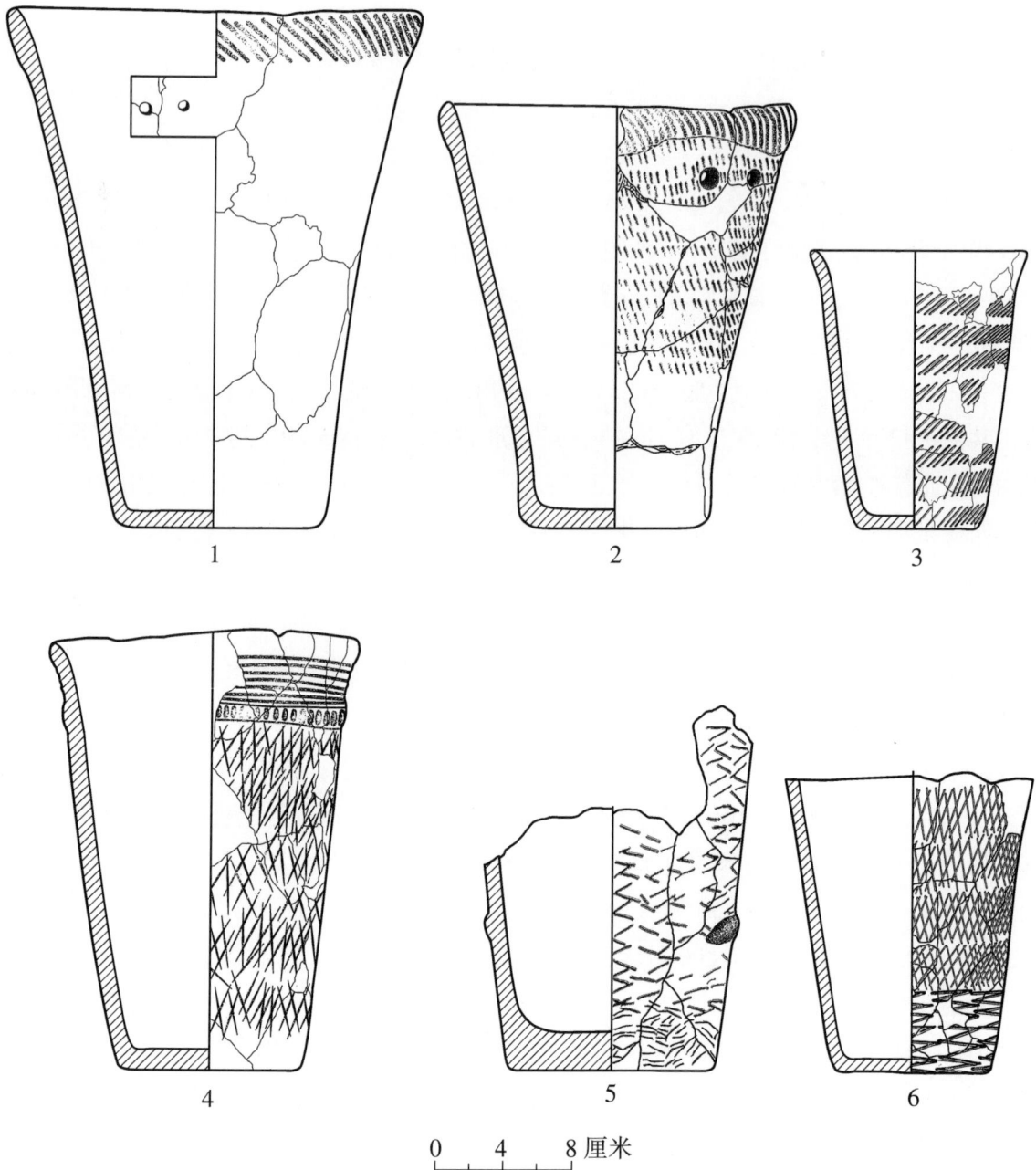

0　　4　　8厘米

图二二〇　F38 陶器

1、2. AⅢ式斜腹罐（F38：33、F38：19）　3～6. BⅢ式直腹罐（F38：13、F38：31、F38：18、F38：28）

（2）石器 3 件。A 型磨盘 1 件，石料 2 件（参见附表 15　查海遗址房址居住面出土石器型式统计一览表）。

A 型磨盘 1 件，F38：14，浅黄色花岗岩，琢制，使用面微凹，残长 10.6、残宽 7.7、厚 2.0 厘米（图二二二，2）。

石料 2 件，皆棕红色花岗岩。编号 F38：16、F38：17。

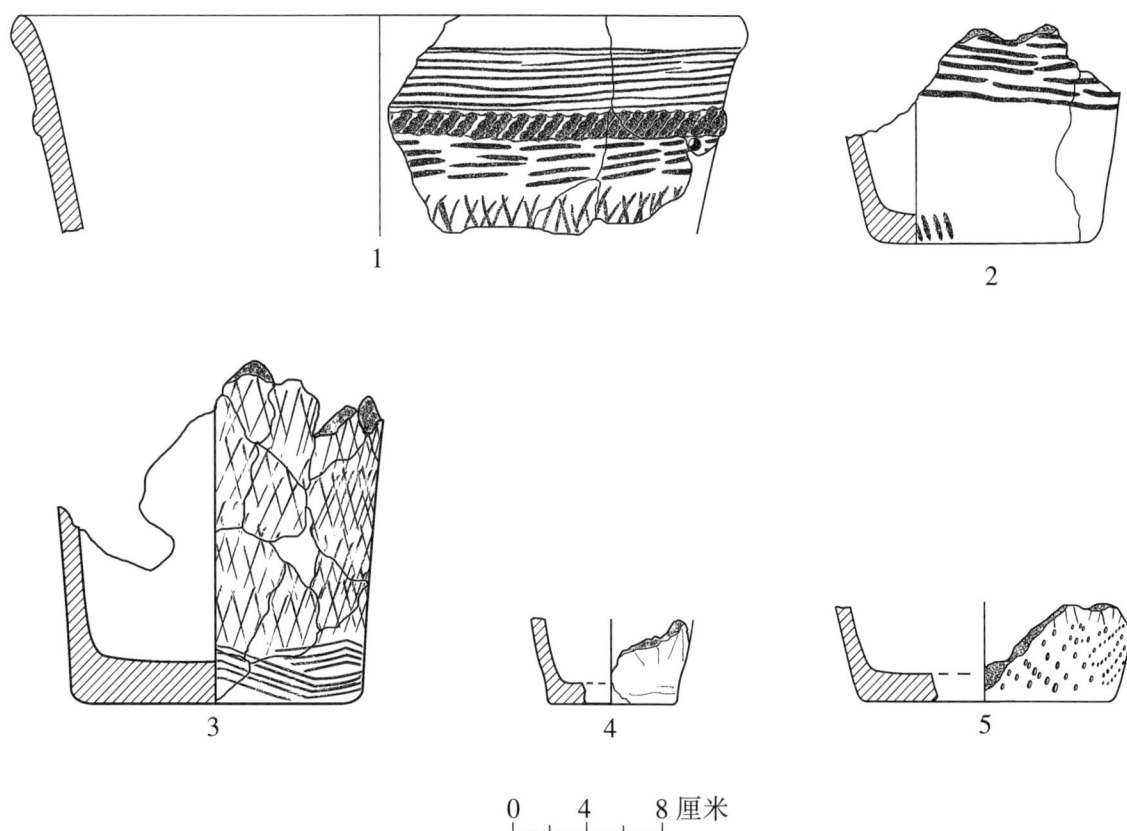

图二二一　F38 陶器

1~3. BⅢ式直腹罐（F38：32、F38：15、F38：29）　4. Ab 型杯（F38：20）　5. 直腹罐罐底（F38：30）

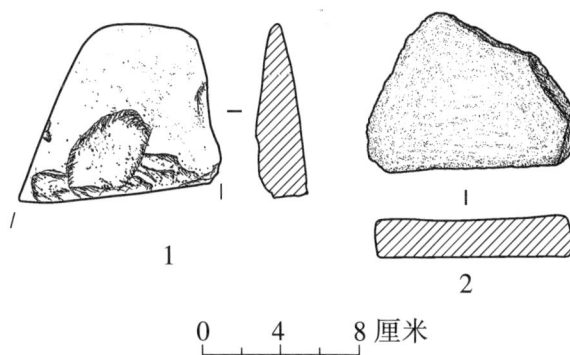

图二二二　F38 石器、玉器

1. B 型玉斧（F38：34）　2. A 型磨盘（F38：14）

（2）玉器 1 件。B 型玉斧 1 件。

B 型玉斧 1 件，F38：34，残段，浅黄色，磨制，扁体，梯形，残长 10.1、残宽 5.52、厚 0.2~2.3 厘米（图二二二，1；图版二六九，2）。

室内堆积层遗物

陶片 77 片。夹砂红褐陶 63 片，占 81.8%；夹砂灰褐陶 14 片，占 18.2%（见附表 2　房址出土陶片统计表）。

三九　39 号房址（F39）

1. 遗迹

F39 位于遗址北部，北与 F40，南与 F36、F31 成列；西与 F33，东与 F54、F47、F52 成排。方向 215°。房址平面近圆角方形，南北 6.84、东西 6.52 米，面积约 43.87 平方米，中心垂直深度 0.78 米。房址挖凿于黄色生土及基岩内，生土为壁，壁面稍加修整，活动面四周略高于中部，为较硬黑灰色垫踏土，厚 0.05～0.1 厘米。室内中心有一暗红色灶，灶呈圆形，斜斜壁，平底。灶口直径 0.65、底径 0.6、深 0.5 米，灶内部抹泥厚 5～6 厘米。房址内共发现 35 个柱洞，基本分内、外两圈布置，外圈紧靠穴壁，内圈围绕灶外，柱洞一般为圆形、椭圆形，深浅大小不等，最大者口径 0.72、深 0.47 米；最小者口径 0.2、深 0.12 米。室内活动面出土遗物有石器、陶器、残碎鹿齿残块（图版二八〇，3），陶器主要置于灶址周围、在灶东出土 1 件残碎的贴塑蟾蜍罐，石器零散分布（图二二三；图版三二，三三）。

2. 遗物

室内居住面遗物

（1）陶器 5 件。AⅡ式斜腹罐 1 件，BⅣ式直腹罐 1 件，BⅤ式直腹罐 2 件，BⅥ式直腹罐 1 件（参见附表 7　查海遗址房址活动面出土陶器型式统计表）。

AⅡ式斜腹罐 1 件，F39：39，夹砂红褐陶，烧制火候不匀，上半部灰褐色斑迹，敞口，薄尖圆唇，斜直腹，平底，外叠宽带沿饰右斜线纹，器身上半部饰窝点纹，下半部浮雕对衬动物造像，一侧浮雕单体蟾蜍，另一侧浮雕蛇衔蟾蜍，蛇头部位残，下肢处有锔孔，单体蟾蜍体长 9.5、宽 5.5 厘米；蛇衔蟾蜍，分别长 11、8 厘米；陶罐口径 34、底径 15.5、高 35.6 厘米（图二二四；图版六六，3、4）。

BⅣ式直腹罐 1 件，F39：22，夹砂灰褐陶，敞口，厚圆唇，直腹、平底，颈饰 Db 型锯齿形几何纹，腹饰竖压横排之字纹不到底，口径 17.3、底径 8.0、高 19.6 厘米（图二二五，1；图版九六，4）。

BⅤ式直腹罐 2 件，皆夹砂灰褐陶。F39：21，敞口，厚圆唇，颈饰两对锔孔，直腹，平底，颈饰横压竖排之字纹，附加堆纹带饰右斜线纹，腹饰竖压横排之字纹 13 周，口径 22.3、底径 14.8、高 32.0 厘米（图二二五，2；图版一二〇，2）；F39：23，口残，直腹、平底，颈饰 Da2 型锯齿形几何纹，附加堆纹带饰窝点纹，腹饰竖压横排之字纹，近底饰 Db 型锯齿形几何纹，腹部有 3 个锔孔，底径 17.3、残高 35.3、壁厚 1.3 厘米（图二二五，4；图版一二〇，4）。

BⅥ式直腹罐 1 件，F39：24，夹砂灰褐陶，敞口，厚圆尖唇，直腹、平底，颈饰弦纹数周、

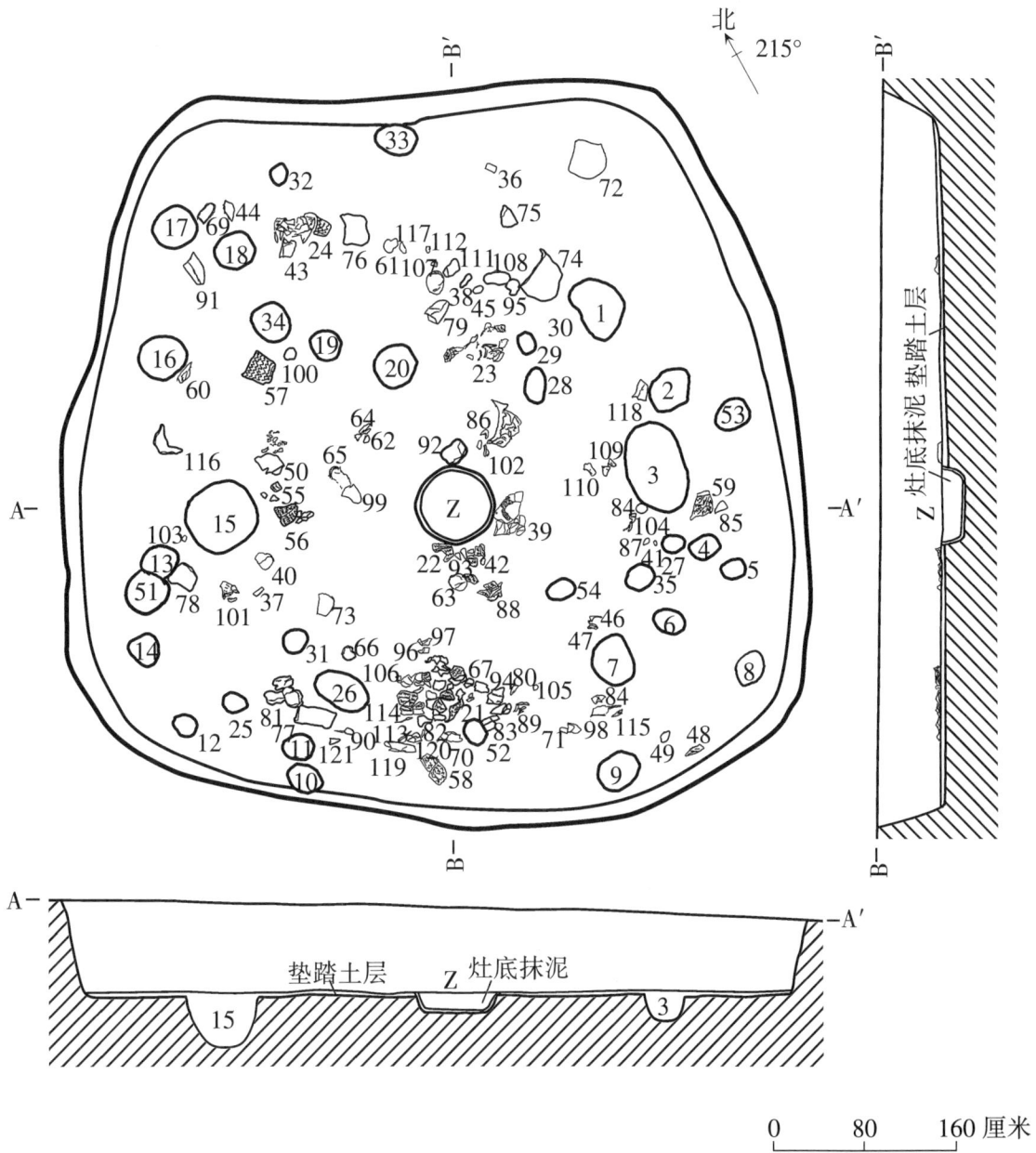

图二二三　F39 平、剖面图

1～20、25～35、51～54. 柱洞　21～24. 直腹罐　36～38、90. 磨棒　39. 斜腹罐　40、69、73、78、

81、91、98、99、111. 砺石　41、42、45、71、84、85、87、95、103、105、107、121. 敲砸器

43、44、61、70、109. 铲形石器　46～50、55～60、62、64、65、86、88、94、96、101、102、

106、113～116、120. 陶片　63、66. 石球　67、68、79、80、82、83、89、92、93、97、104、

117～119. 石料　72、74～77. 磨盘　100、112. 研磨器　108、110. 石刀　Z. 灶址

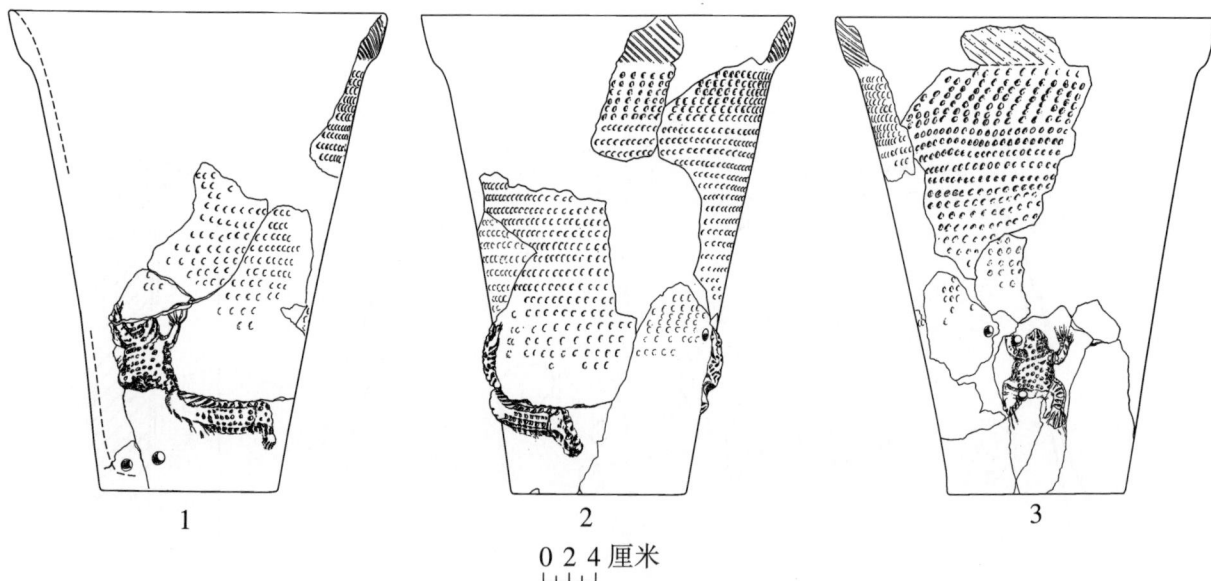

图二二四　F39：39

AⅡ式斜腹罐（F39：39）

附压 Da2 型锯齿形几何纹，附加堆纹带饰左斜线纹，腹饰竖压横排之字纹到底，口径 29.9、底径 16.6、高 40.4、壁厚 1 厘米（图二二五，3；图版一二九，1）。

（2）石器 55 件。A 型石刀 1 件，C 型石刀 1 件，Ac 型铲形石器 1 件，Da 型铲形石器 1 件，铲形石器刃部残片 3 件，Aa 型磨棒 2 件，C 型磨棒 1 件，Ab 型磨棒 1 件，A 型磨盘 5 件，砺石 9 件，A 型研磨器 1 件，B 型研磨器 1 件，石球 2 件，敲砸器 12 件，石料 14 件（参见附表15　查海遗址房址居住面出土石器型式统计一览表）。

A 型石刀 1 件，F39：108，黄灰色页岩，打制，长椭圆形，形体扁平，周边刃，长 24、宽 9.6、厚 0.4 厘米（图二二六，1；图版一九三，3）。

C 型石刀 1 件，F39：110，浅灰色石英岩自然石块，近长方体，背厚刃薄，直刃，有使用痕迹，长 13、宽 6、刃厚 0.3 厘米（图二二六，2）。

Ac 型铲形石器 1 件，F39：61，残，浅灰色页岩，打制，短直柄，柄顶平直，椭圆身，一侧刃角残，弧刃，正锋，通长 11.81、刃残宽 12.06、厚 1.9 厘米（图二二六，3；图版一七六，5）。

Da 型铲形石器 1 件，F39：70，灰色页岩，打制，扁体，短柄，束腰，翘肩，窄横长身，长弧刃，刃残一角，长 8.84，残宽 5.26、厚 1.0 厘米（图二二六，4；图版一八七，3）。

铲形石器刃部残片 3 件，F39：43，灰色石灰岩，打制，扁体，梯形，弧刃，残长 11.21、宽 10.22、厚 2.1 厘米；F39：44，铲形石器刃部残片，深灰色页岩，打制，扁体，弧刃，偏锋，残长 5.42、刃残宽 6.93、厚 0.7 厘米（图二二六，5）；F39：109，铲形石器刃部残片，浅灰色石灰岩，打制，形体扁平，仅存弧刃，正锋，残长 8.75，残宽 7.3、厚 0.4 厘米（图二二六，6）。

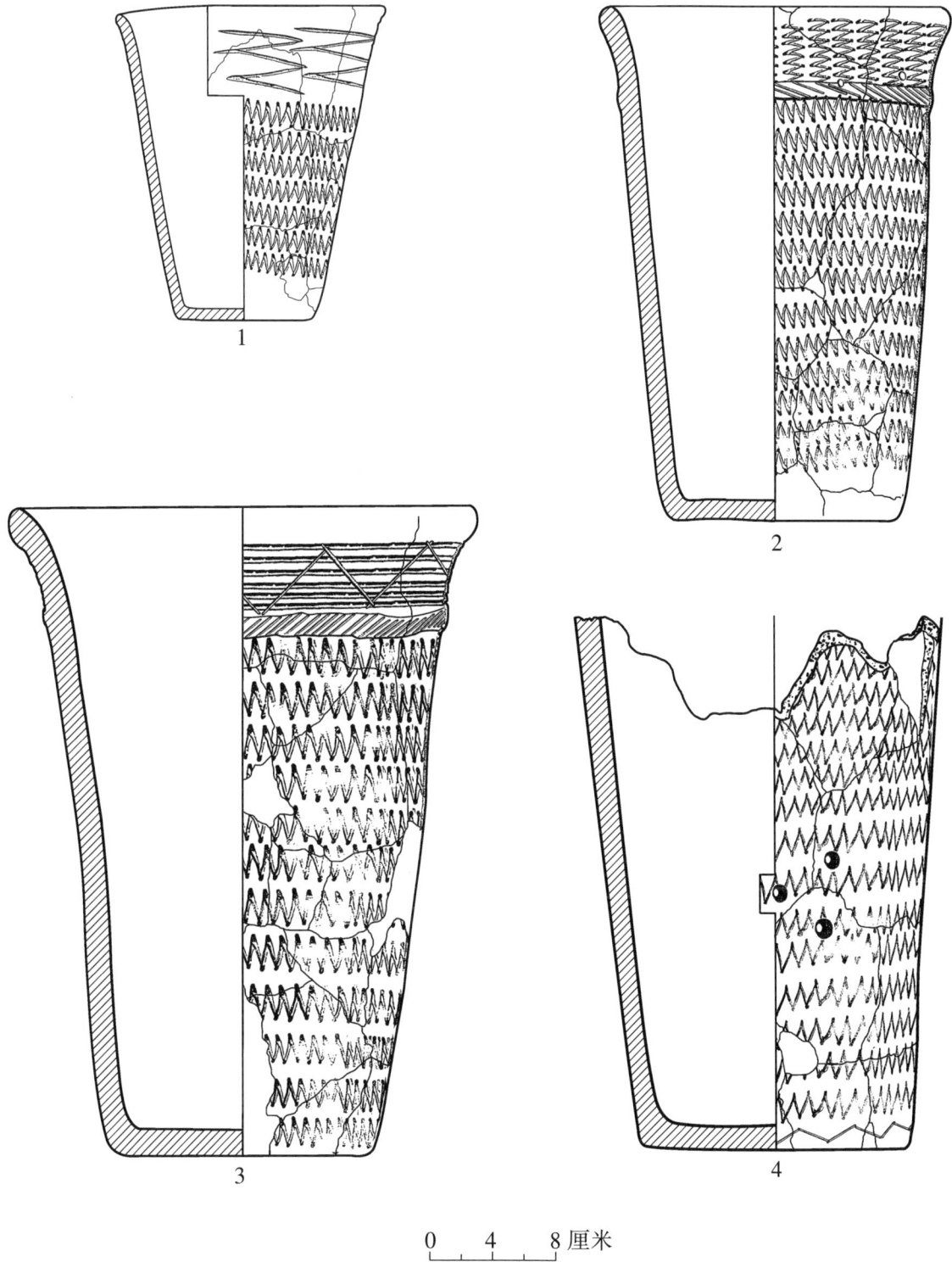

0　　　4　　　8 厘米

图二二五　F39 陶器（居住面出土）

1. B Ⅳ式直腹罐（F39∶22）　　2、4. B Ⅴ式直腹罐（F39∶21、F39∶23）　　3. B Ⅵ式直腹罐（F39∶24）

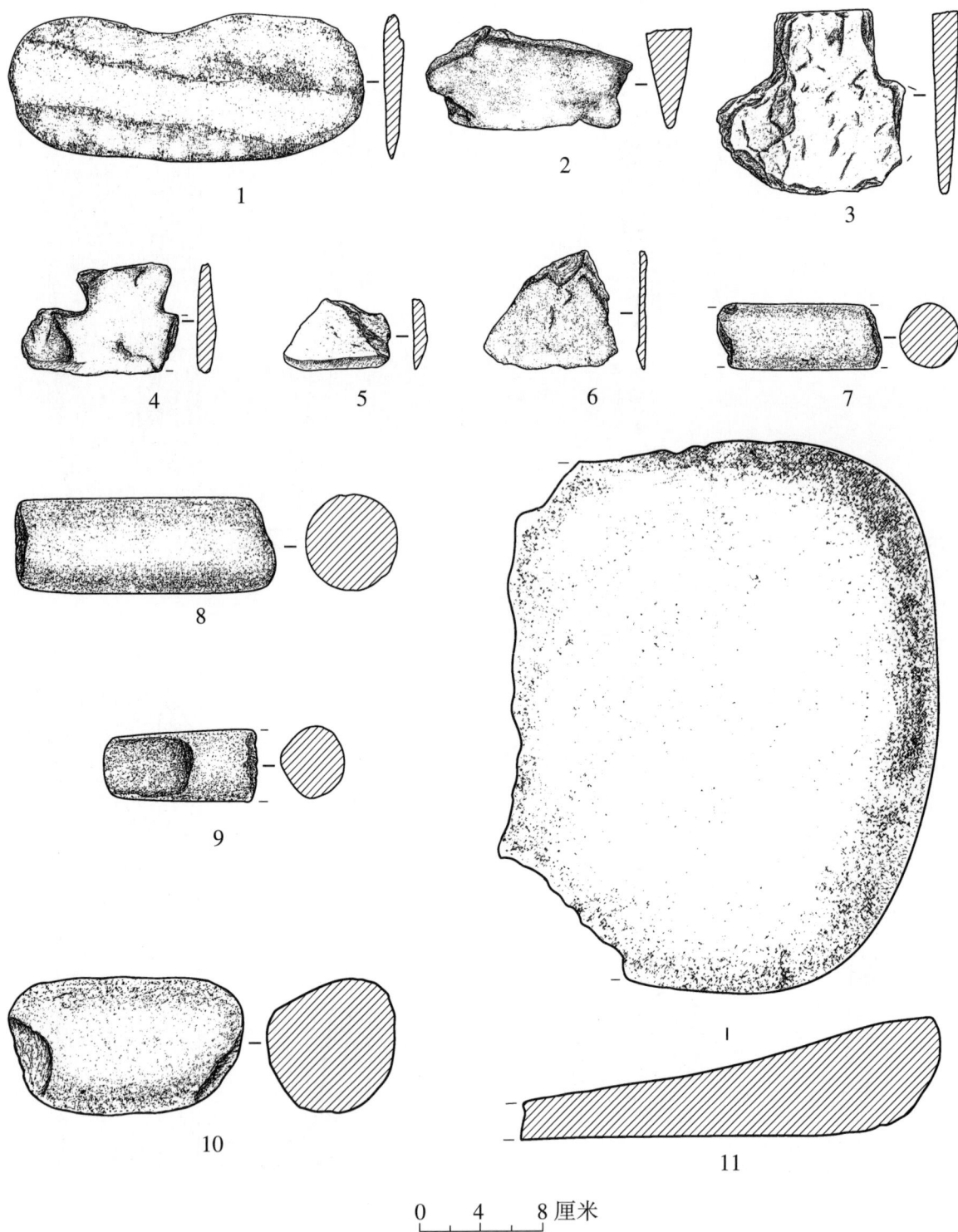

图二二六　F39 石器（居住面出土）

1. A 型石刀（F39：108）　　2. C 型石刀（F39：110）　　3. Ac 型铲形石器（F39：61）　　4. Da 型铲形
石器（F39：70）　　5、6. 铲形石器刃部残片（F39：44、F39：109）　　7、8. Aa 型磨棒（F39：37、
F39：36）　　9. C 型磨棒（F39：38）　　10. Ab 型磨棒（F39：90）　　11. A 型磨盘（F39：72）

Aa 型磨棒 2 件，皆琢制，圆柱体。F39：36，黄灰色花岗岩，稍残，长 16.62、直径 6.2 厘米（图二二六，8）；F39：37，残段，灰色花岗岩，残长 10.0、直径 4.2 厘米（图二二六，7）。

C 型磨棒 1 件，F39：38，残段，黄白色花岗岩，琢制，多棱柱体，两个平磨面残长 9.63、直径 4.6 厘米（图二二六，9）。

Ab 型磨棒 1 件，F39：90，残段，棕红色花岗岩，琢制，短粗圆柱体，一个平磨面残长 14.93、直径 8.6 厘米（图二二六，10；图版二二一，1）。

A 型磨盘 5 件，皆残块，花岗岩，琢制，扁平体，磨面下凹。F39：72，黄色，长方形，残长 28.37、宽 36.35、厚 2.4～7.6 厘米（图二二六，11；图版二〇七，1）；F39：74，黄白色，圆角长方形，残长 25.77、宽 23.12、厚 2.8～7.4 厘米（图二二七，1；图版二〇七，2）；F39：75，黄色，残长 14.41、残宽 10.98、厚 4.2 厘米（图二二七，2）；F39：76，灰色，长方形，残长 23.76、宽 41.05、厚 4.0～8.8 厘米（图二二七，4；图版二〇七，3）；F39：77，黄褐色，圆角长方形，长 48.37、宽 23.76、厚 2～4.2 厘米（图二二七，3；图版二〇八，1）。

砺石 9 件，皆自然石块。F39：40，褐色花岗岩，有四个磨面，长 12.18、宽 11.34、厚 9.0 厘米（图二二七，5）；F39：69，灰色花岗岩，有四个磨面，有一磨面下凹，长 25.4、宽 18.67、厚 13.6 厘米（图二二八，3）；F39：73，浅灰色石灰岩，扁体，半圆形，双磨面，长 38、宽 31.03、厚 5.4 厘米（图二二八，4）；F39：78，黄褐色花岗岩，菱形，三个磨面，有一磨面下凹，长 25.14、宽 20.06、厚 11.8 厘米（图二二八，1）；F39：81，黄白色花岗岩，双磨面，长 18.75、宽 15.53、厚 5.6 厘米；F39：91，棕红色花岗岩，双磨面，长 25.43、宽 16.58、厚 8.2～9.6 厘米（图二二八，2）；F39：98，黄色花岗岩，扁体，有一个磨面，磨面下凹，长 14.38、宽 7.64、厚 4.7 厘米（图二三〇，2；图版二二五，3）；F39：99，白色石灰岩，扁体，有一个磨面，磨面下凹，残长 11.51、宽 8.96、厚 2.3 厘米（图二三〇，3；图版二二五，4）；F39：111，灰色麻岩，圆角长方体，多棱角，有一个磨面，长 12.88、宽 4.95、厚 0.4～2.8 厘米（图二三〇，1）。

A 型研磨器 1 件，F39：100，褐色玄武岩，打制，一面较平，直径 11 厘米（图二三〇，4）。

B 型研磨器 1 件，F39：112，浅红灰色麻岩，琢制，形体扁体，椭圆形，最大直径 10.9、厚 3.1 厘米（图二三〇，5；图版二二九，2）。

石球 2 件，F39：63，棕红色花岗岩，球状，有多处敲砸迹象，长 23.25、宽 16.49、厚 9.2 厘米（图二二九，2）；F39：66，褐色花岗岩，有多处敲砸迹象，长 20.0、宽 15.1、厚 6.8 厘米（图二二九，1）。

敲砸器 12 件。花岗岩自然石块 2 件，F39：45，黄白色，扁球状，有多处敲砸迹象，长直径 10.44、短直径 7.5、厚 6.4 厘米（图二三〇，6）；F39：95，敲砸器，褐色花岗岩，自然石块，多棱角，有多处敲击点，长 11.67、宽 10.22、厚 7.7 厘米；石英岩自然石块 10 件，F39：41，浅灰色，有多处敲砸迹象，长 8.27、宽 6.9、厚 3.8 厘米（图二二九，4）；F39：42，灰色，多棱角，有多处敲砸迹象，长 9.96、宽 9.5、厚 4.1 厘米（图二三〇，8）；F39：71，灰色，多棱角，有多

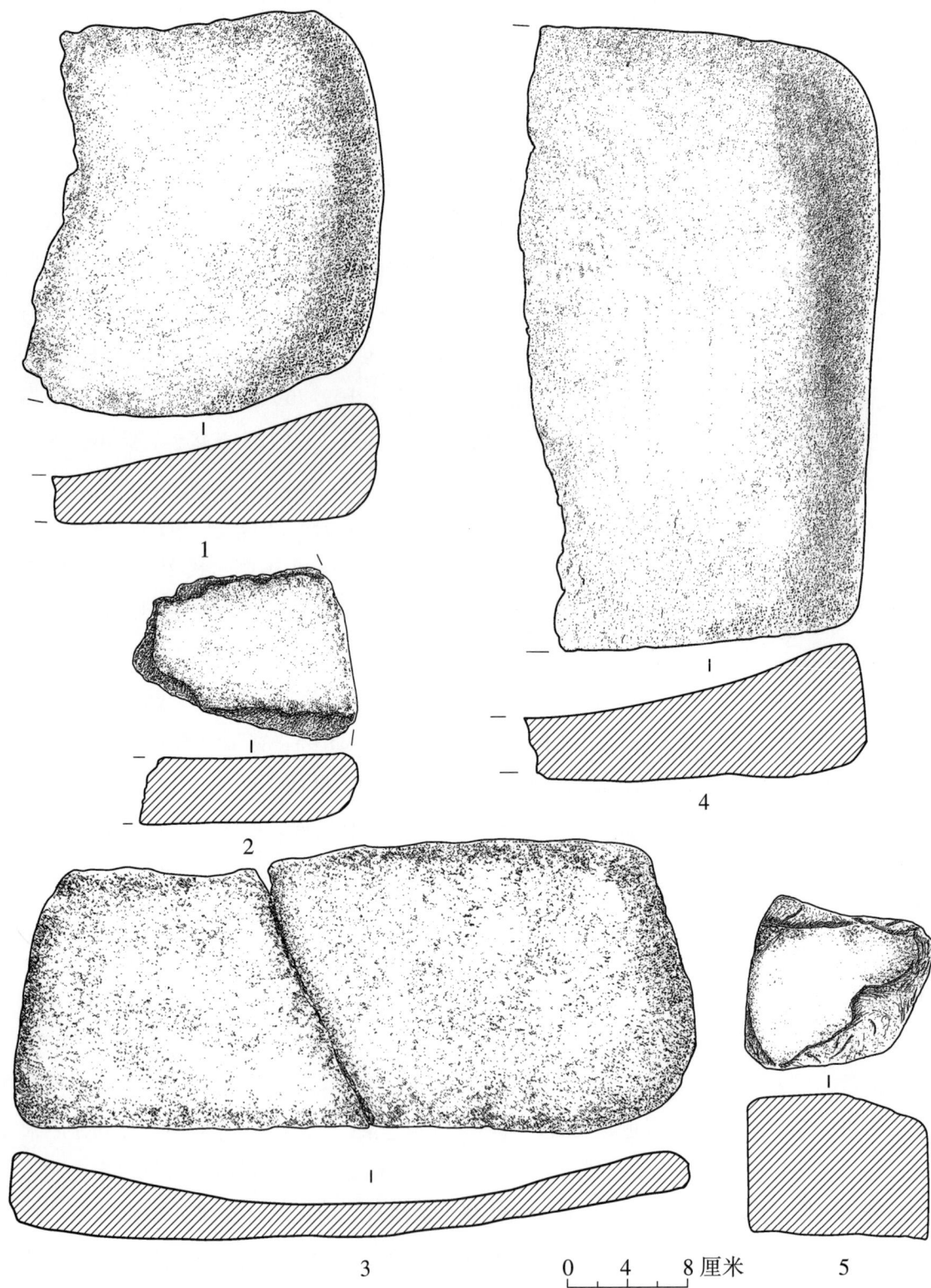

图二二七　F39 石器（居住面出土）

1～4. A 型磨盘（F39：74、F39：75、F39：77、F39：76）　5. 砺石（F39：40）

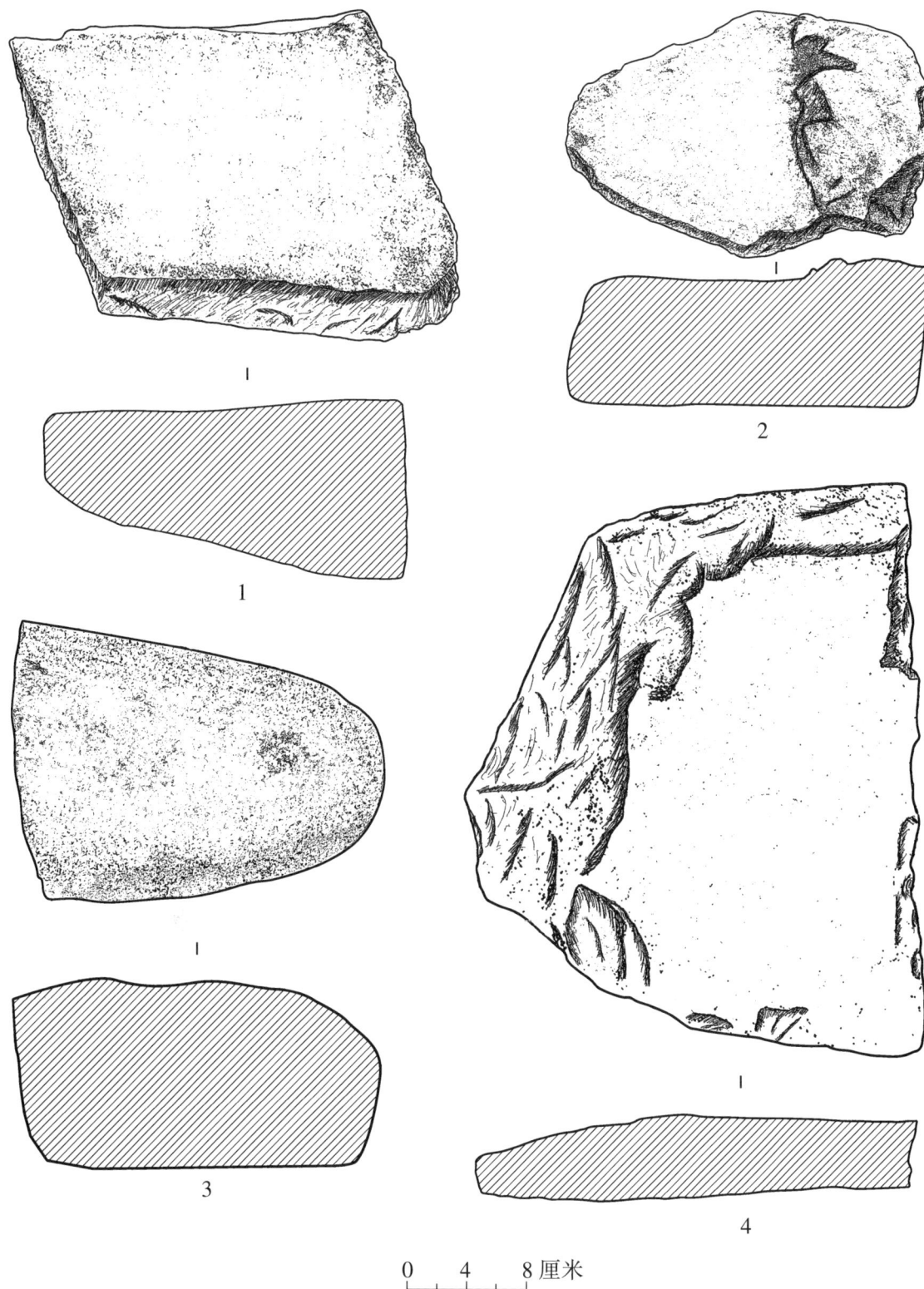

0　　4　　8厘米

图二二八　F39 石器（居住面出土）

1~4. 砺石（F39：78、F39：91、F39：69、F39：73）

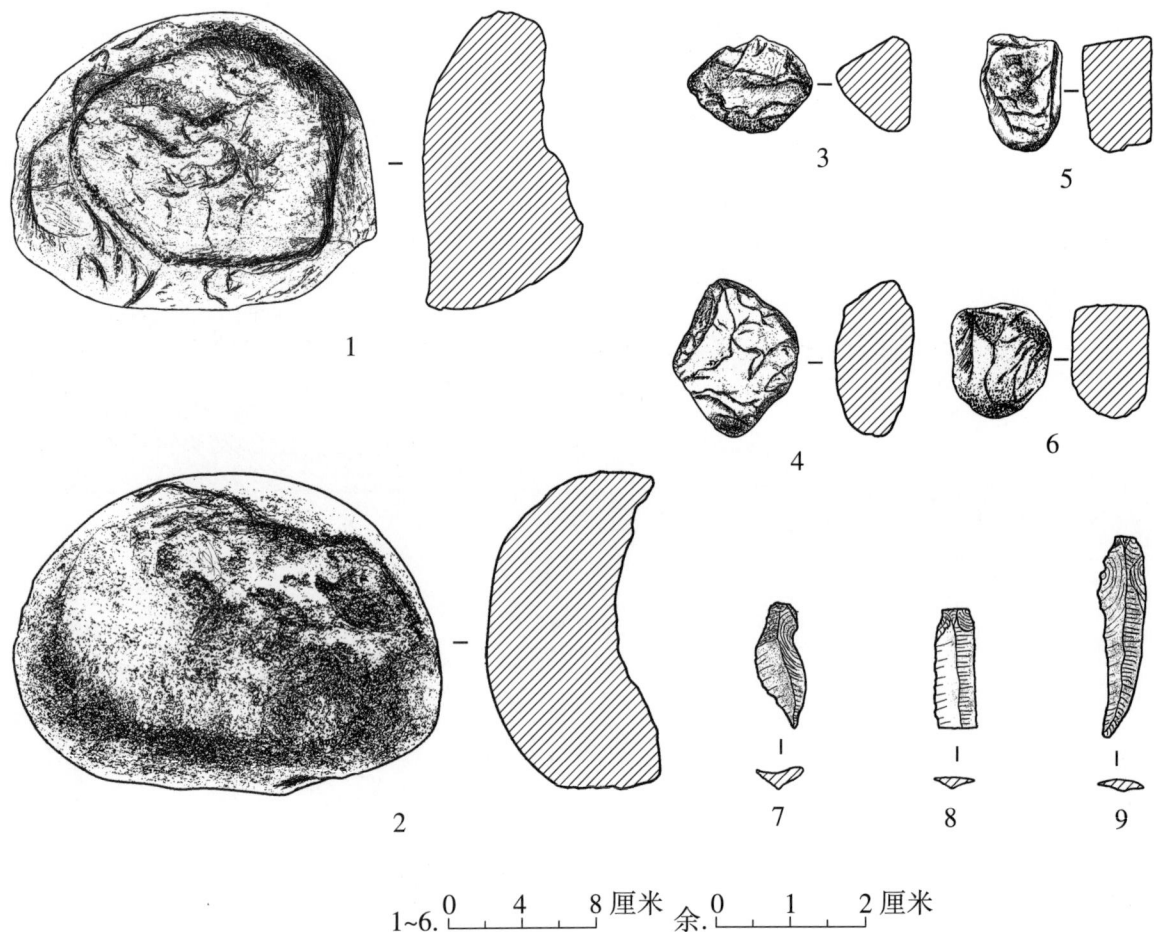

图二二九　F39 石器（1～6. 居住面出土　7～9. 堆积层出土）

1、2. 石球（F39:66、F39:63）　3～6. 敲砸器（F39:107、F39:41、F39:71、F39:105）

7～9. 刮削器（F39①:1、F39①:2、F39①:3）

处敲砸迹象，长 6.0、宽 3.9、厚 3.7 厘米（图二二九，5）；F39:84，浅灰色，多棱角，有多处敲砸迹象，长 10.53、宽 10.3、厚 4.2 厘米（图二三〇，9）；F39:85，灰色，多棱角，有多处敲砸迹象，长 10.02、宽 6.04、厚 5.8 厘米（图二三〇，7）；F39:87，灰色，多棱体，有多处敲砸迹象，长 10.4、宽 7.05、厚 4.4 厘米（图二三〇，11）；F39:103，浅灰色，近椭圆形，周边有敲砸使用痕迹，长 7.5、宽 6、厚 5 厘米（图二三〇，12）；F39:105，灰色，三棱柱体，棱角处有明显使用痕迹，长 6.07、宽 5.36、厚 4.05 厘米（图二二九，6）；F39:107，灰色，多棱体，敲砸痕迹集中在两端棱角处，长 6、宽 4.8、厚 4.2 厘米（图二二九，3）；F39:121，灰色，多棱角，有多处敲砸迹象，长 7.97、宽 5.84、厚 4.2 厘米（图二三〇，10）。

石料 14 件。灰绿色石英岩 1 件，编号 F39:79；深灰色页岩 1 件，编号 F39:80；灰绿色花岗岩 1 件，编号 F39:104；棕红色花岗岩 11 件，编号 F39:67，F39:68，F39:82，F39:83，F39:89，F39:92，F39:93，F39:97，F39:117，F39:118，F39:119。

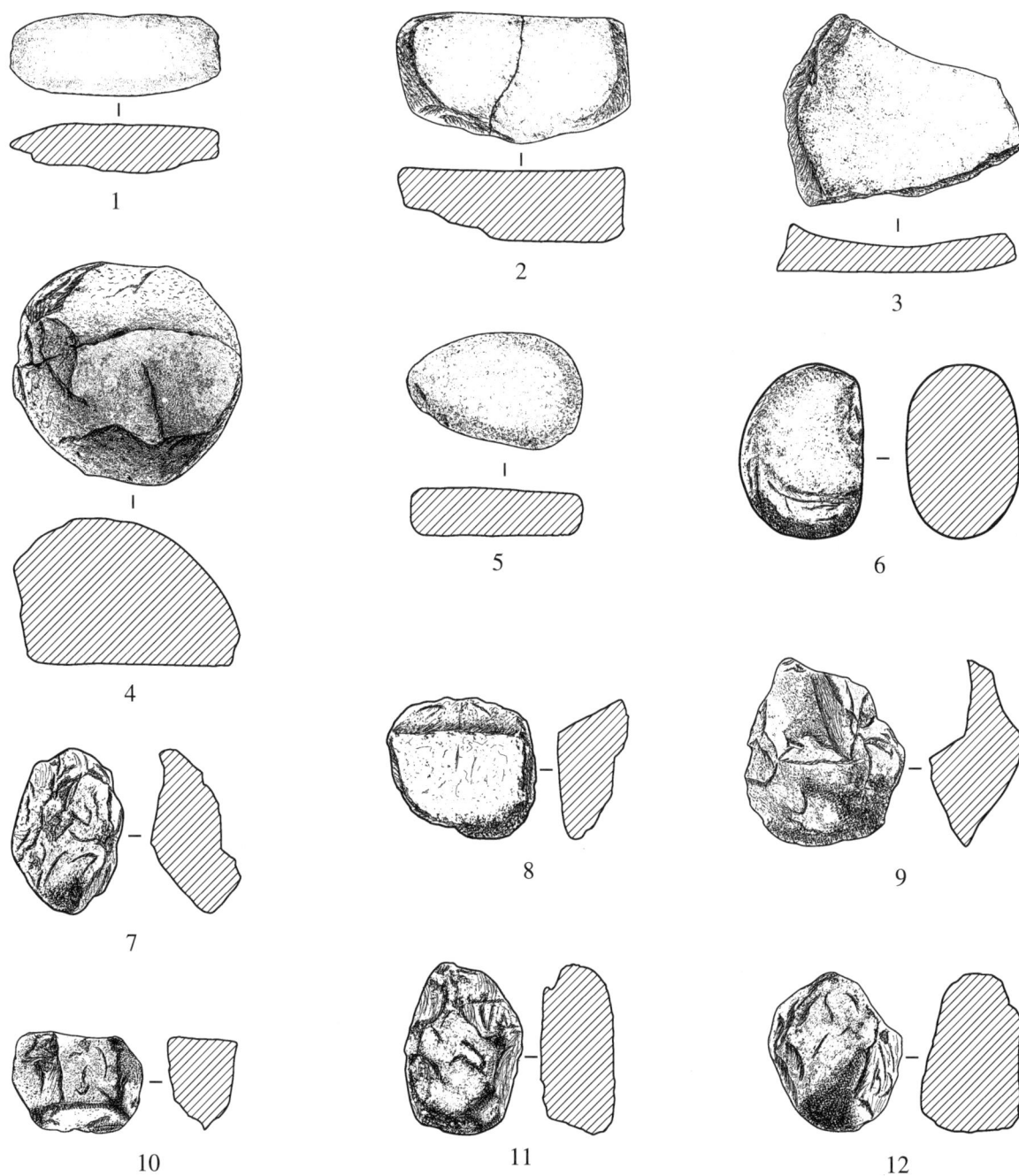

0　　4　　8 厘米

图二三〇　F39 石器（居住面出土）

1～3. 砺石（F39：111、F39：98、F39：99）　　4. A 型研磨器（F39：100）　　5. B 型研磨器（F39：112）

6～12. 敲砸器（F39：45、F39：85、F39：42、F39：84、F39：121、F39：87、F39：103）

室内堆积层遗物

（1）陶片76片（见附表2　房址出土陶片统计表）。

（2）细石器3件。刮削器3件（参见附表20　查海遗址各遗迹单位出土细石器统计表）。

刮削器3件，F39①：1，青色页岩压制，长条形，小台面，断面呈三角形，长边锋利，长1.6、宽0.6、厚0.2厘米（图二二九，7；图版二六二，12）；F39①：2，红色燧石压制，棱锥状，小台面，边缘锋利，尖端锐利，长1.7、宽0.6、厚0.3厘米（图二二九，8；图版二六二，1）；F39①：3，暗红色燧石压制，三棱尖锥状，长2.5、宽0.35、厚0.29厘米（图二二九，9；图版二六三，7）。

四〇　40号房址（F40）

1. 遗迹

F40位于遗址北部，南与F39、F36、F31成列；东与F46、F45、F53成排。方向205°。房址平面近圆角方形，南北5.4、东西5.6米，中心垂直深度0.7米。属中型带二层台式半地穴式房址，平面呈圆角方形。房址挖凿于黄色生土及基岩内，室内带有二层台，台面较平，宽0.5～0.9、高0.17～0.27米，二层台下中心活动区近圆形，活动面为黑灰色垫踏土，土质较硬，厚2～5厘米。室内中心偏北处有1灶，呈不规则圆形，灶口直径0.6、深0.08米。灶壁向内倾斜，灶底直径0.45米，灶底部抹泥厚5～6厘米，灶经火烤呈红色。房址内共发现32个柱洞，分四圈布置，台上两圈，外圈紧靠四壁12个，内圈8个；台下两圈，外圈紧靠二层台壁8个，内圈4个置灶外四角。柱洞一般呈圆形，深浅大小不等，最大者口径0.48、深0.7米；最小者口径0.2、深0.2米。室内活动面出土遗物有石器、陶器、残碎猪骨，主要分布在灶周围（图二三一；图版三四）。

2. 遗物

室内居住面遗物

（1）陶器16件。小斜腹罐1件，AⅡ式斜腹罐1件，斜腹罐罐底2件，BⅢ式直腹罐9件，直腹罐口沿1件，Cb型钵2件（参见附表7　查海遗址房址活动面出土陶器型式统计表）。

小斜腹罐1件，F40：62，下部残，夹砂红褐陶，圆唇，近口饰弦纹，口径16.0、残高9.4厘米（图二三二，5）。

AⅡ式斜腹罐1件，F40：47，夹砂红褐陶，口部残片，直口，尖圆唇，外叠宽带沿饰右斜线纹，下饰弦纹数周，素面，口径23.0、残高8.0厘米（图二三二，3）。

斜腹罐罐底2件，皆夹砂红褐陶。F40：35，上部残，直腹，平底，素面，下腹对称附贴指压纹鋬耳，底径13.0、残高11.1、壁厚0.9厘米（图二三二，6）；F40：41，斜腹，平底，素面，底径15.0、残高15.4厘米（图二三二，8）。

BⅢ式直腹罐9件，皆夹砂红褐陶。F40：36，敞口，薄圆唇，直腹，底部残，颈饰弦纹数周，附加堆纹带饰短竖线纹，腹饰弦纹数周，口径19.0、残高19.0厘米（图二三三，4）；F40：37，

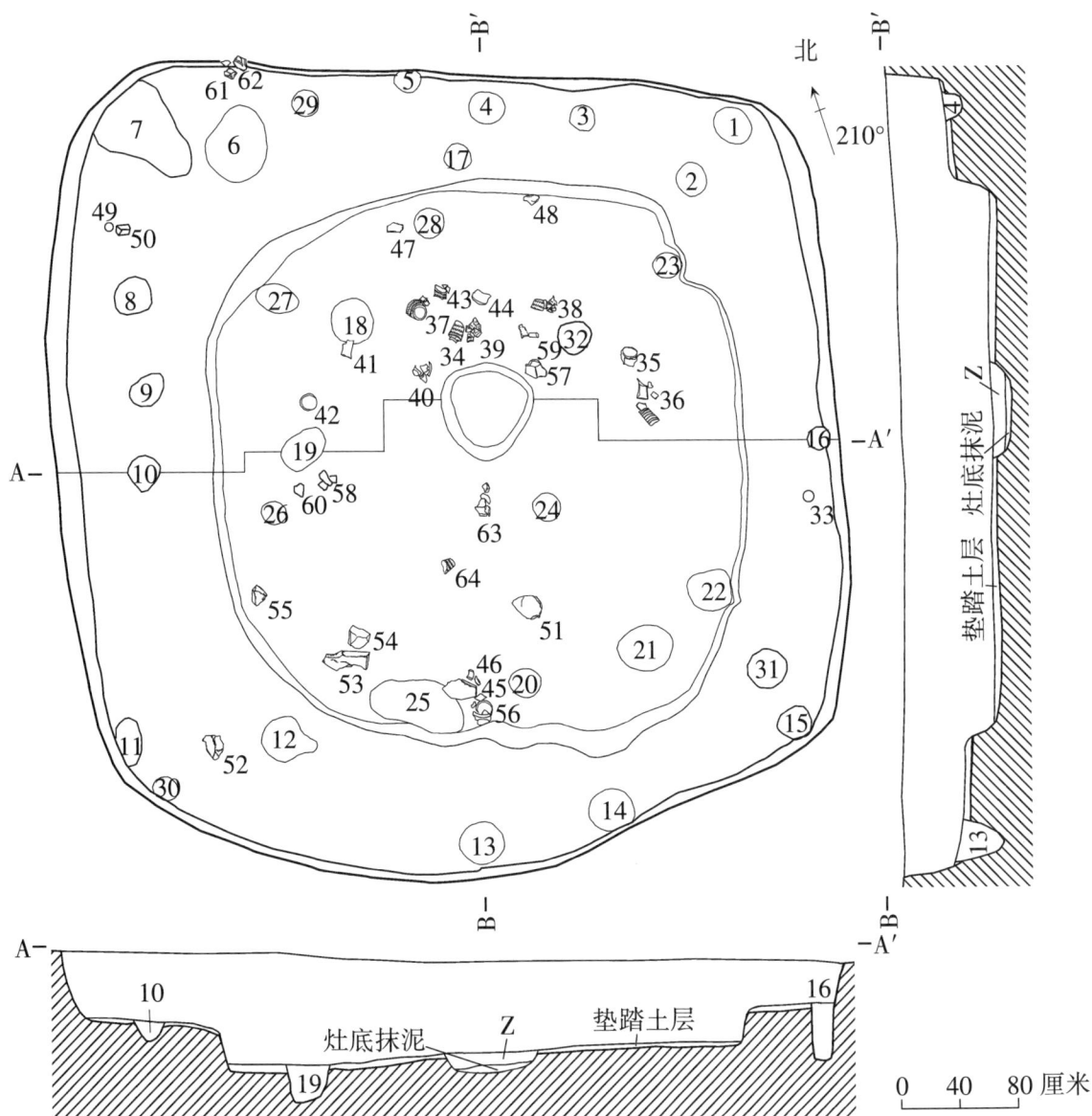

图二三一　F40 平、剖面图

1～32. 柱洞　33. 饼形器　34、58. 钵　35、41. 斜腹罐罐底　36、37、39、40、42～45、57. 直腹罐

38. 直腹罐口沿　46. 铲形石器　47. 斜腹罐　48. F 型双孔盘状铲形石器　49、50、61. 敲砸器

51～54、63、64. 石料　55. 砺石　56、60. 石斧　59. 磨棒　62. 小斜腹罐　Z. 灶址

敞口，厚圆唇，颈饰对称两对锔孔，直腹，平底，颈饰弦纹数周，附加堆纹带饰左斜线、右斜线纹，腹饰草划交叉划纹不到底，口径 20.8、底径 11.2、高 28.5 厘米（图二三三，1；图版七九，4）；F40：39，敞口，厚圆唇，直腹，平底，颈饰弦纹数周，附加堆纹带饰窝点纹，腹饰网格纹到底，口径 15.0、底径 9.4、高 19.7 厘米（图二三四，1；图版七九，2）；F40：40，口部残，直腹，微凹平底，腹饰网格纹，底径 11.2、残高 16.8 厘米（图二三三，6）；F40：42，敞口，厚尖圆唇，直腹，微凹底，颈饰弦纹数周，附加堆纹带饰左斜线纹，下饰网格纹，腹饰横排规整人字纹，近

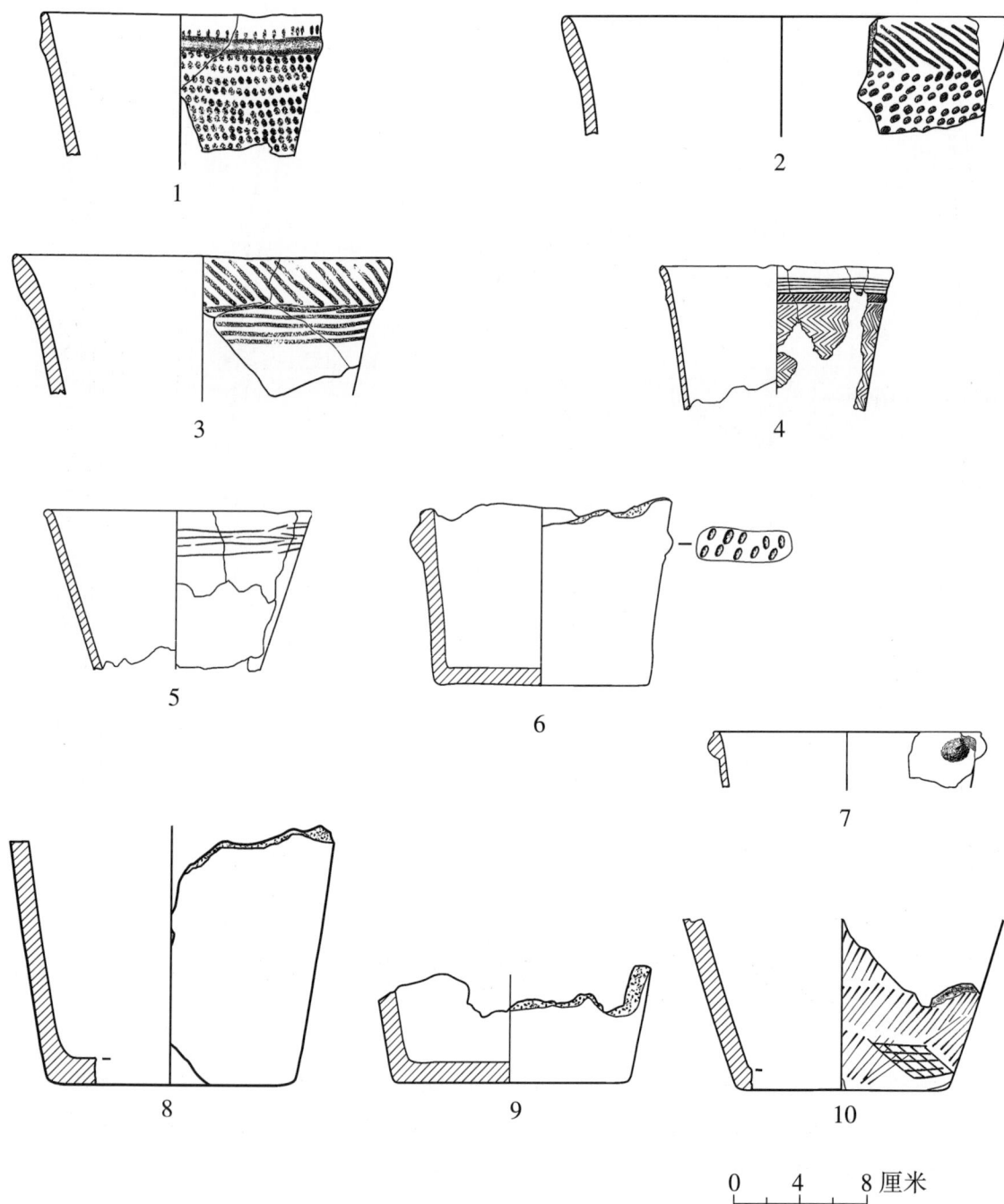

图二三二　F40 陶器

（1、2、4、7、9、10. 堆积层出土　3、5、6、8. 居住面出土）

1. A I 式斜腹罐（F40①:23）　　2、3. A II 式斜腹罐（F40①:36、F40:47）　4. B III 式直腹罐
（F40①:21）　5. 小斜腹罐（F40:62）　6、8～10. 斜腹罐罐底（F40:35、F40:41、F40①:38、
F40①:40）　7. Bb1 型钵（F40①:34）

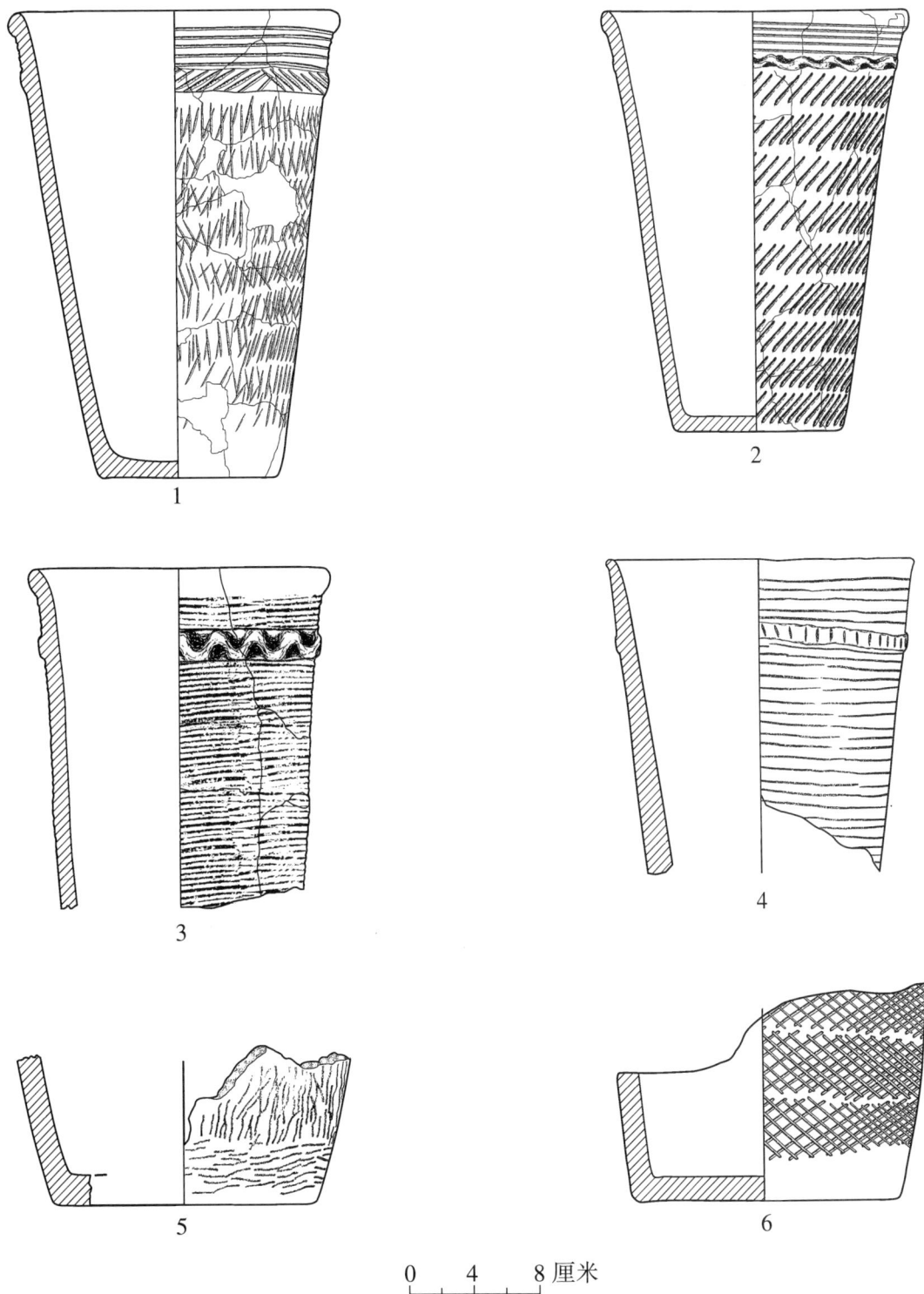

图二三三　F40 陶器（居住面出土）

1~6. BⅢ式直腹罐（F40：37、F40：57、F40：44、F40：36、F40：43、F40：40）

底饰网格纹，口径 16.3、底径 9.0、高 20.3 厘米（图二三四，2；图版七九，3）；F40：43，口部残，直腹，平底，腹饰草划纹，近底饰短横线纹，底径 16.6、残高 9.5 厘米（图二三三，5）；F40：44，敞口，厚圆唇，直腹，底部残，颈饰断弦纹数周，指压附加堆纹带，腹饰断弦纹数周，口径 18.9、残高 20.6 厘米（图二三三，3）；F40：45，上部残，直腹，平底，腹饰交叉划纹，底径 13.3、残高 11.0 厘米（图二三四，3）；F40：57，敞口，厚圆唇，直腹，平底，颈饰弦纹数周，指压附加堆纹带，腹饰左斜线纹 9 周到底，口径 19.4、底径 10.5、高 25.4 厘米（图二三三，2；图版七九，1）。

直腹罐口沿 1 件，F40：38，夹砂红褐陶，直口，尖圆唇，外叠宽带沿饰右斜线纹，口径 15.0、残高 6.0 厘米（图二三五，2）。

Cb 型钵 2 件，皆夹砂红褐陶，口沿残片。F40：34，圆唇，显肩，近口饰弦纹数周，腹饰左斜线纹数周，口径 14、残高 7.1 厘米（图二三五，15）；F40：58，小撇口，圆唇，颈饰弦纹，堆纹带不明显，腹饰网格纹，口径 11.0、残高 6.2 厘米（图二三五，14）。

（2）石器 16 件。A 型石斧 1 件，C 型石斧 1 件，Ba 型饼形器 1 件，F 型双孔盘状铲形石器 1 件，铲形石器刃部残片 1 件，Aa 型磨棒 1 件，砺石 1 件，敲砸器 2 件，石球 1 件，石料 6 件（参见附表 15　查海遗址房址居住面出土石器型式统计一览表）。

A 型石斧 1 件，F40：60，白色玄武岩梯形扁平体，磨制，两侧磨成平棱，弧刃，使用崩痕明显，体长 9.3、刃宽 6.5、厚 2.2 厘米（图二三六，1；图版一六五，1）。

C 型石斧 1 件，F40：56，深灰色页岩，长梯形扁平体，磨制，小弧刃有崩痕，体长 8.8、刃宽 4、厚 1.3 厘米（图二三六，2）。

Ba 型饼形器 1 件，F40：33，花岗岩，琢制，扁圆体，直径 7.8、厚 3 厘米（图二三六，9；图版二〇一，2）。

F 型双孔盘状铲形石器 1 件，F40：48，刃部残片，深灰色页岩，打制，长 9.5、宽 9.8、厚 1.4 厘米（图二三六，6）。

铲形石器刃部残片 1 件，F40：46，沉积岩，扁平体，打制，弧刃，残长 19、厚 2.4 厘米。

Aa 型磨棒 1 件，残段 F40：59，花岗岩，琢制，圆柱体，截面椭圆形，残长 8、直径 4 厘米（图二三六，13）。

砺石 1 件，F40：55，玄武岩，扁平近三角形，两平面有使用磨痕，其中一面明显，边长 1.1、厚 6 厘米（图版二二五，5）。

敲砸器 2 件，皆石英岩自然石块。F40：50，近方柱体，打制，砸击使用痕迹集中在棱角处，高 10.5、边长 5 厘米（图二三七，8；图版二四八，4）；F40：61，椭圆形多棱体，砸击使用痕迹集中在三个棱角处，棱长 5~7 厘米（图二三七，7）。

石球 1 件，F40：49，圆球体，砸击使用痕迹分布于球面，轻重不等，直径 6 厘米（图二三七，6；图版二三八，1）。

石料 6 件。玄武岩 1 件，F40：53，长 31.0、宽 13.0、厚 5.0 厘米。花岗岩 5 件，F40：51，长

18.0、宽15.0、厚8.0厘米；F40：52，长20.0、宽13.0、厚6.0厘米；F40：54，长16.0、宽15.0、厚13.0厘米；F40：63，粉红色；F40：64，黄褐色。

室内堆积层遗物

（1）陶器25件。AⅠ斜腹罐1件，AⅡ式斜腹罐1件，斜腹罐罐底2件，小直腹罐1件，BⅢ式直腹罐7件，BⅣ式直腹罐1件，直腹罐腹部残片4件，直腹罐罐底1件，鼓腹罐罐底1件，Bb1型钵1件，Ca型钵4件，A型陶纺轮1件（参见附表8　查海遗址房址堆积层出土陶器型式统计表）。陶片132片（见附表2　房址出土陶片统计表）。

AⅠ斜腹罐1件，F40①：23，夹砂红褐陶，底部残，圆唇，近口饰短竖线纹，附加堆纹带无纹饰，腹饰窝点纹，口径17.0、残高8.4厘米（图二三二，1）。

AⅡ式斜腹罐1件，F40①：36，夹砂红褐陶，口沿残片，圆唇，外叠宽带沿饰右斜线纹，腹饰窝点纹，残高7厘米（图二三二，2）。

斜腹罐罐底2件，皆夹砂红褐陶。F40①：38，斜腹，平底，素面，底径14.2、残高7.0厘米（图二三二，9）；F40①：40，底微凹，腹饰左斜线纹、网状菱格纹，底径13.0、残高10.5厘米（图二三二，10）。

小直腹罐1件，F40①：24，夹砂红褐陶，直腹，平底，腹饰弦纹，底径5.7、残高5.0厘米（图二三五，4）。

BⅢ式直腹罐7件，皆夹砂红褐陶。F40①：4，敞口，厚圆唇，直腹，底部残，颈饰弦纹数周，附加堆纹带饰左斜线纹，腹饰网格纹，口径26.0、残高13.6厘米（图二三四，9）；F40①：21，尖圆唇，颈饰弦纹，附加堆纹带饰左斜线纹，腹饰横排人字纹，口径14.0、残高8.8、厚1.1厘米（图二三二，4）；F40①：22，敞口，厚圆唇，直腹，底部残，饰人字纹，口径38.0、残高14.6、壁厚1.3厘米（图二三四，4）；F40①：27，直口，圆唇，直腹，底部残，饰人字纹，口径12.0、残高9.6厘米（图二三四，5）；F40①：37，直口，圆唇，直腹，底部残，颈饰弦纹，附加堆纹带面饰窝点纹，腹饰竖排人字纹，口径28.3、残高6.6厘米（图二三四，7）；F40①：39，直口，厚圆唇，颈饰弦纹，附加堆纹带面饰窝点纹，腹饰网格纹，口径28.0、残高10.4厘米（图二三四，8）；F40①：42，外撇口，厚圆唇，直腹，底部残，近口饰弦纹数周，指压附加堆纹带，腹饰草划交叉纹，口径24.0、残高9.6厘米（图二三四，6）。

BⅣ式直腹罐1件，F40①：26，夹砂灰褐陶，敞口，厚圆唇，直腹，微凹底，颈饰弦纹数周、附压Da3型锯齿形几何纹，附加堆纹带饰网格纹，腹饰竖压横排之字纹饰到底，口径16.2、底径11.6、高22.8厘米（图二三五，1；图版九六，2）。

直腹罐腹部残片4件，皆夹砂红褐陶。F40①：20，饰草划交叉纹，腹部贴饰乳钉，其上饰窝点纹，残高12厘米（图二三五，3）；F40①：32，饰横排人字纹，有一对铆孔，（图二三五，7）；F40①：33，饰细短斜线纹，（图二三五，8）；F40①：41，饰弦纹，（图二三五，6）。

直腹罐罐底1件，F40①：25，夹砂红褐陶，直腹，平底，腹饰左斜线纹，近底饰网格纹，底径9.4、残高5.4厘米（图二三五，5）。

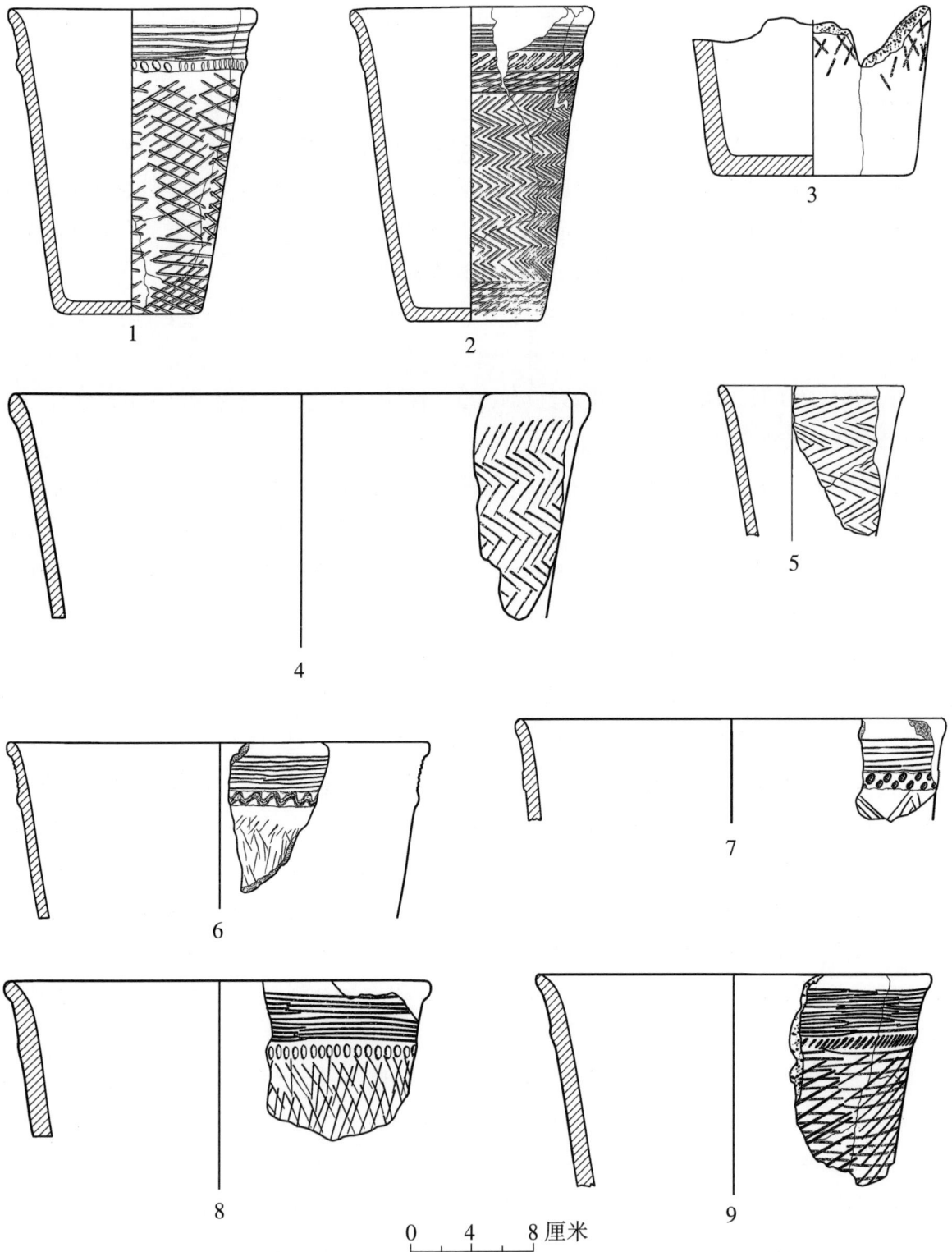

图二三四 F40 陶器（1～3. 居住面出土 4～9. 堆积层出土）

1～9. BⅢ式直腹罐（F40：39、F40：42、F40：45、F40①：22、F40①：27、F40①：42、F40①：37、F40①：39、F40①：4）

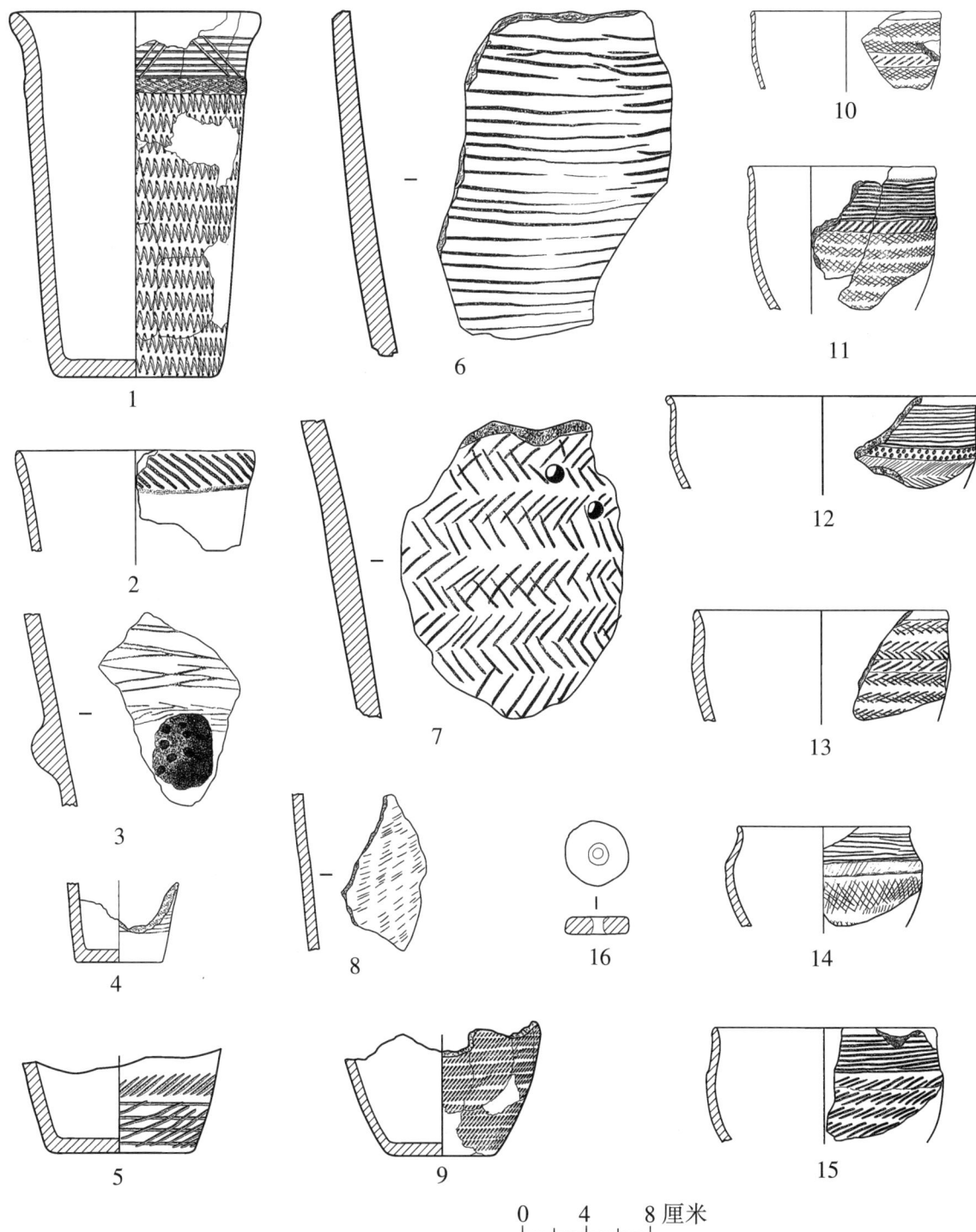

图二三五 F40 陶器（1、3～13、16. 堆积层出土 2、14、15. 居住面出土）

1. B Ⅳ 式直腹罐（F40①:26） 2. 直腹罐口沿（F40:38） 4. 小直腹罐（F40①:24）

5. 直腹罐罐底（F40①:25） 3、6～8. 直腹罐腹部残片（F40①:20、F40①:41、F40①:32、F40①:33） 9. 鼓腹罐罐底（F40①:30） 10～13. Ca 型钵（F40①:35、F40①:31、F40①:28、F40①:29） 14、15. Cb 型钵（F40:58、F40:34） 16. A 型陶纺轮（F40①:10）

　　鼓腹罐罐底 1 件，F40①：30，夹砂灰褐陶，鼓腹，小微凹底，腹饰锥刺纹，底径 6.9、残高 8.4、壁厚 0.6 厘米（图二三五，9）。

　　Bb1 型钵 1 件，F40①：34，夹砂红褐陶，近口附贴乳钉，口径 16.2、残高 3.27 厘米（图二三二，7）。

　　Ca 型钵 4 件，皆夹砂红褐陶，口沿残片。F40①：29，尖圆唇，近口饰网格纹 2 周，附加堆纹带饰左斜线纹，腹饰网格纹，残高 6.9 厘米（图二三五，13）；F40①：28，小撇口，圆唇，颈饰弦纹，附加堆纹带不明显、饰窝点纹，腹饰横排人字纹，口径 20.0、残高 6.0 厘米（图二三五，12）；F40①：31，尖圆唇，颈饰弦纹，附加堆纹带不明显、饰左斜线纹，腹饰网格纹，口径 12.0、残高 9.1 厘米（图二三五，11）；F40①：35，圆唇，显肩，近口饰网格纹，附加堆纹带饰左斜线纹，腹饰网格纹，残高 4.9 厘米（图二三五，10）。

　　A 型陶纺轮 1 件，F40①：10，夹砂红褐陶陶片制作，直径 4.0、孔径 0.7、厚 1.0 厘米（图二三五，16；图版一五七，11）。

　　（2）石器 19 件。C 型石斧 1 件，C 型石刀 1 件，F 型双孔盘状铲形石器 1 件，铲形石器刃部残片 2 件，A 型石凿 1 件，Ba 型饼形器 1 件，沟槽器 1 件，B 型磨棒 1 件，A 型磨盘 4 件，砺石 1 件，敲砸器 5 件（参见附表 16　查海遗址房址堆积层出土石器型式统计一览表）。

　　C 型石斧 1 件，F40①：45，灰质页岩，扁平体，打制，弧刃，崩痕严重，体长 11、残刃宽 6、厚 2.5 厘米（图二三六，3；图版一七一，4）。

　　C 型石刀 1 件，F40①：46，沉积岩，打制，直背，弧刃，刃长 11.25、宽 3.7、厚 2.5 厘米（图二三六，4）。

　　F 型双孔盘状铲形石器 1 件，F40①：7，刃部残片，深灰色页岩，打制，长 8、宽 5.5、厚 1.2 厘米（图二三六，5）。

　　铲形石器刃部残片 2 件，皆灰色页岩，打制。F40①：5，束腰，弧刃，刃部有崩痕，残高 9.5、刃宽 14、厚 0.6 厘米（图二三六，7）；F40①：12，弧刃，刃部有崩痕，长 10、厚 1.5 厘米（图二三六，8）。

　　A 型石凿 1 件，F40①：8，灰色页岩，长扁平体，磨制，直刃两面磨光，体长 6、刃宽 2、厚 0.5 厘米（图二三六，11）。

　　Ba 型饼形器 1 件，F40①：3，残，花岗岩，扁圆体，两面有使用痕迹，残长 6.17、厚 1.5 厘米（图二三六，10）。

　　沟槽器 1 件，F40①：6，浅灰色页岩，长方形圆角扁平体，磨制，正面有两道沟槽，两沟槽间有三道划痕，长 6、宽 3、厚 1 厘米（图二三六，12；图版二三二，1）。

　　B 型磨棒 1 件，F40①：17，残断，花岗岩，截面方形圆角，琢制，直径 5、残高 7 厘米（图二三六，14）。

　　A 型磨盘 4 件，皆残块，琢制。F40①：1，花岗岩，使用面凹陷，长 9.25、宽 4.18、厚 5.0 厘米（图二三六，17）；F40①：2，黄褐色砂岩，磨面平整，长 7.95、厚 3.5 厘米（图二三六，15）；

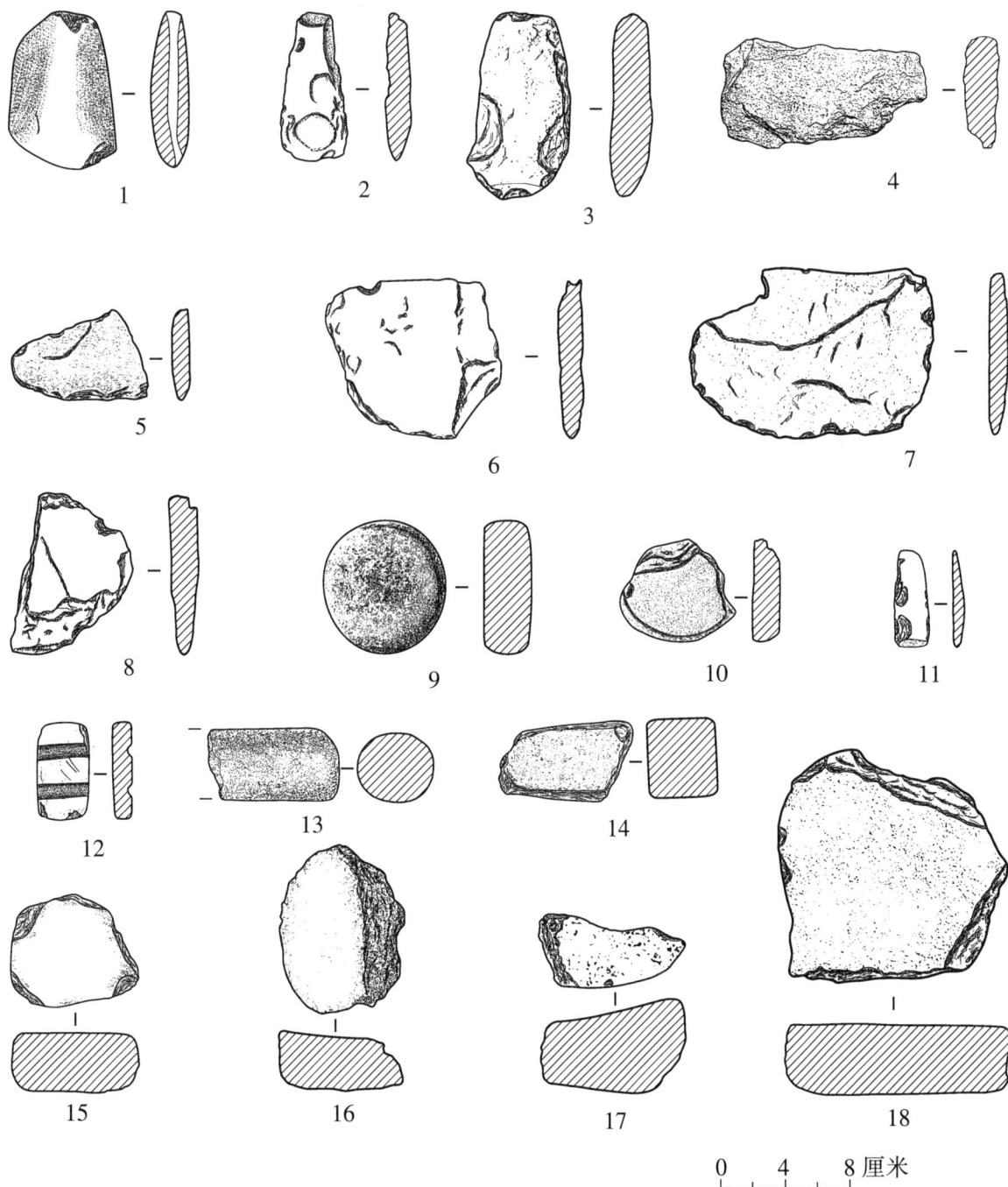

图二三六　F40 石器

（1、2、9、13. 居住面出土　3～5、7、8、10～12、14～18. 堆积层出土）

1. A 型石斧（F40：60）　2、3. C 型石斧（F40：56、F40①：45）　4. C 型石刀（F40①：46）

5、6. F 型双孔盘状铲形石器刃部残片（F40①：7、F40：48）　7、8. 铲形石器刃部残片（F40①：5、

F40①：12）　9、10. Ba 型饼形器（F40：33、F40①：3）　11. A 型石凿（F40①：8）　12. 沟槽器

（F40①：6）　13. Aa 型磨棒（F40：59）　14. B 型磨棒（F40①：17）　15～18. A 型磨盘

（F40①：2、F40①：43、F40①：1、F40①：9）

F40①：9，花岗岩，一面使用磨痕明显，长 14.4、厚 4.5 厘米（图二三六，18）；F40①：43，花岗岩，使用面磨痕明显，长 10、残宽 7.7、厚 3.0 厘米（图二三六，16）。

砺石 1 件，F40①：47，花岗岩，长方体，琢制，有使用磨面，长 9.5、宽 3.0、厚 2.5 厘米（图二三七，1）。

敲砸器 5 件。玄武岩 2 件，F40①：18，灰绿色，长方体，砸击使用痕迹在另一端，长 6.5、宽 4.5、厚 2.5 厘米；F40①：19，近扁平三角形，尖角处有砸击使用痕迹，边长 5、厚 2.6 厘米（图二三七，3）。石英岩 3 件，F40①：13，方形圆角扁平体，砸击使用痕迹集中在棱角处，两面光滑，长 7.5、宽 5.5、厚 3.5 厘米（图二三七，2）；F40①：44，灰白色石英岩自然石块，多棱体，棱角处有敲砸使用痕迹，长 7、宽 5.5、厚 3.5 厘米（图二三七，4）；F40①：48，灰白色石英岩自然石块，不规整形状，两端棱角处有使用痕迹，长 8.5、宽 7.0、厚 4.0 厘米（图二三七，5）。

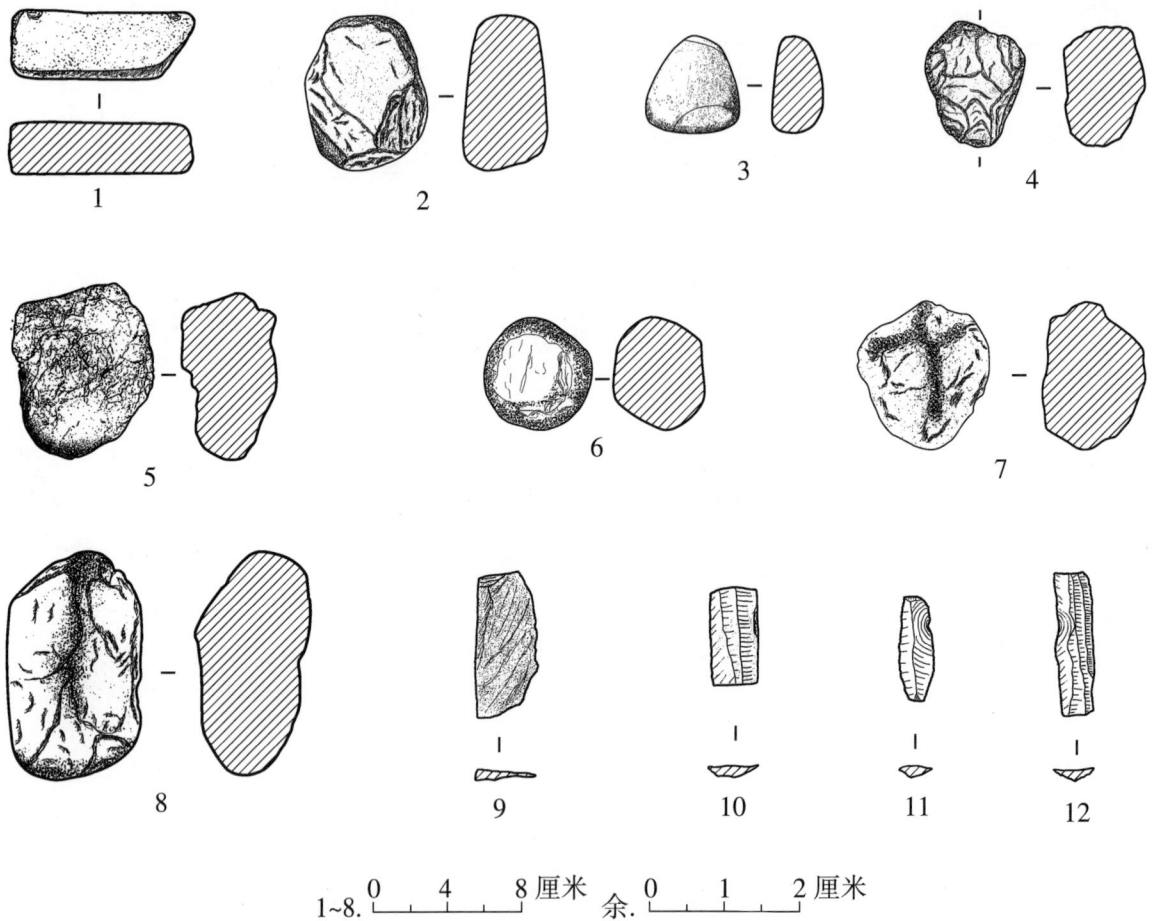

图二三七　F40 石器（1～5、9～12. 堆积层出土　6～8. 居住面出土）

1. 砺石（F40①：47）　2～5、7、8. 敲砸器（F40①：13、F40①：19、F40①：44、F40①：48、F40：61、F40：50）　6. 石球（F40：49）　9. 石叶（F40①：11）　10～12. 刮削器（F40①：14、F40①：15、F40①：16）

（3）细石器8件。石叶2件，刮削器6件（参见附表20 查海遗址各遗迹单位出土细石器统计表）。

石叶2件，皆青色页岩，打制，片状，小台面窄长，其他边缘锋利。F4①：21，长1.9、宽0.6、厚0.2厘米；F40①：11，长1.9、宽0.6、厚0.2厘米（图二三七，9）。

刮削器6件，皆页岩，压制，长条形，小台面，断面呈三角形，长边锋利。F40①：24，青色，长1.3、宽0.6、厚0.2厘米；F40①：25，深青色，长1.9、宽0.5、厚0.2厘米；F40①：26，青灰色，长1.4、宽0.5、厚0.1厘米；F40①：14，青色，长1.3、宽0.6、厚0.2厘米（图二三七，10；图版二六三，10）；F40①：15，深青色，长1.4、宽0.5、厚0.14厘米（图二三七，11；图版二六三，11）；F40①：16，青灰色，长1.9、宽0.5、厚0.1厘米（图二三七，12；图版二六三，9）。

四一 41号房址（F41）

1. 遗迹

F41位于遗址北部，南与F54、F23、F9、F12成列；东与F44、F51成排。方向180°。面积约22.08平方米，是一座小型南壁半圆状外凸式半地穴房址。平面呈圆角方形，南北4.8、东西4.6米，垂直深度0.3米。房址挖凿于黄色生土层及基岩层内，生土及基岩为壁，四壁稍外弧，壁面稍加修整斜平。南壁穴壁中部局部外凸，呈半圆状，外凸部分东西长2.4、外凸0.8米。从其位置推测，此处可能为房址出入口。居住面较平整，为灰黑色垫踏土，土质坚硬，厚约0.02~0.05米。灶位于室内中心偏东，圆形坑式灶，灶口与居住面一平，斜壁平底，壁、底经修整，灶内抹泥厚0.04~0.08米，经使用，灶内为暗红色，灶底中部有一片陶片。灶口直径为0.5、灶深0.24米。室内共有22个大小不同深浅不一的柱洞，形状有圆形、椭圆形和不规则形三种，剖面有三角形、圆锥形、圆形、椭圆形等，皆凿于基岩内，分内、外两圈布置。外圈靠近壁穴；内圈围绕灶址。柱洞最大口径为0.4、最小口径为0.1、最深0.5米（详见附表22-29 F41柱洞一览表）。室内遗物陶器和石器、玉器，主要分布在四周。陶器主要集中在北部，这座房址的陶器以夹砂灰褐陶之字纹陶罐为主，夹砂红褐陶之字纹、几何纹陶罐次之（图二三八；图版三四，1；图版三五）。

2. 遗物

室内居住面遗物

（1）陶器7件。BⅢ式直腹罐1件，BⅣ式直腹罐2件，BⅤ式直腹罐1件，直腹罐腹部残片2件，直腹罐罐底1件（参见附表7 查海遗址房址活动面出土陶器型式统计表）。

BⅢ式直腹罐1件，F41：34，夹砂红褐陶，上部残，直腹，平底，腹饰网格纹，近底饰Da4型锯齿形几何纹，底径18.6、残高26.4厘米（图二三九，3）。

BⅣ式直腹罐2件，皆夹砂灰褐陶，敞口，厚圆唇，直腹，平底。F41：31，颈饰左斜线纹2周，下饰Aa2型单体曲尺形几何纹，腹饰左斜线纹2周、竖压横排之字纹6周到底，口径13.5、底径6.2、高15.2、壁厚0.7厘米（图二三九，4；图版九六，3）；F41：32，颈饰弦纹数周，附压

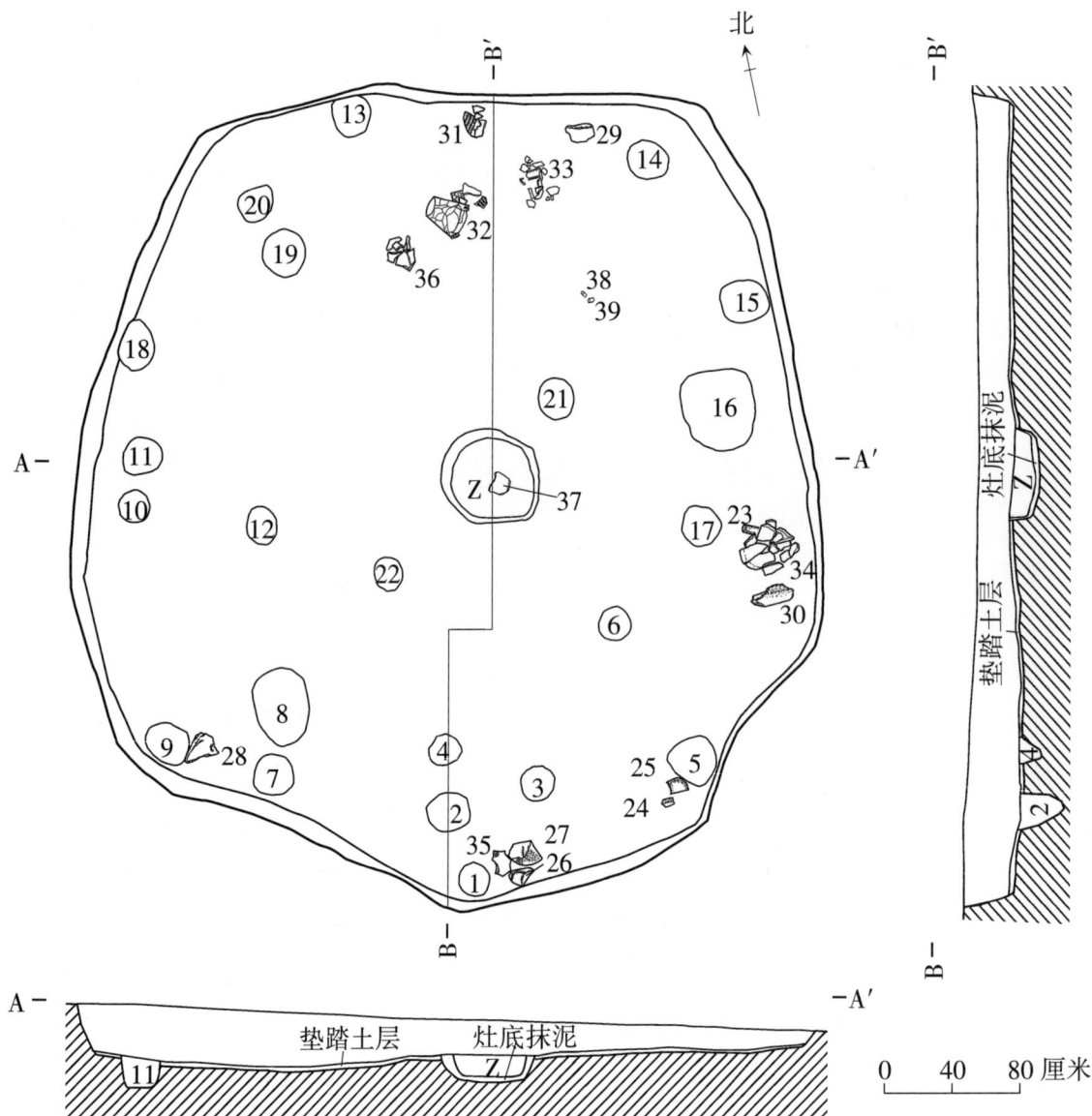

图二三八　F41 平、剖面图

1～22. 柱洞　23（24）. 磨棒　25. 石斧　26、28. 石料　27、29. 磨盘　30. 砺石
31、32、34、36. 直腹罐　33. 直腹罐底　35、37. 直腹罐腹部残片　38、39. 玉管　Z. 灶址

Da2 型锯齿形几何纹，窄凸附加堆纹带无纹饰，腹饰竖压横排之字纹，口径 15.5、底径 10、高
24.2 厘米（图二三九，5；图版九六，1）。

BⅤ式直腹罐 1 件，F41：36，夹砂灰褐陶，底部残，敞口，厚圆唇，直腹，颈饰弦纹数周，附
压 Da2 型锯齿形几何纹，附加堆纹带饰左斜线纹，腹饰竖压横排之字纹，口径 43.0、残高 38.0 厘
米（图二四〇，1）。

直腹罐腹部残片 2 件。夹砂灰褐陶 1 件，F41：35，颈饰弦纹数周，指压附加堆纹带，腹饰竖
排交叉划纹、横排交叉划纹，残高 14 厘米（图二四〇，2）。夹砂红褐陶 1 件，F41：37，颈饰弦纹

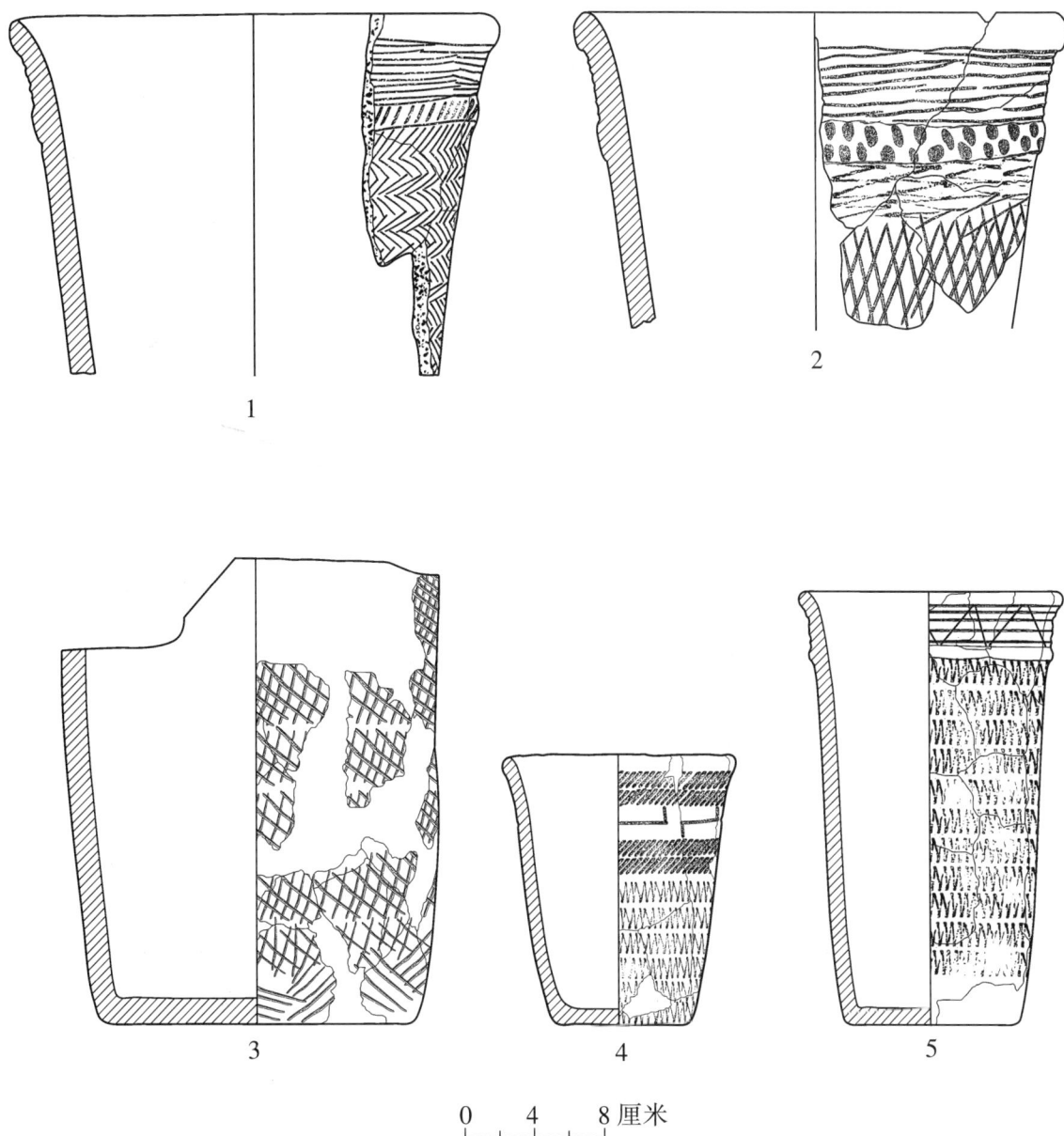

图二三九　F41 陶器（3～5 居住面出土　1、2. 堆积层出土）

1～3. BⅢ式直腹罐（F41①：1、F41①：9、F41：34）　　4、5. BⅣ式直腹罐（F41：31、F41：32）

数周，有一锔孔，附加堆纹带饰短竖线纹，腹饰横排人字纹，残高 21 厘米（图二四○，4）。

直腹罐罐底 1 件，F41：33，夹砂红褐陶，直腹，平底，腹饰网格纹，底径 7.7、残高 8.8 厘米（图二四○，6）。

（2）石器 7 件。C 型石斧 1 件，B 型磨棒 1 件，A 型磨盘 2 件，砺石 1 件，石料 2 件（参见附表 15　查海遗址房址居住面出土石器型式统计一览表）。

C 型石斧 1 件，F41：25，灰绿色页岩打制，体扁平，上部残，斜弧刃。残长 10.5、刃宽 8.5、

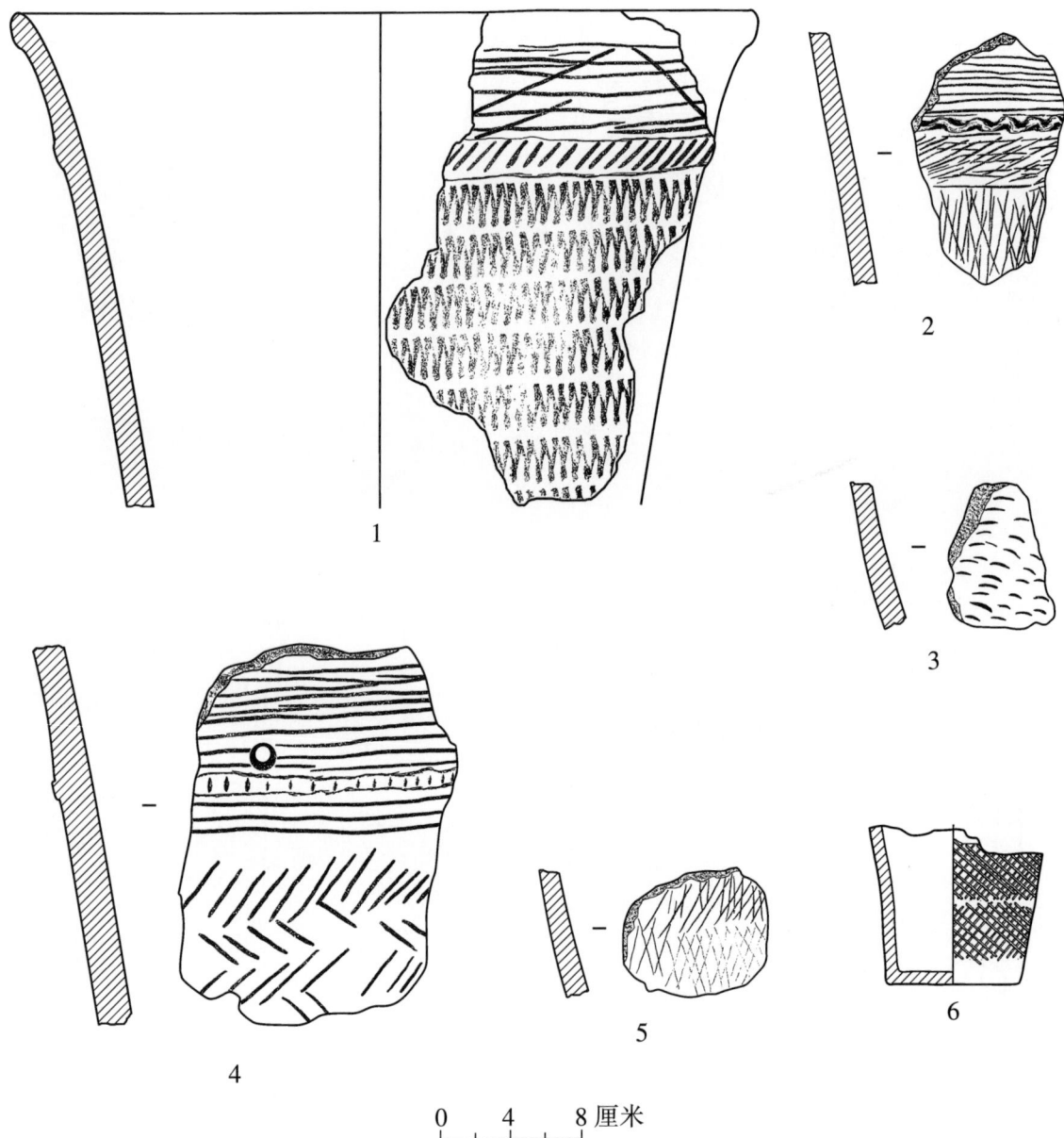

图二四〇　F41 陶器（1、2、4、6. 居住面出土　3、5. 堆积层出土）

1. BⅤ式直腹罐（F41：36）　　2～5. 直腹罐腹部残片（F41：35、F41①：8、F41：37、F41①：7）

6. 直腹罐罐底（F41：33）

厚 1.8 厘米（图二四一，1）。

　　B 型磨棒 1 件，F41：23，同 F41：24，残段，灰褐色花岗岩琢制，方柱体，残长 20.0、直径 5.0 厘米（图二四一，4；图版二一七，2）。

　　A 型磨盘 2 件，皆残块，花岗岩，琢制。F41：27，灰褐色，长方体，凹磨面，长 28.0、宽 15.3、厚 11.6 厘米（图二四一，8）；F41：29，底部较平，使用面光滑，残长 23.5、宽 13.9、厚 5.8 厘米（图二四一，7）。

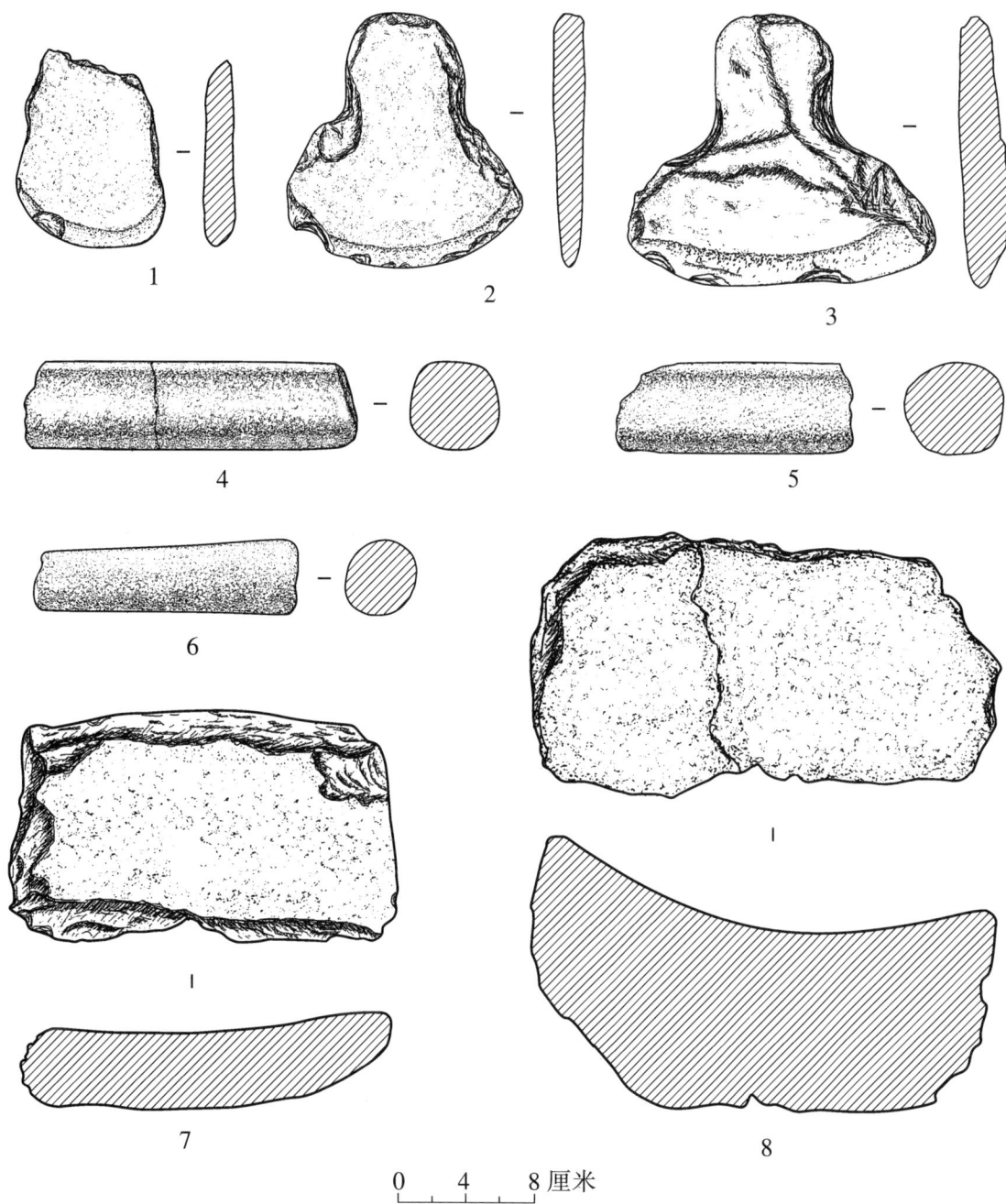

图二四一　F41 石器（1、4、7、8. 居住面出土　2、3、5、6. 堆积层出土）

1. C 型石斧（F41:25）　2、3. Ac 型铲形石器（F41①:4、F41①:5）　4、5. B 型磨棒（F41:23、

F41①:2）　6. D 型磨棒（F41①:10）　7、8. A 型磨盘（F41:29、F41:27）

砺石 1 件，F41:30，残块，灰褐色花岗岩，琢制，有凹槽，长 21.7、宽 12、厚 9.5 厘米（图

二四二，1）。

石料 2 件，皆花岗岩石质。F41:28，长 19.0、宽 15.6、厚 6.5 厘米；F41:26。

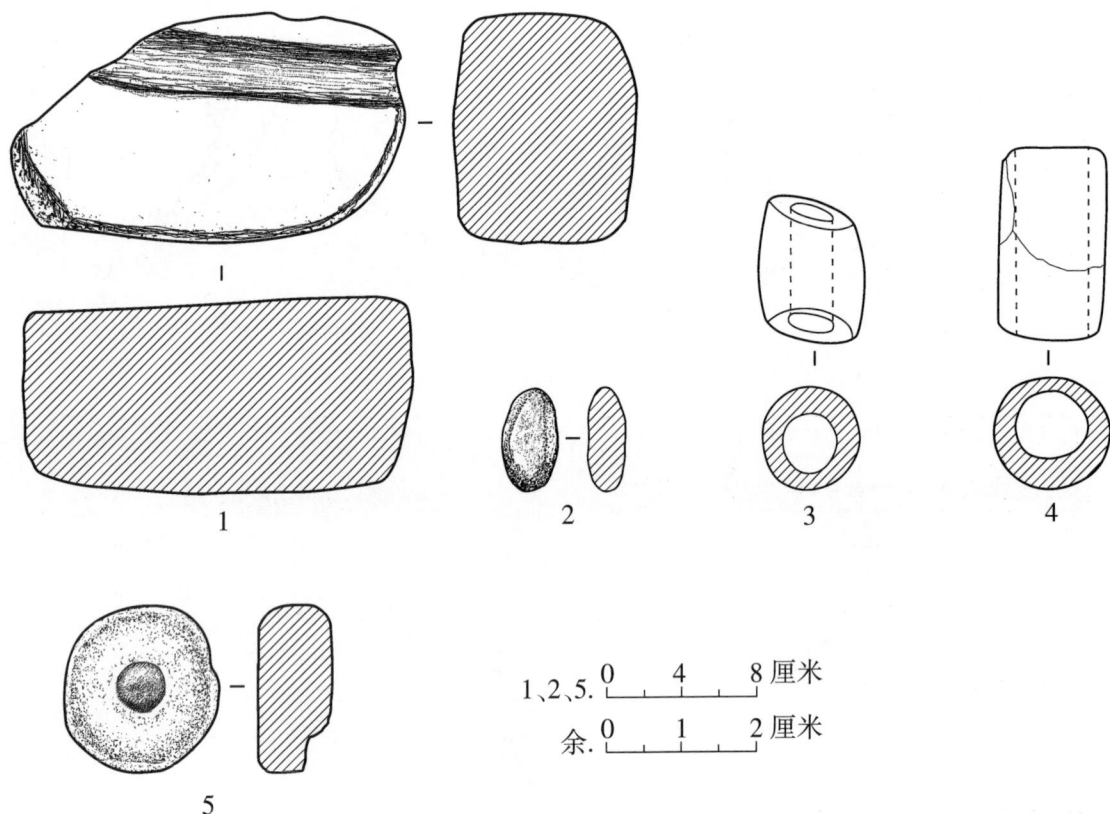

图二四二　F41 石器、玉器（1、3、4. 居住面出土　2、5. 堆积层出土）

1. 砺石（F41∶30）　　2. 敲砸器（F41①∶11）　　3、4. 玉管（F41∶39、F41∶38）

5. Aa 型饼形器（F41①∶3）

（3）玉器 2 件。玉管 2 件。

玉管 2 件，皆乳白色，圆柱体，中孔，两端做斜口。F41∶38，直壁，两端斜口不规整，体长 2.55、最粗直径 1.5、孔直径 0.7 厘米（图二四二，4；图版二七四，5）；F41∶39，弧壁，两端稍细，中间粗，一端小斜口，一端大斜口，体长 2.5、直径 1.4、孔直径 0.8 厘米（图二四二，3；图版二七四，6）。

室内堆积层遗物

（1）陶器 5 件。B Ⅲ 式直腹罐 2 件，直腹罐腹部残片 2 件，Cb 型钵 1 件（参见附表 8　查海遗址房址堆积层出土陶器型式统计表）。陶片 38 片（见附表 2　房址出土陶片统计表）。

B Ⅲ 式直腹罐 2 件，皆夹砂红褐陶，直口，厚圆唇，直腹，底部残。F41①∶1，颈饰弦纹数周，附加堆纹带饰左斜线纹，腹饰横排人字纹，口径 28.0、残高 20.4 厘米（图二三九，1）；F41①∶9，颈饰弦纹数周，附加堆纹带饰窝点纹，腹饰草划交叉纹、网格纹，口径 28.0、残高 17.8 厘米（图二三九，2）。

直腹罐腹部残片 2 件，皆夹砂红褐陶。F41①∶7，饰草划交叉纹，残高 7.14、宽 8.43 厘米（图二四〇，5）；F41①∶8，饰短弧线纹，残高 8.2、宽 6.3 厘米（图二四〇，3）

Cb 型钵 1 件，F41①：6，夹砂红褐陶，底部残片，饰网格纹，底径 7.0、残高 6.7 厘米。

（2）石器 6 件。Ac 型铲形石器 2 件，Aa 型饼形器 1 件，B 型磨棒 1 件，D 型磨棒 1 件，敲砸器 1 件（参见附表 16　查海遗址房址堆积层出土石器型式统计一览表）。

Ac 型铲形石器 2 件，皆页岩，打制，扁平体，弧顶，直柄，斜肩，束腰不显。F41①：4，红褐色，弧刃，刃部两侧使用磨痕明显，长 14.5、刃宽 14、厚 1.8 厘米（图二四一，2；图版一七七，3）；F41①：5，灰绿色，长圆身，平直刃，刃部一面使用磨痕明显，长 15、刃宽 19.2、厚 2.3 厘米（图二四一，3；图版一七七，4）。

Aa 型饼形器 1 件，F41①：3，灰褐色花岗岩，琢制，圆饼形，局部残缺，半透孔，直径 8.7、厚 3.7 厘米，窝坑直径 2.3 厘米（图二四二，5；图版一九八，3）。

B 型磨棒 1 件，F41①：2，残，灰褐色花岗岩琢制，方柱体，残长 13.5 厘米（图二四一，5；图版二一六，6）。

D 型磨棒 1 件，F41①：10，一端残断，灰褐色花岗岩琢制，椭圆柱体，一头粗，一头细，残长 15.6，最大直径 4.4 厘米（图二四一，6；图版二二一，3）。

敲砸器 1 件，F41①：11，灰色河光石，椭圆形，两端敲击点，长 5.5、宽 3.0、厚 2.0 厘米（图二四二，2）。

四二　42 号房址（F42）

1. 遗迹

F42 位于遗址东北部，南与 F22、F11、F13 成列；东与 F50 成排。方向 200°。面积约 16.4 平方米，属小型半地穴房址。平面呈圆角方形，南北 4.1、东西 4.0 米。房址挖凿于黄色生土层及基岩层内，垂直深度 0.4 米。生土及基岩为壁，穴壁平直，壁面稍加修整，较斜平。居住面北高南低，较平整，为黑色垫踏土，土质坚硬，厚约 0.02～0.03 米。灶位于室内中心，不规则形坑式灶，灶口与居住面一平，斜壁平底，灶内抹泥厚 0.02～0.04 米，经使用，灶内为暗红色。灶口直径为 0.64，灶深 0.02 米。整个房址内共有 10 个大小深浅不一的柱洞，皆凿于基岩内，形状有圆形和椭圆形，分平底、尖底和环底三种。柱洞口径 0.18～0.43、深 0.3～0.5 米。柱洞分布位置：西北角 1 个，东北角 1 个，西南角 4 个（包括窖穴中 3 个），东南角 2 个，灶址西侧 1 个、东南侧 1 个。西南角外扩，内挖一个窖穴，直径 1.2、深 0.18 米，在穴内有 3 个柱洞（详见附表 22－30　F42 柱洞一览表）。室内遗物较少，主要分布在西北角，四周零星发现（图二四三；图版三四，1；图版三六）。

2. 遗物

室内居住面遗物

（1）陶器 2 件（参见附表 7　查海遗址房址活动面出土陶器型式统计表）。

BⅢ式直腹罐 2 件，皆夹砂红褐陶。F42：15，上部残，直腹，平底，腹饰交叉划纹，残底径

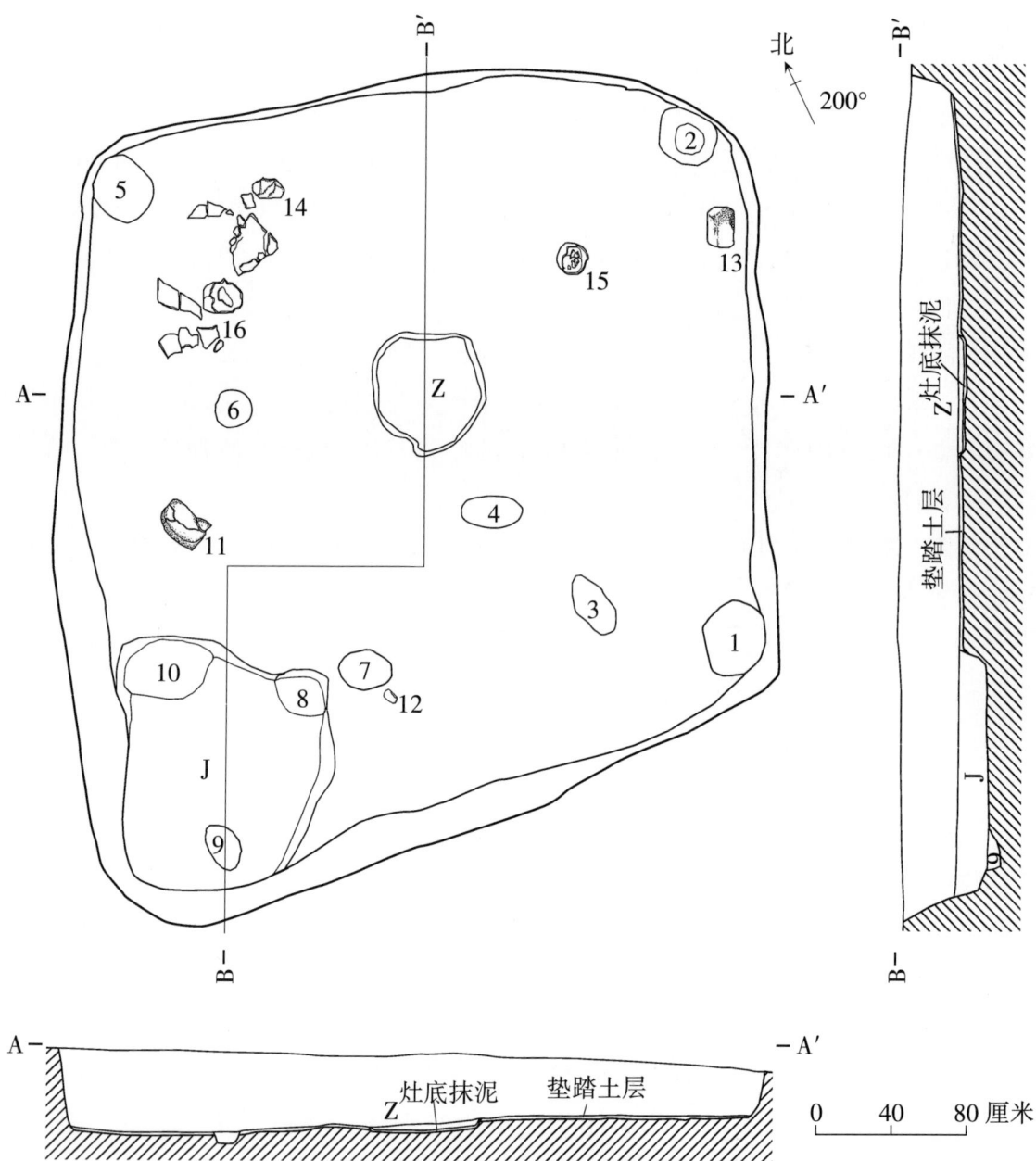

图二四三　F42 平、剖面图

1~10. 柱洞　11. 磨盘　12. 石斧　13、14. 石料　15、16. 直腹罐底　Z. 灶址

16.5、高 10 厘米（图二四四，2）；F42：16，敞口，厚圆唇，直腹，底部残，颈饰弦纹数周，附加堆纹带饰左斜线纹，腹饰竖排交叉划纹、横排交叉划纹，口径 26.5、残高 14 厘米（图二四四，1）。

（2）石器 4 件。C 型石斧 1 件，A 型磨盘 1 件，石料 2 件（参见附表 15　查海遗址房址居住面出土石器型式统计一览表）。

C 型石斧 1 件，F42：12，残段，深灰色页岩，刃部打制，有使用崩痕，残长 8、刃宽 4.5、厚 1 厘米（图二四五，1）。

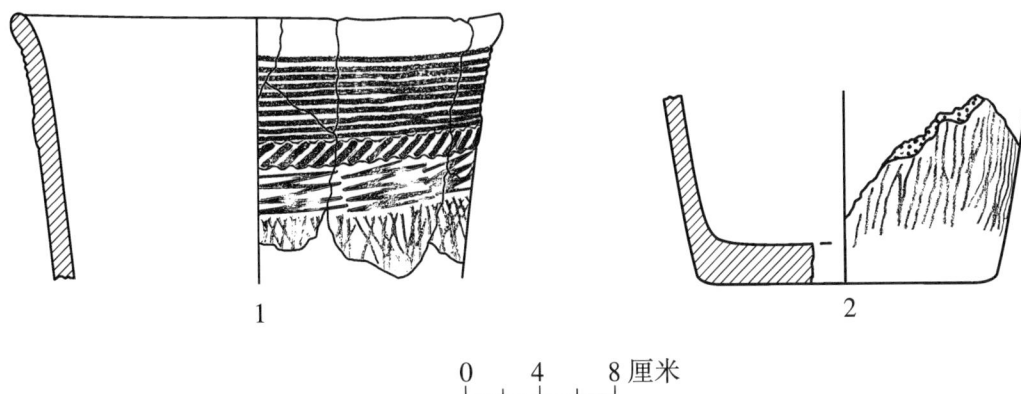

0　　4　　8 厘米

图二四四　F42 陶器（居住面出土）

1、2. BⅢ式直腹罐（F42：16、F42：15）

A 型磨盘 1 件，F42：11，残块，浅黄色花岗岩，琢制，使用磨面下凹，残长 17、宽 26 厘米（图二四五，12；图版二〇七，4）。

石料 2 件，F42：13，浅灰色花岗岩；F42：14，棕红色花岗岩。

室内堆积层遗物

（1）陶器 3 件。BⅢ式直腹罐 1 件，直腹罐腹部残片 2 件（参见附表 8　查海遗址房址堆积层出土陶器型式统计表）。陶片 7 片（见附表 2　房址出土陶片统计表）。

BⅢ式直腹罐 1 件，F42①：2，夹砂红褐陶，口部残片，直口，厚圆唇，颈饰弦纹，附加堆纹带饰左斜线纹。

直腹罐腹部残片 2 件，皆夹砂红褐陶。F42①：1，饰断弦纹；F42①：3，饰草划交叉纹。

（2）石器 22 件。石斧刃部残片 2 件，铲形石器残片 5 件，Ba 型饼形器 2 件，A 型磨盘 2 件，砺石 1 件，有窝石器 1 件，敲砸器 9 件（参见附表 16　查海遗址房址堆积层出土石器型式统计一览表）。

石斧刃部残片 2 件，F42①：27，青色油脂页岩，残长 4.1、残宽 5.0、厚 0.6 厘米（图二四五，2）；F42①：14，页岩，表面磨制光滑。

铲形石器残片 5 件，F42①：9，刃部残片，浅灰色页岩打制，弧刃，残长 7.0、残宽 6.5、厚 0.2 厘米（图二四五，6）；F42①：11，柄部残片，灰色页岩，打制，残长 10.1、厚 1.5 厘米（图二四五，3）；F42①：12，刃部残片，灰色泥质页岩，打制，弧刃，崩痕，长 9.4、厚 1.25 厘米（图二四五，4）；F42①：16，刃部残片，灰色页岩，打制，弧刃，残长 7.8、刃宽 16.2、厚 2.2 厘米（图二四五，5）；F42①：13，残片，灰色页岩，残长 14.25、厚 1.15 厘米。

Ba 型饼形器 2 件，皆浅灰色花岗岩，琢制。F42①：4，局部残，直径 6.7、厚 2.9 厘米（图二四五，7）；F42①：26，直径 8.5、厚 2 厘米（图二四五，8；图版二〇一，1）。

A 型磨盘 2 件，F42①：15，浅黄色花岗岩，琢制，长 8.7、宽 5 厘米（图二四五，10）；F42①：23，灰色花岗岩，有一使用磨面，琢制，残长 10.7、厚 4.5 厘米（图二四五，11）。

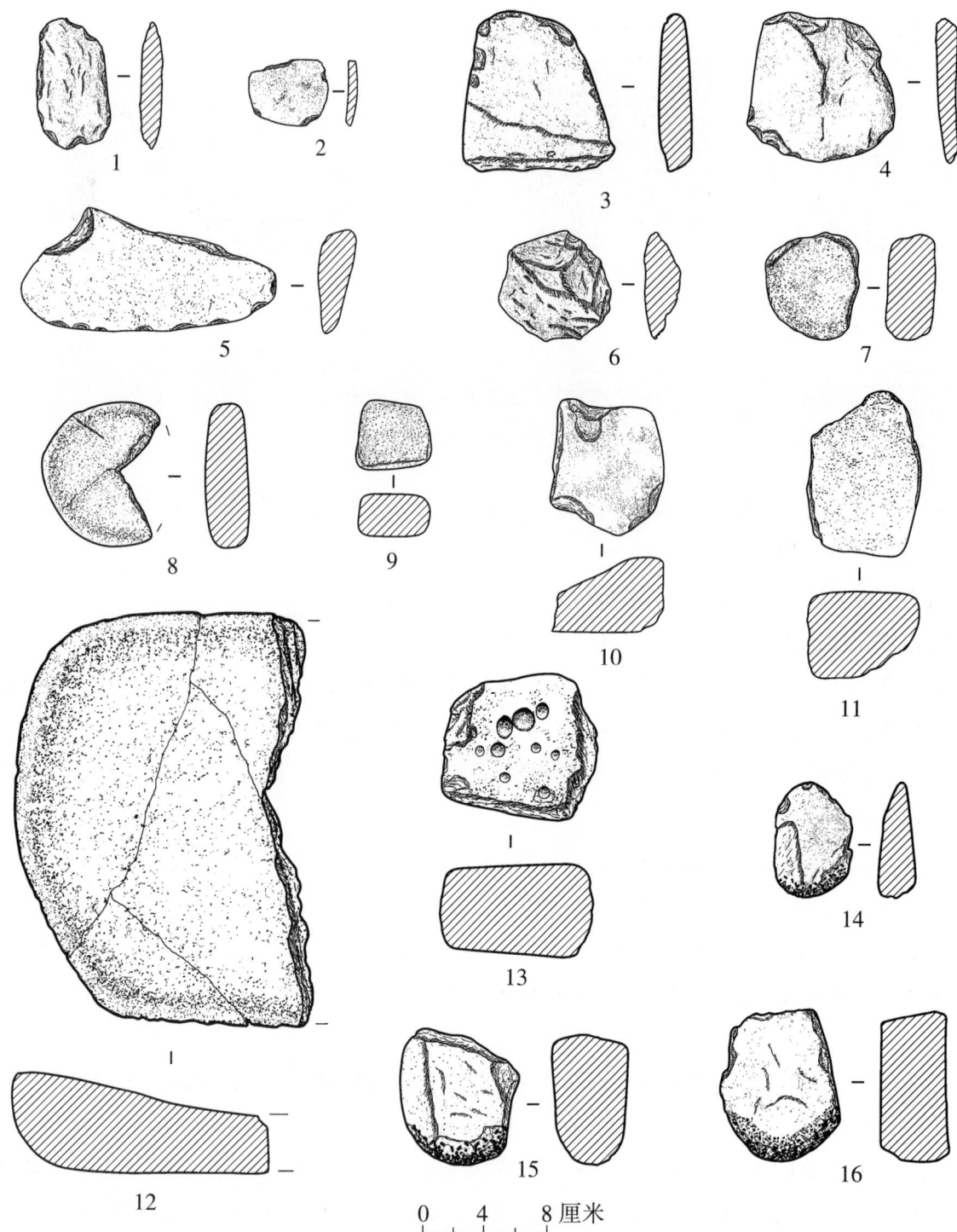

图二四五　F42 石器（1、12 居住面出土、2～11、13～16 堆积层出土）

1. C 型石斧（F42：12）　　2. 石斧刃部残片（F42①：27）　　3～6. 铲形石器残片（F42①：11、F42①：12、F42①：16、F42①：9）　　7、8. Ba 型饼形器（F42①：4、F42①：26）　　9. 砺石（F42①：24）　　10～12. A 型磨盘（F42①：15、F42①：23、F42：11）　　13. 有窝石器（F42①：25）　　14～16. 敲砸器（F42①：6、F42①：19、F42①：20）

砺石1件，F42①:24，浅灰色石英岩自然石块，方形圆角，磨面光滑，长4.5、宽4、厚2.5厘米（图二四五，9）。

有窝石器1件，F42①:25，灰绿色花岗岩，长8.5、宽7.5、厚5厘米（图二四五，13）。

敲砸器9件。红褐色玄武岩自然石块1件，F42①:7，不规则形状，周边有砸击痕迹，长11、宽9、厚3.5厘米（图二四六，5）。浅黄色花岗岩自然石块1件，F42①:8，不规整，多棱体，敲砸使用痕迹集中在周边棱角长，长8.0、宽6.0、厚3.0厘米（图二四六，6）。浅灰色砾石1件，F42①:22，长圆形，两端有敲砸使用痕迹，长6、宽4.5、厚3.7厘米（图二四六，2）。浅灰色石英岩自然石块6件，F42①:5，多棱体，棱角处有敲砸使用痕迹，长6.5、宽5.5、厚4.5厘米（图二四六，3）；F42①:6，扁平椭圆，周边薄有使用痕迹，长7、宽5、厚2厘米（图二四五，14）；F42①:17，近椭圆形，扁平体，周边有打击痕迹，长6、宽4.5、厚2.5厘米（图二四六，1）；F42①:19，不规则形状，棱角处有敲砸使用痕迹，长7.5、宽7、厚4厘米（图二四五，15）；F42①:20，方形圆角，敲砸痕迹集中在一端棱角处，长8.5、宽6.8、厚4厘米（图二四五，16）；F42①:21，多棱体，敲砸使用痕迹集中在棱角处，长6.5、宽4.8、厚3.5厘米（图二四六，4）。

（3）细石器2件。石叶1件，刮削器1件（参见附表20　查海遗址各遗迹单位出土细石器统计表）。

石叶1件，F42①:10，浅灰色石英岩，打制，片状，厚端平直，边角锋利，长4.0、宽3.4、厚0.6厘米。

刮削器1件，F42①:18，玛瑙质，近圆形，压制，一端尖突，两侧略凹，刃部锋利，长3.5、宽3.5、厚0.5厘米（图二四六，7）。

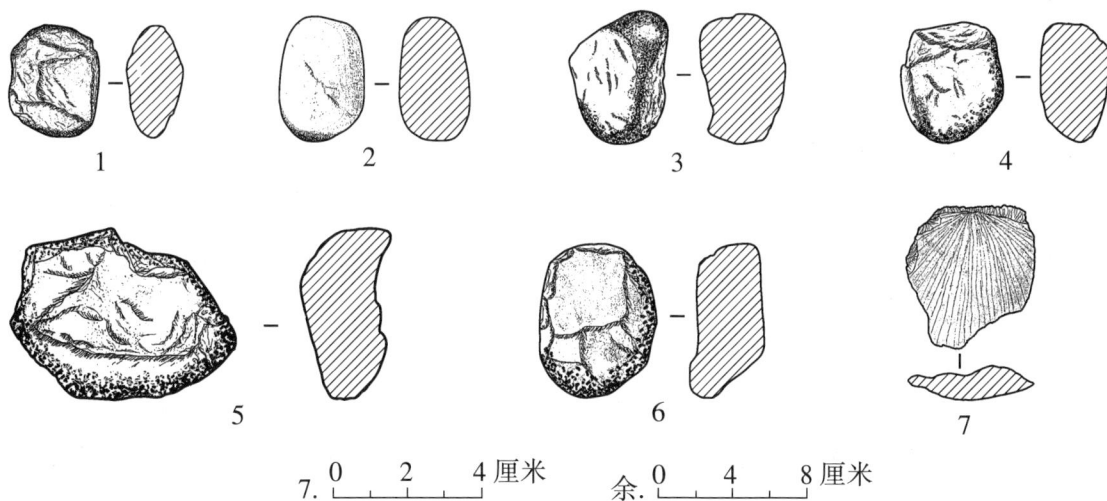

1　　　　2　　　　3　　　　4

5　　　　　　　6　　　　　7

7.　0　2　4厘米　　　余.　0　4　8厘米

图二四六　F42 石器（堆积层出土）

1~6. 敲砸器（F42①:17、F42①:22、F42①:5、F42①:21、F42①:7、F42①:8）　7. 刮削器（F42①:18）

四三　43 号房址（F43）

1. 遗迹

F43 位于遗址中部，龙形堆石东侧，西南为中心墓地，北与 F46，南与 F20、F1、F10 成列；西与 F26、F38、F32、F36，东与 F48、F55、F49 成排。方向 225°。面积约 48.75 平方米，属中型二层台式半地穴房址。平面呈直角方形，南北 7.5、东西 6.5 米，垂直深度 0.5 米。房址挖凿于基岩层内，基岩为壁，较平直，壁面稍加修整斜平。西南角向外略凸。室内四周二层台间断成三段，即自西北角、北、至东北角为一段，东南角一段，南壁局部一段。居住面较平整，为黑色垫踏土，土质坚硬，厚约 0.08~0.1 米。灶位于室内中部偏北，椭圆形坑式灶，灶口与居住面一平，斜壁平底，灶内抹泥厚 0.02~0.04 米，经火烧后，灶内为暗红色，灶内有一残石斧。灶口直径为 0.7~1.0、灶深 0.14 米。在室内西北角，有一座居室墓，墓口在较坚硬的室内灰黑色踏土层下。墓为长方形土坑竖穴墓，直壁、平底。墓向 340°。墓葬南边缘被室内中心灶叠压打破。墓穴长 2.1、北端宽 0.7、南端宽 0.64、深 0.72 米。墓内填土黑灰色，人骨朽无。墓底北端出土 2 件白色玉玦，两块间距很近；南端出土 7 件小型陶器与 2 件石料。根据随葬品出土的位置，推断死者头北足南。整个房址内共有 21 个大小深浅不一的柱洞，皆凿于基岩内，形状有圆形和椭圆形，多为平底和圜底。柱洞口径 0.2~0.6、深 0.12~0.5 米。柱洞分布位置：西南角 2 个，西北角 2 个，西壁二层台下 3 个，东北角二层台下 3 个，东南角二层台上 5 个、台下 1 个，灶址西侧 1 个、南壁与灶址间 3 个，北壁与灶址间 2 个（详见附表 22-31　F43 柱洞一览表）。室内遗物有石器、玉器、陶器、残碎猪的颌骨臼齿及鹿臼齿（图版二八一，4），主要分布在四周，陶器主要集中在西北角（图二四七；图版三七）。

2. 遗物

室内居住面遗物

（1）陶器 10 件。小斜腹罐 2 件，AⅡ式斜腹罐 2 件，AⅣ式斜腹罐 1 件，BⅢ式直腹罐 3 件，Ab1 型钵 1 件，Aa1 型杯 1 件（参见附表 7　查海遗址房址活动面出土陶器型式统计表）。

小斜腹罐 2 件，皆夹砂红褐陶。F43:31，敞口，薄圆唇，直腹，平底，素面，口径 11.5、底径 8.1、高 13.4 厘米（图二四八，7；图版六九，4）；F43:37，罐底，素面，底径 8.5、残高 4.5、壁厚 0.8 厘米（图二四八，6）。

AⅡ式斜腹罐 2 件，皆夹砂红褐陶。F43:27，敞口，圆唇，斜腹，平底，外叠宽带沿饰左斜线纹，其下有 2 对铜孔，腹饰窝点纹不到底，口径 32.9、底径 13.8、高 36 厘米（图二四八，2；图版六五，5）；F43:75，尖圆唇，底部残，外叠宽带沿饰左斜线纹，素面，口径 29、残高 16.3 厘米（图二四八，5）。

AⅣ式斜腹罐 1 件，F43:28，夹砂红褐陶，喇叭口，圆唇，斜腹，平底，外叠宽带沿饰右斜线纹，腹饰窝点纹不到底，口径 31.6、底径 17、高 41 厘米（图二四九，1；图版六八，4）。

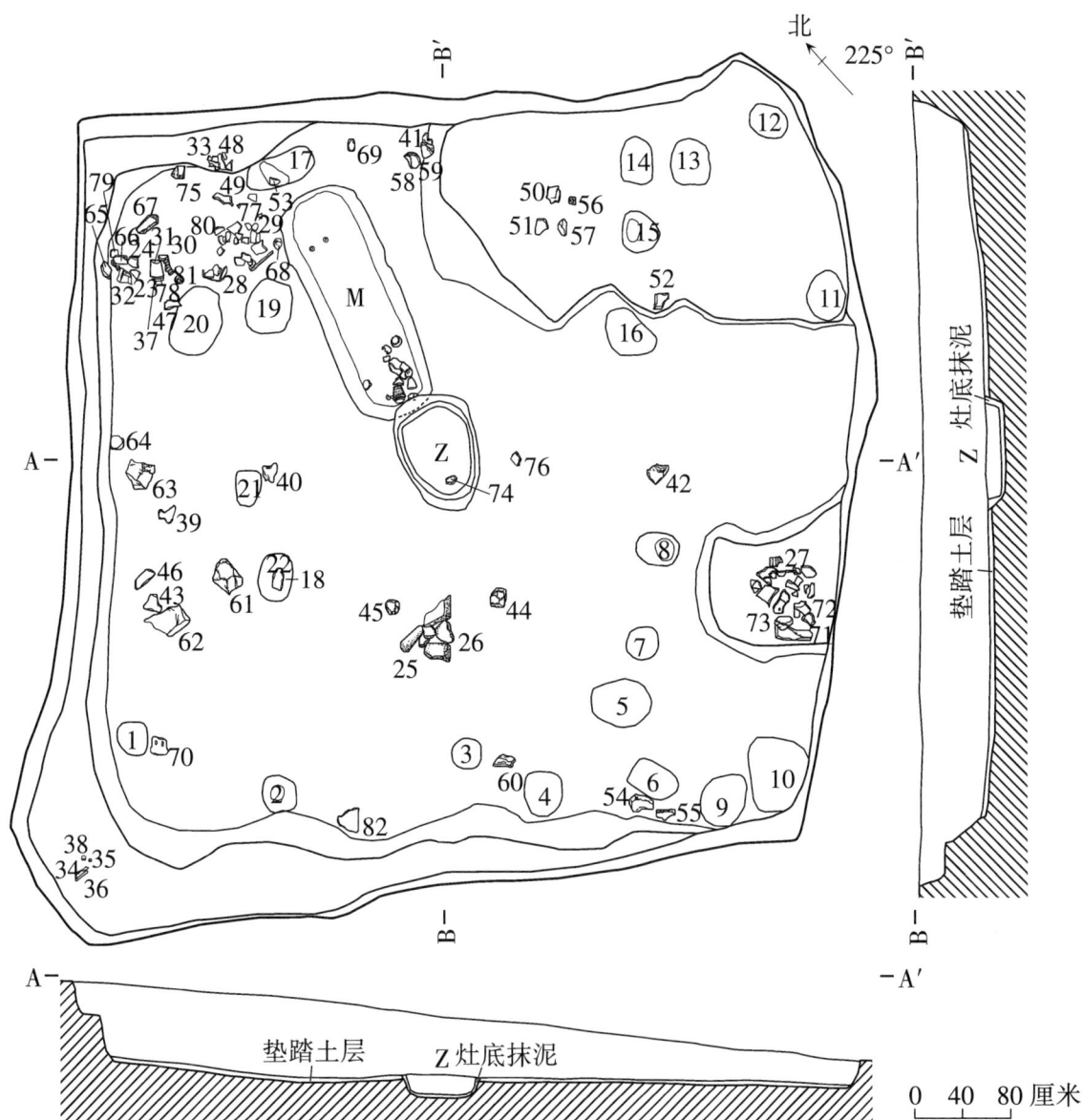

图二四七 F43 平、剖面图

1~17、19~22. 柱洞 18、24、39、41~43、47、48、52、66. 铲形石器 23、74. 石斧 25. 磨棒
26. 磨盘 27、28、31、75. 斜腹罐 29、30、33. 直腹罐 32. 杯 34、40、49~51、54、56、58、
59、65、67、69、72、73、76、77、79、80. 石料 35. 玉玦 36. 玉匕 37. 斜腹罐罐底 38. 玉管
44、61、63. 砺石 45. 刮削器 46、53. 石刀 55. 石球 57、60、64、68、71、81. 敲砸器 62. 砧石
70. F 型双孔盘状铲形石器 78. 钵 82. 饼形器 Z. 灶址

BⅢ式直腹罐 3 件，皆夹砂红褐陶。F43:29，口部残，直腹，平底，腹饰不规整之字纹，局部
饰草划纹，有镉孔两个，底径 18.1、残高 22.4 厘米（图二四九，2；图版八一，5）；F43:30，口
部残，直腹，平底，腹饰横排人字纹到底，底径 6.6、残高 11.6 厘米（图二四九，7）；F43:33，
口部残，直腹，平底，腹饰交叉划纹，底径 11.7、残高 5.6、壁厚 1 厘米（图二四九，6）。

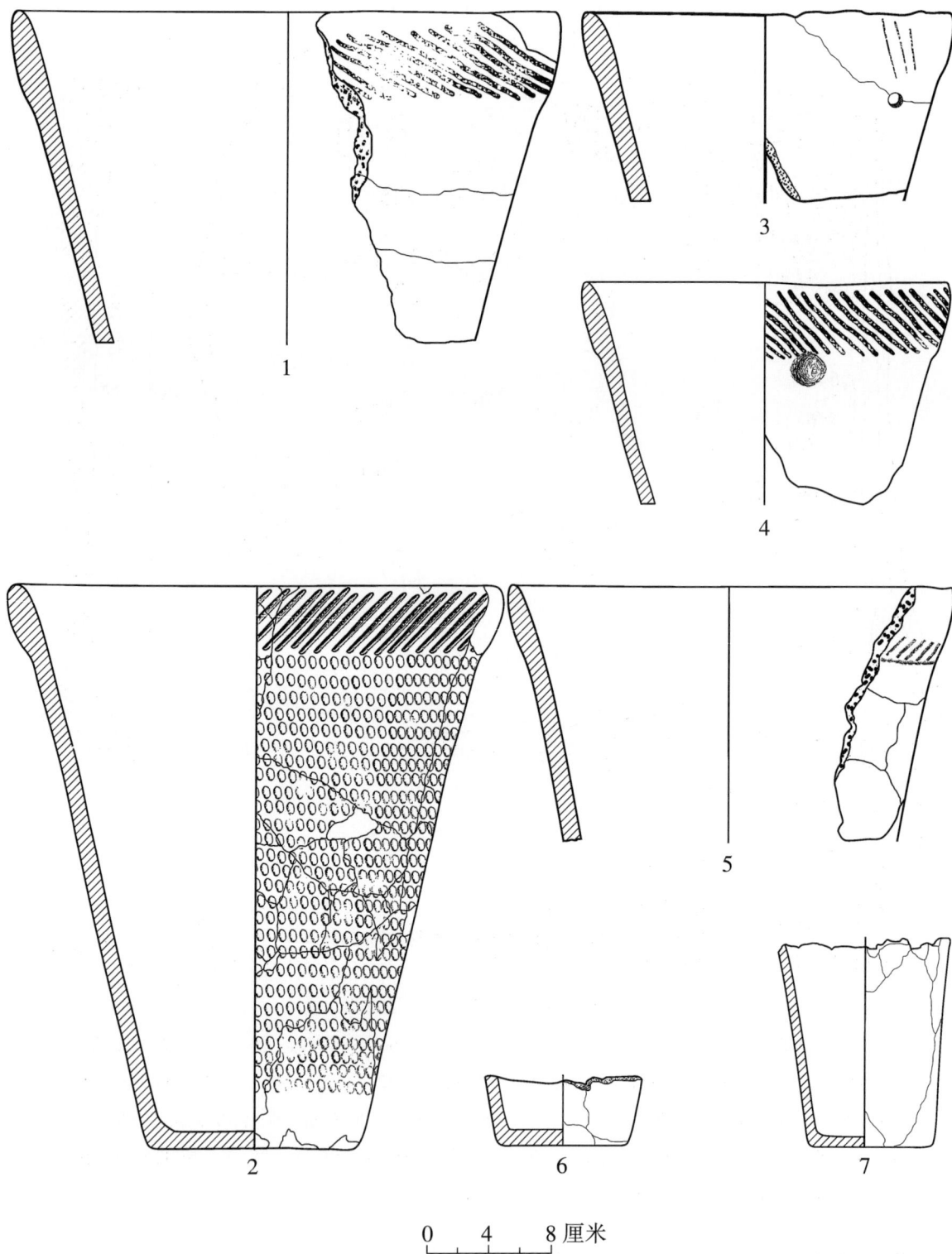

图二四八　F43 陶器（2、5~7. 居住面出土、1、3、4. 堆积层出土）

1~5. AⅡ式斜腹罐（F43①：3、F43：27、F43①：4、F43①：2、F43：75）

6、7. 小斜腹罐（F43：37、F43：31）

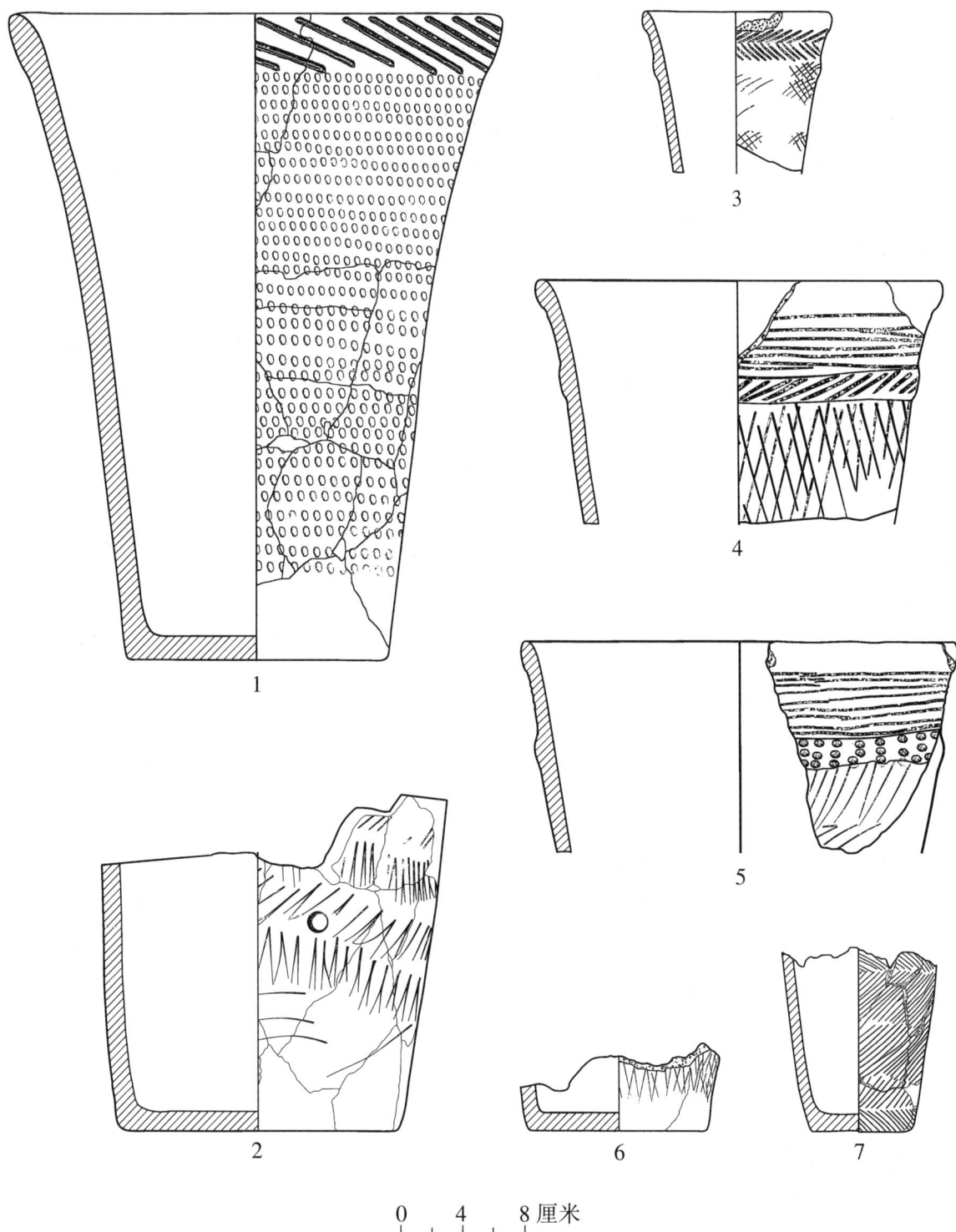

0   4   8 厘米

图二四九 F43 陶器（1、2、6、7. 居住面出 3～5. 土堆积层出土）

1. AⅣ式斜腹罐（F43：28） 2～7. BⅢ式直腹罐（F43：29、F43①：1、F43①：5、F43①：6、F43：33、F43：30）

Ab1 型钵 1 件，F43：78，夹砂红褐陶，敞口，厚圆唇，弧腹，下腹饰收成小平底，素面，口径 13.4、底径 6.2、高 10.4、壁厚 0.6 厘米（图二五〇，2；图版一四九，3）。

Aa1 型杯 1 件，F43：32，夹砂红褐陶，敞口，厚圆唇，直腹，平底，素面，口径 10.9、底径 6.9、高 7.7、壁厚 0.5 厘米（图二五〇，3；图版一五三，3）。

（2）石器 45 件。石斧残块 2 件，C 型石刀 2 件，Ac 型铲形石器 2 件，F 型双孔盘状铲形石器 1 件，铲形石器残片 7 件，Ba 型饼形器 1 件，石球 1 件，C 型磨棒 1 件，A 型磨盘 1 件，砺石 3 件，有窝石器 1 件，敲砸器 6 件，石料 17 件（参见附表 15　查海遗址房址居住面出土石器型式统计一览表）。

石斧残块 2 件，F43：23，石斧残片，红褐色页岩，打制。F43：74，灰色玄武岩，打制，扁圆体，残长 6.0、厚 2.5 厘米（图二五一，1）。

C 型石刀 2 件，皆页岩，打制，近长圆形扁薄体，直背，弧刃。F43：46，灰绿色，长 9.8、刃宽 19、厚 0.7 厘米（图二五一，3）；F43：53，灰色，长 8、宽 4、厚 1 厘米（图二五一，2）。

Ac 型铲形石器 2 件，F43：39，红褐色页岩，打制，扁薄体，柄部较厚。圆顶，直柄，斜肩，长圆身，近直刃，长 12、刃宽 15.5、刃厚 0.5 厘米（图二五一，6；图版一七七，2）；F43：42，浅灰色页岩，打制，体扁平，短直柄，一侧残，弧刃，长 16.5 厘米（图二五一，5）。

F 型双孔盘状铲形石器 1 件，F43：70，深灰色泥质页岩打制，扁平体，近方形，顶部残，琢出长圆双孔，平刃，一面使用磨痕明显，残长 14.5、刃宽 17.5、厚 1.5 厘米（图二五一，7；图版一九一，2）。

铲形石器残片 7 件，F43：24，刃部，浅灰色页岩，薄片体；F43：41，刃部，浅灰色页岩打制，扁平体，弧刃，残长 10、残宽 9.5、厚 1.7 厘米（图二五一，8）；F43：47，刃部，灰绿色页岩，打制，扁平体，长 11.3、宽 9.0 厘米（图二五一，12）；F43：48，刃部，泥质页岩，打制，残长 12、残宽 6、厚 0.3 厘米（图二五一，10）；F43：66，刃部，浅灰色页岩，扁薄体；F43：43，柄部，红褐色页岩，打制，扁平体，残长 12.5 厘米（图二五一，11）；F43：52，残片，红褐色页岩，打制，扁平体，长 12.5、宽 9.3 厘米（图二五一，9）。

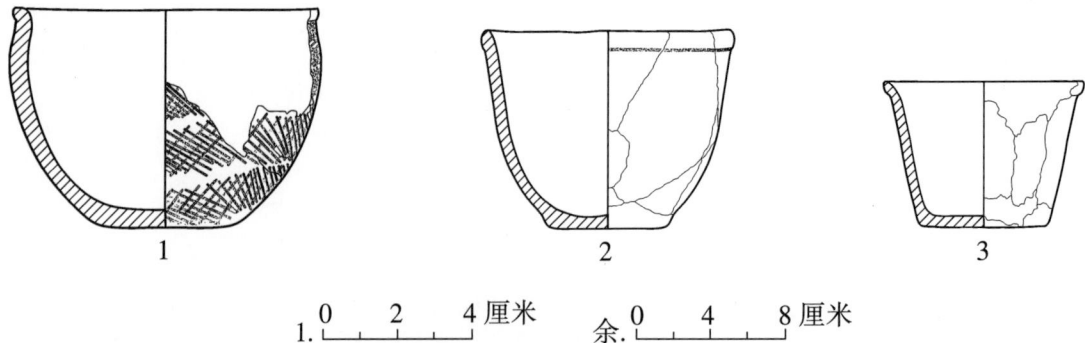

图二五〇　F43 陶器（2、3. 居住面出土　1. 堆积层出土）

1. Ba 型钵（F43①：15）　2. Ab1 型钵（F43：78）　3. Aa1 型杯（F43：32）

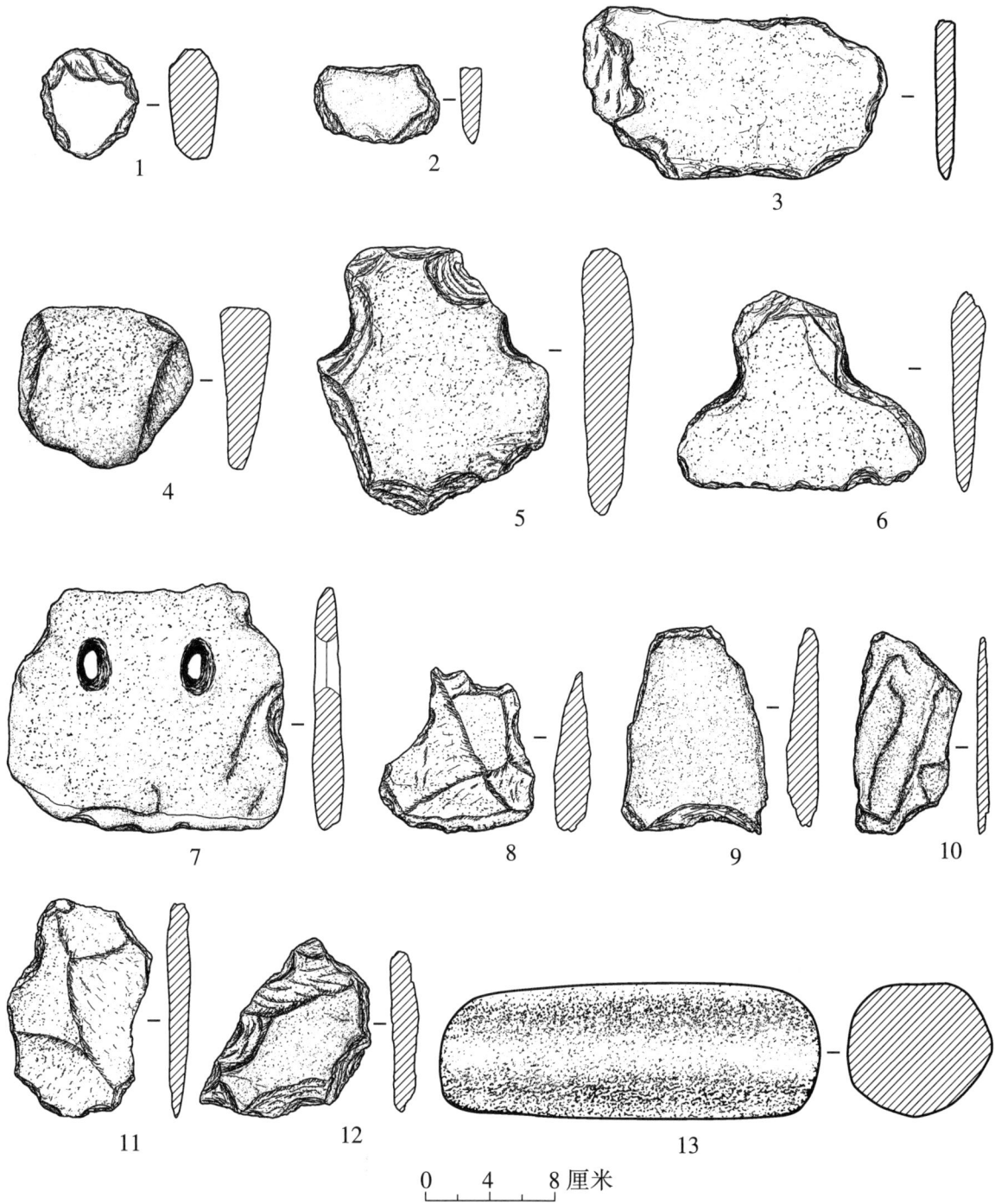

图二五一 F43 石器（1～3、5～13. 居住面出土 4. 堆积层出土）

1. 石斧残块（F43：74） 2～4. C 型石刀（F43：53、F43：46、F43①：12） 5、6. Ac 型
铲形石器（F43：42、F43：39） 7. F 型双孔盘状铲形石器（F43：70） 8～12. 铲形石器残片
（F43：41、F43：52、F43：48、F43：66、F43：47） 13. C 型磨棒（F43：25）

Ba 型饼形器 1 件，F43：82，残片，扁平体，琢制，磨面光滑，残长 7.7、残宽 6 厘米（图二五二，2）。

石球 1 件，F43：55，灰褐色花岗岩打制，近球体，直径 13 厘米（图二五二，6；图版二三九，1）。

C 型磨棒 1 件，F43：25，灰褐色花岗岩，多棱柱体，琢制，长 22.5、直径 8 厘米（图二五一，13；图版二一九，3）。

A 型磨盘 1 件，F43：26，灰褐色花岗岩，琢磨兼制，扁平长方形体，底部平整，磨面下凹，长 40.5、宽 20、厚 4.5 厘米（图二五二，1；图版二〇七，5）。

砺石 3 件，皆花岗岩自然有形石块直接使用。F43：44，灰褐色，近方形，凹磨面，长 12、宽 10、厚 6 厘米（图二五三，2）；F43：61，浅灰色，长方体，磨面光滑，残长 32、宽 19、厚 7 厘米（图二五三，1）；F43：63，棕红色，长方体，磨面光滑，长 26、宽 17、厚 9.5 厘米（图二五二，7）。

有窝石器 1 件，F43：62，灰褐色花岗岩，形体厚重，两面有打琢不规整窝坑，长 18、宽 17、厚 13 厘米。

敲砸器 6 件，皆自然石块直接使用。F43：57，石英岩，椭圆形多棱体，棱角处敲砸痕迹明显，长 9.5、宽 7、厚 5.5 厘米（图二五三，9）；F43：60，棕红色花岗岩，条块状，棱角处有敲砸痕迹，长 9、宽 5、厚 4.8 厘米（图二五三，12）；F43：64，灰色石英岩，近圆形，砸击使用痕迹集中在棱角长，直径 6、厚 4.5 厘米（图二五三，7）；F43：68，棕红色花岗岩，椭圆形多棱体，长 8、宽 6、厚 3.5 厘米（图二五三，10；图版二四九，3）；F43：71，棕红色玄武岩，近圆形，周边棱角处有使用痕迹，直径 6 厘米（图二五三，11）；F43：81，多棱体，棱角处有敲砸痕迹，长 6.5、宽 5.3、厚 3.3 厘米（图二五三，8）。

石料 17 件，F43：34，黄色石英岩；F43：40，浅灰色花岗岩；F43：49，泥质页岩；F43：50，灰绿色页岩；F43：51，浅灰色花岗岩；F43：80，浅灰色页岩；F43：54，灰褐色玄武岩；F43：56，灰褐色花岗岩；F43：58，灰褐色花岗岩；F43：59，棕红色花岗岩；F43：65，棕红色花岗岩，形体方正；F43：67，棕红色花岗岩；F43：69，石英岩；F43：72；棕红色花岗岩；F43：73，棕红色花岗岩；F43：76，棕红色花岗岩；F43：77，灰色页岩；F43：79，浅灰色页岩。

（3）细石器 1 件。刮削器 1 件（参见附表 20　查海遗址各遗迹单位出土细石器统计表）。

刮削器 1 件，F43：45，灰色页岩，楔形薄片状，弧刃，刃部有使用痕迹，长 6、宽 3.5、厚 1 厘米。

（4）玉器 3 件。A 型玉玦 1 件，玉匕 1 件，玉管 1 件。

A 型玉玦 1 件，F43：35，通体磨制光润，呈乳白色，环状圆棱体，棱角显著，斜切断口，对钻孔，外径 3.05、内径 1.75、厚 0.5、切口宽 0.2~0.4 厘米（图二五三，5；图版二七二，4）。

玉匕 1 件，F43：36，通体磨制光润，呈浅绿色，灰白沁，长扁条状，上窄下宽，内凹外弧，两端圆弧，周缘较薄，上端有崩痕，对钻圆孔，其上另有浅钻孔痕迹，下端内侧斜磨，长 7、宽 0.9~1、厚 0.3 厘米（图二五三，4；图版二七六，3）。

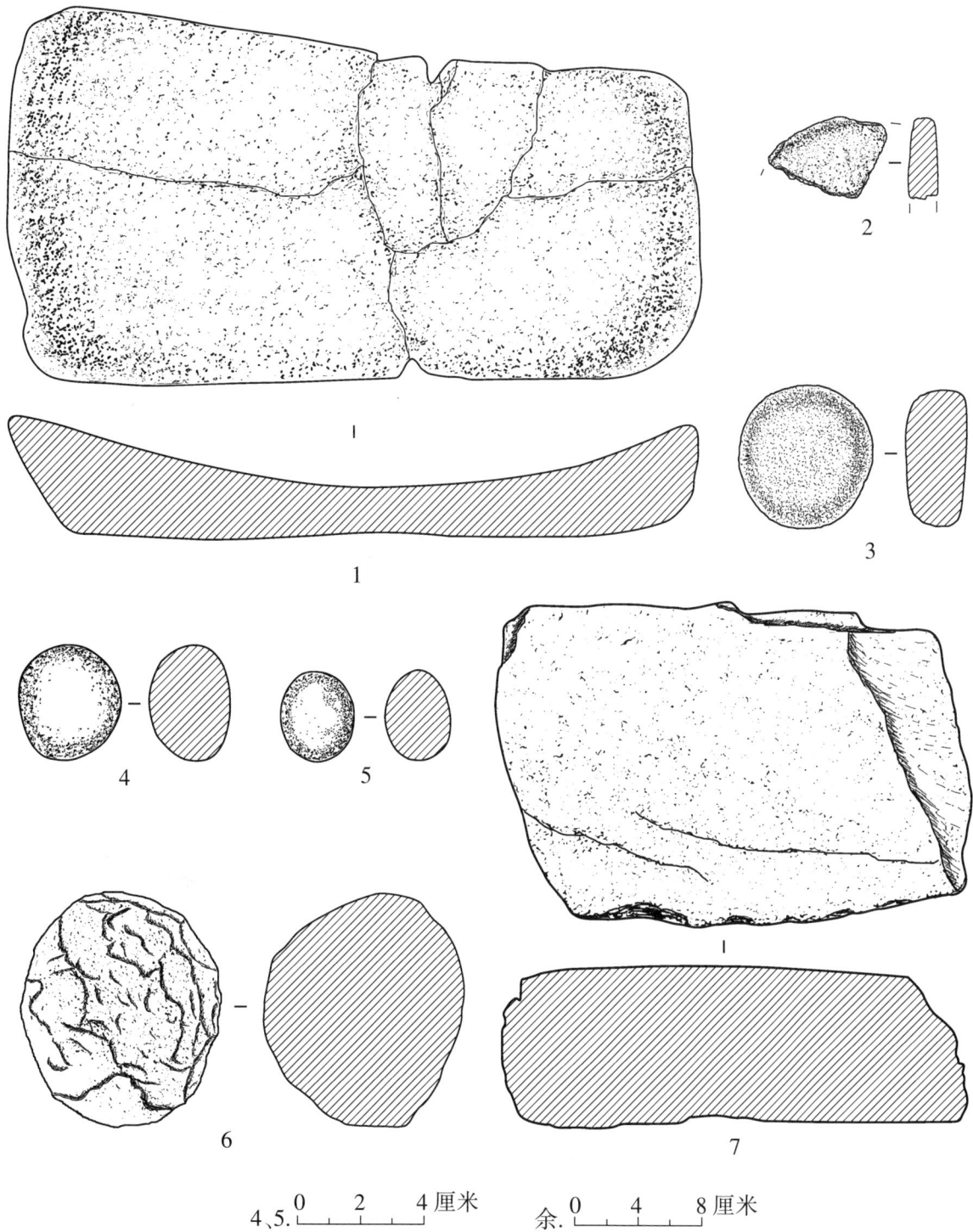

图二五二　F43 石器（1、2、6、7. 居住面出土　3～5. 堆积层出土）

1. A 型磨盘（F43：26）　2、3. Ba 型饼形器（F43：82、F43①：11）　4～6. 石球（F43①：14、F43①：13、F43：55）　7. 砺石（F43：63）

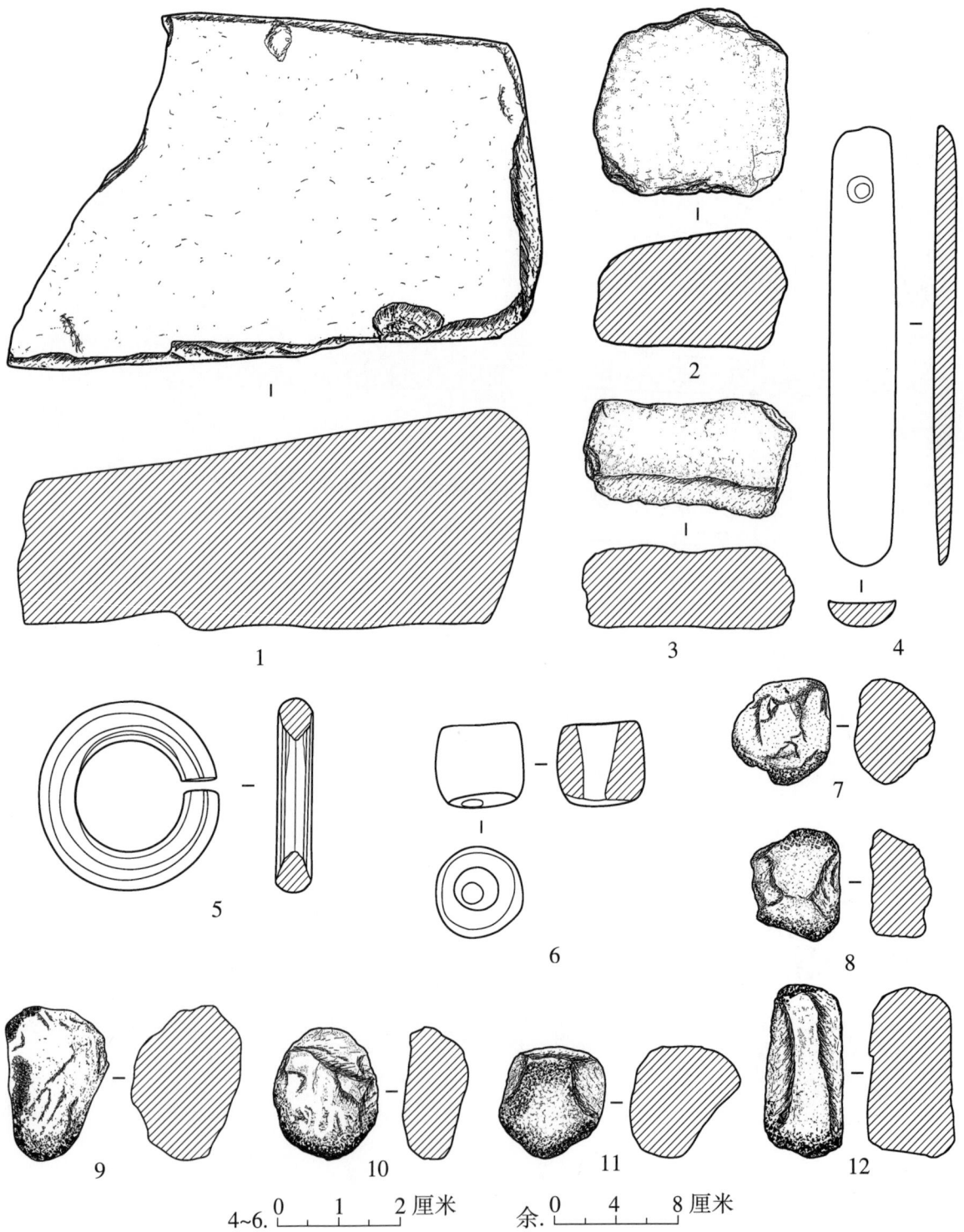

图二五三　F43 石器、玉器（1、2、4～12. 居住面层出土　3. 堆积层出土）

1～3. 砺石（F43：61、F43：44、F43①：10）　4. 玉匕（F43：36）　5. A 型玉玦（F43：35）

6. 玉管（F43：38）　7～12. 敲砸器（F43：64、F43：81、F43：57、F43：68、F43：71、F43：60）

玉管 1 件，F43：38，通体磨制光润，呈乳白色，珠状，不甚规整，两端稍细，中间略粗，端口微平斜，对钻孔，一端钻孔大，一端钻孔较小，且偏离中心，体长 1.2、最粗径 1.3、大孔径 0.7、小孔径 0.5 厘米（图二五三，6；图版二七四，4）。

室内堆积层遗物

（1）陶器 10 件。AⅡ式斜腹罐 3 件，BⅢ式直腹罐 3 件，小直腹罐 1 件，陶片 1 件，A 型陶纺轮 1 件，Ba 型钵 1 件（参见附表 8　查海遗址房址堆积层出土陶器型式统计表）。陶片 92 片（见附表 2　房址出土陶片统计表）。

AⅡ式斜腹罐 3 件，皆夹砂红褐陶，口部残片，尖圆唇，外叠右斜线纹宽带沿。F43①：2，近口贴饰乳钉，口径 24、残高 14.22、厚 0.9 厘米（图二四八，4）；F43①：3，口径 36、残高 21.18、厚 1.1 厘米（图二四八，1）；F43①：4，有一锔孔，口径 24、残高 12.1、厚 1.2 厘米（图二四八，3）。

BⅢ式直腹罐 3 件，皆夹砂红褐陶，口部残片。F43①：1，尖圆唇，颈饰横排人字纹，附加堆纹带饰网格纹，腹饰网格纹，口径 12、残高 10.06、厚 0.6 厘米（图二四九，3）；F43①：5，直口，厚圆唇，颈饰弦纹数周，附加堆纹带饰宽疏、饰左斜线纹，腹饰规整网格纹，残高 14.5、厚 0.9 厘米（图二四九，4）；F43①：6，直口，厚圆唇，颈饰弦纹数周，附加堆纹带饰窝点纹，腹饰左斜线纹，口径 28、残高 13.44、厚 0.8 厘米（图二四九，5）。

小直腹罐 1 件，F43①：7，罐底，夹砂灰褐陶，素面。

陶片 1 件，F43①：8，夹砂红褐陶，附贴有横錾耳。

A 型陶纺轮 1 件，F43①：9，夹砂红褐陶斜线纹制成。

Ba 型钵 1 件，F43①：15，夹细砂红褐陶，敛口，圆唇，鼓腹，腹饰网格纹，口径 8.2、底径 3.8、高 5.75 厘米（图二五○，1；图版一五○，4）。

（2）石器 5 件。C 型石刀 1 件，Ba 型饼形器 1 件，砺石 1 件，石球 2 件（参见附表 16　查海遗址房址堆积层出土石器型式统计一览表）。

C 型石刀 1 件，F43①：12，灰褐色花岗岩，自然有形石块直接使用，平面近方圆形，薄边为刃，长 10.5、宽 9.5、厚 2 厘米（图二五一，4）。

Ba 型饼形器 1 件，F43①：11，灰褐色花岗岩琢制，扁平圆形，一面使用磨面较平，直径 9、厚 4 厘米（图二五二，3；图版二○一，6）。

砺石 1 件，F43①：10，灰褐色花岗岩琢制，长方体，磨面下凹，长 12.5、宽 5、厚 4.5 厘米（图二五三，3）。

石球 2 件，F43①：13，棕红色河光石，直径 2.4 厘米（图二五二，5；图版二三八，5）；F43①：14，白色河光石，直径 3.3 厘米（图二五二，4；图版二三八，6）。

四四　44号房址（F44）

1. 遗迹

F44位于遗址东北部，南北与F45、F47、F48、F2成列；东西与F51、F41成排。其北有一窖穴，编号H33，间距1.7米。方向198°。面积约18.63平方米，是一座小型半地穴房址。平面为

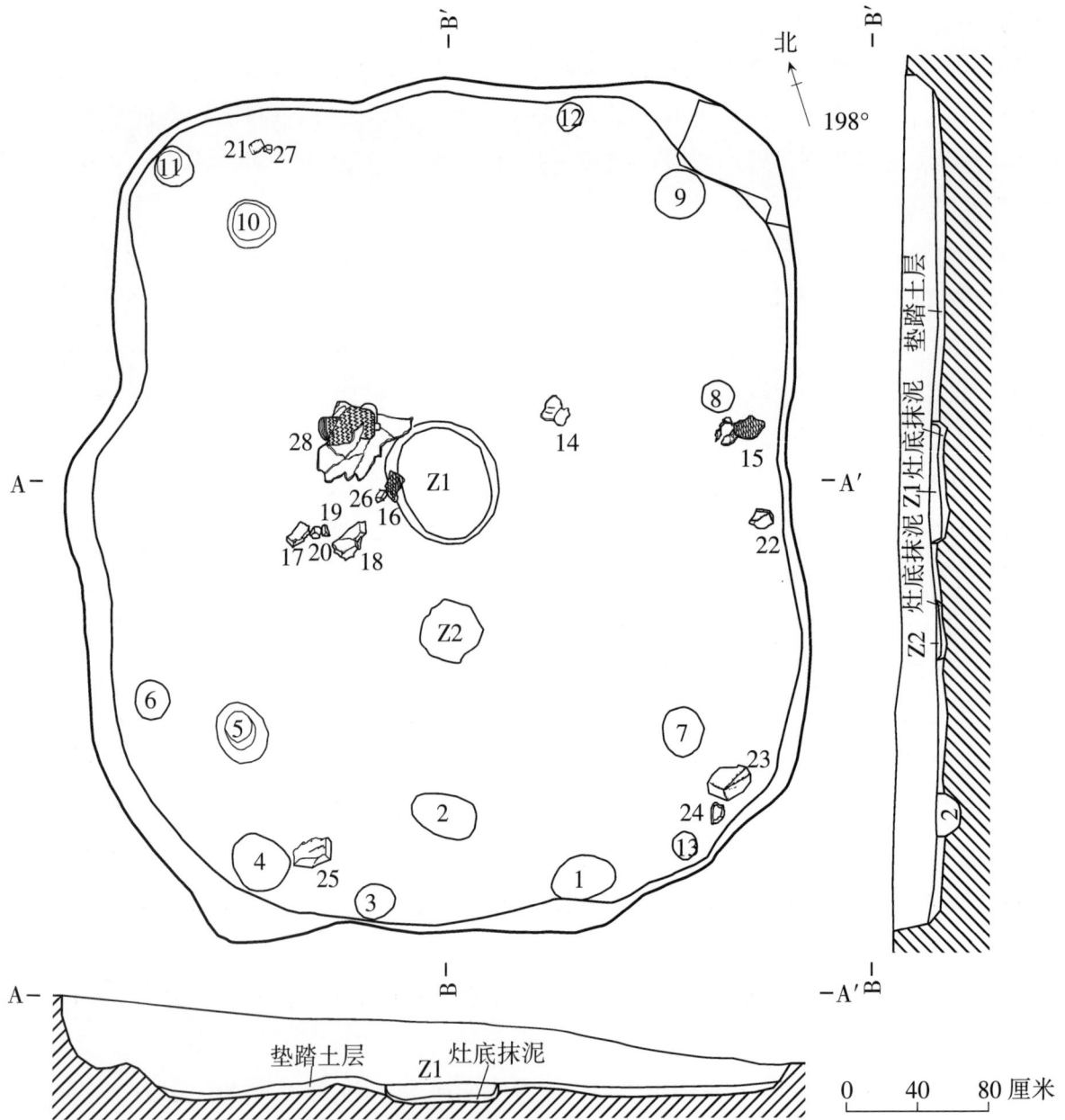

图二五四　F44平、剖面图

1～13. 柱洞　14、15、28. 直腹罐　16. 陶片　17、22、23、25. 砺石　18、24、26. 石料
19. 石球　20. 石凿　21. 石斧　27. 石球

圆角长方形，南北 4.6、东西 4.05 米，中心垂直深度 0.32 米。房址挖凿于黄褐色生土层及基岩层内，穴壁局部不甚规整、略外弧，壁面稍加修整斜平。穴壁高度因地势西北高西南低而不同，其中东、南穴壁高 0.12 米，西、北穴壁高 0.38～0.22 米。室内居住面为坚硬起层的黑灰色垫踏土，较平整，厚约 0.02～0.07 米。室内中部设有大小两个灶，间距 0.3 米。大灶居北，编号为 Z1；小灶居南，编号为 Z2。Z1 为椭圆形浅坑穴式灶，斜壁、平底。灶址口径 0.6～0.7、深 0.06 米，灶内抹泥厚 0.02～0.07 米。Z2 为圆形坑穴式灶，浅圜底，内未见抹泥。灶址口径 0.3、深 0.03 米。两灶经火烧，皆呈暗红色。房穴内共发现 13 个大小不同深浅不一的柱洞。这些柱洞皆凿于基岩内，分布位置为：北部 4 个（西北角 2 个、东北角 2 个）。南部 8 个柱洞，分内、外两排，外排 4 个柱洞（东南角 2 个，西南角 2 个），皆靠近穴壁，内排 4 个柱洞（东南角 1 个，西南角 2 个，中部 1 个），距穴壁 0.3～0.6 米。另外 1 个柱洞位于东壁偏北，距穴壁 0.5 米。遗物较少，大多在灶旁出土（图二五四；图版三八）。在此房内采集到了一些木炭（图版二八六，3）。

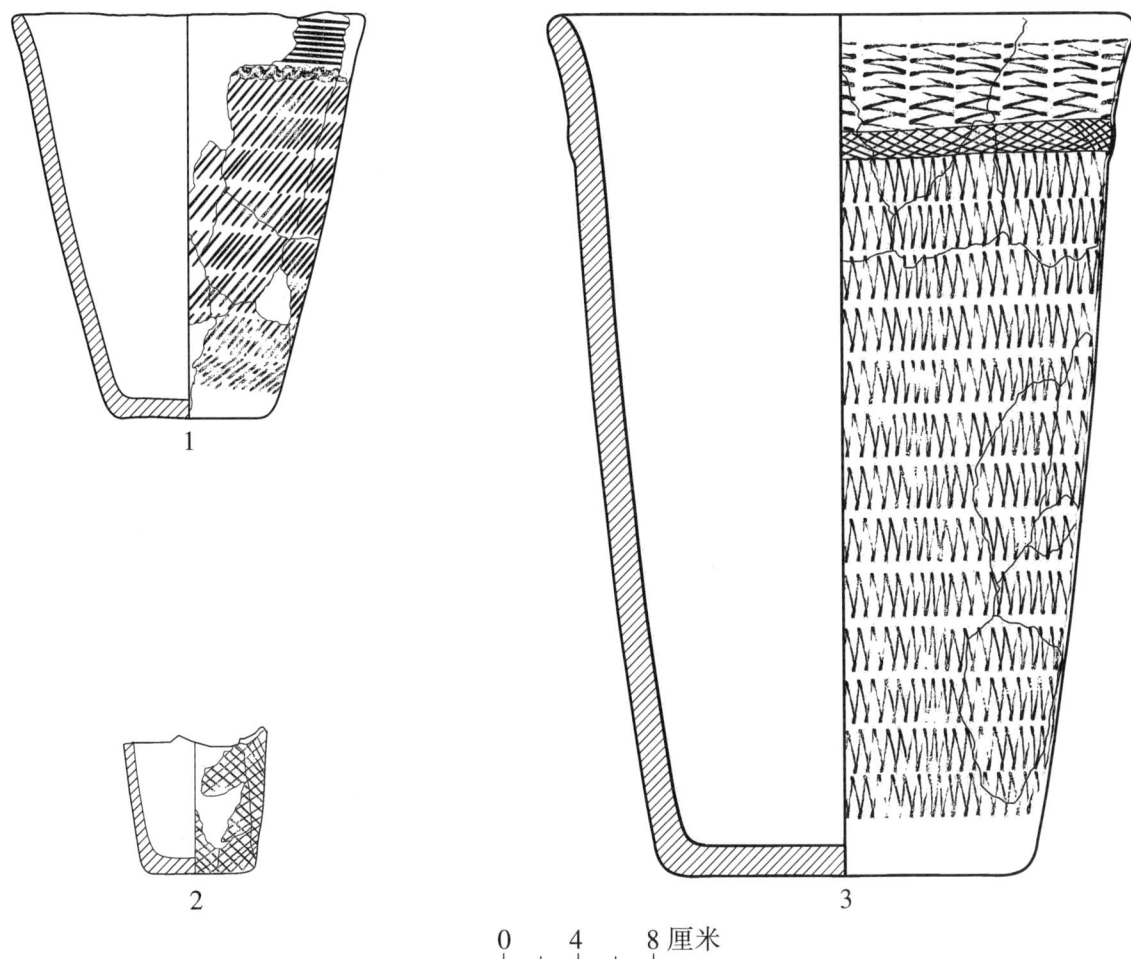

图二五五　F44 陶器

1. BⅢ式直腹罐（F44：14）　　2. 小直腹罐（F44：15）　　3. BⅣ式直腹罐（F44：28）

2. 遗物

（1）陶器4件。小直腹罐1件，BⅢ式直腹罐1件，BⅣ式直腹罐1件，直腹罐腹部残片1件（参见附表7　查海遗址房址活动面出土陶器型式统计表）。陶片31片（见附表2　房址出土陶片统计表）。

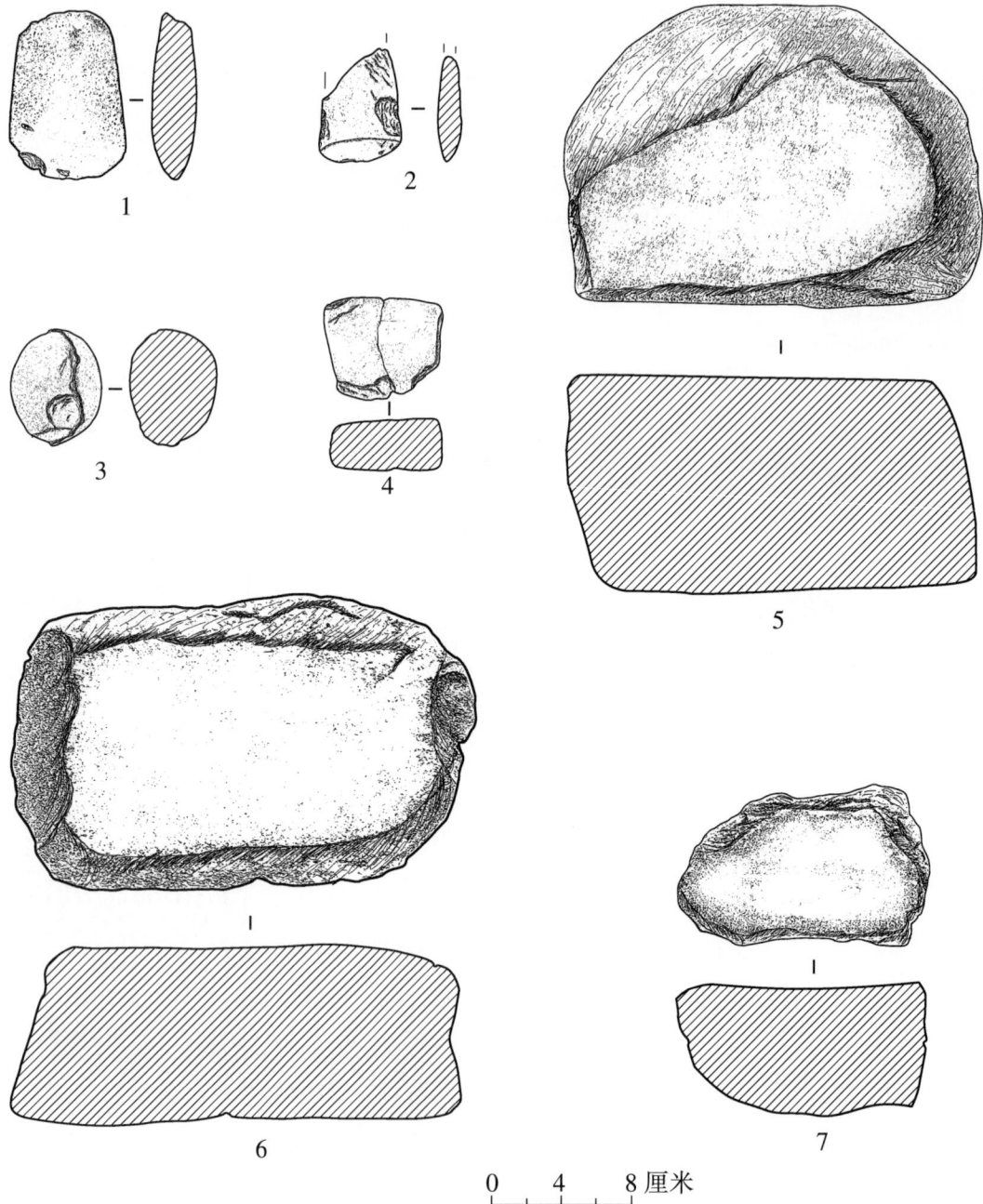

0　　4　　8 厘米

图二五六　F44 石器

1. A 型石斧（F44∶21）　　2. B 型石凿（F44∶20）　　3. 石球（F44∶19）

4～7. 砺石（F44∶17、F44∶23、F44∶25、F44∶22）

小直腹罐 1 件，F44：15，夹砂红褐陶，上部残，直腹，凹平底，腹饰草划网格纹，底径 6、残高 7.8 厘米（图二五五，2；图版一三四，4）。

B Ⅲ 式直腹罐 1 件，F44：14，夹砂红褐陶，口部残片，斜直腹，微凹底，颈饰弦纹数周，指压附加堆纹带，腹饰左斜线纹 8 周，底径 8.7、残高 21.4 厘米（图二五五，1；图版八一，2）。

B Ⅳ 式直腹罐 1 件，F44：28，夹砂灰褐陶，敞口，厚圆唇，直腹，平底，颈饰横压竖排之字纹，附加堆纹带饰网格纹，腹饰竖压横排之字纹，口径 32、底径 20、高 45.4 厘米（图二五五，3；图版九七，1）。

直腹罐腹部残片 1 件，F44：16，夹砂红褐陶，腹饰交叉划纹。

（2）石器 11 件。A 型石斧 1 件，B 型石凿 1 件，石球 1 件，砺石 4 件，石料 4 件（参见附表 15　查海遗址房址居住面出土石器型式统计一览表）。

A 型石斧 1 件，F44：21，稍残，深灰色大理石，形体扁平，通体磨制，弧顶，弧刃，正锋，侧棱圆滑，刃部有崩疤，残长 9.36、刃宽 6.13、厚 2.5 厘米（图二五六，1；图版一六五，3）。

B 型石凿 1 件，F44：20，残，灰色页岩，磨制，刃部有崩痕，刃宽 5、残长 6.5 厘米（图二五六，2；图版一九七，4）。

石球 1 件，F44：19，褐色玄武岩，直径 5.5 厘米（图二五六，3；图版二三九，2）。

砺石 4 件，皆自然石块。F44：17，浅黄色花岗岩，扁平块状，琢制，两面磨面光滑，长 7.1、厚 2.5 厘米（图二五六，4）；F44：22，黄褐色花岗岩，形状不规则，三个磨面，长 15.08、宽 8.55、厚 9.8 厘米（图二五六，7）；F44：23，黄褐色花岗岩，三个磨面，长 22.68、宽 22.5、厚 15.7 厘米（图二五六，5）；F44：25，灰色麻岩，长方体，单凹磨面，长 24.07、宽 14.44、厚 7.4 厘米（图二五六，6）。

石料 4 件，皆棕红色花岗岩。编号 F44：18，F44：24，F44：26，F44：27。

四五　45 号房址（F45）

1. 遗迹

F45 位于遗址东北部，与 F47、F48、F2、F44 南北成列；与 F40、F46、F53 东西成排。方向 210°。面积约 46.2 平方米，是一座南壁半圆状外凸式中型半地穴房址。平面为圆角方形，南北 7.0、东西 6.6 米，中心垂直深度 0.4 米。房址挖凿于基岩层内，穴壁不甚规整，局部凹凸，壁面稍加修整斜平。南壁中部偏东穴壁局部外凸，呈半圆状，有 1 个柱洞。外凸部分东西长 1.8、外突 0.9 米，深度与室内活动面平齐，推测这里是房址的出入部位。室内居住面为坚硬起层的黑灰色垫踏土，中部略低，较平整，厚约 0.03～0.06 米。室内中部有一个圆形浅坑穴式灶址，斜壁、平底，坑面呈灰色。灶址口径 0.9～0.94、底径 0.56～0.74、深 0.08 米。灶内北部出土 1 件残碎陶罐。室内西南部有两个窖穴，编号分别为 J1、J2。J1 平面呈椭圆形，口大于底，斜壁，平底。口部直径 1.16～1.20、底径 0.68～0.72、深 0.92 米。J2 平面呈近方形，斜壁，圜底。口部长 1.06、宽

0.94，底部长 0.64、宽 0.57、深 0.87 米。两窖穴内填土为松软灰沙土，均未见遗物。房穴内共发现 17 个大小不同深浅不一的柱洞，分内、外两圈布置。外圈 10 个柱洞皆靠近壁穴；内圈 7 个柱洞，距穴壁 0.8 ~ 1.6 米。遗物有石器、陶器、残碎兽牙、兽骨及木炭等。主要位于西南角及西北角。这座房址的陶器以夹砂红褐陶压印之字纹陶罐为主，夹砂灰褐陶几何纹陶罐次之（图二五七；图版三九）。

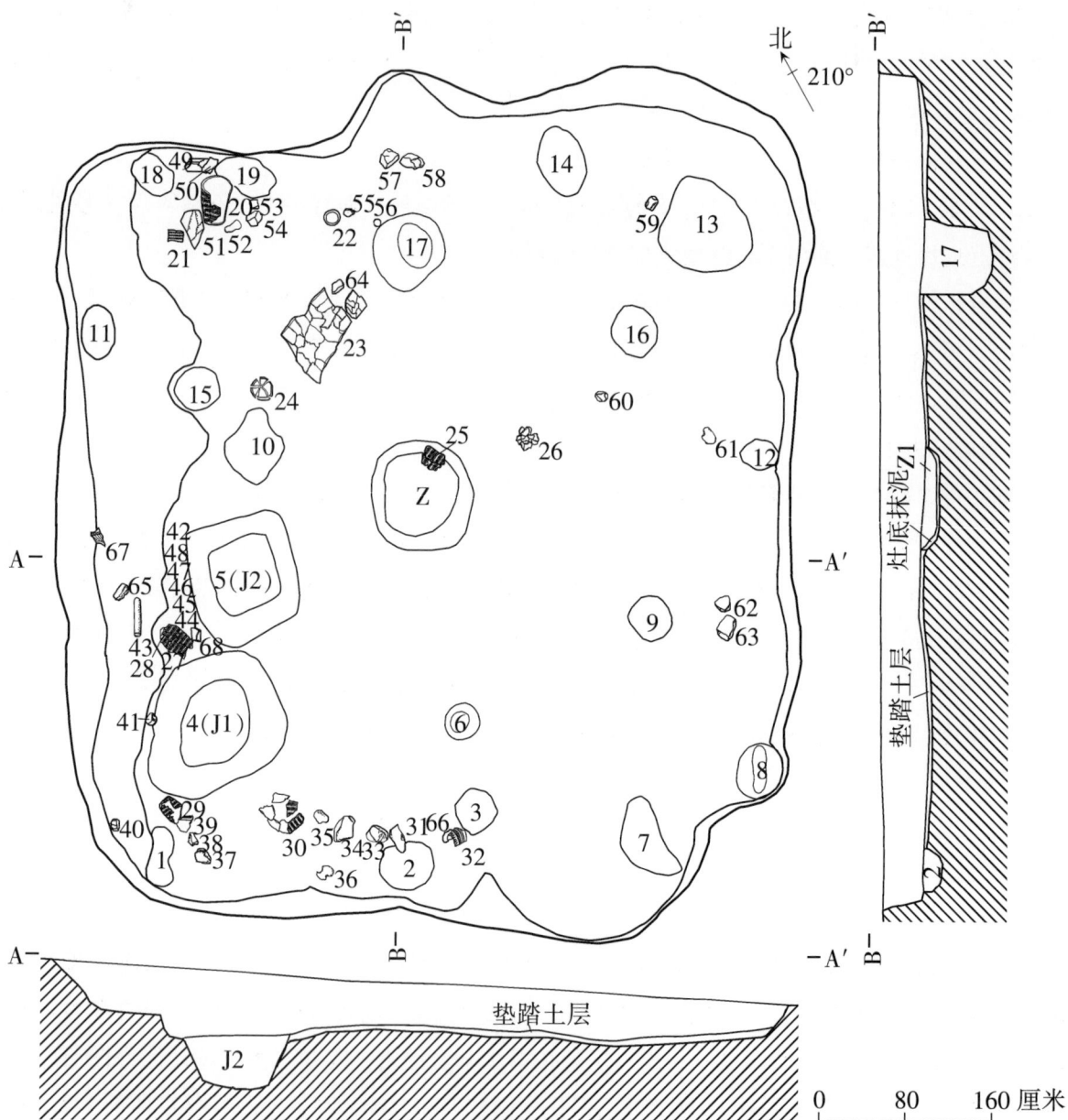

图二五七　F45 平、剖面图

1 ~ 3、6 ~ 19. 柱洞　4、5. 窖穴　20、21、23、24、26、27、30. 直腹罐　22. 直腹罐罐底　25、28. 杯　29、67. 陶片　31 ~ 33、63. 磨盘　34、39、45、55、57 ~ 59、65、66. 砺石　35、36、52、61. 铲形石器　37、38、41、42、47 ~ 51、60. 石料　40、44、46、54、62、64. 敲砸器　43. 磨棒　53. 研磨器　56. 饼形器　Z. 灶址

2. 遗物

室内居住面遗物

（1）陶器10件。BⅢ式直腹罐1件，BⅣ式直腹罐3件，BⅤ式直腹罐2件，BⅥ式直腹罐1件，直腹罐罐底1件，小鼓腹罐1件，Cb型杯1件（参见附表7　查海遗址房址活动面出土陶器型式统计表）。

BⅢ式直腹罐1件，F45：26，夹砂红褐陶，底部，饰草划纹，底径15、残高13.2、壁厚1厘米（图二五八，2）。

BⅣ式直腹罐3件，皆夹砂灰褐陶，敞口，厚圆唇，直腹。F45：20，平底，颈饰弦纹数周、附压平行双左斜线纹数组，附加堆纹带饰竖压横排之字纹，有锔孔一个，腹饰竖压横排之字纹，口径21.4、底径13、高29.8厘米（图二五九，5；图版九七，4）；F45：21，口部残片，颈饰弦纹数周、附压左斜线纹，附加堆纹带饰Ba2型F形几何纹，腹饰竖压横排之字纹，口径36、残高12.8、壁厚1.2厘米（图二五九，3）；F45：24，平底，颈饰横压竖排之字纹，附加堆纹带饰窝点纹，腹饰竖压横排之字纹不到底，口径20、底径13.2、高29.4厘米（图二五九，4；图版九七，3）。

BⅤ式直腹罐2件，皆夹砂灰褐陶，小喇叭口，厚圆唇，直腹，平底。F45：23，颈饰Db型锯齿形几何纹，附加堆纹带饰Da2型锯齿形几何纹，腹饰竖压横排之字纹16周，口径33.2、底径19.5、高47.2厘米（图二五八，1；图版一二一，1）；F45：30，颈饰弦纹数周，附加堆纹带饰Ea型波曲形几何纹，腹饰竖压横排之字纹不到底，口径32.4、底径17.5、高45.7厘米（图二五八，5；图版一二〇，3）。

BⅥ式直腹罐1件，F45：27，夹砂灰褐陶，大喇叭形口，厚圆唇，直腹，平底，颈饰横压竖排之字纹，腹饰竖压横排之字纹14周，口径23.9、底径14.6、高35.5厘米（图二五九，6；图版一二九，4）。

直腹罐罐底1件，F45：22，夹砂灰褐陶，直腹，平底，腹饰竖压横排之字纹，底径13.4、残高9.7厘米（图二五九，9）。

小鼓腹罐1件，F45：28，夹砂灰褐陶，直口，圆唇，束颈，显肩，鼓腹，平底，腹饰横压竖排微弧之字纹，口径10.3、底径8、高11.15厘米（图二五八，3；图版一四八，3）。

Cb型杯1件，F45：25，夹砂灰褐陶，敞口，圆唇，直腹，平底，素面，口径12.3、底径7.4、高12.2厘米（图二五八，4；图版一五六，6）。

（2）石器37件。Ba型铲形石器1件，Ca型铲形石器1件，铲形石器刃部残片3件，C型研磨器1件，Ba型饼形器1件，Aa型磨棒1件，A型磨盘4件，砺石9件，敲砸器6件，石料10件（参见附表15　查海遗址房址居住面出土石器型式统计一览表）。

Ba型铲形石器1件，F45：52，稍残，浅灰色石灰岩，打制，扁体，窄顶宽刃，略显束腰，弧刃，正锋，顶部亦使用磨痕，长12.87、顶宽5.32、刃宽9.23、厚1.8厘米（图二六〇，2）。

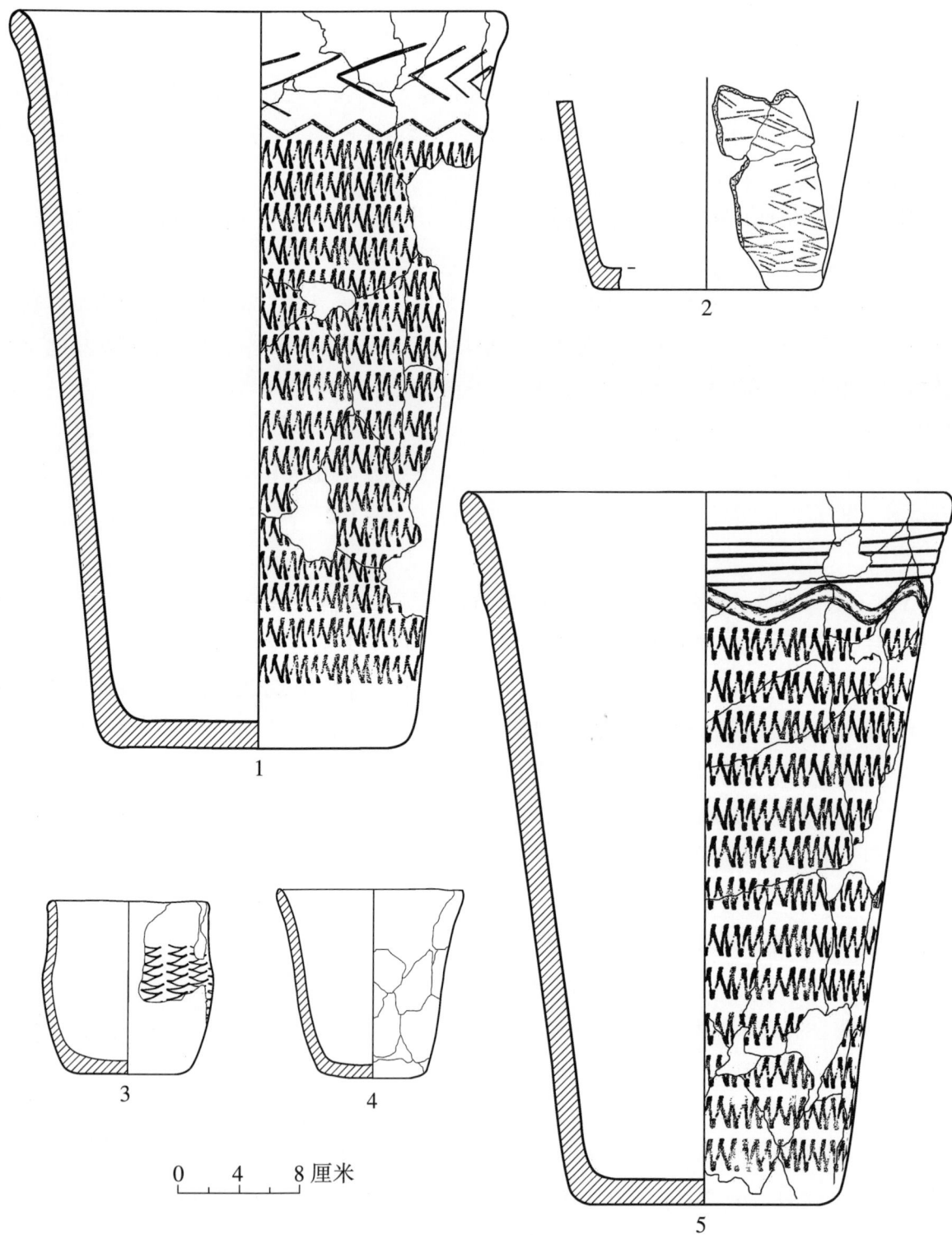

图二五八　F45 陶器（居住面出土）

1、5. BⅤ式直腹罐（F45：23、F45：30）　　2. BⅢ式直腹罐（F45：26）　　3. 小鼓腹罐（F45：28）

4. Cb 型杯（F45：25）

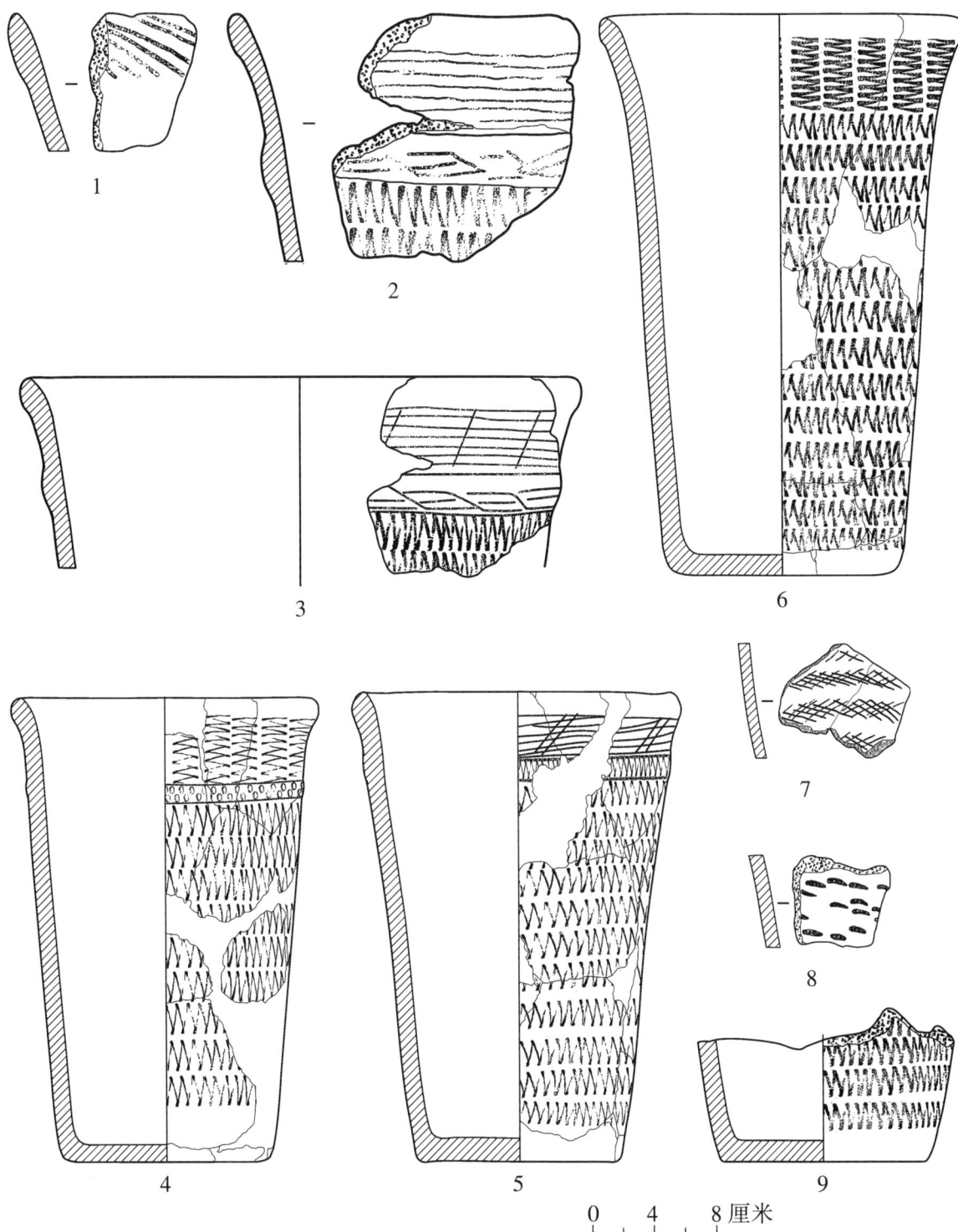

图二五九 F45 陶器（1、2、7、8. 堆积层出土 3～6、9. 居住面出土）

1. AⅡ式斜腹罐（F45①：1） 2. BⅢ式直腹罐（F45①：4） 3～5. BⅣ式直腹罐（F45：21、

F45：24、F45：20） 6. BⅥ式直腹罐（F45：27） 7、8. 腹部残片（F45①：3、F45①：5）

9. 直腹罐罐底（F45：22）

Ca 型铲形石器 1 件，F45：36，深灰色页岩，打制，扁体，弧顶，束腰，弧刃，正锋，长 15.11、刃宽 9.95、厚 1.0 厘米（图二六〇，3；图版一八一，2）。

铲形石器刃部残片 3 件，皆打制，扁体，弧刃。F45：35，深灰色页岩，残长 10.67、刃宽 12.89、厚 1.1 厘米（图二六〇，6）；F45：61，深灰色页岩，残长 8.35、刃部残宽 10.31、厚 0.7 厘米（图二六〇，4）；F45：68，浅灰色石灰岩，残长 7.6、刃宽 10.76、厚 1.3 厘米（图二六〇，5）。

C 型研磨器 1 件，F45：53，灰色石灰岩，形体扁平，圆角方形，有三个磨面，长 9.93、宽 9.31、厚 5.6 厘米（图二六〇，7；图版二三〇，3）。

Ba 型饼形器 1 件，F45：56，黄褐色，花岗岩，琢制而成，直径 7.7、厚 2.6 厘米（图二六〇，9；图版二〇〇，1）。

Aa 型磨棒 1 件，F45：43，浅黄色花岗岩，琢制，圆柱体，直径 4.5、残长 8.5 厘米（图二六〇，8）。

A 型磨盘 4 件，皆残块，花岗岩，琢制。F45：31，黄白色，凹磨面，残长 10.62、残宽 9.4、厚 5.6 厘米（图二六〇，12）；F45：32，黄褐色，单磨面，残长 10.8、残宽 10.3、厚 5.2 厘米（图二六〇，10）；F45：33，棕红色，磨面使用痕迹明显，残长 10、宽 9、厚 6 厘米（图二六〇，13）；F45：63，黄色，扁体，残长 11.23、残宽 10.97、厚 2.8 厘米（图二六〇，11）。

砺石 9 件。F45：34，褐色长石，形体扁平，形状不规则，侧面多棱角，有一个磨面，长 29.34、宽 16.43、厚 4.7 厘米（图二六一，3）；F45：39，黄色花岗岩，扁体，长方形，双磨面，长 24.56、宽 18.17、厚 8.6 厘米（图二六二，1）；F45：45，褐色长石，形体扁平，侧面多棱角，双磨面，一个为凹磨面，长 9.7、宽 6.92、厚 3.6 厘米（图二六〇，14）；F45：55，残块，黄色花岗岩，琢制，单磨面，残长 6.93、残宽 6.62、厚 5.0 厘米（图二六一，5）；F45：57，残块，棕红色花岗岩，自然石块，形状不规则，单磨面，残长 30.38、厚 5.6~7.6 厘米（图二六一，6）；F45：58，残块，棕红色花岗岩，形状不规则，有四个磨面，长 30.54、宽 17.13、厚 12.6 厘米（图二六一，2）；F45：59，残块，棕红色玄武岩，形状不规则，双磨面，磨面中部有一打制窝坑，长 11.28、宽 9.8 厘米（图二六〇，15）；F45：65，棕红色花岗岩，长方体，单磨面，长 17.59、宽 13.0、厚 7.8 厘米（图二六一，1）；F45：66，浅灰色石灰岩，扁体，双磨面，一个为凹磨面，残长 7.93、残宽 6.1、厚 1.3 厘米（图二六一，4）。

敲砸器 6 件，皆自然石块直接使用。F45：40，浅灰色石英岩，多棱角，有多个敲击点，长 9.7、宽 9.7、厚 7.6 厘米（图二六二，5）；F45：44，灰色石英岩，多棱角，有多个敲击点，长 9.26、宽 7.48、厚 6.0 厘米（图二六二，4）；F45：46，白色石英岩，多棱角，有多个敲击点，长 6.77、宽 5.98、厚 5.2 厘米（图二六二，2）；F45：54，褐色花港岩，形状不规则，有两处敲击点，长 18.5、宽 14、厚 9.8 厘米（图二六二，6）；F45：62，褐色长石，圆角长方形，有多处敲击点，长 16.32、宽 12.04、厚 9.0 厘米（图二六二，7）；F45：64，灰色石英岩，多棱角，有多个敲击点，长 9.88、宽 9.8、厚 6.8 厘米（图二六二，3）。

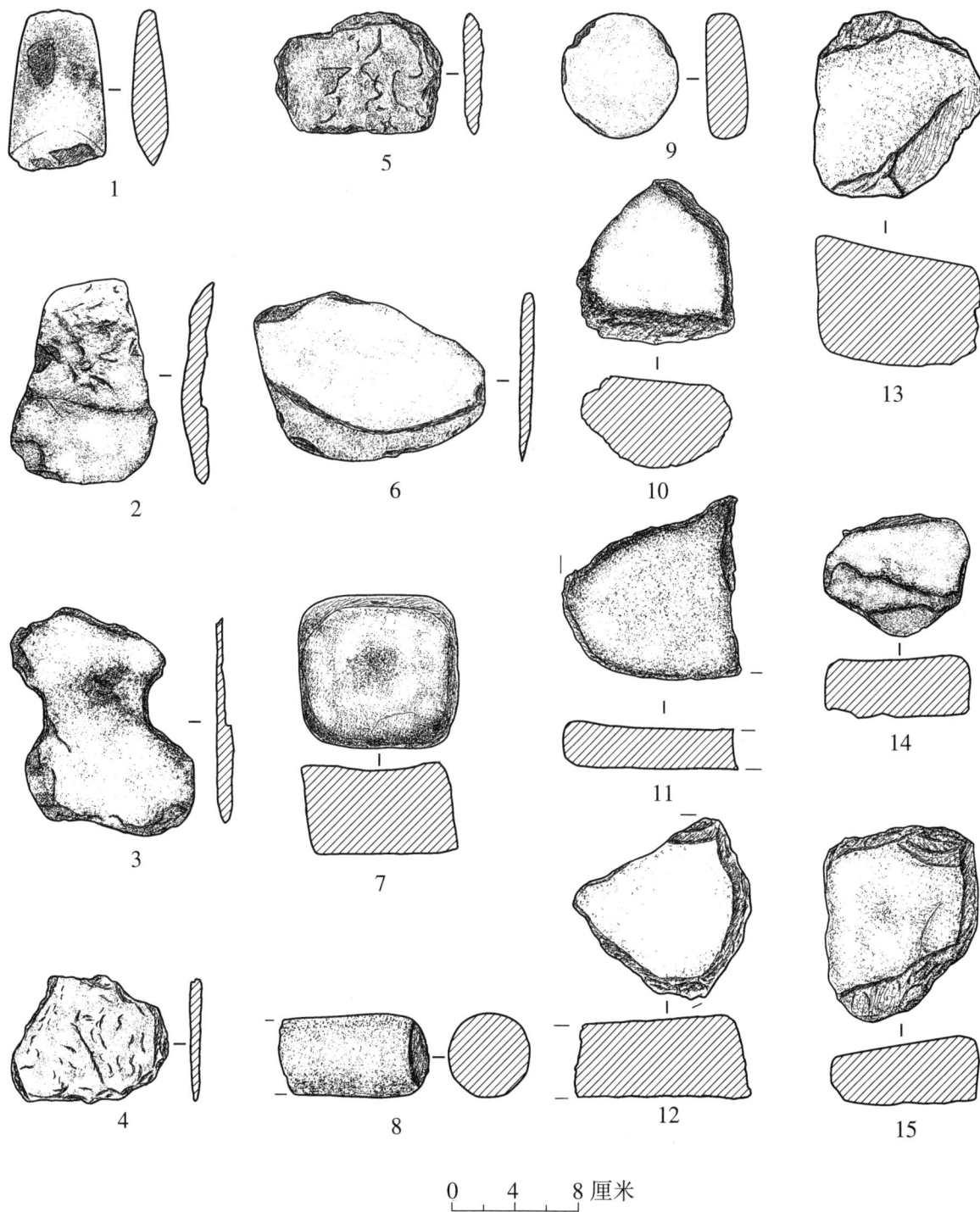

图二六〇　F45 石器（1. 堆积层出土　2~15. 居住面出土）

1. A 型石斧（F45①：7）　2. Ba 型铲形石器（F45：52）　3. Ca 型铲形石器（F45：36）

4~6. 铲形石器刃部残片（F45：61、F45：68、F45：35）　7. C 型研磨器（F45：53）

8. Aa 型磨棒（F45：43）　9. Ba 型饼形器（F45：56）　10~13. A 型磨盘（F45：32、

F45：63、F45：31、F45：33）　14、15. 砺石（F45：45、F45：59）

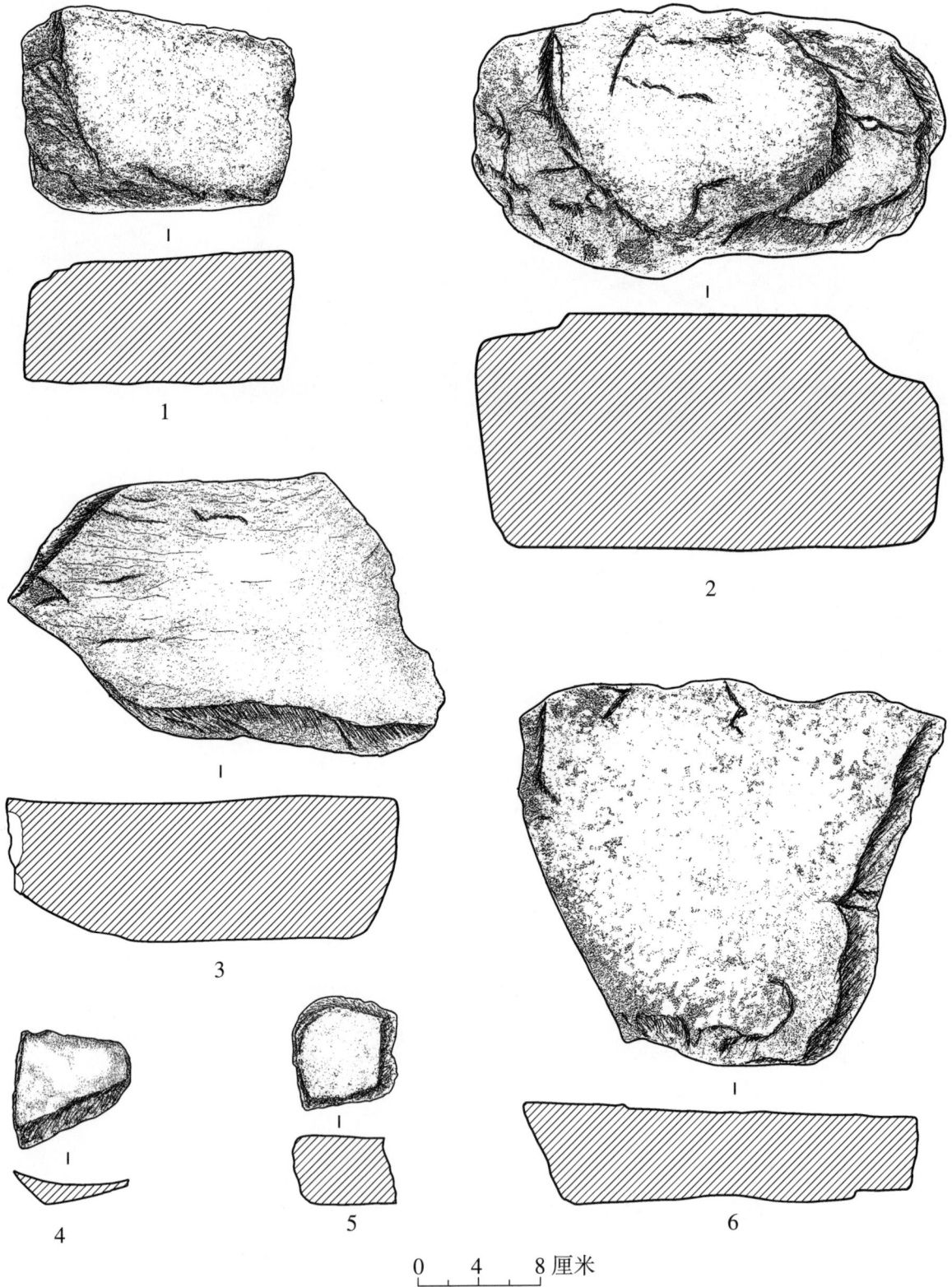

图二六一　F45 石器（居住面出土）

1～6. 砺石（F45：65、F45：58、F45：34、F45：66、F45：55、F45：57）

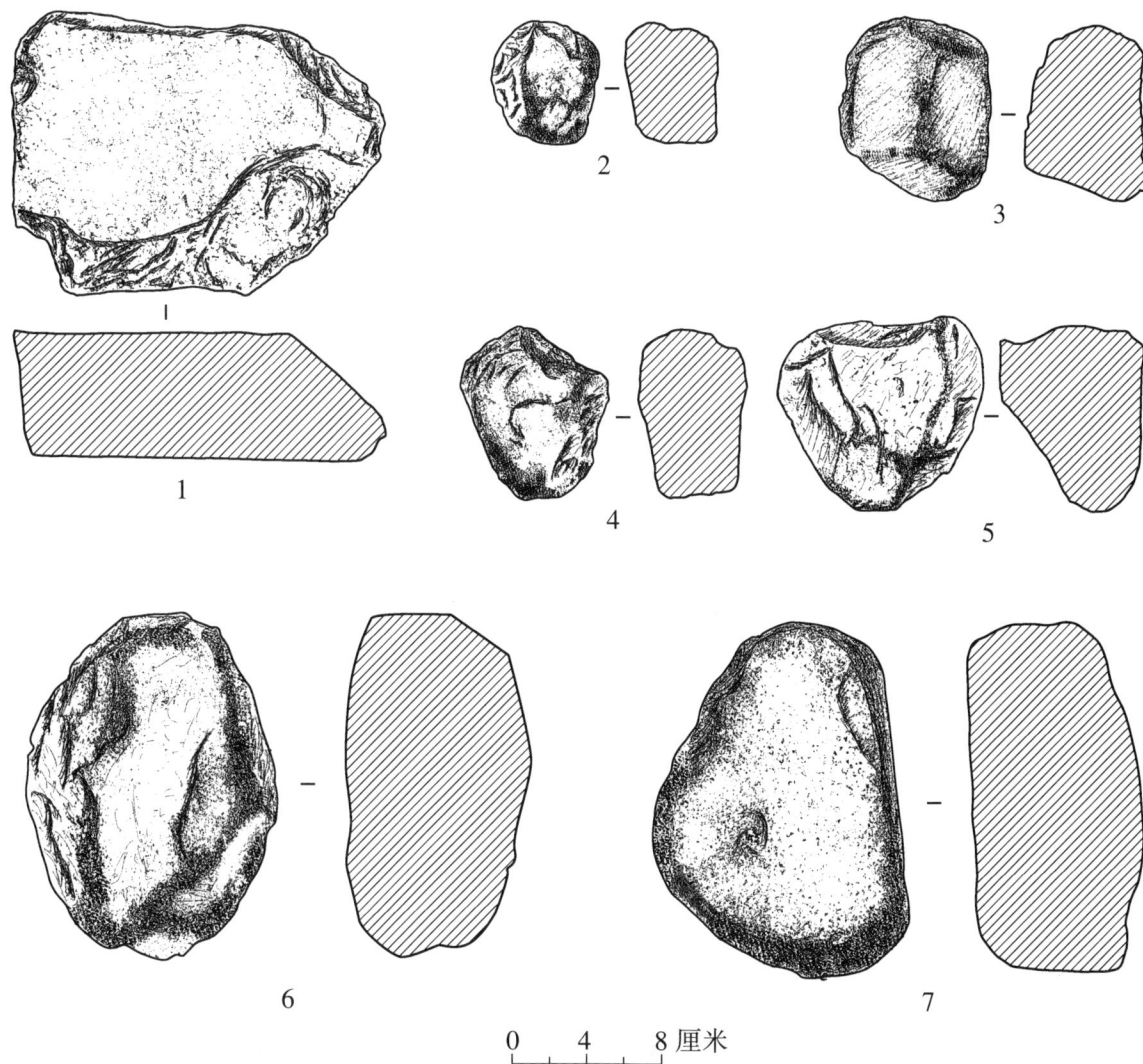

图二六二　F45 石器（居住面出土）

1. 砺石（F45：39）　　2～7. 敲砸器（F45：46、F45：64、F45：44、F45：40、F45：54、F45：62）

石料 10 件。灰色石英岩 1 件，编号 F45：48；浅黄色花岗岩 1 件，编号 F45：51；棕红色花岗岩 7 件，编号 F45：37、F45：38、F45：41、F45：42、F45：47、F45：49、F45：50。黄色石英岩 1 件，编号 F45：60。

室内堆积层遗物

（1）陶器 5 件。AⅡ式斜腹罐 1 件，BⅢ式直腹罐 1 件，腹部残片 3 件（参见附表 8　查海遗址房址堆积层出土陶器型式统计表）。陶片 68 片（见附表 2　房址出土陶片统计表）。

AⅡ式斜腹罐 1 件，F45①：1，夹砂红褐陶，口部残片，尖圆唇，外叠宽带沿饰右斜线纹，残高 8.74、厚 1.2 厘米（图二五九，1）。

BⅢ式直腹罐 1 件，F45①：4，夹砂灰褐陶，口部残片，圆唇，颈饰弦纹数周，附加堆纹带圆凸、饰 Ba2 型 F 形几何纹，腹饰竖压横排之字纹，口径 38、残长 15.64、厚 1.1 厘米（图二五九，2）。

腹部残片3件，皆夹砂红褐陶。F45①：3，饰网格纹，残长7.26、厚0.7厘米（图二五九，7）；F45①：2，附贴横錾耳；F45①：5，饰窝点纹，残长5.82、厚1厘米（图二五九，8）。

（2）石器2件。B型石斧1件，敲砸器1件（参见附表16　查海遗址房址堆积层出土石器型式统计一览表）。

B型石斧1件，F45①：7，稍残，深灰色页岩，形体扁平，通体磨制，弧顶，弧刃，正锋，侧棱圆滑，刃部有崩疤，长9.85、刃宽6.1、厚5.0厘米（图二六〇，1；图版一六五，4）。

敲砸器1件，F45①：6，浅粉色石英岩，自然石块，多棱角，有多个敲击点，长10.38、宽7.87、厚5.8厘米。

四六　46号房址（F46）

1. 遗迹

F46位于遗址东北部，龙形堆石东北侧，南与F43、F20、F1、F10成列；西与F40，东与F45、F53成排。方向225°。面积约157.32平方米，是遗址中最大的房址，属特大型南壁中部半圆状外凸半地穴式，平面呈圆角长方形，南北13.8、东西11.4米，垂直深度0.8米。房址挖凿于黄色生土层及基岩层内，穴壁上缘较平直，底部局部有些弧曲，壁面稍加修整，较平直。南壁外凸部分东西长2.8、外凸0.9米。从其位置推测，此处可能为房址出入口。居住面较平整，为黑色垫踏土，土质坚硬，厚约0.05～0.2米。灶位于室内中心，圆形坑式灶，灶口与居住面一平，斜壁平底，壁内抹泥厚0.02～0.04米，经火烧后，灶内为暗红色。灶口直径为1.38～1.4米，灶底直径1.32～1.34米，灶深0.18米。在灶内发现有两块经火烧后表面呈暗红色的石块。灶外西北部有两大片红烧土。整个房址内共有32个大小深浅不一的柱洞，形状有圆形、椭圆形，皆凿于基岩内，分内、外两圈布置。外圈靠近壁穴；内圈围绕灶址。值得注意的是南壁外凸部分近穴壁有2个柱洞，可能为梯柱。室内遗物有石器、玉器、陶器、残碎猪的颌骨臼齿、鹿的颌骨臼齿及不明种属骨骼残块（图版二八〇，4；图版二八一，1、2、3、5、6），木炭（图版二八六，2）。主要分布在灶址以北的东西两侧，陶器主要集中在西北角。这座房址的陶器以夹砂红褐陶压印之字纹陶罐为主，夹砂灰褐陶几何纹陶罐次之（图二六三；图版四〇，四一）。

2. 遗物

室内居住面遗物

（1）陶器21件。AⅠ式斜腹罐1件，斜腹罐口沿1件，小直腹罐1件，BⅠ式直腹罐1件，BⅢ式直腹罐2件，BⅣ式直腹罐2件，BⅤ式直腹罐1件，直腹罐腹部残片5件，直腹罐罐底6件，Ba型钵1件（参见附表7　查海遗址房址活动面出土陶器型式统计表）。

AⅠ式斜腹罐1件，F46：112，夹砂红褐陶，口部残片，圆唇，外叠宽带沿，纹饰不清，素面，口径25、残高7厘米（图二六四，1）。

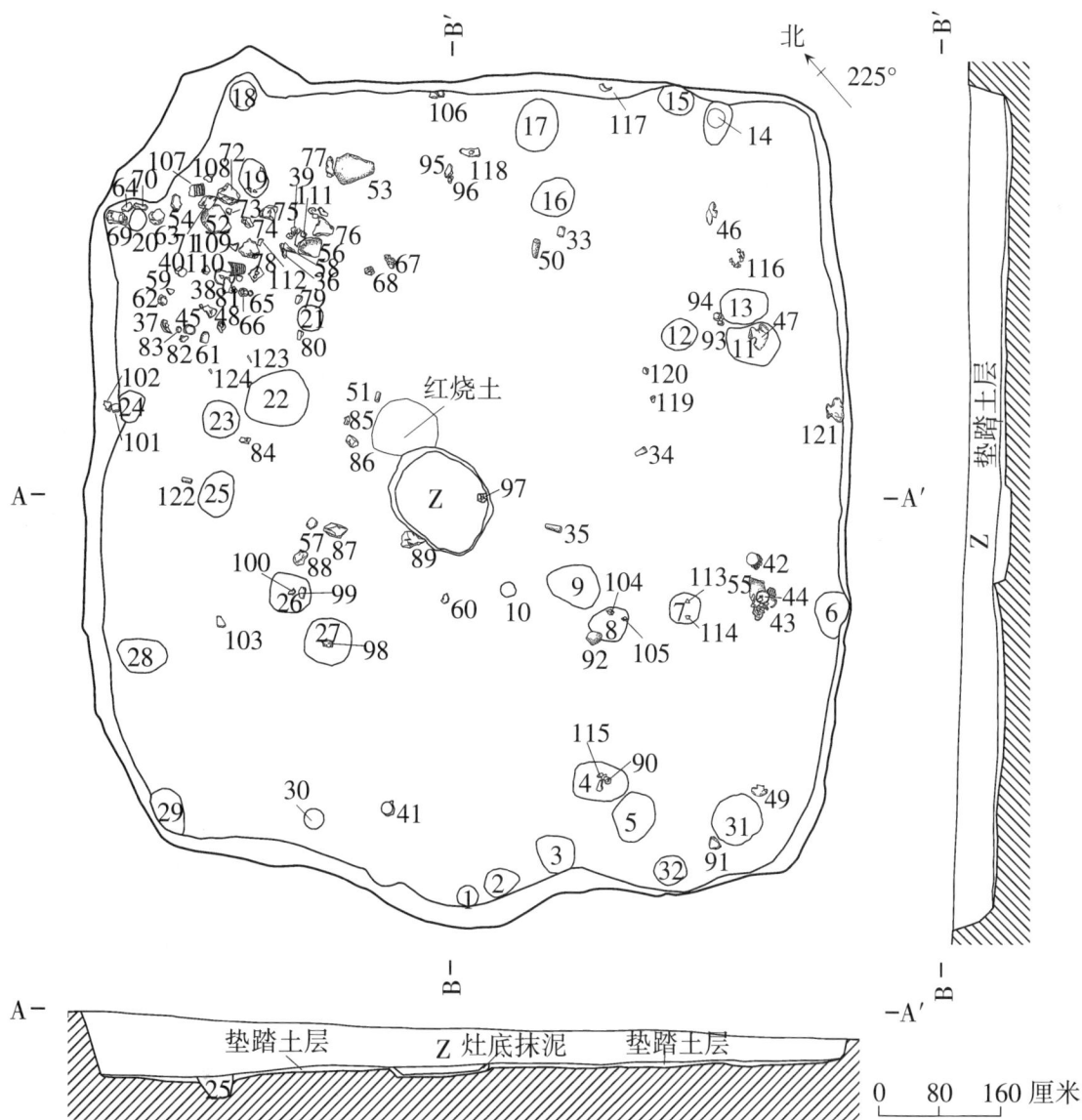

图二六三　F46平、剖面图

1~32. 柱洞　33~36. 石斧　37、38、107、113~115. 直腹罐　39. 小直腹罐　40~42、44、45、108. 直腹罐底　43、110、111、117. 陶片　46~49、59、60、97、102、106、121. 铲形石器　50、51. 磨棒　52、53、55、57. 磨盘　54、56、58、63、64、69、70、72、91、92. 砺石　61、62、65~67、79、83、95、96、98、99、105、119、120. 敲砸器　68、71、73~78、80~82、84~90、93、100、101、118、122. 石料　94. 砧石　103、104. 石球　109. 斜腹罐口沿　112. 斜腹罐　116. 钵　123. 玉匕　124. 玉凿　Z. 灶址

斜腹罐口沿1件，F46：109，夹砂红褐陶，敞口，尖圆唇，外叠宽带沿饰右斜线纹，腹饰窝点纹。

小直腹罐1件，F46：39，夹砂红褐陶，敞口外撇，厚圆唇，直腹，平底，颈饰竖压横排之字纹，腹饰横压竖排之字纹不到底，口径11.7、底径7.4、高12.5、壁厚0.85厘米（图二六六，4；图版一三五，3）。

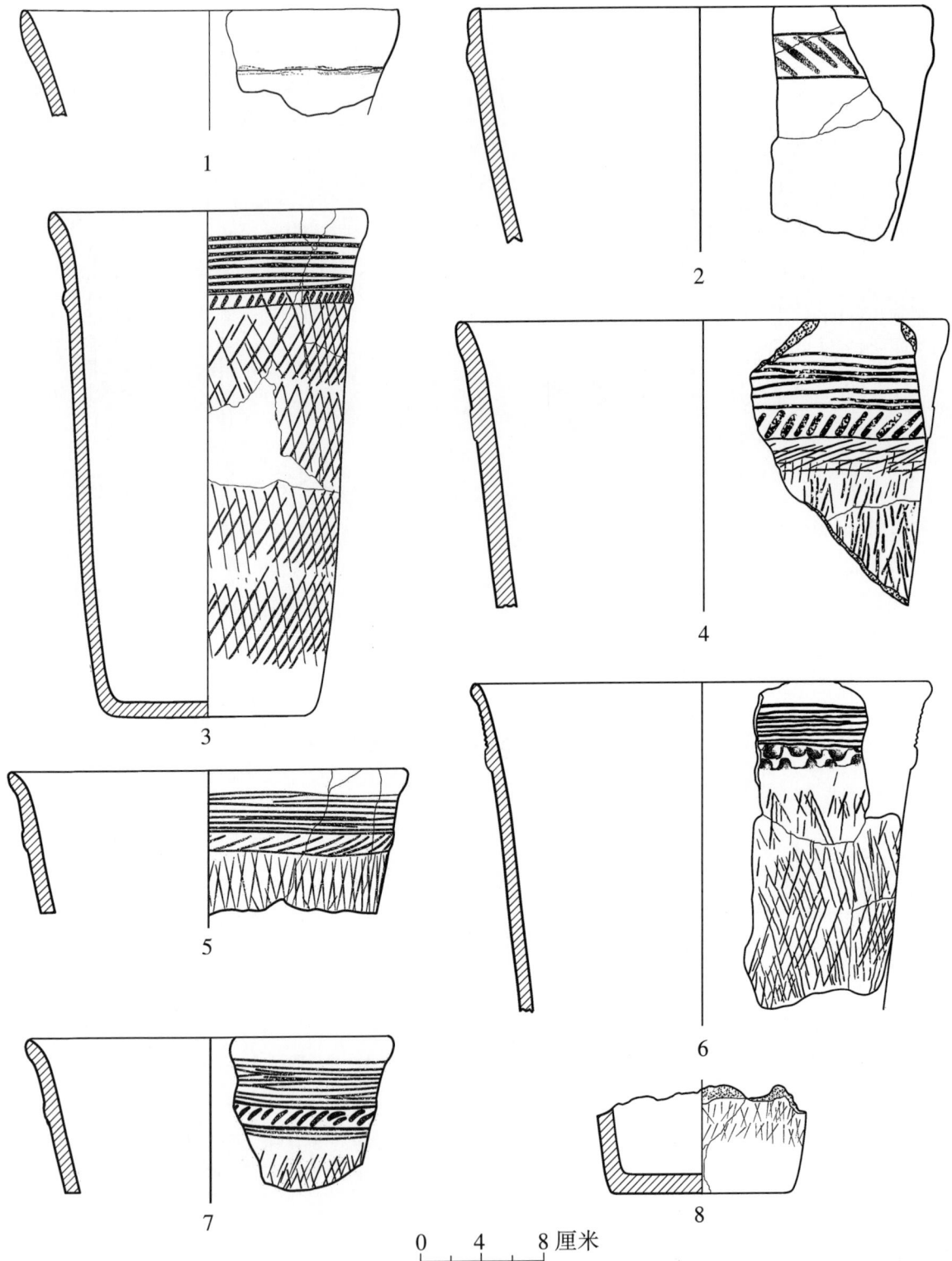

图二六四　F46 陶器（1～3、5. 居住面出土　4、6～8. 堆积层出土）

1. A I 式斜腹罐（F46：112）　2. B I 式直腹罐（F46：115）　3～8. BⅢ式直腹罐（F46：37、F46①：105、F46：114、F46①：104、F46①：102、F46①：111）

BⅠ式直腹罐1件，F46：115，夹砂红褐陶，口部残片，直口磨平，圆唇，素面，近口饰宽面右斜线纹附加堆纹带，口径30、残高15、壁厚1厘米（图二六四，2）。

BⅢ式直腹罐2件，皆夹砂红褐陶。F46：114，口部残片，口部略泛黑灰，敞口，厚圆唇，直腹，颈饰弦纹数周，附加堆纹带圆弧、饰左斜线纹，腹饰交叉草划纹，口径26、残高9.3、壁厚1.1厘米（图二六四，5）；F46：37，敞口，厚圆唇，直腹，平底，颈饰弦纹数周，饰窄凸附加堆纹带饰左斜线纹，腹饰草划网格纹不到底，口径21.3、底径14、高32.5厘米（图二六四，3；图版八〇，1）。

BⅣ式直腹罐2件，皆夹砂灰褐陶。F46：38，直口，圆唇，沿部磨平，直腹，平底，颈饰横压竖排之字纹，有一对铜孔，腹饰竖压横排之字纹，口径19、底径11.2、高23.8厘米（图二六五，2；图版九八，5）；F46：113，口部残片，敞口，厚圆唇，直腹，颈饰弦纹数周、附压Da2型锯齿形几何纹，下饰Aa1型单体曲尺形几何纹带，腹饰竖压横排之字纹，口径23、残高20.7、壁厚1厘米（图二六五，3）。

BⅤ式直腹罐1件，F46：107，夹砂灰褐陶，口部残片，敞口，厚圆唇，直腹，底部残，颈饰Db型锯齿形几何纹，宽平附加堆纹带饰左斜线纹，腹饰竖压横排之字纹，口径26.0、残高22.6、壁厚1.2厘米（图二六六，3）。

直腹罐腹部残片5件。夹砂红褐陶4件，F46：43，饰左斜线纹，残高15.62、厚0.9厘米（图二六六，8）；F46：110，饰竖压横排之字纹；F46：117，饰竖压横排细长之字纹，残长8.14、厚1厘米（图二六六，9）；F46：118，饰草划交叉纹，残长14.66、厚1.1厘米（图二六六，7）。夹砂灰褐陶1件，F46：111，饰竖压横排之字纹，残长26、厚1.1厘米（图二六七，1）。

直腹罐罐底6件。夹砂红褐陶1件，F46：42，口部残，直腹，凹平底，底径14、残高2.5、壁厚0.9厘米（图二六七，4）。夹砂灰褐陶5件，F46：40，口部残，直腹，凹平底，腹饰竖压横排之字纹不到底，底径15.9、残高7.9、壁厚1.2厘米（图二六七，7）；F46：41，口部残，直腹，凹平底，腹饰竖压横排之字纹不到底，底径17、残高10厘米（图二六七，6）；F46：44，口部残，直腹，平底，腹饰竖压横排之字纹不到底，底径12.6、残高5.3、壁厚1.2厘米（图二六七，3）；F46：45，口部残，直腹，凹平底，腹饰竖压横排之字纹不到底，底径16.3、残高14、壁厚1.2厘米（图二六七，2）；F46：108，平底，腹饰竖压横排之字纹，近底饰横压竖排之字纹，底径13.2、残高6.3、壁厚1.1厘米（图二六七，5）。

Ba型钵1件，F46：116，夹砂红褐陶，底部残片，平底，腹饰密集细短线纹，底径10.4、残高8.7、壁厚0.9厘米（图二六七，8）。

（2）石器70件。A型石斧1件，B型石斧2件，C型石斧1件，Aa型铲形石器1件，Bb型铲形石器1件，Da型铲形石器3件，Cb型铲形石器1件，铲形石器残片4件，Aa型磨棒1件，C型磨棒1件，A型磨盘4件，砺石10件，有窝石器1件，石球2件，敲砸器14件，石料23件（参见附表15　查海遗址房址居住面出土石器型式统计一览表）。

A型石斧1件，F46：33，深灰色大理石，顶部残断，形体扁平，通体磨制，弧刃，正锋，有

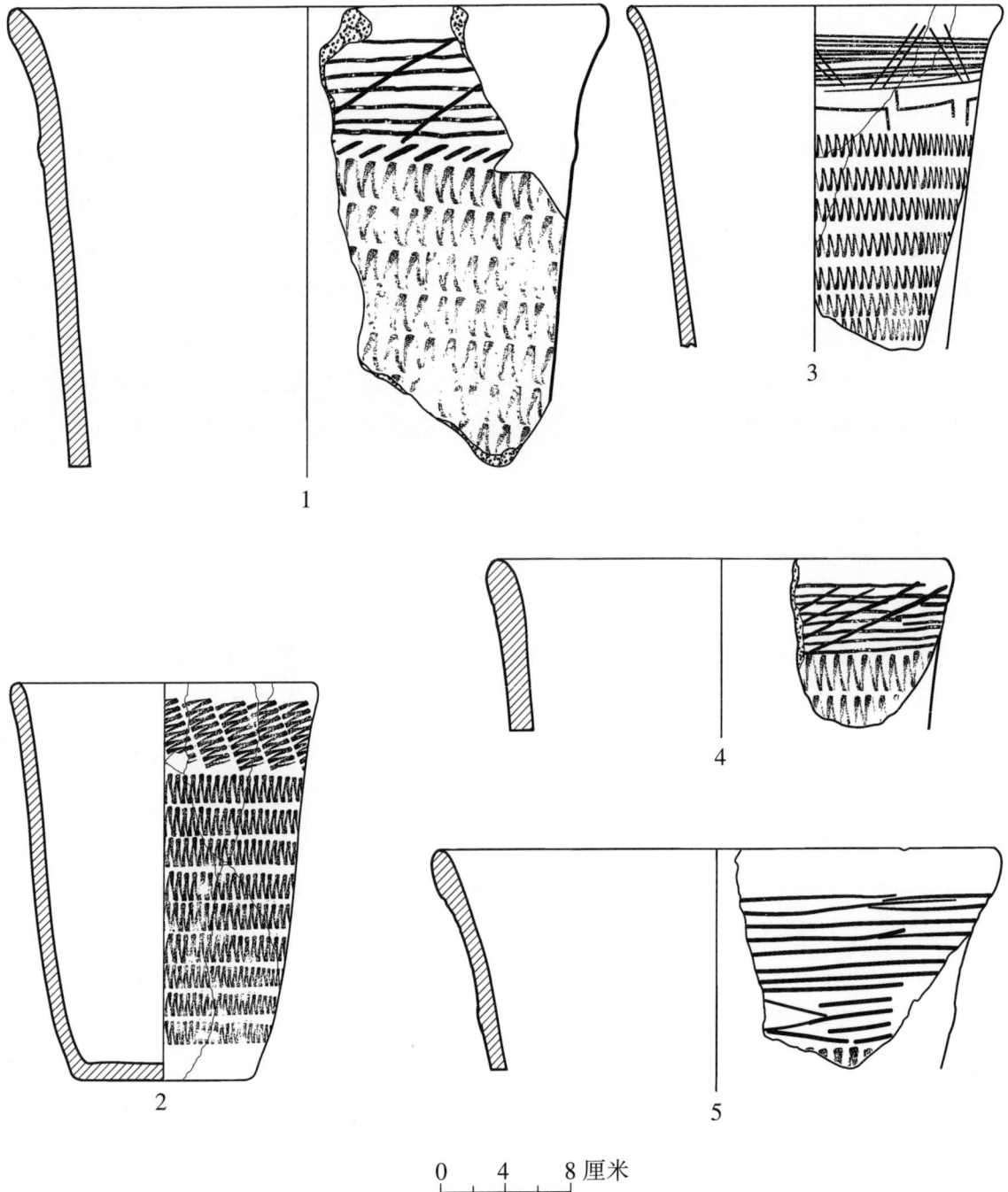

图二六五　F46 陶器（1、4、5. 堆积层出土　2、3. 居住面出土）

1～5. BⅣ式直腹罐（F46①：106、F46：38、F46：113、F46①：107、F46①：101）

崩痕，残长 9.91、刃宽 8.77、厚 2.7 厘米（图二六八，1；图版一六五，5）。

　　B 型石斧 2 件，皆磨制，扁平体。F46：34，棕红色石灰岩，长条形，尖顶，弧刃，正锋，有崩痕，长 15.52、刃宽 7.72、厚 2.8 厘米（图二六八，6；图版一六七，6）；F46：35，棕红色玄武岩，微现侧棱，顶部及刃部均残，残长 23.43、刃宽 9.12、厚 3.7 厘米（图二六八，5；图版一六七，7）。

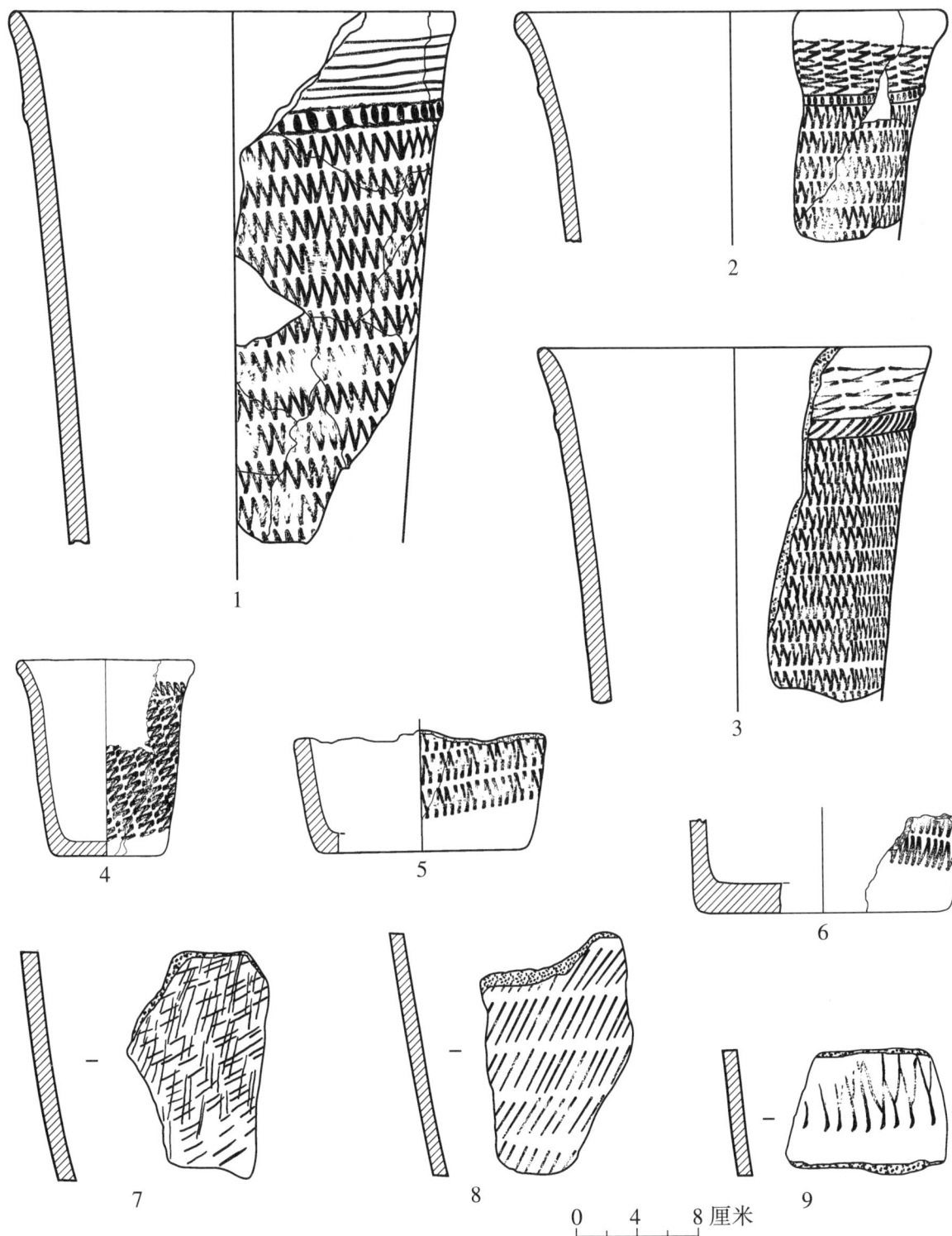

图二六六　F46 陶器（1、2、5、6. 堆积层出土　3、4、7~9. 居住面出土）

1. BIV式直腹罐（F46①：103）　2、3. BV式直腹罐（F46①：99、F46：107）　4. 小直腹罐（F46：39）　5、6. 直腹罐罐底（F46①：98、F46①：28）　7~9. 直腹罐腹部残片（F46：118、F46：43、F46：117）

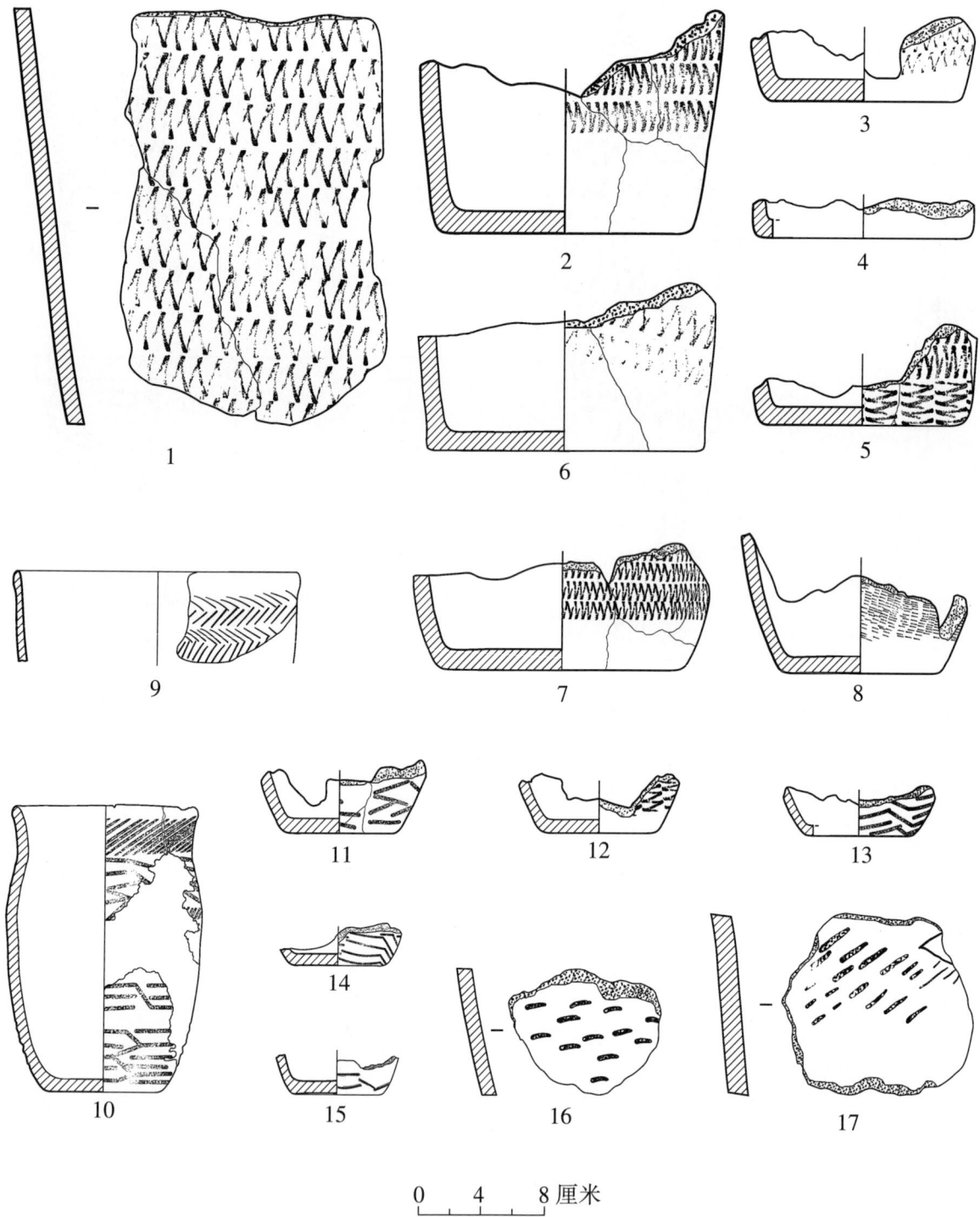

0　　4　　8厘米

图二六七　F46 陶器（1～8. 居住面出土　9～17. 堆积层出土）

1. 直腹罐腹部残片（F46：111）　　2～7. 直腹罐罐底（F46：45、F46：44、F46：42、F46：108、F46：41、F46：40）　　8. Ba 型钵（F46：116）　　9. Cb 型钵（F46①：109）　　10. CⅡ式鼓腹罐（F46①：19）　　11～15. 鼓腹罐罐底（F46①：93、F46①：94、F46①：96、F46①：97、F46①：95）　　16、17. 腹部残片（F46①：110、F46①：108）

0   4   8厘米

图二六八　F46 石器

（1、5～7、14、16、17. 居住面出土　2～4、8～13、15. 堆积层出土）

1～3. A 型石斧（F46:33、F46①:7、F46①:91）　4～6. B 型石斧（F46①:18、F46:35、F46:34）

7～10. C 型石斧（F46:36、F46①:8、F46①:84、F46①:89）　11～13. 石斧残片（F46①:80、

F46①:81、F46①:67）　14. Ab 型铲形石器（F46:102）　15. Ba 型铲形石器（F46①:87）

16. Bb 型铲形石器（F46:48）　17. Da 型铲形石器（F46:49）

C 型石斧 1 件，F46：36，灰色石灰岩，打制，形体扁平，长条形，尖顶，弧刃，正锋，有崩痕，长 20.66、刃宽 6.78、厚 3.0 厘米（图二六八，7；图版一七二，5）。

Ab 型铲形石器 1 件，F46：102，深灰色页岩，打制，扁体，表面不平，周边较薄，直柄，有残缺，束腰不显，近椭圆身，弧刃，正锋，有崩疤，长 13.72、刃宽 12.45、厚 1.3 厘米（图二六八，14；图版一七三，4）。

Bb 型铲形石器 1 件，F46：48，棕红色花岗岩，打制，宽直柄，宽身，顶部平直，身两侧稍直斜，略显束腰，弧刃，正锋，长 16.4、刃宽 16.2、柄宽 10.53、厚 1.8 厘米（图二六八，16；图版一七九，5）。

Da 型铲形石器 3 件，皆打制，扇柄，翘肩，束腰，横长身，弧刃，正锋。F46：46，褐色页岩，柄部残断，弧刃，正锋，残长 13.2、刃宽 26.8、厚 1.7 厘米（图二六九，3；图版一八四，2）；F46：47，浅灰色石灰岩，长 26.3、刃宽 34.31、厚 1.7 厘米（图二六九，1；图版一八五，1）；F46：49，浅灰色石灰岩，长 13.0、刃宽 20.5、厚 1.6 厘米（图二六八，17；图版一八五，2）；

Cb 型铲形石器 1 件，F46：121，浅灰色石灰岩，打制，椭圆柄，束腰，椭圆身，弧刃，正锋，长 25.45、刃宽 28.47、厚 3.7 厘米（图二六九，2；图版一八五，4）。

铲形石器残片 4 件，皆打制，扁平体，F46：59，棕红色石灰岩，残长 10.18、残宽 8.0、厚 2.3 厘米（图二六九，5）；F46：60，浅灰色石灰岩，残长 14.23、残宽 10.89、厚 0.7～1.6 厘米；F46：97，浅灰色石灰岩，残长 11.38、残宽 15.53、厚 2.1 厘米；F46：106，浅灰色石灰岩，残长 10.61、残宽 8.25、厚 2.4 厘米（图二六九，4）。

Aa 型磨棒 1 件，F46：51，残断，棕红色花岗岩，琢制，圆柱体，残长 12.51、直径 6.37 厘米（图二七〇，9）。

C 型磨棒 1 件，F46：50，稍残，黄色花岗岩，琢制，棱柱体，两端细中间粗，长 24.08、直径 6.6 厘米（图二七〇，11；图版二一九，1）。

A 型磨盘 4 件，皆琢制，凹磨面。F46：52，残块，棕红色玄武岩，扁体，圆角长方形，残长 34.7、宽 30.06、厚 4.0～10.0 厘米（图二七〇，15；图版二〇八，2）；F46：53，灰色砂岩，扁体，圆角长方形，长 21.54、厚 6.9 厘米（图二七一，2）；F46：55，残块，黄白色花岗岩，琢制，圆角长方形，残长 30.17、宽 27.34、厚 4.4～7.4 厘米（图二七一，1；图版二〇八，3）；F46：57，残块，黄色花岗岩，残长 13.21、残宽 11.4、厚 4.5 厘米（图二七〇，14）。

砺石 10 件。灰色石灰岩 1 件，F46：58，砺石，残，扁体，近三角形，周边打制，单磨面，磨面下凹，残长 18.52、宽 7.65、厚 1.9 厘米（图二七三，3）。灰色页岩 1 件，F46：69，长方形，双磨面，长 23.9、宽 15.96、厚 3.2～7.4 厘米（图二七一，4）。花岗岩 8 件，F46：54，残，褐色扁体，形状不规则，单磨面，凹磨面，长 16.94、残宽 15.24、厚 5.2 厘米（图二七三，2）；F46：56，残，浅白色，形状不规则，器身风化皲裂，双磨面，磨面下凹，残长 37.96、残宽 30.58、厚 9.2 厘米（图二七三，4）；F46：63，黄色，自然石块，扁体，半圆形，双磨面，长 25.3、宽 10.37、

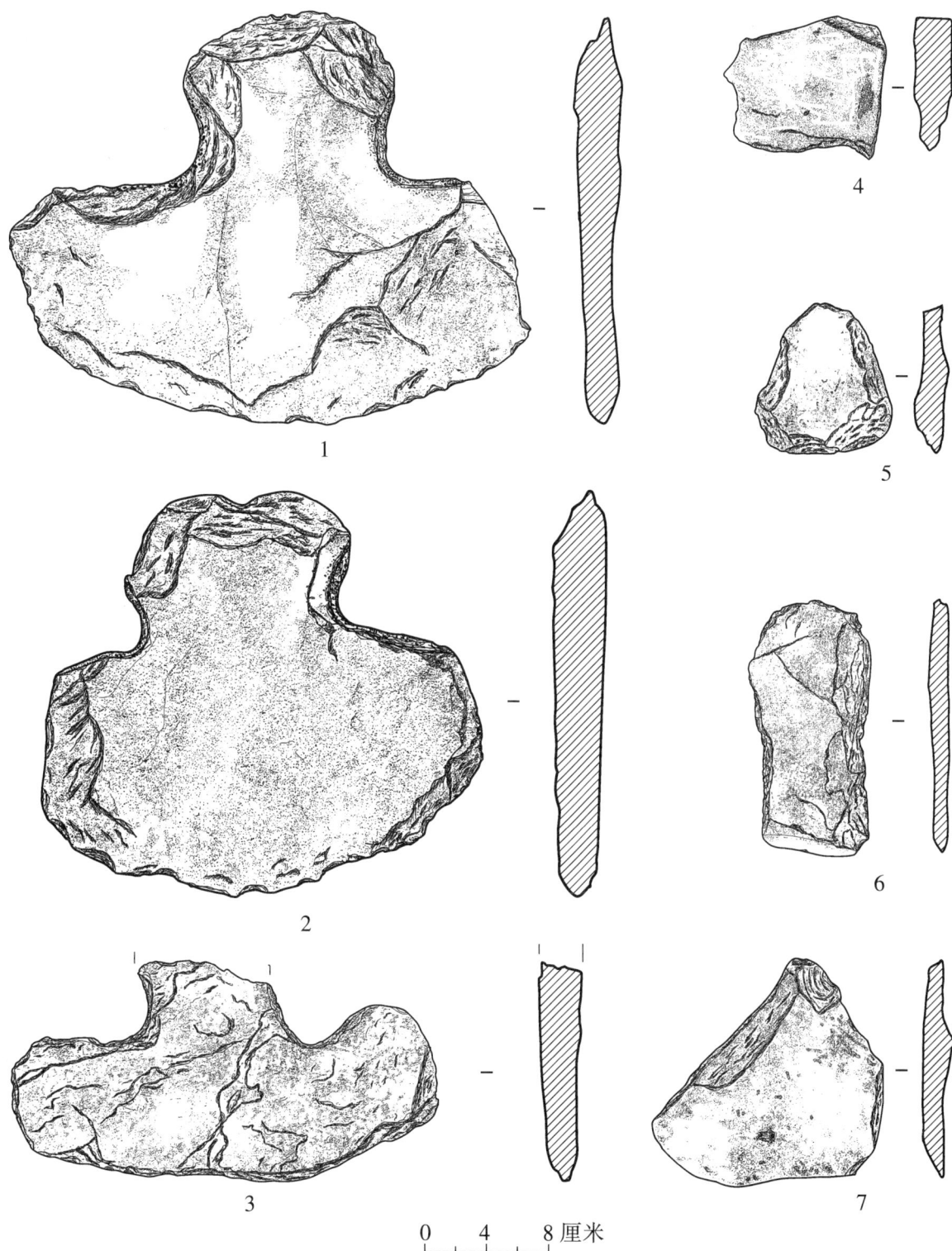

图二六九　F46 石器（1～5. 居住面出土　6、7. 堆积层出土）

1、3. Da 型铲形石器（F46：47、F46：46）　2. Cb 型铲形石器（F46：121）

4～7. 铲形石器残片（F46：106、F46：59、F46①：6、F46①：3）

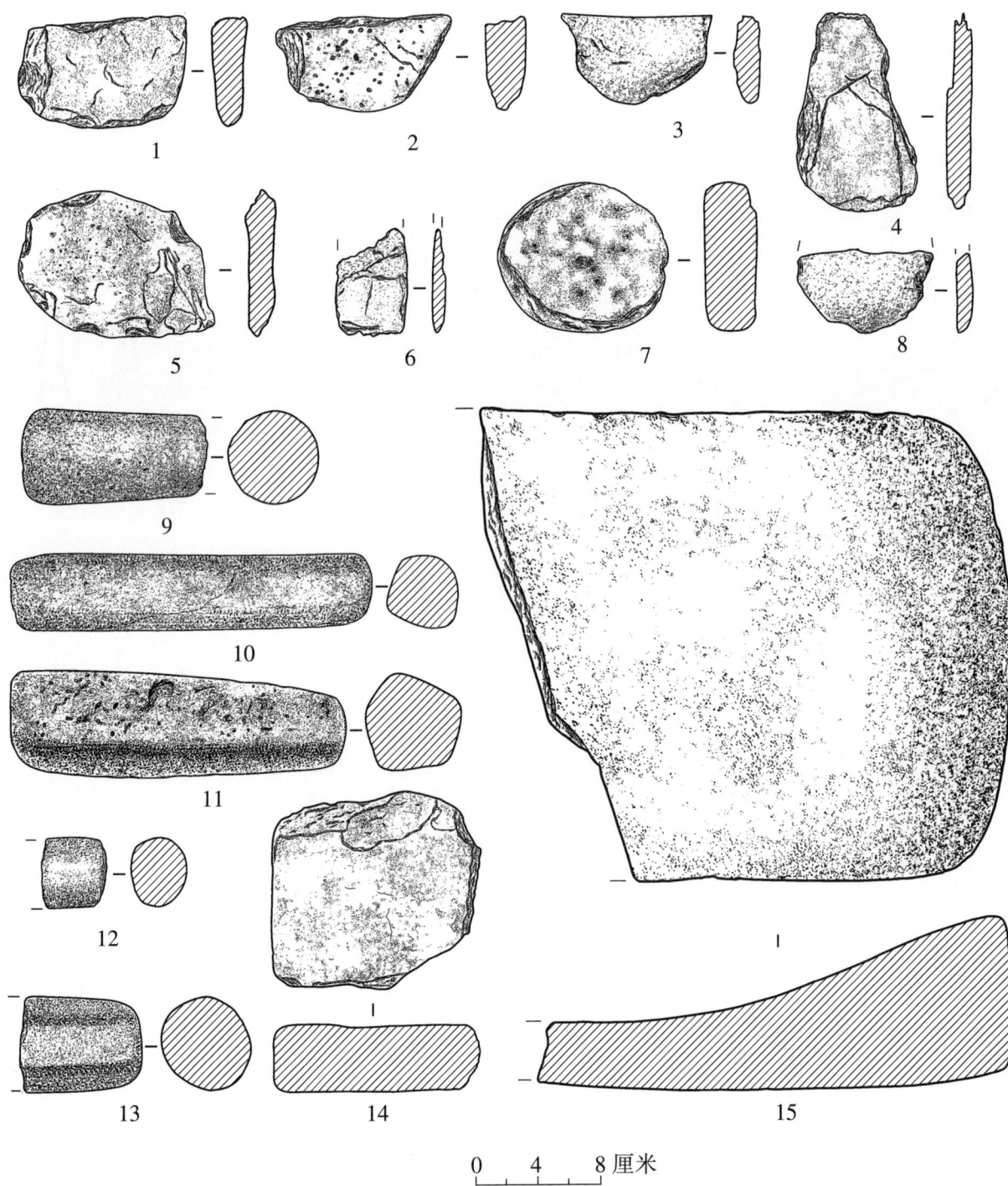

图二七〇　F46 石器（1～8、11～13. 堆积层出土　9、10、14、15. 居住面出土）

1～5. 铲形石器残片（F46①:27、F46①:14、F46①:88、F46①:5、F46①:4）　6. A 型石凿（F46①:82）　7. Bc 型饼形器（F46①:17）　8. Ba 型饼形器（F46①:79）　9. Aa 型磨棒（F46:51）　10、11. C 型磨棒（F46①:86、F46:50）　12、13. D 型磨棒（F46①:16、F46①:85）　14、15. A 型磨盘（F46:57、F46:52）

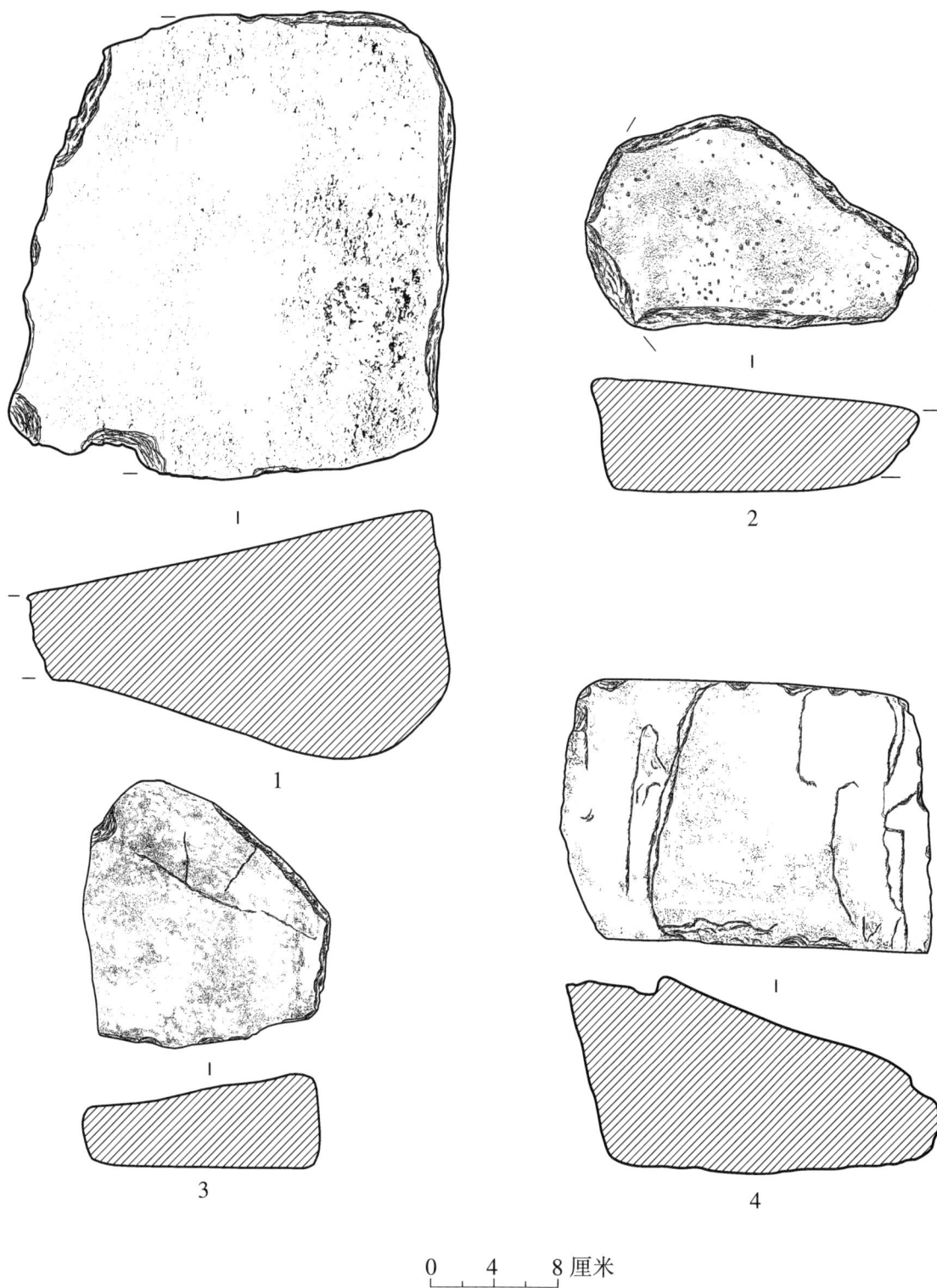

0　　4　　8厘米

图二七一　F46 石器（居住面出土）

1、2. A 型磨盘（F46：55、F46：53）　　　3、4. 砺石（F46：91、F46：69）

厚 12.4 厘米（图二七二，2；图版二二五，6）；F46:64，棕红色，自然石块，形状不规则，双磨面，长 19.48、厚 7.5 厘米（图二七二，4）；F46:70，残块，黄色，形状不规则，双磨面，一面磨痕明显，残长 23.14、残宽 11.72、厚 5.8 厘米（图二七二，3）；F46:72，残，黄色，扁体，形状不规则，双磨面，一个磨面较平，单凹磨面，长 41.9、宽 24.18、厚 16.0 厘米（图二七二，1；图版二二五，7）；F46:91，残，黄色，扁体，形状不规则，双磨面，一个磨面较平，一个磨面下凹，残长 17.47、宽 16.08、厚 3.3~6.2 厘米（图二七一，3）；F46:92，黄色，近方体，双磨面，一面有多个窝坑，长 17.48、宽 16.14、厚 7.7 厘米（图二七三，1）。

有窝石器 1 件，F46:94，浅灰色云母变质岩，扁体，扇状，一面有两个窝坑，另一面有一个窝坑，长 13.65、宽 12.38、厚 6.3 厘米（图二七四，2；图版二三六，3）。

石球 2 件，皆黄褐色玄武岩。F46:103，打制，直径 6 厘米（图二七四，8）；F46:104，琢制，直径 5 厘米（图二七四，7；图版二三九，4）。

敲砸器 14 件。浅灰色云母变质岩 2 件，F46:62，形状不规则，多棱角，有多个敲击点，长 15.42、宽 10.13、厚 8.0 厘米（图二七五，11）；F46:119，长方体，有多个敲击点，长 10.0、宽 7.94、厚 6.9 厘米（图二七五，7）。棕红色玄武岩自然石块 1 件，F46:98，棱角敲击点，长 10.0、宽 5.5、厚 2.66 厘米（图二七五，1）。浅灰色石灰岩 1 件，F46:95，扁圆多棱体，有多处敲击点，直径 13.7、厚 7.8 厘米（图二七五，13）。灰色石英岩 6 件，F46:99，形状不规则，多棱角，有多个敲击点，长 11.53、宽 8.17、厚 9.0 厘米（图二七五，15）；F46:105，近球体，敲砸使用痕迹在周边棱角处，直径 5 厘米（图二七五，4；图版二四九，6）；F46:66，多棱体，有多个敲击点，长 14.95、厚 8.4 厘米（图二七五，12）；F46:67，多棱体，有多个敲击点，长 11.79、厚 7.6 厘米（图二七五，16）；F46:79，形状扁平，多棱角，有多个敲击点，长 11.75、宽 8.5、厚 2.5 厘米（图二七五，8）；F46:96，形状不规则，多棱角，有多个敲击点，长 8.41、宽 5.45、厚 2.7 厘米（图二七五，3）。花岗岩 4 件，F46:61，棕红色扁球体，有多个敲击点，直径 15.14、厚 8.0 厘米（图二七五，14；图版二四九，5）；F46:65，褐色，形体扁平，近圆形，有多处敲击点，直径 8.19、厚 3.0 厘米（图二七五，5）；F46:83，棕红色，三棱体，棱角处有打击痕迹，长 8、宽 6、厚 4 厘米（图二七五，6）；F46:120，棕红色，自然石块，方形圆角，敲砸使用痕迹在一端棱角处，长 8、厚 5 厘米（图二七五，9）。

石料 23 件。棕红色玄武岩 2 件，编号 F46:89，F46:100；棕红色花岗岩 20 件，编号 F46:68，F46:71，F46:73~78，F46:80~82，F46:84~88，F46:90，F46:93，F46:101，F46:118；灰色页岩，编号 F46:122。

（3）玉器 2 件。玉匕 1 件，B 型玉凿 1 件。

玉匕 1 件，F46:123，通体磨制光润，呈乳白色，长扁条体，上窄下宽，内凹外弧，凹面中部较深、略显棱线，周缘圆薄，上端微平直圆弧，有一对钻圆孔，下端圆弧状，凹侧斜磨，长 10.4、宽 1~1.4、厚 0.2、孔直径 0.5 厘米（图二七六，1；图版二七六，1）。

B 型玉凿 1 件，F46:124，通体磨制，淡绿色，灰白沁，平面呈梯形，上窄下宽，截面呈长方

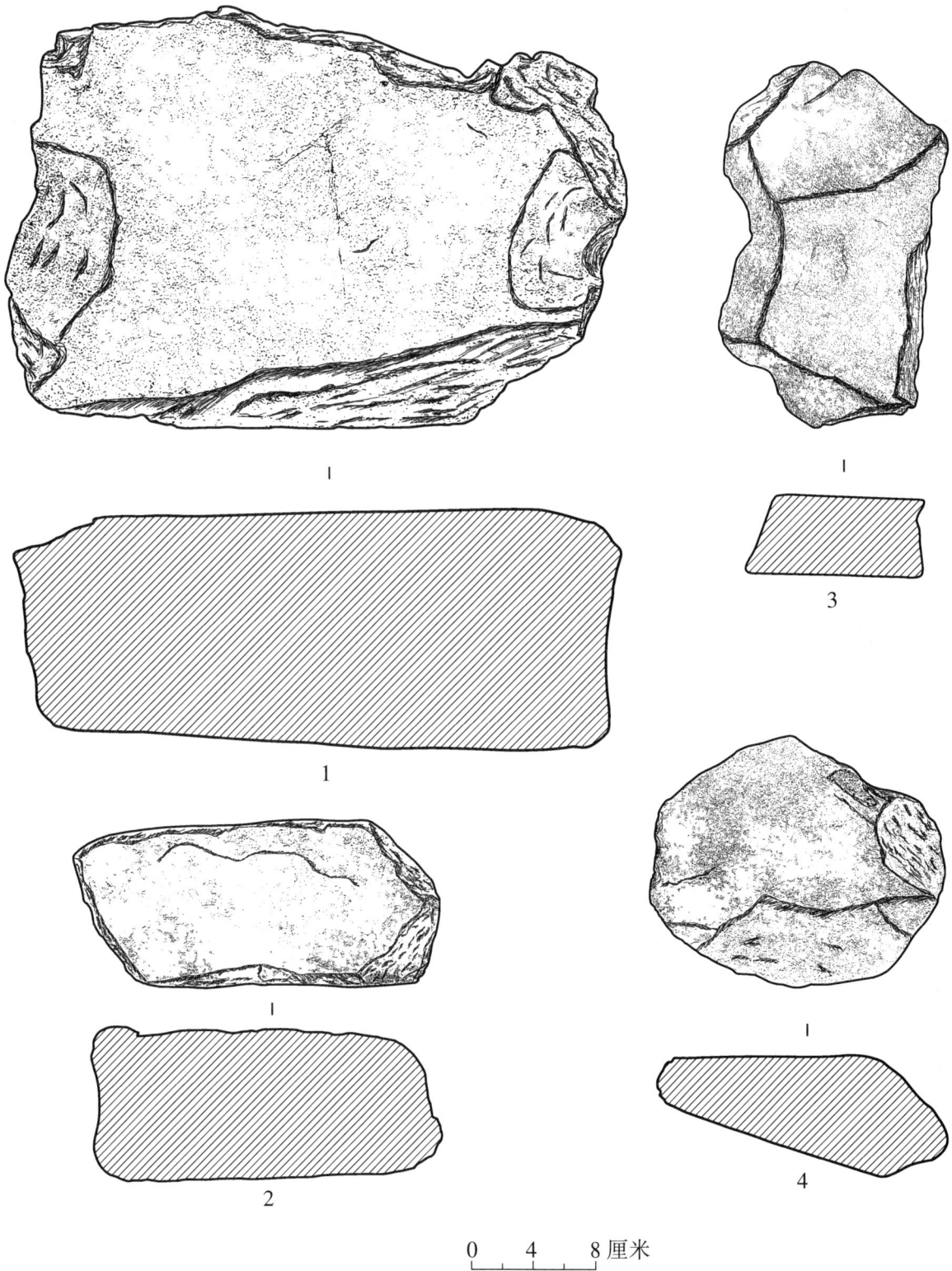

0   4   8 厘米

图二七二　F46 石器（居住面出土）

1～4. 砺石（F46∶72、F46∶63、F46∶70、F46∶64）

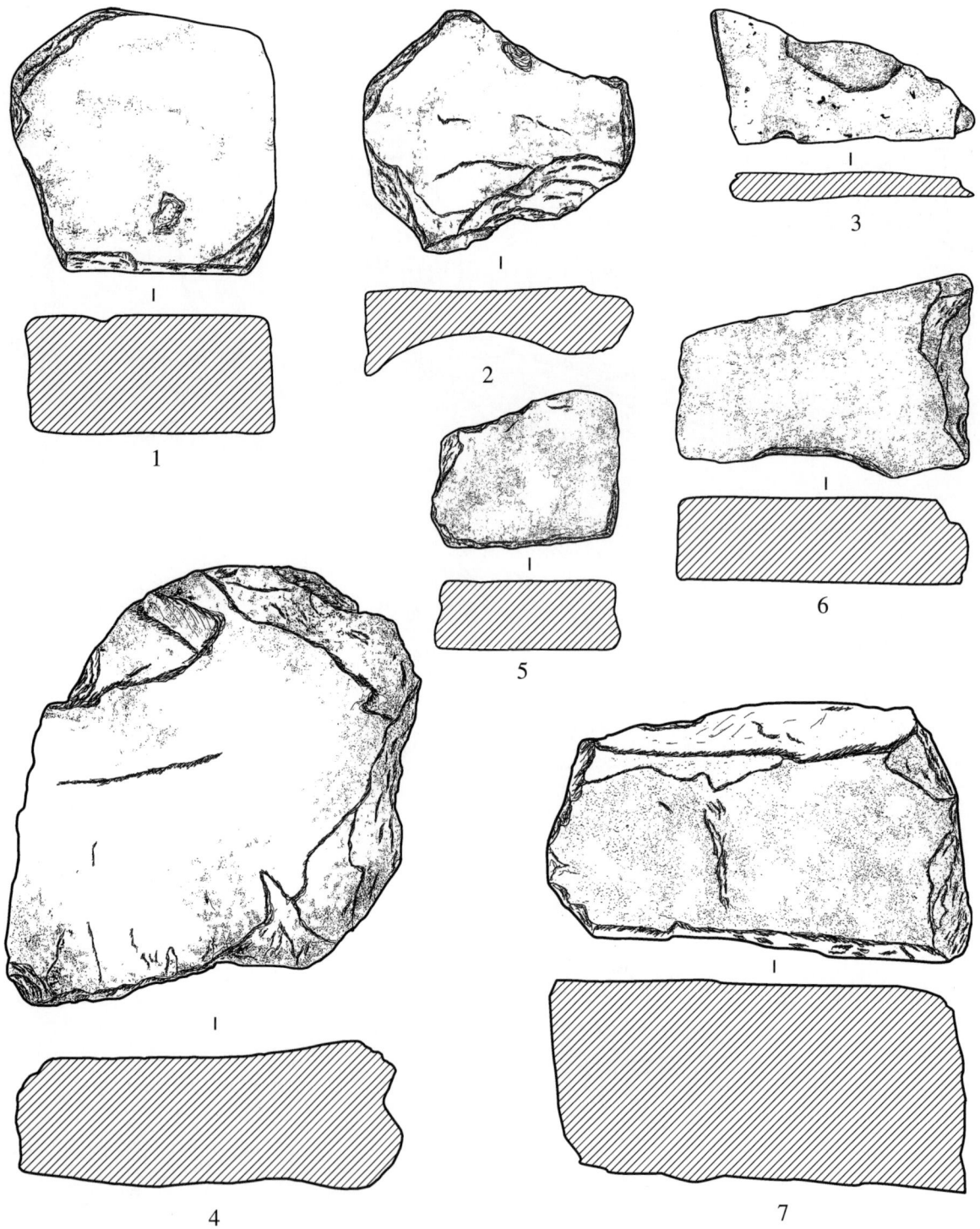

0　　4　　8厘米

图二七三　F46 石器（1～4. 居住面出土　5～7. 堆积层出土）

1～7. 砺石（F46：92、F46：54、F46：58、F46：56、F46①：2、F46①：11、F46①：1）

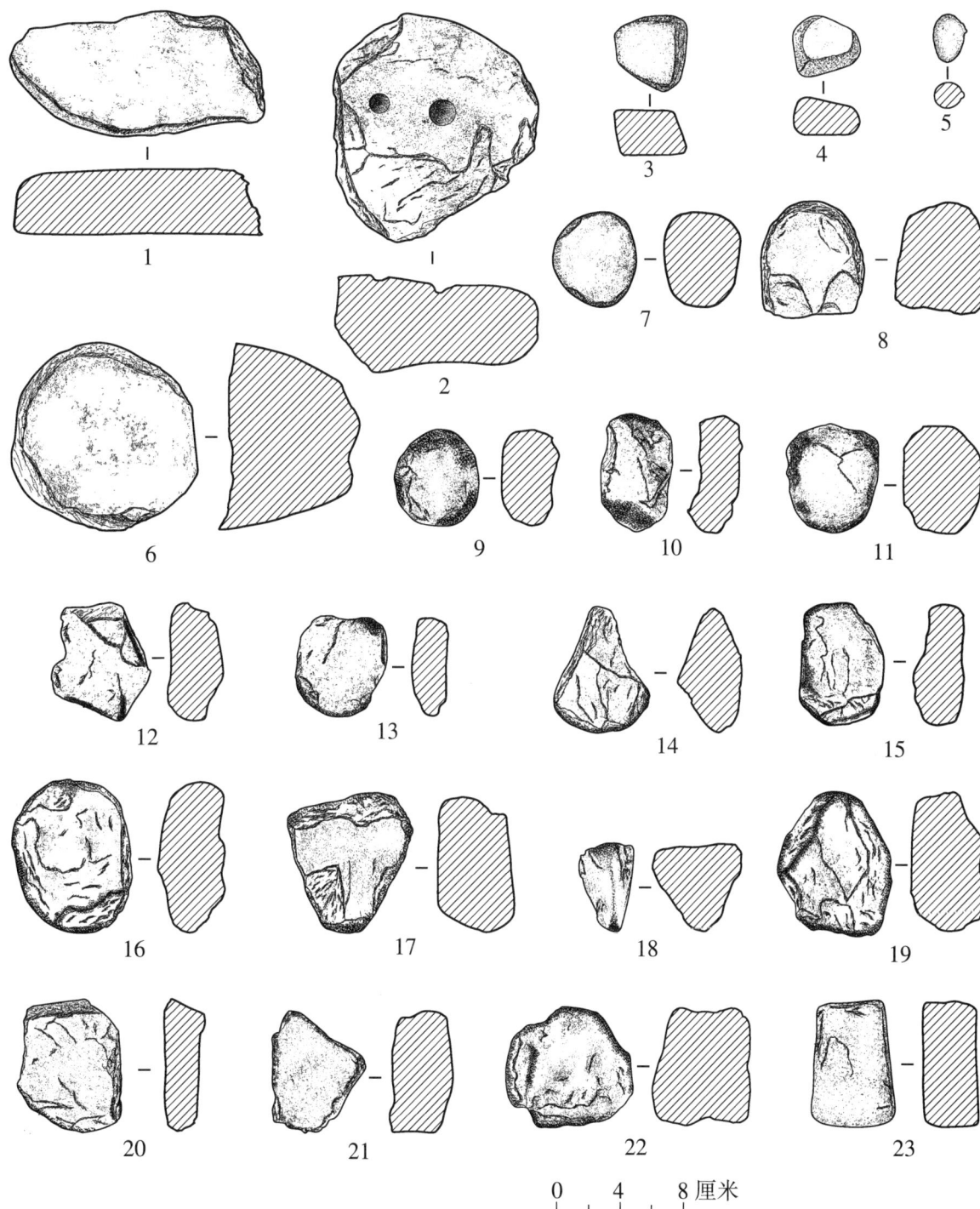

图二七四　F46 石器（1、3～6、9～23. 堆积层出土　2、7、8. 居住面出土）

1. 砺石（F46①：10）　2. 有窝石器（F46：94）　3、4. D 型研磨器（F46①：78、F46①：77）

5～8. 石球（F46①：26、F46①：69、F46：104、F46：103）　9～23. 敲砸器（F46①：71、

F46①：75、F46①：70、F46①：73、F46①：74、F46①：33、F46①：31、F46①：68、F46①：34、

F46①：72、F46①：9、F46①：35、F46①：36、F46①：13、F46①：90）

形，一侧切割痕迹明显，斜直刃，略侧利锋，上端崩疤严重，刃部略有崩痕，残长 5.1、上端宽 1.4、刃宽 1.8、最厚 0.9 厘米（图二七六，2；图版二七一，2）。

室内堆积层遗物

（1）陶器 22 件。BⅢ式直腹罐 4 件，BⅣ式直腹罐 5 件，BⅤ式直腹罐 1 件，直腹罐罐底 2 件，CⅡ式鼓腹罐 1 件，鼓腹罐罐底 5 件，Cb 型钵 1 件，A 型陶纺轮 1 件，腹部残片 2 件（参见附表 8　查海遗址房址堆积层出土陶器型式统计表）。陶片 312 片（见附表 2　房址出土陶片统计表）。

BⅢ式直腹罐 4 件，皆夹砂红褐陶，口沿残片。F46①：102，厚圆唇，颈饰弦纹数周，附加堆纹带宽疏、饰左斜线纹，下饰弦纹，腹饰草划交叉纹，口径 24、残高 10.1、厚 1.1 厘米（图二六四，7）；F46①：104，圆唇，颈饰弦纹数周，指压附加堆纹带，腹饰草划交叉纹，残高 20.8、口径 30.1、厚 0.8 厘米（图二六四，6）；F46①：105，厚圆唇，颈饰弦纹数周，宽平附加堆纹带饰左斜线纹，腹饰草划交叉纹，残长 18.48、厚 1.4 厘米（图二六四，4）；F46①：111，饰草划交叉纹，纹饰不到底，底径 12、残高 6.9、厚 1.1 厘米（图二六四，8）。

BⅣ式直腹罐 5 件，皆夹砂灰褐陶，口部残片。F46①：103，圆唇，颈饰弦纹数周，附加堆纹带饰窝点纹，腹饰竖压横排宽疏之字纹，口径 29、残高 34 厘米（图二六六，1）；F46①：106，圆唇，颈饰弦纹数周、附压左斜线纹，附加堆纹带饰左斜线纹，腹饰竖压横排宽疏之字纹，残长 27.82、厚 1 厘米（图二六五，1）；F46①：107，厚圆唇，颈饰弦纹数周、附压左斜线纹，腹饰竖压横排宽疏之字纹，残高 10.22、厚 1.5 厘米（图二六五，4）；F46①：100，厚圆唇，颈饰弦纹数周，窄凸附加堆纹带饰左斜线纹，腹部饰交叉划纹，口径 24、残高 12.3、厚 1.1 厘米；F46①：101，薄圆唇，颈饰弦纹数周，附加堆纹带宽凸、饰 C2 型梭形几何纹，口径 35、残高 13.18、厚 1 厘米（图二六五，5）。

BⅤ式直腹罐 1 件，F46①：99，夹砂灰褐陶，口部残片，厚圆唇，颈饰横压竖排之字纹，附加堆纹带饰短竖线纹，腹饰竖压横排宽疏之字纹，口径 28、残高 14.9、厚 1 厘米（图二六六，2）。

直腹罐罐底 2 件。夹砂红褐陶 1 件，F46①：28，饰竖压横排宽疏之字纹不到底，底径 17、残高 6.3 厘米（图二六六，6）。夹砂灰褐陶 1 件，F46①：98，饰竖压横排宽疏之字纹不到底，底径 14、残高 7.9、厚 1.1 厘米（图二六六，5）。

CⅡ式鼓腹罐 1 件，F46①：19，夹砂红褐陶，微侈口，圆唇，束颈，鼓腹，平底，近口饰左斜线纹，颈饰 Ba2 型 F 形几何纹，上腹饰左斜线纹、下腹饰 Ba2 型 F 形几何纹，近底饰 C2 型梭形几何纹，口径 11.9、底径 7.4、高 17.8、壁厚 0.7 厘米（图二六七，10；图版一三九，2）。

鼓腹罐罐底 5 件。夹砂灰褐陶 2 件，F46①：93，饰人字纹，底径 7.2、残高 4.5、厚 0.8 厘米（图二六七，11）；F46①：94，饰竖压横排宽疏之字纹，底径 7.6、残高 3.7、厚 0.7 厘米（图二六七，12）。夹砂红褐陶 3 件，F46①：95，几何纹样不清，底径 6、残高 2.4 厘米（图二六七，15）；F46①：96，饰 Ba1 型 F 形几何纹，底径 7、残高 3.2、厚 0.6 厘米（图二六七，13）；F46①：97，饰 Ba2 型 F 形几何纹，底径 6、残高 2.7、厚 0.7 厘米（图二六七，14）。

Cb 型钵 1 件，F46①：109，夹砂红褐陶，口沿残片，尖唇，饰横排人字纹，口径 18、残高 5.82、厚 0.8 厘米（图二六七，9）

A 型陶纺轮 1 件，F46①：83，夹砂灰褐陶，直径 4.5、厚 1 厘米（图版一五八，3）。

腹部残片 2 件，皆夹砂红褐陶。F46①：110，饰窝点纹，残高 7.94、厚 1 厘米（图二六七，16）；F46①：108，饰宽疏左斜线纹，残高 11.42、厚 1.4 厘米（图二六七，17）。

（2）石器 53 件。B 型石斧 1 件，C 型石斧 3 件，石斧残块 3 件，D 型石刀 1 件，A 型石凿 1 件，Ba 型饼形器 1 件，Bc 型饼形器 1 件，Ba 型铲形石器 1 件，铲形石器刃部残片 7 件，C 型磨棒 1 件，D 型磨棒 2 件，砺石 4 件，D 型研磨器 2 件，石球 2 件，敲砸器 20 件，石料 3 件（参见附表 16　查海遗址房址堆积层出土石器型式统计一览表）。

A 型石斧 2 件。F46①：7，稍残，墨绿色油质页岩，斧身磨光，侧棱及顶部均打制，形体扁平，弧顶、弧刃、正锋，锋刃锐利，长 9.57、刃宽 7.93、厚 1.9 厘米（图二六八，2；图版一六五，2）；F46①：91，棕红色石灰岩，扁圆形，弧刃，正锋，长 15.9、刃宽 9.93、厚 1.3～2.6 厘米（图二六八，3）

B 型石斧 1 件，F46①：18，稍残，灰色大理石，通体磨制，窄顶宽刃，形体扁平，侧棱圆滑，弧刃，正锋，有破碴，长 11.44、刃宽 6.16、厚 2.7 厘米（图二六八，4）。

C 型石斧 3 件，F46①：8，残，棕红色玄武岩，磨制，形体扁平，顶部残断，束腰，弧刃，锋刃厚钝，有崩痕，斧身中部有对钻凹坑，残长 13.22、刃宽 6.73、厚 2.2 厘米（图二六八，8）；F46①：89，残段，灰色页岩，打制，扁平体，残长 7、宽 5.5、厚 0.8 厘米（图二六八，10）；F46①：84，残块，灰色油脂岩，一侧有磨痕，残长 8.5、厚 1.7 厘米（图二六八，9）。

石斧残片 3 件，F46①：67，黑灰色页岩，残长 2.1、残宽 1.7、厚 0.2 厘米（图二六八，13）；F46①：80，灰色页岩，圆形薄片，二次利用，圆刃，刃部使用痕迹明显，直径 4 厘米（图二六八，11）；F46①：81，板岩，近椭圆形，圆刃，为二次使用，刃部有使用痕迹，长 4.5、宽 3、厚 0.5 厘米（图二六八，12）。

D 型石刀 1 件，F46①：15，浅灰色石灰岩，打制，扁体，弧背，弧刃，正锋，刃部有破碴，长 8.61、宽 8.61、厚 2.2 厘米。

A 型石凿 1 件，F46①：82，残，灰色页岩，残长 6.7、宽 4.7、厚 0.9 厘米（图二七〇，6）。

Ba 型饼形器 1 件，F46①：79，浅灰色石灰岩，扁圆体，残长 5.26、宽 8.3、厚 1.1 厘米（图二七〇，8）。

Bc 型饼形器 1 件，F46①：17，黄白色花岗岩，琢制，扁体，椭圆形，直径 9.51～10.95、厚 3.45 厘米（图二七〇，7；图版二〇三，2）。

Ba 型铲形石器 1 件，F46①：87，身残，浅黄色页岩，弧顶，直柄，束腰不显，残长 13.7、厚 1.8 厘米（图二六八，15）。

铲形石器刃部残片 7 件，皆打制。F46①：3，浅灰色石灰岩，打制，形体扁平，弧刃，正锋，残长 14.05、刃残宽 14.85、厚 1.0～2.1 厘米（图二六九，7）；F46①：4，刃部，浅灰色石灰岩，形体扁平，弧刃，正锋，有崩疤，残长8.86、刃宽12.8、厚2.0厘米（图二七○，5，）；F46①：5，刃部，深灰色页岩，扁体，局部磨光，弧刃，残长13.25、刃残宽7.74、厚1.5厘米（图二七○，4）；F46①：14，刃部，浅灰色石灰岩，扁体，弧刃，正锋，残长5.77、残宽11.2、厚2.6厘米（图二七○，2）；F46①：27，刃部，浅灰色页岩，弧刃，残长6.5、刃宽10.5厘米（图二七○，1）；F46①：6，刃部，深黑色页岩，扁体，磨光，弧刃，正锋，锋刃锐利，有崩疤，长16.11、刃宽6.9、厚1.3厘米（图二六九，6）；F46①：88，柄部，灰色泥质页岩，残长5.6、宽9.7、厚1.8厘米（图二七○，3）。

C型磨棒1件，F46①：86，浅黄色花岗岩，琢制，多棱柱体，直径4.68、长23.52厘米（图二七○，10；图版二一九，5）。

D型磨棒2件，皆残段，花岗岩，琢制，椭圆柱体。F46①：16，白色，直径4.3、残长4.06厘米（图二七○，12）；F46①：85，浅黄色花岗岩，直径6、残长6.5厘米（图二七○，13）。

砺石4件。F46①：1，稍残，黄红色花岗岩，棱柱体，双磨面，长26.67、宽11.0、厚11.0厘米（图二七三，7）；F46①：2，稍残，黄灰色花岗岩，扁体，双磨面，长12.2、宽9.32、厚5.3厘米（图二七三，5）；F46①：10，残块，黄色花岗岩，琢制，扁体，长条形，残长16.38、残宽7.59、厚4.0厘米（图二七四，1）；F46①：11，残块，黄色花岗岩，琢制，扁体，梯形，有三个磨面，残长19.1、宽11.6、厚5.0厘米（图二七三，6）。

D型研磨器2件，F46①：77，砺石，紫红色，通身光滑，长4、宽2.5、厚2厘米（图二七四，4）；F46①：78，浅黄色花岗岩，方形，有多个磨面，较为光滑，长4.5、厚2.8厘米（图二七四，3）。

石球2件。F46①：26，乳白色，卵状，长直径2.4、短直径1.9厘米（图二七四，5）；F46①：69，红褐色玄武岩，扁球体，长11.5、宽7.9、厚5.2厘米（图二七四，6）。

敲砸器20件。褐色玄武岩1件，F46①：29，多棱体，棱角处有使用痕迹；长8、宽6.5、厚5厘米。棕红色花岗岩1件，F46①：68，扁球体，有多个敲击点，最大直径10.03、厚4.6厘米（图二七四，16）。棕红色石灰岩1件，F46①：92，形体扁体，圆角长方形，有一处敲击点，长12.0、宽5.46、厚3.3厘米（图二七五，10）。石英岩自然石块17件，F46①：9，灰色，有多个敲击点，长9.0、宽9.0、厚4.8厘米（图二七四，19）；F46①：13，灰色，近球形，多棱角，有多个敲击点，直径7.36、厚6.3厘米（图二七四，22）；F46①：30，浅灰色，三角形扁体，棱角处有明显敲砸使用痕迹，长9、宽4、厚2.5厘米（图二七五，2）；F46①：31，浅灰色，扁平椭圆形，敲砸使用痕迹集中在棱角处，长7、宽5、厚2厘米（图二七四，15）；F46①：32，浅灰色，多棱体，棱角处有使用痕迹，长7、宽4、厚3厘米；F46①：33，灰色，多棱体，敲砸痕迹集中在一端棱角处，长6.5、宽5、厚3厘米（图二七四，14）；F46①：34，灰色，多棱块状，棱角处有使用痕迹，长8.8、厚5厘米（图二七四，17）；F46①：35，浅灰色，扁平方形，周边有使用痕迹，长8.2、宽6.7、厚2.7厘米（图二七四，20）；F46①：36，浅灰色，扁平三角形，敲砸使用痕迹在棱角处，长7.5、宽6、厚4厘米（图二七四，21）；F46①：70，浅灰色，近球体，周边有使用痕迹，长6.8、宽5.8、厚5厘米（图二七四，11）；F46①：71，浅灰色，扁圆体，周边有打击痕迹，

图二七五　F46 石器（1、3～9、11～16. 居住面出土　2、10. 堆积层出土）

1～16. 敲砸器（F46：98、F46①：30、F46：96、F46：105、F46：65、F46：83、F46：119、

F46：79、F46：120、F46①：92、F46：62、F46：66、F46：95、F46：61、F46：99、F46：67）

长 6、宽 5.3、厚 3.5 厘米（图二七四，9；图版二四九，6）；F46①：72，浅灰色石英岩自然石块，三棱椎体，长 5.5、宽 3.5、厚 5.8 厘米（图二七四，18；图版二五〇，1）；F46①：73，浅灰色，多棱体，长 7、宽 5.5、厚 3 厘米（图二七四，12）；F46①：74，浅灰色，扁圆体，周边有敲砸使用痕迹，长 6.3、宽 5.8、厚 2.3 厘米（图二七四，13）；F46①：75，浅灰色，近长方体，两端棱角处有敲砸使用痕迹，长 7.3、宽 4.5、厚 2.7 厘米（图二七四，10）；F46①：76，浅灰色，多棱体，两端棱角处有使用痕迹，长 7、宽 5、厚 4.5 厘米；F46①：90，灰色，长方体，棱角敲击点，长 8.0、宽 5.22、厚 3.5 厘米（图二七四，23）。

石料 3 件。F46①：12，棕红色花岗岩，自然石块，扁体，梯形，长 8.98、宽 6.4、厚 6.8 厘米；F46①：24，木化石，长条形，长 5.0、宽 1.0、厚 0.5 厘米；F46①：66，木化石，长条形，长 6.4、宽 0.8、厚 0.3 厘米。

（3）细石器 33 件。石核 4 件，小尖状器 5 件，刮削器 7 件，石叶 17 件（参见附表 20　查海遗址各遗迹单位出土细石器统计表）。

石核 4 件。F46①：21，青色页岩，棱锥状，台面宽平，压削面清晰，台面长 2.3、宽 1.7，高 2.4 厘米（图二七六，4；图版二五四，6）；F46①：23，青黑色石英岩，棱锥状，台面宽平，压削面清晰，台面长 2.5、宽 1.8，高 2.3 厘米（图二七六，6；图版二五五，3）；F46①：64，青黑色石英岩，棱锥状，台面宽平，压削面清晰，台面长 2.5、宽 1.8，高 2.5 厘米（图二七六，7；图版二五五，1）；F46①：65，青色页岩，圆台状，台面宽平，压削面清晰，台面长 3.1、宽 2.1，高 2.8 厘米（图二七六，5；图版二五五，4）。

小尖状器 5 件。F46①：37，青色，四棱锥状，台面较窄，宽面两长边及尖端锋利，长 3.0、宽 1.2、厚 0.6 厘米（图二七六，8；图版二六七，4）；F46①：39，燧石，白色，三棱锥状，小台面，侧棱及尖端锐利，长 3.0、宽 1.1、厚 1.0 厘米（图二七六，11；图版二六七，7）；F46①：47，青灰色，三棱锥状，台面较宽厚，一侧边角锋利，长 1.2、宽 0.8、厚 0.35 厘米（图二七六，17；图版二六七，1）；F46①：60，白色，三棱锥状，台面不显，敲击点明显，侧棱及尖端锐利，长 3.3、宽 1.0、厚 0.6 厘米（图二七六，12；图版二六七，6）；F46①：62，白色，三棱锥状，台面较厚，侧棱及尖端锋利，长 4.0、宽 1.6、厚 1.3 厘米（图二七六，10；图版二六七，5）。

刮削器 7 件，皆压制。页岩 7 件，F46①：22，青色长条形，小台面，尖部微翘，长边锋利，长 2.0、宽 0.5、厚 0.2 厘米（图二七六，19；图版二六三，20）；F46①：44，白色，长条形，小台面，断面呈梯形，长边锋利，长 1.9、宽 0.5、厚 0.3 厘米（图二七六，15；图版二六四，7）；F46①：49，青色，长条形，小台面，尖部翘起，长边锋利，长 3.0、宽 0.4、厚 0.2 厘米（图二七六，13；图版二六五，1）；F46①：50，青黑色，长条形，两端微翘，小台面及断面均为三角形，长边锋利，长 2.2、宽 0.8、厚 0.3 厘米（图二七六，14；图版二六四，6）；F46①：55，青色页岩压制而成，长条形，小台面，长边锋利，长 1.2、宽 0.7、厚 0.12 厘米（图二七六，18；图版二六四，2）；F46①：59，青色，长条形，两端断面为三角形，长边锋利，长 1.7、宽 0.8、

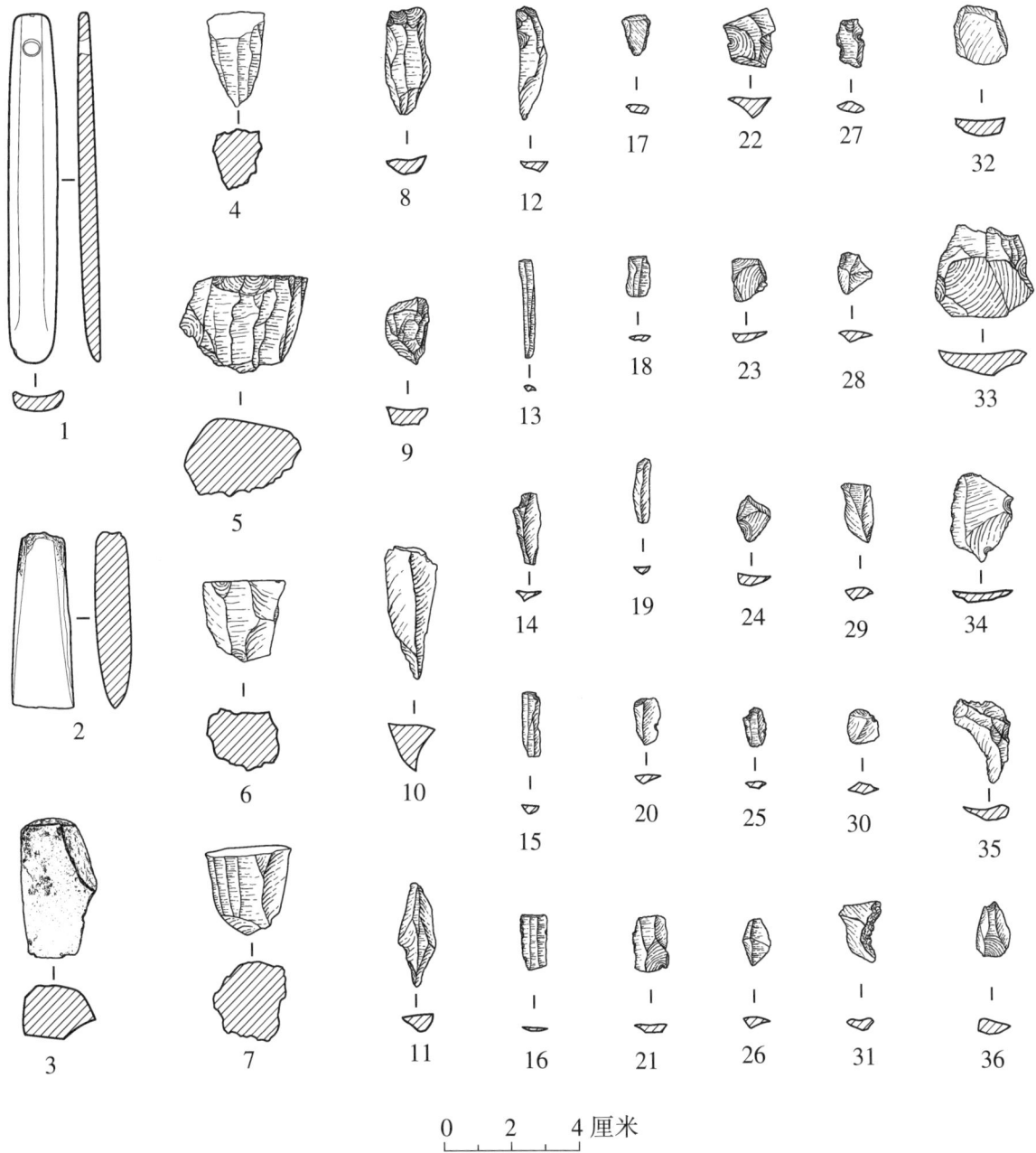

图二七六　F46 玉器、石器（1、2. 居住面出土　3~36. 堆积层出土）

1. 玉匕（F46：123）　2. B 型玉凿（F46：124）　3. 石料（F46①：25）　4~7. 石核（F46①：21、F46①：65、F46①：23、F46①：64）　8、10~12、17. 小尖状器（F46①：37、F46①：62、F46①：39、F46①：60、F46①：47）　9、13~16、18、19. 刮削器（F46①：63、F46①：49、F46①：50、F46①：44、F46①：59、F46①：55、F46①：22）　20~36. 石叶（F46①：52、F46①：48、F46①：46、F46①：53、F46①：54、F46①：57、F46①：51、F46①：38、F46①：58、F46①：45、F46①：56、F46①：41、F46①：43、F46①：61、F46①：20、F46①：40、F46①：42）

厚 0.1 厘米（图二七六，16；图版二六四，10）。燧石 1 件，F46①：63，青灰色，圆形，中间较厚，周边角锋利，长 2.0、宽 1.3、厚 0.72 厘米（图二七六，9）。

石叶 17 件，皆片状，打制。页岩 7 件，F46①：38，青黑色，小台面，其余边缘锋利，长 1.4、宽 0.8、厚 0.16 厘米（图二七六，27；图版二五九，5）；F46①：45；青黑色，台面较厚，其他边角锋利，长 1.8、宽 0.9、厚 0.35 厘米（图二七六，29；图版二五九，12）；F46①：48，青黑色，小台面，其余边缘锋利，长 1.7、宽 1.1、厚 0.3 厘米（图二七六，21；图版二五九，6）；F46①：51，青黑色，台面窄长较厚，其他边角锋利，长 1.4、宽 0.9、厚 0.3 厘米（图二七六，26；图版二五九，4）；F46①：52，青黑色，小台面较厚，其他边角锋利，长 1.4、宽 0.8、厚 0.3 厘米（图二七六，20；图版二五九，2）；石叶，F46①：56、青灰色页岩压制而成，片状，小台面较厚，其他边角锋利，长 1.0、宽 0.9、厚 0.3 厘米（图二七六，30；图版二五九，3）；F46①：57，青灰色，周边锋利，长 1.2、宽 0.6、厚 0.1 厘米（图二七六，25；图版二五九，1）。燧石 10 件，F46①：20，白色，周边锋利，长 2.2、宽 2.0、厚 0.3 厘米（图二七六，34；图版二六〇，4）；F46①：40，白色，台面较宽厚，其他边角锋利，长 2.5、宽 2.0、厚 0.45 厘米（图二七六，35；图版二六〇，2）；F46①：41，白色，台面较宽厚，其他边角锋利，长 1.2、宽 1.8、厚 0.55 厘米（图二七六，31；图版二五九，9）；F46①：42，青黑色，台面较宽厚，其他边角锋利，长 1.6、宽 1.0、厚 0.5 厘米（图二七六，36）；F46①：43，青黑色，台面较宽厚，其他边角锋利，长 1.9、宽 1.6、厚 0.6 厘米（图二七六，32；图版二六〇，3）；F46①：46，青黑色，台面较宽厚，其他边角锋利，长 1.6、宽 1.3、厚 0.7 厘米（图二七六，22；图版二五九，8）；F46①：53，青黑色，台面较宽厚，两侧边缘较锋利，长 1.3、宽 1.1、厚 0.3 厘米（图二七六，23；图版二五六，1）；F46①：54，青灰色，台面较厚，其他边角锋利，长 1.2、宽 0.9、厚 0.3 厘米（图二七六，24；图版二五九，7）；F46①：58，青灰色，小台面较厚，其他边角锋利，长 1.2、宽 1.1、厚 0.4 厘米（图二七六，28；图版二五九，10）；F46①：61，白色，多台面，周边较钝，长 3.0、宽 2.7、厚 0.8 厘米（图二七六，33；图版二六〇，5）。

（4）玉器 1 件。

玉料 1 件，F46①：25，块状，浅灰色，长 4.1、宽 2.2、厚 1.3 厘米（图二七六，3）。

四七　47 号房址（F47）

1. 遗迹

F47 位于遗址东北部，东南角打破 F49。北与 F44、F45，南与 F48、F2 成列；西与 F54、F39、F33，东与 F52 成排。方向 220°。面积约 29.68 平方米，是一座小型半地穴房址。平面呈圆角方形，南北 5.6、东西 5.3 米，中心垂直深度 0.24 米。房址挖凿于基岩内，基岩为壁，四壁局部有些弧曲，壁面稍加修整斜平。居住面北高南低，呈坡状，较平整，为黑灰色垫踏土，土质坚硬，厚约 0.03 ~ 0.08 米。灶位于室内中部偏东南，椭圆形坑式灶，斜直壁斜平底，灶口及灶底皆北高南低，灶口直径为 1.1 ~ 0.66，灶深 0.04 ~ 0.06 米。灶内经火烧后表面呈暗红色。整个房址内共发现 11 个大小深浅不一的柱洞，形状有圆形、椭圆形，皆凿于基岩内，外圈靠近壁穴布置，内圈围绕灶址（详见附表 22 - 32 F47 柱洞一览表）。室内遗物有陶器和石器，主要分布在灶址以南及西北角柱洞之间（图二七七）。

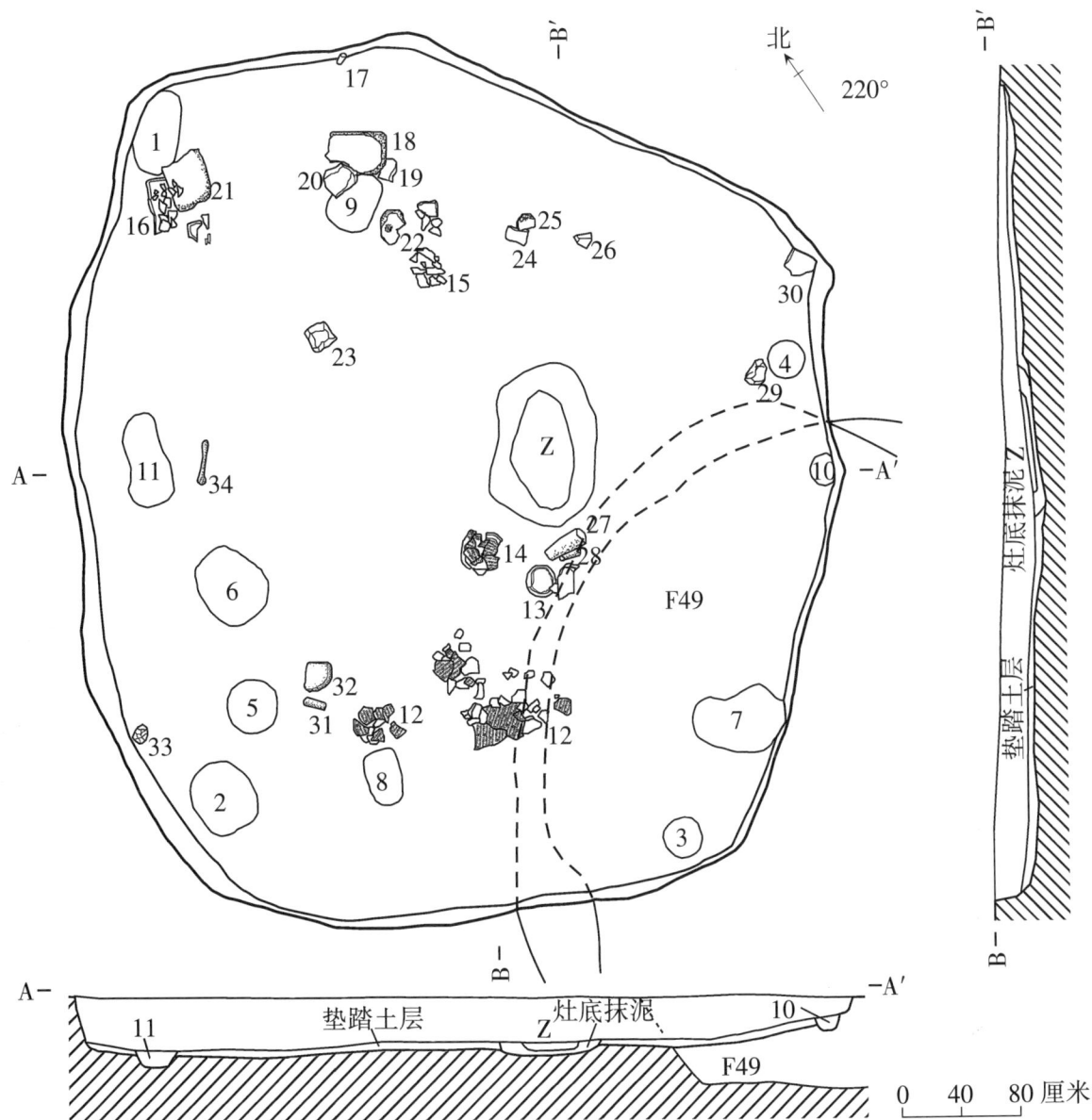

图二七七 F47 平、剖面图

1 ~ 11. 柱洞 12. 直腹罐 13. 钵 14. 鼓腹罐 15. 直腹罐口沿 16. 直腹罐罐底 17、27. 石斧
18、22、32（21）. 磨盘 19. 铲形石器 20、24. 砺石 23、25. 石料 26、29、33. 敲砸器
28、31、34. 磨棒 30. 石刀 Z. 灶址

2. 遗物

室内居住面遗物

（1）陶器5件。BⅣ式直腹罐2件，直腹罐罐底1件，CⅤ式鼓腹罐1件，D1型钵1件（参见附表7　查海遗址房址活动面出土陶器型式统计表）。

BⅣ式直腹罐2件。夹砂灰褐陶1件，F47：12，敞口外撇呈大喇叭形，厚圆唇，直腹，平底，锔孔3对，颈饰弦纹数周、附压Da2型锯齿形几何纹，宽平附加堆纹带饰网格纹，腹饰竖压横排之字纹不到底，口径36、底径19.5、高53.8厘米（图二七八，6；图版九七，2）。夹砂红褐陶1件，F47：15，口部残片，敞口，厚圆唇，颈饰弦纹数周，附加堆纹带饰左斜线纹、Da2型锯齿形几何纹，腹饰竖压横排之字纹，口径30、残高10.8、壁厚1厘米（图二七八，4）。

直腹罐罐底1件，F47：16，夹砂红褐陶，腹饰横压竖排细长之字纹，底径16、残高12.5、壁厚1.1厘米（图二七九，8）。

CⅤ式鼓腹罐1件，F47：14，夹砂灰褐陶，侈口，薄圆唇，束颈，圆肩，鼓腹，平底，颈饰Aa2型单体曲尺形几何纹，肩饰左斜线纹2周，下饰Da2型锯齿形几何纹1周、齿间饰短横线纹，腹饰左斜线纹6周，近底饰几何纹不清，口径17.6、底径9、高16厘米（图二八〇，3；图版一四七，5）。

D1型钵1件，F47：13，夹砂红褐陶，口部泛灰黑，口部残片，折肩，鼓腹，小平底，颈饰C4型梭形几何纹，上腹饰左斜线纹5周，下腹饰C2型梭形几何纹，口径12.85、底径6.7、高8厘米（图二八〇，5；图版一五二，1）。

（2）石器17件。B型石斧2件，D型石刀1件，铲形石器残片1件，C型磨棒2件，D型磨棒1件，A型磨盘2件，B型磨盘1件，砺石2件，敲砸器3件，石料2件（参见附表15　查海遗址房址居住面出土石器型式统计一览表）。

B型石斧2件。F47：17，深灰色页岩，磨制，扁体，棱角不显，顶端斜平，弧刃，正锋，刃部有使用崩疤，长10.33、刃宽6.56、厚0.7～2.28厘米（图二八一，2；图版一六八，3）；F47：27，棕红色玄武岩，打制，椭圆柱体，弧顶，弧刃，正锋，刃部有崩疤，长28.74、刃宽11.31、厚7.6厘米（图二八一，1；图版一六八，4）。

D型石刀1件，F47：30，白色石灰岩，自然石片，薄边为刃，长21.13、宽19.09、厚3.4～5.6厘米（图二八一，7；图版一九四，3）。

铲形石器残片1件，F47：19，深灰色页岩，打制，顶部斜平，略显束腰，弧刃，正锋，刃部残，长16.73、宽10.73、刃部残宽16.0、厚1.3厘米。

C型磨棒2件，皆残段，椭圆柱体。F47：28，黄色花岗岩，琢制，残长13.63、直径4.45厘米（图二八一，8）；F47：34，浅灰色云母变质岩，磨制，一端较细，残长15.51、最大直径5.33厘米（图二八一，9）。

D型磨棒1件，F47：31，稍残，黄白色花岗岩，琢制，椭圆柱体，粗细不均，两端经使用，形成瘤状疙瘩，长37.88、直径4.67厘米（图二八一，10；图版二二一，2）。

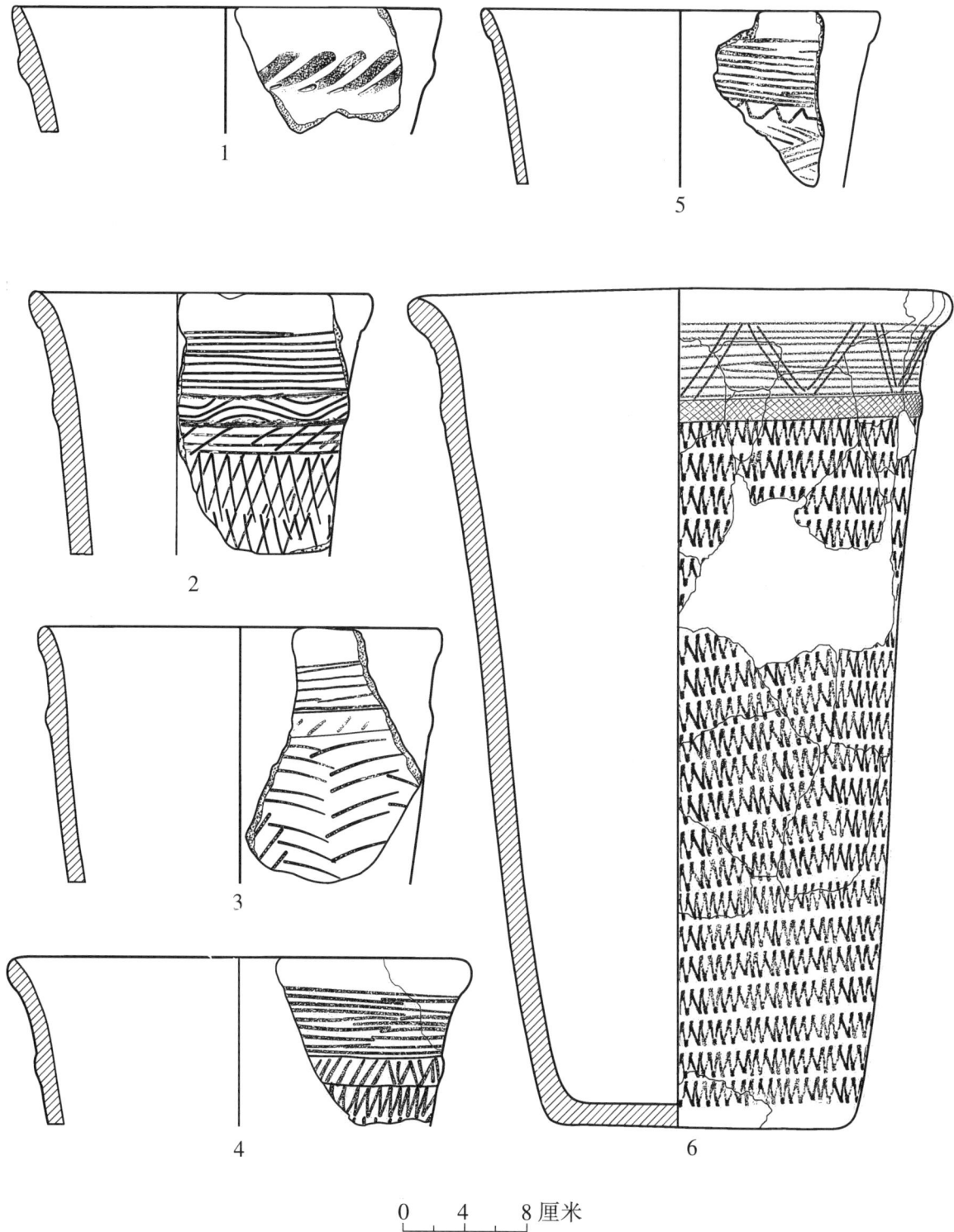

图二七八　F47 陶器（4、6. 居住面出土　1～3、5. 堆积层出土）

1. 斜腹罐口沿（F47①：11）　　2、3. BⅢ式直腹罐（F47①：19、F47①：20）　　4～6. BⅣ式
直腹罐（F47：15、F47①：17、F47：12）

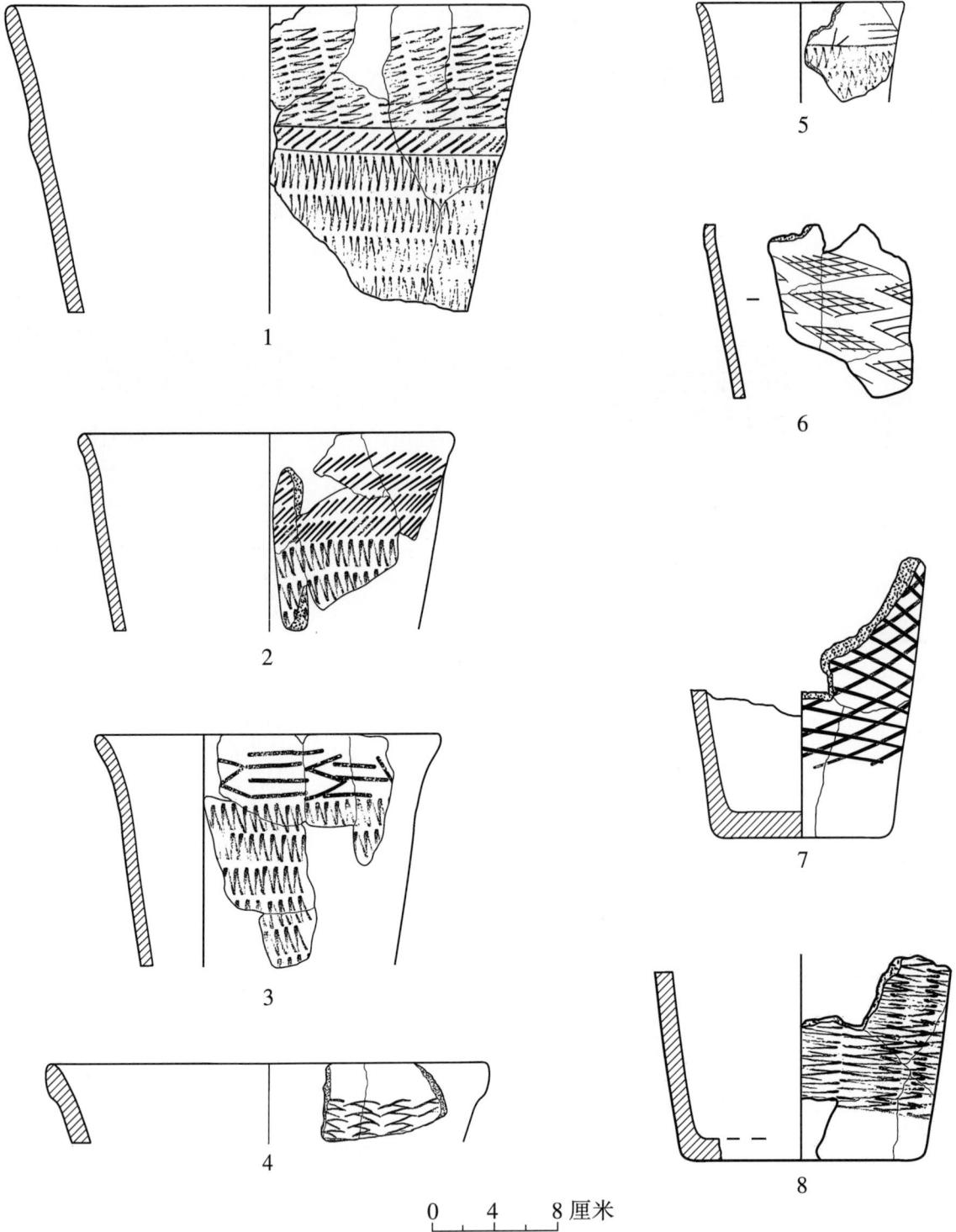

图二七九　F47 陶器（8. 居住面出土　1～7. 堆积层出土）

1、2. BⅣ式直腹罐（F47①：18、F47①：22）　3. BⅤ式直腹罐（F47①：24）　4、5. 直腹罐口沿（F47①：16、F47①：15）　6. 直腹罐腹部残片（F47①：23）　7、8. 直腹罐罐底（F47①：26、F47：16）

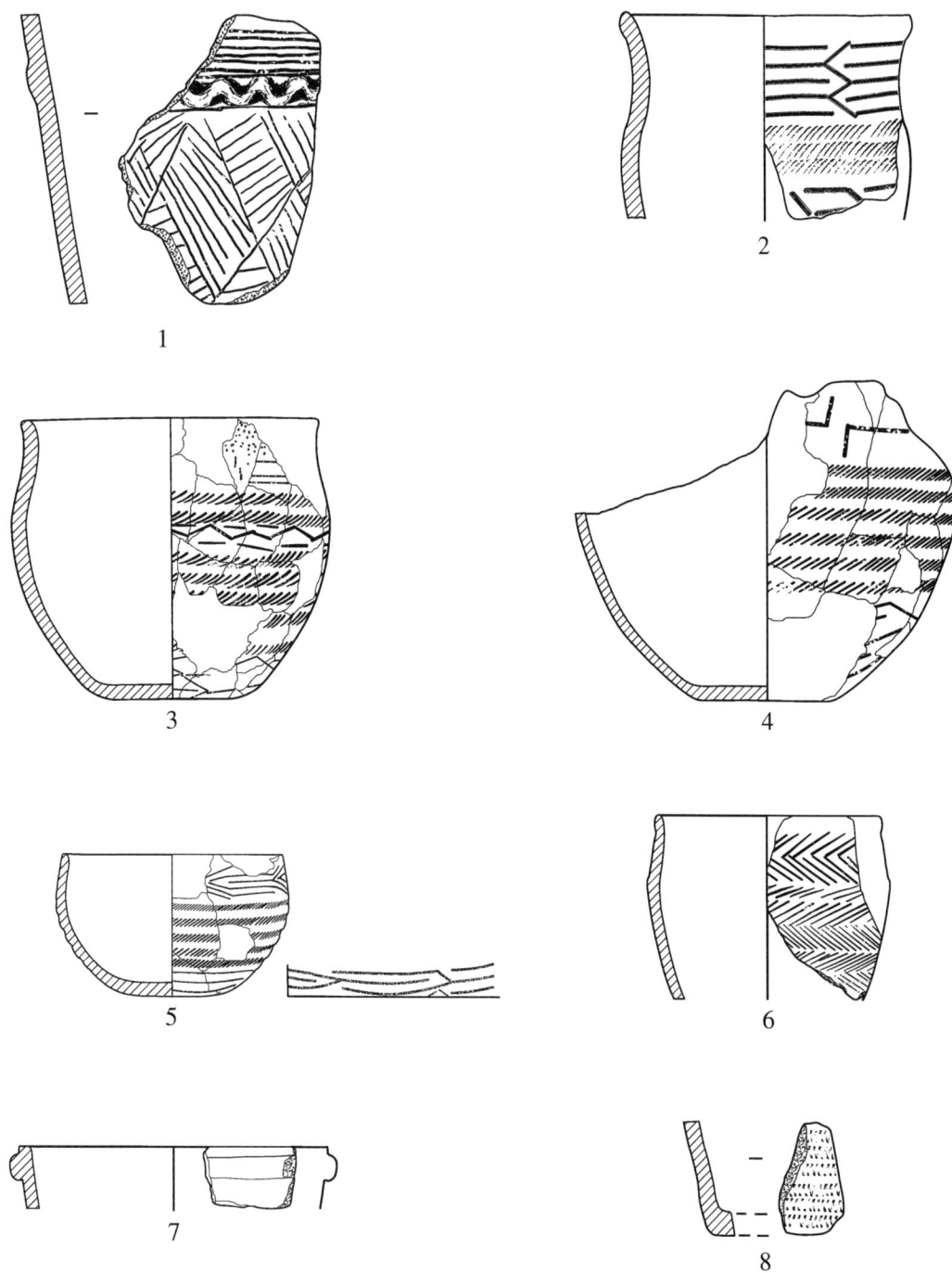

0　　4　　8 厘米

图二八〇　F47 陶器（3、5. 居住面出土　1、2、4、6～8. 堆积层出土）

1. 直腹罐腹部残片（F47①:25）　　2. CⅣ式鼓腹罐（F47①:21）　　3、4. CV式鼓腹罐（F47:14、
F47①:12）　　5. D1 型钵（F47:13）　　6. Cb1 钵（F47①:27）　　7. 钵口沿（F47①:14）

8. 小杯底（F47①:13）

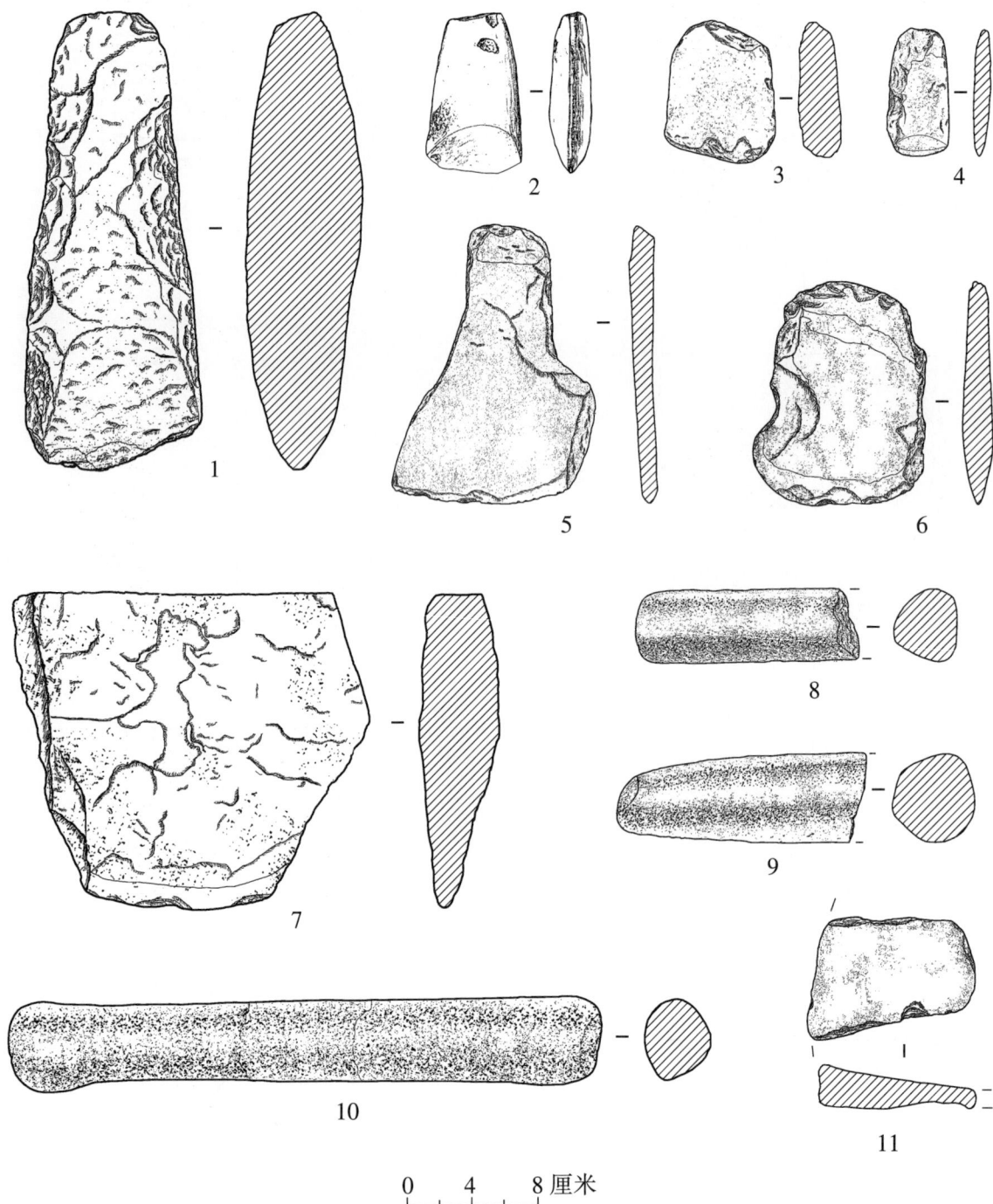

图二八一　F47 石器（1、2、7～10. 居住面出土　3～6、11. 堆积层出土）

1、2. B 型石斧（F47：27、F47：17）　3. A 型石斧（F47①：7）　4. C 型石斧（F47①：9）　5. Bb 型铲形石器（F47①：28）　6. A 型石刀（F47①：29）　7. D 型石刀（F47：30）　8、9. C 型磨棒（F47：28、F47：34）　10. D 型磨棒（F47：31）　11. A 型磨盘（F47①：2）

A 型磨盘 2 件，皆黄色花岗岩，琢制，凹磨面。F47：32（F47：21），浅长方形，底面平整，长 45、宽 25、厚 4.5 厘米（图二八二，1；图版二〇八，5）；F47：18，残长 18.88、宽 23.47、厚 6.7 厘米（图版二〇八，5）。

B 型磨盘 1 件，F47：22，残，黄色花岗岩，琢制，长方圆角扁体，凹磨面中心有一凹窝，平面底，长 11.09、残宽 7.43、厚 3.2～5.2 厘米，凹窝直径 4.0、深 0.8 厘米（图二八二，2；图版二一〇，4）。

砺石 2 件。F47：20，残，红色长石，形体扁平，形状不规则，双磨面，残长 18.88、宽 23.47、厚 6.7 厘米（图二八二，4）；F47：24，褐色长石，长方体，双磨面，长 12.73、宽 7.87、厚 4.3 厘米（图二八二，3；图版二二五，8）。

敲砸器 3 件，皆自然石块。F47：26，灰色石英岩，长方形圆角，敲砸使用痕迹集中在棱角处，长 11、宽 8.5、厚 5 厘米（图二八二，9；图版二五〇，2）；F47：29，褐色长石，多棱面，有一处敲击点，长 17.54、宽 17.54、厚 10.4 厘米；F47：33，棕红色花岗岩，扁球状，有两处敲击点，长 12.57、厚 6.4 厘米（图二八三，1；图版二五〇，3）。

石料 2 件，F47：25，花岗岩石块；F47：23，棕红色花岗岩，自然石块，形状不规整，长 22.0、宽 16.69、厚 12.4 厘米。

室内堆积层遗物

（1）陶器 17 件。斜腹罐口沿 1 件，BⅢ式直腹罐 2 件，BⅣ式直腹罐 3 件，BⅤ式直腹罐 1 件，直腹罐口沿 2 件，直腹罐腹部残片 2 件，直腹罐罐底 1 件，CⅣ式鼓腹罐 1 件，CⅤ式鼓腹罐 1 件，Cb1 型钵 1 件，钵口沿 1 件，杯底 1 件见（参见附表 8　查海遗址房址堆积层出土陶器型式统计表）。陶片 112 片（见附表 2　房址出土陶片统计表）。

斜腹罐口沿 1 件，F47①：11，夹砂红褐陶，方唇，附加堆纹带宽凸、饰宽疏左斜线纹，口径 30、残高 7.92、厚 1.2 厘米（图二七八，1）。

BⅢ式直腹罐 2 件，皆夹砂红褐陶，口部残片。F47①：19，厚尖圆唇，颈饰弦纹数周，附加堆纹带宽凸、饰 Ea 型波曲形几何纹，下饰弦纹、附压左斜线纹，腹饰网格纹，口径 22、残高 16.76、厚 1.4 厘米（图二七八，2）；F47①：20，圆唇，颈饰弦纹数周，窄凸附加堆纹带饰左斜线纹，腹饰竖排人字纹，残高 16.42、厚 1 厘米（图二七八，3）。

BⅣ式直腹罐 3 件，口部残片。夹砂红褐陶 2 件，F47①：17，尖圆唇，颈饰弦纹，堆纹带不明显、饰 Ea 型波曲形几何纹，腹饰人字纹，残高 11.24、厚 0.7 厘米（图二七八，5）；F47①：18，直口，圆唇，颈饰横压竖排之字纹，宽平附加堆纹带饰左斜线纹，腹饰竖压横排之字纹，口径 34、残高 19.14、厚 1 厘米（图二七九，1）。夹砂灰褐陶 1 件，F47①：22，厚圆唇，近口饰左斜线纹 4 周，腹饰竖压横排宽疏之字纹，残高 12.4、口径 24、厚 0.7 厘米（图二七九，2）。

BⅤ式直腹罐 1 件，F47①：24，夹砂灰褐陶，口部残片，厚圆唇，近口饰 C2 型梭形几何纹，腹饰竖压横排宽疏之字纹，口径 23、残高 14.68、厚 0.5 厘米（图二七九，3）。

直腹罐口沿 2 件。夹砂灰褐陶 1 件，F47①：16，厚圆唇，横压竖排宽疏弧线之字纹，口径 28、

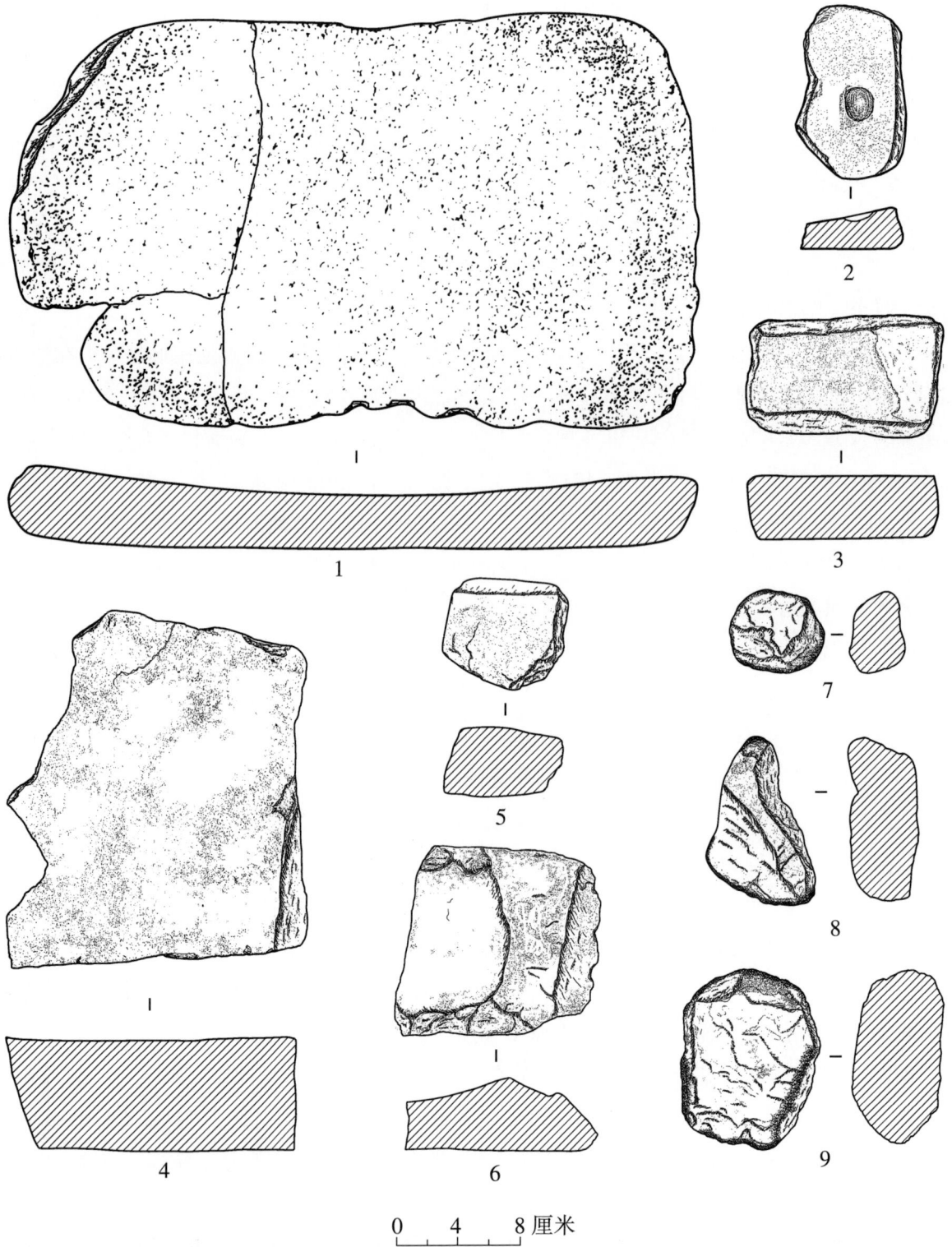

0　　4　　8 厘米

图二八二　F47 石器（1～4、9. 居住面出土　5～8. 堆积层出土）

1. A 型磨盘（F47：32）　2. B 型磨盘（F47：22）　3～6. 砺石（F47：24、F47：20、F47①：31、

F47①：5）　7～9. 敲砸器（F47①：6、F47①：3、F47：26）

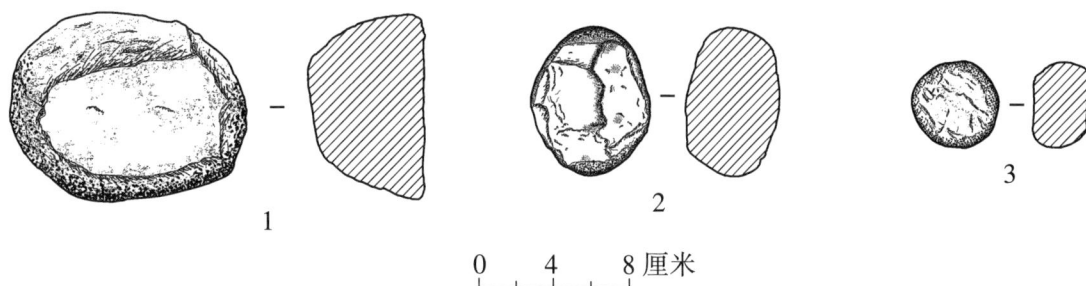

图二八三　F47 石器（1. 居住面出土　2、3. 堆积层出土）

1～3. 敲砸器（F47：33、F47①：30、F47①：8）

残高 5、厚 1 厘米（图二七九，4）。夹砂红褐陶 1 件，F47①：15，圆唇，颈饰几何纹，纹饰不清，腹饰竖压横排宽疏细之字纹，口径 13、残高 6.28、厚 0.6 厘米（图二七九，5）。

直腹罐腹部残片 2 件，皆夹砂红褐陶。F47①：23，饰网状菱格纹，残高 10.84、厚 0.6 厘米（图二七九，6）；F47①：25，口饰弦纹数周，指压附加堆纹带，腹饰长线菱格纹，残高 16.56、厚 1 厘米（图二八〇，1）。

直腹罐罐底 1 件，F47①：26，夹砂红褐陶，饰网格纹，纹饰不到底，底径 11、残高 17.6、厚 0.9 厘米（图二七九，7）。

CⅣ式鼓腹罐 1 件，F47①：21，夹砂灰褐陶，侈口，圆唇，束颈，鼓腹，颈饰 C2 型梭形几何纹，肩饰左斜线纹，腹饰几何纹，纹饰不清，口径 17.0、残高 11.5 厘米（图二八〇，2）。

CⅤ式鼓腹罐 1 件，F47①：12，夹砂红褐陶，上部残，腹饰 Aa2 型单体曲尺形几何纹、左斜线纹、C2 型梭形几何纹，底径 8、残高 19.24、厚 0.7 厘米（图二八〇，4）。

Cb1 型钵 1 件，F47①：27，夹砂红褐陶，口部残片，尖唇，显肩，颈饰横排人字纹，显肩处饰左斜线纹，腹饰横排人字纹，口径 13、残高 10.44、厚 0.6 厘米（图二八〇，6）。

钵口沿 1 件，F47①：14，夹砂红褐陶，方唇，近口部附加堆纹带、无纹饰，口径 18、残高 3.5、厚 0.7 厘米（图二八〇，7）。

杯底 1 件，F47①：13，夹砂红褐陶，饰细短小之字纹，残高 6.46、厚 0.9 厘米（图二八〇，8）。

（2）石器 15 件。A 型石斧 1 件，C 型石斧 2 件，A 型石刀 1 件，Bb 型铲形石器 1 件，A 型磨盘 1 件，砺石 2 件，敲砸器 6 件，石料 1 件（参见附表 16　查海遗址房址堆积层出土石器型式统计一览表）。

A 型石斧 1 件，F47①：7，残，灰色大理石，磨制，扁体，弧顶，有崩疤，刃部残断。残长 8.86、宽 6.96、厚 2.3 厘米（图二八一，3；图版一六八，6）。

C 型石斧 2 件，F47①：9，灰色泥质页岩，打制，扁平长条形，刃部及两侧磨制较为锋利。长 7.5、刃宽 3.5、厚 0.6 厘米（图二八一，4；图版一七一，5）；F47①：10，石斧残片，黄色泥质板岩，椭圆形，残长 5、残宽 4.5、厚 0.2 厘米。

A 型石刀 1 件，F47①：29，灰色石灰岩，扁体，椭圆形，弧背，弧刃，长 13.64、宽 8.61、厚

2.2厘米（图二八一，6）。

Bb型铲形石器1件，F47①：28，残，深灰色页岩，打制，窄柄宽身，斜肩，小弧刃，正锋，刃部磨痕明显，长17.11、刃宽11.05、厚1.6厘米（图二八一，5；图版一七八，1）。

A型磨盘1件，F47①：2，残块，黄色花岗岩，琢制，磨面下凹，残长10.0、残宽6.66、厚1.0~2.6厘米（图二八一，11）。

砺石2件。F47①：5，残，白色石灰岩，形体扁平，长方形，有三个磨面，其中两个磨面下凹，磨蚀较深，长13.5、宽12.08、厚3.0~4.7厘米（图二八二，6）；F47①：31，棕红色玄武岩，有一个使用磨面光滑，长7.5、宽6、厚4厘米（图二八二，5）。

敲砸器6件，皆石英岩自然石块。F47①：8，灰色扁圆形，周边有敲击痕迹，直径4、厚2.5厘米（图二八三，3；图版二五〇，4）；F47①：1，棕红色，多棱体，敲砸痕迹集中在棱角处，长9、宽6、厚5厘米；F47①：3，浅灰色，多棱体，棱角处有使用痕迹，长10.5、宽7、厚3.5厘米（图二八二，8）；F47①：4，灰色，多棱体，敲砸使用痕迹集中在棱角处，长8.5、宽7、厚5.8厘米；F47①：6，浅灰色，近扁圆体，周边有使用痕迹，直径6、厚3厘米（图二八二，7）；F47①：30，灰色，近椭圆形，敲砸痕迹集中在周边棱角处，长7、宽6、厚4厘米（图二八三，2；图版二五〇，5）。

石料1件，F47①：11，灰色页岩。

四八　48号房址（F48）

1. 遗迹

F48位于遗址东北部，东北角打破F49。北与F47、F45、F44，南与F2成列；西与F43、F36、F32、F38、F26，东与F55、F49成排。方向210°。面积约26.4平方米，是一座小型半地穴房址。平面呈圆角长方形，南北5.5、东西4.8米，中心垂直深度0.54米。房址挖凿于黄色生土层及基岩层内，生土与基岩为壁，四壁局部有些弧曲，壁面稍加修整斜平。居住面较平整，四周略高，西北角基岩裸露，为黑灰色垫踏土，土质坚硬，厚约0.04~0.07米。灶位于室内中部，圆形坑式灶，斜壁平底，灶内抹泥厚0.02~0.05米，经火烧后，灶内呈暗红色。灶口直径为0.9~0.96米，灶深0.04米。室内共发现12个大小深浅不一的柱洞，皆凿于基岩内，形状有圆形和椭圆形两种。这些柱洞分两圈布置。外圈靠近穴壁分布于四角，其中西北角3个柱洞，东南角2个，西南角1个，东北角1个。内圈靠近灶址远离穴壁一圈，总计5个柱洞（详见附表22-33　F48柱洞一览表）。室内遗物有陶器和石器，主要分布在灶址以南及西北角柱洞之间。这座房址的陶器以夹砂红褐陶之字纹为主，几何纹次之，少见人字纹、素面纹（图二八四）。

2. 遗物

（1）陶器21件。BⅢ式直腹罐6件，BⅣ式直腹罐6件，BⅤ式直腹罐2件，BⅥ式直腹罐2件，直腹罐罐底2件，CⅡ式鼓腹罐2件，CⅣ式鼓腹罐1件（参见附表7　查海遗址房址活动

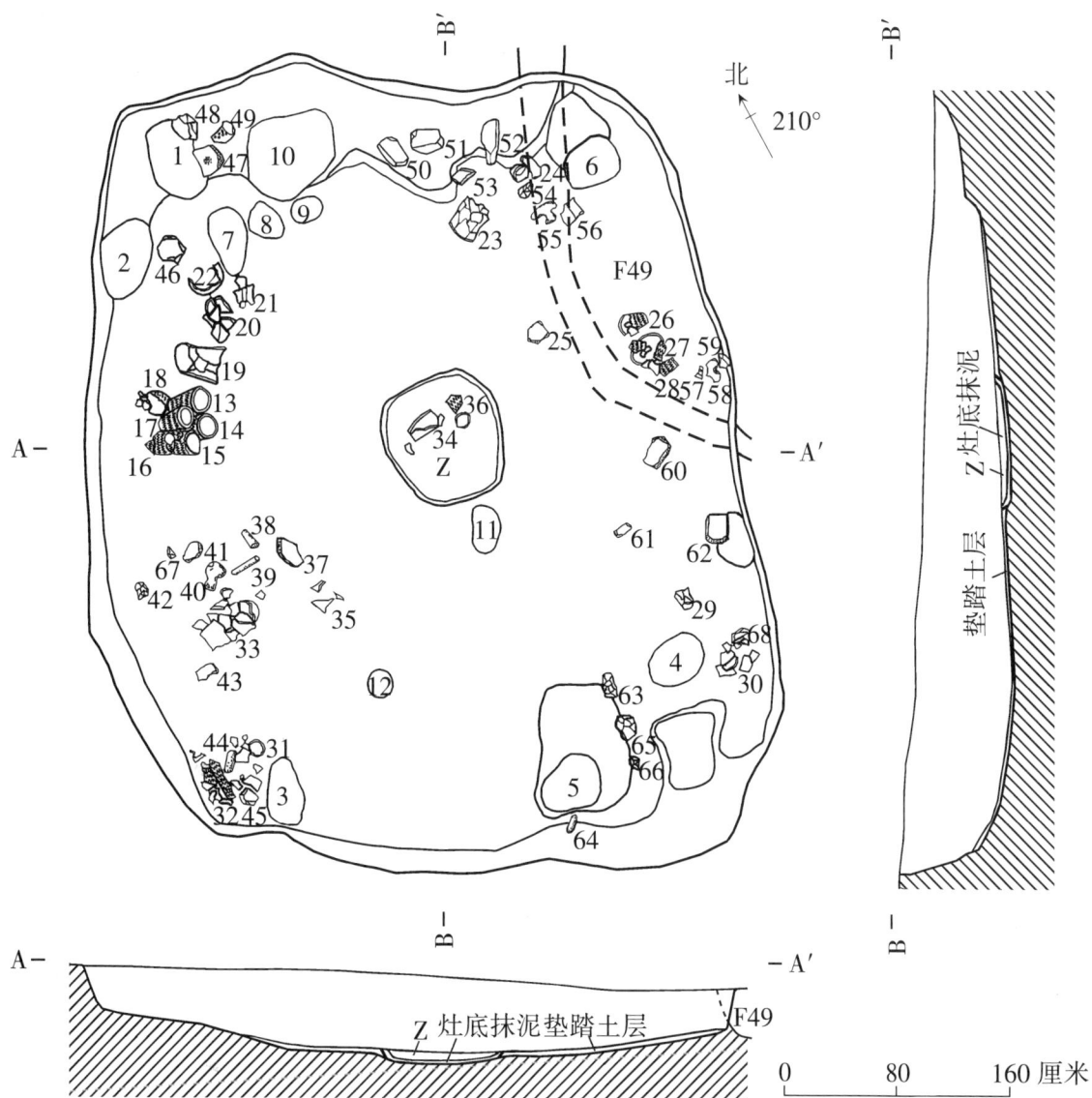

图二八四　F48 平、剖面图

1～12. 柱洞　13～17、19、21（20）、26、30. 直腹罐　18、33. 鼓腹罐　22、23. 直腹罐口沿

24、25、27～29、31、34. 直腹罐罐底　32. 鼓腹罐口沿　35、36. 陶片　37、43、47、52、53、

60、62. 磨盘　38. 石斧　39、44、63、64. 磨棒　40、46、55、58、61. 铲形石器　41、45、

48～51、56、57、59、67、68. 石料　42、54、66. 敲砸器　65. 砺石　Z. 灶址

面出土陶器型式统计表）。陶片 25 片（见附表 2　房址出土陶片统计表）。

　　B Ⅲ 式直腹罐 6 件，皆夹砂红褐陶。F48∶23，口部残片，敞口，厚圆唇，颈饰弦纹数周，
附加堆纹带饰左斜线纹，腹饰左斜线纹数周，口径 25、残高 17.8、厚 1 厘米（图二八五，1）；
F48∶24，口部残，直腹，凹平底，腹部饰人字纹，底径 12.1、残高 10、壁厚 1.1 厘米（图二八
五，4）；F48∶27，底部残片，饰交叉划纹、网格纹，残高 14.84、厚 1.1 厘米（图二八五，2）；

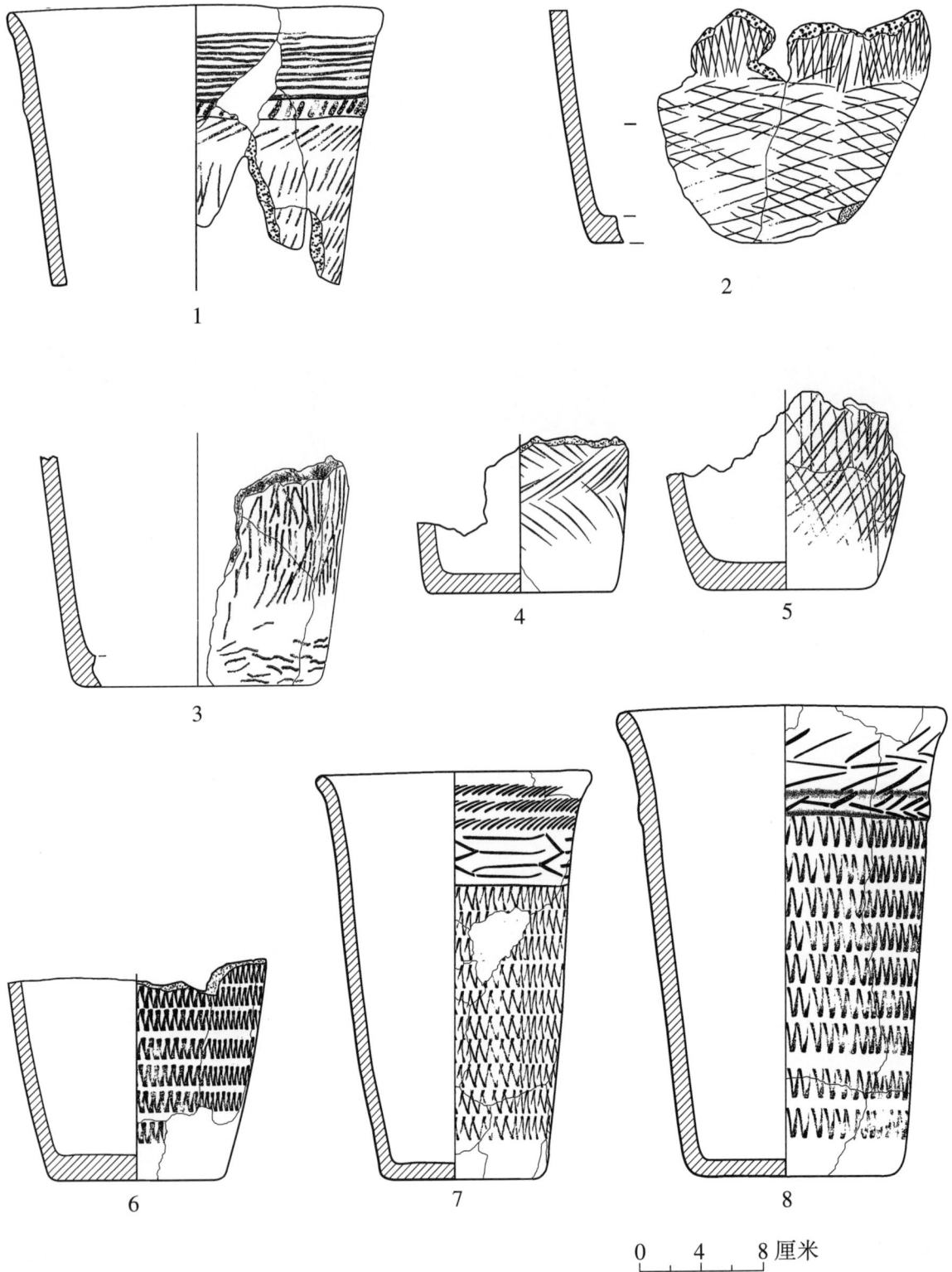

图二八五　F48 陶器

1~6. BⅢ式直腹罐（F48：23、F48：27、F48：31、F48：24、F48：29、F48：28）

7、8. BⅣ式直腹罐（F48：17、F48：13）

F48：28，下部残片，局部泛黑灰色，凹平底，腹饰竖压横排之字纹，底径 11.6、残高 13.5 厘米（图二八五，6）；F48：29，底部残片，平底，腹饰草划网格纹不到底，底径 12、残高 12.7 厘米（图二八五，5）；F48：31，底部残片，饰交叉划纹，底径 16.5、残高 14.5 厘米（图二八五，3）。

BⅣ式直腹罐 6 件。夹砂红褐陶 2 件，F48：17，口部泛黑灰色，敞口，厚圆唇，直腹，凹平底，颈饰左斜线纹 3 周，下饰 C2 型梭形几何纹带，腹饰竖压横排之字纹 10 周，不到底，口径 18.2、底径 10.2、高 26 厘米（图二八五，7；图版九九，2）；F48：22，底部残，敞口，厚圆唇，直腹，颈饰弦纹数周，附加堆纹带饰 Ea 型波曲形几何纹、波曲间饰人字纹，腹饰网格纹，口径 14.9、残高 13.5 厘米（图二八六，3；图版九八，3）。夹砂灰褐陶 4 件，F48：13，口部泛黑灰色，敞口，厚圆唇，直腹，凹平底，颈饰 Db 型锯齿形几何纹，附加堆纹带饰 Da2 型锯齿形几何纹，腹饰竖压横排之字纹 9 周，不到底，口径 21.8、底径 13.7、高 30 厘米（图二八五，8；图版九八，4）；F48：15，直敞口，口部变形，厚圆唇，直腹，凹平底，颈饰横压竖排之字纹，窄凸附加堆纹带饰网格纹，腹饰竖压横排之字纹 10 周，近底部无纹饰，口径 19.7、底径 12.8、高 26 厘米（图二八六，4；图版九九，3）；F48：19，上部残，敞口，厚尖圆唇，直腹，凹平底，腹饰竖压横排之字纹不到底，底径 19.8、残高 31 厘米（图二八六，1；图版九八，2）；F48：30，底部残，口部泛黑灰色，敞口，厚圆唇，直腹，颈饰横压竖排之字纹，附加堆纹带饰 Da4 型锯齿形几何纹，腹饰竖压横排之字纹，口径 22、底径 14.7、高 30.8 厘米（图二八六，2；图版九九，1）。

BⅤ式直腹罐 2 件。夹砂灰褐陶 1 件，F48：16，口部泛黑灰色，敞口微外撇呈喇叭口，圆唇，直腹，平微凹底，颈饰断弦纹数周，下饰网格纹带，腹饰竖压横排之字纹不到底，口径 19、底径 10.9、高 24.3 厘米（图二八六，6；图版一二一，2）。夹砂红褐陶 1 件，F48：26，敞口，圆唇，直腹，平微凹底，通体饰竖压横排之字纹数周，口径 16、底径 10.7、高 20.5 厘米（图二八六，5；图版一二二，2）。

BⅥ式直腹罐 2 件。夹砂灰褐陶 1 件，F48：14，敞口微外撇呈小喇叭形，厚圆唇，直腹，平微凹底，颈饰弦纹数周，腹饰竖压横排之字纹不到底，口径 23、底径 12.8、高 30.4 厘米（图二八七，1；图版一二九，3）。夹砂红褐陶 1 件，F48：21，口部泛黑灰色，敞口，厚尖圆唇，直腹，凹平底，颈饰弦纹 4 周、附压左斜线纹，腹饰竖压横排之字纹，近底饰横压竖排之字纹不清，口径 20.7、底径 12、高 28 厘米（图二八七，2；图版一三〇，3）。

直腹罐罐底 2 件，皆夹砂红褐陶。F48：25，平微凹底，底径 15.1、残高 3.7、壁厚 1.4 厘米（图二八七，4）；F48：34，素面，底径 9、残高 12.3 厘米（图二八七，3）。

CⅡ式鼓腹罐 2 件。夹砂红褐陶 1 件，F48：18，口部局部泛黑灰色，侈口，薄圆唇，束颈，不显肩，鼓腹，平底，颈饰左斜线纹 4 周，肩部饰 Ba1 型 F 形几何纹，腹饰纹饰不清，口径 16、底径 10.8、高 22.8 厘米（图二八七，5；图版一四〇，1）。夹砂灰褐陶 1 件，F48：32，口部残片，敞口，厚圆唇，颈饰左斜线纹 3 周，下饰 C2 型梭形几何纹，口径 20、残高 10、厚 0.9 厘米（图二八七，6）。

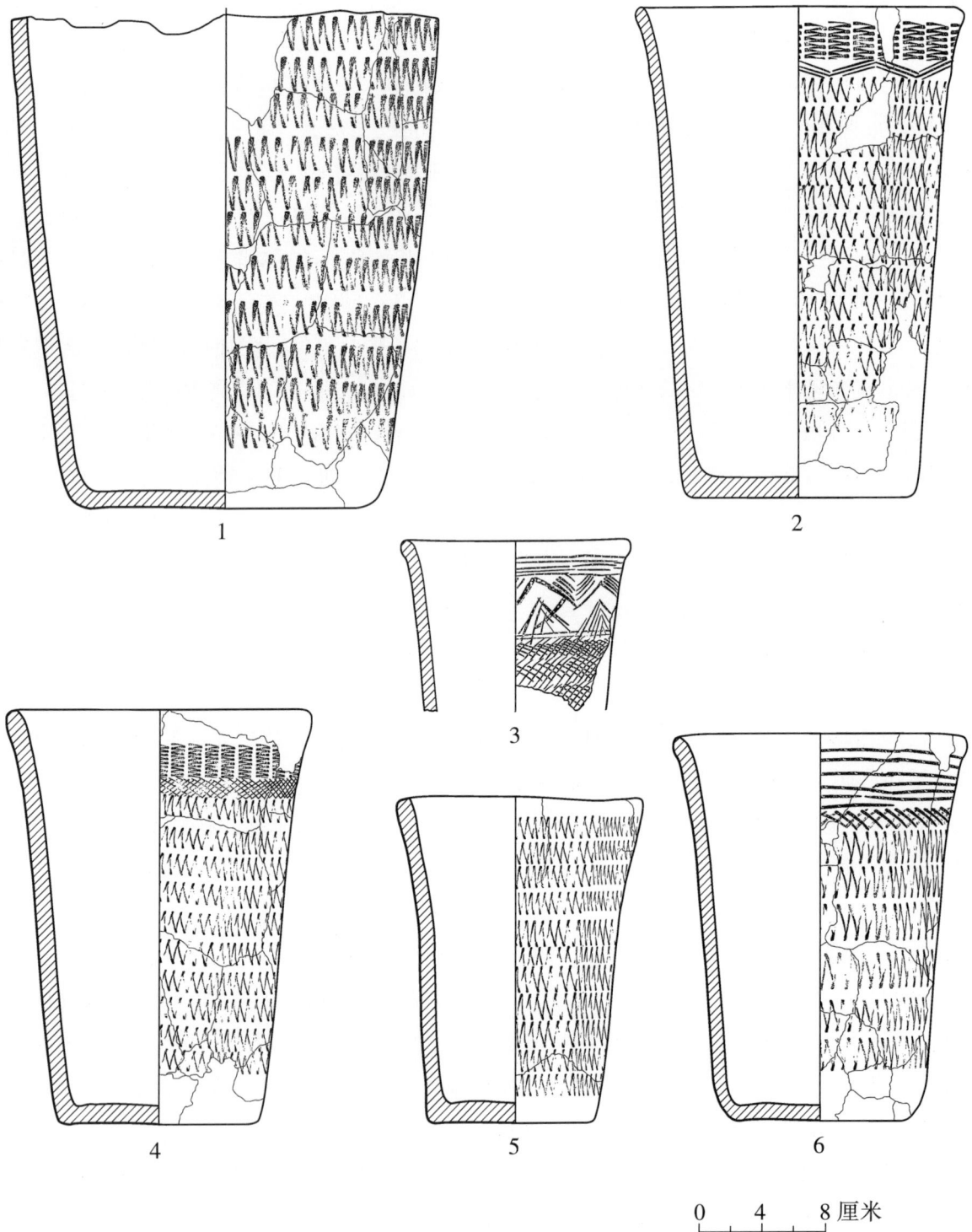

图二八六　F48 陶器

1~4. BⅣ式直腹罐（F48：19、F48：30、F48：22、F48：15）

5、6. BⅤ式直腹罐（F48：26、F48：16）

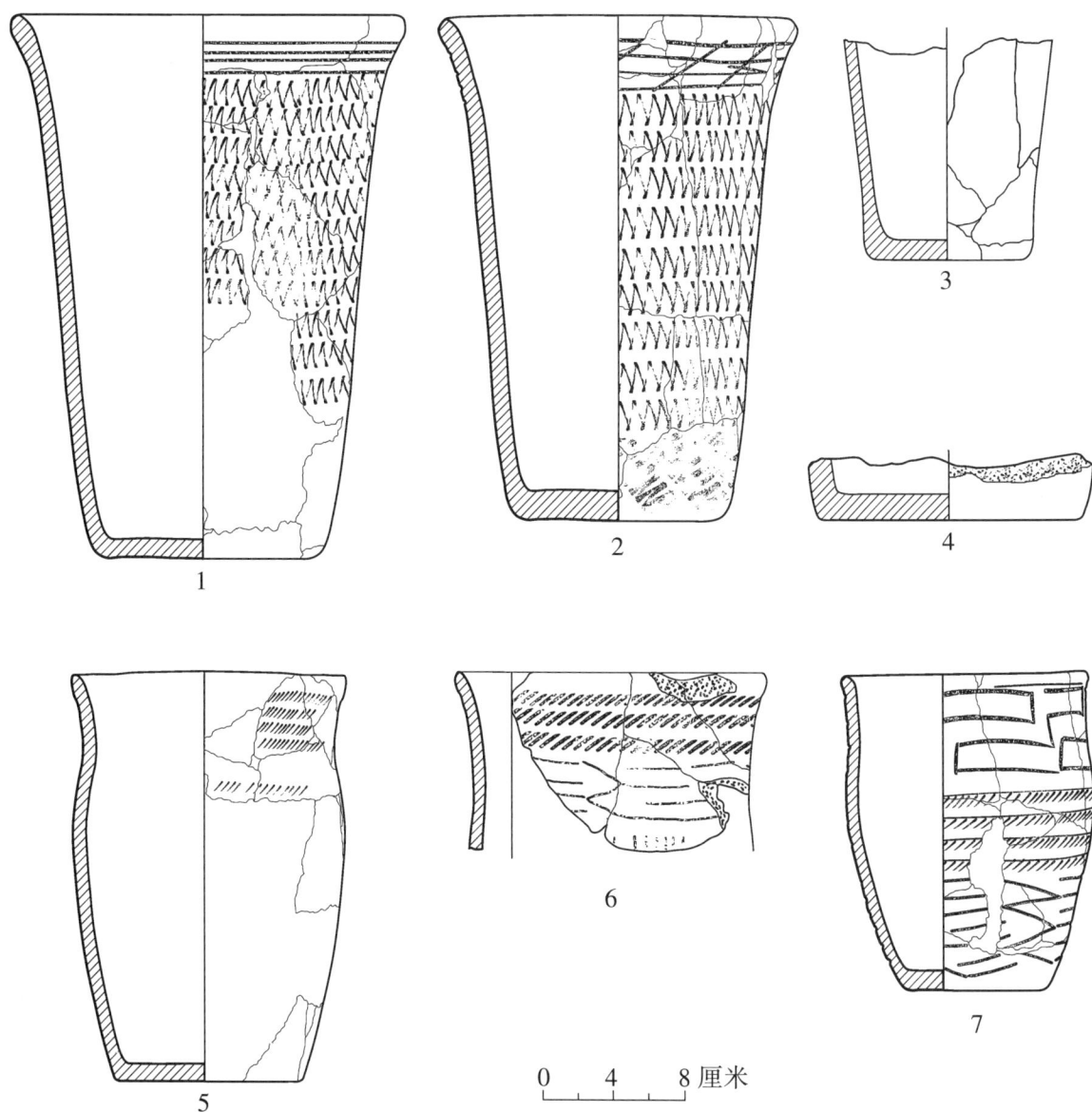

图二八七　F48 陶器

1、2. BⅥ式直腹罐（F48∶14、F48∶21）　　3、4. 直腹罐罐底（F48∶34、F48∶25）

5、6. CⅡ式鼓腹罐（F48∶18、F48∶32）　　7. CⅣ式鼓腹罐（F48∶33）

CⅣ式鼓腹罐 1 件，F48∶33，夹砂红褐陶，口部泛黑灰色，小侈口，尖圆唇，束颈，显肩，鼓腹，凹平底，颈饰 Ac2 型连体曲尺形几何纹，上腹饰弦纹 4 周、间饰左斜线纹 4 周，下腹饰 C3 型梭形几何纹，口径 14.3、底径 8、高 17.8 厘米（图二八七，7；图版一四五，4）。

（2）石器 32 件。B 型石斧 1 件，Ca 型铲形石器 1 件，Db 型铲形石器 2 件，铲形石器刃部残片 2 件，Aa 型磨棒 3 件，Bb 型磨棒 1 件，A 型磨盘 6 件，B 型磨盘 1 件，砺石 1 件，敲砸器 3 件，石料 11 件（参见附表 15　查海遗址房址居住面出土石器型式统计一览表）。

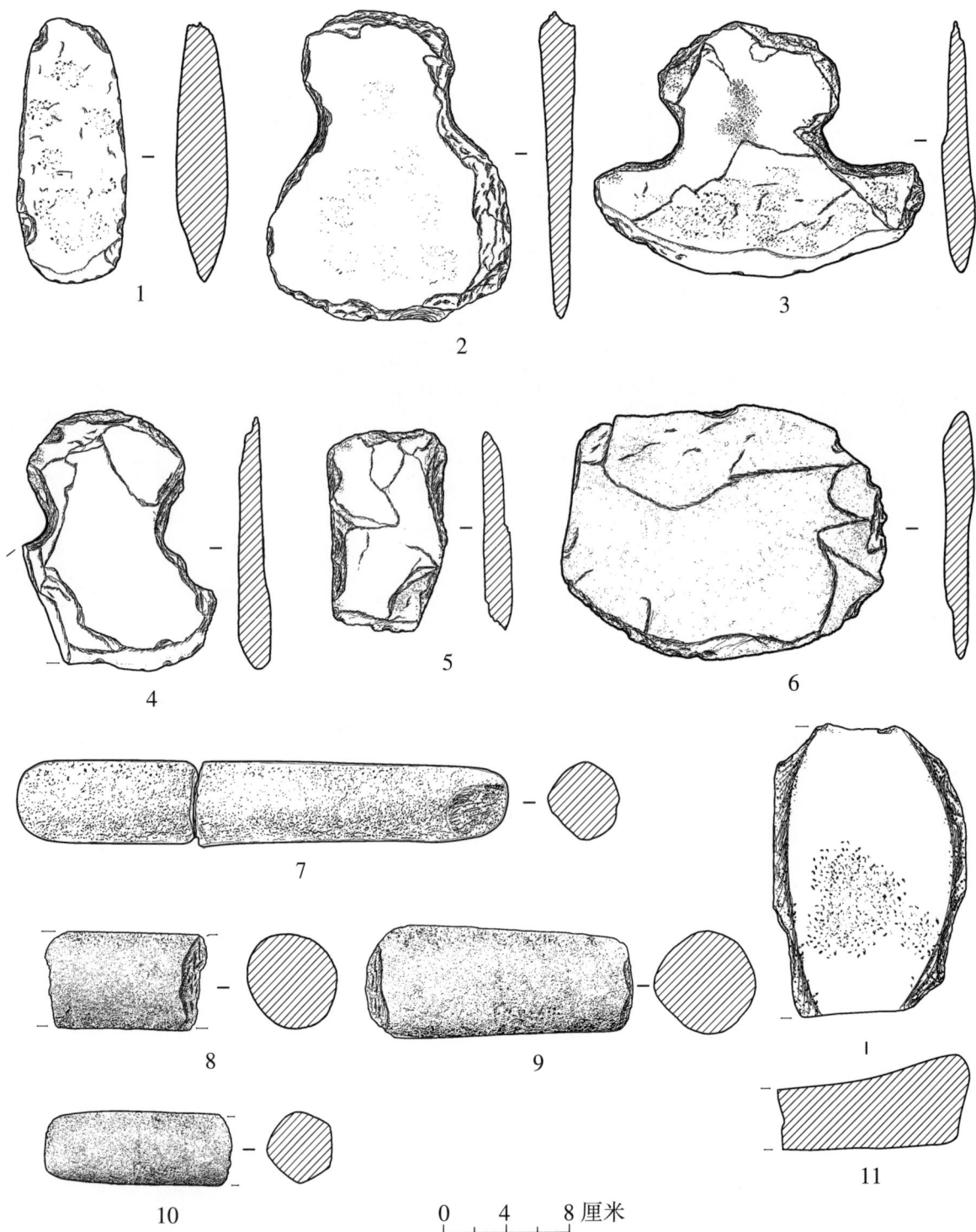

图二八八　F48 石器

1. B 型石斧（F48：38）　2. Ca 型铲形石器（F48：40）　3、4. Db 型铲形石器（F48：55、F48：58）

5、6. 铲形石器刃部残片（F48：61、F48：46）　7、8、9. Aa 型磨棒（F48：39、F48：44、F48：63）

10. C 型磨棒（F48：64）　11. A 型磨盘（F48：43）

B 型石斧 1 件，F48：38，稍残，棕红色玄武岩，磨制，扁体椭圆柱体，弧顶，弧刃，正锋，刃部有崩疤，长 16.64、刃宽 6.51、厚 3.4 厘米（图二八八，1；图版一六八，5）。

Ca 型铲形石器 1 件，F48：40，灰色石灰岩，打制，扁平体，椭圆柄，束腰，斜肩，弧刃，正锋，刃部有崩疤，长 18.39、刃宽 14.70、腰宽 7.98、厚 2.1 厘米（图二八八，2；图版一七九，6）。

Db 型铲形石器 2 件，皆深灰色页岩，打制，扁平体，束腰，弧刃，正锋，刃部一面使用明显。F48：55，长 15.90、刃宽 21.06、腰宽 8.90、厚 1.8 厘米（图二八八，3；图版一八七，6）；F48：58，刃角残，长 15.70、刃残宽 6.70、厚 2.1 厘米（图二八八，4；图版一八七，2）。

铲形石器刃部残片 2 件，皆浅灰色页岩，打制，扁平体，弧刃，正锋，刃部有崩疤。F48：46，长 16.08、刃宽 18.0、厚 1.5 厘米（图二八八，6）；F48：61，长 12.42、残宽 7.3、刃残宽 5.1、厚 1.8 厘米（图二八八，5）。

Aa 型磨棒 3 件，皆花岗岩，琢制，圆柱体。F48：39，黄白色，器表熏黑，一侧磨平，直径 4.5、长 32.55 厘米（图二八八，7）；F48：44，残段，浅黄色，直径 5、残长 9 厘米（图二八八，8）；F48：63，黄色，一端细，一端粗，直径 7.06、长 17.63 厘米（图二八八，9；图版二一四，1）。

C 型磨棒 1 件，F48：64，残，黄白色花岗岩，琢制，多棱柱体，残长 11.92、直径 4.57 厘米（图二八八，10）。

A 型磨盘 6 件，皆残块，花岗岩，琢制。F48：37，浅黄色，凹磨面，残长 21、厚 2.7 厘米（图二八九，2）；F48：43，棕红色，凹磨面，残长 18.08、残宽 12.44、厚 5.8 厘米（图二八八，11）；F48：52，黄色花岗岩，凹磨面，残长 19.20、残宽 18.74、厚 2.4～3.6 厘米（图二九〇，2）；F48：53，黄灰色，凹磨面，残长 22.08、残宽 27.60、厚 3.8 厘米（图二八九，4；图版二一〇，3）；F48：60，黄色，凹磨面，残长 22.10、残宽 22.46、厚 2.0～3.6 厘米（图二八九，1）；F48：62，黄色，凹磨面，残长 18.56、宽 21.57、厚 1.6～3.6 厘米（图二八九，3）。

B 型磨盘 1 件，F48：47，残块，黄白色，花岗岩，琢制，长方圆角形，凹磨面，磨面中间有凹窝，平底，残长 20.22、宽 20.97、厚 5.3 厘米，凹窝直径 5.0、深 1.6 厘米（图二九〇，1；图版二一〇，6）。

砺石 1 件，F48：65，棕红色花岗岩，三个磨面光滑，长 12、宽 8、厚 7 厘米（图二九〇，3）。

敲砸器 3 件，皆灰色石英岩自然石块。F48：42，方多棱体，敲砸痕迹集中在棱角处，长 9、宽 7.5、厚 4 厘米（图二九〇，4）；F48：54，扁球状，有多处砸击使用痕迹。直径 9.70、厚 5.9 厘米（图二九〇，5）；F48：66，扁球状，有多处砸击使用痕迹，直径 9.41、厚 4.8 厘米（图二九〇，6）。

石料 11 件。棕红色玄武岩 1 件，F48：49，长 13、宽 7、厚 8 厘米。灰色石英岩 1 件，F48：56 石料，长 8、宽 7.5、厚 3 厘米。棕红色花岗岩 6 件，F48：41，长 12、宽 8.5、厚 3 厘米；F48：45，长 12、宽 5.5、厚 5 厘米；F48：50，长 22、宽 11、厚 9 厘米；F48：57，长 11、宽 9、厚 6 厘米；F48：59，长 12、宽 7.5、厚 5 厘米；F48：68。灰绿色花岗岩 1 件，F48：48，长 17、宽 14、厚 7 厘米。浅黄色花岗岩 1 件，F48：51，长 18、宽 13、厚 9.5 厘米。灰褐色花岗岩 1 件，F48：67。

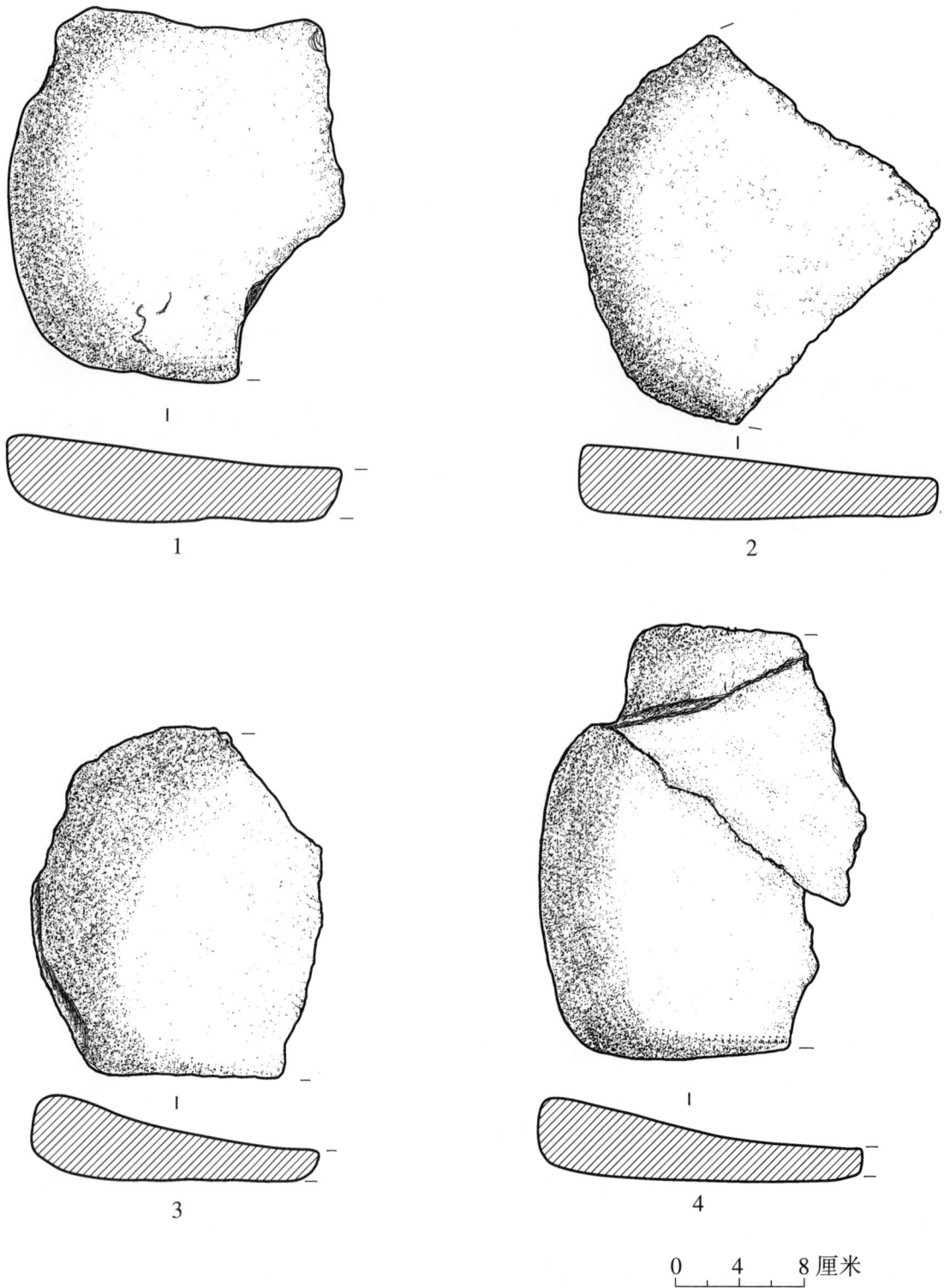

图二八九　F48 石器

1～4. A 型磨盘（F48：60、F48：37、F48：62、F48：53）

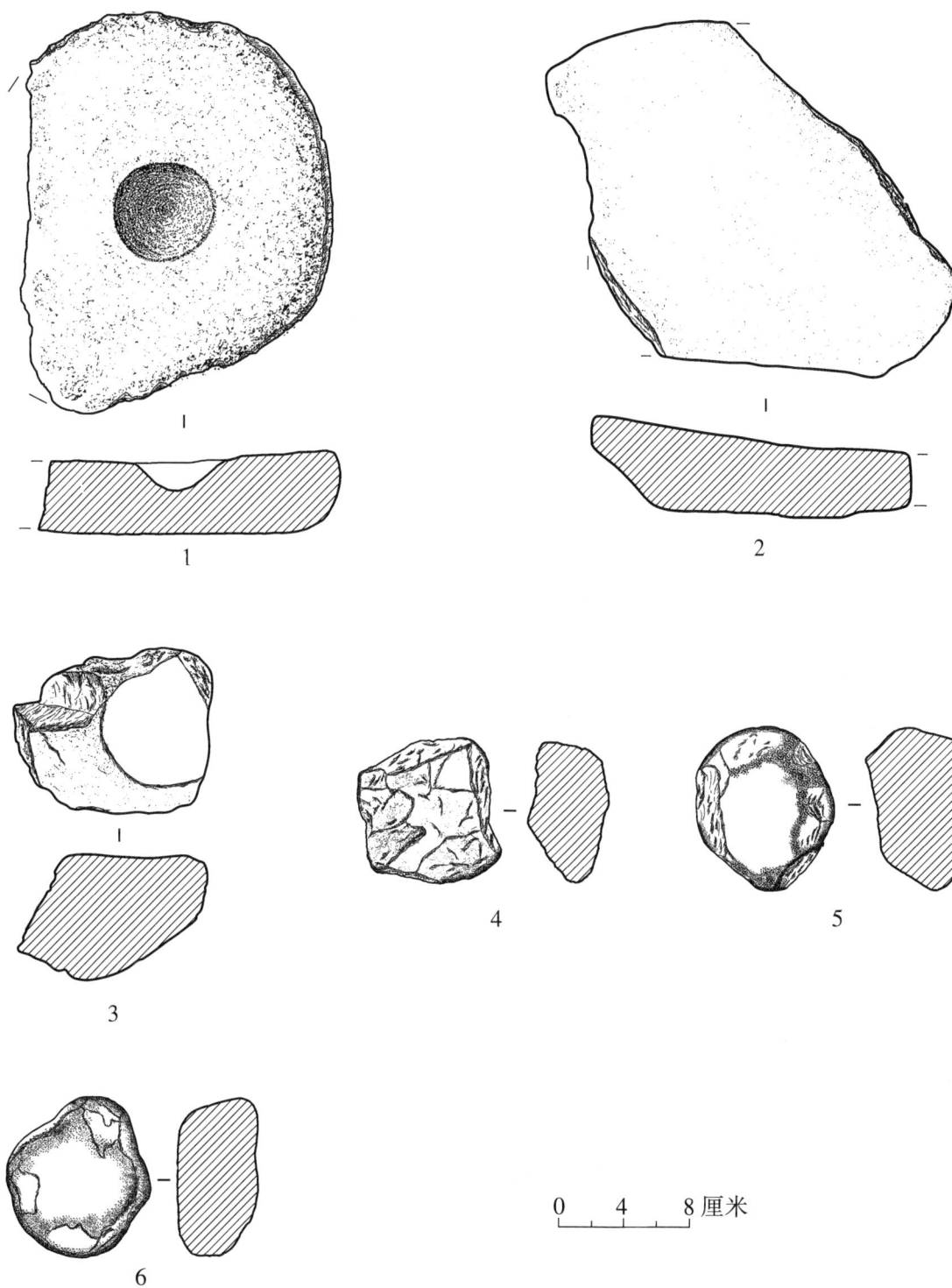

图二九○　F48 石器

1. B 型磨盘（F48：47）　2. A 型磨盘（F48：52）　3. 砺石（F48：65）

4～6. 敲砸器（F48：42、F48：54、F48：66）

四九　49 号房址（F49）

1. 遗迹

F49 位于遗址东北部，被 F47、F52、F48、F55 共同打破，仅残存局部痕迹，西壁在 F47 与 F48 之间保留一段，南壁在 F48 与 F55 之间保留一小段，东北角在 F55 与 F52 之间保留一段，北壁在 F47 与 F52 之间保留一段。柱洞残留 20 个，大小不同深浅不一，形状有圆形和椭圆形两种，皆凿于基岩内，分两圈布置。外圈柱洞 16 个，内圈 4 个柱洞，分布于灶址四角（详见附表 22－34　F49 柱洞一览表）。根据外圈柱洞靠近四周穴壁的布置规律以及上述穴壁残留遗迹，可复原 F49。F49 方向 220°。南北 7.4、东西 6.9 米。面积约 45.56 平方米，是一座中型半地穴房址，平面呈圆角长方形。房址挖凿于黄色生土及基岩内，中心垂直深度 0.5 米。生土及基岩为壁，壁面稍加修整斜平。室内活动面仅北部和西部保留一小部分，为黑灰色垫踏土，土质坚硬，厚约 0.03～0.05 米。灶位于室内中部偏北，上部被 F55 打破，呈不规则形，坑式灶，斜壁圜底，灶内抹泥厚 0.03～0.05 米，经火烧后表面呈暗红色。该灶南北残存 0.84、东西残存 0.9、残深 0.03 米（图二九一）。

2. 遗物

室内居住面遗物

（1）陶器 7 件。斜腹罐口沿 1 件，斜腹罐腹部残片 2 件，直腹罐腹部残片 2 件，直腹罐罐底 1 件，Aa2 型杯 1 件（参见附表 7　查海遗址房址活动面出土陶器型式统计表）。

斜腹罐口沿 1 件，F49:28，夹砂红褐陶，圆唇，外叠宽带沿饰右斜线纹，腹饰窝点纹，口径 28、残高 10.1、厚 1.2 厘米（图二九二，2）。

斜腹罐腹部残片 2 件，皆夹砂红褐陶。F49:22，饰窝点纹，残高 10.1、厚 1.1 厘米（图二九二，7）；F49:25，素面，附贴压沟小圆饼，残高 14 厘米（图二九二，8）。

直腹罐腹部残片 2 件，皆夹砂红褐陶。F49:27，饰草划交叉纹，残高 9.92、厚 1.1 厘米（图二九三，4）；F49:29，饰网格纹，残高 5.68、厚 0.95 厘米（图二九三，5）。

直腹罐罐底 1 件，F49:21，夹砂红褐陶，上部残，平底，素面，底径 12.6、残高 10.7、壁厚 1 厘米（图二九三，8）。

Aa2 型杯 1 件，F49:43，夹砂红褐陶，口部泛黑色，直敞口，薄圆唇，斜腹，平底，腹饰草划网格纹，口径 10.7、底径 5.2、高 7.5、壁厚 0.5 厘米（图二九三，11；图版一五三，1）。

（2）石器 20 件。D 型石刀 1 件，Cb 型铲形石器 1 件，F 型双孔盘状铲形石器 1 件，铲形石器残片 3 件，D 型磨棒 1 件，砺石 1 件，Bc 型饼形器 1 件，石料 11 件（参见附表 15　查海遗址房址居住面出土石器型式统计一览表）。

D 型石刀 1 件，F49:46，灰色页岩，自然石片，薄片状，薄边为刃，长 8、宽 4.5、厚 0.5 厘米。

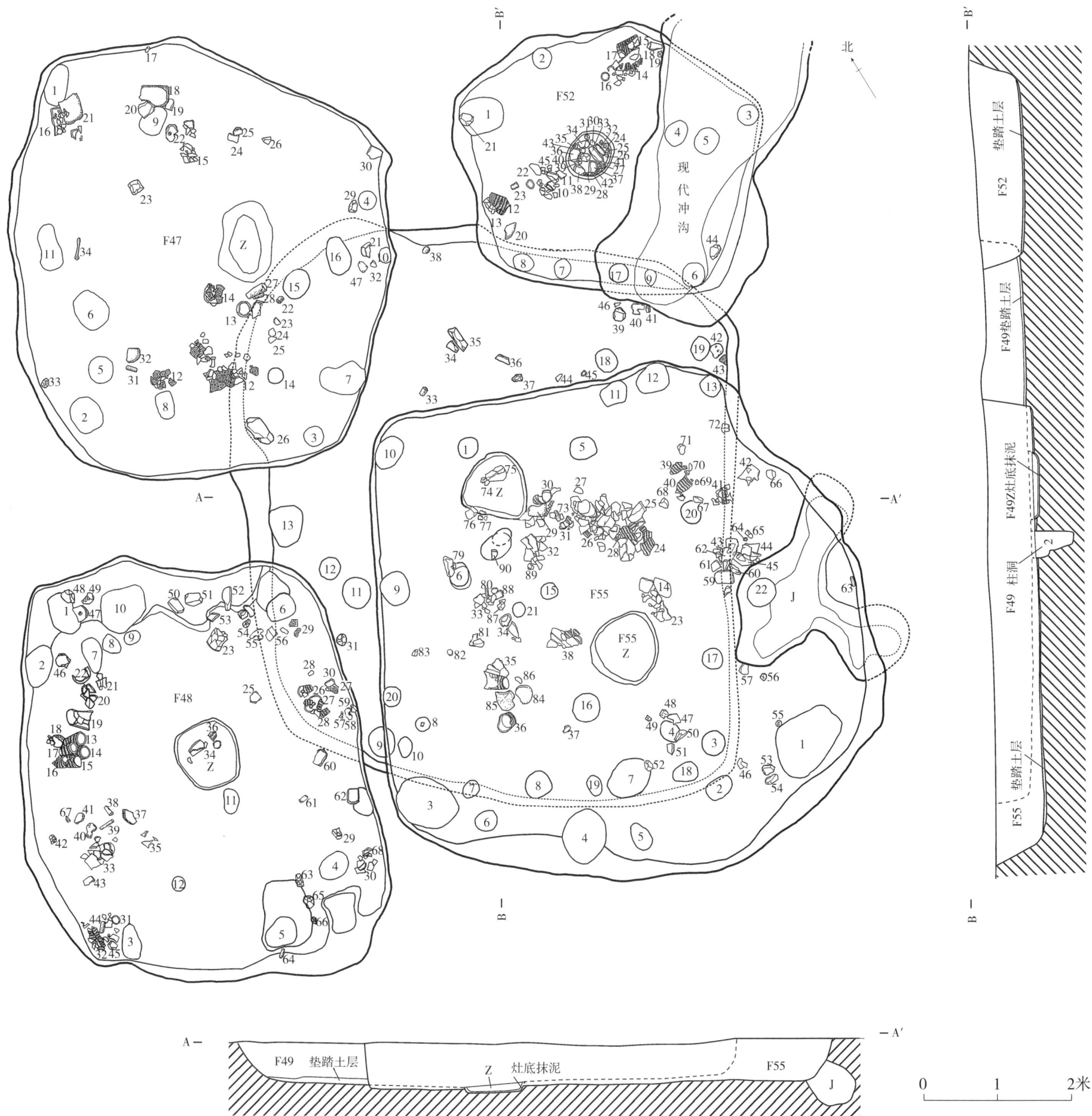

图二九一 F47、F48、F52、F55 打破 F49 平面图及 F49 平、剖面图

1～20. 柱洞 21. 直腹罐罐底 22、25、27、29. 陶片 23、24、40、44. 铲形石器 26、30、32、34～37、39、41、45、47. 石料

28. 斜腹罐口沿 31. 砺石 33. 磨棒 38. 饼形器 42. F型双孔盘状铲形石器 43. 杯 46. 石刀 Z. 灶址

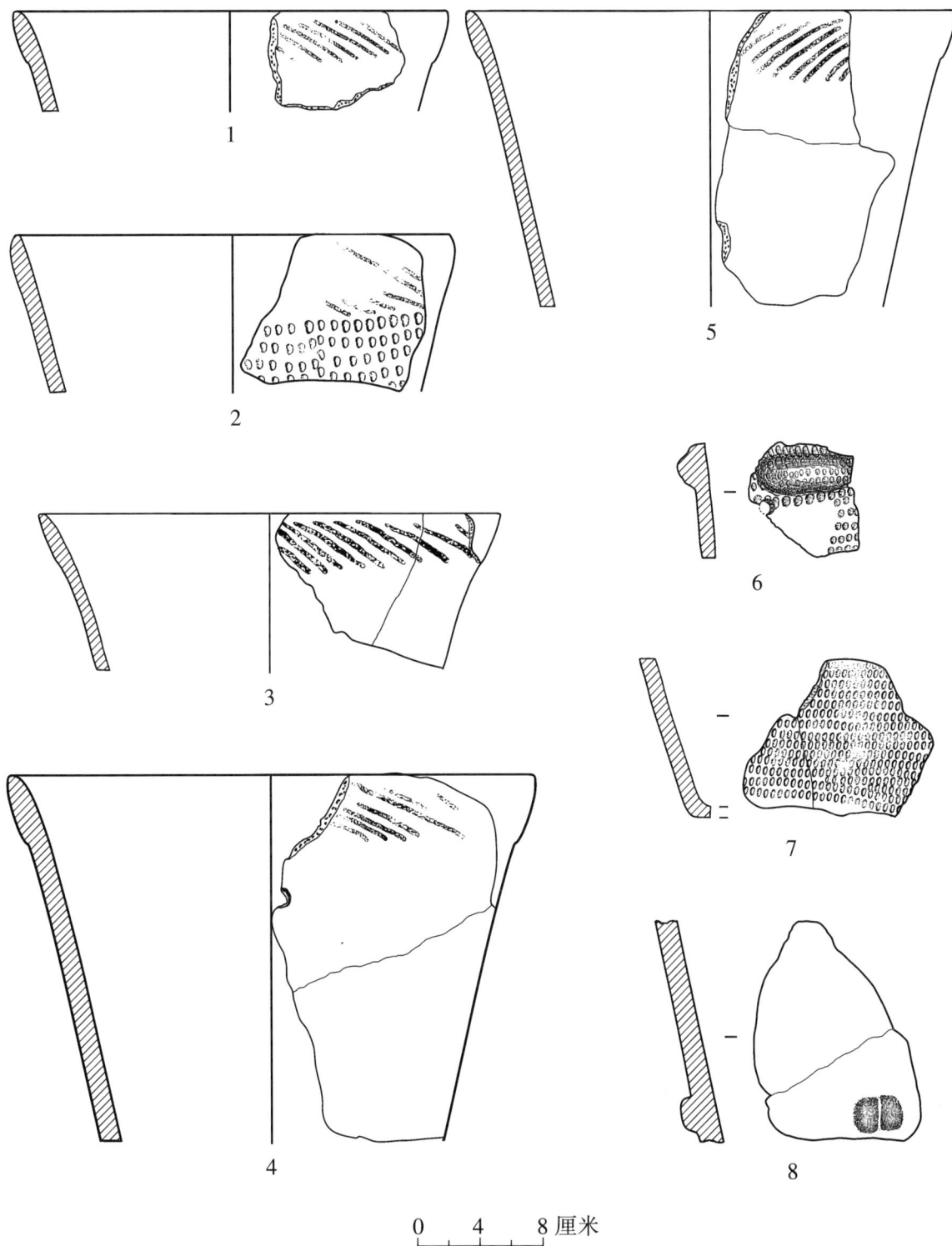

图二九二　F49 陶器（2、7、8. 居住面出土　1、3～6. 堆积层出土）

1～5. 斜腹罐口沿（F49①：10、F49：28、F49①：8、F49①：5、F49①：6）　　6～8. 斜腹罐

腹部残片（F49①：1、F49：22、F49：25）

图二九三　F49 陶器

（4、5、8. 居住面出土　1～3、6、7、9～13. 堆积层出土）

1. 小直腹罐（F49①：7）　2. BⅥ式直腹罐（F49①：27）　3. 直腹罐口沿（F49①：4）

4、5. 直腹罐腹部残片（F49：27、F49：29）　6～8. 直腹罐罐底（F49①：3、F49①：2、

F49：21）　9. CⅣ式鼓腹罐（F49①：11）　10. 杯口沿（F49①：9）　11. Aa2 型杯

（F49：43）　12. Ba2 型杯（F49①：25）　13. 陶垫（F49①：24）

Cb 型铲形石器 1 件，F49：40，残，浅灰色石灰岩，打制，扁平体，束腰，柄、身呈椭圆，弧刃，刃部有崩疤，长 17.3、刃宽 19.47、厚 2.6 厘米（图二九四，2）。

F 型双孔盘状铲形石器 1 件，F49：42，深灰色页岩，打制，圆盘状，对凿椭圆形双孔，弧刃，刃部经修磨，一面磨痕明显，长 20.67、刃宽 17.73、厚 0.6~2.1 厘米（图二九四，6；图版一九二，2）。

铲形石器残片 3 件，F49：23，浅灰色石灰岩，打制，残长 14.52、刃宽 10.53、厚 2.7 厘米（图二九四，3）；F49：24，刃部，棕红色花岗岩，打制，弧刃，刃部磨痕明显，残长 13.95、刃残宽 9.9、厚 1.1 厘米；F49：44，铲身，深灰色页岩，打制，扁体，残长 10.35、宽 4.91、厚 1.6 厘米（图二九四，4）。

D 型磨棒 1 件，F49：33，残段，棕红色花岗岩，琢制，椭圆柱体，残长 11.89、直径 7.28 厘米（图二九四，8）。

砺石 1 件，F49：31，红色花岗岩，长方体，有多个磨面，长 16.4、宽 13.7、厚 8.8 厘米（图二九四，11）

Bc 型饼形器 1 件，F49：38，灰色页岩，打制，扁体，椭圆形，直径 8.19~9.51、厚 2.1 厘米（图二九五，1；图版二〇三，3）。

石料 11 件。棕红色玄武岩 2 件，F49：26，长 7.5、宽 4.5、厚 4 厘米；F49：32，长 16.5、宽 12.5、厚 3 厘米。石英岩自然石块 3 件，F49：35，长 17.5、宽 6、厚 4 厘米；F49：37，长 13、宽 9、厚 4 厘米；F49：41，长 7.5、宽 5、厚 3 厘米。灰色页岩 1 件，F49：45，扁体椭圆形。直径 5.83、厚 1.3 厘米。棕红色花岗岩 5 件，F49：30，长 16、宽 10、厚 4.5 厘米；F49：34，长 30、宽 9、厚 8.5 厘米；F49：36，长 9、宽 7.5、厚 4 厘米；F49：39，长 11.5、宽 11.5、厚 7 厘米；F49：47，长 15、宽 5、厚 4.5 厘米。

室内堆积层遗物

（1）陶器 14 件。斜腹罐口沿 4 件，斜腹罐腹部残片 1 件，小直腹罐 1 件，BⅢ直腹罐 1 件，BⅥ式直腹罐 1 件，直腹罐罐底 2 件，CⅣ式鼓腹罐 1 件，陶垫 1 件，Ba2 型杯 1 件，杯口沿 1 件（参见附表 8　查海遗址房址堆积层出土陶器型式统计表）。陶片 97 片（见附表 2　房址出土陶片统计表）。

斜腹罐口沿 4 件，皆夹砂红褐陶，敞口，圆唇。F49①：5，外叠宽带沿饰右斜线纹，口径 34、残高 23.28、厚 1 厘米（图二九二，4）；F49①：6，外叠宽带沿饰左斜线纹，口径 32、残高 18.84、厚 1 厘米（图二九二，5）；F49①：8，外叠宽带沿饰右斜线纹，口径 30、残高 10、厚 0.8 厘米（图二九二，3）；F49①：10，外叠宽带沿饰右斜线纹，口径 28、残高 6.4、厚 1 厘米（图二九二，1）。

斜腹罐腹部残片 1 件，F49①：1，夹砂红褐陶，敞口，圆唇，局部泛黑灰色，饰窝点纹，贴塑类龙纹局部，有一个残铆孔，残高 7.3、厚 0.9 厘米（图二九二，6）。

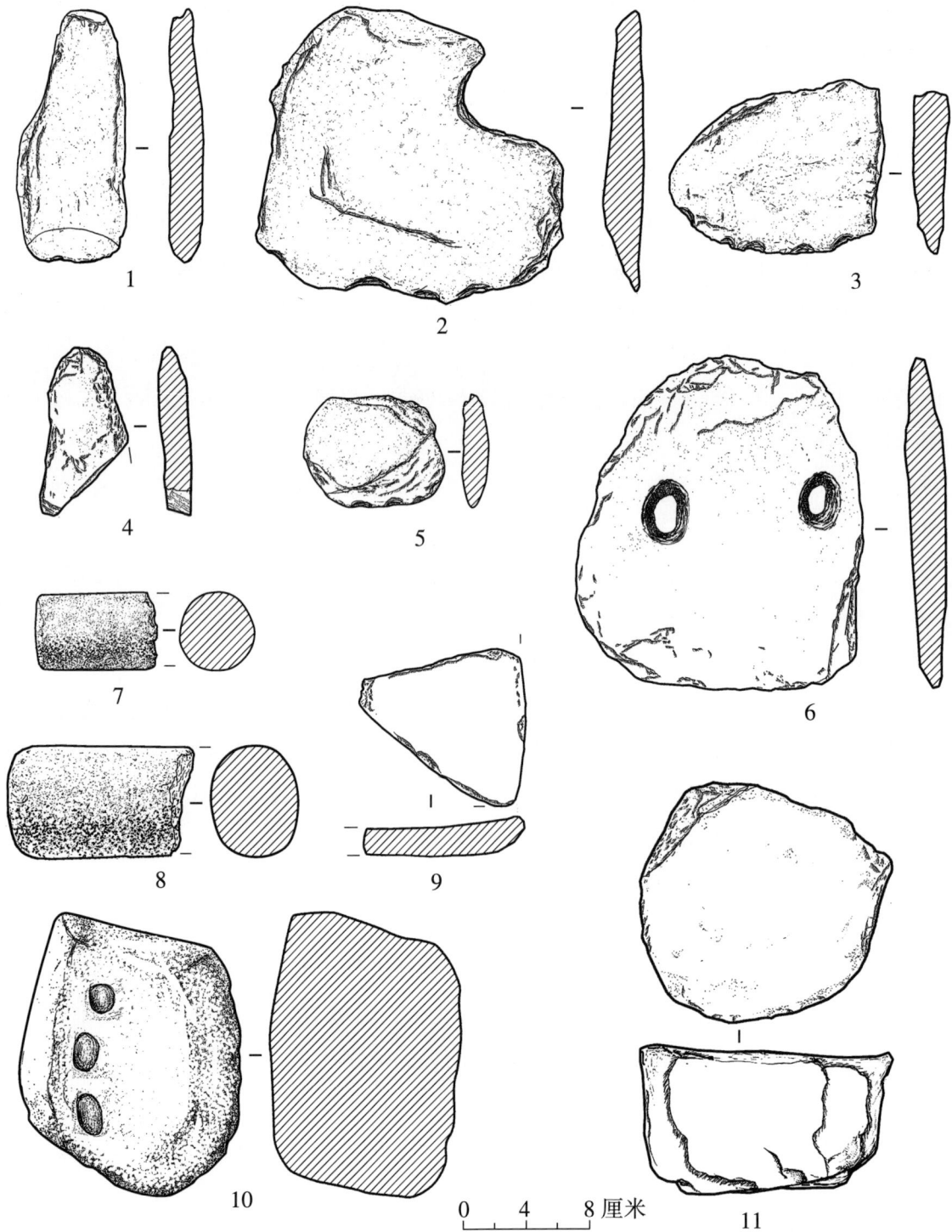

图二九四　F49 石器（2～4、6、8、11. 居住面出土　1、5、7、9、10. 堆积层出土）

1. C 型石斧（F49①：28）　2. Cb 型铲形石器（F49：40）　3～5. 铲形石器残片（F49：23、F49：44、F49①：23）　6. F 型双孔盘状铲形石器（F49：42）　7. Aa 型磨棒（F49①：15）　8. D 型磨棒（F49：33）　9. A 型磨盘（F49①：12）　10. 有窝石器（F49①：26）　11. 砺石（F49：31）

小直腹罐 1 件，F49①:7，夹砂红褐陶，口部泛黑灰色，敞口，薄圆唇，腹壁微外弧，平底，腹部纹饰从上到下依次为：弦纹数周，右斜线纹 3 周，横压竖排之字纹，口径 11、底径 5.3、高 12.7、壁厚 0.5 厘米（图二九三，1；图版一三六，3）。

BⅢ式直腹罐 1 件，F49①:4，夹砂红褐陶，口部残片，直口，厚圆唇，颈饰弦纹数周，窄凸附加堆纹带饰窝点纹，腹饰左斜线纹，口径 22、残高 13.96、厚 1 厘米（图二九三，3）。

BⅥ式直腹罐 1 件，F49①:27，夹砂红褐陶，口部泛灰色，敞口微外撇呈小喇叭口，薄圆唇，直腹，平底，颈部纹饰不清，其下左斜线纹 1 周，腹饰竖压横排之字纹 6 周不到底，口径 13.7、底径 8.9、高 19 厘米（图二九三，2；图版一三〇，1）。

直腹罐罐底 2 件，皆夹砂红褐陶，平底。F49①:2，饰网格纹，底径 7、残高 4.84、厚 0.7 厘米（图二九三，7）；F49①:3，素面，底径 8.6、残高 6.8、厚 0.6 厘米（图二九三，6）。

CⅣ式鼓腹罐 1 件，F49①:11，夹砂灰褐陶，底部残，圆唇，束颈，近口饰左斜线纹 1 周，颈饰 Ab1 型扣合曲尺形几何纹，肩饰左斜线纹数周，腹部几何纹不清，口径 13、残高 11.16、厚 0.6 厘米（图二九三，9）

陶垫 1 件，F49①:24，夹砂红褐陶，残高 11.44、残宽 8.72、厚 2.66 厘米（图二九三，13）。

Ba2 型杯 1 件，F49①:25，夹砂红褐陶，敞口，薄圆唇，斜腹，平底，素面，底径 3.3、残高 3.0 厘米（图二九三，12；图版一五五，1）。

杯口沿 1 件，F49①:9，夹砂红褐陶，小撇口，圆唇，近口饰弦纹，腹部压划鱼鳞状弧线纹，口径 8、残高 7.86、厚 0.6 厘米（图二九三，10）。

（2）石器 14 件。有窝石器 1 件，C 型石斧 1 件，铲形石器残片 2 件，Aa 型磨棒 1 件，A 型磨盘 1 件，敲砸器 8 件（参见附表 16　查海遗址房址堆积层出土石器型式统计一览表）。

有窝石器 1 件，F49①:26，红色花岗岩，长方块体，五个磨面，一个面有多个窝坑，长 17.45、宽 14.76、厚 10.4 厘米（图二九四，10；图版二三六，2）。

C 型石斧 1 件，F49①:28，稍残，灰色页岩，打制，扁体，弧刃，正锋，长 15.92、刃宽 7.6、厚 1.2~2.0 厘米（图二九四，1）。

铲形石器残片 2 件。F49①:21，铲身，泥质页岩；F49①:23，刃部，灰色页岩，弧刃打制，残长 9、刃宽 7、厚 1.5 厘米（图二九四，5）。

Aa 型磨棒 1 件，F49①:15，残段，黄色花岗岩，琢制，圆柱体，残长 8.26、直径 5.03 厘米（图二九四，7）。

A 型磨盘 1 件，F49①:12，残块，黄色花岗岩，琢制，磨面下凹，残长 11.43、残宽 9.16、厚 1.8~2.7 厘米（图二九四，9）。

敲砸器 8 件，皆石英岩自然石块。F49①:13，灰色，扁球状，砸击使用痕迹多集中在周边，直径 8.08、厚 4.4 厘米（图二九五，7；图版二五〇，6）；F49①:14，浅灰色，近球体，敲砸痕迹集中在棱角处，直径 5 厘米（图二九五，2；图版二五〇，7）；F49①:16，白色，多棱面，多处

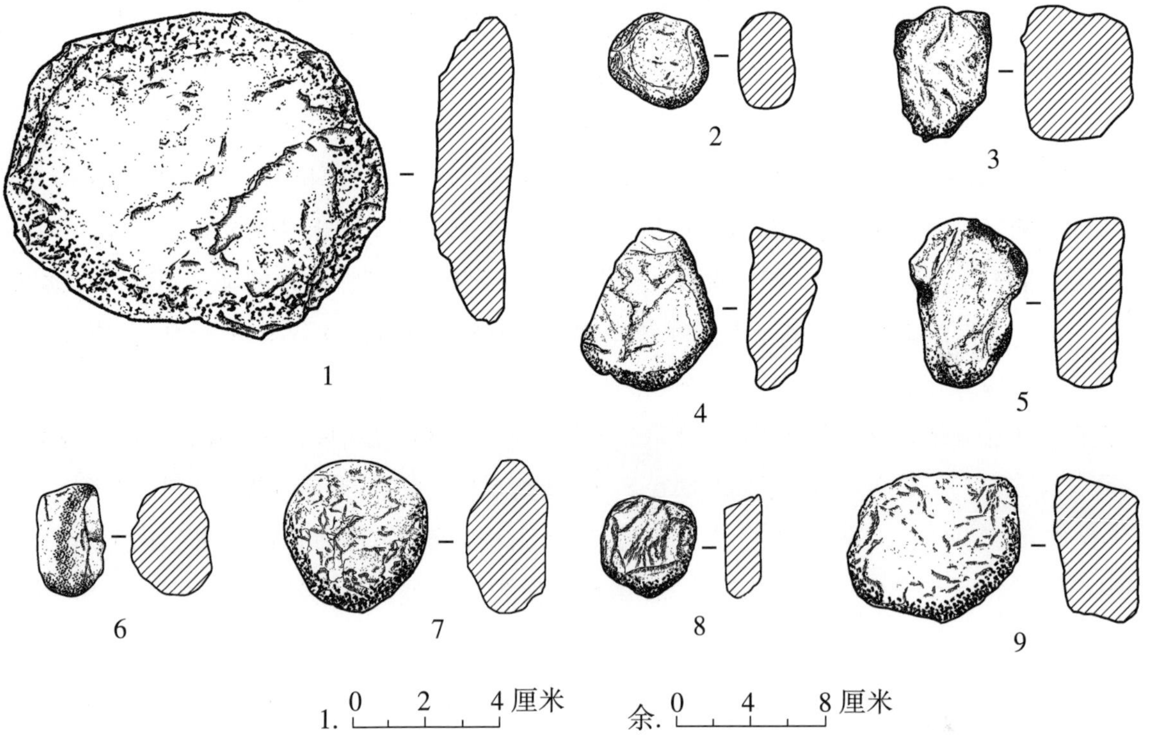

图二九五　F49 石器（1. 居住面出土　2～9. 堆积层出土）

1. Bc 型饼形器（F49：38）　2～9. 敲砸器（F49①：14、F49①：19、F49①：17、F49①：20、

F49①：18、F49①：13、F49①：22、F49①：16）

敲击点，长 9.92、宽 7.96、厚 4.6 厘米（图二九五，9）；F49①：17，浅灰色，多棱体，敲砸痕迹

集中在一端棱角处，长 8、宽 6、厚 3 厘米（图二九五，4）；F49①：18，浅灰色，半圆形，周边有

敲砸痕迹，直径 6、宽 3.5、厚 4.3 厘米（图二九五，6；图版二五〇，8）；F49①：19，浅灰色，

多棱体，敲砸痕迹集中在棱角处，长 5.8、宽 5.5、厚 4.5 厘米（图二九五，3）；F49①：20，浅灰

色，扁平多棱体，敲砸痕迹集中在周边棱角处，长 8、宽 6、厚 3 厘米（图二九五，5）；F49①：22，

灰色，方形圆角，扁圆形，周边有敲砸痕迹，长 5、宽 5、厚 1.5 厘米（图二九五，8）。

五〇　50 号房址（F50）

1. 遗迹

F50 位于遗址东北边缘，其东部被环沟 G1 打破，西侧有大面积厚厚的灰烬层，北侧有三个灰

坑及小片灰烬遗迹。该房址南与 F21、F15、F6 成列，西与 F42 成排。方向 218°。面积约 60.7 平

方米，是一座大型半地穴式房址，房址平面呈圆角长方形。东西 7.55，南北 8.04 米，中心垂直深度

0.1 米。房址所在地势坡度较大，西北高，东西低。依坡凿穴，仅见南、西、北三侧穴壁，穴壁局部

弧曲，壁面稍加修整斜平。居住面较平整，为黑色垫踏土，土质坚硬，厚约 0.03～0.06 米。灶位于

室内中部，圆形坑式灶，斜壁平底，灶口直径为 0.84～0.95 米，灶底直径 0.78～0.8 米，灶深 0.12 米。灶底用的石块、石器及残陶片铺垫，灶壁抹泥厚 5～9 厘米。经火烧后，灶内呈红色。所铺石器有铲形石器、石刀等。另外，在灶底还清理出 1 小块兽骨。房址内共发现 16 个大小不同深浅不一的柱洞，紧靠穴壁四角及灶址周围布置，其中房址北角 5 个（3 个靠近穴壁，2 个距穴壁较远），西角 3 个，南角 4 个，东角被环沟（G2）打破，柱洞不详，灶址周边 4 个。这些柱洞可分大、中、小三种，形状有圆形、椭圆形和连体形，一般为平底或圜底。皆凿于基岩内。柱洞大者口径 0.8～0.5 米，底径 0.24～0.6 米；柱洞小者口径 0.16～0.18 米，底径 0.09～0.11 米；最深 0.59 米，最浅 0.06 米。另外，在 9、16 号柱洞底部还发现有石块。室内遗物有陶器和石器、玉器残片，陶器主要分布在灶的北侧，石器零散分布（图二九六；图版四二；图版四三，2）。

2. 遗物

室内居住面遗物

（1）陶器 8 件。A I 式斜腹罐 1 件，A II 式斜腹罐 2 件，A III 式斜腹罐 1 件，斜腹罐腹部残片 1 件，罐底 2 件，A 型陶纺轮 1 件（参见附表 7　查海遗址房址活动面出土陶器型式统计表）。

A I 式斜腹罐 1 件，F50：46，夹砂红褐陶，口部残片，直敞口，圆唇，近口饰圆弧右斜线纹附加堆纹带，口径 36、残高 6、壁厚 1 厘米（图二九七，1）。

A II 式斜腹罐 2 件，皆夹砂红褐陶。F50：28，器型不甚规整，口部稍斜，腹壁一面内弧，直敞口，尖圆唇，斜腹，小平底，外叠宽带沿饰右斜线纹，腹饰窝点纹，器底面饰窝点纹，口径 29.9、底径 14.2、最高 31.8 厘米（图二九七，3；图版六六，2）；F50：20，底部残，口部泛黑灰色，直敞口，方唇，近口部附加堆纹带微圆弧、饰右斜线纹，腹饰窝点纹，口径 30、残高 15 厘米（图二九七，2；图版六五，3）。

A III 式斜腹罐 1 件，F50：29，夹砂红褐陶，敞口，圆唇，外叠宽带沿饰右斜线纹，斜腹，平底，沿下锔孔 4 个，素身，口径 24.2、底径 13.5、高 22.8 厘米（图二九七，4；图版六七，4）。

斜腹罐腹部残片 1 件，F50：47，夹砂红褐陶，腹饰窝点纹，残高 9.8、厚 1 厘米（图二九七，5）。

罐底 2 件。F50：21，夹砂红褐陶，底微凹，饰草划交叉纹不到底，底径 13、残高 5.5、壁厚 1 厘米（图二九七，7）；F50：27，夹砂红褐陶，底径 12.6、残高 3.2、壁厚 1.1 厘米（图二九七，6）。

A 型陶纺轮 1 件，F50：60，夹砂红褐陶，素面，直径 4.3、厚 0.7 厘米（图二九七，8；图版一五七，6）。

（2）石器 41 件。Ab 型铲形石器 1 件，Cb 型铲形石器 3 件，铲形石器残片 4 件，B 型石凿 1 件，Bb 型饼形器 1 件，Bc 型饼形器 1 件，沟槽器 1 件，石球 1 件，D 型研磨器 1 件，Aa 型磨棒 1 件，A 型磨盘 3 件，敲砸器 21 件，石料 2 件（参见附表 15　查海遗址房址居住面出土石器型式统计一览表）。

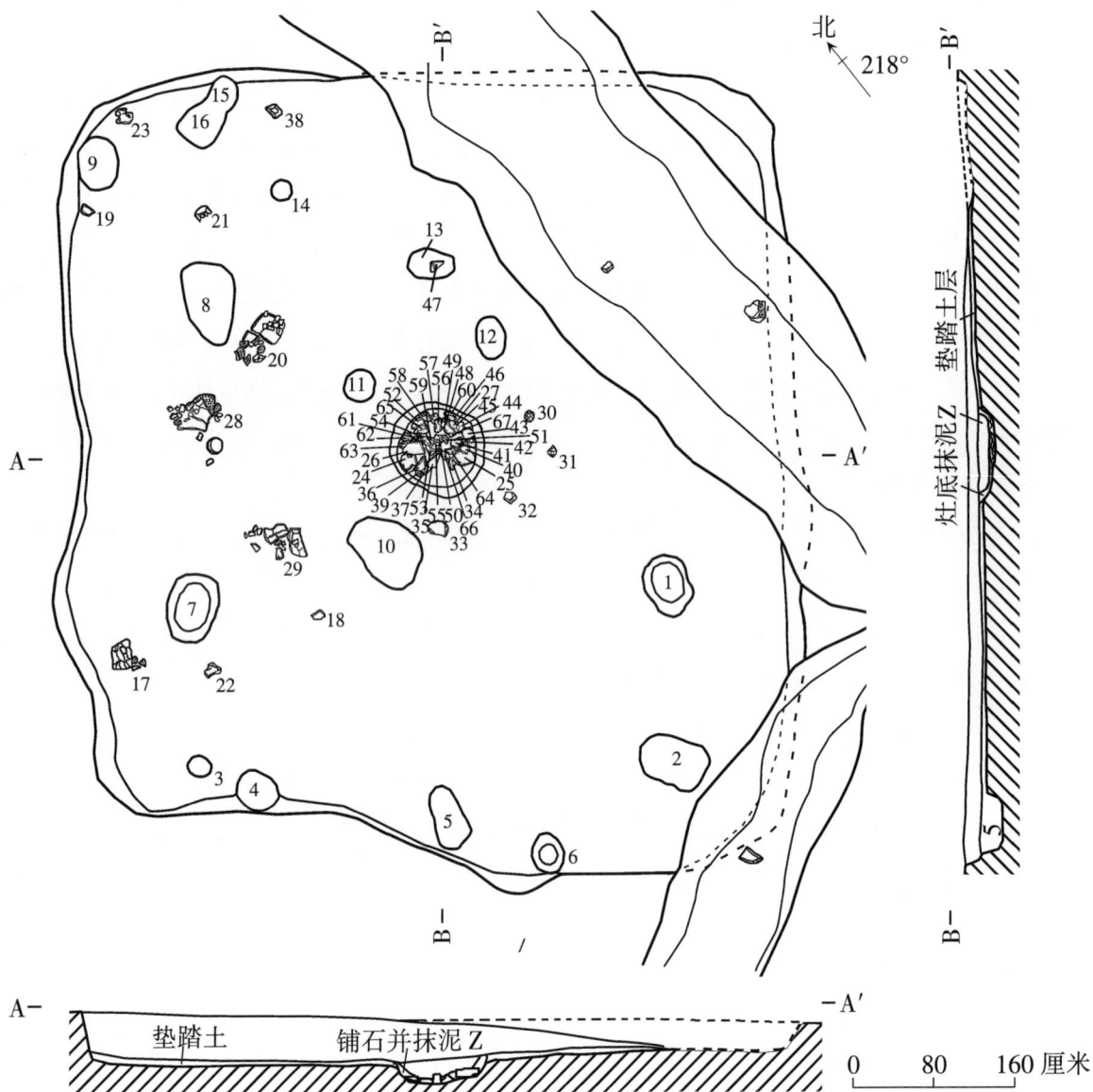

图二九六　F50 平、剖面图

1~16. 柱洞　17、47. 陶片　18、19、30、34~40、43~45、52、58、62~67. 敲砸器
20、46. 斜腹罐口沿　21、27. 罐底　22~26、50、54、61. 铲形石器　28、29. 斜腹罐
31. 磨棒　32、33、51. 磨盘　41、56. 饼形器　42. 沟槽器　48. 石球　49、55. 石料
53. 研磨器　57. 石凿　59. 玉斧　60. 陶纺轮　Z. 灶址

Ab 型铲形石器 1 件，F50∶23，浅灰色石灰岩，打制，扁体，短直柄，圆身，束腰，弧刃，正锋，刃部有崩疤，通长 14.72、刃残宽 15.5、厚 1.7 厘米（图二九八，1）。

Ca 型铲形石器 1 件，F50∶25，深灰色页岩，打制，椭圆柄，束腰，斜肩，刃部一面磨痕明显，通长 20.5、刃宽 21.28、厚 2.1 厘米（图二九八，2；图版一八三，3）。

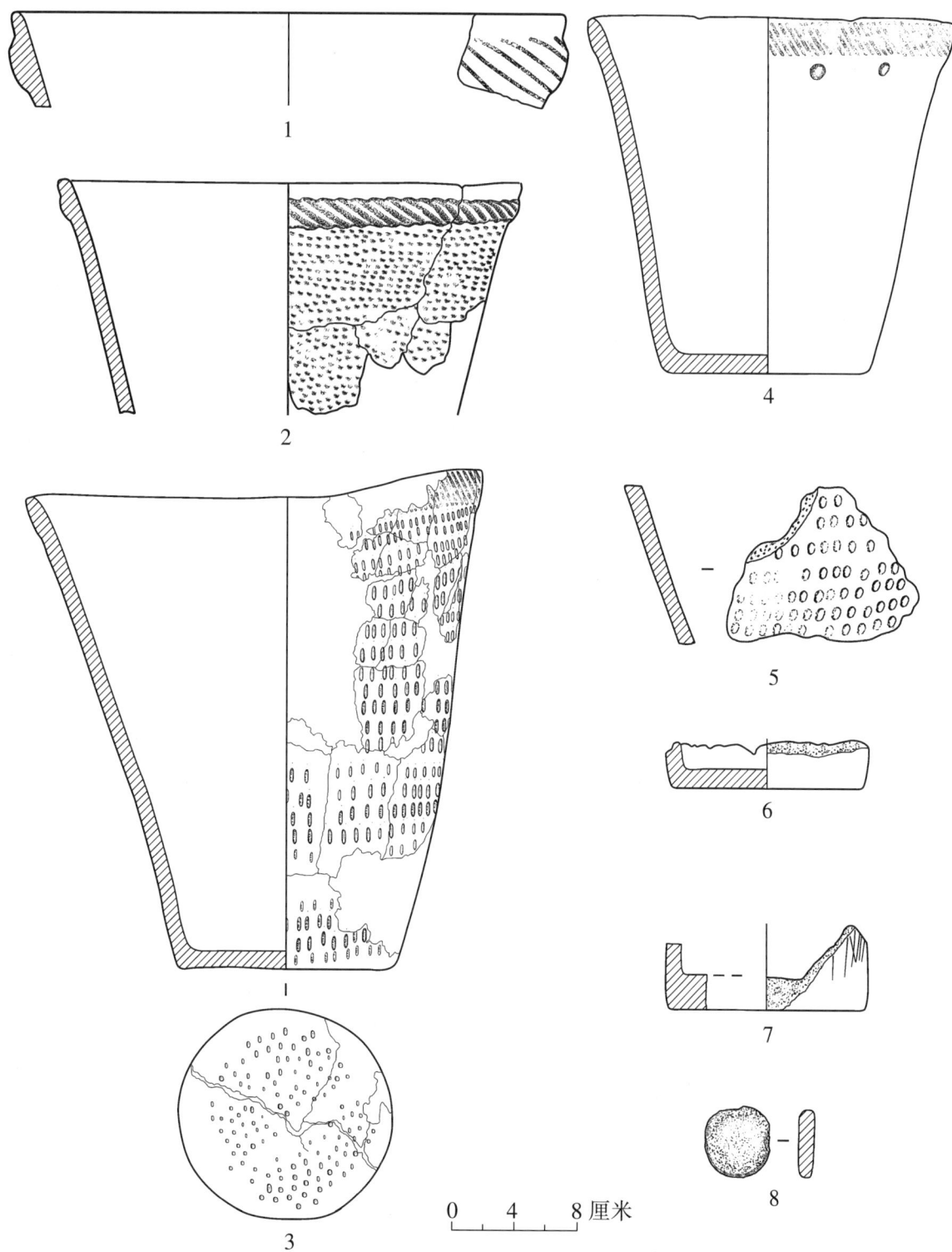

图二九七 F50 陶器（居住面出土）

1. AⅠ式斜腹罐（F50：46） 2、3. AⅡ式斜腹罐（F50：20、F50：28） 4. AⅢ式斜腹罐（F50：29）

5. 斜腹罐腹部残片（F50：47） 6、7. 直腹罐罐底（F50：27、F50：21） 8. A型陶纺轮（F50：60）

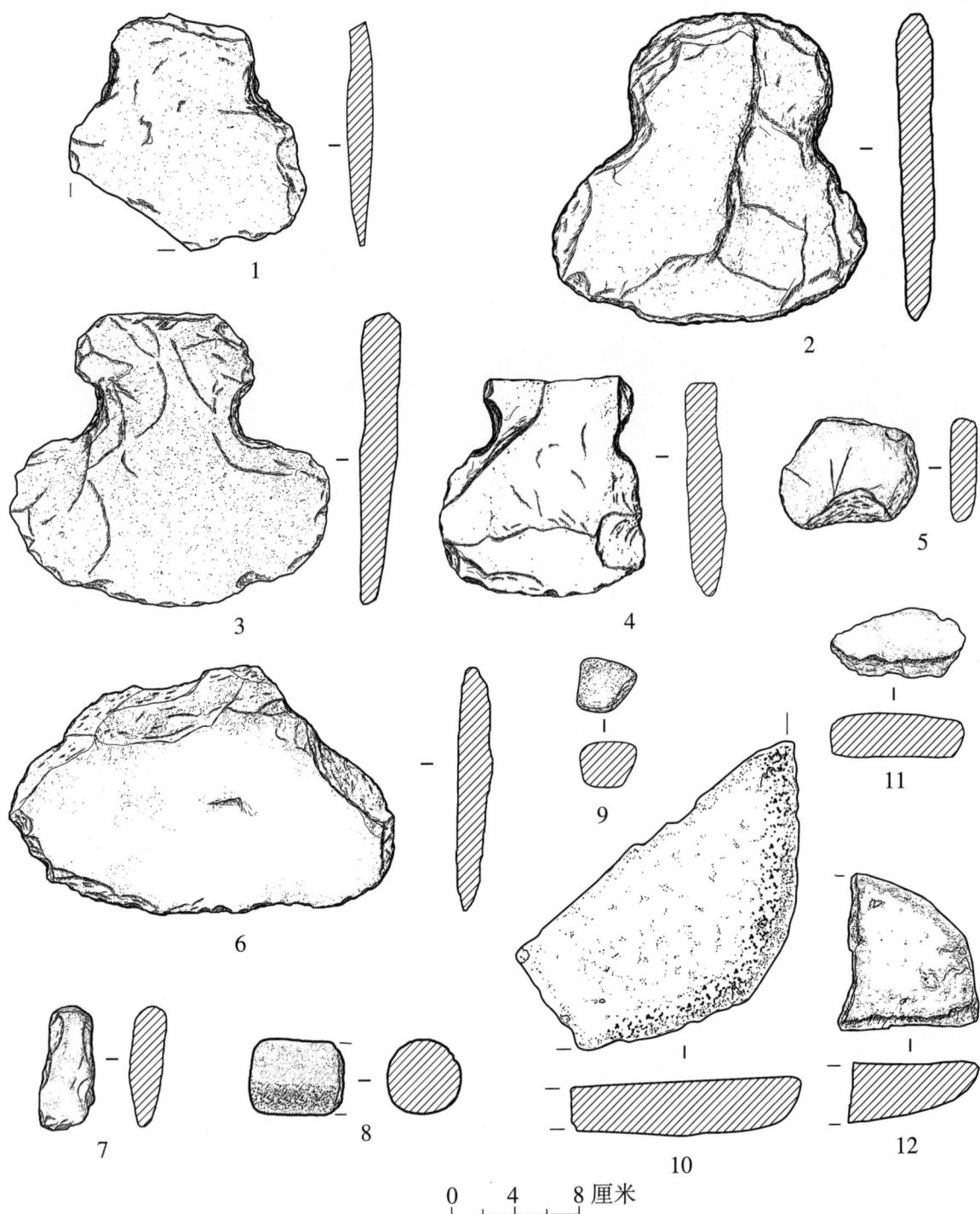

图二九八　F50 石器（居住面出土）

1. Ab 型铲形石器（F50：23）　　2. Ca 型铲形石器（F50：25）　　3、4. Cb 型铲形石器（F50：22、F50：54）

5、6. 铲形石器残片（F50：50、F50：24）　　7. A 型石凿（F50：57）　　8. Aa 型磨棒（F50：31）　　9. D 型
研磨器（F50：53）　　10～12. A 型磨盘（F50：32、F50：51、F50：33）

Cb 型铲形石器 2 件，皆打制，扁体，束腰，弧刃，正锋，刃部有崩疤。F50∶22，浅灰色石灰岩，通长 18.17、刃宽 20.33、厚 2.5 厘米（图二九八，3；图版一八三，1）；F50∶54，灰色泥质页岩，柄残长 13、刃宽 12.5、厚 1.8 厘米（图二九八，4；图版一八三，2）。

铲形石器残片 4 件，皆打制，扁体。F50∶24，刃部，灰色页岩，弧刃，正锋，刃部有崩疤，残长 15.84、刃宽 25.04、厚 2.1 厘米（图二九八，6）；F50∶26，刃部，浅灰色石灰岩，打制，扁体，弧刃，正锋，刃部有崩疤，残长 5.13、残宽 9.09、厚 1.4 厘米；F50∶50，铲身，灰色石灰岩，残长 9.72、残宽 8.0、厚 1.7 厘米（图二九八，5）；F50∶61，刃部，灰色页岩，打制，扁体，刃部残断，残长 8.03、残宽 9.88、厚 2.3 厘米。

A 型石凿 1 件，F50∶57，灰色页岩，打磨，窄扁体，刃部残，残长 8.53、宽 3.69、厚 1.9 厘米（图二九八，7；图版一九七，2）。

Bb 型饼形器 1 件，F50∶41，浅灰色花岗岩，琢制，扁体，圆角长方形，两平面中心有打制窝坑，长 12.25、宽 8.75、厚 4.4 厘米（图二九九，2）。

Bc 型饼形器 1 件，F50∶56，浅灰色石灰岩，磨制，扁体椭圆形，直径 11.6、厚 2.8 厘米（图二九九，1；图版二〇三，4）。

沟槽器 1 件，F50∶42，残块，灰色变质云母岩，磨制，扁体，长方形，两侧平棱，器面有两道凹槽，其中一道残，残长 5.67、宽 4.26、厚 1.4、沟槽宽 1.1、深 1.0 厘米（图二九九，5；图版二三二，4）。

石球 1 件，F50∶48 扁圆形砾石，有一道绳索痕迹，直径 3.5、厚 2 厘米（图二九九，4；图版二三七，6）。

D 型研磨器 1 件，F50∶53，灰色河光石，多棱体，有多个使用面，长 2.5、宽 2、高 3.5 厘米（图二九八，9）。

Aa 型磨棒 1 件，F50∶31，残，红褐色花岗岩，琢制，扁圆柱体，两面磨面下凹，直径 4.5、残长 5 厘米（图二九八，8；图版二一四，2）。

A 型磨盘 3 件，皆残块，花岗岩，琢制，凹磨面。F50∶32，浅灰色，残长 17.4、残宽 12、厚 0.92～3.5 厘米（图二九八，10）；F50∶33，浅灰色，残长 10.09、残宽 8.73、厚 3.7 厘米（图二九八，12）；F50∶51，红褐色，残长 8.55、厚 2.65 厘米（图二九八，11）。

敲砸器 21 件。黄褐色砂岩 1 件，F50∶34，长 13、宽 9、厚 4.5 厘米。黄褐色玄武岩 2 件，F50∶35，长 8.5、宽 7、厚 5 厘米；F50∶38，方柱体，两端棱角有敲砸痕迹，长 9.5、宽 5、厚 5 厘米（图二九九，25）。浅灰色石英岩自然石块 17 件，F50∶18，敲砸使用痕迹在棱角处，长 5.1、宽 5.0、厚 2.45 厘米（图二九九，20）；F50∶19，长 5、宽 4.5、厚 2.0 厘米（图二九九，13）；F50∶36，方形块状，使用痕迹集中在棱角处，边长 6.5、厚 4 厘米（图二九九，21）；F50∶37，多棱体，敲砸使用痕迹在棱角处，长 8、宽 5、厚 5 厘米（图二九九，18）；F50∶39，三棱柱状，棱角处有打击痕迹，长 6.5、宽 4.5、厚 4 厘米（图二九九，24）；F50∶40，方形圆角，敲砸痕迹集

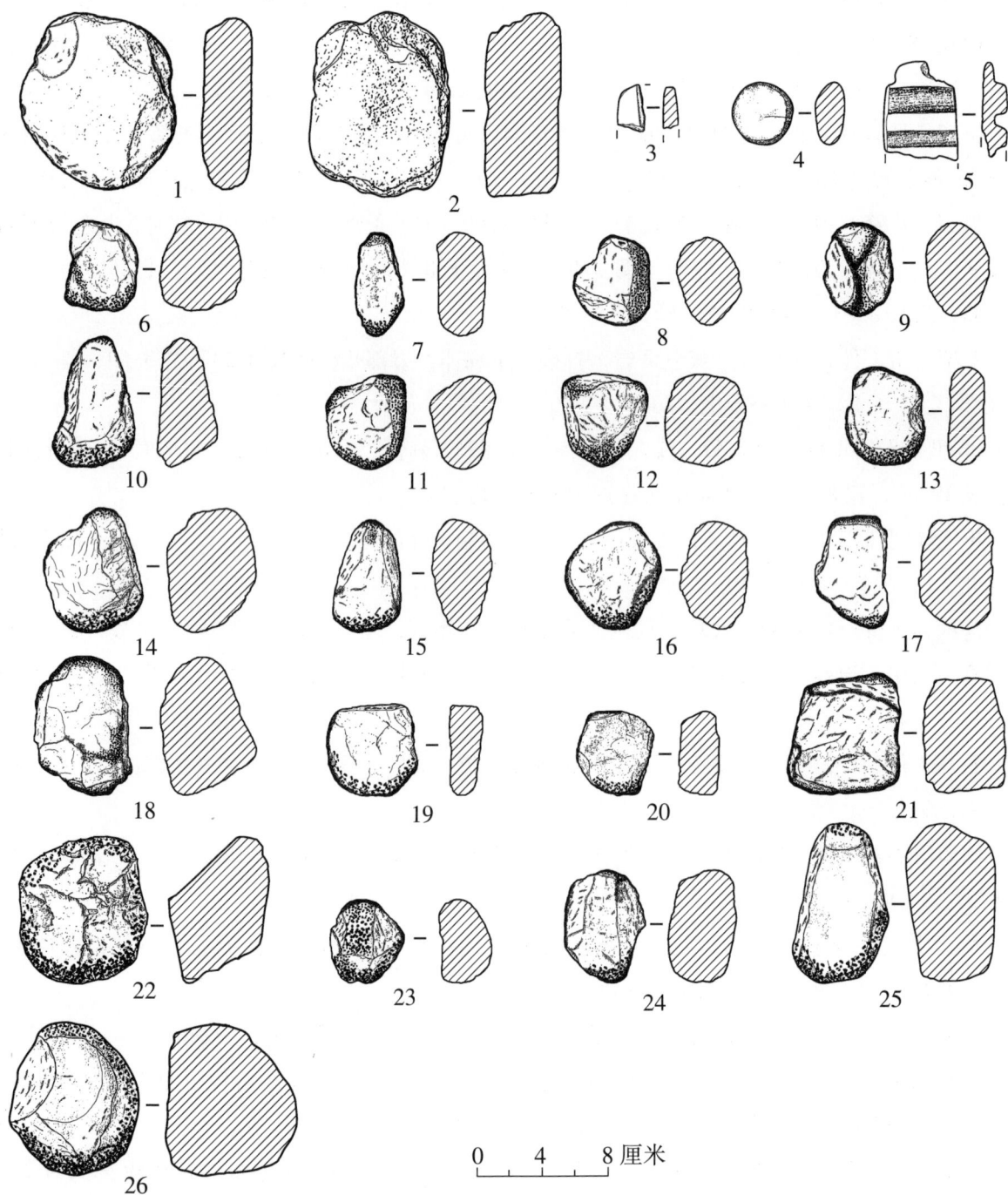

图二九九　F50 石器、玉器（1~6、9~26. 居住面出土　7、8. 堆积层出土）

1. Bc 型饼形器（F50:56）　2. Bb 型饼形器（F50:41）　3. 玉斧残块（F50:59）　4. 石球（F50:48）　5. 沟槽器（F50:42）　6~26. 敲砸器（F50:62、F50①:2、F50①:1、F50:30、F50:66、F50:63、F50:65、F50:19、F50:45、F50:64、F50:44、F50:58、F50:37、F50:67、F50:18、F50:36、F50:43、F50:40、F50:39、F50:38、F50:52）

中在一端棱角处，长4.5、宽4.5、高2.5厘米（图二九九，23）；F50：43，多棱面，多处敲击点，长9.56、宽7.74、厚5.7厘米（图二九九，22；图版二五一，1）；F50：44，扁圆形，周边有打击痕迹，长6.5、宽5.5、厚3.5厘米（图二九九，16）；F50：45，棱形圆角，棱角处有使用痕迹，长7、宽6、厚4.5厘米（图二九九，14）；F50：30，长5.5、宽4厘米（图二九九，9）；F50：58，方柱体，两端棱角处有打击痕迹，长6.5、宽4、厚3.5厘米（图二九九，17）；F50：62，多棱体，使用痕迹在棱角处，长4.5、宽4、厚3.5厘米（图二九九，6）；F50：63，方形圆角，敲砸痕迹在棱角处，长5.5、宽5、厚3.5厘米（图二九九，11）；F50：64，多棱体，两点棱角处有敲砸痕迹，长6.5、宽4、厚3厘米（图二九九，15）；F50：65，多棱体，棱角处有敲砸痕迹，长5.5、宽5、厚4厘米（图二九九，12）；F50：66，方椎体，底边长4、宽3、高7.5厘米（图二九九，10）；F50：67，扁圆体，敲砸痕迹集中在周边棱角，直径5.5、厚1.5厘米（图二九九，19）。棕红色玄武岩1件，F50：52，长9.3、厚7.95厘米（图二九九，26）。

石料2件。F50：55浅灰色页岩，长17.5、宽9、厚1.5厘米；F50：49，灰色页岩，长15、宽7、厚1厘米。

（3）玉器1件。

玉斧残片1件，F50：59，残块，白色玉质，磨制，残长2.82、厚0.86厘米（图二九九，3）。

室内堆积层遗物

（1）陶片151件，皆夹砂红褐陶（见附表2　房址出土陶片统计表）。

（2）石器2件（参见附表16　查海遗址房址堆积层出土石器型式统计一览表）。

敲砸器2件，皆浅灰色石英岩自然石块。F50①：1，圆形，周边有使用痕迹，直径5、厚3.5厘米（图二九九，8）；F50①：2，三棱柱体，棱角处有打击痕迹，长6.5、宽4.5、厚4厘米（图二九九，7）。

五一　51号房址（F51）

1. 遗迹

F51位于遗址东北部，南与F52、F55、F49、F8、F5、F3、F4成列；西与F44、F41成排。方向为220°。该房址东南角被H37打破。是一座小型半地穴式房址。房址平面呈直角方形，门道不详。东西3.2、南北3.5、深0.3米。房址内共发现5个柱洞，房址四角各1个，灶西北处1个。四角柱洞大小深浅基本一致，灶旁柱洞稍浅小（详见附表22－35　F51柱洞一览表）。灶位于室内中部偏北，呈不规则圆形，灶口与活动面平齐，口径约0.55、底径约0.35、深0.11米。灶内抹泥厚2～3厘米，灶底较平，灶体经火烤呈暗红色。室内活动面平坦，有一层厚2～5厘米，黑灰色坚硬垫踏土。活动面所出遗物较少，石器分布于四周，陶器主要发现在北部，紧靠北壁，还发现猪骨及山核桃（图版二八四，2）。值得注意的是，该房址的室外东部与F50之间发现有大面积灰烬（图三〇〇；图版四四）。

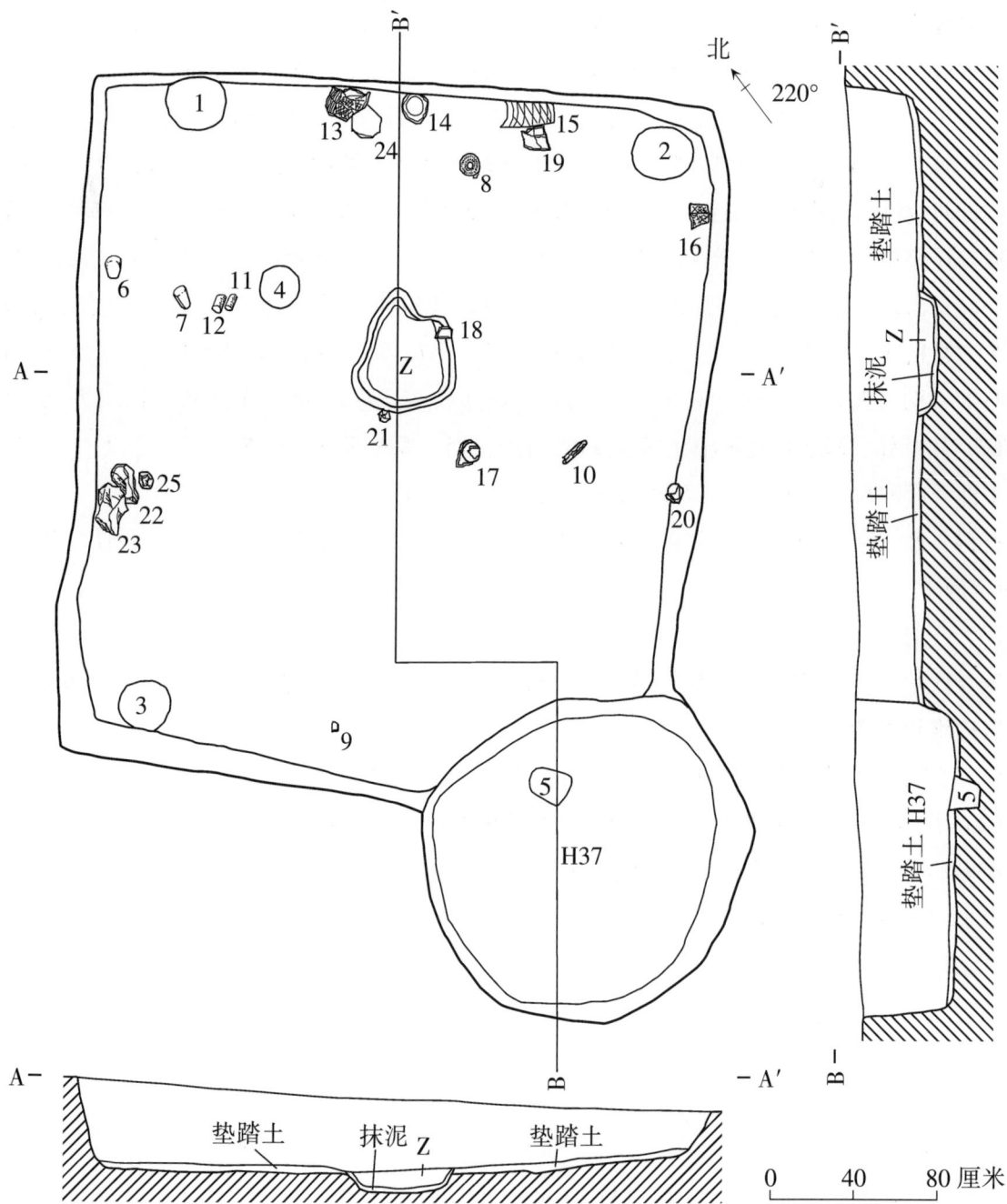

图三○○　F51 平、剖面图

1～5. 柱洞　6. 铲形石器　7、21、24、25. 敲砸器　8. 钵　9、16. 杯　10. 兽骨　11、12. 磨棒
13、15、18、19. 陶片　14、17. 直腹罐罐底　20、22. 石料　23. 砺石　Z. 灶址

2. 遗物

室内居住面遗物

（1）陶器 9 件。BⅢ式直腹罐 3 件，直腹罐腹部残片 2 件，直腹罐罐底 1 件，Ca1 型钵 1 件，Aa1 型杯 1 件，杯底 1 件（参见附表 7　查海遗址房址活动面出土陶器型式统计表）。

BⅢ式直腹罐 3 件，皆夹砂红褐陶。F51:13，口沿残片，直口，厚尖圆唇，颈饰弦纹，窄凸附加堆纹带饰宽疏左斜线纹，腹饰网格纹，口径 14、残高 8.26、厚 0.6 厘米（图三○一，3）；F51:15，腹部残片，颈饰弦纹，附加堆纹带饰左斜线纹，腹饰股线菱格纹，残高 24.32、厚 1.2 厘米（图三○一，1）；F51:17，底部，凹平底，腹饰草划交叉纹不到底，底径 15、残高 8.2、壁厚 1.2 厘米（图三○一，4）。

直腹罐腹部残片 2 件，皆夹砂红褐陶。F51:18，颈饰弦纹，附加堆纹带饰窝点纹，腹饰网格纹；F51:19，压划细密短线纹，残高 11.8、厚 0.9 厘米（图三○一，2）。

直腹罐罐底 1 件，F51:14，夹砂灰褐陶，凹平底，底径 13.3、残高 6.1、壁厚 1 厘米（图三○一，5）。

Ca1 型钵 1 件，F51:8，夹砂红褐陶，口部泛黑灰色，直口，薄圆唇，显肩，弧腹，小平底，颈饰弦纹数周，肩部纹饰模糊，腹饰左斜线纹至底，口径 9.7、底径 4、高 6、厚 0.4 厘米（图三○一，8；图版一五一，1）。

Aa1 型杯 1 件，F51:16，夹砂红褐陶，敞口，厚尖圆唇，直腹，平底，颈饰左斜线纹 2 周，腹饰交叉划纹不到底，口径 12.6、底径 7.5、高 10.6、壁厚 0.5 厘米（图三○一，7；图版一五三，4）。

Ba1 型杯 1 件，F51:9，夹砂红褐陶，平底，素面，底径 2.5、残高 3.2 厘米（图三○一，9；图版一五四，6）。

（2）石器 10 件。Ac 型铲形石器 1 件，Aa 型磨棒 1 件，D 型磨棒 1 件，砺石 1 件，敲砸器 4 件，石料 2 件（参见附表 15 查海遗址房址居住面出土石器型式统计一览表）。

Ac 型铲形石器 1 件，F51:6，灰色页岩，打制，扁体，不甚规整，直柄，平顶，束腰不显，一侧稍斜，椭圆身，弧刃，一侧刃角残，刃部有使用崩痕，长 10、高 10、厚 1.2 厘米（图三○二，1；图版一七七，5）。

Aa 型磨棒 1 件，F51:12，残段，黄色花岗岩，琢制，圆柱体，残长 7.53、直径 5.1 厘米（图三○二，2）。

D 型磨棒 1 件，F51:11，残段，棕红色花岗岩，琢制，椭圆柱体，残长 6.56、直径 3.2～4.5 厘米（图三○二，3）。

砺石 1 件，F51:23，黄色花岗岩，形状不规则，单凹磨面，长 34.71、宽 15.53、厚 16.6 厘米（图三○二，5）。

敲砸器 4 件。棕红色花岗岩 2 件，F51:7，椎体，一端棱角处有敲砸使用痕迹，长 8、宽 5.5 厘米（图三○二，9）；F51:24，多棱面，多处敲击点，长 15.46、宽 14.09、厚 6.1 厘米（图三○二，8）。深灰色石英岩自然石块 2 件，F51:21，椭圆多棱体，两端棱角处有敲砸使用痕迹，长 6.5、宽 4、厚 4 厘米（图三○二，11）；F51:25，扁椭圆体，使用痕迹在棱角处，长 7、宽 7、厚 4.5 厘米（图三○二，10）。

石料 2 件，皆棕红色花岗岩。F51:20，长 12、宽 10、厚 7 厘米；F51:22，长 15、宽 14、厚 10 厘米。

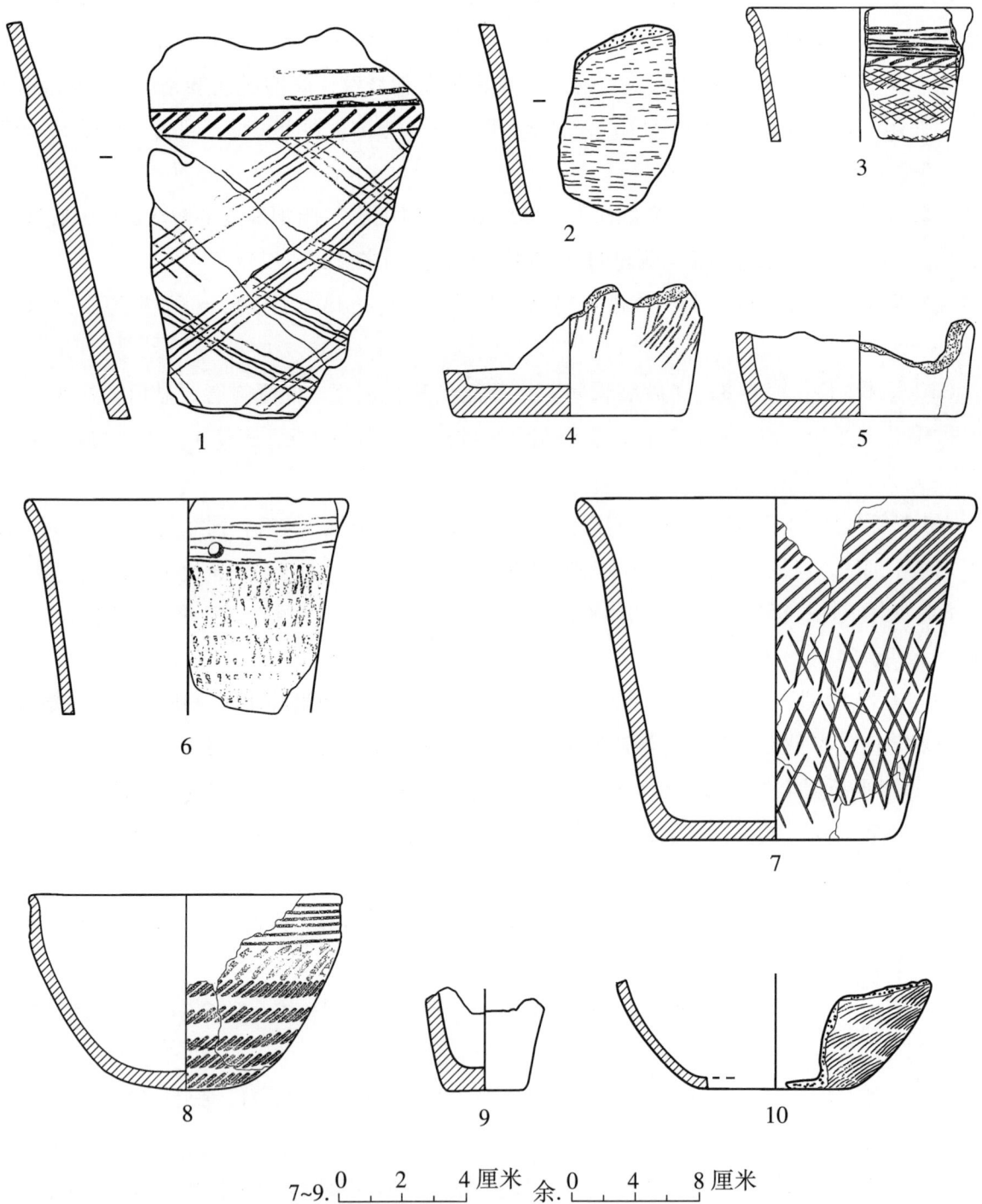

7~9. 0　2　4 厘米　余. 0　4　8 厘米

图三〇一　F51 陶器（1~5、7~9. 居住面出土　6、10. 堆积层出土）

1、3、4. BⅢ式直腹罐腹部残片（F51：15、F51：13、F51：17）　2. 直腹罐腹部残片（F51：19）

5. 直腹罐罐底（F51：14）　6. BⅣ式直腹罐口沿（F51①：2）　7. Aa1 型杯（F51：16）

8. Ca 型钵（F51：8）　9. Ba1 型杯（F51：9）　10. 钵底（F51①：1）

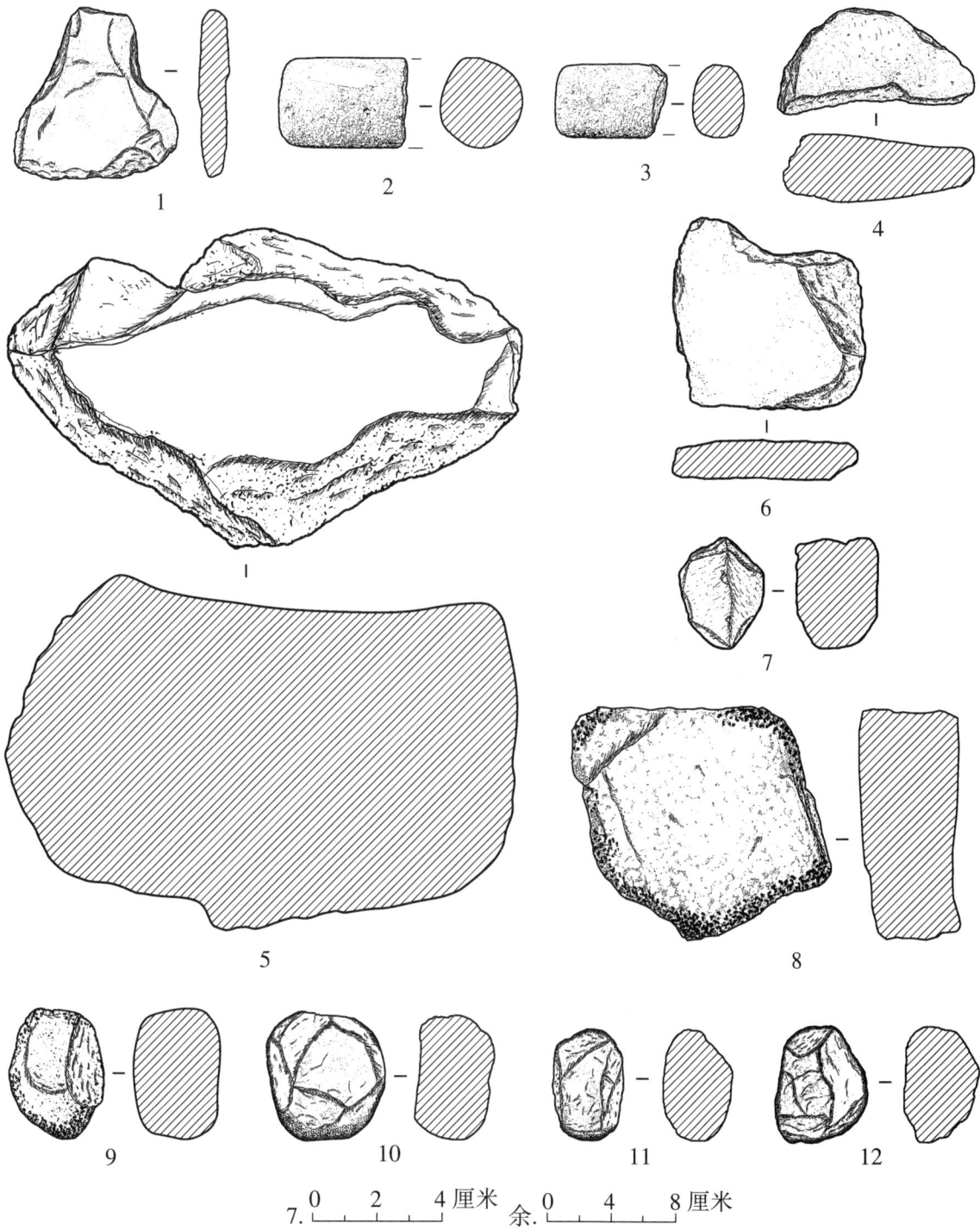

图三〇二　F51 石器（1～3、5、8～11. 居住面出土、4、6、7、12. 堆积层出土）

1. Ac 型铲形石器（F51:6）　2. Aa 型磨棒（F51:12）　3. D 型磨棒（F51:11）　4. A 型磨盘（F51①:6）　5、6. 砺石（F51:23、F51①:5）　7. 研磨器（F51①:3）　8～12. 敲砸器（F51:24、F51:7、F51:25、F51:21、F51①:4）

室内堆积层遗物

（1）陶器2件。BⅣ式直腹罐1件，钵底1件（参见附表8　查海遗址房址堆积层出土陶器型式统计表）。陶片50片（见附表2　房址出土陶片统计表）。

BⅣ式直腹罐1件，F51①：2，夹砂红褐陶，口部残片，小撇口，圆唇，近口饰弦纹，腹饰规整竖压横排之字纹，口径20、残高13.32、厚0.7厘米（图三○一，6）。

钵底1件，F51①：1，夹砂灰褐陶，饰左斜线纹，残高6.7、底径10、厚0.7厘米（图三○一，10）。

（2）石器4件。研磨器1件，砺石1件，A型磨盘1件，敲砸器1件（参见附表16　查海遗址房址堆积层出土石器型式统计一览表）。

研磨器1件，F51①：3，流纹岩，不规则形状，有磨制痕迹，长2.6、宽2.6、高2厘米（图三○二，7；图版二三一，5）。

砺石1件，F51①：5，灰色泥质页岩，琢制，使用面光滑下凹，扁平长方体，长12、宽11、厚1.5厘米（图三○二，6；图版二二六，1）。

A型磨盘1件，F51①：6，残，棕红色花岗岩，琢制，凹磨面，长12.4、厚3.95厘米（图三○二，4）。

敲砸器1件，F51①：4，浅灰色石英岩自然石块，多棱体，敲砸痕迹集中棱角处，长7、宽5、厚4厘米（图三○二，12）。

五二　52号房址（F52）

1. 遗迹

F52位于遗址东北部，其东半部被现代冲沟毁坏，南部打破F49。北与F51，南与F55、F49、F8、F5、F4、F3成列；西与F47、F54、F39、F33成排，方向225°。面积约13.2平方米，是一座小型半地穴式房址。房址平面呈圆角长方形。东西4.0、南北3.3米，中心垂直深0.36米。房址挖凿于黄色生土层及基岩内。生土及基岩为壁，四壁局部有些弧曲，壁面稍加修整，较平直。居住面北高南低，呈坡状，较平整，为黑色垫踏土，土质坚硬，厚约0.02~0.05米。灶位于室内中部偏西，圆形坑式灶，斜直壁平底，灶底平铺一层石块及石器，间隙填泥土。所铺石器有残磨盘、大锥形器、砺石、研磨器、敲砸器、石刀等。经火烧后，灶内呈红色。灶口直径为0.7~0.6、灶底直径0.54~0.6、灶深0.18~0.2米。房址内共发现9个大小不同深浅不一的柱洞，其中7个柱洞紧靠穴壁四角，其余2个柱洞在东北角，远离穴壁。室内遗物有石器、陶器、残碎猪的颌骨白齿及不明种属骨骼残块（图版二八二，2），主要分布于近北壁中部，近西壁中部以及灶址东侧（图三○三）。

2. 遗物

室内居住面遗物

（1）陶器7件。小直腹罐1件，BⅣ式直腹罐3件，BⅤ式直腹罐1件，直腹罐罐底1件，CⅡ

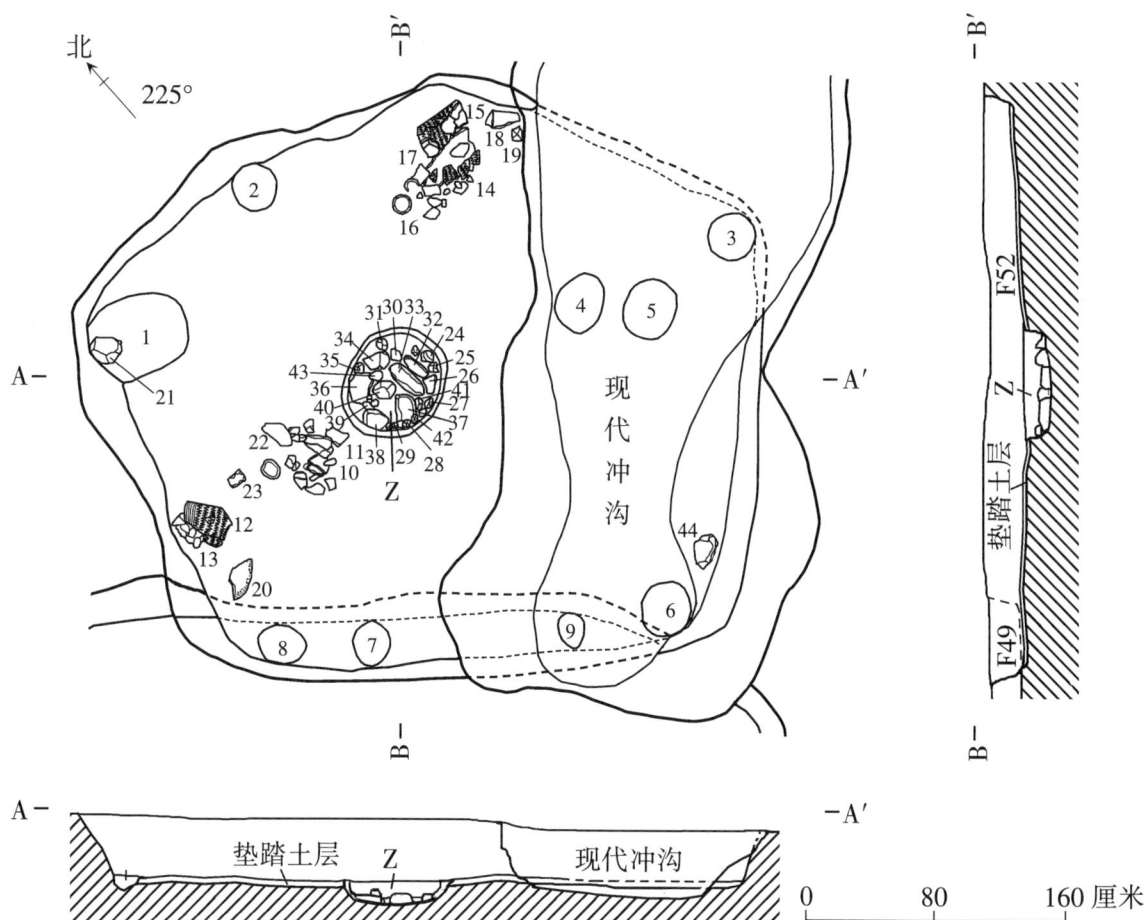

图三〇三　F52 平、剖面图

1~9. 柱洞　10. 鼓腹罐　11、12、15. 直腹罐　13、38、39. 砺石　14、16. 直腹罐口沿

17. 直腹罐底　18. 石斧　19、24、26~31、34、35、40、42. 敲砸器　20、32. 磨盘

21. 砧石　22、23. 铲形石器　25、33、36、37、41、43、44. 石料　Z. 灶址

式鼓腹罐 1 件（参见附表 7　查海遗址房址活动面出土陶器型式统计表）。

　　小直腹罐 1 件，F52：11，夹砂灰褐陶，器身局部泛黑灰色，直口，薄圆唇，腹微外弧，平底，颈饰左斜线纹 2 周、弦纹 2 周，上腹饰左斜线纹数周，下腹饰 C2 型梭形几何纹，口径 18.3、底径 10.5、高 20.8、壁厚 0.8 厘米（图三〇四，4；图版一三六，2）。

　　BⅣ式直腹罐 3 件，皆夹砂灰褐陶。F52：12，口部泛黑灰色，敞口，尖圆唇，直腹，凹平底，颈饰 Db 型锯齿形几何纹、附压竖压横排之字纹，附加堆纹带饰左斜线纹、网格纹，带下镉孔一对，腹饰竖压横排之字纹不到底，口径 17.5、底径 11、高 22 厘米（图三〇四，1；图版一〇〇，1）；F52：14，敞口，圆唇，直腹，底部残，颈饰 Db 型锯齿形几何纹、弦纹各 1 周，宽平附加堆纹带饰左斜线纹，腹饰竖压横排之字纹，口径 21、残高 9.5 厘米（图三〇四，2）；F52：16，口部泛黑灰色，敞口，厚圆唇，直腹，底部残，颈饰横压竖排之字纹，附加堆纹带宽圆弧、饰网格纹，腹饰竖压横排之字纹，口径 25、残高 23 厘米（图三〇四，3）。

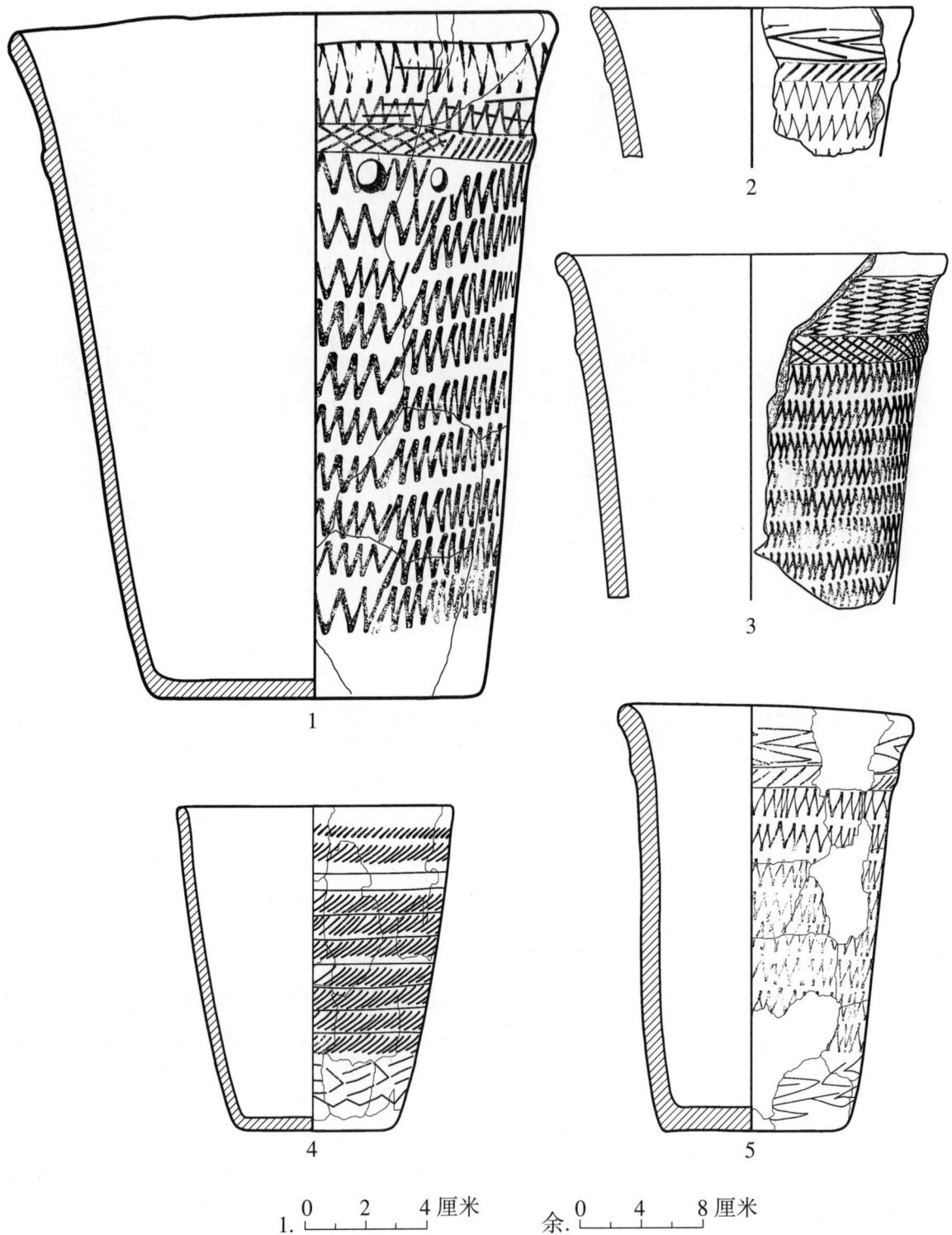

图三〇四　F52 陶器

1～3. BⅣ式直腹罐（F52：12、F52：14、F52：16）　4. 小直腹罐（F52：11）

5. BⅤ式直腹罐（F52：15）

BⅤ式直腹罐 1 件，F52：15，夹砂灰褐陶，口部泛黑灰色，敞口外撇呈小喇叭状，厚圆唇，直腹，平底，颈饰 Db 型锯齿形几何纹，宽平附加堆纹带饰左斜线纹，腹饰竖压横排之字纹，近底饰 Db 型锯齿形几何纹，口径 19.5、底径 12、高 27.3 厘米（图三〇四，5；图版一二一，3）。

直腹罐罐底 1 件，F52：17，夹砂灰褐陶，上部残，直腹，平底，颈饰 Ba1 型 F 形几何纹，腹饰竖压横排之字纹不到底，底径 11.6、残高 22.7 厘米（图三〇五，1）。

CⅡ式鼓腹罐 1 件，F52：10，夹砂红褐陶，口部泛黑灰色，侈口，薄圆唇，束颈，不显肩，鼓腹，大平底，近口饰左斜线纹 2 周，颈饰 Aa1 型单体曲尺形几何纹 1 周，肩饰左斜线纹数周，下腹饰 Ba1 型 F 形几何纹，口径 9.9、底径 6.4、高 14.7、壁厚 0.55 厘米（图三〇五，2；图版一三九，3）。

（2）石器 28 件。C 型石斧 1 件，铲形石器残片 2 件，A 型磨盘 2 件，砺石 3 件，有窝石器 1 件，敲砸器 12 件，石料 7 件（参见附表 15 查海遗址房址居住面出土石器型式统计一览表）。

C 型石斧 1 件，F52：18，淡红色玄武岩，打制，扁体，三角形，弧刃，正锋，刃部一面磨痕明显，长 17.04、刃宽 10.92、厚 3.4 厘米（图三〇六，1；图版一七一，6）。

铲形石器残片 2 件，皆浅灰色石灰岩，打制，扁体。F52：22，柄部残片，长方形，圆顶，弧刃，正锋，刃部有崩疤，长 13.95、顶宽 6.74、刃宽 7.77、厚 0.2～1.9 厘米（图三〇六，3）；F52：23，刃角残片，弧刃，正锋，有崩疤，刃部一面使用明显，残长 10.11、刃宽 18.39、厚 1.8厘米（图三〇六，2）。

A 型磨盘 2 件，皆残块，黄色花岗岩，琢制，凹磨面。F52：20，残长 15.74、残宽 15.24、厚 1.8～3.2 厘米（图三〇六，4）；F52：32，残长 16.62、残宽 9.93、厚 3.3 厘米（图三〇六，5）。

砺石 3 件，皆残块，扁体。F52：13，棕红色花岗岩，三角形，有三个磨面，一个磨面下凹，并有一条凹磨槽，另两个磨面较平，长 16.93、宽 10.92、厚 6.6 厘米（图三〇六，7）；F52：38，

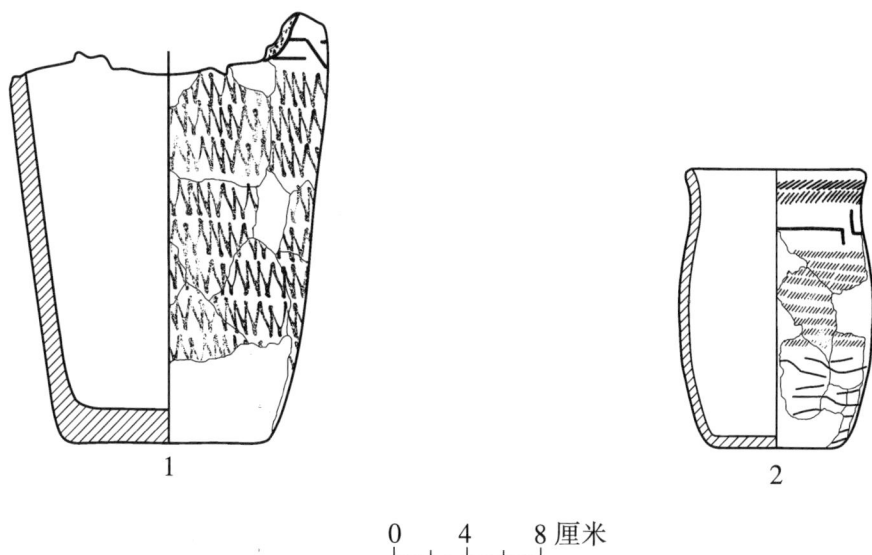

0 4 8 厘米

图三〇五 F52 陶器

1. 直腹罐罐底（F52：17）　2. CⅡ式鼓腹罐（F52：10）

图三〇六　F52 石器

1. C 型石斧（F52：18）　　2、3. 铲形石器残片（F52：23、F52：22）　　4、5. A 型磨盘（F52：20、F52：32）　　6~8. 砺石（F52：39、F52：13、F52：38）

黄色花岗岩，半圆形，双磨面，一个磨面下凹，另一个磨面有一条凹磨槽，直径 18.57、厚 4.7 厘米（图三〇六，8）；F52：39，棕红色玄武岩，琢制，一个磨面，略凹，长 12、宽 9、厚 5 厘米（图三〇六，6；图版二二六，2）。

有窝石器1件，F52：21，黄色花岗岩，琢制，棱柱体，有两面有窝坑，长17.42、宽14.14、厚13.4厘米（图三〇七，1）。

敲砸器12件。棕红色花岗岩自然石块2件，F52：26，多棱体，棱角有敲砸痕迹，长10、宽7.5、厚5厘米（图三〇七，12）；F52：28，扁圆体，周边使用痕迹，直径8.0、厚2.5厘米（图三〇七，11）。灰色或浅灰色石英岩自然石块10件，F52：19，扁圆体，周边有使用痕迹，直径7、厚4厘米（图三〇七，4）；F52：24，球形，有多处敲击点，直径7.65、厚6.0厘米（图三〇七，

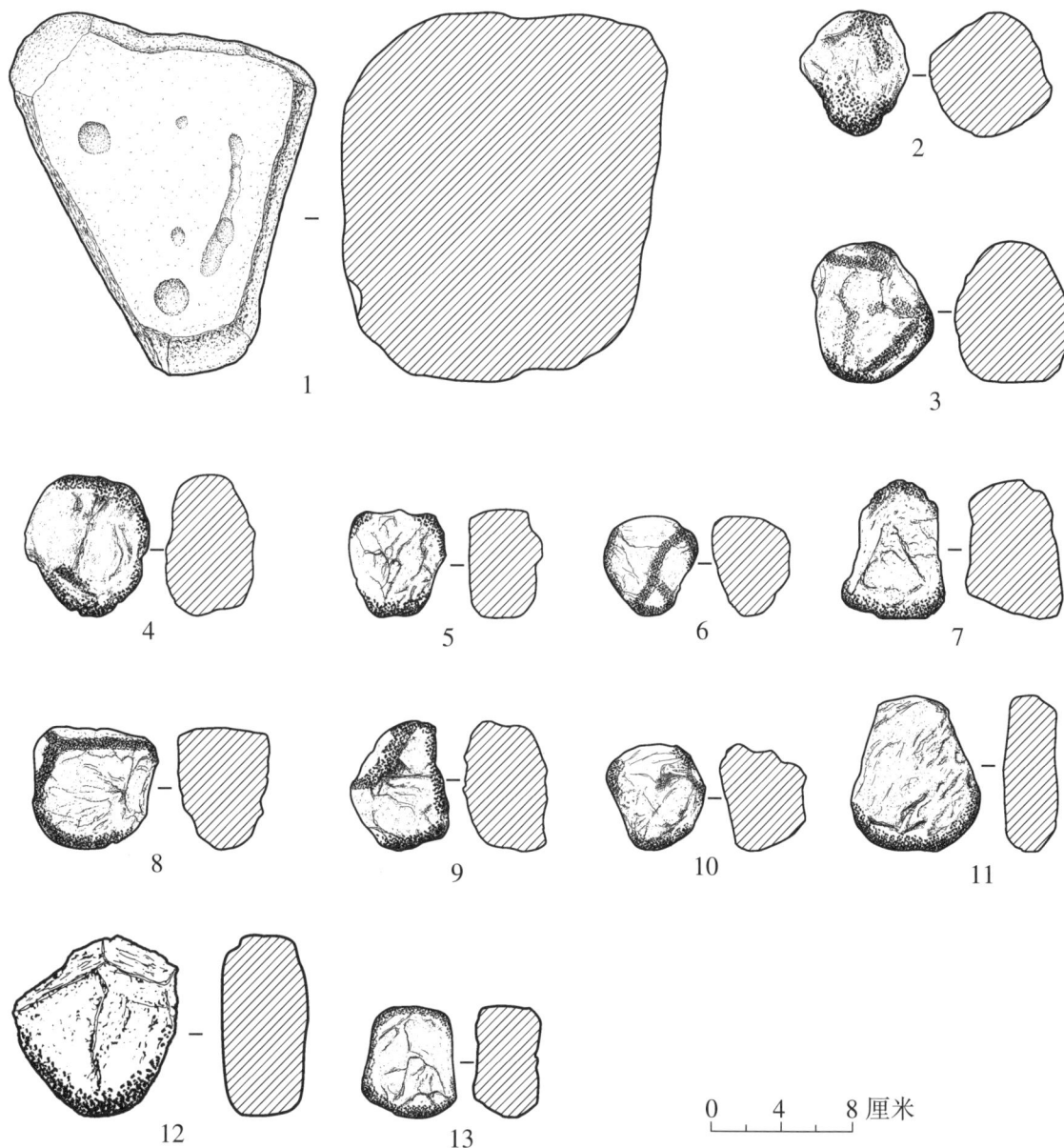

图三〇七　F52 石器

1. 有窝石器（F52：21）　　2～13. 敲砸器（F52：27、F52：24、F52：19、F52：42、F52：40、F52：30、F52：35、F52：31、F52：34、F52：28、F52：26、F52：29）

3）；F52：27，球形，有多处敲击点，直径6.8、厚5.4厘米（图三〇七，2；图版二五一，2）；F52：29，方形圆角，棱角处有敲砸痕迹，长5.5、宽4.5、厚3厘米（图三〇七，13）；F52：30，方柱体，两端棱角处有使用痕迹，长7、宽5、厚4厘米（图三〇七，7）；F52：31，近长方体，敲砸使用痕迹在棱角处，长6.5、宽4.5、厚3厘米（图三〇七，9）；F52：34，球形，有多处敲击点，直径5.64、厚4.2厘米（图三〇七，10）；F52：35，形状不规则，有多处敲击点，长7.32、宽6.76、厚2.0～4.5厘米（图三〇七，8）；F52：40，圆多棱体，敲砸痕迹集中棱角处，长5.5、宽5、厚3.5厘米（图三〇七，6；图版二五一，3）；F52：42，不规则形状，多棱体，一端集中有敲砸痕迹，长5.5、宽4.5、厚3.5厘米（图三〇七，5；图版二五一，4）。

石料7件，皆棕红色花岗岩。F52：25，长6、宽3、厚3.8厘米；F52：33，棱柱体，有多处皲裂，多棱面，多棱棱角，长24.61、宽6.95、厚6.4厘米；F52：36，长20、宽13、厚6.5厘米；F52：37，长17、宽14、厚3.5厘米；F52：41，长9、宽5.5、厚6.5厘米；F52：43，长8、宽3.5、厚3.5厘米；F52：44，长14、宽8、厚6厘米。

室内堆积层遗物

（1）陶器2件。直腹罐口沿1件，直腹罐罐底1件（参见附表8　查海遗址房址堆积层出土陶器型式统计表）。陶片17片（见附表2　房址出土陶片统计表）。

直腹罐口沿1件，F52①：2，夹砂灰褐陶，饰左斜线纹、弦纹相间隔，口径12、残高6.5、厚1厘米。

直腹罐罐底1件，F52①：3，夹砂红褐陶，饰短横线纹，底径12.3、残高6厘米。

（2）石器1件（参见附表16　查海遗址房址堆积层出土石器型式统计一览表）。

敲砸器1件，F52①：1，深灰色石英岩自然石块，扁圆体，周边敲砸痕迹，直径5.8、厚3.5厘米（图版二五一，5）。

五三　53号房址（F53）

1. 遗迹

F53位于遗址东部，与F18、F16、F17、F7南北成列；与F45、F46、F40东西成排。方向201°。面积约78.2平方米，是一座大型半地穴房址。平面呈圆角长方形，南北9.2、东西8.5，中心垂直深度0.75米。房址挖凿于黄褐色生土层及基岩层内，穴壁不甚规整，局部弯曲。南壁与北壁略外弧，东壁略内凹，西北角内收。壁面稍加修整斜平。室内西侧及东北角有不规整的基岩台面，台面较平，台缘不甚规整。东北角台宽0.7～1.2、高0.14米。西侧台宽0.5～0.7、高0.36米。居住面为坚硬起层的灰色垫踏土，四周略高于中部，较平整，厚约0.1～0.2米。室内中部偏东有一近圆形坑穴式灶址，斜壁、斜平底。有明显的火烧痕迹，整个灶址呈暗红色。灶内底部发现1件石斧和数枚陶片。灶址口径0.94～1.0、底径0.8～0.84、深0.06～0.17米，灶内抹泥厚

0.03~0.08 米。房穴内共发现大小不同深浅不一间距不等的柱洞 33 个，分内、外两圈布置。外圈靠近穴壁一周 24 个柱洞，内圈绕灶址一周 9 个（详见附表 22-36　F53 柱洞一览表）。遗物有石器、陶器、残碎猪的颌骨及臼齿（图版二八二，1、3、4、6），主要分布于室内四周，陶器集中在二层台上（图三〇八）。另外在房内还出土了一些碳化杏核（图版二八四，1）。

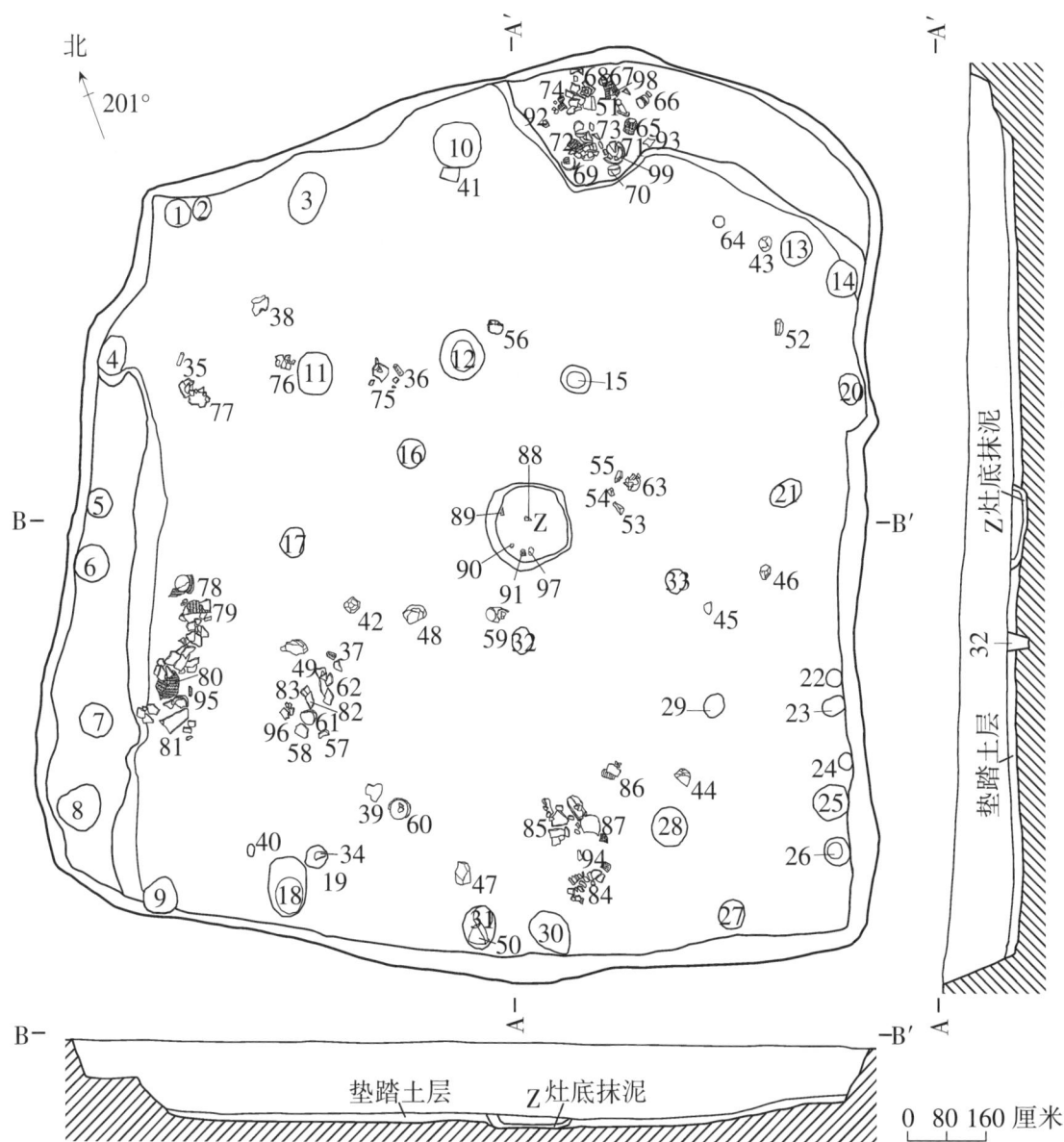

图三〇八　F53 平、剖面图

1~33. 柱洞　34、97. 石斧　35~37. 磨棒　38~40、95. 铲形石器　41、49、51~57. 石料　42、43、48、50、58、94. 砺石　44、46、47. 敲砸器　45. 饼形器　59、67、72、75、78. 直腹罐　60、61、63、66、70、81. 直腹罐罐底　62、71. 陶片　64、69. 斜腹罐底部　65. 小鼓腹罐　68、77、79、80、84、85、91、96. 直腹罐口沿　73. 小斜腹罐　74、76、82、86. 斜腹罐口沿　83. 鼓腹罐口沿　87~89、92. 陶片　90、93. 钵口沿　98. 陶杯　99. 小直腹罐　Z. 灶址

2. 遗物

室内居住面遗物

（1）陶器 38 件。小斜腹罐 1 件，A Ⅱ 式斜腹罐 3 件，斜腹罐口沿 1 件，斜腹罐腹部残片 2 件，斜腹罐罐底 2 件，小直腹罐 2 件，B Ⅰ 式直腹罐 2 件，B Ⅲ 式直腹罐 1 件，B Ⅳ 式直腹罐 7 件，B Ⅴ 式直腹罐 1 件，B Ⅵ 式直腹罐 2 件，直腹罐腹部残片 4 件，直腹罐罐底 6 件，C Ⅴ 式鼓腹罐 1 件，C Ⅱ 式鼓腹罐 1 件，Ba 型钵 1 件，钵腹部残片 1 件（参见附表 7　查海遗址房址活动面出土陶器型式统计表）。

小斜腹罐 1 件，F53：73，夹砂红褐陶，上部残，平底，素面，底径 5.8、残高 6.5 厘米（图三〇九，9）。

A Ⅱ 式斜腹罐 3 件，皆夹砂红褐陶，口部残片。F53：76，敞口，圆唇，外叠宽带沿饰右斜线纹，沿下有弦纹 4 周，素面，口径 36、残高 21、壁厚 1 厘米（图三〇九，1）；F53：82，尖圆唇，外叠宽带沿饰右斜线，素身，口径 26、残高 15.8 厘米（图三〇九，2）；F53：86，尖圆唇，近口部饰窝点纹，口径 30、残高 7.4、厚 0.8 厘米（图三〇九，3）。

斜腹罐口沿 1 件，F53：74，夹砂红褐陶，底部残，厚圆唇，外叠宽带沿饰右斜线纹，腹饰窝点纹，残高 11.32、厚 1.2 厘米（图三〇九，4）

斜腹罐腹部残片 2 件，皆夹砂红褐陶。F53：62，饰窝点纹，残高 13.6、厚 1.2 厘米（图三〇九，5）；F53：71，镉孔 2 对，饰窝点纹，下腹附贴泥条，残高 18.6 厘米（图三〇九，7）。

斜腹罐罐底 2 件，皆夹砂红褐陶，上部残，斜腹。F53：64，平底，素身，底径 11.0、残高 6.5、壁厚 1 厘米（图三〇九，10）；F53：69，腹饰窝点纹，近底部对称附贴饼钉，底径 12.6、残高 20.7 厘米（图三〇九，8）。

小直腹罐 2 件，皆夹砂红褐陶。F53：96，口部残片，外撇口，尖唇，饰竖压横排细长之字纹，一侧压点明显，口径 12.0、残高 9.7 厘米（图三一二，5）；F53：98，直口，圆唇磨平，直腹，大平底，近口部宽平附加堆纹带饰右斜线纹，腹饰不规整短竖线纹，口径 10、底径 8、高 9.7 厘米（图三一四，11；图版一三五，4）。

B Ⅰ 式直腹罐 2 件，皆夹砂红褐陶。F53：59，敞口，圆唇外叠宽带沿，直腹，平底，素身，口径 17.8、底径 9.4、高 23.2、壁厚 0.9 厘米（图三一〇，2；图版七〇，1）；F53：85，直口，尖圆唇，直腹，底部残，外叠宽带沿饰右斜线纹，素身，口径 13.5、残高 12 厘米（图三一〇，1）。

B Ⅲ 式直腹罐 1 件，F53：91，夹砂红褐陶，口部残片，直口，圆唇，直腹，饰草划网格纹，口径 28、残高 13.52、厚 1 厘米（图三一〇，3）。

B Ⅳ 式直腹罐 7 件。夹砂红褐陶 3 件，F53：68，敞口，厚圆唇，直腹，底部残，颈饰横压竖排之字纹，宽平附加堆纹带饰左斜线纹，腹饰竖压横排之字纹，口径 24、残高 15、壁厚 1 厘米（图三一一，2）；F53：77，口部泛灰黑色，直口，圆唇，直腹，底部残，颈饰弦纹数周，指压附加堆纹带，腹饰横排人字纹，口径 24、残高 15 厘米（图三一一，3）；F53：78，口部残，直腹，平底，

图三〇九　F53 陶器（1～5、7～10. 居住面出土　6. 堆积层出土）

1～3. AⅡ式斜腹罐（F53：76、F53：82、F53：86）　　4. 斜腹罐口沿（F53：74）

5、7. 斜腹罐腹部残（F53：62、F53：71）　　6、9. 小斜腹罐（F53①：41、F53：73）

8、10. 斜腹罐罐底（F53：69、F53：64）

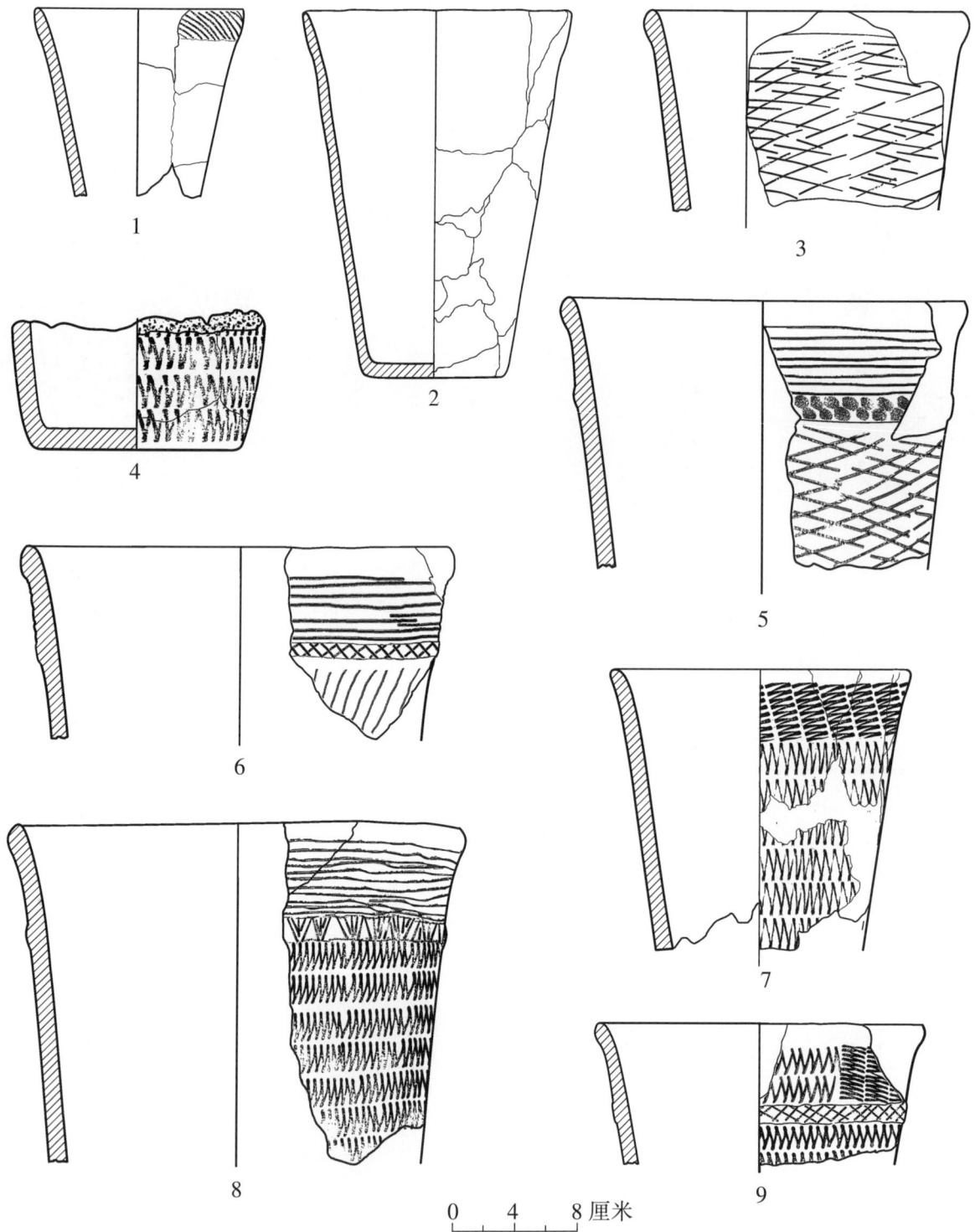

图三一〇　F53 陶器（1～4. 居住面出土　5～9. 堆积层出土）

1、2. B I 式直腹罐（F53：85、F53：59）　　3、5、6. B III 式直腹罐（F53：91、F53①：42、

F53①：37）　　4. 直腹罐罐底（F53：60）　　7～9. B IV 式直腹罐（F53①：31、F53①：34、

F53①：39）

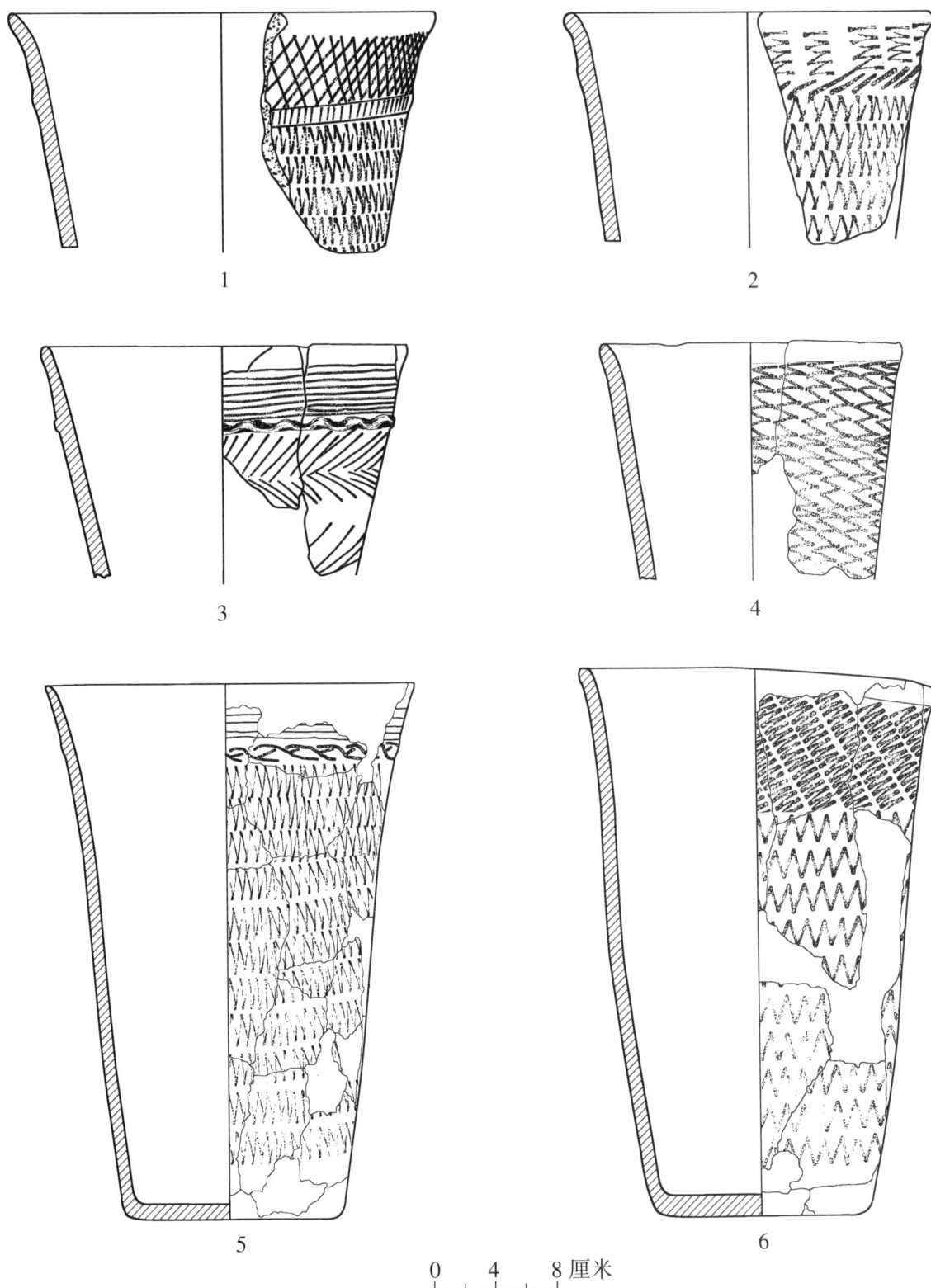

图三一一　F53 陶器（居住面出土）

1～6. BⅣ式直腹罐（F53：80、F53：68、F53：77、F53：79、F53：78、F53：72）

颈饰弦纹数周，附加堆纹带饰 Ba2 型 F 形几何纹，腹饰竖压横排之字纹 11 周不到底，口径 24、底径 13.6、高 34.2 厘米（图三一一，5；图版一〇〇，2）。夹砂灰褐陶 4 件，F53：72，口部泛黑，直口，厚圆唇，直腹，平底，颈饰横压竖排之字纹，腹饰疏整竖压横排之字纹不到底，口径 23.5、底径 13.5、高 35.2 厘米（图三一一，6；图版一〇〇，3）；F53：79，口部泛黑灰，敞口，厚圆唇，直腹，底部残，通身横压竖排之字纹，口径 20.1、残高 21.9 厘米（图三一一，4；图版九九，4）；F53：80，敞口，厚圆唇，直腹，底部残，颈饰交叉网格纹，附加堆纹带微圆凸、饰竖线纹，腹饰竖压横排之字纹，口径 28、残高 15.4、壁厚 1 厘米（图三一一，1）；F53：84，敞口，厚圆唇，直腹，底部残，颈饰断弦纹数周，腹饰竖压横排弧线之字纹，口径 17、残高 15.4、壁厚 1.1 厘米（图三一二，1）。

B V 式直腹罐 1 件，F53：67，夹砂红褐陶，内壁及口部局部泛黑，敞口外撇呈小喇叭口，厚圆唇，直腹，平底，口沿饰弦纹数周，附加堆纹带宽凸、饰左斜线纹，腹饰草划横压竖排细长之字纹、竖压横排细长之字纹数周，近底饰横压竖排细长之字纹，口径 28.5、底径 16.7、高 39.5、厚 1.2 厘米（图三一二，4；图版一二二，3）。

B VI 式直腹罐 2 件，皆夹砂灰褐陶。F53：75，口部泛黑灰，敞口呈大喇叭状，厚尖圆唇，直腹，平底，颈饰弦纹数周，附加堆纹带饰 Da2 型锯齿形几何纹，腹饰竖压横排之字纹不到底，口径 34.2、底径 17.8、高 39.4 厘米（图三一三，10；图版一三〇，4）；F53：99，敞口呈小喇叭状，尖圆唇，略弧腹，平底，近口饰左斜线纹 2 周，颈饰 Ab2 型扣合曲尺形几何纹，上腹饰左斜线纹 4 周、下腹饰 C2 型梭形几何纹不到底，口径 15.8、底径 9.9、高 19.8 厘米（图三一四，1；图版一三〇，2）。

直腹罐腹部残片 4 件，皆夹砂红褐陶。F53：87，饰横排人字纹，残高 10.38、厚 1.2 厘米（图三一三，9）；F53：88，附加堆纹带饰指压窝纹，腹饰规整网格纹，残高 9.55、厚 1.2 厘米（图三一三，6）；F53：89，饰草划交叉纹，残高 18.1、厚 1.1 厘米（图三一三，7）；F53：92，饰横排人字纹，残高 11.98、厚 1 厘米（图三一三，8）。

直腹罐罐底 6 件，皆夹砂红褐陶。F53：60，腹饰竖压横排之字纹到底，底径 13.6、残高 8.9、壁厚 1.2 厘米（图三一〇，4）；F53：61，底径 11、残高 3.3、壁厚 1.2 厘米（图三一三，1）；F53：63，底径 12.2、残高 10 厘米（图三一三，3）；F53：66，微凹底，腹饰左斜线纹、Db 型锯齿形几何纹不到底，底径 8.4、残高 12.2 厘米（图三一三，4）；F53：70，素面，底径 13、残高 9.5、壁厚 1 厘米（图三一三，2）；F53：81，上部残，凹平底，颈饰 Ba2 型 F 形几何纹，腹饰横压竖排之字纹，局部竖压横排之字纹，近底无纹饰，底径 11.2、残高 24.2 厘米（图三一三，5）。

C V 式鼓腹罐 1 件，F53：65，夹砂灰褐陶，侈口，薄圆唇，束颈，显肩，鼓腹，小凹平底，近口饰左斜线纹 2 周，颈饰 Aa1 型单体曲尺形几何纹，上腹饰左斜线纹 5 周、下腹饰 C2 型梭形几何纹，口径 12.4、底径 6.2、高 11.5 厘米（图三一四，3；图版一四七，2）。

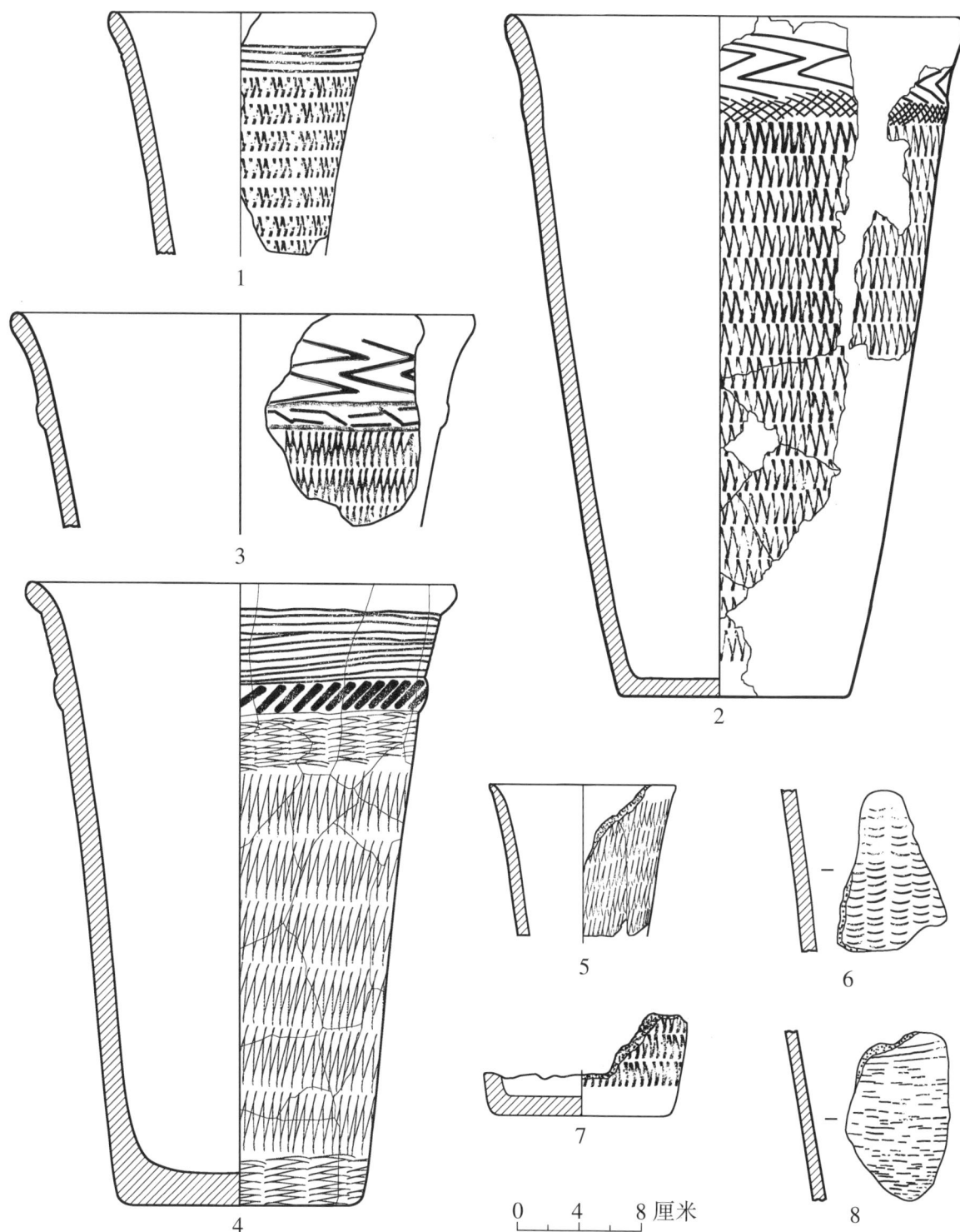

图三一二　F53 陶器（1、3、4. 居住面出土　2、5～8. 堆积层出土）

1、2. BⅣ式直腹罐（F53∶84、F53①∶30）　3、4. BⅤ式直腹罐（F53①∶40、F53∶67）　5. 小直腹罐
（F53∶96）　6、8. 直腹罐腹部残片（F53①∶35、F53①∶36）　7. 直腹罐罐底（F53①∶32）

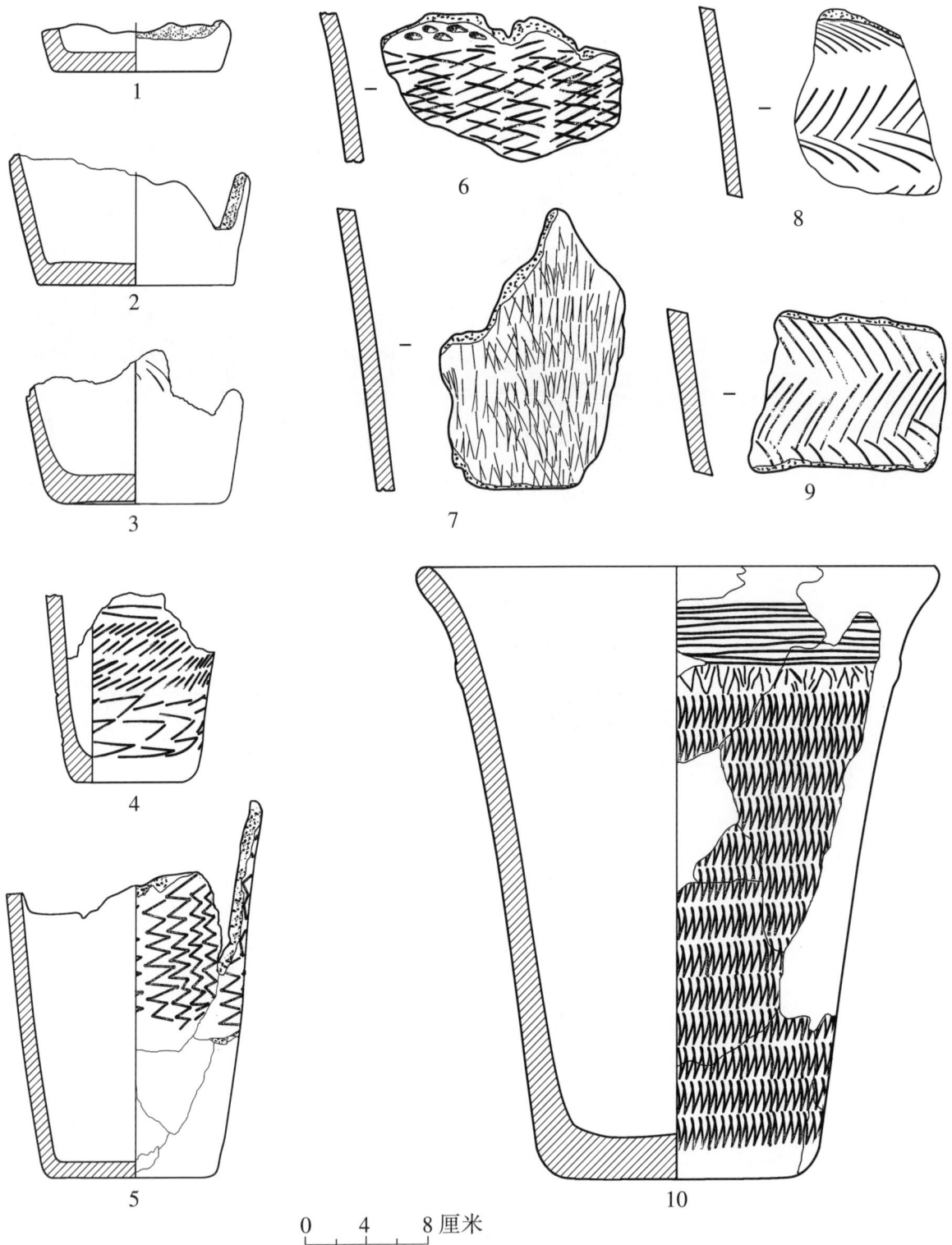

图三一三　F53 陶器（居住面出土）

1～5. 直腹罐罐底（F53：61、F53：70、F53：63、F53：66、F53：81）　　6～9. 直腹罐腹部

残片（F53：88、F53：89、F53：92、F53：87）　　10. B Ⅵ式直腹罐（F53：75）

C II 式鼓腹罐 1 件，F53：83，夹砂灰褐陶，口局部泛黑灰色，底残，侈口，厚尖圆唇，束颈，不显肩，鼓腹，颈饰 C2 型梭形几何纹，腹部纹饰依次为左斜线纹 5 周、C1 型梭形几何纹、左斜线纹 5 周、C2 型梭形几何纹，口径 22、残高 30.4、壁厚 0.7 厘米（图三一四，2）。

Ba 型钵 1 件，F53：93，夹砂红褐陶，口部残片，小撇口，尖圆唇，外叠宽带沿饰左斜线纹，颈饰弦纹 1 周，腹部无纹饰，口径 15、残高 7.5、厚 0.7 厘米（图三一四，9）。

钵腹部残片 1 件，F53：90，皆夹砂红褐陶，饰网状菱格纹，残高 8.86、厚 0.8 厘米（图三一四，10）。

（2）石器 28 件。A 型石斧 1 件，石斧残块 1 件，Ac 型铲形石器 1 件，铲形石器残片 3 件，Bc 型饼形器 1 件，Aa 型磨棒 1 件，B 型磨棒 1 件，C 型磨棒 1 件，砺石 6 件，敲砸器 3 件，石料 9 件（参见附表15 查海遗址房址居住面出土石器型式统计一览表）。

A 型石斧 1 件，F53：97，深灰色花岗岩，扁体，弧顶，弧刃，正锋，侧棱圆滑，顶部及刃部有崩疤，长 9.78、刃宽 6.72、顶宽 5.04、厚 2.7 厘米（图三一五，1；图版一六五，6）。

石斧残块 1 件，F53：34，深灰色页岩，扁体，弧刃，正锋，残长 8.42、残宽 6.43、厚 1.8 厘米（图三一五，2）。

Ac 型铲形石器 1 件，F53：39，浅灰色石灰岩，打制，扁体，近直柄，椭圆身，束腰，弧刃，正锋，刃部有崩疤，通长 16.73、肩宽 10.8、刃宽 19.1、厚 2.85 厘米（图三一五，4；图版一七七，6）。

铲形石器残片 3 件，皆打制，扁方体。F53：38，铲身残片，深灰色页岩，长 10.8、宽 17、厚 2 厘米（图三一五，5）；F53：40，刃部残片，浅灰色石灰岩，弧刃，正锋，刃部有崩疤，残长 11.38、刃宽 6.43、厚 0.9 厘米；F53：95，刃部残片，浅灰色石灰岩，刃部崩疤明显，残长 8.30、刃部残宽 8.8、厚 0.9 厘米。

Bc 型饼形器 1 件，F53：45，浅灰色石灰岩，扁平体，多棱角，使用崩疤明显，长 10.0、宽 9.81、厚 2.0 厘米（图三一五，18；图版二〇三，5）。

Aa 型磨棒 1 件，F53：36，残段，绛红色花岗岩，琢制，圆柱体，残长 11.1、直径 4.89 厘米（图三一五，7）。

B 型磨棒 1 件，F53：37，残段，黄色花岗岩，琢制，棱柱体，残长 7.02、直径 4.28 厘米（图三一五，9）。

C 型磨棒 1 件，F53：35，残段，黄色花岗岩，琢制，椭圆柱体，中部略粗，残长 10.72、直径 4.0～4.9 厘米（图三一五，10）。

砺石 6 件。灰色页岩 1 件，F53：94，残块，扁体，扇形，双磨面，均下凹，一个磨面有三条磨蚀凹槽磨痕明显，长 11.71、厚 1.5 厘米（图三一六，6；图版二二六，5）。棕红色或黄色花岗岩 5 件，F53：42，形状不规则，有三个磨面，磨痕较轻，长 17.68、宽 15.10、厚 10.02 厘米（图三一六，2）；F53：43，形状不规则，有多个磨面，其中一个磨面上有两条磨蚀沟。长 15.88、宽 15.11、厚 9.3 厘米（图三一六，1）；F53：48，圆角方形，双磨面，一个磨面下凹，长 21.68、

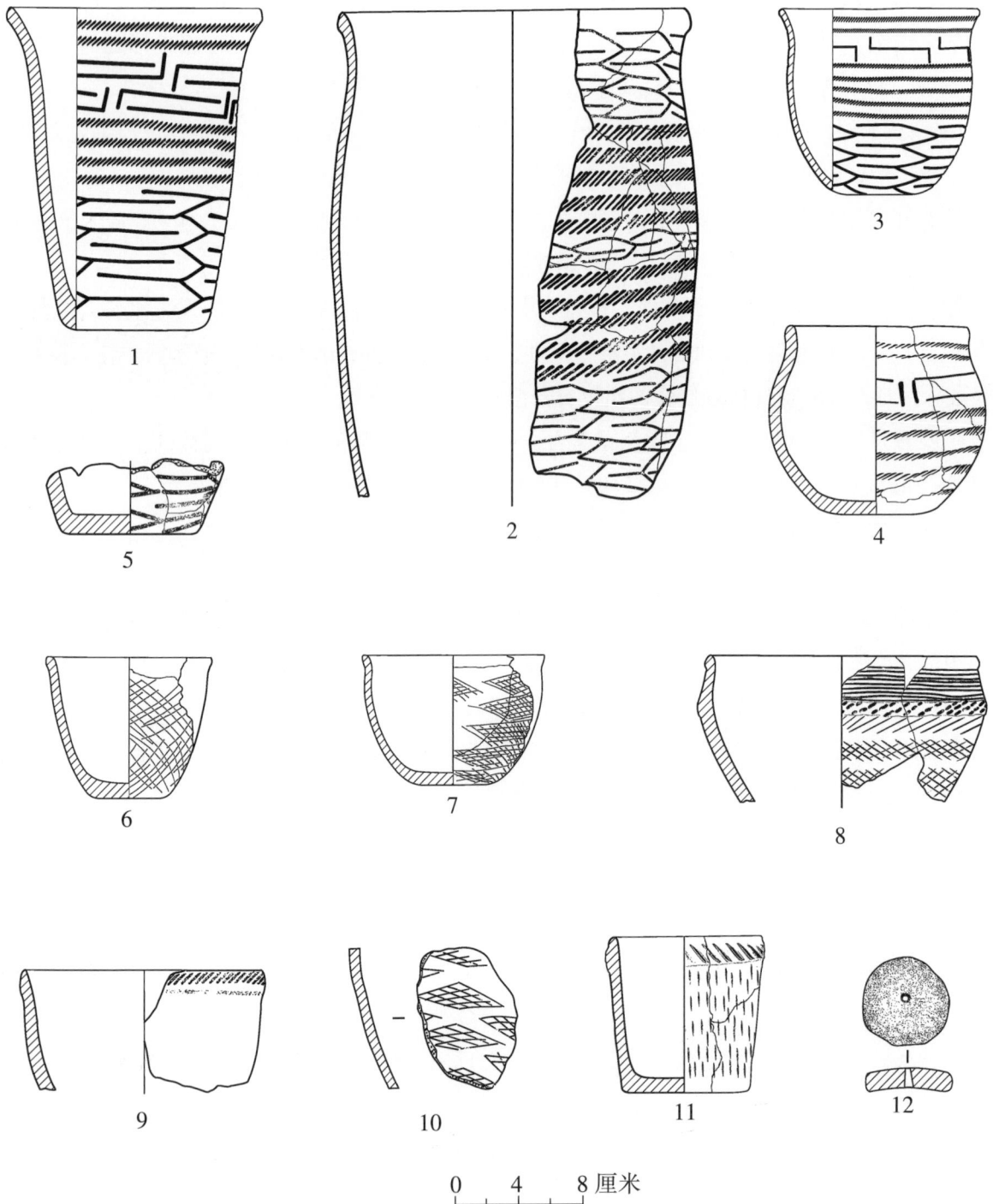

图三一四 F53 陶器（1~3、9~11. 居住面出土 4~8、12. 堆积层出土）

1. BⅥ式直腹罐（F53:99） 2. CⅡ式鼓腹罐（F53:83） 3、4. CⅤ式鼓腹罐（F53:65、F53①:14）

5. 鼓腹罐罐底（F53①:33） 6. Ab2 型钵（F53①:12） 7. Ba 型钵（F53①:13） 8. Cb1 型钵

（F53①:38） 9. Ba 型钵（F53:93） 10. 钵腹部残片（F53:90） 11. 小直腹罐（F53:98）

12. A 型陶纺轮（F53①:15）

图三一五 F53 石器

（1、2、4、5、7、9、10、18. 居住面出土 3、6、8、11～17. 堆积层出土）

1. A 型石斧（F53：97） 2、3. 石斧残块（F53：34、F53①：11） 4. Ac 型铲形石器（F53：39）
5、6. 铲形石器残片（F53：38、F53①：18） 7、8. Aa 型磨棒（F53：36、F53①：5） 9. B 型磨棒
（F53：37） 10. C 型磨棒（F53：35） 11～15. A 型磨盘（F53①：2、F53①：1、F53①：4、F53①：9、
F53①：3） 16. Bb 型饼形器（F53①：17） 17. Ab 型饼形器（F53①：8） 18. Bc 型饼形器（F53：45）

宽16.46、厚8.4厘米（图三一六，3；图版二二六，3）；F53：50，三棱柱体，有一个磨面，长26.14、宽25.47、厚11.9厘米（图三一六，4）；F53：58，长方体，有一个磨面，长15.41、宽11.58、厚3.1厘米（图三一六，5；图版二二六，4）。

敲砸器3件。棕红色花岗岩自然石块1件，F53：44，残，圆角方形，有多处敲击点，长12.0、宽10.4、厚11厘米。浅灰色石英岩自然石块2件，皆形状不规则，有多处敲击点，F53：46，长12.44、宽9.1、厚8厘米（图三一六，8）；F53：47，长9.85、宽5.94、厚4.8厘米（图三一六，7）。

石料9件。浅灰色石灰岩1件，F53：41，长方形，长15.8、宽11.33、厚0.9厘米。棕红色玄武岩1件，F53：49，长18、宽12.5、厚8.5厘米。灰色石英岩1件，F53：52，长9、宽8、厚5.5厘米。棕红色花岗岩6件，F53：51，长14、宽12、厚6.5厘米；F53：53，长12.5、宽9、厚3厘米；F53：54，长10.5、宽12、厚4厘米；F53：55，长9、宽5.5、厚5厘米；F53：56，长14、宽10、厚7厘米；F53：57，长9、宽8、厚4.5厘米。

室内堆积层遗物

（1）陶器17件。小斜腹罐1件，BⅢ式直腹罐2件，BⅣ式直腹罐4件，BⅤ式直腹罐1件，直腹罐腹部残片2件，直腹罐罐底1件，CⅤ式鼓腹罐1件，鼓腹罐罐底1件，Cb1型钵1件，Ab2型钵1件，Ba型钵1件，A型陶纺轮1件（参见附表8　查海遗址房址堆积层出土陶器型式统计表）。陶片274片（见附表2　房址出土陶片统计表）。

小斜腹罐1件，F53①：41，夹砂红褐陶，口部残片，敛口，圆唇，素面，口径17.0、残高7.1厘米（图三〇九，6）。

BⅢ式直腹罐2件，皆夹砂红褐陶，口部残片，厚圆唇。F53①：37，颈饰弦纹，附加堆纹带窄平、饰网格纹，腹饰左斜线纹，口径28.0、残高12.2厘米（图三一〇，6）；F53①：42，颈饰弦纹，附加堆纹带不明显、饰窝点纹，腹饰网格纹，口径26.0、残高17.0厘米（图三一〇，5）。

BⅣ式直腹罐4件。夹砂红褐陶1件，F53①：39，口部残片，厚圆唇，颈饰竖压横排之字纹与横压竖排之字纹相间隔，附加堆纹带窄平、饰网格纹，腹饰竖压横排之字纹，口径21.0、残高8.9厘米（图三一〇，9）。夹砂灰褐陶3件，F53①：30，口部残，上部局部泛黑灰，直腹，平底，颈饰Db型锯齿形几何纹，附加堆纹带微圆弧、饰网格纹，腹饰竖压横排之字纹16周，口径29.6、底径15.1、高43.4厘米（图三一二，2；图版一〇一，3）；F53①：31，敞口，口部泛黑，圆唇，直腹，下部残，颈饰横压竖排之字纹，腹饰竖压横排之字纹，口径19.3、残高17.5、壁厚1厘米（图三一〇，7）；F53①：34，敞口，厚尖圆唇，直腹，底部残，颈饰弦纹，附加堆纹带饰Da4型锯齿形几何纹，腹饰竖压横排规整之字纹，口径29.0、残高21.6厘米（图三一〇，8）。

BⅤ式直腹罐1件，F53①：40，夹砂红褐陶，口部残片，厚圆唇，颈饰Db型锯齿形几何纹，窄凸附加堆纹带饰Ba1型F形几何纹，腹饰竖压横排之字纹，口径30.0、残高13.5厘米（图三一二，3）。

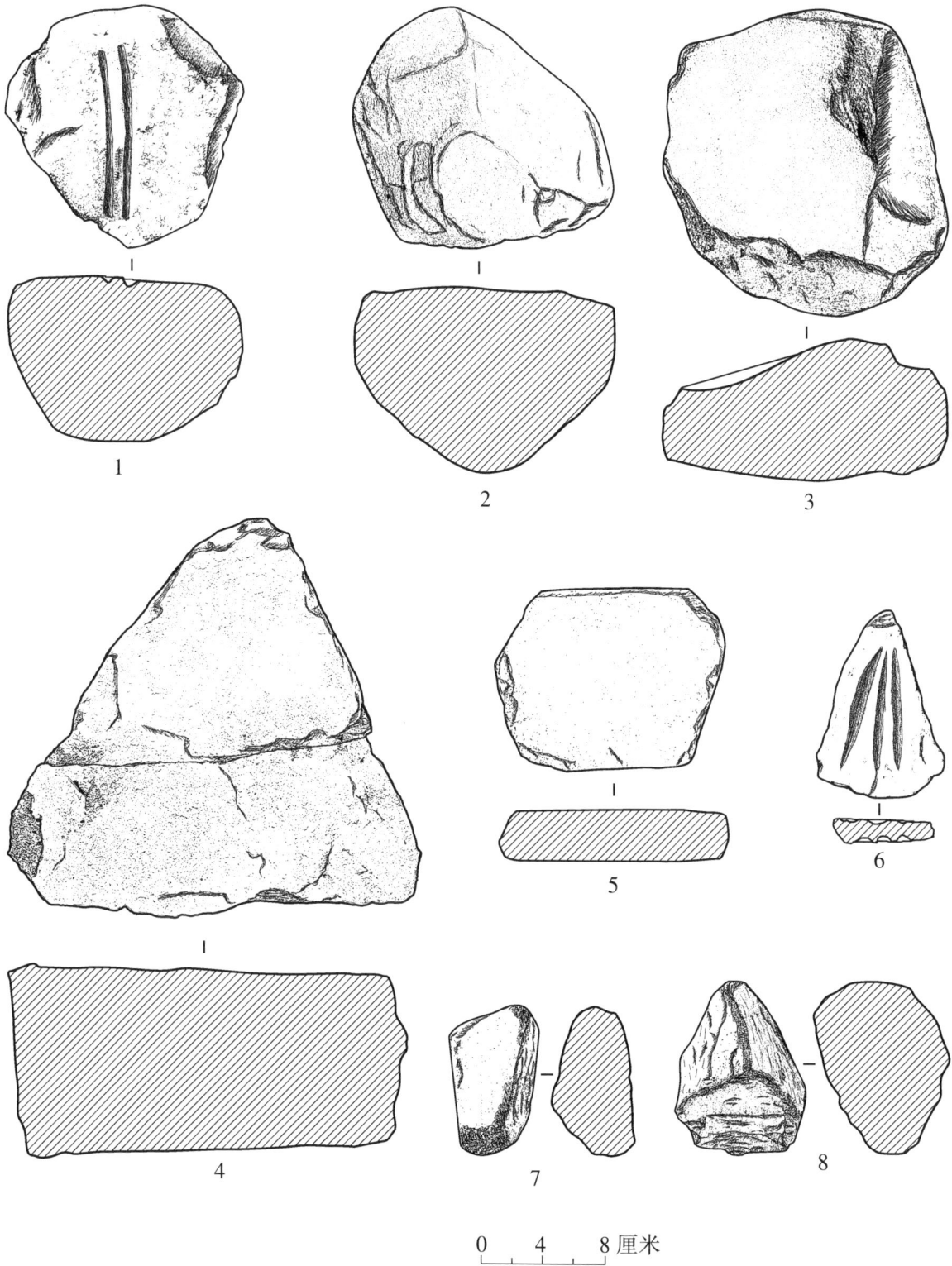

图三一六　F53 石器（居住面出土）

1～6. 砺石（F53：43、F53：42、F53：48、F53：50、F53：58、F53：94）　　7、8. 敲砸器（F53：47、F53：46）

直腹罐腹部残片 2 件，皆夹砂红褐陶。F53①：35，压印规整短弧线纹，残高 10.36、厚 1 厘米（图三一二，6）；F53①：36，细密短线纹，残高 10.82、厚 0.9 厘米（图三一二，8）。

直腹罐罐底 1 件，F53①：32，夹砂灰褐陶，平底，饰竖压横排之字纹，底径 11.7，残高 6.6 厘米（图三一二，7）。

CⅤ式鼓腹罐 1 件，F53①：14，夹砂灰褐陶，口部泛黑灰色，侈口，圆唇，束颈，圆肩，鼓腹，平底，近口部饰左斜线纹 2 周，颈饰 Ab1 型扣合曲尺形几何纹，腹饰左斜线纹 5 周，口径 11.4、底径 7.6、高 11.6 厘米（图三一四，4；图版一四七，4）。

鼓腹罐罐底 1 件，F53①：33，夹砂灰褐陶，饰 C2 型梭形几何纹，底径 8.6，残高 4.7 厘米（图三一四，5）。

Ab2 型钵 1 件，F53①：12，夹砂灰褐陶，直口，厚圆唇，腹微弧，小平底，器身饰草划网格纹，口径 10.5、底径 4.9、高 8.7 厘米（图三一四，6；图版一四九，4）。

Ba 型钵 1 件，F53①：13，夹砂灰褐陶，口部泛黑，直口，薄圆唇，弧腹，小平底，器身饰网状菱格纹，口径 12、底径 6、高 8 厘米（图三一四，7；图版一五〇，1）。

Cb1 型钵 1 件，F53①：38，夹砂红褐陶，底部残，厚圆唇，显肩，近口饰弦纹，肩部堆纹带饰窝点纹，腹饰左斜线纹、规整网格纹，口径 17.0、残高 9.0 厘米（图三一四，8）。

A 型陶纺轮 1 件，F53①：15，腹部残片制作，夹砂灰褐陶，直径 5.5、厚 1.2 厘米（图三一四，12；图版一五八，2）。

（2）石器 24 件。石斧残块 1 件，铲形石器残片 1 件，Ab 型饼形器 1 件，Bb 型饼形器 1 件，沟槽器 1 件，Aa 型磨棒 1 件，A 型磨盘 5 件，敲砸器 13 件（参见附表 16　查海遗址房址堆积层出土石器型式统计一览表）。

石斧残块 1 件，F53①：11，灰色页岩，扁体，方形，弧刃，偏锋，残长 6.4、厚 0.5～1.45 厘米（图三一五，3）。

铲形石器残片 1 件，F53①：18，刃部残片，深灰色石灰岩，扁平片状，直边较厚钝，曲边锋利、有崩疤，一面磨蚀较重，长 5.0、刃部宽 8.8、厚 0.6 厘米（图三一五，6）。

Ab 型饼形器 1 件，F53①：8，黄灰色花岗岩，磨制，扁体，圆形，两平面中心有打制窝坑，直径 9.13、厚 3.7 厘米（图三一五，17）。

Bb 型饼形器 1 件，F53①：17，黄灰色花岗岩，打制，扁体，圆形，一面中心有打制窝坑，直径 6.42、厚 2.4～2.74 厘米（图三一五，16；图版二〇二，4）。

沟槽器 1 件，F53①：10，残，青灰色页岩，器表有沟槽、有一残钻孔，长 5、宽 3.9、厚 1.2 厘米（图三一七，14）。

Aa 型磨棒 1 件，F53①：5，残段，黄色花岗岩，琢制，圆柱体，残长 6.76、直径 5.7 厘米（图三一五，8）。

A 型磨盘 5 件，皆残块，琢制，扁体。白色石灰岩 1 件，F53①：1，长方形，单凹磨面，残长 6.72、

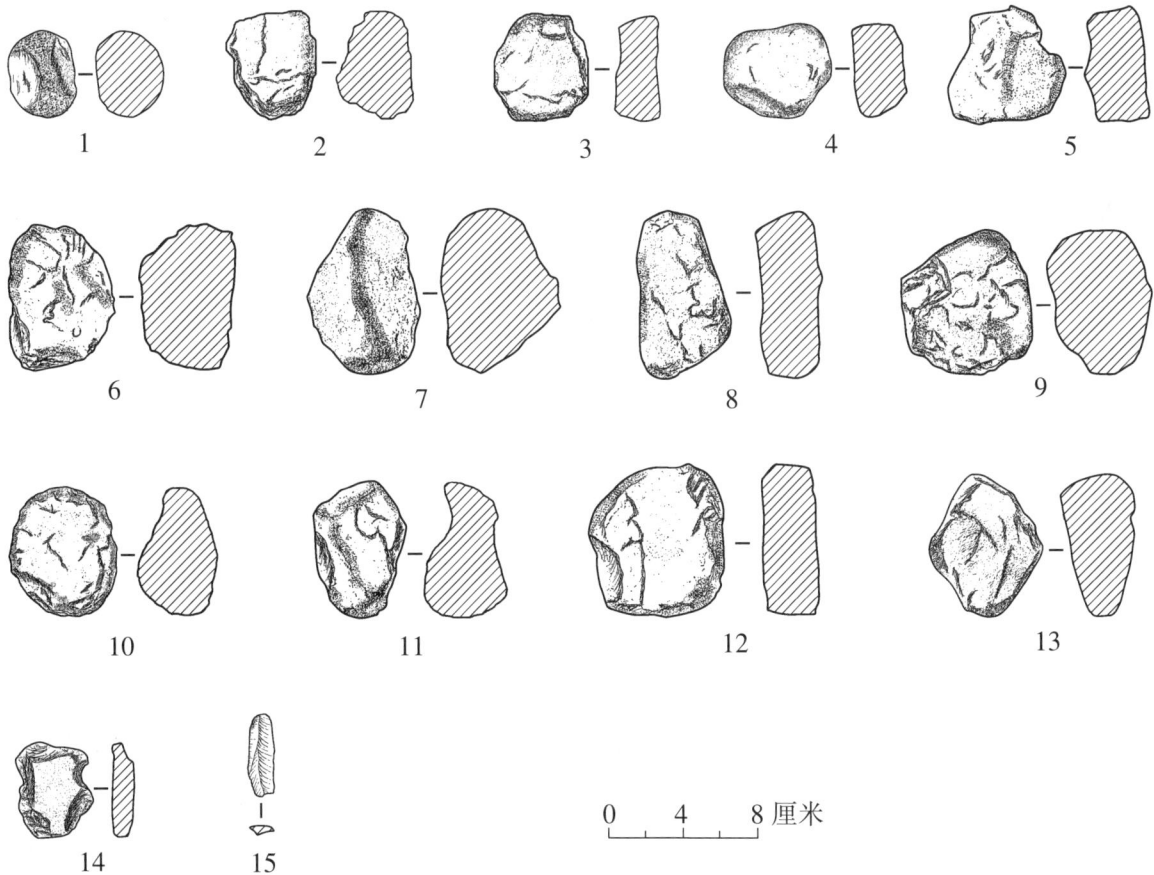

图三一七　F53 石器（堆积层出土）

1～13. 敲砸器（F53①：29、F53①：20、F53①：22、F53①：24、F53①：26、F53①：23、F53①：28、F53①：25、F53①：7、F53①：19、F53①：21、F53①：6、F53①：27）　14. 沟槽器（F53①：10）　15. 刮削器（F53①：16）

残宽9.61、厚1.4厘米（图三一五，12）。黄色或红褐色花岗岩4件，F53①：2，长方形，单凹磨面，残长14.43、残宽7.16、厚2.1厘米（图三一五，11）；F53①：3，单凹磨面，残长6.04、残宽5.5、厚2.9厘米（图三一五，15）；F53①：4，单凹磨面，残长10.22、残宽7.7、厚2.8厘米（图三一五，13）；F53：①：9，双磨面，长9、宽8、厚2厘米（图三一五，14）。

敲砸器13件，皆石英岩自然石块。F53①：6，淡黄色扁体，圆形，有多处砍砸点，直径7.88、厚2.6厘米（图三一七，12）；F53①：7，灰色，扁体，形状不规则，有多处敲击点，长7.57、宽7.57、厚5.0厘米（图三一七，9；图版二五一，6）；F53①：19，浅灰色，椭圆形扁平体，周边有敲砸痕迹，长7、宽5.5、厚4厘米（图三一七，10）；F53①：20，浅灰色，多棱体，敲砸使用痕迹集中在棱角处，长6、宽6、厚2厘米（图三一七，2）；F53①：21，浅灰色，多棱体，两端棱角处有敲砸痕迹，长7、宽4.5、厚2.5厘米（图三一七，11）；F53①：22，浅灰色，扁平多棱体，周边使用痕迹明显，直径5.5、厚2.5厘米（图三一七，3）；F53①：23，浅灰色，多棱体，敲砸痕迹集中于棱角处，长7、宽6.5、厚4.5厘米（图三一七，6）；F53①：24，浅灰色，椭圆形扁平体，周边有打击痕迹，长 6、宽 4.5、厚 2 厘米（图三一七，4）；F53①：25，浅灰色，近长方体，两端棱角处有敲砸痕迹，长 8.5、宽 4.5、厚 3 厘米（图三一七，8）；F53①：26，浅灰色，三角形扁平体，棱角处使用痕迹明显，长 5、宽 4、厚 3 厘米（图三一七，5）；F53①：27，灰色，略呈方形，敲砸使用痕迹多集中在棱角处，长 7、宽 6.5、厚 4 厘米（图三一七，13）；F53①：28，浅灰色石英岩自然石块，多棱体，棱角处使用痕迹明显，长 8、宽 5、厚 6 厘米（图三一七，7）；F53①：29，浅灰色，近圆形，周缘敲砸痕迹明显，直径 4 厘米（图三一七，1；图版二五二，1）。

（3）细石器 1 件（参见附表 20　查海遗址各遗迹单位出土细石器统计表）。

刮削器 1 件，F53①：16，浅灰色石英岩，压制，条状，两窄端较厚，长边锋利，长 4.3、宽 1.4、厚 0.45 厘米（图三一七，15）。

五四　54 号房址（F54）

1. 遗迹

F54 位于遗址中部偏北，龙形堆石北侧。北与 F41，南与 F23、F9、F12 成列；西与 F39、F33，东与 F47、F52 成排。属中型半地穴式房址，平面呈圆角长方形，门道不详。方向 205°。房址南北 7.4、东西 6.9 米，深度为 0.54～0.75 米。挖凿于黄色生土层及基岩内。将生土及基岩修饰平整为穴壁。房址内共有 18 个大小深浅不同的柱洞，分内、外两圈。外圈近房址穴壁有 13 个柱洞，内圈在灶址四周有 4 个柱洞，灶址内近壁有 1 个柱洞（详见附表 6－37　F54 柱洞一览表）。室内居住面有 3～6 厘米厚的灰黑色坚硬垫踏土，中部厚于四周，居住面较平。室内中心设有一椭圆形浅灶，南北长 1.6、东西宽 1.25、深 0.09 米。灶内抹有 2～5 厘米厚的黄泥。灶口与室内活动面平齐，灶底较平，经火烧呈红色。室内居住面四周出土有生产工具和生活用具，陶器主要出在西北角及南壁附近，石器分布于室内四周（图三一八）。

2. 遗物

室内居住面遗物

（1）陶器 15 件。BⅣ式直腹罐 3 件，BⅤ式直腹罐 2 件，BⅥ式直腹罐 3 件，直腹罐罐底 4 件，CⅢ式鼓腹罐 1 件，CⅤ式鼓腹罐 1 件，鼓腹罐罐底 1 件（参见附表 7　查海遗址房址活动面出土陶器型式统计表）。

BⅣ式直腹罐 3 件，皆夹砂灰褐陶，敞口，厚圆唇，直腹，平底。F54：19，口部泛黑，颈饰 Db 型锯齿形几何纹，附加堆纹带微圆弧、饰左斜线、人字纹，腹饰竖压横排之字纹，口径 22.3、底径 14、高 30 厘米（图三一九，4；图版一〇一，1）；F54：28，口部近黑灰，颈饰横压竖排之字纹，附加堆纹带饰 Da4 型锯齿形几何纹，腹饰竖压横排之字纹不到底，口径 32、底径 17、高 43 厘米（图三一九，2；图版一〇一，2）；F54：33，颈饰竖压横排之字纹、网格纹，附加堆纹带饰左斜线、竖线纹，腹饰三分之二周竖压横排之字纹、三分之一周横压竖排之字纹，口径 27、

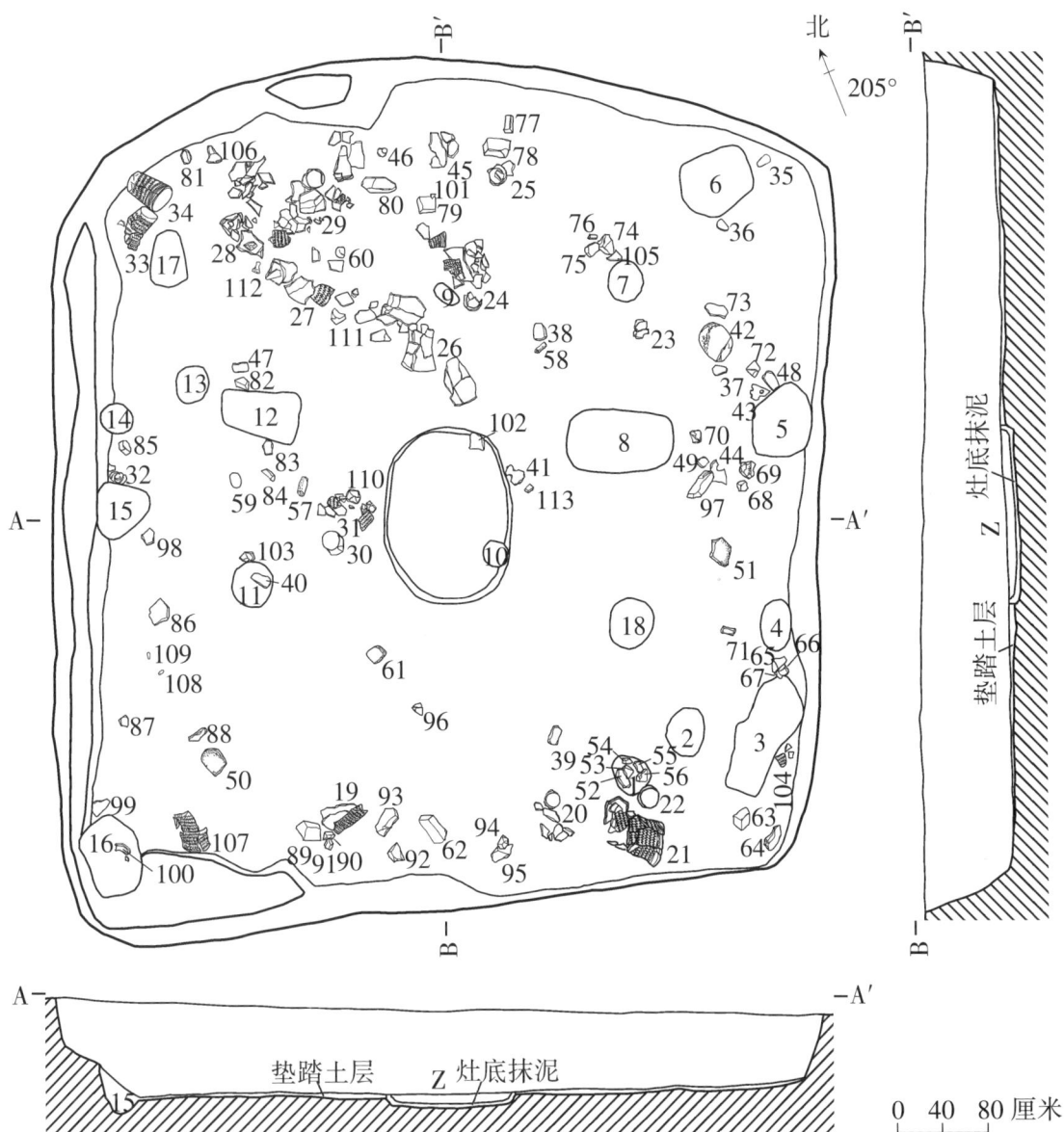

图三一八 F54 平、剖面图

1~18. 柱洞 19~21、26~28、33、34. 直腹罐 22~24、30. 直腹罐底 25、39、52、61、62、71、75、86、88、89、97. 砺石 29、32. 鼓腹罐 31、99~105、107. 陶片 35、36、106. 石斧 37、46、49、53、63~67、69、72~74、76~84、87、90、92~95、111. 石料 38、40、59、70、85、91、96、110. 敲砸器 41、44、45、48. 铲形石器 42. 饼形器 43、47、112. F型双孔盘状铲形石器 50、51、54~56、68. 磨盘 57、58. 磨棒 60. 研磨器 98. 鼓腹罐底 108、109. 玉匕 113. 沟槽器 Z. 灶址

底径18、高36厘米（图三一九，1；图版一〇〇，4）。

B V 式直腹罐 2 件，皆夹砂灰褐陶，小喇叭形口，厚圆唇，直腹，凹平底。F54：27，口部近黑灰，颈饰弦纹数周，上有一对铆孔，附加堆纹带饰 Da3 型锯齿形几何纹，腹饰竖压横排之字纹不到底，口径32、底径18、高45厘米（图三二〇，1；图版一二二，1）；F54：34，口部泛黑，颈饰

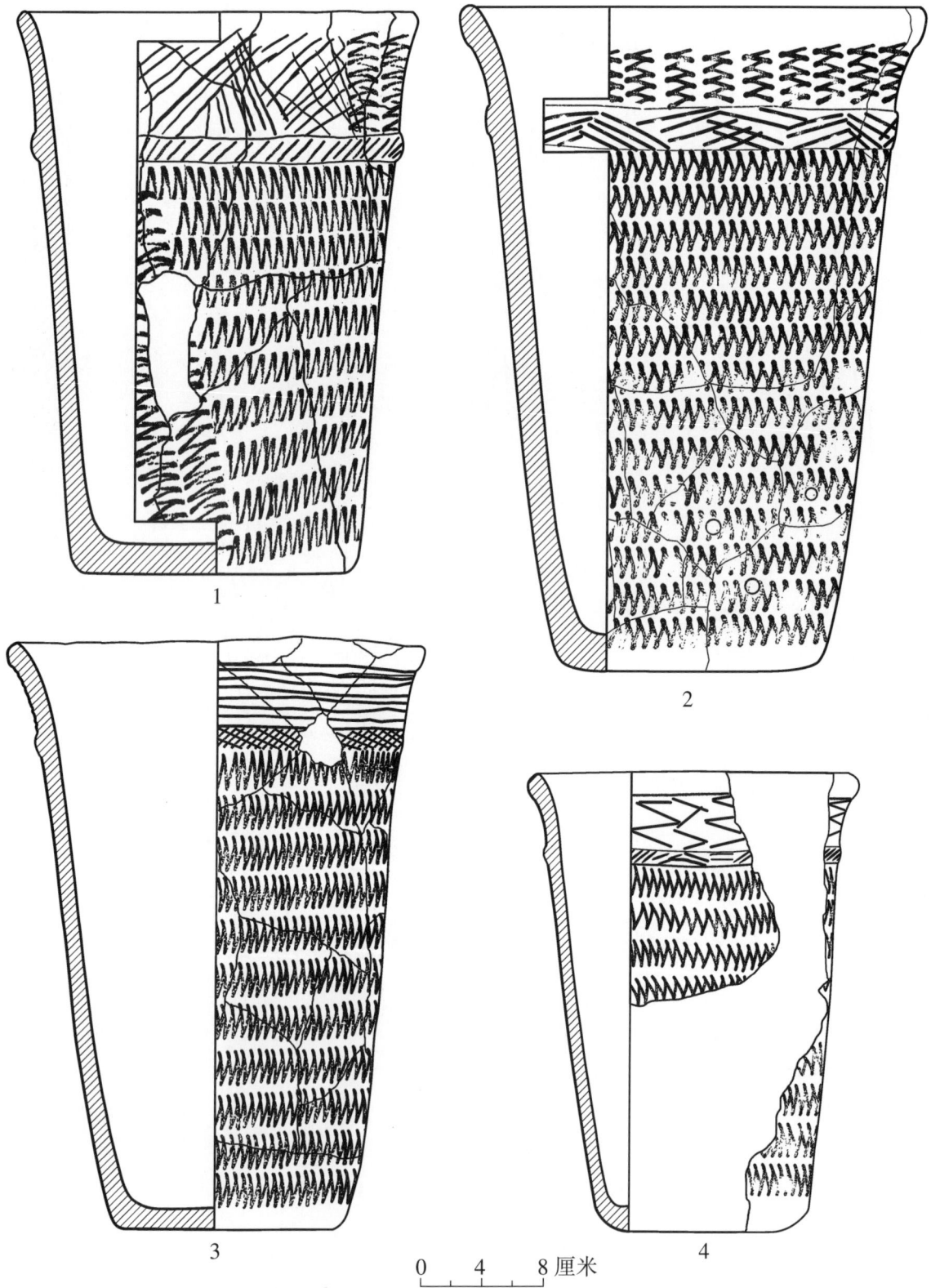

图三一九　F54 陶器（居住面出土）

1、2、4. BⅣ式直腹罐（F54：33、F54：28、F54：19）　3. BⅤ式直腹罐（F54：34）

弦纹数周，附加堆纹带微圆弧、饰网格纹，腹饰竖压横排之字纹不到底，口径28、底径15.7、高38厘米（图三一九，3；图版一二一，4）。

　　B Ⅵ式直腹罐3件，皆夹砂灰褐陶，大喇叭口，厚圆唇，直腹，平底。F54:20，近口饰左斜线纹1周，颈饰Eb型波曲形几何纹，下饰弦纹1周，腹饰竖压横排之字纹不到底，口径32、底径18、高44.5、壁厚2.3厘米（图三二〇，5；图版一三一，5）；F54:21，口部泛黑灰，颈饰弦纹数周，附加堆纹带饰左斜线纹，腹饰竖压横排之字纹不到底，口径36、底径19、高49.8、壁厚1.4厘米（图三二二，1；图版一三一，3）；F54:26，颈饰横向细长草划之字纹，附加堆纹带微圆弧、饰左斜线纹，腹饰竖压横排之字纹不到底，口径29.6、底径15.6、高34.8厘米（图三二〇，4；图版一三一，2）。

　　直腹罐罐底4件。夹砂红褐陶1件，F54:23，凹平底，近底饰竖压横排之字纹，底径13.7、残高5、壁厚1厘米（图三二二，5）。夹砂灰褐陶3件，F54:22，上部残，直腹，平底，腹饰竖压横排之字纹，底径17、残高8.8、壁厚1.2厘米（图三二二，6）；F54:24，上部残，直腹，平底，腹饰竖压横排之字纹，底径17.6、残高11.4、壁厚1.3厘米（图三二二，3）；F54:30，凹平底，近底饰竖压横排之字纹，底径13.1、残高6.4、壁厚1厘米（图三二二，4）。

　　C Ⅲ式鼓腹罐1件，F54:29，夹砂灰褐陶，侈口，尖圆唇，束颈，不显肩，鼓腹，平底，颈饰Ac1型连体曲尺形几何纹，肩饰左斜线纹1周，其下饰Da2型锯齿形几何纹1周，上腹饰左斜线纹5周，下腹饰C3型梭形几何纹，近底饰竖压横排之字纹1周，口径18.5、底径11.3、高25.3厘米（图三二二，7；图版一四二，3）。

　　C Ⅴ式鼓腹罐1件，F54:32，夹砂灰褐陶，侈口，圆唇，束颈，显肩，鼓腹，小平底，近口饰左斜线纹2周，颈饰Ab3型扣合曲尺纹形几何纹1周，腹饰左斜线纹7周，近底饰C2型梭形几何纹1周，口径11.8、底径5.3、高11.8、壁厚0.5厘米（图三二三，1；图版一四七，3）。

　　鼓腹罐罐底1件，F54:98，夹砂灰褐陶，上部残，鼓腹，凹平底，腹饰规整左斜线纹，底径7、残高7.8、壁厚0.7厘米（图三二三，3）。

　　（2）石器68件。A型石斧2件，B型石斧1件，Bb型铲形石器1件，E型铲形石器1件，F型双孔盘状铲形石器2件，Db型铲形石器1件，铲形石器刃部残片2件，Ba型饼形器1件，沟槽器1件，Aa型磨棒2件，A型磨盘6件，砺石11件，A型研磨器1件，敲砸器8件，石料28件（参见附表15　查海遗址房址居住面出土石器型式统计一览表）。

　　A型石斧2件。F54:36，青色页岩磨制而成，通体光滑，侧棱明显，顶部有打击痕迹，正锋，弧刃，刃部一角有破碴，长7.2、宽6.2、厚2.2厘米（图三二四，1；图版一六三，6）；F54:106，残段，白色石灰岩，通体磨光，扁体，梯形，仅存顶部，斧身一面有凹坑，侧棱平直，有崩疤，残长10.85、顶宽4.66、厚2.7厘米（图三二四，2）。

　　B型石斧1件，F54:35，残段，棕红色玄武岩，扁体圆滑，窄顶宽刃，侧棱不显，弧刃，正锋，刃锋较厚钝，长13.49、刃宽7.26、顶宽4.19、厚2.8厘米（图三二四，3）。

　　Bb型铲形石器1件，F54:48，稍残，黑色页岩，打制，扁体，直身，宽直柄，顶部平直，一

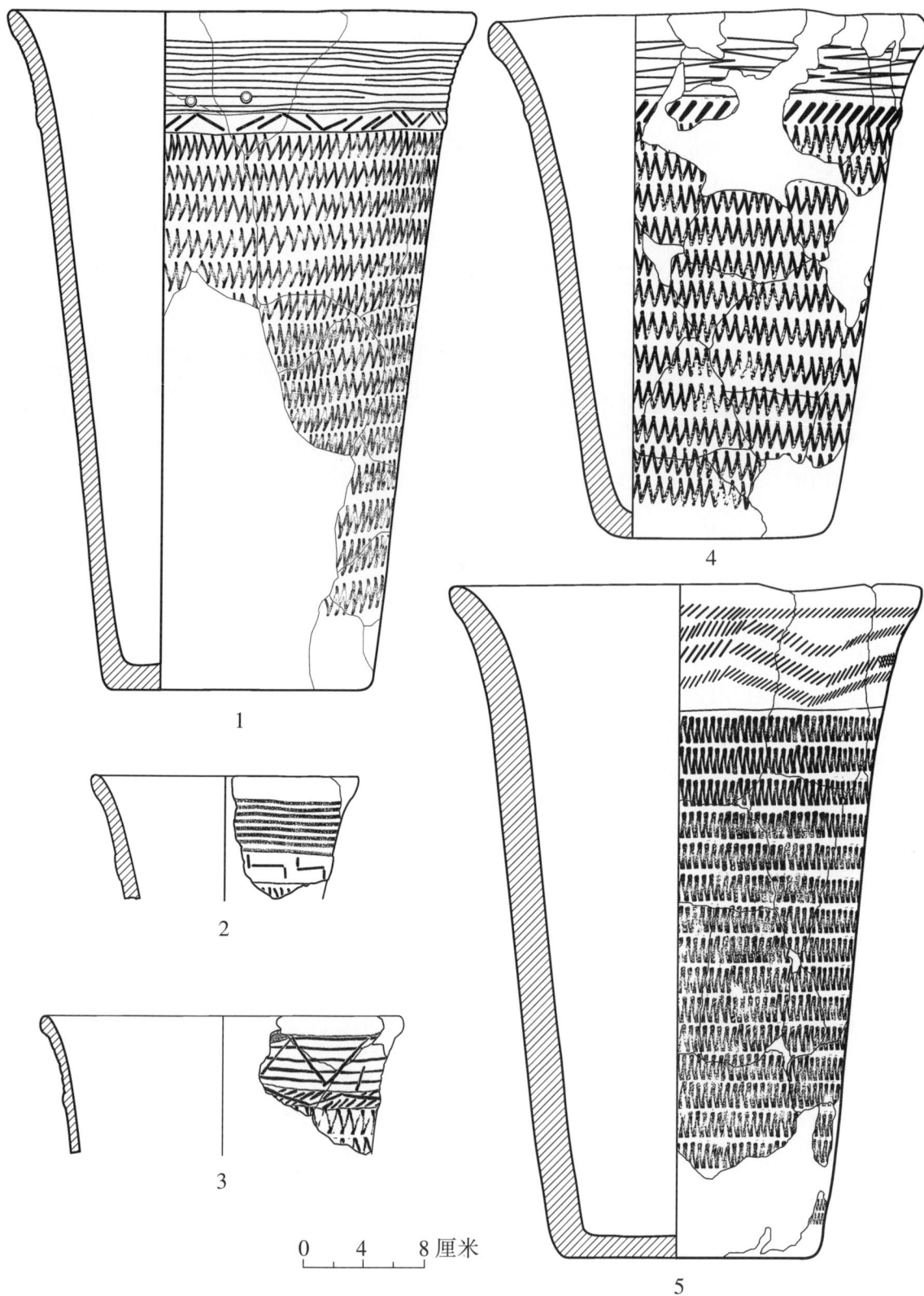

图三二〇　F54 陶器（1、4、5. 居住面出土　2、3. 堆积层出土）

1~3. BV式直腹罐（F54:27、F54①:6、F54①:11）　4、5. BVI式直腹罐（F54:26、F54:20）

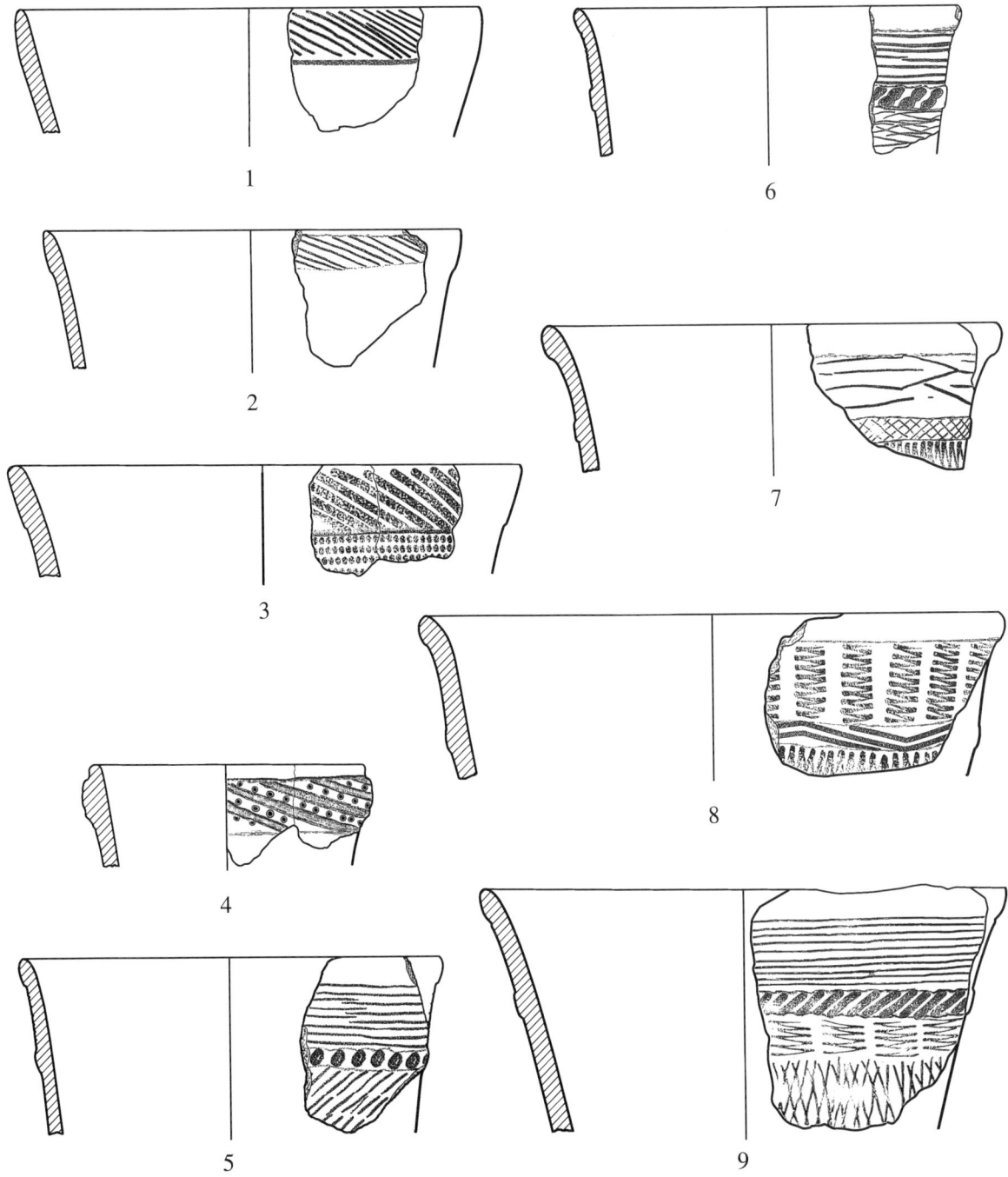

0　　4　　8 厘米

图三二一　F54 陶器（堆积层出土）

1~3. AⅡ式斜腹罐（F54①:7、F54①:8、F54①:5）　4. BⅡ式直腹罐（F54①:4）

5~9. BⅣ式直腹罐（F54①:3、F54①:9、F54①:16、F54①:2、F54①:18）

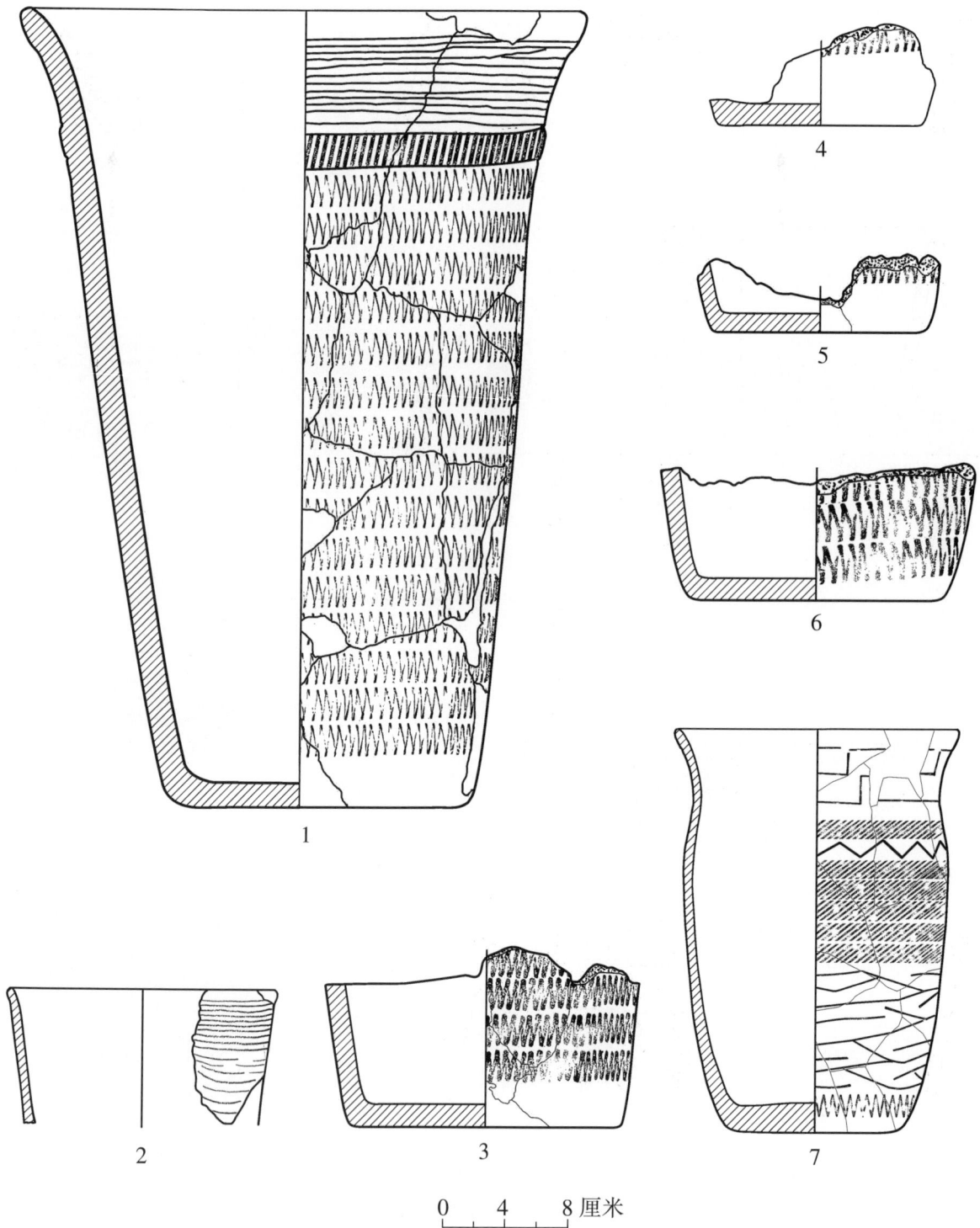

图三二二　F54 陶器（1、3～7. 居住面出土　2. 堆积层出土）

1. BⅥ式直腹罐（F54：21）　2. 小直腹罐（F54①：14）　3～6. 直腹罐罐底（F54：24、F54：30、F54：23、F54：22）　7. CⅢ式鼓腹罐（F54：29）

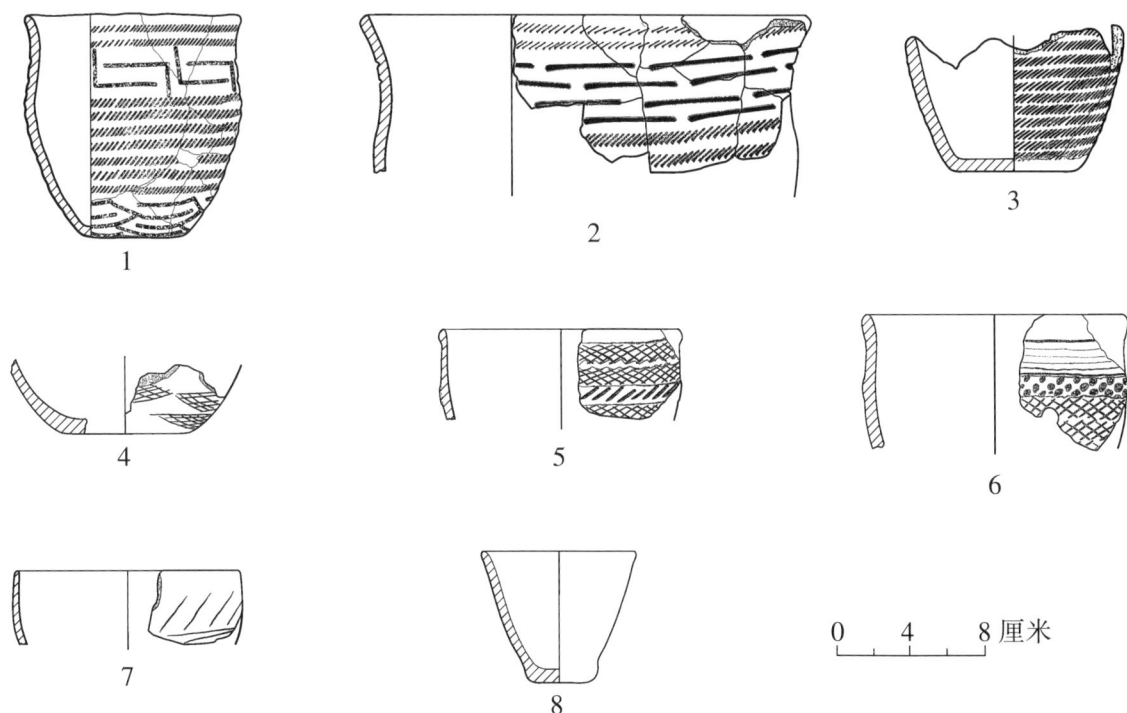

图三二三　F54 陶器（1、3. 居住面出土　2、4~8. 堆积层出土）

1. C V式鼓腹罐（F54：32）　　2. 鼓腹罐口沿（F54①：17）　　3、4. 鼓腹罐罐底（F54：98、

F54①：13）　　5~7. 钵口沿（F54①：12、F54①：10、F54①：15）　　8. Ab 型杯（F54①：1）

侧略显亚腰，弧刃，正锋，刃部磨痕明显，长 17.30、刃宽 13.92、厚 1.0 厘米（图三二四，4）。

Db 型铲形石器 1 件，F54：44，残，浅灰色石灰岩，打制，扁体，束腰，横长身，尖刃角，柄及一侧刃身残，弧刃，正锋，刃部磨痕明显，长 16.44、刃残宽 12.65、厚 1.6 厘米（图三二四，8；图版一八八，3）。

F 型双孔盘状铲形石器 2 件。F54：47，残片，深灰色页岩，打制，扁体，圆角长方形，弧刃，正锋，磨蚀较重，弧顶，有一侧棱打一豁口，长 13.76、刃部宽 7.24、厚 1.3 厘米（图三二四，5）；F54：112，稍残，黑色页岩，磨制，形体扁体，顶部平直，长柄短身，束腰，弧刃，正锋，刃部磨痕明显，长 14.63、顶宽 4.32，刃宽 9.57、厚 0.8 厘米（图三二四，7）。

E 型双孔盘状铲形石器 1 件。F54：43，黑色泥质岩，打制而成，短柄，柄端圆弧，一侧显束腰，铲身窄横长，一端刃角残断，器身对凿双孔，弧刃，刃部一侧磨痕较明显，长 20.1、宽 13.2、厚 2.3 厘米（图三二四，6；图版一八九，1）。

铲形石器刃部残片 2 件。F54：41，灰色页岩，刃部打制，有使用崩痕，厚 1 厘米；F54：45，浅灰色页岩，打制，形体扁体，顶部平直，一侧残，另一侧平直，弧刃，正锋，长 17.66、刃残宽 12.19、厚 1.4 厘米。

Ba 型饼形器 1 件，F54：42，残，深灰色页岩，周边打制，扁体，圆盘状，直径 32.66、

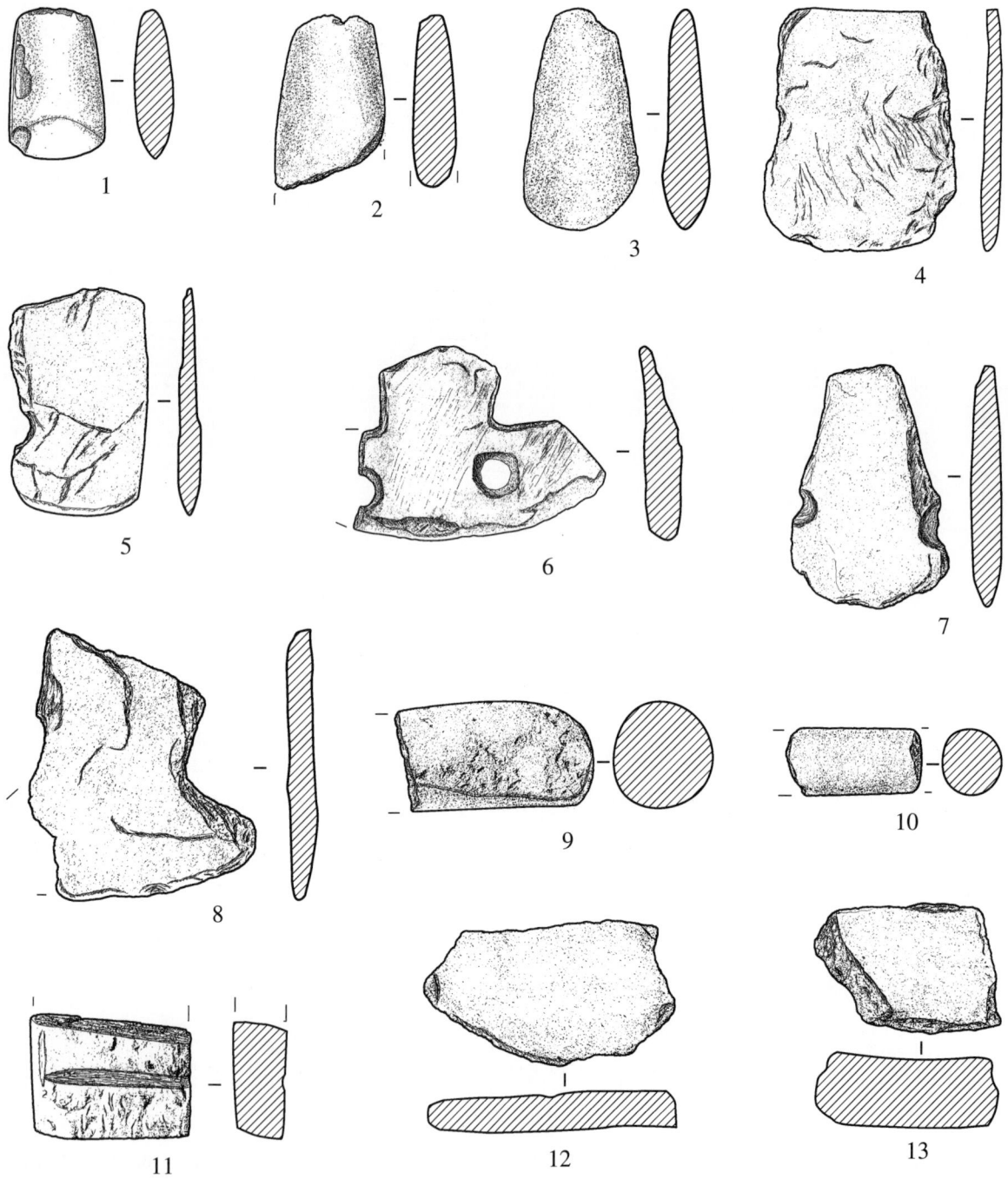

图三二四　F54 石器（居住面出土）

1、2. A 型石斧（F54：36、F54：106）　3. B 型石斧（F54：35）　4. Bb 型铲形石器（F54：48）　5、7. F 型
双孔盘状铲形石器残片（F54：47、F54：112）　6. E 型铲形石器（F54：43）　8. Db 型铲形石器（F54：44）
9、10. Aa 型磨棒（F54：57、F54：58）　11. 沟槽器（F54：113）　12、13. A 型磨盘（F54：56、F54：55）

厚2.4厘米（图三二七，7）。

沟槽器1件，F54∶113，黑色页岩，长方体，一面有长条形研磨沟槽，长3.4、宽5.2、厚1.9厘米（图三二四，11；图版二三三，2）。

Aa型磨棒2件，皆残段，琢制，圆柱体。F54∶57，棕红色花岗岩，一端研磨使用明显，残长12.89、直径6.15厘米（图三二四，9）；F54∶58，黄色花岗岩，一端残断，残长9.24、直径4.2厘米（图三二四，10）。

A型磨盘6件，皆残块，琢制，扁体，单凹磨面。浅灰色石灰岩1件，F54∶50，残长21.2、残宽18.4、厚2.8～6.0厘米（图三二五，4）。黄色花岗岩5件，F54∶54，残长12.54、残宽10.53、厚3.23～5.45厘米（图三二五，1）；F54∶55，残长11.48、残宽8.7、厚4.7厘米（图三二四，13）；F54∶56，残长15.46、残宽8.38、厚1.8厘米（图三二四，12）；F54∶51，残长17.47、残宽15.47、厚4.3厘米（图三二五，2）；F54∶68，长27.3、残宽13.71、厚0.3～2.6厘米（图三二五，3）。

砺石11件。浅灰色石灰岩1件，F54∶39，自然石块，圆角长方形，双磨面，一面磨痕明显，另一面略显磨痕，长14.55、宽8.27、厚1.0～2.7厘米（图三二五，8）。棕红色玄武岩2件，F54∶71，自然石块直接使用，四棱柱体，有四个磨面，长11、宽5.5、厚4.5厘米（图三二五，9；图版二二七，1）；F54∶88，琢制，扁平长条形，双磨面，长16、宽5.5、厚3.5厘米（图三二六，5）。黄色或棕红色花岗岩8件，F54∶25，残一角，自然石块，长方体，双磨面，较平滑，长19.83、宽18.43、厚9.8厘米（图三二六，3）；F54∶52，近长方体，单磨面，长15.41、宽14.96、厚9.3厘米（图三二五，7）；F54∶61，形状不规则，双磨面，长14.16、宽15.98、厚5.8厘米（图三二五，6）；F54∶62，自然石块，长方形，有三个磨面，较平滑，长30.23、宽17.95、厚11.0厘米（图三二六，1；图版二二六，6）；F54∶75，块状多棱体，单磨面，长14.34、宽10.89、厚7.6厘米（图三二五，5）；F54∶86，自然石块，单磨面，长25.65、宽24.74、厚7.4厘米（图三二六，2；图版二二七，2）；F54∶89，长方体，有一个磨面，长17.0、宽11.2、厚10.1厘米（图三二六，4）；F54∶97，形状不规则，多棱角，单凹磨面，长30.6、宽12.41、厚9.8厘米。

A型研磨器1件，F54∶60，黄色，琢制，半球体，直径9.02、厚4.8厘米（图三二七，5；图版二二八，5）。

敲砸器8件。花岗岩3件，F54∶38，浅灰色，自然石块，扁体，有两处敲击点，长12.18、宽6.12～8.93、厚3.8厘米（图三二六，7）；F54∶40，黄色，长方体，有三处敲击点，长18.14、宽3.87～7.8、厚4.15厘米（图三二七，4；图版二五二，3）；F54∶59，棕红色，椭球体，有两处敲击点，直径8.6～12.18厘米（图三二七，2）。浅灰色石英岩自然石块5件，F54∶70，多棱体，敲砸使用痕迹集中在棱角处，长7、宽6、厚6厘米（图三二七，1）；F54∶85，块状多棱体，有两处敲击点，长13.88、宽8.27、厚7.4厘米（图三二七，3）；F54∶91，方形扁平体，敲砸使用痕迹在棱角处，长7、宽6、厚3.5厘米（图三二七，6）；F54∶96，三角形扁平体，敲砸使用痕迹集中在棱角处，边长8、厚5厘米；F54∶110，近方形扁平体，砸击使用痕迹集中在棱角处，长8、宽6、厚3.5厘米（图三二六，6）。

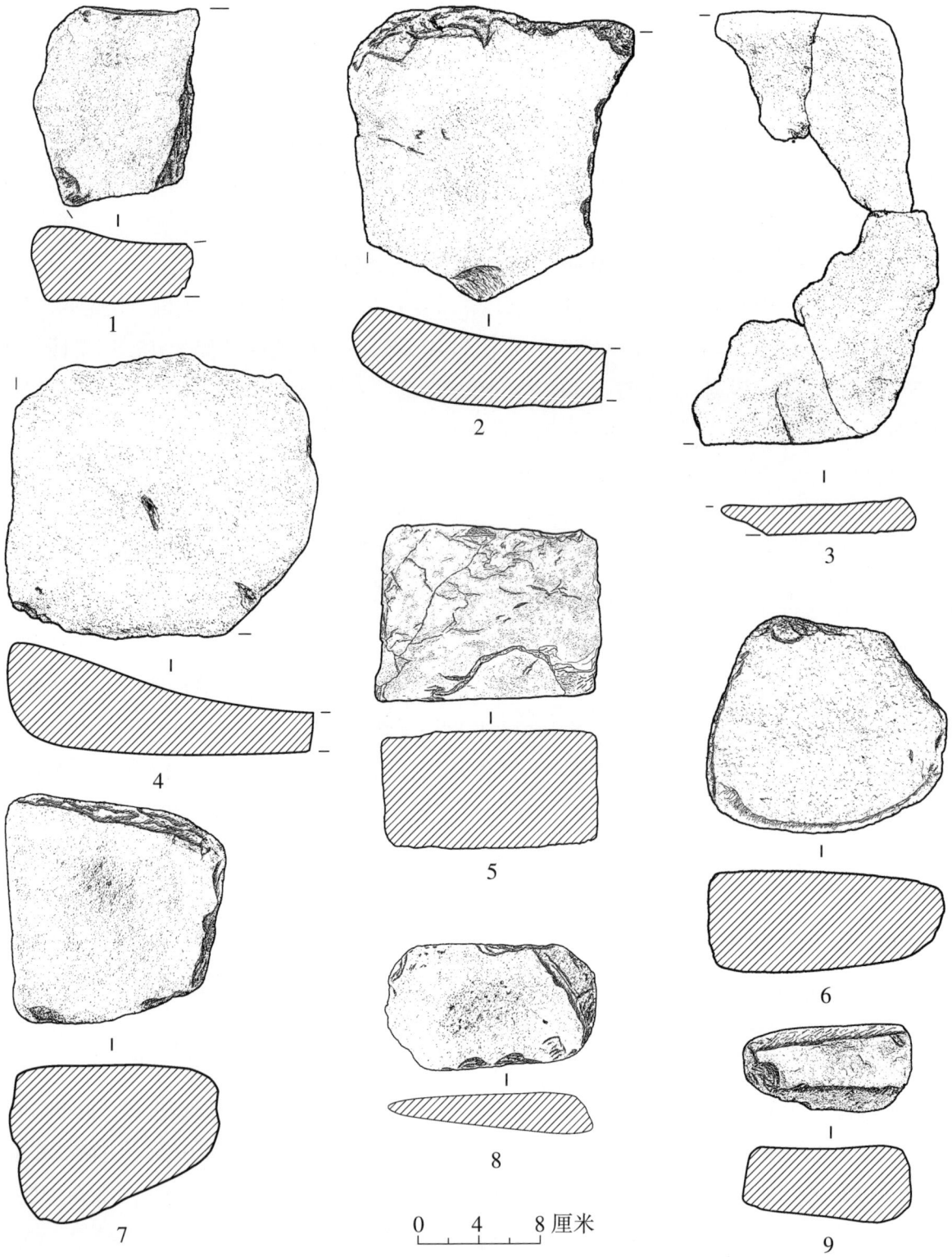

图三二五　F54 石器（居住面出土）

1～4. A 型磨盘（F54：54、F54：51、F54：68、F54：50）　　5～9. 砺石（F54：75、F54：61、F54：52、F54：39、F54：71）

图三二六 F54 石器（居住面出土）

1～5. 砺石（F54：62、F54：86、F54：25、F54：89、F54：88） 6、7. 敲砸器（F54：110、F54：38）

石料28件。灰色页岩1件，F54：46，长7、宽5、厚1厘米。红褐色玄武岩5件，F54：37，长18、宽7、厚5厘米；F54：73，长18、宽13、厚4.5厘米；F54：83，长10.5、宽7、厚7厘米；F54：65，长11、宽9、厚4厘米；F54：95，长20、宽12、厚9.5厘米。褐色石英岩1件，F54：82，长9、宽5.5、厚5厘米。浅灰色石英岩4件，F54：67，长8、宽6、厚6厘米；F54：72，长9、高10厘米；F54：81，长11、宽8、厚6.5厘米；F54：84，长9.5、厚3.0厘米。灰绿色花岗岩2件，F54：74，长12、宽11、高7.5厘米；F54：93，长13.5、宽11、厚7.5厘米。棕红色花岗岩15件，F54：49，长10、宽8.5、厚5.5厘米；F54：63，长12、宽9、厚8厘米；F54：64，长6、宽13、厚2厘米；F54：66，长9、宽8、厚5厘米；F54：69，长10、宽7、厚7厘米；F54：76，长12、宽11、厚7厘米；F54：77，长6、宽3.8、厚3.5厘米；F54：78，长14、宽9、厚5厘米；F54：79，长14、宽11、厚9厘米；F54：80，长10.5、宽8、厚5厘米；F54：87，长12、宽11、厚6.5厘米；F54：90，长23、宽14、厚6厘米；F54：92，长9.5、宽5.5、厚4厘米；F54：94，长7、宽6、厚5厘米；F54：111，长9、宽9、厚4.5厘米。

（3）玉器2件。

玉匕2件，F54：108，通体磨制光润，留有极浅的切割痕，呈乳白色，有淡绿斑，长扁条体，上窄下宽，内凹外弧，弧面中部有崩痕，圆薄边，上端原孔残，断面经修磨，呈微平直、圆角，续对钻一孔，下端圆弧状，凹侧斜磨，略向外翻翘，残长6.5、宽1.2～1.4、厚0.2、孔径0.4～0.5厘米（图三二七，9；图版二七六，2）；F54：109，通体磨制光润，呈乳白色，有深绿斑，长扁条体，内凹外弧，弧面较深，周缘薄，上端微弧圆角，一角边缘原缺，对钻一孔，下端圆弧，凹侧斜磨，略向外翻翘，长5.5、宽1.3、厚0.2、凹侧孔外径0.5、内径0.3、弧侧孔外径0.4、内径0.4厘米（图三二七，8；图版二七六，6）。

室内堆积层遗物

（1）陶器18件。AⅡ式斜腹罐3件，小直腹罐1件，BⅡ式直腹罐1件，BⅣ式直腹罐5件，BⅤ式直腹罐2件，鼓腹罐口沿1件，鼓腹罐罐底1件，钵口沿3件，Ab型杯1件（参见附表8　查海遗址房址堆积层出土陶器型式统计表）。陶片110片（见附表2　房址出土陶片统计表）。

AⅡ式斜腹罐3件，皆夹砂红褐陶，口部残片。F54①：7，圆唇，外叠宽带沿饰右斜线纹，素身，口径29.0、残高7.5厘米（图三二一，1）；F54①：5，圆唇，外叠宽带沿饰右斜线纹，器身饰窝点纹，口径32.0、残高6.7厘米（图三二一，3）；F54①：8，尖圆唇，外叠宽带沿饰右斜线纹，素身，口径26、残高8.3厘米（图三二一，2）。

小直腹罐1件，F54①：14，夹砂红褐陶，口部残片，小撇口，圆唇，近口饰弦纹，其下刻画弧线纹，口径17、残高8.5厘米（图三二二，2）。

BⅡ式直腹罐1件，F54①：4，夹砂红褐陶，口部残片，圆唇，近口部宽凸堆纹带，带面压印宽疏右斜线纹，线沟内戳印圆圈窝点纹，素身，口径17.0、残高6.0厘米（图三二一，4；图版七一，1）。

BⅣ式直腹罐5件，口部残片。夹砂红褐陶3件，F54①：3，厚圆唇，颈饰弦纹，宽平附加堆

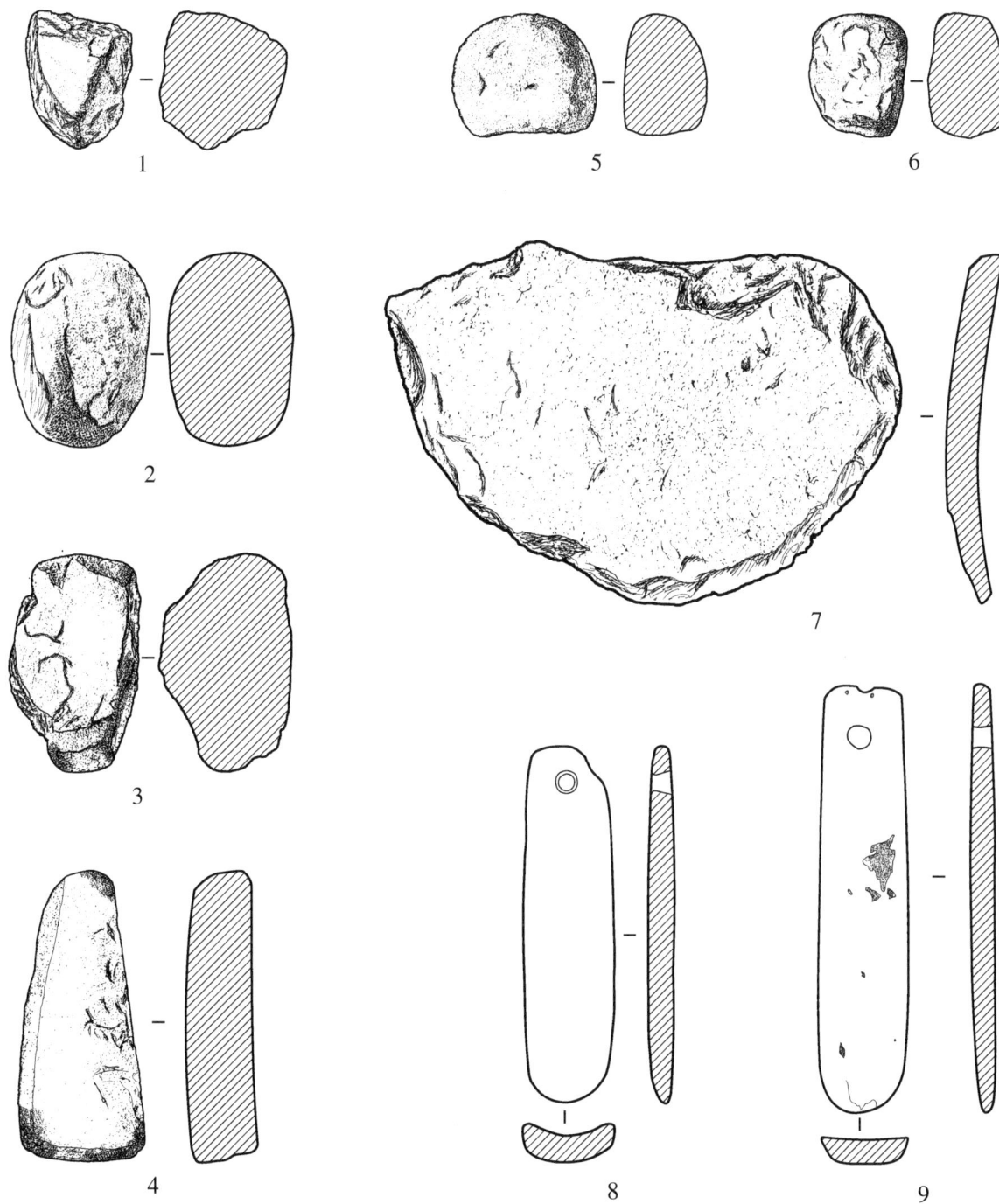

图三二七　F54 石器、玉器（居住面出土）

1~4、6. 敲砸器（F54：70、F54：59、F54：85、F54：40、F54：91）　5. A 型研磨器（F54：60）

7. Ba 型饼形器（F54：42）　　8、9. 玉匕（F54：109、F54：108）

纹带饰窝点纹，腹饰左斜线纹，口径26、残高10.6厘米（图三二一，5）；F54①：9，厚圆唇，颈饰弦纹，宽平附加堆纹带饰窝点纹，腹饰草划交叉纹，口径24、残高9厘米（图三二一，6）；F54①：18，直口，厚圆唇，颈饰弦纹，附加堆纹带饰宽疏左斜线纹，腹饰横压竖排之字纹、网格纹，口径33.0、残高15.0厘米（图三二一，9）。夹砂灰褐陶2件，F54①：2，尖圆唇，颈饰横压竖排之字纹，附加堆纹带饰Da型锯齿形几何纹，腹饰竖压横排之字纹，口径36、残高9.8厘米（图三二一，8）；F54①：16，厚尖圆唇，颈饰C2型梭形几何纹，窄凸附加堆纹带饰网格纹，腹饰竖压横排之字纹，口径28、残高8.8厘米（图三二一，7）。

BV式直腹罐2件，皆夹砂红褐陶，口部残片。F54①：6，厚圆唇，颈饰弦纹数周，宽平附加堆纹带饰Aa1型单体曲尺形几何纹，腹饰之字纹，口径18.0、残高8.0厘米（图三二〇，2）；F54①：11，厚圆唇，颈饰弦纹、附压Da2型锯齿形几何纹，窄凸附加堆纹带饰Da2型锯齿形几何纹、附压左斜线纹，腹饰竖压横排宽疏之字纹，口径24、残高9厘米（图三二〇，3）。

鼓腹罐口沿1件，F54①：17，夹砂灰褐陶，圆唇，束颈，近口饰左斜线纹2周，其下压印断弦纹4周，腹饰左斜线纹，口径24、残高8.3厘米（图三二三，2）。

鼓腹罐罐底1件，F54①：13，夹砂红褐陶，饰网状菱格纹，底径6.9、残高3.6厘米（图三二三，4）。

钵口沿3件，皆夹砂红褐陶。F54①：12，外撇口，圆唇，颈饰网格纹，附加堆纹带饰宽疏左斜线纹，腹饰网格纹，口径13、残高4.7厘米（图三二三，5）；F54①：15，尖唇，敛口，饰左斜线纹，口径12、残高3.9厘米（图三二三，7）；F54①：10，夹砂红褐陶，厚圆唇，颈饰弦纹抹平，宽平附加堆纹带饰窝点纹，腹饰网格纹，有一铜孔，口径14、残高7.1厘米（图三二三，6）。

Ab型杯1件，F54①：1，夹砂红褐陶，敞口，薄圆唇，斜腹，平底，素面，口径8、底径3.5、高6.5厘米（图三二三，8；图版一五三，6）。

五五　55号房址（F55）

1. 遗迹

F55位于遗址东北部，打破F49东南部。北与F52、F51，南与F8、F5、F4、F3成列；西与F48、F43、F36、F32、F38、F26成排。方向210°。面积约45.56平方米，是一座中型半地穴房址，平面呈圆角方形，南北6.8、东西6.7米。房址挖凿于黄色生土层及基岩内，中心垂直深度0.6米。生土及基岩为壁，东壁外弧，其余三壁较直，壁面稍加修整斜平。居住面较平整，为黑灰色垫踏土，土质坚硬，厚约0.04～0.07米。灶位于室内中部，圆形坑式灶，斜壁圜底，灶内抹泥厚0.03～0.08米，灶内经火烧后，表面呈暗红色。灶口直径1.0、灶深0.08米。窖穴在室内东部近穴壁处，向下向东掏挖而成，由窖口、窖道和窖室三部分组成。窖口近方形，与室内活动面一平，窖口底部西低东高，形成小台面。窖口东西1.2、南北1.3、深0.9米。南北两条窖道西端相连接，与窖口相通，东端分别与南北两个窖室相通。南侧窖道长0.8、宽0.5～1.0米；北侧窖道长 0.8、宽 0.6~0.8 米。南侧窖室呈半圆形，平底，直径 1.0、进深 0.7、高 0.8 米。北侧窖室呈半圆形，平底，直径 0.8、进深 0.6、高 0.8 米。整个房址内共发现 22 个大小不同深浅不一的柱洞，形状有圆形和椭圆形两种，皆凿于基岩内，分两圈布置。外圈柱洞 17 个，靠近穴壁分布于四周，其中编号为 1、4、3、9、10、12、22 等七个柱洞较大，应为主柱洞；编号为 2、5、18、19、6、7、8、20、11、13 等十个柱洞较小，应为附属柱洞。内圈柱洞靠近灶址远离穴壁一周，总计 5 个柱洞。室内遗物有陶器和石器，主要分布在灶址四周。陶器集中在室内北部及西南部（图三二八）。

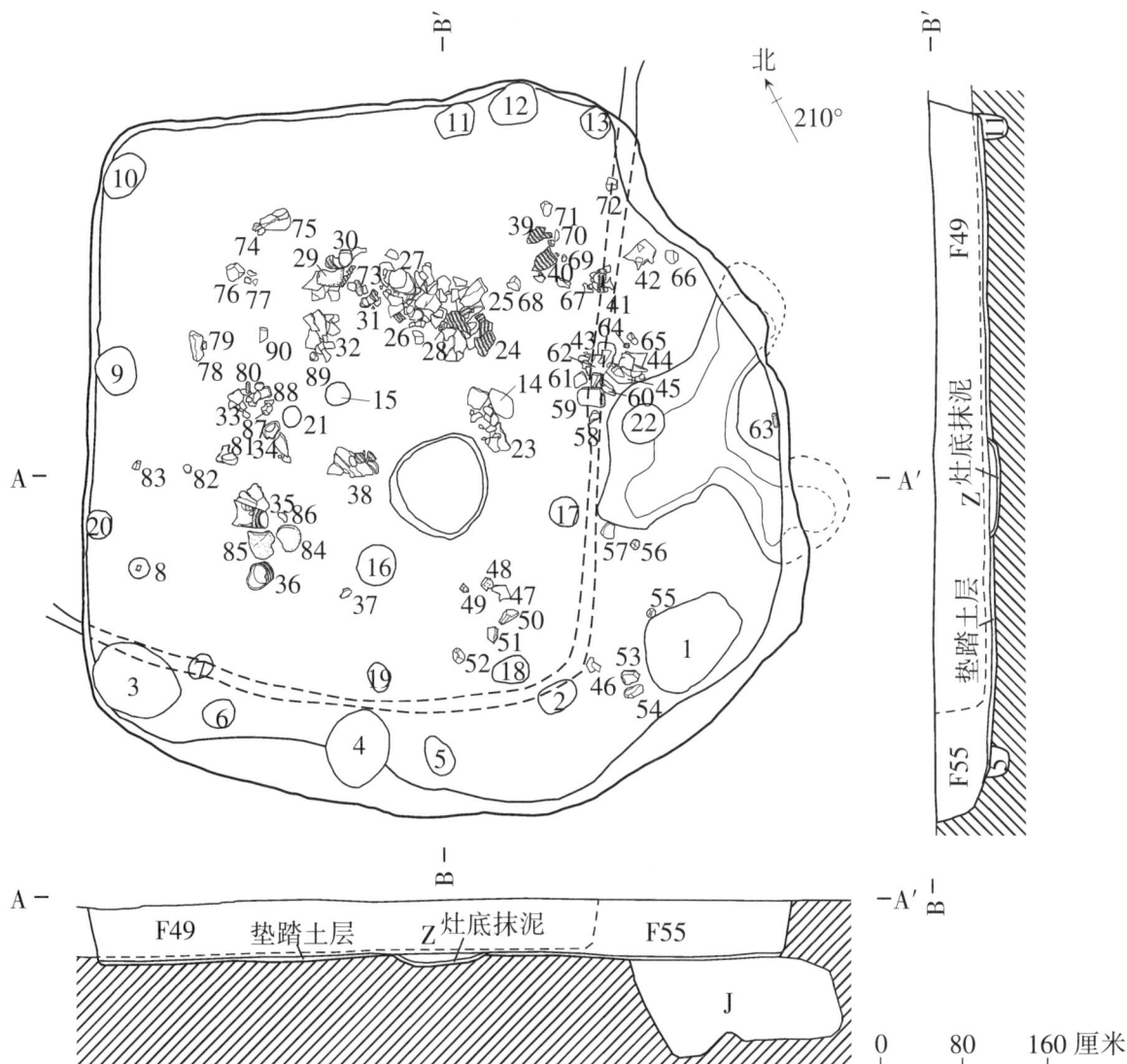

图三二八　F55 平、剖面图

1~22. 柱洞　23~25、27、30~33、35. 直腹罐　26. 鼓腹罐　28、55、56、64~66、69、70、87. 敲砸器　29、62、75、84. 磨盘　34、36、42、45、46. 直腹罐底　37. 斜腹罐口沿　38、40、43. 直腹罐口沿　39、41、44、74、90. 陶片　47、81. 铲形石器　48、54、57、59~61、71、76、85. 砺石　49、52、53、58、67、68、72、77~79、83、88、89. 石料　50. 尖状器　51. 有窝石器　63、73、80. 磨棒　82. 饼形器　86. 石刀　Z. 灶址

2. 遗物

（1）陶器21件。AⅢ式斜腹罐1件，BⅣ式直腹罐6件，BⅤ式直腹罐4件，BⅥ式直腹罐2件，直腹罐腹部残片2件，直腹罐罐底5件，CⅤ式鼓腹罐1件（参见附表7　查海遗址房址活动面出土陶器型式统计表）。陶片33片（见附表2　房址出土陶片统计表）。

AⅢ式斜腹罐1件，F55∶37，夹砂灰褐陶，口部残片，圆唇外叠宽带沿饰左斜线纹，素面，口径28、残高11厘米（图三二九，1）。

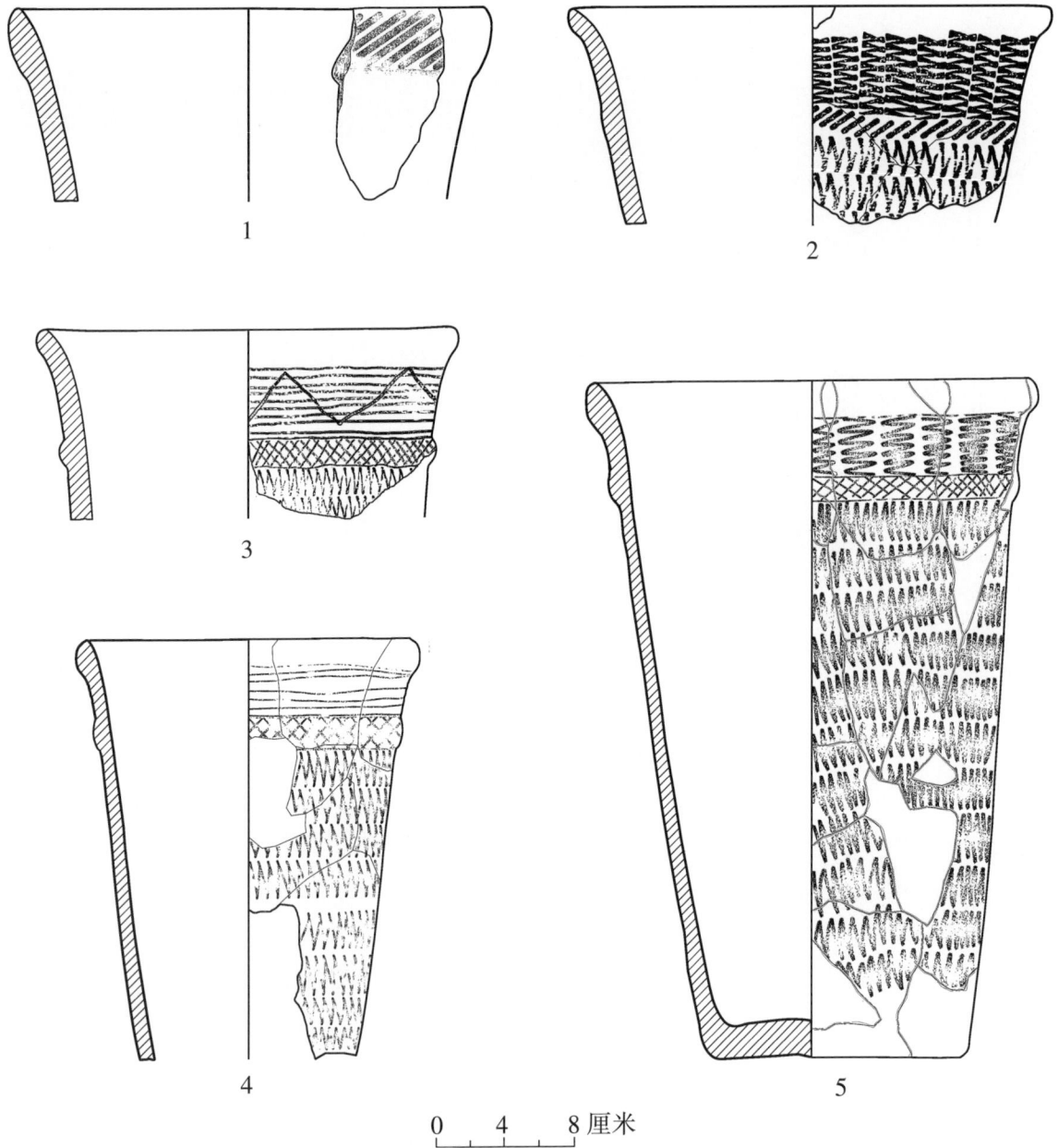

图三二九　F55 陶器

1. AⅢ式斜腹罐（F55∶37）　　2～5. BⅣ式直腹罐（F55∶40、F55∶43、F55∶38、F55∶23）

BⅣ式直腹罐 6 件，皆夹砂灰褐陶。F55：23，口部泛黑灰，敞口，尖圆唇，直腹，平底，颈饰横压竖排之字纹，宽平附加堆纹带饰网格纹，腹饰竖压横排之字纹不到底，口径 26.7、底径 15.4、高 38.8 厘米（图三二九，5；图版一〇二，2）；F55：32，直口，厚圆唇，直腹，平底，颈饰弦纹数周，附压 Da2 型锯齿形几何纹，窄凸附加堆纹带饰 Da2 型锯齿形几何纹，腹饰竖压横排之字纹，口径 18.6、底径 12.4、高 28.7 厘米（图三三〇，1；图版一〇二，1）；F55：38，敞口，厚尖圆唇，直腹，底部残，下腹见一锔孔，颈饰弦纹数周，附加堆纹带饰网格纹，腹饰竖压横排之字纹，口径 19.2、残高 24 厘米（图三二九，4；图版一〇二，3）；F55：40，敞口，厚尖圆唇，直腹，底部残，颈饰横压竖排之字纹，附加堆纹带饰左斜线纹，腹饰竖压横排之字纹，口径 28、残高 13.2、壁厚 1.2 厘米（图三二九，2）；F55：35，口部泛黑灰，敞口，厚圆唇，直腹，平底，颈饰横压竖排之字纹，宽平附加堆纹带饰交叉划纹，堆纹带上下各 1 周凹弦纹，带下一小段竖压横排之字纹，其余部位横压竖排弧线之字纹，口径 25.3、底径 14.3、高 34.8 厘米（图三三〇，2；图版一〇一，4）；F55：43，敞口，厚圆唇，直腹，底部残，颈饰弦纹数周，附压 Da2 型锯齿形几何纹，附加堆纹带饰网格纹，腹饰竖压横排之字纹，口径 24、残高 11 厘米（图三二九，3）。

BⅤ式直腹罐 4 件，皆夹砂灰褐陶，小喇叭口。F55：25，圆唇，直腹，凹平底，颈饰弦纹数周，一对锔孔，附加堆纹带较窄圆弧、饰左斜线纹，腹饰竖压横排疏整大弧之字纹不到底，口径 20.5、底径 13、高 27 厘米（图三三〇，3；图版一二二，4）；F55：31，口部泛黑灰，口部残，直腹，平底，颈饰弦纹数周，附加堆纹带较窄、饰左斜线纹，腹饰竖压横排之字纹不到底，底径 12、残高 27.5 厘米（图三三一，1；图版一二三，1）；F55：33，口部泛黑灰，厚圆唇，直腹，凹平底，颈饰弦纹数周、附压左斜平行双线纹 7 组，腹饰竖压横排之字纹不到底，口径 28.5、底径 15.3、高 37.9 厘米（图三三〇，4；图版一二三，4）；F55：30，厚圆唇，直腹，平底，颈饰弦纹数周，附加堆纹带宽圆弧、饰网格纹，腹饰竖压横排之字纹不到底，口径 23.5、底径 13、高 30.1 厘米（图三三一，2；图版一二三，2）。

BⅥ式直腹罐 2 件，皆夹砂灰褐陶，口部泛黑灰，敞口呈大喇叭状，厚圆唇，直腹，平底。F55：24，颈饰竖压横排之字纹 2 周，宽平附加堆纹带饰左斜线纹，腹饰竖压横排之字纹 18 周到底，口径 32.1、底径 16、高 41.2 厘米（图三三一，4；图版一三一，1）；F55：27，颈饰弦纹数周、附压 Da3 型锯齿形几何纹，宽平附加堆纹带饰网格纹，腹饰竖压横排之字纹不到底，口径 36.2、底径 18.6、高 46.1 厘米（图三三一，3；图版一三一，4）。

直腹罐腹部残片 2 件，皆夹砂灰褐陶。F55：39，腹饰之字纹，残高 14.8 厘米（图三三二，1）；F55：41，颈饰横压竖排之字纹，附加堆纹带饰左斜线、右斜线纹，腹饰竖压横排之字纹。

直腹罐罐底 5 件，皆夹砂灰褐陶。F55：34，饰竖压横排之字纹，底径 12、残高 7.8 厘米（图三三二，3）；F55：36，上部残，腹饰竖压横排之字纹，凹平底，底径 18.9、残高 14.8、壁厚 1.2 厘米（图三三二，6）；F55：42，直腹，平底，饰竖压横排之字纹，底径 20、残高 11.2 厘米（图三三二，4）；F55：45，凹平底，腹饰竖压横排之字纹，底径 17、残高 17、壁厚 1.1 厘米

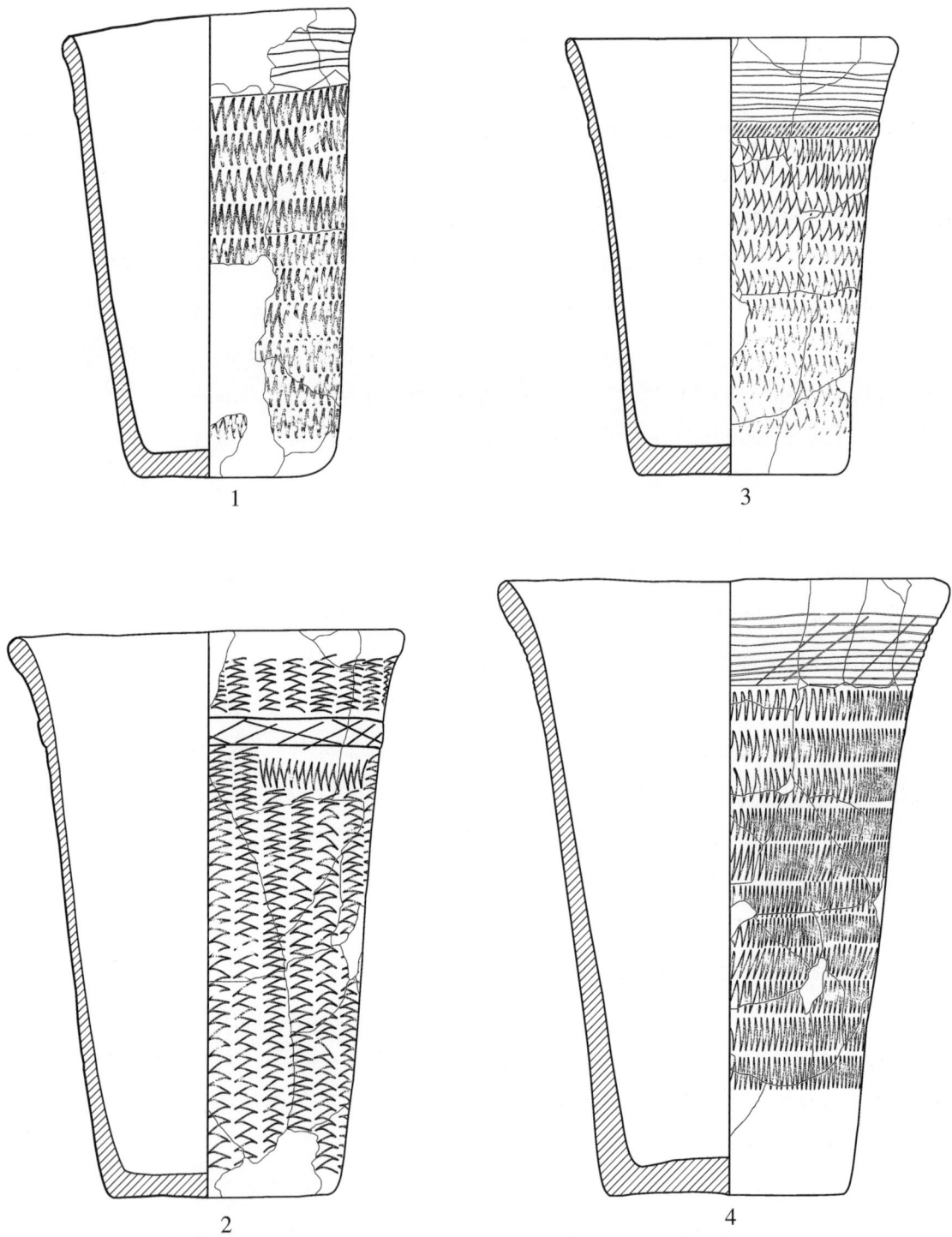

图三三〇　F55 陶器

1、2. BⅣ式直腹罐（F55：32、F55：35）　　　3、4. BⅤ式直腹罐（F55：25、F55：33）

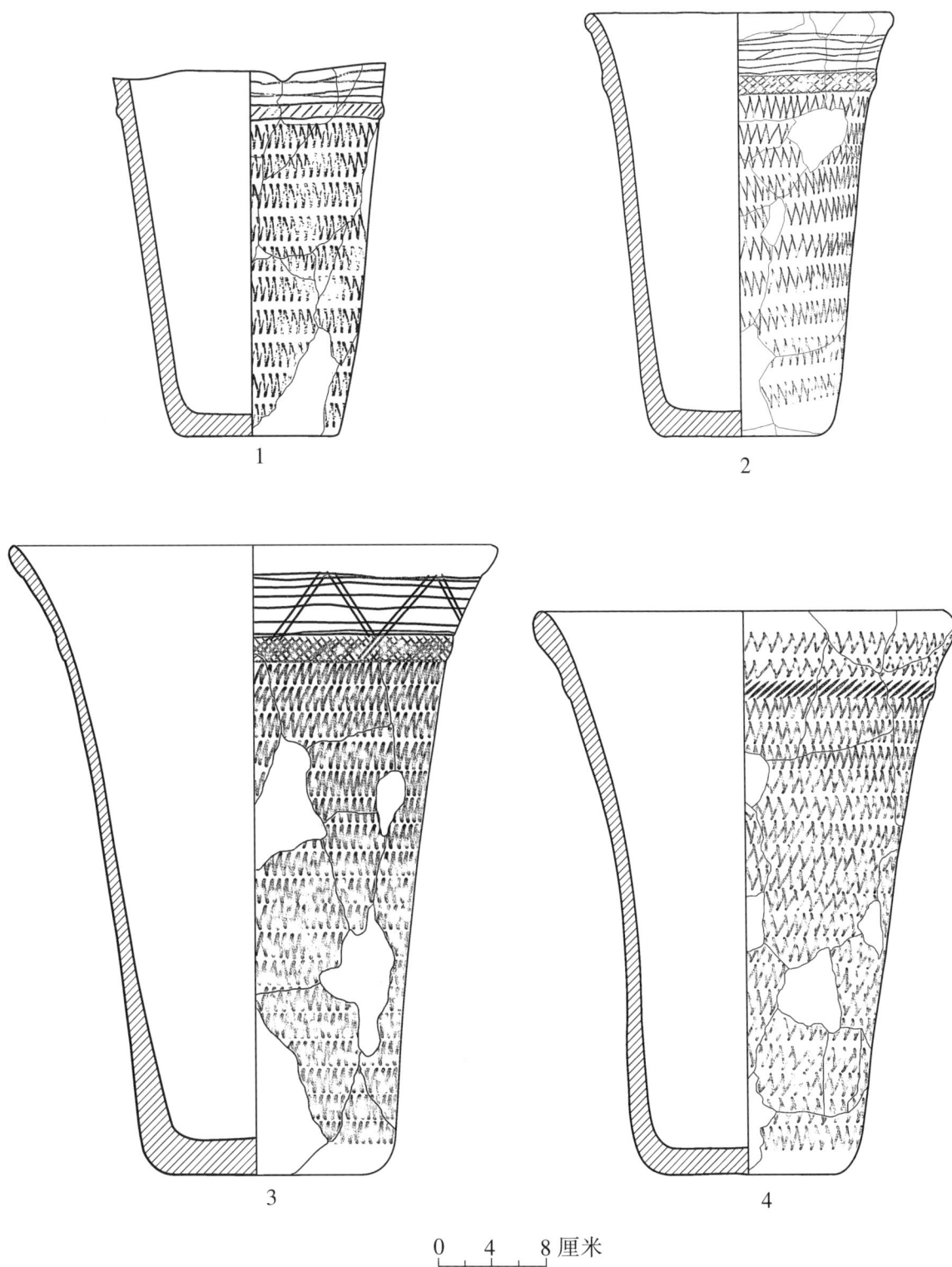

0　4　8 厘米

图三三一　F55 陶器

1、2. B V 式直腹罐（F55：31、F55：30）　　3、4. B Ⅵ式直腹罐（F55：27、F55：24）

（图三三二，5）；F55∶46，腹饰竖压横排之字纹，底径11.6、残高7.9、壁厚1厘米（图三三二，2）。

CⅤ式鼓腹罐1件，F55∶26，夹砂灰褐陶，口部泛黑灰，侈口薄圆唇，束颈，显肩，鼓腹，平底，近口部饰左斜线纹2周，肩部饰Aa1型单体曲尺形几何纹1周，上腹饰左斜线纹6周，下腹饰C2型梭形几何纹，口径20、底径10.5、高15厘米（图三三二，7；图版一四七，1）。

（2）石器43件。Ca型铲形石器1件，Ac型铲形石器1件，D型石刀1件，Ba型饼形石器1件，尖状器1件，Aa型磨棒1件，B型磨棒1件，C型磨棒1件，A型磨盘4件，砺石9件，有窝石器1件，敲砸器9件，石料12件（参见附表15　查海遗址房址居住面出土石器型式统计一览表）。

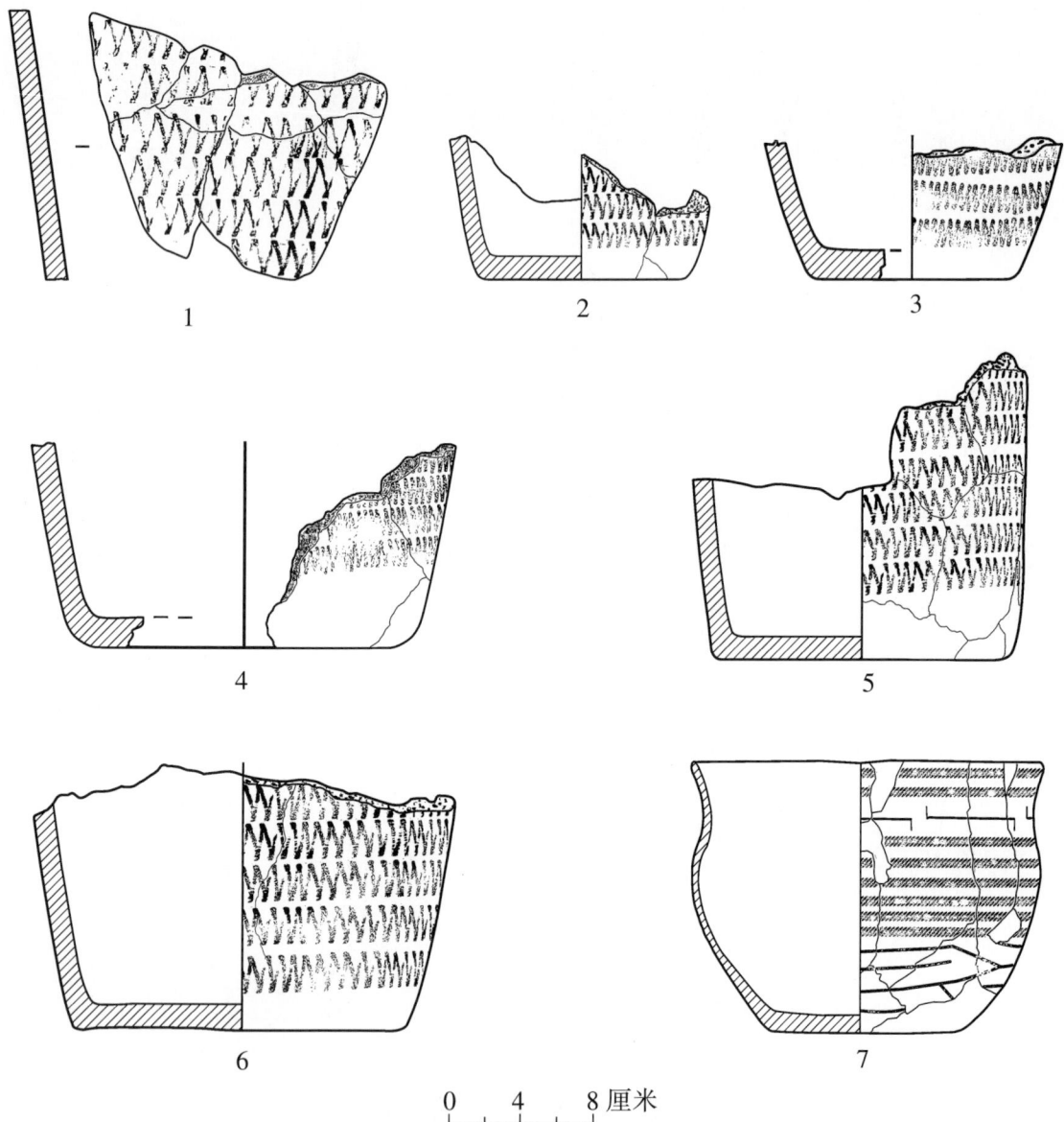

图三三二　F55 陶器

1. 直腹罐腹部残片（F55∶39）　　2～6. 直腹罐底（F55∶46、F55∶34、F55∶42、F55∶45、F55∶36）　　7. CⅤ式鼓腹罐（F55∶26）

Ac 型铲形石器 1 件，F55：47，残片，浅灰色石灰岩，打制，扁体，短柄，顶部平直，束腰，椭圆身，弧刃，刃部崩疤明显，一侧刃角残，长 13.82、刃部残宽 15.92、厚 2.7 厘米（图三三三，2；图版一八三，4）。

Ca 型铲形石器 1 件，F55：81，稍残，浅灰色石灰岩，打制，形体扁体，柄残，呈斜平，束腰，扇形身，一角残，弧刃，正锋，刃部有崩疤，长 14.10、顶宽 8.0、刃宽 11.25、厚 1.2 厘米（图三三三，1；图版一八〇，3）。

C 型石刀 1 件，F55：86，浅黄色石英岩，打制，扇状扁平体，刃部崩疤明显，长 9.81、残宽 6.6、厚 3.4 厘米（图三三三，3；图版一九四，4）。

Ba 型饼形器 1 件，F55：82，黄灰色花岗岩，磨制，扁体，圆形，琢孔未透，侧面圆滑，直径 6.44～6.55、厚 2.0 厘米（图三三四，3；图版二〇一，3）。

尖状器 1 件，F55：50，棕红色长石打制而成，四棱锥状，锥面较平，锥尖有多处敲击点，长 20.92、宽 10.08、厚 6.0 厘米（图三三四，4；图版二四二，6）。

Aa 型磨棒 1 件，F55：63，残段，黄色花岗岩，琢制，圆柱体，一端残断，残长 10.74、直径 5.4 厘米（图三三三，4）。

B 型磨棒 1 件，F55：80，残段，黄色花岗岩，琢制，圆角方柱体，两端残断，磨面上有窝坑，残长 9.94、宽 4.15～4.34 厘米（图三三三，5）。

C 型磨棒 1 件，F55：73，残段，黄色花岗岩，琢制，棱柱体，残长 10.36、宽 5.0 厘米（图三三三，6）。

A 型磨盘 4 件，皆残块，琢制，扁体。F55：29，黄色花岗岩，圆角长方形，厚薄不均，单凹磨面，长 20.35、宽 35.43、厚 4.0 厘米（图三三三，7）；F55：62，灰色石灰岩，单磨面，残长 14.39、宽 13.50、厚 4.3 厘米（图三三四，2）；F55：75，红色花岗岩，单凹磨面，残长 20.30、宽 31.34、厚 5.4 厘米（图三三三，8；图版二〇九，1）；F55：84，黄色花岗岩，单凹磨面，残长 25.59、残宽 27.02、厚 3.2 厘米（图三三四，1）。

砺石 9 件。棕红色玄武岩 2 件，F55：59，磨制，扁体，形状不规则，单凹磨面，长 32.08、宽 18.1、厚 5.2 厘米（图三三四，8；图版二二七，3）；F55：60，长方体，双磨面，长 15.63、宽 7.83、厚 2.4～3.8 厘米（图三三四，9）。花岗岩 7 件，F55：48，棕红色，形状不规则，单凹磨面，底面有四个窝坑，残长 10.37、宽 12.10、厚 5.2 厘米（图三三四，6）；F55：54，黄色，三棱柱体，有一个磨面，长 14.65、宽 14.35、厚 8.8 厘米（图三三五，3）；F55：57，黄色，形状较规则，双磨面，其中一个磨面上有凹坑，长 12.82、宽 10.07、厚 3.5 厘米（图三三四，10）；F55：61，残一角，黄色，圆角长方形，单磨面，较平滑，另一面有一条凸棱，长 12.24、宽 9.58、厚 4.2 厘米（图三三四，7）；F55：71，棕红色，近方形扁平体，单磨面，长 10、宽 8.5、厚 3 厘米（图三三四，5）；F55：76，红黄色，形状不规则，单凹磨面，长 17.68、宽 14.11、厚 7.6 厘米（图三三五，2；图版二二七，4）；F55：85，棕红色，形状不规则，单磨面，残长 33.60、

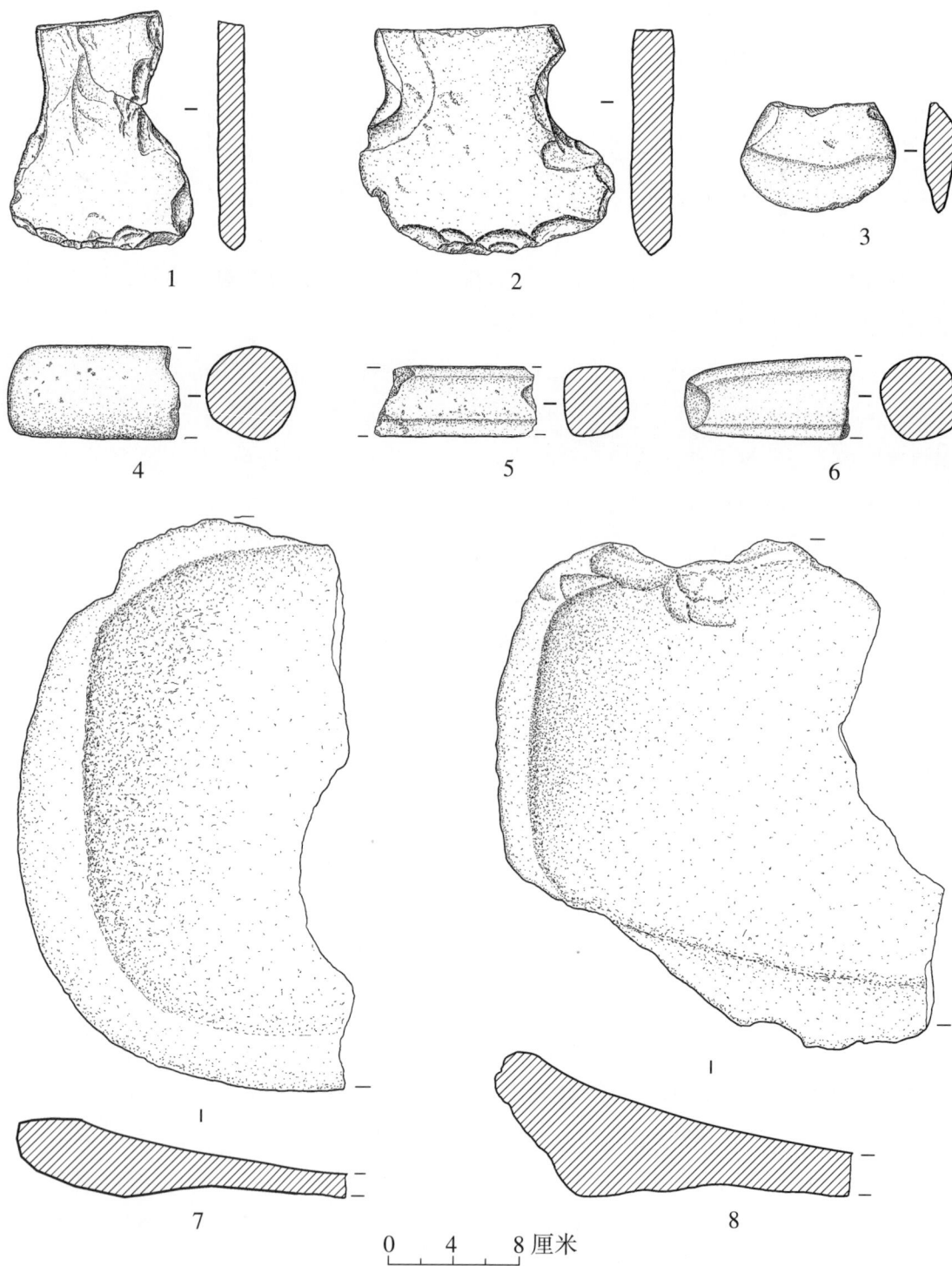

图三三三　F55 石器

1. Ca 型铲形石器（F55：81）　　2. Ac 型铲形石器（F55：47）　　3. D 型石刀（F55：86）

4. Aa 型磨棒（F55：63）　　5. B 型磨棒（F55：80）　　6. C 型磨棒（F55：73）　　7、8. A 型
磨盘（F55：29、F55：75）

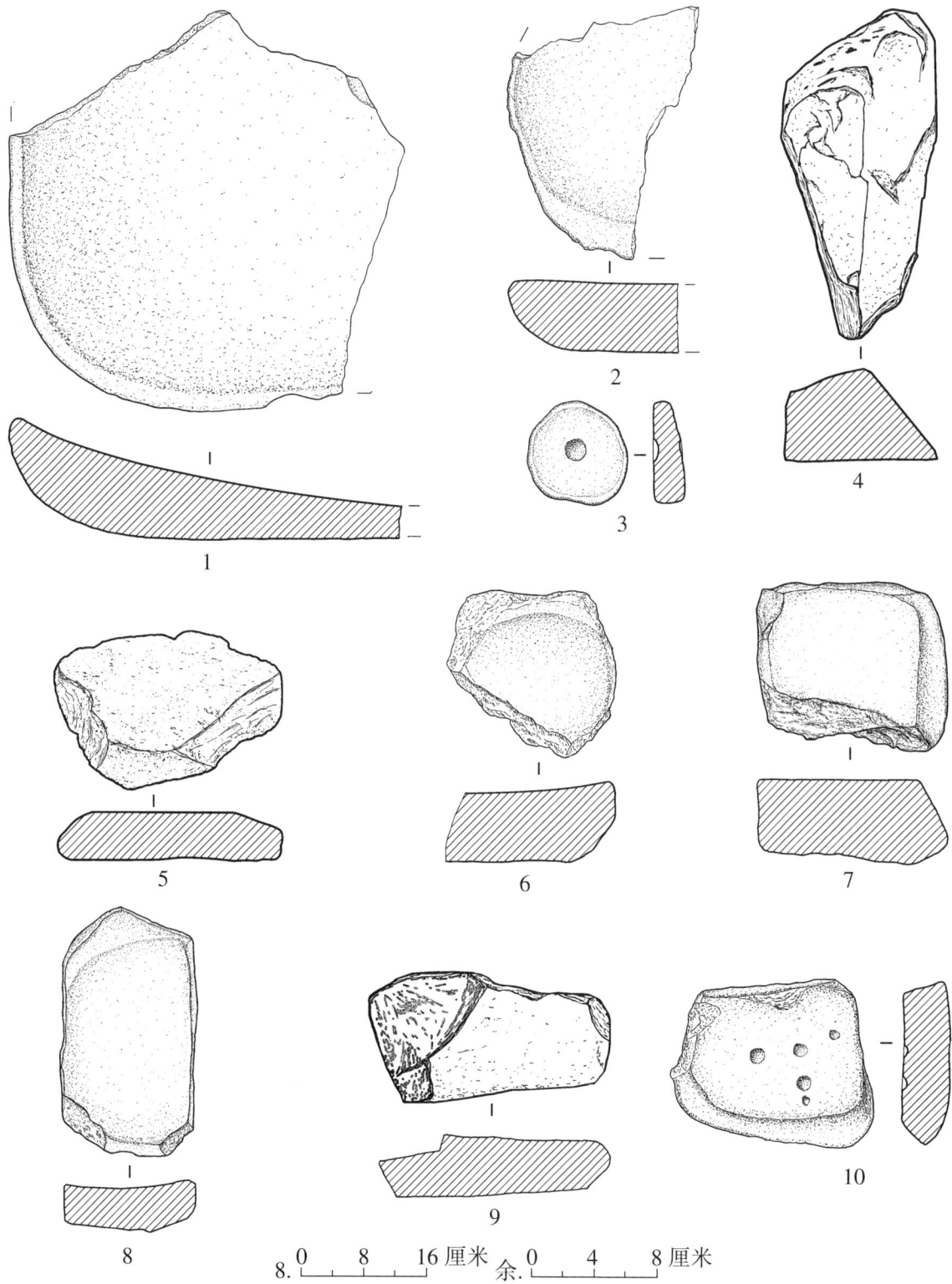

图三三四 F55 石器

1、2. A 型磨盘（F55：84、F55：62） 3. Ba 型饼形器（F55：82） 4. 尖状器（F55：50）

5～10. 砺石（F55：71、F55：48、F55：61、F55：59、F55：60、F55：57）

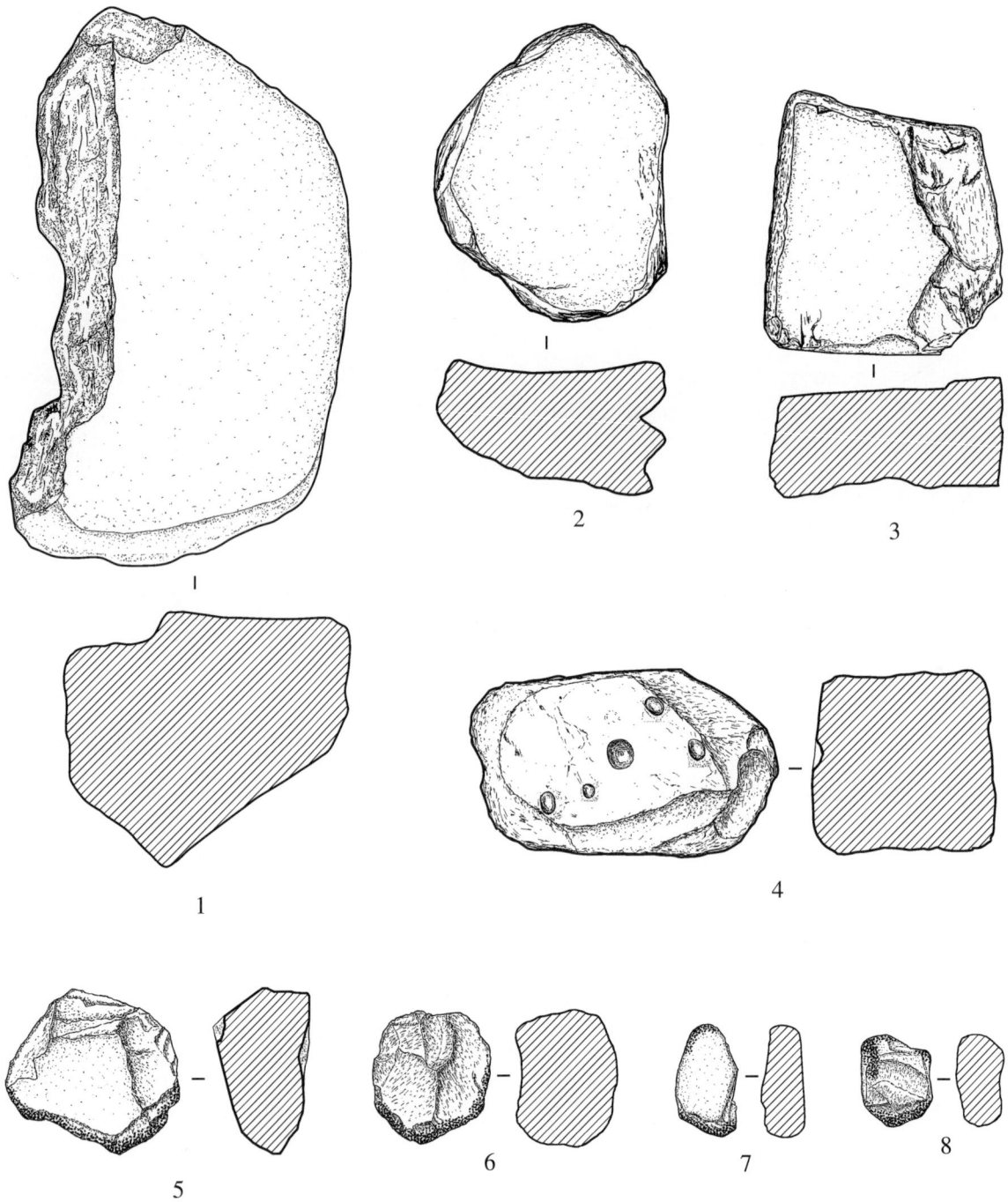

图三三五　F55 石器

1~3. 砺石（F55：85、F55：76、F55：54）　4. 有窝石器（F55：51）　5~8. 敲砸器（F55：87、F55：28、F55：69、F55：70）

宽 18.62、厚 7.8 厘米（图三三五，1）。

有窝石器 1 件，F55:51，黄色花岗岩，自然石块，形状不规则，正面有多处窝点，底面凹凸不平，侧面略显不平，长 18.14、宽 10.77、厚 11.0 厘米（图三三五，4；图版二三六，1）。

敲砸器 9 件。棕红色玄武岩自然石块 2 件，F55:55，形状不规则，多棱角，长 11.08、宽 11.08、厚 8.1 厘米（图三三六，1）；F55:66，块状多棱体，有一处敲击点，长 12.80、宽 10.31、厚 6.5 厘米（图三三六，4）。石英岩自然石块 7 件，F55:28，多棱体，敲砸使用痕迹集中在棱角处，长 8、宽 7.3、厚 5.5 厘米（图三三五，6）；F55:56，白色，形状不规则，多棱角，有多处敲击点，长 12.42、宽 7.80、厚 5.3 厘米（图三三六，3）；F55:64，多棱体，敲砸痕迹在棱角处，长 6、宽 5、厚 4 厘米（图三三六，2）；F55:65，白色，形状不规则，有一处敲击点，长 15.51、宽 10.26、厚 6.9 厘米（图三三六，5）；F55:69，扁平棱形体，敲砸使用痕迹集中在一棱角处，长 6.5、宽 4、厚 2 厘米（图三三五，7）；F55:70，近方形扁平体，敲砸痕迹集中在棱角处，长 5、宽 4、厚 2.5 厘米（图三三五，8）；F55:87，浅灰色，形状不规则，有多处敲击点，长 10.56、宽 9.33、厚 6.0 厘米（图三三五，5）。

石料 12 件。浅灰色石英岩 2 件，F55:67，长 8.5、宽 7、厚 2 厘米；F55:77，长 7、宽 6、厚 2 厘米。棕红色花岗岩 10 件，F55:49，长 6.5、宽 5.5、高 4.5 厘米；F55:52，长 11、宽 9、厚 5.5 厘米；F55:58，长 12、宽 7.5、厚 6 厘米；F55:68，长 10、宽 11、厚 6 厘米；F55:72，长 9、宽 5、厚 6 厘米；F55:78，长 26.5、宽 11、厚 7 厘米；F55:79，长 4、宽 3、厚 4 厘米；F55:83，长 8.5、厚 3 厘米；F55:88，长 7、宽 3.5、厚 3 厘米；F55:89，长 6.5、宽 5.5、厚 4 厘米。

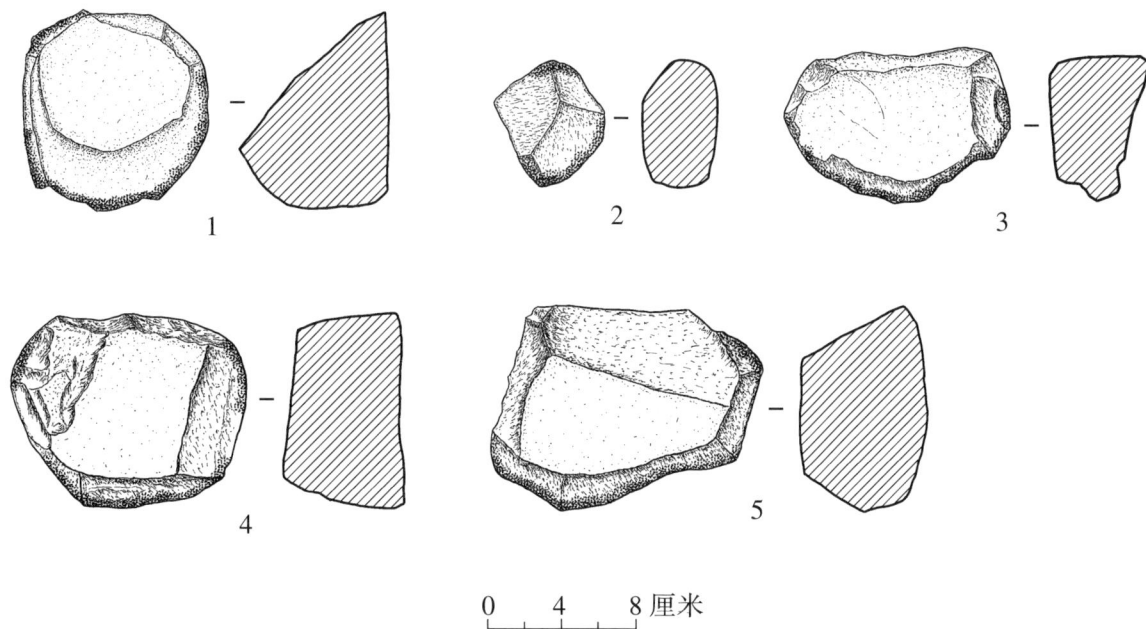

0　4　8厘米

图三三六　F55 石器

1~5. 敲砸器（F55:55、F55:64、F55:56、F55:66、F55:65）

第二节　窖穴形制和遗物

查海聚落遗址窖穴有室内窖穴和室外窖穴二种。室内窖穴共发现23个（见附表23　查海遗址室内窖穴一览表），已在本章第二节房址形制与遗物中分别有所叙述，本节不再累述。室外窖穴共发现34个，编号为H1～H33、H35（因发现时性质未定，连同祭祀坑一律采用灰坑"H"字母进行编号）。在这些室外窖穴中，有一组窖穴集中在居住区的西北部，于两排房址之间南北排列（图版三，2；图版四五，1）。其他室外窖穴均单独分布在房址之间。

室外窖穴与房穴一样，均挖凿在生黄土层和基岩层内，穴坑大、小不同，深浅不一，一般窖口大于窖底。依口部直径划分为大、中、小三型：大型窖穴口径2.0米以上；中型窖穴口径在1.0～2.0米；小型窖穴口径在1.0米以下。窖穴的壁、底均经修整，较为规整，呈直、斜壁，平底。较大窖穴还发现有柱洞、台阶、灶址，有的窖穴一侧穴壁还呈半圆状外凸。穴内堆积土为黑灰色，土质松软，含有少量红烧土块及炭屑。穴内遗物较少，有的无遗物。从窖穴的形制和结构推测，这些窖穴上部应有木架结构，其用途应为储藏食物，少部分废弃后被用做垃圾坑。

室外窖穴有近圆形，圆形和椭圆形。以下在三形中择其出土遗物较多，且具有代表性的窖穴予以详细介绍，其他参见室外窖穴一览表（见附表24　查海遗址室外窖穴一览表），各窖穴中出土遗物，分类全部发表，以供参考。

一　窖穴形制

（一）近圆形窖穴

共计9个，编号分别为H2、H6、H11、H13、H14、H21、H22、H28、H30。以H11、H13、H14、H21、H22、H28为例分述如下。

H11　位于遗址东南部，I区T0901南部。相邻遗迹单位有：北侧H12，间距1.6米；西北侧F14，间距2.3米；西侧F19，间距3.8米。窖穴呈圆形，挖凿于生黄土及基岩层内，稍经加工修整，壁面斜平，底部较平整。口径1.5、底径1.4、穴深0.40米，属中型窖穴。穴内堆积土为灰黑色，土质松软，出土6件陶器、1件磨棒、1件砺石及40余片陶片（图三三七）。

H13　位于遗址西北部，I区T0114西南部。在F29、F38、F32、F24、F30等房址之间。与西侧F29间距0.8米，与东侧F32间距1.4米，与南侧F30间距2.0米。窖穴挖凿于生黄土及基岩层内，稍经加工修整，壁面平直，底部较平整。窖穴近圆形，口径0.85～0.9、底径0.78～0.85、深0.32米，属小型窖穴。穴内堆积土为灰黑色，土质松软。出土4片陶片，1件小直腹罐，1件小鼓腹罐（图三三八）。

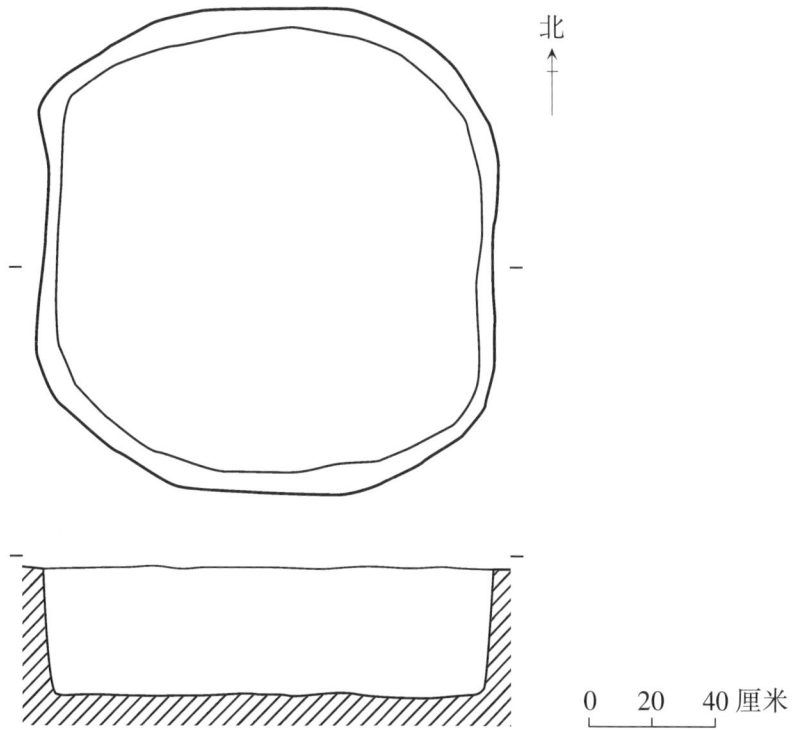

图三三七　H11 平、剖面图

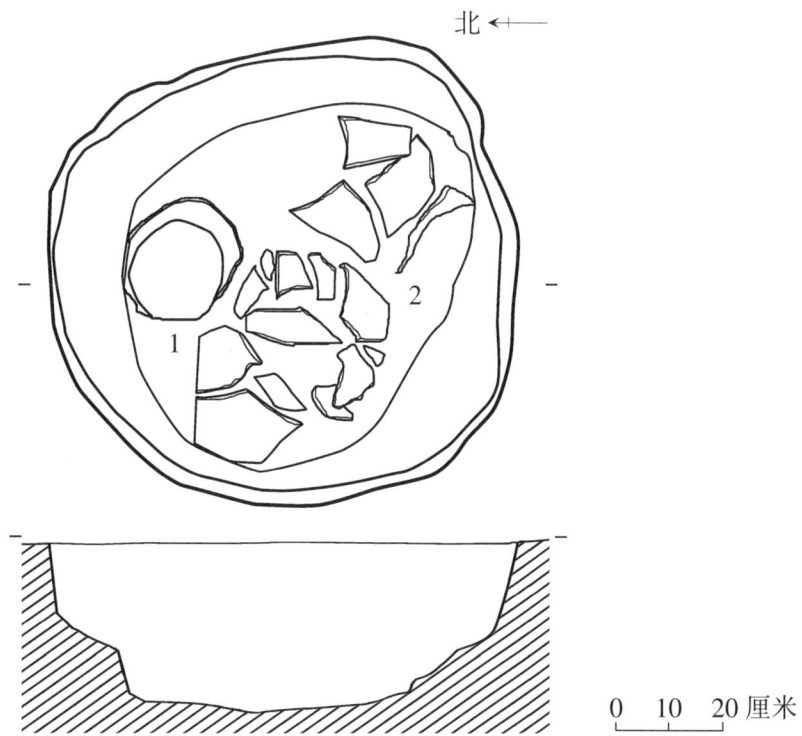

图三三八　H13 平、剖面图

1. 直腹罐　2. 鼓腹罐

H14　位于遗址西北部，Ⅰ区T0115东部、T0215西部。相邻的遗迹单位有：东侧H26，间距1.3米；西南侧F38，间距1.6米；南侧F32，间距1.6米。窖穴挖凿于生黄土及基岩层内，近圆形，稍经加工修整，西侧壁面陡直，其余壁面斜平、较粗糙，底部不甚平整。窖穴较小，口径0.96～1.03、底径0.91～1.0、深0.23米。穴内堆积土为灰黑色，土质松软。在穴室底部清理出1件直腹罐，2件鼓腹罐，1件磨盘，1件敲砸器，3件铲形石器残片，以及残碎陶片、石块（图三三九）。

H21　位于遗址西北部，Ⅱ区T0116东部和Ⅰ区T0116西部，北与H22、H23，南与H20、H19、H18、H17、H29、H30、H28基本南北排列。与西南侧H20间距0.65米，与北侧H22间距2.0米，与西侧F26间距5.45米，与东侧F33间距5.8米。窖穴挖凿于生黄土及基岩层内，近圆形，稍经加工修整，壁面斜平，边缘不甚规整，平底。在穴内清理出10个柱洞：靠近穴壁一周7个、3个居内。柱洞有圆形、椭圆形和不规则形，直径0.13～0.43、深0.11～0.70米（详见附表6-41　H21柱洞一览表）。窖穴口径1.95～1.95、底径1.80～1.80、深0.54米，属中型窖穴。穴

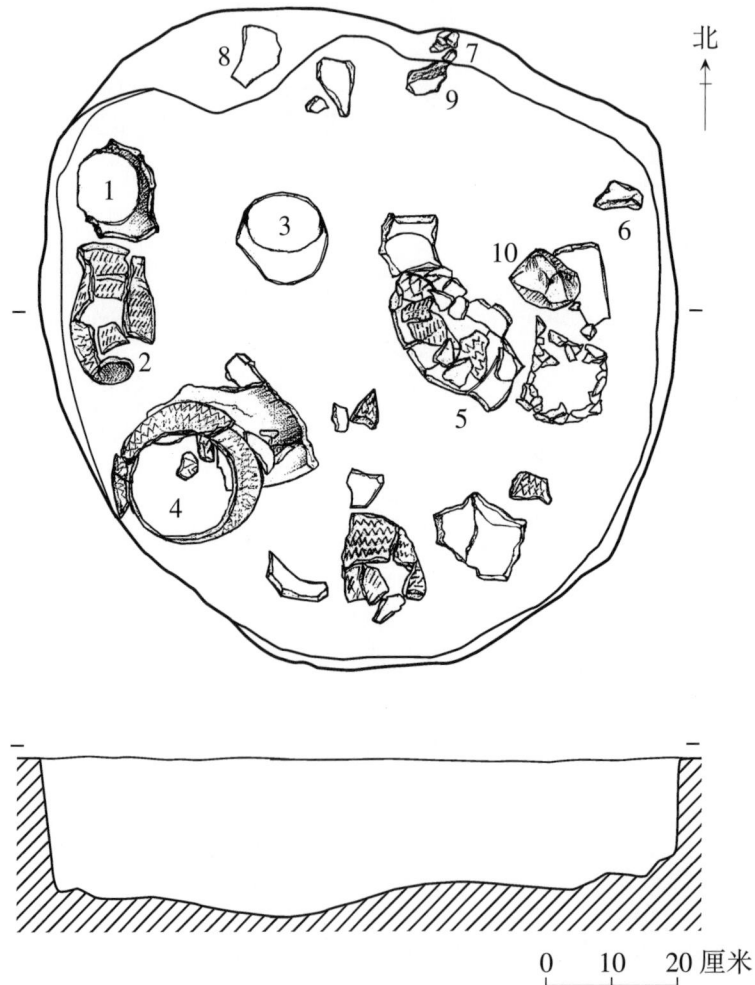

图三三九　H14平、剖面图

1、3. 直腹罐罐底　2、5. 鼓腹罐　4. 直腹罐　6、9. 铲形石器　8. 磨盘　10. 敲砸器

内堆积土为灰黑色，土质松软，出土 10 余片红褐陶片，1 件砺石（图三四〇）。

　　H22　位于遗址西北部，Ⅰ区 T0117 西南角，主要在 F26、F33、F38 三座房址之间。北与 H23，南与 H21、H20、H19、H18、H17、H29、H30、H28 基本南北排列。与东北侧 H23 间距 0.86 米，与西南侧 H21 间距 2.0 米。窖壁为生黄土和基岩，不甚规整，局部内凸外凹，壁面稍经加工修整，斜平，窖底四周略高。近穴壁一周 5 个柱洞，形状有椭圆形和不规则形，直径 0.27～0.60、深 0.11～0.28 米（详见附表6－42　H22 柱洞一览表）。窖穴近圆形，口径 1.38、底径 1.36～1.40、深 0.34 米，属中型窖穴。穴内堆积土为灰黑色，土质松软，未见出土遗物（图三四一）。

　　H28　位于遗址西北部，Ⅱ区 T0413 东南角，北与 H30、H29、H17、H18、H19、H20、H21、

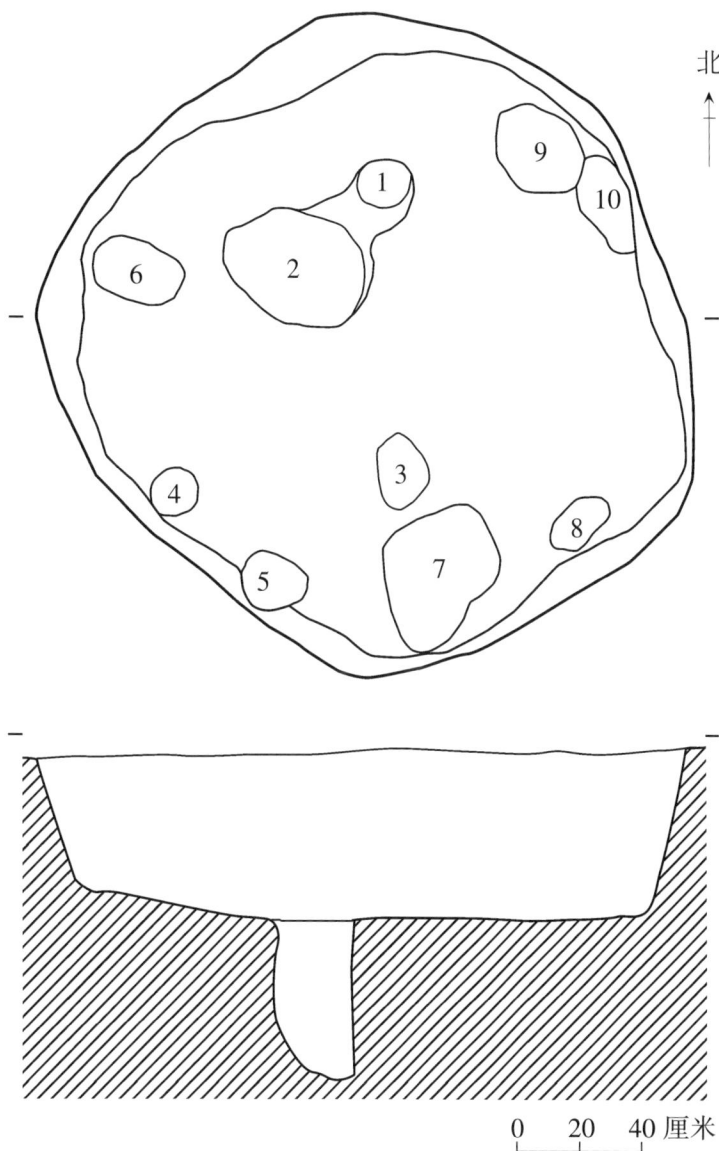

图三四〇　H21 平、剖面图

1～10. 柱洞

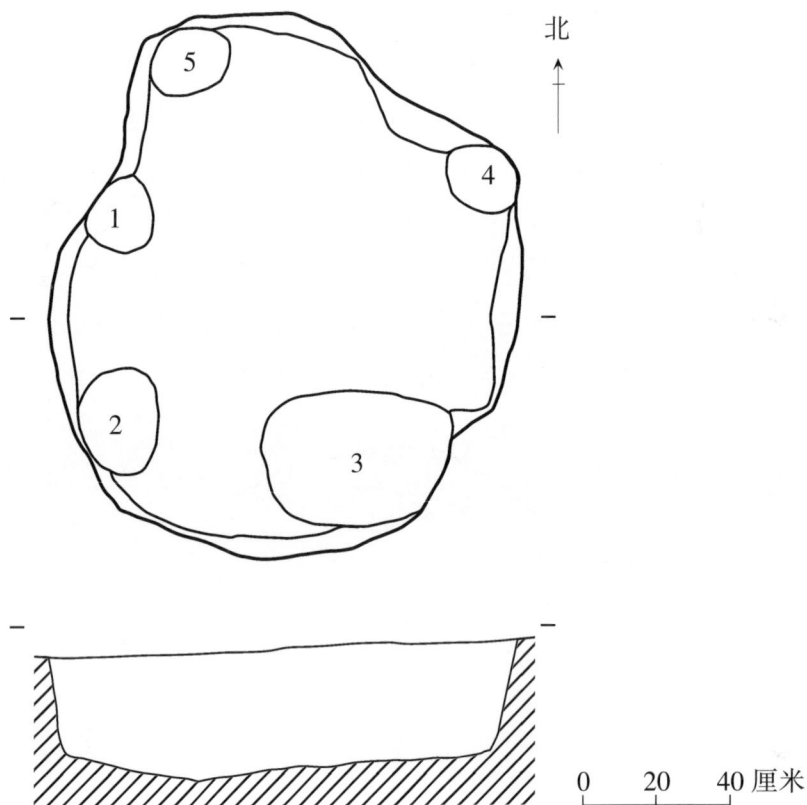

图三四一　H22 平、剖面图

1~5. 柱洞

H22、H23 基本南北排列。与西侧 F35 间距 1.5 米，与东北侧 H30 间距 3.8 米，与东侧 F25 间距 5.4 米。窖穴挖凿于生黄土层内，近圆形，口大于底，东壁壁面挖凿斜平，西壁挖凿较直，不甚规整，基岩底不甚规整，西低东高。窖穴较小，穴口直径 0.87~0.90、底径 0.74~0.80、深 0.30~0.34 米。穴内堆积土为灰黑色，土质松软，（图三四二）。

（二）圆形窖穴

共计 13 个，编号分别为 H1、H4、H7、H8、H9、H10、H15、H19、H26、H29、H31、H32、H33。以 H15、H1、H9、H19、H26、H32、H33 为例分述如下。

H15　位于遗址西北部，Ⅰ区 T0217 中部。相邻遗迹单位有：东南侧 F33，间距 1.3 米；西侧 H23，间距 2.3 米。窖穴挖凿于生黄土及基岩层内，圆形穴室，东侧外凸半圆状。窖穴稍经加工修整，壁面斜平，底部中心略高，外凸部分凿有斜坡状台面，台宽 1.2、外凸 0.6、台面距口 0.3、距底 0.40 米。窖穴口径 1.84、底径 1.75、穴深 0.7 米，属中型窖穴。穴底清理出 7 个柱洞：近穴壁一周 5 个、居中 2 个。柱洞深 0.12~0.5 米（详见附表 22-38　H15 柱洞一览表）。穴内堆积土为灰黑色，土质松软，出土有石块和碎陶片，在外凸半圆内出土残陶片及许多石块（图三四三；图版四五，2）。

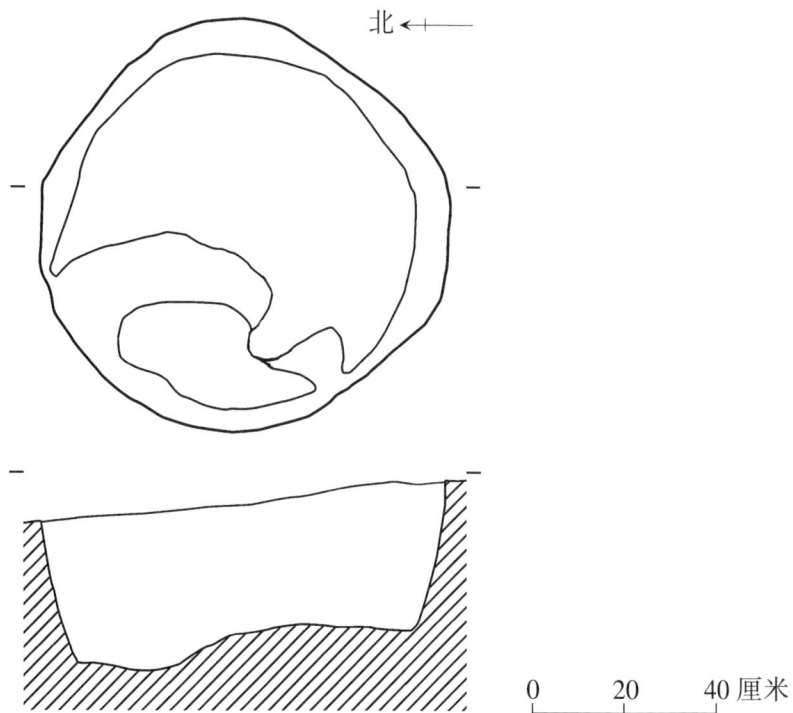

图三四二　H28 平、剖面图

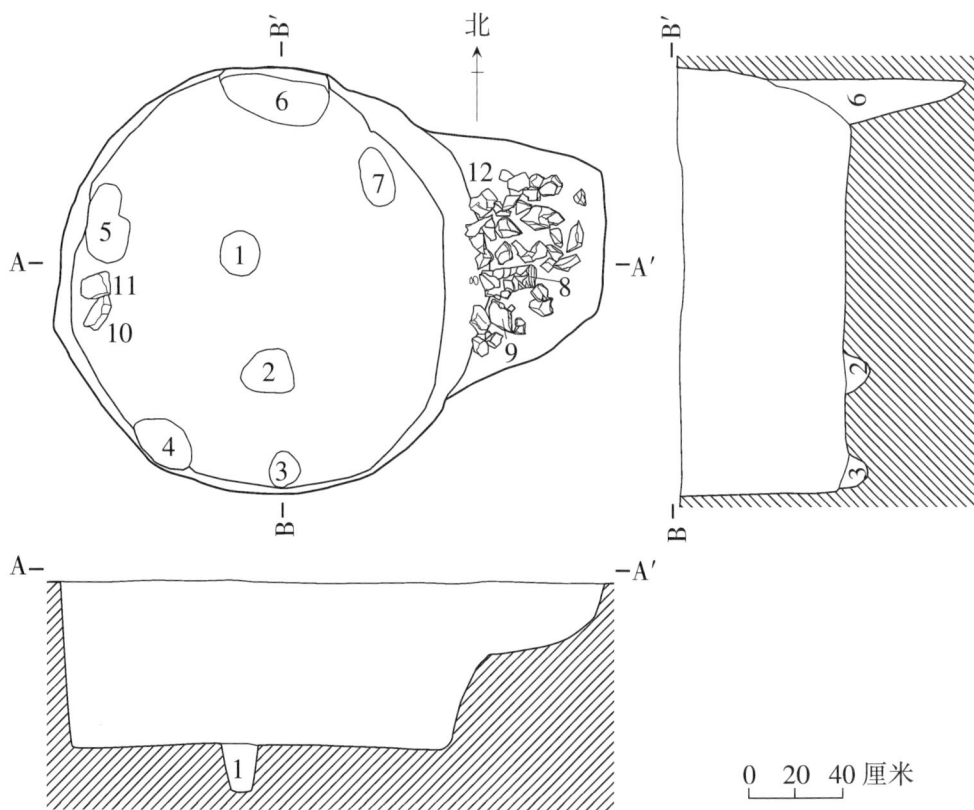

图三四三　H15 平、剖面图

1～7. 柱洞　8、9. 陶片　10～12. 石块

H1 位于遗址东南部，Ⅰ区 T0502 西北角。与 H2 同在 F4、F6 和 F7 三个房址之间。与东北侧 H2 间距 1.5 米，与西北侧 F4 间距 3.3 米。窖穴挖凿于生黄土及基岩层内，近圆形穴室，穴内稍经加工修整，壁面斜平，底部较平整。窖穴口径 1.7～1.8、底径 1.58～1.72、深 0.45 米，属中型窖穴，穴内堆积土为灰黑色，土质松软（图三四四）。

H9 位于遗址南部，Ⅰ区 T0104 西北部。相邻遗迹单位有：西北侧 F13，间距 0.3 米；东侧 F10，间距 1.8 米。窖穴呈圆形，挖凿于生黄土及基岩层内，稍经加工修整，壁面斜平，底部较平整。窖口径 2.2～2.3、底径 2.15～2.2、穴深 0.26 米，属大型窖穴。穴内堆积土为灰黑色，土质松软，未见遗物。

H26 位于遗址西北部，Ⅰ区 T0215 中部，打破同层位下 F33。相邻遗迹单位有：南侧 F32，间距 0.5 米；西侧 H14，间距 1.3 米；西南侧 H25，间距 2.9 米；东侧 F39，间距 3.2 米。窖穴呈圆形，挖凿于生黄土及基岩层内。壁面稍经加工修整，东侧壁面较直，西侧壁面斜平，基岩底，东部不平，中部偏西有一椭圆形灶址。窖口直径 2.52、底径 2.14～2.14、穴深 0.36 米，属大型窖穴。灶口直径 0.4～0.56、底径 0.3～0.44、灶深 0.06 米。穴内堆积土为灰褐色，土质松软，出土 1 件斜腹罐口沿，1 件石刀，1 件饼形器（图三四五；图版二七，1）。

H32 位于遗址东北部，Ⅰ区 T1115、T1215 内。相邻遗迹单位有：西北侧 H31，间距 1.7 米；西南侧 F51，间距 2.7 米；东南侧 F50，间距 3.7 米；西侧 F44，间距 4.5 米。窖穴呈圆形，东南

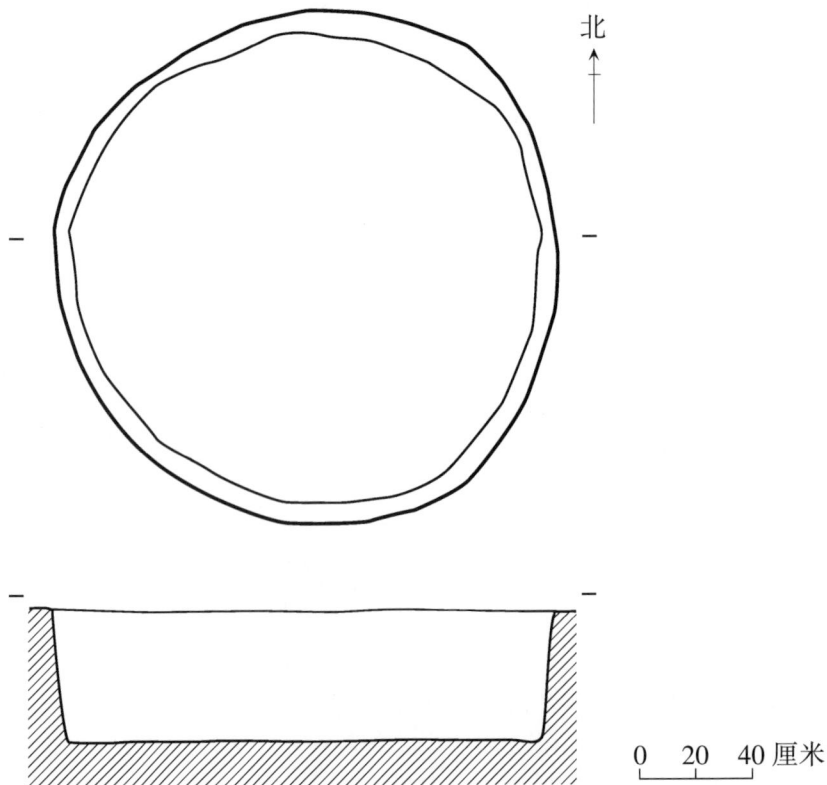

图三四四　H1 平、剖面图

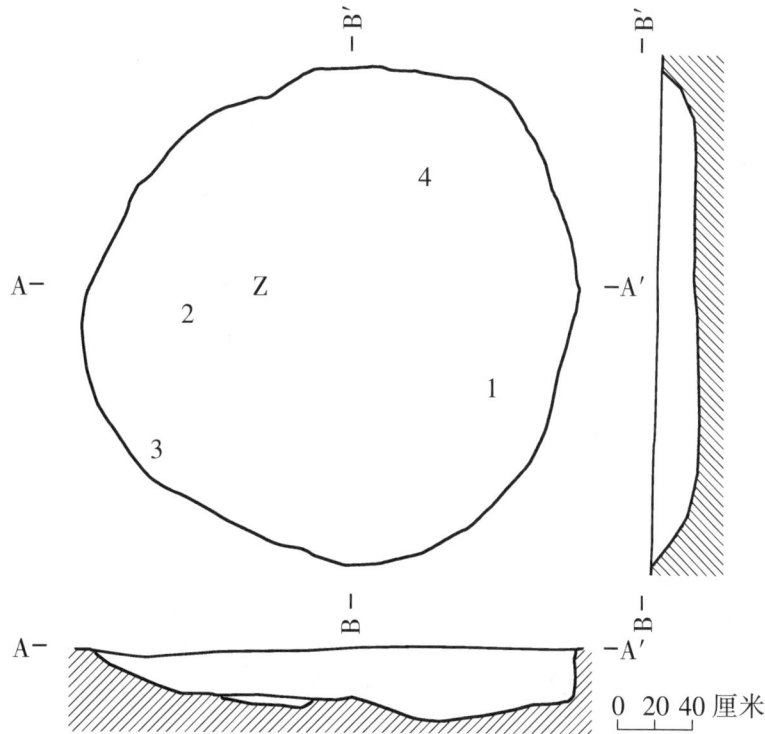

图三四五　H26 平、剖面图

1. 铲形石器　2. 斜腹罐口沿　3. 敲砸器　4. 石料

侧半圆形外凸。整个窖穴挖凿于生黄土及基岩层内，挖凿十分规整，窖室斜壁，平底，口大于底。外凸半圆底部呈斜坡面。窖口直径2.1、底径1.8、深0.5米，属大型窖穴。外凸半圆底部坡面距底0.36、宽1.36、外凸0.6、垂直深度0.16米（推测为窖穴出入的缓步台，从其方向看，与F50关系最为密切）。窖穴较大，未发现柱洞。穴内堆积土为灰黑色，土质松软，夹杂炭灰。出土有残碎陶片，及1件石斧残片（图三四六；图版四八，2）。

　　H33　位于遗址东北部，Ⅰ区T1015东北角、T1115西北角。相邻遗迹单位有：东侧H31，间距1.7米；西南侧F44，间距1.7米；东南侧H32，间距4.2米。窖穴呈圆形，挖凿于生黄土及基岩层内，稍经加工修整，壁面斜平，底部较平。穴内南侧近穴壁有2个柱洞，相距较近。一个为圆形柱洞；另一个为椭圆角形柱洞，底部有2石块。窖口直径2.75、底径2.50、穴深0.38米，属大型窖穴。穴内堆积土为灰黑色，土质松软，出土1件石刀、1件饼形器、1件磨盘、4件敲砸器（图三四七）。

　　H19　位于遗址西北部，Ⅱ区T0115探方内。北与H20、H21、H22、H23，南与H18、H17、H29、H30、H28基本南北排列。东南与F38间距1.8米，与F29间距2.03米，西北与F26间距4.25米。窖穴挖凿于生黄土及基岩层内，圆形穴室，北侧半圆形外凸，外凸部分从西至东凿有二级台面，西侧为第一级台面，距窖口0.3米，台面宽0.36米；东侧为第二级台面，距窖口0.5米，距窖底0.4米。两级台面高差0.2米（应为窖穴出入口的缓步台面）。整个窖穴，稍经加工修整，

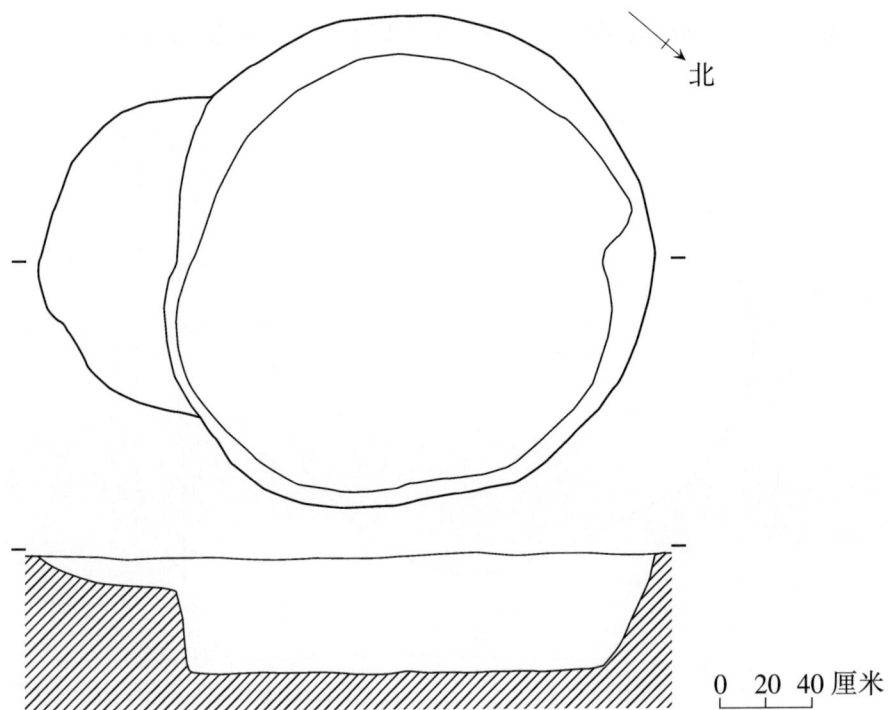

图三四六 H32 平、剖面图

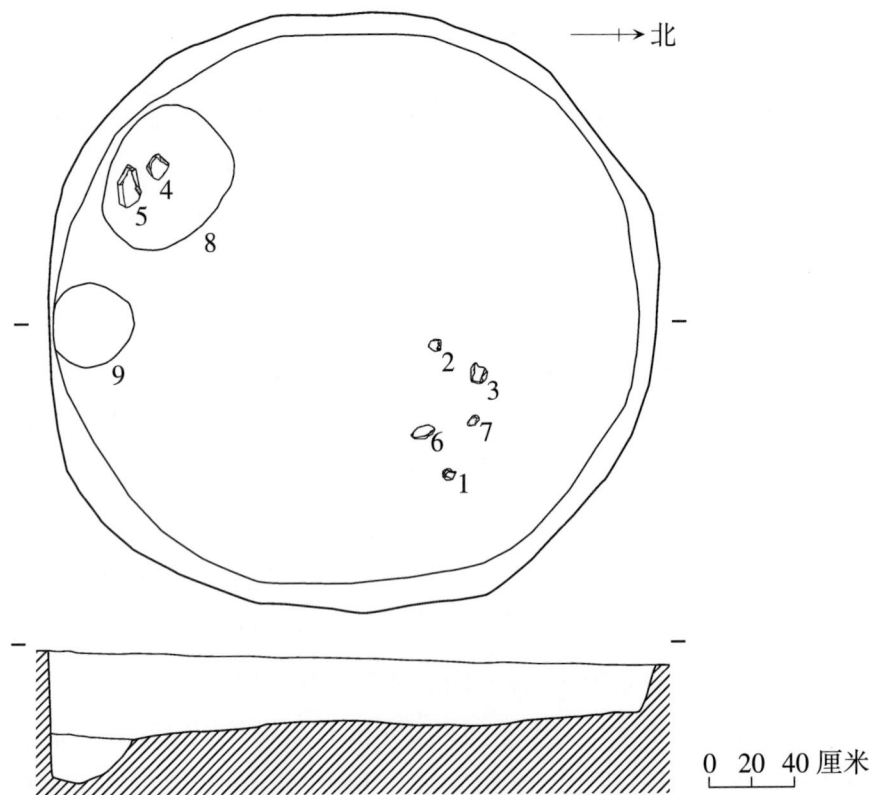

图三四七 H33 平、剖面图

1、2、3、7. 敲砸器 4. 石刀 5. 磨盘 6. 饼形器 8、9. 柱洞

穴室近直壁，平底，外凸半圆的北壁和东壁较斜平，西壁较直。穴室口径 1.7～1.8、底径 1.56～1.7、垂直深度 0.9 米，属中型窖穴。外凸 0.8 米，宽 1.6 米。在窖内共有 4 个柱洞，编号为 1～4，1 号柱洞位于外凸半圆的东侧第二层台面中部，2 号柱洞靠近窖室的西壁，3、4 号柱洞靠近窖室的东壁，相距较近，3 号柱洞可能为附属性柱洞。这样从 1、2、4 号柱洞的分布位置看，形成一个三角形（详见附表 22－39 H19 柱洞一览表）。窖内堆积土为黑灰色，土质松软，含有炭灰，出土 30 余片红褐陶片及 1 件敲砸器（图三四八；图版四六，1）。

（三）椭圆形窖穴

共计 12 个，编号分别为 H3、H5、H12、H16、H17、H18、H20、H23、H24、H25、H27、H35。以 H5、H20、H23、H24、H25 为例分述如下。

H5 位于遗址中部，I 区 T0508 南部。相邻遗迹单位有：西北侧 F20，间距 3.1 米；西南侧 H7，间距 4.1 米；东侧 F8 间距 5.1 米。窖穴呈椭圆形，挖凿于生黄土内及基岩层，稍经加工修整，壁面斜平，底部较平。窖口直径 1.0～1.2、底径 0.9～1.1、穴深 0.42 米，属中型窖穴。穴内堆积土为灰黑色，土质松软，出土 1 件直腹罐，1 件鼓腹罐（图三四九）。

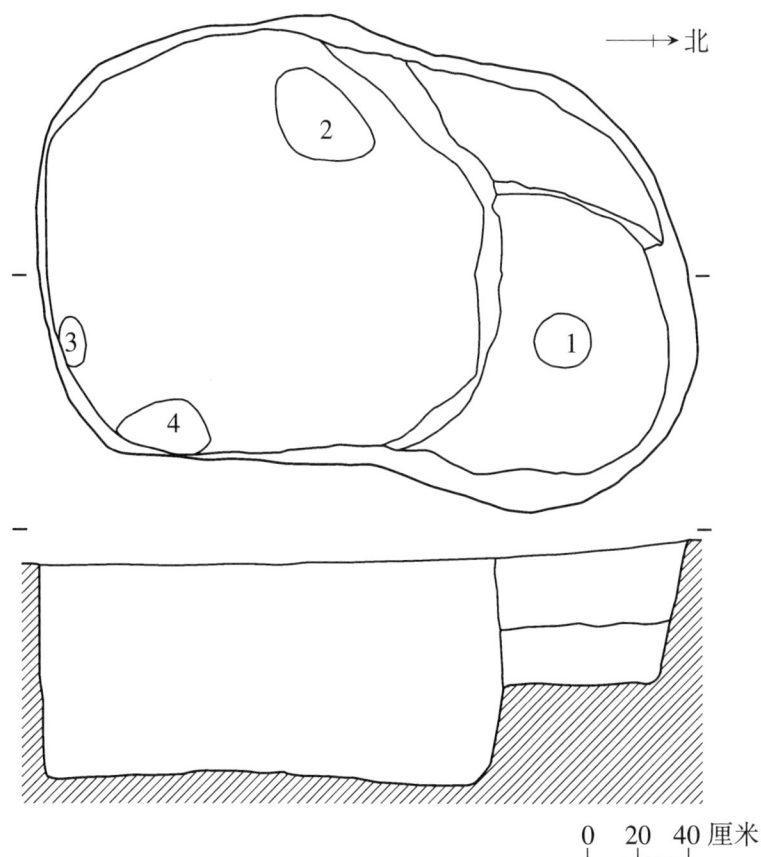

图三四八 H19 平、剖面图

1～4. 柱洞

北

0　　20　　40 厘米

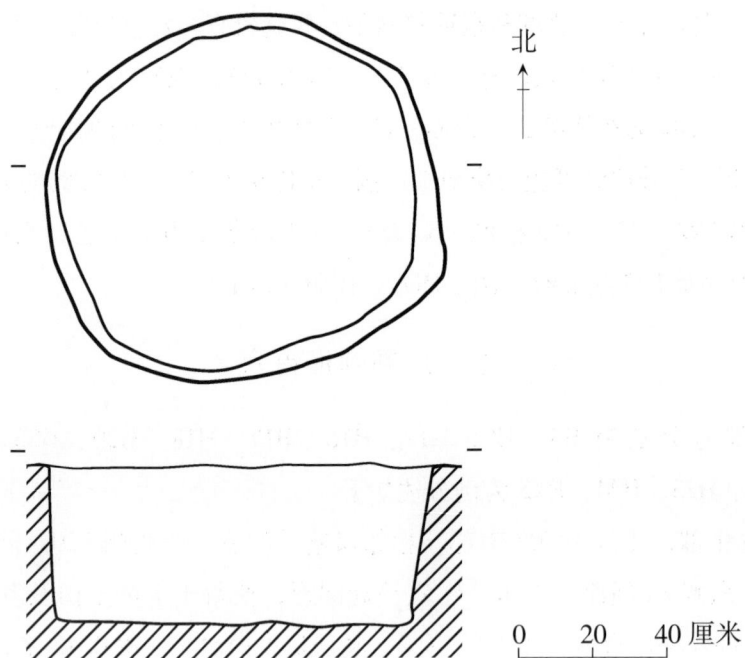

图三四九　H5 平、剖面图

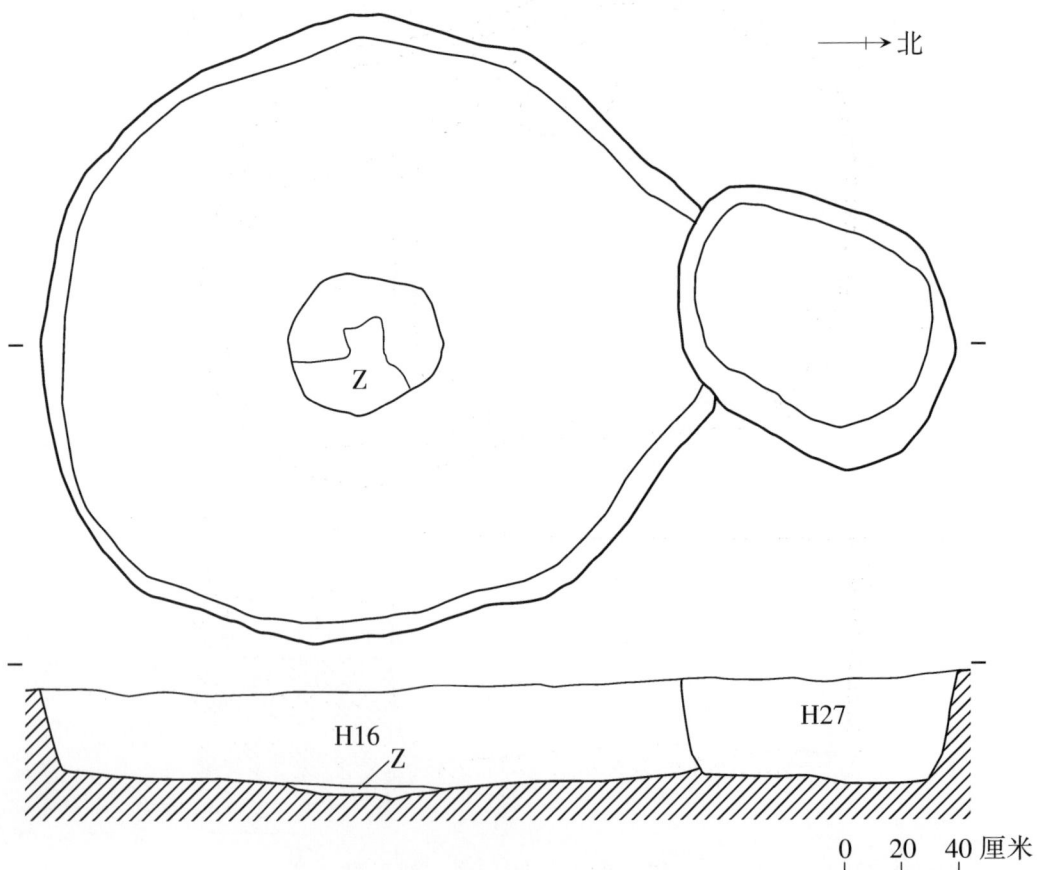

北

H16　H27

Z

H16　Z

0　　20　　40 厘米

图三五〇　H16 及 H27 平、剖面图

H16　位于遗址西北部，Ⅱ区 T0214 南部、Ⅱ区 T0213 北部，北部被 H27 打破。周邻遗迹有：东北侧 H24，间距 0.5 米；南侧 F25，间距 2.1 米；东南侧 F24，间距 2.5 米，北侧 H17，间距 2.5 米；西南侧 H30，间距 3.8 米。窖穴呈椭圆形，挖凿于生黄土内及基岩层，稍经加工修整，壁面斜平，穴底中部低，四周较高，中部有一圆形坑式灶，灶底不平。窖口直径 2.15～2.30、底径 1.90～2.10、穴深 0.35 米，属大型窖穴。灶址直径 0.55、深 0.06 米。穴内堆积土为灰黑色，土质松软，出土 5 片红褐陶片，5 片灰褐陶片（图三五〇；图版四八，1）。

H20　位于遗址西北部，Ⅱ区 T0116 南部，北与 H21、H22、H23，南与 H19、H18、H17、H29、H30、H28 基本南北排列。与东北侧 H21 间距 0.65 米，与西南侧 H19 间距 0.5 米，与东侧 F33 间距 7.0 米，与西侧 F26 间距 4.0 米。窖穴呈椭圆形，挖凿于生黄土内，十分规整，壁面略斜平，基岩底，较平整。6 个柱洞：5 个靠近穴壁一周、1 个居中（详见附表 22 - 40 H20 柱洞一览表）。窖口直径 1.70～1.90、底径 1.62～1.82、穴深 0.38 米，属中型窖穴。穴内堆积土为灰黑色，土质松软，出土少量石器及碎陶片（图三五一；图版四六，2）。

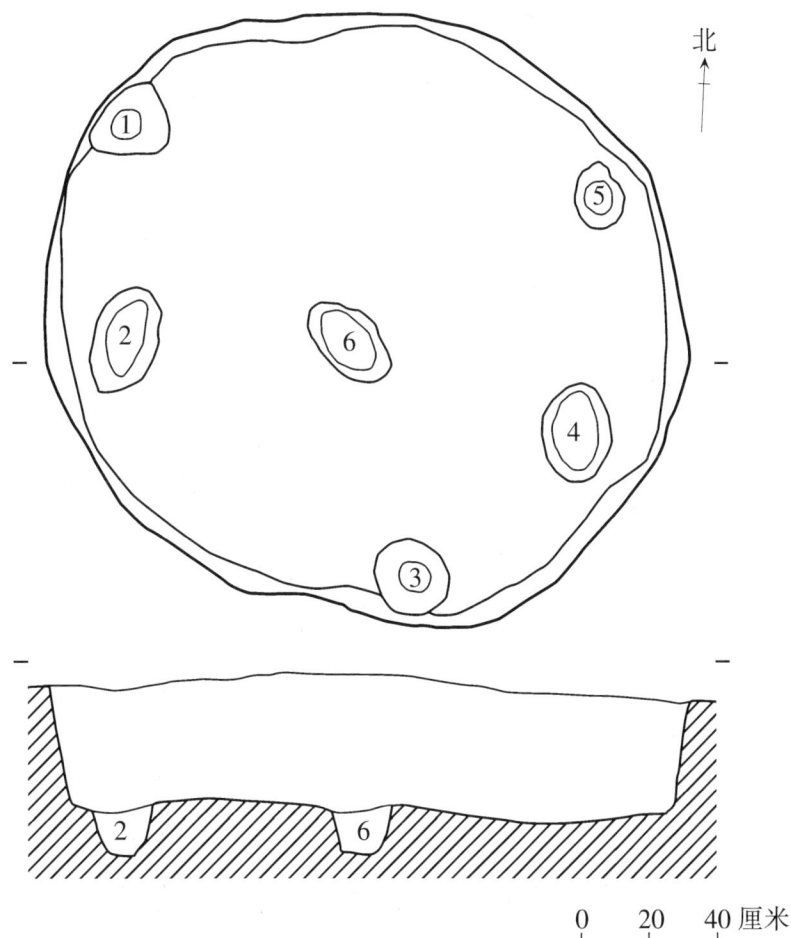

图三五一　H20 平、剖面图

1～6. 柱洞

H23　位于遗址西北部，Ⅰ区 T0117 中部，南与 H22、H21、H20、H19、H18、H17、H29、H30、H28 基本南北排列。与西南侧 H22 间距 0.86 米，与东南侧 H15 间距 2.3 米。窖穴呈椭圆形，挖凿于生黄土及基岩层内，窖口大于窖底，壁面修整斜平，穴底中部低，四周较高。近穴壁一周有 4 个柱洞，柱洞有椭圆形和不规则形（详见附表 22 – 43　H23 柱洞一览表）。窖口直径 1.67 ～ 1.88、底径 1.54 ～ 1.73、垂直深 0.55 米，属中型窖穴。窖内堆积土为黑灰色，土质松软，出土 1 件饼形器、1 件敲砸器，还有一些残碎陶片和石块（图三五二；图版四七，1）。

H24　位于遗址西北部，Ⅱ区 T0114 西部和Ⅱ区 T0214 东部。相邻遗迹单位有：西侧 H16，间距 0.4 米；东侧 F29，间距 0.7 米；东南侧 F24，间距 2.9 米；西北侧为窖穴群。窖穴呈椭圆形，挖凿于生黄土及基岩层内，壁面修整近平直，底部较平整。窖口直径 1.26 ～ 1.44、底径 1.14 ～ 1.32、穴深 0.23 米，属中型窖穴。穴内堆积土为灰黑色，土质松软，出土 1 件直腹罐口沿、1 件铲形石器（图三五三；图版四七，2）。

图三五二　H23 平、剖面图

北

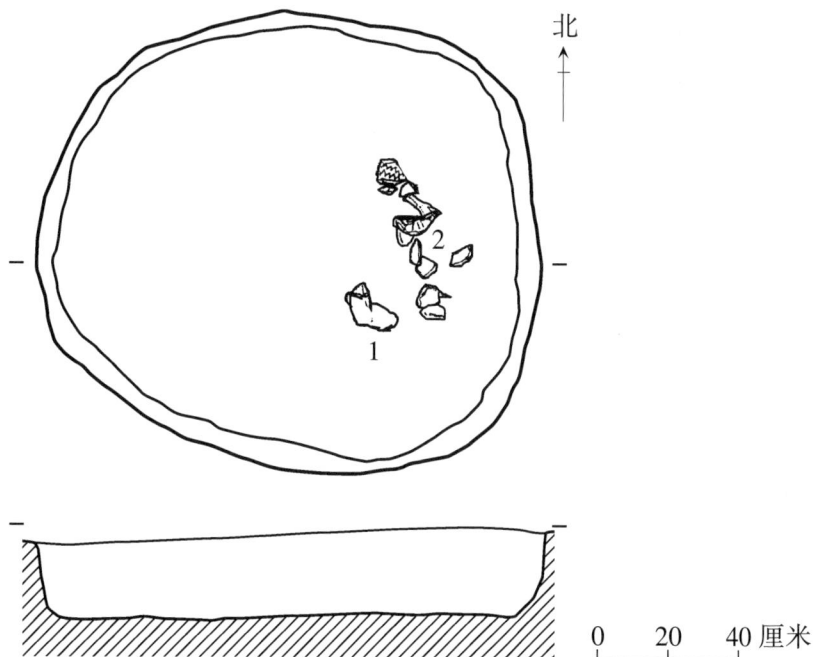

图三五三　H24 平、剖面图

1. 铲形石器　2. 直腹罐

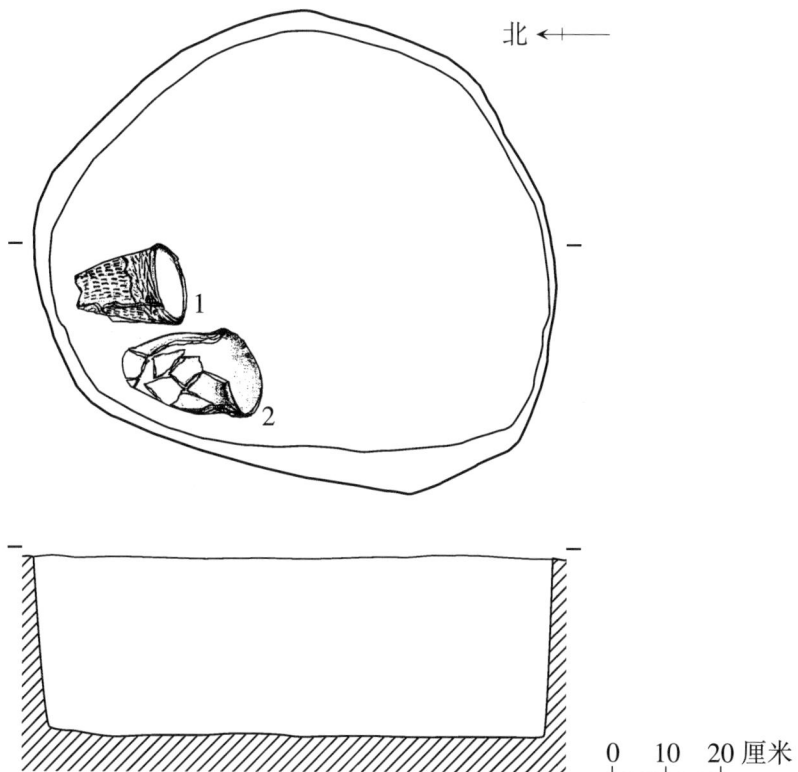

北

图三五四　H25 平、剖面图

1. 直腹罐　2. 鼓腹罐

H25　位于遗址西北部，Ⅰ区 T0114 东北角和 T0115 东南角。相邻遗迹单位有：西侧 F38，间距 1.0 米；北侧 H14，间距 1.6 米；东北侧 H26，间距 2.9 米。窖穴挖凿于房穴堆积土层内，稍经加工修整，壁面斜平，底部较平。窖穴呈椭圆形，较小，口径 0.85～0.97、底径 0.76～0.92、穴深 0.32 米。穴内堆积土为灰黑色，土质松软，出土 2 件直腹罐。该窖穴打破同层位下 F32（图三五四）。

H27　位于遗址西北部，Ⅱ区 T0214 中部，打破 H16。周邻遗迹单位有：东侧 H24，间距 0.6 米，北侧 H17，间距 1.8 米。南侧 F25，间距 4.6 米；西北侧为一排窖穴群。窖穴呈椭圆形，挖凿于生黄土及基岩层内，窖口大于窖底，壁面修整斜平，穴底较平整。窖穴较小，窖口直径 0.80～1.00、底径 0.62～0.95、垂直深 0.48 米。窖内堆积土为黑灰色，土质松软，出土 1 片陶片（图三五〇；图版四八，1）。

二　窖穴遗物

各窖穴出土的遗物（参见附表 9　查海遗址窖穴及祭祀坑出土陶器型式统计表及附表 17　查海遗址窖穴及祭祀坑出土石器型式统计一览表）

H2 遗物

（1）石器 6 件。Cb 型铲形石器 1 件，铲形石器刃部残片 1 件，Bc 型饼形器 1 件，B 型磨棒 1 件，敲砸器 2 件。

Cb 型铲形石器 1 件，H2：2，残，泥质页岩，打制，直柄显腰溜肩弧刃残，刃部有崩痕，身长 15.5、腰宽 7.5、厚 2.5 厘米（图三五五，1）。

铲形石器刃部残片 1 件，H2：1，泥质页岩，刃部打制，厚 1 厘米。

Bc 型饼形器 1 件，H2：7，残，黑色页岩，打制，外缘经修磨，直径 8.9～10.5、厚 2.6 厘米（图三五五，2）。

B 型磨棒 1 件，H2：3，残，花岗岩，琢制，柱体，截面方形圆角，有四个使用面磨痕光滑，残长 11、直径 5 厘米（图三五五，3）。

敲砸器 2 件，皆石英岩自然石块。H2：4，多棱体，棱角处有敲砸使用痕迹，长 7.5、宽 5.5、厚 4 厘米（图三五五，4）；H2：5，圆角棱锥形，尖部及底棱角处敲砸使用痕迹明显，底面长 6.5、宽 4.5、高 8 厘米（图三五五，5）。

（2）细石器 1 件（参见附表 20　查海遗址各遗迹单位出土细石器统计表）。

石核 1 件，H2：6，石英岩，块状，半透明，长 3.9、宽 2.9、厚 2.8 厘米（图三五五，6）。

H5 遗物

陶器 2 件。BⅣ式直腹罐 1 件，CⅢ式鼓腹罐 1 件。

BⅣ式直腹罐 1 件，H5：1，夹砂灰褐陶，喇叭形口，厚圆唇，直腹，凹底，近口饰左斜线纹 1 周、

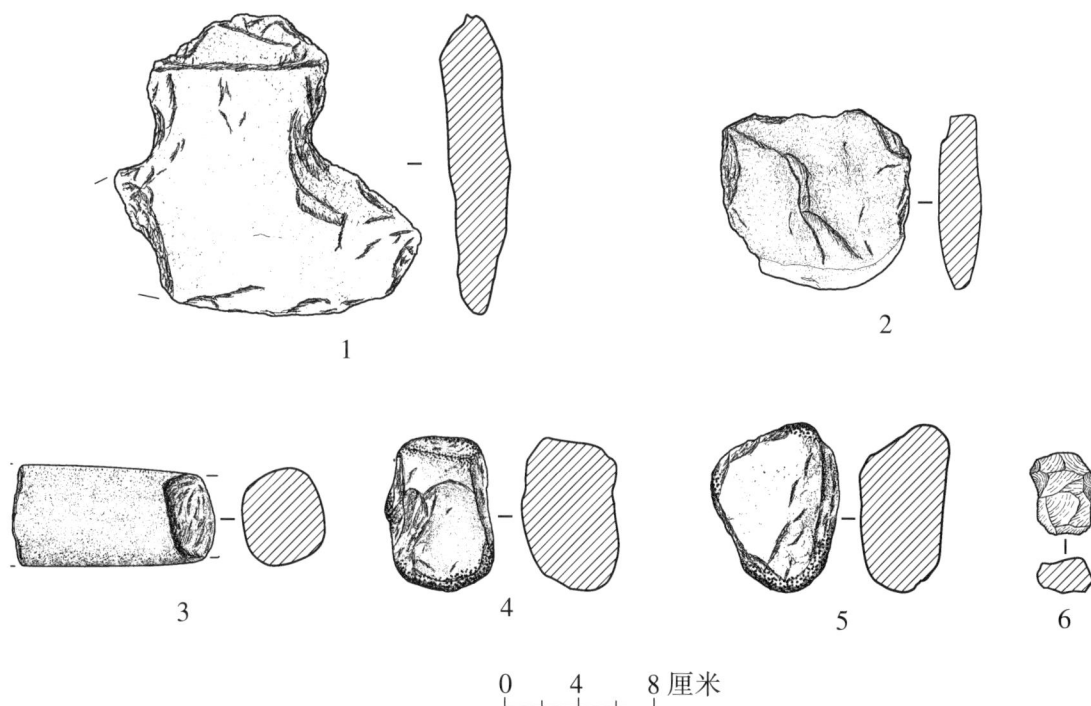

图三五五　H2 石器

1. Cb 型铲形石器（H2:2）　　2. Bc 型饼形器（H2:7）　　3. B 型磨棒（H2:3）

4、5. 敲砸器（H2:4、H2:5）　　6. 石核（H2:6）

网格纹，颈饰 Ba1 型 F 形几何纹，腹饰左斜线纹 12 周，近底饰 Db 型锯齿形几何纹，口径 14.5、底径 7.4、高 20.6、壁厚 0.7 厘米（图三五六，1；图版一〇三，2）。

CⅢ式鼓腹罐 1 件，H5:2，夹砂灰褐陶，敞口，厚圆唇，束颈，鼓腹，平底，颈饰弦纹数周，肩饰 Ba1 型 F 形几何纹，腹饰戳刺左斜线纹 16 周、竖压横排之字纹，口径 20.6、底径 14.5、高 33.1 厘米（图三五六，2；图版一四三，1）。

H11 遗物

（1）陶器 6 件。BⅢ式直腹罐 6 件。

BⅢ式直腹罐 6 件，皆夹砂红褐陶。H11:1，敞口，厚圆唇，直腹，平底，见锅孔 8 个：颈部 3 个，另有 1 个未钻透，腹部有 4 个，颈饰弦纹数周，附加堆纹带饰左斜线纹，腹饰草划纹，口径 26.9、底径 14.1、高 34.6、壁厚 0.9 厘米（图三五七，1；图版八〇，3）；H11:2，敞口，厚尖圆唇，直腹，平底，颈饰弦纹数周，附加堆纹带饰窝点纹，腹饰不规整弦纹、草划纹，口径 15.6、底径 10.6、高 22.8 厘米（图三五七，4；图版八〇，4）；H11:6，口部残片，外叠宽带沿饰左斜线纹，厚圆唇，颈饰弦纹，附加堆纹带饰戳点纹，腹饰弦纹，口径 30、残高 13 厘米（图三五七，2）；H11:7，口部残片，圆唇，颈饰弦纹，附加堆纹带饰左斜线纹，腹饰弦纹，口径 24、残高 16 厘米（图三五七，3）；H11:5，口部残片，圆唇，颈饰弦纹，附加堆纹带饰左斜线纹，

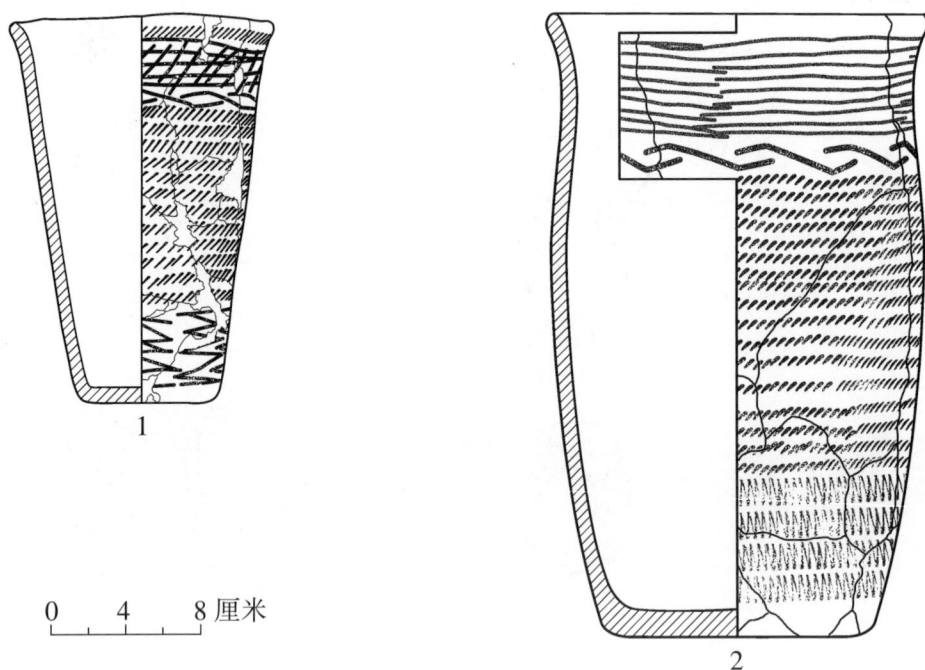

图三五六　H5 陶器

1. BⅣ式直腹罐（H5∶1）　　2. CⅢ式鼓腹罐（H5∶2）

腹饰弦纹，口径 22、残高 14.3 厘米（图三五七，5）；H11∶8，外叠宽带沿饰左斜线纹，厚圆唇，颈饰弦纹、附加堆纹带饰戳点纹，腹饰弦纹。

（2）石器 2 件。B 型磨棒 1 件，砺石 1 件（参见附表 17　查海遗址窖穴及祭祀坑出土石器型式统计一览表）。

B 型磨棒 1 件，H11∶3，淡红色花岗岩，琢制，柱状，截面近方形圆角。残长 8.0、直径 4.5~5.0 厘米（图三五七，6）。

砺石 1 件，H11∶4，黄色花岗岩，形状不规则，双磨面，残长 11.1、宽 9.5、厚 2.6 厘米（图三五七，7）。

H13 遗物

陶器 2 件。小直腹罐 1 件，CⅣ式鼓腹罐 1 件。

小直腹罐 1 件，H13∶1，夹砂灰褐陶，敞口，薄圆唇，直腹，平底，通体饰竖压横排之字纹八周，口径 14.5、底径 8、高 17.5 厘米（图三五八，1；图版一三六，5）。

CⅣ式鼓腹罐 1 件，H13∶2，夹砂红褐陶，敞口，圆唇，束颈，鼓腹，微凹底，近口饰左斜线纹 1 周，颈饰 Ba1 型 F 形几何纹 2 周，腹饰左斜线纹 8 周，口径 10.3、底径 6.3、高 11.1、壁厚 0.6 厘米（图三五八，2；图版一四五，1）。

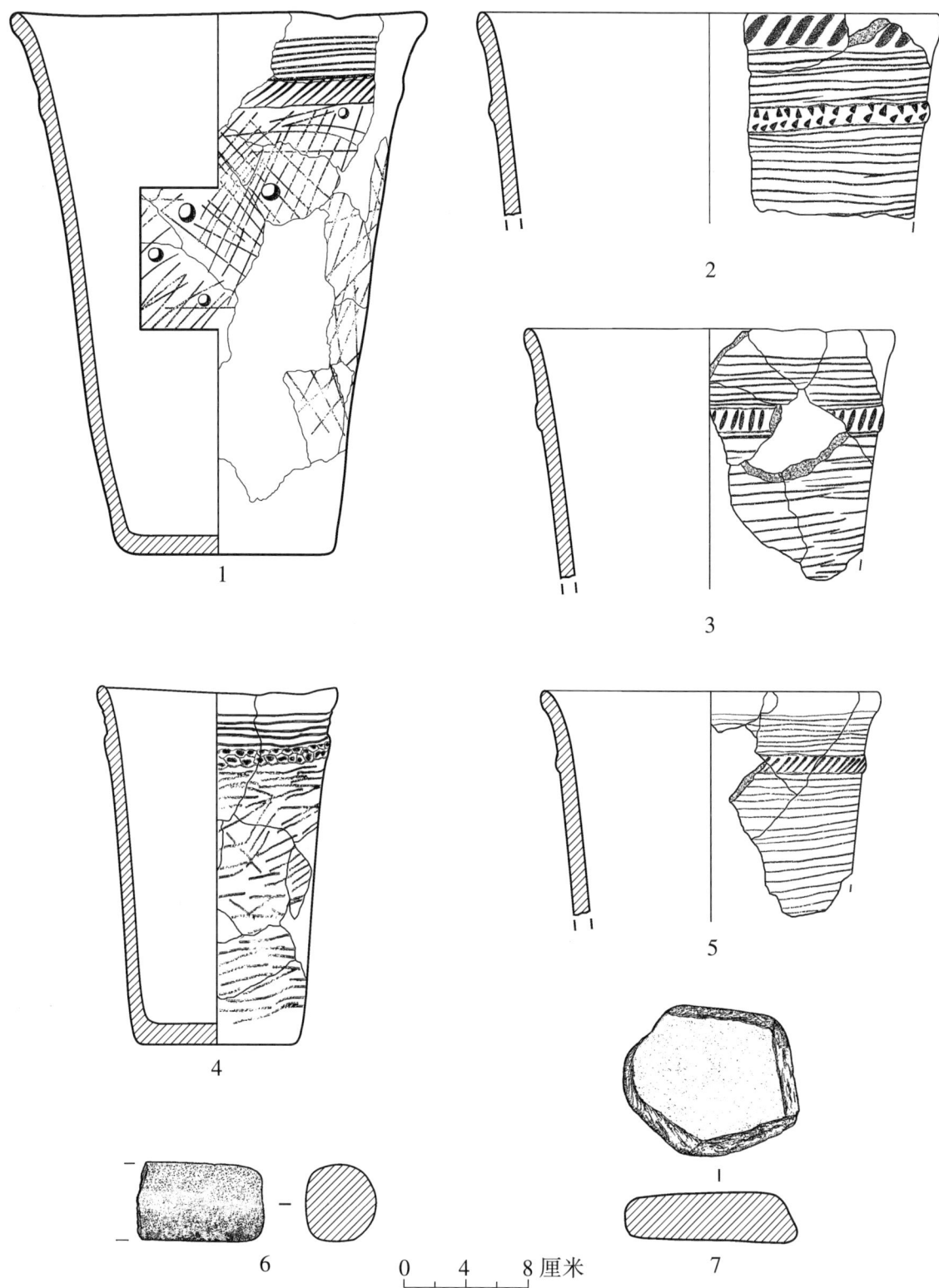

图三五七　H11 陶器、石器

1～5. BⅢ式直腹罐（H11∶1、H11∶6、H11∶7、H11∶2、H11∶5）　6. B 型磨棒（H11∶3）　7. 砺石（H11∶4）

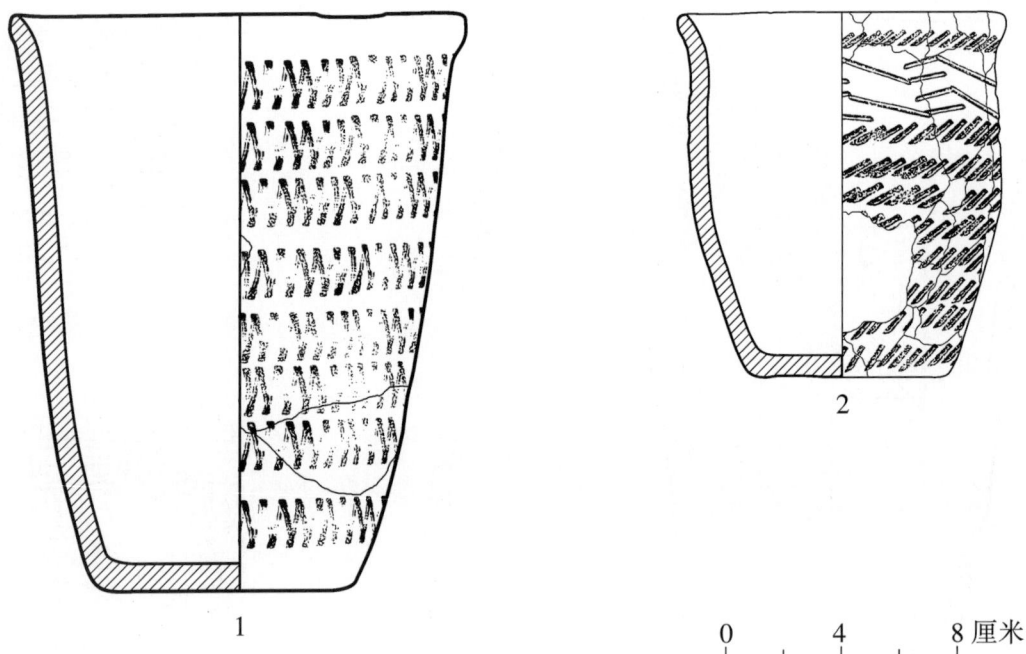

图三五八　H13 陶器

1. 小直腹罐（H13∶1）　　2. CⅣ式鼓腹罐（H13∶2）

H14 遗物

（1）陶器 5 件。斜腹罐罐底 1 件，BⅣ式直腹罐 1 件，直腹罐罐底 1 件，CⅢ式鼓腹罐 1 件，CⅣ式鼓腹罐 1 件。

斜腹罐罐底 1 件，H14∶1，夹砂红褐陶，素面，底径 12.0、残高 7.2 厘米（图三五九，3）。

BⅣ式直腹罐 1 件，H14∶4，夹砂灰褐陶，敞口，圆唇，直腹，平底，颈饰网格纹，附加堆纹带饰 Da3 型锯齿形几何纹，腹饰竖压横排之字纹，钔孔一对，口径 25.5、底径 16、高 36.5 厘米（图三五九，1；图版一○三，1）。

直腹罐罐底 1 件，H14∶3，夹砂红褐陶，饰竖压横排之字纹，底径 9.0、残高 5.25 厘米（图三五九，2）。

CⅢ式鼓腹罐 1 件，H14∶5，夹砂灰褐陶，敞口，圆唇，束颈，鼓腹，平底，近口饰左斜线纹 1 周，颈饰 C2 型梭形几何纹，腹饰左斜线纹、Ba1 型 F 形几何纹、左斜线纹，近底饰 Db 型锯齿形几何纹，口径 16.3、底径 9.5、高 21.5 厘米（图三五九，5；图版一四三，2）。

CⅣ式鼓腹罐 1 件，H14∶2，夹砂红褐陶，局部泛黑，敞口，圆唇，束颈，鼓腹，微凹底，颈饰 Ab1 型扣合曲尺形几何纹 1 周、左斜线纹 4 周，腹饰 Ba2 型 F 形几何纹 1 周，近底饰左斜线纹 3 周，口径 12.8、底径 8.8、高 14 厘米（图三五九，4；图版一四五，2）。

（2）石器 5 件。铲形石器残片 3 件，A 型磨盘 1 件，敲砸器 1 件（参见附表 17　查海遗址窖穴及祭祀坑出土石器型式统计一览表）。

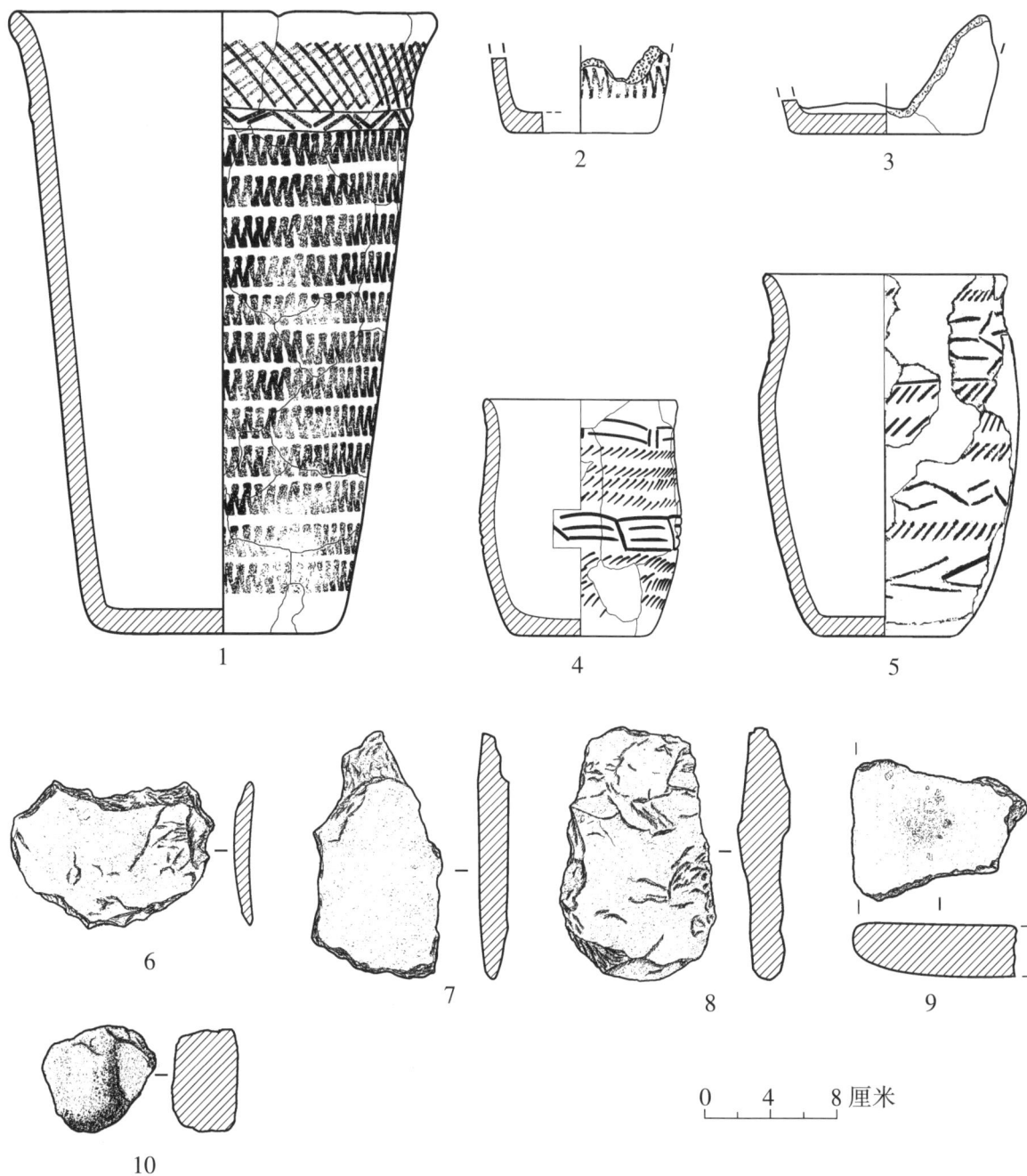

图三五九　H14 陶器、石器

1. BⅣ式直腹罐（H14∶4）　2. 直腹罐罐底（H14∶3）　3. 斜腹罐罐底（H14∶1）　4. CⅣ式
鼓腹罐（H14∶2）　5. CⅢ式鼓腹罐（H14∶5）　6~8. 铲形石器残片（H14∶7、H14∶9、
H14∶6）　9. A 型磨盘（H14∶8）　10. 敲砸器（H14∶10）

铲形石器残片 3 件。H14∶6，黄褐色页岩，打制，扁平，弧刃，长 15.0、刃宽 9.4、厚 3.2 厘米
（图三五九，8）；H14∶7，灰色页岩，打制，扁平，圆身，刃部有使用崩痕，残长 8.5，刃宽 12、厚 1
厘米（图三五九，6）；H14∶9，灰绿色页岩，残长 14.6、残宽 7.7、厚 1.9 厘米（图三五九，7）。

A 型磨盘 1 件，H14：8，残块，浅黄色花岗岩，琢制，残长 10.7、残宽 8.3、厚 3.2 厘米（图三五九，9）。

敲砸器 1 件，H14：10，灰色石英岩自然石块，多棱体，棱角处有敲砸使用痕迹，长 6、宽 5、厚 3 厘米（图三五九，10）。

H19 遗物

石器 1 件。敲砸器 1 件。

敲砸器 1 件，H19：1，白色红斑石英岩块，两长端打击痕迹明显，敲击点密集，长 8.0、宽 4.3、厚 3.0 厘米（图三六〇，12）。

H21 遗物

石器 1 件。砺石 1 件。

砺石 1 件，H21：1，黄色花岗岩，琢制，双磨面，残长 10.1、残宽 6.6、厚 4.0 厘米。

H23 遗物

（1）陶器 1 件。

钵口沿 1 件，H23：3，夹砂红褐陶，敞口，圆唇，近口部饰窝沟纹附加堆纹带，残高 10.2 厘米（图三六〇，1）。

（2）石器 2 件。敲砸器 1 件，Ba 型饼形器 1 件（参见附表 17　查海遗址窖穴及祭祀坑出土石器型式统计一览表）。

敲砸器 1 件，H23：1，灰色石英岩，方多棱体，有两处棱角打击痕迹明显，敲击点密集，长 6.9、宽 6.6、厚 4.0 厘米（图三六〇，10）。

Ba 型饼形器 1 件，H23：2，残，褐色沉积岩，打制而成，外缘修磨光滑，棱角不显，直径 7.6～9.6、厚 2.7 厘米。

H24 遗物

（1）陶器 1 件。

BⅣ式直腹罐 1 件，H24：2，夹砂红褐陶，口部残片，敞口，圆唇，颈饰左斜线纹 3 周、Aa2 型单体曲尺形几何纹 1 周，腹饰左斜线纹，口径 15.5、残高 13.3 厘米（图三六〇，2）。

（2）石器 1 件（参见附表 17　查海遗址窖穴及祭祀坑出土石器型式统计一览表）。

Cb 型铲形石器 1 件，H24：1，残，灰色页岩，打制，周边打制较薄，椭圆柄，束腰，椭圆身，刃部及器身残缺，残长 11.5、顶宽 7.0、厚 0.8 厘米（图三六〇，11）。

H25 遗物

（1）陶器 2 件。BⅣ式直腹罐 1 件，CⅢ式鼓腹罐 1 件。

BⅣ式直腹罐 1 件，H25：1，夹砂灰褐陶，敞口，圆唇，颈饰一对锔孔，直腹，平底，颈饰 Db 型锯齿形几何纹，附加堆纹饰 Da4 型锯齿形几何纹，腹饰左斜线纹 11 周，近底饰 Da4 型锯齿形几何纹，口径 14.3、底径 8.5、高 17.7 厘米（图三六〇，3；图版一〇二，4）。

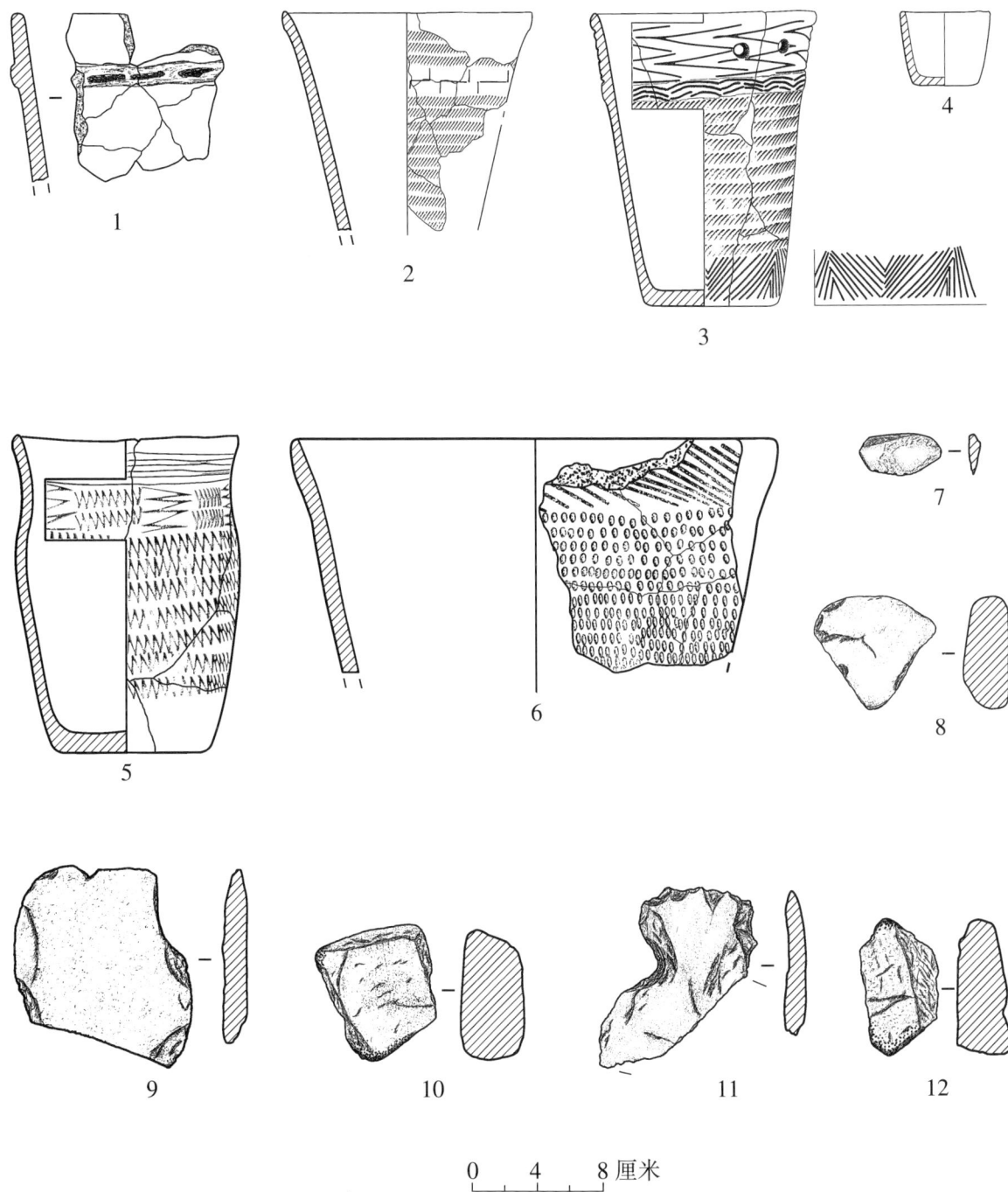

图三六〇　窖穴陶器、石器

1. 钵口沿（H23：3）　　2、3. BⅣ式直腹罐（H24：2、H25：1）　4. Ba3 型杯（H30：1）

5. CⅢ式鼓腹罐（H25：2）　　6. AⅡ式斜腹罐（H26：2）　7. 石斧刃部残片（H32：1）

8. Ba 型饼形器（H26：3）　9. D 型石刀（H26：1）　10、12. 敲砸器（H23：1、H19：1）

11. Cb 型铲形石器（H24：1）

CⅢ式鼓腹罐 1 件，H25：2，夹砂灰褐陶，敞口，尖圆唇，束颈鼓腹平底，颈饰弦纹数周，肩饰横压竖排之字纹间隔竖压横排之字纹，腹饰竖压横排之字纹，口径 14.2、底径 10、高 19.2 厘米（图三六〇，5；图版一四三，3）。

H26 遗物

（1）陶器 1 件。

AⅡ式斜腹罐 1 件，H26：2，夹砂红褐陶，口部残片，敞口，尖圆唇，外叠宽带沿饰右斜线纹，腹饰窝点纹，口径 30.0、残高 14.2 厘米（图三六〇，6）。

（2）石器 2 件。D 型石刀 1 件，Ba 型饼形器 1 件（参见附表 17　查海遗址窖穴及祭祀坑出土石器型式统计一览表）。

D 型石刀 1 件，H26：1，残，灰色页岩。薄石片，刃部打制，有崩痕，残长 11.28、厚 1.58 厘米（图三六〇，9）。

Ba 型饼形器 1 件，H26：3，残块，黄白色花岗岩，琢制，残长 6.9、厚 2.6 厘米（图三六〇，8）。

H30 遗物

陶器 1 件。Ba3 型杯 1 件。

Ba3 型杯 1 件，H30：1，夹砂灰褐陶，直口，圆唇，直腹，平底，素面，口径 5.5、底径 4、高 4.5 厘米（图三六〇，4；图版一五四，4）。

H32 遗物

石器 1 件。石斧刃部残片 1 件。

石斧刃部残片 1 件，H32：1，灰色页岩，残长 5.0、残宽 2.4、厚 0.6 厘米（图三六〇，7）。

H33 遗物

（1）石器 7 件。D 型石刀 1 件，Ba 型饼形器 1 件，A 型磨盘 1 件，敲砸器 4 件。

D 型石刀 1 件，H33：4，页岩打制，扁平体，背厚刃薄，刃部有使用崩痕，长 9、宽 7.5、背厚 2 厘米。

Ba 型饼形器 1 件，H33：6，残，褐色沉积岩，琢磨，棱角不显，直径 7.8、厚 2.3 厘米。

A 型磨盘 1 件，H33：5，残块，花岗岩，琢制，一面平，一面中凹，周缘未残处有休整，厚薄不一，端厚 4.5、断面厚 2 厘米（图版二〇九，2）。

敲砸器 4 件，皆石英岩自然石块。H33：1，近正方体，棱角处有敲砸使用痕迹，长 5.5、宽 5、厚 4 厘米；H33：2，多棱体，棱角处有砸击使用痕，长 7、宽 7、厚 6.5 厘米；H33：3，近方锥体，棱角处有敲砸使用痕迹，长 6、宽 4、高 4.5 厘米；H33：7，多棱面，有两处棱角经打击变得圆钝，敲击点密集。长 4.2、宽 3.5、厚 3.5 厘米。

第三节 灶址及柱洞概述

一 灶址

灶址主要发现于房址内，室外亦有零星分布。一般都保存完好，灶面经火烧后呈暗红色。每座房址内一般都有 1 灶，位于室内中部，个别设有二个灶。甚至在有些房址内还发现废弃的灶址及早晚之间叠压打破现象。这些灶址可分为坑穴式灶和地面支石灶二种。其中坑穴式灶最为普遍，灶穴均凿于基岩内，一种是直接使用，一种是经抹泥后或者灶底铺石抹泥后使用。

（一）室内坑穴式灶址

1. 圆形穴灶址 36 个，单位号分别为：F1Z、F2Z、F3Z、F5Z、F6Z2、F9Z、F11Z、F12Z、F14Z、F15Z、F16Z、F17Z、F18Z、F19Z2、F20Z、F21Z、F26Z、F27Z、F31Z、F33Z、F35Z、F36Z、F37Z2、F37Z3、F38Z、F39Z、F40Z、F41Z、F42Z、F45Z、F46Z、F48Z、F49Z、F51Z、F53Z、F55Z（附表 27 查海遗址圆形灶一览表）。这些灶穴较浅，均凿于基岩内，一般抹一层薄泥，灶壁坚硬光滑。以 F31、F26 为例：F31 室内灶，灶口与室内活动面平齐，经火烧形成红色灶圈。外径 94、内径 72、深 6~10、灶壁抹泥厚 5~15 厘米。平底，底径 62 厘米，整个灶穴经火烧呈红色（图三六一）；F26 室内灶，灶口与室内活动面平齐，平面呈圆形，圜底，基岩灶壁，不抹泥，壁面不平，经火烧灶穴呈红色。直径 80、深 12 厘米（图三六二）。F20 室内灶，位于室内中部偏北，不规则圆形坑穴式灶，灶口与居住面齐平，斜壁、平底。灶址口径 0.74、深 0.10 米，灶内抹泥

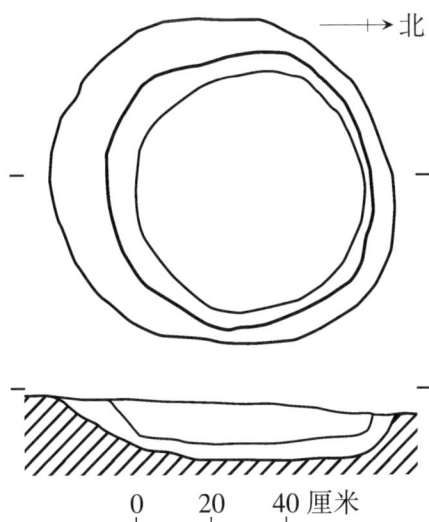

图三六一　F31 灶址平、剖面图

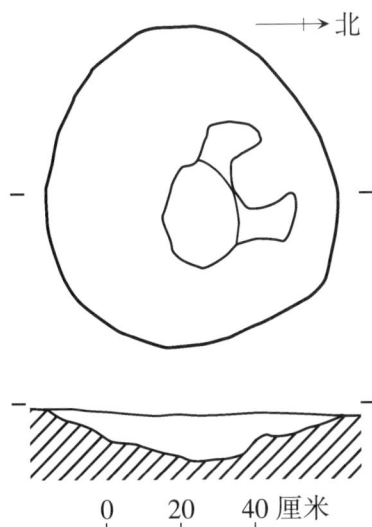

图三六二　F26 灶址平、剖面图

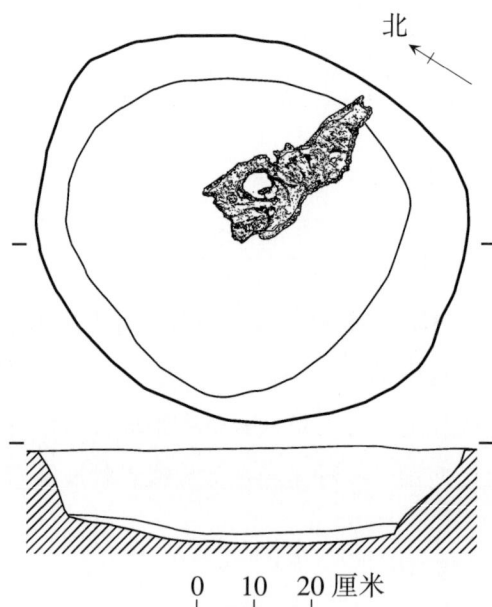

图三六三 F20灶址平、剖面图

厚0.03~0.05米。灶体呈暗红色,灶内清理出经烧烤的猪头骨、陶片(图三六三;图版二七八,1、2)。

2. 圆形穴铺石灶址5个,单位号分别为:F32Z(图版二六)、F34Z、F37Z1、F50Z、F52Z(附表30 查海遗址圆形铺石灶一览表)。这些灶穴较深,直壁平底,底部有的用碎石块平铺一层,或用石器平铺灶底,有的还用石块平铺后再抹泥。以F52、F50、F34为例:F52室内灶,近圆形,斜直壁,平底,基岩坑穴。灶口东西长70、南北宽60厘米,灶底东西长60、南北宽54、深18~20厘米。灶底部平铺一层石块及石器,石块及石器间隙添泥土。所铺石器有残磨盘、大锥形器、砺石、磨石、敲砸器、砍砸器。灶内经火烧,通体红色(图三六四)。F50灶底还发现用铲形器、石刀等铺摆(图三六五;图版四三,2)。F34灶底皆用大小相等的石块铺摆一层,再抹一层厚6~10厘米的泥(图三六六;图版四三,1)。

3. 椭圆形穴灶址12个,单位号分别为:F4Z1、F4Z2、F6Z1、F10Z、F13Z、F19Z1、F22Z、F25Z、F29Z、F43Z、F47Z、F54Z(见附表28 查海遗址椭圆形穴灶一览表)。这些灶穴与圆形穴灶址一样,只是形状区别。以F25、F29为例:F25室内灶,凿于基岩内,椭圆形,平底,口大于底,灶穴内抹泥厚2~3厘米。平面呈红色灶圈,南北长92、东西宽72、深6~10厘米,灶外西侧散布一层红烧土(图三六七)。F29室内灶,椭圆形,平底,灶内未经抹泥直接使用,经火烧灶面呈红色,南北长98、东西宽66、深5厘米。

4. 大小组合灶址,即一室二灶,共计6组,单位号分别为:F7Z1、Z2,F8Z1、Z2,F24Z1、Z2,F28Z1、Z2,F30Z1、Z2,F44Z1、Z2(见附表29 查海遗址大小组合穴灶一览表)。这些组合灶一般在室内中部,大灶居北,小灶居南,两灶紧靠。推测小灶用途是保留火种。F30Z1、F30Z2为例:F30Z1位北,F30Z2位南,两灶相距4厘米,皆为圆形坑穴灶,穴壁抹泥厚4~5厘米,

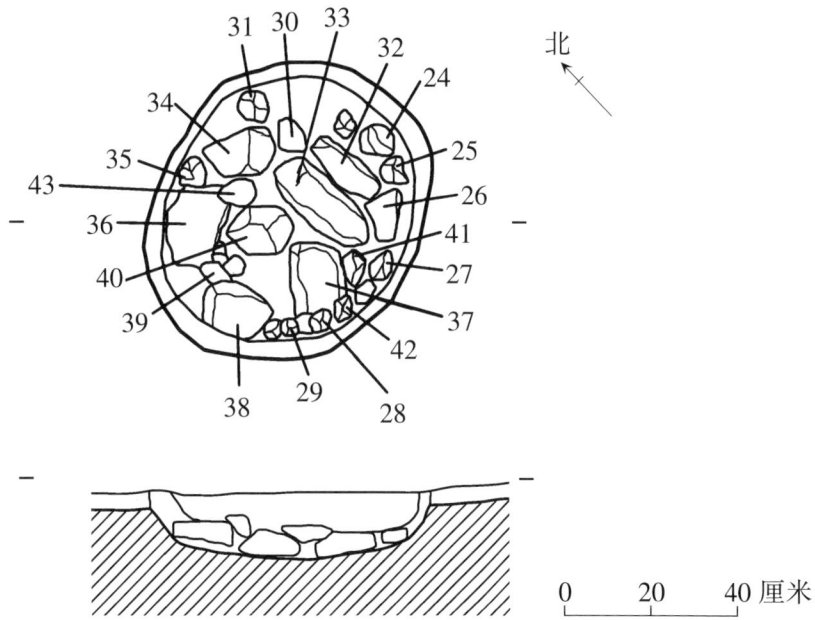

图三六四 F52 灶址平、剖面图

24、26～31、34、35、40、42、45. 敲砸器 25、33、36、37、41、43. 石料
32. 磨盘 38、39. 砺石

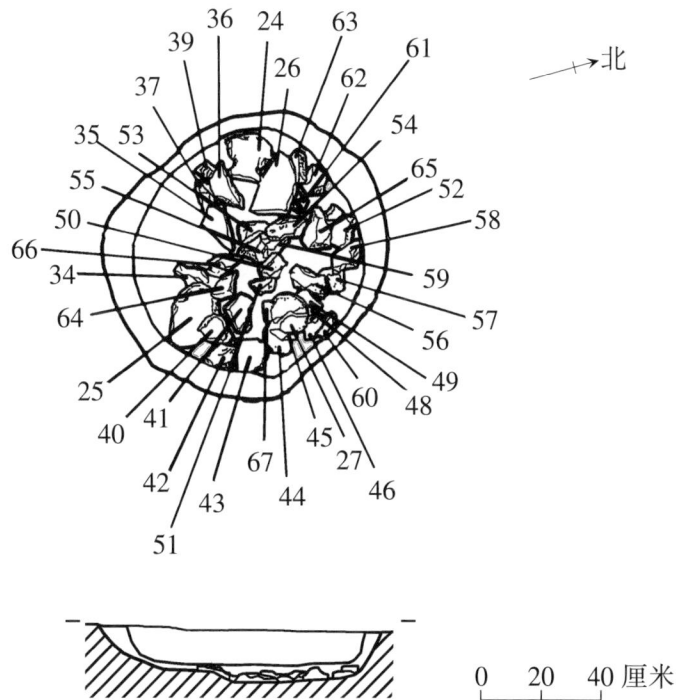

图三六五 F50 灶址平、剖面图

24～26、54、61. 铲形石器 27. 罐底 34、35、49、55. 石料 36～40、43、44、
45、58、62～69. 敲砸器 41、56. 石饼 42. 沟槽器 46. 斜腹罐口沿 47. 陶片
48、53. 火石 50. 砍砸器 51. 磨盘 52. 石球 57. 石锛 59. 玉料 60. 纺轮

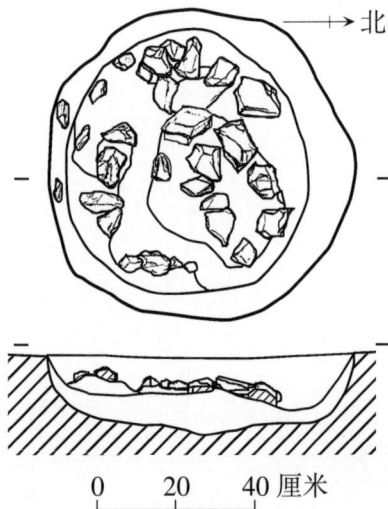

图三六六　F34 灶址平、剖面图

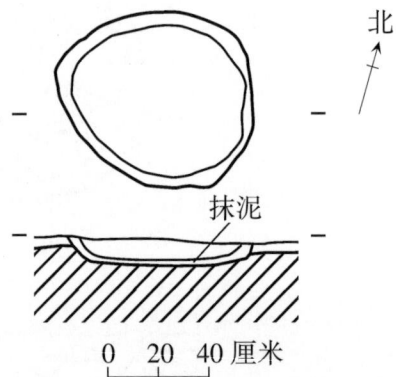

图三六七　F25 灶址平、剖面图

灶口与活动面平齐，灶壁斜直，平底，经火烧呈红色。F30Z1 灶口外径南北 84、东西 80、内径南北 74、东西 72、底径 66、深 13 厘米，灶内发现一红褐夹砂之字纹陶罐口沿残片；F30Z2 灶口外径 32、内径 24、底径 20、深 8 厘米（图三六八；图版二三）。

（二）地面支石灶址

地面支石灶址仅见一处，单位号为 F37Z4（见附表 31　查海遗址地面支石灶一览表）。此灶位于室内中心灶 Z1、Z2、Z3 北 78 厘米处。该灶在室内活动面上，用 5 块石头支垫而成。支石表面经火烧呈黑灰色，石下地面红烧土近椭圆形，东西长 54、南北宽 42 厘米（图三六九）。

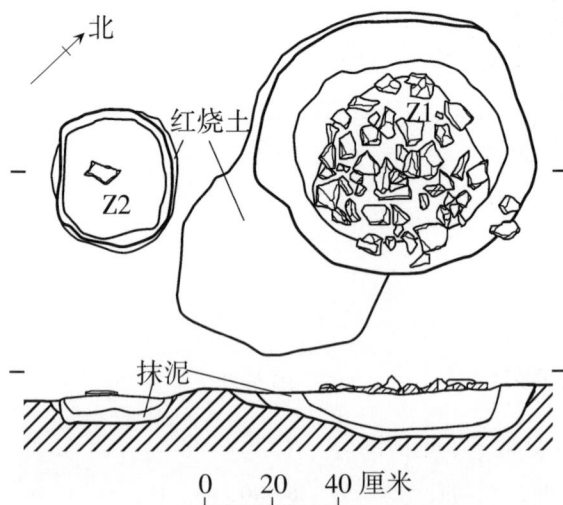

图三六八　F30 灶址平、剖面图

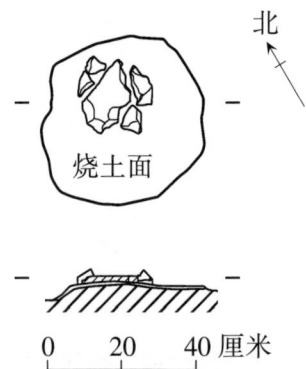

图三六九　F37 灶址平、剖面图

（三）室外灶

仅在 T1114 内发现一处有打破关系的两个灶址。编号为 Z1、Z2。Z1 位西、Z2 位东，Z1 打破 Z2。Z1 呈圆形，斜壁平底，口径 0.4、底径 0.3、深 0.06 米。Z2 呈圆形，斜壁平底，口径 0.35、底径 0.2、深 0.02 米。两灶经火烧使用后，灶穴呈暗红色。其西北侧为 H33，东北侧为 H31。另外，在两灶南 1.2 米处，有一小片灰烬堆积，东西 2.5 米，南北 0.75 米，厚 0.02 米。

二　柱洞

柱洞是新石器考古学中确定房址的要素之一，也是分析每个房屋建筑框架结构形式的重要基础部分。每间房屋内的柱洞分布，必然构成一个有机建筑整体，考古者根据这个整体中的柱洞位置、形状、尺寸大小、间距、深浅程度以及相关遗迹现象，从各个方面、角度所蕴藏的信息中，推测复原房屋的建筑结构。这是考古学文化较高层次的研究对象。当然考古者不可能真正做到全面、立体地复原当时房屋结构的全貌。

查海房址柱洞是挖凿在基岩内，其洞内堆积土与基岩壁面区别明显，十分好鉴别，尤其是它的形状、大小、深浅也特别容易发掘清理。总体看，每间房址柱洞数量不一，间距不等，但柱洞形状基本一样，分布规律基本相同，一般是内外两周分布，外周柱洞紧靠近房穴四壁及四角，内周柱洞围绕着中心灶址或位于灶址四角外侧。值得注意的是查海房址中的柱洞较多，大小不同，深浅不一，除主体框架柱洞外的其他柱洞，在建筑中属性作用无法界定。

由于受主、客观条件的限制，对他们难以做出合理解释，我们蠡测为附属柱洞：有的属于修缮性柱洞，有的属于专用悬挂物品立柱的柱洞。

查海柱洞的平面形状可分为三类：一类为圆形，二类为椭圆形，三类为不规则形。柱洞的立体形状可分为圆柱状、椭圆柱状、锥柱状。由于柱洞甚多，不便一一陈列，因此，我们对房屋柱洞遗迹资料以列表形式尽量详述（见附表 22－1～43　查海遗址柱洞一览表），并对典型柱洞给予附图（图三七〇～图三七三）。提供给专家学者，以供参考，共同探讨研究查海房屋的建筑结构形式。

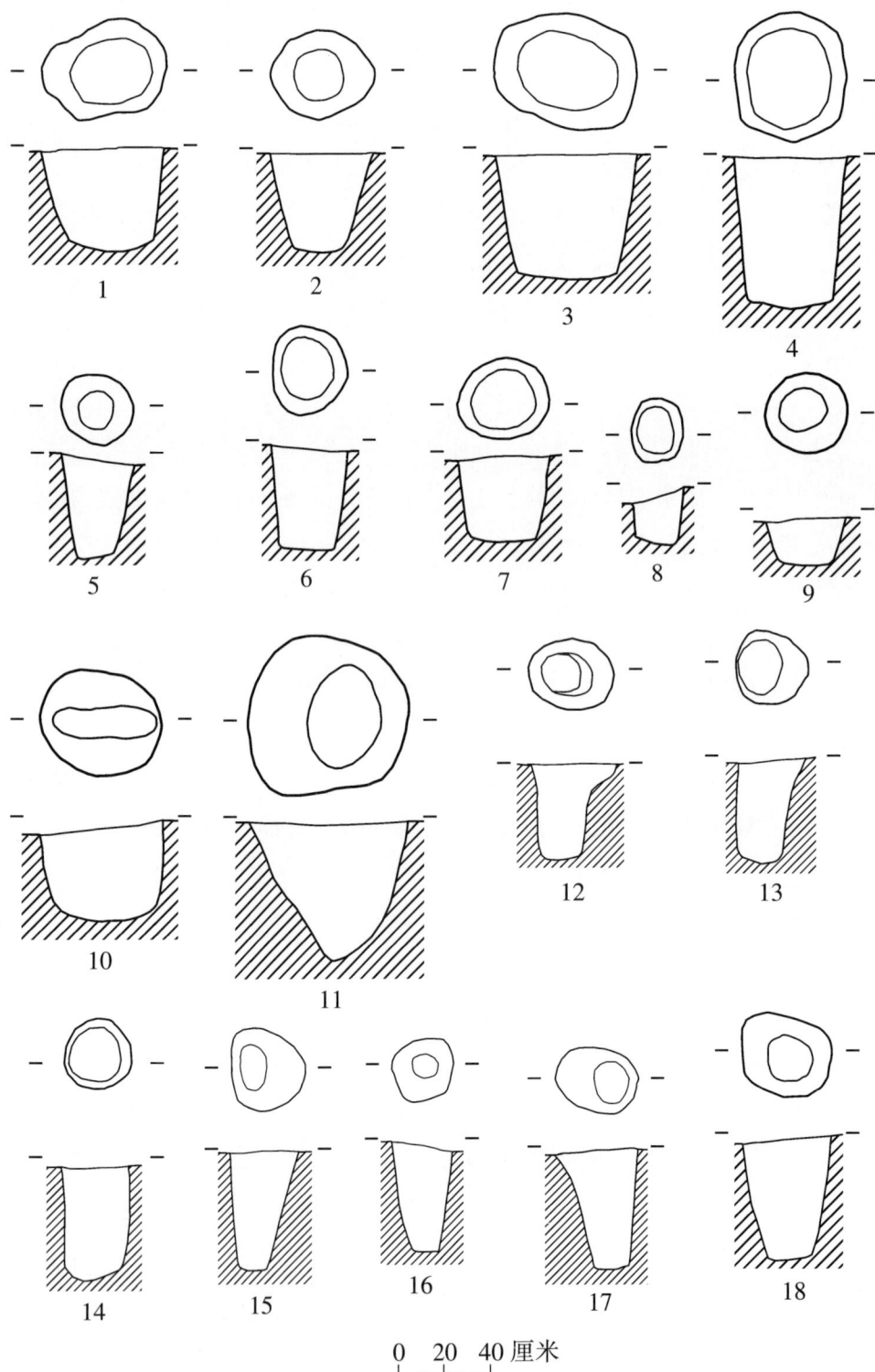

0　20　40 厘米

图三七〇　房址柱洞平、剖面图

1. F50：1　2. F50：6　3. F50：7　4. F46：26　5. F46：1　6. F46：18　7. F46：15　8. F46：20
9. F45：6　10. F45：8　11. F45：17　12. F44：5　13. F44：11　14. F44：10　15. F43：15
16. F43：2　17. F43：8　18. F42：2

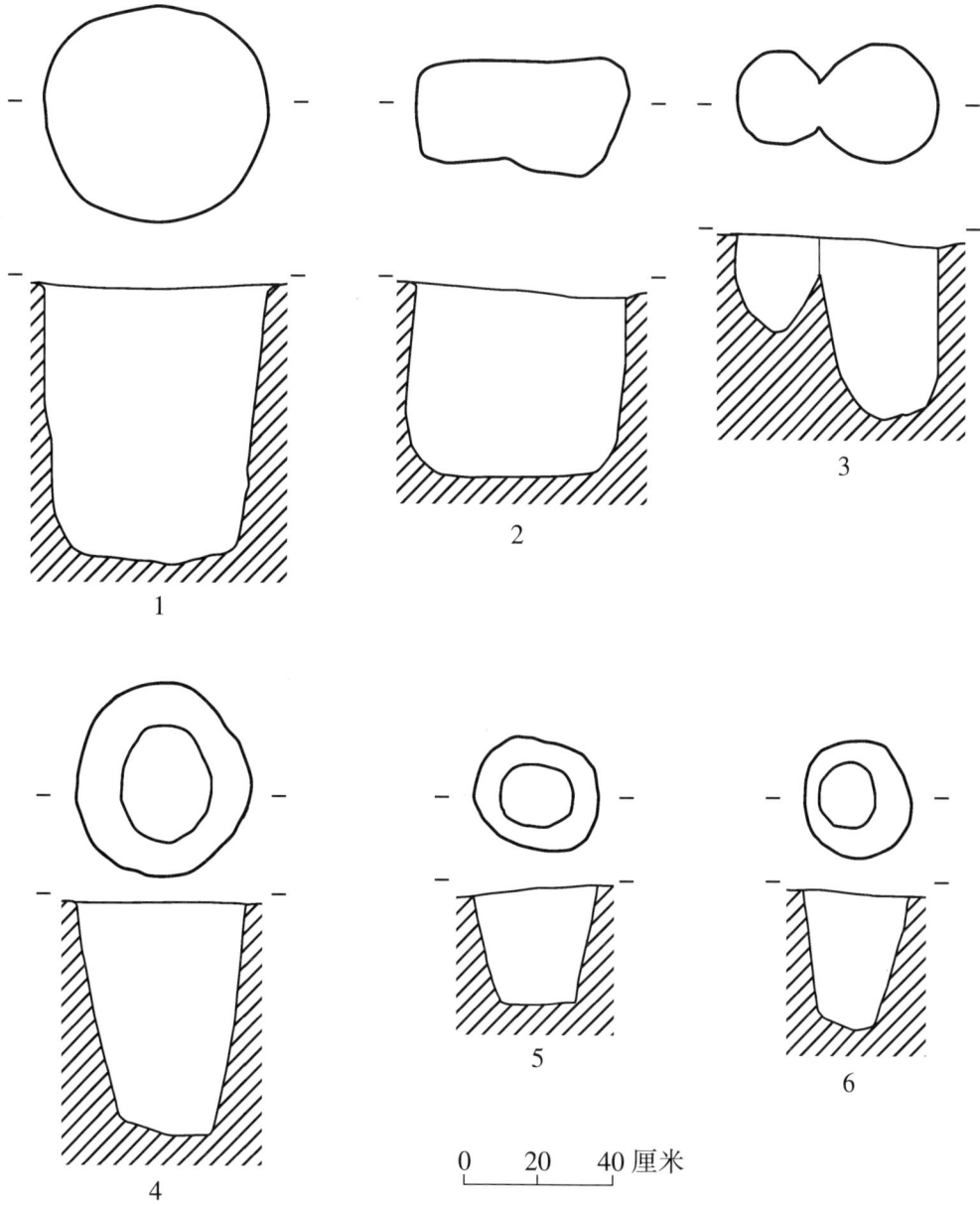

图三七一　房址柱洞平、剖面图

1. F26∶2　2. F26∶3　3. F26∶7、6　4. F53∶12　5. F53∶15　6. F53∶26

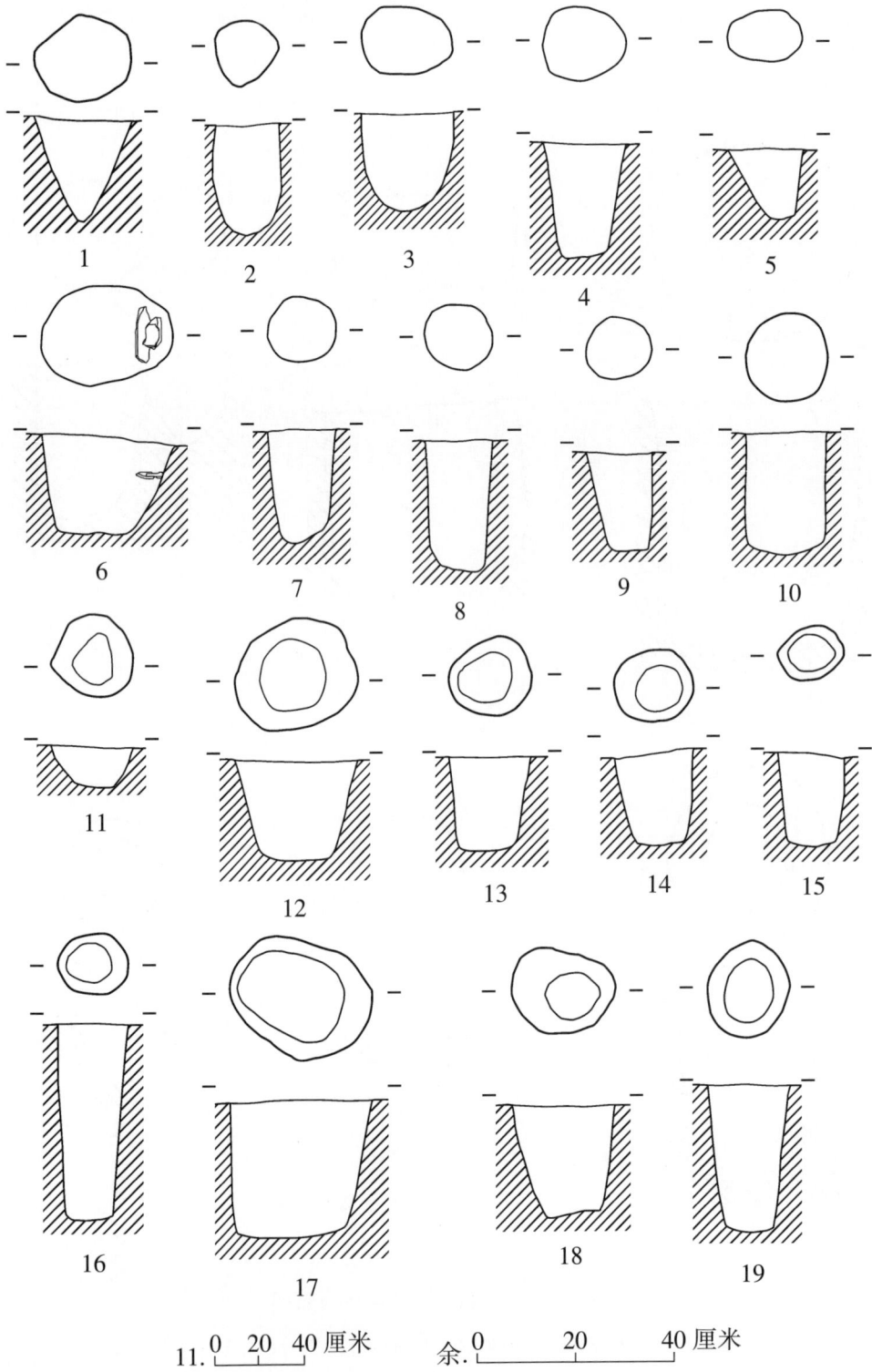

11. $\underset{\text{0 20 40 厘米}}{\rule{0pt}{0pt}}$　　余. $\underset{\text{0 20 40 厘米}}{\rule{0pt}{0pt}}$

图三七二　房址柱洞平、剖面图

1. F42：1　2. F41：5　3. F41：8　4. F39：34　5. F39：31　6. F39：16　7. F38：10　8. F38：8
9. F38：3　10. F36：1　11. F36：3　12. F36：8　13. F35：18　14. F35：10　15. F34：27
16. F35：22　17. F34：17　18. F34：4　19. F34：33

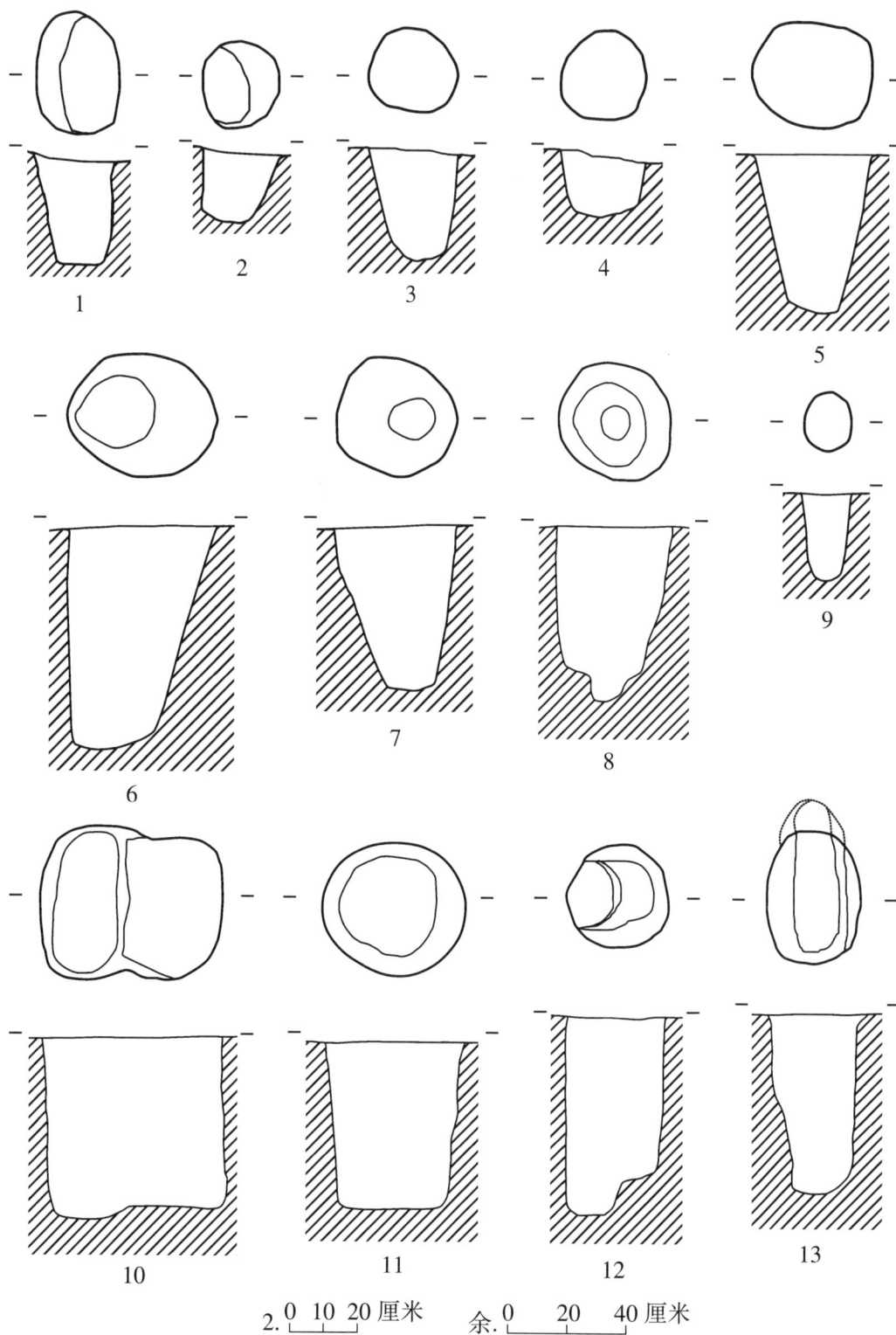

2. $\frac{0\ \ 10\ \ 20\ 厘米}{}$　　余.$\frac{0\ \ \ \ \ 20\ \ \ \ \ 40\ 厘米}{}$

图三七三　房址柱洞平、剖面图

1. F15：9　2. F15：6　3. F32：28　4. F32：23　5. F32：11　6. F33：35　7. F33：14　8. F7：56
9. F33：37　10. F7：54　11. F7：57　12：F7：46　13. F7：59